DERECHOS Y GARANTÍAS CONSTITUCIONALES
EN LA CONSTITUCIÓN DE 1961 (LA JUSTICIA CONSTITUCIONAL)

TRATADO DE DERECHO CONSTITUCIONAL TOMO V

Colección Tratado de Derecho Constitucional

Allan R. Brewer-Carías

Profesor de la Universidad Central de Venezuela (desde 1963)
Simón Bolívar Professor, University of Cambridge (1985–1986)
Professeur Associé, Université de Paris II (1989–1990)
Adjunct Professor of Law, Columbia Law School, New York (2006–2008)

DERECHOS Y GARANTÍAS CONSTITUCIONALES EN LA CONSTITUCIÓN DE 1961 (LA JUSTICIA CONSTITUCIONAL)

COLECCIÓN
TRATADO DE DERECHO CONSTITUCIONAL
TOMO V

Fundación de Derecho Público
Editorial Jurídica Venezolana

Caracas, 2015

©   Allan R. Brewer-Carías, 2015
     http://www.allanbrewercarias.com
     Email: allan@brewercarias.com

Hecho el Depósito de Ley
ISBN: 978-980-365-282-1
Depósito Legal: lf54020153406

Editado por: Editorial Jurídica Venezolana
Avda. Francisco Solano López, Torre Oasis, P.B., Local 4, Sabana Grande,
Apartado 17.598 – Caracas, 1015, Venezuela
Teléfono 762.25.53, 762.38.42. Fax. 763.5239
http://www.editorialjuridicavenezolana.com.ve
Email fejv@cantv.net

Impreso por: Lightning Source, an INGRAM Content company
para Editorial Jurídica Venezolana International Inc.
Panamá, República de Panamá.
Email: editorialjuridicainternational@gmail.com

Diagramación, composición y montaje
por: Francis Gil, en letra Times New Roman, 10,5
Interlineado 11, Mancha 19 x 12.5 cm., libro: 24.4 x 17 cm.

CONTENIDO GENERAL

TOMO V

NOTA DEL AUTOR

Este Tomo V de la Colección "Tratado de Derecho Constitucional" sobre *Derechos y Garantías Constitucionales en la Constitución de 1961 (La Justicia Constitucional),* está conformado, básicamente, por buena parte del texto de los Tomos III, IV y V de la obra *Instituciones Políticas y Constitucionales,* publicados en 1996 por la Universidad Católica del Táchira y la Editorial Jurídica Venezolana, que fueron los siguientes: Tomo III (*La distribución vertical del Poder Público y el sistema de gobierno*) 1996, 722 pp.; Tomo IV (*Los derechos y garantías constitucionales*) 1996, 566 pp.; y Tomo VI (*La justicia constitucional*) 1996, 642 pp. Dicha obra, que salió en seis tomos, fue la tercera edición de la que con el mismo título, había iniciado en 1982: la primera edición fue publicada por, Ediciones Manoa, Universidad Católica Andrés Bello, Caracas-San Cristóbal, 1982, 713 pp., y la segunda edición por Editorial Jurídica Venezolana-Universidad Católica del Táchira, Caracas-San Cristóbal 1985, 2 Tomos, 754 y 734 pp. Todas esas obras y ediciones están agotadas desde hace años

El material contenido es aquellos volúmenes, a los efectos de este Tomo V, se ha agrupado en las siguientes partes: En una *primera parte*, referida al sistema de derechos políticos en el régimen democrático, se hace particular referencia al sistema político electoral y al sistema de partidos. Además, se estudia el régimen de los derechos que derivan de la ciudadanía venezolana, y en particular, el régimen del derecho al sufragio en la legislación vigente hasta 1998, el régimen de las nulidades de los actos electorales; el sistema de partidos políticos desarrollado a partir de 1945; concluyendo con el estudio de la crisis terminal que afectó al sistema político democrático, particularmente en los años noventa del siglo pasado.

En la *segunda parte* de la obra se estudia el régimen constitucional de los derechos, libertades y deberes que se establecieron en la Constitución de 1961, donde se analiza, además del régimen de la nacionalidad venezolana, el régimen de los derechos humanos consagrados en el texto constitucional y en los tratados internacionales sobre derechos humanos, y que constituye el antecedente inmediato de los previstos en la Constitución de 1999. Se concluye esta parte con referencias específicas a los derechos de los administrados frente a la Administración Pública, y a los deberes constitucionales.

En la *tercera parte* de la obra se estudia el sistema venezolano de justicia constitucional consolidado en el marco de la Constitución de 1961, y que es el antecedente inmediato y fundamento histórico del régimen que en la materia se previó en la Constitución de 1999. En dicha parte se estudian, en particular, los principios generales de la justicia constitucional, el sistema mixto o integral venezolano que combina los dos métodos de control de constitucionalidad de las leyes, que son el control difuso de la constitucionalidad de las leyes y demás actos normativos, y el control concentrado de la constitucionalidad de las leyes y demás actos estatales de rango y valor de ley.

La *cuarta parte* está destinada específicamente a analizarla Jurisdicción Constitucional que tiene a su cargo el ejercicio del control concentrado de la constitucionalidad en Venezuela, y que conforme a la Constitución de 1961, la ejercía la Corte Suprema de Justicia en Pleno, y a partir de 1999, la Sala Constitucional del Tribunal Supremo de Justicia. En dicha parte se analizan los siguientes temas: el principio de la universidad del control de constitucionalidad y la ausencia de actos excluidos de control; el objeto y los motivos de la acción popular de inconstitucionalidad; el procedimiento ante la Jurisdicción Constitucional; los efectos de las sentencias declarativas de inconstitucionalidad de las leyes; y, específicamente, el tema de los efectos de nulidad absoluta o relativa de las mismas.

Concluye la obra con una *quinta parte*, en la cual se estudia bajo el ángulo del derecho comparado, el control concentrado de la constitucionalidad de las leyes, particularmente con referencia a América Latina.

New York, enero de 2015

LOS DERECHOS POLÍTICOS EN EL RÉGIMEN DEMOCRÁTICO, Y EL SISTEMA POLÍTICO ELECTORAL Y DE PARTIDOS (1996)

El régimen político democrático constituye, indudablemente, una de las piezas fundamentales de las instituciones políticas y constitucionales venezolanas, y si bien surge del texto de la Constitución de 1961, indudablemente que tiene sus antecedentes formales en los innumerables textos anteriores y en las vicisitudes de nuestra vida política[1]

En efecto, el régimen democrático, como régimen político-formal venezolano, comienza expresamente a establecerse en las Constituciones desde el texto fundamental de 1830, cuyo artículo 6 estableció que "el gobierno de Venezuela es y será siempre republicano, popular, representativo, responsable y alternativo"; conserván-

---

[1]   Tal como resulta de lo indicado en la Tercera Parte, Tomo I, en toda su historia constitucional como país independiente a partir de 1811, Venezuela ha tenido 25 constituciones (1811, 1819, 1821, 1830, 1857, 1858, 1864, 1874, 1881, 1891, 1893, 1901, 1904, 1909, 1914, 1922, 1925, 1928, 1929, 1931, 1936, 1945, 1947, 1953 y 1961), siendo la de 1961 la vigente actualmente. En esta forma, y seguida de la Constitución de 1830, primera de la Venezuela separada de Colombia que tuvo una vigencia de veintisiete años, la actual de 1961 ha sido la de mayor duración en toda nuestra historia constitucional. Ello, por otra parte, coloca a Venezuela en el primer lugar de los países latinoamericanos en cuanto al número de constituciones que ha tenido en su historia independiente (véase un recuento numérico de las constituciones latinoamericanas en J. Lloyd Mechan, "Latín American Constitutions: Nominal and Real", *Journal of Politics*, Vol. 25, N° 2, mayo 1959, pp. 258 a 275, publicado también en Petras G. Snow, *Government and Politics in Latin America 1967*, p. 144; asimismo, véase Jacques Lambert, *Amerique Latine, Structures Sociales et InstitutioTis Politiques*, París, 1963, p. 300; lugar, por supuesto; no muy honorífico en materia de "mortalidad constitucional", según la expresión de Alexander T. Edelman, *Latin American Government and Politics. The Dynamics of a Revolutionary Society*, Illinois, 1965, p. 371). El solo número de los textos constitucionales venezolanos demuestra que realmente estos en su gran mayoría fueron puras formas hechas a la medida de los intereses personalistas de los caudillos de turno en el poder. Las constituciones se reformaban más fácilmente que un texto municipal y la sola voluntad de un gobernante de continuar en el poder, el interés circunstancial de reformar las facultades del Presidente o del Comandante en Jefe de las Fuerzas Armadas, o el deseo de ausentarse indefinidamente de la capital de la República, era suficiente para la reforma constitucional, en aquellos casos en que ésta no era el producto del arribo, generalmente por la fuerza, de un nuevo caudillo a la Presidencia de la República. El afán reformista circunstancial puede decirse que está tan arraigado en nuestro sistema político, que a comienzos de 1973 el Congreso aprobó la Enmienda Constitucional N° 1, al texto de 1961, con el único objeto de impedir que un ex dictador se pudiera presentar como candidato presidencial en las elecciones de 1973. Véase *Gaceta Oficial* N° 1.585 Extraordinaria de 11-5-73.

dose absolutamente en todos los textos constitucionales que ha tenido la República hasta el vigente de 1961, el cual establece (Art. 3°), que "el gobierno de la República de Venezuela es y será siempre democrático, representativo, responsable y alternativo". De acuerdo a esta trayectoria constitucional, puede decirse que formalmente nuestro régimen político siempre ha sido la democracia, y un régimen democrático calificado expresamente: popular, responsable, alternativo y representativo[2]. Sin embargo, si se analiza nuestra historia política, tal como brevemente se ha hecho, se evidencia que Venezuela es uno de los países latinoamericanos que menos democracia tuvo en toda su historia hasta 1958, período en el cual la alternabilidad fue inexistente y, la responsabilidad, popularidad y representatividad, relativa y mediatizada. Por eso se ha dicho que nuestra historia constitucional es, realmente, una historia de mentiras constitucionales[3].

El constitucionalismo formal de nuestro régimen político, por tanto, ha sido tradicional, como lo ha sido la inexistencia de la verdadera democracia. Por ello en la historia política de Venezuela, el año 1945, la Constitución de 1947; y luego el año 1958 y la Constitución de 1961 marcan hechos de excepcional importancia; no sólo la Constitución de 1961 lleva un lapso considerable de vigencia, si la comparamos a las Constituciones anteriores, sino que el régimen democrático consagrado en la misma ha tenido vigencia.

Ahora bien, este régimen político democrático previsto en el texto constitucional de 1961 ha funcionado y se ha actualizado hasta 1994 a través de un sistema político configurado por un sistema electoral y un sistema de partidos políticos que analizaremos separadamente.

En efecto, la garantía democrática de la representación popular, según la cual, residiendo la soberanía en el pueblo, éste debe ejercerla mediante el sufragio, por los órganos del Poder Público[4]; implica, en Venezuela, que la elección del Presidente de la República, de los diputados y senadores al Congreso Nacional, de los Gobernadores y de los Diputados a las Asambleas Legislativas de los Estados federados, y

---

2   Desde 1830 hasta 1936, como se dijo, los caudillos, tan tradicionales en América Latina, dominaron la vida política venezolana (Páez 1821-1846; los Monagas 1846-1858; J. Castro 1858-1861; Páez 1861-1863; Falcón 1863-1868; los Monagas 1868-1870; Guzmán Blanco 1870-1888; J. Crespo 1889-1898; C. Castro 1899-1908; J. V. Gómez 1908-1935); y cinco años de guerras federales (1858-1863) destruyeron buena parte de los recursos del país. Desde 1936 hasta 1958, y dejando aparte los regímenes de transición de democracia restringida de López Contreras (1936-1941) y de Medina (1941-1945), sólo tuvimos dos años de democracia representativa (1946-1948). El período democrático que se inicia en 1958, marca, en este sentido, una etapa de excepcional importancia en nuestra historia política. Basta recordar, por ejemplo, que por primera vez en nuestra historia republicana, un Presidente electo por sufragio universal entregó el poder a otro Presidente electo en 1964 (R. Betancourt a Raúl Leoni), y que también por primera vez en nuestra historia, en 1969 se produjo una similar alternabilidad en la presidencia, pero con la característica de que el nuevo Presidente pertenecía a un partido de la oposición (Raúl Leoni, de AD, a Rafael Caldera, de COPEI). En 1974 una nueva alternabilidad democrática se produjo (R. Caldera a C. A. Pérez, de AD) ; lo mismo sucedió en 1979 (C A. Pérez a Luis Herrera Campíns, de COPEI); una vez más en 1984 (Luis Herrera Campíns a Jaime Lusinchi, de AD) ; y finalmente en 1994 (C. A. Pérez, sustituid» en 1993 por Ramón J. Velásquez a R. Caldera).

3   *Cfr.* Ernesto Wolf, *Tratado de Derecho Constitucional Venezolano*, Caracas, 1945, Tomo I, p. 60.

4   El artículo 4° de la Constitución venezolana de 1961 establece lo siguiente: "La soberanía reside en el pueblo, quien la ejerce mediante el sufragio, por los órganos del Poder Público".

de los Alcaldes y de los miembros de los Concejos Municipales se produzca mediante sufragio universal, directo y secreto[5]. Responde este sistema político a la idea relativamente moderna, de que los gobernados pueden elegir o escoger a los gobernantes, producto, como se ha dicho, de la Revolución francesa. De ahí la importancia fundamental que este acontecimiento ha tenido en la evolución política de la humanidad, pues sólo con posterioridad a ella, aun cuando en forma relativa en su origen, el pueblo adquirió capacidad política y, por tanto, la posibilidad de intervenir, a través de una representación, en el manejo y control de los asuntos públicos. Con anterioridad, por tanto, los gobernadores no se escogían, sino que formaban parte del orden natural o divino. No se les escogía, como no se elige el clima, el sol, la lluvia o la enfermedad; simplemente, se imponían a los gobernados, quienes no tenían posibilidad alguna de impugnarlos o cuestionarlos. Además, el carácter divino o sagrado de los mismos, los hacía mucho más inaccesibles y, por tanto, eliminaba toda idea de escogencia. El pueblo no era soberano, sólo era soberano el Monarca, y por la gracia de Dios.

La elección de los gobernantes, como sistema político, sólo surge entonces, cuando la soberanía pasa al pueblo; y desde el momento en que se considera que es el pueblo quien decide, la elección, como forma de designación de los gobernantes, comienza a extenderse[6]. En la actualidad, la soberanía del pueblo y, por tanto, la elección de los gobernantes, al menos en las democracias occidentales, se considera como la forma natural y legítima del régimen político. La elección ha entrado ya, por tanto, en las costumbres de la civilización moderna, y ha adquirido tanta importancia, que frecuentemente surge la tendencia a confundir la democracia con la sola elección, es decir, el régimen político (democrático), con un sistema político (electoral), o al menos, a definir aquél por éste. En Occidente, se considera "democrático" al país en el cual los gobernantes sean escogidos por elección, y la elección en sí misma adquiere entonces tanta importancia, que de sólo ser un elemento o mecanismo del régimen democrático, va a considerarse que éste sólo se agota en ella. En esta forma, con frecuencia se ha falseado el verdadero contenido de la democracia, que ciertamente no se agota en la elección, y de ahí que normalmente se hable de democracia participativa en contraposición a la democracia formal o simplemente representativa[7]. En la idea roussoniana de la democracia, por ejemplo, para no retroceder a la democracia citadina antigua, no existía relación directa entre democracia y elección; y en la democracia antigua, por otra parte, era la idea de la participación directa la que dominaba. Por supuesto, la imposibilidad de reunir al pueblo todo en grandes asambleas, así fueran de carácter local, para dirigir los asuntos públicos,

---

5   Artículos 19, 21, 29, 148, 151 y 183 de la Constitución de 1961.

6   Para ello se ha dicho que la idea de escoger o elegir los gobernantes se desarrolló paralelamente a la teoría de la soberanía del pueblo, y el sufragio se universaliza a medida que esta última se extiende. En este sentido, debe recordarse que la noción de la soberanía que surge de la Revolución francesa, como "soberanía nacional", no pertenecía al pueblo, sino a ciertos representantes de la Nación. Véase Maurice Duverger, *Institutions Politiques et Droit Constitutionnel*, Vol. I, París, 1971, pp. 101 y 102.

7   Véase, por ejemplo, las referencias que se hacen a la democracia participativa en Tomic, Castillo Velasco y otros, *Pensamiento Comunitario*, Caracas, 1973, pp. 54 y ss.; 57 y ss.; 67 y ss., y 97 y ss.

hizo surgir la teoría de la representación nacional[8]. Por ello, en los dos últimos siglos, con el desarrollo de la teoría de la representación a través de la elección, se va a identificar ésta con la democracia, e inclusive, la lucha por la conquista del sufragio universal se va a confundir totalmente con la lucha por la democracia.

En nuestro país, en todo caso, para estudiar nuestro sistema político democrático, debemos analizar el régimen de la ciudadanía y de los derechos políticos, para luego precisar separadamente el sistema electoral y el sistema de partidos.

I.   LA CIUDADANÍA VENEZOLANA Y LOS DERECHOS POLÍTICOS

La actuación y participación dentro del sistema político democrático, sea mediante el sistema electoral o a través del sistema de partidos políticos corresponde a los *ciudadanos*, únicos posibles titulares de los derechos políticos.

Ahora bien, el uso equívoco de la palabra ciudadano en nuestra Constitución[9] ha dado lugar a que con frecuencia se haya estimado que es idéntico el concepto de ciudadanía y nacionalidad. Ello constituye un evidente error, y la mayoría de los autores modernos y algunas Constituciones de América establecen una clara distinción entre esas dos instituciones jurídicas[10].

La nacionalidad consiste en la introducción de una persona a la sociedad civil; la ciudadanía a la sociedad política. Por ello la nacionalidad se opone a lo extranjero; y lo ciudadano puede también oponerse, pero no necesariamente. Por otra parte, la ciudadanía implica la idea de Estado por lo general soberano; la nacionalidad, en cambio, implica la existencia de una sociedad civil con los caracteres configurativos de la Nación, pero sin ninguna condicionalidad política.

Por ello, si bien en principio todo ciudadano es nacional, no todo nacional es ciudadano.

1.   *El concepto de ciudadanía*

El Diccionario de la Lengua Española[11] define al ciudadano como "el habitante de las ciudades antiguas o de Estados modernos, como sujeto de derechos políticos y que interviene, ejercitándolos, en el gobierno del país".

En líneas generales, el concepto jurídico de ciudadanía coincide con la definición gramatical antes anotada. En este sentido la ciudadanía establece una relación política entre el hombre y el Estado, y engendra el nacimiento de los derechos y deberes políticos.

---

8   Véase, por ejemplo, John Stuart Mili, "Of the Proper Functions of Representative Bodies", en Harry Eckstein y David E. Apter, *Comparative Politics*, New York, 1963, pp. 104 y ss.

9   Véase el Preámbulo y los artículos 61, 115, 148 y 250. Véase Allan R. Brewer-Carías, *El Régimen Jurídico de la Nacionalidad y Ciudadanía Venezolana*. Caracas, 1965; texto que seguimos en estas páginas.

10   *Cfr.* Pablo A. Ramella, "Ciudadanía" en *Enciclopedia Jurídica Omeba*, Tomo II, p. 1.038 y ss.

11   Real Academia Española, 18a edición, 1956.

Por tanto, la ciudadanía venezolana no es más que la condición jurídica en cuya virtud un individuo interviene en el ejercicio de la potestad política del Estado venezolano.

En principio, los derechos de la ciudadanía se ejercen y son privativos de los nacionales, tal como lo establece el artículo 45 de la Constitución. Por ello hemos dicho que también en principio todo ciudadano es nacional. Sin embargo, nuestra Constitución vigente admite la posibilidad de que los extranjeros ejerciten determinados derechos de ciudadanía.

En efecto, el artículo 111 de la Constitución, establece, que "son electores todos los *venezolanos* que hayan cumplido dieciocho años de edad y no estén sujetos a interdicción civil ni a inhabilitación política", agregando que "el voto para elecciones municipales podría hacerse extensivo a los *extranjeros*, en las condiciones de residencia y otras que la ley establezca"[12].

Por otra parte, la nacionalidad por sí sola no acuerda la ciudadanía. Por ello hemos señalado que no todo nacional es ciudadano. En efecto, para ser ciudadano venezolano es necesario, además de ser de nacionalidad venezolana, no estar sujeto a interdicción civil ni a inhabilitación política, y ser por lo menos mayor de dieciocho años. La Constitución por otra parte, exige determinados requisitos, respecto a la edad. En efecto, por ejemplo, para ser elector es necesario haber cumplido dieciocho años de edad y no estar sujeto a interdicción civil ni a inhabilitación política[13]. En cambio, para ser elegido y desempeñar funciones públicas los electores deben saber leer y escribir, ser mayores de veintiún años y reunir determinadas condiciones de aptitud[14].

---

12   Esta norma constituye una excepción al artículo 45 de la misma Constitución que establece que: "los derechos políticos son privativos de los venezolanos". Su antecedente está en el artículo 80 de la Constitución de 1947, que señalaba que: "El sufragio es derecho y función pública privada de los venezolanos, pero podrá hacerse extensivo para elecciones municipales y conforme a la ley, a los extranjeros que tengan más de diez años de residencia ininterrumpida en el país".

Es de destacar que en la Constitución de 1953, artículo 39, se estableció que: "El sufragio es función pública privativa de los venezolanos. No obstante, podrá hacerse extensiva a los extranjeros", lo que confirma una norma sin precedentes desarrollada en la Ley de Elecciones de 14 de noviembre de 1957. La Ley Orgánica de Sufragio de 1977 establece en este sentido que en los casos de elecciones municipales separadas, los extranjeros que reúnan las mismas condiciones establecidas para el voto de los venezolanos, y siempre que tengan más de 10 años en calidad de residentes en el país, como uno de residencia en el Distrito respectivo, tienen derecho a inscribirse en el Registro Electoral Permanente, y de votar (Art. 8°).

13   La interdicción civil está regulada en el artículo 393 del Código Civil al establecer que: "El mayor de edad y el menor emancipado que se encuentren en estado habitual de defecto intelectual que los haga incapaces de proveer a sus propios intereses, serán sometidos a interdicción, aunque tengan intervalos lúcidos". La inhabilitación política la regula el Código Penal como pena en su artículo 24, estableciendo que "no podrá imponerse como pena principal, sino como accesoria a las de presidio o prisión y produce como efecto la privación de los cargos o empleos públicos o políticos que tenga el penado y la incapacidad, durante la condena, para obtener otros y para el goce del derecho activo y pasivo del sufragio. También perderá toda dignidad o condecoración oficial que se le haya conferido, sin poder obtener las mismas ni ninguna otra durante el propio tiempo". Sobre la interdicción civil véase: José Luis Aguilar G., *Derecho Civil I (Personas)*, Caracas, 1963, pp. 351 y ss.; sobre la inhabilitación política, véase Tulio Chiossone, *Anotaciones al Código Penal Venezolano*, Caracas, 1932, p. 117.

14   Artículo 112 de la Constitución

Además de gozar de todos los derechos y deberes que la Constitución consagra, garantiza y obliga para toda persona humana, nacional o extranjera, ciudadano o no, los ciudadanos gozan de ciertos derechos con carácter de exclusividad, y que son el derecho activo y pasivo al sufragio, el derecho a desempeñar funciones públicas, el derecho de asociarse en partidos políticos y el derecho de manifestar pacíficamente y sin armas[15].

2. El derecho del sufragio

La Constitución consagra tanto el derecho activo como el derecho pasivo al sufragio. En cuanto al derecho activo al sufragio[16], está consagrado en el artículo 110 de la Constitución, que establece que "son electores los venezolanos que hayan cumplido 18 años y no estén sujetos a interdicción civil ni a inhabilitación política".

En cuanto al derecho pasivo al sufragio, éste está regulado en el artículo 112 de la Constitución que establece, en realidad, dos derechos políticos: por una parte, consagra el derecho pasivo al sufragio, el derecho a ser electo dentro del régimen democrático; y por la otra, consagra el derecho a ejercer funciones públicas, aun cuando no sea mediante elecciones.

Nos interesa insistir en el derecho pasivo al sufragio, es decir, en el derecho a ser elegible. En tal sentido, el artículo prescribe que "son elegibles", es decir, tienen derecho pasivo al sufragio, los "electores..."; y los electores, de acuerdo al artículo anterior (111) son, como hemos visto, "todos los venezolanos, que hayan cumplido 18 años y no estén sujetos a interdicción civil ni a inhabilitación política". Pero para ser elegible no basta con reunir las condiciones para ser elector, sino que el artículo 112 agrega otras condiciones: es necesario que sepan leer y escribir, y que sean mayores de 21 años, lo que priva, por tanto, sobre la condición del elector de 18 años, y sin más restricciones que las establecidas en esta Constitución, y las derivadas de las condiciones de aptitud que para el ejercicio de determinados cargos exijan las leyes.

De la integración de estas dos normas constitucionales (Arts. 111 y 112) resulta entonces, que tienen derecho pasivo al sufragio (son elegibles):

Los venezolanos (por nacimiento o por naturalización), mayores de 21 años, no sujetos a interdicción civil ni a inhabilitación política, que sepan leer y escribir, sin más restricciones que las establecidas en la propia Constitución, y "las derivadas de las condiciones de aptitud que, para el ejercicio de determinados cargos, exijan las leyes".

Por tanto, no gozarán del derecho al sufragio pasivo los venezolanos que no puedan ser electores y que, por tanto, no gocen del derecho activo sufragio, que no sean mayores de veintiún años y que no sepan leer y escribir y que por tanto, hayan incumplido el deber de educarse.

---

15   Estos son los Derechos Políticos a que se refieren los .artículos 43 y 110 y siguientes de la Constitución. No son, por tanto, derechos políticos los de reunión (Art. 71 de la Constitución), y de asociación con fines lícitos (Art. 70 de la Constitución) que por ser derechos individuales, no son exclusivos de los ciudadanos y corresponden a todos los habitantes de la República.

16   Véase Allan R. Brewer-Carías, "Fundamentos Constitucionales del Sistema Electoral Venezolano", en *Revista de Derecho Público*, N° 15, Caracas, 1983, pp. 7 y ss

La norma constitucional, por otra parte, establece que, aparte de las restricciones antes señaladas, el derecho pasivo al sufragio estará sometido a las restricciones que ella misma establezca, consagrando un típico caso de reserva constitucional no regulable por ley (Art. 112).

El estudio detallado del derecho activo y pasivo al sufragio se realizará más adelante.

3. *El derecho a desempeñar funciones públicas*

A. *El principio constitucional*

Otro de los derechos exclusivos del ciudadano, y por tanto, de los venezolanos, es el de desempeñar funciones públicas. En efecto, el artículo 112 de la Constitución, establece que son aptos para el desempeño de funciones públicas los electores que sepan leer y escribir, mayores de veintiún años, sin más restricciones que las establecidas en la propia Constitución y las derivadas de las condiciones de aptitud que, para el ejercicio de determinados cargos, exijan las leyes; y por supuesto, para ser elector, se requiere ser venezolano de acuerdo a la Constitución (Art. 111). Por ello, en nuestro criterio está fuera de dudas el hecho de que el ejercicio de funciones públicas sea un derecho político[17].

En cuanto a las restricciones se destacan las siguientes: respecto a la edad, la Constitución ha establecido una serie de restricciones para determinados cargos públicos[18]. Por otra parte, en cuanto a la aptitud para el desempeño de las funciones públicas, la Ley de Carrera Administrativa de 1970, establece, como principio, que los empleados serán seleccionados de acuerdo con sus méritos, cuya apreciación debe hacerse por medio de exámenes o evaluaciones a fin de determinar la idoneidad y habilidad para desempeñar el puesto optado. Las leyes exigen además, y de acuerdo al cargo público de que se trate, una serie de requisitos de idoneidad intelectual.

B. *El régimen legal*

De acuerdo a lo establecido en el artículo 122 de la Constitución, la ley debe regular la carrera administrativa mediante normas de ingreso, ascenso, traslado, sus-

---

17   La Corte Primera de lo Contencioso-Administrativo en sentencia de 27-6-84, en cambio, resolvió en forma inconveniente, que el ejercicio de cargos públicos no es un derecho político, exclusivo de los venezolanos. Lamentablemente, la Corte Primera, para decidir un asunto circunstancial de si un extranjero podría desempeñar un cargo docente en un instituto oficial, desconoció el principio tradicional de nuestro ordenamiento que reserva a los venezolanos el ejercicio de cargos públicos, y ello lo hizo en razón a una interpretación parcial e incompleta del artículo 112 de la Constitución al señalar que "el ejercicio de un cargo público es un derecho político sólo en la medida en que tal cargo deba ser provisto mediante elección, lo cual implica que los cargos provistos por otras vías (designación, accesión, nombramiento), no constituyen un derecho político". Confundió así la Corte Primera dos derechos políticos: el derecho a ser elegido (derecho pasivo al sufragio) y el derecho a desempeñar funciones públicas; derechos ambos distintos real e históricamente, como lo demuestra el documentado Voto Salvado a dicha sentencia, que no pueden ni deben confundirse. Véase la sentencia en *Revista de Derecho Público*, N° 19, Caracas, 1984, pp. 98 y ss.

18   Véase los artículos 195, 201, 213, 219 y 237 de la Constitución

pensión, retiro de los empleados de la Administración Pública Nacional, y proveer su incorporación al sistema de seguridad social.

Esta ley prevista en el texto constitucional, fue dictada el 4 de septiembre de 1970 con el nombre de Ley de Carrera Administrativa[19], la cual contiene dos tipos de regulaciones distintas que deben diferenciarse: por una parte establece un estatuto para el funcionario público y por la otra, regula un sistema de administración de personal.

En cuanto al estatuto del funcionario público, donde realmente está la innovación de la ley, éste se refiere a los deberes y derechos de los funcionarios públicos, los cuales hasta 1970 estaban regulados dispersamente en nuestro ordenamiento jurídico. En cuanto al sistema de administración de personal, la ley consolidó las bases establecidas durante los años sesenta por la Comisión de Administración Pública, para una racional administración del personal al servicio del Estado.

Esta ley, aun cuando nueva en su sentido orgánico, tenía muchos antecedentes en la legislación venezolana, por lo que, contrariamente a lo que normalmente se señalaba de que no existían en nuestro ordenamiento jurídico suficientes normas relativas a los funcionarios públicos, realmente hay que reconocer que había una respetable cantidad de leyes y disposiciones reglamentarias dispersas; que iban desde las propias normas constitucionales relativas al estatuto del funcionario, hasta una serie de leyes básicas, como por ejemplo, la Ley de Responsabilidad de los Empleados Públicos del año 1912; la Ley de Juramento del año 1945; la Ley contra el Enriquecimiento Ilícito de Funcionarios y Empleados Públicos del año 1954; y la Ley de Pensiones del año 1922.

Por otra parte, dentro de los antecedentes de la Ley, es importante destacar el famoso Decreto N° 394 de 14 de noviembre de 1960, mediante el cual se establecieron las bases de ese sistema de administración de personal que la Ley consolidó.

Debe insistirse en estos, antecedentes porque la Ley, si bien fue novedosa desde el punto de vista orgánico, en realidad no partía de la nada. Por ejemplo, la Oficina Central de Personal que la Ley creó, era una oficina que materialmente tenía diez años de funcionamiento en la Comisión de Administración Pública, y los sistemas de administración de personal cuya conducción se le atribuyó, eran sistemas que la Comisión de Administración Pública venía desarrollando desde el año 1960. En esta forma los sistemas de clasificación y remuneración[20], y de reclutamiento y selección de personal[21], eran sistemas que ya estaban funcionando en la Administración Pública Nacional. Por tanto, la Ley fue la culminación de un largo proceso de implantación de un sistema racional de administración de personal; aparte de que le confirió carácter formal al mismo. En efecto, hasta 1970, el sistema de administración de personal venía funcionando a través de la práctica y la costumbre administrativa. Por ejemplo, el sistema de clasificación de cargos que se aplicaba y el Manual de Clases

---

19   Véase en Gaceta Oficial N° 1.745 Extraordinaria de 23-5-75. Sobre el tema véase Allan R. Brewer-Carías, El Estatuto del Funcionario Público en la L e y de Carrera Administrativa, Caracas, 1971.

20   Artículos 40 a 44. En las notas sucesivas, cuando no se señala el nombre de la Ley, los artículos citados son los de la Ley de Carrera Administrativa.

21   Artículos 35 a 39.

de Cargos que regía en la Administración, era un manual que nunca se adoptó por ningún acto formal del Estado; fue adoptado por la práctica y parcialmente por el control que se ejerció, tanto en la Dirección General de Presupuesto del Ministerio de Hacienda, al exigir la presentación de los proyectos de presupuestos de personal de acuerdo a las clases de cargos en él determinados, como por la propia Comisión de Administración Pública a través de los mecanismos de registro y control de personal. Asimismo, el sistema de remuneración y las escalas de sueldos vigentes en la Administración en 1970, se aplicaban por costumbre y prácticas administrativas, por exigencias del organismo de control que funcionaba en la propia Comisión o, por la Dirección General de Presupuesto, pero no porque hubiera habido ningún acto que le diera formal vigencia[22].

De esta manera, mediante la Ley se consolidó el sistema y adquirió un importante carácter formal desde el punto de vista jurídico. La Oficina Central de Personal, que creó la Ley, por tanto, absorbió todas las funciones que venía desarrollando la Oficina Central de Personal dentro de la Comisión de Administración Pública[23].

Por otra parte, desde el punto de vista del proceso de reforma administrativa es evidente que con la Ley de Carrera Administrativa de 1970, uno de los tres aspectos de la reforma entró en una fase ejecutiva.

En efecto, la Comisión en esa época desarrollaba tres grandes áreas de reforma: la reforma de las estructuras; la reforma de los sistemas y del funcionamiento de la Administración; y la reforma de la función pública[24]. Precisamente en esta tercera área, con la Ley de Carrera Administrativa de 1970 se dejó la fase de la mera asesoría, que era lo que venía realizando la Comisión durante los años sesenta, y se pasó a una fase de ejecución por lo que se estructuró en la Ley la Oficina Central de Personal, pero con un carácter ejecutivo para llevar adelante lo que ya se había consolidado.

Esta Ley, cuando regula los dos aspectos señalados, el sistema de administración de personal y el estatuto de funcionario público, lo hace en una forma muy general; casi podríamos decir que se trata de una Ley Cuadro, es decir, de una Ley que establece los principios generales que determinan los derechos y deberes y las bases del mismo sistema de administración de personal; pero cuya aplicabilidad está sujeta, en primer lugar, a una amplia reglamentación de parte del Ejecutivo Nacional, y en segundo lugar, a una labor bastante grande de interpretación, tanto por la Oficina Central de Personal como por los Tribunales de la Carrera Administrativa[25].

---

22   La Ley de Carrera Administrativa en contraste exigió que tanto el sistema de clasificación como el de remuneración sean aprobados por Decreto Ejecutivo. Artículos 40 y 43.

23   Artículo 8

24   14. Véase la Instrucción Presidencial RA-I de 13 de mayo de 1970, mediante la cual se establecen los Lineamientos Generales de la Reforma Administrativa en la Administración Pública Nacional, en Gaceta Oficial N° 29.214 de 13-5-70. Véase además el Informe sobre la *Reforma de la Administración Pública Nacional*, Caracas, 1972, Tomo I.

25   Artículo 65. Los diversos Reglamentos que habían sido dictados para ejecutar la ley entre 1971 y 1981 fueron refundidos en uno solo: el Reglamento General de la Ley de Carrera Administrativa, dictado en enero de 1982.

En efecto, la propia Ley[26] atribuye a la Oficina Central de Personal, como una de sus funciones, la de evacuar las consultas que le sometan todos los organismos públicos en relación a la aplicación de la Ley, porque, evidentemente, la Oficina Central de Personal ha cumplido una labor importante en la interpretación y aplicación de la misma. En este sentido, la Ley introdujo una innovación en el ordenamiento jurídico venezolano en materia de recursos contencioso-administrativos, al consagrar por primera vez en forma expresa, el recurso contencioso-administrativo de interpretación, es decir, la posibilidad de acudir ante el Tribunal contencioso-administrativo, para solicitar la interpretación de la Ley [27]

Estas dos atribuciones, la de la Oficina Central de Personal y la del Tribunal de la Carrera Administrativa en materia de interpretación, confirman la importancia que en relación a la Ley ha tenido su aplicación y su interpretación sucesiva, aparte de su reglamentación. La Oficina Central de Personal, en este sentido, ha sido el organismo que ha evacuado todas las consultas y establecido criterios uniformes de interpretación para los diversos Despachos.

Ahora bien, aun cuando no podremos referirnos a los múltiples problemas que la Ley suscita, debemos plantear algunos aspectos fundamentales de la Ley en torno al Estatuto del Funcionario Público que, es uno de los aspectos básicos de los que ella regula.

C. *La naturaleza de la relación jurídica que surge entre el funcionario público y el Estado*

El aspecto fundamental que prevé la Ley respecto al estatuto del funcionario público es el de la naturaleza jurídica de la relación que se establece entre el Estado y el funcionario. ¿Cuál es la naturaleza jurídica de esta relación? Para responder esta pregunta quizás habría que comenzar por señalar en forma casi absolutamente radical, que las teorías contractualistas de derecho privado que trataban de explicar la relación entre el funcionario y el Estado con una base contractual, sólo tienen interés histórico; es decir, en la actualidad no puede sostenerse válidamente que la relación jurídica que se establece entre el Estado y el funcionario público pueda tener una base contractual y mucho menos de derecho privado. Ciertamente que algunas teorías sobre la naturaleza jurídica de dicha relación siguen sustentándose en base a una tesis contractual, pero de derecho público, propia de un contrato de Derecho Administrativo que se celebra entre el funcionario y el Estado, pero también estas teorías, por su mismo fundamento contractualista, están totalmente superadas en la teoría del Derecho Administrativo y en todos los sistemas que conocen de un estatuto del funcionario público.

Posición casi unánime en este aspecto del estatuto del funcionario público y sus relaciones con la Administración, es, por tanto, la de que dicha relación jurídica tiene una base estatutaria, es decir, una base reglamentaria, en la cual la situación del funcionario público está regulada en forma unilateral por el Estado, particularmente en relación a las normas sobre ingreso, ascenso, traslado, suspensión y retiro

26 Artículo 10, ordinal 49
27 Artículo 65

de los funcionarios conforme al artículo 122 de la Constitución. Se trata de una situación jurídica general impersonal, objetiva, establecida en forma unilateral, y que, como cualquiera otra situación jurídica general, impersonal y objetiva, es esencialmente modificable por el Estado, o por su Administración en los casos en que tenga competencia. Se trata, por tanto, de una situación jurídica general preexistente y fijada unilateralmente a la cual el funcionario público ingresa en virtud de un acto administrativo unilateral, y que ha sido establecida previamente por el Estado, independientemente de su voluntad. El funcionario ingresa en dicha situación jurídica general preexistente, en virtud de un acto condición, esto es, según la doctrina, a través de un acto mediante el cual se coloca a una persona en una situación jurídica general preexistente.

Ahora bien, es conveniente destacar que frente a estas situaciones jurídicas generales preexistentes, típicas del status del funcionario público, no pueden alegarse derechos adquiridos cuando surjan modificaciones a dicho status. Esto vale la pena aclararlo por las consecuencias que origina: si por ejemplo en la actualidad se consagra el derecho a la estabilidad en el cargo para los funcionarios públicos[28], ello no implica que dicho derecho sea inmutable; al contrario, el legislador podría inclusive eliminarlo y frente a ello el funcionario público no podría alegar un derecho adquirido a la estabilidad, por ser parte de una situación jurídica general preexistente, modificable esencialmente por la misma vía general por la cual ha sido estatuida.

Esto es uno de los puntos más importantes y que en nuestra opinión, constituye una de las bases de interpretación de la Ley: siendo una situación jurídica general preexistente la que caracteriza el *status* del funcionario y, por tanto, siendo de carácter estatutario la relación jurídica que surge entre el funcionario y el Estado, con ausencia total de forma contractual, la interpretación que deba dársele a la Ley debe estar orientada por los criterios propios del Derecho Administrativo. Por ello, para la consideración jurídica de las situaciones estatutarias como la de la función pública, no pueden utilizarse soluciones o interpretaciones propias del Derecho Laboral o Derecho del Trabajo, como un derecho que tiene por objeto regular las relaciones contractuales que se establecen bilateralmente entre un trabajador y su patrono; relaciones jurídicas de carácter subjetivo, personal y bilateral, diferentes a las que surgen entre el Estado y el funcionario público.

Por tanto, uno de los principios fundamentales que hay que tener presente en la aplicación e interpretación de la Ley de Carrera Administrativa, es el que no debe recurrirse a la legislación laboral y especialmente a la Ley Orgánica del Trabajo, para la aplicación de la Ley, salvo en lo que respecta a las previsiones del artículo 8° de la misma, tal como se señala más adelante.

D.   *Los diversos regímenes previstos en la Ley*

En términos generales, y manteniéndonos en el campo de los principios generales y de los aspectos fundamentales que la Ley establece, hay que distinguir dentro de ella varios regímenes aplicables a las diversas situaciones jurídicas en que pueden

---

28   Artículo 17

encontrarse los funcionarios frente al Estado; es decir, la Ley no establece un régimen único para todos los funcionarios.

Antes de analizarlos, es conveniente señalar que si bien ella se destina a los funcionarios, empleados o servidores públicos, en la misma se insiste en que no hay distinción entre ninguna de estas categorías, poniéndose fin así, a los efectos de esta Ley, a la célebre distinción doctrinaria entre el funcionario público, quien tiene facultades de decisión y el empleado, mero ejecutor de decisiones que dictan los funcionarios[29]. Esta distinción, a los efectos de la Ley, no tiene ninguna vigencia, pues el estatuto del funcionario que la Ley establece se aplica por igual al más alto funcionario público, como un Ministro, hasta al más humilde de los servidores públicos; los deberes y derechos son comunes tanto a uno como a otros, por lo que la distinción entre los funcionarios y los empleados, como bien lo aclara el artículo 1° de la Ley, no tiene mayor relevancia respecto a ella.

Por tanto, la Ley se aplica a todos los empleados, funcionarios o servidores públicos, con unas exclusiones expresas y con ausencia total de discriminaciones. En cuanto a las exclusiones, éstas son enumeradas en el artículo 5 de la Ley, donde se regulan, fundamentalmente, las categorías de funcionarios públicos a los cuales no se destina la Ley, agregándose sólo, a título de aclaratoria, que tampoco se aplica a los trabajadores al servicio del Estado, pues no son funcionarios públicos.

La Ley, lamentablemente, no estableció absolutamente nada respecto a otra categoría de personas que prestan servicios en la Administración, que no son funcionarios públicos, y que lo hacen con base contractual; éstos son los contratados por los Ministerios y demás organismos públicos, figura muy común sobre todo en el ámbito profesional, que no está regulada por la Ley. En el proyecto original de la Ley que se presentó en abril de 1970 al Congreso, se había previsto una norma en relación a los contratados para dejar abierta su regulación posterior por vía del Reglamento, la misma fue eliminada por las Cámaras Legislativas, posiblemente con el objeto de que la figura de los contratos desapareciera paulatinamente, lo que en la práctica de la administración nos demuestra que no tendría sentido. En todo caso, sí es necesario señalar que los contratados no pueden ser considerados como funcionarios públicos, por lo que no se les aplica la Ley en términos generales, sino que sus condiciones de trabajo deberán establecerse en los respectivos contrarios. En todo caso, estimamos que la práctica ha obligado a aplicar ciertas normas de la Ley a los contratados, como por ejemplo, las que se refieren a los deberes, que se aplican en virtud de la misma naturaleza de la relación contractual que se establece entre un profesional o un técnico y la Administración[30].

Precisamente, esta ausencia de regulación legal expresa sobre los contratados en la Administración Pública, origina la necesidad de que deba ponerse mayor cuidado en la redacción de los contratos que se suscriban entre los organismos públicos y los profesionales o técnicos que presten servicio a los mismos, en tal sentido de que al no existir un estatuto legal aplicable a ellos, el contrato debe regular más exhausti-

---

29   Artículo 1°, Parágrafo Único
30   Artículos 27 y ss

vamente los deberes y derechos y sus relaciones con el Estado, por lo que muchos de los principios que la Ley establece deben ser incorporados a los contratos.

Ahora bien, la Ley distingue tres categorías de funcionarios: los funcionarios de carrera, los funcionarios de libre nombramiento y remoción, y aun cuando no lo dijera expresamente, distinguía una tercera categoría, constituida por los funcionarios que para el momento en el cual entró en vigencia, estaban al servicio de la administración, Respecto de estas categorías la Ley estableció diversos regímenes.

a. *El régimen general y común para todos los funcionarios públicos*

En primer lugar, el régimen general y común aplicable a todos los funcionarios públicos sometidos a las disposiciones de la Ley. Este régimen general y común, que es la base del estatuto del funcionario público en Venezuela, rige tanto respecto de los funcionarios de libre nombramiento y remoción como respecto de los funcionarios de carrera; es decir, se aplica a todos los funcionarios públicos sea cual fuere su categoría y abarca fundamentalmente los siguientes aspectos en líneas generales.

En primer lugar, el régimen relativo a la gestión de la función pública que consagra la Ley en su artículo 6o al 16, el cual se aplica a todo tipo de funcionario, ya que se refiere a los aspectos de competencia y trámite en el campo de la administración de personal.

En segundo lugar, el régimen relativo a los deberes e incompatibilidades[31], también aplicable a todos los funcionarios públicos, por lo que, por ejemplo, el deber de secreto lo tiene, tanto un Ministro como un portero, sin ningún tipo de distinción, dentro de la categoría de funcionario.

En cuanto al régimen relativo a los derechos, sin embargo, sí hay algunas limitaciones. Se puede decir que todos los derechos rigen para todos los funcionarios públicos con excepción de los reservados exclusivamente a los funcionarios de carrera y que son, el derecho a la estabilidad y a ser retirados por causas específicas que establece la Ley[32]; el derecho al ascenso[33], el derecho a obtener una indemnización de antigüedad y cesantía al renunciar o ser retirado de sus cargos. Salvo estos tres casos, todos los otros derechos, es decir, el derecho de ser informado de sus funciones[34], el derecho a la vacación anual[35], el derecho a la bonificación de fin de año[36], el derecho a jubilación[37], el derecho a sindicación[38], el derecho a la remuneración[39] y el derecho a licencias y permisos[40], se aplican a todos los funcionarios

---

31   Artículos 28 a 33
32   Artículos 17 y 53
33   Artículo 19
34   Artículo 18
35   Artículo 20
36   Artículo 21
37   Artículo 22
38   Artículo 23
39   Artículo 24
40   Artículo 25

públicos, inclusive, el derecho de los causahabientes a recibir una indemnización en caso de muerte del funcionario[41]. Todos estos derechos, insisto, rigen desde el mismo momento en que la Ley se dictó y se aplican a cualquier categoría de funcionarios; por ejemplo, la vacación o la bonificación anual[42] es un derecho que tiene, tanto el funcionario de carrera como el de libre nombramiento y remoción, sea cual fuere la clase o categoría de funciones o de cargos que desempeñen.

En cuarto lugar, también se aplican a todos los funcionarios públicos todas las normas relativas al sistema de administración de personal, tales como las que se refieren a los ingresos, clasificación de cargos, remuneraciones, calificación de servicios y adiestramiento[43].

Por otra parte, los mecanismos relativos a la destitución[44], también se aplican a todos los funcionarios públicos, de modo que a un funcionario de libre nombramiento y remoción, aun siendo de libre remoción, si se le quiere destituir como consecuencia de una falta disciplinaria, es necesario que para ello se cumpla con los requisitos previstos en el artículo 62. Por tanto, si por ejemplo, a un Ministro se lo va a destituir como sanción disciplinaria, deberá cumplirse con los requisitos del señalado artículo 62 de la Ley, lo que no impide que pueda ser removido sin ningún tipo de argumento, en virtud de ser un funcionario de libre nombramiento y remoción.

b.   *El régimen especial aplicable sólo a los funcionarios de carrera*

En cuanto a los funcionarios de carrera, éstos tienen un régimen especial el cual está caracterizado por la reserva que les hace la Ley de tres derechos que ya señalé.

El primero de estos derechos es el de la estabilidad y a ser retirados del servicio sólo por causas específicas legalmente establecidas. Ambos derechos están íntimamente unidos, por lo que el artículo 17 de la Ley debe ser interpretado en conexión con el artículo 53 de la misma, en el sentido de que las causas de retiro previstas en este último son consecuencia de una estabilidad que implica el derecho a ser retirado sólo por determinadas causas. El artículo 53 de la Ley, aisladamente, por tanto, no tiene vigencia sin conexión con el artículo 17 relativo a la estabilidad. Este último artículo lo aclara, al señalar que los funcionarios de carrera tendrán estabilidad en el ejercicio de su cargo, agregando que "sólo podrán ser retirados por las causas específicas establecidas en la Ley", por lo que el artículo 53 relativo al retiro, sólo se aplica a los funcionarios de carrera.

En cuanto a los funcionarios de carrera, esta categoría surgió a medida que la Oficina Central de Personal fue concediendo los certificados de carrera, por la aplicación de las diversas normas de ingreso a la carrera administrativa destinada a los nuevos funcionarios públicos[45], o a los funcionarios que prestaban sus servicios en

---

41   Artículo 84

42   Artículo 21

43   Artículo 34 y siguientes

44   Artículo 62

45   Artículo 35

la Administración, y que fueron incorporados progresivamente, con los exámenes y los concursos, a dicha carrera administrativa[46].

Por otra parte, en cuanto a los derechos, también se reservan a los funcionarios de carrera el derecho al ascenso[47] y el derecho a percibir una indemnización por mérito de acuerdo a los motivos del artículo 53 de la Ley, conforme a lo prescrito en el artículo 26.

Otras normas de la Ley también se reservan en particular a los funcionarios de carrera, como por ejemplo, las normas sobre ingreso y reingreso a la carrera administrativa y sobre nombramientos de los funcionarios de carrera[48] que son consecuencia precisamente de la carrera administrativa; las normas relativas a las situaciones administrativas de los funcionarios de carrera, que están contenidas en los artículos 50, 51, 52 y 54 relativas al servicio activo: los permisos especiales originados en los casos en que un funcionario de carrera se lo nombra para un cargo de libre nombramiento y remoción; la situación de los traslados; y la situación de disponibilidad. Estas últimas son normas que regulan situaciones administrativas que sólo pueden darse respecto a los funcionarios de carrera.

E.   *Los supuestos de aplicabilidad de la Ley del Trabajo a los funcionarios públicos*

a.   *La situación antes de 1990*

La consecuencia de los regímenes indicados, tal como señalábamos al inicio, era que al Estatuto del Funcionario Público no se debían integrar las normas de la Ley del Trabajo, lo que no implicaba, sin embargo, que la Ley del Trabajo no pudieran aplicarse a los funcionarios públicos.

El principio general de la inaplicabilidad de dicha Ley a los funcionarios públicos hasta 1990 lo podíamos derivar, no sólo del carácter estatutario de la relación jurídica que analizamos, sino de la propia Ley del Trabajo y su Reglamento. Bien sabemos que esa Ley excluía expresamente a los funcionarios públicos de su ámbito de aplicación[49] y el Reglamento confirmaba dicha inaplicabilidad, por ello, la Ley de Carrera Administrativa de 1970, con la estructuración de este Estatuto del Funcionario Público, vino a ratificar lo que ya había establecido la Ley del Trabajo.

Pero insistimos, a pesar de ser este principio general, consecuencia de ese régimen estatutario previsto en la Ley de Carrera Administrativa, existían ciertos supuestos en que la Ley del Trabajo debía aplicarse por remisión expresa de la propia Ley de Carrera Administrativa. En efecto, la Ley de Carrera Administrativa emplea la expresión Ley del Trabajo en tres artículos. En primer lugar, en el artículo 5",

---

46   Artículo 66 y siguiente

47   Artículo 19

48   Artículo 35 y siguiente, y artículo 63

49   Artículo 6 de la Ley del Trabajo: "No están sometidos a las disposiciones de esta Ley y de su Reglamentación, los miembros de los Cuerpos Armados ni los funcionarios o empleados públicos...". Artículo 2° del Reglamento de la Ley del Trabajo: "Las autoridades, funcionarios y empleados no se considerarán como trabajadores para los efectos de la Ley del Trabajó ni de este Reglamento".

cuando excluye a los trabajadores al servicio del Estado del ámbito de aplicación de la Ley de Carrera Administrativa, y remite a la Ley del Trabajo en cuanto a los obreros. La excepción, sin embargo, no es propiamente en este caso, sino en los otros dos supuestos. Concretamente, en el artículo 26 de la Ley de Carrera Administrativa, que remite a la Ley del Trabajo en cuanto a las prestaciones que deben pagarse a los funcionarios de carrera cuando son separados de la Administración por cualquiera de los motivos de retiro previstos en el artículo 53. El otro supuesto está contenido en el artículo 83, el cual establece el derecho de los causahabientes de todos los funcionarios públicos a percibir una indemnización en caso de muerte, supuesto en el que la Ley utiliza también claramente la expresión Ley del Trabajo. Estos dos casos, por tanto, eran los únicos en los que la Ley del Trabajo tenía vigencia respecto de los funcionarios públicos.

Por eso podíamos decir en términos generales, que la Ley del Trabajo sólo se integraba en el estatuto del funcionario público en aquellos casos en los que la propia Ley de Carrera Administrativa remitía a ella, remisiones que se referían, única y exclusivamente, a las prestaciones que en diferentes supuestos tenían derecho a percibir los funcionarios públicos, según las diversas categorías de los mismos. Además, por supuesto, la Ley del Trabajo se aplicaba a ciertas categorías de funcionarios públicos en los términos en los cuales leyes especiales remitían a la misma, como había sucedido por ejemplo, en la Ley Orgánica de Educación de 1980 respecto a los maestros.

Ahora bien, el primer supuesto relativo al derecho a percibir prestaciones sociales exclusivo de los funcionarios de carrera esta regulado en el artículo 26 y en el artículo 53, de la Ley de Carrera Administrativa o sea, como consecuencia del retiro de la función pública. En este caso se evidencia una especie de duplicidad en la remisión legal, ya que el artículo 26 remite al artículo 53, y luego el artículo 54 remite al artículo 26. Esta imperfección surgió como consecuencia de las discusiones que hubo en el Congreso en relación al proyecto original y a los acuerdos a nivel político que se realizaron concretamente, sobre las normas del artículo 26, del artículo 52, ordinal 2° y del artículo 53 de la Ley de 1970.

El otro supuesto de derecho al pago de prestaciones sociales, aparte del primero reservado a los funcionarios de carrera, está consagrado como supuesto general aplicable a cualquier tipo de funcionario y es el que se prevé respecto a los sobrevivientes, herederos o sucesores de un funcionamiento fallecido, de recibir una indemnización regulada expresamente en el artículo 84 de la Ley.

Estos son los últimos supuestos en los que, en virtud de la Ley de Carrera Administrativa, se aplicaban las normas de la Ley del Trabajo y en los cuales la Ley consagra prestaciones sociales.

Ahora bien, las prestaciones que preveía la Ley del Trabajo y que se aplicaban a los funcionarios eran la antigüedad y la cesantía.

La antigüedad, que regulaba por el artículo 37 de la Ley del Trabajo se aplicaba en términos generales. La Ley de Carrera Administrativa trae sólo algunas precisiones, exclusivamente destinadas a los funcionarios de carrera, en cuanto al cómputo de la antigüedad.

En efecto, el artículo 50 prevé dos casos en los cuales debe tenerse en cuenta, cuando se vaya a computar la antigüedad respecto a los funcionarios de carrera exclusivamente: el tiempo transcurrido en cargos de elección popular o de libre nombramiento y remoción, así como el tiempo transcurrido al servicio de diversos organismos públicos nacionales, estadales o municipales antes de ingresar a la carrera administrativa. Por tanto, a los efectos de aplicación de las normas sobre antigüedad a los funcionarios de carrera, es necesario tener en cuenta estas dos normas.

En materia de cesantía, también regía la Ley del Trabajo en toda su extensión.

Aparte de lo indicado no había otras prestaciones, por lo que no había posibilidad de aplicar criterios sobre utilidades ni sobre vacaciones, ya que la misma Ley de Carrera Administrativa traía normas específicas respecto a estas últimas.

b.   *La situación después de la promulgación de la Ley Orgánica del Trabajo de 1990*

La Ley Orgánica del Trabajo de 1990 puede decirse que hasta cierto punto ratificó el régimen estatutario del funcionario público extendiendo, sin embargo, la aplicabilidad de la Ley del Trabajo a los mismos, al establecer en su artículo 8 lo siguiente:

Art. 8. Los funcionarios o empleados públicos nacionales, estadales o municipales se regirán por las normas sobre carrera administrativa nacionales, estadales o municipales según sea el caso, en todo lo relativo a su ingreso, ascenso, traslado, suspensión, retiro, sistema de remuneración, estabilidad y régimen jurisdiccional; y gozarán de los beneficios acordados por esta Ley en todo lo no previsto en aquellos ordenamientos.

Los aspectos enumerados en esta forma, que básicamente son los mismos indicados en el artículo 122 de la Constitución, constituyen la médula del régimen estatutario en el sentido de que legalmente deben ser objeto de regulación por el Congreso, en la Ley de Carrera Administrativa y deben ser, además, establecidos en forma unilateral, no pudiendo ser objeto de convenciones colectivas de trabajo.

En este sentido es que debe interpretarse la segunda parte del artículo 8° de la Ley Orgánica del Trabajo, que dispone lo siguiente:

"Los funcionarios o empleados públicos que desempeñen cargos de carrera, tendrán derecho a la negociación colectiva, a la solución pacífica de los conflictos y a la huelga de conformidad con lo establecido en el Título VII de esta Ley, en cuanto sea compatible con la índole de los servicios que prestan y con las exigencias de la Administración Pública.

Los obreros al servicio de los entes públicos estarán amparados por las disposiciones de esta Ley.

En consecuencia, en cuanto a los beneficios acordados en la Ley Orgánica del Trabajo distintos a los que enumera la Ley como formando parte del régimen estatutario, se aplican íntegramente a los funcionarios o empleados públicos. En esta forma, las normas de la Ley de Carrera Administrativa que remiten a la Ley del Trabajo en cuanto a las prestaciones sociales de antigüedad y cesantía, a partir de 1990 dejaron de ser limitativas en relación a los otros beneficios.

F. Las incompatibilidades

El artículo 123 de la Constitución establece que "nadie podrá desempeñar a la vez más de un destino público remunerado, a menos que se trate de cargos académicos, accidentales, asistenciales, docentes, edilicios o electorales que determine la ley. La aceptación de un segundo destino que no sea de los exceptuados en este artículo implica la renuncia del primero, salvo los casos previstos en el artículo 141 o cuando se trate de suplentes mientras no reemplacen definitivamente al principal"[50].

Este principio constitucional ha sido tradicional en nuestra evolución constitucional[51], por lo que también ha sido tradicional en nuestras Constituciones el principio de la "incompatibilidad de diversos destinos públicos" como lo indica la Exposición de Motivos de la Constitución[52], especialmente referida, esa incompatibilidad, a los *destinos públicos remunerados.*

La norma constitucional, aunque escueta y esquemática, indudablemente sienta las bases en Venezuela para el establecimiento de un régimen de incompatibilidades de funciones públicas, que responde a una tendencia de los Estados contemporáneos, que ven en su aplicación una garantía de buena administración, de objetiva gestión de los intereses generales y de eficacia de los servicios públicos.

Los objetivos del régimen de incompatibilidades son diversos, de acuerdo a cada sistema jurídico y a cada legislación positiva. Así, se ha señalado[53] que los objetivos fundamentales a que puede responder un sistema legal de incompatibilidades son los siguientes: a) La defensa y garantía del interés público en la actuación de las autoridades; b) La dedicación de los funcionarios al cargo público y sus exigencias; c) La ordenación del mercado de trabajo. Por otra parte, es común la opinión de que toda la incompatibilidad tiene sus fundamentos en el *deber de dedicación,* característico del funcionario público.

Sin embargo y ello en nuestro criterio es evidente, la indicada norma constitucional, no sólo consagra una incompatibilidad de cargos públicos pura y simplemente, identificándose en este caso el concepto de cargo público con el más amplio de destino público, empleado por la Constitución; sino que también consagra una incompatibilidad de remuneraciones en los diversos destinos públicos que pueda tener una persona, identificándose el término "destino público" en este sentido, con cualquier forma de servicio al Estado o de remuneración pagada por el Estado en razón de servicios que han sido prestados a él.

Por tanto, no compartimos el criterio que identifica al término "destino público" sólo con "cargo público".

---

50   La excepción prevista en el artículo 141 de la Constitución se refiere a que "los Senadores y Diputados podrán aceptar cargos de Ministros, Secretario de la Presidencia de la República, Gobernador, Jefe de Misión Diplomática o Presidente de Institutos Autónomos, sin perder su investidura"

51   Artículo 46 de la Constitución de 1936: artículo 91 de la Constitución de 1947 y artículo 46 de la Constitución de 1953.

52   Véase en *Revista de la Facultad de Derecho*, UCV., N° 21, Caracas, 1961, p. 390.

53   Véase E. Serrano Quirado. *Las incompatibilidades de Autoridades y Funcionarios*, Institutos de Estudios Políticos, Madrid, 1956, p. 31.

Si bien la norma constitucional es de interpretación restrictiva, ya hemos señalado que la Constitución no puede ser interpretada aisladamente[54]. En efecto, la Constitución, si bien es la norma suprema del Estado, tal como lo ha declarado la jurisprudencia de nuestro máximo tribunal[55], ella no puede ser interpretada aisladamente. La interpretación de las normas constitucionales como de toda norma jurídico-positiva, debe ser hecha atribuyéndole a la disposición el sentido que aparece evidente del significado propio de las palabras, según la conexión de ellas entre sí y la intención del constituyente en concordancia con todo el orden jurídico-positivo.

Así, diversos dispositivos legislativos y reglamentarios antes de 1970 habían consagrado la incompatibilidad de remuneraciones pagadas por el Estado respecto a los servidores permanentes o temporales del mismo, estableciendo, por ejemplo, que la aceptación, por parte de un empleado jubilado o pensionado por el Estado, de una nueva remuneración o sueldo por parte de organismos públicos, suspende el derecho a percibir la pensión mientras dure la causa de la suspensión[56].

---

54   Véase nuestro trabajo "La formación de la voluntad de la Administración Pública Nacional en los Contratos Administrativos". *Revista de la Facultad de Derecho*, N° 28, 1964, p. 77.

55   1942 (Memoria 1943, Tomo I, p. 295), ha establecido que la Constitución "es la prueba primordial de toda ley, hasta el punto de que no puede existir precepto alguno que colida con esa suprema ley que es la Carta Fundamental de la Nación".

Por otra parte la actual Corte Suprema de Justicia en Sala Político-Administrativa por sentencia de 14 de marzo de 1962 (véase en Gaceta Forense, N° 58, Caracas, 1967, pp. 213 a 245), ha establecido que "El concepto de supremacía constitucional implica que la Ley Fundamental sea no sólo superior a los demás cuerpos legales, sino que sobre ella no puede existir ninguna otra norma jurídica".

56   En este sentido, en Dictamen N° 33 de 4 de mayo de 1964, la Consultoría Jurídica del Ministerio de Justicia sostuvo lo siguiente: "la Consultoría considera que si el beneficiario de una pensión o jubilación, vuelve al servido de la Administración Pública Nacional, implícitamente está renunciando al derecho —que la ley le otorga y que ya había ejercido— a retirarse de dicho servicio y gozar de la pensión, como consecuencia de dicho retiro. Por ello, piensa la Consultoría que el pago de la pensión o jubilación debe suspenderse durante el tiempo en que su beneficiario está prestando nuevamente sus servicios a la mencionada Administración y restablécesele cuando cese en su prestación. Las pensiones, consecuencialmente, erróneamente pagadas durante ese término, en que legalmente han debido considerarse suspendidas, dan derecho a ser repetidas por el Estado... De otra parte, ha de tenerse presente que cuando la pensión, o jubilación, del funcionario —que es un «derecho» que la ley le otorga y, por consiguiente una obligación que la misma ley impone al Estado— obedece a anterior y prolongada prestación de sus servicios civiles personales el Estado mismo, la causa, económica y jurídicamente hablando, de esa obligación del Estado, es, ciertamente, esa prestación anterior de servicios: de modo que la pensión, o jubilación, no es otra cosa —y así lo entiende la previsión y la seguridad sociales, y hasta la Contabilidad misma— que una remuneración o salario diferidos en el tiempo".

Siendo así, como al menos materialmente lo es, el goce de una pensión, o jubilación, concedida por el Estado con tal motivo, es asimilable al goce de la remuneración de un destino público, aunque sin el desempeño de ese mismo destino; de modo que la situación, así creada y así entendida, puede considerársela incursa en la prohibición contemplada en el artículo 123 de la Constitución que dice: "Nadie podrá desempeñar a la vez más de un destino público remunerado, a menos que se tratare de cargos académicos accidentales, asistenciales, docentes, edilicios o electorales que determine la Ley . En esa inteligencia, puede considerarse, pues, que la consecuencia, derivada del hecho de que el beneficiario de una pensión o jubilación acepte un nuevo destino público, es la prevista también en el mismo precepto constitucional: "la aceptación de un segundo destino que no sea de los exceptuados en este artículo implica la renuncia del primero... ". De modo que, bajo ese otro aspecto, debe considerarse asimismo; pues la razón de ser de la norma constitucional no es tanto prohibir el desempeño simultáneo de más de un destino público, sino evitar que éstos sean al mismo tiempo reenumerados; debe considerarse —se repite— que dicho beneficio, por el hecho mismo de la aceptación de un nuevo destino público, renuncia,

Asimismo, en Resolución N° 181-A del Ministerio del Trabajo de 1° de noviembre de 1964 establecía, en el artículo 12, que "si el empleado a quien se hubiere acordado una pensión o jubilación llegase a desempeñar cargo remunerado, en cualquier organismo Nacional, Estadal o Municipal, el pago de la misma quedará suspendido por el tiempo en que ello ocurra. El beneficiario tendrá derecho, previa la correspondiente comprobación, a que el referido pago le sea restablecido al cesar en las funciones que determinaron la suspensión".

Con el mismo criterio, el artículo 8° del Reglamento Parcial N° 1° de la Ley del Personal del Servicio Exterior, de fecha 17 de febrero de 1961[57], establecía que "si el funcionario a quien hubiere sido acordada una pensión, llegare a desempeñar otro cargo en la Administración Pública, el pago de aquélla quedará suspendido por el tiempo en que ello ocurra. El beneficiario tendrá derecho, previa la correspondiente comprobación, a que la pensión le sea restablecida al cesar en las funciones que hubieren determinado su suspensión".

Por último, en el mismo sentido, la Ley de Pensiones para los ex-Presidentes de la República de 15 de diciembre de 1964, establece en su artículo 5° que: "No podrán disfrutar de sueldo o salario ni de ninguna otra pensión del Estado, quienes se acojan a los beneficios que esta ley les concede".

Y todo esto es evidente, ya que las pensiones y jubilaciones tienden únicamente a asegurar la subsistencia del empleado y su familia, y de ninguna manera pueden constituir una fuente de ingreso extraordinario para los beneficiarios, y de allí que para obtener pensión sea preciso carecer de bienes de fortuna y que no se permita la acumulación de estas pensiones, como disponían los artículos 11 y 18 de la vieja Ley de Pensiones[58].

En 1970, la Ley de Carrera Administrativa recogió esta tendencia al consagrar que "son incompatibles el goce simultáneo de dos o más pensiones o el disfrute de una pensión simultáneamente con un sueldo o remuneración proveniente del ejercicio de un cargo público"[59].

Por tanto, en referencia al punto concreto de los empleados públicos jubilados, esos mismos principios generales que se desprenden de la interpretación de la Constitución en concordancia con la Ley de Carrera Administrativa nos conduce a concluir que el beneficiario de jubilación no puede percibir ningún otro tipo de remuneración del Estado o demás personas públicas, aunque dicha remuneración provenga de cualquier tipo de prestación de servicios. Por tanto, el beneficiario de una jubilación no puede prestar servicios *remunerados* al Estado y gozar simultáneamente del

---

tácitamente, a la pensión o jubilación de que goza, al menos por el tiempo en que lo desempeñe; y, si tal renuncia no se ha hecho efectiva, el Estado podría repetir del beneficiario el monto de la pensión o jubilación pagadas durante el desempeño del mismo".

57 Publicado en *Gaceta Oficial*, N° 26.485 de 20 de febrero de 1961.

58 En este sentido se ha pronunciado la Procuraduría General de la República en Dictamen de 15 de mayo de 1963, publicado en Dictámenes de la Procuraduría General de la República 1963, Caracas, 1964, p. 176. Este criterio ha sido ratificado por la Procuraduría General de la República en el Dictamen N° 4.863 de la Sección de Asesoría del Estado de fecha de octubre de 1964.

59 Artículo 32.

beneficio de la pensión, sea que esos servicios se presten permanentemente por mandamiento o temporalmente por contrato.

4. *El derecho de asociarse en partidos políticos*

El tercer derecho exclusivo de los ciudadanos es el de asociarse en partidos políticos[60]. En efecto, el artículo 114 de la Constitución señala que "todos los venezolanos aptos para el voto tienen el derecho de asociarse en partidos políticos para participar, por métodos democráticos, en la orientación de la política nacional".

La Constitución dejó al legislador la labor de reglamentar "la constitución y actividad de los partidos políticos con el fin de asegurar su carácter democrático y garantizar su igualdad ante la ley", labor esta que se ha hecho realidad recientemente por la Ley de Partidos Políticos, Reuniones Públicas y Manifestaciones de 15 de diciembre de 1964[61]. El artículo 53 de dicha Ley derogó el Decreto N° 120 de 15 de marzo de 1951, emanado de la Junta de Gobierno de los Estados Unidos de Venezuela, sobre Garantías de Asociación y Reuniones publicado en la *Gaceta Oficial* N° 23.507 de la misma fecha, que regulaba someramente los partidos políticos en Venezuela.

Más adelante hacemos un análisis detallado del régimen de los partidos políticos.

5. *El derecho a manifestar pacíficamente*

Por último, y dentro de los derechos exclusivos de los ciudadanos, la Constitución en su artículo 115 señala textualmente que "loa ciudadanos tienen el derecho de manifestar pacíficamente y sin armas, sin otros requisitos que los que establezca la Ley". Este derecho configura otro de los derechos políticos previstos en la Constitución.

Distinto es el derecho de reunión consagrado en la Constitución dentro de los derechos individuales de las personas. En efecto, el artículo 70 de nuestra Carta Fundamental establece, que "todos tienen el derecho de reunirse, pública o privadamente, sin permiso previo, con fines lícitos y sin armas". Este derecho no es un derecho político, por lo que corresponde a todos los habitantes de la República, ciudadanos o no, venezolanos o extranjeros; en cambio, el derecho de manifestar pacíficamente corresponde, de acuerdo al texto expreso de la Constitución, a los ciudadanos nacionales.

---

60   El artículo 39 de la Ley de Partidos Políticos, Reuniones Públicas y Manifestaciones establece que "para afiliarse a un partido político se requiere ser venezolano, haber cumplido 18 años y no estar sujeto a inhabilitación política". A esto hay que agregar, conforme a los artículos 111 y 114 de la Constitución, que tampoco los venezolanos deben estar sujetos a interdicción civil para poder afiliarse a un partido político.

Por otra parte, el carácter de derecho de este poder de afiliarse en partidos políticos se desprende del artículo 24 de la Ley respectiva cuando establece, que "quienes de alguna manera coaccionen a trabajadores, empleados o funcionarios de su departamento para que se afilien a determinada organización política, serán castigados con multa de 500 a 1.000 bolívares o arresto proporcional. Si el infractor fuere funcionario público, incurrirá, además, en la pena de destitución del cargo sin que pueda nombrársele para desempeñar ninguna otra función pública durante seis meses a contar de la fecha de la sentencia".

61   Publicada en Gaceta Oficial de la República N° 27.620 de 16 de diciembre de 1964

Establecida esta diferencia que resulta evidente de la Constitución, debemos concluir que el artículo 36 de la reciente Ley de Partidos Políticos, Reuniones Públicas y Manifestaciones es inconstitucional. En efecto, dicho artículo establece: "*Todos los habitantes de la República* tienen el derecho de reunirse en lugares públicos o de manifestar, sin más limitaciones que las que establezcan las leyes". Esta disposición viola la Constitución, pues otorga a "*todos los habitantes de la República*" el derecho de manifestar cuando la Constitución, expresamente, reserva ese derecho a los ciudadanos como derecho político que es.

Sin embargo, analicemos someramente las normas de dicha ley en lo que se refiere a las manifestaciones públicas.

A. *La participación previa*

La ley, a pesar de que ha podido someter la realización de manifestaciones públicas al requisito de autorización o permiso previo por parte de la autoridad administrativa[62], sólo ha establecido la obligación para los organizadores de manifestaciones de participar, con veinticuatro horas de anticipación por lo menos, la realización de la manifestación, a la primera autoridad civil de la jurisdicción[63]. Esta participación debe hacerse por escrito duplicado, donde debe indicarse el lugar o itinerario escogido para la manifestación, además del día, hora y objeto general que se persiga.

La primera autoridad civil de la jurisdicción en el mismo acto del recibo de la participación deberá estampar en el ejemplar que entregará a los organizadores, la *aceptación* del sitio o itinerario y hora.

Esta necesaria aceptación del lugar o itinerario y hora de la manifestación que se proyecta, implica la facultad de la Administración de objetarlos. Y en efecto, el artículo 39 de la Ley establece que cuando hubieren razones fundadas para temer que la celebración simultánea de manifestaciones en la misma localidad[64] pueda provocar trastornos del orden público, la autoridad ante quien deba hacerse la participación previa, podrá disponer, de acuerdo con los organizadores de las manifestaciones, que aquéllas se realicen en sitios suficientemente distantes o en horas distintas[65].

En todo caso, la ley autoriza a las autoridades de policía para tomar todas las medidas preventivas, tendientes a evitar las manifestaciones para las cuales no se haya hecho la debida participación o las que pretendan realizarse en contravención de las disposiciones de la ley[66].

---

62   La Constitución solamente excluye el permiso previo respecto a las reuniones públicas (Art. 71).

63   Artículo 38 de la Ley de Partidos Políticos y artículo 164 de la Ley Orgánica del Sufragio

64   Para ello el artículo 40 de la Ley de Partidos Políticos prevé que la autoridad civil "llevará un libro en el cual irá anotando, en riguroso orden cronológico, las participaciones de reuniones públicas y manifestaciones que vaya recibiendo".

65   En este caso, consagra el artículo 39 de la Ley de Partidos Políticos, "tendrán preferencia para la elección del sitio y la hora quienes hayan hecho la participación con anterioridad"

66   Artículo 44 de la Ley de Partidos Políticos. En todo caso el artículo 47 de la Ley dispone que el agente de la autoridad que intervenga en algún procedimiento de los señalados en la Ley, está obligado a identificarse debidamente ante los directivos del partido o personas afectadas por el procedimiento.

B. *Las limitaciones*

La Ley consagra determinadas limitaciones a la realización de manifestaciones. Así, el artículo 43 de la misma prohíbe las manifestaciones de carácter político con uso de uniformes, estableciendo, además, que los infractores serán sancionados con arresto de quince a treinta días, sin perjuicio de las acciones a que dichos actos pudieren dar lugar[67].

Por otra parte se autoriza expresamente a los Gobernadores de la entidad política respectiva, para fijar periódicamente, mediante resoluciones publicadas en las respectivas Gacetas, y oyendo previamente la opinión de los partidos, los sitios donde no podrán realizarse manifestaciones[68]. Sin embargo, a solicitud de las asociaciones políticas, la autoridad civil podrá autorizar manifestaciones en aquellos sitios prohibidos, cuando no afecten el orden público, el libre tránsito u otros derechos ciudadanos[69].

C. *La vigilancia, protección y disolución de las manifestaciones*

Las autoridades de policía deben velar por el normal desarrollo de las manifestaciones, para cuya realización se hubieren llenado los requisitos legales. Por ello, establece la ley que quienes interrumpan, perturben o en alguna forma, pretendan impedir u obstaculizar su celebración, serán sancionados con arresto de uno a treinta días[70].

De acuerdo a lo expresamente autorizado por la ley, las autoridades de policía procederán a disolver las aglomeraciones que traten de impedir el normal funcionamiento de las reuniones de los cuerpos deliberantes políticos, judiciales o administrativos, así como también aquéllas que traten de fomentar desórdenes u obstaculicen el libre tránsito. Los aprehendidos infraganti serán penados con arresto de quince a treinta días, sin perjuicio de las acciones a que pudiere haber lugar[71].

La ley concede a los ciudadanos las debidas garantías administrativas contra las decisiones de la autoridad correspondiente en materia de manifestaciones. En efecto, el artículo 45 señala que de cualquier determinación tomada por la primera autoridad civil considerada como injustificada por los organizadores de las manifestaciones, podrá recurrir por ante el Gobernador del Estado, Distrito Federal o del Territo-

---

67   Las autoridades competentes para imponer dicha sanción son los jueces de Municipio, Distrito o Departamento que ejerzan jurisdicción en el lugar donde el hecho fuere cometido conforme al artículo 48 de la Ley.

68   Artículo 41 de la Ley.

69   Durante los procesos electorales deben aplicarse con preferencia las disposiciones de la Ley Orgánica de Sufragio, en cuyo artículo 164 se establece que la autoridad civil no podrá negar la realización de reuniones públicas o manifestaciones sino por razones basadas en el orden público, o en el interés del libre tránsito, u otros derechos de los ciudadanos, cuando ellos pudieren resultar afectados por el acto, y señalará en forma general los lugares y sitios destinados a aquel objetivo, a fin de que puedan disfrutar de ellos en condiciones de igualdad los partidos políticos o grupos de electores participantes en el proceso electoral, en el orden en que los soliciten, cuidando de que el ejercicio de este derecho por parte de alguno o de algunos no implique su negación para otros.

70   Artículo 42 de la Ley de Partidos Políticos

71   Artículo 46 de la Ley de Partidos Políticos

rio Federal, el cual está obligado a decidir dentro de las cuarenta y ocho horas siguientes; de esta decisión se podrá apelar por ante el Consejo Supremo Electoral,
quien deberá decidir con preferencia.

6. *La pérdida de la ciudadanía*

La ciudadanía se pierde por declaración judicial de interdicción civil conforme a
los artículos 393 del Código Civil y 565 y siguientes del Código de Procedimiento
Civil, y por condena penal a presidio o prisión que conlleva la aplicación accesoria
necesaria[72] de la pena de inhabilitación política.

En efecto, es lógico suponer que tanto el entredicho por estado habitual de defecto intelectual, como el condenado a presidio o prisión se encuentren imposibilitados
de ejercer los derechos propios de la ciudadanía que anteriormente hemos analizado.

Por otra parte, debemos indicar que también se pierde la ciudadanía como consecuencia de la pérdida de la nacionalidad, tanto originaria como derivada, pues
hemos señalado que la ciudadanía venezolana es una de las consecuencias de la
nacionalidad venezolana.

II. FUNDAMENTOS CONSTITUCIONALES DEL SISTEMA ELECTORAL

1. *El régimen democrático y la representación*

El fundamento constitucional primario de nuestro sistema electoral, está en las
normas que consagran el régimen democrático, base de nuestro sistema político.
Entre estas normas está, ante todo, el artículo 3° de la Constitución que dispone,
que... "el gobierno de la República de Venezuela es, y será siempre democrático...
calificándolo además, como "representativo, responsable y alternativo". Esta disposición se aplica, por supuesto, a todos los órganos representativos que conforman la
organización política del Estado venezolano, como Estado Federal (Art. 2°), en su
peculiar sistema de distribución vertical del Poder Público, sea que se trate de órganos representativos nacionales, estadales o municipales. En particular, además, en
cuanto al Municipio, concebido como la "unidad política primaria y autónoma dentro de la organización nacional" (Art. 25), la representación de los mismos que
deben ejercer "los órganos que determine la Ley", tiene que también ser democrática
porque lo impone el artículo 27, en su última parte, al prescribir que "... la organización municipal será democrática y responderá a la naturaleza propia del gobierno
local...".

En esta forma, puede .decirse que en estos dos artículos, el 3° y 27 del texto fundamental, está el fundamento del régimen democrático.

El carácter alternativo, además, se garantiza con el establecimiento de un límite a
los mandatos gubernamentales, que se denominan períodos constitucionales. Por
ello, el artículo 135 de la Constitución establece, que "los períodos constitucionales
durarán cinco años, salvo disposición especial de esta Constitución". En cuanto a los
períodos de los poderes públicos estadales y municipales, dice la misma norma,

---

72   Artículos 13 y 16 del Código Penal.

"serán fijados por la Ley nacional y no serán menores de dos años ni mayores de cinco". En esta forma, la Ley sobre el período de los Poderes Públicos de los Estados de 1989 establece que éste es de 3 años (Art. 1) y en materia municipal, la Ley Orgánica de Régimen Municipal de 1989, también estableció la duración de 3 años para el período de las autoridades municipales (Art. 58).

En todo caso, a las normas de los artículos 3o y 27 de la Constitución, como fundamento del régimen democrático, debemos agregar otra, la contenida en el artículo 114, referida a los partidos políticos, y que garantiza a todos los venezolanos, el derecho a asociarse en tales partidos políticos "para participar, por métodos democráticos, en la orientación de la política nacional". Se establece, allí, el principio de la participación en la orientación de la política nacional a través de los partidos políticos; y esta participación debe realizarse por métodos democráticos. Por supuesto, en este contexto debemos vincular el régimen de partidos con el sistema democrático alternativo, representativo y responsable, lo que conduce necesariamente a un esquema pluralista y multipartidista, proscribiéndose el sistema de partido único.

En todo caso, además, y dentro de la propia configuración de los partidos políticos, la misma norma del artículo 114 exige el legislador, reglamentar su conducta y actividad, con el fin de asegurar su carácter democrático y garantizar su igualdad ante la ley, lo que se ha hecho en la Ley de Partidos Políticos, Manifestaciones y Reuniones Públicas de 1964.

Aparte de lo indicado, el Preámbulo de la Constitución establece, dentro de los propósitos del constituyente al dictar la Constitución, el de "sustentar el orden democrático como único e irrenunciable medio de asegurar los derechos y la dignidad de los ciudadanos y favorecer pacíficamente su extensión a todos los pueblos de la Tierra". Ello, también constituye una tarea del Estado venezolano".

Ahora bien, el régimen político venezolano, propio de la democracia representativa, se actualiza a través del sufragio. Por ello, el artículo 4º establece el principio de la representación y su origen, al prescribir que "la soberanía reside en el pueblo, quien la ejerce mediante el sufragio por los órganos del Poder Público". Por tanto, el régimen democrático, que debe ser representativo, alternativo y responsable, debe configurarse a través de un sistema de sufragio, a los efectos de que el pueblo pueda ejercer la soberanía, mediante sus representantes que deben ser los titulares de los "órganos del Poder Público". Por supuesto, esta norma, en realidad, debió haber dicho órganos que ejercen el Poder Público" y no "órganos del Poder Público".

En todo caso, el sufragio o elección, como forma de actualización del régimen democrático, se precisa a nivel local, al establecerse en el artículo 29 de la Constitución como uno de los elementos de la autonomía de los municipios, "la elección de sus autoridades" (Ord. 1°).

2. El derecho activo y pasivo al sufragio

Ahora bien, este régimen democrático a través de un sistema de sufragio, se concreta tanto en un derecho como en un deber constitucional, es decir, no sólo se consagra el derecho a ejercer, la soberanía, a través del sufragio, por medio de los órganos que ejercen el Poder Público, sino también se establece como un deber de todos los ciudadanos. Así se prevé en el artículo 110 de la Constitución, en el cual se consagra el principio de que el voto es un derecho y a la vez "una función pública", siendo, por tanto de ejercicio obligatorio "dentro de los límites y condiciones que establezca la Ley". Esta "ley" que prevé este artículo y todos los otros de la Constitución, que se refieren a la materia, es, sin duda, la Ley Nacional que regula las "elecciones", la cual es de la reserva nacional (Art. 16, Ord. 24), y esta es la Ley Orgánica del Sufragio, cuya última reforma es de 1995[73].

En cuanto al derecho al sufragio, la Constitución, en realidad, establece dos derechos estrechamente vinculados: el derecho activo al sufragio y el derecho pasivo al sufragio, lo cual se regula en los artículos 111 y 112, que precisan quiénes pueden elegir y quiénes pueden ser electos.

Como consecuencia de estas normas, en materia de condiciones para ser electo o ser elegido, en Venezuela rige el principio de la reserva constitucional, en cuanto que la Ley no puede establecer otras condiciones para ser elector o ser elegible distintas a las previstas o autorizadas en el propio texto constitucional. De lo contrario, si el Legislador establece otras restricciones adicionales a las previstas en la Constitución, incurriría en una inconstitucionalidad, incluso cuando las regula indirectamente al establecer condiciones de postulación que afectan las de elegibilidad previstas constitucionalmente.

A. El derecho a elegir

El derecho activo al sufragio está consagrado en el artículo 111 de la Constitución, que establece que "son electores los venezolanos que hayan cumplido 18 años y no estén sujetos a interdicción civil ni a inhabilitación política".

De esta norma se destaca ante todo la edad para ser elector: 18 años, resultando ésta, una capacidad especial típica del Derecho Público, que contrastaba con la edad de la mayoridad prevista en el Código Civil la cual, hasta 1982, antes de la Reforma del mismo, surgía a los 21 años. Ahora coincide la mayoría civil con la edad para ejercer este derecho político.

Esta disposición constitucional es complementada por la Ley Orgánica del Sufragio, cuando en su artículo 7° establece, que "todos los venezolanos hombres y mujeres, mayores de dieciocho años, no sujetos por sentencia definitivamente firme a interdicción ni a condena penal que lleve consigo inhabilitación política, tienen el derecho y están en el deber de inscribirse en el Registro Electoral y de votar" y ello por cuanto que "el voto es un derecho y una función pública" (Art. 110 de la Constitución) cuyo ejercicio es obligatorio.

Este derecho, además, corresponde a todos los venezolanos, no distinguiendo la Constitución, en forma alguna, si se trata de venezolanos por nacimiento o por naturalización, sólo dice:... "los venezolanos . . .", por lo que en esa expresión se comprende, por igual, a los venezolanos por nacimiento y por naturalización, sin ningún tipo de discriminación. Por tanto, de este derecho político se excluye solamente a los extranjeros. Sin embargo, en cuanto a los venezolanos mayores de 18 años, no pue-

---

73   Véase Allan R. Brewer-Carías, "Introducción General al Régimen de la Ley Orgánica del Sufragio", Ley Orgánica del Sufragio, Editorial Jurídica Venezolana, Colección Textos Legislativos N° 13, Caracas, 1993, pp. 9 y ss. La reforma de la Ley de 1995 se publicó en *G.O.* N° 4.918 Extra de 2-6-95.

den ejercer este derecho activo al sufragio si están sujetos a interdicción civil o a inhabilitación política.

La interdicción civil debe ser dictada por sentencia judicial de acuerdo al Código Civil, y estarían sometidas a ese estado las personas que, aunque tengan intervalos lúcidos, "se encuentren en estado habitual de defecto intelectual que las haga incapaces de proveer a sus propios intereses" (Arts. 393 y ss.).

En cuanto a la inhabilitación política, conforme a los artículos 13 y 16 del Código Penal puede ser establecida por los Tribunales Penales como pena accesoria a las de presidio y prisión. Esta pena, que no está prevista como pena principal, produce como efecto "la privación de los cargos o empleos públicos o políticos que tenga el penado y la incapacidad durante la condena, para obtener otros y para el goce del derecho activo y pasivo del sufragio" (Art. 24 CP).

Pero aparte de este supuesto, debe decirse que los casos de inhabilitación política no son reserva constitucional, sino reserva legal, por lo que por ley pueden establecerse otros casos de inhabilitación política para ejercer el sufragio activo. Por ejemplo, es la propia Ley Orgánica del Sufragio la que establece la inhabilitación para ejercer el sufragio a "los miembros de las Fuerzas Armadas mientras permanezcan en servicio militar activo" (Art. 7º), lo cual sin duda, está inspirado en la exigencia constitucional de que las Fuerzas Armadas Nacionales, como institución, deben ser apolíticas, obedientes y no deliberantes (Art. 132).

Muchas otras leyes, además, establecen la inhabilitación política parcial, como sanción administrativa, pero para ejercer cargos públicos, lo cual no afecta el derecho activo al sufragio.

Ahora bien, conforme a lo antes dicho, puede admitirse que el derecho activo al sufragio es un derecho propio de la ciudadanía, y esto es una condición que corresponde a los venezolanos, porque los derechos políticos les están reservados. Excepcionalmente, sin embargo, los extranjeros pueden tener el derecho activo al sufragio, en virtud de la autorización constitucional contenida en el artículo 111, conforme a la cual "el voto para elecciones municipales podrá hacerse extensivo a los extranjeros, en las condiciones de residencia y otras que la Ley establezca".

Esta posibilidad, que se estableció por primera vez en la Constitución de 1953 (Art. 39), en la época democrática se aplicó por primera vez en 1979, al realizarse las elecciones municipales en forma separada respecto de las elecciones nacionales, en base a la previsión de la Ley Orgánica del Sufragio que estableció, en su artículo 89, que tiene derecho a inscribirse en el Registro Electoral Permanente y de votar: "En las elecciones que se realicen separadamente para miembros de Concejos Municipales de la República, los extranjeros que reúnan las mismas condiciones establecidas... para el voto de los venezolanos (mayores de 18 años, no sujetos por sentencia definitivamente firme a interdicción civil ni a condena penal que lleve consigo inhabilitación política), y siempre que tengan más de 10 años en calidad de residentes en el país, con uno de residencia en el Distrito en que se trate".

La condición de "residente" de los extranjeros, conforme al Artículo 62 de la Ley Orgánica debe ser comprobada según certificación que expida la autoridad que determine el Consejo Supremo Electoral.

B. *El derecho a ser elegido*

En cuanto al derecho pasivo al sufragio, éste está regulado en el artículo 112 de la Constitución que establece, en realidad, dos derechos políticos: por una parte, consagra el derecho pasivo al sufragio, el derecho a ser electo dentro del régimen democrático; y por la otra, consagra el derecho a ejercer funciones públicas, aun cuando no sea mediante elecciones.

Nos interesa insistir en el derecho pasivo a! sufragio, es decir, en el derecho a ser elegido. En tal sentido, el artículo prescribe que "son elegibles", es decir, tienen derecho pasivo al sufragio, los "electores.."; y los electores, de acuerdo al artículo 111, son, como hemos señalado, "todos los venezolanos, que hayan cumplido 18 años y no estén sujetos a interdicción civil ni a inhabilitación política". Pero para ser elegible no basta con reunir las condiciones para ser elector, sino que el artículo 112 agrega otras condiciones: es necesario que sepan leer y escribir, y que sean mayores de 21 años, lo que priva, por tanto, sobre la condición del elector de 18 años, y sin más restricciones que las establecidas en la Constitución, y las derivadas de las condiciones de aptitud que para el ejercicio de determinados cargos exijan las leyes.

De la integración de estas dos normas constitucionales (Arts. 111 y 112) resulta entonces que tienen derecho pasivo al sufragio (son elegibles):

Los venezolanos (por nacimiento o por naturalización), mayores de 21 años, no sujetos a interdicción civil ni a inhabilitación política, que sepan leer y escribir, sin más restricciones que las establecidas en la propia Constitución, y "las derivadas de las condiciones de aptitud que, para el ejercicio de determinados cargos exijan las leyes".

Por tanto, no gozan del derecho pasivo al sufragio los venezolanos que no puedan ser electores y que, por tanto, no gocen del derecho activo al sufragio, que no sean mayores de veintiún años y que no sepan leer y escribir y que por tanto, hayan incumplido el deber de educarse.

La norma constitucional, por otra parte, establece que aparte de las restricciones antes señaladas, el derecho pasivo al sufragio está sometido a las restricciones que ella misma establezca, consagrando un típico caso de reserva constitucional no regulable por Ley (Art. 112).

Esta regulación amerita varios comentarios por sus implicaciones derivadas de las restricciones constitucionales al derecho.

a. *La edad y las restricciones al derecho*

En primer lugar, aumenta la "edad" para ser elegido, en relación a la prevista para los electores, de 18 a 21 años. Por tanto, después de la reforma del Código Civil de 1982, a pesar de que la mayoría de edad se rebajó de 21 años a 18 años (Art. 18), para el ejercicio del derecho pasivo al sufragio, no basta la mayoridad civil, pues la Constitución exige expresamente ser mayor de 21 años. La disparidad se aplica también, por supuesto, para el ejercicio de cargos públicos. Por tanto, se es mayor de edad para el ejercicio de los derechos civiles a los 18 años, pero ello no es suficiente ni para el ejercicio del derecho pasivo al sufragio, ni para el desempeño de funciones públicas.

Ello, sin embargo, no es extraño, pues en derecho público hay causas condicionadoras de la capacidad civil. La propia Constitución exige, en algunos casos, la edad de 30 años para el ejercicio del derecho a ser electo Presidente de la República (Art. 182) y a ser electo Senador (Art. 149). Por tanto, la edad civil no tiene necesariamente que coincidir con la edad para el ejercicio de los derechos políticos.

Por ejemplo, la misma restricción derivada de la edad se establece en la Constitución para ejercer el cargo de Ministro (Art. 195), Gobernador de Estado (Art. 21), para ser Magistrado de la Corte Suprema de Justicia (Art. 213), y para ser Contralor General de la República (Art. 237), Fiscal General de la República (Art. 219), y Procurador General de la República (Art. 201).

Conforme a esta norma, entonces, el derecho pasivo al sufragio corresponde a los venezolanos, mayores de 21 años, que no estén sujetos a interdicción civil e inhabilitación política, que sepan leer y escribir, sin más restricciones que las que establece la Constitución y las que establecen las leyes por razón de condiciones de aptitud.

Esta es una disposición muy importante que ha dado origen a muchas discusiones en relación a las condiciones de elegibilidad (el derecho pasivo del sufragio), que se configura como una materia de reserva constitucional: sólo la Constitución puede establecer las restricciones, y fuera de las que prevé, no puede haber otras restricciones establecidas por ley, salvo en materia de condiciones de aptitud, lo cual se aplica más respecto del ejercicio de cargos públicos.

Por tanto, en nuestro criterio, la exigencia de una caución para que se puedan hacer postulaciones de candidatos a la Presidencia de la República, a Gobernadores, y Alcaldes que estableció el artículo 166 de la Ley Orgánica del Sufragio en la reforma de 1995, puede considerarse que invade la reserva constitucional.

b.   *La igualdad entre venezolanos por nacimiento y venezolanos por naturalización y sus restricciones*

En segundo lugar, de esta norma se deriva el principio de la igualdad entre venezolanos por nacimiento y venezolanos por naturalización. En efecto, la Constitución declara como aptos para el ejercicio de funciones públicas y para el ejercicio del derecho activo y pasivo del sufragio, a los venezolanos, sin distinguir si se trata de venezolanos por nacimiento o por naturalización. Por tanto, no hay posibilidad de establecer distinciones, salvo las que la propia Constitución prevé, entre venezolanos por naturalización, tanto en materia de ejercicio del derecho activo y pasivo al sufragio, como en materia del ejercicio de funciones públicas.

Aun cuando nos interesa insistir sobre el derecho pasivo al sufragio, en relación al ejercicio de funciones públicas debe señalarse que conforme al artículo 112 de la Constitución, es materia de reserva constitucional establecer restricciones a los venezolanos por naturalización para ello. Por tanto, ninguna ley puede hacerlo, y las que contienen tales discriminaciones son inconstitucionales. En esta materia, en realidad, sólo hay en la Constitución seis diferencias para el ejercicio de funciones públicas no electivas por sufragio, entre venezolanos por nacimiento y venezolanos por naturalización. En efecto, la Constitución exige la condición de venezolanos por nacimiento sólo para el ejercicio de los siguientes seis cargos no electivos: Ministro (Art. 195); Magistrado de la Corte Suprema de Justicia (Art. 213); Contralor General de la República (Art. 237); Fiscal General de la República (Art. 219); Procurador General de la República (Art. 201) y Gobernador de Estado (Art. 21).

En materia de cargos electivos, es decir, del derecho pasivo al sufragio, la Constitución establece también restricciones entre venezolanos por nacimiento y venezolanos por naturalización, al prever expresamente que es necesaria la condición de venezolano por nacimiento, para ser electo Presidente de la República (Art. 182), Senador (Art. 149), Diputado al Congreso Nacional (Art. 152) y Diputado a las Asambleas Legislativas de los Estados (Art. 19).

Nada se establece, en cambio, en cuanto a restricciones por nacionalidad, para la elección de los representantes en el ámbito municipal, por lo que rige plenamente el artículo 112 de la Constitución, de manera que el legislador no podría establecer diferencias entre venezolanos por nacimiento y venezolanos por naturalización, por ejemplo, para las elecciones de Alcaldes y Concejales. Por ello, la Ley Orgánica del Régimen Municipal se limita a exigir la condición de la "nacionalidad venezolana" para ser Concejal (Art. 47). Sin embargo, conforme al artículo 45 del propio texto constitucional "... gozarán de los mismos derechos que los venezolanos por nacimiento los venezolanos por naturalización que hubieren ingresado al país antes de cumplir los 7 años de edad y residan en él permanentemente hasta alcanzar la mayoridad". En estos casos, por supuesto, no tendrían vigencia las mencionadas discriminaciones constitucionales entre venezolanos por naturalización. En todo caso, la situación especial de estos venezolanos por naturalización que hayan ingresado al país antes de cumplir 7 años de edad, está regulada en una ley especial, la Ley sobre la condición jurídica de los venezolanos por naturalización que se encuentren en las condiciones previstas en el artículo 45 de la Constitución de la República, de septiembre de 1978.

c.   La condición de seglar para el ejercicio del derecho

La Constitución establece, además, otras restricciones al derecho pasivo al sufragio, en casos específicos. Por ejemplo, para poder ser elegido Presidente de la República, se requiere ser de estado seglar (Art. 182). Esto configura una inhabilitación política, de orden constitucional, para los sacerdotes, de poder ser elegidos Presidentes de la República.

Esta misma restricción la establece la Constitución para poder ser nombrado Gobernador del Estado (Art. 21), Ministro (Art. 195) y Contralor General de la República (Art. 237).

d.   Las condiciones para el ejercicio del derecho derivadas del ejercicio de funciones públicas

Además, la Constitución establece condiciones y restricciones al ejercicio del derecho pasivo al sufragio, derivadas del ejercicio de funciones públicas. Por ello, de acuerdo con el Artículo 9o de la Ley Orgánica del Sufragio, las condiciones para ser elegible Presidente de la República, Senador, Diputado al Congreso de la República y Diputado a las Asambleas Legislativas de los Estados, son las establecidas por la Constitución de la República.

En el caso de los Gobernadores de Estado, las condiciones de elegibilidad son las establecidas por la Constitución de la República y las que, con base a ella, establece la Ley sobre Elección y Remoción de los Gobernadores de Estado.

Las condiciones de elegibilidad de los Alcaldes, miembros de los Concejos Municipales y de las Juntas Parroquiales son las establecidas en la Ley Orgánica de Régimen Municipal.

a'. Las condiciones para la elegibilidad del Presidente de la República

Respecto a la elegibilidad del Presidente de la República, es necesario que éste sea venezolano por nacimiento, mayor de treinta años y de estado seglar (Art. 182, Constitución).

Por otra parte "no podrá ser elegido Presidente de la República quien esté en ejercicio de la Presidencia para el momento de la elección, o lo haya estado durante más de cien días en el año inmediatamente anterior, ni sus parientes dentro del tercer grado de consanguinidad o segundo de afinidad" (Art. 184 de la Constitución).

Asimismo, "tampoco podrá ser elegido Presidente de la República quien esté en ejercicio del cargo de Ministro, Gobernador o Secretario de la Presidencia de la República en el día de su postulación o en cualquier momento entre esta fecha y la de la elección" (Art. 184 de la Constitución). Es de observar que para que se haga efectiva la restricción basta con que la persona "esté en ejercicio del cargo" en la época señalada, esté o no investido propiamente de dicho cargo.

Por último, la propia Constitución, en su artículo 185, establece una última restricción al señalar, que "quien haya ejercido la Presidencia de la República por un período constitucional o por más de la mitad del mismo, no puede ser nuevamente Presidente de la República ni desempeñar dicho cargo dentro de los diez años siguientes a la terminación de su mandato". Es de destacar que esta restricción se aplica para el momento del ejercicio del cargo y no para el momento en el cual se pueda postular o elegir a un candidato.

Estas condiciones para ser elegido Presidente de la República son las establecidas en la Constitución, por lo que no pueden ser ampliadas ni modificadas por el Legislador, ni siquiera con motivo del establecimiento de condiciones de postulación. Por ello, es absolutamente inconstitucional lo previsto en el Parágrafo Primero del Artículo 9° de la Ley Orgánica al disponer que:

> "No podrán ser postulados al cargo de Presidente de la República quienes para el momento de la postulación no se hubiesen separado en forma absoluta de sus cargos, por lo menos, tres (3) meses antes de la fecha fijada para la celebración de elecciones".

Dice el parágrafo segundo del artículo 9 de la Ley Orgánica que: "El que aceptare después de postulado para una elección alguno de los cargos no exceptuados en el artículo 11 de esta Ley, renuncia implícitamente a la postulación y, en consecuencia, no podrá ser elegido".

En esos casos, la Constitución lo que exige es que el Gobernador electo y en ejercicio de su cargo, que pretenda ser elegido Presidente de la República lo que tiene es que no estar en ejercicio del cargo de Gobernador en el día de su postulación como candidato a la Presidencia o en cualquier momento entre esa fecha y la de la elección (Art. 184, Constitución) y ello no implica, en absoluto, separarse absolutamente del cargo de Gobernador (es decir, renunciar), como lo exige la Ley en forma evidentemente inconstitucional.

b'. *Las condiciones de elegibilidad de Senadores o Diputados al Congreso Nacional y de Diputados a las Asambleas Legislativas*

Respecto a la elegibilidad de Senadores y Diputados al Congreso Nacional, la Constitución exige que sean venezolanos por nacimiento (Arts. 149 y 152 de la Constitución). Sólo respecto a los Senadores se exige que sean mayores de treinta años (Art. 149 de la Constitución); y en cambio, respecto a los Diputados se exige la condición normal de la mayoría de edad (Arts. 112 y 152 de la Constitución y Art. 18 del Código Civil). Respecto a los Diputados a las Asambleas Legislativas, las condiciones de elegibilidad son las mismas previstas en la Constitución para los Diputados al Congreso (Art. 19, Constitución).

Pero además de estas restricciones generales, existen otra serie de restricciones particulares.

a". *Restricciones respecto a altos funcionarios públicos nacionales*

El artículo 140, ordinal 1o de la Constitución establece, que no podrán ser elegidos Senadores o Diputados el Presidente de la República, los Ministros, el Secretario de la Presidencia de la República y los Presidentes y Directores de Institutos Autónomos, hasta tres meses después de la separación absoluta de sus cargos.

Es decir, los altos funcionarios públicos nacionales indicados no pueden ser elegidos Senadores o Diputados si no pierden su investidura de funcionarios por lo menos tres meses antes de la votación,

b". *Restricciones respecto a altos funcionarios públicos estadales*

El artículo 140, ordinal 2°, de la Constitución establece, que no podrán ser elegidos Senadores o Diputados, los Gobernadores y Secretarios de Gobierno de los Estados, Distrito Federal y Territorios Federales en los siguientes casos:

1. Si la representación corresponde a su jurisdicción, hasta tres meses después de la separación absoluta de sus cargos. Es decir, los altos funcionarios públicos estadales indicados no pueden ser elegidos Senadores o Diputados cuando la representación corresponda a su jurisdicción, si no pierden su investidura de funcionarios por lo menos tres meses antes de la votación.

2. Si la representación corresponde a otra jurisdicción, mientras ejerzan el cargo. Es decir, los altos funcionarios públicos estadales indicados pueden ser elegidos Senadores o Diputados en otra jurisdicción distinta a aquella donde actúan, siempre y cuando para el momento de la votación no estén en el ejercicio de su cargo sin necesidad de que pierdan su investidura de funcionario. La restricción constitucional se refiere al ejercicio del cargo y no a la investidura del funcionario. Por ello la Ley Orgánica del Sufragio

establece en su artículo 10, que "los Gobernadores y los Secretarios de Gobierno de los Estados, Distrito Federal y Territorios Federales, para ser electos en una jurisdicción distinta a aquella donde actúen, deberán haber cesado en el ejercicio del cargo para la fecha en que se realicen las elecciones".

Por otra parte, en esta materia, el Artículo 10 de la Ley Orgánica establece lo siguiente:

"Son inelegibles para Senadores o Diputados al Congreso y para Diputados a las Asambleas Legislativas, los funcionarios o empleados nacionales, estadales o municipales, de institutos autónomos o de empresas en las cuales la República, los Estados, el Distrito Federal, los Territorios Federales o las municipalidades tengan una participación decisiva, y, en todo caso, cuando esté representada por más del cincuenta por ciento (50%) del capital social de las mismas, siempre que la elección tenga lugar en la jurisdicción en la cual actúan, salvo si se trata de cargo accidental, electoral, asistencial, docente o académico o de representación legislativa o municipal. Los Gobernadores y los Secretarios de Gobierno de los Estados, Distrito Federal y Territorios Federales, para ser electos en una jurisdicción distinta a aquella donde actúen, deberán haber cesado en el ejercicio del cargo para la fecha en que se realicen las elecciones".

Esta norma, en cuanto a los Gobernadores podría entenderse que modifica el Artículo 140, Ordinal 2° de la Constitución que exige que si la representación corresponde a una jurisdicción distinta a aquella en la cual actúan, los Gobernadores deben separarse del ejercicio de su cargo para el momento de la elección. La Ley, en el artículo 10, habla de haber "cesado" en el ejercicio del cargo, lo cual si se interpreta como separación absoluta del cargo, excedería de lo previsto en la Constitución y sería inconstitucional.

Ahora bien, independientemente de las condiciones de elegibilidad, la Ley regula las condiciones de postulación, lo cual es perfectamente admisible, siempre que no afecten aquéllas. Así, el artículo 12 de la Ley Orgánica prescribe que no pueden ser postulados para Senadores, para Diputados al Congreso de la República o a las Asambleas Legislativas:

1° El Presidente de la República, los Ministros, el Presiente y el Secretario del Consejo Supremo Electoral, y los Presidentes y Directores de Institutos Autónomos, si no se hubiesen separado en forma absoluta de sus cargos tres (3) meses antes de la fecha fijada para la celebración de las elecciones;

2° Los Gobernadores y Secretarios de Gobierno de los Estados, del Distrito Federal, y los Alcaldes, si la representación corresponde a la jurisdicción en la cual actúan y no se hubiesen separado en forma absoluta de sus cargos, por lo menos, tres (3) meses antes de la fecha fijada para la celebración de las elecciones; y

3° Los funcionarios o empleados públicos nacionales, estadales, municipales, de los Institutos Autónomos y los empleados de Empresas en las cuales el Estado tenga una participación decisiva conforme a lo previsto en el artículo 10 de la Ley, que se desempeñan en cargos de Dirección Ejecutiva de las personas públicas territoriales o de los entes a los que se refiere este artículo, si para el momento de la postulación estuvieren en ejercicio de sus funciones, salvo que se trate de cargos accidentales, asistenciales, electorales, docentes, académicos o de representación legislativa municipal.

Dice el párrafo segundo del artículo 9 de la Ley Orgánica que:

"El que aceptare después de postulado para una elección algunos de los cargos no exceptuados en el artículo 11 de esta Ley, renuncia implícitamente a la postulación y, en consecuencia, no podrá ser elegido".

En todo caso, a los efectos del Ordinal 3º del mismo artículo 11 de la Ley, se consideran cargos de Dirección los siguientes: Director General, Director Sectorial, Director, Jefe de División, Vicepresidente, Gerente y demás empleados de órganos equivalentes en la Administración Central, Descentralizada, de los Estados, de los Municipios y de las Empresas Públicas Nacionales, Estadales y Municipales.

A los efectos de las excepciones previstas en los artículos 10, 11 y 12 de la Ley, conforme lo precisa el artículo 13:

1º Se consideran cargos accidentales, aquellos desempeñados en forma casual o eventual;

2º Se consideran cargos electorales, aquellos desempeñados en los organismos electorales;

3º Se consideran cargos asistenciales, aquellos relacionados con las actividades de salud pública o asistencia social, siempre que no impliquen o conlleven labores de Dirección;

4º Se consideran cargos docentes, los clasificados como tales por las leyes en materia educativa y los reglamentos de éstas así como los cargos de Supervisor Educativo;

5º Se consideran cargos académicos, aquellos desempeñados en alguna de las academias nacionales por individuos de número o los de Rector, Vicerrector, Secretario, Decano o Director de Escuela o Instituto equivalente tanto de las universidades como de los institutos de nivel universitario;

6º Se consideran cargos de representación legislativa, los de Senadores o Diputados al Congreso de la República o el de Diputados a las Asambleas Legislativas;

También se incluyen dentro de estos cargos los de Secretario del Senado y de la Cámara de Diputados; y

7º Se consideran cargos de representación municipal, el de Concejal y de miembro de las Juntas Parroquiales.

Ahora bien, en relación a estas normas que establecen condiciones de postulación, debe precisarse que ello es admisible a nivel del legislador, siempre que las mismas no restrinjan, así sea indirectamente, las condiciones de elegibilidad y por tanto impliquen modificación de lo establecido en el artículo 140 de la Constitución. De lo contrario, las normas serían inconstitucionales, como sucede con lo prescrito en el ordinal 2° del artículo 11 en relación a los Alcaldes. Estos no están enumerados en el ordinal 2° del artículo 140 de la Constitución, por lo que se les aplica el ordinal 3° del artículo 140, es decir, basta que estén separados del ejercicio de sus cargos para el momento de la elección, lo que no implica separación con anterioridad y muchos menos separación absoluta con tres meses de antelación a la elección.

c". Restricciones a otros funcionarios públicos

El ordinal 3° del mismo artículo 140 de la Constitución, establece que no podrán ser elegidos Senadores o Diputados los funcionarios o empleados nacionales, estadales o municipales de Institutos Autónomos o de empresas en las cuales el Estado tenga participación decisiva, cuando la elección tenga lugar en la jurisdicción donde actúan. Es decir, la norma constitucional se refiere a la investidura del funcionario, por lo que una persona cuando tenga el estatus de funcionario público, no puede ser elegida Senador o Diputado si la elección tiene lugar en la jurisdicción donde actúa. La Ley Orgánica del Sufragio, en su artículo 10, aclara que debe entenderse por Empresas aquellas en las cuales el Estado tenga una participación decisiva, comprendiendo las "empresas en las cuales la República, los Estados, y Distrito Federal, los Territorios Federales o las Municipalidades tengan una participación decisiva, y en todo caso, cuando esté representado por más del 50 por ciento del capital social de las mismas".

La norma constitucional conlleva dos excepciones: en primer lugar, podrán ser elegidos Senadores o Diputados los funcionarios públicos indicados, siempre y cuando la elección tenga lugar en una jurisdicción distinta a aquella en la cual actúen. En este caso, los funcionarios pueden conservar su investidura, y pueden conservarla aun para el momento de la votación.

En segundo lugar, también podrán ser elegidos Senadores o Diputados los funcionarios públicos cuyos cargos sean considerados como accidentales, electorales, asistenciales, docentes o académicos, o de representación legislativa o municipal, se realice o no la elección en la jurisdicción donde actúen. En este caso los funcionarios pueden conservar su investidura aun para el momento de la votación. Esto lo ratifica el artículo 10 de la Ley Orgánica del Sufragio.

Debe señalarse que, al exigir el ordinal 3° del artículo 11 de la Ley que los funcionarios públicos en genera], para poderse postular para Senadores o Diputados deben separarse del ejercicio de sus cargos para el momento de la postulación y no de la elección, se excede a lo regulado en el artículo 140, ordinal 3° de la Constitución que lo único que exige es la separación del ejercicio del lapso para el momento de la elección.

c'. Las condiciones de elegibilidad para Gobernadores y Alcaldes

De acuerdo con el artículo 21 de la Constitución, para ser Gobernador se requiere ser venezolano por nacimiento, mayor de 30 años y de estado seglar. La Constitución remitió a la Ley para establecer la forma de elección de los Gobernadores, y en tal sentido la Ley de Elección y Remoción de los Gobernadores de Estado de 1989 precisó que pueden ser postulados para el cargo de Gobernador de Estado los electores que sean venezolanos por nacimiento, mayores de treinta años y de estado seglar (Art. 6).

La Ley establece expresamente la posibilidad de reelección inmediata de los Gobernadores, al prescribir que "los Gobernadores de Estado electos, que hayan ejercido el cargo por un período legal o por más de la mitad del mismo, conforme a lo dispuesto en esta Ley, podrán ser reelegidos, en la misma jurisdicción, para el período inmediato siguiente, pero no podrán ser elegidos nuevamente, hasta después de transcurridos dos (2) períodos, contados a partir de la última elección" (Art. 7).

En cuanto a las causas de inelegibilidad, la Ley prescribe que salvo el caso de reelección, no puede ser electo Gobernador de Estado, quien para el momento de la postulación esté en ejercicio del cargo (Art. 8).

La Ley establece, además, condiciones de postulación al excluir la posibilidad de ser postulado para Gobernador respecto de quien haya ejercido la Gobernación durante más de 100 días en el último año del período legal (Art. 8). Tampoco pueden ser postulados para Gobernadores, quienes estén en ejercicio interino del cargo en caso de falta absoluta del Gobernador (Arts. 17 y 21, último aparte). Habiéndose regulado expresamente la reelección de los Gobernadores no se entiende la lógica de estas limitaciones.

Tampoco puede ser postulado Gobernador de Estado quien esté en ejercicio de un cargo público nacional, estadal o municipal, en Institutos Autónomos o en alguna empresa en la cual un ente público tenga una participación decisiva, para el día de su postulación o en cualquier momento entre esta fecha y la de la elección. Los postulados deben separarse de sus cargos en forma absoluta, por lo menos tres (3) meses antes de la fecha fijada para la celebración de las elecciones. Sin embargo, se exceptúa a quienes se desempeñen en cargos asistenciales, docentes, electorales, accidentales y académicos y quienes ejerzan funciones de representación legislativa o municipal (Art. 8).

En cuanto a los Alcaldes, la Ley Orgánica de Régimen Municipal, en su artículo 52 establece que estos deben ser venezolanos, con no menos de tres años de residencia en el Municipio según sea el caso, inmediatamente a su postulación; gozar de sus derechos civiles y políticos, estar inscritos en el Registro Electoral Permanente de la entidad, y haber cumplido con el deber de votar, salvo causa prevista en la Ley Orgánica del Sufragio. En cuanto a la residencia, como condición de postulación debe destacarse el artículo 248 de la Ley Orgánica establece la excepción en relación a las áreas metropolitanas, así:

> *Artículo 248.* A los solos fines de las postulaciones de candidatos a Alcaldes, Concejales y miembros de las Juntas Parroquiales, en las áreas metropolitanas donde tengan jurisdicción dos (2) o más Concejos Municipales, se entiende como residencia, a los efectos de esta Ley y de la Ley Orgánica de Régimen Municipal, cualquiera de los Municipios donde resida la persona, siempre y cuando se trate del área metropolitana. El Consejo Supremo Electoral, mediante resolución especial, determinará las áreas metropolitanas, de conformidad con lo que al respecto establezcan los entes públicos con competencia legal sobre la materia.

Por otra parte el artículo 51 de la Ley Orgánica de Régimen Municipal establece que el Alcalde puede ser reelecto en la misma jurisdicción, sólo para el período inmediato siguiente, y que en este caso no podrá ser elegido nuevamente hasta después de transcurridos dos períodos.

Ahora bien, en cuanto a la elección de Gobernadores o Alcaldes, el artículo 12 de la Ley Orgánica establece que no podrán ser postulados para los cargos de Gobernador o Alcalde, los empleados o funcionarios públicos nacionales, estadales, municipales, de los Institutos Autónomos y de las Empresas en las cuales el Estado tenga una participación decisiva, y, en todo caso, cuando esté representado por más del cincuenta porciento (50%) del capital social, cuando se trate de cargos de Dirección de los previstos en el ordinal 3° del artículo 11 de la Ley, si para el momento de la postulación estuvieren en ejercicio de sus funciones, salvo que se trate de cargos accidentales, asistenciales, electorales, docentes, académicos o de representación legislativa o municipal. La postulación se tendrá como no hecha si el postulado reasume el cargo en cualquier momento entre la fecha de la postulación y la elección.

Adicionalmente, el artículo 60 de la Ley Orgánica de Régimen Municipal establece que no pueden ser postulados para Alcaldes:

1. Quienes, por sí o por interpuesta persona, ejecuten un contrato o presten un servicio público por cuenta del Municipio o Distrito, según sea el caso, Fundación o Empresa en la cual la entidad municipal tenga alguna participación; así como quienes tuvieren, acciones, participaciones o derechos en empresas que tengan contratos con el Municipio o Distrito aun cuando traspasen sus derechos a terceras personas; y

2. Los deudores morosos de tales entidades que no hubieren pagado totalmente sus obligaciones.

e. *Restricciones al ejercicio del derecho derivadas de las relaciones de parentesco*

Por relaciones de parentesco, la Constitución, en su artículo 184, restringe el derecho pasivo al sufragio para ser electo Presidente de la República, a los parientes dentro del tercer grado de consanguinidad o segundo de afinidad del Presidente de la República que esté en ejercicio de la Presidencia para el momento de la elección o de quien haya estado en ejercicio de la Presidencia durante más de 100 días en el año inmediatamente anterior.

f. *Restricciones al ejercicio del derecho derivadas de inhabilitación política con motivo de condenas penales*

Hemos señalado que de acuerdo al artículo 112, para ser elegible es necesario, ante todo, ser elector, y para ello, entre otros aspectos, es necesario estar en pleno goce de los derechos políticos. Por tanto, quienes por ley o por decisión judicial hayan sido declarados inhabilitados políticamente no pueden ser elegidos. En general, la declaración de inhabilitación política, o estaba en la ley (por ejemplo, respecto de los militares) o era una pena accesoria a la pena principal de prisión o presidio, cuya duración, por supuesto, era por el tiempo de la pena principal, la cual, como se sabe, en ningún caso puede ser mayor de 30 años, en virtud de la garantía constitucional de que nadie puede ser condenado a penas perpetuas.

La única restricción a estos principios podía sólo ser establecida por la Constitución, y como el texto de 1961 nada establecía, en 1973 se sancionó la Enmienda N° 1 de la Constitución, cuyo artículo 1° previo la siguiente Enmienda al texto fundamental, que restringe el derecho pasivo al sufragio: "No podrán ser elegidos Presidente de la República, Senador o Diputado al Congreso, ni Magistrado de la Corte Suprema de Justicia, quienes hayan sido condenados mediante sentencia definitivamente firme, dictada por Tribunales Ordinarios, a pena de presidio o prisión superior a tres años, por delitos cometidos en el desempeño de funciones públicas o con ocasión de éstas".

Se configura, así, una inhabilitación política permanente para quienes resulten condenados penalmente en la forma mencionada, para ejercer el derecho pasivo al sufragio sólo en cuanto a la elección de Presidente de la República, de Senador o de Diputado al Congreso. No se aplica la restricción, por supuesto, para las elecciones municipales, aun cuando sí rige para ser electo Diputado a las Asambleas Legislativas, quienes deben reunir las mismas condiciones que los Diputados al Congreso (Art. 19).

En todo caso, para que la restricción se aplique, la condena penal específica tiene que ser de presidio o prisión por un lapso superior a tres años. Por lo que respecta, en los casos de delitos contra la cosa pública regulados en la Ley Orgánica de Salvaguarda del Patrimonio Público con penas inferiores a tres años, no se aplicaría la restricción.

3. Características del sistema electoral

Ahora bien, a efectos de ejercer el derecho activo y pasivo del sufragio, la Constitución establece un sistema electoral concreto que debemos analizar, y que se caracteriza por ser universal, libre, directo, secreto y garantizándose el principio de la representación proporcional. Ello se deduce del principio general previsto en el artículo 113 del texto fundamental, en el cual se establece que "la legislación electoral asegurará la libertad y el secreto del voto, y consagrará el derecho de representación proporcional de las minorías".

A. La autonomía funcional de los órganos del sistema y la libertad y secreto del voto

Del artículo 113 de la Constitución, ante todo resultan, en realidad, dos principios constitucionales: por una parte, la libertad del voto y por la otra, el secreto del voto.

En cuanto a la libertad del voto, la Constitución la garantiza asegurando la independencia de los organismos electorales, los cuales conforme al mismo artículo 113, deben estar "integrados de manera que no predomine en ellos ningún partido o agrupación política".

Se establece, por tanto, el principio del pluralismo en la integración de los organismos electorales y se asegura, además, que "sus componentes gozarán de los privilegios que la ley establezca para asegurar su independencia en el ejercicio de sus funciones". Esta norma es la que permite considerar a los organismos electorales y, particularmente, al Consejo Supremo Electoral, como un órgano estatal con autonomía funcional, que no depende de los clásicos poderes del Estado: ni el Poder Judicial, ni el Poder Legislativo, ni el Poder Ejecutivo, teniendo además, potestad de autonormación y autonomía administrativa. En la reforma de la Ley Orgánica del Sufragio de 1993, además, se le dotó de personalidad jurídica y patrimonio propio. En todo caso, es a través de los organismos electorales que los partidos políticos no sólo participan en la gestión del proceso electoral, sino en el control de las elecciones. Además, el mismo artículo 113 de la Constitución establece que los partidos políticos concurrentes en el proceso electoral "tendrán derecho de vigilancia sobre el proceso electoral", con lo cual se consagra aún más esa libertad del voto; esta autonomía de los entes y el derecho a quienes participen de un régimen pluralista de vigilar el proceso electoral.

La norma del artículo 113 establece, además, como principio general, el secreto del voto, contrario a los sistemas públicos de votación.

B. La votación universal y directa

Ahora bien, además de la votación secreta, la Constitución establece el principio de la votación universal y directa como base del sistema electoral. En efecto, los artículos 183 y 187 que se refieren a la elección presidencial, establecen que la elección del Presidente de la República se hará por votación "universal y directa", en conformidad con la Ley.

En cuanto a la votación universal, ello significa que debe ser elector la universalidad de los ciudadanos a quienes se atribuye el ejercicio del derecho activo al sufragio, sin más restricciones que las que establece la Constitución: "Venezolanos, mayores de 18 años, no sujetos a interdicción civil ni a inhabilitación política, sin discriminaciones de ningún tipo" (Art. 61).

En cuanto a la votación directa, con ello se quiere significar que no debe haber cuerpos intermedios o colegios electorales que se interpongan entre el elector y el elegido, sino que el elector debe votar directamente por el candidato de su predilección.

Este principio de la elección universal y directa está previsto en la Constitución, además, respecto de casi todos los cuerpos representativos. En efecto, de acuerdo al artículo 148, "para formar el Senado se elegirán por votación universal y directa dos Senadores por cada Estado y dos por el Distrito Federal"; y de acuerdo al artículo 151, "para formar la Cámara de Diputados se elegirán por votación universal y directa... los Diputados que determine la Ley según la base de población requerida".

En cuanto a los Diputados a las Asambleas Legislativas, el artículo 19 de la Constitución sólo exige que los Diputados a las mismas "serán elegidos por votación directa" no haciendo referencia al carácter universal: Ello permite, en efecto, que se establezcan restricciones por la residencia para permitir que ejerzan el derecho activo al sufragio, los electores residentes, por ejemplo, del Estado respectivo.

En materia de elecciones municipales, la Constitución no establece ninguna exigencia en cuanto al carácter directo y universal, por lo que en ellas, el legislador podría establecer un sistema de elección indirecta y restringido, por ejemplo, en relación a la residencia. Por ello, los artículos 52 y 56 de la Ley Orgánica de Régimen Municipal establecen que los Alcaldes y Concejales deben estar residenciados en el Municipio, lo cual restringe la universalidad del sufragio; y el artículo 72 de la misma Ley establece una forma de elección indirecta de parte de los miembros de los Cabildos Metropolitanos en los Distritos Metropolitanos, que se integran, además de un Concejal de elección directa por cada cien mil (100.000) habitantes (y siempre por lo menos 3), por la representación de cada uno de los municipios que formen el Distrito, lo cual restringe el sufragio directo al convertirlo en indirecto.

C. *La garantía del derecho de representación proporcional de las minorías y el sistema mayoritario*

El artículo 113 de la Constitución exige que la legislación asegure, en general "el derecho de representación proporcional de las minorías". Por supuesto, este es un derecho que debe garantizarse cuando se trate de elegir en una circunscripción más de un candidato para determinados cuerpos electorales.

Por ello, la Constitución, al establecer el principio de la elección de los Senadores en número de dos por cada entidad federal, agrega que se elegirán, también, "los Senadores adicionales que resulten de la aplicación del principio de la representación de las minorías según establezca la Ley".

En cuanto a la elección de los Diputados al Congreso, el artículo 151 establece que esa elección debe realizarse "con representación proporcional de las minorías".

Además, en cuanto a la elección de los Diputados a las Asambleas Legislativas, el artículo 19 establece que "el Poder Legislativo se ejerce en cada Estado por una Asamblea Legislativa cuyos miembros deberían reunir las mismas condiciones exigidas por esta Constitución para ser Diputado y serán elegidos por votación directa con representación proporcional de las minorías, de acuerdo con la Ley". Se requiere, por tanto, la aplicación del principio de la representación proporcional de las minorías.

Sin embargo, la Enmienda Constitucional N° 2 sancionada en marzo de 1983 permitió que para las elecciones de miembros de las Asambleas Legislativas, "también podrá acordarse un sistema electoral, semejante o diferente del que se disponga para las elecciones de concejales" (Art. 1o).

En materia local o municipal, nada dice la Constitución respecto del sistema electoral, salvo los principios de libertad y secreto del voto y de que la organización municipal será democrática, propia del gobierno local. Sin embargo, en cuanto al sistema electoral, no se establece ni su universalidad ni su carácter directo. Por tanto, a nivel local, podrían establecerse elecciones indirectas y restringidas a los residentes. Nada se establece, además, respecto de la elección por el principio de la representación proporcional de las minorías, por lo que a nivel local no es principio constitucional, ni lo es el carácter colegiado de la autoridad municipal (Concejo), ni la elección de todos los concejales en un solo bloque. Por ello, siempre sostuvimos que este principio rio tenía vigencia constitucional respecto de los Municipios si se decidía elegir los concejales en forma uninominal, como se estableció en la Ley Orgánica del Sufragio de 1993, o en la forma mixta (por listas y uninominal) que se reguló en la Ley Orgánica de 1995.

Sin embargo, para despejar toda duda, la Enmienda N° 2 a la Constitución, sancionada el 16 de marzo de 1983, estableció en su artículo 1° lo siguiente: "Para las elecciones de miembros de los Concejos Municipales podrá adoptarse un sistema electoral especial y distinto del que rige para las elecciones de Senadores, Diputados y miembros de las Asambleas Legislativas".

En todo caso, debe quedar claro que el principio de la representación proporcional debe garantizarse, siempre que se vayan a integrar cuerpos colegiados por listas. Por ello, si la elección es unipersonal, por ejemplo, respecto del Presidente de la República (Art. 183), de los Gobernadores de Estado (Art. 22), de Alcaldes y Concejales en los Municipios, el sistema electoral será mayoritario.

En particular, y en cuanto al Presidente de la República, dice la Constitución que será electo el candidato "que obtenga mayoría relativa de votos" (Art. 183), con lo que se establece un sistema de mayoría relativa.

En resumen, puede decirse que el sistema electoral venezolano se caracteriza por ser secreto, universal y directo. Además, de representación proporcional de las minorías si se trata de elegir por listas en circunscripciones plurinominales miembros de cuerpos colegiados, y mayoritario cuando se trate de elecciones unipersonales.

En la actualidad, la elección del Presidente de la República, de los Gobernadores y de los Alcaldes es de carácter unipersonal, por mayoría relativa. En cuanto a las elecciones para los cuerpos deliberantes (Cámaras Legislativas Nacionales, Asambleas Legislativas y Concejos Municipales), la elección sigue métodos distintos: los Senadores se eligen por listas cerradas y bloqueadas, con la aplicación del principio de representación proporcional (Sistema d'Hondt) en cada Estado y el Distrito Federal; los Diputados al Congreso Nacional y los Diputados a las Asambleas Legislativas se eligen, la mitad por el mismo sistema de representación proporcional antes indicado y la otra mitad en forma uninominal en Circuitos Electorales; los Concejales también mediante un sistema mixto: 1/3 por listas y 2/3 mediante el sistema uninominal en Circuitos Electorales, y los miembros de las Juntas Parroquiales mediante el sistema de representación proporcional por listas cerradas.

4. Evolución del sistema electoral

Ahora bien, este sistema de sufragio universal, directo y secreto y que otorga representación proporciona] a las minorías, es fruto de una larga evolución que va de un sufragio limitado o restringido a un sufragio universal; de un sufragio indirecto a un sufragio directo; de un sufragio a veces público a un sufragio secreto; y de un sufragio mayoritario a un sufragio de representación proporcional de las minorías, con inclusión de casos de elección unipersonal. En estos cuatro puntos puede situarse la evolución del sistema electoral venezolano, los cuales analizaremos a continuación.

A. La universalización progresiva

El primero de los aspectos que marcan la evolución señalada, es el que va de un sufragio originalmente limitado, a un sufragio universal como el actualmente en vigor, es decir, que no está limitado por condiciones económicas o de fortuna o por aspectos particulares de la capacidad o situación física del elector. La universalidad del sufragio, que no admite restricciones por razones de sexo, fortuna o condición social, sin embargo, es sólo una realidad constitucional desde 1946.

En efecto, a pesar de que la elección para los miembros del Congreso que en 1811 aprobó la primera Constitución republicana de Venezuela, se realizó mediante sufragio universal, excluidos sólo los esclavos; el propio texto constitucional de 1811 estableció restricciones, particularmente de carácter económico en el ejercicio del sufragio, el cual se reservó a los varones (Arts. 26 a 30). Sólo fue a partir del a Constitución de 1957 cuando se eliminaron los requisitos económicos para tener la condición de elector (Art. 12), y solo fue en el Estatuto Electoral de 1946 cuando se consagró en general, expresamente, el voto femenino, lo que recogió luego la Constitución de 1947.

Debe destacarse que para tener la condición de ciudadano y, por tanto, de elector, las Constituciones de 1819 a 1857 exigían saber leer y escribir, lo cual limitaba el sufragio de los analfabetos. Esta condición se eliminó en la Constitución de 1858 (Art. 11), llegando la Constitución de 1864 a limitar el sufragio sólo a menores de dieciocho años (Art. 16, Ord. 11), como consecuencia, ciertamente, del igualitarismo derivado de nuestras Guerras Federales. A esta sola restricción, la Constitución de 1893 agregó también, como restricción, la interdicción declarada por sentencia ejecutoria de los tribunales competentes (Art. 14, Ord. 11).

Esta situación permaneció regulada en igual forma en el texto constitucional de 1901, siendo la Constitución de 1904, la que por primera vez en la evolución constitucional venezolana, remitió a la ley la posibilidad de establecer restricciones al sufragio, cambiando la reserva constitucional existente hasta ese momento (Arts. 10 y 17, Ord. 11). Esta situación se mantuvo hasta el texto constitucional de 1925, el cual volvió a establecer reserva constitucional en las limitaciones al ejercicio del sufragio, otorgando la calidad de electores a los venezolanos mayores de veintiún años, que no estuvieren sujetos a interdicción ni a condena penal que conllevara la inhabilitación política, lo cual se mantuvo hasta la Constitución de 1931 (Art. 32, Ord. 12).

La Constitución de 1936 restringió aún más el derecho al sufragio. Lo atribuyó a "los venezolanos varones, mayores de veintiún años, que sepan leer y escribir y que no estén sujetos a interdicción ni a condena penal que envuelva la inhabilitación política" (Art. 32, Ord. 14). En esta forma, paradójicamente, la Constitución que

El segundo elemento de la evolución del sufragio es el del paso de un sufragio indirecto a uno directo, es decir, de un sistema electoral en el cual los electores no escogían directamente los gobernantes, sino a través de unos delegados que eran electores en segundo grado, a un sistema en el cual los electores escogen inmediata y directamente los gobernantes. En este aspecto, la evolución venezolana no fue constante, y para su análisis debe distinguirse la elección para Presidente de la República de la elección para las Asambleas de representantes.

a. *Elección Presidencial*

En las elecciones presidenciales, desde la Constitución de 1830 hasta la Constitución de 1858, el sistema electoral fue indirecto y la elección del Presidente de la República se realizó por Colegios Electorales o Asambleas Electorales, electos a su vez por sufragio restringido; y desde la Constitución de 1858 hasta la de 1874, la elección se realizó en forma directa por los electores, en sufragio fundamentalmente universal.

En la Constitución de 1881 se estableció de nuevo la elección indirecta del Presidente de la República, la cual se realizó por un Consejo Federal designado por el Congreso, regulación que permaneció en la Constitución de 1891. La Constitución de 1893 volvió a establecer el sistema electoral directo y secreto (Art. 63), lo cual se eliminó, de nuevo, en la Constitución de 1901, al establecer un sistema electoral indirecto para Presidente de la República. Esta restricción continuó en la reforma constitucional que se dictó en 1936 a la caída del dictador Gómez, y que abrió la transición hacia el régimen democrático, que estableció de nuevo la limitación al sufragio para los analfabetos, lo que había sido eliminado desde la Constitución de 1858, y consagró expresamente la exclusión del voto femenino, lo cual no estaba establecido expresamente en los textos constitucionales anteriores. Es de destacar que la no exclusión del voto femenino en los textos constitucionales posteriores a 1858, si bien no condujo a su admisión, al menos dio origen a que se discutiera su posibilidad. La Constitución de 1936, al contrario, lo excluyó expresamente.

Por otra parte, la edad electoral, que en 1864 había sido reducida a dieciocho años, en la Constitución de 1936, siguiendo la línea de las Constituciones posteriores a 1925, se elevó a veintiún años.

Con posterioridad a la Constitución de 1947, la universalización del sufragio se produjo en Venezuela en los términos antes señalados, permitiéndose inclusive la participación de los extranjeros en las elecciones municipales, siempre que tengan más de diez años en calidad de residentes en el país, así como uno de residencia en el Municipio de que se trate (Art. 11 de la Constitución de 1961).

B. *El sufragio directo*

El segundo elemento de la evolución del sufragio es el pase de un sufragio indirecto a uno directo, es decir, de un sistema electoral en el cual los electores no escogen directamente los gobernantes, sino a través de unos delegados que serán electores en segundo grado, a un sistema en el cual los electores escogen inmediata y directamente los gobernantes. En este aspecto, la evolución venezolana no es constante, y para su análisis debe distinguirse la elección para Presidente de la República de la elección para las Asambleas de representantes.

a. *Elección presidencial*

En las elecciones presidenciales, desde la Constitución de 1830[74] hasta la Constitución de 1858, el sistema electoral fue indirecto y la elección del Presidente de la República se realizó por Colegios electorales o Asambleas electorales, electos a su vez por sufragio restringido[75]; y desde la Constitución de 1858 hasta la de 1874, la elección se realizó en forma directa por los electores, en sufragio fundamentalmente universal[76].

En la Constitución de 1881 se estableció de nuevo la elección indirecta del Presidente de la República, la cual se realizó por un Consejo Federal designado por el Congreso[77], regulación que permaneció en la Constitución de 1891[78]. La Constitución de 1893 volvió a establecer el sistema electoral directo y secreto[79], lo cual se eliminará de nuevo en la Constitución de 1901, al establecer un sistema electoral indirecto para Presidente de la República con participación de los Concejos Munici-

---

74   En las constituciones de 1811, artículo 76; de 1819, artículo 1°, título VIII, Sección Segunda; de 1821, artículo 34, la elección también se reguló en forma indirecta, aun cuando nunca tuvieron oportunidad de ser realizadas.

75   Véase la Constitución de 1830, artículo 105; Constitución de 1857, artículo 59.

76   Véase la Constitución de 1858, artículo 81; Constitución de 1864, artículo 63, y Constitución de 1874, artículo 63.

77   Véase la Constitución de 1881, artículo 61 y ss.

78   Véase la Constitución de 1891, artículo 61 y ss.

79   Véase la Constitución de 1893, artículo 63.

pales (Art. 82). A partir de este texto constitucional y hasta la Constitución de 1945, el sistema electoral para elegir Presidente continuó siendo indirecto, efectuándose la elección por el Congreso o por un Cuerpo Electoral designado por éste.

La Constitución de 1947 volvió a establecer la elección del Presidente de la República en forma directa y secreta y, como se vio, mediante sufragio universal, lo cual permaneció en la Constitución de 1953, estableciendo la Constitución vigente de 1961 que la elección del Presidente de la República se hará por votación universal, directa y secreta (Arts. 113 y 183), disposición que ha regido las elecciones posteriores a 1958.

b.   Elección de las Asambleas Representativas

En cuanto a las elecciones para las Asambleas representativas, puede decirse que la elección de Senadores al Congreso Nacional, en toda nuestra evolución constitucional, con excepción de las Constituciones de 1947 (Art. 154), y la actual de 1961 (Art. 148), siempre fue indirecta, realizándose la elección, generalmente por las Asambleas Legislativas de los Estados Federados por el Congreso Constituyente o por los Colegios Electorales Provinciales. Actualmente, para formar el Senado se eligen por votación universal, directa y secreta dos senadores por cada Estado Federado y dos por el Distrito Federal.

En cuanto a la elección de Diputados al Congreso Nacional, la elección indirecta no ha sido una norma tan absoluta como en el supuesto de los Senadores. En efecto, desde la Constitución de 1811 hasta la Constitución de 1830, la elección de Diputados al Congreso Nacional se realizó mediante el sistema indirecto.

A partir de la Constitución de 1859 hasta la vigente de 1961, puede decirse que la elección de Diputados al Congreso ha sido siempre una elección directa, con la sola excepción de la Constitución de 1936, que estableció una elección indirecta de los Diputados al Congreso Nacional por las Municipalidades de cada Estado Federado (Art. 55). Debe también destacarse lo paradójico que resulta esta limitación al ejercicio directo del sufragio, en el régimen de transición de la dictadura de Gómez al régimen democrático posterior.

En la actualidad, en todo caso, la elección de Diputados al Congreso Nacional se realiza también por votación universal, directa y secreta con representación proporcional, en forma mixta con el sistema uninominal en el número que determina la Ley Orgánica del Sufragio según la base de población requerida, que la Constitución prohíbe que exceda, para un Diputado, del uno por ciento de la población total del país (Art. 151).

C.   El sufragio secreto

El tercer elemento de la evolución del sistema electoral venezolano está marcado por la transición del sufragio público al sufragio secreto que existe en la actualidad. En efecto, en las primeras Constituciones de la República de 1811 y 1830, el sistema de voto público fue exigido, y es aquí, también, que la Constitución de 1857 establece el gran cambio al prever la garantía del sufragio secreto, lo cual perduró hasta 1874. La Constitución de ese año volvió a establecer el sufragio público, lo cual fue cambiado de nuevo por la Constitución de 1893 al exigir, como todas las posteriores, el sufragio secreto, con la sola excepción de la Constitución de 1936, que no estableció nada al respecto.

La Constitución vigente de 1961, con carácter general, estableció que "la legislación electoral asegurará la libertad y el secreto del voto" (Art. 118), la cual se aplica a todas las elecciones, tanto para representantes en los órganos nacionales como en los estadales y municipales.

D. *El sistema electoral minoritario, la representación proporcional y el sistema mayoritario*

El cuarto elemento que caracteriza la evolución constitucional venezolana del sistema electoral, es el que marca la transición de un sistema electoral mayoritario a uno minoritario, y recientemente, con inclusión de aspectos mayoritarios (uninominalidad). Paradójicamente, los tres elementos evolutivos anteriores configuran un proceso de "democratización" del sufragio al hacerlo universal, directo y secreto; sin embargo, el cuarto elemento siguió una dirección inversa: dificultar la formación de gobiernos capaces de representar las mayorías nacionales. En efecto, la transición de un sistema electoral mayoritario a uno minoritario debe analizarse distinguiendo las elecciones para Presidente de la República de aquellas destinadas a elegir los miembros de las Asambleas representativas.

a. *Elección presidencial, de Gobernadores y Alcaldes*

En la elección del Presidente de la República, la evolución ha marcado una transición de un sistema electoral de mayoría calificada a un sistema de mayoría relativa. En efecto, las Constituciones de 1811 y 1857 exigieron una mayoría de las dos terceras partes de la votación para la elección presidencial, previendo la Constitución de 1857, por ejemplo, el recurso a una segunda votación entre los dos candidatos que hubieran sacado mayor número de votos, cuando ninguno hubiere obtenido la mayoría calificada (Art. 59).

La exigencia de la obtención de las dos terceras partes de la votación para la elección del Presidente fue modificada por la Constitución de 1858, la cual exigió la mayoría absoluta, exigencia que permaneció en el texto constitucional hasta la Constitución de 1922. Las Constituciones posteriores a la dictadura gomecista no consagraron proporción determinada para la elección presidencial, la cual era regida en todo caso por los deseos del dictador; y, paradójicamente, la Constitución de transición de 1936, siguió el ejemplo de las Constituciones que la precedieron, no estableciendo porcentaje alguno para la elección presidencial.

A partir de la Constitución de 1947, hasta la actual, se consagra expresamente la elección directa del Presidente de la República, por mayoría relativa de votos, es decir, es electo el candidato que obtenga el mayor número de votos.

A partir de 1989, la elección de los Gobernadores de los Estados Federados y de los Alcaldes, se ha realizado conforme al mismo principio de la mayoría relativa, tal como lo regulan la Ley sobre Elecciones y Remoción de Gobernadores de Estado de 1989 (Art. 11) y la Ley Orgánica del Sufragio (Art. 145), respectivamente.

b.   *Elección de las Asambleas Representativas hasta 1989*

En el campo de la elección de representantes, la evolución se caracteriza hasta 1989, por la transición del sistema de escrutinio mayoritario al sistema de representación proporcional. En efecto, el sistema de escrutinio mayoritario para la elección de Senadores y Diputados fue el único conocido en Venezuela hasta 1945, cuando el Estatuto Electoral dictado por la Junta Revolucionaria de Gobierno en ese año, para la elección de los miembros de la Asamblea Constituyente, previó por primera vez en nuestra historia constitucional el sistema electoral de representación proporcional. Este sistema, posteriormente consagrado en la Constitución de 1947 (Art. 83), es el vigente en la actualidad. En diversos artículos, la Constitución vigente consagra expresamente el sistema de la representación proporcional de las minorías: artículo 19, para la elección de Diputados a las Asambleas Legislativas; artículo 148, para la elección de Senadores; y artículo 151, para la elección de Diputados al Congreso. Además, el artículo 113, de carácter general, agrega que "la legislación electoral asegurará la libertad y el secreto del voto y consagrará el derecho de representación proporcional de las minorías". Debe destacarse que quizás fue consagrado en 1947 y posiblemente tuvo razón de ser en los primeros años de 1960, dada la situación, en ambas fechas, de transición hacia el régimen democrático, con el objeto de que ningún partido dominara en forma absoluta las Cámaras Legislativas. Las sucesivas dictaduras de principios de siglo hasta 1936 y de la década de los cincuenta, parecen haber producido esta reacción contra el absolutismo.

Como resultado de esta evolución, hasta 1989, el sistema electoral venezolano era universal, directo y secreto y de escrutinio minoritario, con la exigencia de sólo una mayoría relativa (simple mayoría) para elegir Presidente de la República, y de la aplicación del principio de la representación proporcional de las minorías para la elección de los miembros de las Cámaras Legislativas, mediante listas bloqueadas, en 23 circunscripciones electorales (equivalentes a los veinte Estados que habían, los dos Territorios Federales y el Distrito Federal), con población variable, pero muy densa en algunas.

c.   *Elección de las Asambleas Representativas a partir de 1989*

En el año 1989, la presión de la sociedad civil por la reforma electoral y el fenómeno abstencionista en las elecciones municipales que en 1979 había alcanzado 27,13% y en 1984 un porcentaje del 40,75%, provocó que las Cámaras Legislativas comenzaran a introducir reformas en el sistema electoral, para incorporar elementos de elección mayoritaria por la vía de la uninominalidad.

Así la Ley Orgánica del Sufragio de 1989, estableció para la elección de los Concejales, un sistema de votación por listas pero de carácter nominal, es decir, por listas abiertas y no bloqueadas, pudiendo el elector votar nominalmente hasta por un máximo número de candidatos igual o menor a los candidatos que se eligieron como principales en el Municipio (Art. 161). Posteriormente, en la Ley Orgánica del Sufragio de 1992, para las elecciones municipales de ese año, se estableció para la elección de concejales un sistema de elección mediante una combinación del sistema electoral uninominal con el sistema electoral de representación proporcional (Art. 153), de manera que los ⅔ de los Concejales se eligieron por vía uninominal y ⅓ por el sistema de listas cerradas y bloqueadas (Art. 154).

La reforma de la Ley Orgánica del Sufragio de 1993, modificó de nuevo el sistema electoral, incorporando nuevos elementos de uninominalidad así:

En cuanto a la elección de los Diputados al Congreso Nacional y a las Asambleas Legislativas, el artículo 3° de la Ley Orgánica del Sufragio estableció el sistema proporcional personalizado, estructurado según el sistema de representación proporcional, pero combinado con el principio de la elección uninominal en Circuitos Electorales. En esta forma, en cada Estado y en el Distrito Federal, la mitad de los Diputados se elige por el sistema de listas cerradas y bloqueadas y la otra mitad se elige uninominalmente en Circuitos Electorales (Art. 3).

En cuanto a la elección municipal, en la reforma de 1993 se estableció un sistema completamente uninominal para la elección de concejales y un sistema de representación proporcional, con voto nominal y listas abiertas para la elección de Juntas Parroquiales (Art. 150). Dicho sistema, sin embargo, no llegó a aplicarse, pues en la reforma de 1995 se retrocedió en los elementos uninominales de la elección local, estableciéndose, en cuanto a la elección municipal, la de los Concejales conforme a un sistema uninominal con representación proporcional (Art. 150), y la de los miembros de las Juntas Parroquiales, por el sistema de representación proporcional (plurinominal) mediante el sistema de listas cerradas (Art. 150 Ley Orgánica del Sufragio).

5. *Aplicación del sistema electoral nacional (1947-1993)*

Ahora bien, la aplicación de nuestro sistema electoral en los procesos electorales de mitad de la década de los cuarenta y posteriormente, en los realizados a partir de 1958, evidencia tres etapas muy claras: una primera etapa, hasta 1973, en la cual la lógica del sistema minoritario[80] funcionó cabalmente conduciendo a que los gobiernos electos, a medida que el sistema se aplicó, fueran electos con cada vez menos respaldo popular, y que la integración de las Asambleas Representativas diera lugar a una progresiva atomización de las fuerzas políticas en ellas representadas[81]; una segunda etapa en las elecciones a partir de 1973 hasta 1988, en las cuales debido a la pronunciada polarización, se distorsionó la lógica minoritaria del sistema, y se formaron gobiernos con mayoría en las Cámaras Legislativas ; y una tercera etapa, a partir de 1993, donde puede decirse que se volvió a la lógica de los efectos atomizadores del sistema.

En todo caso, la aplicación del sistema electoral ha tenido efectos distintos en la elección presidencial y en las de las Asambleas Representativas.

A. *Efectos en las elecciones presidenciales*

En efecto, en cuanto a la elección presidencial, las cifras electorales demostraron hasta la elección de 1968, una pérdida progresiva de respaldo popular al Presidente

---

80 Véase Allan R. Brewer-Carías, *Cambio Político y Reforma del Estado en Venezuela*, Madrid 1975, capítulos 8 y 11.

81 En general, sobre los efectos del sistema electoral de representación proporcional y el análisis de las elecciones venezolanas desde 1956 a 1973, véase, Allan R. Brewer-Carías, *Cambio Polítoc y Reforma*, *cit.*, capítulo 8 y ss.

electo y una difusión también progresiva de la votación entre los diversos candidatos. El sistema minoritario de elección presidencial, o de mayoría relativa o simple mayoría, en realidad condujo a la elección de Presidentes con respaldo minoritario en lugar de un respaldo mayoritario. La polarización política que se acentuó desde 1973, en cambio, la condujo incluso, a la elección presidencial con mayoría absoluta de votos como sucedió en 1983. En 1993 se volvió a la elección por voto minoritario.

Si se compara el número de votos y los porcentajes en la votación que obtuvieron los sucesivos Presidentes de Venezuela, resulta que en cuatro elecciones (1947-1968) se produjo un descenso de un 74,47 por ciento en 1947 a 23,13 por ciento en 1968. En las elecciones de 1973, 1978, 1983 y 1988 la polarización política en la votación modificó la línea porcentual lógica decreciente, habiendo obtenido el, candidato triunfador el 48,77, el 46,65, el 56,74 y el 52,9 por ciento de la votación respectivamente. En la elección de 1993, en cambio, se eligió al Presidente de la República con una votación del 30,46%. Los votos y porcentajes obtenidos en el período do 1947-1993 fueron los siguientes:

VOTACIÓN PARA PRESIDENTE DE LA REPÚBLICA[82]
(Años: 1947 – 1993)

(Número de votos y porcentaje en relación al total de votos válidos emitidos)

Presidente[83]	Año	N° de votos	%
Rómulo Gallegos	1947	871.725	74,47
Rómulo Betancourt	1958	1.284.092	49,18
Raúl Leoni	1963	957.699	32,80
Rafael Caldera	1968	1.075.375	29,13
Carlos Andrés Pérez	1973	2.122.427	48,77
Luis Herrera Campins	1978	2.487.318	46,65
Jaime Lusinchi	1983	3.770.647	46,65
Carlos Andrés Pérez	1998	3.868.061	58,90
Rafael Caldera	1993	1.710.722	30,46

Ahora bien, en cuanto al número de candidatos presidenciales y de partidos políticos participantes en el proceso electoral, se evidenció un aumento considerable y constante, así: tres candidatos presidenciales y cinco partidos participantes en 1947;

---

82   Los datos han sido tomados de Boris Bunimov Parra, Introducción a la Sociología Electoral Venezolana, Caracas, 1968; C.S.E., Memoria y Cuenta, Caracas, 1969; E l Nacional, Caracas, 21 de diciembre de 1973, p. A-l; y Consejo Supremo Electoral, *Resultados de las votaciones efectuadas el 3 de diciembre de 1978*, pp. 3 y ss.; C.S.E. Boletín de Totalización Central de Votos, Elecciones Nacionales de 1983, Gaceta Oficial N° 32.874 de 14-12-83. *Boletín de Totalización Central de Votos*. Elecciones Nacionales de 1989. Elecciones 1993, Presidente de la República CSE ,1994.

83   Los Presidentes Rómulo Gallegos, Rómulo Betancourt, Raúl Leoni, Carlos Andrés Pérez y Jaime Lusinchi, fueron candidatos del Partido Acción Democrática (AD) Los Presidentes Rafael Caldera (1968) y Luis Herrera Campíns fueron candidatos del Partido Social Cristiano (COPEI) En 1993, el Presidente Rafael Caldera fue candidato del Partido Convergencia Nacional.

tres candidatos y ocho partidos en 1958; siete candidatos y once partidos en 1963; seis candidatos y dieciséis partidos en 1968; doce candidatos presidenciales y veinte partidos políticos nacionales en 1973; diez candidatos presidenciales y diecinueve partidos políticos nacionales en 1978; doce candidatos presidenciales y veintitrés partidos políticos nacionales en 1983: 24 candidatos presidenciales y 34 partidos políticos nacionales en 1988; y 18 candidatos presidenciales y 39 partidos políticos nacionales en 1993.

Por otra parte, la diferencia porcentual de votos entre el candidato electo como Presidente de la República y el que obtuvo la segunda mayor votación se redujo progresivamente hasta 1988. Así, del 52 por ciento del total de la votación en 1947, se pasó a sólo el 0,89 por ciento del total de la votación en 1968, al 12,03 por ciento en 1973, al 3,34 por ciento en 1978 hasta subir nuevamente, en 1983 al 22,39 por ciento y en 1988 al 22,90 por ciento.

Por otra parte, es conveniente señalar que el porcentaje de votos obtenidos por los dos primeros partidos en las elecciones presidenciales demostró, hasta 1968 un progresivo descenso, lo cual aumentó, por la polarización electoral a partir de 1973: 96,8% en 1947; 83.6 por ciento en 1958; 52,9 por ciento en 1963; 57,3 por ciento en 1968; 83,5 por ciento en 1973; 89,9 por ciento en 1978; 91,1 por ciento de los votos; y los partidos AD y COPEI que siempre obtuvieron vigencia que postuló al Presidente R. Caldera obtuvo el 17,03 por ciento de los votos; y los partidos AD y CO-PEI que siempre obtuvieron los dos primeros lugares en las anteriores elecciones, en 1993 obtuvieron el 23,23 por ciento y el 22,11 por ciento respectivamente; en total el 45,34 por ciento, provocando un descenso de casi un 50 por ciento del resultado de la elección de 1988.

Estas cifras demuestran, por lo que a la elección presidencial se refiere, y en las oportunidades en que la lógica del sistema minoritaria funcionó, hasta la elección de 1968[84] y luego en 1993, que hubo una pérdida progresiva de respaldo popular al candidato electo y una difusión también progresiva de la votación entre los diversos candidatos. El sistema minoritario de elección presidencial (o de mayoría relativa o simple mayoría), en realidad, al inicio y en 1993, implicó la elección de un Presidente con menos respaldo minoritario en lugar de con respaldo mayoritario hasta que se produjeron situaciones de polarización política, como fue el caso de la selección en 1958 y las realizadas entre 1973 y 1988.

---

84 Como se dijo, la polarización política de la votación en 1973. 1978, 1983 y 1988, entre los candidatos de los Partidos Acción Democrática (AD) y (COPEI), distorsionó la lógica de funcionamiento del sistema electoral minoritario, tal como también distorsionó en las elecciones chilenas en marzo de 1973, realizadas también bajo un sistema minoritario de representación proporcional, por la misma razón de polarización. Debe destacarse además, que la polarización política no sólo puede distorsionar la lógica minoritaria de los sistemas de representación proporcional, sino que también puede operar en sentido contrario con los sistemas electorales mayoritarios, produciéndose la distorsión en sentido contrario, tal como sucedió en las elecciones francesas de marzo de 1973. En todos estos casos, una polarización política entre gobierno y oposición distorsiona momentáneamente la lógica de funcionamiento de cualquier sistema electoral, salvo que el fenómeno de polarización perdure, lo cual depende de la dinámica política concreta.

ELECCIONES PARA PRESIDENTE DE LA REPUBLICA
(Años 1947 – 1993)
(Número de votos por candidatos y porcentajes en relación al total de votos válidos)

Candidatos	1947	
Rómulo Gallegos	871.752	(74,47%)
Rafael Caldera	262.204	(22,40%)
Gustavo Machado	36.514	(3,12%)

Candidatos	1958	
Rómulo Betancourt	1.284.092	(49,18%)
Wolfgang Larrazábal	885.167	(34,59%)
Rafael Caldera	396.293	(16,19%)

Candidatos	1963	
Raúl Leoni	957,574	(32,80%)
Rafael Caldera	589.177	(20,18%)
Jovito Villalba	551.266	(18,87%)
Arturo Uslar Pietri	469.366	(16,08%)
Wolfgang Larrazábal	275.325	(9,43%)
Raúl Ramos Giménez	66.880	(2,28%)
Germán Borregales	9.292	(0,31%)

Candidatos	1968	
Rafael Caldera	1.075.375	(29,13%)
Gonzalo Barrios	1.050.806	(28,24%)
M.A. Burelli Rivas	826.758	(22,22%)
Luis Beltran Prieto	719.461	(19,34%)
Alejandro Hernández	27.336	(0,73%)
Germán Borregales	12.587	(0,34%)

Candidatos	1973	
Carlos Andrés Pérez	2.122.427	(48,77%)
Lorenzo Fernández	1.598.929	(36,79%)
J.A. Paz Galarraga	221.864	(5,09%)
José Vicente Rangel	183.513	(4,21%)
Jovito Villalba	132.829	(3.05%)
M.A. Burelli Rivas	33.181	(0.76%)
Pedro Tinoco h.	25.736	(0,59%)
M. García Villasmil	11.567	(0,26%)
Germán Borregales	9.396	(0,21%)

P. Segnini La Cruz	5.185	(0,14%)
R. Verde Rojas	4.169	(0,09%)
Alberto Solano	1.651	(0,03%)

Candidatos	**1978**	
Luis Herrera Campins	2.487.318	(46,65%)
Luis Piñerua	2.309.577	(43,31%)
José Vicente Rangel	276.083	(5,18%)
Diego Arria	90.060	(1,68%)
Luis Beltrán Prieto	59.747	(1,12%)
Américo Martín	52.286	(0.98%)
Héctor Mujica	29.305	(0,55%)
Leonardo Montiel	13.918	(0,26%)
Alejandro Gómez S.	8.337	(0,16%)
Pablo Salas C.	6.081	(0,11%)

Candidatos	**1983**	
Jaime Lusinche	3.770.647	(56,85%)
Rafael Caldera	2.292.637	(34,56%)
Teodoro Petkoff	276.263	(4,16%)
José Vicente Rangel	220.207	(3,32%)
Jorge Olavarría	32.048	(0,48%)
G. Pérez Hernández	19.282	(0.29%)
L. E. Rangel B.	8.719	(0,13%)
A. Velázquez	5.999	(0,09%)
Vinicio Romero	2.439	(0,03%)
Alberto Solano	1.640	(0,02%)
Juan Ibarra R.	1.382	(0,02%)
Adolfo Alcalá	1.111	(0,01%)

Candidatos	**1988**	
Carlos Andrés Pérez	3.868.843	(52,9%)
Eduardo Fernández	2.955.061	(40,3%)
Teodoro Petkoff	198.361	(2,7%)
Godofredo Marín	63.795	(0,9%)
Ismenia Villalba	61.732	(0,08%)
Edmundo Chirinos	58.733	(0,8%)
Vladimir Gessen	28.329	(0,4%)
Andrés Velásquez	26.870	(0,4%)
Gastón Guisandes	10.759	(0,2%)
Jorge Olavarría	10.209	(0,1%)

David Nieves	10.073	(0,1%)
Alberto Martini	5.802	(0,1%)
Luis Alfonso Godoy	2.642	(0,0%)
Luís Hernández	2.553	(0,0%)
Leopoldo Díaz	2.489	(0,0%)
Alejandro Peña	2.235	(0,0%)
Rómulo Abreu	1.507	(0,0%)
Herman Escarrá	1.452	(0,0%)
José Rojas Contreras	1.251	(0,0%)
Alberto Solano	769	(0,0%)
Napoleón Barrios	589	(0,0%)
Arévalo Tovar	408	(0,0%)
Rómulo Yordi	377	(0,0%)
Juan Pablo Bront	316	(0,0%)

Candidatos	**1993**	
Rafael Caldera	1.710.722	(30,46%)
Claudio Fermín	1.325.287	(23,60%)
Oswaldo Álvarez Paz	1.276.506	(22,73%)
Andrés Velázquez	1.232.653	(21,95%)
Modesto Rivero	20.814	(0,37%)
Nelson Ojeda Valenzuela	18.690	(0.33%)
Luis Alberto Machado	6.851	(0,12%)
Fernando Bianco	5.590	(0,10%)
José Antonio Cova	4.937	(0,09%)
Gabriel Puerta Aponte	3.746	(0,07%)
Rhona Ottolina	3.633	(0,06%)
Rómulo Abreu Duarte	1.554	(0,03%)
Jess Tang	1.251	(0,02%)
Blas García Núñez	1.198	(0,02%)
Juan Chacín	981	(0,02%)
Carmen de González	866	(0,02%)
Félix Díaz Ortega	780	(0,01%)
Temístocles Fernández	640	(0,01%)

FUENTE: Boris Bunimov Parra, *Introducción a la Sociología Electoral Venezolana,* Caracas, 1968; CSE. *Memoria y Cuenta,* Caracas 1969; CSE. Informaciones en *El Nacional,* Caracas 21 de diciembre de 1973, p. A1-; CSE. *Resultado de las votaciones efectuadas al 3 de Diciembre de 1978;* p. 3; CSE. *Boletín de Totalización Central de Votos.* Elecciones Nacionales de 1983; *Gaceta Oficial* N° 32.874 de 14-12-83; *Boletín de Totalización de Votos.* Elecciones Nacionales de 1988; *Elecciones 1993. Presidente de la República,* CSE, 1944.

En todo caso, puede decirse que la oposición política al Presidente electo es automáticamente posible hasta un porcentaje igual a la diferencia entre su votación y el total de votos, por lo que en el período 1969-1974, y a partir de 1994, teóricamente la oposición popular al Presidente de la República pudo haber sido del 70 por ciento de la población del país[85].

Por supuesto que esta es una cifra teórica, pues la aplicación de las reglas del juego adoptadas en nuestro sistema de partidos, atenuaron este volumen porcentual de oposición posible. En todo caso, el sistema de mayoría relativa para la elección del Presidente de la República puede conllevar un debilitamiento *ab inicio* de la posición del gobierno y del Presidente, sobre todo si a la elección presidencial minoritaria (simple mayoría) se acompaña una integración atomizada proporcional en el Congreso. Este fue el caso de Venezuela en los años sesenta y comienzos de los setenta. Por supuesto, estos problemas no se presentan en situaciones extremas de polarización, como sucedió en las elecciones de 1947, 1978, 1983 y 1988. Pero de nuevo ha sido el caso a partir de 1994.

B. *Efectos en las elecciones parlamentarias*

En cuanto a la elección de las Asambleas representativas, y en particular de las Cámaras Legislativas nacionales, la aplicación en Venezuela del sistema electoral minoritario de representación proporcional de las minorías produjo al inicio, hasta 1968, cuando la polarización no distorsionó el sistema, consecuencias dramáticas.

En efecto, por contraposición a los sistemas electorales mayoritarios, que en circunscripciones electorales de tamaño variable producen la elección de los representantes que hayan obtenido el mayor número de votos, sin consideración relativa al número de votos obtenidos por los demás candidatos; el sistema de representación proporcional de las minorías, también en forma variable según los mecanismos que se adopten, tiende a asignar representación a todos los grupos políticos que participen en una elección en circunscripciones electorales generalmente grandes. Diversos mecanismos se pueden adoptar para operar la representación proporcional[86] y, entre ellos, en Venezuela se adoptó tradicionalmente el llamado sistema d'Hondt - denominado así en honor de su creador en Bélgica-, con listas cerradas y bloqueadas, el cual, en cierta forma, es el que permite la mayor proporcionalidad en los resultados de una elección, debido a su aplicación inmediata; proporcionalidad que se perfecciona, aún más, mediante una segunda operación post-electoral que conlleva la asignación de los llamados "Senadores y Diputados adicionales"[87].

---

85   En base a esto, con razón ha señalado T. E. Carrillo Batalla, que el "error" del artículo 182 de la Constitución debe corregirse y establecerse la elección presidencial por mayoría absoluta. De lo contrario, seguiremos viendo el contrasentido de un gobierno proclamado democrático por la Constitución, pero elevado a la cumbre del mando no por el voto mayoritario de la voluntad general como dijera Rousseau, "sino con los sufragios de una pequeña fracción del pueblo". Véase Historia crítica del concepto de la Democracia, Tomo I, Caracas, 1973, p. 83.

86   Para un cuadro sobre los diversos sistemas electorales, véase *Parliaments and Electoral Systems. A World Handbook*, Institute of Electoral Research. London, 1962: y Dieter Nohlen, *Sistemas Electorales del Mundo*, Madrid, 1981.

87   A los cuales, en cierta forma, se asemejan los denominados "diputados de partido", recientemente introducidos por el sistema mexicano, para atenuar su carácter mayoritario absoluto.

En efecto, conforme a la Ley Orgánica del Sufragio, hasta 1989, la representación proporcional en las elecciones de Senadores y Diputados al Congreso, de Diputados a las Asambleas Legislativas de los Estados y de miembros de los Concejos Municipales, operó mediante la adjudicación de las posiciones "por cociente"[88]. Este sistema de representación proporcional de las minorías, conforme al mecanismo ideado por d'Hondt y aplicado por primera vez a finales del siglo XIX en Europa continental, particularmente en Bélgica, fue el que rigió en Venezuela desde 1945 hasta 1993. La aplicación del sistema en el año 1946, cuando se estaba materialmente iniciando el juego democrático en Venezuela, no produjo los resultados que se observaron en las elecciones de la década de los sesenta, pues, los efectos negativos del mismo en cuanto al debilitamiento del poder, sólo se lograron cuando se aplicó en sucesivas elecciones y en circunscripciones en las cuales, por su densidad de población, se eligieron al menos más de cinco representantes.

El ejemplo venezolano en este campo también es dramático, si se comparan los resultados electorales desde 1945 a 1993 a nivel de la Cámara de Diputados del Congreso y particularmente entre 1958 y 1968. En efecto, el Partido Acción Democrática, en 1946, en una Asamblea Constituyente de 160 miembros, obtuvo 137 represes; el mismo partido, después de haber sufrido tres serias divisiones alentadas, en nuestro criterio, por el mismo sistema electoral venezolano, en las elecciones de 1968, para una Cámara de Diputados compuesta por 214 miembros, sólo obtuvo 66 representantes. Por otra parte, en 1947, el partido de gobierno (AD) obtuvo una representación de 83 Diputados en una Cámara de 110 miembros, es decir, el 74,5 por ciento; en tanto que en 1968, el partido de gobierno (COPEI) obtuvo una representación teórica de 59 Diputados en una Cámara de 214 miembros, es decir, sólo el 27,5 por ciento[89]. Sin embargo, en 1983 y 1988, después de un proceso electoral de una polarización extrema, casi similar a la de 1947, el mismo partido Acción Democrática obtuvo, respectivamente, 113 de los 200 diputados y 91 de 201 que conforman la Cámara, es decir, el 56,5 por ciento y 48,26 por ciento.

---

88   Para la adjudicación por cociente se procederá —establece la ley— de la siguiente manera: "Se anotará el total de votos válidos por cada lista y cada uno de los totales se dividirá entre uno, dos, tres cuatro y así igual al de los candidatos por elegir en la circunscripción. Se anotarán los cocientes así obtenidos por cada lista en columnas separadas y en orden decreciente, encabezadas por el total de votos de cada uno, o sea, el cociente de la división por uno. Se formará luego una columna final, colocando en ella en primer término el más elevado de entre todos los cocientes, en las diversas listas y, a continuación, en orden decreciente, los que le siguen en magnitud, cualquiera que sea la lista a que pertenezcan, hasta que hubiere en la columna tantos cocientes como candidatos deban ser elegidos. Al lado de cada cociente se indicará la lista que corresponde, quedando así determinado el número de puestos obtenidos por cada lista. Cuando resultaren iguales dos o más cocientes en concurrencia por el último puesto por proveer, se dará preferencia a aquella de las listas que haya obtenido el mayor número de votos y, en caso de empate, decidirá la suerte" (artículo 13 de la Ley Orgánica del Sufragio, de 13-8-77).

89   Calificamos esta representación como "teórica", pues de los 59 diputados que el partido COPEI eligió en sus listas en las elecciones de 1968, 10 eran del grupo conocido como Movimiento Desarrollista, que dirigía el ex-Ministro de Hacienda Pedro Tinoco, hijo, de orientación conservadora, de derecha; seis, del grupo conocido como FIP, que dirigió el editor Miguel Ángel Capriles, posteriormente disuelto: dos eran del grupo conocido como MDI, en 1973 vinculado a los grupos perezjimenistas, y uno era del grupo conocido como "Partido Liberal"; a fines de su período constitucional, el Presidente Caldera sólo pudo contar con un seguro respaldo parlamentario de alrededor de 40 diputados, es decir, de sólo el 18,6% de la Cámara de Diputados.

ELECCIÓN DE DIPUTADOS POR PARTIDOS POLÍTICOS[*]
(Años 1946 -1993)

1946

Total	160[**]		(100 %)
AD	137		(85,6%)
COPEI	19		(11,8%)
URD	2		(1,2%)
PCV	2		(1,2%)

1947

Total	110	(11)	(100 %)
AD	83		(75,4%)
COPEI	19	(4)	(17,2%)
URD	5	(4)	(4,5%)
PCV	3	(3)	(2,7%)

1958

Total	133	(6)	(100 %)
AD	73		(54,%)
COPEI	19	(4)	(14,2%)
URD	34		(25,5%)
PCV	7	(2)	(5,2%)

1963

Total	179	(11)	(100 %)
AD	66		(36,8%)
COPEI	39		(21,7%)
URD	29	(2)	(16,2%)
FDP	16	(1)	(8,9%)
AD-OP (PRIN)	5	(4)	(2,7%)
IPFN (FND)	22	(2)	(12,8%)
MENI	1	(1)	(0,5%)
PSV	1	(1)	(0,5%)

---

[*]   Entre paréntesis se indican los Diputados electos en forma "Adicional", indirecta, por aplicación del cociente electoral nacional.

[**]   Las cifras de 1946 corresponden a la Asamblea Constituyente.

1968

Total	214	(17)	(100 %)
AD	66		(30,8%)
COPEI	59		(27,5%)
URD	18	(1)	(8,4%)
UPA (PCV)	5	(3)	(2,3%)
FDP	10	(2)	(4,6%)
AD-OP (PRIN)	4	(4)	(1,8%)
IPFN (FND)	4	(3)	(1,8%)
PSV	1	(1)	(0,4%)
MEP	25	(1)	(11,5%)
CCN	21	(1)	(9,8%)
MAN	1	(1)	(0,4%)

1973

Total	200	(17)	(100 %)
AD	102		(51%)
COPEI	64		(32%)
URD	5	(2)	(2,5%)
PCV	2	(2)	(1%)
MEP	8	(4)	(4%)
CCN	7	(3)	(3,5%)
MAS	9	(3)	(4,5%)
MIR	1	(1)	(0,5%)
PNI	1	(1)	(0,5%)
OPINA	1	(1)	(0,5%)

1973

Total	200	(17)	(100 %)
AD	102		(51%)
COPEI	64		(32%)
URD	5	(2)	(2,5%)
PCV	2	(2)	(1%)
MEP	8	(4)	(4%)
CCN	7	(3)	(3,5%)
MAS	9	(3)	(4,5%)
MIR	1	(1)	(0,5%)
PNI	1	(1)	(0,5%)
OPINA	1	(1)	(0,5%)

1978

Total	199	(3)	(100 %)
AD	88		(44,2%)
COPEI	84		(44,2%)
URD	3		(1,5%)
PCV	1	(1)	(0,5%)
MEP	4		(2,1%)
MAS	11		(5,5%)
MIR	4		(2,0%)
CC	1		(0,5%)
MIN	1		(0,5%)
LS	1	(1)	(0,5%)
VUC	1	(1)	(0,5%)

1983

Total	200	(14)	(100 %)
AD	113		(56,5%)
COPEI	60		(30%)
MAS	10		(5%)
OPINA	3		(1,5%)
MEP	3	(3)	(1,5%)
URD	3	(3)	(1,5%)
PCV	3	(3)	(1,5%)
MIR	2	(2)	(1,0%)
NA	1	(1)	(0,5%)
MIN	1	(1)	(0,5%)
LS	1	(1)	(0,5%)

1988

Total	201	(19)	(100 %)
AD	97		(48,3%)
COPEI	67		(33,3%)
MAS - MIR	18	(5)	(8,9%)
NGD	6	(2)	(2,9%)
LCR	3	(2)	(1,4%)
MEP	2	(2)	(1,0%)
URD	2	(2)	(1,0%)
F1	2	(2)	(1,0%)
ORA	2	(2)	(1.0%)

1988

OPINA	1	(1)	(0,5 %)
PCV	1	(1)	(0,5%)

1983

Total	201	(100 %)
AD	55	(27,41%)
COPEI	54	(26,81%)
LCR	40	(19,90%)
MAS	26	(12,44%)
CONVERGENCIA	24	(11,94%)

FUENTE: Boris Bunimov Parra, *Introducción a la Sociología Electoral Venezolana*, Caracas, 1968; CSE. *Memoria y Cuenta*, Caracas 1969; *El Nacional* 14 y 16 de diciembre de 1973 y 8 de febrero de 1974; CSE. *Resultado de las votaciones efectuadas al 3 de Diciembre de 1978*; Caracas; CSE. *Boletín de Totalización Central de Votos*. Elecciones Nacionales de 1983; Caracas; CSE, División de Estadísticas, *Cuadro N° 6, Senadores y Diputados al Congreso Nacional en las elecciones efectuadas el 4-12-83; y Elecciones de 1988, Cuadro de Senadores y Diputados.*

En las elecciones de 1993 se aplicó por primera vez el sistema electoral mixto que introdujo la Ley Orgánica del Sufragio de ese año para la elección de los diputados al Congreso Nacional, conforme al cual el 50% de los mismos se eligieron por listas y el 50% en forma uninominal por circuitos electorales. El resultado en las elecciones por listas fue el siguiente:

ELECCIÓN DE SENADORES POR PARTIDOS POLÍTICOS
(Años 1947 -1983)

	1947	1958	1963
Total **	46 (4)	51 (9)	47 (5)
AD	38	32	22
COPEI	6 (2)	6 (3)	8
URD	1 (1)	11 (4)	7 (1)
PCV (UPA)	1 (1)	2 (2)	-
IPFN (FND)	-		5 (2)
FDP	-		4 (1)
AD-OP (PRIN)	-		1 (1)

	1968	1973	1978	1983	1988	1993
Total	52 (10)	47 (5)	44	44	46	52
AD	19	28	21	28	22	18
COPEI	16	13	21	14	20	15
URD	3 (2)	1	-	-	-	-
PCV (UPA)	1 (1)	-	-	-	-	-
IPFN (FND)	1 (1)	-	-	-	-	-
FDP	2 (2)	-	-	-	-	-
AD-OP (PRIN)	1 (1)	-	-	-	-	-
MEP	5	2 (2)	-	-	-	--
CCN	4 (3)	1 (1)	-	-	-	-
MAS (MIR)	-	2 (2)	2	2 (2)	3	-
NGD	-	-	-	-	1	-
LCR	-	-	-	-	-	9
Convergencia (MAS)	-	-	-	-	-	10

*   Entre paréntesis se indican los diputados electos en forma "Adicional", indirecta, por la aplicación del cociente electoral nacional.

**   A esta cifra deben agregarse los senadores vitalicios (ex Presidentes Constitucionales), de acuerdo al artículo 145 de la Constitución

FUENTE: Boris Bunimov Parra, *Introducción a la Sociología Electoral Venezolana,* Caracas, 1968; CSE. *Memoria y Cuenta,* Caracas 1969; *El Nacional* 14 de diciembre de 1973, P. c-15; CSE, División de Estadísticas, *Cuadro de Senadores y Diputados al Congreso Nacional en las elecciones efectuadas el 4-12-83; y en la selecciones de 5-12-88. Elecciones de 1993, Comportamiento Electoral votos partidos políticas (Congreso y Asambleas Legislativas, Caracas 1944.*

En las elecciones de la década de los sesenta, la representación minoritaria, sin duda, fue el resultado real e incontestable de la aplicación sucesiva del principio de la representación proporcional de las minorías conforme al sistema d'Hondt, en circunscripciones electorales de amplia densidad demográfica, mediante listas bloqueadas y cerradas, en las cuales se elige un número considerable de representantes. La distorsión de la lógica del sistema, se produjo al inicio en 1946 con el 97%[90] y posteriormente cuando se originó el fenómeno de polarización política como el observado en las elecciones de 1973 a 1988. En estas oportunidades, el porcentaje de representación en la Cámara de Diputados del partido de gobierno, aumentó considerablemente al concentrarse la votación, materialmente, en dos partidos: Acción Democrática y COPEI. La polarización político-electoral de 1973, no sólo elevó al 51 por ciento el porcentaje de respaldo en la Cámara de Diputados del Partido de

---

90   El porcentaje que se indica en 1946 es el correspondiente a la composición de la Asamblea Constituyente

Gobierno (AD), sino que también elevó el porcentaje de respaldo en la misma Cámara del principal partido de oposición (COPEI) al 32 por ciento. En 1978 el respaldo del partido de gobierno (COPEI) fue de 42 por ciento y del partido de oposición (AD) llegó a un 44 por ciento; en 1984, el respaldo del gobierno (AD) en la Cámara de Diputados era del 56,5%, el más elevado del período democrático, y el del partido de oposición (COPEI) bajó al 30 por ciento; y en 1988, el respaldo del partido de gobierno (AD) en la Cámara de Diputados fue de 48,26% y el del partido de oposición 33,33%. En 1993 se volvió a la lógica del sistema el respaldo de los partidos de Gobierno (Convergencia y MAS) en la Cámara de Diputados fue sólo del 23%.

Pero la proporcionalidad y el minoritarismo del sistema venezolano no se queda en la elección directa de los representantes, sino que también se evidencia en la adjudicación de los denominados Senadores y Diputados adicionales, a nivel nacional, atribuidos mediante la aplicación del Cuociente Electoral Nacional, y mediante el cual las menores minorías también logran representación. Las bondades de la aplicación del Cuociente Electoral Nacional y la adjudicación post-electoral[91] de Senadores y Diputados a quienes no hayan obtenido en forma directa un número más o menos proporcional, son evidentes, conforme al objetivo del sistema electoral minoritario: mediante dicho mecanismo se le ha dado representación a las minorías[92].

Ahora bien, en relación a este sistema de representación proporcional, tal como E. Wolf lo señaló, el mismo ha cambiado totalmente el aspecto de las elecciones en Venezuela[93]. Con anterioridad a 1947, la elección mayoritaria tradicional, dado que en nuestro país no existía realmente un régimen democrático, no era más que una pura y vana formalidad[94], empleada por la larga lista de caudillos y dictadores como fórmula para imponer su voluntad al país. La reacción contra el absolutismo , que no era producto de un sistema electoral determinado, y el rechazo a la dictadura mediante la apertura de un régimen democrático, produjo, sin embargo, los tradicionales juicios de valor sobre la "justicia" de los sistemas electorales, adoptándose el de la representación proporcional como el más "justo" y rechazándose el sistema mayoritario que, según Duguit, "conduce a la opresión de una parte de la nación por la otra, so pretexto de contener esta última unos cuantos votos más que la primera"[95]. Los juicios de valor —"más o menos justos"— de los sistemas electorales, si bien son tradicionales entre nuestros autores de Derecho Constitucional al insistir en la

---

91   Conforme al artículo 18 de la ley, la adjudicación se realiza dentro de los dos meses siguientes a la votación.

92   Sin embargo, la figura de la adjudicación de representantes "adicionales" después de efectuada la votación, no es exclusiva de los sistemas minoritarios. También existe en algunos sistemas mayoritarios para atenuar sus injusticias. Tal fue el supuesto de México: frente a un tradicional sistema mayoritario de elección de representantes, en las reformas constitucionales de 1963 y 1972 se han admitido algunos elementos de representación minoritaria mediante los denominados "diputados de partido", por Constitución (Art. 54). De acuerdo a ella, todo partido político nacional, al obtener el 1,5% de la votación total del país en la elección respectiva, tiene derecho a que se le acrediten, de sus candidatos, a cinco diputados y a uno más, hasta 25 como máximo, por cada medio por ciento más de los votos emitidos.

93   Véase E. Wolf, Tratado de Derecho Constitucional Venezolano, Tomo I, cit., p. 234.

94   La expresión es de E. Wolf, *idem*

95   *Cit.* por E. Wolf, *op. cit.*, p. 225.

justicia de los sistemas de representación proporcional de las minorías[96], estimamos que hoy están realmente superados[97]. En nuestro criterio, o que debe privar al establecerse un sistema electoral, es la consideración, de que en una realidad política determinada contribuyan o no a la formación de un consenso político que permita gobernar.

6. *La aplicación del sistema electoral a nivel de gobernadores y alcaldes*

Como se ha señalado, en 1989 con motivo de la promulgación de la Ley de elección y remoción de gobernadores de Estado y de la Ley de reforma de la Ley Orgánica de Régimen Municipal se estableció la elección directa de Gobernadores y Alcaldes.

El resultado de las elecciones de 1989 en cuanto a la elección de Gobernadores fue el siguiente:

Nombres	Entidades	Votos %	Abstención %
1. Guillermo Call	Monagas	58,05	47,16
2. José G. Montilla	Apure	56,66	53,51
3. Eduardo Morales	Sucre	55,27	57,78
4. Ovidio González	Anzoátegui	53,55	52,52
5. Modesto Freites	Guárico	52,24	54,94
6. Rafael Rosales Peña	Barinas	51,51	48,46
7. Aldo Cermeño	Falcón	50,62	45,45
8. Carlos Tablante	Aragua	50,51	50,89
9. Morell Rodríguez Ávila	Nueva Esparta	49,02	42,95
10. Jesús Rondón Nucette	Mérida	48,35	49,61
11. José Mendoza Quijada	Trujillo	48,00	51,78
12. José Gerardo Lozada	Cojedes	47,56	45,03
13. Henrique Salas Römer	Carabobo	46,63	57,40
14. José Francisco Sandoval	Táchira	45,31	45,77
15. Nelson Suarez Montiel	Yaracuy	42,83	49,05
16. Arnaldo Arocha	Miranda	41,36	61,53
17. José Mariano Navarro	Lara	40,32	55,51
18. Andrés Velásquez	Bolívar	40,30	55,82
19. Oswaldo Álvarez Paz	Zulia	48,44	46,91
20. Elías D'Onghia	Portuguesa	38,40	52,28

---

96 Véase E. Wolf, *op. cit.*, p. 266; Ambrosio Oropeza, *La Nueva Constitución Venezolana 1961*. Caracas, 1969, p. 325.

97 Para un análisis general sobre la justicia de los sistemas electorales con especial análisis de la representación proporcional, véase, F. Hermens, *Democracy or Anarchy? A Study of Proportional Representation*, 1941; E. Lakeman and J. D. Lambert, *Voting in Democracies: a study o f Majority and Proportional Electoral Systems*, London, 1959.

En cuanto al voto para elección de los 20 Gobernadores en 1989, en relación a las cuatro más importantes fuerzas políticas, fue el siguiente:

AD y Alianzas:	11 Gobernadores	(55,0%)
COPEI y Alianzas:	7 Gobernadores	(35,0%)
MAS y Alianzas:	1 Gobernador	(5,0%)
LCR:	1 Gobernador	(5,0%)

En cuanto a la elección de los 269 Alcaldes electos en 1989, el voto en relación a las principales fuerzas públicas, fue el siguiente:

AD y Alianzas:	152 Alcaldes	(56,5%)
COPEI y Alianzas:	104 Gobernadores	(38,4%)
MAS y Alianzas:	9 Alcaldes	(3,3%)
LCR:	2 Alcaldes	(0,7%)
Otros:	2 Alcaldes	(0,8%)

En las elecciones regionales y locales de 1992, el resultado en cuanto a la elección de Gobernadores fue el siguiente:

Nombres	Entidades	Votos %	Abstención %
1. Guillermo Call	Monagas	58,05	47,16
2. José G. Montilla	Apure	56,66	53,51
3. Eduardo Morales	Sucre	55,27	57,78
4. Ovidio González	Anzoátegui	53,55	52,52
5. Modesto Freites	Guárico	52,24	54,94
6. Rafael Rosales Peña	Barinas	51,51	48,46
7. Aldo Cermeño	Falcón	50,62	45,45
8. Carlos Tablante	Aragua	50,51	50,89
9. Morell Rodríguez Ávila	Nueva Esparta	49,02	42,95
10. Jesús Rondón Nucette	Mérida	48,35	49,61
11. José Mendoza Quijada	Trujillo	48,00	51,78
12. José Gerardo Lozada	Cojedes	47,56	45,03
13. Henrique Salas Römer	Carabobo	46,63	57,40
14. José Francisco Sandoval	Táchira	45,31	45,77
15. Nelson Suarez Montiel	Yaracuy	42,83	49,05
16. Arnaldo Arocha	Miranda	41,36	61,53
17. José Mariano Navarro	Lara	40,32	55,51
18. Andrés Velásquez	Bolívar	40,30	55,82
19. Oswaldo Álvarez Paz	Zulia	48,44	46,91
20. Elías D'Onghia	Portuguesa	38,40	52,28

En cuanto al voto para elección de los 20 Gobernadores en 1992, en relación a las cuatro más importantes fuerzas políticas, fue el siguiente:

AD y Alianzas:	7 Gobernadores
COPEI y Alianzas:	11 Gobernadores
MAS y Alianzas:	3 Gobernador
LCR:	1 Gobernador

En cuanto a la elección de Alcaldes, de los 282 Alcaldes electros en 1992, el voto e relación a las principales fuerzas políticas, fue el siguiente:

AD y Alianzas:	128 Alcaldes
COPEI y Alianzas:	121 Alcaldes
AD y COPEI:	1 Alcalde
MAS y Alianzas:	19 Alcaldes
LCR:	5 Alcaldes
Otros:	8 Alcaldes

En las elecciones regionales y locales de 1995, el resultado en cuanto a la elección de Gobernadores fue el siguiente:

Candidato Electo Gobernador	Entidades	Votos %	Abstención %
Bernabé Gutiérrez	Amazonas	48,57	36,69
Dennis Balza Ron	Anzoátegui	38,66	6,51
José Gregorio Mantilla	Apure	60,77	43,93
Didalco Bolívar	Aragua	48,93	62,26
Rafael Rosales Peña	Barinas	52,11	42,06
Jorge Carvajal	Bolívar	49,41	52,88
Henrique Fernando Salas	Carabobo	40,64	59,56
José Galíndez	Cojedes	45,39	34,12
Emérita Mata Mellán	Delta Amacuro	52,17	35,02
José Curiel	Falcón	37,83	45,95
Rafael Silveira	Guárico	46,69	53,26
Orlando Fernández	Lara	50,36	52,44
Williams Dávila	Mérida	45,12	44,68
Enrique Mendoza	Miranda	43,91	62,52
Eduardo Martínez	Monagas	48,34	43,24
Rafael Tovar	Nueva Esparta	38,25	36,73
Iván Colmenares	Portuguesa	52,74	43,22
Ramón Martínez	Sucre	58,38	48,54
Ricardo Méndez Moreno	Táchira	37,27	48,41
Luis González	Trujillo	39,07	45,52

| Eduardo Lapi | Yaracuy | 45,77 | 39,69 |
| Francisco Arias Cárdenas | Zulia | 30,45 | 52,28 |

En cuanto al voto para la elección de los 22 Gobernadores en 1995, en relación a las cinco más importantes fuerzas políticas, fue el siguiente:

AD y Alianza	12 Gobernadores
COPEI y Alianzas	3 Gobernadores
MAS y Alianzas	4 Gobernadores
LCR y Alianzas	1 Gobernador
Convergencia y Alianzas	1 Gobernador
Otros	1 Gobernador

En cuanto a la elección de Alcaldes, de los 330 Alcaldes electores en 1995, el voto en relación a las principales fuerzas políticas, fue el siguiente:

AD y Alianza	193 Alcaldes
COPEI y Alianzas	98 Alcaldes
MAS y Alianzas	14 Alcaldes
LCR y Alianzas	7 Alcaldes
Convergencia y Alianzas	11 Alcaldes
Otros	7 Alcaldes

III. EL RÉGIMEN LEGAL DEL SISTEMA ELECTORAL Y LA LEY ORGÁNICA DEL SUFRAGIO DE 1995

1. *El régimen de las elecciones reguladas en la ley*

La Ley Orgánica del Sufragio, promulgada el 20 de agosto de 1993 y reformada el 2 de junio de 1995, rige los procesos electorales que se celebren en la República mediante el sufragio universal, directo y secreto, con el objeto de elegir el Presidente de la República, los Senadores, los Diputados al Congreso de la República, los Gobernadores de Estado, los Diputados a las Asambleas Legislativas, los Alcaldes, los Concejales y los miembros de Juntas Parroquiales (Art. 1). Es decir, en general, rige en todos los procesos en los cuales se eligen representantes del pueblo para integrar los diversos órganos del Poder Público. Por ello, el artículo 1º de la Ley prevé que la misma debe aplicarse, además, a cualquier otro proceso que determine la Ley.

En particular, la reforma de 1955 incorporó una Disposición Final (Art. 253) a la Ley Orgánica en la cual se establece que:

"Cuando por acuerdo o tratados internacionales legalmente suscritos por Venezuela, sea necesario un proceso electoral para elegir representantes a Cuerpos Deliberantes de competencia internacional, los mismos serán organizados, supervisados y dirigidos por el Consejo Supremo Electoral".

A. La elección del Presidente de la República

El Poder Ejecutivo lo ejerce en nuestro país (además de los funcionarios que determinen la Constitución y las leyes) el Presidente de la República, quien es a la vez, el Jefe del Estado y del Ejecutivo Nacional (artículo 181, Constitución).

El Presidente es electo por votación universal y directa de conformidad con la Ley, proclamándose electo el candidato que obtenga mayoría relativa de votos (artículo 183, Constitución).

B. La elección de los Senadores

La Cámara del Senado, junto con la Cámara de Diputados, constituyen el Congreso, a cuyo cargo está el ejercicio del Poder Legislativo Nacional (artículo 138, Constitución).

De acuerdo con el artículo 148 de la Constitución, para formar el Senado se deben elegir por votación universal y directa dos Senadores por cada Estado y dos por el Distrito Federal, más los Senadores adicionales que resultan de la aplicación del principio de la representación de las minorías según establezca la Ley, la cual también debe determinar el número y forma de elección de los suplentes.

La Cámara del Senado, adicionalmente, tiene otros miembros no electos directamente, que son los ciudadanos que hayan desempeñado la Presidencia de la República por elección popular o la hayan ejercido, conforme al artículo 187 de la Constitución, por más de la mitad de un período, a menos que hayan sido condenados por delitos cometidos en el desempeño de sus funciones.

Ahora bien, en cuanto a los Senadores electos de acuerdo con el artículo 2 de la Ley Orgánica, en cada Estado y en el Distrito Federal se elegirán dos (2) Senadores al Congreso de la República. Existiendo 22 Estados y un Distrito Federal, el número fijo de Senadores es de 46. Las postulaciones para candidatos a Senadores se deben hacer por listas cerradas y bloqueadas, por Entidad Federal, efectuándose la elección por escrutinio plurinominal con la aplicación del sistema d'Hondt de representación proporcional.

Agrega la Ley que también se elegirán Senadores adicionales con base en el principio de la representación proporcional de las minorías y la aplicación del Cuociente Electoral Nacional que consagra la Ley, pero con la advertencia de que en ningún caso se puede atribuir a un partido político nacional o grupo de electores, más de tres (3) Senadores adicionales.

C. La elección de los Diputados al Congreso Nacional

De acuerdo con el artículo 151 de la Constitución, para formar la Cámara de Diputados se elegirán, por votación universal y directa, y con representación proporcional] de las minorías, los diputados que determine la Ley según la base de la población requerida, la cual no puede exceder del uno por ciento de la población total del país. Sin embargo, la Constitución precisa que en cada Estado se deben elegir por lo menos dos Diputados y que en cada Territorio Federal se debe elegir un Diputado. En la actualidad no existen Territorios Federales, pues los dos que existieron durante este siglo, el Territorio Federal Delta Amacuro y el Territorio Federal Amazonas, fueron transformados en Estados. En el Congreso, sin embargo, al finalizar las sesiones ordinarias de 1993 quedó a punto de ser sancionada la Ley que crea el Territorio Federal Colón, con las islas que forman las Dependencias Federales.

De acuerdo con el mismo artículo 151 de la Constitución la Ley es la que debe fijar el número y forma de elecciones de los suplentes de los Diputados. Por ello, el artículo 3' de la Ley Orgánica del Sufragio establece que la base de población para elegir un Diputado es igual al 0,55% de la población total del país. En virtud de la remisión que hace la Constitución a la población del país para determinar el número de Diputados a ser electos, conforme al artículo 5o de la Ley, para las elecciones se debe considerar como población de la República y de sus diversas circunscripciones, la que indique el último Censo Nacional de Población, con las variaciones estimadas oficialmente por los organismos competentes, con anterioridad a cada elección, todo ello aprobado por el Congreso de la República, con nueve (9) meses de anticipación por lo menos a la fecha fijada para la celebración de las elecciones.

En todo caso, de acuerdo con la Ley, la base de población debe calcularse no nacionalmente, sino en cada una de las Entidades Federales. Por ello, se establece en el mismo artículo 3° de la Ley Orgánica, que en cada Estado y en el Distrito Federal se elegirá el número de Diputados que resulte de dividir el número de sus habitantes entre la base de población. Se precisa, además que si hecha la división anterior resultare un residuo superior a la mitad de la base de población, se debe elegir un Diputado más. En todo caso, el Estado cuya población no alcance para elegir tres (3) Diputados debe elegir, este número.

Por otra parte, para el caso de que se establezcan con el futuro, Territorios Federales, la Ley prescribe que en cada uno de ellos se debe elegir un Diputado.

También debe elegirse Diputados adicionales con base en el principio de la representación proporcional, pero en ningún caso se atribuirán a un partido político nacional más de cinco (5) Diputados adicionales.

Ahora bien, de acuerdo con el mismo artículo 3° de la Ley Orgánica, el sistema de elecciones para escoger los Diputados al Congreso de la República es proporcional personalizado, estructurado según el principio de la representación proporcional, pero combinado con el principio de la elección uninominal en Circuitos Uninominales. Este sistema mixto se instauró en la reforma de 1993.

A los efectos de la implementación del sistema mixto, el artículo 3° de la Ley en su último aparte, precisa que en las Entidades Federales donde se deba elegir tres (3) o más Diputados, se dividirá entre dos (2) el número de Diputados a elegir. El número entero o mayor más próximo al resultado de esa división corresponderá a los Diputados a ser electos por el sistema uninominal; el resto se debe elegir por el sistema de listas según el principio de la representación proporcional. En consecuencia, el número de Diputados a ser electos por la vía uninominal define el número de Circuitos Electorales para la elección de Diputados al Congreso de la República que debe tener cada Entidad Federal.

D. La elección de los Gobernadores

De acuerdo con el artículo 22 de la Constitución, la Ley podía establecer la forma de elección y remoción de los Gobernadores, y mientras dicha Ley no se dictase, los Gobernadores eran nombrados y removidos libremente por el Presidente de la República. En 1989 se dictó la Ley de Elección y Remoción de Gobernadores de

Estado, la cual previo dicha elección por votación universal, directa y secreta en cada Estado, resultando electo gobernador el que obtenga la mayoría relativa de votos (Art. 11).

E.   *La elección de los Diputados a las Asambleas Legislativas*

En cada uno de los 22 Estados que conforman la República, el Poder Legislativo lo ejerce una Asamblea Legislativa integrada por Diputados electos por votación directa con representación proporcional de las minorías, de acuerdo con la Ley (artículo 19, Constitución).

Ahora bien, de acuerdo con el artículo 4 de la Ley Orgánica, para integrar las Asambleas Legislativas se elige el número de Diputados que resulta de la aplicación de la siguiente escala, más aquéllos que pudieran resultar de la aplicación del artículo 14 de la Ley, que regula la representación proporcional mediante la adjudicación por cuociente:

Para los Estados que tengan hasta

		300.000	habitantes	11	Diputados
De 300.001	a	500.000	habitantes	13	Diputados
De 500.001	a	700.000	habitantes	15	Diputados
De 700.001	a	900.000	habitantes	17	Diputados
De 900.001	a	1.100.000	habitantes	19	Diputados
De 1.100.001	a	1.300.000	habitantes	21	Diputados
De 1.300.001	a	en adelante	habitantes	23	Diputados

En todo caso, el sistema de elecciones para integrar las Asambleas Legislativas es el mismo indicado en el artículo 3° de la Ley, para la elección de Diputados al Congreso Nacional, es decir, el proporcional personalizado, estructurado según el principio de la representación proporcional pero combinado con el principio de la elección uninominal en Circuitos Electorales uninominales.

F.   *La elección de Alcaldes*

De acuerdo con el artículo 50 de la Ley Orgánica de Régimen Municipal, la rama ejecutiva del Gobierno y Administración Municipal corresponde en cada Municipio a un Alcalde, y a un Concejo Municipal, como órgano deliberante, legislativo y de control.

Los Alcaldes son electos por votación universal, directa y secreta en cada Municipio (Art. 149, Ley Orgánica del Sufragio).

G.   *La elección de Concejales miembros de los Concejos Municipales*

Ahora bien, de acuerdo con el artículo 56 de la Ley Orgánica de Régimen Municipal, la elección de los Concejales se hace por votación universal, directa y secreta con sujeción a lo dispuesto en la Ley Orgánica del Sufragio; y esta Ley precisa, en su artículo 150, que los Concejales son electos uninominalmente con representación proporcional conforme al artículo 151 de la misma Ley Orgánica.

El sistema de elección uninominal puro que había consagrado la reforma de la Ley Orgánica de 1993 se cambió, así, en 1955, estableciéndose un sistema mixto de elección de Concejales "uninominalmente con representación proporcional" (Art. 150), es decir, 2/3 de los Concejales electos uninominalmente y 1/3 electos por listas cerradas y representación proporcional. El artículo 151 de la Ley regula el sistema estableciendo que el número de Concejales a elegir por vía uninominal, en cada Concejo Municipal, debe ser igual al número entero más próximo al resultado de multiplicar el 0.6666 por el número total de Concejales que le correspondan al respectivo Municipio; y el número de Concejales a elegir por representación proporcional de las minorías debe ser el número entero más próximo al resultado de multiplicar 0.334 por el número total de Concejales que le correspondan al respectivo Municipio, de acuerdo a las siguientes especificaciones:

"1.   En los Municipios a elegir cinco (5) Concejales, tres (3) serán adjudicados uninominalmente y dos (2) por representación proporcional de las minorías.

2.   En los Municipios a elegir siete (7) Concejales, cinco (5) serán adjudicados uninominalmente y dos (2) por representación proporcional de las minorías.

3.   En los Municipios a elegir nueve (9) Concejales, seis (6) serán adjudicados uninominalmente y tres (3) por representación proporcional de las minorías.

4.   En los Municipios a elegir once (11) Concejales, siete (7) serán adjudicados uninominalmente y cuatro (4) por representación proporcional de las minorías.

5.   En los Municipios a elegir trece (13) Concejales, nueve (9) serán adjudicados uninominalmente y cuatro (4) por representación proporcional de las minorías.

6.   En los Municipios a elegir quince (15) Concejales, diez (10) serán adjudicados uninominalmente y cinco (5) por representación proporcional de las minorías.

7.   En los Municipios a elegir diecisiete (17) Concejales, once (11) serán adjudicados uninominalmente y seis (6) por representación proporcional de las minorías.

8.   En los Municipios a elegir diecinueve (19) y más Concejales se utilizará la fórmula indicada en el encabezamiento de este artículo".

En todo caso conforme lo indica el artículo 159 de la Ley, en los procesos para elegir Concejales, "cada elector tendrá derecho a emitir un solo voto por el Concejal de su preferencia en el Circuito respectivo".

H.   *La elección de los Miembros de las Juntas Parroquiales*

Las Parroquias de acuerdo con el artículo 32 de la Ley Orgánica del Régimen Municipal, son demarcaciones de carácter local, dentro del territorio de un Municipio, creadas con el objeto de descentralizar la administración municipal, promover la participación ciudadana y la mejor prestación de los servicios públicos locales.

Estas Parroquias son dirigidas y administradas por Juntas Parroquiales, cuyos miembros (5 para Parroquias en áreas urbanas con más de 50.000 habitantes y 3 para las parroquias no urbanas) son electos por votación directa, universal y secreta (Art. 73, Ley Orgánica del Régimen Municipal).

De acuerdo con el artículo 150 de la Ley Orgánica del Sufragio, los miembros integrantes de las Juntas Parroquiales se deben elegir mediante el sistema de listas cerradas y adjudicación por representación proporcional de las minorías conforme al artículo 14 de la Ley (apartes tercero y cuarto). En efecto, el último aparte del artículo 150 de la Ley establece:

"Para la elección de Juntas Parroquiales, cada elector votará por la lista de su preferencia, y la adjudicación se hará conforme a lo establecido en el tercero y cuarto apartes del artículo 14 de esta Ley".

Ello se reitera en el artículo 159 de la Ley Orgánica al indicarse que en los procesos para elegir Junta Parroquial "cada elector tendrá derecho a emitir un voto por la lista de su preferencia".

2. *El régimen de la administración electoral*

A. *Los Organismos Electorales*

a. *Régimen General*

a'. *Los diversos organismos*

De acuerdo con el artículo 20 de la Ley Orgánica, la organización, vigilancia y realización de los procesos electorales, en la forma establecida en dicha Ley, está a cargo de los siguientes organismos: 1° El Consejo Supremo Electoral; 2° Las Juntas Electorales; y 3° Las Mesas Electorales.

Además, el Consejo Supremo Electoral puede crear Juntas de Totalización cuando corresponda a un determinado Circuito o Municipio totalizar un número mayor de cincuenta (50) Mesas Electorales o cuando, por razones justificadas, lo estime conveniente. Estas Juntas de Totalización las cuales tienen las atribuciones establecidas en los Ordinales 8 y 9 del artículo 54 de la Ley relativo a las atribuciones de las Juntas Parroquiales, pueden ser creadas a los solos efectos de realizar los cómputos de las Actas de Escrutinio y con jurisdicción limitada a un mismo Circuito o Municipio. La Resolución respectiva, que debe publicarse en la *Gaceta Oficial de la República de Venezuela* con noventa (90) días de anticipación, por lo menos, a la fecha de las elecciones, debe determinar dónde han de funcionar dichas Juntas de Totalización, así como las Mesas cuyas Actas de Escrutinio deban computarse en ellas. Las Juntas de Totalización se deben integrar en forma igual a las Juntas Electorales Municipales.

El Consejo Supremo Electoral también puede crear Juntas de Escrutinios referidas a un centro de votación donde se han de escrutar los votos de cada Mesa Electoral perteneciente a dicho centro de votación, las cuales deben estar integradas de igual forma que las Juntas Municipales.

b'.   *La colaboración pública y privada con los organismos electorales*

Las autoridades ejecutivas y demás funcionarios de todas las ramas del Poder Público deben prestar a los organismos y funcionarios electorales el apoyo que éstos requieren en el ejercicio de sus funciones; y deben evitar toda violencia, coacción o acto que pueda perturbar el normal desarrollo de los procesos electorales (artículo 21).

En todo caso, los funcionarios públicos que determine el Consejo Supremo Electoral, previa información al organismo administrativo competente, están obligados a prestar sus servicios en las funciones electorales que se les establezcan.

Por otra parte, la Ley prevé expresamente que el Ministerio de Transporte y Comunicaciones, por intermedio del servicio de correos, debe dar prioridad a la correspondencia emanada del Consejo Supremo Electoral que circule por el sistema postal de la República. Además, se precisa que la correspondencia dirigida al Consejo Supremo Electoral está exenta del porte ordinario (artículo 21).

Por último, la Ley prescribe que todos los ciudadanos están obligados a prestar su colaboración a los organismos electorales encargados de dirigir, organizar y vigilar los procesos electorales (artículo 22).

c'.   *Integración*

En cuanto a la integración de los organismos electorales, el artículo 23 de la Ley Orgánica dispone que corresponde al Consejo Supremo Electoral, por Resolución que dicte al efecto, determinar la forma de integración en escala nacional de los organismos electorales, de la siguiente manera: las Juntas Electorales Principales deben estar integradas con mayoría absoluta de candidatos escogidos de los presentados por mayoría calificada de las ⅔ partes de los independientes del Consejo Supremo Electoral y los restantes por candidatos escogidos de los postulados por los distintos partidos políticos que hayan obtenido las mayores cifras de votación en las respectivas circunscripciones en las últimas elecciones para la Cámara de Diputados del Congreso de la República. En todo caso, para las postulaciones de los independientes, debe establecerse un mecanismo de selección en el cual participe la comunidad.

En cuanto a las Juntas Electorales Municipales o Parroquiales, éstas también deben ser designadas de conformidad con lo antes señalado (artículo 23).

Además de los miembros antes señalados, el Consejo Supremo Electoral debe designar para integrar los organismos electorales, otros miembros que sólo tendrán voz, los cuales serán postulados, uno por cada uno, por los partidos políticos o grupos de electores que hayan obtenido representación en la Asamblea Legislativa de la respectiva Entidad Federal en las últimas elecciones.

La postulación de candidatos a miembros con derecho, a voz, pero no a voto de las Juntas Electorales Municipales o Parroquiales, corresponde a los partidos políticos o grupos de electores que hayan obtenido representación en los respectivos Concejos Municipales y Juntas Parroquiales en las últimas elecciones.

Si por cualquier circunstancia se altere, de manera permanente, la composición de alguno de los organismos electorales en beneficio de un determinado partido o coalición partidista con interés electoral, el Consejo Supremo Electoral o la autoridad a quien corresponda el nombramiento de sus miembros, debe proceder, a instancia de parte o aun de oficio, a restablecer, sin dilación alguna, el equilibrio entre las fuerzas que lo integran, pudiendo incluso disolver dichos organismos electorales y proceder a la designación de uno nuevo para restablecer así el equilibrio necesario (artículo 24). Los partidos políticos cuyos candidatos hayan sido escogidos para integrar un organismo electoral, pueden solicitar a la autoridad que los designó, la sustitución por otros candidatos, lo que debe acordarse en el lapso de veinticuatro (24) horas de recibida la propuesta.

d'. *Los Miembros*

Los miembros de los organismos electorales deben ser venezolanos, mayores de edad, saber leer y escribir, no estar incapacitados legal o físicamente y estar inscritos en el Registro Electoral Permanente (artículo 26).

Al ser nombrados los integrantes de los organismos electorales se debe designar un suplente para cada miembro principal. Corresponde a los suplentes llenar las faltas absolutas, temporales o accidentales del principal y deben reunir las mismas condiciones que éste. Las faltas absolutas o temporales de los suplentes deben ser llenadas con nuevas designaciones hechas por los mismos organismos que los hayan nombrado. Las personas designadas para llenar las faltas temporales de suplentes cesan en sus funciones al desaparecer las causas que motivaron su designación (Art. 25).

De acuerdo con el artículo 27 de la Ley Orgánica, nadie puede ser a un mismo tiempo miembro o Secretario de más de un organismo electoral. Los miembros de un mismo organismo electoral, así como el Secretario, no pueden estar ligados entre sí por parentesco de consanguinidad dentro del cuarto grado, ni de afinidad dentro del segundo, salvo que se trate de personas postuladas por partidos políticos distintos, o que no haya otras personas idóneas en la localidad respectiva, casos en los que es necesaria la autorización expresa de la Junta Electoral Principal. Cuando dichos supuestos se presenten en la integración de una Junta Electoral Principal, la autorización corresponde darla al Consejo Supremo Electoral.

No pueden ser miembros ni Secretarios de los organismos electorales quienes ejerzan funciones de autoridad ejecutiva o policial en la Administración Pública Nacional, Estadal o Municipal o en Institutos Autónomos (Art. 28).

En todo caso, precisa el artículo 29 de la Ley, los cargos de integrantes de los organismos electorales son de obligatoria aceptación. Sin embargo, pueden áer eximidos de esta obligación los ciudadanos que presenten excusa debidamente justificada ante quien los haya designado.

Los miembros de los organismos electorales pueden ser removidos por el Consejo Supremo Electoral o por los organismos encargados de designarlos y por motivo debidamente justificado, de acuerdo con el Reglamento Interno que dicte el Consejo Supremo Electoral, salvo lo dispuesto en el artículo 24 de la Ley, en cuanto a la alteración de la composición política del organismo respectivo.

Cuando los cargos electorales sean ejercidos por funcionarios públicos, éstos en su calidad de tales y durante el período electoral, no pueden ser trasladados a otro lugar distinto a aquel donde tenga su sede el organismo electoral al cual pertenecen, sin oírse antes al respectivo funcionario y notificarse previamente al Consejo Supremo Electoral y al organismo a quien corresponda el nombramiento de los mismos.

Por último, precisa el artículo 30 de la Ley que el carácter de miembro de un organismo electoral no atribuye condición de empleado público.

e'. *Instalación y funcionamiento*

Los organismos electorales se deben instalar, una vez designados sus integrantes, en el lugar, día y hora que fije el Cuerpo Electoral que efectúe la designación (artículo 31). El quórum de instalación y funcionamiento de los organismos electorales es de la mayoría absoluta de sus miembros. Las decisiones se deben adoptar con el voto de la mayoría absoluta de sus integrantes, y sólo pueden revocarse por el voto de las dos terceras partes. Los miembros presentes en la sesión de instalación deben proceder a convocar a los Principales que no hayan asistido, así como a sus suplentes, quienes pueden suplir inmediatamente a quienes no hubieran atendido la convocatoria (artículo 32).

La inasistencia injustificada a más de tres (3) sesiones consecutivas de la Junta Electoral respectiva se considera motivo de remoción, la que debe acordar, a la brevedad posible, el organismo a quien corresponda hacer la designación. En todo caso, éste puede tomar las providencias que garanticen el funcionamiento de la Junta Electoral.

En caso de que una Mesa Electoral no se instale en la oportunidad fijada o no funcione adecuadamente, la Junta Electoral Municipal o Parroquial debe adoptar de inmediato las medidas que solucionen la situación existente. Si el día de las votaciones la Mesa Electoral no puede funcionar por falta de quórum, los miembros presentes pueden designar a uno de los testigos que se encuentren presentes o, en su defecto, al elector que encabece la fila para que actúe como miembro de la Mesa hasta que la Junta Electoral provea las medidas adecuadas. En las Actas se debe dejar constancia de tales situaciones (artículo 32).

Los organismos electorales deben elegir de su seno un Presidente. La remoción de los Presidentes de las Juntas Principales sólo se puede producir previa autorización del Consejo Supremo Electoral y la de los Presidentes de los demás organismos electorales, previa autorización de la respectiva Junta Principal y por las causas que determine el Reglamento Interno que dicte el Consejo Supremo Electoral (artículo 33).

Los secretarios y los empleados de los organismos electorales son de la libre designación y remoción de los organismos respectivos y deben reunir las condiciones de idoneidad necesarias para el desempeño de sus funciones. Estos funcionarios se rigen por un Reglamento Interno que debe dictar el Consejo Supremo Electoral, ateniéndose siempre a las disposiciones legales que regulan la materia laboral y la peculiaridad de sus funciones electorales (artículo 34).

Los Presidentes de los organismos electorales deben prestar juramento ante los respectivos Cuerpos. En cuanto a los otros miembros, así como los Secretarios y empleados lo harán ante el Presidente (artículo 30).

f. *Duración*

Los organismos electorales que no tengan establecida en la Ley una duración para sus funciones, cesan en éstas cuando lo determine el Consejo Supremo Electoral, una vez que hayan realizado la remisión de las Actas y los demás recaudos electorales que les correspondan (artículo 36).

g'. *Recursos administrativos*

De las decisiones dictadas por los organismos electorales inferiores, se puede interponer recurso jerárquico por ante el organismo superior inmediato, el cual debe decidir dentro del término de cinco (5) días; de estas decisiones se puede recurrir ante el Consejo Supremo Electoral.

Este último Recurso debe interponerse por los interesados dentro de los cinco (5) días siguientes a la notificación o publicación del cartel respectivo, por la prensa, y debe ser decidido por el Consejo Supremo Electoral en un lapso de veinte (20) días, contados a partir de la recepción de los recaudos, previa audiencia de los interesados. Dentro de los diez (10) primeros días de dicho lapso, más el término de distancia, los interesados pueden aportar las pruebas que consideren pertinentes (artículo 37).

h'. *Carácter gratuito de las actuaciones públicas relativas al régimen electoral*

El artículo 250 de la Ley Orgánica precisa que los actos que se realicen en cumplimiento de la Ley son gratuitos, y tanto los funcionarios electorales como los funcionarios del Registro Civil y los jueces no pueden hacer cobro alguno a los ciudadanos por la expedición de los documentos con validez electoral o de las copias certificadas y otros recaudos necesarios para la obtención de la cédula de identidad.

b. *El Consejo Supremo Electoral*

a'. *Naturaleza y autonomía*

El Consejo Supremo Electoral ejerce, conforme a la Ley Orgánica, la suprema dirección, organización y vigilancia de los procesos electorales, referendas y del Registro Electoral Permanente.

De acuerdo con el artículo 38 de la Ley Orgánica, a partir de la reforma de 1993, al Consejo Supremo Electoral se le atribuyó personalidad jurídica propia, y se precisó que ejerce sus funciones con plena autonomía de los demás órganos del Poder Público, sin menoscabo del principio de cooperación de los Poderes consagrados en nuestro ordenamiento legal (artículo 38). Tiene su sede en la Capital de la República y ejerce su jurisdicción en todo el Territorio Nacional (artículo 39).

Se trata, por tanto, de un órgano con autonomía funcional de acuerdo con el artículo 113 de la Constitución, y ahora con personalidad jurídica propia, distinta a la de la República, lo que lo convierte en un ente descentralizado funcionalmente, pero sin ningún tipo de control de tutela.

b'. *Miembros*

El Consejo Supremo Electoral lo componen once (11) miembros, elegidos cada cinco (5) años por las Cámaras Legislativas en sesión conjunta en el primer semestre del año en que se inicie el período constitucional de los poderes nacionales. Para cada miembro principal las Cámaras deben elegir dos (2) suplentes (artículo 39).

La Ley Orgánica precisa que de los once (11) miembros del Consejo Supremo Electoral, seis (6) miembros y sus respectivos suplentes deben ser ciudadanos sin afiliación político-partidista y los cinco (5) miembros principales restantes y sus respectivos suplentes, deben ser electos mediante postulación que deben hacer los partidos políticos nacionales que hayan obtenido el mayor número de votos en las últimas elecciones para la Cámara de Diputados del Congreso de la República. Para la elección de los ciudadanos sin afiliación político-partidista, las Cámaras Legislativas en sesión conjunta deben designar, con sesenta (60) días de anticipación a la fecha de la elección del Consejo Supremo Electoral, una Comisión Bicameral integrada por cinco (5) Senadores y diez (10) Diputados que en lo posible representen las diversas tendencias políticas que integran el Congreso de la República. Esta Comisión Bicameral deberá determinar los requisitos que deben reunir los candidatos y debe abrir un lapso donde la ciudadanía pueda públicamente hacer sus postulaciones.

La Comisión Bicameral debe presentar a las Cámaras Legislativas reunidas en sesión conjunta, una lista integrada por el triple de los candidatos a elegir, y para la elección se requerirá las dos terceras partes de los Congresantes y se hará uninominalmente (artículo 39).

Sin embargo, los partidos políticos nacionales no representados en el Consejo Supremo Electoral que hubieren obtenido por lo menos el tres por ciento (3%) de los votos en las últimas elecciones para la Cámara de Diputados del Congreso de la República, pueden designar un representante con derecho a voz ante dicho organismo. Los partidos políticos con representantes en la Cámara de Diputados que no hayan alcanzado el porcentaje de votos antes mencionado, pueden formar uno o más bloques hasta alcanzar el tres por ciento (3%) requerido para designar un representante con derecho a voz (artículo 39).

Los miembros del Consejo Supremo Electoral mientras se encuentren en el ejercicio de sus funciones serán a tiempo exclusivo, gozarán de la prerrogativas a que se refieren los Capítulos I y II del Título III, Libro III del Código de Enjuiciamiento Criminal y corresponderá a la Corte Suprema de Justicia declarar si hay o no méritos para su enjuiciamiento criminal conforme al ordinal 2° del artículo 215 de la Constitución de la República, en concordancia con la segunda parte del artículo 113 ejusdem (artículo 39).

Los partidos políticos o cualquier ciudadano pueden solicitar ante los organismos jurisdiccionales competentes la anulación del nombramiento de cualquier miembro independiente del Consejo Supremo Electoral, cuando se demuestre que éste pertenece a un partido político o grupo de electores, o que está vinculado con ellos disciplinaria o económicamente, o que obedece sus instrucciones (artículo 40).

c'. *Instalación*

La instalación del Consejo Supremo Electoral se debe efectuar, sin previa convocatoria, el quinto día hábil a las 10:00 a.m., después de publicada la designación en la *Gaceta Oficial de la República de Venezuela.*

Si en la referida oportunidad no concurriere la mayoría absoluta de sus miembros conforme a lo requerido por el encabezamiento del artículo 32 de la Ley, los presentes deben pasar a integrar una Comisión Preparatoria, la cual se debe ocupar de dictar las medidas adecuadas para completarlo y convocar, si fuera necesario, a los respectivos suplentes (artículo 41).

d'. *Atribuciones*

De acuerdo con lo establecido en el artículo 43 de la Ley Orgánica, el Consejo Supremo Electoral tiene las siguientes atribuciones:

1. Dictar el Reglamento Interno de los organismos electorales;

2. Examinar las credenciales de sus miembros;

3. Designar los miembros de las Juntas Electorales Principales y removerlos cuando hubiere lugar a ello, conforme a esta Ley;

4. Remover los miembros de los otros organismos electorales subalternos cuando obstaculicen el buen desarrollo del proceso electoral, y ordenar su inmediata sustitución;

5. Crear las comisiones del Cuerpo y fijarles atribuciones;

6. Organizar y conservar su archivo, los libros, Actas y demás documentos que las Juntas Electorales Principales le remitirán conforme a lo previsto en esta Ley y en los Reglamentos, y disponer lo conducente acerca del destino que se le dará a los archivos de los demás organismos electorales;

7. Elaborar el proyecto de presupuesto de sus propios gastos ordinarios, así como el de los correspondientes a los procesos electorales y presentarlos al Congreso de la República, por órgano del Ministerio de Relaciones Interiores. En cuanto a las solicitudes de presupuesto y de créditos adicionales que haga el Consejo Supremo Electoral, el artículo 38 de la Ley Orgánica precisa que deben ser tramitados con la urgencia del caro por los órganos competentes ante el Congreso de la República.

8. Disponer los gastos relativos a su funcionamiento y al de los procesos electorales y autorizar las erogaciones correspondientes, incluyendo la facultad de contratar, con las limitaciones que establezcan sus disponibilidades presupuestarias;

9. Vigilar la formación, depuración y revisión del Registro Electoral Permanente a través de la dirección respectiva;

10. Designar los funcionarios públicos o electorales a quienes corresponda realizar las labores de formación y revisión del Registro Electoral Permanente conforme a lo establecido en el artículo 64 de esta Ley;

11. Publicar las fechas y períodos destinados a efectuar las labores de revisión del Registro Electoral Permanente;

12. Disponer y realizar campañas de propaganda a favor del deber y del derecho al ejercicio del sufragio y de las inscripciones en el Registro Electoral Permanente;

13. Solicitar de las autoridades competentes el apoyo necesario para asegurar el cumplimiento de la obligación ciudadana de incorporarse al Registro Electoral Permanente;

14. Cuidar del desarrollo de los procesos electorales y tomar las medidas conducentes a su eficaz organización;

15. Cuidar de la oportuna y correcta expedición de la cédula de identidad y de los documentos requeridos para su obtención. A tal efecto, podrá comisionar funcionarios para la fiscalización necesaria en las dependencias encargadas de las tramitaciones y expediciones correspondientes y solicitar de la autoridad competente todas las informaciones que requiera sobre la materia;

16. Preparar y distribuir, con la debida anticipación, el material necesario para las votaciones y escrutinios, así como las listas de electores, preparadas con base en el Registro Electoral Permanente conforme se establece en el artículo 80 de esta Ley.

17. Determinar en su caso, y salvo lo dispuesto en el artículo 104 de esta Ley, los colores, composiciones de colores y otros signos y distintivos destinados a diferenciar las postulaciones;

En relación a estas atribuciones establecidas en los ordinales 16 y 17, el *Parágrafo Único* del artículo 43 señala que el Consejo Supremo Electoral debe decidir los Recursos Jerárquicos contra las decisiones de las Juntas Electorales Principales previstos en el ordinal 16 y debe evacuar las consultas sobre la aplicación o interpretación de esta Ley previstos en el ordinal 17, dentro de los veinte (20) días siguientes a la interposición de los primeros o de la presentación de los segundos. En el primer caso, dentro de los diez (10) primeros días del lapso anterior, más el término de distancia, los interesados pueden aportar las pruebas que consideren pertinentes.

La Corte Suprema de Justicia debe conocer y decidir en el término de quince (15) días hábiles los Recursos contra las decisiones del Consejo Supremo Electoral.

18. Conocer de los Recursos Jerárquicos que se interpongan contra las decisiones de las Juntas Electorales Principales, y del Recurso previsto en el artículo 37 de esta Ley;

19. Evacuar las consultas que se le sometan sobre la aplicación o interpretación de esta Ley, y resolver los casos no previstos en ella;

20. Requerir del Ejecutivo Nacional, si lo creyere conveniente, la colaboración de las Fuerzas Armadas con los organismos electorales, para garantizar el orden y la imparcialidad del sufragio;

21. Extender las credenciales a los testigos electorales con carácter nacional;

22. Tomar las medidas necesarias para que cada Mesa Electoral tenga suficientes formatos de Actas de Escrutinio o de Constancia, de Resultados de Escrutinio, según los candidatos que participen en cada Circuito y Entidad, y asegurar la entrega de estos formatos a los testigos que lo soliciten;

23. Automatizar o mecanizar cualquiera de las diferentes fases de los distintos procesos electorales;

24. Fijar las cauciones que deberán presentarse para poder postular candidatos a cargos de elección popular. Ningún organismo electoral podrá admitir postulaciones, si no se han presentado las cauciones que establezca el Consejo Supremo Electoral.

25. Declarar candidatos a Presidente de la República a los ciudadanos que hayan sido postulados de conformidad con la Ley;

26. Hacer la totalización de los votos obtenidos por cada candidato a Presidente de la República con base en las Actas de Escrutinio que le envíen las Mesas Electorales, previa las verificaciones que juzgue necesarias, y proclamar Presidente de la República al candidato que resulte elegido. La elección será participada al Presidente de la República, al Presidente del Congreso de la República y al Presidente de la Corte Suprema de Justicia y publicada en la Gaceta Oficial de la República de Venezuela.

27. Fijar fecha, con ocho (8) días de anticiparon por lo menos, para la realización de las votaciones o de los escrutinios en aquellas Mesas en las que por algunas circunstancias no se hubieren efectuado en la fecha señalada originalmente. Esta facultad la ejercerá el Consejo Supremo Electoral sólo en el caso de que las votaciones o escrutinios por realizar puedan influir sobre el resultado general de los escrutinios para Presidente de la República, Gobernadores, Alcaldes y Cuerpos deliberantes;

    En este caso, el Consejo Supremo Electoral asumirá directamente la organización y el desarrollo de las votaciones o de los escrutinios;

28. Adjudicar los puestos de Senadores y Diputados adicionales, con base en los cuocientes electorales nacionales, participarlo al Congreso de la República y al Ejecutivo Nacional y publicarlo en la *Gaceta Oficial de la República de Venezuela*;

29. Promover la nulidad de cualquier elección cuando encuentre causa suficiente, de acuerdo con el Título V de esta Ley. Para adoptar esta decisión se requiere el voto aprobatorio de las dos terceras partes de los miembros del Cuerpo;

30. Realizar las investigaciones que juzgue convenientes en materias relacionadas con su competencia, a cuyo efectos los funcionarios y empleados de la administración pública, de los institutos autónomos y de las empresas del Estado, y en general cualquier ciudadano, están obli-

gados a suministrarles las informaciones y datos que les requieran para el cumplimiento de sus funciones, quedando a salvo las garantías y derechos que la Constitución de la República y las leyes establecen;

31. Promover y difundir el conocimiento de los instrumentos de votación, así como todas las normas e instrumentos a ser utilizados en el proceso electoral por lo menos con treinta (30) días de anticipación al acto electoral, haciendo circular información sobre las normas y los modelos aprobados para cada instrumento electoral y utilizando para ello los medios de comunicación que sean necesarios;

32. Promover, sin perjuicio de la actuación de otras autoridades competentes y de los particulares, las acciones penales correspondientes a los delitos y faltas tipificados en esta Ley;

33. Fijar, de acuerdo con esta Ley, la duración de las campañas electorales, así como determinar los medios de publicidad que puedan ser usados en las mismas, e investigar el origen de los recursos económicos que se destinen a éstas y limitarlos, si fuere el caso, con el voto de las dos terceras partes de sus miembros

    Al fin de mantener el equilibrio en todo lo que se refiere a las campañas electorales, puede en ejercicio de las facultades anteriores y con el voto de las dos terceras partes de sus miembros, tomar las medidas coercitivas que considere convenientes, y solicitar para su ejecución el auxilio de cualquier autoridad de la República; y

34. Las demás atribuciones señaladas por la Ley de Partidos Políticos, Reuniones Públicas y Manifestaciones, y por las leyes, reglamentos y cualesquiera otras en materia electoral no encomendadas a otros organismos.

El Consejo Supremo Electoral, además, tiene como atribución la de dictar las normas relativas al Registro Electoral Permanente y su actualización (artículo 55 y 58 de la Ley). Adicionalmente, el artículo 252 de la Ley autoriza al Consejo Supremo Electoral, para que con el voto favorable de las dos terceras partes de sus miembros, por lo menos, pueda acordar modificaciones de cualquiera de los diversos lapsos o términos establecidos en la Ley Orgánica del Sufragio, cuando ello se juzgue necesario para el mejor desarrollo del proceso electoral y siempre que las modificaciones no alteren la igualdad de condiciones para todos los participantes en el proceso.

En todo caso, las decisiones del Consejo Supremo Electoral pueden recurrirse por ante la Corte Suprema de Justicia, la cual debe conocer y decidir en el término de quince (15) días hábiles (Parágrafo Único, Art. 43).

e'. *Autoridades del Consejo*

En el acto de su instalación, el Consejo Supremo Electoral debe designar de su seno un Presidente y dos Vicepresidentes; y seguidamente, de fuera de su seno, un Secretario. El Presidente y los dos Vicepresidentes pueden ser removidos por el Cuerpo con el voto favorable de las dos terceras partes de sus integrantes. El Secretario es de libre elección y remoción del Cuerpo (artículo 42).

En cuanto al Presidente del Consejo Supremo Electoral, de acuerdo con el artículo 44 de la Ley, tienen las siguientes atribuciones:

1° Ejercer la representación oficial del Cuerpo;

2° Cumplir y hacer cumplir las disposiciones del Consejo Supremo Electoral;

3° Presidir las sesiones del Cuerpo y dirigir los debates, conforme a las disposiciones contenidas en esta Ley y en los Reglamentos;

4° Convocar a los miembros del Consejo Supremo Electoral a sesiones extraordinarias;

5° Designar los miembros de las comisiones, salvo los 'Casos en que el Cuerpo se reserve esta facultad, procurando siempre que en ellas estén representadas las diversas corrientes políticas y los sectores independientes que actúan en el Consejo;

6° Comunicarse directamente con todos los organismos, entidades o funcionarios, cualquiera que sea su categoría, para requerir información sobre asuntos relacionados con la competencia del Consejo; dichos organismos, entidades o funcionarios están obligados a proporcionar la información requerida;

7° Suscribir toda la correspondencia en nombre del Consejo Supremo Electoral, pudiendo delegar esta atribución en funcionarios del Cuerpo de acuerdo al Reglamento Interno;

8° Autorizar, en unión del Secretario, las Actas de las sesiones y todos los demás actos del Consejo Supremo Electoral que así lo requieran;

9° Disponer lo conducente en todo lo relativo a la administración y funcionamiento del Consejo Supremo Electoral;

10° Designar y remover al personal adscrito al Consejo Supremo Electoral, cuando esta facultad no haya sido expresamente reservada al Cuerpo;

11° Ordenar en las campañas electorales el retiro de cualquier pieza publicitaria que, a su juicio, sea violatoria de normas legales o reglamentarias. Esta decisión será de obligatorio e inmediato cumplimiento, aun cuando contra ella se haya interpuesto algún recurso. El Presidente debe informar seguidamente al Cuerpo, quien puede confirmar, modificar o revocar la decisión;

12° Velar porque se cumpla con la formación, depuración y revisión del Registro Electoral Permanente; y

13° Cualesquiera otra que le señale la Ley o los reglamentos.

Los Vicepresidentes deben colaborar con el Presidente en el ejercicio de sus funciones y deben suplir, en el orden de su elección sus faltas temporales o accidentales. En el caso de falta absoluta se debe proceder dentro de los cinco (5) días inmediatos siguientes a convocar al Cuerpo para que designe un nuevo Presidente (artículo 45).

El Consejo Supremo Electoral puede designar funcionarios permanentes en las regiones del país donde lo estime necesario para garantizar el mejor desarrollo de los procesos electorales, y. a este efecto, les debe determinar sus obligaciones. Estos funcionarios se deben integrar a las Juntas Electorales Principales en las condiciones que determinen sus obligaciones. Estos funcionarios se deben integrar a las Juntas Electorales Principales en las condiciones que determine el Consejo Supremo Electoral (artículo 46).

c. *Las Juntas Electorales*

Conforme se indica en el artículo 47 de la Ley, cada año de celebración de elecciones generales en todo el territorio nacional deben funcionar, a partir de la fecha que fije el Consejo Supremo Electoral, las siguientes Juntas Electorales:

1. Una Junta Electoral Principal en cada Estado y en el Distrito Federal;
2. Una Junta Electoral Municipal en cada Municipio.

Además, de acuerdo con el Parágrafo Primero del artículo 47, si el Consejo Supremo Electoral lo considera necesario, por Resolución expresa, podrá crear Juntas Electorales Parroquiales en todas o en algunas Parroquias de los Municipios de los Estados y del Distrito Federal y les fijará sus atribuciones.

Adicionalmente, el mismo artículo 47 de la Ley señala que si el Consejo Supremo Electoral lo considera necesario, con el voto favorable de las 2/3 partes de sus miembros, podrá crear Juntas Electorales en todos o algunos Círculos Electorales y les fijará atribuciones. En este caso, las que le sean atribuidas, cesarán para las Juntas Electorales Municipales.

El Consejo Supremo Electoral también puede crear Juntas Electorales de Totalización y de Escrutinio conforme al artículo 20 de la Ley Orgánica.

a'. *Las Juntas Electorales Principales*

En cuanto a las Juntas Electorales Principales, éstas tienen su asiento en la capital de la respectiva Entidad Federal. Están integradas por siete (7) miembros, designados por el Consejo Supremo Electoral de conformidad con el artículo 23 de la Ley, y duran cinco (5) año", en sus funciones (artículo 48).

La Junta Electoral Principal ejerce la dirección, organización y vigilancia de los procesos electorales en su jurisdicción conforme a las disposiciones de la Ley. El Presidente debe ejercer el cargo a dedicación exclusiva, y los restantes miembros con el carácter de ad-honorem.

Conforme a lo indicado en el artículo 49 de la Ley, cada Junta Electoral Principal tiene su jurisdicción las siguientes atribuciones:

1° Examinar las credenciales de sus miembros;

2° Cumplir y hacer cumplir las disposiciones de la Ley y los Reglamentos y las decisiones del Consejo Supremo Electoral;

3° Promover la remoción de cualquiera de sus miembros por causa justificada, ante el Consejo Supremo Electoral;

4°   Designar, conforme a la Ley, los miembros de las Juntas Electorales Municipales y removerlos por causa justificada, cuidando de su oportuna constitución;

5°   Conocer y decidir de las remociones que se promuevan contra los miembros de las Juntas Electorales Municipales y proceder a las sustituciones que ordene el Consejo Supremo Electoral, conforme al numeral 4° del artículo 43 de la Ley;

6°   Conocer los asuntos que les sometan las Juntas Electorales Municipales y, en alzada, de las decisiones de las mismas;

7°   Participar a las Juntas Electorales Municipales, la fecha fijada para las votaciones;

8°   Admitir, previo el cumplimiento de los requisitos legales, la postulación de candidatos para Gobernador de Estado, Senadores y Diputados al Congreso de la República y Diputados a las Asambleas Legislativas;

9°   Extender las credenciales que soliciten para sus testigos las organizaciones políticas o los grupos de ciudadanos que hayan postulado candidatos;

10°   Recibir de las Juntas Electorales Municipales, las Actas de Escrutinio de los votos para candidatos a Gobernador y por listas y candidatos uninominales a Diputados al Congreso de la República y Diputados a la Asamblea Legislativa y por Senadores al Congreso de la República. Realizar la totalización de los votos, las adjudicaciones y proclamaciones de quienes resulten electos y extenderles las credenciales correspondientes.

11°   Comunicar al Consejo Supremo Electoral el resultado de las votaciones que se efectúen en su jurisdicción;

12°   Velar por el correcto desarrollo del proceso electoral;

13°   Someter al Consejo Supremo Electoral las dudas que surjan en la aplicación de la Ley;

14°   Denunciar ante el Consejo Supremo Electoral y corregir, cuando esté a su alcance, las irregularidades que se observe en el proceso electoral;

15°   Organizar su archivo y conservar el material electoral que han de remitirle las Juntas Electorales Municipales una vez concluidas las votaciones, con excepción del que deben enviar al Consejo Supremo Electoral, según lo dispuesto en la Ley y los Reglamentos; y

16°   Todas las demás funciones que le asigne el Consejo Supremo Electoral y las que le correspondan conforme a las leyes y reglamentos.

b'.   *Las Juntas Electorales Municipales*

Las Juntas Electorales Municipales tienen su asiento en la capital del respectivo Municipio o Departamento. Estarán integradas por cinco (5) miembros designados por la Junta Electoral Principal respectiva, y duran en sus funciones por un período de tres (3) años. Tienen carácter *ad-honorem* (artículo 50).

La Junta Electoral Municipal ejerce la dirección, organización y vigilancia de los procesos electorales en su jurisdicción conforme a las disposiciones de la Ley.

Conforme a lo indicado en el artículo 51 de la Ley, cada Junta Electoral Municipal tiene en su jurisdicción las siguientes atribuciones:

1° Examinar las credenciales de sus miembros;

2° Cumplir y hacer cumplir las disposiciones de esta Ley los Reglamentos y las decisiones del Consejo Supremo Electoral;

3° Promover ante la Junta Electoral Principal la remoción de cualquiera de sus miembros, en virtud de causa justificada, y proceder a las sustituciones que ordene el Consejo Supremo Electoral conforme al ordinal 4° del artículo 43 de la Ley.

4° Designar, conforme a la Ley, los miembros de las Juntas Electorales Parroquiales, los de las Juntas de Totalización y las de Escrutinio, si fueren creadas, y las de las Mesas Electorales, y fijar lugar, día y hora para su instalación. En el Distrito Federal los miembros de las Mesas Electorales deben ser designados por las Juntas Electorales Parroquiales;

5° Conocer y decidir de las remociones que se promuevan contra los miembros de las Juntas Electorales Parroquiales y de las Mesas Electorales;

6° Conocer los asuntos que les sometan las Juntas Electorales Parroquiales y, en alzada, de las decisiones de las mismas;

7° Cooperar, en la forma que determine el Consejo Supremo Electoral, en la formación y revisión del Registro Electoral Permanente;

8° Participar a las Juntas Electorales Parroquiales la fecha fijada para las votaciones;

9° Admitir, previo el cumplimiento de los requisitos legales la postulación de los candidatos para Alcaldes y miembros de los Concejos Municipales;

10° Recibir de las Juntas Electorales Parroquiales y de las Juntas de Totalización creadas por el Consejo Supremo Electoral, el resultado de la votación en su jurisdicción junto con las Actas y demás recaudos especificados en el ordinal 7° del artículo 54 de la Ley;

11° Totalizar los votos obtenidos por los candidatos a Alcaldes, a Concejales y a Juntas Parroquiales, efectuar las adjudicaciones, proclamar a los que resulten electos, extenderles sus credenciales y hacer las participaciones correspondientes al Consejo Supremo Electoral, a la Junta Electoral Principal, a la Gobernación del Estado, a la Asamblea Legislativa del Estado y el Concejo Municipal del Municipio.

12° Extender, por lo menos con cuarenta y ocho (48) horas de antelación a la realización del proceso, las credenciales que soliciten para sus testigos los partidos políticos, grupos de electores o de ciudadanos que hayan postulado candidatos, so pena de la sanción prevista en el artículo 239 de la Ley;

13° Velar por el correcto desarrollo del proceso electoral en su jurisdicción;

14° Denunciar, ante la Junta Electoral Principal respectiva, las irregularidades que observen en el proceso electoral en su jurisdicción;

15° Organizar y conservar su archivo;

16° Todas las demás funciones que le asigne el Consejo Supremo Electoral; y

17° Las demás que le correspondan conforme a las leyes y reglamentos.

c'. *Las Juntas Electorales Parroquiales*

El Consejo Supremo Electoral, por resolución expresa puede crear Juntas Electorales Parroquiales en todas o algunas de las Parroquias, de los Municipios, de los Estados y del Distrito Federal (Art. 52).

De acuerdo con el Artículo 53 de la Ley Orgánica, cuando el Consejo Supremo Electoral creare, conforme a lo establecido en el artículo 47 de la Ley, Juntas Electorales Parroquiales o Juntas Electorales en los Circuitos, éstas deben estar integradas por cinco (5) miembros designados por la Junta Electoral Municipal correspondiente, dentro de los cinco (5) días siguientes a la fecha que fije el Consejo Supremo Electoral.

Precisa el artículo 54 de la Ley que el Consejo Supremo Electoral, al crear Juntas Electorales Parroquiales o Juntas por Circuitos Electorales, les debe fijar sus atribuciones.

d'. *Las Juntas de Totalización*

El Consejo Supremo .Electoral, conforme al artículo 20 de la Ley Orgánica, puede crear Juntas de Totalización cuando corresponda a un determinado Circuito o Municipio totalizar un número mayor de 50 Mesas Electorales o cuando, por razones justificadas, lo estime conveniente. Estas Juntas de Totalización pueden ser creadas a los solos efectos de realizar los cómputos de las Actas de Escrutinio y con jurisdicción limitada a un Circuito o Municipio.

La Resolución respectiva, debe publicarse en la *Gaceta Oficial* con noventa (90) días de anticipación, por lo menos.

De acuerdo con el Parágrafo Único del artículo 54 de la Ley, las Juntas de Totalización tendrán como funciones:

Recibir de las diferentes Mesas asignadas a las respectivas Juntas de Totalización, las Actas de Escrutinio y otro material que decida el Consejo Supremo Electoral; y

Totalizar las Actas de Escrutinio recibidas, levantando la correspondiente Acta de Totalización, según el formato emanado del Consejo Supremo Electoral y remitir el original a la Junta Electoral correspondiente.

e'. *Las Juntas de Escrutinio*

De acuerdo con el artículo 20 de la Ley Orgánica y con el voto favorable de las 2/3 partes de sus miembros, el Consejo Supremo Electoral puede crear Juntas de Escrutinio para el escrutinio de Mesas Electorales de uno o más centros de votación correspondientes a un mismo Municipio o Circuito, las cuales deben integrarse de la misma manera que las Juntas Electorales Municipales.

En este caso, las Mesas Electorales correspondientes pierden la atribución de escrutar votos y de levantar las Actas de Escrutinio.

d. *Las Mesas Electorales*

a'. *Constitución*

Las Mesas de votación están constituidas por cinco (5) miembros, con sus respectivos Suplentes y un Secretario nombrado fuera de su seno, preferentemente inscritos en ellas. Las Juntas Electorales Municipales deben nombrar preferentemente, los miembros de la Mesa y el Secretario entre los ciudadanos de más alto nivel educativo en el Municipio.

Las Mesas deben quedar integradas de la siguiente manera: Tres (3) miembros y sus respectivos suplentes designados por los partidos políticos que hubieren obtenido las primeras votaciones en la respectiva Circunscripción en la última elección para la Cámara de Diputados; y dos (2) miembros independientes y sus respectivos suplentes nombrados por la mayoría calificada de la Junta Municipal, oída la opinión de las comunidades organizadas, de acuerdo a las disposiciones que a tales efectos dicte el Consejo Supremo Electoral.

Se debe procurar en lo posible, la permanencia de estos funcionarios hasta por un período de tres (3) años (artículo 55).

b'. *Carácter del cargo de miembro de Mesa Electoral*

Conforme se establece en el artículo 55 de la Ley, el nombramiento de los miembros de Mesa y Secretario es de obligatoria aceptación por parte de los designados, y aquellos que incurran en el incumplimiento de cualquiera de sus funciones legales y reglamentarias sin causa justificada, serán destituidos del cargo público que desempeñan. La Contraloría General de la República debe, velar para que le sea suspendida de forma inmediata su remuneración.

c'. *Instalación*

En la oportunidad de instalarse la Mesa de Votación, los miembros deben nombrar de su seno al Presidente. Cada partido o grupos de electores tienen derecho a postular, en su representación, un testigo ante las Juntas Electorales Municipales (artículo 55).

d'. *Número de Mesas*

Corresponde al Consejo Supremo Electoral, la determinación de número de Mesas Electorales y de los sitios donde deberán actuar, así como el número de electores que deben votar en cada una de ellas. El Consejo Supremo Electoral además, debe dictar un Reglamento especial para el funcionamiento de las Mesas.

El Consejo Supremo Electoral debe cuidar de que los electores voten en el lugar de su residencia y, a este efecto, en todo centro poblado donde existan cien (100) o más electores debe funcionar por lo menos una Mesa Electoral (artículo 56).

e'. *Atribuciones*

Conforme se indica en el artículo 57 de la Ley, cada Mesa Electoral tiene las siguientes atribuciones:

1° Examinar las credenciales de sus miembros.

2° Inspeccionar el local que le haya sido asignado y tomar las medidas necesarias para que llene las condiciones requeridas por la Ley;

3° Cumplir y hacer cumplir las disposiciones del Consejo Supremo Electoral y de los otros organismos electorales superiores;

4° Llevar a conocimiento de la Junta Electoral Parroquial correspondiente las causas de incapacidad que afecten a cualquiera de sus miembros, a objeto de promover la remoción respectiva ante la Junta Electoral encargada de hacer la designación;

5° Fijar a las puertas de su local con cinco (5) días de anticipación por lo menos, a la fecha de las votaciones, las listas de electores inscritos que votarán ante ella, así como las listas de candidatos postulados; y reclamar dichas listas de la Junta Electoral Parroquial correspondiente, caso de haberles sido entregadas por ésta con antelación suficiente;

6° Convocar a sus miembros y a los suplentes para que concurran al local de las Mesas a las cinco y treinta antes meridiem (5:30 a.m.), del día fijado para la celebración de las elecciones con el fin de preparar el material de votación;

7° Presidir el acto de la votación de los electores inscritos y cumplir estrictamente las formalidades pautadas en la Ley;

8° Velar especialmente por el secreto del voto y cuidar del mantenimiento del orden en el local de las votaciones;

9° Levantar el Acta de las votaciones, una vez terminadas éstas;

10° Proceder seguidamente al escrutinio, observando cuidadosamente las disposiciones de los artículos 132 y siguientes de la Ley, y levantar el Acta correspondiente. Esta atribución la pierden las Mesas en los casos en los cuales el Consejo Supremo Electoral cree Juntas de Escrutinio, conforme al artículo 20 de la Ley Orgánica.

11° Remitir al Consejo Supremo Electoral el original del Acta de Escrutinio de los votos correspondientes a la elección para Presidente de la República;

12° Remitir al mismo organismo copia de las demás Actas de Escrutinio;

13° Remitir a la Junta Electoral Principal el original del Acta de Escrutinio de los votos obtenidos en la elección para Senadores y Diputados al Congreso de la República, para Diputados a las Asambleas Legislativas y para Gobernadores;

14° Remitir a la correspondiente Junta Electoral Municipal o a la Junta de Totalización, si fuere creada, el original del Acta de Escrutinio de los votos obtenidos en la elección de Alcaldes y de Concejales, los originales de las Actas de instalación y votación, copia de las actas de escrutinio de las otras elecciones, y las listas de electores, con las menciones requeridas;

15° Remitir a la correspondiente Junta Electoral Parroquial o a la Junta de Totalización, si fuere creada, el original del Acta de Escrutinio de los votos obtenidos, en la elección para miembros de las Juntas Parroquiales;

16° Remitir al Consejo Supremo Electoral, de acuerdo con lo dispuesto en el artículo 134 de la Ley, una copia del Acta da Escrutinio.

B.   *El Registro Electoral Permanente*

a.   *Objetivas y funciones*

El Registro Electoral Permanente, cuya organización y formación corresponde al Consejo Supremo Electoral conforme a la Ley Orgánica y a las normas que dicte (artículo 58) está destinado a conservar, revisar y perfeccionar el Registro de Electores clasificados por Estado, Distrito Federal o Territorios Federales, por Municipios o Parroquias, por Circuitos Electorales, por centros de votación y por Mesas Electorales (artículo 71).

Este Registro está a cargo del Consejo Supremo Electoral, y lo dirige un funcionario denominado Director, designado por el Cuerpo. Los funcionarios y empleados del Registro Electoral Permanente deben ser de reconocida honorabilidad y ser nombrados por el Presidente del Consejo Supremo Electoral, previa autorización del Cuerpo, (Artículo 70). Por otra parte, el Consejo Supremo Electoral debe determinar las modalidades de selección del personal del Registro Electoral Permanente.

El artículo 72 de la Ley agrega que las dependencias del Poder Ejecutivo Nacional deben proporcionar al Consejo Supremo Electoral los datos demográficos y de identificación que se les soliciten y puedan servir para los fines del Registro. Asimismo, se precisa en el artículo 72 de la Ley Orgánica, que todos los funcionarios y empleados públicos son auxiliares del Registro Electoral Permanente, y están obligados a prestar su cooperación cuando les sea solicitada por el Consejo Supremo Electoral.

En todo caso, conforme al artículo 73 de la Ley Orgánica, en el Registro Electoral Permanente se debe hacer constar lo siguiente:

1°   Los nombres, apellidos, sexo, fecha de nacimiento, nacionalidad, profesión y defectos físicos de los ciudadanos que tengan derecho a ejercer el sufragio, conforme a la Constitución de la República y a la Ley;

2°   La indicación de si saben leer y escribir;

3°   El número de la cédula de identidad personal, del Registro Electoral y de las Mesas Electorales que corresponde; y

4°   La Residencia del elector, con indicación del Estado, Departamento, Municipio, Parroquia, Circuito Electoral y demás datos necesarios para precisar su dirección.

Estos datos, conforme al mismo artículo 77 de la Ley, deben estar incluidos en la copia del Registro Electoral Permanente que se entregue a los diferentes partidos o grupos de electores que lo soliciten.

Debe indicarse, por último, que el artículo 74 de la Ley establece que el Registro Electoral Permanente se debe llevar por duplicado: el original se debe archivar en el Consejo Supremo Electoral y el duplicado en un lugar seguro y distinto de aquél, bajo la custodia que determine el Consejo Supremo Electoral.

b.   Los electores y el Registro Electoral Permanente

a'.   La incorporación automática de los electores al Registro

De acuerdo con el artículo 59 de la Ley Orgánica, todos los venezolanos que tengan la condición de electores y a quienes se les haya expedido su correspondiente cédula de identidad, serán automáticamente incorporados al Registro Electoral Permanente. Para que esta incorporación se produzca, es requisito indispensable que la expedición de la cédula de identidad de que se trate, haya sido previamente aprobada por el Fiscal General de la Cedulación, de acuerdo a lo establecido en la Ley Orgánica de Identificación.

Esta incorporación automática al registro Electoral Permanente, sin embargo, sólo se pondrá en funcionamiento cuando lo determine el Consejo Supremo Electoral.

En todo caso, conforme al artículo 60 de la Ley, los electores que hayan sido incorporados al Registro Electoral Permanente, deben acudir al centro de inscripción más próximo a su residencia en la oportunidad correspondiente a los efectos de actualizar los datos referentes a su domicilio y estado civil. De no hacerlo, el elector queda ubicado en el centro de votación de la jurisdicción correspondiente al domicilio declarado en la oportunidad de tramitar la expedición del más reciente ejemplar de su cédula de identidad.

b'.   La inscripción de los extranjeros en el Registro

Tienen derecho a inscribirse en el Registro Electoral Permanente, sólo para efectos de las vocaciones municipales y parroquiales, conforme lo indica el artículo 61 de la Ley Orgánica los extranjeros que reúnan las condiciones señaladas en el artículo 8° de la misma Ley. Sin embargo, a pesar de su condición de extranjeros, de acuerdo con el artículo 61 de la Ley Orgánica, no pueden inscribirse en dicho Registro, los extranjeros que hubieren perdido la nacionalidad venezolana por revocatoria administrativa o sentencia judicial.

Los extranjeros deben solicitar su inscripción en el Registro Electoral Permanente en formularios elaborados por el Consejo Supremo Electoral; y la condición de "residente" a la cual se refiere el artículo 8° de la Ley; debe ser comprobada mediante certificación expedida por la autoridad que determine el Consejo Supremo Electoral.

c. *La actualización del Registro*

a'. *La determinación de los centros de votación*

De acuerdo con el artículo 62 de la Ley Orgánica, los electores quedan inscritos en una mesa de un centro de votación ubicado en el lugar más cercano a su residencia, dentro del respectivo Circuito Electoral. El elector tiene la obligación de votar en el Circuito Electoral en el que reside.

Los venezolanos residenciados en el exterior deben actualizar su inscripción en la sede de la representación diplomática o consular con jurisdicción en el lugar de su residencia y votarán en el sitio que determine el Consejo Supremo Electoral.

En todo caso la actualización en el Registro, conforme al artículo 63 de la Ley Orgánica, debe efectuarse personalmente y se perfecciona por la firma y la impresión de las huellas dactilares. Quienes no sepan o no puedan firmar, deben estampar únicamente las huellas dactilares. En todo caso, la falta de estos requisitos vicia de nulidad el trámite. Por otra parte, en caso de personas mutiladas de ambas extremidades superiores se, debe dejar constancia de ello en el momento de la solicitud.

Debe señalarse, por último, que es requisito esencial para obtener la actualización en el Registro Electoral Permanente, la presentación de la cédula de identidad ante el funcionario competente, por lo que en ningún caso y bajo ninguna circunstancia, se pueden admitir comprobantes provisionales, ni documentos sustitutivos de la cédula.

En todo caso, a los efectos de poder probar la residencia en la respectiva actualización, el Consejo Supremo Electoral debe establecer los medios necesarios tendientes a ello (artículo 62 de la Ley).

b'. *Los agentes de actualización*

Para la formación y revisión del Registro Electoral Permanente, dice el artículo 64 de la Ley, el Consejo Supremo Electoral debe investir de la condición de agentes de actualización a personas escogidas entre empleados y funcionarios públicos en ejercicio de los siguientes cargos: miembros y funcionarios de Concejos Municipales y Juntas Parroquiales: Registradores y funcionarios del Registro Público; Jueces y funcionarios de tribunales; directores, profesores y funcionarios de liceos y Escuelas nacionales, estadales y municipales; funcionarios de Oficinas de Correos y Telégrafos; funcionarios de medicaturas y dispensarios rurales. Sin embargo, el Consejo Supremo Electoral puede nombrar agentes de actualización distintos a los anteriores, cuando *así lo requiera el buen funcionamiento del Registro Electoral Permanente.*

Conforme al artículo 69 de la Ley Orgánica, para asegurar la colaboración de los funcionarios de la Administración Pública, del Poder Judicial y del Poder Municipal, en la actualización del Registro Electoral Permanente, el Consejo Supremo Electoral debe determinar el número de horas diarias destinadas a atender las actualizaciones y demás labores atinentes a dicho Registro.

En todo caso, los agentes de actualización deben desempeñar sus funciones en los lugares y en la forma que señale el Consejo Supremo Electoral.

Por su parte, en el extranjero corresponde a los funcionarios diplomáticos y consulares de la República efectuar las labores de actualización de los venezolanos residentes en sus respectivas jurisdicciones, de acuerdo con las normas que dicte al efecto el Consejo Supremo Electoral (artículo 65).

c'.   *Los efectos de la actualización: la ubicación del elector*

De acuerdo con el artículo 66 de la Ley Orgánica, en el mismo acto de solicitud de actualización, el agente de actualización debe ubicar al elector en el centro de votación más cercano a su residencia, y en la Mesa Electoral correspondiente al último número de su cédula de identidad. En dicha oportunidad, el agente de actualización debe entregar al elector una copia debidamente firmada de su actualización en el Registro Electoral Permanente, en la cual debe constar la dirección del centro de votación y el número de la Mesa donde debe votar.

Todos los recaudos correspondientes a la actualización y revisión del Registro Electoral Permanente deben ser remitidos al Consejo Supremo Electoral por los funcionarios encargados de recibirlos, en la oportunidad y forma que determine (artículo 67).

d'.   *La supervisión de la actualización*

El artículo 68 de la Ley autoriza a los partidos políticos nacionales con representación en el Consejo Supremo Electoral, para poder acreditar por ante este organismo, testigos para supervisar el proceso de actualización en el Registro Electoral Permanente, en un número igual al doble de los centros de actualización existentes en cada circunscripción electoral. En esos casos, el Consejo Supremo Electoral los debe dotar de las correspondientes credenciales.

e'.   *La depuración del Registro Electoral Permanente*

a".   *Oportunidad*

Conforme al artículo 75 de la Ley Orgánica, la depuración del Registro Electoral es permanente, excepto durante el período comprendido entre noventa (90) días anteriores y treinta (30) días posteriores a cada votación. Sin embargo, conforme al mismo artículo, la depuración de inscripciones hechas en fraude a la Ley puede realizarse en cualquier momento.

b".   *Objeto*

La depuración del Registro según el artículo 76 de la Ley Orgánica, tiene por objeto excluir del mismo, las inscripciones correspondientes a:

1°   Los ciudadanos fallecidos o declarados por sentencia judicial presuntamente fallecidos;

2°   Las personas que hayan perdido la nacionalidad venezolana;

3°   Las personas que hayan sido declaradas entredichas o inhábiles políticamente;

4°   Las personas que hayan ingresado al servicio militar activo;

5°   Las inscripciones repetidas, dejándose sólo la hecha en primer término, salvo que se trate de cambio de domicilio;

6° Las inscripciones hechas en fraude a la Ley, debidamente comprobadas por la autoridad competente; y

7 Las personas que no hayan votado en las dos últimas elecciones nacionales para cargos de representación popular de competencia nacional.

c". *Cancelaciones por fallecimiento*

Conforme al artículo 77 de la Ley Orgánica, para los efectos de la cancelación de inscripciones electorales por razón de fallecimiento del ciudadano inscrito, los funcionarios del Registro Civil están obligados a comunicar al Consejo Supremo Electoral, en los formularios que éste debe determinar y proporcionar, y con las menciones que en ellos se determinen, todas las defunciones de personas mayores de dieciocho (18) años registradas en sus respectivas jurisdicciones.

En base a dichas informaciones, el Consejo Supremo Electoral debe proceder a cancelar en el Registro las inscripciones pertenecientes a ciudadanos fallecidos. Sin embargo, los casos en que la identificación del elector fallecido ofrezca alguna duda, el Consejo Supremo Electoral puede solicitar previamente los informes que creyere convenientes a organismos públicos o privados.

En todo caso, a los efectos antes indicados, los jueces competentes deben comunicar al Consejo Supremo Electoral, toda declaratoria de presunción de muerte del ausente, que sea dictada conforme al artículo 434 del Código Civil, dentro de los diez (10) días siguientes a su ejecutoria.

d". *Cancelaciones por pérdida de la nacionalidad*

En cuanto a la cancelación de inscripciones electorales por razón de pérdida de la nacionalidad venezolana, de acuerdo con el artículo 78 de la Ley Orgánica, el Juez competente o la autoridad correspondiente del Ministerio de Relaciones Interiores, están obligados a comunicar al Consejo Supremo Electoral, con los datos que éste determine al efecto, todas las decisiones y actos firmes por los cuales se anule o revoque la nacionalidad venezolana de personas que, de acuerdo con esta Ley, estén en capacidad de votar.

e". *Cancelaciones por interdicción civil o inhabilitación política*

Por otra parte, para la cancelación de inscripciones electorales por razón de la declaratoria de interdicción civil o inhabilitación política, el artículo 79 de la Ley Orgánica prescribe que el Juez competente, dentro de los diez (10) días a contar de la fecha de la sentencia definitivamente firme que haga esas declaratorias, debe comunicarla al Consejo Supremo Electoral, con los datos determinados en las normas que éste dicte al efecto.

f". *Solicitudes de depuración*

Debe señalarse, en todo caso, que la Ley consagra como un derecho de cualquier ciudadano el poder solicitar, mediante el aporte de las pruebas pertinentes, que se eliminen del registro los ciudadanos o personas cuya inscripción deba ser depurada conforme a lo establecido en el artículo 76 de la misma Ley (artículo 80).

g". *Lista de cancelaciones y su publicación*

En todo caso, establece el artículo 91 que anualmente, el Consejo Supremo Electoral debe, hacer la lista de las cancelaciones de inscripción efectuadas conforme a los artículos 76 a 80, y además, debe hacer publicar las listas respectivas de las cancelaciones de inscripción con indicación de las causales de exclusión, en el año inmediatamente posterior a las elecciones nacionales en la *Gaceta Oficial de la República de Venezuela* y en un diario de circulación nacional, y al mismo tiempo deberá colocarlas en el lugar público donde se efectúe la revisión del Registro Electoral Permanente (artículo 82).

h". *La reconsideración de las depuraciones*

La Ley garantiza, por último, la posibilidad de solicitar la reconsideración de las decisiones adoptadas por el Consejo Supremo Electoral en materia de depuración. En efecto, el artículo 83 de la Ley Orgánica establece que el ciudadano que por cualquier causa hubiere sido excluido del Registro Electoral Permanente como consecuencia de la depuración, puede reclamar por vía de reconsideración ante el Consejo Supremo Electoral, dentro de un plazo de noventa (90) días hábiles contados a partir de la publicación. La Ley exige que con el escrito de reconsideración se acompañen las pruebas pertinentes y se indique la dirección donde debe notificarse la decisión. El Consejo Supremo Electoral debe decidir dentro de un lapso improrrogable de diez (10) días después de recibido el recurso, y su decisión puede ser recurrida por ante la Corte Suprema de Justicia, dentro de un lapso de diez (10) días. La decisión del Consejo agota la vía administrativa.

La remisión de los recursos puede ser efectuada por intermedio de un Juez o de un Notario Público, quien debe dejar constancia de la fecha de presentación.

En todo caso, queda a salvo la posibilidad de error en los casos de exclusión por fallecimiento, y su consecuente corrección.

d. *La revisión anual del Registro Electoral Permanente*

a'. *Oportunidad*

De acuerdo con lo establecido en el artículo 84, el Registro Electoral Permanente está sujeto a revisiones anuales, durante el lapso que fije el Consejo Supremo Electoral. El año correspondiente a elecciones generales, el lapso de revisión del Registro Electoral Permanente no podrá exceder del mes de junio. Esta revisión anual debe ser hecha a través de los organismos y funcionarios designados por el Consejo Supremo Electoral, de acuerdo con el artículo 64 de la Ley, a los efectos de la actualización del Registro.

El Consejo Supremo Electoral debe divulgar, con la misma anticipación y mediante utilización de medios idóneos de publicidad, la apertura del lapso de revisión y los requisitos necesarios para la actualización en el Registro Electoral Permanente.

La Ley Orgánica (Art. 252) limita la posibilidad de prorrogar estos lapsos durante el año en el cual deban realizarse las elecciones hasta por un máximo de treinta (30) días.

b' *Formalidades: Las listas de electores*

A tal efecto, treinta (30) días antes del inicio de la revisión anual del Registro Electoral Permanente, el Consejo Supremo Electoral debe remitir a los funcionarios respectivos las listas de electores por Circuitos, si fuere el caso, y por Mesas Electorales, estableciendo por separado las listas de nacionales y las de extranjeros (artículo 86).

En estas listas se debe dejar constancia del número de la cédula de identidad de los inscritos, de su nombre y apellido y de su fecha de nacimiento. Las listas así confeccionadas deben ser colocadas en lugar público en el local donde el funcionario respectivo cumpla sus funciones.

c'. *La obligación de inscripción*

Conforme al artículo 87 de la Ley, a los efectos de la actualización del Registro Electoral Permanente, están obligados a inscribirse en él, los ciudadanos que antes de iniciarse el período de revisión anual, hubieren cumplido la condena penal que causó inhabilitación política; hubieren cesado judicialmente de ser entredichos; hubieren cesado en el servicio activo de las Fuerzas Armadas Nacionales; y hubieren sido excluidos del Registro Electoral Permanente por no haber votado conforme al ordinal 7° del artículo 76 de la Ley.

Los electores que hayan solicitado su inscripción en oportunidad anterior y no aparezcan en las listas que deben publicarse antes de la revisión anual conforme al artículo 86 de la Ley, deben inscribirse en el Registro Electoral Permanente en la oportunidad señalada para la revisión anual.

En todo caso, el Consejo Supremo Electoral puede exigir la prueba del cambio de residencia.

d'. *Constancia de la solicitud de inscripción*

Ahora bien, en la oportunidad de llevar a cabo la actualización del Registro Electoral Permanente, los funcionarios que actúen como agentes de actualización conforme al artículo 64 de la Ley deben entregar a los solicitantes un ejemplar debidamente firmado de su respectiva solicitud que ha de indicar la Mesa donde deben votar.

e'. *Rechazo de las solicitudes*

Conforme al artículo 89 de la Ley, con base a las solicitudes recibidas y en el lapso improrrogable de dos (2) meses, el Consejo Supremo Electoral debe decidir sobre la no inclusión en el Registro Electoral Permanente de las modificaciones solicitadas, cuando no se ajusten a los requisitos exigidos por la Ley, y así lo debe participar a los interesados.

Cuando la irregularidad en la actualización en la modificación solicitada configure un delito o falta de los previstos en la Ley, el Consejo Supremo Electoral lo debe comunicar a las autoridades competentes y debe proceder de inmediato a la depuración respectiva.

f. La elaboración de las listas revisadas

Por último, debe indicarse que en el año correspondiente a las votaciones, una vez transcurrido el período de revisión, el Consejo Supremo Electoral debe elaborar por Mesas, las listas de electores que han de servir de base a la votación, y que deben contener los datos referentes al Registro Electoral Permanente indicados en el artículo 73 de la Ley, así como un espacio en blanco para dejar constancia del acto de votación del elector.

Las mencionadas listas deben ser enviadas por el Consejo Supremo Electoral, debidamente autenticadas y selladas, a las Juntas Electorales Principales, con treinta (30) días de antelación, por lo menos, a la fecha de votación, para que éstas las remitan a las Mesas Electorales por lo menos diez (10) días antes de la votación.

Copia de las listas respectivas, que así mismo deben ser remitidas por el Consejo Supremo Electoral, deben ser colocadas, por lo menos, cinco (5) días antes de la votación, en lugar público, en la sede de la respectiva Mesa Electoral.

C. La implantación del Sistema Electoral

De acuerdo a lo señalado anteriormente, en Venezuela se pueden distinguir tres tipos de sistemas de escrutinio.

En primer lugar, el sistema unipersonal que se aplica para las elecciones uninominales que son del Presidente de la República, de los Gobernadores, de los Alcaldes y de los miembros de los Concejos Municipales.

En segundo lugar, el sistema pluripersonal para la elección de Senadores mediante el mecanismo de listas cerradas y bloqueados con aplicación del principio de la representación proporcional de las minorías y adicionalmente, la aplicación del cuociente electoral nacional para la elección de Senadores adicionales; y el sistema nominal de listas abiertas para la elección de miembros de Juntas Parroquiales.

En tercer lugar, el sistema mixto, uninominal y pluripersonal para la elección de los Diputados al Congreso Nacional y a las Asambleas Legislativas.

a. La determinación de los Circuitos Electorales para las elecciones uninominales

De acuerdo con el artículo 6° de la Ley Orgánica,

> "corresponde al Consejo Supremo Electoral establecer o modificar, por lo menos con seis (6) meses de antelación a la fecha de las elecciones respectivas, los Circuitos Electorales para la elección uninominal de Diputados al Congreso de la República, Diputados a las Asambleas Legislativas y Concejales".

En todo caso, para el establecimiento o modificaciones de los Circuitos Electorales para las Elecciones uninominales, el Consejo Supremo Electoral conforme al artículo 6° de la Ley Orgánica, se rige por los siguientes criterios:

a. En primer lugar, se deben respetar los límites de las circunscripciones que se aplican, en cada caso, a Entidades Federales para Diputados al Congreso de la República y a las Asambleas Legislativas; y para Concejales en los Municipios;

b. En segundo lugar, la población de los Circuitos Electorales se debe obtener de la siguiente manera: se dividirá el número de habitantes de la Circunscripción de que se trate al 1° de Abril del año de las elecciones, entre el número de puestos a ser electos por la vía uninominal en dicha Circunscripción. La cifra así obtenida, constituye la población del Circuito, la cual podrá variar hasta en un margen no mayor del quince por ciento (15%);

c. En tercer lugar, el Consejo Supremo Electoral debe asegurar que el número de electores de cada Circuito sea el correspondiente a la población con derecha a voto en el mismo, con una variación que no podrá superar el porcentaje establecido en el párrafo anterior;

d. En cuarto lugar, el Circuito Electoral debe abarcar un territorio continuo y no interrumpido.

e. En quinto lugar, cada Circuito Electoral debe tener su ámbito geográfico constituido por el entorno físico en que se encuentren ubicados los centros de votación en los cuales aparezcan inscritos los electores adscritos a ese Circuito, salvo en los casos excepcionales en que resulte imposible crear centros de votación ubicados físicamente en un Circuito determinado por causa de falta de locales adecuados. En este caso el Consejo Supremo Electoral, con el voto de las dos terceras (2/3) partes de sus miembros puede autorizar la ubicación en un mismo local, centros de votación de distintos Circuitos Electorales, siempre que se pueda satisfacer las condiciones de cercanía de los centros de votación a los domicilios de los electores.

f. En sexto lugar no pueden alterarse los límites de las circunscripciones subalternas que integran las circunscripciones principales a menos que resulte imprescindible a los fines del cumplimiento de las disposiciones antes indicadas.

Debe señalarse que conforme al *Parágrafo Único del artículo 6°* en aquellos casos excepcionales, el Consejo Supremo Electoral con el voto favorable de las dos terceras (2/3) partes de sus integrantes puede modificar los límites a que se refieren los literales b y c de dicho artículo, hasta un máximo de veinte por ciento (20%).

Debe advertirse, por último, que el artículo 257 de la Ley Orgánica, como Disposición Transitoria, establece que: para el proceso de elección de miembros de Juntas Parroquiales, Concejales, Diputados al Congreso de la República y Diputados a las Asambleas Legislativas, los Circuitos Electorales deberán estar conformados y aprobados por el Consejo Supremo Electoral, con por lo menos tres (3) meses de anticipación a la fecha de las votaciones.

El Consejo Supremo Electoral debe publicar en los medios de comunicación impresos de la región correspondiente, la conformación de los respectivos Circuitos y de los cambios que puedan efectuarse, en la ocasión en que ellos se produzcan.

b. *La aplicación del principio de la representación proporcional perso-*
    nalizada en los casos de elección plurinominal mediante listas

De acuerdo con el artículo 14 de la Ley Orgánica, la representación proporcional
se regula en la Ley para las elecciones de Senadores y Diputados al Congreso y de
Diputados a las Asambleas Legislativas, mediante la adjudicación por cuociente.

En cuanto a la elección de Concejales, un tercio (1/3) de éstos de cada Municipio
se eligen mediante listas por el principio de representación proporcional. Igual sistema se aplica a la elección de la totalidad de los Miembros de las Juntas Parroquiales (Arts. 150 y 151).

Ahora bien para la determinación de los puestos que corresponden a cada partido
o grupo de electores en la adjudicación por cuociente, se debe proceder de la manera
siguiente:

Se debe anotar el total de votos válidos obtenidos por cada lista, y cada uno de
los totales se debe dividir entre uno, tres y así sucesivamente, hasta obtener para
cada uno de ellos tantos cuocientes como candidatos haya que elegir en esa Entidad
Federal. Luego se deben anotar los cuocientes así obtenidos para cada lista, en columnas separadas y en orden decreciente, encabezadas por el total de votos de cada
uno, o sea el cuociente de la división por uno.

Posteriormente, se debe formar una columna final colocando en ella, en primer
término, el más elevado de entre todos los cuocientes de las diversas listas, y, a continuación, en orden decreciente, los que le sigan en magnitud, cualquiera que sea la
lista a que pertenezcan, hasta que hubiere en la columna tantos cuocientes como
candidatos deban ser elegidos. Al lado de cada cuociente se debe indicar la lista a
que corresponde, quedando así determinado el número de puestos obtenidos por
cada lista. Cuando resulten iguales dos o más cuocientes en concurrencia por el
último puesto por proveer, se debe dar referencia a aquella de las listas que haya
obtenido el mayor número de votos, y, en caso de empate debe decidir la suerte.

Para la elección de Senadores también se debe aplicar la adjudicación por cuociente.

Un ejemplo precisa el mecanismo:

1. Supongamos que en la Circunscripción Electoral del Estado X hubo 91.330
votos válidos, y que los 10 partidos o grupos de electores que postularon listas obtuvieron la siguiente votación:

PARTIDO A:	15.000	Votos
PARTIDO B:	22.660	Votos
PARTIDO C:	11.330	Votos
GRUPO DE ELECTORES D:	9.300	Votos
GRUPO DE ELECTORES E:	120	Votos
PARTIDO F:	4.750	Votos
GRUPO DE ELECTORES G:	12.000	Votos
PARTIDO H:	8.000	Votos
PARTIDO I:	500	Votos
GRUPO DE ELECTORES J:	7.660	Votos
Total	91.330	Votos

2. Supongamos que sean 6 los Diputados al Congreso a elegir en la Entidad.

Debe procederse a dividir el total de votos válidos de cada partido o grupo de electores entre 1, 2, 3, 4, 5 y 6:

GRUPO DE ELECTORES A: *15.000*	PARTIDO B: *22.660*	PARTIDO C: *11.330*
7.500	*11.330*	5.665
5.000	7.553	3.777
3.750	5.665	2.832
3.000	4.532	2.266
2.500	3.777	1.888

GRUPO DE ELECTORES D: *9.300*	GRUPO DE ELECTORES E: 120	PARTIDO F: 4.760
4.650	60	2.380
3.100	40	1.587
2.325	30	1.190
1.860	24	952
1.550	20	793

GRUPO DE ELECTORES G: 12.000	PARTIDO H: 8.000	PARTIDO I: 500
6.000	4.000	250
4.000	2.667	167
3.000	2.000	125
2.400	1.600	100
2.000	1.333	83

GRUPO DE ELECTORES J: 7.660

         3.830

         2.553

         1.915

         1.532

         1.277

3. Hechas las divisiones se forma la columna colocando los cuocientes obtenidos en orden decreciente, hasta completar tantos cuocientes como candidatos a elegir:

22.600	PARTIDO B
15.000	GRUPO DE ELECTORES A
12.000	GRUPO DE ELECTORES G
11.330	PARTIDO C
9.300	PARTIDO D

4. Así el Partido B saca 2 Diputados y los grupos de electores A y G y los partidos C y D, un Diputado cada uno.

c.   *Las reglas especiales para la elección uninominal en los casos de sistemas mixtos de escrutinios*

De acuerdo con el mismo artículo 14 de la Ley Orgánica, para la elección de Diputados al Congreso y a las Asambleas Legislativas, el procedimiento que debe seguirse es el siguiente:

Definido el número de Diputados que le corresponde a cada partido o grupo de electores en la Entidad Federal respectiva, conforme al procedimiento establecido anteriormente, los puestos de candidatos uninominales se adjudicarán a quienes hayan obtenido la primera mayoría relativa en cada Circuito Electoral, de conformidad con los votos obtenidos por cada uno de ellos. A continuación se debe sumar el número de Diputados uninominales obtenidos por cada partido o grupo de electores ; si esta cifra es menor al número que le corresponda a ese partido o grupo de electores, según el primer cálculo efectuado con base al sistema de representación proporcional en la adjudicación por cuociente, se completará con la lista de ese partido o grupo de electores en el orden de postulación, hasta la respectiva concurrencia. Si un candidato uninominal es electo por esa vía y está simultáneamente ubicado en un puesto asignado en la lista de un partido o grupo de electores, la misma se correrá hasta la posición inmediata siguiente.

Si un partido o grupo de electores no obtiene en la votación uninominal ningún Diputado, y por la vía de la representación proporcional obtiene uno o más puestos, los cubrirá con los candidatos de su lista en el orden de postulación.

Cuando un partido o grupo de electores obtenga un número de candidatos electos uninominalmente, mayor al que le corresponde según la representación proporcional, se considerarán todos electos.

Cuando un candidato sea electo uninominalmente en su Circuito Electoral y el partido o grupo de electores que lo propone no haya obtenido ningún puesto por la vía de la proporcionalidad en la adjudicación por cuociente, queda electo, pero será sustraído de los Diputados adicionales que le pudieran corresponder por aplicación del cuociente electoral nacional al partido o grupo de electores que lo haya propuesto.

La Ley aclara, en todo caso, que en los casos de alianzas electorales para la elección de Diputados al Congreso de la República y a las Asambleas Legislativas, por elección uninominal en Circuitos Electorales, la misma se tendrá como válida y en consecuencia podrán sumarse los votos, siempre y cuando la postulación del candidato a Diputado principal esté acompañada por los mismos suplentes y en el mismo orden.

Por último, el artículo 14 de la Ley Orgánica señala que para establecer finalmente el número de Diputados que corresponde a cada partido o grupo de electores en las Entidades Federales, conforme a lo establecido en el artículo 14 de la Ley, el candidato, así electo, se le adjudicará al partido o grupo de electores participante en la alianza que haya obtenido mayor votación en el respectivo Circuito.

El sistema de elección uninominal de las dos terceras (2/3) partes de los Concejales (en un sistema mixto en el que un tercio (1/3) se eligen por representación proporcional), se rige por lo previsto en el artículo 151 de la Ley Orgánica.

d.   *La aplicación del cuociente electoral nacional para Senadores y Di-putados al Congreso*

Conforme al artículo 15 de la Ley Orgánica, el principio de la representación proporcional rige, asimismo, en la adjudicación de los Senadores y Diputados adi-cionales al Congreso, mediante la aplicación del cuociente electoral nacional.

En cuanto al cuociente electoral nacional de Diputados, éste se determina divi-diendo el total de votos válidos consignados en toda la República por el número fijo de representantes que deben integrar la Cámara de Diputados, de acuerdo con la base de población establecida en la Ley; y en cuanto al cuociente electoral nacional de Senadores, éste se determina dividiendo el número de votos válidos entre el número fijo de Senadores a elegir, conforme a lo dispuesto por la Constitución.

Ahora bien, para la adjudicación de Diputados adicionales conforme al artículo 16 de la Ley Orgánica, se debe dividir el número total de votos válidos obtenidos por cada partido político nacional o grupo nacional de electores por el cuociente electoral nacional correspondiente. Si el resultado de esta operación es un número mayor al total de los Diputados obtenidos por el respectivo partido en toda la Re-pública, se le debe adjudicar la diferencia como Diputados adicionales, hasta el máximo de cinco (5) establecido en el Artículo 3° de la Ley. Para el resultado de esta operación en ningún caso, se deben tomar en cuenta las fracciones.

Tales puestos se deben atribuir al partido político nacional o grupo nacional de electores en las circunscripciones donde, no habiendo obtenido representación o habiendo obtenido menos puestos, hubiera alcanzado mayor número de votos.

En cuanto a la adjudicación de Senadores adicionales, conforme al artículo 17 de la Ley Orgánica, se debe dividir el número total de votos válidos obtenidos por cada partido político nacional ó grupo nacional de electores, por el cuociente electoral nacional correspondiente. Si el resultado de esta operación es un número mayor al total de los Senadores obtenidos por el respectivo partido en toda la República, se le debe adjudicar la diferencia como Senadores adicionales hasta un número de tres (3) conforme al artículo 2° de la Ley. Para el resultado de esta operación tampoco se deben tomar en cuenta las fracciones.

Tales puestos se le deben atribuir al respectivo partido político nacional en los Estados o en el Distrito Federal donde, sin haber obtenido representación, tenga mayor votación.

Ahora bien, cuando se hubieren postulado listas idénticas para Senadores y Di-putados en una misma circunscripción y resultare electo alguno de los candidatos conforme a lo establecido en el artículo 137, a los efectos de lo establecido en los artículos 16 y 17, antes comentados, el artículo 18 de la Ley establece que el candi-dato elegido se debe adjudicar al partido o grupo de electores al cual pertenezca, siempre que en el escrito de postulación se hubiere hecho la necesaria identificación.

A los partidos que no obtuvieren representación en los Circuitos o en las Entida-des Federales comprendidos en el caso que precede, se les debe restar los votos allí obtenidos, a los efectos de la adjudicación de Senadores y Diputados adicionales.

D. *La propaganda electoral*

a. *Las campañas partidistas internas y su reglamentación*

El artículo 174 de la Ley Orgánica establece que desde el 1° de abril del año correspondiente a las elecciones para Presidente de la República, los partidos políticos pueden realizar campañas internas, actos preparatorios y la selección de sus respectivos candidatos a la Presidencia de la República.

También desde esa fecha, las personas interesadas pueden realizar propaganda para quienes aspiren a ser seleccionados. Todas estas actividades deben estar ajustadas a las limitaciones que sobre el uso de los medios de comunicación social establezca el Consejo Supremo Electoral en el reglamento que dicte al efecto.

Asimismo, las actividades antes mencionadas deben ser ajustadas a un Reglamento que cada partido político nacional está en la obligación de dictar, el cual debe contener:

1° La indicación del organismo partidista con competencia para dirigir, organizar y supervisar el proceso de selección;

2° Los requisitos mínimos para la postulación de aspirantes y el método de selección; y

3° La indicación de las condiciones y requisitos para ejercer el derecho a voto en este proceso.

Este Reglamento debe ser consignado ante el Consejo Supremo Electoral, por cada partido político nacional, antes del inicio del respectivo proceso interno. También se debe consignar ante el Consejo Supremo Electoral, con un mes de antelación a la fecha fijada para la selección del candidato presidencial, el registro de personas con derecho a voto indicando el nombre, apellidos, y cédula de identidad.

El Consejo Supremo Electoral, de acuerdo a sus disponibilidades presupuestarias y siempre y cuando no se perturbe su normal funcionamiento, puede prestar colaboración a los partidos políticos para la realización del proceso de selección de sus respectivos candidatos a diversas elecciones nacionales, estadales y locales.

En los actos de campaña interna de los partidos, los aspirantes y quienes los auspicien, no pueden utilizar para su propaganda, medios de comunicación social distintos a la prensa escrita.

En todo caso, los partidos políticos, los aspirantes y quienes los auspicien, están obligados a acatar estrictamente las prohibiciones indicadas y las limitaciones de espacio impuestas por el Consejo Supremo Electoral.

b. *La reglamentación de las campañas electorales*

El artículo 175 de la Ley obliga al Consejo Supremo Electoral a dictar un Reglamento sobre Propaganda y Campaña Electoral para las elecciones nacionales, estadales y municipales.

En dicho Reglamento se debe fijar la fecha para el comienzo de las respectivas campañas electorales, las cuales tendrán una duración máxima de cinco (5) meses para el caso de las elecciones de Presidente de la República y Congreso, y de dos (2) meses para las elecciones de Gobernadores, Diputados a las Asambleas Legislativas, Alcaldes y Concejales.

Este Reglamento debe contener las normas que sobre actividad y propaganda de los candidatos ¿seleccionados deben observarse durante el lapso comprendido desde que se produzca la selección del candidato hasta el inicio de la campaña electoral. El Reglamento debe incluir también, las normas relativas a las campañas internas partidistas.

El Consejo Supremo Electoral, en este Reglamento, debe establecer normas y límites para la propaganda de la campaña electoral. A partir de la apertura de la campaña electoral, los candidatos y los partidos tendrán acceso, en los términos establecidos en el Reglamento, a los medios de comunicación social, para realizar su propaganda.

Los medios oficiales de comunicación social otorgarán, gratuitamente, tiempo igual y en las mismas horas, a los candidatos presidenciales postulados por los partidos con representación en el Consejo Supremo Electoral, a cuyo efecto los espacios se deben sortear entre éstos cada mes.

A los efectos la campaña electoral, las coaliciones de carácter electoral tendrán la oportunidad y espacio correspondiente a un partido.

En todo caso, la propaganda electoral debe cesar y no puede hacerse nueva propaganda electoral cuarenta y ocho (48) horas antes de aquélla en que deba comenzar las votaciones (Art. 187).

Los periódicos, revistas y otras publicaciones no deben contener ninguna especie de propaganda electoral el día de las votaciones ni el día anterior a las mismas (Art. 187).

c.   *El financiamiento de la campaña electoral*

En el presupuesto del Consejo Supremo Electoral, correspondiente al año de celebración de elecciones, se debe incluir una partida destinada a contribuir al financiamiento de la propaganda electoral de los partidos; esta partida se debe distribuir en forma proporcional a la votación respectiva nacional entre los que han obtenido por lo menos el cinco por ciento (5%) de los votos válidos en las elecciones inmediatamente anteriores, para la Cámara de Diputados. Las erogaciones correspondientes las debe hacer el Consejo Supremo Electoral en el transcurso de ese año electoral (Art. 176).

Adicionalmente dispone la Ley que el Consejo Supremo Electoral, de acuerdo con sus disponibilidades presupuestarias, puede contratar espacios en las televisoras y radioemisoras comerciales para facilitar la propaganda electoral de los partidos.

Estos espacios se deben distribuir en partes iguales entre los partidos representados en ese organismo y que hayan obtenido en las últimas elecciones para Congreso de la República, por lo menos el cinco por ciento (5%) del total de los votos válidos.

En todo caso, el Consejo Supremo Electoral en lugar de contratar los espacios, puede asignar directamente los recursos a los partidos indicados, para los mismos fines. En este caso, dichos partidos deben presentar pruebas fehacientes del gasto (Art. 176).

Por otra parte, conforme al mismo artículo 176 de la Ley, los partidos políticos están obligados a llevar una contabilidad especial donde consten los egresos por concepto de propaganda. Los libros de contabilidad y sus soportes estarán a disposición del Consejo Supremo Electoral.

Por otra parte, debe destacarse que el artículo 192 de la Ley Orgánica dispone que los partidos políticos, grupos de electores y los candidatos no pueden recibir contribuciones anónimas. Agrega la norma que cuando algún contribuyente ponga como condición que su nombre no se publique, la contribución puede adaptarse pero los partidos políticos, grupos de electores y los candidatos deben conservar la documentación necesaria para comprobar el origen de la misma.

d.   *La definición de los gastos electorales*

El artículo 177 de la Ley Orgánica define como gastos de propaganda electoral, aquellos que hacen los partidos políticos, grupos de electores y los candidatos desde el inicio oficial de la campaña electoral hasta el final, con motivo o con relación al desarrollo del proceso electoral y, en especial, los siguientes:

1°   Los anuncios en los medios de comunicación social;

2°   La transmisión de mensajes por cualquier medio de difusión;

3°   Los carteles y afiches;

4°   Las publicaciones hechas por la imprenta y el material publicitario;

5°   Las películas de propagandas u otras publicaciones audiovisuales; y

6°   Los mítines.

e.   *El control de los gastos electorales*

El Consejo Supremo Electoral debe controlar mediante la fijación de los espacios y tiempo máximo permisibles en los diferentes medios de comunicación social, los gastos de propaganda electoral que los partidos políticos, grupos de electores y candidatos, pueden erogar en sus respectivas campañas (Art. 191).

Asimismo el Consejo Supremo Electoral, en atención a la naturaleza de la respectiva elección, debe establecer el ámbito territorial en el cual los candidatos, partidos políticos y grupos de electores puedan realizar propaganda electoral (Art. 191).

f.   *Limitaciones a la propaganda electoral*

a'.   *Propaganda prohibida*

De acuerdo con lo establecido en el artículo 178 de la Ley Orgánica, no se permite la propaganda anónima, ni la dirigida a provocar la abstención electoral, ni la que atente contra la dignidad humana u ofenda la moral pública, y la que tenga por objeto promover la desobediencia de las leyes, sin que por esto pueda coartarse el análisis o la crítica de los preceptos legales.

Tampoco pueden utilizarse con fines de propaganda electoral lemas que comprendan el nombre o los apellidos o una derivación o una combinación del nombre o los apellidos de una persona viva sin su autorización.

En todo caso, las publicaciones de carácter político deben llevar el pie de imprenta correspondiente.

Además, se prohíbe el uso, en la propaganda electoral, de los Símbolos de la Patria y de los retratos e imágenes de los próceres de nuestra Independencia (Art. 182).

Por otra parte, conforme al artículo 185 de la Ley Orgánica no se permite la fijación de carteles, dibujos u otros medios de propaganda análogos en casas o edificios particulares sin el consentimiento de sus ocupantes. Los ocupantes pueden retirar y hacer desaparecer dicha propaganda.

Queda absolutamente prohibida la propaganda política mediante uso de pintura aplicada directamente en las paredes y muros de las casas particulares, así como en los edificios públicos, puentes, templos, plazas y postes.

La autoridad electoral debe tomar disposiciones para asegurar el cumplimiento de esta norma. A los infractores se les debe decomisar el material utilizado y se les debe imponer setenta y dos (72) horas de arresto, a menos que reparen lo dañado y restablezcan lo afectado al estado en que se encontraba.

En los locales donde funcionen organismos electorales, en el interior exterior de los respectivos inmuebles, no se permitirá en ningún momento la realización de propaganda electoral de ninguna especie (Art. 187).

Por otra parte, se precisa en la Ley que los Ministerios, los institutos autónomos y los demás órganos del Gobierno Nacional o de los gobiernos estadales o de las municipalidades, no pueden hacer propaganda, directa ni indirectamente, a favor de partido político o candidatura alguna. Igual prohibición se establece para las empresas del Estado y para aquellas en cuyo capital la participación gubernamental sea determinante (Art. 189).

La Ley agrega que el funcionario que incumpla la presente norma será sancionado por el Consejo Supremo Electoral con multa por un monto entre una (1) y dos (2) remuneraciones mensuales que le correspondan. Si éste no acata la orden, el Consejo Supremo Electoral puede imponerle multa con un aumento del veinte por ciento (20%) por cada incumplimiento.

Al tercer requerimiento sin resultado favorable, el Consejo Supremo Electoral puede solicitar a la máxima autoridad del organismo correspondiente, la destitución del funcionario responsable (Art. 189).

b'   *Propaganda por altavoces*

Conforme al Art. 180 de la Ley Orgánica, la propaganda mediante altavoces desde vehículos en marcha, por las calles o vías de tránsito, puede efectuarse dentro de las condiciones y oportunidades que en términos de igualdad para todos los participantes en el proceso electoral, fije el Consejo Supremo Electoral, y debe limitarse a excitar a los ciudadanos al cumplimiento de su deber electoral, a la lectura de la lista de candidatos o de los puntos básicos de su programa, a la invitación a asistir a actos de propaganda electoral o cualquier otro anuncio semejante.

Las autoridades electorales pueden recurrir a las de policía para asegurar el estricto cumplimiento de dichas normas.

c'. *Propaganda por carteles*

En cuanto a la fijación de carteles, dibujos u otros medios de propaganda análogos, ello no podrá hacerse en los edificios o monumentos públicos; ni en los templos, ni en los árboles de las avenidas y parques urbanos.

Las autoridades encargadas del mantenimiento de los edificios y vías públicas pueden remover la propaganda colocada en contravención de lo antes señalado, previa autorización del Consejo Supremo Electoral que delegue esta atribución. Quedan a salvo las convocatorias, carteles o listas de electores inscritos que, en virtud de lo dispuesto por esta Ley, han de fijar los organismos electorales con el objeto de asegurar el mejor cumplimiento del proceso eleccionario, en los locales donde funcionen (Art. 181).

En ningún caso pueden colocarse carteles o tiras de propaganda, en sitios públicos, cuando impidan, dificulten u obstaculicen el tránsito de personas y vehículos, impidan el legítimo derecho de otros para usar medios semejantes. Las autoridades de tránsito deben intervenir previa autorización o a requerimiento de los organismos electorales, en los casos de violación de lo indicado (Art. 183).

Las Juntas Electorales Parroquiales, Municipales y Principales deben procurar, además, la determinación de sitios y la fijación de carteles en los cuales pueden colocar su propaganda los diversos participantes en el proceso electoral en forma tal que ninguno obtenga preferencia.

En este sentido, cada Junta es competente para resolver breve y sumariamente los casos de conflictos que puedan surgir entre diversas organizaciones o grupos en virtud del ejercicio de este derecho y de sus decisiones puede apelarse ante el organismo inmediato superior (Art. 184).

Por último, debe señalarse que conforme al artículo 190 de la Ley Orgánica, los partidos, grupos de electores y candidatos tienen la obligación de retirar su material de propaganda de los lugares públicos, en el plazo improrrogable de treinta (30) días, a partir de la fecha en que se realicen las votaciones que pongan fin al proceso electoral.

Al término del lapso indicado, las autoridades municipales encargadas del mantenimiento de las vías públicas deben retirar la propaganda que permaneciere colocada, a cuyo efecto el Consejo Supremo Electoral debe retener el tres por ciento (3%) de la contribución del Estado a los partidos políticos y debe entregar dicha suma al Municipio correspondiente.

g. *Las reuniones de propaganda electoral*

Las reuniones públicas o de propaganda electoral y las manifestaciones o desfiles deben ser previamente participadas por sus promotores a la autoridad civil competente de la localidad y a la Junta Electoral Municipal o a la Junta Electoral Parroquial si se tratare de una Parroquia, con anticipación de cuarenta y ocho (48) horas por lo menos.

La autoridad civil no puede negar su realización sino por razones basadas en el orden público o en el interés del libre tránsito y otros derechos de los ciudadanos, cuando ellos pudieren resultar afectados por el acto. La Junta Electoral respectiva, de común acuerdo con la autoridad civil debe señalar los lugares y sitios destinados a aquel objeto, a fin de que puedan disfrutar de ellos en condiciones de igualdad, los partidos políticos o grupos de electores participantes, en el proceso electoral, en el orden en que lo soliciten, cuidando de que el ejercicio de este derecho por parte de algunos o de algunos no implique su negación para otros, privando en todo caso el criterio del organismo electoral (Art. 186).

En todo caso, cuando hubiese coincidencia de hora en los sitios donde tuvieren lugar las reuniones éstos deberán distar un mil metros (1.000) por lo menos.

De cualquier negativa por parte de la autoridad local puede recurrirse ante el Gobernador del Estado, Territorio o Distrito Federal. Los organismos electorales deben tramitar ante las autoridades, de oficio o a petición de parte, la reconsideración de medidas dictadas en violación de lo indicado y en cualquier otro caso en que se impida el ejercicio de los derechos de propaganda electoral. En caso de no obtener atención pueden dirigirse al Consejo Supremo Electoral a fin de que éste formule la correspondiente queja ante el Ministerio de Relaciones Interiores (Art. 186).

En ningún caso se requerirá participación ni autorización alguna, para las reuniones en los locales que sean utilizados como sede de los partidos y grupos electorales.

h.   Responsabilidad de la propaganda

De acuerdo con lo establecido en el artículo 179, los propietarios o directores de imprentas, periódicos, radioemisoras, televisoras, salas de cine y cualesquiera otras empresas u organismos de publicidad, no serán responsables por la propaganda electoral que se efectúe bajo la firma y responsabilidad de los partidos políticos o ciudadanos interesados, con excepción de aquélla propaganda que anuncie reuniones públicas o manifestaciones para las cuales la autoridad a que se refiere el artículo 186 de la Ley, declare públicamente que no ha sido sometido a los requisitos legales.

i.   La utilización de los medios oficiales de comunicación

La Ley Orgánica prohíbe el uso de las publicaciones, radioemisoras, televisoras y demás medios oficiales de cultura y propaganda electoral, salvo aquellas que realicen los organismos electorales y la autorizada en el artículo 171 de la Ley (Art. 188).

Adicionalmente se establece que en el lapso de cualesquiera de las campañas electorales previstas en esta Ley, los Gobiernos Nacional, Estadal o Municipal deben limitar la utilización de los medios de comunicación social a los fines estrictamente informativos. Se entiende por información lo destinado a ilustrar la opinión pública sobre realizaciones y obras concretas para su debida utilización. A tal efecto, el artículo 189 de la Ley autoriza al Consejo Supremo Electoral, para tomar las provisiones pertinentes para impedir o hacer cesar interpretaciones desviadas o interesadas de esta norma.

3.   Las elecciones

A.   Oportunidades de elecciones

Conforme se establece en el artículo 91 de la Ley, las elecciones para Presidente de la República, y para Senadores y Diputados al Congreso de la República, se deben celebrar simultáneamente, salvo que, con el voto aprobatorio de la mayoría absoluta de sus miembros, el Consejo Supremo Electoral acuerde que se celebren separadamente. En este caso, las de Presidente de la República deben efectuarse en primer término. En todo caso la decisión para que las elecciones puedan celebrarse separadamente, debe tomarse antes del primero de junio del año de las elecciones.

Las elecciones para Gobernadores de Estado y para Diputados a las Asambleas Legislativas, se deben efectuar conjuntamente. Asimismo, deben ser simultáneas las elecciones para Alcaldes y miembros de los Concejos Municipales.

En todo caso, las elecciones para los órganos de los Poderes Públicos de los Estados y Municipios, se deben realizar en una fecha diferente a la prevista para las elecciones de los órganos del Poder Público Nacional pero podrán coincidir entre ellas en la medida que lo permitan los respectivos períodos de gobierno.

Sin embargo, cuando deban celebrarse elecciones para cualquier autoridad regional o municipal en el segundo semestre del año en que finaliza el período constitucional de los Poderes Públicos Nacionales, éstas deberán celebrarse conjuntamente con las del Poder Nacional (Art. 251).

En todo caso, los electores tendrán la posibilidad de seleccionar candidatos o listas diferentes para cada una de las elecciones antes indicadas (artículo 91).

B. *Fijación de las elecciones*

El Consejo Supremo Electoral debe fijar con seis (6) meses de anticipación por lo menos, y mediante convocatoria que debe publicarse en la *Gaceta Oficial de la República de Venezuela*, la fecha de las elecciones para Presidente de la República y Senadores y Diputados al Congreso de la República, para un día domingo de la primera quincena del mes de diciembre del año anterior a la finalización del período constitucional (artículo 92).

En cuanto a las elecciones para Gobernadores de Estado, Diputados a las Asambleas Legislativas, Alcaldes, Concejales y Juntas Parroquiales, éstas deben celebrarse en la fecha que fije el Consejo Supremo Electoral, de acuerdo con el período que, para estos órganos del Poder Público, se fije en la Ley correspondiente. La convocatoria respectiva debe hacerse con tres (3) meses de anticipación por lo menos.

En cuanto a las elecciones para Gobernadores de Estado conforme a la Ley sobre Elección y Remoción de los Gobernadores de Estados, éstas se deben celebrar el día domingo que fije el Consejo Supremo Electoral, dentro del plazo señalado en la Ley Orgánica del Sufragio, debiendo publicarse la convocatoria respectiva en la *Gaceta Oficial de la República de Venezuela* (Art. 9).

Debe advertirse, en todo caso, que conforme el Parágrafo Único del artículo 93, las elecciones para Gobernadores de Estado y Diputados a las Asambleas Legislativas, si así lo dispusiere el Consejo Supremo Electoral, pueden realizarse separadamente de las elecciones de las autoridades municipales.

C. Los testigos electorales

a. Condiciones de los testigos

Para ser testigo en actos electorales se requiere ser venezolano, mayor de dieciocho (18) años, saber leer y escribir y estar inscrito en el Registro Electoral Permanente (artículo 168).

b. Designación de los testigos

Los partidos políticos y los grupos de electores que participen en las elecciones, así como los candidatos a la Presidencia de la República, a Gobernadores y a Alcaldes pueden designar testigos para las votaciones y escrutinios, a cuyo fin los organismos electorales les deben extender las credenciales respectivas (artículo 169).

Además, los partidos políticos que hayan postulado candidatos a la Presidencia de la República, así como los propios candidatos presidenciales, pueden designar hasta doce (12) testigos nacionales, quienes provistos de la correspondiente credencial del Consejo Supremo Electoral, están autorizados para presenciar todo acto electoral en cualquier lugar de la República. Los candidatos a Gobernador también pueden designar hasta diez (10) testigos ante la Junta Electoral Principal respectiva y los candidatos a Alcaldes pueden designar hasta cinco (5) testigos ante la Junta Electoral correspondiente. Igualmente, los partidos y grupos de electores que hayan postulado candidatos, pueden designar hasta diez (10) testigos regionales en cada Entidad Federal, cinco (5) testigos municipales en cada Parroquia. Igualmente, si tal fuere el caso, pueden designar hasta cinco (5) testigos por cada Circuito Electoral. Estos testigos, a quienes la Junta Electoral respectiva debe proveer de credenciales, están autorizados para presenciar todo acto electoral en cualquier lugar de la jurisdicción correspondiente (artículo 170).

En todo caso, la misma persona u organización que haya designado un testigo, puede retirar tal representación mediante comunicación escrita dirigida al organismo electoral que le otorgó la credencial, o directamente a aquel organismo donde esté actuando (artículo 171).

c. Funciones de los testigos

En cada acto electoral no se debe admitir simultáneamente más de un testigo por cada lista de candidatos o por cada candidato a la Presidencia de la República, a Gobernadores o a Alcaldes (Art. 172).

De acuerdo con lo previsto en el artículo 173 de la Ley, en ejercicio de su función, cada testigo debe presenciar el acto de que se trate y puede exigir que se haga constar en el Acta aquellos hechos o irregularidades que observe, los cuales no se deben tomar en cuenta si el Acta no lleva su firma. En el ejercicio de esta función el testigo no puede ser coartado por los miembros de la Mesa, quedando a salvo lo previsto en el Título VI de la Ley.

D. Las postulaciones

a. La postulación de candidatos a la Presidencia

a'. Oportunidad

Los candidatos a la Presidencia de la República deben ser postulados en el lapso comprendido entre el 1° de junio y el 30 de julio del año en que se realicen votaciones, mediante representación suscrita por los representantes autorizados de los partidos políticos nacionales postulantes o por los grupos de electores (Art. 94).

La Ley Orgánica precisa, por otra parte que las postulaciones extemporáneas se deben tener como no presentadas. Sin embargo, en caso de candidatos ya postulados que por muerte, renuncia, incapacidad física o mental o por cualquier otra causa derivada de la aplicación de normas constitucionales o legales deban ser retirados, se deben admitir las correspondientes sustituciones (Art. 98).

b'. Los postulantes: partidos políticos y grupos de electores

De acuerdo con lo establecido en el artículo 95 de la Ley, pueden postular candidatos para la Presidencia de la República los partidos políticos nacionales.

Igualmente pueden hacer dicha postulación grupos de electores, que estén inscritos en el Registro Electoral Permanente, distribuidos en doce (12) Entidades Federales y en número equivalente al uno (1%) de los inscritos en el Registro Electoral Permanente.

Las manifestaciones de voluntad de postular deben constar por escrito, mediante documento otorgado ante el funcionario designado para esos fines por el Consejo Supremo Electoral o ante cualquier otro funcionario autorizado legalmente para otorgar fe pública.

c'. Formalidades de la postulación

Las postulaciones deben hacerse ante el Consejo Supremo Electoral, en forma de representación escrita, por duplicado, con las siguientes especificaciones:

1. Nombre, apellido, cédula de identidad e indicación del carácter con que actúa la persona o personas que suscriben la representación. Cuando se trate de grupos de electores, se agregará la información referente a la inscripción en el Registro Electoral Permanente.
2. Nombre, apellido, edad, cédula de identidad e inscripción en el Registro Electoral Permanente del candidato.

La referida representación debe ir acompañada de una constancia auténtica de que el candidato ha aceptado la postulación y la constancia de haber prestado la caución exigida por el Consejo Supremo Electoral (Art. 96).

d'. Declaración de la candidatura

Al recibir las postulaciones, el Consejo Supremo Electoral, previa las verificaciones del caso debe declarar candidato a la Presidencia de la República a aquellos ciudadanos en quienes concurran las condiciones exigidas por la Constitución de la

República y hayan cumplido las formalidades establecidas por esta Ley. La declaración se debe publicar en la *Gaceta Oficial de la República de Venezuela,* y se le debe asignar a cada candidato el color, colores o combinación de colores que lo distinguirán en las votaciones conforme a lo establecido en los artículos 104 y 105 de la Ley, si ese fuere el caso (Art. 97).

b.   *La postulación de candidatos a Senadores y Diputados al Congreso de la República, Gobernadores de Estado y Diputados a las Asambleas Legislativas*

a'.   *Los postulantes*

a".   *Régimen general*

De acuerdo con lo establecido en el artículo 99 de la Ley, pueden postular candidatos a Senadores y Diputados al Congreso de la República, a Gobernadores y a Diputados a las Asambleas Legislativas en los Estados, los partidos políticos nacionales y los partidos políticos regionales que funcionen en la respectiva Entidad Federal. Estas postulaciones pueden ser a nivel de Entidad Federal o de Circuito Electoral.

También pueden hacer dichas postulaciones un número no menor de cinco (5) ciudadanos, inscritos en el Registro Electoral Permanente mayores de dieciocho (18) años, actuando en nombre propio y en representación de un número de electores equivalentes a por lo menos el dos por ciento (2%) de los inscritos en el Registro Electoral Permanente del respectivo Circuito Electoral.

Dichos electores deben estar inscritos en el respectivo Circuito o Entidad y sus manifestaciones de voluntad deberán hacerlas por escrito.

El Consejo Supremo Electoral, por lo menos seis (6) meses antes de la fecha fijada para las elecciones, debe dictar las normas sobre constitución y registro de los grupos de electores. En ningún caso pueden constituirse Grupos de electores para postular candidatos en Circuitos exclusivamente. La postulación por partidos o grupos de electores debe hacerse tanto en lista como en Circuitos en la Entidad Federal o Municipal, según el caso.

b".   *Elección de Gobernadores*

Debe señalarse sin embargo, que dé acuerdo con la Ley Especial de Elección y Remoción de los Gobernadores de Estado pueden postular candidatos a Gobernadores de Estado los partidos políticos nacionales, los partidos regionales y los grupos de electores que funcionen en el respectivo Estado. También pueden efectuar dicha postulación, diez ciudadanos inscritos en el Registro Electoral Permanente, que sepan leer y escribir y que acrediten la representación de, por lo menos, un número de electores igual al exigido por la Ley para la constitución de un partido político regional. En todo caso, dichos electores deben estar inscritos en el Registro Electoral Permanente de la respectiva localidad (Art. 4).

De acuerdo con lo previsto en el artículo 108 de la Ley Orgánica, la postulación de candidatos a Gobernador de Estado, se regirá por lo previsto en la Sección de la

Ley destinada a regular la postulación de candidatos a Diputados a las Asambleas Legislativas (Arts. 99 al 107), en cuanto les sea aplicable.

La Ley precisa, sin embargo, que no podrá postularse una misma persona como candidato a Gobernador, en más de un Estado.

b'. *Formalidades*

De acuerdo con el artículo 100 de la/Ley Orgánica, las postulaciones antes indicadas deben hacerse mediante escrito por duplicado con las siguientes especificaciones:

1. El nombre, apellido, cédula de identidad y carácter con que actúa la persona o personas que suscriben la representación. Cuando se trate de los electores a que se refiere el artículo 99 de esta Ley, se debe agregar la información referente a la inscripción en el Registro Electoral Permanente de quienes hagan la postulación.

2. La lista de candidatos postulados en la cual se debe expresar por numeración continua, el orden en que han de quedar el nombre, apellido, la cédula de identidad e inscripción en el Registro Electoral Permanente de cada candidato. A los fines previstos en el artículo 148 de la Ley, en dicha lista pueden postularse hasta un número de candidatos igual al triple de los principales postulados.

3. Los candidatos uninominales a Diputados al Congreso de la República y a las Asambleas Legislativas, deben ser postulados para representar a los Circuitos Electorales que, de conformidad con esta Ley, previamente haya establecido el Consejo Supremo Electoral. Para cada Circuito Electoral los partidos y grupos de electores pueden postular un candidato principal y dos (2) suplentes.

Ningún candidato puede ser postulado para más de un Circuito, pero podrá ser incluido en las listas que su partido o grupo de electores haya presentado en la Circunscripción Electoral de que se trate. En la postulación deberá especificarse el nombre, apellido, cédula de identidad e inscripción en el Registro Electoral Permanente de cada candidato y de sus suplentes, así como constancia auténtica de que el candidato ha aceptado la postulación y constancia de haber prestado la caución exigida por el Consejo Supremo Electoral.

c'. *Oportunidad*

De acuerdo a lo establecido en el artículo 101 de la Ley Orgánica, las postulaciones de candidatos a Diputados y Senadores se deben hacer ante la Junta Electoral Principal de la circunscripción respectiva, en el lapso comprendido entre los ciento veinte (120) y noventa (90) días previos a la fecha de las votaciones.

Las postulaciones de candidatos a Gobernadores y Diputados a las Asambleas Legislativas, se deben hacer ante las Juntas Electorales competentes, en el lapso comprendido entre los ciento veinte (120) y noventa (90) días previos a la fecha de las votaciones. Asimismo se regula en la Ley de Elección y Remoción de Gobernadores de Estado (Art. 5).

Junto con la representación correspondiente, los postulantes deben presentar pruebas suficientes por escrito, de que sus candidatos han aceptado la postulación y, en caso de Cuerpos deliberantes, el lugar que les ha sido asignado en la respectiva lista o de que aceptan cualquier lugar que en ellas se les asigne.

d'. Limitaciones

Ningún partido político o grupo de electores puede postular más de una lista para un mismo organismo de la misma Entidad Federal.

Para la postulación de un candidato en listas diferentes o para cargos distintos en un Circuito o Entidad Federal, debe obtenerse previamente el consentimiento de quienes lo hubieren postulado primero; y en las diversas listas debe figurar como candidato en igual puesto y para un mismo organismo. Si esto último no se cumple, la segunda postulación se debe tener como no hecha.

Cuando se postulen simultáneamente candidatos a miembros de organismos deliberantes distintos, deben presentarse listas separadas (Art. 102).

La Ley, precisa, además, que ningún ciudadano puede ser postulado para Senador o Diputado al Congreso de la República o Diputado a las Asambleas Legislativas de los Estados en más de dos (2) Entidades Federales. Dentro de una misma circunscripción electoral puede ser postulado para distintos cargos electivos, sin perjuicio de lo establecido en el último aparte del artículo 102. No se debe admitir la postulación de un mismo candidato a Senador y Diputado al Congreso de la República dentro de la misma Entidad Federal.

e'. Recepción y revisión de las postulaciones

Los organismos electorales no deben aceptar postulaciones que presenten grupos de electores si observaren que algunos de éstos no están inscritos en el Registro Electoral Permanente ni residenciados en el respectivo Circuito o circunscripción electoral, o que postulen otra candidatura en el mismo proceso. Sin embargo, admitirá las postulaciones cuando, deducido el respaldo de dichas personas, quedare un número por lo menos igual al mínimo establecido en el artículo 99 de la Ley. (Art. 104).

f'. Recursos administrativos

De las decisiones de admisión o rechazo de las postulaciones formalizadas ante las Juntas Electorales Principales, los interesados pueden anelar ante el Consejo Supremo Electoral, dentro de los tres (3) días hábiles siguientes a la respectiva notificación. El Consejo Supremo Electoral debe resolver la apelación dentro de los tres (3) días después de recibido el expediente que debe enviarle la Junta a la mayor brevedad posible. El Consejo Supremo Electoral debe comunicar a la Junta su decisión, cuyos efectos se retrotraerán a la fecha de presentación de la postulación respectiva (Art. 104).

g'. Información al Consejo Supremo Electoral de la admisión de las postulaciones y su publicación

La Junta Electoral Principal o Municipal debe informar al Consejo Supremo Electoral, por la vía más rápida y dentro de las cuarenta y ocho (48) horas siguientes a la admisión de cada postulación, el partido político que la haya presentado, el color y signo que la distinga y los datos exigidos para la postulación de candidatos (Art. 105).

Cumplidas las formalidades antes reseñadas, la Junta Electoral correspondiente publicará en la *Gaceta Oficial* de la Entidad respectiva, o por los medios que hubiere en el lugar, las postulaciones de candidatos admitidas con indicación del color o distintivos que respectivamente les correspondan o les hubieren sido asignados y deben hacer copia de ellas en sitios visibles del local donde funciona.

El Consejo Supremo Electoral debe hacer conocer en cada Circuito Electoral las postulaciones admitidas (Art. 106).

h'. *La modificación de las postulaciones*

Hasta setenta y cinco (75) días antes de las votaciones, puede modificarse las postulaciones presentadas para Cuerpos deliberantes con las mismas formalidades ya establecidas, vencido este lapso, no podrán ser sustituidos los postulados ni alterado el orden. En caso de muerte de algún postulado o de pérdida de alguno de los requisitos de elegibilidad, en cualquier momento en que el hecho se produzca, la lista se correrá. Si se trata de candidato en un Circuito, debe postularse al sustituto en cualquier oportunidad.

Al cerrarse este lapso de modificaciones, la Junta Electoral respectiva debe producir un Acta indicando las modificaciones realizadas, la cual debe remitirse en un lapso de setenta y dos (72) horas al Consejo Supremo Electoral o a la Junta Electoral correspondiente (Art. 107).

c. *La postulación de candidatos para las elecciones municipales*

a'. *Los postulantes*

El artículo 151 de la Ley Orgánica de 1993 establecía que la postulación de candidatos a Alcaldes, a miembros de los Concejos Municipales y Juntas Parroquiales, los podían efectuar los partidos políticos legalizados en la respectiva Entidad Federal y los grupos de electores que llenaren los requisitos establecidos en el artículo 99 de la Ley. En ningún caso, se aclaraba, el número de electores en cuya representación se haga la postulación, debe ser inferior a cincuenta (50).

Esta disposición se eliminó en la reforma de 1995 dejándose solamente la previsión relativa a los postulantes para miembros de las Juntas Parroquiales (Art. 150).

En todo caso, tal como lo indica el artículo 154 de la Ley Orgánica, junto con la representación a que se refiere el artículo 153, los postulantes deben presentar constancia escrita, firmada por los postulados, como prueba de su aceptación, así como constancia de haber prestado la caución exigida por el Consejo Supremo Electoral, en el caso de los candidatos a Alcaldes.

b'. *Formalidades*

Las postulaciones de los candidatos a las elecciones municipales deben hacerse mediante escrito por duplicado con las siguientes especificaciones, que enumera el artículo 153 de la Ley Orgánica:

1. El nombre, apellido, cédula de identidad y carácter con que actúa la persona o personas que suscriben el escrito de postulación;

2. Para las postulaciones a miembros de los Concejos Municipales, cada partido o grupo de electores postulará un candidato principal y hasta dos (2) suplentes en cada Circuito Electoral, expresando por numeración continua el orden de los suplentes. El escrito identificará con nombre, apellido y cédula de identidad a cada uno de los postulados;

3. Para las postulaciones a integrantes de las Juntas Parroquiales se presentará la lista de los candidatos postulados, con su identificación de nombre, apellido y número de cédula de identidad. En la lista podrá postularse hasta un número de candidatos igual al doble de los principales a elegirse;

4. Ningún candidato a Concejal o a integrante de Junta Parroquial podrá ser postulado para más de un Circuito o de una Parroquia;

5. Los candidatos deberán presentar pruebas suficientes de residencia, de acuerdo a lo establecido en la Ley Orgánica de Régimen Municipal.

De acuerdo con el Parágrafo Único del artículo 153 de la Ley, en ningún caso pueden constituirse grupos de electores para postular candidatos, sólo en uno o algunos de los Circuitos del Municipio o en una o alguna de las Parroquias. Los partidos y los grupos, en un Municipio, deben postular candidatos en todos los Circuitos y en todas las Parroquias.

c'. *Oportunidad*

De acuerdo con el artículo 154 de la Ley Orgánica, las postulaciones de candidatos a Alcaldes, Concejales y miembros de las Juntas Parroquiales se deben hacer ante la Junta Electoral Municipal y la Junta Electoral Parroquial, según el caso, en el lapso que fije el Consejo Supremo Electoral.

d'. *Admisión*

Para lo relativo a la admisión de las postulaciones se debe seguir el procedimiento y los lapsos establecidos en los artículos 94 y siguientes de la Ley (Capítulo II del Título IV).

En todo caso, si la Junta no hiciere observación alguna a los diez (10) días de presentada, se tendrá por admitida la postulación. No podrán ser anuladas las postulaciones después de celebradas las elecciones correspondientes, salvo por razones de inelegibilidad (Art. 154).

e'. *Recursos administrativos*

En los casos de admisión o de rechazo de las postulaciones formalizadas ante las Juntas Electorales Municipales o Parroquiales se puede apelar ante la Junta Electoral Principal o Municipal según corresponda, la cual debe decidir dentro de los cinco (5) días hábiles a la respectiva notificación. Los efectos de la decisión se retrotraerán a la fecha de la presentación de la postulación respectiva.

f' *Las postulaciones de candidatos a concejales en casos de alian-*
zas de postulantes

El artículo 155 de la Ley Orgánica regula expresamente los supuestos grupos de electores para la elección de Concejales, las mismas se tendrán como válidas, y en consecuencia podrán sumarse los votos, siempre y cuando la postulación del candidato a Concejal Municipal, esté acompañado por los mismos suplentes, y en el mismo orden.

g'. *Modificación*

El artículo 156 de la Ley establece que las postulaciones presentadas para Alcaldes, Concejales y Juntas Parroquiales, podrán modificarse hasta setenta y cinco (75) días antes de la fecha de las votaciones, siempre que se cumplan las mismas formalidades exigidas en el artículo 154 de la Ley. Vencido ese lapso no pueden ser sustituidos los candidatos, y, en el caso de las listas, no puede alterarse el orden de colocación. En caso de muerte o de pérdida de alguno de los requisitos de elegibilidad, puede sustituirse el candidato a Alcalde, y el candidato a Concejal.

h'. *Limitaciones a las postulaciones*

Un mismo candidato no puede ser postulado para Alcalde en más de una circunscripción y, cuando las elecciones para Alcalde sean simultáneas con las de Gobernador, no puede postularse la misma persona para ambos cargos en la misma o en distintas circunscripciones. (Art. 156).

d. *La postulación de candidatos para las elecciones parroquiales*

De acuerdo con el artículo 150 de la Ley, los partidos políticos y grupos de electores postularán una lista de candidatos a miembros de las Juntas Parroquiales, de acuerdo con la Ley Orgánica de Régimen Municipal. A estos efectos, cada partido y grupo de electores presentará una lista de candidatos postulados, en la cual se expresará, por numeración continua, el orden en que han de quedar, el nombre, apellido y la cédula de identidad. Podrá postularse hasta un número igual al doble de los principales a elegir.

e. *Los símbolos y colores para las postulaciones*

De acuerdo con lo establecido en el artículo 109 de la Ley Orgánica, los partidos políticos deben indicar desde su inscripción como tales en el Consejo Supremo Electoral, el color, combinación de colores o símbolos que deseen para distinguir sus postulaciones. El Consejo Supremo Electoral, cuando tales colores y símbolos estuvieren disponibles, debe comunicar las instrucciones necesarias a fin de que en todas las jurisdicciones donde concurran tales partidos les sean reconocidos el color, combinación de colores o símbolos que hayan elegido.

En cuanto a los partidos políticos que hayan utilizado en más de una elección un color determinado, combinación de colores o símbolos, tienen derecho a dicho color, combinación de colores y símbolo, salvo que hubiesen hecho expresa renuncia de los mismos; pero pueden procurar ante el Consejo Supremo Electoral, por lo menos con cuatro (4) meses de anticipación a la fecha de celebración de las elecciones, su modificación o sustitución de acuerdo con los términos de esta Ley.

Cuando dos o más partidos políticos o grupos de electores indiquen preferencia por un mismo color o símbolo, se les debe asignar en caso de encontrarse disponible, al que lo hubiere pedido primero (Art. 110). En todo caso, para las combinaciones de los colores se debe evitar utilizar los colores simples que hayan venido utilizando otros partidos políticos.

f.   La exigencia de una caución

En la reforma de la Ley Orgánica de 1995 se incorporó un nuevo Capítulo al Título IV de las Elecciones, relativo a los resultados electorales y *las cauciones* (Cap. VII), en el cual se incorporó la exigencia de presentación de una caución por los postulantes a candidatos a Presidente de la República, Gobernadores y Alcaldes, lo que en nuestro criterio es inconstitucional pues por esa vía se están estableciendo condiciones de postulación que inciden en las condiciones de votación y elegibilidad, que son de reserva constitucional.

Por ello, para las elecciones regionales y municipales de 1995, fueron decretados varios mandamientos de amparo en contra de la exigencia de dicha caución.

En todo caso, en el artículo 166 de la Ley Orgánica se especifica que los partidos políticos y los grupos de electores deben prestar al Consejo Supremo Electoral la caución que éste fije al momento de presentar las postulaciones para Presidente de la República, Gobernadores y Alcaldes, la cual sólo queda sin efecto para aquellas organizaciones o grupos de electores cuyos candidatos obtengan el tres por ciento (3%) o más de votos válidos una vez que sean publicados los resultados en la *Gaceta Oficial* correspondiente.

El Consejo Supremo Electoral debe fijar la caución a que se refiere este artículo, treinta (30) días antes de la fecha para presentar las postulaciones.

Por tanto, conforme al artículo 167 de la Ley, cuando un candidato o lista de candidatos no obtenga en la elección correspondiente, un número de votos superior a un tres por ciento (3%) de la Circunscripción correspondiente, el Consejo Supremo Electoral debe ejecutar la caución constituida, cuyo monto debe pasar a engrosar el presupuesto del Consejo Supremo Electoral del año en que se haga efectiva.

E.   Las votaciones

a.   Las formas de votar

a'.   El sistema general mecanizado

El artículo 112 de la Ley Orgánica establece el principio de que los procesos electorales deben ser mecanizados, indicándose que en consecuencia, la votación, el escrutinio y la totalización, se mecanizarán progresivamente hasta lograr su implantación definitiva en las elecciones de 1998.

b'.   El sistema manual

En consecuencia, si el Consejo Supremo Electoral decidiera de conformidad con el artículo 112, que las votaciones se realicen con instrumentos electorales no mecanizados, las votaciones se deben hacer de acuerdo con las siguientes normas establecidas en el artículo 113 de la Ley Orgánica:

a". *Los instrumentos de votación*

Los instrumentos de votación deben llevar impresas las tarjetas debidamente separadas, con los colores y símbolos asignados por el Consejo Supremo Electoral. Las tarjetas deben tener el tamaño que determine el Consejo Supremo Electoral y su ubicación debe ser escogida por los partidos siguiendo el orden de la votación obtenida por cada uno de ellos para Cuerpos deliberantes en las últimas elecciones nacionales.

Debe señalarse que el artículo 255 de la Ley Orgánica como disposiciones transitorias indica que a los efectos de la escogencia de ubicación de los partidos o grupos de electores en el instrumento de votación en las elecciones que se realicen a partir de la vigencia de la Ley, se debe observar el orden de votación obtenido en las votaciones nacionales, estadales o municipales, según el caso, inmediatamente anteriores a las respectivas circunscripciones.

Los partidos y grupos de electores que no participaron en las últimas elecciones deben escoger la ubicación siguiendo el orden en que fueron reconocidos por el Consejo Supremo Electoral. Los bordes y demás espacios libres del instrumento de votación deben ser del color del Consejo Supremo Electoral.

Este organismo debe diseñar el instrumento de votación en forma tal que permita garantizar que el instrumento de votación entregado por los miembros al elector sea el mismo que éste va a usar para votar.

b". *La preparación y distribución de material electoral*

El Consejo Supremo Electoral debe ordenar oportunamente la preparación de todo el material necesario para las votaciones y lo debe hacer llegar a las Mesas Electorales con cinco (5) días de anticipación, por lo menos, a la fecha de las votaciones. A cada circunscripción o Circuito Electoral debe remitir un número de boletas mayor en un veinte por ciento (20%) al número de inscritos en el Registro Electoral Permanente. El Consejo Supremo Electoral debe entregar, además, boletas en proporción equitativa a los partidos políticos o grupos de electores postulantes, las cuales, de conformidad con lo dispuesto en el numeral 29 del artículo 43 de la Ley, deben llevar una leyenda con la indicación de que sólo se usarán para efecto de promoción;

c". *Las turnas electorales*

Constituida la Mesa Electoral, conforme al artículo 117 de la Ley, ésta debe anunciar en alta voz que se va a proceder al acto de las votaciones y debe colocar a la vista del público e inmediata al sitio que ocupen sus miembros y los testigos, la o las urnas que, previamente, debe mostrar abierta a los presentes para dejar constancia de que está vacía; luego debe proceder a cerrarla y sellarla con una banda de papel, que cruce ambos cuerpos de la urna en forma tal que no pueda abrirse sin ruptura o alteración de dicha banda, la cual debe ser firmada por los miembros de la Mesa y los testigos.

d". *La garantía física del secreto del voto*

En el mismo local donde actúa la Mesa Electoral se debe disponer de uno o más sitios, según determine el Consejo Supremo Electoral en condiciones adecuadas

para que cada elector haga su elección secretamente. Estos sitios deben estar protegidos por una cortina, tabique u otro medio que los separe de la vista de cualquier
persona, y no deben tener más acceso que aquel que lo comunique con el despacho
de la Mesa.

e". *La información sobre la forma del voto*

Identificado el votante conforme al artículo 120 de la Ley, se le debe entregar la
o las boletas electorales que deben llevar en el dorso el sello de la Mesa. Se le debe
explicar, además, la forma de votar, según el instructivo que debe elaborar, al efecto,
el Consejo Supremo Electoral. En esta oportunidad se deben anotar en el cuaderno
de votación los respectivos elementos que identifiquen la o las boletas electorales
entregadas al elector.

f". *El voto en secreto*

El votante se debe retirar al sitio antes indicado para garantizar el secreto del voto, y allí debe estampar sobre las tarjetas de su preferencia, tanto para el Presidente
de la República o Gobernador, según sea el caso, como para los candidatos por listas
a Cuerpos deliberantes y para los candidatos uninominales a estos organismos, el
sello que al efecto le debe entregar la Mesa. Cumplida esta operación, el votante
debe doblar la o las boletas, cuidando que al dorso de éstas quede hacia afuera. Seguidamente debe regresar a la Mesa, presentar la o las boletas, a fin de que los
miembros de la Mesa comprueben si la o las boletas que se propone depositar el
elector son las mismas que le fueron entregadas para votar, y verifiquen su coincidencia con lo anotado en el cuaderno de votación. Luego el elector, previo cumplimiento de las instrucciones de los miembros de la Mesa debe introducir la o las boletas en la o las urnas y se debe dar cumplimiento a lo establecido en el artículo 124
de la Ley. Debe señalarse, sin embargo, que conforme al Parágrafo Único del artículo 113 de la Ley, el Consejo Supremo Electoral con el voto de las dos terceras partes
de sus miembros, puede acordar la sustitución del sello húmedo para la selección del
voto por parte del elector, por cualquier otro mecanismo que a su juicio resulte más
apropiado.

En todo caso, cada votante debe permanecer en el sitio destinado para la selección, únicamente el tiempo necesario para realizar dicha operación, hasta por un
máximo de cinco (5) minutos.

Por otra parte, ninguna persona puede acompañar al votante en el momento de la
selección, salvo lo previsto en los artículos 122 y 123 de la Ley donde se regula el
caso de personas imposibilitadas de utilizar sus extremidades superiores y de las
personas ciegas.

Por último, precisa la Ley que en el caso de que fuere forzosamente necesario,
para evitar que la votación se prolongue hasta altas horas de la noche o que algunos
electores no puedan votar por falta de tiempo, la Mesa puede llevar a cabo la identificación de cada elector y la entrega de la o las boletas al mismo tiempo en que los
electores precedentes escojan y depositen su voto.

c'. *El sistema en las votaciones municipales*

En cuanto a las elecciones municipales, la Ley trae normas especiales en relación al sistema de votación. Comienza por establecer el artículo 158, que el Consejo Supremo Electoral debe decidir cuál es el instrumento de votación que debe utilizar cada elector para emitir su voto. Cuando lo estime conveniente para el mejor desarrollo de las votaciones y escrutinios, el Consejo Supremo Electoral puede acordar que cada elector utilice más de un instrumento de votación.

El Consejo Supremo Electoral, con el voto favorable de las dos terceras partes de sus miembros, puede adoptar el sistema de máquinas para realizar las votaciones total o parcialmente. Cuando el Consejo Supremo Electoral decida realizar los escrutinios mediante máquinas, el instrumento de votación se diseñará de modo que pueda ser escrutado por éstas.

En todo caso, en los procesos para elegir Concejales, cada elector tendrá derecho a emitir un solo voto por el Concejal de su preferencia en el Circuito respectivo.

De acuerdo con el artículo 160 de la Ley Orgánica, las votaciones para las elecciones municipales deben efectuarse de acuerdo a lo siguiente:

a) En cada instrumento de votación debe haber espacio con los colores o símbolos, o ambos, de los partidos y grupos de electores para identificar a sus candidatos a Alcaldes, Concejales y miembros de las Juntas Parroquiales. La ubicación de los partidos en el instrumento de votación debe ser escogida por los postulantes, siguiendo el orden de votación obtenido por cada uno de ellos en las últimas elecciones para el respectivo Concejo Municipal. Los partidos y grupos de electores que no participaron en las últimas elecciones, deben escoger la ubicación siguiendo el orden en que fueron reconocidos por el Consejo Supremo Electoral.

b) El Consejo Supremo Electoral debe garantizar que el instrumento de votación entregado al elector es el mismo que éste utiliza para votar.

c) Se debe aplicar lo dispuesto en el artículo 113 de la Ley, en todo lo relacionado con la preparación y distribución del material de votación, la constitución de las Mesas y el procedimiento de las votaciones.

d) Cuando el Consejo Supremo Electoral decida la utilización de un sistema de máquinas para efectuar las votaciones, las mismas deben contener elementos de identificación de las postulaciones similares a las mencionadas en el artículo 114 de la Ley (artículo 116).

d'. *Los colores y distintivos de votación*

Conforme al artículo 114 de la Ley Orgánica, a cada candidato a la Presidencia de la República le corresponden los colores, la combinación de colores y los distintivos que le asigne el Consejo Supremo Electoral de conformidad con la Ley. Sin embargo, el Consejo Supremo Electoral con el voto de las dos terceras partes de sus miembros puede en circunstancias especiales, asignar a cada candidato un solo color o combinación de colores y distintivos. La efigie de los candidatos puede utilizarse como distintivo con la debida autorización por escrito de los mismos, presentada en forma auténtica ante el Consejo Supremo Electoral.

En todo caso, conforme al artículo 115, el Consejo Supremo Electoral con el voto favorable de las dos terceras (2/3) partes de sus integrantes debe determinar la forma, contenido, dimensiones y demás características de los instrumentos que se utilicen en los procesos electorales.

b.   El acto de votación

a'.   Constitución de la Mesa Electoral

De acuerdo con el artículo 117 de la Ley Orgánica, a las 5:30 a.m. del día fijado para las votaciones, se deben constituir, en el local destinado al efecto, los miembros de cada Mesa Electoral con los dos (2) testigos designados por ella misma.

Si en el momento de la constitución de la Mesa no estuvieren presentes todos los miembros, los miembros presentes, siempre que sean por lo menos tres (3), deben proceder, mediante Acta, a nombrar el otro miembro, dando preferencia al testigo del partido cuyo miembro esté ausente y, respetando lo que establecen los artículos 23 y 24 de la Ley. Si con posterioridad se hace presente el miembro principal o suplente faltante, éste tiene derecho a incorporarse en lugar de quien lo hubiese estado sustituyendo.

También tiene derecho a asistir, además, un testigo por cada partido político o grupo de electores que haya postulado candidatos. A tal efecto, las Juntas Electorales Municipales o Parroquiales deben extender las credenciales que soliciten para sus testigos los indicados partidos políticos o grupos de electores, siempre que dicha solicitud se haga con tres (3) días de anticipación, por lo menos, al día de las votaciones.

b'.   Anuncio del inicio del acto

Cuando el Consejo Supremo Electoral adopte un sistema de máquinas para las votaciones, una vez constituida la Mesa, se debe anunciar en alta voz que se va a proceder a iniciar el acto de las votaciones y los miembros de la Mesa y los testigos deben proceder a la revisión de la máquina, conforme a las normas que dicte al efecto el Consejo Supremo Electoral (Art. 118).

c'.   Formalidades del acto de votación

a''.   Lugar de la votación

Las votaciones deben realizarse en las mesas en las cuales esté inscrito el elector, en el Circuito Electoral en el que resida (Art. 62).

Sin embargo, los venezolanos residenciados fuera del Territorio Nacional podrán ejercer su derecho al voto en las elecciones para Presidente de la República en los términos y condiciones que establezca, mediante Resolución, el Consejo Supremo Electoral (Art. 243).

b''.   La votación ininterrumpida

La votación se debe llevar a cabo en forma ininterrumpida hasta que la Mesa la declare formalmente concluida. (Art. 119). En principio las Mesas deben actuar sin interrupción hasta las cuatro de la tarde del día de las votaciones, pero debe continuar, aun después de dicha hora, mientras haya electores presentes (Art. 127).

c". *Conducta del elector*

Cada elector tiene la obligación de votar en el Circuito Electoral o Municipio en el que resida (Art. 62). Para poder votar, se debe presentar individualmente ante la Mesa respectiva y los testigos; se debe identificar con su cédula de identidad, la cual debe ser conformada con el Registro en la respectiva lista de electores y debe atender cualquier requerimiento que se le haga de acuerdo con la Ley, para dejar establecido que no ha votado (Art. 120).

La Mesa debe instruir al elector sobre la manera de expresar su voto haciéndole saber que puede hacerlo con toda libertad bajo la garantía de que el voto es secreto. La Mesa debe siempre interpretar el secreto del voto, en beneficio del elector (Art. 120).

Cuando el Consejo Supremo Electoral adopte el sistema de máquinas de votaciones, una vez que se cumplan los requisitos establecidos en el artículo 120 de la Ley, el votante debe pasar al lugar donde se encuentra la máquina de votación, el cual se debe acondicionar en forma tal que garantice el secreto del sufragio, y una vez allí, debe proceder a emitir su voto (Art. 121).

Cada elector debe permanecer en el sitio antes indicado únicamente el tiempo necesario para emitir el voto, de acuerdo con las previsiones del Consejo Supremo Electoral y si permaneciere por más tiempo, debe ser desalojado por la Mesa (Art. 121).

Conforme al artículo 122 de la Ley, ninguna persona puede acompañar al elector en el momento de emitir el voto ni en el trayecto entre el despacho de la Mesa y el sitio condicionado para aquella operación; ni hablar con él a solas después de haber traspasado el umbral de la entrada al local; ni decir, aun en presencia de los demás, palabras que pudiesen influir en su decisión, ya coaccionándolo, ya inclinándolo hacia una lista o candidato determinado. Sin embargo, las personas imposibilitadas de usar sus extremidades superiores, pueden hacerse acompañar al sitio de votación por una persona de su escogencia. Igualmente quien esté imposibilitado de usar sus extremidades inferiores puede hacerse conducir al sitio de votación.

En cuanto al procedimiento de votación de los electores ciegos, corresponde al Consejo Supremo Electoral su determinación (Art. 123).

d". *Lugar de la votación: la mesa asignada*

Ningún elector puede votar en Mesa distinta a la que le haya sido asignada, conforme se establece en el artículo 88 de la Ley. Los miembros designados para Mesas distintas donde les toca votar y los testigos electorales, deben votar en la Mesa donde estén inscritos, pero para facilitar su función tendrán prioridad para ejercer ese derecho (Art. 126).

En cuanto a los testigos electorales nacionales, éstos deben votar en Mesas señaladas por el Consejo Supremo Electoral. Esta decisión debe ser comunicada a la Mesa donde el testigo está inscrito y a la que fue asignado. A los fines de esta disposición, los testigos nacionales deben ser designados ocho (8) días antes del señalado para las votaciones (Art. 126, Parágrafo Único).

e". *Limitaciones al porte de armas*

Ninguna persona puede concurrir armada a los actos de votación y de escrutinio aun cuando estuviese autorizada para portar armas (Art. 129).

Los miembros uniformados de las Fuerzas Armadas, encargados de velar por el orden público, podrán entrar al local de votación portando sus armas reglamentarias, sólo cuando fueren llamados por la propia Mesa (Art. 129).

f". *Obligaciones de la Mesa*

Como parte del acto de votación la Mesa debe dejar constancia de que el elector votó, debe marcar la impresión dactilar del votante en el cuaderno de votación, debe marcar con color indeleble la última falange del meñique de la mano derecha del elector, o, en su defecto, el de la mano izquierda, y debe entregar al elector una constancia de votación (Art. 124).

En todo caso, todo procedimiento del acto de votación no previsto en la Ley, debe ser acordado por el Consejo Supremo Electoral.

A ningún elector, inscrito en el Registro Electoral Permanente e identificado con su cédula de identidad, puede negársele el derecho a votar (Art. 125).

d'. *Finalización de la votación*

Cuando hayan votado todos los inscritos en una Mesa Electoral se debe dar por terminada la votación cualquiera que sea la hora y ello se debe anunciar así en alta voz (Art. 127).

Concluida la votación se debe levantar un Acta en la forma y con las copias que determine el Consejo Supremo Electoral, donde se debe hacer constar la hora en que terminó la votación, el número de electores que votaron y los testigos que la presenciaron.

El original y las copias deben ser firmados por los miembros de la Mesa y los testigos presentes; el original se debe remitir a la Junta Electoral Parroquial o a la Junta de Totalización si fuere el caso. Una copia del Acta debe ser remitida al Consejo Supremo Electoral en la oportunidad y forma previstas en el artículo 134 de la Ley (Art. 128).

e'. *Limitaciones generales para el día de las votaciones*

En el día de las votaciones deben permanecer cerrados los expendios de licores y no se deben permitir reuniones o manifestaciones públicas o actos que puedan afectar el normal desarrollo de las votaciones. Sólo después de las 6:00 p.m. pueden funcionar los espectáculos públicos (Art. 130).

Por otra parte, en el día de las votaciones, la movilización de electores en vehículos colectivos oficiales sólo puede hacerse por parte de los organismos electorales (Art. 131).

F.   *Los escrutinios*

a   *Anuncio del escrutinio*

Inmediatamente después de levantada el Acta de Votación, el Presidente de la Mesa Electoral debe anunciar en voz alta que se va a practicar el escrutinio, para lo cual debe hallarse presente, por lo menos, la mayoría de los miembros de la Mesa y los testigos designados por ella (Art. 132).

En el caso de que no estén presentes los testigos referidos, la Mesa debe designar nuevos testigos para el acto de escrutinio, en la forma prevista en el artículo 117 de la Ley, de lo cual se debe dejar constancia en el Acta respectiva (Art. 132).

b.   *Formalidades del escrutinio*

Conforme a lo previsto en el artículo 133 de la Ley Orgánica, los escrutinios de las votaciones en cada Mesa se deben efectuar de la siguiente manera:

1.   Cumplidas las formalidades de anuncio del escrutinio conforme al artículo 132 de la Ley, se debe proceder, en presencia del público, a abrir la urna que contiene los votos, rompiendo al efecto la banda de papel que la cierra, previa constatación de su estado.

2.   El acto de escrutinio es de carácter público. Se debe permitir el acceso de las personas interesadas al local donde se realizan los escrutinios sin más limitaciones que las derivadas de la capacidad física establecida para el uso ordinario de dichos locales y de la seguridad del acto electoral. Las autoridades electorales y militares se deben encargar de dar cumplimiento a esta disposición. En ningún caso puede impedirse la presencia de testigos en el acto de escrutinio;

3.   Se deben contar y examinar los instrumentos de votación para verificar si su número corresponde al de las personas que votaron, según conste en la lista de electores y si presentan el sello de la Mesa; se debe anunciar en alta voz el resultado de cada instrumento de votación escrutado y se debe leer también en voz alta, el Acta que al final del escrutinio se levante;

En caso de que el Consejo Supremo Electoral adopte el sistema mecanizado previsto en el artículo 116 de la Ley, los escrutinios se deben realizar en la forma como lo determine el Consejo Supremo Electoral (Parágrafo Segundo, Art. 133).

c.   *Los votos nulos*

De acuerdo con el ordinal 4° del artículo 133 de la Ley Orgánica, a los efectos del escrutinio, los votos nulos se deben determinar así:

a)   Son nulos todos los votos cuando el instrumento de votación respectivo no tenga el sello de la Mesa;

b)   Es nulo el voto para Presidente de la República cuando el instrumento de votación respectivo no tenga ninguna tarjeta marcada por el votante. Conforme al parágrafo primero del artículo 133 de la Ley Orgánica, a los efectos de la misma, se entiende por tarjeta, el recuadro coloreado que se le asigna en el instrumento de votación a cada partido político o grupo de electores;

c) Es nulo el voto para Gobernador o Alcalde cuando el instrumento de votación respectivo no tenga ninguna tarjeta marcada por el votante;

d) Es nulo el voto para Cuerpos deliberantes cuando el instrumento de votación respectivo no tenga ninguna tarjeta marcada por el votante;

e) Es nulo el voto para Presidente de la República, Gobernador y Alcalde, según el caso, cuando el instrumento de votación respectivo tenga marcado más de una tarjeta, pero es válido cuando éstas pertenezcan a partidos o grupos de electores que hayan postulado un mismo candidato. En este caso el voto se debe registrar en el Acta de Escrutinio en la casilla del nombre del candidato;

f) Es nulo el voto del candidato uninominal a Cuerpos deliberantes cuando el instrumento de votación respectivo tenga marcado más de una tarjeta, pero es válido cuando éstas pertenezcan a partidos o grupos de electores que hayan postulado a un mismo candidato. En este caso, el voto se debe registrar en el Acta de Escrutinio en la casilla del nombre del candidato;

g) Es nulo el voto para listas de candidatos a Cuerpos deliberantes cuando el instrumento de votación respectivo tenga marcado más de una tarjeta, pero es válido cuando éstas pertenezcan a partidos o grupos de electores que hayan presentado listas idénticas. En este caso, el voto para la lista se debe registrar en el Acta de Escrutinio en la casilla destinada al partido de esa coalición que haya obtenido el mayor número de votos; y

h) Son nulos los votos cuando el instrumento de votación respectivo aparezca mutilado.

De acuerdo con lo indicado en el ordinal 5° del artículo 133 de la Ley Orgánica, cuando todos los votos sean nulos se debe estampar el sello "Nulo" en el centro el instrumento de votación. En los casos de nulidad parcial, se debe estampar el sello "Nulo" en las tarjetas afectadas de nulidad.

d. *La validez de los votos*

Los ordinales 6° al 9° del artículo 133 de la Ley Orgánica prevén los siguientes supuestos en los cuales los votos deben considerarse válidos:

a) Es válido el voto cuando parte de la marca estampada sobre una tarjeta quede fuera de ella cubriendo espacio libre entre una y otra tarjeta (Ord. 6°).

b) Cuando el sello marque dos (2) tarjetas para diferentes cargos que pertenezcan al mismo partido o grupo de electores se deben considerar válidos los votos (Ord. 7°).

c) Por ser el secreto del voto en beneficio del elector, según lo establece el artículo 120 de la Ley, se deben considerar válidos los votos consignados en instrumentos de votación que no hayan sido doblados o que hayan sido doblados incorrectamente por el votante. En todo caso, el votante debe doblar correctamente el instrumento de votación antes de introducirlo en la urna de votación (Ord. 8°).

En todo caso, el Consejo Supremo Electoral, es quien debe determinar, para cada proceso electoral, el procedimiento para contabilizar los votos válidos (Ord. 9°, Art. 133).

e. El Acta de escrutinio

El artículo 133, ordinal 10, establece que la Mesa debe levantar el Acta de Escrutinio en la forma y con las copias que determine el Consejo Supremo Electoral. El Acta debe registrar el número de votos válidos y el de los votos nulos tanto para Presidente de la República, Gobernadores y Alcaldes, como para los Cuerpos deliberantes. El Acta debe ser firmada por los miembros de la Mesa y por los testigos presentes, quienes pueden dejar constancia en ella de cualquier observación o reserva. Si algún miembro de la Mesa se niega a firmar el Acta o no estuviere presente en el momento en que deba levantarse, se debe proceder de acuerdo con lo establecido en el artículo 143 de la Ley.

En los casos en los cuales se adopten sistemas mecanizados de votación, de sus resultados debe también dejarse constancia en el Acta de Escrutinio la cual debe ser firmada por los miembros de la Mesa y por los testigos presentes, dejándose constancia de cualquier observación que alguno de sus firmantes desee formular (Parágrafo segundo, Art. 133).

Los miembros de las Mesas deben recibir, cada uno, un ejemplar del Acta de Escrutinio. También se debe expedir un ejemplar del Acta a los testigos de la Mesa que pertenezcan a los partidos representados en el Consejo Supremo Electoral. Los testigos de otros partidos o grupos de electores, deben obtener, cuando así lo soliciten, copia certificada de los resultados de los escrutinios, en la forma en que lo determine el Consejo Supremo Electoral (Art. 133, Ord. 11).

En todo caso, conforme al artículo 143 de la Ley, todos los miembros de las Mesas están obligados a suscribir el Acta de Escrutinio, debiendo dejar constancia en la misma, toda inconformidad con su contenido. Si algún miembro no estuviere presente o se negare a firmar el Acta, los miembros restantes, el Secretario y los testigos dejarán constancia de ello y el acta surtirá todos sus efectos.

f. Formalidades posteriores al acto de votación

Una vez terminados los escrutinios, conforme al ordinal 12 del artículo 133 y del artículo 134 de la Ley Orgánica, la Mesa Electoral debe remitir al Consejo Supremo Electoral, por el conducto que éste señale con el voto de las dos terceras partes de sus miembros, el original del Acta de Escrutinio de los votos obtenidos en la elección para Presidente de la República; a la Junta Electoral Principal respectiva el original del Acta de Escrutinio de los votos obtenidos en la elección para Gobernador, Senadores y Diputados al Congreso de la República y para Diputados a las Asambleas Legislativas y a la Junta Electoral Municipal respectiva el original del Acta de Escrutinio de los votos obtenidos para la elección de Alcaldes, Concejales, Juntas Parroquiales.

El Consejo Supremo Electoral debe disponer la forma de efectuar dichas remisiones, sin excluir a los integrantes de las Mesas ni a los respectivos testigos.

Los miembros de la Mesa deben recibir sendos ejemplares del Acta de Escrutinio y los testigos que presenciaron el acto que así lo exijan, tienen derecho a recibir constancia certificada de los resultados de los escrutinios.

En todo caso, establece el ordinal 13 del artículo 133 de la Ley Orgánica, que los instrumentos de votación utilizados en el acto de votación se deben conservar por un lapso de cuarenta y cinco (45) días contados a partir de la fecha en que se realizó el proceso. Estos materiales de votación deben ser conservados en recipientes precintados con el sello y firma de los miembros de la Mesa, en locales que garanticen su seguridad.

g. *El escrutinio en las votaciones municipales*

El artículo 161 de la Ley Orgánica establece normas particulares para el escrutinio de las votaciones a nivel municipal en la siguiente forma:

a'. *Las verificaciones iniciales*

Cumplidas las formalidades previstas en el artículo 132 de la Ley, se debe proceder en presencia del público, a abrir las urnas que contienen los instrumentos de votación, rompiendo, al efecto, la banda de papel que las cierra previa constatación de su estado;

Se deben contar y examinar los instrumentos para verificar si su número corresponde al de las personas que votaron, según la lista de electores y si presenta el sello de la Mesa;

b'. *Los votos nulos*

El artículo 161 también establece normas particulares sobre los votos nulos en las votaciones municipales los cuales conforme a su ordinal 3°, se determinarán así:

a. Son nulos los votos cuando el instrumento respectivo no tenga estampado el sello de la Mesa, o aparezca mutilado.

b. Es nulo el voto para Alcalde, para Concejal o para la Junta Parroquial, respectivamente, cuando no se haya marcado ninguna opción o se haya marcado más de una. En este último caso el voto será válido si se trata del mismo candidato o lista, presentado por diferentes organizaciones, y el voto se registrará en el Acta de Escrutinio para el partido de la coalición que obtuvo más votos en la Mesa.

c'. *El escrutinio de los votos válidos*

Conforme al artículo 161, ordinal 4° de la Ley, el Consejo Supremo Electoral es quien debe determinar el procedimiento para escrutar los votos válidos. Agrega la norma que cuando se utilicen máquinas de escrutinio, éstas deben ser diseñadas de manera que sean capaces de poder escrutar los votos válidos y nulos de cada instrumento de votación;

d'. El Acta de escrutinio

En relación al Acta de Escrutinio que debe levantarse una vez finalizado el acto de escrutinio por el organismo que lo realizó, el artículo 161 del ordinal 5° establece que en la misma debe hacerse constar, lo siguiente: La identificación del organismo de que se trate; su ubicación geográfica; la fecha de realización del acto, los datos de identificación de los miembros del organismo, del Secretario y de los testigos presentes; los totales de los votos que obtuvo cada candidato y cada partido y grupo de electores; y otras indicaciones que acuerde el Consejo Supremo Electoral.

El Acta de Escrutinio, además, debe cumplir los extremos establecidos en el artículo 143 de la Ley. '

A cada miembro del organismo escrutador le corresponde un ejemplar del Acta de Escrutinio y a los testigos presentes que lo requieran, se les debe expedir una constancia certificada del resultado del escrutinio;

Por último, el artículo 161, ordinal 6° de la Ley Orgánica establece que siguiendo el procedimiento que ordene el Consejo Supremo Electoral, el organismo que efectuó el escrutinio debe remitir los recaudos utilizados a quien corresponda, conforme a lo establecido en esta Ley.

G. Las totalizaciones y adjudicaciones

El proceso de totalización de votos se concibe en la Ley como un proceso piramidal, de abajo hacia arriba. Una vez efectuado el acto de votación y concluida la votación en las Mesas, se debe levantar el acta de escrutinio, siendo éste el elemento esencial para el inicio del proceso de totalización. Las actas de escrutinio de votaciones en mesa se deben remitir a las Juntas Parroquiales o de Totalización que establezca el Consejo Supremo Electoral. Estas al totalizar, deben a su vez levantar un Acta de totalización que deben remitir a la Junta Municipal la cual debe totalizar el resultado de la votación que conste en todas las actas de las Juntas Electorales Parroquiales o de Totalización. A su vez, las Juntas Electorales Principales deben totalizar los resultados de las votaciones que consten en las actas de las Juntas Electorales Municipales y finalmente, el Consejo Supremo Electoral debe realizar la totalización final del resultado de las votaciones que conste en los actos de las 23 Juntas Electorales Principales.

Para el proceso de totalización, en todo caso, tratándose de un proceso sumatorio sucesivo y escalonado de resultados electorales, el elemento clave es el acta respectiva. Por ello, el artículo 143 de la Ley Orgánica, dispone que ningún miembro de los organismos electorales puede dejar de firmar el Acta de Totalización. En caso de inconformidad con su contenido o parte de él, lo deben hacer por escrito de la misma.

Si algún miembro se niega a firmar el Acta o no estuviere presente en el momento en que deba levantarse, los miembros restantes, el Secretario y los testigos presentes, deben dejar constancia de ello y el Acta se tendrá como suficiente a los efectos de ley.

En todo caso, para esta operación de totalización, cada organismo inferior en la pirámide está obligado a remitir al superior el acta respectiva. Por ello la ley dispone en su artículo 40 que las Juntas Electorales, las de Totalización y las Principales, así como el Consejo Supremo Electoral, en sus casos, debe reclamar de quien deban remitirlos, las Actas y demás recaudos que no hubieren recibido oportunamente, sin perjuicio de que después de esperar un tiempo razonable, realicen ellos mismos, con los elementos a su alcance, los actos electorales que correspondan a cualquiera de los organismos inferiores.

Para la realización de tales actos electorales y de conformidad con las normas que, a tales efectos, dicte el Consejo Supremo Electoral, puede recabarse de quienes las tuvieren y por la vía expedita posible, copia de las Actas correspondientes. En cualquier caso, la facultad que tiene el organismo para recabar los recaudos antes indicados, no menoscaba ni obstaculiza el derecho que tengan los otros organismos electorales para hacer las verificaciones que juzguen necesarias respecto de los resultados de las elecciones que se hubieren celebrado en sus respectivas jurisdicciones.

a.   La totalización inicial de votaciones en Mesa

a'.   Las Juntas Electorales Parroquiales o de totalización

Conforme al artículo 135 de la Ley Orgánica, las Juntas Electorales a las cuales el Consejo Supremo Electoral les haya otorgado funciones de totalización, al tener en su poder el resultado de las votaciones de las Mesas Electorales de su jurisdicción, deben proceder con base a las actas de Escrutinio, a totalizar el número de votos válidos y el que corresponda a cada lista (Art. 135).

b'.   Carácter público del acto

El acto de totalización es de carácter público (Art. 133, Ordinal 2° y Art. 141), por lo que debe permitirse el acceso de las personas interesadas al local donde el se realiza.

c'.   Acta de totalización

De las actuaciones del acto de totalización se debe levantar un Acta de Totalización en varios ejemplares y en la forma que indique el Consejo Supremo Electoral, suscrita por los integrantes de la Junta y por los testigos presentes.

Los miembros de la Junta y los testigos presentes, tienen derecho a recibir sendos ejemplares de esta acta.

d'.   Los testigos para el acto de totalización

Los partidos políticos o grupos de electores que hayan postulado candidatos pueden designar testigos para cada acto de totalización. En todo caso, estas Juntas designarán dos testigos.

e'.   Revisión del Acta

Concluidas las actuaciones antes mencionadas cada Junta Electoral Parroquial o de Totalización debe enviar a la respectiva Junta Municipal, con las seguridades del caso y en la forma que determine el Consejo Supremo Electoral, el original del Acta de Totalización y todos los recaudos recibidos de las Mesas Electorales.

Igualmente deben notificar, por la vía más rápida, al Consejo Supremo Electoral y a la correspondiente Junta Electoral Principal, el resultado de la votación en su jurisdicción, con indicación del número total de votos y el de los obtenidos por cada una de las listas (Art. 135).

b.   *La totalización a cargo de las Juntas Electorales Municipales*

a'.   *El acto de totalización municipal*

Cada Junta Electoral Municipal conforme se indica en el artículo 136, debe comprobar si el número de Actas de Escrutinios a que se refiere el artículo 135 corresponde al de las Juntas Electorales Parroquiales o de Totalización de su Municipio si las hubiere y hará la totalización de votos con base en dichas Actas, pudiendo verificar sus resultados, confrontándola con las Actas de Escrutinio. El Acta de Totalización, en caso de elecciones de Alcaldes, Concejales, y Juntas Parroquiales, servirán de base para las adjudicaciones y proclamaciones. Una vez efectuadas éstas, expedirán las credenciales a los electos.

Debe señalarse que el artículo 161 de la Ley también se refiere a las totalizaciones en materia municipal, al disponer que la Junta Municipal al recibir de todos los organismos electorales subalternos las Actas de Escrutinio y las Actas de Totalización, si es el caso, hará las totalizaciones de votos, sumando los votos obtenidos por cada candidato, partido o grupo electoral.

b'.   *La adjudicación de puestos en las elecciones municipales*

En los casos de elecciones municipales, las Juntas Electorales Municipales de los Municipios procederán a adjudicar los puestos de Alcaldes y Concejales entre las postulaciones efectuadas; deben proclamar los candidatos electos, y les deben expedir sus credenciales.

a".   *Adjudicación de Alcaldes*

En el caso de los Alcaldes, se debe proclamar al candidato que haya obtenido el mayor número de votos (Arts. 145 y 163 de la Ley). En caso de empate se debe realizar una nueva votación entre los candidatos empatados. En este caso, el Consejo Supremo Electoral debe fijar la fecha de la nueva elección.

b".   *Adjudicación de Concejales electos por representación proporcional*

De acuerdo al artículo 164 de la Ley Orgánica, para determinar los puestos que corresponden en el Municipio a los partidos y grupos de electores por representación proporcional, se deben sumar los votos obtenidos por cada uno de los candidatos uninominales postulados en cada Circuito. La suma total determina los votos que cada partido o grupo de electores obtuvo en el Municipio respectivo.

Ese total se debe dividir entre 1, 2, 3, 4, 5 y así sucesivamente, hasta obtener para cada partido o grupo de electores un número de cuocientes igual al de los candidatos a elegir en el Municipio.

Los cuocientes así obtenidos para cada partido y grupo de electores se deben anotar en columnas separadas y en orden decreciente, encabezadas por el cuociente de la división entre uno (1).

Se excluyen los mayores cuocientes que correspondan a los partidos o grupos de electores cuyos candidatos obtuvieron las mayorías relativas de votos en sus respectivos Circuitos.

Luego de formarse, una columna final colocando en ella, en primer término el más elevado de entre todos los cuocientes y a continuación los que le sigan en magnitud, hasta que hubiere en la columna tantos cuocientes como Concejales deban ser elegidos por representación proporcional. Al lado de cada cuociente se debe indicar el partido o grupo de electores a que corresponda, quedando así determinado el número de puestos que por representación proporcional corresponda a cada partido o grupo de electores.

Cuando resulten iguales dos (2) o más cuocientes en concurrencia con el último puesto por proveer, se debe dar preferencia a aquel partido o grupo de electores que haya obtenido el mayor número de votos en el Municipio y, en caso de empate, decidirá la suerte.

c". *Adjudicación de Concejales electos uninominalmente*

El artículo 165 de la Ley Orgánica, incorporado en la reforma de 1995, estableció que para la determinación de los candidatos a Concejales que resultaren electos, se debía proceder de la siguiente manera:

1°   En cada Circuito Electoral queda electo el candidato uninominal que obtenga la mayoría relativa de votos.

En caso de empate entre dos o más candidatos se debe proclamar electo por ese Circuito el candidato uninominal postulado por el partido o grupo de electores que en el Municipio obtenga la mayoría de votos, y en caso de empate debe decidir la suerte.

2°   Si el número de cargos uninominales obtenidos por cada partido o grupo de electores es menor al de puestos que le corresponden a ese partido o grupo de electores, determinado según el procedimiento establecido en el artículo 164, se debe completar con aquellos candidatos uninominales que lograron mayor porcentaje de votos entre los presentados por ese partido o grupo de electores y que no resultaron electos directamente, según lo establecido en el ordinal 1° del artículo 165.

3°   En ningún caso, por la vía de la representación proporcional pueden elegirse o asignarse más puesto« que los establecidos en el artículo 151 de la Ley Orgánica.

4°   Si un partido o grupo de electores no tiene candidatos uninominales que hayan logrado mayoría relativa de votos, pero según el sistema previsto en el artículo anterior tiene derecho a uno o más puestos, éstos deben ser cubiertos por los candidatos uninominales de ese partido o grupo de lectores que en sus respectivos Circuitos Electorales obtuvieron el mayor porcentaje de votos.

Cuando resultaren iguales dos o más porcentajes para el puesto por proveer conforme a lo establecido al mismo artículo 165, y fuera menor el número de puestos a cubrir, se debe dar preferencia a aquel candidato que haya obtenido el mayor número de votos y, en caso de empate, decidirá la suerte (Parágrafo Primero, Art. 165).

Los Concejales suplentes son los dos (2) candidatos postulados en cada Circuito Electoral como suplentes de los candidatos principales electos, en el orden en que hayan sido presentados.

A los efectos de determinar el porcentaje de votos de los candidatos en cada Circuito, se debe proceder de la siguiente manera: se dividirá el número de votos que obtuvo el candidato en el Circuito entre el número de votos válidos de dicho Circuito, y ese resultado se multiplicará por cien (100) (Parágrafo Segundo, Art. 165).

c.   *La totalización a cargo de las Juntas Electorales Principales*

a'.   *El acto de totalización a nivel de los Estados*

Conforme a lo dispuesto en el artículo 137 de la Ley Orgánica, cada Junta Electoral Principal, en acto que es de carácter público (Art. 133, Ord. 2° y 141), al recibir de las Mesas Electorales las Actas de Escrutinio para Gobernador, Congreso de la República y Asamblea Legislativa, hará las totalizaciones de votos.

Si más de un partido o grupo de electores ha postulado a la misma persona como candidato a Gobernador, para los efectos de la totalización de votos, se deben sumar los obtenidos por esos partidos o grupos de electores. Si idéntica lista ha sido presentada para cualquier organismo deliberante por dos o más partidos o grupos de electores, para los efectos de la totalización de los votos de esa lista, se deben sumar los votos consignados para los partidos o grupos que se encuentren en esta situación.

b'.   *El Acta de totalización de la Junta Principal*

Terminada la totalización de votos, señala el artículo 138 de la Ley, la Junta Electoral Principal debe levantar un Acta en la forma y con las copias que determine el Consejo Supremo Electoral, en la que se debe hacer constar todo el desarrollo del proceso, suscrita por los miembros de la Junta y por los testigos presentes. Los miembros de estas Juntas Principales tienen derecho a recibir sendos ejemplares de esta Acta.

c.'   *La adjudicación de puestos en las elecciones de Senadores, Diputados al Congreso y a las Asambleas Legislativas y de Gobernadores*

Cuando la elección fuese para Senadores y Diputados al Congreso de la República, Gobernador o para Diputados a las Asambleas Legislativas la Junta Electoral Principal debe proceder a la adjudicación de los puestos en las diversas listas y candidatos electos. La Junta debe expedir a los candidatos electos sus respectivas credenciales. El original del Acta, junto con los recaudos recibidos de las Juntas Parroquiales, debe ser enviada al Consejo Supremo Electoral (Art. 138).

En el caso de elecciones para Gobernadores o Alcaldes, se debe proclamar electo al candidato que haya obtenido la mayoría establecida en la ley respectiva (Art. 145) que según la Ley de Elección y Remoción de Gobernadores de Estado, es la mayoría relativa. En caso de empate se debe realizar una nueva votación entre los candidatos empatados. En este caso, el Consejo Supremo Electoral debe fijar la fecha de la nueva elección.

Debe señalarse, que adicionalmente, la Ley sobre Elección y Remoción de los Gobernadores de Estado establece que la proclamación de los Gobernadores electos corresponde a la Junta Electoral Principal de la Circunscripción del Estado respectivo, la cual debe realizarse dentro de los diez días siguientes al acto de votación. El proclamado, en todo caso, debe ser el candidato a Gobernador de Estado que haya obtenido la mayoría relativa de votos (Art. 11).

El Gobernador electo y proclamado debe tomar posesión del cargo, previo juramento ante la Asamblea Legislativa. Ahora bien, si por cualquier circunstancia, no se pudiere efectuar dicho juramento ante la Asamblea Legislativa, se podrá efectuar ante un Juez Superior de la correspondiente Circunscripción Judicial.

En todo caso, cuando el Gobernador electo no tomare posesión dentro del término señalado en la Ley, el Gobernador saliente debe resignar sus poderes en la persona que debe suplirlo provisionalmente^ y ésta debe actuar con el carácter de Encargado de la Gobernación, hasta tanto el Gobernador electo asuma el cargo o se declare la falta absoluta (Art. 2).

Ahora bien, conforme al artículo 139 de la Ley Orgánica del Sufragio en el caso de que un candidato resultare elegido para un organismo de dos jurisdicciones electorales distintas, debe escoger una de las dos designaciones por lo menos con quince (15) días de anticipación a la fecha fijada para la instalación del respectivo Cuerpo. De no hacerlo, se debe considerar escogida la designación correspondiente a la jurisdicción donde hubiere obtenido mayor número de votos. La vacante producida se debe llenar con el candidato siguiente, en orden de postulación.

d. *La totalización a cargo del Consejo Supremo Electoral*

La totalización de las elecciones para Presidente de la República debe efectuarse por el Consejo Supremo Electoral teniendo como base, en principio, el contenido de las Actas de Totalización levantadas por las Juntas Electorales Principales, sin perjuicio que de no recibirlas, el Consejo Supremo pueda realizar la totalización con los elementos a su alcance.

En estos casos de elección del Presidente de la República, el Consejo Supremo Electoral debe proclamar electo dentro de los veinte (20) días siguientes al acto de la votación, el candidato que haya obtenido la mayoría de votos prevista en la Constitución de la República (Art. 144).

Por mayoría relativa de votos se entiende el número mayor de los votos obtenidos por un candidato en relación a otros candidatos (Art. 146).

e. *Normas generales para la adjudicación en las elecciones para cuerpos deliberantes*

a'. *Elección uninominal*

En el caso de elecciones para Cuerpos deliberantes siempre que se trate de elegir un solo principal, el cargo corresponde al partido o grupo de electores que haya obtenido la mayoría absoluta. El cargo se debe adjudicar al primero en la lista (Art.

145). En todo caso, se entiende por mayoría relativa al número mayor de votos obtenidos por un candidato en relación a otros candidatos (Art. 146).

En el caso de los Concejales, conforme artículo 163 de la Ley, los puestos de Concejales se adjudicarán a los candidatos que hayan obtenido la primera mayoría relativa en cada Circuito Electoral, de conformidad con los votos obtenidos por cada uno de ellos.

b'. *Elección plurinominal*

Conforme al artículo 147. cuando se trate de elegir más de un principal por el sistema de listas, la Junta Electoral Principal o la Municipal en su caso, una vez totalizados los votos obtenidos por las distintas listas, deberá proceder a cumplir lo establecido en el Capítulo IV del Título I de la Ley.

Los puestos obtenidos por cada lista se deben adjudicar a sus candidatos según el orden en que aparezcan inscritos en la misma.

Cuando un candidato inscrito en dos listas aparezca favorecido en ambas se debe declarar electo en aquella donde le corresponda el cuociente más alto y debe quedar descartado de la otra, en la cual debe ascender, en orden numérico, el candidato que le siga.

Si una o más listas, por haberse presentado o haber quedado incompletas, no tuvieren el número de candidatos requeridos para llenar los puestos que le deben corresponder como resultado del escrutinio, el puesto o los puestos que queden disponibles, se deben adjudicar a las otras listas conforme al sistema ya establecido (Art. 147).

c'. *La adjudicación de los suplentes*

a". *Los Senadores suplentes*

Los Senadores principales tienen como suplentes a los candidatos no electos, en la lista respectiva, en el orden en que aparezcan en ella y en un número igual al doble de los principales electos (Art. 148).

b". *Los suplentes de los Diputados al Congreso*

Los Diputados principales electos al Congreso de la República por votación uninominal tienen dos (2) suplentes que son los postulados junto al candidato principal en cada Circuito Electoral. Cada partido o grupo de electores al presentar la postulación para el respectivo Circuito Electoral, debe expresar por numeración continua el orden de la postulación de los suplentes, con los datos de nombres, apellidos y cédula de identidad de cada uno de ellos.

Los Diputados principales electos al Congreso de la República por el sistema de representación proporcional tienen como suplentes a los candidatos no electos, en la lista respectiva, en el orden en que aparezcan en ella y en un número igual al doble de los principales electos (Art. 148, parágrafo primero).

c". *Los suplentes de los Diputados a las Asambleas Legislativas*

Los Diputados principales a las Asambleas Legislativas, electos uninominalmente tienen dos (2) suplentes, que son los postulados junto al candidato a principal en cada Circuito Electoral.

Cada partido o grupo de electores al presentar la postulación para el respectivo Circuito Electoral, debe expresar por numeración continua el orden de la postulación de los suplentes, con los datos de nombres, apellidos y cédula de identidad de cada uno de ellos.

Los Diputados principales electos a las Asambleas Legislativas por la representación proporcional tienen como suplentes a los candidatos no electos, en la lista respectiva, en el orden en que aparezcan en ella y en un número igual al doble de los principales electos (Art. 148, parágrafo segundo).

d". *Los Concejales suplentes*

Son Concejales suplentes, en el orden en que hayan sido presentados, los dos (2) candidatos postulados en cada Circuito Electoral como suplentes de los candidatos principales electos (Art. 164).

f.   *El agotamiento de los suplentes y la elección parcial*

En caso de que se agoten por falta absoluta los principales y suplentes electos por cualquier vía, el Consejo Supremo Electoral debe convocar a elecciones parciales para promover las vacantes absolutas, salvo que esta vacante ocurra en el último año del período o la vacante sea de Senadores o Diputados adicionales (Art. 163, Parágrafo Tercero) .

g.   *La publicación de los resultados electorales*

El Consejo Supremo Electoral debe ordenar la publicación de los resultados de las elecciones en la *Gaceta Oficial de la República de Venezuela* dentro de los quince (15) días siguientes a la proclamación de los candidatos electos. Cada Junta Electoral Principal debe ordenar, además, dentro de igual lapso, la publicación de los resultados de las elecciones para Senadores y Diputados al Congreso de la República, Gobernadores y Diputados a las Asambleas Legislativas, Alcaldes y Concejales de su entidad en las respectivas *Gacetas Oficiales* de las Entidades o, en su defecto, en cualquier periódico de circulación en la localidad. A falta de ésta, la publicación se debe hacer en carteles que deben fijar a las puertas de su local y de los Concejos Municipales correspondientes (Art. 142).

h.   *Los errores numéricos en las totalizaciones*

Las actas de totalización pueden ser recurridas por errores numéricos. Conforme al artículo 199 de la ley, cuando los recursos se hayan formulado con bases en dichos errores numéricos, y éstos se declaren con lugar, se debe proceder a practicar una nueva totalización de votos y se debe proclamar al candidato que resulte electo después de corregido el error. Así se regula en los artículos 199 y 230 de la Ley Orgánica.

H. *La obligación de presentación de la declaración jurada de bienes al Consejo Supremo Electoral*

Entre las disposiciones finales de la Ley Orgánica debe mencionarse el artículo 249 que obliga a los Senadores, Diputados al Congreso de la República, Diputados a las Asambleas Legislativas, Gobernadores, Alcaldes y Concejales electos, a consignar sus declaraciones juradas de patrimonio ante el Consejo Supremo Electoral, además de la presentación a que lo obliga la Ley Orgánica de Salvaguarda del Patrimonio Público.

4. *La nulidad y revisión de los actos electorales*

A. *La nulidad de las elecciones*

De acuerdo con lo establecido en los artículos 193 y 194 de la Ley Orgánica, es nula una elección:

a) Cuando sea celebrada sin la previa convocatoria del Consejo Supremo Electoral acordada de conformidad con los requisitos exigidos por esta Ley;

b) Cuando el candidato para Presidente de la República, Gobernador, Alcalde, miembro de una Junta Parroquial o para cualquier cargo de representación popular de manera uninominal no reúna las condiciones requeridas por la Constitución o la Ley o esté incurso en algún supuesto de inelegibilidad;

Si el candidato electo lo hubiere sido por el sistema de listas, la nulidad sólo afecta la proclamación de ese candidato y se debe proclamar en su lugar a quien aparezca en el orden siguiente de la lista:

c) Cuando hubiere mediado fraude, cohecho, soborno o violencia en las inscripciones, votaciones o escrutinios, y dichos vicios afecten el resultado de la elección.

B. *La nulidad de las votaciones*

a. *La nulidad de las votaciones en Mesa*

Conforme al artículo 195 de la Ley Orgánica, debe considerarse nula el Acta de Escrutinio de una Mesa Electoral en los siguientes casos:

1° Por haberse constituido ilegalmente la respectiva Mesa Electoral. Se entiende que una Mesa está ilegalmente constituida, cuando el Acta no esté firmada, por lo menos por tres (3) miembros de la Mesa que tengan derecho a constituirla, de acuerdo a lo establecido en la Ley;

2° Por haberse realizado !a votación en el día distinto señalado por el Consejo Supremo Electoral o en local diferente al determinado por la respectiva autoridad electoral;

3° Por violencia ejercida sobre cualquier miembro de la Mesa Electoral durante el curso de la votación o de la realización del escrutinio, a consecuencia de lo cual pueda haberse alterado el resultado de la votación;

4°   Por la elaboración del Acta de Escrutinio por personas no autorizadas por la Ley o fuera de los lugares o términos establecidos en la misma;

5°   Por la alteración manifiesta y comprobada del Acta de manera que le reste su valor informativo o por destrucción de todos los ejemplares de la misma.

b.   *La anulabilidad de las votaciones en Mesa*

Por su parte, el artículo 196 de la Ley Orgánica, establece la anulabilidad de las Actas electorales de una Mesa, en los siguientes casos:

1°   Por haber realizado la Mesa Electoral o alguno de sus miembros actos que le hubiesen impedido a los electores el ejercicio del sufragio con las garantías establecidas en la Ley;

2°   Por ejecución de actos de coacción contra los electores de tal manera que los hubieren obligado a abstenerse de votar o sufragar en contra de su voluntad;

3°   Cuando el Acta presente tachaduras o enmendaduras no salvadas en las observaciones de la misma y que afecten su valor probatorio;

4°   Cuando existan diferencias entre el número de boletas consignadas y el número de votos totales, incluyendo válidos y nulos, y esa diferencia sea superior al tres por ciento (3%) del número de votos totales de la Mesa;

5°   Cuando el número de votos asignados a los candidatos y organizaciones políticas participantes, más los votos nulos, sea superior al número de boletas consignadas o al número de electores con derecho a voto en esa Mesa, y esa diferencia sea superior al tres por ciento (3%) del número de votos totales de la Mesa.

Cuando la suma total de las diferencias surgidas de la aplicación de los ordinales 4° y 5 antes indicados, sea superior a la ventaja lograda por el candidato ganador, las Actas respectivas serán anulables (Parágrafo Unico, Art. 196).

Además el artículo 197 de la Ley agrega los siguientes casos de nulidad de votaciones en mesa:

1°   Cuando se elaboren en formatos no autorizados por el Consejo Supremo Electoral;

2   Cuando no estén firmadas por la mayoría de los miembros integrantes del organismo electoral, y no se hayan cubierto los extremos previstos en el artículo 143 de la Ley;

3°   Cuando no contengan los resultados electorales; y

4°   Cuando se pruebe que se ha impedido la presencia en el acto respectivo, de algún testigo debidamente acreditado dentro de los términos establecidos en esta Ley.

C. *La revisión de los actos de los organismos electorales*

a. *De los recursos de revisión administrativa*

a'. *Régimen general*

a". *Legitimación activa y las formalidades de interposición*

El artículo 202 de la Ley faculta a toda persona natural o jurídica plenamente capaz para interponer los recursos de revisión administrativa, contra los actos administrativos de naturaleza electoral emanados de los organismos competentes. Los recursos deben interponerse con arreglo a los requisitos exigidos en el artículo 49 de la Ley Orgánica de. Procedimientos Administrativos (Art. 203).

Estos recursos deben interponerse especificando, en cada caso, el número de la Mesa y del centro de Votación, con claro razonamiento de los vicios ocurridos en el proceso o en las Actas electorales de las cuales se trata (Art. 209).

b". *Régimen legal del procedimiento aplicable*

Los recursos administrativos establecidos en el Capítulo I del Título VI de la Ley (Arts. 202 y siguientes) se aplican con preferencia a lo previsto en la Ley Orgánica de Procedimientos Administrativos. Sin embargo,' en caso de ausencia de norma especial, se debe aplicar la citada Ley (Art. 210).

El régimen general de la Ley Orgánica de Procedimientos Administrativos, por tanto, tiene carácter supletorio en materia de procedimiento administrativo electoral.

c". *Sustanciación*

Los organismos electorales pueden designar comisiones de sustanciación para el estudio y desarrollo de los recursos administrativos que se interpongan, pero la decisión de los mismos en ningún caso puede ser delegable (Art. 204).

Interpuesto el recurso de revisión administrativa del acto electoral de una o varias Mesas, el organismo competente debe solicitar de la autoridad depositaria, el material de votación, y debe elaborar un cuaderno foliado que se debe integrar al expediente administrativo a formarse a partir del inicio del procedimiento (Art. 209).

d". *Efectos de la interposición*

De acuerdo con el artículo 205 de la Ley, la sola interposición de los recursos de revisión administrativa no suspende la ejecución del acto impugnado.

Sin embargo, el órgano ante el cual se recurre puede, de oficio o a petición de parte, acordar la suspensión de los efectos del acto recurrido, en el caso de que su ejecución pudiera causar perjuicio irreparable al interesado o al proceso electoral de que se trate.

e". *Decisión*

El organismo electoral debe resolver todos los asuntos que se sometan a su consideración dentro del ámbito de su competencia, o que surjan con motivo del recurso, aunque no hayan sido alegados por los interesados (Art. 206).

En todo caso, los recursos de revisión administrativa deben ser decididos en los quince (15) días continuos siguientes a su presentación (Art. 207).

f". *Apertura de la vía contencioso-administrativa y el silencio administrativo*

La vía contencioso-administrativa queda abierta cuando interpuestos los recursos que pongan fin a la vía administrativa, éstos hayan sido decididos en sentido distinto al solicitado, o cuando el órgano electoral correspondiente no resolviere el recurso en los lapsos previstos en la Ley, en cuyo último caso se considera que ha resuelto negativamente. Esta disposición no releva a los órganos electorales, ni a sus miembros, de las responsabilidades que les sean imputables por la omisión o la demora (Art. 211).

b'. *El recurso de análisis*

a". *Objeto*

El recurso de análisis sólo procede contra los actos de un organismo electoral que contenga el resultado parcial o total de un proceso comicial o decisiones relacionadas estrictamente con el mismo. Se trata, de un recurso de "reconsideración electoral".

Los actos administrativos emanados de los organismos electorales, relativos a su funcionamiento institucional o a materias no vinculadas directamente con un proceso electoral, serán revisados de conformidad con los procedimientos ordinarios previstos para tal fin en la legislación respectiva (Art. 212).

b". *Lapso*

El recurso sólo puede intentarse dentro de los treinta (30) días continuos siguientes a la fecha de realización del acto o de su publicación en la *Gaceta Oficial,* según el caso (Art. 212).

c". *Interposición*

Conforme al artículo 213 de la Ley, el Recurso de Análisis contra los actos de una Mesa Electoral, se debe intentar:

1° Ante la Junta Electoral Municipal cuando se trate de la elección de las Juntas Parroquiales, Concejales o Alcaldes;

2° Ante la Junta Electoral Principal, cuándo se trate de la elección de Diputados y Senadores al Congreso de la República, Diputados a las Asambleas Legislativas y Gobernadores de Estado;

3° Ante el Consejo Supremo Electoral cuando se trate de la elección del Presidente de la República.

En todo caso, el Recurso de Análisis contra los actos de una Junta Electoral se intenta ante el organismo electoral inmediato superior (Art. 214).

c'. El recurso jerárquico

El Recurso jerárquico procede cuando el órgano inferior decida no modificar el acto en la forma solicitada en el recurso de análisis, o, cuando habiendo sido modificado, la persona afectada considere pertinente su interposición.

El interesado puede dentro de los ocho (8) días hábiles siguientes a la decisión a que se refiere el párrafo anterior, interponer el Recurso Jerárquico ante el organismo electoral inmediatamente superior al órgano que conoció del Recurso de Análisis, donde se agota la vía administrativa.

b. De los recursos de la revisión judicial

a'. Tipos de recursos judiciales

a". El recurso de nulidad electoral

Los partidos políticos nacionales y regionales, grupos de electores y toda persona que tenga interés, pueden interponer el Recurso de Nulidad Electoral contra los actos de los organismos electorales de la República relacionados directamente con un procedimiento comicial.

Este Recurso de Nulidad no procede contra los actos administrativos relativos a su funcionamiento institucional o a materias no vinculadas directamente a un proceso electoral, los cuales deben ser impugnados de conformidad con los recursos y procedimientos previstos en la Ley Orgánica de la Corte Suprema de Justicia y otras leyes especiales.

Los partidos políticos regionales y grupos de electores sólo pueden intentar el Recurso de Nulidad respecto de los actos emanados de los organismos electorales de la jurisdicción en la que aquéllos actúen (Art. 216).

Para intentar el Recurso de Nulidad es indispensable haber agotado la vía administrativa (Art. 218); y en el mismo debe especificarse, en cada caso, el número de la mesa o del Centro de Votación, con claro razonamiento de los vicios ocurridos en el proceso o en las Actas Electorales de las cuales se trate (Art. 209).

b". El recurso de interpretación

Los partidos políticos nacionales y regionales, grupos de electores y toda persona que tenga interés, pueden interponer ante la Sala Político Administrativa el recurso de interpretación previsto en el ordinal 24 del artículo 42 de la Ley Orgánica de la Corte Suprema de Justicia, respecto a las materias objeto de la Ley Orgánica del Sufragio (Art. 217).

b'. La competencia de Tribunales

a". Corte Suprema de Justicia

La Corte Suprema de Justicia conoce y decide en única instancia, en el término de treinta (30) días hábiles, los recursos de nulidad contra las decisiones del Consejo Supremo Electoral en los casos de elección del Presidente de la República (Art. 219). Por supuesto, también conoce en única instancia de los recursos de interpretación (Art. 217).

b". *Corte Primera de lo Contencioso-Administrativo*

Corresponde a la Corte Primera de lo Contencioso-Administrativo conocer y decidir en primera y única instancia y en el término de treinta (30) días continuos, los recursos de nulidad contra las decisiones de los organismos electorales en los casos de elección de Senadores y Diputados al Congreso de la República y de los Gobernadores de Estado (Art. 220).

c". *Juzgados Superiores con competencia en lo contencioso-administrativo*

Por último, los Juzgados Superiores con competencia en lo Contencioso-Administrativo, deben conocer y decidir en primera instancia, y en el término de treinta (30) días continuos, los recursos de nulidad contra las decisiones de los organismos electorales, en los casos de elección de Diputados a las Asambleas Legislativas, Alcaldes y Concejales.

Estos Juzgados Superiores con competencia en lo Contencioso-Administrativo también tienen competencia para conocer y decidir en primera y única instancia y en el término de treinta (30) días continuos, los recursos de nulidad contra las decisiones de los organismos electorales, en los casos de elección de los miembros de las Juntas Parroquiales (Art. 222).

De las decisiones dictadas por estos Juzgados, sin embargo, se debe oír apelación dentro de los tres (3) días continuos siguientes por ante la Corte Primera de lo Contencioso-Administrativo, la cual se debe tramitar de conformidad con lo establecido en el artículo 169 de la Ley Orgánica de la Corte Suprema de Justicia (Art. 221).

D. *El Procedimiento*

a. *Legitimación activa y requisitos*

El Recurso de Nulidad debe llenar los extremos previstos en el artículo 113 de la Ley Orgánica de la Corte Suprema de Justicia (artículo 229), y además, se le aplican las normas establecidas en la Sección Primera del Capítulo I del Título VI, relativo a los recursos de revisión administrativa (Arts. 202 y siguientes) en lo que sea conducente a los recursos judiciales de nulidad (Art. 224).

b. *Lapso de interposición*

El Recurso de Nulidad Electoral establecido en esta Ley, debe intentase dentro de los ocho (8) días continuos siguientes a la publicación o notificación del acto que resuelva el recurso jerárquico. Sin embargo, cuando el recurso de nulidad se intente de conformidad con el ordinal 1° del artículo 194 de la Ley, cuando se trate de elecciones celebradas sin convocatoria formal del Consejo Supremo Electoral, no habrá lapso de caducidad (Art. 234).

c. *Emplazamiento de los interesados*

Presentado el recurso, el tribunal, al día siguiente de admitido, debe emplazar a todos los interesados mediante cartel que se debe publicar a costa del recurrente, en un periódico de los de mayor circulación nacional, regional o local, según sea el caso, y notificará del recurso al Fiscal del Ministerio Público y al Consejo Supremo Electoral (Art. *226).*

El cartel de emplazamiento se debe publicar a costa del recurrente.

d. *Sustanciación*

Los tribunales que conozcan de estos recursos judiciales, lo deben hacer con preferencia a otras causas que cursen por ante los mismos (Art. 233), siendo en todo caso las actuaciones en los procesos contencioso electorales de carácter gratuito (Art. 233).

e. *Efectos de la interpretación*

Mientras esté pendiente de sustanciación y decisión un recurso judicial electoral, ningún organismo electoral o público puede dictar providencia alguna que directa o indirectamente pueda producir innovación en lo que sea materia principal del mismo. Tampoco es admisible, en ningún caso, acción de amparo que tenga por objeto materia igual o similar al contenido del recurso (Art. 231). En esta forma, se agrega una causal de inadmisibilidad de la acción de amparo a las previstas en la Ley Orgánica de Amparo, aplicable en este solo supuesto.

Debe señalarse que esta previsión del artículo 231 de la Ley Orgánica del Sufragio no debe interpretarse como una exclusión general de la acción de amparo contra los actos electorales; sino sólo como una causal de admisibilidad de la acción de amparo contra dichos actos, cuando se ha ocurrido a las vías de revisión judicial que prevé la Ley.

f. *Acumulación y Competencia*

Cuando el asunto sometido a consideración de un Tribunal competente tenga relación íntima o conexión jurídica con cualquier otro asunto que se haya propuesto en dicho tribunal o en otro de igual categoría y jurisdicción, de oficio o a solicitud de parte, el tribunal puede ordenar la acumulación, a fin de evitar sentencias contradictorias.

Si el mismo recurso se promueve ante dos (2) tribunales igualmente competentes, aquél que primero hubiese emplazado y notificado debe, en cualquier estado y grado de la causa, declarar la *litis* pendencia y la nulidad de las actuaciones evacuadas fuera de su Tribunal (Art. 232).

g. *Alegatos de los interesados*

Dentro de los quince (15) días continuos siguientes a la consignación del cartel de emplazamiento y dé las notificaciones, los interesados pueden comparecer, consignar sus alegatos con relación al recurso. En ese lapso se deben evacuar las pruebas que el Tribunal estime conducentes y las que promovieren los interesados, el Ministerio Público o los organismos electorales correspondientes.

En todo caso, el tribunal debe conceder el término de distancia cuando la evaluación de las pruebas así lo requiera (Art. 227).

h. *Informes*

Agotado el lapso probatorio el Tribunal debe fijar el tercer día continuo en horas de despacho, para que tenga lugar el acto de informes (Art. 228).

i. *Decisión*

El Tribunal debe dictar su fallo en un tiempo no mayor de treinta (30) días continuos contados a partir de la celebración del acto de informes. Si el asunto es de mero derecho o las partes están de acuerdo en los hechos que sustentan el recurso, o estiman suficientes las pruebas y recaudos existentes en el expediente, el Tribunal debe dictar su fallo sobre el recurso dentro de los treinta (30) días continuos siguientes a la consignación del cartel de emplazamiento y del resultado de las notificaciones (Art. 229).

Cuando el Tribunal haya declarado, por comprobación de error numérico, la nulidad de un acto por el cual se proclamó electo un candidato, el Consejo Supremo Electoral o el organismo electoral correspondiente, procederá a practicar una nueva totalización y proclamará al candidato que resulte electo, después de haber corregido el error (Art. 230).

En caso de declaratoria de nulidad total o parcial de las elecciones, el Consejo Supremo Electoral debe convocar las nuevas elecciones que correspondan, dentro de los treinta (30) días continuos siguientes, las cuales deben efectuarse dentro de los treinta (30) días continuos siguientes a su convocatoria (Art. 235).

E. *La declaratoria de la nulidad de los actos electorales*

a. *Competencia*

De acuerdo con el artículo 198 de la Ley Orgánica, el organismo electoral o judicial que conozca de los recursos de revisión administrativa o contencioso, podrá declarar la nulidad de la elección o del Acta o acto administrativo electoral recurrido, cuando encontrare alguno de los vicios señalados en los artículos 194 y siguientes de la Ley, antes indicados.

De este modo, a partir de la reforma de 1993 se eliminó el monopolio que la legislación, hasta ese momento, otorgaba a la Corte Suprema de Justicia para declarar la nulidad de elecciones y las votaciones.

b. *Efectos de la declaración de nulidad*

Cuando en un Acta electoral se determine la existencia de un vicio, cuya magnitud no comporte alteración del resultado que en ella se manifiesta, ni repercuta en el resultado de todo el proceso electoral, el organismo a quien competa su revisión podrá subsanar el vicio mediante la expedición de un Acta sustitutiva de la viciada, sin perjuicio de las responsabilidades a que hubiere lugar en la comisión de los hechos.

En todo caso, mientras no se convierta en acto firme, la autoridad electoral a quien competa decidir el recurso, preservará el acto revisado con sus respectivos soportes (Art. 200).

De acuerdo con el artículo 201 de la Ley Orgánica, la nulidad sólo afectará las elecciones y votaciones efectuadas en la Circunscripción Electoral en que se haya cometido el hecho que las vicie y no habrá lugar a nuevas elecciones si se evidencia que una nueva votación no tendría influencia sobre el resultado general de los escrutinios para Presidente de la República, Gobernador o Alcalde, o representante uninominal, ni sobre la adjudicación de los puestos por aplicación del cuociente electoral.

La decisión a ese respecto compete al Consejo Supremo Electoral, a la Junta Electoral Principal o a la Junta Electoral Municipal, según el caso.

5. Los ilícitos electorales

A. Las faltas y delitos electorales

a. La denuncia popular

Todo ciudadano mayor de edad, debidamente inscrito en el Registro Electoral Permanente puede denunciar la comisión de cualesquiera de las faltas y delitos previstos en esta Ley, así como constituirse en parte acusadora en los juicios que se instauren por causa de esas mismas infracciones (Art. 232). Ello, sin perjuicio de las obligaciones que corresponden al Ministerio Público como garante de la legalidad.

b. Las faltas electorales

El artículo 238 de la Ley, establece que será penado con multa de diez (10) a veinticinco (25) días de salario mínimo o arresto proporcional:

1. El elector menor de setenta (70) años que se niegue injustificadamente a desempeñar el cargo para el cual haya sido designado;

2. El que suministre datos falsos al inscribirse en el Registro Electoral;

3. El elector que obstaculice el proceso normal de votaciones;

4. El funcionario electoral que rehuse admitir la votación de un elector que tenga derecho a votar conforme a la Ley; y

5. Los responsables de los partidos o grupos de electores y candidatos que no retiren su propaganda en el plazo establecido en el artículo 185 de esta Ley. En este último caso, la multa se elevará al doble.

Por su parte, el artículo 238 de la Ley Orgánica prevé una pena de multa de veinte (20) a cincuenta (50) días de salario mínimo o arresto proporcional, aplicable a:

1. El que indebidamente deteriore o destruya propaganda electoral;

2. El que haga propaganda electoral en violación de las disposiciones de la Ley o de las resoluciones que en tal sentido emanen del Consejo Supremo Electoral;

3. El que propague su candidatura para un cargo de elección popular, a sabiendas de que no reúne los requisitos para ser elegible, si con ello ocasiona perjuicios a terceros;

4. El que mediante cualquier procedimiento perturbe o trate de perturbar la realización del proceso electoral o la de actos de propaganda promovidos conforme a las previsiones de la Ley;

5. El que dentro de las cuarenta y ocho (48) horas antes de las votaciones haga propaganda política en favor de algún candidato o partido u organice o realice cualesquiera de los actos prohibidos en el artículo 130 de la Ley;

6. El que el día de las votaciones organice espectáculos, distribuya bebidas alcohólicas o realice cualesquiera de los actos prohibidos en el artículo 130 de la Ley;

7. El qué concurra armado a los actos de inscripción, votación o escrutinio salvo lo dispuesto en el aparte único del artículo 129 de la Ley. Si el infractor fuere funcionario público la pena llevará aparejada la destitución del cargo y la inhabilitación para el desempeño de funciones públicas por el término de un año, después de cumplida aquélla;

8. El funcionario público o electoral que omitiese la denuncia prevista en el artículo 236 de la Ley;

9. El que en cualquier forma obstruya deliberadamente el desarrollo de los actos de actualización del Registro Electoral Permanente;

10. Los funcionarios judiciales y administrativos que se abstengan de comunicar, sin causa justificada al Consejo Supremo Electoral sus decisiones o resoluciones que conlleven inhabilitación política, interdicción civil o pérdida de la nacionalidad venezolana;

11. El funcionario electoral que efectúe la actualización para el Registro Electoral Permanente fuera del lugar correspondiente o fuera de las horas señaladas para ello;

12. El funcionario de una Junta Electoral que dolosa o culposamente se abstenga de pedir las credenciales, en el plazo establecido en esta Ley, que identifiquen a los funcionarios o testigos en los organismos electorales subalternos;

13. El miembro o el Secretario de una Mesa Electoral que dolosamente se abstenga de concurrir al lugar y hora señalados para la apertura e instalación de la misma. También el funcionario que se abstenga de firmar las Actas y demás actos electorales;

14. El que de cualquier manera impida indebidamente la reunión de una asamblea, de una manifestación pública o de cualquier otro acto legal de propaganda electoral.

En todo caso, las anteriores sanciones pecuniarias se deben aplicar tomando en cuenta si la infracción ocurrió en zona urbana o rural, en cuyo caso se debe aplicar el salario mínimo urbano o rural establecido por el Ejecutivo Nacional conforme a las disposiciones contenidas en la Ley Orgánica del Trabajo (Art. 240).

   c.   *Los delitos electorales*

Conforme al artículo 239 de la Ley, será penado con prisión de dos (2) a cinco (5) años:

1. El que extravíe las Actas de votación y escrutinio de las Mesas Electorales. Si el extravío fuese doloso se le impondrá una pena de prisión de dos (2) a cinco (5) años; pero si probare que fue desposeído de ellas, se liberará de la sanción y al responsable se le impondrá una pena de prisión de tres (3) a seis (6) años.

2. El funcionario encargado del Registro Civil que dolosamente omita informar, conforme al artículo 77 de la Ley, al Consejo Supremo Electoral, sobre las defunciones que haya registrado.

Además conforme al artículo 240 de la Ley, será penado con prisión de uno (1) a dos (2) años:

1. El funcionario público que haga uso del arma para amenazar, atemorizar o amedrentar a los funcionarios electorales o a los electores en los actos de inscripción, votación o escrutinio;

2. El que por cualquier medio impida que una persona sea inscrita o actualizada en el Registro Electoral Permanente, vote en las elecciones o desempeñe las funciones electorales que se les encomienden. Si empleare la violencia física se duplicará la pena;

El que ilícitamente obtenga la inscripción o la cancelación de un nombre en el Registro Electoral Permanente;

3. El que vote dos (2) o más veces o suplante a otro en su identidad;

4. El que coaccione a funcionarios, empleados o trabajadores de su dependencia para que voten o dejen de votar por determinado candidato;

5. El que impida que una Mesa Electoral se instale oportunamente o cumpla su cometido conforme a la Ley;

6. El miembro o el Secretario de un organismo electoral que se niegue, sin causa justificada, a firmar las Actas Electorales respectivas o que consienta, a sabiendas, en una votación ilegal, suplantada o doble. En este caso se duplicará la pena;

7. El funcionario que por favorecer intereses políticos detuviese a los propagandistas, candidatos o representantes de los partidos, pretextando delitos o faltas que no se han cometido.

Por último, el artículo 241 de la Ley establece que será penado con prisión de uno a cuatro (4) años:

1. El agente de inscripción que de alguna forma adultere o disloque el Registro Electoral Permanente;

2. El que falsifique, altere, compre, retenga, sustraiga o destruya, en cualquier forma, documentos necesarios para ejercer el derecho de sufragio;

3. El funcionario que altere, oculte o sustraiga los documentos relativos a la inscripción electoral o a la actualización de electores, o expida documentos personales de validez electoral a quienes no les corresponda;

4. El funcionario electoral que deliberadamente no entregue en su opor-
    tunidad el material electoral necesario a las Juntas o Mesas Electorales
    correspondientes;

5. El que se apodere de la sede donde funciona una Mesa Electoral le-
    galmente instalada o que instale ilegalmente una Mesa Electoral, ya
    sea usurpando el carácter del Presidente de la Mesa o actuando ile-
    galmente en sustitución de éste, si fuere suplente, o bien atribuyendo
    el carácter de funcionario a quien no lo tenga legalmente. Si cualquie-
    ra de estos actos se ejecutare por violencia, se duplicará la pena;

6. El que sin ser venezolano, sea cual fuere su condición de permanencia
    en el país, realice cualesquiera de los actos reservados por la Ley a los
    venezolanos para ejercer el derecho de sufragio. Si empleare la vio-
    lencia física, se duplicará la pena; y

7. El funcionario público, cualquiera que sea su categoría, y el militar en
    servicio activo que, abusando de sus funciones, directamente o por
    instrucciones dadas a personas colocadas bajo su dependencia jerár-
    quica, intente coartar la libertad del sufragio, impulsar a los electores a
    la abstención o influir de alguna manera en los actos electorales.

En todo caso las sanciones de prisión previstas en el Capítulo I del Título VII de
la Ley acarrean la aplicación de las penas accesorias establecidas en el Código Penal
(Art. 243).

d. *Competencia Jurisdiccional*

El conocimiento de los delitos y faltas electorales previstos en la Ley corresponden a la jurisdicción penal ordinaria (Art. 242).

B. *Los ilícitos administrativos*

El partido político, grupo de electores o candidatos que antes de los plazos previstos en esta Ley para cada uno de los procesos eleccionarios, realice actos preparatorios y de campaña, además de la invalidez absoluta de estos actos, deben ser sancionados con multa de doscientos a mil (200 a 1.000) días de salario mínimo.

En el caso de los partidos políticos estas multas le deben ser deducidas de los
aportes que les correspondan en el presupuesto destinado al efecto por el Consejo
Supremo Electoral quien, previa liquidación, la debe ingresar al Fisco Nacional. En
el caso de los candidatos promovidos por grupos electorales, esta multa debe ser
deducida de las dietas o salarios en caso que resulten electos (Art. 245).

Compete al Consejo Supremo Electoral, a las Juntas Electorales Principales y a
las Juntas Electorales Municipales o Parroquiales, según el caso, la aplicación de
esta sanción.

Por otra parte, conforme al artículo 246 de la Ley, quien realice propaganda a favor de aspirantes a ser seleccionados como candidatos antes de la fecha establecida
en esta Ley o antes de la fecha señalada por el Consejo Supremo Electoral o la realice por los medios de comunicación social diferentes a la prensa escrita y a los espacios acordados por el Consejo Supremo Electoral, debe ser sancionado con multa de
un mil a tres mil (1.000 a 3.000) días de salario mínimo, en cada caso.

Compete al Consejo Supremo Electoral, a las Juntas Electorales Principales y a las Juntas Electorales Municipales o Parroquiales, en sus casos, aplicar esta sanción.

IV. LA NULIDAD DE LOS ACTOS ELECTORALES: (UNA PERSPECTIVA CONSTITUCIONAL COMPARADA)

1. *Introducción*

En el marco de los derechos políticos, el derecho a la participación política implica la existencia de elecciones libres y éstas significan que ellas no pueden ser fraudulentas, por lo que sólo cuando hay elecciones libres no fraudulentas es que puede hablarse de democracia. Ahora bien, precisamente para garantizar que las elecciones sean un medio de actualizar el derecho a la participación política, de carácter libre y representativas propio de un régimen democrático, es que se estructuran los sistemas jurídicos electorales. En otras palabras, un sistema jurídico electoral es la garantía que en cada país se establece para asegurar la participación política de manera que el resultado buscado esté acorde con la voluntad popular.

Ahora bien, la garantía del ejercicio de los derechos políticos, entre ellos el derecho al sufragio, exige entre otros los siguientes elementos: en primer lugar, la juridicidad de los propios sistemas electorales, es decir, un régimen electoral formal; en segundo lugar, un sistema de sanciones para las violaciones electorales y entre ellas, la nulidad como garantía frente a la violación de la legalidad electoral; y en tercer lugar, como consecuencia de los dos elementos anteriores (régimen jurídico y régimen de sanciones y de nulidad) tiene que haber la posibilidad de control judicial del proceso electoral y de las actuaciones de los organismos electorales.

En efecto, desde una perspectiva constitucional, en un Estado de Derecho, la garantía jurídica última y más importante de toda actuación del Estado, es el control judicial para poder adecuar al Derecho todos los actos del Estado, es decir, la posibilidad que tienen los ciudadanos de someter a control judicial los actos estatales que contraríen o vulneren la Constitución y las leyes, los cuales se consideran, por tanto, inválidos o nulos. Estado de Derecho y control judicial son los dos elementos centrales, en los Estados contemporáneos, para garantizar el sometimiento a la ley y para garantizar la supremacía de la Constitución, conforme a un principio que es más que tradicional en América Latina.

En materia electoral, esa garantía jurídica del Estado de Derecho referido a las elecciones está, en primer lugar en el establecimiento de un régimen de sanciones, y en particular, en la consideración como nulos y por tanto, sin valor (inválidos), ni efectos (ineficaces) de los actos electorales que contraríen el principio de la legalidad electoral. Es lo que H. Kelsen denominó, hace ya más de sesenta años, al referirse al control jurisdiccional de la constitucionalidad, la *garantía objetiva* de las normas o del orden jurídico, la que implica sancionar con nulidad lo que sea contrario a esas normas o en general, al orden jurídico.

Pero además de esa garantía objetiva, en segundo lugar, tiene que haber la otra garantía jurídica de la legalidad electoral, que es la garantía judicial, es decir la posibilidad para los ciudadanos de someter los actos electorales a revisión judicial, para que sean, básicamente, los órganos del Poder Judicial, los que constaten y declaren esas nulidades y, como consecuencia, anulen los actos contrarios a la legalidad electoral.

En consecuencia, nulidad de elecciones y control judicial constituyen un binomio indisoluble en cualquier Estado sometido a Derecho, en el cual se designen los representantes del pueblo mediante sufragio.

Este, por supuesto, es el planteamiento a nivel de principios constitucionales, ya que al confrontar esos principios con los diversos regímenes electorales concretos y los variados sistemas de protección y de garantía establecidos en los diversos países, evidentemente que nos encontramos con múltiples soluciones. No hay, por tanto, ni podría haberla, una fórmula única válida en general, por lo que el tratamiento del tema de la nulidad de elecciones, bajo una perspectiva constitucional o del derecho constitucional, exige, necesariamente, una aproximación comparativa, es decir, hacer un análisis de derecho electoral comparado, única forma de poder enmarcar dentro de un sistema las múltiples y diversas soluciones que existen en América Latina, que sin duda, configuran un museo viviente de fórmulas de nulidad de elecciones y de control de las mismas.

Por tanto, y conforme al enfoque comparativo que hemos escogido, vamos a exponer el tema dividiendo la exposición en dos partes: En una primera parte, analizaremos, en general, las causas de nulidad en los procesos electorales, particularmente cuando estas causas de nulidad afectan los resultados electorales; y en segundo lugar, analizaremos los diversos regímenes conforme a los cuales se regulan los órganos estatales encargados de conocer y decidir sobre la nulidad de los actos de las elecciones, donde estudiaremos, además, los diversos medios de control judicial que existen en relación a estas declaraciones de nulidad de los actos electorales. En esta forma entonces, estudiaremos comparativa y separadamente, las causas de nulidad y los sistemas de control judicial que se establecen para verificar la conformidad con el derecho y con la Constitución de las decisiones sobre nulidad electoral[98].

2. *Las causas de nulidad en los regímenes electorales*

En cuanto al primer punto, relativo a las causas de nulidad en los regímenes de elecciones, hay que partir del principio de que la nulidad es la garantía de la legalidad electoral, en el sentido de que es la sanción a una violación a la misma. Pero por supuesto, en materia electoral, como en cualquier otro campo del derecho público, no toda violación de una norma legal, o en general, de la legalidad electoral, produce los mismos efectos. En otras palabras, no toda ilegalidad electoral produce la nulidad de los mismos actos en un proceso electoral. Por tanto, puede decirse que hay grados en las ilegalidades, en cuanto a sus efectos y consecuencias, por lo que los efectos de las diversas nulidades que puedan resultar de esas ilegalidades son distintos.

En términos generales, cuando se analiza comparativamente la legislación electoral de América Latina, pueden encontrarse *cuatro* causas de nulidad, según los actos

---

98   Véase Allan R. Brewer-Carías, "La nulidad de los actos electorales" (una perspectiva constitucional comparativa), en *Transición Democrática en América Latina: reflexiones sobre el Debate Actual, Memoria. III Curso Anual Interamericano de Elecciones*, IIDH. San José, Costa Rica, 1990, pp. 89 a 136

electorales que puedan resultar afectados con estas sanciones: puede haber una nulidad general de un proceso electoral; puede tratarse de la nulidad de una elección; puede existir la nulidad de una votación; o puede resultar la nulidad de un voto, y en cada caso, tienen efectos distintos. Cuatro supuestos podemos entonces distinguir: en primer lugar, la nulidad del voto; en segundo lugar, la nulidad de una votación; en tercer lugar, la nulidad de una elección, y, en cuarto lugar, la nulidad general de unas elecciones, como la que se ha pronunciado recientemente en Panamá.

Nuestra intención es analizar estos cuatro aspectos en términos generales desde el punto de vista comparado, empezando por las nulidades menos graves en cuánto a sus efectos, para poder terminar con las más graves.

A. La nulidad del voto

Puede decirse que todas las legislaciones electorales establecen diversos supuestos en los cuales el voto, individualmente considerado, se estima que es nulo, sanción que se establece cuando el voto no se considera legítimo o se considera que no cumple la función que tiene de servir para indicar la voluntad del votante, de escoger.

a. Causas de nulidad del voto

En estos supuestos, las legislaciones electorales establecen y distinguen múltiples supuestos en los cuales se produce la nulidad del voto; que se pueden agrupar en general, en dos casos relativos a la ilegitimidad del voto y a la inexistencia del voto.

a'. La ilegitimidad del voto.

Los supuestos de ilegitimidad del voto comprenden todos aquellos casos en los cuales quede afectada la forma de votar, por falsedad de las boletas de votación que se presume, por ejemplo cuando la boleta no tenga el sello de la mesa de votación o cuando las boletas están mutiladas (Art. 133, Ord. 4,a LOS).

b' La inexistencia del voto

Por su parte, los supuestos de inexistencia del voto comprenden todos aquellos actos en los cuales no se pueda deducir cuál es la voluntad del votante, sea porque las boletas de votación no están marcadas (voto en blanco) o porque tienen más de una marca respecto a más de un candidato o lista (Art. 133, Ord. 4c, literales b) a g)).

b. Efectos

En general, todas las legislaciones electorales establecen casos similares de nulidad por ilegitimidad o por imposibilidad de que el voto cumpla su función de escogencia o de manifestación de la voluntad de escogencia.

En todos esos casos se establece la nulidad del voto, tratándose, sin embargo, de una nulidad que sólo puede apreciarse en el momento de la votación general, correspondiente a la mesa de votación, la competencia para apreciar y declarar esa nulidad. Normalmente, la decisión se adopta con total autonomía, sin apelación o revisión, porque se trata de un juicio de la mesa o de la casilla que en definitiva, forma parte del acto de votación y de escrutinio. En estos casos, la mesa o casilla es soberana en la apreciación de estas nulidades y de establecerlas en el acto de escrutinio.

Por supuesto, esta nulidad, en principio, sólo afecta el voto individual de un elector particular, en sí mismo, y en principio no afecta la votación como tal, es decir, no afecta el conjunto de la manifestación de voluntad política de la mesa. En principio, tampoco afecta la elección que resulte del acto de votación.

Algunas legislaciones, sin embargo, establecen supuestos en los cuales la nulidad de los votos individuales puede afectar algo más que la sola votación individual. Por ejemplo, en la legislación brasileña se establece que si la nulidad de votos individuales afecta a más de la mitad de los votos de todo el país en las elecciones presidenciales, del Estado en las elecciones federales o del Municipio en las elecciones municipales, debe realizarse una nueva elección (Art. 224 Ley Brasil). Por supuesto es un caso difícil de que ocurra, por ejemplo, en las elecciones presidenciales, pues para que éstas puedan ser afectadas resultaría necesario una gran cantidad de nulidades de votos individuales para poder llevar a que la nulidad de éstos, en cada mesa, en todo el país, sume más de la mitad de los votos. En esos casos, por tanto, la nulidad de los votos sí podría afectar la elección y, en ese caso, las elecciones, debiéndose proceder a realizar una nueva elección.

Un principio similar está vigente en Uruguay donde se establece que si las dos terceras partes de los votos son nulos o en blanco (inexistencia de voto), en ese caso puede quedar afectada la elección, y debe procederse a realizar una nueva votación (Art. 290).

Pero aparte de esos casos, el principio, en materia de nulidad del voto, es que sólo afecta el acto individual de votación del votante o elector.

B. La nulidad de una votación

El segundo supuesto de nulidad en materia electoral, es la nulidad de una votación, que en este caso afecta no el voto individual de un elector, sino la votación en una mesa electoral.

En este caso, si se analiza comparativamente la legislación latinoamericana, también pueden encontrarse múltiples causas de nulidad, con regulaciones detalladas y explicitación de causales en forma a veces muy extensa. Sin embargo, si se hace un esfuerzo de síntesis, se podrían agrupar esas causas de nulidad de la votación en una mesa o casilla en cuatro grandes grupos: la ilegitimidad de la mesa electoral; la ilegitimidad del acto de votación; la ilegitimidad del acto de escrutinio; y la ilegitimidad de las actas de escrutinio.

a. Causales de nulidad de una votación

a'. La ilegitimidad de la Mesa, casilla o junta electoral

El primer caso de nulidad de la votación deriva de la ilegitimidad de la mesa electoral. Las legislaciones, en este sentido, establecen múltiples supuestos en las cuales se presume ilegítima la mesa, afectándose la votación realizada, por ejemplo, cuando la mesa se ha instalado en lugar distinto al señalado, sin causa justificada (México, Brasil), o cuando se ha constituido ilegalmente (Venezuela) (Art. 195, ordinal 1°, LOS).

b' La ilegitimidad del acto de votación en la mesa respectiva

El segundo caso de nulidad de la votación, deriva de la ilegitimidad del acto mismo de votación realizado en la mesa, estando regulados en las legislaciones electorales múltiples supuestos, por ejemplo: cuando el registro electoral de la mesa aparezca que es falso o apócrifo, o falsos o apócrifos los elementos que hayan servido para su formación (Colombia); cuando la votación se hubiera practicado en días distintos a los señalados por los organismos electorales o en locales distintos a los determinados por la autoridad electoral (Brasil. Venezuela; Art. 195, ordinal 2°, LOS); cuando se hubiere producido una apertura tardía o una clausura anticipada del acto dé votación en la mesa, privándose maliciosamente a los electores del derecho de votar (Argentina); cuando se hubiere ejercido por la mesa actos de coacción contra los electores de manera tal que los hubiesen obligado a abstenerse de votar o a votar en contra de su voluntad (Venezuela; Art. 196, Ord. 2°, LOS); o en general, cuando la mesa haya realizado actos que hubiesen impedido el ejercicio del sufragio con las garantías legales (Venezuela; Art. 196, Ord. 1°); cuando se hubiere ejercido violencia sobre los miembros de la mesa o casilla durante el curso de la votación, al extremo de haberse alterado el resultado de la votación (Venezuela, Art. 195, Ord. 3°); cuando aparezca evidente la comisión de falsedad, coacción, violencia o amenaza ejercida sobre los miembros de la mesa o junta o sobre los ciudadanos durante la realización del proceso electoral (Guatemala, Nicaragua, México, Brasil); cuando se hubiese cometido cualquier otro acto que razonablemente pueda haber alterado el resultado de la votación (Guatemala); cuando la bolsa, caja o urna que contiene los votos hubiese sido violada (Guatemala) ; o cuando hubieren votado un número de sufragantes mayor al del establecido en el registro electoral (en un 10% en el caso de México).

c'. La ilegitimidad del acto de escrutinio de la mesa

El tercer supuesto de la nulidad de la votación en la mesa, concierne a la ilegitimidad del acto de escrutinio. En efecto, la votación en sí puede haber estado viciado de ilegitimidad, en cuyo caso puede afectar la votación. También aquí se distinguen varios supuestos en la legislación electoral comparada: cuando se haya ejercido violencia contra los escrutinios o destruidos o mezclados con otras, las papeletas de votación, o éstas se hayan destruido por causa de violencia (Colombia) ; cuando se haya ejercido violencia sobre los miembros de la mesa de realización del escrutinio, al extremo de haberse afectado el resultado de la votación (Venezuela; Art. 195, Ord. 3°); cuando hubiese mediado error grave o dolo manifiesto en la computación de votos, que modifique sustancialmente el resultado de la votación (México) ; cuando el número de sufragantes consignados en el acta difiera en 5 sobres o más el número de sobres utilizados (Argentina); o cuando en general, los votos emitidos en la elección se computen en violación del sistema electoral (Colombia).

d' La ilegitimidad de actas de votación y escrutinios de mesa

Por último, el cuarto puesto que puede distinguirse en la legislación latinoamericana sobre causas de nulidad de la votación de una mesa, se refiere a la ilegitimidad de las actas de votación de la mesa que se produce, por ejemplo: cuando la preparación de las actas de escrutinios de votos se hubiere realizado por personas no autorizadas por la ley o fuera de los lugares o términos establecidos por los organismos electorales (Venezuela; Art. 195, Ord. 4°); cuando se produzca una alteración manifiesta y comprobada de las actas (Venezuela; Art. 195, Ord 5°); o se produzca la destrucción de todos los ejemplares de las actas, de manera que se le reste su valor informativo (Argentina); cuando aparezca que las actas han sufrido alteración sustancial en lo escrito, después de firmadas por los miembros de la junta (Colombia); o en fin, cuando simplemente no hubiese acta de votación de la mesa o certificado de escrutinio firmado por las autoridades competentes (Argentina).

Debe tenerse en cuenta que el acta de votación o escrutinio, es el documento esencial del acto de votación, pues es el que refleja dicho acto que, una vez realizado, es irrepetible. Por tanto, sin acta, no existe acto de votación, ya que es un requisito de validez *ad solemnitaten* de éste. De allí que las legislaciones electorales con frecuencia, consideren el material electoral (boletas o papeletas de votación) una vez efectuado el escrutinio, como material de desecho. Así fue en Venezuela hasta la reforma de la Ley Orgánica del Sufragio de 1993, que eliminó dicha expresión.

b. *Efectos de la nulidad de una votación*

Ahora bien, en los casos de nulidad de la votación de una mesa electoral, en principio, ello sólo afecta esa votación concreta de la mesa, y por tanto, no afecta la elección o el proceso electoral. El efecto inmediato de la nulidad de una votación, como lo regula la legislación de Colombia (Art. 226), es que deben excluirse los votos de esa mesa, del cómputo general de los votos emitidos.

Sin embargo, puede darse el supuesto de que la nulidad de una votación en una mesa, puede tener influencia en la elección por lo que, en general, casi todas las leyes establecen el principio, formulado tanto en forma positiva como negativa, de que si la nulidad de la votación en una mesa tiene influencia sobre el resultado general de la elección, se requeriría una nueva votación. Por ejemplo, la ley venezolana establece el principio en forma negativa: No habrá lugar a nuevas elecciones si se evidencia que la nueva votación (en la mesa en concreto) no tendría influencias sobre el resultado general (Art. 201). En el caso de Brasil se establece que debe haber una nueva elección si las votaciones anuladas pueden alterar el resultado de la elección, (Art. 212). En Nicaragua, se establece que declarada la nulidad de una votación en una junta, debe convocarse a una nueva elección, si las votaciones son determinantes para el resultado de la elección.

En estos supuestos, incluso, es muy común que en las legislaciones se establezcan presunciones para determinar cuándo debe considerarse determinante la nulidad de la votación en una mesa respecto de una elección. Por ejemplo, legislaciones, como la de Argentina (Art. 117) y Guatemala (Art. 235), establecen como presunción, que si la nulidad de las votaciones afecta a más de la mitad de las mesas o casillas, entonces, ello automáticamente afecta la elección, y por tanto, es necesario convocar una nueva elección. Agrega la Ley de Guatemala que también debe declararse la nulidad de la elección efectuada en un Municipio, si más de la mitad de las Juntas receptoras de votos en dicho Municipio hubieran sufrido actos de destrucción y sabotaje antes, durante o después de la elección (Art. 235), en cuyo caso debe procederse a efectuar una nueva convocatoria. En la legislación de Brasil, la presunción respecto de los efectos de la nulidad de la votación en mesas en cuanto a que puede afectar la elección, se establece cuando dicha nulidad afecte más de la mitad de los votos (Art. 224), en cuyo caso debe procederse a una nueva elección.

Otro supuesto, en el cual se prevé un porcentaje menor, es el previsto en la legislación de México donde se establece que cuando hubiese motivos de nulidad de Casillas que se declaren existen en un 20% de las secciones electorales de un distrito, y sean determinantes para el resultado de la elección, debe también convocarse a nueva elección (Art. 337). En el caso de Honduras, se establece que en los casos de error o fraude en el cómputo de los votos, si ello decidiere el resultado de la elección también debe procederse a realizar una nueva convocatoria (Art. 205).

En todos esos casos, por tanto, cuando existe una presunción de afectación de la elección o de que la nulidad de una votación tienen influencia determinante en la elección, la nulidad de las votaciones de mesa, o casilla electoral, trae como consecuencia la nulidad de la elección y la convocatoria a una nueva elección.

C. La nulidad de una elección

El tercer supuesto de nulidades, en materia electoral, además de la nulidad del voto y de la nulidad de la votación, es el de la nulidad de la elección. Por ejemplo, en casos de elecciones uninominales, la nulidad de la elección del Presidente de la República, de un Gobernador de entidades descentralizadas o de un Alcalde, y en caso de elección de representantes, de diputados, senadores o miembros de Concejos Municipales.

a. Causas de nulidad

En la legislación de América Latina, entre las muchas regulaciones existentes, se pueden identificar cuatro causas de nulidad de una elección: primero, como consecuencia de la nulidad de votaciones; segundo, por razones de inelegibilidad o ilegitimidad de la elección: tercero, cuando la elección no ha estado revestida de las garantías necesarias; y cuarto, en caso de fraude.

a'. La consecuencia de la nulidad de votaciones

Este es el supuesto de nulidad de votaciones que ya se ha mencionado, en los casos en los cuales ésta sea determinante para la elección de un candidato. Hemos señalado la previsión de las legislaciones de Guatemala y Argentina, que establecen la nulidad de una elección en caso de que se haya declarado la nulidad de votaciones en más de la mitad de las mesas electorales. En Brasil, ello sucede cuando la nulidad de las votaciones en mesas afecte a más de la mitad de los votos. En México, la nulidad de una elección puede resultar aún cuando sólo se anule el 20% de las secciones electorales, si ello es determinante para el resultado de la elección.

A estos supuestos debe agregarse la previsión de la legislación de Uruguay, conforme a la cual la nulidad de una elección puede resultar cuando se anulan votaciones de una o más circunscripciones que en conjunto afecten un tercio de la votación nacional (Art. 290).

b'. La ilegitimidad de la elección (inelegibilidades)

El segundo supuesto de nulidad de una elección se deriva de la ilegitimidad de la misma, cuando ha resultado electa una persona que no reúne las condiciones de elegibilidad (Art. 194, Ord. 1° LOS). Se trata, por tanto, de la ilegitimidad de la elección por razones de inelegibilidad, que se regula en casi todas las legislaciones.

En algunos casos, se establece, en general, que la nulidad de la elección procede cuando un candidato no reúna las condiciones constitucionales o legales para el desempeño del cargo, fuere inelegible o tuviere impedimento para ser elegido (Colombia, Art. 218); y más escuetamente en otras legislaciones, se establece que dicha nulidad procede cuando el candidato no reúna los requisitos de elegibilidad (México, Art. 337) o cuando no reúna las cualidades que exija la Ley (Honduras, Art. 205).

También se regula el supuesto de nulidad de elección, por homonimia, en caso de error de hecho, cuando la elección recaiga pro error de nombres en persona distinta del candidato salvo que pueda interpretarse claramente la voluntad del electorado (Honduras, Art. 205).

Por último, también se ubican como un caso de ilegitimidad de la elección, los supuestos en los cuales el candidato respectivo hubiere falseado los requisitos legales (Venezuela, Art. 194, Ord. 2°; Nicaragua, Art. 132).

c' La elección realizada sin las garantías debidas

Un tercer caso de nulidad de la elección, distinto al de la ausencia de condiciones de elegibilidad o que resulte como consecuencia de la nulidad de votaciones en mesas, es el caso de elecciones realizadas sin las garantías debidas, particularmente, en caso de violencia. En efecto, en general, puede considerarse como una causa de nulidad de cualquier acto jurídico, los supuestos en los cuales el consentimiento esté viciado como resultado de la violencia ejercida, sobre quien lo manifiesta. En términos similares, este principio también debe aplicarse a la manifestación de voluntad electoral, la cual estaría viciada cuando hubiere violencia generalizada en el proceso electoral que afecte una elección. Así el artículo 194 de la Ley Orgánica del Sufragio establece que la elección es nula cuando hubiere mediado fraude, cohecho, soborno o violencia en las inscripciones, votaciones o escrutinios y dichos vicios afecten el resultado de la elección.

Ahora bien, estos casos de regulación general de violencia como forma de afectar una elección no son frecuentes en la legislación de América Latina, y como ejemplo característico deben destacarse las legislaciones de México y de Panamá. El Código de México habla de la nulidad de la elección cuando exista *violencia generalizada en un Distrito* (Art. 337). Al hablarse de violencia generalizada, por supuesto, aquí estamos en presencia de un concepto jurídico indeterminado que, en nuestro criterio, no da origen a discrecionalidad, es decir, la apreciación de que debe considerarse *violencia generalizada* no es propia del ejercicio de un poder discrecional, sino de aplicación de la técnica de los llamados conceptos jurídicos indeterminados que exigen precisión, por parte del órgano que toma la decisión, del supuesto de hecho previsto en la norma, con su adecuada calificación, la prueba para tomar una decisión, y su adecuación al fin perseguido en la norma.

En la legislación de Panamá también se encuentra una norma dentro de la misma línea de previsión de la violencia como causa de nulidad de una elección, pero en forma algo más precisa o determinada que en la legislación mexicana. En efecto, el artículo 290 de la Ley Panameña establece que puede haber declaratoria de nulidad de una elección *cuando hayan ocurrido actos de violencia o coacción suficientes para alterar el resultado de la elección, o ésta se hubiese realizado sin las garantías requeridas.*

Por otra parte, en cuanto a elecciones realizadas sin las garantías requeridas, la legislación mexicana es más precisa que la de Panamá, al prever como causal de nulidad de la elección (Art. 337), cuando se hayan cometido *violaciones sustanciales en la jornada electoral* y se demuestre que las mismas son determinantes en el resultado de la elección, considerándose como violaciones sustanciales, la realización de escrutinios en lugares que no llenen las condiciones señaladas o en lugares distintos a los señalados; la recepción de la votación en fecha distinta a la señalada, o la recepción de la votación por personas distintas a las autorizadas. Asimismo, el Código Mexicano prevé como causal de nulidad de una elección, los casos en los cuales, en un 20% de las secciones electorales de un distrito uninominal, se hubiere impedido el acceso a las casillas a los representantes de partidos políticos y candidatos, o se los hubiere expulsado sin causa justificada; o no se hubiesen instalado las casillas y las votaciones no hubiesen sido recibidas (Art. 337).

d'. *La elección fraudulenta*

Por último, el cuarto supuesto de nulidad de una elección, es el supuesto de elección fraudulenta. Así, como se ha dicho, en general, en Venezuela se establece la nulidad de la elección *por haber mediado fraude, cohecho, soborno o violencia en las inscripciones, votaciones y escrutinios;* y en El Salvador, se establece la misma nulidad cuando por fraude, coacción o violencias de las autoridades civiles o militares, miembros de los organismos electorales o partidos políticos *se hubiere hecho variar el resultado de la elección* (Art. 256).

b. *Efectos de la nulidad*

Por supuesto, en todos estos casos de nulidad de una elección, la consecuencia general, si se trata de una elección unipersonal, es la convocatoria y realización de una nueva elección. En caso de una elección por listas, sin embargo, no siempre y en todos los casos debe realizarse una nueva elección. En efecto, por ejemplo, en caso de que se trate de una nulidad por ilegitimidad, ello afecta al candidato que no reúna los requisitos de elegibilidad, subiendo en orden el candidato siguiente de la lista (México, Art. 339, Venezuela, Art. 194, Ord. 1° LOS).

D. *La nulidad total de las elecciones*

El último caso de nulidad, además de la nulidad del voto, de la votación y de la elección es el de la nulidad general de las elecciones. No es frecuente encontrar en la legislación de América Latina una regulación formal de este último supuesto de nulidad, porque en general, no es imaginable que ello pueda llegar a producirse. Políticamente repugna una situación de este tipo, y quizás, por ello la ausencia de regulaciones específicas.

Dos ejemplos, sin embargo, pueden citarse de regulaciones relativas a esta causa de nulidad general de la elección por ilegitimidad del proceso electoral o por violencia generalizada, en cuyo caso debe procederse siempre a efectuarse en una nueva elección.

a.   La ilegitimidad del proceso electoral

Un primer supuesto de nulidad es el provocado por la ilegitimidad del proceso electoral en sí mismo. Por ejemplo, en el caso de la legislación de Venezuela, se establece como causa de nulidad de la totalidad de las elecciones *la celebración de ellas sin la convocatoria previa por el Consejo Supremo Electoral,* acordada de conformidad con los requisitos exigidos por la Ley (Art. 193). En igual sentido se establece en el Código Electoral de Panamá (Art. 289). En el caso de El Salvador se establece la nulidad cuando las elecciones se hubiesen realizado *en día distinto al de convocatoria* (Art. 256). En estos casos, como se dijo, habría ilegitimidad del proceso electoral y ello conduciría, como lo establece expresamente la legislación venezolana, a la necesidad de convocatoria a nuevas elecciones.

b.   Las elecciones sin garantías

El otro supuesto de nulidad general de elección, además de la ilegitimidad del proceso, es el supuesto regulado en la legislación de Panamá, para los casos en los cuales *hayan ocurrido actos de violencia o coacción suficientes para alterar el resultado de las elecciones, o estas se hayan realizado sin las garantías requeridas* (Art. 290). En este caso, establece la ley de Panamá que el Tribunal Electoral declarará la nulidad de las elecciones en su totalidad, debiendo convocarse, por supuesto, las nuevas elecciones.

3.   Los órganos competentes para declarar la nulidad de los actos electorales y la revisión de sus decisiones

A la variedad de supuestos de nulidad en los regímenes electorales, se corresponde asimismo una variedad de soluciones en cuanto a los cuales corresponde declarar las nulidades respectivas y a los sistemas de revisión de sus decisiones, por lo que puede decirse que en América Latina no existe una solución uniforme.

En algunos casos excepcionales, el poder para pronunciar la nulidad de una elección se atribuye al máximo órgano judicial ordinario (Corte Suprema) o a órganos políticos (Congreso). En la mayoría de los casos, dicho poder se atribuye a los órganos de rango constitucional con autonomía funcional, especialmente establecidos para controlar y realizar los procesos electorales, y que se han venido desarrollando en el constitucionalismo latinoamericano, algunos con naturaleza judicial, otros con naturaleza administrativa.

En todo caso, puede decirse que una de las garantías fundamentales de la pulcritud y legalidad de las elecciones en la legislación latinoamericana, ha sido precisamente la estructuración de estos órganos con autonomía funcional que no dependen de los clásicos órganos del Poder Público (Legislativo, Ejecutivo y Judicial), dentro de la misma orientación de las Contratarías Generales, del Ministerio Público y de los Consejos de la Magistratura o Judicatura. Estos órganos constitucionales por supuesto, aún cuando no dependan de los tres clásicos poderes, forman parte del Estado. De allí que desde el punto de vista constitucional no se entienda la expresión doctrinal recogida en la sentencia de la Corte Suprema de Justicia de Panamá, dictada al declarar sin lugar una acción popular ejercida contra la decisión del Tribunal Electoral de anudar las elecciones de mayo de 1989, según la cual el mencionado *organismo electoral no forma parte del Estado, porque no es una función propia de ninguno de sus tres poderes.* Esta expresión realmente, no tiene sentido, pues la característica del constitucionalismo contemporáneo, es precisamente, la ruptura de la clásica trilogía de poderes, con la aparición de estos órganos constitucionales autónomos.

Pues bien, como antes indicamos, la legislación electoral de América Latina asigna en general a estos órganos electorales con autonomía funcional, el poder de declarar la nulidad de una elección o en general de las elecciones. Excepcionalmente, sin embargo, el Poder se atribuye o a un órgano político representativo (el Congreso) o a los órganos judiciales ordinarios.

Vamos a analizar a continuación, comparativamente, estos tres supuestos de declaratoria de nulidad de elecciones por órganos políticos, por órganos constitucionales con funciones electorales y por órganos judiciales ordinarios, con la advertencia de que sólo haremos referencia a los últimos supuestos de nulidad antes mencionados: nulidad de votación en una mesa, de una elección o nulidad general de las elecciones, ya que el primero de los supuestos indicados, es decir, la nulidad del voto corresponde ser declarada, en general a la mesa, de votos en el momento de la realización del acto electoral o al efectuar el escrutinio. Luego estudiaremos los sistemas de revisión judicial de los actos respectivos adoptados por dichos órganos en materia de nulidad de elecciones.

A. *Los órganos con competencia para declarar la nulidad de actos electorales*

a. *La decisión de nulidad a cargo de órganos políticos*

En el primer supuesto, es decir, cuando la nulidad de una elección se encomienda a un órgano político, puede decirse que ello responde a la más pura tradición parlamentaria europea, donde sólo los órganos políticos eran los jueces de la elección de sus propios medios. Esta había sido la tradición inglesa aún cuando, posteriormente, el juzgamiento de la elección se atribuye a la Alta Corte de Justicia. En cambio en muchos países de régimen y tradición parlamentaria, como Italia, por ejemplo, son las Cámaras las que juzgan la elección de sus miembros. En el caso además, de Alemania Federal, donde también es el Bundestad quien juzga la elección de sus miembros. Este sistema, sin embargo, no es común en América Latina; más bien podríamos decir que es excepcional, precisamente porque los sistemas de gobierno no son parlamentarios sino presidenciales. A pesar de ello, en todo caso, pueden identificarse como sistemas de declaración de nulidad por un órgano político, los sistemas de Paraguay y México, países situados en dos extremos geográficos y con tradición y jurídica distinta.

En Paraguay expresamente se establece (Art. 101) que a las Cámaras de Senadores y Diputados les corresponde, en exclusividad juzgar la validez o nulidad de la elección de sus miembros, correspondiéndoles además, el estudio final y aprobación de las actas de la elección presidencial.

En el caso de México se establece expresamente en la Constitución (Reforma del 86-87) el principio que *cada Cámara calificará las elecciones de sus miembros y resolverá las dudas que hubiese sobre ellas* (Art. 60). En consecuencia el Código Electoral de México establece expresamente que únicamente podrá ser declarada la nulidad de votaciones en Mesas (Arts. 336, 337 y 338) por el Colegio Electoral que califica la elección. En el caso de elecciones para Senadores y Diputados, ese Colegio Electoral de la Cámara de Diputados y de la Cámara del Senado está formado por los diputados o los senadores presuntos electos, a los cuales se ha dado la constancia de haber sido electos por mayoría. Se trata, por tanto, de un sistema de control político de nulidad de las elecciones.

Debe destacarse que en la Reforma Constitucional Mexicana de 1977, se había atribuido esta facultad a la Suprema Corte de Justicia mediante un recurso para verificar la legalidad de las elecciones, lo cual se consideró inconveniente, pues se estimó que no debía mezclarse a la Suprema Corte de Justicia en la controversia política, ya que el cuestionamiento de una elección, por supuesto, además de un problema jurídico, genera inevitablemente es una controversia política. Por ello, ese principio de la posibilidad de la Suprema Corte de juzgar y verificar la legalidad de 1987, estableciéndose el sistema de la autocalificación por el órgano político, de la elección de sus propios miembros. En ese sentido llama mucho la atención leer la Exposición por Motivos de esa Reforma Constitucional, y encontrar expresiones decimonónicas, de interpretación extrema de la separación de poderes, para justificarla. En efecto, en la exposición del Presidente De la Madrid a la Cámara de Diputados presentando la reforma en noviembre de 1869, al ubicar la tradición del sistema de autocalificación en la Constitución española de Cádiz de 1812, señaló:

> El sistema de autocalificación ha estado vigente y se ha entendido como una verdadera garantía para el Poder Legislativo, ya que con sus propios miembros quienes determinan cuáles de ellos deberán ocupar los curules. El principio de la separación de poderes, recogido en nuestra Constitución, no puede permitir que para su integración, el Poder Legislativo quede sujeto a las determinaciones de otros poderes encargados de atender funciones separadas y distintas (léase Poder Judicial) de acuerdo con el Estado de Derecho que nos rige. Dejar la calificación del proceso de su integración a un órgano distinto al integrado por los miembros del propio cuerpo colegiado sería, además, lesionar la independencia en la que este poder tiene su origen y vulnerar al electorado que representa.

Es decir, el Presidente de México acudió al principio de la separación de poderes para justificar el control político de la elección de senadores y diputados, pero con base en manifestaciones extremas, que si bien se siguieron al momento de la Revolución Francesa, luego cambiaron en la evolución del Estado contemporáneo.

Con base en ello, destacó el Presidente que *uno de los aspectos qué más controversias ha producido entre juristas y publicistas, en la historia reciente de nuestras instituciones políticas, ha sido él asignar a la Suprema Corte de Justicia facultades en asuntos electorales en virtud del recurso de reclamación establecido en la reforma de 1977.* Por ello, propuso su derogación *para sustraer a la Suprema Corte del debate y de la controversia política,* lo que era suficiente en nuestro criterio, para justificar la reforma desde el punto de vista de la conveniencia política, sin necesidad de acudir a una interpretación extrema de la separación de poderes. El Presidente, sin embargo, insistió en este principio al señalar que:

> atendiendo al principio de la división de poderes y en congruencia con el sistema de autocalificación, los Colegios Electorales de cada Cámara serán la última instancia en la calificación de las elecciones y sus resoluciones tendrán

carácter definitivo e inatacables. En efecto, asignar a los Colegios Electorales de las propias Cámaras el carácter de órganos decisorios, en última instancia, en la calificación de sus propias elecciones es la única propuesta congruente con la división de poderes y con la representación encomendada a dichas Cámaras.

La reforma constitucional de 1987, además previo la creación de un órgano constitucional con el nombre de Tribunal Contencioso Electoral, para conocer de un recurso de queja para obtener la declaración de nulidad de la elección en un distrito o de la votación emitida en una o varias casillas, pero no para la anulación de una elección que, como se dijo, se atribuyó exclusiva y únicamente a los Colegios Electorales de cada Cámara.

b.   *La declaración de nulidad a cargo de órganos constitucionales electorales.*

Como señalamos anteriormente, una característica del régimen electoral de América Latina, ha sido la creación de órganos constitucionales, con autonomía funcional, a los cuales se ha atribuido el control y realización de los procesos electorales, sin que sobre los mismos tengan injerencia los órganos del Poder Ejecutivo o del Poder Legislativo. En general, es a estos órganos electorales, a los cuales se atribuye competencia y poder, para declarar nulidades en los procesos de elecciones, no teniendo los mismos, sin embargo, la misma naturaleza: en algunos casos se los ha creado como órganos administrativos en el sentido de que forman parte de la organización administrativa del Estado (aún cuando no dependen jerárquicamente del Poder Ejecutivo), en otros casos, han sido creados como órganos judiciales (Tribunales o Cortes).

a'.   *La declaración de nulidad a cargo de órganos electorales administrativos*

En este primer supuesto puede ubicarse el caso del Consejo Supremo Electoral de Venezuela y de Nicaragua, el Consejo Central de Elecciones de El Salvador, y del Jurado Nacional de Elecciones de Perú. Estos órganos, creados con autonomía funcional, tienen competencia para anular actos electorales conforme a las respectivas leyes. Sin embargo, se distinguen dos supuestos en estos casos: aquellos como es el caso de Venezuela, en los cuales las decisiones del Consejo Supremo Electoral están sometidos a revisión judicial por parte de la Corte Suprema de Justicia (Art. 214 y ss. LOS); de aquellos en los cuales existe recurso alguno contra las decisiones, del órgano electoral, como sucede en El Salvador y en el Perú; es decir, sin que éstas puedan ser objeto de revisión judicial, salvo la vía de amparo.

En nuestro criterio, esto último evidencia la voluntad de dotar al órgano electoral de autonomía, en el Estado de Derecho siempre debería quedar abierto el control judicial de constitucionalidad o legalidad de esas decisiones, como sucede en Venezuela, al menos mediante el recurso de amparo, como sucede en Perú y El Salvador.

En otros casos de órganos electorales de naturaleza administrativa, con autonomía funcional, como es el caso de la Corte Electoral de Colombia (a pesar de su nombre de Corte), la legislación no le atribuye competencia para declarar la nulidad de elecciones, sino que ello se atribuye a los órganos judiciales *contencioso-*

administrativos o a la Corte Suprema; quedando en todo caso y siempre los actos de los mencionados órganos electorales, sometidos a control judicial por los Tribunales mencionados.

b'. *La declaración de nulidad a cargo de órganos electorales jurisdiccionales*

El esquema más generalizado en América Latina, en materia de organización electoral es el de la creación de órganos electorales con naturaleza y funciones jurisdiccionales para la realización, vigilancia y control de los procesos electorales, los cuales además cumplen también funciones electorales en un marco de autonomía. En algunos casos estos órganos electorales están enmarcados dentro del Poder Judicial, pero puede decirse que en la mayoría de los casos son autónomos, por el rango constitucional que tienen.

A estos órganos electorales jurisdiccionales, en general, se les asigna la competencia para declarar la nulidad de actos electorales, en general, sin que dichas decisiones puedan ser objeto de revisión, salvo por lo que se refiere, en algunos casos, a la revisión constitucional.

a". *Decisiones sin revisión en otra instancia judicial*

En este supuesto puede ubicarse el caso del Tribunal Supremo de Elecciones, de Costa Rica, el cual decide en última instancia siendo imposible recurso alguno contra sus decisiones; el caso de la Corte Nacional Electoral de Bolivia también decide en última instancia, siendo sus fallos irrevisables por la Cámara; el caso del Tribunal Superior Electoral de Ecuador; el caso de la Corte Electoral de Uruguay, que decide en última instancia, siendo el único juez de las elecciones; y el caso del Tribunal Calificador de Elecciones de Chile, cuyas decisiones no tienen revisión. En igual sentido, en los casos de anulación de una votación en un Distrito o Mesas o Casillas, las decisiones del Tribunal Contencioso Electoral de México no tienen revisión, ni siquiera por vía de amparo.

b". *Decisiones revisables sólo en vía de control de constitucionalidad*

En otros casos, el poder de decidir la nulidad de actos electorales también se atribuye a órganos electorales, con carácter jurisdiccional, pero admitiéndose la revisión de sus decisiones por vía de control de la constitucionalidad, sobre lo cual insistiremos más adelante.

A los efectos de completar el esquema en este supuesto de revisión judicial no ordinaria sino por vía de control de constitucionalidad, está el caso de Panamá, donde se prevé que las decisiones del Tribunal Electoral son irrevisables, salvo por la vía de la acción de inconstitucionalidad que además es de carácter popular; en Honduras y Guatemala las decisiones del Tribunal Nacional de Elecciones y del Tribunal Supremo Electoral no tienen recurso, salvo el recurso de amparo, y en Argentina, las decisiones de la Cámara Nacional Electoral también son irrevisables por vía ordinaria, y sólo procede contra sus decisiones, el recurso extraordinario de inconstitucionalidad que es el mecanismo de revisión judicial difuso de la inconstitucionalidad. Similar es el caso de Brasil, donde también existe, un control difuso de la constitucionalidad que permite acudir ante el Tribunal Supremo por la vía de control de constitucionalidad, por lo que se establece expresamente en el Código Electoral, que las decisiones del Tribunal Superior Electoral, si bien son en principio irrecurribles, de las mismas puede sin embargo acudirse al Supremo Tribunal Federal cuando la decisión del Tribunal Electoral se ha basado en una apreciación de inconstitucionalidad de una ley o un acto, o ha sido denegatorio de una vía de protección constitucional (amparo o mandato de seguridad).

c. *La declaración de nulidad de cargo de órganos judiciales*

Además de los sistemas que atribuyen el poder de declarar la nulidad de actos electorales a órganos políticos y a órganos constitucionales electorales, en América Latina también existen sistemas conforme a los cuales se atribuye tal función a órganos del Poder Judicial. Era el caso de Venezuela, hasta 1993, donde sólo la Corte Suprema de Justicia podía conocer de la nulidad de los actos del Consejo Supremo Electoral y en general, de actos electorales; y de Colombia, donde tal atribución se asigna a los órganos de la jurisdicción contencioso-administrativa y en particular al Consejo de Estado.

En efecto, en Colombia, la Corte Federal a pesar de su denominación, no tiene funciones judiciales, y se trata de un organismo administrativo, el cual no tiene competencia para declarar la nulidad de una elección, y cuyas decisiones, en todo caso, son controlables por vía de ilegalidad por los Tribunales Contencioso-Administrativos. La competencia para declarar la nulidad de una elección, en Colombia, se atribuye precisamente a los Tribunales Administrativos y en particular, al Consejo de Estado, debiendo destacarse que este es el único país de América Latina que ha seguido el esquema francés de dualidad de jurisdicciones.

Se destaca, así, la previsión del Código Contencioso-Administrativo de Colombia, que atribuye a los Tribunales administrativos la competencia para la declaración de nulidad de una elección, requeridos mediante acción popular, cuando el candidato no reúna las condiciones constitucionales o legales para el desempeño del cargo, fuere inelegible o tuviere impedimentos para ser elegido (Art. 228); decisión que, como en todo caso contencioso-administrativo tiene efectos *erga omnes*.

d. *La ausencia de supuestos de declaración de nulidad a cargo de Tribunales Constitucionales*

Debe señalarse, por último, que en materia de nulidad de actos electorales, no existe en América Latina el sistema de atribución de la competencia a Tribunales Constitucionales, como sucede en algunos países europeos, a los cuales se ha asignado la función electoral y la de declarar la nulidad de elecciones. El primero de los Tribunales Constitucionales europeos, que se creó después de la Primera Guerra Mundial, fue el de Austria, creación influenciada, sin duda, por Hans Kelsen quien incluso fue miembro del mismo. Dentro de las funciones iniciales que se atribuyeron al Tribunal, además del control de la constitucionalidad, estuvo el control de las elecciones, pudiendo dicho Tribunal conocer de acciones contra la elección del Presidente de la Federación, de los representantes ante las Asambleas, y de los funcionarios de los Lander o de las Municipalidades. Asimismo, se atribuyó al Tribunal, desde el inicio, competencia para conocer de acciones contra los resultados de referéndum relativos a la aprobación de leyes.

En todo caso, el más acabado ejemplo de los sistemas europeos de control juris-diccional de elecciones, sin duda, es el sistema francés, cuyo Consejo Constitucio-nal, entidad que si bien tiene atribuida sólo el control preventivo o previo de la cons-titucionalidad de las leyes, en cambio, tiene el mayor cúmulo de competencias en materia de control electoral, actuando como un verdadero tribunal electoral en rela-ción a las elecciones parlamentarias y presidenciales y en relación a los *referéndum*.

En cuanto a las elecciones parlamentarias el Consejo Constitucional puede veri-ficar la regularidad de las elecciones de Senadores y Diputados, pudiendo anular una elección, modificar los resultados y declarar otro candidato como electo, atribuyén-dose la acción a cualquier elector en la circunscripción respectiva, ejercitable en un lapso de 10 días, debiendo la decisión adoptarse previa audiencia del candidato cuestionado. En cuanto a las elecciones presidenciales, el Consejo Constitucional, no sólo puede revisar la regularidad de la elección, sino que puede vigilar la regula-ridad del proceso electoral. En todo caso, cuestionada la elección presidencial por los Prefectos, el Consejo Constitucional puede adoptar y proclamar el resultado fi-nal. Además, este Consejo puede, de oficio, anular la elección cuando sean eviden-tes las irregularidades que puedan afectar la sinceridad de una elección y el resulta-do final, en cuyo caso el Gobierno debe fijar oportunidad para una nueva elección.

En todo caso, el Consejo Constitucional francés puede participar en el proceso electoral cuando el Gobierno considere necesario reemplazar el procedimiento ordi-nario de conteo de votos, centralizando el proceso en París.

Por último, en materia de *referéndum*, el Consejo Constitucional tiene una máxima intervención tiene que ser consultado previamente respecto a su organiza-ción; debe supervisar tanto la operación del referéndum como el conteo final de los votos; debe proclamar el resultado y en caso de disputa sobre el referéndum a reque-rimiento de cualquier elector, examina y decide los reclamos.

Ahora bien, a pesar de que a la América Latina se ha trasladado la figura europea de los Tribunales Constitucionales, no se han seguido los modelos de control electo-ral existente en los mismos. Así, encontramos Cortes Constitucionales en Guatemala y Chile, y en el Perú y Ecuador, Tribunales de Garantías Constitucionales. Sin em-bargo, a ninguno de estos Tribunales Constitucionales se les ha atribuido funciones de control electoral, como las tienen los modelos europeos.

B. *La revisión judicial de las decisiones que declaran la nulidad de los actos electorales*

La garantía fundamental del Estado de Derecho, es decir, del Estado sometido al derecho, es la posibilidad que deben tener, en todo caso, los órganos judiciales o su (genérico, jurisdiccionales) de controlar la legalidad y constitucionalidad de los ac-tos de todos los órganos estatales. De allí que el esquema más acabado del Estado de Derecho es aquél en el cual, además de la revisión judicial de las sentencias o actos judiciales, existe un control de la constitucionalidad de las leyes, un control conten-cioso-administrativo de los actos de la Administración, y mecanismos judiciales de amparo o *hábeas corpus* para proteger los derechos fundamentales.

En materia electoral, por tanto, el Estado de Derecho debe implicar que toda de-cisión sobre nulidad de elecciones o actos electorales, en algún momento, debe ser sometida a revisión judicial, sea porque la decisión en sí misma sólo la puedan adoptar los Tribunales; sea porque adoptada por otros órganos estatales, pueda ser sometida a revisión judicial, fundamentalmente por razones de inconstitucionalidad.

Ahora bien, al establecer el esquema de los órganos encargados de la declaratoria de nulidad de elecciones hemos destacado, en forma dispersa, la existencia o no de mecanismos de revisión judicial de las decisiones que inciden en la nulidad de actos electorales. Queremos ahora recoger esas nociones, sistematizándolas en esta parte de la exposición, y una conclusión surge de inmediato en el panorama que la legislación de América Latina en la materia, y es que el establecimiento de sistemas de control judicial tampoco es, en absoluto, uniforme.

En efecto, la interpretación del esquema del Estado de Derecho ha tenido efectos distintos en cada país, de acuerdo a su propia tradición y a su propia forma de estructurar sus medios de control, por lo que dan una muestra muy variada, según la naturaleza de los órganos a los cuales se encomienda la declaratoria de la nulidad de los actos electorales, admitiéndose, sin embargo, en general algún sistema de control o intervención judicial. Son excepcionales, por tanto, los sistemas que no admiten control judicial de las decisiones sobre nulidad de elecciones.

Debe distinguirse, por tanto, tres supuestos: sistemas en los cuales no se admite revisión ni intervención judicial en materia de nulidad de actos de las elecciones; sistemas en los cuales la declaratoria de nulidad se atribuye a órganos jurisdiccionales con o sin revisión judicial ulterior, y sistemas en los cuales se admite la revisión judicial de las decisiones sobre nulidad de actos electorales, atribuidas éstas, a órganos electorales administrativos.

a.   *Sistemas en los cuales no se admite revisión ni intervención judicial*

En efecto, puede decirse que en general, sólo en los casos en los cuales la declaratoria de nulidad de una elección se encomienda a un órgano político —lo que de por sí como hemos dicho, es excepcional— tampoco se admite control judicial alguno. Es el caso de México y Paraguay, donde, correspondiendo la decisión a las Cámaras en Paraguay y a los Consejos Electorales de las Cámaras en México, las decisiones de dichos cuerpos son irrevisables, no existiendo control judicial alguno sobre esas decisiones políticas, ni siquiera por la vía de la acción de amparo.

Contrasta en cambio, la situación existente en países con control político sobre las elecciones en el continente europeo, como es el caso de Alemania Federal. Hemos señalado que en Alemania, el control y la nulidad de elecciones la declara el propio Bundestad, por lo que es el propio órgano político-representativo el que juzga la nulidad de la elección de sus miembros. Sin embargo, en Alemania, donde también existe un Tribunal Constitucional, esas decisiones del órgano político de declaratoria de nulidad de elecciones, están sometidas a control jurisdiccional por la vía de control de constitucionalidad. Así, expresamente se establece la posibilidad de un recurso contra las decisiones de la Asamblea sobre la invalidez de una elección. En Austria, en cambio, como hemos visto, la decisión de declarar la nulidad de la elección directamente es competencia del Tribunal Constitucional. En esa forma, incluso cuando la declaratoria de nulidad se atribuye a un órgano político, siempre hay un recurso jurisdiccional de control de la constitucionalidad, lo que muestra el cerramiento del principio del control judicial propio del Estado de Derecho.

Sin embargo, no encontramos ese mismo principio en los dos ejemplos del control político de América Latina (Panamá y México), debiendo destacarse incluso que llama la atención no encontrar ese control judicial de las decisiones de los órganos políticos en México, país que tiene la mayor tradición en materia de recurso de amparo de los derechos fundamentales. Expresamente la legislación de amparo excluye la posibilidad de ejercer un recurso de amparo contra las decisiones del órgano político al cual corresponde juzgar, en definitiva, la elección de sus miembros.

Por otra parte, y también en una forma absolutamente excepcional en América Latina, otro país que atribuye el poder de declarar la nulidad de una elección a un órgano no judicial, sin que exista control judicial, es Nicaragua, donde el Consejo Supremo Electoral, puede tomar dichas decisiones sin que exista recurso alguno contra las mismas (Art. 173).

b. *Sistemas en los cuales la decisión de nulidad corresponde a órganos judiciales ordinarios*

El segundo supuesto que puede identificarse en América Latina en materia de declaratoria de nulidad de elecciones, corresponde a los sistemas en los cuales la declaratoria de nulidad de elecciones se atribuye a órganos judiciales ordinarios, es decir, no especializados para el manejo de los procesos electorales. Era el caso de Venezuela, hasta 1993, con los poderes atribuidos a la Corte Suprema de Justicia y el caso de Colombia, con los poderes atribuidos al Consejo de Estado y a los Tribunales Administrativos, para declarar la nulidad de una elección o de las elecciones.

En este caso de Colombia, la decisión sobre la nulidad de una elección se atribuye a los órganos de la jurisdicción contencioso-administrativa, es decir, a los Tribunales Administrativos y al Consejo de Estado. En este último caso, también, tratándose de la decisión del máximo órgano de la jurisdicción, las decisiones del Consejo de Estado no pueden ser objeto de recurso alguno.

c. *Sistemas en los cuales las decisiones de nulidad de una elección se atribuyen a órganos electorales jurisdiccionales*

En tercer lugar, otro sistema de declaración de nulidad de elecciones, es el atribuido a órganos jurisdiccionales electorales, distinguiéndose dos casos, según que la decisión adoptada tenga o no una revisión judicial ulterior.

a'. *La decisión por órganos jurisdiccionales electorales sin revisión judicial ulterior*

En un primer supuesto, la decisión sobre nulidad de una elección se atribuye al órgano jurisdiccional electoral, en general, en rango constitucional, pero sin que puedan ser sometidas sus decisiones a recurso judicial alguno, ni siquiera de control de constitucionalidad o amparo.

Es el caso de Costa Rica, donde las decisiones del Tribunal Supremo de Elecciones no pueden ser recurridas en forma alguna; de Bolivia, donde las decisiones de la Corte Nacional Electoral son irrevisables; del Uruguay, donde la Corte Electoral estatuye en última instancia; de Chile, cuyo Tribunal Calificador de Elecciones decide sin recurso alguno; y de Ecuador, donde las decisiones del Tribunal Superior Electoral no son revisables. En este supuesto también debe ubicarse el caso del Tribunal Contencioso Electoral de México cuyas decisiones en materia de nulidad de votaciones no son revisables, ni siquiera por vía de amparo.

b'. *La decisión por órganos jurisdiccionales electorales con posibilidad de revisión judicial constitucional*

Un segundo supuesto que puede identificarse en América Latina, también muy generalizado, es el que atribuye la decisión sobre nulidad de una elección al órgano jurisdiccional electoral, pero estableciendo expresamente la posibilidad de control judicial de constitucionalidad de las decisiones, sea mediante el recurso de amparo o mediante control difuso o concentrado de constitucionalidad.

a". *Revisión mediante acción de amparo*

En esta forma, en primer lugar se admite el ejercicio de una acción de amparo ante las respectivas Cortes Supremas de Justicia, contra las decisiones del Tribunal Nacional de Elecciones de Honduras (Art. 204) y del Tribunal] Supremo Electoral de Guatemala (Art. 248), en caso de declaratoria de nulidad de una elección, cuando se denuncie la violación de derechos fundamentales.

b". *Revisión mediante recurso extraordinario de inconstitucionalidad*

En segundo lugar, puede haber una revisión judicial de inconstitucionalidad de las decisiones de los órganos electorales jurisdiccionales, en los sistemas donde se admite el control difuso de inconstitucionalidad de las leyes, como en Argentina y Brasil, pudiendo ejercerse un recurso extraordinario por ante el Tribunal Supremo. Así, en Argentina, contra las decisiones de la Cámara Nacional Electoral que resuelvan cuestiones de constitucionalidad, puede ejercerse el recurso extraordinario de inconstitucionalidad ante la Corte Suprema de la Nación. En el caso de Brasil, contra las decisiones del Tribunal Supremo Electoral, en las cuales se resuelvan cuestiones de inconstitucionalidad, invalidez de leyes o actos contrarios a la Constitución o se deniegue un *hábeas corpus* o un mandato de segurança, se puede ejercer un recurso por ante el Supremo Tribunal Federal.

c". *Revisión mediante acción popular de inconstitucionalidad*

Pero en tercer lugar, también existen supuestos en el ordenamiento latinoamericano, en los cuales se permite el ejercicio del control de la constitucionalidad de las decisiones del órgano jurisdiccional electoral en materia de nulidad de elecciones, por vía de acción. Es el caso de Panamá, donde se establece que las decisiones del Tribunal Electoral, incluyendo las que declaren la nulidad de las elecciones, son definitivas, irrevocables y obligatorias y por tanto, sólo recurribles ante el mismo Tribunal, exceptuándose lo referente al recurso de inconstitucionalidad (Art. 137). Por tanto, esas decisiones del Tribunal Electoral pueden ser objeto de una acción popular de inconstitucionalidad que se ejerce por ante la Corte Suprema de Justicia.

En todos estos casos, por tanto, encontramos la previsión en el ordenamiento jurídico de órganos jurisdiccionales electorales, muchos de ellos con rango constitucional y autonomía funcional, lo que significa que sus decisiones son irrevisables por vía ordinaria. Sin embargo, se establece como garantía última del Estado de

Derecho el control por parte de la justicia constitucional, en sus diversas modalidades: amparo y control, tanto difuso como concentrado, de la constitucionalidad.

d. *Sistemas en los cuales la decisión de nulidad corresponde a órganos administrativos electorales con posibilidad de revisión judicial*

Por último, también dentro del marco del Estado de Derecho, en algunos casos si bien la decisión sobre nulidad de una elección se atribuye a un órgano electoral de naturaleza administrativa, se prevé expresamente la posibilidad de revisión judicial. Es el caso de Venezuela, donde la Ley Orgánica del Sufragio prevé recursos de revisión judicial contra las decisiones del Consejo Supremo Electoral y demás organismos electorales (Arts. 216 y ss. LOS); respecto de las cuales no se excluye la acción de amparo salvo cuando se haya recurrido en vía de revisión judicial (Art. 231, LOS).

Por otra parte, es el caso de Perú, donde si bien se establece que contra las decisiones de la Junta Nacional Electoral no cabe acción judicial alguna, se ha entendido -aún bajo discusión- que ello no excluye la acción de amparo. En el mismo sentido, en el caso de El Salvador, las decisiones del Consejo Central de Elecciones puede ser objeto de una acción de amparo ejercida por ante la Corte Suprema, en caso de violaciones constitucionales.

4. *Algunos casos de anulación judicial de elecciones conforme a la Ley Orgánica Del Sufragio vigente hasta 1993*

A. *El caso de nulidad de las elecciones en Mesas Electorales en las elecciones de Alcaldes de 1989, y su influencia en elecciones municipales. (A propósito de la sentencia de la Corte Suprema de Justicia en Sala Político-Administrativa de 11-12-90)*

La Corte Suprema de Justicia, en sentencia de 11 de diciembre de 1990[99] con motivo de un recurso de nulidad de votaciones en diversas Mesas Electorales es el Municipio Sucre del Estado Miranda que funcionaron el día de las elecciones para Alcalde que se efectuaron el 3 de diciembre de 1989, declaró "nulas las votaciones" efectuadas en 69 Mesas Electorales, resolviendo en consecuencia que

"Conforme a lo ordenado por el artículo 198 de la Ley Orgánica del Sufragio, corresponde ahora al Consejo Supremo Electoral establecer únicamente cómo influye la nulidad de las votaciones efectuadas en las Mesas Electorales que levantó las Actas de Escrutinios determinadas en esta sentencia, en el resultado general de los escrutinios para Alcalde del Municipio Autónomo Sucre y resolver en consecuencia; con la salvedad de que con arreglo a lo previsto en el artículo 131 de la Ley Orgánica de la Corte Suprema de Justicia, cualquiera que sea la decisión que al respecto asuma el Consejo Supremo Electoral, ello no afectará los actos cumplidos por la autoridad municipal en ejercicio".

---

99   Véase la sentencia en *Revista de Derecho Público*, N° 45, Caracas, 1991, pp. 86 a 88. Véase los comentarios en Allan R. Brewer-Carías, "La nulidad de los actos electorales y su influencia en las elecciones", *Revista de Derecho Público*, N° 50, 1992, pp. 199 a 205.

Dispuso además la sentencia que la misma "sólo afecta las votaciones donde se cometieron los hechos que originaron la nulidad de las Actas así declarada", lo cual, por lo demás, era obvio.

Ahora bien, de acuerdo a la Ley Orgánica del Sufragio vigente para esas elecciones, se distinguían diversos tipos de nulidad de actos electorales:

1.   En primer lugar, se regulaba la *nulidad de la totalidad de las elecciones* cuando su celebración se hiciera sin convocatoria previa por el Consejo Supremo Electoral ajustada a los términos establecidos en la Ley (Art. 191);

2.   En segundo lugar, se regulaba la *nulidad de cualquier elección*, en los casos en que por ejemplo, el candidato electo no reuniera las condiciones de elegibilidad establecidas en la Ley; o cuando hubiera mediado fraude, cohecho, soborno o violencia en las inscripciones, votaciones o escrutinio (Art. 192);

3.   En tercer lugar, se regulaba la *nulidad de votaciones en Mesas Electorales*, en los casos siguientes:

> 1°)   Por haberse practicado en días distintos a los señalados por el Consejo Supremo Electoral o en locales diferentes a los determinados por la respectiva autoridad electoral;
>
> 2°)   Por haber realizado la Mesa Electoral actos que hubiesen impedido el ejercicio del sufragio con las garantías que se establecen en la Ley;
>
> 3°)   Por haberse constituido ilegalmente la respectiva Mesa Electoral;
>
> 4°)   Por violencia ejercida sobre los miembros de la Mesa Electoral durante el curso de la votación o de la realización del escrutinio, al extremo de que pueda haberse alterado al resultado de la votación;
>
> 5°)   Por ejecución de actos de coacción contra los electores de tal manera que los hubiesen obligado a abstenerse de votar o votar en contra de su voluntad;
>
> 6°)   Por la preparación de las actas de escrutinio de votos por personas no autorizadas por esta Ley, o fuera de los lugares o términos establecidos en la misma;
>
> 7°)   Por alteración manifiesta y comprobada y por destrucción de todos los ejemplares de las actas, de tal manera que les resten su valor informativo (Art. 193).

4.   En cuarto lugar, se *regulaba la nulidad del voto individual* en los siguientes casos:

Para Presidente de la República y para Cuerpos Deliberantes cuando la boleta respectiva no tenga estampado el sello de la Mesa; para Presidente de la República cuando la boleta respectiva no tenga ninguna tarjeta grande sellada por el votante; para Cuerpos Deliberantes cuando la boleta respectiva no tenga ninguna tarjeta pequeña sellada por el votante; para Presidente de la República con algunas excepciones, cuando la boleta respectiva tenga sellada por el votante más de una (1) tarjeta grande; para Cuerpos Deliberantes con algunas excepciones, cuando la boleta respectiva tenga sellada por el votante más de una (1) tarjeta pequeña; para Presidente de la República y para Cuerpos Deliberantes cuando la boleta respectiva aparezca mutilada (Art. 135).

En el último supuesto, la nulidad del voto correspondía ser decidido por la Mesa Electoral respectiva al momento del escrutinio de las votaciones en la Mesa (Art. 135, LOS) y ello sólo afectaba al voto en sí mismo.

En los tres primeros casos, la nulidad correspondía ser declarada por la Corte Suprema de Justicia, al decidir el correspondiente recurso de nulidad, y la declaratoria tenía diversos efectos. *En el primer caso, de la nulidad de la totalidad de las elecciones,* el efecto de tal declaratoria era la obligación del Consejo Supremo Electoral de convocar en un lapso de 30 días a *nuevas elecciones. En el segundo caso de nulidad de una elección,* si se trataba de una elección unipersonal, es decir, para Presidente de la República, Gobernador o Alcalde, el Consejo Supremo Electoral debía convocar en un lapso de 30 días, a *nueva elección* para el cargo respectivo. En cambio si se trataba de una elección unipersonal, por listas, para cuerpos representativos, la Ley disponía que la declaratoria de nulidad *sólo afectaría la elección del candidato inhábil* y se llamaría en su lugar al candidato siguiente en el orden de la lista (Art. 198).

En el *tercer caso, de nulidades de votaciones en Mesas Electorales,* el artículo 198 de la Ley Orgánica del Sufragio establecía que "la sentencia sólo afectaría las elecciones efectuadas en la circunscripción electoral en que se hubiera cometido el hecho que lo vicie", es decir, no afectaba en ningún caso, la totalidad de las elecciones.

Además, la misma norma establecía que *en principio,* la nulidad de votaciones en Mesas Electorales tampoco afectaba la elección concreta que se hubiera efectuado en la dicha circunscripción. Por ello, agregaba el artículo 198 citado que:

"no habrá lugar a nuevas elecciones si se evidencia que una nueva votación no tendría influencia sobre el resultado general de los escrutinios para Presidente, Gobernador o Alcalde ni sobre la adjudicación de los puestos en razón del cuociente electoral. La decisión a este respecto compete al Consejo Supremo Electoral".

En consecuencia, la nulidad de votaciones en Mesas Electorales sólo conducía a que se verificasen *nuevas elecciones* si se evidenciaba que una nueva votación tenía influencia sobre el resultado general de los escrutinios.

De lo anterior resulta entonces que, en el caso de nulidad de votaciones en Mesas Electorales, en principio, ello sólo afectaba la votación en la Mesa concreta y no afectaba ni a la elección que se hubiese efectuado, ni al proceso electoral en general. Por tanto, el efecto fundamental inmediato de la sentencia que declaraba la nulidad de una votación en Mesa o Mesas Electorales, era que debían excluirse los votos escrutado en la Mesa o Mesas Electorales anuladas, del cómputo general de los votos emitidos en la respectiva circunscripción, y a ello estaba obligado el Consejo Supremo Electoral, correspondiéndole en este caso, conforme a lo establecido en el artículo 45, ordinal 16, de la Ley Orgánica del Sufragio, dictar un acto administrativo de corrección de la totalización de votos en la circunscripción respectiva. El Consejo Supremo Electoral, por tanto, en estos casos, debía proceder a hacer una corrección del Acta de Totalización elaborada por el organismo competente en la circunscripción respectiva, excluyendo los votos correspondientes a las Mesas Electorales anuladas, indicándolo así en el acto respectivo.

Como consecuencia de la corrección del Acta de Totalización conforme a lo decidido por la Corte Suprema de Justicia, podía resultar que la nulidad declarada de votaciones en Mesas Electorales, pudiera tener influencia en la elección que se hubiera efectuado. En este caso, el efecto de la declaratoria judicial de nulidad de las votaciones en las Mesas Electorales, una vez deducidos los votos de las Mesas Electorales anuladas del cómputo general de la circunscripción y corregida el Acta de Totalización (única forma de saber si la nulidad de las votaciones en Mesas puede afectar la elección), era que el Consejo Supremo Electoral *debía proceder a convocar una nueva elección.* Es decir, como lo señalaba el artículo 198 de la Ley Orgánica del Sufragio, no habría lugar a *nueva elección* si se evidenciaba que una nueva votación no tendría influencia sobre el resultado general de los escrutinios, por lo que en caso contrario, el Consejo debía proceder a convocar una nueva elección.

En consecuencia, si el número de votos correspondientes a las Mesas Electorales anuladas, en caso de atribuirse totalmente a otro candidato, no tenía influencia en la elección realizada, no procedía el efectuar nuevas elecciones. Si al contrario, la diferencia de votos entre el candidato electo y sus contendores era menor que el número de votos correspondientes a las votaciones de Mesas anuladas, procedía efectuar *una nueva elección* en la circunscripción respectiva. *No se trataba por tanto, de repetir la votación en las Mesas anuladas, sino de realizar una nueva elección en todas las Mesas de la circunscripción.* Se insiste en advertir que, en este caso, lo que ordenaba la Ley era *convocar una nueva elección* y no nuevas votaciones sólo en las Mesas anuladas.

De acuerdo a la ley vigente de 1995, esta es la situación (Art. 201). En efecto, el acto de votación para una elección es un acto único que no puede ni repetirse, ni suspenderse para continuarlo en otra oportunidad. Anuladas unas votaciones en Mesas Electorales, si el número de votos anulados tiene influencia en la elección efectuada, esas votaciones en las Mesas no pueden repetirse aisladamente, sino que lo que procede es hacer una nueva elección.

En todo caso, la consecuencia inmediata de la decisión judicial que declare la nulidad de votaciones en Mesas Electorales, con influencia en la elección respectiva, es que el Consejo Supremo Electoral luego de corregida el Acta de Totalización respectiva elaborada por el organismo electoral competente conforme a lo decidido por la Corte Suprema de Justicia, debe proceder a revocar el acto de adjudicación y proclamación del funcionario que haya sido electo, pronunciado por el organismo electoral respectivo, produciéndose, en consecuencia, una *falta absoluta* del mismo, que debe llenarse conforme lo disponga la Ley, mientras se realiza la nueva elección.

Aplicados los anteriores criterios al caso de la Alcaldía del Municipio Sucre del Estado Miranda en 1989, la situación fue la siguiente:

1. Como hemos señalado, con fecha 11 de diciembre de 1990, la Corte Suprema de Justicia anuló las votaciones en 69 Mesas Electorales correspondientes a las elecciones realizadas el 3 de diciembre de 1989 para la elección del Alcalde en la circunscripción electoral correspondiente al Municipio Sucre del Estado Miranda, y ordenó al Consejo Supremo Electoral proceder a determinar conforme a la Ley Orgánica del Sufragio si la anulación de las votaciones en las mencionadas 69 Mesas Electorales, tenían o no influencia sobre el resultado general de los escrutinios para la elección de dicho Alcalde.

Debe observarse que la Corte Suprema de Justicia en Sala Político-Administrativa, en su sentencia del 11 de diciembre de 1990, al declarar nulas las votaciones efectuadas en 69 Mesas Electorales de la circunscripción electoral del Municipio Sucre del Estado Miranda, estableció claramente, como ya se señaló, que:

3. "Conforme a lo ordenado por el artículo 198 de la Ley Orgánica del Sufragio, corresponde ahora al Consejo Supremo Electoral establecer únicamente cómo influye la nulidad de las votaciones efectuadas en las Mesas Electorales que levantó las Actas de Escrutinio determinadas en esta sentencia, en el resultado general de los escrutinios para Alcalde del Municipio autónomo Sucre y resolver en consecuencia; con la salvedad de que con arreglo a lo previsto en el artículo 11 de la Ley Orgánica de la Corte Suprema de Justicia, cualquiera sea la decisión que al respecto asuma el Consejo Supremo Electoral, ello no afectará los actos cumplidos por la autoridad municipal en ejercicio".

4. "Esta sentencia sólo afecta las votaciones donde se cometieron los hechos que originaron la nulidad de las Actas así declaradas".

Con esta decisión, por tanto, como debía ser, la Corte Suprema dejó en manos del Consejo Supremo Electoral el determinar como lo decía el artículo 198 de la Ley Orgánica del Sufragio (actual Art. 201). la influencia de la nulidad de las votaciones en las Mesas señaladas sobre el resultado general de los escrutinios para Alcalde, es decir, sobre la elección del Alcalde, de manera que, conforme a la mencionada norma, el Consejo era quien debía resolver si había lugar o no a convocar a una nueva elección.

La advertencia contenida en el último párrafo de la decisión de la Corte (N° 4) sobre que la sentencia sólo afectaba las votaciones donde se cometieron los hechos que originaron la nulidad de las Actas así declaradas, era completamente innecesaria, pues sólo podía ser así: anuladas las votaciones en unas Mesas Electorales, la nulidad pronunciada evidentemente que sólo afecta las votaciones de esas Mesas, por lo que las votaciones en las Mesas Electorales cuyas votaciones no fueron declaradas nulas por la Corte, ni fueron sometidas a su revisión, por supuesto que conservan todo su valor informativo y, en consecuencia, validez, como lo afirmó la Corte en la "aclaratoria" de la sentencia antes mencionada, de fecha 13 de febrero de 1991.

Por supuesto, ello nada tiene que ver con la decisión que sólo correspondía al Consejo Supremo Electoral, de determinar la influencia de la nulidad de las votaciones en diversas Mesas Electorales en el resultado general del escrutinio para Alcalde, es decir, en la elección del Alcalde respectivo.

2. Debe señalarse, sin embargo, que en la mencionada aclaratoria pronunciada por la Corte Suprema el 13 de febrero de 1991, la Corte consideró procedente la "aclaratoria" solicitada:

"en relación a que corresponde al Consejo Supremo Electoral al haber sido declarada sólo la nulidad parcial de las votaciones en las sesenta y nueve (69) Actas de Escrutinio, determinar si influye en el resultado general de los escrutinios, *y de resolver convocar a nuevas elecciones sólo lo será en las mesas que levantaron las Actas de Escrutinio determinadas corno nulas en la sentencia*; y consecuentemente, conservan todo su valor informativo las Actas de Escrutinio que no fueron sometidas a revisión y aquellas cuya validez la Sala confirmó".

De esta aclaratoria de la sentencia se deduce que la Corte resolvió que de lo que se trataba, consecuencia de su sentencia, era que el Consejo Supremo Electoral, si juzgaba que la nulidad pronunciada tenía influencia sobre la elección del Alcalde, *sólo debía convocar a votar a los electores inscritos en las 69 Mesas de votación, para repetir la votación en las referidas Mesas Electorales,* como si el proceso electoral de diciembre de 1989 se hubiera paralizado y luego debía continuar en la misma forma en las 69 Mesas señaladas. Ahora bien, no sólo ello se apartaba del contenido del artículo 198 de la Ley Orgánica del Sufragio, sino que era contradictorio con la propia sentencia y con la naturaleza del acto de votación.

En efecto, ante todo deben distinguirse, en los términos de la Ley Orgánica del Sufragio, la *votación de la elección.* La votación es el acto electoral de depositar el voto en las Mesas respectivas; y la elección es el acto por el cual se elige a un candidato como consecuencia del acto de votación. La nulidad de votaciones en Mesas Electorales, por ello, no necesariamente afecta la elección ni implica necesariamente la necesidad de convocar a nuevas elecciones, sino cuando ello tenga influencia en la elección. En este último caso, lo que debe hacerse es una *nueva elección,* pero jamás la "repetición" de las votaciones en las Mesas cuyos escrutinios fueron anulados.

El acto de votación en Mesas Electorales, como se dijo, es uno y único, y jamás puede "repetirse". Si un proceso electoral, por cualquier causa, no se pudo realizar la votación en una Mesa Electoral, ese acto no puede realizarse posteriormente en ningún caso. En el mismo sentido, si por sentencia judicial se anularon las votaciones en Mesas Electorales, el acto de votación en dichas Mesas no puede jamás repetirse aisladamente, y sólo si la anulación pronunciada influye en la elección efectuada, lo que procede es convocar a una nueva elección, con nuevas postulaciones, aun cuando se repitan las candidaturas precedentes pero con la posibilidad de nuevos candidatos y nuevos electores. No tenía sentido alguno pretender, como resultado de la "aclaratoria" de la Corte, que año y medio después se "repitieran" votaciones en determinadas Mesas para que los mismos electores voten por los mismos candidatos (podía que algunos de ellos ya ni tuvieran interés), habiendo cambiado, además, el conjunto de los electores (habían fallecido algunos u otros se habían cambiado de residencia).

Por tanto, la aclaratoria de la sentencia de la Corte Suprema de Justicia no sólo contraría lo establecido en el artículo 198 de la Ley Orgánica del Sufragio de la época y al propio dispositivo de la sentencia, sino a la esencia misma del acto de votación y a las normas más generalizadas del régimen de nulidad de los actos electorales.

En todo caso, el Consejo Supremo Electoral, en ejecución del mandato judicial de la Corte Suprema de Justicia y por Resolución N° 003-91 de 3 de abril de 1991, determinó que el número de votos correspondientes a las actas de escrutinio de las 69 Mesas Electorales anuladas, incidía sobre la elección del Alcalde y, en consecuencia, convocó a *nuevas elecciones* para elegir Alcalde del Municipio Sucre para el 26 de mayo de 1991. Sin embargo, no procedió a revocar la adjudicación y proclamación del Alcalde que había sido electo, como era jurídicamente elemental. No podía en efecto, el Consejo Supremo Electoral, como lo hizo, convocar a nuevas elecciones para Alcalde, sin que se hubiese producido formalmente la *falta absoluta* del Alcalde, y estando al contrario, en ejercicio del cargo el Alcalde que había sido electo. Sin embargo, así se hizo.

En todo caso, es de observar que la Resolución del Consejo Supremo Electoral de 3 de abril de 1991, quizás sin quererlo, se ajustaba en su texto a lo prescrito en el artículo 198 de la Ley Orgánica del Sufragio y se apartaba de lo establecido en la "aclaratoria" de la sentencia señalada, en el sentido de que el Consejo procedió a "convocar a nuevas elecciones para elegir Alcalde del Municipio Sucre del Estado Miranda" y no repetir el acto de votación en las 69 Mesas cuyas Actas de Escrutinio fueron anuladas en el Municipio Sucre.

Sin embargo, a pesar del texto formal de la Resolución, fue evidente, por la fecha fijada (26-5-91), que sólo se pensó en la última situación, pues de lo contrario, en caso de convocatoria a una nueva elección, hubiera tenido que comenzar por establecer el lapso de postulación de candidatos.

Ahora bien, el Consejo Supremo Electoral, con base en la decisión de la Corte, debió haber procedido, ante todo, a *modificar formalmente el Acta de totalización* levantada en su momento por la Junta Electoral Municipal del Municipio Sucre conforme al artículo 137 de la Ley Orgánica del Sufragio, restando de la totalización de votos efectuada, los votos correspondientes a las Actas de Escrutinio de las 69 Mesas anuladas por la Corte Suprema de Justicia. Ello no se hizo sino muy tardíamente, después de convocadas las elecciones (abril de 1991) por decisión adoptada el 13 de mayo de 1991, lo cual, en todo caso, se publicó en la Gaceta Oficial, pues ningún acto electoral es ni debe ser privado o reservado y, menos las Actas de Totalización de votos o sus correcciones.

Como consecuencia de la corrección del Acta de Totalización de votos y de la necesidad ineludible de convocar a nueva elección de Alcalde e, incluso, conforme a lo ilegalmente ordenado por la Corte Suprema, a nuevas votaciones en las Mesas Electorales cuyas Actas de Escrutinio fueron anuladas, en todo caso, el Consejo Supremo Electoral debió proceder a *revocar formalmente el acto de adjudicación y proclamación del puesto de Alcalde en el Municipio Sucre* del Estado Miranda, efectuado por la Junta Electoral Municipal respectiva, conforme al artículo 138 de la Ley Orgánica del Sufragio, lo que se produjo, también tardíamente, en el mismo acto del 13 de mayo de 1991.

Ahora bien, en todo caso, dicho acto administrativo de revocación, motivado en los hechos antes indicados, implicó automáticamente el que se produjera una *ausencia absoluta del Alcalde, en cuyo caso procedía aplicar el texto del segundo párrafo del artículo 54 de la Ley Orgánica de Régimen Municipal,* que establece:

> "Cuando se produjere la ausencia absoluta del Alcalde antes de tomar posesión o antes de cumplir la mitad de su período legal, *se procederá a una nueva elección* en la fecha que fije el Consejo Electoral. Cuando la ausencia absoluta se produjese transcurrida más de la mitad del período legal, el Concejo o Cabildo Distrital designará a uno de sus miembros para que ejerza el cargo vacante de Alcalde por lo que resta del período municipal. Mientras se cumple, en uno u otro caso, la toma de posesión del nuevo Alcalde electo o designado, se encargará de la Alcaldía el Vicepresidente".

En consecuencia, revocado por el Consejo Supremo Electoral el acto de adjudicación y proclamación del puesto de Alcalde efectuado por la Junta Electoral Municipal del Municipio Sucre para el período 1991-1993, el Vicepresidente del Concejo Municipal del Municipio Sucre se encargó de la Alcaldía.

Esta decisión del Consejo Supremo Electoral adoptada el 13 de mayo, en todo caso, se produjo antes de que el Alcalde que estaba en ejercicio del cargo cumpliera la mitad del período legal (3 años) que ocurría en julio de 1991, por lo que el Consejo Supremo Electoral, *en todo caso, y a pesar de lo indicado en la aclaratoria de la sentencia de la Corte Suprema de Justicia,* conforme a la Ley Orgánica de Régimen Municipal (texto que en este caso prevalecía) *debió proceder a convocar una nueva elección de Alcalde en el Municipio Sucre del Estado Miranda, por supuesto, mediante votaciones en todas las Mesas Electorales del mismo* y no sólo en las Mesas cuyas Actas de totalización fueron anuladas, y previa apertura del lapso de postulación correspondiente.

Por ello, por supuesto, el Consejo Supremo Electoral debió proceder a *revocar la Resolución Nº 003-91* de 3 de abril de 1991 *y convocar efectivamente a una nueva elección de Alcalde,* conforme a lo previsto en el artículo 95 de la Ley Orgánica del Sufragio, a los efectos de que se cumpliera el período de postulación establecido en el artículo 103 de la misma Ley Orgánica y se llenasen las demás exigencias establecidas en la misma.

Como consecuencia de todo lo anteriormente expuesto, en nuestro criterio, el *Consejo Supremo Electoral en el caso de la nulidad de votaciones en 69 Mesas Electorales con motivo de la elección de Alcalde de 3 de diciembre de 1989 del Municipio Sucre del Estado Miranda, ineludiblemente debió haber procedido a convocar una nueva elección para Alcalde del Municipio Sucre del Estado Miranda* (no se trataba de la repetición de las votaciones en las Mesas cuyos votos fueron judicialmente anulados) dictando las siguientes decisiones:

Conforme a la sentencia de la Corte Suprema de Justicia (11-12-90), debió proceder a dictar un acto administrativo de corrección del *Acta de Totalización* para la elección del Alcalde en dicho Municipio levantada por la Junta Electoral Municipal, deduciendo los votos correspondientes a las Mesas Electorales anuladas, acto que debía *publicarse en la Gaceta Oficial.* Esto lo hizo el 13 de mayo de 1991.

Como consecuencia de la corrección del Acta de Totalización de la Junta Electoral Municipal para la elección del Alcalde del Municipio Sucre, el Consejo Supremo Electoral en la misma fecha del 13 de mayo de 1991 procedió *a revocar el acto de adjudicación y proclamación del Alcalde efectuado por la misma Junten Electoral Municipal.*

Esta revocación de ese acto de adjudicación y proclamación del Alcalde del Municipio Sucre, implicaba *ipso jure,* una *falta absoluta del Alcalde,* por lo que conforme al artículo 54 de la Ley Orgánica de Régimen Municipal el Vicepresidente del Concejo Municipal procedió a encargarse de la Alcaldía.

4.   Ahora bien, como la falta absoluta del Alcalde del Municipio Sucre se produjo antes de que el Alcalde electo en diciembre de 1989 cumpliera la mitad de su mandato, el Consejo Supremo Electoral, conforme a lo establecido en la Ley Orgánica del Sufragio (Art. 54) que en nuestro criterio priva frente a lo afirmado en la "aclaratoria" de la sentencia de la Corte Suprema de Justicia del 13 de febrero de

1991 debió proceder a convocar una nueva elección de Alcalde en el Municipio Sucre del Estado Miranda. A estos efectos el Consejo Supremo Electoral debió revocar la Resolución Nº 003-91 de 3 de abril de 1991, y proceder a fijar nueva fecha para la elección del Alcalde conforme a lo establecido en el artículo 96 de la Ley Orgánica del Sufragio, Esto no ocurrió, y el Consejo Supremo Electoral organizó la "repetición" de votaciones en las 69 Mesas Electorales cuyas votaciones habían sido anuladas, contra todos los principios que informan el derecho electoral y contra expresas disposiciones legales. El Alcalde electo con motivo de dicha "repetición" de votaciones, en todo caso, y en forma innecesaria por el respaldo popular que demostró tener, resultó proclamado con una legitimación legalmente dudosa, a lo que sin duda contribuyó la "aclaratoria" de la sentencia de 11 de diciembre de 1990 dictada por la Corte Suprema de Justicia, y emitida con fecha 13 de febrero de 1991, a la que hemos hecho referencia.

B.   *El caso de anulación de las elecciones de Gobernadores de diciembre de 1992 en los Estados Barinas y Sucre (Comentarios a la sentencia de la Corte Suprema de Justicia de 30-03-93)*

En el proceso para elección de Gobernadores desarrollado el 6 de diciembre de 1992, en el caso de la elección de los Gobernadores de los Estados Barinas y Sucre, como lo constató la Corte Suprema de Justicia en sentencia del 30-03-93, ocurrió "un fraude masivo" que influyó "evidentemente sobre el resultado general de los escrutinios, más cuando el porcentaje sobrepasa el cincuenta por ciento (50%), en ambos casos"[100].

En virtud de tal *fraude electoral masivo,* que resultó de las irregularidades constatadas en la mayoría de las Actas de Escrutinio levantadas en las mesas de votación de ambos Estados, la Sala Político Administrativa de la Corte Suprema declaró:

> "nulas las elecciones de Gobernadores realizadas en los Estados Sucre y Barinas, a tenor de lo dispuesto en el artículo 192, ordinal 2º de la Ley Orgánica del Sufragio, en virtud de la nulidad de votaciones efectuadas en las Mesas Electorales que levantaron las Actas de Escrutinio señaladas en la motiva de este fallo, visto que ellas representan más del cincuenta por ciento (50%) del total de las Actas examinadas".

Con motivo de la anulación de dichas elecciones, con un porcentaje de votación nula en Mesas Electorales como el indicado, la Corte Suprema ordenó al Consejo Supremo Electoral convocar a nuevas elecciones de Gobernadores en dichos Estados.

Debe señalarse ante todo, respecto de esta importante decisión de la Corte Suprema, que la misma no se dictó con motivo del ejercicio de ningún recurso de nulidad de votaciones o elecciones conforme a lo establecido en la Ley Orgánica del Sufragio, sino con motivo de la impugnación de un acto administrativo general dic-

---

100   Véase sobre esto Allan R. Brewer-Carías, "La anulación de las elecciones de gobernadores de diciembre de 1992 en los Estados Barinas y Sucre (comentario a la sentencia de la Corte Suprema de Justicia, de 30-03-93", en *Revista Tachirense de Derecho,* Nº 3, enero-junio 1993, pp. 141 y ss.

tado por el Consejo Supremo Electoral mediante el cual éste había convocado nuevas elecciones efectuadas allí, en diciembre de 1992. Esta circunstancia hace aún más importante la decisión de la Corte Suprema, pues con ella, el Supremo Tribunal hizo uso de sus amplios poderes judiciales conforme al artículo 206 de la Constitución, para "restablecer la situación jurídica infringida" por un acto administrativo declarado nulo, habiendo entrado a conocer, de oficio, asuntos que no se le habían solicitado expresamente.

En efecto, de acuerdo a lo establecido en la Ley Orgánica del Sufragio vigente en ese momento (1993), la nulidad de las elecciones y de las votaciones en Mesa Electoral se debía resolver por la Corte Suprema de Justicia a instancia de los organismos electorales, de los partidos políticos nacionales o de cualquier ciudadano mayor de 18 años inscrito en el Registro Electoral Permanente y con residencia en la respectiva circunscripción electoral, mediante la interposición de un recurso de nulidad (artículos 195 y siguientes de la Ley Orgánica del Sufragio).

En el caso resuelto por la Corte Suprema en su sentencia del 30-03-93, como se dijo, el juicio no se inició con motivo del ejercicio de una acción de nulidad de las elecciones en los mencionados Estados Barinas y Sucre, sino con motivo de la impugnación de un acto administrativo del Consejo Supremo Electoral mediante el cual convocó nuevas elecciones para Gobernadores en los mencionados Estados sin que se hubiesen previamente anulado las que allí se efectuaron en diciembre de 1992.

La situación, con motivo de dichas elecciones, en los referidos Estados, en líneas generales fue la siguiente:

1. En las referidas elecciones, dado el manejo de la maquinaria electoral en Venezuela por los partidos políticos, como lo constató la Corte, se produjo un fraude masivo, producto de las múltiples irregularidades cometidas.

2. Los diversos candidatos se atribuyeron la victoria y el Consejo Supremo Electoral no pudo imponer su autoridad para que los organismos electorales locales pudieran emitir correctamente las actos de totalización y proclamación.

3. Las Juntas Electorales Principales, algunas irregularidades constituidas, emitieron actas de proclamación de candidatos y, otros candidatos se juramentaron ante las Asambleas Legislativas. Las actas de totalización fueron impugnadas ante el Consejo Supremo Electoral y este organismo, luego de haber ordenado la revisión numérica de las actas, no fue capaz de llegar a ninguna decisión, llegando incluso a decidir no publicar los resultados de las elecciones de Gobernadores en dichos Estados.

Toda esta situación llevó a la Sala Político Administrativa a expresar que no podía "dejar de advertir su más absoluta sorpresa y perplejidad ante la confesada incapacidad demostrada por el Consejo Supremo Electoral en el cumplimiento cabal de las funciones que le son inherentes. . .", precisando además que Mas actuaciones del Consejo Supremo Electoral comprometen la responsabilidad de los funcionarios involucrados en estas conductas".

Pero la situación fáctica irregular producida por la incapacidad del Consejo Supremo Electoral de resolver la situación de Barinas y Sucre, llegó a su punto culminante con la adopción de tres actos administrativos sucesivos, uno de los cuales fue el acto impugnado que dio origen al juicio resuelto en la sentencia comentada. Dichas decisiones fueron las siguientes:

1. La Resolución N° 930117-005 de 17-01-93 publicada en *Gaceta Oficial* N° 35.141 de 28-01-93, mediante la cual, en virtud de las irregularidades constatadas en las actas de las Mesas de Votación en los Estados Barinas y Sucre, el Consejo Supremo Electoral resolvió dirigirse a la Corte Suprema de Justicia, conforme a lo dispuesto en la Ley Orgánica del Sufragio, "a los efectos de que declare la nulidad de las Actas que no cumplieron con los criterios de validación contenidos en la Ley Orgánica del Sufragio y en las decisiones de este Cuerpo". La decisión del Consejo estuvo motivada en la consideración de que "el total de votos reflejados por las Actas objetadas en virtud de los criterios de validación acordados por el Cuerpo, supera la ventaja obtenida por los candidatos favorecidos en las actas validadas".

2. La Resolución N° 930126-006 de 26 de enero de 1993, la cual *no fue publicada en Gaceta Oficial*, mediante la cual el Consejo Supremo Electoral convocó "a elecciones para elegir los Gobernadores de los mencionados Estados, siendo el argumento central de los recurrentes, como lo resumió la Corte en su fallo (pág. 26), el siguiente:

> "la función de carácter exclusiva y netamente jurisdiccional, como es la de declarar la nulidad de elecciones, se la arrogó en una forma ilegal e inconstitucional el Consejo Supremo Electoral, pues el hecho de haber convocado a nuevas elecciones hace suponer que dicho órgano consideró o dio por sentado que las ya realizadas eran nulas, sin que ello pudiera ser posible al no haber concluido administrativamente el proceso del 6 de diciembre de 1992, precisamente por la inercia del Consejo para decidir los recursos administrativos intentados por Acción Democrática contra los actos de las Juntas Electorales Principales".

3. La Resolución N° 9300120-007 también del día 26-01-93, publicada en *Gaceta Oficial* N° 35.143 de 01-02-93, mediante la cual el Consejo Supremo Electoral decidió levantar la sanción de la Resolución del 17-01-93 (es decir, la revocó) que había decidido el envío a la Corte Suprema de las Actas de Escrutinio de los mencionados Estados a los fines del examen sobre su nulidad.

El juicio de nulidad, por tanto, giró en torno al "acto impugnado" que se concretó "a la convocatoria a elecciones para elegir los Gobernadores de tales Estados el domingo 14 de marzo de 1993", y en atención de ello, la Sala pasó a examinar los fundamentos de ilegalidad invocados por los recurrentes, particularmente sobre la usurpación de funciones alegada, y concluyó señalando que:

> "resulta contrario a derecho que se produzca una convocatoria a elecciones ante elecciones ya realizadas" (p. 75) siendo "el efecto implícito del acto impugnado... la inexistencia para el Consejo Supremo Electoral de todo lo ocurrido desde el 6 de diciembre de 1992" (p. 76).

La Corte estimó que debía ejercer "la protección del sistema jurídico electoral consagrado en la Ley" por lo que en definitiva consideró:

> "que el Consejo Supremo Electoral se extralimitó en sus funciones, abusó de su poder y usurpó funciones que corresponden a este Tribunal cuando impidió expresamente que conociera del material electoral, y entendió que la potestad

de convocar a elecciones se extendió a la de anular implícitamente, o al menos de desconocer, un proceso electoral inconcluso como ocurrió en el presente caso, violentando con ello el derecho al voto de quienes sufragaron para elegir a los gobernadores de Sucre o de Barinas" (p. 77).

En base a ello, al considerar la Sala Político Administrativa que el Consejo usurpó su competencia "al extenderse en el ejercicio de sus funciones pues la nulidad de las actas de escrutinio de los Estados Sucre y Barinas constituyen una función propia de esta Sala" decidió que quedaba:

"afectado de nulidad el acto administrativo dictado, por violación del artículo 119 de la Constitución, en concordancia con los artículos 110 y 113 *ejusdem*, así como del artículo 9 de la Ley de Elección y Remoción de los gobernadores de Estado, y del artículo 96 de la Ley Orgánica del Sufragio".

Adicionalmente la Sala esclareció que el acto, además, estaba viciado de falso supuesto, pues para dictarlo el Consejo tuvo por motivo una supuesta falta absoluta de gobernadores, lo que nunca se produjo.

Ahora bien, la sola declaratoria de nulidad del acto impugnado, es decir, de la convocatoria de nuevas elecciones sin haberse anulado las precedentes, no resolvía la situación jurídica y fáctica derivada del fraude masivo que se había producido en las elecciones de los Estado Barinas y Sucre que la Corte, y que, como garante de la legalidad electoral, la Corte Suprema debía resolver. Por ello, en una sabia decisión, la Corte, luego de anular el acto impugnado, consideró que existía una "voluntad manifiesta y expresa del Consejo Supremo Electoral de que la Corte conozca de la elección de Gobernadores de los Estados Sucre y Barinas, expresada en su decisión N° 930117-005 de 17 de enero de 1993", con la cual la Corte consideró valida la mencionada decisión que había sido revocada por el Consejo el 26 de enero de 1993. Al haber la Corte exigido, durante el juicio, de oficio, al Consejo Supremo Electoral, el envío de las Actas de Escrutinio y demás material electoral de las elecciones de Barinas y Sucre-

"con fundamento en el artículo 46 numeral 27, y 196 de la Ley Orgánica del Sufragio, a cuyos efectos recobra su validez la Resolución N° 030117-005, asume la remisión a esta Corte de las Actas de Escrutinio a que se refiere la referida Resolución de 17 de enero y los expedientes respectivos, "a los efectos de que declare la nulidad de las Actas que no cumplieron con los criterios de validación contenidos en la Ley Orgánica del Sufragio y en las decisiones de este Cuerpo" (p. 81).

En esta forma, de oficio, la Corte "revivió" los efectos de un acto administrativo del Consejo Supremo Electoral, y entró a conocer de la nulidad de las elecciones de los Estados Barinas y Sucre, también de oficio, pues si bien el Consejo Supremo Electoral había manifestado su decisión de solicitar la declaratoria de la nulidad, no lo hizo nunca, formalmente, ante la Corte.

Del análisis de las Actas de Escrutinio, la Corte concluyó que en los Estados Barinas y Sucre había ocurrido un fraude electoral masivo y,

"con fundamento en la Resolución N° 939117-005 dictada por el Consejo Supremo Electoral, publicada en *Gaceta Oficial* de la República de Venezuela

N° 35.141 declara NULAS las elecciones de Gobernadores realizadas en los Estados Sucre y Barinas, a tenor de lo dispuesto en el artículo 192 ordinal 2° de la Ley Orgánica del Sufragio, en virtud de la nulidad de votaciones efectuadas en las Mesas Electorales que levantaron las Actas de Escrutinio señaladas en la motiva de este fallo, visto que ellas representan más del cincuenta por ciento (50%) del total de las Actas examinadas" (p. 103).

En base a ello, la Corte ordenó al Consejo Supremo Electoral que convocara a elecciones de Gobernadores en los Estados Sucre y Barinas en la fecha que fijase, que fue el día 30 de mayo de 1993.

La sentencia del 30-03-93 de la Corte Suprema de Justicia, sin duda, es de las más importantes dictadas por el Máximo Tribunal, no sólo desde el punto de vista jurídico sino político. La Corte, en esta sentencia, asumió plenamente su rol de garante de la constitucionalidad y legalidad de los actos administrativos, en este caso, de los actos electorales; así como de los derechos fundamentales de los ciudadanos, en este caso, del derecho al sufragio. En base a ese papel, la Corte actuó, no sólo jurídicamente, sino como órgano político que es dentro de la separación orgánica de poderes que consagra nuestra Constitución, y como en los tiempos iniciales del control de la constitucionalidad de los actos estatales ejercido por la Corte Suprema de los Estados Unidos a finales del siglo XVIII, asumió el rol de sustituto de la revolución. En aquellos tiempos, en efecto, se consideró que frente a la usurpación entre los poderes del Estado y la negación sistemática de los derechos ciudadanos la solución de los conflictos o era la revolución por el pueblo, o en su lugar, que el Poder Judicial resolviera el conflicto en representación del soberano, que era el pueblo.

La incapacidad y los errores del Consejo Supremo Electoral en la conducción del proceso electoral de diciembre de 1992; el fraude masivo ocurrido en las elecciones de Barinas y Sucre; el nuevo fraude que significó el hecho de que el Consejo Supremo Electoral desconociera, pura y simple, el ejercicio del derecho de voto de dichos Estados al convocar nuevas elecciones ignorando las que se habían realizado, y la urgencia de que se convocaran legalmente dichas elecciones, eran problemas políticos demasiado graves como para que su solución pudiera quedar en manos de los partidos políticos, o de órganos del Estado manejados por éstos. La Corte Suprema era el único órgano que podía resolver la situación, y lo hizo, apelando a su carácter de supremo garante de la constitucionalidad y legalidad de los actos del Estado y de los derechos ciudadanos. Para ello, tuvo que actuar de oficio, no sólo al inicio del juicio, para adoptar medidas cautelares de suspensión de los efectos del acto impugnado y de solución temporal de los niveles de autoridad en el gobierno de los Estados Barinas y Sucre, sino en la anulación de las elecciones de Gobernadores de dichos Estados, como se ha señalado.

Incluso, como se señaló, la Corte no sólo se limitó a declarar la nulidad de actas de votación en *Mesa* como lo establece la Ley Orgánica del Sufragio, que exige dejar en manos del Consejo Supremo Electoral el apreciar si los votos anulados influyen o no en las elecciones para convocar nuevas, sino que interpretando la *ratio legis* del artículo 198 de dicha Ley Orgánica, ordenó directamente al Consejo Supremo Electoral al convocar las nuevas elecciones, apreciando directamente que la anulación que pronunciaba de las Actas de Escrutinio, afectaba a más del 50% del total de las mismas.

Pero fue todavía más allá la Corte y en un aspecto que consideramos que no está ajustado a lo que la Ley Orgánica del Sufragio establecía y establece, resolvió que:

"las elecciones ordenadas en este fallo, deberán realizarse con los mismos candidatos a Gobernadores de los Estados Sucre y Barinas para el 6 de diciembre de 1992, y el Consejo Supremo Electoral deberá establecer los procedimientos conducentes para actualizar el Registro Electoral permanente y todo lo que conduzca a garantizar la pulcritud de los comicios" (p. 104).

Esta resolución de la Corte Suprema, en nuestro criterio, no se ajustó a lo que prescribía el artículo 198 de la Ley Orgánica del Sufragio vigente para entonces (equivalente al Art. 197 de la Ley de 1993 y al 201 de la Ley de 1995), que habla de la *convocatoria a nuevas elecciones* en los casos de que la nulidad de las votaciones en *Mesas* afecten el resultado general de las precedentes.

El convocar a nuevas elecciones, conforme a la Ley Orgánica del Sufragio, no es "repetir" unas elecciones que, como tales, jamás pueden repetirse después que se realizaron, pues el tiempo transcurre inexorablemente sin que pueda "detenerse". Una vez que una elección se realizó, si se anula, no podría "repetirse" jamás y lo único que puede hacerse en convocarse de nuevo la elección. Ello .implica, nuevo período de postulación y por tanto, posibilidad de *nuevos candidatos* y posibilidad de *nuevos electores*. El derecho al sufragio, activo (derecho de ser elegido) y pasivo (derecho de voto), tienen que ser respetados en la nueva elección, por lo que bien podrían haber nuevos candidatos y tendría que depurarse el Registro Electoral para permitir nuevos electores. Así como la Corte exigió que se actualizase el Registro Electoral Permanente para la nueva elección, también debió haber garantizado el pleno ejercicio del derecho pasivo al sufragio, que podían tener los anteriores candidatos para no postularse, así como ciudadanos distintos a los anteriores candidatos para postularse en la nueva elección. Nada en la legislación vigente, por tanto, soporta la decisión de la Corte de que una nueva elección debía realizarse "con los mismos candidatos a Gobernadores de los Estados Sucre y Barinas para el 6 de diciembre de 1992" pues algunos de ellos podían no tener interés en postularse de nuevo, y podía haber otros ciudadanos con pleno derecho, distintos a los anteriores candidatos, a postularse. La Ley habla de "nueva elección" y no de "nueva votación", por lo que una "nueva elección" no es otra cosa que una "nueva elección" con todos sus componentes, y no la "repetición" de una anterior.

V. EL SISTEMA DE PARTIDOS A PARTIR DE 1945

1. *Los orígenes del sistema de partidos*

Una de las consecuencias más importantes del sistema electoral minoritario venezolano ha sido el condicionamiento del sistema de partidos políticos, que también comenzó a conformarse a partir de 1945[101]. En nuestro criterio, y sin llegar a apre-

---

101 Por supuesto que la afirmación hecha de que el sistema electoral venezolano de representación proporcional ha condicionado nuestro sistema multipartidista, toca aspectos muy controvertidos en la teoría política sobre los sistemas de partidos. Según la tesis de M, Duverger, difundida desde 1945, el sistema de partidos políticos está condicionado por el sistema (Véase Duverger [ed.], *L'Influence des Systèmes*

ciaciones deterministas sobre la influencia de los sistemas electorales en los sistemas de partidos, estimamos que no puede llegarse a comprender realmente éstos y el porqué de su conformación, sin el análisis pormenorizado del sistema electoral en cuyo marco funcionan[102].

Ahora bien, si consideramos que el sistema de partidos venezolanos comenzó a estructurarse realmente, como tal, con posterioridad a 1945, no hay duda de que sus antecedentes remotos hay que situarlos en los movimientos estudiantiles de 1928, y sus antecedentes próximos, en las organizaciones políticas que comenzaron a surgir entre 1936 y 1945, durante el período de transición que se abre con posterioridad a la muerte de Gómez, en 1935[103].

En efecto, el esquema tan tradicional en América Latina, de partidos liberales y conservadores, que también se desarrolló en Venezuela durante la segunda mitad del siglo pasado[104], fue totalmente eliminado de la faz política de Venezuela, al concluir

---

Electoraux sur la vic politique, Cahiers de la Fondation National des Sciences Politiques, N° 16, París, 1950; *Institutions Politiques et Droit Constitutionnel,* Tomo I, París, 1971, p. 160. Véase además, la bibliografía que cita en la Nota N° 250) y, en particular, el sistema electoral de representación proporcional tiende al multipartidismo (Véase Mauriee Duverger, *Les Partis Politiques,* París, 1973, pp. 289 y ss.). Esta tesis ha tenido grandes defensores, y entre ellos, por la crítica a la representación proporcional deben destacarse los diversos trabajos de Ferdinand A. Hermens, *Democracy or Anarchy? A Study of Proportional Representation,* 1941; *The Representativo Republic,* 1958; "The Dynamics of Proportional Representation" en Andrew J. Milnod (ed,), *Comparative Political Parties,* New York, 1969, y en Harry Eckstein and David E. Apter, *Comparative Politics,* New York, 1963, pp. 254 y ss. Por otra parte, deben destacarse algunos trabajos específicos destinados a determinar la influencia de los sistemas electorales en las instituciones políticas y, particularmente, loa de E. Lakeman and J. D. Lambert, *Voting in Democracies. A Study of Majority and Proportional Systems,* London, 1959, y de Douglas W. Rae, *The Political Consequences of Electoral Laws,* Yale U.P., 1967. Por supuesto, que la tesis de la influencia de los sistemas electorales sobre los sistemas de partidos no es compartida generalmente (para un análisis general sobre las diversas tipologías de los partidos políticos, véase M. Delfino de Palacios, "Sistema de Partidos y Sistema Político: Descripción Tipológica" en *Politeia,* N° 2, Instituto de Estudios Políticos, Caracas, 1973, pp. 91 y ss.), y se llega inclusive a estudiar el sistema de partidos políticos como una realidad sociopolítica sin que se preste atención alguna a uno de los factores que lo condicionan, el sistema electoral. De ahí, por ejemplo, la apreciación de Ronald H. McDonald sobre la poca atención que se ha prestado a los sistemas electorales y de representación política en América Latina, *Party Systems and Elections in Latin América,* Chicago, 1971, p. 18.

102 En Venezuela, por ejemplo, algunos de los iniciales estudios que se han efectuado sobre el sistema de partidos, ignoraron por completo la influencia del sistema electoral: Véase Juan C. Rey, "El sistema de partidos venezolanos", *Politeia,* N° 1, Instituto de Estudios Políticos, Caracas, 1972, pp. 185 y ss. Otros no le asignaron importancia: Véase H. Njaim, R. Combellas, E. de Guerón y A. Stambouli, *El Sistema Político Venezolano,* Caracas, 1975, pp. 15 y 16. En este sentido, consideramos incompletas las apreciaciones que frecuentemente se realizan sobre la existencia de un sistema de partidos o sobre la conveniencia de que un sistema de partidos se cambie por otro, sin referencia al sistema electoral, como si el sistema de partidos fuera una simple creación política preexistente a aquél. Véase por ejemplo, Donald V. Smiley, "The Two Party System and One-Party Dominance in Liberal Democratic State", en Andrew J. Milnor [ed.], *op. cit.,* pp. 54 y 59 y ss.; Sigmund Neumann, "Toyard an Comparative Study of Political Parties", *idem.,* pp. 35 y ss.

103 Véase para un estudio de este período, Sanín, *Eleazar López Contreras. De la tiranía a, la democracia,* Ed. Ateneo de Caracas, 1982.

104 Véase las referencias históricas en E. Wolf, *Tratado de Derecho Constitucional Venezolano,* Tomo I, Caracas, 1945, pp. 237 y ss.; Aníbal Pinto, con razón, considera este esquema como un reflejo de la importación masiva de instituciones políticas europeas creadas para satisfacer intereses, relaciones y obje-

el predominio de la política regional, federalista y caudillista, mediante la acción integradora del gobierno de J. V. Gómez. El único reducto político fuera de las tendencias gubernamentales y de protestas que existió durante el primer tercio de este siglo, se concentró materialmente en los movimientos estudiantiles, los cuales, sobre todo en la década de los veinte hasta la muerte de Gómez, tuvieron el monopolio de la acción política opositora. La reacción política de la autocracia, no sólo fue directa en cuanto a la represión desatada, particularmente contra los participantes en los movimientos estudiantiles de 1928, sino que provocó una reforma constitucional que iba a legalizar la represión político-ideológica hasta 1945; la reforma constitucional de 1929, entre otros objetivos, estableció el de "prohibir la propaganda del comunismo"[105], la cual permaneció, ampliada, no sólo en la Constitución de 1936[106], sino que condicionó la vida de las nacientes organizaciones políticas hasta 1945[107].

En efecto, con la muerte de Gómez puede decirse que cesó el monopolio de la acción política que asumieron los grupos estudiantiles[108], y la liberación política parcialmente iniciada por el gobierno de E. López Contreras y consolidada por el gobierno de I. Medina Angarita, dio lugar a la constitución, entre 1936 y 1945, de diecisiete partidos políticos, la mayoría de los cuales tuvieron como fundadores y participantes a los miembros de la Federación Venezolana de Estudiantes (FVE), entidad a la cual había correspondido motorizar los movimientos estudiantiles de 1928. La "generación del 28", por tanto, asumió la lucha política y el monopolio de los partidos en 1936, y de la larga lucha entre los gobiernos de transición y los partidos generalmente de izquierda[109], sólo llegaron a traspasar los acontecimientos del

---

tivos completamente antipáticos a los problemas básicos del desarrollo. "Political Aspect of Economic Development", en Claudio Véliz (ed), *Obstacles to Change in Latin America*, Oxford, 1969, pp. 20 y 21.

105 Así se dispuso en el artículo 32, ordinal 6, de la Constitución de 1929 como limitación a la libertad de pensamiento: "Queda también *prohibida* la propaganda del comunismo". Bajo la vigencia de la Constitución de 1931, la cual contenía una norma similar, se dictó meses antes de la promulgación de la Constitución de 1936, la Ley para garantizar el orden público y el ejercicio de; los derechos individuales, cuyo artículo 33 establecía lo siguiente; "El que públicamente de palabra, por escrito o por impreso, por medio de la radiodifusión, dibujos, carteles, mítines u otros medios de publicidad, o haciendo uso de algún servicio público, haga propaganda a favor de la abolición de la propiedad privada, lucha de clases, incitación de los obreros contra los patronos, extinción de la familia, desconocimiento de la ley, dictadura del proletariado; así como las demás doctrinas o métodos que abarquen el ideal comunista, anarquista o terrorista, serán penados con prisión de uno a tres años. Si como consecuencia de la propaganda llegaran a verificarse hechos delictuosos o desórdenes públicos, la pena será de dos a seis años". Esta ley, denominada "Ley Lara", en virtud de haber sido su redactor el Ministro del Interior de la época, doctor Alejandro Lara, estuvo vigente hasta 1945. Véase la decisión de la Corte Federal y de Casación de 4-3-41 (M. 1942, pp. 130-136) sobre esta limitación en Allan R, Brewer-Carías, *Jurisprudencia de la Corte Suprema 1930-1974* y *Estudios de Derecho Administrativo*, Tomo I (El ordenamiento constitucional del Estado), Caracas, 1975, pp. 110 y ss.

106 El famoso inciso VI del artículo 32 de la Constitución de 1936 estableció lo siguiente: "Se consideran contrarias a la independencia, a la forma política y a la paz social de la Nación, las doctrinas comunistas y anarquistas, y los que las proclamen, propaguen o practiquen serían considerados como traidores a la Patria y castigados conforme a las leyes".

107 La reforma constitucional de 1945, realizada al final del gobierno de Medina, eliminó la prohibición constitucional que tenía la izquierda para actuar políticamente en Venezuela.

108 *Cfr.* D. H. Levine, *Conflict and Political Change in Venezuela*, Princeton, 1973, p. 14.

109 Véase las referencias a las más importantes decisiones de la Corte Federal y de Casación en relación a la legalización e ilegalización de los partidos políticos, en E. Wolf, *op. cit.*, Tomo I, pp. 247 y ss.

año 1945, los partidos Acción Democrática (AD), que asumió el poder, y el Partido Comunista de Venezuela (PCV), pues el Partido Unión Republicana Democrática se constituyó en 1946 como oposición de la izquierda democrática al partido AR[110]. Los líderes de estos partidos, con Rómulo Betancourt a la cabeza, indudablemente fueron factores fundamentales en la consolidación del régimen democrático. En 1936, al separarse de la FVE otro núcleo estudiantil, se constituyó la Unión Nacional de Estudiantes (UNE), opositora de la línea política de la izquierda originada por aquélla dando lugar posteriormente a la constitución del Partido Acción Electoral (AE), que después de 1945 se convertiría en el Comité de Organización Política Electoral Independiente (COPEI), de orientación demócrata o socialcristiana, cuyos líderes con Rafael Caldera a la cabeza también fueron factores fundamentales en la consolidación del régimen democrático en Venezuela[111].

El año 1945 marca sin embargo, el punto de partida institucional del cuarto de los grandes ciclos histórico-políticos del país, basado en el régimen democrático-representativo de democracia centralista que dura hasta la década de los noventa. Esa etapa se inicia con la reforma constitucional de 1945 que eliminó las limitaciones político-ideológicas que habían obstruido los intentos de actuación político-partidista desde 1936[112], y con la promulgación del Decreto N° 217 del 15 de marzo de 1946 de la Junta Revolucionaria de Gobierno que sucedió al Presidente Medina en el poder, mediante el cual se establecieron las libertades públicas y garantías políticas que condicionaron buena parte de la evolución democrática posterior[113]. La misma Junta Revolucionaria de Gobierno, en la misma fecha, dictó un Estatuto Electoral para la elección de una Asamblea Constituyente en 1945, estableciendo por primera vez —como se dijo— el sufragio universal, directo y secreto, y un mecanismo de escrutinio de representación proporcional. Con las elecciones realizadas en 1946, puede decirse que se inicia en Venezuela la configuración del sistema electoral y del sistema de partidos[114] contemporáneos, que dieron origen al sistema de

---

110   Para un estudio de los antecedentes de los principales partidos políticos venezolanos. Véase Manuel Vicente Magallanes, *Partidos Políticos Venezolanos,* Caracas, 1960; Rafael Gallegos Ortiz, *La Historia Política de Venezuela de Cipriano Castro a Pérez Jiménez,* Caracas, 1960, y el trabajo de Manuel Vicente Magallanes, ampliación y reedición del citado, *Los Partidos Políticos en la Evolución Histórica Venezolana,* Caracas, 1973.

111   Sobre la UNE, Véase *Por los legítimos ideales del estudiante venezolano, UNE: Gestación de una idea revolucionaria* (Est. Introd.), por Naudy Suárez, Caracas, 1973.

112   La Constitución de 5 de enero de 1945, sin embargo, sólo tuvo una vigencia de 6 meses, pues el 18 de octubre de ese año, la Junta Revolucionaria de Gobierno la derogó.

113   Este Decreto estableció, entre otros derechos: "1) El derecho de sufragio para todos los venezolanos mayores de dieciocho años, con las solas excepciones establecidas en el Estatuto Electoral y, en consecuencia, pueden formar parte de los partidos o asociaciones políticas y tienen derecho sin distinción de sexo, al ejercicio de cargos públicos, salvo que por disposiciones especiales se reclamen condiciones o cualidades particulares".

114   Para el estudio de la evolución y configuración del sistema de partidos políticos en Venezuela a partir de 1945. Véase Allan R. Brewer-Carías, *Cambio Político y Reforma..., cit.,* capítulos 10 y ss. Véase, además, John Martz, *Acción Democrática: Evolution of a modern political party of Venezuela,* Princeton, 1966; Robert J. Alexander, *The Venezuelan Democratic Revolution,* New Jersey, 1964; J. Bernard y otros. *Tableau des Parties Politiques en Amerique du Sud,* Cahiers de la Fondation Nationales des Sciences Politiques, N° 171, París, 1969, pp. 365 a 402 (trabajo de Leslie F. Manigat), libro editado en inglés; Jean-Pierre Bernard y otros *Guide to the Political Parties of South America,* 1973, pp. 517 y ss.;

Estado centralizado de democracia de partidos, que está concluyendo en la década de los noventa.

2. *El sistema multipartidista*

A partir de 1946, por tanto, se configuró un sistema multipartidista que pasó sucesivamente de una fase inicial de multipartidismo con partido dominante, a otra de multipartidismo amplio, de coaliciones de partidos[115], volviendo de nuevo, en 1974, a su configuración inicial de sistema de partido dominante[116], con tendencia a un bipartidismo que se evidenció en las elecciones posteriores a 1978, hasta la de 1989, terminando a partir de 1994, de nuevo en un multipartidismo de coaliciones, pues en las elecciones de 1994 el partido que sacó la mayor votación fue AD, con 27,41%, no siendo partido de gobierno. Lo invariable en el sistema político venezolano de 1945 a 1993 fue el carácter multipartidista del sistema de partidos, influido por el sistema electoral de representación proporcional aun cuando el mismo no permaneció idéntico. Al contrario, en las elecciones de 1946, 1947 y 1953, fue un sistema de partido dominante, pues Acción Democrática obtuvo en todas ellas un porcentaje superior al 40 por ciento de los votos en la Cámara de Diputados; se transformó en un sistema multipartidista abierto en 1963, 1968 y 1993, oportunidades en las cuales ningún partido alcanzó la proporción indicada, y volvió a convertirse en un sistema de partido dominante con el triunfo en 1973 de Acción Democrática, con el triunfo de COPEI en 1978, y con el triunfo, de nuevo "de Acción Democrática en 1983 y 1988. Sin embargo, en 1973, 1983 y 1988 el carácter multipartidista no se atenuó, sino que más bien se acentuó, pues si bien AD controló la mayoría absoluta en las Cámaras Legislativas, obtuvieron representación once partidos políticos, el mayor número que registró en ese período la historia parlamentaria del país[117].

Las elecciones de 1973, por tanto, no eliminaron el multipartidismo[118], ni provocaron el nacimiento de un sistema bipartidista en Venezuela, aun cuando en 1978, 1983 y 1988, se observó una tendencia hacia el bipartidismo. En todo caso, por efec-

---

Ronald H. McDonald, *op. cit.*, pp. 37 a 55; Boris Bunimov Parra, *Introducción a la Sociología Electoral Venezolana*, Caracas, 1973; J. C. Rey, *loc. cit.*, pp. 175 a 230; J. E, Oviedo, *Historia e Ideología de los Demócratas Cristianos en Venezuela*, Caracas, 1969, y S. A, Bonomo, *Sociología Electoral en Venezuela, Un estudio sobre Caracas*, Buenos Aires, 1973, pp. 21 y ss.

115 Véase Juan Carlos Rey, "El Sistema de Partidos Venezolanos", en *Politeia*, N° 1, Instituto de Estudios Políticos, Caracas, 1972, p. 219. *Cfr.* Peter Ranis, A. Two-Dimensional Typology of Latin American Political Parties, en Robert D. Tomasek (ed.), *Latin American Politics*, New York, 1970, p. 227.

116 Antes de 1973, el sistema de partidos venezolanos, según la clasificación de R. H. McDonald, no era un sistema multipartidista de partido dominante (Multi-Party Dominant), sino abierto (Multi-Party Loose System), pues ningún partido individualmente recibía más del 40 por ciento de la representación en las Cámaras Legislativas. Véase R. H. McDonald, *Party Systems and Elections in Latin America*, Chicago, 1971. pp. 17 y 33 y ss.

117 Véase lo indicado en Allan R. Brewer-Carías, *Cambio Político y Reforma...*, *cit.*, capítulo 10; y la información oficial del CSE, Elecciones 1983.

118 Coincidimos, por tanto, con la apreciación formulada por Luis A. Pietri, Presidente del Consejo Supremo Electoral de Venezuela, al finalizar el proceso electoral de 1973, en el sentido de considerar que la eliminación de partidos por el resultado electoral "es transitoria", por lo que de no modificarse la legislación volverán a constituirse mediante la obtención de un reducido número de miembros. Véase en *El Universal*, Caracas, 15 de diciembre de 1973, p. 1-10.

to de la polarización política, disminuyó la importancia cualitativa de los partidos minoritarios.

Esta situación, que produjo la participación ilimitada[119] de partidos y grupos de electores en los procesos electorales fue, como se dijo, consecuencia directa de la legislación electoral y de partidos, aun cuando, por supuesto, no expresamente prevista en ellas. El sistema multipartidista, por tanto, no fue consecuencia de la herencia hispánica de los latinoamericanos, que según algunos, conspira contra los gobiernos democráticos representativos que se intenten establecer en nuestros países[120], ni la división de nuestros partidos consecuencia de un supuesto individualismo latinoamericano[121]. El sistema multipartidista, influido por el sistema electoral minoritario, más bien produjo la inestabilidad de los regímenes democráticos y fomentó el individualismo en las actitudes políticas. Por otra parte, en el mismo sentido, la apreciación del "fraccionalismo" como una característica del sistema de partidos latinoamericanos[122], tampoco puede considerarse aisladamente del sistema electoral de representación proporcional que ha existido en toda la América Latina[123].

---

119   Es de destacar, por ejemplo, que para la constitución de un partido político en 1973, la Ley de Partidos Políticos, Reuniones Públicas y Manifestaciones, exigía la presentación de una nómina equivalente al 0,5 de la población electoral en 12 circunscripciones electorales (Art. 10, 1), por lo que, por ejemplo, en la circunscripción electoral del Territorio Federal Amazonas, sólo se requerían 42 firmas para constituir el partido de esa dependencia. *Cfr.* las informaciones dadas por Luis A. Pietri, *El Nacional,* Caracas, 28 de noviembre de 1973, p. D-l

120   Véase por ejemplo, Charles C. Cumberland, "Political Implications of Cultural Heterogeneity", en F. B. Pike (ed.), *Freedom and Reform in Latin America,* 1959, p. 70.

121   *Idem..,* p. 68.

122   *Cfr.* Ronald H. McDonald, *op. cit.,* p. 12; Leslie F, Manigat y otros, *Tableau des Parties Politiques en Amerique du Sud,* Cahiers de la Fondation National des Sciences Politiques, París, 1969, p. 18.

123   Es conveniente señalar que la tesis de la influencia directa del sistema electoral pobre el multipartidismo y el fraccionamiento de los partidos, tal como lo hemos advertido, ha sido cuestionada. Por ejemplo, E. Lakeman y J. D. Lambert han indicado que "el número de partidos en un país tiene poca relación con su sistema de votación, por lo que serie más correcto decir, no que la representación proporcional crea partidos, sino que cuando esos partidos han surgido por otras causas (la representación proporcional) les asegura su reflejo en el Parlamento". (Véase *Voting in Democracies: A study of majority and proportional electoral system,* London, 1959, pp. 149 y 150. Cfr, John G. Grumm, "Theories of Electoral Systems", en Andrew J. Milnor [ed.], *Corparative Political Parties,* New York, 1969, p. 250). En realidad, este argumento está contradicho en su misma formulación: si un sistema electoral dado asegura representación en el Parlamento a todos los partidos o grupos que participen en las elecciones, la tendencia será a la creación de tales grupos y partidos o a la división de los existentes; al contrario, en el otro extremo, si un sistema electoral restringe la representación en el Parlamento a los partidos o grupos que tengan una determinada mayoría, la tendencia será la contraria, es decir, a la cohesión y concentración de las fuerzas políticas. El problema, por tanto, del aumento o división de los partidos está directamente relacionado y es consecuencia de la posibilidad e imposibilidad de que todos obtengan representación en el Parlamento, y esto sólo lo determina el sistema electoral aplicable. No puede sostenerse, por tanto, la apreciación de Lakeman y Lambert en *el* sentido de que "la representación proporcional no fomenta la formación de partidos, sino sólo refleja en el Parlamento las tendencias hacia la fusión o división que puedan existir en un país en el momento de la elección" (*op. cit.,* p. 150). Insistimos, este argumento es sofista, pues precisamente si el Parlamento puede llegar a reflejar esas tendencias -y ello sólo puede ser consecuencia de un sistema electoral-, las mismas se producirán a nivel de creación o fusión de grupos o partidos. En Francia, por ejemplo, la única alternativa de la izquierda para lograr representación en la Asamblea ha sido la tendencia hacia la concentración electoral: para competir con un candidato dé la mayoría, los partidos de izquierda, como señala Thorburn, tienen la alternativa de "unirse detrás de un candidato o perder las elecciones" (Véase Hugh G. Thorburn, "The Realignment of Political Forces in

Multipartidismo, individualismo, fraccionalismo, atomización política, fueron resultantes de un sistema electoral de representación proporcional que los fomentó[124], y los efectos atenuadores que pudieron producir en esas características, fenómenos de polarización electoral, fueron temporales y transitorios, pues los fenómenos polarizadores por sí solos, sin la modificación de la legislación, no son necesariamente permanentes.

3. Las características del multipartidismo

En el caso venezolano, puede decirse que la consecuencia producida por el sistema electoral minoritario de representación proporcional absoluta que tuvimos hasta 1993 fue indudablemente la multiplicidad y la división de los partidos. En efecto, por la posibilidad que el sistema electoral otorgaba de obtener representación parlamentaria fue que se crearon tantos micropartidos en Venezuela en las décadas de los setenta y los ochenta, o se produjeron tantas divisiones en los partidos políticos tradicionales. Además, la sucesiva creación de partidos por individualidades políticas a lo largo de nuestra historia electoral hasta 1993, sólo fue posible por la facilidad de su formación y por la factibilidad de lograr la elección en las Asambleas representativas[125].

France", en Andrew J. Milnor [ed.], *op. cit.,* p. 252). En efecto, como lo precisa Hermens en un sistema electoral mayoritario, el número de candidatos que tienen oportunidad de ganar es retringido. Todos los grupos políticos están conscientes del hecho de que hay un solo camino para triunfar, y es el tener una mayoría absoluta sobre los demás partidos. Sólo un partido que tenga la esperanza de lograrla puede correr el riesgo de traspasarle los puestos en los cuerpos representativos están conscientes de que peleando exclusivamente bajo sus solas banderas, corren el riesgo de traspasarle los puestos en no cuerpos representativos al oponente. Aparte de ello, los votantes con puntos de vista similares estaran preparados para cambiarse en apoyo de un mismo candidato" (Véase F. A. Hermens, "The Dynamics of Proportional Representaron", en Andrew J. Milnor [ed.], *op. cit.,* p. 220).

124   En un sistema electoral mayoritario, en consecuencia, la tendencia hacia la restricción de partidos es evidente, y su demostración es matemática y concluyente (*Cfr.* E. E. Schaffschmeider, "The Two-Party System". en Andrew J. Milnor [ed.], *op. cit.,* p. 227, y Donald V. Smiley, "The Two- Party System and One-Party Dominance in the Liberal Democratic State", *idem..,* p, 59); al contrario, en un sistema electoral de representación proporcional o minoritario, la tendencia hacia el multipartidismo también es evidente (*Cfr.* Maurice Duverger, *Les Partis Politiques,* París, 1973, p. 271; Douglas W. Rae, *The Political Consequences of Electoral Laws,* New Haven, 1971, p .144).

125   En cuanto a lo primero, como se dijo, la Ley de Partidos Políticos, Reuniones Públicas y Manifestaciones, de .15 de diciembre de 1964, exige como requisito fundamental para que se otorgue la inscripción de un partido político nacional por el Consejo Supremo Electoral, la presentación de una nómina de integrantes del partido en número no inferior al 0,5 por ciento de la población inscrita en el Registro Electoral Permanente de por lo menos 12 circunscripciones electorales, lo que llevó a afirmar al Presidente R. Caldera al inicio del proceso electoral de 1973, que "en Venezuela hay más libertad que en cualquier otro país del mundo, para constituir un partido político; que las facilidades que se dan son enormes, de manera que cualquiera que tenga interés en arrastrar voluntades sus compatriotas de la vida política del país tiene las más amplias facilidades". Véase, Rueda de Prensa Nº 163, *El Nacional,* Caracas, 29 de septiembre de 1972, p. D-l. En Venezuela, como en la mayoría de los países latinoamericanos, algunas veces ha estado vigente la apreciación que L. Terán Gómez hacía respecto a Bolivia: "En estos tiempos nada es más simple que fundar un partido político. Para formar un partido político sólo se necesitan tres personas y un objetó: un presidente, un vicepresidente y un secretare y un sello de goma. El partido puede andar inclusive sin el vicepresidente y el secretario. Ha habido casos en los cuales la existencia de sólo el sello de goma ha sido suficiente": Luis Terán Gómez. *Los Partidos Políticos y su Acción de-*

Por otra parte, el personalismo, que también se señala como característica de los partidos políticos latinoamericanos[126], y que en general no escapa a ningún sistema de partidos en los cuales siempre la influencia de un hombre es decisiva[127], en Venezuela, por la posibilidad de obtener fácil representación electoral, originó los hombres-partido, que con mayor o menor densidad poblaron el Congreso, las Asambleas Legislativas y los Concejos Municipales de las últimas décadas.

En particular, en cuanto al número de partidos políticos con representación en las Cámaras Legislativas a partir de 1958 hasta 1988, éste fue así: 4 en 1958, 8 en 1853 y 11 a partir de 1968 hasta 1988. En 1993, solo 5 partidos obtuvieron representación. En cuanto al número de partidos políticos nacionales que participaron en las elecciones entre 1946 y 1993, fue así: 5 en 1946; 6 en 1947; 8 en 1958; 11 en 1963; 16 en 1968; 20 en 1973; 19 en 1978; 23 en 1983, 34 en 1988 y 39 en 1993.

Pero aparte de la facilidad de constitución de partidos, el sistema venezolano se caracterizó también por una tendencia evidente hacia la división de los partidos también bajo influencia del sistema electoral minoritario que facilitaba la obtención de representación en las Asambleas. En efecto, por ejemplo, las sucesivas divisiones del partido AD desde 1960, no fueron producto del individualismo latino[128], y a pesar de que las mismas se efectuaron en base a alegaciones ideológicas, ellas fueron posibles porque afectaban sustancialmente la elección de los fraccionalistas a las Asambleas representativas. Dejando a salvo la división que originó el MIR, partido que no participó directamente en los procesos electorales anteriores a 1973, en los otros casos las divisiones quizás no se hubieran producido de existir un sistema electoral mayoritario que hubiera condenado a los grupos fraccionalistas a la inexistencia por la dificultad de obtener representación actuando separadamente. En un sistema de esa naturaleza, la lucha de los grupos fraccionalistas se hubiera tenido que concentrar dentro de los partidos.

Ahora bien, la multiplicidad de los partidos políticos, como características del sistema político venezolano de 1945 a 1993, en nuestro criterio, no sólo afectó la esencial función de los partidos en todo régimen democrático, sino que conspiró contra los propios partidos y contra aquél.

En efecto, una de las características del sistema político venezolano con posterioridad a 1958, fue la monopolización del juego y la vida política de los partidos[129], es decir, los partidos se consolidaron como los únicos instrumentos de organización de la ciudadanía y, a la vez, de conversión de las exigencias populares en políticas es-

---

mocrática, La Paz, 1942, pp. 50 y 51. cit., por W. W. Pierson and F. Gil, Governments of Latin America, McGraw-Hill, 1957, p. 318.

126 Véase. R. H. McDonald, op. cit., p. 10; George I. Blanksten. "Political Groups in Latin America", en John H. Kautsky (ed.). Political Change in Underveloped Countries: Nationalism and Communism, 1967, p 147; Leslie F. Manigat en Tableu des Partis Politiques en Amerique du Sud, cit., p. 17; y Federico Gil., Instituciones y Desarrollo de América Latina, Buenos Aires, 1966, p. 106.

127 Véase las referencias de M. Duverger, op. cit., pp. 161 y ss., a la "Tendencia Autocràtica" de la dirigencia de los partidos políticos, Véase además, por ejemplo, el reciente estudio de J. C. Colliard, Les Républicains Independantee Valéry Giscard d'Estaign, París, 1971.

128 Como lo parece indicar Leslie P. Manigat, loc. cit., p. 18.

129 Cfr. D. H. Levine, op. cit., p. 8.

pecíficas de gobierno[130]. En otras palabras, los partidos políticos en Venezuela se configuraron como los instrumentos exclusivos para la formación del gobierno configurándose este, como una "partidocracia", y el Estado, como un Estado de Partidos. El sistema de partidos, en esta forma configurado, no sólo no contribuyó a resolver la crisis de la democracia, que implantada, requería de perfeccionamientos, sino que, evidentemente contribuyó a agravarla[131].

4. El Estado de Partidos

A. La Partidocracia

En efecto, principal instrumento institucional concebido en los años 1958-1961 para lograr implantar y mantener el régimen democrático, fue la configuración de un sistema de partidos políticos que podemos calificar, sin duda, como un sistema de "democracia de partidos" o partidocracia, y que fue el resultado directo de las reglas de juego que se establecieron en el Pacto de Punto Fijo y que inspiraron, además, el texto constitucional de 1961.

En efecto, como hemos dicho, el sistema de partidos políticos venezolanos tuvo su origen contemporáneo en la década de los cuarenta, período en el cual, no era un sistema de relación entre competidores políticos que se respetaban mutuamente, sino que era un sistema de relaciones entre partidos enemigos que aspiraban destruirse uno a otros. No había reglas de juego de cooperación, y la única regla, si se quiere, era la búsqueda de la hegemonía y la destrucción del enemigo. Por eso se ha dicho que este sistema se configuraba como uno de conflictos entre partidos antagónicos e irreconciliables, que buscaban su mutua eliminación, pues no había rechazo y discordia. Por eso, frente a la situación de los años cuarenta, el Pacto de Punto Fijo resultó un acuerdo entre los partidos políticos tendiente a asegurar un mínimo de entendimiento para que el sistema funcionara. Había el convencimiento, a partir de 1958, de que nada se ganaba con volver a establecer un régimen democrático, si no se aseguraba el mantenimiento del sistema democrático. Para ello, debía establecerse un sistema conforme al "espíritu del 23 de enero", que asegurara el funcionamiento del mismo y evitara el enfrentamiento y la discordia entre los partidos. Por eso, frente al sistema anterior, la relación entre competidores irreconciliables, se estableció un sistema de cooperación que pudiera unir a los partidos frente a enemigo común, identificado en quienes antagonizaban el sistema democrático y la propia Constitución.

En esta forma, las reglas de juego que están en el Pacto de Punto Fijo de 1958, de mutuo respeto y tolerancia, son las que se reflejaron en la Constitución cuando permitió el desarrollo de un sistema de partidos que, vinculado al sistema democrá-

---

130 Cfr. S. P. Huntington, *Political Order in Changing Societies,* New Haven, 1968, p. 91, y Andrew J. Milnor (ed.), *op. cit.,* (Introduction), p. 2.

131 Cfr. Robert E. Scott, "Political Parties and Policy-Making in Latín America" en J. La Palombara M. Winder, *Political Parties and Political Development,* Princeton, 1966, p. 339. En este sentido, Helio Jaguaribe ha señalado que los partidos políticos así configurados, no sólo fracasan en representar las distintas capas de la opinión, sino que actúan como instrumento para distorsionar y violar esa opinión. Véase *Economic and Political Development,* Harvard, 1968, p. 54.

tico, podemos calificar como de *democracia de partidos*[132]. La idea de representatividad política de este sistema, al cual se adaptó el sistema electoral, fue el de la representatividad de los partidos políticos. En efecto, este sistema se fundamentó en dos elementos previstos en la propia Constitución: por una parte, en la representatividad por los partidos políticos y a través de ellos; y segundo, en que los partidos acumularon la mayor cuota de participación política.

En efecto, de acuerdo a la Constitución, fueron los partidos los que básicamente aseguraron la representación, entre otros aspectos, por la previsión del principio, desarrollado legalmente, de la representación proporcional de las minorías como modo de escrutinio en las elecciones de los cuerpos representativos, pero en grandes circunscripciones electorales mediante listas cerradas y bloqueadas. Este sistema, vigente hasta 1993, puede decirse, fue el instrumento por excelencia para asegurar el monopolio de la representatividad a través de los partidos y para la consolidación de este sistema de democracia de partidos.

Ello, sin duda, fue esencial para la implantación de la democracia en los lustros siguientes a 1958; sin embargo, a fines de la década de los ochenta comenzó a ser uno de los signos más patentes de la crisis institucional. Desarrollada la democracia, todos los sectores clamaban por modificar y aumentar las bases de la representatividad política, de manera que además de los partidos, los ciudadanos, habituados a la democracia, y con un desarrollo político que los propios partidos contribuyeron a configurar, pudieran directamente e incluso, a través de otras sociedades intermedias, obtener representación en los órganos representativos.

Pero además del mecanismo de representatividad por los partidos, la democracia de partidos, como sistema establecido para mantener el régimen democrático, también otorgó a éstos el monopolio de la participación política, al reconocerlos como los instrumentos por excelencia para participar en la vida política y en la conducción de la vida nacional. Ello también era esencial en un país en el cual *los partidos precedieron a la democracia*: ellos debían asumir el monopolio de la participación, lo que condujo a la preeminencia de los partidos sobre las otras sociedades intermedias: sindicatos, gremios, colegios profesionales, asociaciones vecinales, las cuales, además, se desarrollaron bajo el control de los partidos.

Pero aquí también, desarrollada la democracia, todos los sectores clamaban por modificar y aumentar las bases de la participación política, de manera que además de los partidos políticos, las otras sociedades intermedias, liberadas de su influencia y control total, pudieran participar también en la conducción de los intereses nacionales, con autonomía.

En todo caso, el objetivo fundamental del Pacto de Punto Fijo, es decir, el mantenimiento del régimen democrático, a través de un sistema de partidos, o de democracia de partidos, reflejado en los dos aspectos señalados: representatividad a través de los partidos políticos, por el establecimiento del sistema electoral de representación proporcional en grandes circunscripciones, mediante listas cerradas y bloqueadas, y participación política a través de los partidos políticos, por su establecimiento expreso en la propia Constitución; se desarrolló en Venezuela entre 1945 y 1993.

---

132   Véase Allan R. Brewer-Carías, *Problemas del Estado de Partidos*, Caracas, 1989, pp. 420 y ss.

Así, en ese período el control del sistema democrático quedó en manos de los partidos políticos, asegurándose el monopolio de la representación democrática y de la participación política. La democracia se la debemos, sin duda, a los partidos políticos, pero éstos no sólo fueron responsables de lo bueno qué ocurrió en el sistema institucional, sino también de lo malo. Por ello hemos dicho que los partidos también fueron responsables de la crisis institucional[133].

La democracia de partidos fue esencial para el desarrollo del sistema democrático y su mantenimiento a partir de 1958; sin embargo, el sistema hizo crisis, por lo que desde los años ochenta estuvo planteada su revisión, en el sentido de determinar si los partidos políticos debían seguir siendo el único mecanismo de representatividad y de participación, o si al contrario, la sociedad venezolana había avanzado lo suficiente, en la vía democrática, como para buscar otros medios de representación y otros mecanismos de participación. En la búsqueda de ello es que ha estado, sin duda, uno de los elementos de la reforma del Estado que se ha venido llevando a cabo. Sin embargo, era claro que por el monopolio que los partidos han tenido del sistema político y del poder, en definitiva, sólo ellos podían ser los actores de dichas reformas, renunciando al monopolio y transfiriendo poder a otras sociedades intermedias.

B. *Partidos políticos y centralización estatal*

Pero además de la partidocracia, otro de los pilares institucionales concebidos para lograr el mantenimiento del sistema democrático, como resultado de la decisión política unitaria contenida en el Pacto de Punto Fijo y en la Constitución, y además, como refuerzo de los propios partidos, fue el sistema de centralismo de Estado o de Estado centralizado, motivado, entre otros aspectos, por el temor al federalismo.

Por supuesto, además de responder a las exigencias del Proyecto Político concreto de 1958-1961, este sistema institucional de Estado centralizado fue el resultado de un largo proceso evolutivo de centralización en el cual, si se quiere, ganaron las fuerzas de integración frente a las de disgregación en la estructuración política de la sociedad venezolana.

En todo caso, la estructura real del Estado, en 1958, era la centralista, por lo que para no caer en contradicciones estableciendo un real Estado Federal como un sistema democrático, teóricamente, lo exigía, había que regular una forma de Estado, que sin dejar de ser federal fuera centralista. Para lograr esta contradicción se reconoció que no había descentralización política en el sistema, y que lo federal era una cuestión de tradición histórica. Por ello, algunos pensaron en eliminar la Federación, y sustituirla por otra forma de descentralización. Sin embargo era evidente que si había una forma federal tradicional, como forma ideal de descentralización, lo lógico era aprovechar esa forma y darle contenido y no pensar en eliminarla para estructurar una forma nueva de descentralización política. Por otra parte, también resultaba evidente que mantener la federación sólo por razones históricas, sin contenido descentralizado tampoco tenía sentido.

---

133 Véase Allan R. Brewer-Carías, "La Crisis de las Instituciones: Responsables y Salidas", *Revista de la Facultad de Ciencias Jurídicas y Políticas*, UCV., N° 64, Caracas, 1985, pp. 129 a 155.

Frente a ello, y en base a estas dudas y realidades, la opción del Constituyente de 1961 fue el establecimiento de una contradicción institucional: una federación en un Estado centralista. Se siguió, así, una tradición contradictoria: el mantener la forma federal y el espíritu federalista que ha acompañado a toda la historia republicana, por una parte; y por la otra, el reaccionar contra la federación, como forma de disgregación, y consolidar un Estado centralizado que comenzó a establecerse desde comienzos de siglo como reacción frente a lo que fue el localismo, el caudillismo y los problemas que ello produjo con las guerras federales y todos los conflictos internos derivado de autonomía local, hasta principios de este siglo. Por ello se llegó a esa solución de compromiso contradictoria que está en el texto fundamental: "Estado Federal en los términos consagrados en la Constitución", es decir, una Federación centralizada.

Pero aparte de que esta haya sido la culminación de un proceso histórico evolutivo, sin duda la opción que los partidos políticos erigidos en Constituyentes en 1961 hicieron por un Estado Federal Centralizado, con tendencia, como desiderátum, hacia la descentralización, fue también una opción provocada por la exigencia política del mantenimiento del sistema democrático, como base del Proyecto Político definido a raíz de la Revolución Democrática de 1958.

En efecto, así como se estableció un sistema de democracia de partidos como opción política para mantener el sistema democrático, así también se optó por una forma de Estado centralizado como la mejor garantía para mantener ese sistema democrático. Ciertamente, como ya hemos dicho, no hubiera sido fácil mantener este sistema en el momento naciente de la República democrática, si se hubiera dado mucha autonomía y libertad a las diversas comunidades político-territoriales de la República: los Estados y Municipios. Por tanto, la opción por el Estado centralizado con forma federal, aparte de ser producto de una evolución histórica, fue el producto de una voluntad del liderazgo político como instrumento para mantener el sistema democrático, considerando que la mejor forma de lograr ese objetivo era a través de un sistema de democracia de partidos que operara en un aparato estatal centralizado, controlable desde el centro.

Así, se estableció un esquema federal con competencias residuales en los Estados, pero, como hemos señalado, con una competencia nacional amplísima y ampliable cuando ello sea así por su índole o naturaleza, que permite centralizar materialmente todo. El esquema centralista que resultó, sin embargo, podía haberse mitigado al establecerse la posibilidad expresa de que el Poder Nacional podía descentralizar, lo cual no sucedió sino hasta 1989. Antes de esa fecha, y aún después; la práctica legislativa, administrativa y política de las últimas décadas lo que mostró fue una progresiva y constante centralización.

En todo caso, la Constitución reguló una forma de Estado centralizado con membrete federal, precisa y contradictoriamente como reacción frente al federalismo, y que se caracterizó por el fortalecimiento del Poder Nacional al definirse las competencias nacionales; por el debilitamiento de los Poderes estadales, por la inocuidad de los poderes residuales, y por la ausencia de recursos financieros de los Estados y su dependencia frente a los recursos fiscales que provienen del Poder Nacional. Por ello, junto con el proceso de nacionalización o centralización de competencias, y el consecuente vaciamiento de competencias de los Estados, paralelamente se desarrolló un proceso de minimización de competencias tributarias de los Estados, eliminándoseles, materialmente, todo poder tributario, y compensándoles esta situación con el establecimiento de un sistema de retribución o de devolución nacional a los Estados de recursos financieros, que adquirió el nombre de "Situado Constitucional" que sin embargo, hasta 1989 se manejó exclusivamente desde el nivel central.

En todo caso, era evidente que este sistema centralizado que se desarrolló al amparo de la Constitución, como hemos dicho, tuvo una motivación política concreta, aparte de ser el resultado de un proceso evolutivo: consolidar el régimen democrático de partidos, minimizando el desarrollo de poderes políticos locales que en el naciente Estado pudieran conspirar contra el mantenimiento del sistema democrático. Posiblemente si se hubiera establecido una forma descentralizada de Estado en 1960, no se hubieran podido controlar las fuerzas centrífugas del proceso político, y hubiera sido más difícil consolidar el sistema democrático.

Sin embargo, implantada la democracia en Venezuela y transcurridos más de 30 años de democracia consolidada, el propio centralismo dio muestras de ineficiencia, de ahogamiento del propio proceso de desarrollo en el interior del país, y de evidente crisis institucional, que provocó las cíclicas exigencias de descentralización política que condujeron a las reformas políticas a partir de 1989.

C. Características del Estado de Partidos (1945-1993)

La evolución del sistema político venezolano en los 35 años de proceso democrático y en particular, la evolución en los últimos lustros (1974-1990), por la interacción del sistema electoral, el sistema de partidos y el centralismo estatal, lo configuran progresivamente como un sistema de Estado de Partidos, es decir, un Estado en el cual había una completa interacción y articulación entre el sistema jurídico-político (estatal) y el sistema socio-político (de partidos). Los partidos políticos llegaron así, a ser, a la vez, los únicos canales para el ejercicio de la democracia, y los órganos indispensables para la formación de la voluntad estatal, de manera que en la realidad era imposible que funcionara la organización jurídico-política (el Estado) sin la decisiva cooperación de los partidos políticos.

Esta concepción del Estado de Partidos, en Venezuela fue llevada hasta sus últimos límites de intensidad, particularmente en el período de gobierno constitucional 1984-89, durante el cual se produjo una casi plena sustitución de las decisiones de los órganos del Estado por las decisiones del máximo órgano ejecutivo del partido de Gobierno que era AD, de manera que el gobierno a veces apareció degradado a ser un mero aparato dependiente del poder de un centro extraño a la organización del Estado, cuyas decisiones, incluso, se legitimaban en un Congreso que no decidía por sí mismo.

En efecto, en nuestro sistema constitucional se establece el derecho de todos los ciudadanos a asociarse en partidos políticos para participar, por métodos democráticos, en la orientación de la política nacional (Art. 114). Se trata, aun cuando en forma indirecta, del reconocimiento constitucional de los partidos políticos y de su papel como órgano de mediación entre la masa genérica de la población votante y los órganos que ejercen el Poder Público.

La soberanía, ciertamente, como lo afirma el artículo 4 de la Constitución, reside en el pueblo, quien la ejerce mediante el sufragio, por los órganos del Poder Público; pero el sistema electoral que actualiza el sufragio, estaba montado hasta 1993 sobre el principio de la representación proporcional, también de origen constitucional (Art. 113), lo que condujo, en definitiva, a estructurar *un sistema de representación democrática de los partidos políticos* los cuales, efectivamente, fueron los conductores de la vida política nacional. De allí el sistema de democracia pluralista de partidos que tuvimos como sustrato socio-político del *Estado de Partidos,* basada en relaciones competitivas de multipartidismo y pluralismo ideológico.

Esta democracia de partidos puede decirse que ha estado estructurada sobre las siguientes bases:

En *primer lugar,* en Venezuela, los partidos políticos, evidentemente mediatizan completamente la relación entre los representados-electores y las representantes-elegidos, de manera que fueron las vías de transformación de la voluntad imprecisa del pueblo en una voluntad política concreta, reuniendo a los electores en grupos capaces de acción política.

En esta forma, los partidos políticos fueron las únicas organizaciones capaces, realmente, de movilizar las masas para lograr su participación en el proceso democrático. Actuaron como canales ascendentes de las orientaciones y actitudes políticas generales de la población, las cuales las transformaron en programas concretos de acción política; y como instrumentos descendentes de generación de actividad política y demandas a ser requeridas por el pueblo. En este sentido, sin duda, puede decirse que estaban al servicio de los ciudadanos: les proporcionaban información, programas de acción política y ofertas de listas de candidatos, normalmente escogidos entre los dirigentes de los propios partidos; y pusieron a su disposición una capacidad y potencial organizativo para la ejecución de políticas que no proporcionan otras instituciones.

En *segundo lugar,* los partidos políticos monopolizaron la representatividad democrática, pues el sistema electoral estaba diseñado para lograr una representatividad de los partidos políticos, a cuyo efecto la propia Constitución, elaborada por los partidos políticos en los albores de la democracia, erigió el principio de la representación proporcional en el sistema básico de escrutinio. Esta representatividad de los partidos políticos, en la práctica, tuvo múltiples consecuencias: los partidos ejercieron el dominio del electorado, el cual no podía influir en la selección de los candidatos, lo que condujo a la percepción de que los votos de los electores, en definitiva, pertenecía a los partidos. Además, la elección a escogencia por los electores, no se ejerció sobre candidatos considerados individualmente, sino sobre las diversas listas presentadas por los partidos.

Así, progresivamente, los cargos de diputados perdieron su carácter representativo popular, convirtiéndose el proceso de selección interna de candidatos en los partidos, con cada vez más frecuencia, en un ejercicio del poder de las oligarquías y maquinarias partidistas, y la elección, en definitiva, en un plebiscito respecto de los partidos más que respecto de las individualidades que integraban las listas.

En *tercer lugar,* en cuanto a los electos o representantes, éstos, en definitiva, quedaron con una sujeción natural a los partidos en cuyas listas habían sido presentados. Tenían clara conciencia de que no habían sido elegidos por sus méritos individuales, sino por pertenecer a un partido o haber estado en sus listas, por lo que en la elección privó la opinión del partido sobre los criterios personales. La representación popular, por tanto, derivaba de la representación del partido, en el sentido de que se representaba al pueblo sólo porque se representaba al partido. De allí que la lealtad al partido estuviera usualmente por encima de la lealtad al Estado.

En *cuarto lugar,* proviniendo los representantes electos de la voluntad de los partidos, las fracciones parlamentarias adquirieron una relevancia fundamental. Como los partidos eran los que en definitiva elegían los representantes, éstos, una vez electos, formaban parte de una fracción parlamentaria, la cual usualmente sustituyó la propia voluntad del representante, produciéndose como consecuencia un vaciamiento de las funciones del propio Congreso. Las decisiones de las Cámaras Legislativas, así, no eran realmente el resultado de la dialéctica parlamentaria ni de discusión alguna que se hiciera en las Cámaras o en sus Comisiones, sino de lo que dispusieran las fracciones parlamentarias, con lo cual en la casi totalidad de los casos, las decisiones del Congreso carecían de creatividad.

En *quinto lugar,* los partidos políticos venezolanos no escaparon al imperio de la famosa regla de la *naturaleza oligárquica* de su dirigencia, formulada por R. Michels a comienzos de siglo (1914), por lo que en todo el proceso político, son las cúpulas partidistas, sus élites tradicionales, las que controlan la estructura y funcionamiento de los partidos y las fracciones parlamentarias, y a través de ellos, el propio Estado.

En todo caso, si bien los partidos actualizaron la democracia de partidos, internamente, invariablemente, fueron poco democráticos. En ellos, no eran las bases las que decidían; eran las cúpulas de sus cuerpos directivos los que gobernaron, por lo que no se pudieron implementar, internamente en los partidos, los más elementales principios democráticos. Por tanto, la exigencia constitucional y legal de la organización democrática interna de los partidos, no pudo tener plena vigencia, rigiendo, al contrario, en general, el principio del centralismo democrático que en definitiva aseguró el predominio de las oligarquías partidistas enquistadas en sus cuerpos directivos.

Ahora bien, toda esta situación de la democracia de partidos produjo sus consecuencias directas en la configuración del *Estado de Partidos,* en el cual, los partidos políticos ocuparon los órganos políticos del Estado, de manera que la voluntad del Estado, en definitiva, fue la voluntad del partido de gobierno, sobre todo cuando tenía la mayoría parlamentaria. En esa forma, los órganos políticos del Estado quedaron trastocados en mecanismos de conversión de la voluntad de los partidos políticos en voluntad del Estado, de manera que con frecuencia, incluso, el Congreso no era el lugar donde se producían determinadas decisiones en materia legislativa o de control, sino el lugar donde simplemente se legitimaba a través de las fracciones parlamentarias, la decisión adoptada en los cuerpos directivos de los partidos políticos. Así mismo, progresivamente se pudo constatar (muestra de ello fue la experiencia de gobierno en el período 1984-1989), en relación al gobierno del Estado, que éste, en más de una ocasión, se convirtió en gobierno del partido, adaptándose las decisiones políticas fundamentales respectivas, primero, en los organismos directivos del partido de gobierno, antes de ser legitimadas por el Presidente en la reunión del Consejo de Ministros. Así, en más de una ocasión, tanto el Congreso como el Presidente de la República actuaron como meros ejecutores de decisiones tomadas en los organismos directivos del partido de gobierno, situados fuera e independientemente de la estructura del Estado. Por ejemplo, al final del período legislativo en 1988, fue el caso de las leyes de crédito público para la industria estatal del aluminio: el Comité Ejecutivo Nacional del Partido de gobierno fue el que "interpeló" al Ministro-Presidente de la Corporación Venezolana de Guayana, y luego de ello, fue el que decidió que el Presidente de la República convocaría a las Cámaras Legislativas a sesiones extraordinarias, y el que decidió que éstas sancionarían las leyes mencionadas. Todo ocurrió, en efecto, como lo resolvió el órgano directivo del partido de gobierno.

En todo caso, y este es un ejemplo, es claro que no había una dicotomía real y absoluta entre el Estado y los partidos: los cargos políticos del Estado en el Gobierno y en el Congreso, en general, eran ocupados por las élites de los propios partidos, por lo que las decisiones eran adoptadas en el partido por los mismos que luego las legitimaban e implementaban en los órganos políticos del Estado.

Esta realidad provocó consecuencias inmediatas en la propia estructura y funcionamiento del Estado. Por ejemplo, el principio fundamental de la separación orgánica de poderes, como garantía de libertad, resultó en el *Estado de Partidos* totalmente desdibujado. Así, el bicameralismo que, incluso, en la primera crisis de la democracia a principios de la década de los sesenta jugó un papel importante; a finales de los ochenta no servía para casi nada. En efecto, aun cuando la estructuración del Senado y Cámara de Diputados como cuerpos colegisladores fue concebida como un mecanismo de freno y contrapeso en la actividad legislativa, al tener una misma composición político-partidista (mayoría), aquella fórmula no significó nada, pues no podía cumplir con su papel. Así, el que un Proyecto de Ley pasase a la otra Cámara una vez aprobado en una, no pasaba de ser un mero rito que con frecuencia se soslayó, declarándose la materia de urgencia.

Más importante, en todo caso, fue el desdibujamiento del principio de la separación orgánica de poderes, tanto a nivel horizontal como vertical. En un *Estado de Partidos* como el que se consolidó en el país y particularmente al extremo del que existió en el período constitucional 1984-89, la separación entre el Legislativo, el Ejecutivo y el Judicial, materialmente no existió. La independencia entre los órganos que ejercían las tres ramas del Poder Público, por supuesto, estaba formalmente establecida, pero la realidad fue otra, y con frecuencia vimos que más allá de la separación e independencia, lo que existió fue una dependencia común de los órganos del Estado respecto de un centro de decisión localizado en el cuerpo directivo del partido de gobierno. Lo grave fue que no se limitó ese centro común, que era el cuerpo directivo o ejecutivo respectivo del partido de gobierno, a desdibujar la separación orgánica entre el Gobierno (Presidente de la República y Ministros) y las Cámaras Legislativas, sino que también incidió en el ámbito de la Judicatura.

En efecto, a raíz de la reforma de la Ley Orgánica del Poder Judicial de 1970, con la creación del Consejo de la Judicatura, se abrió el camino para el control partidista de dicho cuerpo, y a través de él, para la designación partidaria de jueces o para la sanción a jueces por razones de partido. Así, la justicia se partidizo y hasta la designación de los Magistrados de la Corte Suprema de Justicia correspondió directamente a las cúpulas partidistas a través de las fracciones parlamentarias. Incluso, los medios de comunicación social dieron cuenta, particularmente durante el período constitucional 1984-1989, de las decisiones del Comité Directivo o ejecutivo del partido de gobierno, sobre quién debía y quién no debía ocupar la Presidencia de la Corte Suprema de Justicia.

En esta forma, el partido, así, más de una vez decidió qué debió decidir o no un juez, lo que implicó que no había contrapeso entre los poderes. En nuestro *Estado de Partidos,* por tanto, no se respetó un tradicional límite al mismo y es el que la dictadura de partido, no debe incidir en el ejercicio de las funciones judiciales. Al contrario, el propio partido que controló al Congreso y decidió por el Gobierno, también controló a los jueces cuando fue necesario, con lo que la separación de poderes se convirtió en un eufemismo.

Otro tanto sucedió en materia de distribución vertical del poder, de la cual derivan tres niveles autónomos de poder en el territorio: el nacional, el estadal y el municipal. Al menos en los dos primeros, la separación orgánica estuvo totalmente desdibujada: el Presidente de la República hasta 1989 nombraba a los Gobernadores, también por supuesto y en general, de entre personas vinculadas a la élite partidista (incluso, en el período constitucional 19841989, fueron designados Gobernadores quienes ejercían la Secretaría General del partido de gobierno en cada Estado), y los mismos habían sido tradicionalmente más agentes del Ejecutivo Nacional (del Presidente de la República) que Jefes de los Ejecutivos Estadales ya que los Estados, por el centralismo, pocas competencias tenían. Sin embargo, la sanción, en 1989, de la Ley de Elección y Remoción de Gobernadores, sin duda, fue el primer correctivo (quizás inadvertido) de los excesos del *Estado de Partidos,* pues permitió la elección popular de los Gobernadores, escapando su designación al control directo de las cúpulas partidistas, y permitiendo, además, la liberación de las fuerzas políticas regionales y locales del control férreo que existía por parte de las cúpulas partidistas.

En todo caso, como se ha señalado, la efectiva implementación de esta reforma, exigía un gran esfuerzo de asignación de competencias a los Estados (descentralización), para ser gobernados y administrados por los Gobernadores electos. Aquí estaba, sin duda, el inicio de un conflicto, producto del *Estado de Partidos,* pues Gobernadores electos con competencias propias significan pérdidas de áreas de poder de las cúpulas partidistas y del propio Estado centralizado desarrollado por la interacción del centralismo democrático de los partidos y del Estado. Por ello, la efectiva descentralización del poder hacia los Estados, sin duda ha sido la primera prueba de autolimitación que debió confrontar el *Estado de Partidos.*

Lo mismo ha de decirse respecto de los poderes locales, inconvenientemente manejados hasta 1989 por órganos colegiados, los Concejos Municipales, cuyos Presidentes, incluso, siempre habían sido designados desde Caracas por las respectivas cúpulas partidistas. La elección directa de Alcaldes, como órganos ejecutivos y de gobierno municipal prevista en la Ley Orgánica de Régimen Municipal de 1989, también significó una prueba de fuerza frente al poder de los partidos en el manejo del Estado, y quizás, el comienzo de la admisión del establecimiento de algún límite a su actuación totalitaria.

Por último, el *Estado de Partidos* llegó al extremo ilimitado de su configuración con el apoderamiento de la Administración Pública y sus órganos por el partido de gobierno, en contra del principio esencial del Estado contemporáneo, que tiende a asegurar la neutralidad política de la Administración Pública y de sus funcionarios. Si el Estado Democrático y Social, conforme a la Constitución, es un Estado neutro, no comprometido, la Administración Pública y sus funcionarios deberían seguir la misma suerte: Esa es, además, la intención de la propia Constitución, en la cual se

proclama que los funcionarios públicos están al servicio del Estado y no de parcialidad política alguna (Art. 122).

Hasta hace algunos años, en la década de los setenta, ciertamente, este límite todavía no había sido franqueado, y los funcionarios en este campo, aún actuaban con
recato. Todo ello, sin embargo, fue olvidado y en los años ochenta ya no había límite: abiertamente el funcionario actuaba en interés partidista, con frecuencia realizaba
retaliaciones o discriminaciones incluso contra particulares que no eran del partido,
y la realización de propaganda política y electoral en las oficinas públicas no era
considerada como una falta, sino al contrario, como un signo de lealtad. Así, por
supuesto, no se pudo establecer una burocracia neutra e, incluso, la que venía estruc-
turándose a partir de fines de los años sesenta se limitó, al convertirse, materialmente, a todos los cargos públicos en cargos de confianza, y por tanto, de libre nombramiento y remoción del jerarca. El cargo público, así, fue un premio a la lealtad al
partido, y progresivamente la Administración Pública comenzó a identificarse con el
partido de gobierno, sin que pudieran sentarse las bases para una burocracia profe-
sionalizada que se pueda encargar de conducir, con permanencia, los órganos administrativos del Estado.

Otra área tradicional de inmunidad a la acción directa de los partidos en el Estado contemporáneo, es la institución militar, y hasta hace algunos años todavía en
nuestro país, en este campo se actuaba con cierto recato. Lo cierto es que en la
década de los ochenta y cada vez con más frecuencia, denuncias sobre injerencias
políticas directas en los asuntos militares, comenzaron a salir abiertamente de la
institución militar, incluso por boca de oficiales que pidieron la baja por tales motivos.

Por último, la simbiosis en extremo de la partidocracia y el Estado, con el desde-
bujamiento de la separación de poderes —no había frenos ni contrapesos reales— y
la atenuación o casi eliminación de la autonomía de la Administración Pública y de
los Tribunales, minimizó además la independencia que esos últimos deberían tener,
y puso en crisis las bases mismas del Estado de Derecho, que deberían estar monta-
das sobre la legalidad y el respeto al Derecho.

En efecto, el Estado contemporáneo está concebido en la Constitución, básicamente, como un Estado sometido al Derecho en todas sus actuaciones, y por tanto,
sometido al control de la legalidad por parte de los órganos judiciales. Sin embargo,
cuando el mismo centro de poder partidista puede controlar, a la. vez, las decisiones
del Congreso del Ejecutivo y de los Tribunales, no hay forma efectiva de someter a
control judicial real al Estado, y la dictadura del partido es total, porque lo inconstitucional o ilegal no encuentra remedio y a veces, como por arte de magia —la magia
del partido— lo contrario a Derecho se convierta en excelsa legalidad.

5.   *El régimen legal de los partidos políticos*

   A.   *Definición*

El régimen legal de los partidos políticos en Venezuela, está establecido en la
Ley de Partidos Políticos, Reuniones Públicas y Manifestaciones de 15 de diciembre
de 1964, la cual define los partidos políticos como aquellas "agrupaciones de carácter permanente, cuyos miembros convienen en asociarse para participar, por medios

lícitos, en la vida política del país, de acuerdo con programas y estatutos libremente acordados por "ellos"[134]. Varios elementos se destacan de esta definición: en primer lugar la permanencia; para que una asociación con fines lícitos pueda considerarse como partido político ha de tener carácter permanente y estar constituido con ese mismo carácter. En segundo lugar, los fines lícitos de la asociación han de ser el participar, por medios lícitos, en la vida política del país, es decir, han de ser fines políticos. Es necesario destacar, por otra parte, que es imprescindible la utilización de medios lícitos para la realización de los fines (Art. 70).

Veamos estos tres elementos de la definición legal[135].

a.   El carácter permanente

En primer lugar, la ley exige el carácter permanente de la asociación política para que se la pueda considerar como partido político. Por tanto, las agrupaciones transitorias no se consideran partidos políticos, ni podrán obtener la inscripción de funcionamiento. Esto produce, por otra parte, que cuando un partido político ha dejado de participar en las elecciones en dos períodos constitucionales sucesivos, la inscripción respectiva se cancelará por el Consejo Supremo Electoral[136].

b.   Los fines políticos

La Constitución en su artículo 114, consagra la garantía de asociación en partidos políticos con la finalidad de que éstos participen en la orientación de la política nacional, y la ley concreta esa finalidad al señalar que los partidos políticos deben "participar en la vida política del país"[137].

Por tanto, la inscripción de los partidos políticos se cancelarán por el Consejo Supremo Electoral, cuando hayan dejado de participar en las elecciones, en dos períodos constitucionales sucesivos[138] pues, el legislador ha entendido que la forma de participar en la vida política del país y en la orientación de la política nacional[139], en un Estado como Venezuela cuyo gobierno "es y será siempre democrático, representativo, responsable y alternativo" (Art. 3° de la Constitución), es la de participar en las elecciones por la orientación del sufragio[140], que además de ser un derecho político es una "función pública"[141].

Por otra parte, y por cuanto se trata de participar en la vida política del país, la ley ha establecido que los partidos políticos deben expresar en su acta constitutiva

---

134   Artículo 2° de la Ley de Partidos Políticos. Respecto a la naturaleza de los partidos políticos, véase el Dictamen de la Procuraduría General de la República, de fecha 15 de noviembre de 1962, publicado en los Dictámenes de la Procuraduría General de la República, 1962, Caracas, 1963, pp. 43 y 53.

135   Sobre el tema, véase Allan R. Brewer-Carias, "Los partidos políticos en el derecho venezolano", en Revista del Ministerio de Justicia, N° 51, Caracas, 1964; texto que seguimos en estas páginas.

136   Artículo 27, letra "c" de la Ley de Partidos Políticos.

137   Artículo 2° de la Ley de Partidos Políticos.

138   Artículo 27, letra "c" de la Ley de Partidos Políticos.

139   Artículo 2° de la Ley de Partidos Políticos. Artículo 115 de la Constitución.

140   Artículo 4° de la Constitución.

141   Artículo 110 de la Constitución.

"que no suscribirán pactos que los obliguen a subordinar su actuación a directivas provenientes de entidades o asociaciones extranjeras"[142], pues, ello vendría a desnaturalizar la esencia de la República de Venezuela como Estado que "es para siempre e irrevocablemente libre e independiente de toda dominación o protección de potencia extranjera"[143].

Sin embargo, en el mismo artículo 6° de la Ley se establece, que "en ningún caso esta disposición implicará prohibición para que los partidos participen en reuniones políticas internacionales y suscriban declaraciones o acuerdos, siempre que no atenten contra la soberanía o la independencia de la nación o propicien el cambio por la violencia de las instituciones nacionales o el derrocamiento de las autoridades legítimamente constituidas".

c.   Los medios lícitos: métodos democráticos

La Ley en su artículo 2° establece que los partidos políticos, para perseguir sus fines políticos, deben utilizar medios lícitos, permitidos por el ordenamiento jurídico venezolano, y especialmente, entre los medios lícitos, los partidos políticos deben usar métodos democráticos[144].

Por tanto, los partidos políticos deberían establecer en la declaración de principios o en sus programas el compromiso de perseguir siempre sus objetivos a través de métodos democráticos, acatar la manifestación de la soberanía popular y respetar el carácter institucional y apolítico de las Fuerzas Armadas Nacionales[145].

Como consecuencia de estos métodos democráticos que deben utilizar los partidos políticos para alcanzar sus propósitos, ellos deben deben garantizar asimismo en sus estatutos, "los métodos democráticos en su orientación y acción política, así como la apertura de afiliación sin discriminación de raza, sexo, credo o condición social[146]; y asegurarán a sus afiliados la participación directa o representativa en el gobierno del partido y en la fiscalización de su actuación"[147].

Por otra parte, y como consecuencia de los métodos democráticos que deben utilizar los partidos políticos, es obligación de los mismos el "no mantener directa ni indirectamente, ni como órgano propio ni como entidad complementaria o subsidiaria, milicias o formaciones con organización militar o paramilitar, aunque ello no comporte el uso de armas, ni a permitir uniformes, símbolos o consignas que pro-

---

142 Artículo 6° de la Ley de Partidos Políticos.

143 Artículo 1° de la Constitución.

144 Artículo 114 de la Constitución. Sobre la utilización de métodos democráticos por parte de los partidos políticos, con el criterio de la Procuraduría General de la República en dictamen de 15 de noviembre de 1962, publicado en *Dictámenes de la Procuraduría General de la República* 1962, Caracas, 1963, pp. 41 y ss.

145 Artículo 4° de la Ley de Partidos. En este sentido y respecto a las Fuerzas Armadas, el artículo 132 de la Constitución señala que "forman una institución *apolítica* obediente y no deliberante, organizada por el Estado para asegurar la defensa nacional, la estabilidad de las instituciones democráticas y el respeto a la Constitución y a las leyes, cuyo acatamiento estará siempre por encima de cualquier otra obligación".

146 Artículo 61 de la Constitución.

147 Artículo 5° de la Ley de Partidos Políticos.

clamen o inviten a la violencia", tal como lo consagra el artículo 25, ordinal 3° de la Ley.

B.   *La constitución de los partidos políticos*

a.   *El funcionamiento provisional*

Los grupos de *ciudadanos* que deseen constituir un partido político deberán participarlo a la autoridad civil del Distrito o Departamento con indicación de las oficinas locales que establecerán, en cuyos frentes y en forma visible para el público, colocarán un aviso o placa indicativa del nombre provisional con que actúan. Así lo establece el artículo 8° de la Ley.

En todo caso, serán clausurados los locales de asociaciones o grupos políticos que funcionen sin haber cumplido con los requisitos antes señalados.

La Ley, por otra parte, permite el funcionamiento provisional de asociaciones de *ciudadanos* que postulen candidatos durante los procesos electorales conforme al artículo de la Ley Orgánica del Sufragio, mientras dure el proceso electoral, y los autoriza en el mismo artículo 8° para que tengan y organicen locales y oficinas como los partidos políticos, previo el cumplimiento de los requisitos exigidos para el funcionamiento provisional de los partidos políticos, visto anteriormente.

b.   *La constitución definitiva*

a'.   *Los dos tipos de partidos políticos*

A los fines de la regulación sobre la constitución definitiva de los partidos políticos, la vigente Ley de Partidos Políticos, Reuniones Públicas y Manifestaciones establece dos tipos de organizaciones: los partidos políticos nacionales y los partidos políticos regionales.

Analicemos separadamente su constitución:

b'.   *Constitución de los partidos políticos regionales*

a''.   *La solicitud de inscripción*

Los partidos políticos regionales se constituirán mediante su inscripción en el registro que al efecto llevará el Consejo Supremo Electoral.

Las solicitudes de inscripción deben ir acompañadas de los siguientes documentos[148].

1. Nómina de integrantes del partido en número no inferior al 0,5 por ciento de la población inscrita en el registro electoral de la respectiva Entidad[149]. La nómina especificará sus nombres y apellidos, edad, domicilio y Cédula de Identidad.

---

148   Artículo 10 de la Ley de Partidos Políticos.

149   Es interesante destacar la disposición del artículo 1° del derogado Decreto N° 120 de 18 de abril de 1961, por la interpretación que la Corte Suprema de Justicia le había dado.

Los integrantes del partido que aparezca en esta nómina deberán estar domiciliados en la respectiva entidad.

2. Manifestación de voluntad de los integrantes del partido de pertenecer a él[150].

3. Tres ejemplares de su declaración de principios, de su acta constitutiva, de su programa de acción política y de sus estatutos. Uno de estos ejemplares se archivará en el expediente del Consejo Supremo Electoral, otro se enviará al Ministerio de Relaciones Interiores y el tercero será remitido a la Gobernación correspondiente.

4. Descripción y dibujo de los símbolos y emblemas del partido.

5. Indicación de los supremos organismos del partido, personas que los integran y los cargos que dentro de ellos desempeñan.

La solicitud de inscripción podrá ser tramitada por los interesados directamente ante el Consejo Supremo Electoral o por intermedio de la Gobernación de la respectiva entidad. En todo caso, los directivos del partido deberán autorizar con su firma todos los documentos requeridos para la constitución del partido enumerados anteriormente, de acuerdo con sus disposiciones estatutarias.

b". *La publicación y la impugnación de nombres*

El Consejo Supremo Electoral al recibir la solicitud de inscripción, deberá entregar constancia de ello a los interesados y ordenará su publicación en la *Gaceta Oficial* de la República y en la Gaceta de la entidad correspondiente, dentro de los cinco (5) días siguientes.

Cuando la solicitud se haga a través de la Gobernación regional, la Secretaría de Gobierno cumplirá con la tramitación establecida y hará la publicación en la Gaceta del Estado en el mismo plazo antes señalado, remitiendo los recaudos al Consejo Supremo Electoral, con excepción de la nómina de militantes del partido. El Consejo Supremo Electoral podrá designar delegados, al recibir la información de que se

---

El artículo 1° del citado Decreto establecía, que podían funcionar en el territorio de la República partidos y organizaciones políticas integradas por ciudadanos venezolanos en pleno ejercicio de sus derechos políticos y siempre que cumplan las formalidades que se establecían en el mismo.

Quienes aspiren a constituir partidos u organizaciones políticas, establecía el artículo 2° del mismo Decreto, debían presentar ante la primera autoridad civil de la jurisdicción correspondiente una solicitud por duplicado, anexa a la cual debían enviar los documentos siguientes:

1° Copia del Acta constitutiva de la organización, con la firma de *todos los asistentes a la reunión;* y 2° Un ejemplar del Programa y otro de los Estatutos que definieran las bases, finalidades y orientación del Partido o agrupación política.

La inteligencia de esta disposición había planteado dudas en cuanto al número de personas que debían firmar el Acta constitutiva del partido político.

Véase al efecto, la Corte Suprema de Justicia en Sala Político Administrativa, en sentencia de 29 de abril de 1963, en Allan R Brewer-Carías, *Jurisprudencia de la Corte Suprema 1930-1974 y Estudios de Derecho Administrativo*, Caracas, 1975, Tomo I, pp. 561 y ss.

150   Estos dos primeros requisitos no tienen que cumplirse, sin embargo, por "los grupos de ciudadanos que hubieren presentado planchas de candidatos en las últimas elecciones regionales o nacionales, según el caso, y hubieren obtenido el 3 por ciento de los votos emitidos..., pero deberán someterse a los demás requisitos para la constitución de partidos políticos".

ha solicitado el registro de un partido regional, para que supervise o tome a su cargo la tramitación de los recaudos.

En la publicación de la solicitud a que se ha hecho referencia, se expresará el *derecho* de cualquier *ciudadano* para revisar, en la Secretaría de Gobierno de la respectiva entidad, la nómina de los integrantes del partido y para impugnar el uso indebido de algún nombre[151]. A estos efectos cuando la solicitud de inscripción se ha hecho directamente ante el Consejo Supremo Electoral, éste remitirá a la Gobernación correspondiente la nómina de los integrantes del partido.

La impugnación de nombres la oirá, comprobará y certificará el Consejo Supremo Electoral a través de sus delegados o del Secretario de Gobierno, con la simple confrontación de su Cédula de Identidad[152].

c". *La devolución de la solicitud*

Una vez transcurridos treinta (30) días a contar de la fecha de la publicación, la Gobernación respectiva debe enviar al Consejo Supremo Electoral la nómina con las observaciones o impugnaciones que se le hubieren hecho.

El Consejo Supremo Electoral, si no se han cumplido todos los extremos legales, devolverá la solicitud, haciendo constar por escrito los reparos formulados, siempre que no se trate de una negativa de la inscripción. Los interesados, dentro de los diez días siguientes, podrán presentar los nuevos recaudos necesarios para formalizar la solicitud y el Consejo resolverá dentro de los diez días después de haber recibido respuesta a los reparos formulados. Así lo establece el artículo 12 de la Ley.

d". *La objeción del Ministerio de Relaciones Interiores*

Tal como lo indica el artículo 14 de la Ley de Partidos Políticos, Reuniones Públicas y Manifestaciones, el Ministerio de Relaciones Interiores podrá objetar la solicitud de inscripción de cualquier partido ante el Consejo Supremo Electoral, indicando las razones en que se fundamenta.

Si fueran rechazadas las objeciones por el Consejo Supremo Electoral, el Ejecutivo Nacional, por órgano de la Procuraduría General de la República, podrá recurrir contra ese acto por ante la Sala Político-Administrativa de la Corte Suprema de Justicia, la cual decidirá en la forma y dentro de los lapsos establecidos para la negativa de inscripción, que veremos más adelante.

---

151 Se trata de la protección específica del nombre como uno de los derechos de la personalidad.

Es de destacar, por otra parte, que la Ley de Partidos Políticos no consagra otra forma de oposición a la inscripción de partidos regionales, salvo esta de la oposición, al uso de algún nombre. Al contrario, en la constitución de partidos políticos nacionales se admite la oposición a la inscripción de los mismos por cualquier motivo.

No se comprenden los motivos por los cuales se estableció este distinto régimen en materia de oposición a la inscripción de partidos políticos.

152 Los servicios de la Oficina Nacional de Identificación, creada por Ley Orgánica de Identificación, deben atender cualquier requerimiento que le sea hecho a los fines del cumplimiento de la disposición del artículo 12 de la Ley.

e". *La inscripción*

Si los interesados han cumplido con todos los requisitos legales, y no ha habido objeción del Ejecutivo Nacional o si la habido ha sido rechazada definitivamente, el Consejo Supremo Electoral, dentro de los quince días siguientes al recibo de la solicitud y sus recaudos, luego de transcurridos los treinta días siguientes a las publicaciones, procederá a inscribir al partido en su registro.

Hecha la inscripción del partido, el Consejo Supremo Electoral debe comunicar su decisión a los interesados y publicarla en la *Gaceta Oficial* de la República y en la Gaceta de la entidad correspondiente, dentro de los cinco días siguientes[153].

Conforme lo establece el artículo 21 de la Ley, desde la fecha de la publicación de su registro, el partido político adquirirá personería jurídica y podrá actuar, a los fines de sus objetivos políticos, en todo el territorio de la entidad regional respectiva.

f". *La negativa de inscripción*

La decisión del Consejo Supremo Electoral puede ser también denegatoria de la solicitud y, por tanto, de negativa de la inscripción solicitada. Cuando así sea, esta decisión también debe ser notificada a los interesados y publicada en la *Gaceta Oficial* de la República y en la Gaceta de la entidad correspondiente, dentro de los cinco días siguientes. En todo caso, en la decisión de negativa de la inscripción, se expresarán las razones que para ello tuvo el Consejo Supremo Electoral[154], es decir, debe tratarse de un acto administrativo motivado[155].

De este acto administrativo decisorio de negativa de inscripción, se podrá recurrir dentro de los quince días siguientes a la publicación en la *Gaceta Oficial*, por ante la Sala Político-Administrativa de la Corte Suprema de Justicia.

La Corte deberá decidir en la decimaquinta (15) audiencia siguiente al recibo de las actuaciones, pudiendo, tanto el Consejo Supremo Electoral como los interesados, promover y evacuar los alegatos y pruebas que estimen procedentes, dentro de las diez (10) primeras audiencias de aquél lapso.

Cuando la decisión de la Corte sea revocatoria de la del Consejo Supremo Electoral, éste debe proceder a inscribir al partido dentro de los tres días siguientes a la decisión de la Corte[156].

c'. *Constitución de los partidos políticos nacionales*

a". *La solicitud de inscripción*

Los partidos políticos nacionales se constituirán mediante su inscripción en el registro que al efecto llevará el Consejo Supremo Electoral.

---

153   Artículo 12 y 13 de la Ley de Partidos Políticos.

154   Artículo 13 de la Ley de Partidos Políticos.

155   Sobre la motivación de los actos administrativos, véase el artículo 99 de la Ley Orgánica de Procedimientos Administrativos.

156   Artículo 15 de la Ley de Partidos Políticos.

Las solicitudes de inscripción deberán ir acompañadas de los siguientes documentos:[157]

1. Dos ejemplares de su acta constitutiva, de su declaración de principios, de su programa de acción política y de sus estatutos. Uno de estos ejemplares se archivará en el respectivo expediente del Consejo Supremo Electoral y él otro será remitido al Ministerio de Relaciones Interiores.

Cuando se trate de partidos políticos regionales que hubieren acordado su fusión para constituir una organización nacional, así se expresará en la respectiva Acta Constitutiva, acompañándose copia fehaciente del voluntario consentimiento expresado por cada una de las organizaciones regionales, de acuerdo con sus Estatutos, para convertirse en Partido Nacional[158].

2. Debe acompañarse además, constancia auténtica de que el partido ha sido constituido por lo menos en doce (12) de las entidades regionales, conforme a las normas y procedimientos a que se ha hecho referencia anteriormente. En este sentido, y a los efectos de la solicitud de inscripción *regional* conforme al artículo 10 de la Ley, el partido en trámite de organización nacional, podrá presentar los referidos recaudos ahí solicitados al partido nacional, agregando las correspondientes disposiciones transitorias para su actuación regional mientras se cumplen aquellos trámites[159].

3. En tercer lugar, debe presentarse con la solicitud, la descripción y dibujo de los símbolos y emblemas del partido.

4. Por último debe acompañarse la indicación de los organismos nacionales de dirección, las personas que los integran y los cargos que dentro de ellos desempeñan.

Los Directores del partido deben autorizar con su firma las actuaciones precedentes, de acuerdo con las disposiciones estatutarias respectivas.

b". *La publicación y la oposición*

El Consejo Supremo Electoral, al recibir la solicitud de inscripción entregará constancia de ello a los interesados y ordenará su publicación en la *Gaceta Oficial,* dentro de los cinco días siguientes. En dicha publicación se expresará el derecho de cualquier *ciudadano* a impugnar la solicitud de inscripción.

Los ciudadanos tendrán treinta días, contados a partir de la publicación de la solicitud para oponerse a la inscripción del partido, y tendrán, si así lo hacen, veinte días para presentar las pruebas y alegatos que consideren pertinentes. El Consejo Supremo Electoral debe decidir dentro de los diez días siguientes.

En todo caso, de la decisión del Consejo Supremo Electoral, los que hubiesen hecho oposición o los promotores del partido, podrán recurrir por ante la Corte Suprema de Justicia en Sala Político-Administrativa, dentro de los diez días siguientes a la fecha de la decisión. La Corte deberá decidir en la decimaquinta audiencia si-

---

157   Artículo 16 de la Ley de Partidos Políticos.
158   Artículo 17 de la Ley de Partidos Políticos.
159   Artículo 11 de la Ley de Partidos Políticos.

guiente al recibo de las actuaciones, pudiendo el Consejo Supremo Electoral, como los interesados, promover y evacuar los alegatos y pruebas que estimen procedentes dentro de las diez primeras audiencias de aquel plazo[160].

c". La objeción del Ministerio de Relaciones Interiores

Al igual de lo que regula la ley respecto a los partidos regionales, el artículo 20 de la misma establece que el Ministerio de Relaciones Interiores podrá objetar la solicitud de inscripción de cualquier partido nacional ante el Consejo Supremo Electoral, indicando las razones en que se fundamente de acuerdo con lo prescrito en la ley. Si las objeciones fueren rechazadas, el Ejecutivo Nacional, por órgano del Procurador General de la República, podrá recurrir por ante la Sala Político-Administrativa de la Corte Suprema de Justicia, en la forma y dentro de los lapsos que analizamos anteriormente[161].

d". La inscripción

Transcurridos treinta días a contar de la fecha de la publicación de la solicitud de inscripción del partido político nacional, si no se hubiere formulado oposición razonada ni objeción por parte del Ministerio de Relaciones Interiores y si el Consejo Supremo Electoral considerare que han sido llenados los requisitos legales, procederá a inscribir al partido en su registro dentro de los cinco días siguientes al vencimiento de aquel plazo[162].

Una vez hecha la inscripción del partido, el Consejo Supremo Electoral debe proceder a comunicarla a los interesados y a publicaría en la *Gaceta Oficial* dentro del lapso de cinco días[163]. Desde la fecha de la publicación de su registro, el partido político nacional adquirirá personería jurídica y podrá actuar, a los fines de sus objetivos políticos, en toda la República.

e". La negativa de inscripción

Sin embargo, también la decisión del Consejo Supremo Electoral puede ser en sentido negativo cuando considere que no se han cumplido los requisitos legales de inscripción. La decisión denegatoria de la solicitud debe también publicarse en la *Gaceta Oficial* y comunicarse a los interesados. De acuerdo al artículo 19 de la Ley, el Consejo Supremo Electoral debe expresar las razones que tuvo para negar la inscripción. Se trata de la necesaria motivación del acto administrativo denegatorio.

Contrariamente a lo estipulado expresamente en materia de negativa de inscripción de partidos políticos regionales[164], la ley no reguló en forma expresa la impugnación por ante la Corte Suprema de Justicia del acto administrativo denegatorio de inscripción de partidos políticos nacionales. Sin embargo, consideremos que el artí-

---

160 Artículo 18 de la Ley de Partidos Políticos.

161 Artículos 18 y 20 de la Ley de Partidos Políticos.

162 Artículo 18 de la Ley de Partidos Políticos.

163 Artículo 19 de la Ley de Partidos Políticos.

164 Artículo 15 de la Ley de Partidos Políticos.

culo 15 de la Ley ya analizado, es perfectamente aplicable por vía analógica, a los partidos políticos nacionales.

c. *La constitución de seccionales regionales*

En caso de partidos políticos nacionales la ley regula expresamente la constitución de seccionales regionales. En efecto, la ley vigente somete la constitución de seccionales regionales, en las entidades donde no se hubiera constituido con anterioridad a su inscripción en el registro del Consejo Supremo Electoral, al cumplimiento de lo establecido en los numerales 3, 4 y 5 del artículo 10 de la misma, referido a la constitución de partidos políticos regionales, que ya hemos analizado.

En todo caso, la representación de las seccionales, mientras quedan definitivamente constituidas, corresponde a las autoridades partidistas nacionales.

C. *Las obligaciones de los partidos políticos*

a. *Obligaciones generales*

Además de las obligaciones derivadas de la propia naturaleza y definición legal de los partidos políticos antes analizadas, el artículo 25 de la Ley establece que son obligaciones de los mismos las siguientes:

1. Adecuar su conducta a la declaración de principios, acta constitutiva, programa de acción política y estatutos debidamente registrados.

2. Enviar copia al organismo electoral correspondiente de las modificaciones introducidas en los documentos mencionados anteriormente.

3. No mantener directa ni indirectamente, ni como órgano propio ni como entidad complementaria o subsidiaria, milicias o formaciones con organización militar o paramilitar, aunque ello no comporte el uso de armas, ni a permitir uniformes, símbolos o consignas que proclamen o inviten a la violencia.

4. No aceptar donaciones o subsidios de las entidades públicas, tengan o no carácter autónomo; de las compañías extranjeras o con casa matriz en el extranjero; de empresas concesionarias de obras públicas; de cualquier servicio o de bienes de propiedad del Estado, de Estados extranjeros o de organizaciones políticas extranjeras[165].

5. Llevar una documentación contable en la que consten los ingresos y la inversión de los recursos del partido.

Estos libros de contabilidad y sus respectivos comprobantes deberán ser conservados durante cinco (5) años, por lo menos, contados a partir del último asiento de cada uno de ellos.

6. Deben asimismo participar por escrito al Consejo Supremo Electoral, en cada oportunidad, los nombres de las personas que integren los supremos órganos directivos del partido y los cargos que dentro de ellos desempeñen. En los Estados y en el

---

165 Ello con el fin de evitar en todo momento que los partidos políticos suscriban pactos que los obliguen a subordinar su actuación a directivas provenientes de entidades o asociaciones extranjeras como lo prohíbe el artículo 6° de la Ley de Partidos Políticos.

Distrito Federal y en los Territorios Federales, esta participación deberá hacerse ante la Gobernación respectiva, la cual remitirá copia al Consejo Supremo Electoral.

b. La denominación

Por otra parte, los partidos políticos deben adoptar una denominación distinta de la de otros partidos políticos debidamente registrados. Dicha denominación no podrá incluir nombres de personas ni de iglesias, ni ser contraria a la igualdad social y jurídica, ni expresiva de antagonismo hacia naciones extranjeras, ni en forma alguna parecerse o tener relación gráfica o fonética con los símbolos de la Patria o con emblemas religiosos[166].

Además, los partidos políticos deberán dar cuenta al Consejo Supremo Electoral, dentro de los 10 días siguientes, de toda determinación que cambie la denominación del partido, que por otra parte sólo podrá hacerse conforme a las reglas antes enunciadas[167].

c. La renovación de la nómina

Además de las obligaciones anteriormente analizadas, los partidos políticos nacionales deben renovar, en el curso del año en que comience cada período constitucional, su nómina de inscritos en el porcentaje del cinco por ciento (0,5%) en la forma señalada para la constitución de los partidos regionales anteriormente analizada. Sin embargo, los partidos que hubieran obtenido en las elecciones nacionales correspondientes, el uno por ciento (1%) de los votos emitidos sólo tendrán que presentar una constancia de la votación que obtuvieron, debidamente certificada, por el respectivo organismo electoral. Esta regla se aplica asimismo a los partidos políticos regionales[168].

D. La extinción de los partidos políticos

a. La cancelación del registro de los partidos políticos

a'. Causales

Diversas causales de cancelación del registro de los partidos políticos establece la Ley en su artículo 27.

---

166 A los efectos de esta disposición, las Directivas nacionales de las organizaciones políticas deberán presentar ante el Consejo Supremo Electoral y las Directivas Regionales por ante el Gobernador del Estado, un libro diario, un mayor y un libro de inventario, los cuales deberán ser encuadernados y foliados. La autoridad electoral o el Secretario de Gobierno regional, según el caso, dejará constancia de los folios que éste tuviere, en el primer folio de cada libro, fechada y firmada; y en los siguientes folios hará estampar el sello de su oficina y devolverá los libros a los interesados en un término no mayor de diez días.

167 Artículo 7° de la Ley de Partidos Políticos.

168 Artículo 26 de la Ley de Partidos Políticos.

Ellas son:

1. Por solicitud del propio partido, conforme a sus estatutos.

2. Como consecuencia de su incorporación a otro partido o de su fusión con éste.

3. Cuando haya dejado de participar en las elecciones, en dos períodos constitucionales sucesivos.

4. Cuando se compruebe que ha obtenido su inscripción en fraude a la ley, o ha dejado de cumplir los requisitos en ella señalados, o su actuación no estuviese ajustada a las normas legales. En esta causal puede incluirse el incumplimiento de las obligaciones de los partidos políticos antes vistas.

b'. *Procedimiento*

En caso de producirse alguna de las causales de cancelación del registro de un partido político el Consejo Supremo Electoral podrá hacerlo, actuando de oficio o a petición del Ministerio de Relaciones Interiores, del Ministerio Público o de otro partido[169].

En todo caso ninguna revocatoria podrá acordarla el Consejo Supremo Electoral sin la previa citación del partido afectado [170] en las personas que ejerzan su representación de conformidad con sus estatutos, quienes podrán oponerse a la cancelación, promoviendo y evacuando las pruebas conducentes y exponiendo por escrito los alegatos que estimen procedentes.

Establece el artículo 27 de la ley que todo ese procedimiento debe cumplirse dentro del término de treinta días computados a partir de la citación del partido afectado. Si transcurre este término sin que haya habido oposición quedará definitivamente cancelado el registro y se publicará la decisión en la *Gaceta Oficial*.

Si, por el contrario, hubiere habido oposición de la decisión recaída podrá recurrirse ante la Sala Político-Administrativa de la Corte Suprema de Justicia en la forma que se indicó al examinar la negativa de inscripción, y en tanto no recaiga sentencia definitivamente firme el partido podrá continuar sus actividades ordinarias.

En todo caso, el Consejo Supremo Electoral debe publicar en la *Gaceta Oficial* y en los demás órganos de publicidad que crea necesarios el respectivo asiento de cancelación del partido, excepto cuando lo fuera por sentencia de la Corte Suprema de Justicia[171], en cuyo caso ésta cuidará de su aplicación[172].

b. *La disolución de los partidos políticos*

La Ley de Partidos Políticos no sólo regula la cancelación del registro como medio de extinción de los partidos, sino que prevé la disolución de los mismos.

---

169 Artículo 27 de la Ley de Partidos Políticos.

170 Lo que constituye la necesaria garantía del procedimiento administrativo configurada por la audiencia del interesado regulada en el artículo 48 de la Ley Orgánica de Procedimientos Administrativos.

171 Artículo 28 de la Ley de Partidos Políticos.

172 Artículo 120 de la Ley Orgánica de la Corte Suprema de Justicia.

En efecto, la disolución está prevista respecto a los partidos políticos que de manera sistemática propugnen o desarrollen actividades contra el orden constitucional.

En estos casos corresponde a la Corte Suprema de Justicia, a instancia del Poder Ejecutivo Nacional, conocer y decidir sobre la disolución del partido de referencia[173].

E. La propaganda política

a. El derecho

El artículo 30 de la Ley indica que las asociaciones políticas tienen el derecho de hacer propaganda por cualquier medio de difusión del pensamiento oral o escrito, con las limitaciones establecidas por la Constitución y las leyes.

Se trata de la concreción del derecho de expresar el pensamiento de viva voz o por escrito y de hacer uso para ello de cualquier medio de difusión, sin que pueda establecerse censura previa, que consagra el artículo 66 de la Constitución.

Este derecho sin embargo, está limitado.

c. La limitación

En primer lugar, no se permiten las publicaciones políticas anónimas, ni las que atenten contra la dignidad humana y ofendan la moral pública, ni las que tengan por objeto promover la desobediencia de las leyes, sin que pueda coartarse el análisis o la crítica de los preceptos legales[174]. Asimismo tampoco se permite la propaganda de guerra hecha por los partidos políticos[175].

La ley exige que toda publicación de carácter político lleve el pie de imprenta correspondiente con el fin de establecer las responsabilidades a que haya lugar.

El mismo artículo 34 de la Ley de Partidos Políticos autoriza, por otra parte, a las autoridades policiales para recoger toda propaganda o publicaciones hechas en contra de las limitaciones antes expuestas esto sin perjuicio de las responsabilidades en que puedan incurrir sus autores[176].

---

173 Artículo 29 de la Ley de Partidos Políticos. Sí se tiene en cuenta la disposición que consagra la cancelación de los partidos políticos que se ha analizado y que consagra como casual de cancelación el hecho de que la actuación del partido político "no estuviese ajustada a las normas legales", no se comprende la razón de ser esta norma del artículo 29 de la Ley, ya que las actividades que de manera sistemática tiendan contra el orden constitucional, constituyen actividades "no ajustadas a las normas legales" y, por tanto, los partidos que las desarrollen, quedan sujetos a cancelación.

Esta disposición parece estar destinada, sin embargo, a la "institucionalización" de un procedimiento utilizado por el Ejecutivo Nacional para lograr la "inhabilitación" de partidos políticos por parte de la Corte Suprema de Justicia. El caso concreto fue decidido por la Corte Suprema de Justicia en sentencia de 3 de octubre de 1963, en G. O. Nº 27.262 de 3-10-63.

174 Así se especifica en el artículo 66 de la Constitución, en el artículo 34 de la Ley de Partidos Políticos y en el artículo 156 de la Ley Orgánica del Sufragio.

175 Artículo 66 de la Constitución y artículo 25, ordinal 3º de la Ley de Partidos Políticos.

176 En todo caso, los directores de imprentas, periódicos, radioemisoras, salas de cine y cualesquiera otras empresas u organizaciones de publicación no serán responsables por la propaganda política que se efectúe bajo la responsabilidad de los partidos, con excepción de aquellas propagandas que anuncien

Por otra parte, la Ley de Partidos Políticos limita asimismo el ejercicio de este derecho en cuanto a los medios de difusión a utilizarse. En este sentido establece que las publicaciones, radioemisoras, televisoras y demás medios *oficiales* de cultura y difusión, no podrán ser utilizados por ningún partido político para su propaganda[177]. Y ello en cierta forma, porque los empleados públicos están al servicio del Estado y no de parcialidad política alguna[178].

Asimismo, y en cuanto a los medios de difusión a utilizarse, la ley señala que la propaganda política mediante altavoces instalados en vehículos o transportados por cualquier otro medio podrá hacerse previa *participación* a la autoridad civil correspondiente, a los fines de invitar a la ciudadanía a reuniones públicas o a manifestaciones[179].

Por otra parte, la fijación de carteles, dibujos y otros materiales de propaganda política podrá hacerse en edificios o casas particulares *previa autorización de los ocupantes*. No se permite en edificios o monumentos públicos, ni en templos[180].

Además, la ley prohíbe el uso de los símbolos de la patria y de los retratos o imágenes de los Próceres de nuestra Independencia en la propaganda de los partidos[181].

A los infractores de las anteriores prohibiciones les será aplicada la sanción de arresto de uno a quince días, sin perjuicio de las acciones a que dichos actos pudieren dar lugar[182].

6. *El financiamiento de los partidos políticos*

Durante el proceso de consolidación del Estado de Partidos, puede decirse que se configuró un sistema de financiamiento mixto de los partidos políticos en Venezuela, a la vez público y privado, y que se manifiesta tanto en forma directa como indi-

---

reuniones públicas o manifestaciones para las cuales la autoridad civil anuncie públicamente que no se han sometido a los requisitos de la Ley de Partidos Políticos, tal como lo establece el artículo 44 de dicha Ley. En igual sentido está previsto el artículo 126 de la Ley Electoral,

177 Artículo 35 de la Ley de Partidos Políticos, y artículo 131 de la Ley.

178 Artículo 122 de la Constitución.

179 Artículo 31 de la Ley de Partidos Políticos.

Queda a salvo, sin embargo, la propaganda política durante los procesos electorales. En este sentido, el artículo 158 de la Ley Orgánica del Sufragio dispone, que "la propaganda mediante altavoces desde vehículos en marcha, por las calles o vías de tránsito podrá efectuarse dentro de las oportunidades que en términos de igualdad para todos los participantes en el proceso, electoral fijará el Consejo Supremo Electoral, y deberá limitarse a excitar a los ciudadanos al cumplimiento de su deber electoral, a la lectura de las listas y de los puntos básicos de su programa; a la invitación a asistir a actos de propaganda electoral o a cualquier otro anuncio semejante".

180 Artículo 32 de la Ley de Partidos Políticos y 159 de la Ley Orgánica del Sufragio.

181 Artículo 32 de la Ley de Partidos Políticos; artículo 20 de la Ley de Bandera, Escudo e Himnos Nacionales y artículo 160 de la Ley Orgánica del Sufragio.

182 Artículo 33 de la Ley de Partidos Políticos. Conforme al artículo 48 de la misma Ley, las sanciones serán impuestas por los jueces del Municipio, Distrito o Departamento que ejerzan jurisdicción en el lugar donde el hecho fuere cometido.

recta o informal[183]. Algunas regulaciones legales y reglamentarias se han dictado
motivadas por elementos circunstanciales pero aún no existe un cuerpo normativo
que regule las diversas formas de financiamiento con vista a preservar los principios
constitucionales que deben guiar la actuación de los partidos. Y un dato es evidente
en los últimos años: el altísimo costo de las campañas electorales por el creciente
uso de los medios audiovisuales de comunicación, ha exigido mayores gastos por
parte de partidos y candidatos, para cuya cobertura han debido obtener por todos los
medios posibles altísimas cantidades de dinero, lo que ha venido poniendo en peligro el propio rol de los partidos en el régimen democrático.

De allí la preocupación que se acrecienta por el problema del financiamiento de
los partidos políticos en el país.

Hay que convenir, ante todo, en que el tema es fundamental para el funcionamiento del régimen democrático, no sólo porque los partidos políticos son los instrumentos por excelencia para el mantenimiento y desarrollo del sistema democrático (a pesar de que a veces su participación ha sido exagerada, mediatizando en extremo la representatividad y participación políticas), al punto de que la Constitución
les asigna el rol de orientar la vida política nacional (Art. 114), sino porque el financiamiento de los partidos políticos interesa a la propia democracia, a los efectos de
impedir que pueda conducir a la distorsión de los principios que deben regir su actuación en una democracia, y que la Constitución resume al remitir a la ley para que
asegure el carácter democrático de los partidos y garantice su igualdad ante la ley
(Art. 114).

De este postulado pueden derivarse los tres principios fundamentales que deben
informar la actuación de los partidos políticos y que pueden verse afectados o distor-
sionados por el sistema de financiamiento que se adopte para asegurar su funcionamiento. Estos principios son: el principio democrático, el principio de la independencia y el principio de la igualdad.

El principio democrático de los partidos políticos deriva del postulado constitucional de su papel como instrumentos de orientación de la vida política nacional.
Esto significa que los partidos deben ser instrumentos para la participación política
de los ciudadanos y deben servir para canalizar la representatividad política. Es decir, son mecanismos para propiciar la participación política de los individuos en la
conducción de los asuntos nacionales, y a la vez, son instrumentos para hacer efectiva la democracia representativa. Para cumplir con tales objetivos los partidos políticos deben ser instrumentos de información y orientación a los ciudadanos para que
éstos conozcan las diversas opciones y alternativas planteadas para la orientación de
la vida política nacional, y puedan optar libremente por alguna de ellas. Sin duda,
tanto el financiamiento como la ausencia de financiamiento de los partidos políticos
pueden conducir a afectar el derecho de los ciudadanos y electores a estar informados realmente de las opciones políticas y de las alternativas de gobierno.

---

183 Véase Allan R. Brewer-Carías, "Consideraciones sobre el financiamiento de los partidos políticos en
Venezuela; en *Financiamiento y democratización interna de partidos políticos. Memoria IV Curso
Anual Interamericano de Elecciones,* San José, Costa Rica, 1991, pp. 121 a 139.

El segundo principio que debe guiar el funcionamiento de los partidos políticos es el principio de la independencia de los mismos. Si los partidos deben ser los agentes del pluralismo democrático, en el campo de su actuación deben ser independientes de agentes externos de manera que se impida, por ejemplo, que el poder económico sindical o religioso controle a los partidos, y corrompa o compre al poder político. El tema del financiamiento de los partidos políticos, tanto público como privado, por grupos económicos, religiosos o sindicales es aquí particularmente importante pues puede condicionar totalmente la conducta de los mismos.

El tercer principio que ha de orientar la actuación de los partidos políticos es el principio de la igualdad, que es de la esencia de la democracia pluralista, en el sentido de que en el juego político debe siempre asegurarse la igualdad de oportunidades de los participantes en la conducción de la vida política. Esto implica que como principio, el financiamiento de los partidos políticos no debe afectar la justa competencia entre los partidos. Sin embargo, es evidente que por la importancia en los procesos políticos que hoy tiene el uso de los medios de comunicación, el altísimo costo que ello implica ha provocado que en la vida del os partidos, y sobre todo en las campañas electorales, más importante es el dinero que el trabajo de los militantes, hasta el punto de que si bien el dinero no es condición suficiente para ganar, sí es una condición necesaria, pues su ausencia puede significar un veto al candidato que carezca de recursos. El financiamiento de los partidos políticos, por tanto, puede afectar la igualdad pues en definitiva puede conducir a que el candidato no lo elige el electorado sino quienes le han financiado su campaña.

De allí la importancia del tema del financiamiento de los partidos políticos, pues dependiendo del sistema que se utilice, totalmente privado o totalmente público o mixto, la distorsión de los principios antes mencionados puede ser mayor o menor.

Con base en las anteriores consideraciones, a continuación analizaremos esquemáticamente el régimen de financiamiento de los partidos políticos que se ha venido estableciendo en Venezuela, como régimen de carácter mixto, y el cual si bien tiene su base en la Constitución y ha sido consagrado en leyes especiales, no está exento de problemas que existen en nuestros sistemas democráticos de América Latina. Analizaremos, por tanto separadamente, el régimen del financiamiento privado de los partidos políticos y el financiamiento público de los mismos, concluyendo con el análisis de las propuestas de reforma y control que actualmente se están discutiendo en el país.

A. *El financiamiento privado de los partidos políticos*

En cuanto al financiamiento privado de los partidos políticos, las regulaciones sobre el mismo se encuentran en la Ley de Partidos Políticos, Manifestaciones y Reuniones Públicas de 1964, la cual sólo se refiere muy limitadamente al financiamiento de los partidos políticos, pero no regula en forma alguna el financiamiento de candidatos, lo cual evidentemente es una carencia relevante, pues en la actualidad y posiblemente al contrario, quizás lo que más se necesite sean normas para regular el financiamiento de los candidatos.

a.   Las limitaciones legales

a'.   Financiamiento externo

En la Ley de Partidos Políticos en realidad lo que se establece es un principio de limitación legal, muy general, en el sentido de que el artículo 25 obliga a los partidos políticos a no aceptar donaciones o subsidios de empresas extranjeras o con casa matriz en el extranjero.

b'.   Financiamiento de empresas concesionarias

La misma norma obliga a los partidos políticos a no aceptar donaciones o subsidios de empresas concesionarias de servicios públicos, de obras públicas, o de bienes públicos. En otras palabras, a las empresas con vínculos de concesión con el Estado, les está vedado dar donaciones y subsidio a los partidos.

c'.   Financiamiento anónimo

La Ley Orgánica del Sufragio establece en su artículo 189 que:

"Los partidos políticos, grupos de electores y los candidatos no podrán recibir contribuciones anónimas. Cuando algún contribuyente ponga como condición que su nombre no se publique, la contribución podrá aceptarse pero los partidos políticos, grupos de electores y los candidatos conservarán la documentación necesaria para comprobar el origen de la misma".

b.   Fuentes de financiamiento privado

a'.   Las cotizaciones de los militantes

En cuanto a las cotizaciones de los militantes, éstas revisten modalidades diversas: cotizaciones personales directamente a los partidos políticos, o cotizaciones a sociedades o asociaciones civiles que los partidos políticos constituyen como mecanismo de financiamiento, lo que se utiliza con mucha frecuencia en Venezuela.

En todo caso, dentro de este esquema de las cotizaciones de los militantes, la parte más importante en cuanto a financiamiento, y así lo han manifestado los propios partidos políticos, es la cotización proveniente de los militantes o funcionarios públicos.

En algunos casos, las cotizaciones pueden considerarse obligatorias, como sucede respecto a los representantes electos a cuerpos representativos (Senadores, Diputados al Congreso y a las Asambleas, y los Concejales militantes de un partido político), quienes se encuentran de hecho obligados a aportar parte de su sueldo al financiamiento del partido. En informaciones de prensa suministradas por los responsables de las finanzas de los principales partidos en Venezuela[184] se destaca este financiamiento, a través de los miembros de las fracciones parlamentarias, como una de las fuentes importantes de obtención de recursos permanentes para los partidos.

---

184   *El Nacional,* Caracas, 3-9-90, p. D-4.

Otra fuente de financiamiento de los partidos, por la vía de cotizaciones de funcionarios militantes de los partidos, proviene de aquellos que trabajan en organismos públicos, en algunos casos con mayor obligación que en otros. Sin embargo, cuando el nombramiento del funcionario depende de una condición política, la obligación de cotizar al partido aparece como una especie de retribución por el ejercicio del cargo o el nombramiento que se ha hecho de determinado funcionario.

b'. *Los aportes privados*

La segunda fuente de financiamiento privado de los partidos está compuesta por los aportes privados que reciben tanto los partidos como los candidatos, de grupos económicos, incluso de grupos de presión, como los medios de comunicación. Y hay que insistir en la distinción de financiamiento tanto a los partidos como instituciones, como a los candidatos individualmente considerados, porque responden a motivaciones distintas y van usándose cada vez más en forma diferenciada, pues a veces el financiamiento privado de empresas o de particulares se concentra sólo en el candidato, y no necesariamente se destina al partido.

Este financiamiento proveniente de los grupos económicos, de los grupos sindicales y, en general, de los grupos de presión, como la prensa o medios audiovisuales, puede consistir tanto en dinero en efectivo como en especie. Por ejemplo, en general los candidatos presidenciales en Venezuela, durante las campañas electorales, en una forma u otra tienen a su disposición un avión privado para circular por todo el país, única manera, por lo demás, en los tiempos modernos, de hacer una campaña. Esos aviones son, sin duda, aportes en especie los candidatos, pues en ese caso no hay desembolso alguno de dinero.

En todo caso, en la legislación vigente no hay límites respecto al aporte privado a los partidos políticos (salvo el indicado proveniente de las empresas privadas o concesionarias extranjeras), y su desarrollo, sin duda, ha implicado consecuencias negativas que resultan en la distorsión de los principios de igualdad y de independencia de los partidos, derivadas de las siguientes manifestaciones. En efecto, es muy común la inclusión de representantes de estos financistas privados en las listas de candidatos a representantes en las Cámaras Legislativas, por lo que, por ejemplo, cada uno de los grandes partidos tiene un Diputado o Senador que es miembro de los grupos que controlan los grandes diarios del país o de las plantas televisoras, es decir, cada uno de los grandes medios de comunicación ha elegido su Diputado en las listas del partido que recibió su apoyo. Este mismo esquema lo hemos visto repetirse a lo largo de los 30 años del ejercicio democrático respecto a Diputados vinculados a grupos económicos o sindicales.

Por supuesto, los apoyos financieros privados a un candidato pueden implicar la inclusión de determinadas personas en cargos gubernamentales o en el ejercicio de determinados controles respecto de las propias políticas gubernamentales.

Todo esto ha venido afectando, en buena parte, el principio de la independencia de los partidos políticos. En todo caso, la ausencia de límites legales respecto del monto o proveniencia de estos aportes (salvo los extranjeros) origina problemas en los casos de proveniencia ilícita, por lo que hay que destacar el grave problema que en los últimos años está provocando el narcotráfico en América Latina y su financiamiento ilícito a candidatos y partidos en América Latina. De ahí las exigencias de que la legislación establezca montos máximos a los aportes privados, con la debida publicidad de los mismos.

Por otra parte, el problema del financiamiento privado a los partidos no sólo ha comenzado a influir en las campañas para elecciones nacionales sino en las campañas para elecciones internas de los partidos, y para el control del aparato partidista o para la elección de los candidatos de los partidos, que a veces generan un movimiento de recursos económicos mucho mayores que los que se utilizan en la propias campañas electorales. Esto ha venido produciendo consecuencias negativas en cuanto a la propia independencia de las propias tendencias internas de los partidos.

c'. *Préstamos bancarios*

Además de las dos fórmulas anteriores de financiamiento privado, la tercera muy común en nuestro país es el recurso del préstamo: los partidos y los militantes se endeudan con gran frecuencia, con instituciones bancarias, muchas veces en montos que luego son irrecuperables por éstos.

d'. *Aportes de instituciones políticas extranjeras vinculadas a los partidos*

A pesar de la prohibición que trae la Ley de Partidos Políticos, sin embargo, es frecuente la figura del financiamiento de los mismos, por aportes recibidos de instituciones o fundaciones con sede en el extranjero vinculadas a partidos políticos extranjeros, mediante la afiliación de los partidos nacionales a instituciones político-doctrinales internacionales, y que en general no van directamente a los partidos políticos sino a instituciones o fundaciones constituidas por éstos. Este financiamiento generalmente es en especie o mediante el pago de asesores o material para las campañas electorales, configurándose en una forma indirecta de financiamiento extranjero soslayando la prohibición legal.

e'. *Inversiones propias*

También debe destacarse como fuente de financiamiento de los partidos políticos, la inversión de recursos propios en actividades industriales o de otro tipo, como ha sucedido en los casos de empresas periodísticas propias de los partidos. Estas formas de financiamiento, en todo caso, no han dado muchos resultados y más de un fracaso o estado deficitario ha resultado.

f'. *Fiestas, ferias, romerías*

Por último, también se configuran en una fuente de financiamiento privado, las fiestas, ferias y romerías que con frecuencia organizan los partidos con la colaboración de sus militantes, para recaudar fondos destinados a financiar campañas o candidatos.

B. *El financiamiento público de los partidos políticos: Limitaciones legales*

En cuanto al financiamiento público de los partidos políticos también encontramos en la Ley de Partidos Políticos de 1964 algunas limitaciones generales.

a. Limitaciones generales

Como obligación general de los partidos se establece en aquella Ley (Art. 25, a) la obligación de no aceptar donaciones o subsidios provenientes de entidades públicas, tengan o no carácter autónomo. Se agrega a esta prohibición, la aceptación de aportes provenientes de Estados extranjeros y de organizaciones políticas extranjeras. Ha sido para obviar esta última prohibición que se ha establecido la modalidad del financiamiento extranjero proveniente de fundaciones e instituciones privadas establecidas por partidos extranjeros o asociaciones internacionales de partidos, a través de las cuales ha tenido una gran entrada el financiamiento extranjero a los partidos políticos.

Además de la prohibición de aceptar contribuciones de entes públicos, progresivamente se han venido dictando una serie de normas, entre ellas en la Ley Orgánica de Salvaguarda del Patrimonio Público, donde se han establecido principios, no siempre cumplidos, para evitar la corrupción y la desviación de fondos públicos hacia los partidos políticos, partiendo por supuesto del papel preponderante que tiene el Estado en Venezuela, particularmente en la economía, lo que provoca que el Estado maneje buena parte del ingreso nacional. Dicha Ley debe considerarse como un esfuerzo para impedir el uso de bienes públicos por particulares y por los partidos, para impedir la desviación de fondos públicos hacia los partidos y para la represión de las llamadas "comisiones para el partido" que a veces conllevan las contrataciones públicas.

b. Limitaciones a la propaganda, de los entes públicos

Otra serie de limitaciones al financiamiento público de los partidos derivan del régimen reglamentario relativo a las campañas electorales. En efecto, a lo largo de los 30 años del régimen democrático se fueron desarrollando un conjunto de normas publicadas por el Consejo Supremo Electoral mediante atribución expresa que le daba la Ley Orgánica del Sufragio, relativas a la propaganda electoral. Entre esas "Normas de Propaganda Electoral", hay un conjunto de normas destinadas específicamente a impedir o tratar de impedir el uso de la propaganda oficial como instrumento de propaganda electoral; se prohíbe, así, a todos los entes públicos (Ministerios, Institutos Autónomos, Estados, Municipios, etc.) hacer propaganda electoral directa ó indirecta a favor o en contra de partidos políticos o de candidatos, definiéndose precisamente de estas normas dichos conceptos. Así, se define a la propaganda directa la realizada bajo cualquier medio y bajo cualquier forma que promueva o tienda a promover, auspiciar o favorecer determinada candidatura u organización política, así como la que promueva o tienda a promover la imagen negativa de un candidato o partido. También definen las Normas lo que se entiende por propaganda indirecta, que comprende la utilización en piezas publicitarias de consignas, frases, lemas o imágenes que sugieran identificación o coincidencia total o parcial con los que utilice determinado candidato o partido político; presentación en esas piezas de personalidades vinculadas a campañas electorales de algún candidato; la utilización de los noticieros o programas de opinión en radio o televisión con participación del Estado, para favorecer o perjudicar a determinados candidatos o partidos políticos en razón de la desigualdad sistemática de tiempo; la utilización de publicidad reiterada y excesiva de las entidades públicas, precisamente en tiempo de campaña electoral, y la propaganda con fines electorales y no informativas. He aquí un cuerpo de normas limitativas, en general, al tipo de financiamiento público indirecto por los entes públicos a los partidos políticos.

En esa orientación está el marco legal que regula el artículo 185 de la Ley Orgánica del Sufragio de 1993 sobre las limitaciones impuestas al sector público en su política comunicacional durante las campañas electorales. Esta norma establece lo siguiente:

> Art. 185. En el lapso de cualesquiera de las campañas electorales previstas en esta Ley, el Gobierno Nacional, Estadal o Municipal limitará la utilización de los medios de comunicación social a los fines estrictamente informativos. Se entiende por información lo destinado a ilustrar la opinión pública sobre realizaciones y obras concretas para su debida utilización.
>
> El Consejo Supremo Electoral, tomará las previsiones pertinentes para impedir o hacer cesar interpretaciones desviadas o interesadas de esta norma.
>
> Los ministerios, los institutos autónomos y los demás órganos del Gobierno Nacional o de los gobiernos estadales o de las municipalidades, no podrán hacer propaganda, directa ni indirectamente, a favor de partido político o candidatura alguna. Igual para aquellas en cuyo capital la participación gubernamental sea determinante.
>
> El funcionario que incumpla la presente norma será sancionado por el Consejo Supremo Electoral con multa por un monto entre una y dos (2) remuneraciones mensuales que le correspondan. Si éste no acatare la orden, el Consejo Supremo Electoral podrá imponer multa con un aumento del veinte por ciento (20%) por cada incumplimiento.
>
> Al tercer requerimiento sin resultado favorable, puede el Consejo Supremo Electoral solicitar a la máxima autoridad del organismo correspondiente, la destitución del funcionario responsable.

C. Las fuentes de financiamiento público

En la legislación también se regulan fuentes legales de financiamiento público de los partidos políticos, tanto por vía directa como por vía indirecta.

a. Fuentes directas

a'. Aportes públicos directos a los partidos políticos

En materia de aportes directos, la Ley Orgánica del Sufragio (Art. 172) establece que en el Presupuesto del Consejo Supremo Electoral correspondiente al año en que se celebren elecciones, debe incluirse una partida destinada a cubrir el financiamiento de la propaganda electoral de los partidos políticos, que debe distribuirse proporcionalmente a la votación nacional obtenida por los partidos pero entre los que hayan obtenido por lo menos el 5% de los votos válidos en las elecciones parlamentarias para la Cámara de Diputados. Las erogaciones correspondientes las debe hacer el Consejo Supremo Electoral en el transcurso de ese año.

Las sucesivas campañas electorales que hemos tenido en Venezuela en los últimos años: nacionales, luego municipales y de Gobernadores de Estado, han provocado que esta partida presupuestaria se haya convertido más o menos en permanente, por lo que en los presupuestos nacionales a partir de 1986 anualmente se la ha incluido por diversas causas, sea que no se incluyó todo lo que se debía en el presupuesto anterior, o porque hubo varias campañas. Lo cierto es que empieza a haber una práctica de financiamiento público casi anual a los partidos, que va más allá de la sola campaña electoral circunstancial, y empieza a vislumbrarse como un financiamiento permanente.

b'. El financiamiento a las fracciones parlamentarias

Una segunda fuente de financiamiento directo público a los partidos políticos, está en el financiamiento de algunos costos de operación de las fracciones parlamentarias, que en nuestro país tienen una importancia considerable. Dicho financiamiento se prevé a través del presupuesto del Congreso Nacional, así como del suministro de locales. Los parlamentarios, por otra parte, obtienen financiamiento público en sus actividades, por ejemplo, al estar exonerados del pago de los pasajes aéreos con destino a los Estados en los cuales fueron electos.

c'. El financiamiento del uso de medios de comunicación privados

El tercer sistema de financiamiento público directo a los partidos políticos, está en el financiamiento del uso de medios de comunicación privados. En este sentido, la Ley Orgánica del Sufragio (Art. 172) establece que el Consejo Supremo Electoral, de acuerdo con sus disponibilidades, contrate espacios en las televisoras y las radios comerciales para facilitar la propaganda electoral de los partidos políticos. Los espacios respectivos deben distribuirse en partes iguales entre los partidos que estén representados en el Consejo Supremo Electoral, y hayan obtenido un 5% de los votos válidos en las elecciones parlamentarias. La Ley establece como alternativa que el Consejo Supremo Electoral, en lugar de contratar los espacios y ponerlos a disposición de los partidos, puede asignarles directamente recursos para esos mismos fines.

En estos casos, los partidos deben presentar pruebas fehacientes del gasto. Por otra parte, la Ley obliga a los partidos a llevar una contabilidad especial donde consten los egresos por concepto de propaganda debiendo estar a disposición del Consejo Supremo Electoral los libros de contabilidad y soportes respectivos.

d' La colaboración del Consejo Supremo Electoral en las elecciones internas de los partidos

Un cuarto sistema de financiamiento público directo respecto a los partidos, está previsto en la Ley Orgánica del Sufragio (Art. 170), en el sentido de que de acuerdo con las disponibilidades presupuestarias del Consejo Supremo Electoral y siempre y cuando no se perturbe su normal funcionamiento, éste puede prestar a los partidos políticos su colaboración para la realización de los procesos de selección de sus respectivos candidatos a las diversas elecciones nacionales, estadales y municipales.

b. Fuentes indirectas

En la legislación también pueden identificarse fuentes indirectas de financiamiento público de los partidos políticos.

a'. *El uso de medios oficiales de comunicación*

La Ley Orgánica del Sufragio (Art. 171) establece que los medios de comunicación estatales deben otorgar gratuitamente, tiempo igual y en las mismas horas, a los candidatos presidenciales postulados por los partidos políticos con representación en el Consejo Supremo Electoral, a cuyo efecto los espacios se sortearán entre éstos cada mes.

Fuera de esta posibilidad, en las Normas sobre Propaganda Electoral dictadas por el Consejo Supremo Electoral, se establecen diversas limitaciones así: los medios oficiales no pueden ser usados para ninguna especie de propaganda electoral o política; se regula el uso de los noticieros y programas de opinión en las estaciones públicas que normalmente conducían a que se distorsionara la información, exigiéndose un tratamiento equitativo a todos los participantes en el proceso electoral; se exige que la información que difundan debe definirse con entera objetividad y estricto apego a la ética periodística, y se prohíbe utilizar los noticieros para orientar la opinión pública con fines de parcialización electoral.

b' *Uso de espacios y locales públicos*

Otra fuente indirecta de financiamiento a los partidos también regulada, deriva del uso de los espacios y lugares públicos, respecto de lo cual en las Normas sobre Propaganda Electoral dictadas por el Consejo Supremo Electoral, se prevé respecto de las plazas públicas, que los partidos no pueden tener su uso exclusivo, asignándose su uso de manera que se evite competencia desleal o conflictiva.

c'. *El uso de franquicias postales*

Otra fuente indirecta de financiamiento a los partidos políticos y sus dirigentes, es la utilización de los medios de comunicación, en particular del correo, mediante el uso de la franquicia postal atribuida al Congreso por los Diputados y Senadores. Este es un mecanismo de financiamiento indirecto que se usa con gran frecuencia para las actividades cotidianas, e inclusive en períodos de campañas electorales.

d'. *La limitación de gastos como medio indirecto de financiamiento*

La Ley Orgánica del Sufragio y las Normas sobre Propaganda Electoral, regulan otro sistema de financiamiento indirecto mediante la limitación de los gastos de la campaña electoral. Estas normas están en general destinadas a establecer la duración de campaña, limitaciones respecto de la utilización de medios de comunicación, estableciéndose un centimetraje máximo obligado diario en los periódicos, no acumulable para los candidatos, así como un máximo de minutos en la radio y en la televisión diarias no acumulable.

Estas normas se han venido estableciendo con precisión, para limitar el gasto que implican las campañas electorales, que es quizás el aspecto que exige mayores fuentes de financiamiento de los partidos.

En tal sentido, el artículo 187 de la Ley Orgánica del Sufragio establece:

> Artículo 187. El Consejo Supremo Electoral controlará mediante la fijación de los espacios y tiempo máximo permisibles en los diferentes medios de co-

municación social, los gastos de propaganda electoral que los partidos políticos, grupos de electores y candidatos, puedan erogar en sus respectivas campañas.

Asimismo el Consejo Supremo Electoral, en atención a la naturaleza de la respectiva elección, establecerá el ámbito territorial en el cual los candidatos, partidos políticos y grupos de electores puedan realizar propaganda electoral.

e'. *El empleo burocrático como fuente de financiamiento*

Sin duda, en sistemas democráticos de partidos como el de Venezuela, una fuente indirecta de financiamiento a los partidos políticos es el empleo público, mediante la incorporación a la nómina de la burocracia estatal, de los activistas de los partidos políticos. Así, por las deficiencias del sistema de servicio civil y de carrera administrativa, es frecuente que en diversos niveles burocráticos, el empleo público sea el mecanismo para financiar la labor partidista de los activistas políticos. Esto sucede, por ejemplo, con las asesorías a las Comisiones Parlamentarias en el nivel nacional, y con buena parte del empleo en los organismos municipales, con los cuales se financia a los activistas de base.

f. *Colocación de propaganda oficial en los medios de comunicación de los partidos*

Por último, otra fuente de financiamiento público indirecto de los partidos políticos, deriva del mantenimiento de los periódicos y revistas que a veces editan, y cuyo financiamiento materialmente resulta básicamente de la colocación en ellos de avisos oficiales de entes públicos.

3. *El control de financiamiento de los partidos políticos*

En materia de control de las finanzas de los partidos políticos, la Ley de Partidos Políticos, Reuniones y Manifestaciones Públicas de 1964 (Art. 25) sólo establece como obligación de los partidos políticos el hecho de llevar una documentación contable en la que consten los ingresos y la inversión de los recursos del, partido, y nada más.

A los efectos del cumplimiento de esta obligación, la Ley prescribe que las directivas nacionales de los partidos deben presentar ante el Consejo Supremo Electoral y las directivas regionales ante el Gobernador del Estado respectivo, un libro diario, un libro mayor y un libro de inventario, los cuales deben ser encuadernados y foliados, sellados y fechados por las referidas autoridades.

Ahora bien, si estos libros se llevasen acordes con la realidad de las diferentes fuentes de financiamiento de los partidos, el mecanismo del control que la legislación establece respecto de dicho financiamiento, podría ser un medio para ayudar a clarificar la proveniencia de los fondos así como los móviles de ciertos financiamientos y las injerencias que determinados grupos ejercen respecto de los partidos políticos.

Sin embargo, la realidad es otra. Este mecanismo de control no tiene ninguna efectividad, pues en los mencionados libros en general, no se refleja la realidad del financiamiento de los partidos políticos. Así, el financiamiento de los partidos políticos en Venezuela continúa siendo un secreto bien guardado, al abrigo de toda publicidad y de conocimiento por parte de las autoridades electorales y de los ciudadanos.

Por otra parte, la Ley Orgánica sobre Sustancias Estupefacientes y Psicotrópicas de 1993[185], estableció expresamente como tarea del Consejo Supremo Electoral, "la inspección, vigilancia y fiscalización de las finanzas de los partidos políticos y grupos de electores, a los fines de evitar que reciban aportes económicos provenientes de la comisión de delitos" establecidos en dicha Ley o de actividades relacionadas con los mismos (Art. 221). Para el ejercicio de tales funciones el Consejo Supremo Electoral, conforme al artículo 22 de la Ley puede practicar auditorías, revisar los libros de contabilidad y administración y los documentos relacionados con dichas actividades; revisar las cuentas bancarias o depósitos de cualquier naturaleza, de partido político o grupo de electores; y realizar las demás actividades que se atribuyan las leyes y los reglamentos.

A los fines del cumplimiento de las funciones señaladas, la Ley Orgánica exige que el Consejo Supremo Electoral tenga una dependencia integrada por los funcionarios técnicos necesarios, los cuales deben ser de reconocida autoridad en actividades de inspección, vigilancia y fiscalización (Art. 223).

De acuerdo con el artículo 224 de la mencionada Ley Orgánica, si de las autoridades antes indicadas, surgieren irregularidades en relación con aportes económicos provenientes del narcotráfico, corresponde a los responsables de la administración y finanzas del partido político o grupo de electores o a los jefes de campaña, *demostrar el origen o la licitud de los ingresos*. Es decir, la carga de la gruesa del origen y licitud de los ingresos corresponde a los interesados y no al Consejo Supremo Electora. Por ello, si no se pudiere demostrar el origen y la licitud de los ingresos, los partidos políticos y los grupos de electores serán sancionados con multas equivalente a 3.335 y 6.670 días de salario mínimo urbano, que debe imponer el Ministerio de Hacienda, sin perjuicio de la responsabilidad penal de las personas involucradas en el hecho.

Cuando por sentencia definitivamente firme se demuestre que los recursos utilizados en las campañas electorales provienen de los delitos actividades vinculadas a los mismos previstos en la Ley Orgánica de Sustancias Estupefacientes y Psicotrópicas, los administradores de finanzas, jefes de campañas electorales de los partidos políticos, grupos de electores o candidatos individuales serán penados con prisión de 1 a 2 años e inhabilitación del ejercicio de sus funciones políticas por igual tiempo después de cumplida la pena (Parágrafo Único, Art. 224).

VI. LA CRISIS TERMINAL DEL SISTEMA POLÍTICO VENEZOLANO Y EL RETO DEMOCRÁTICO DE LA DESCENTRALIZACIÓN

Venezuela, desde hace unos años, ha estado experimentando un proceso de cambio político, que ha venido conduciendo al desmoronamiento del sistema político propio de un *Estado Democrático Centralizado de Partidos,* que se agotó, el cual se

---

185   Véase en G.O. N° 4.646 Extra de 30-9-93.

inició en los años cuarenta, particularmente a raíz de la Revolución de Octubre de 1945; y luego se consolidó a partir de la Revolución Democrática de 1958.

Los venezolanos, en los últimos años, hemos sido testigos de todos los signos posibles e imaginables de la crisis de ese sistema y del cambio que se ha estado operando. Ya es imposible, por tanto, que no tengamos clara conciencia de que ese sistema, que funcionó durante las últimas décadas, no es probable que se prolongue mucho más allá del presente período constitucional. Por tanto, el *Estado Democrático Centralizado de Partidos,* que es el que caracterizó a la Venezuela democrática desde el año 1958, llamado también, para y simplemente, el *Estado de Partidos,* terminó, estando nuestras instituciones en un proceso de transformación indetenible e irreversible.[186]

1. *La crisis terminal del sistema político y sus salidas*

En efecto, la crisis que vive el país, además de ser de carácter económica y social, es ante todo una crisis política, que está afectando la propia gobernabilidad de la democracia y que impide la toma de las decisiones necesarias, precisamente, para enfrentar y resolver la crisis económica y la crisis social.

Lo que está en crisis, básicamente, por tanto, es el sistema político instaurado a partir de la Revolución de Octubre de 1945, que se fundamentó en un *régimen de democracia de partidos* organizados centralizadamente, que durante las últimas décadas asumieron el monopolio de la representatividad y de la participación política en el país; y en una *forma centralizada del Estado,* en la cual los poderes regionales y locales quedaron minimizados.

A. *La democracia y el Estado Centralizado de Partidos*

Ese sistema político de *Estado Democrático Centralizado de Partidos* en sus inicios, particularmente al recomponerse el sistema democrático después de la Revolución de 1958, sin duda, contribuyó a la implantación y mantenimiento del régimen democrático en Venezuela, en ese entonces, el país de América Latina con menos tradición democrática. Pero cuarenta años después, y una vez implantada y consolidada la democracia, ese sistema es el que más está conspirando contra el propio régimen democrático. Es decir, hoy por hoy, la partidocracia y el centralismo del Estado, son los elementos políticos que más están afectando el futuro de la propia democracia. El venezolano, después de cuarenta años de democracia, se acostumbró a la libertad y a pretender tener injerencia en el sistema político que lo rige, más allá de depositar votos por partidos de cuando en cuando. Por ello, en el momento actual, o el sistema político se abre para convertirlo en asunto de todos los ciudadanos; o corre el riesgo de desaparecer, y con él, el propio régimen democrático.

En este sentido, Venezuela vive hoy una crisis terminal de un sistema político que se agotó, porque el Proyecto del liderazgo que lo guió fue imponer la democracia, y ésta se impuso; Proyecto que aquél no ha sabido transformar y recomponer, precisamente, para permitir que su realización más importante que fue la implanta-

---

186 En estas páginas se recogen las ideas expuestas con el mismo título de esta parte, en la Ponencia presentada al *IV Congreso Venezolana de Derecho Constitucional,* Caracas, noviembre de 1996.

ción y mantenimiento de la democracia, se perfeccione. No es la primera vez que un sistema político, después de realizarse, por la incomprensión de su liderazgo ha terminado derrumbándose, suplantándose por otro. Sucedió con el fin del primer ciclo histórico-político de nuestra historia, que fue el del Estado Independiente (1811-1868) y que terminó con las Guerras Federales; con el fin del segundo ciclo, que fue el del Estado Federal caudillista (1863-1899) y que concluyó con la Revolución Liberal Restauradora; y con el tercer ciclo, que fue el del Estado autocrático centralizado (1901-1945), que precisamente terminó con la Revolución de Octubre.

El cuarto ciclo histórico político de nuestra historia, el del Estado Democrático Centralizado de Partidos, que está ahora agotado, también corre el riesgo de terminar abruptamente, y con él la democracia, a menos que se produzca una muy radical reforma del sistema político, que debe girar en torno a tres procesos básicos : la despartidización del régimen democrático; la descentralización política del Estado; y el descongestionamiento del sector público para fortalecer el propio Estado.

B.   *La despartidización del sistema político*

La despartidización del sistema no significa, ni debe ni puede significar, la desaparición de los partidos políticos, que son esenciales para la democracia. Lo que exige es que se disminuya el férreo control monopólico de la participación y representatividad política democrática que han desarrollado, aún cuando en los comienzos del sistema, haya sido consecuencia de la ausencia inicial de otras sociedades intermedias. Estas, en realidad, surgieron y se consolidaron después de los cuarenta años —las que lograron hacerlo— y ello después de los partidos; por lo que éstos se apoderaron de ellas, penetrándolas en todos los niveles. Despartidizar implica permitir que otras agrupaciones y comunidades puedan participar en el proceso y en la conducción de los asuntos públicos, y puedan tener representación en las instancias locales y regionales, donde no es esencial la presencia de los partidos nacionales. La despartidización implica, además, que los partidos políticos dejen el control férreo de algunas sociedades y agrupaciones intermedias como los sindicatos y gremios, que han pasado a ser apendices de los partidos y en algunas ocasiones, con gran influencia en éstos, retroalimentándose el control partidario de la participación.

Por último, la despartidización implica que los partidos políticos renuncien al control y a la influencia en los órganos no representativos del Estado, particularmente en la función pública y en la Administración de Justicia. La función pública debe estructurarse como un servicio civil fuera del ámbito partidario, para el manejo permanente del Estado, que es asunto de todos los venezolanos. Ya es insostenible que por cambios de partidos en el apoyo al gobierno, e incluso, de grupos dentro de un partido, haya que cambiar los niveles gerenciales cada pocos años. Un Estado no puede conducirse seriamente, sin tener un servicio civil permanente, de alto nivel de excelencia, fuera del alcance partidario.

Lo mismo se plantea respecto de la composición y dominio del Poder Judicial, inicialmente asumido por los partidos políticos que se repartieron desde comienzos de los setenta los cargos de jueces entre sus militantes y amigos; y luego, por la penetración de grupos de intereses que en combinación con los partidos, han degradado a la judicatura. Sin Justicia confiable o con Justicia lenta no se sostiene República alguna.

Necesitamos, al contrario, estructurar un Poder Judicial autónomo e independiente también fuera del alcance partidario, con recursos suficientes porcentualmente calculados en relación al total del gasto público. La Justicia es un asunto de todos, no de unos pocos, a la cual todos deben tener acceso y en la cual se pueda confiar. La situación actual de la Justicia es la antítesis de lo que debe ser, y ella, está acabando con la República.

Por otra parte, en los órganos representativos de la República, _ en los cuales, en una democracia, los partidos tienen derecho de participar, es necesario abrir campo para que otras agrupaciones y comunidades tengan representación. Para ello, particularmente a nivel de Juntas Parroquiales y de Concejos Municipales, debe eliminarse del sistema electoral el método de la representación proporcional de las minorías, establecido para que haya control partidario de la elección, y sustituirse por un sistema auténticamente uninominal que escape a la manipulación partidista. Para ello, por tanto, los órganos electorales deben dejar de ser organismos exclusivamente gerenciados por los partidos, y hay que volver a la función electoral como carga ciudadana fuera del alcance de los partidos. A éstos no corresponde gerenciar y administrar los procesos electorales; sólo poder controlarlos. Para ello son precisamente, los testigos electorales.

C. *La descentralización política*

La descentralización política, por otra parte es, ante todo, la forma de poder facilitar la participación más amplia del ciudadano en la conducción de la sociedad. No es posible desarrollar una democracia participativa si el poder no está cerca del ciudadano. No hay posibilidad de participación en una forma de Estado centralizado, salvo que se trate de la participación exclusiva de partidos, a la vez organizados, en sí mismos, bajo esquemas centralistas.

Sólo descentralizando el Estado federal que tenemos, mediante la devolución o transferencia efectiva de competencias y poderes a los Estados y Municipios, es que la democracia podrá ser participativa, y podrá sobrevivir en nuestro país. Esta es, por otra parte, la enseñanza universal, al punto de que todas las democracias occidentales consolidadas después de la Segunda Guerra Mundial, para sobrevivir perfeccionándose, se han descentralizado, y los Estados otrora unitarios ahora o son Estados federales o regionales, o con un alto contenido de gobierno local.

La descentralización, por tanto es un proceso que además de administrativo tiene que ser político. Descentralizar territorialmente el poder es transferirlo a entidades políticas con órganos electos propios no sometidos a tutela de los niveles centrales. Sólo así pueden afianzarse nuevos centros de poder en todo lo ancho y largo del país, para el autogobierno en los asuntos que, precisamente, a nivel regional y local deban y puedan gobernarse. Sólo así la democracia se extenderá en el país, como asunto propio de cada región y localidad. y no como asunto controlado desde Caracas por cúpulas partidistas. Por supuesto, una efectiva descentralización política tiene que provocar la ruptura del centralismo democrático como forma oligárquica de conducción de los partidos políticos e, incluso, de los sindicatos, que es la que han desarrollado bajo la sombra del Estado centralizado. La descentralización política efectiva es el mejor de los instrumentos para descentralizar los partidos y los sindicatos, y hacerlos realmente democráticos en su composición interna.

Pero la necesidad de la descentralización, además de política es administrativa, a los efectos de que pueda lograrse el más eficiente cumplimiento, por parte del Estado, de sus cometidos más esenciales y elementales: la salud pública; la educación, ciencia y cultura, y la seguridad ciudadana. Nada es más contrario a una sana gerencia que pretender que en un país, estos servicios se presten centralizadamente. El gigantismo de los mismos, estructurados a nivel del gobierno central, ya los ha hecho colapsar, envueltos en los más altos niveles de ineficiencia, corrupción y penetración partidaria y sindical.

Sólo descentralizando los servicios públicos esenciales, transfiriendo a los Estados y Municipios su prestación, con los recursos, bienes y personal necesario, y con participación de la sociedad civil, es que por otra parte se podrá fortalecer el Estado Nacional, para que pueda cumplir, efectivamente, lo que en un Estado con gran extensión territorial como el venezolano, es de carácter nacional. Hemos llegado a tener un Estado Nacional que no conduce políticamente a la sociedad, y que no es capaz de definir políticas económicas y sociales globales coherentes, precisamente porque se agota en actividades que podrían ser cumplidas en otros niveles territoriales. Por ello, la descentralización política, lejos de ser un instrumento para debilitar el Estado Nacional, es el más certero medio para fortalecerlo y deslastrarlo de actividades y servicios que pueden prestarse eficientemente a nivel de Estados y Municipios, donde además, puede haber mayores posibilidades de control y participación ciudadana.

D. *El descongestionamiento del Estado*

Por último, en la necesaria reformulación y reforma del sistema político para perfeccionar la democracia y recomponer los niveles de gobierno, la crisis del Estado petrolero que generó el gigantismo administrativo e intervencionista, también tiene que conducir a hacer esfuerzos por que se fortalezca el Estado Nacional. La intervención del Estado en la vida económica venezolana, producto del ingreso petrolero, distorsionó totalmente el papel del Estado. En Venezuela éste no llegó a ser nunca un redistribuidor de la riqueza a través de la recaudación impositiva y tributaria, sino que se consolidó desde la década de los cuarenta, es decir, desde los inicios del ciclo histórico-político que ahora está concluyendo, en un Estado distribuidor de una riqueza que sólo él percibía. El Estado fue, así, progresivamente, el primer inversor, el primer empleador, el primer financista, quien todo lo daba y controlaba y a quien todo se pedía. Ello fortaleció a los propios partidos políticos y sindicatos que lo controlaban, y el ciudadano en Venezuela nunca llegó a ser contribuyente, sino un ente subsidiado en todos los asuntos de su vida.

Ese esquema diabólico, en el cual nadie ocupaba el lugar que debía en una sociedad medianamente organizada políticamente, se está derrumbando ante nuestros ojos, y el propio Estado y el sistema político, enredado en la maraña del gigantismo e intervencionismo, está desorientado. La crisis lo que puso en evidencia es que la posición de Estado planificador, empresario, regulador y de control que se desarrolló sobre el ingreso petrolero, lejos de configurarlo como un Estado poderoso y fuerte, lo convirtieron en un Estado tremendamente débil, agobiado y agotado en sus regulaciones y controles, diluido en el manejo de tantas empresas improductivas, y penetrado y apoderado por grupos de intereses económicos, partidarios y sindicales.

El descongestionamiento del Estado es un imperativo de sobrevivencia de nuestra propia democracia, para que como país ingresemos en el nuevo mundo globalizante, competitivo y productivo. Para ello y sin que el Estado deje de ser petrolero, hay que convertir al ciudadano en contribuyente, pero no sólo a algunos de segunda en beneficio de otros de primera, sino todos, conforme a su capacidad contributiva. Para eso, entre otras cosas, es que debe ser el Estado, es decir, para recaudar los impuestos necesarios para la prestación de los servicios y tareas esenciales que le corresponde en beneficio de todos. Pero mientras el Estado se dedique a producir madera o aluminio, prestar servicios hoteleros, distribuir electricidad, gas y agua, tener bancos comerciales y toda suerte de actividades económicas, nunca podrá ser efectivamente un Estado recaudador de impuestos y definidor de las políticas esenciales de productividad y trabajo. En este contexto, la privatización es otra política esencial de fortalecimiento del Estado, antes que de su debilitamiento. El Estado es débil por el gasto ineficiente de tantas empresas que podrían estar en manos del sector privado, generando inversión y aumentando la productividad y el empleo. La privatización, por otra parte, es la única forma en el corto plazo que tiene la Nación venezolana para el pago de la deuda externa e interna que está haciendo retroceder cualquier posibilidad de progreso económico y social. Un Estado fuerte es el que deslastrado de tanto agobio burocrático, empresarial y regulador, pueda dedicarse a atender las políticas nacionales esenciales.

E. *La reconstitución del sistema político*

Por supuesto, la transformación de un Estado Centralizado de Partidos, burocratizado, hipertrofiado y débil en un Estado descentralizado, participativo, desburocratizado, reducido y fuerte sólo es posible mediante un cambio radical que conmocione a la sociedad venezolana. Sólo una revolución puede lograr esa transformación. El reto del país democrático, en estos momentos, por tanto, es hacer que ese cambio y revolución, se hagan democráticamente. Para eso hay que partir del supuesto de que la única forma para lograrlo es que esas metas y políticas lleguen a ser las de todo el país. Esos cambios no pueden ser tarea de un partido o grupo de partidos, ni de un gobierno o de la oposición.

Sólo un consenso o pacto entre todos los componentes políticos y sociales del país, puede conducir a que efectivamente se acometan esos cambios. De lo contrario, porque son inevitables e indetenibles, alguien va a pretender imponérselo a los otros, con costos políticos incalculables. De allí el planteamiento democrático que se ha venido formulando de la necesidad de un proceso constituyente que redefina el sistema político para el próximo ciclo historie-« que se avecina.

En definitiva, tenemos que lograr que el régimen democrático continúe, pero bajo un nuevo sistema político, que debe ser, en sustitución del *Estada Democrático Centralizado de Partidos,* el de un Estado, también, *democrático,* pero *descentralizado y participativo.* En tal sentido, como se ha dicho uno de los factores fundamentales en ese cambio es precisamente, el proceso de descentralización política que se ha iniciado a partir de 1989. En la descentralización y la participación políticas, está la esperanza, sin la menor duda, de la sobrevivencia de la democracia venezolana, pues bajo el esquema centralizado de partidos, la democracia no tendría posibilidad segura de continuar.

2. *Los grandes ciclos histórico-políticos*

Venezuela, como se ha dicho, está en pleno proceso de terminación de uno de los grandes ciclos históricos de su vida política, a cuyo aceleramiento, sin duda, ha contribuido el hecho político más importante que se ha producido en este Siglo después de la introducción de la elección universal y directa del Presidente de la República a raíz de la Revolución de Octubre de 1945, y que ha sido la elección directa de Gobernadores y Alcaldes, a partir de 1989. Este no es un hecho más dentro del proceso político venezolano, sino que puede considerarse como el detonante de la introducción, en nuestro sistema político, de mecanismos de descentralización y participación políticas, y en consecuencia, el hecho fundamental que ha contribuido, en la última fase del *Estado de Partidos,* a poner fin al ciclo histórico que se inició en los años cuarenta. Este ciclo histórico, que abarca el período desde la postguerra a la actualidad, como hemos dicho, en realidad es uno más de los grandes ciclos históricos que han caracterizado, marcado y dividido la vida política venezolana.

En efecto, en nuestra historia política desde el año 1811 a la actualidad, pueden distinguirse cuatro grandes ciclos o etapas, dominadas, cada una, por un determinado régimen político estatal. A lo largo de los 185 años de vida republicana hemos tenido 25 Constituciones, pero ello no significa que hayamos tenido el mismo número de pactos y regímenes políticos diferentes. Al contrario, todo el conjunto de Constituciones y de hechos políticos acaecidos en el transcurso de la historia del país, pueden agruparse en cuatro grandes ciclos, cada uno producto de un proceso constituyente, con sus características, su régimen estatal, su propio liderazgo, su proyecto político y su propia decadencia o agotamiento que, en cada caso, marcaron una etapa histórica de algo más de una generación a la que correspondió, con sus sucesores, la implantación de un proyecto político concreto.

Todos los ciclos políticos anteriores, hasta ahora, no evolucionaron en sí mismos, sino que se derrumbaron, en gran parte por la incomprensión del liderazgo político en haber tomado conciencia de los cambios que produjo, en cada etapa, el propio desarrollo del proyecto político concreto que las caracterizó.

A. *El Estado independiente y autónomo semi-descentralizado*

El primero de estos grandes ciclos político-constitucionales fue el del *Estado independiente y autónomo semi-descentralizado,* que se inició en 1811, y que estuvo dominado por la generación de los líderes y próceres de la Independencia, y sus sucesores. El proyecto que lo caracterizó fue la construcción e implantación de un Estado nuevo, fundado en las ex-colonias españolas, basado, en cuanto a la forma del Estado, en la organización de las Provincias que nos quedaron como legado del régimen español; Provincias que se habían desarrollado en el sistema colonial como organizaciones administrativas altamente descentralizadas. Precisamente, fue por esa enorme descentralización y autonomía provincial que existía en los territorios de la Capitanía General de Venezuela que, como forma para estructurar un Estado nuevo —que fue lo que se propuso ese liderazgo político—, se escogió el esquema federal.

Por ello, puede decirse que Venezuela como Estado Independiente, nació bajo una forma federal de Estado, porque, entre otros factores, en el constitucionalismo de la época no había otra forma para construir un. Estado en base a la estructura político-territorial de ex-colonias descentralizadas. La "Confederación de Venezuela", por ello, fue el esquema político tomado de la experiencia norteamericana para unir lo que estaba y había estado siempre desunido, salvo en los treinta años anteriores a la Independencia, a raíz de la creación, en 1777, de la Capitanía General de Venezuela, que comprendía el grupo de Provincias que conformaron nuestro territorio; pero en todo caso, incomunicadas entre sí, y altamente disgregadas.

La progresiva instauración de un Poder Central dentro de las vicisitudes iniciales de la Guerra de Independencia, antes y después de la separación de la Gran Colombia, llevaron al mismo liderazgo que hizo la Independencia, y que asumió el control del Estado a partir de 1830, a no entender los cambios que habían provocado, y a pretender aplicar, a finales de la década de los cincuenta del siglo pasado, los mismos criterios políticos iniciales, como si no hubieran transcurrido casi tres décadas de vida republicana. Precisamente, hacia finales de la década de los cincuenta del siglo pasado, fue la lucha entre el Poder Central, que había sido construido por los propios líderes regionales en el Gobierno, y el poder regional, que se habían afianzado en las Provincias, lo que provocó la ruptura del sistema, culminando con las Guerras Federales (1858-1863). No faltaron, en ese período de crisis, reformas constitucionales en 1857 y 1858, las cuales' en nuestra historia, siempre han sido el preludio del derrumbe de los sistemas. De allí el gran temor que siempre hemos expresado en relación a las reformas constitucionales cuando se plantean como la única solución a los problemas de un sistema político en crisis.

Así, la Constitución se reformó en 1857 y 1858 y de allí, en medio de la guerra, no hubo más remedio que llamar al prócer, al que había estado actuado en la vida política del país desde la Independencia, y la había dominado por completo. José Antonio Páez fue llamado como el salvador del país, y la realidad fue que no duró sino meses en el poder, con dictadura y todo, acabando definitivamente con el sistema, y concluyendo la última fase de las Guerras Federales.

B.   *El Estado Federal y la autocracia de los caudillos regionales*

Del derrumbe del Estado autónomo semidescentralizado, surgió un nuevo Estado, un nuevo liderazgo político en el poder y un nuevo proyecto político, el del *Estado Federal.* El cambio fue radical. Basta repreguntarse quién podía saber en 1850, por ejemplo, quiénes eran Zamora o Falcón, qué representaban o dónde estaban. Eran, sin duda, líderes locales, pero sin que se sospechara siquiera de su potencialidad para dominar el país. Incluso, el mismo Antonio Guzmán Blanco no era la persona que en esos momentos de crisis podría vislumbrarse como el que dominaría el segundo gran ciclo de la historia política del país, que va de 1863 hasta comienzos de este Siglo.

Lo cierto es que en 1863, de una Asamblea Constituyente surgió un nuevo sistema político, un nuevo liderazgo, un nuevo Estado y un nuevo proyecto político. El anterior sistema fue barrido y comenzó la instauración de uno nuevo, en este caso, basado en la forma federal del Estado, con una disgregación extrema del Poder.

Antonio Guzmán Blanco fue *primuis inter pares* en el sistema político que dominaron los caudillos regionales, y entre otros instrumentos, en los primeros lustros del período, gobernó a través de lo que se llamaron las Conferencias de Plenipotenciarios, que no eran otra cosa que la reunión de los diversos caudillos regionales en Caracas, para resolver los grandes problemas del país; un país, además, paupérrimo, endeudado y sometido progresivamente a la autocracia central que al ser abandonada por el Gran Civilizador, quien se retiró a Francia, contribuyó progresivamente al deterioro del debilitado Poder Central.

La última década del Siglo pasado también estuvo signada por las reformas constitucionales de 1891 y 1893, entre otros factores y como ha sido una constante en nuestra historia, para extender el período constitucional. Sin embargo, la crisis política derivada de la confrontación liberal de los liderazgos regionales no se podía resolver con reformas constitucionales; el problema era el del deterioro general del sistema, entre otros factores, por la lucha sin cuartel entre el Poder Central y los caudillos regionales.

Este ciclo histórico concluyó con las secuelas de la Revolución Liberal Restauradora, la cual, frente al Poder Central, pretendía restaurar el ideal liberal y federalista, y a cuya cabeza surgió Cipriano Castro; y luego, con la nacionalización de la guerra y de las armas con motivo de la Constitución de 1901, producto de otra Asamblea Constituyente y con la guerra que Juan Vicente Gómez desarrolló a comienzos de este Siglo, las cuales terminaron el liderazgo caudillista regional, y consolidaron la hegemonía andina.

C. El estado autocrático centralizado

La Revolución Liberal Restauradora, en 1899, como se señaló, se inició en defensa de la soberanía de los Estados que se pensaba lesionada con la designación provisional de Presidentes de los mismos por el Gobierno Central.

En efecto, la protesta de Cipriano Castro, que provocó su primera proclama, fue contra las decisiones del Congreso Nacional respecto al nombramiento provisional por el Presidente de la República, de los Presidentes de los Estados que se habían recién instaurado, después de que en la época de Guzmán Blanco se habían convertido en "secciones" de agrupaciones territoriales mayores. Pero esa idea original, luego, el propio caudillo de Los Andes, Juan Vicente Gómez, se encargó de desvirtuarla como motivo de la revolución, y con una evolución dentro de la misma causa. La salida de Castro del Poder, —enjuiciado por la Corté Federal y de Casación—, puso fin, definitivamente, al ciclo del Estado Federal, dándose inicio a un nuevo ciclo histórico en nuestra vida política, el ciclo del *Estado Autocrático Centralizado,* que comenzó a principios del presente siglo, concluyendo en 1945.

Durante este ciclo del Estado Autocrático Centralizado, se comenzó la verdadera integración del país y se consolidó el Estado Nacional, el cual, en muchos países de América Latina ya se había consolidado mucho antes, hacia mitades del siglo pasado. En este sentido, puede considerarse que ese proceso fue tardío en Venezuela, por la disgregación nacional que produjo el federalismo del siglo pasado, y la aparición. luego, del Estado Autocrático Centralizado, en la primera mitad de este siglo.

Pero de nuevo, después de varias décadas de autocracia centralista, y de construcción del Estado Central, mediante una centralización militar, política, fiscal, hacendística, administrativa y legislativa lo que fue acabando progresivamente con todos los vestigios del Estado Federal, salvo con su nombre, el liderazgo político andino no supo no quiso entender los cambios que habían venido provocando en la sociedad y en las relaciones de poder; el significado de la propia consolidación e integración del Estado Nacional; el cambio político en el mundo como consecuencia de las dos guerras mundiales, y el proceso general de democratización que se estaba iniciando a comienzan de los años cuarenta.

Por ejemplo los sucesores políticos de Gómez, a pesar de la apertura democrática y de modernización iniciada por López Contreras y Medina, no supieron, entender que el sufragio universal, directo y secreto en el año 1945, después de la Segunda Guerra Mundial, era el elemento esencial para consolidar la democracia que comenzaba a nacer. Se reformó la Constitución, de nuevo, en ese año, pero a pesar del clamor de los nuevos actores políticos, producto del sindicalismo naciente y de la apertura democrática que surgió desde fines de los años 30, no se estableció el sufragio universal y directo, y lo que se consagró fue el sufragio universal limitado sólo para darle el voto a las mujeres en las elecciones municipales, excluyéndolas de las elecciones nacionales; sin modificarse el sistema de elección indirecta para Presidente de la República.

Se reformó, sin embargo, la Constitución en 1945, pero sin tocarse los aspectos esenciales del régimen; por ello, dicho texto y el régimen político que se había iniciado a principios de siglo, no duraron sino algunos meses más, hasta que se produjo la Revolución de Octubre de 1945. Basta leer el Acta Constitutiva de la Junta Revolucionaria de Gobierno, para constatar, al menos formalmente, la idea de que la Revolución se hacía, entre otros factores, para establecer el sufragio universal, directo y secreto en beneficio del pueblo venezolano.

D. *El Estado Democrático Centralizado de Partidos y su crisis*

En 1945,, de nuevo, terminó un ciclo histórico, y quedó barrido el sistema, su liderazgo y la generación que había asumido el proyecto político iniciado a principios de Siglo, instaurándose, en su lugar, un sistema de *Estado Democrático,* pero igualmente *Centralizado.* En esta forma, el centralísimo que se inició a principios de Siglo, como sistema estatal, no terminó en 1945, sino que ha abarcado dos de los ciclos históricos recientes: el primero, el autocrático centralizado, y el segundo, el democrático centralizado que se instauró a partir de la década de los cuarenta, basado en dos pilares fundamentales que ha caracterizado a nuestro Estado y a nuestro sistema político desde esa fecha hasta el presente: la democracia de partidos y el Estado Centralizado.

En efecto, en primer lugar, el sistema político iniciado en 1945 estructurado por la Asamblea Constituyente en 1947, y sobre todo, consolidado a partir de 1958. ha sido el de un régimen democrático, pero como se ha dicho, de democracia de partidos, conforme al cual los partidos políticos han sido los que han monopolizado la representatividad y la participación política; en definitiva, han monopolizado el poder.

No hay duda que en las últimas décadas, la representatividad política en Venezuela ha sido representativa de los partidos, para lo cual establecimos desde el año 1946, el sistema ideal para que los partidos asumieran ese monopolio de la representatividad: el sistema de representación proporcional conforme al modelo d'Hondt, que es el que se aplicó, en general, hasta la reforma electoral de 1993. Conforme a ese sistema, sólo los partidos pudieron tener representación en los cuerpos deliberantes, sin que a éstos pudieran acceder otras organizaciones sociales. Y a pesar de las reformas legislativas que introdujeron elementos de uninominalidad para las elecciones de 1993 y de 1995, poco cambio se logró y se logrará en esta materia, por la conducción partidista del proceso electoral desde el Consejo Supremo Electoral y por la propia conformación del "tarjetón electoral" con clara inducción al voto partidista.

Pero los partidos políticos no sólo tuvieron el monopolio de la representatividad, sino también el monopolio de la participación: asumieron también la conducción política del país, no habiendo en el país otra forma de participar que no fuera sino a través de los partidos políticos.

Esta situación, por supuesto, era perfectamente legítima; pero los partidos políticos, lamentablemente, a lo largo de los últimos treinta años de desarrollo del sistema, se cerraron y comenzaron a configurarse como un fin en sí mismos, de manera que, incluso, no sólo no había otra forma de participar políticamente distinta a los partidos, sino que el acceso a los mismos partidos políticos fue progresivamente cerrándose y, por tanto, sin canales de participación adicionales. Progresivamente, además, se produjo el ahogamiento de todo el nuevo liderazgo que había estado surgiendo a pesar de la dirigencia tradicional, y que, sin la menor duda, está comenzando a irrumpir y a asumir la conducción del país.

En este proceso de centralismo democrático, los partidos no sólo ahogaron la sociedad civil, penetrando a los gremios y a todas las sociedades intermedias, sino que además, ahogaron a los Estados y Municipios. Los Estados quedaron como meros deshechos históricos; sus Asambleas Legislativas, como meras formas de reducto del activismo político partidista local, y los Ejecutivos Estadales, como meros agentes del Poder Nacional, particularmente agentes de carácter policial; funciones que compartían con las de gestores para sus jurisdicciones de alguna que otra obra pública que podían lograr el Poder Central.

Todo ese proceso contribuyó a configurar la gran entelequia contemporánea del Estado Federal, vacío de contenido, donde no había efectivo poder político regional y local, ni niveles intermedios de poder, habiendo quedado concentrado todo el poder político, económico, legislativo, tributario, administrativo o sindical, en el centro. El centralismo de Estado fue, así acompañado de otros centralismos, como por ejemplo, el de los partidos políticos, organizados internamente bajo el esquema del centralismo democrático. En igual sentido se desarrolló un centralismo sindical, como otro elemento fundamental en la interpretación del sistema.

Todo este sistema, desde la década de los ochenta, ha comenzado a resquebrajarse, y se ha estado desmoronando ante nuestros ojos. Los venezolanos de estos tiempos hemos sido testigos de ese proceso de cambio y transformación que, a la vez, y ello es lo más importante, es producto de la propia democracia.

En efecto, las transformaciones políticas que se han estado produciendo no son producto de factores externos al sistema democrático: ha sido la propia democracia, desarrollada por los partidos y bajo su conducción centralizada, la que ha provocado este cambio que se está operando. No olvidemos que la democracia venezolana de estos últimos cuarenta y cinco años, es producto del centralismo. Si nosotros no hubiésemos tenido un modelo de Estado de Partidos altamente centralizado en el año 1958, quizás no hubiese habido forma de implantar la democracia en el país de América Latina que en ese momento tenía menos tradición democrática. No estábamos acostumbrados a ello; la única forma que había para lograr el objetivo era que nos la impusieran; y la impuso el centralismo, conducido por los partidos políticos. Al centralismo político partidista y al Estado de Partidos, por tanto, le debemos la democracia, pero luego ha sido la propia democracia de partidos, la que ha estado conspirando contra el régimen de libertades.

En todo caso, los partidos, en general, no entendieron cabalmente el proceso que se había operado por su propia acción, por lo que muchas de las transformaciones que aprobaron en los últimos años, a veces fueron adoptadas bajo presión de la sociedad civil, y no por propio convencimiento de su importancia como aportes a la sobrevivencia de la democracia.

El hecho político más elocuente de estos cambios ha sido la elección directa de Gobernadores. Esa no fue una decisión política partidista propia de un sistema que venía funcionando. Esa fue, realmente, una decisión de sobrevivencia: no había otra forma de enfrentarse al proceso electoral de 1989, después de la protesta popular del 27 de febrero de ese año, recién instalado un nuevo Presidente de la República, que no fuera con el sometimiento a un proceso electoral en los Estados, distinto al nacional y para ello, la pieza clave era la elección directa de los Gobernadores. Esa decisión fue un signo del inicio de un esfuerzo de democratización de la democracia, a lo que se agrega la elección directa de Alcaldes, establecida en la reforma de la Ley Orgánica de Régimen Municipal de ese mismo año.

En 1989, por tanto, se dictaron varias leyes de enorme importancia: La Ley que fija el período de los poderes públicos estadales y municipales, en tres años: la Ley de elección y remoción de Gobernadores; la reforma de la Ley Orgánica de Régimen Municipal, que prevé la elección directa de los Alcaldes, y por último, la Ley Orgánica de Descentralización, Delimitación y Transferencia de Competencias del Poder Público, que fue la consecuencia ineludible de la decisión de elegir en forma directa a los Gobernadores. Se entendió que no había otra forma de atender a las expectativas derivadas de la elección, que transfiriendo poder y competencias nacionales a los Gobernadores. Si el Gobernador hubiese sido electo en un esquema totalmente centralizado, ello hubiera significado elegir guerrilleros por votación popular, que iban a ponerse a la búsqueda de poder, si éste no se les comenzaba a transferir.

En consecuencia, la descentralización, insistimos, está en el centro de este proceso de transformación que se ha venido produciendo en el país, signado por la búsqueda de una mayor participación, y con una repercusión progresiva en la apertura de la propia democracia.

Por eso, las reformas que se han adoptado han ido buscando otro tipo de sistema electoral que no sea el de representación proporcional tradicional, y de allí los ingredientes de elección uninominal que ya se establecieron en 1993. En esta forma, el 5 de diciembre de 1993, los Diputados a las Asambleas Legislativas y al Congreso Nacional, se eligieron conforme a un sistema electoral que combinó en un cincuenta por ciento (50%) cada una, la uninominalidad con la representación proporcional. En materia municipal, en las elecciones de 1995 las 2/3 partes de los Concejales fueron también electos uninominalmente. Con ello se ha estado buscando una mayor apertura de la democracia que había estado cerrada y controlada básicamente por dos partidos políticos, los cuales, en su momento, no supieron abrirla a la penetración de la sociedad civil. Por ello, muy posiblemente, si los sistemas de postulación hubiesen sido más abiertos en períodos anteriores, no hubiera habido necesidad de concluir en ese sistema, mitad plurinominal, mitad uninominal que no necesariamente, por sí mismo, ha rendido los frutos de democratización esperados.

En todo caso, en medio de la crisis del *Estado Centralizado de Partidos,* después de dos intentos subversivos militares y el inicio del enjuiciamiento del Presidente de la República, en 1993, se produjo la elección por el Congreso de la República, de un Presidente de la República para el período de transición, hasta la finalización del período constitucional en 1994. El rol del gobierno de transición no pretendió ser solamente el llevar el país a las elecciones, que fue uno de los más importantes, sino contribuir en algo, a servir de vehículo de la transición de un sistema político a otro, en la cual la política de descentralización tiene un significado determinante, si se quiere que el otro, el que viene, sea democrático.

Por ello, desde ese gobierno, al asumir como Ministro de Estado para la Descentralización, lo hicimos conscientes de que nos estábamos jugando la democracia; o hacíamos todo para que la democracia continuara en Venezuela o ésta corría el riesgo de derrumbarse. Todo ahora depende de lo que se haga en el futuro. De allí la importancia del rol, tanto del Gobierno, en cada una de sus áreas de actividad; de los propios partidos políticos que, por supuesto, en ningún caso desaparecen ni muchísimo menos, y de las instituciones representativas de la sociedad; consistente en asegurar que los inevitables cambios políticos que se han estado produciendo y que se continuarán efectuando, se conduzcan en un régimen democrático.

3. *La política de descentralización*

Ahora bien, en nuestro criterio, la política de descentralización, es el instrumento para lograr la participación política; y la participación es actualmente la única vía para que nuestra democracia se perfeccione.

Por eso, si queremos que el cambio político inevitable que tenemos por delante sea democrático, la descentralización tiene que estar en el futuro próximo, en el centro de la política de cambio. Por ello, hemos dicho que hasta cierto punto, con la descentralización nos estamos jugando la democracia.

Ahora bien, hasta 1993, la descentralización, con motivo de los cambios políticos iniciados a partir de 1989, se había desarrollado más por iniciativa de los Estados y de sus Gobernadores, que por iniciativa del propio Poder Central. A nivel nacional se había dictado, en 1989, la Ley Orgánica de Descentralización, Delimitación y Transferencia de Competencias del Poder Público, que muchos Ministros ni siquiera conocían y que sólo percibían como algo lejano en el movimiento de los Gobernadores de Estado, pero que no era asunto propio del Gobierno Nacional.

La decisión del Presidente electo por el Congreso en junio de 1993, de nombrar un Ministro de Estado para la Descentralización, en cambio, no tuvo otro objetivo que tratar de convertir en estos meses y para el futuro, a la descentralización, en una política nacional, de manera que no fuera un proceso dejado a la sola iniciativa de los Gobernadores de Estado. La decisión buscó convertir la descentralización en una política nacional respecto de la cual el Gobierno Nacional y la Administración Pública Nacional, tenían y tienen que estar comprometidas en su ejecución.

Nuestra misión como Ministro de Estado para la Descentralización, desde el inicio, y en esos meses (1993-1994), por supuesto, no era desmontar cien años de centralismo de Estado, lo que desde luego, no se logra ni se logrará en pocos meses ni en pocos años. Nuestra misión, en esos meses de Gobierno de Transición, fue adoptar el mayor número de decisiones político-gubernamentales posibles, de manera que el proceso de descentralización se hiciese cada vez más irreversible. Además, que cada decisión que tomase el Gobierno, como las adoptadas desde junio de 1993, hiciera que nuevas decisiones fueran necesarias, de manera que el proceso de descentralización adquiera su dinámica propia, como asunto no sólo de los órganos que ejercen el Poder Nacional, sino como asunto de los Estados y de los Municipios. Nuestra misión, en estos meses del Gobierno de Transición, por tanto, fue construir todo el andamiaje jurídico-institucional del proceso, de manera que los Gobernadores y Alcaldes, a partir del inicio del presente período constitucional 1994-1999, pudieran contar con un arsenal de instrumentos políticos que les permitiera exigir del Gobierno Nacional, la continuación de la ejecución de la política de descentralización.

Por eso, siempre dijimos que las decisiones que estábamos tomando en materia de descentralización, en ese corto período de transición, eran decisiones que buscaban comprometer al nuevo Gobierno, el cual, en nuestro criterio, tenía que continuar el proceso, porque entendemos que es un proceso de sobrevivencia de la propia democracia. Por ello, a pesar de la lentitud impuesta al proceso en los primeros años de gobierno, que coincidió con el fin del período de los gobernadores, el proceso no se ha detenido.

A. La búsqueda de un compromiso de la Administración Pública Nacional

En este contexto se comenzó por darle organicidad al proceso. Con las decisiones adoptadas buscamos, en primer lugar, comprometer a la Administración Pública Nacional, que no estaba comprometida ni aún lo está con la descentralización, pues no todos los Ministerios e Institutos Autónomos estaban convencidos ni aún lo están de las bondades de la misma. Por ello, nuestro primer objetivo fue comprometer al propio Gobierno Nacional, al Gabinete Ejecutivo, a los Ministros, a los Ministerios e Institutos Autónomos en el proceso, mediante la difusión del mismo, como política nacional. Se exigió, además, que cada Ministerio o Instituto Autónomo tuviese un funcionario de alto rango responsabilizado del proceso de descentralización en su Despacho y que pudiera servir de interlocutor válido con los Gobiernos Estatales y Municipales. Esos funcionarios comenzaron a reunirse en la Comisión Nacional para la Descentralización que a tal efecto, fue creada. Lamentablemente, todo ese compromiso duró pocos meses, pues durante los primeros años del período constitucional que se inició en 1994, en este aspecto, se dio marcha atrás, y sólo se hizo lo que era inevitable, pero sin que respondiera a una política nacional que comprometiera a toda la Administración Pública Nacional.

Los mecanismos intergubernamentales para la descentralización

Por otra parte, durante los meses del Gobierno de Transición buscamos establecer mecanismos y canales de comunicación permanentes entre los niveles inferiores de la organización política venezolana y el Poder Central. De allí los mecanismos intergubernamentales que se establecieron, con la creación del Consejo Territorial de Gobierno, que integraba a los Gobernadores, el Presidente de la República y sus Ministros, en un mecanismo permanente para establecer y buscar soluciones comunes de Gobierno en los dos niveles político-territoriales.

Además, se estableció el Consejo Nacional de Alcaldes, que también buscaba convertirse en un mecanismo permanente de diálogo y de intercambio de criterios entre los Alcaldes y el Gobierno Central, en un cuerpo integrado por el Presidente de la República, algunos Ministros y un Alcalde representante de los Alcaldes de cada Estado, designado por la Asociación de Alcaldes del Estado o por el Consejo Regional de Gobierno que los Gobernadores deben crear en cada Estado, para que también cada Gobernador pueda reunirse en forma permanente, con los Alcaldes de su Estado.

Por último, se creó el Consejo de Gobiernos del Área Metropolitana de Caracas, del cual forman parte los Gobernadores del Distrito Federal y del Estado Miranda, los Alcaldes de los Municipios del Área Metropolitana y algunos Ministros, y que ha comenzado a rendir frutos como el embrión del futuro sistema de gobierno metropolitano de nuestra ciudad capital.

En la concreción de este proceso de relaciones intergubernamentales, por supuesto, tuvieron un papel importante tanto la Asociación de Gobernadores de Estados, como la Asociación Venezolana de Asambleas Legislativas, la cual antes que la primera, tuvo inicialmente un papel fundamental en el proceso de descentralización, y asimismo, las Asociaciones de Alcaldes que se han constituido en la mayoría de los Estados. Todos estos instrumentos constituyen mecanismos de participación política y de relaciones intergubernamentales que deben seguirse impulsando en el futuro. Lamentablemente, desde el inicio del período constitucional en 1994 no se han utilizado, perdiéndose un potencial fundamental para consolidar relaciones entre el Poder Central y los nuevos poderes regionales y superar el solo mecanismo de las Convenciones de Gobernadores donde el predominio fáctico e inútil del Poder Central es el signo.

C. *El proceso de transferencia de competencias exclusivas y concurrentes*

Pero además, en esos meses definimos otra misión esencial, que fue impulsar la ejecución de la Ley Orgánica de Descentralización, Delimitación y Transferencia de Competencias del Poder Público. Asumimos la tarea de agilizar el proceso de transferencia de competencias, teniendo conciencia en todo caso, que en esta materia las responsabilidades eran y deben ser compartidas entre el Poder Nacional y los Poderes Estadales y Municipales, pero particularmente, entre el Poder Nacional y los Poderes Estadales, tanto respecto de las competencias exclusivas como concurrentes.

En el tema de las competencias exclusivas, la Ley Orgánica estableció que éstas serían efectivamente transferidas a los Estados, cuando cada Asamblea Legislativa del Estado respectivo dictase la Ley correspondiente para asumir la competencia transferida. Esto ha sucedido, por ejemplo, en materia de vialidad, de papel sellado, de puertos, aeropuertos, del régimen de explotación de minerales no metálicos y de salinas.

En los tres años de vigencia de la Ley Orgánica, sin embargo, no todos los Estados habían adoptado las leyes que eran necesarias para que pudieran asumir efectivamente estos servicios. Por ello, en esos meses (1993-1994), hicimos todo el esfuerzo necesario para que esas leyes fueran sancionadas, lo que luego ha continuado haciéndose.

En el campo de las competencias concurrentes, el mecanismo de transferencia previsto en la Ley Orgánica no fue el de la sanción de una Ley por las Asambleas Legislativas, sino el de la firma de convenios intergubernamentales de transferencia de servicios entre el Gobierno Nacional y los Estados, para hacer efectivo el proceso.

Al inicio del Gobierno de Transición en 1993, no se había logrado suscribir ningún convenio de transferencia. Habían sido suscritos algunos convenios de cogestión, como mecanismos previos a los convenios de transferencia, pero convenios efectivos de transferencia de servicios no se habían firmado. Ello, por supuesto, no había sido sólo culpa de los Gobernadores, sino de los mecanismos legales que exigían la intervención del Senado, de la falta de impulso efectivo por parte de la Administración Nacional y de la ausencia de resolución, a nivel central, de aspectos esenciales como el presupuestario y el del cambio del régimen jurídico del personal del servicio a transferir.

Nuestra labor, en esos meses, fue impulsar el proceso de transferencia de competencias concurrentes, resolviendo los problemas que estaban pendientes, por lo que entre octubre y diciembre de 1993, por ejemplo, se firmaron los primeros convenios de transferencia de los servicios de Salud Pública con los Estados Aragua, Falcón, Anzoátegui, Bolívar y Carabobo, lo que luego de más de un año, se recomenzó a partir de 1995.

Con ello se buscó desencadenar el proceso, de manera que, incluso, se hiciera una práctica el recurrir a convenios de cogestión como paso previo a los de transferencia de competencias.

D. *Las medidas institucionales para la descentralización adoptadas*

Ahora bien, a los fines de la ejecución de la política de descentralización, definida como política nacional, en los meses del Gobierno de Transición, se adoptaron una serie de medidas que deben destacarse y que además de darle la debida coherencia al proceso, buscaban asegurar su continuidad hacia el futuro.

En primer lugar, se debe destacar la decisión que le permitía a los Gobernadores de Estado tener injerencia en el nombramiento de los funcionarios, directores o coordinadores nacionales de Ministerios e Institutos Autónomos, con jurisdicción en cada Estado. Esta fue una medida de primera importancia, que contribuyó a poner fin a los conflictos que se habían presentado en innumerables ocasiones, entre el Gobernador y el funcionario nacional en el Estado respectivo y que muchas veces había generado un paralelismo administrativo inaceptable. Esta injerencia, por supuesto, estaba limitada a los casos en los cuales se producían vacantes en los diversos cargos, en cuyo caso, los Gobernadores debían ser oídos para la designación de los funcionarios nacionales. Este decreto, sin embargo, fue derogado en los primeros días del gobierno instalado en febrero de 1994.

En segundo lugar, como antes se dijo, se reglamentó la Ley Orgánica creando mecanismos administrativos para la descentralización, con el objetivo de comprometer a la Administración Pública Nacional, y a los Ministerios, en el proceso de descentralización. En este texto se exigía, como primera medida, que cada Ministro nombrase en su Despacho a un funcionario de rango de Director General, responsable del proceso de descentralización, de manera que los Estados, las Asambleas Legislativas y los organismos del nivel intermedio, tuvieran un interlocutor con quien tratar los asuntos propios de las transferencias de competencias. No es sólo al Ministro al que se le deben plantear los problemas, sino que en cada Ministerio debe haber un funcionario responsable para impulsar y orientar el proceso para la descentralización, que permita la generación de criterios, ideas y propuestas en la materia, dentro de los propios organismos. Lamentablemente esa idea no se siguió con regularidad en la Administración que se inició a partir de 1995.

Este conjunto de funcionarios de los diversos Ministerios encargados del proceso, deben formar la Comisión Nacional para la Descentralización, para que a nivel de la Administración Central, se pudiese orientar el desarrollo nacional del proceso de descentralización, y asimismo, se pudiesen readaptar las políticas nacionales de desarrollo regional a la descentralización política.

Las Corporaciones de Desarrollo Regional, por otra parte, en nuestro criterio, no deben desaparecer, como a veces se ha planteado; al contrario deben ser instrumentos fundamentales del Poder Nacional, para promover y agilizar la descentralización. Los Estados de nuestra Federación no son todos iguales, no todos tienen el mismo nivel de desarrollo ni poseen la misma infraestructura; son distintos y muchos requieren de la asistencia del Poder Nacional. Y precisamente, el mecanismo ideal para ello son las diversas Corporaciones de Desarrollo Regional.

En tercer lugar, también se reglamentó la Ley Orgánica, creándose el Consejo Territorial de Gobierno, como mecanismo permanente de carácter intergubernamental, para vincular a la Administración Nacional con los Gobernadores, no en las multitudinarias Convenciones de Gobernadores y que los Gobiernos se empeñan en repetir, sino en un mecanismo de carácter permanente, que reuniera al Presidente de la República, los Gobernadores y los *Ministros,* como instancia para el diálogo, la concertación, la conciliación y la resolución de los problemas intergubernamentales que cada vez van a ser más importantes.

Ya el Gobierno de Venezuela no es sólo el Gobierno Nacional; el Gobierno de la República es el Gobierno Nacional y los Gobiernos de los Estados, hecho por lo demás fundamental para afianzar la democracia. Mientras más se afiance este Poder Regional, más difícil será romper la democracia, pero la consolidación de estos nuevos centros de poder exige establecer mecanismos de concertación, conciliación y diálogo permanente, para que el Gobierno de la República siga siendo un solo Gobierno, pero integrado por el Presidente de la República y sus Ministros, y por los Gobernadores de Estado.

En igual sentido, pero en el escalón inferior, se previó que los Gobernadores debían constituir sendos Consejos Regionales de Gobierno, reuniendo a todos los Alcaldes de los Municipios de cada Estado, como mecanismo de diálogo permanente con el Poder Municipal. Los Alcaldes, en definitiva, son las autoridades que están más cerca de la comunidad y del ciudadano, por lo que deben ser incorporados a las tareas del Gobierno Regional.

En tal sentido, impulsamos la constitución de las Asociaciones de Alcaldes Sin que esto pudiera entenderse como un mecanismo que podría desequilibrar el Poder Regional. Todo lo contrario, no sólo hay que reforzarlas, sino que los Gobernadores deben establecer, en el futuro, los mencionados Consejos Regionales de Gobierno que sirvan de canal permanente de comunicación entre los Gobernadores y los Alcaldes.

Bajo ese mismo ángulo, en el caso de Caracas, se creó el Consejo de Gobiernos del Área Metropolitana de Caracas. Como toda gran ciudad, Caracas, a veces, ha parecido una ciudad ingobernable, porque han venido actuando en su territorio, siete Gobiernos Municipales, el Gobierno del Estado Miranda, el Gobierno del Distrito

Federal y el Gobierno Nacional, cada uno funcionando aisladamente, sin la visión metropolitana que toda gran ciudad requiere.

Para comenzar a superar este obstáculo, se creó dicho Consejo de Gobiernos del Área Metropolitana de Caracas, integrando las labores de gobierno del Área con el objeto de conciliar competencias y actividades que están atribuidas en el nivel nacional, a diversos Ministerios de la infraestructura; en el nivel local, a los Municipios de ambas entidades con jurisdicción en el Área.

Por otra parte, también se creó el Consejo Nacional de Alcaldes, para establecer un mecanismo de diálogo permanente entre el Poder Nacional y el nivel municipal, representado por los Alcaldes.

E. *La extensión del proceso más allá de la descentralización*

La Ley Orgánica de Descentralización, Delimitación y Transferencia de Competencias del Poder Público, cuando estableció las competencias y servicios transferibles, no lo hizo de manera exhaustiva y quizás lo hizo sin criterios adecuados a nuestra realidad.

Durante los meses de gestión del Gobierno de Transición en 1993, se puso en evidencia que había otras materias no enumeradas en la Ley, y otros mecanismos, no previstos en ella, a través de los cuales los Gobernadores, como agentes del Ejecutivo Nacional, podían asumir tareas que sólo debían corresponder a ese nivel intermedio.

Así, en el período del Gobierno de Transición delineamos varias medidas para poder encomendar a los Gobernadores la gestión de determinados servicios de competencia nacional. La "encomienda" deriva, así, de la expresión legal conforme a la cual, los Gobernadores de Estado como agentes del Ejecutivo Nacional, deben realizar las funciones que le encomiende el Ejecutivo Nacional.

Conforme a esa disposición de la Ley Orgánica (Art. 22, Ord. 6°), en esos meses se dictaron diversos Decretos encomendando a los Gobiernos Estadales funciones nacionales, como por ejemplo, la gestión del tránsito extraurbano e interurbano (porque el urbano es municipal) y de los terminales de transporte interurbano, licencias de vehículos y registro automotor. Asimismo, la gestión de algunas competencias vinculadas a la protección al consumidor, además de la delegación que conforme a la Ley de Protección al Consumidor, se hizo a nivel municipal. Por último, también fue materia de encomienda a los Gobernadores como agentes del Ejecutivo Nacional, la administración de las cárceles y la gestión del turismo.

Otras materias quedaron en proyectos, como las referentes a la administración de las Dependencias Federales por los Gobernadores de los Estados costeros. Todas estas son materias que no están enumeradas en la Ley Orgánica de Descentralización, como transferibles a los Estados, pero que sin embargo, pueden ser encomendadas a los Gobernadores, quienes pueden gestionarlas con mayor efectividad, por estar más cerca de la comunidad y poder prestar mejor servicio.

Todo este conjunto de decisiones que se tomaron en este período del Gobierno de Transición, (1993-1994), por/supuesto, han hecho cada vez más irreversible el proceso de descentralización, provocando, cada una de las decisiones tomadas, otras sucesivas.

F.   *La Ley Habilitante y la participación de Estados y Municipios en el Impuesto al Valor Agregad*

Dentro de todo este conjunto de decisiones, deben destacarse las reformas de rango legal que incidieron sobre el Impuesto al Valor Agregado ahora Impuesto al Consumo Suntuario y a las ventas al por Mayor y que tienen que ver con la descentralización. La Ley Orgánica que autorizó al Presidente, para adoptar, en Consejo de Ministros, medidas extraordinarias en materia económica y financiera hasta diciembre de 1993, estableció expresamente, no sólo la autorización para crear el Impuesto al Valor Agregado, sino para regular la participación de los Estados y Municipios en el producto dicho impuesto. La Ley Habilitante encomendó al Ejecutivo Nacional, por tanto, dictar una legislación para asegurar la participación de Estados y Municipios en el producto del IVA, con lo cual se _previó el criterio de la regionalización de dicho impuesto, o de su devolución a los Estados y Municipios.

Para ello, sin embargo, la Ley Habilitante estableció una serie de principios y limitaciones.

En primer lugar, señaló que la participación de los Estados y Municipios en el producto del IVA, no podría ser mayor al 50% de lo que produzca el IVA, incluido el Situado Constitucional. Por tanto, como para 1944, el Situado Constitucional se situaba en el orden del 20% de los ingresos ordinarios, el 20% de los ingresos que provinieran del IVA debió ser transferido a los Estados por la vía del Situado Constitucional.

En esta forma quedaba la posibilidad de participación adicional de Estados y Municipios en el producto del IVA hasta en un 30%. Pero para la disposición y la asignación de estos recursos adicionales al situado, la Ley también estableció limitantes, previéndose que ello sólo podía ser para financiar las competencias y servicios efectivamente transferidos a los Estados y Municipios. En esta forma, el Congreso vinculó la participación en el IVA a la descentralización, es decir, a la transferencia de servicios y competencia en ejecución de la Ley Orgánica de Descentralización.

Además, la Ley Habilitante estableció un tercer requisito: esas cantidades para financiar competencias efectivamente transferidas, no podían ir directamente a los Estados o Municipios, para lo cual previo que el Ejecutivo, mediante Decreto-Ley, debía crear un Fondo Intergubernamental para la Descentralización, que es el organismo que va a recibir esos recursos del Tesoro Nacional que provengan del IVA, correspondiendo a ese Fondo destinarlos a Estados y Municipios para financiar las transferencias efectivas de competencias.

En ejecución de la Ley Habilitante, en consecuencia, se dictó el Decreto Ley N° 3.265 de fecha 25 de noviembre de 1993, que establece los mecanismos de participación de Estados y Municipios en el IVA y la creación del Fondo Intergubernamental para la. Descentralización, lo cual permaneció inalterado a pesar de la reforma del Impuesto al Valor Agregado y su sustitución por el Impuesto al Consumo Santuario y a las Ventas al por Mayor introducida al inicio del período constitucional 1994-1999. El Decreto-Ley establece mecanismos para la participación de los Estados y Municipios en la administración del Fondo, previendo la existencia de dos Consejos Directivos, uno para orientar la disposición de la Cuenta de participación de los Estados y otro para hacer lo mismo, respecto de la Cuenta de participación de los Municipios. En todo caso, estos dos Consejos son, precisamente, el Consejo Territorial de Gobierno para el manejo, la distribución y la asignación de los recursos del Fondo de los Estados; y el Consejo Nacional de Alcaldes, para que intervenga en la asignación y administración de los recursos destinados a los Municipios, con lo cual se asegura la participación efectiva de los entes que van a recibir los fondos, en el manejo último de éstos. Lamentablemente, el Fondo sólo se constituyó al finalizar el primer año de Gobierno que inició en 1994, y en 1995 se pretendió desde el Gobierno desviar los recursos del FIDES para otros fines públicos.

G. *La descentralización y los Municipios*

Ahora bien, la política de la descentralización no se agota en las transferencias de competencias y servicios hacia los Estados. Debe continuar hacia los niveles inferiores, de orden municipal. Pero en ese nivel debemos comenzar por asegurar que los entes municipales asuman su rol, como entes descentralizados de acuerdo a la Constitución, y comiencen a reforzar las competencias que ya tienen.

Si un Municipio lograse hacer en Venezuela todo lo que tiene asignado como competencias constitucionales, conforme lo desarrolla la Ley Orgánica del Régimen Municipal, sin duda tendríamos solucionados todos los problemas de la vida local. Los Municipios aún no han desarrollado sus propias potencialidades, particularmente de carácter tributario. No se olvide que los Municipios tienen una potestad tributaria originaria amplísima, que muchos ni siquiera ejercen, acostumbrados a recibir en algunos casos, a través de los Estados, casi el 90% de sus ingresos del Situado Constitucional. Esa cultura centralista y paternalista, que ha acostumbrado a los propios entes locales a sólo recibir, y a no hacer esfuerzos por desarrollar las propias capacidades tributarias locales, debe ser superada en futuro.

Para ello, sin duda, los Municipios necesitan apoyo institucional, y ese, básicamente, tienen que recibirlo de los Estados; de allí, entre otros, el gran y nuevo rol que deben asumir las nuevas Asambleas Legislativas y los Gobernadores: apoyar el desarrollo local, fomentar la labor municipal, hace que se constituyan las Asociaciones de Alcaldes, unirlos en los Concejos Regionales de Gobierno y asistirlos para que asuman sus respectivas competencias.

El papel de las nuevas Asambleas Legislativas en este campo, es fundamental. Hasta ahora, ninguna Asamblea Legislativa en el país ha dictado, después de 1989, una Ley de Régimen Municipal que desarrolle los principios de la Ley nacional del nuevo Municipio que se comenzó a crear. Esa Ley tenemos que idearla, pues, por ejemplo, hoy por hoy, aún nadie sabe a ciencia cierta, qué son las Juntas Parroquiales, ni para qué sirven.

En el mismo sentido, las leyes que deben dictar las Asambleas Legislativas sobre los Municipios, son las que deben establecer las diferencias de regímenes municipales, que son necesarias, y que sólo pueden definirse a nivel estadal, conforme a sus condiciones de desarrollo económico y poblacionales geográficas.

H. *La descentralización como proceso político*

De lo anterior resulta claramente que el proceso de descentralización, ante todo, es un proceso político. No se trata de un proceso de carácter meramente administrativo, pues con el mismo no sólo estamos enfrentándonos a mejorar la gestión de los servicios públicos. La descentralización es un elemento más de cambio político, en el cual todos los actores políticos tienen que participar. Por una parte, el Poder Nacional y de allí el rol del Ministro de Estado para la Descentralización, debería continuar teniendo por misión comprometer a la Administración Pública Nacional en el proceso y buscar que el mismo sea irreversible; pero por la otra, también los Estados tienen que asumir su propio rol dentro de este proceso, incluso en relación a los Municipios, y hacer que éstos también se transformen.

Por supuesto, este es un proceso que no puede hacerse en meses, ni en pocos años. No olvidemos que fue necesaria la realización de tres elecciones de Gobernadores en 1989, 1992 y 1995, para que muchos de ellos adquieran realmente conciencia de lo que estaba en juego. Tengamos en cuenta que no todos los Gobernadores, en la primera elección de 1989, e incluso en la segunda de 1992 tuvieron conciencia de que habían sido electos popularmente. Más de uno ni se enteró de la nueva legitimidad popular que tenía su elección, y pensó que continuaba viniendo de otra fuente de poder, fuera el nombramiento presidencial o la dirección regional del partido de gobierno. En realidad, en algunos casos fue necesaria una segunda elección, en 1992, para que realmente, no sólo los Gobernadores electos en la oposición, sino incluso aquellos miembros del partido de gobierno, adquirieran conciencia de la nueva realidad.

Este proceso de cambio también resultaba necesario respecto de las Asambleas Legislativas. Las que fueron electas en 1989, lo fueron antes que todo el proceso descentralizador se iniciara, por lo que sus miembros no fueron electos bajo el nuevo sistema descentralizador, como sucedió con los Gobernadores y Alcaldes. Por ello, la elección de las nuevas Asambleas en 1992 y en 1995, debió ser un paso de avance en el proceso, aún cuando, sin duda, en algunos casos necesitaremos otras elecciones en el futuro, para que el proceso se consolide, pues los partidos políticos que dominaron esas elecciones, no entendieron la dirección de los cambios.

En todo caso, lo importante es que estamos en presencia de un proceso de carácter irreversible en el cual estamos inmersos todos los venezolanos, todas las organizaciones e instituciones políticas y la propia sociedad civil. En dicho proceso, por tanto, cada quien tiene su rol que cumplir, comenzando por las Cámaras Legislativas, a las cuales corresponde la revisión de la legislación básica del país, para hacer realidad la descentralización política.

SEGUNDA PARTE

LOS DERECHOS, LIBERTADES Y DEBERES CONSTITUCIONALES (1996)

I.   ESTADO DE DERECHO Y DERECHOS DEL HOMBRE

Es indudable que uno de los pilares fundamentales del Estado de Derecho, además de la separación de poderes, ha sido la consagración constitucional de los derechos y garantías del hombre y del ciudadano. Por ello se ha señalado que el Estado de Derecho, en su esencia y desde el punto de vista jurídico, surge no sólo al someterse el Estado a las leyes, sino particularmente a un tipo especial de leyes; las llamadas leyes de libertad, es decir, leyes cuyo objeto era hacer posible el libre des-envolvimiento de los miembros del grupo social[187]. Allí estaba la esencia del libera-lismo político-jurídico, donde el derecho se convertía, pura y simplemente, en ga-rantía de la libertad.

Ciertamente que, por supuesto, el contenido del ordenamiento jurídico en el mundo contemporáneo, a pesar de que el esquema estatal siga siendo el del Estado de Derecho, no es la sola protección de los derechos y garantías individuales; por ello, hemos señalado, que el Estado, de un Estado Liberal-Burgués de Derecho se ha transformado en un Estado Democrático y Social de Derecho[188]. Sin embargo, ello no implica que los derechos y garantías del individuo, no encuentren protección; lo que sucede es que no son el único objeto de regulación del ordenamiento jurídico.

En efecto, en el sistema jurídico venezolano, la Constitución garantiza a todos "el derecho al libre desenvolvimiento de su personalidad, sin más limitaciones que las que derivan del derecho de los demás y del orden público social"[189]; disposición que sustituye el enunciado tradicional de que todos pueden hacer lo que no perjudi-que a otro y nadie está obligado a hacer lo que la ley no ordene ni impedido de eje-cutar lo que ella no prohíba[190], y que introduce a la vez en el ordenamiento constitu-

---

187   Véase Eduardo García de Enterría, *Revolución Francesa y Administración Contemporánea*, Madrid, 1972, pp. 16 y ss.

188   Véase Allan R. Brewer-Carías, *Cambio Político y Reforma del Estado en Venezuela*, Madrid, 1975, capítulo 5.

189   Artículo 43.

190   Tal como se afirma en la Exposición de Motivos de la Constitución de 1961 (Título III, Capítulo I). Las Constituciones de 1947, artículo 23 y de 1953, artículo 29, establecían lo siguiente: "Todos tienen el de-

cional, la noción de orden público como criterio limitante de los derechos y garantías constitucionales y, por tanto, la noción de policía administrativa. En esta forma,
la consagración de derechos y garantías constitucionales, si bien no es restrictiva[191],
tampoco es ilimitada; no se trata, en general, de derechos y garantías absolutos, sino
sometidos a una serie de limitaciones constitucionales y legales, inspiradas por "el
derecho de los demás", es decir, el interés general y la justicia social, y el "orden
público y social". La protección jurisdiccional de los derechos y garantías, sin embargo, es completa, al menos en el texto constitucional: son nulos -de nulidad abso-
luta- todos los actos del Poder Público que violen o menoscaben los derechos garantizado por la Constitución, y los funcionarios y empleados públicos que los ordenen
y ejecuten incurren en responsabilidad penal, civil y administrativa, según los casos[192]; y los Tribunales ampararán a todo habitante de la República en el goce y
ejercicio de los derechos y garantías que la Constitución establece"[193]. La efectividad de esta protección jurisdiccional, que da origen al recurso de inconstitucionalidad, al recurso de amparo y a los recursos contencioso-administrativos (de ilegalidad), es uno de los aspectos que estudiaremos en esta Parte. Estos medios o recursos
procesales son, en efecto, la real garantía constitucional que se establece en el texto
constitucional para hacer efectivos el goce y disfrute de los derechos y libertades
individuales. De no existir estos medios procesales, la sola consagración de los derechos y libertades en la Constitución resultaría vana[194].

Ahora bien, antes de analizar el régimen jurídico de los derechos y garantías
constitucionales que corresponden a las personas, debemos insistir en el valor jurídico de éstas y en los derechos de la personalidad.

1. *La persona y los derechos de la personalidad*

En lenguaje jurídico, la persona es un sujeto de derechos y de obligaciones, es la
que vive la vida jurídica; y la personalidad, es la aptitud para llegar a ser titular de
derechos y de obligaciones. En la actualidad, todo ser humano goza de la personalidad.

Por el contrario, en el mundo antiguo un número considerable de hombres, los
esclavos, no tenían personalidad; y, entre los hombres libres, todos aquellos que
vivían bajo la autoridad del cabeza de familia no gozaban, en la esfera patrimonial,
de ninguna personalidad o tan sólo de una personalidad reducida, pero que fue en-
sanchándose en el curso de la evolución. Los extranjeros estaban desprovistos

---

recho de hacer lo que no perjudique a otro, y nadie está obligado a hacer lo que la ley no ordene ni impedido de ejecutar lo que ello no prohíbe". En cierto modo, la nueva disposición del artículo 43 de la
Constitución vigente, viene a sustituir el artículo antes señalado de las Constituciones de 1947 y 1953.

191   La enunciación de los derechos y garantías contenidos en la Constitución, tal como lo establece el artículo 50 de la misma, "no debe entenderse como negación de otros que, siendo inherentes a la persona
humana, no figuran expresamente en ella. La falta de Ley reglamentaria de estos derechos no menoscaba
el ejercicio de los mismos"

192   Artículo 46 de la Constitución y artículo 19 de la Ley orgánica de Procedimientos Administrativos.

193   Artículo 49 de la Constitución

194   *Cfr.* Jean Rivero, *Les Libertés Publiques,* Paris 1973, p. 199.

igualmente, en los derechos antiguos, de personalidad; pero las necesidades del comercio obligaron al legislador a concederles paulatinamente protección[195].

En todo caso, en la actualidad y de conformidad con el Código Civil venezolano, todos los individuos de la especie humana son personas naturales y como tales gozan de personalidad, es decir, de aptitud para llegar a ser titular de derechos y de obligaciones. Esto es lo primero que reafirma la Constitución en su artículo 43 que analizamos[196].

La norma constitucional citada consagra también, aunque indirectamente, los llamados derechos de la personalidad.

En efecto, los bienes de la persona que obtiene protección jurídica, pueden ser de diversa naturaleza. Hay bienes personales, como la vida, el nombre, el honor; bienes patrimoniales, que se desenvuelven en la esfera de carácter económico que rodea a la persona, y bienes familiares y sociales, que representan el poder de la persona dentro de las organizaciones en que el sujeto se desenvuelve[197].

La protección de la primera y más fundamental de estas categorías de bienes de la persona individual se traduce en los llamados derechos de la personalidad.

La tendencia a disciplinar normativamente los derechos de la personalidad responde, básicamente, a la necesidad de proteger ciertos atributos de ésta que resultan objetivados y elevados a la categoría de bienes. El Código Penal, en verdad, consagra normas que protegen ciertos derechos de la personalidad tales como los derechos a la vida, al honor, a la reputación y al secreto epistolar[198]. También las disposiciones de la Constitución garantizan algunos de esos derechos[199]. Asimismo las disposiciones del Código Civil sobre hechos ilícitos, extensivas a la reparación del daño moral, dan cierta protección al individuo[200].

No obstante, se acepta que esas normas son insuficientes para lograr la debida protección de la personalidad, especialmente en materia civil, por ausencia de recursos de carácter preventivo. Por otra parte, la necesidad y oportunidad de disciplinar ese sector de los derechos subjetivos extra patrimoniales proviene también de disposiciones constitucionales, que reclaman para su realización efectiva un conjunto elaborado de preceptos especiales. Esta fue la idea que movió al Ministerio de Justicia para preparar en 1960[201], un Proyecto de Ley sobre el nombre y la protección de

---

195 En tal sentido, véase, Henry León y Jean Mazeaud, *Lecciones de Derecho Civil*, primera parte, volumen 2°, Editorial EJEA, Buenos Aires, 1959, pp. 5 y ss.

196 Véase artículo 16 del Código Civil. En este sentido el artículo 6° de la Declaración Universal de los Derechos del Hombre, dispone: "Todo ser humano tiene derechos, en todas partes, reconocimiento de su personalidad jurídica".

197 Véase al efecto José Castán Tobeñas, *Los derechos de la personalidad*. Instituto Reus, Madrid, 1959, p. 6.

198 Véase el efecto el titulo IX del Código Penal referente a los delitos contra las personas: Asimismo véase el Titulo II del mismo Código referido a los delitos contra la libertad.

199 Véanse los artículos 58 y siguientes de la Constitución vigente.

200 Artículo 1.185 del Código Civil.

201 En tal sentido véase, Exposición de Motivos y Proyectos de Ley sobre el nombre y la protección de la personalidad, Ministerio de Justicia, Caracas, 1960, 21 pp.

la personalidad, y para presentar en 1984, al Congreso un Proyecto de Ley sobre Protección Civil a la Vida Privada[202].

En todo caso, los derechos de la personalidad reconocidos implícitamente por la norma constitucional que comentamos, requieren de un sistema positivo de protección que debe ser dictado en nuestro país[203].

2. *La libertad*

El artículo 43 de la Constitución, que contiene la primera de las normas del Título III "De los Deberes, Derechos y Garantías", regula *la libertad*, en su más amplia expresión, al establecer que:

"Todos tienen derecho al libre desenvolvimiento de su personalidad, sin más limitaciones que las que derivan del derecho de los demás y del orden público y social".

Este enunciado, al decir de la Exposición de Motivos del Texto. Fundamental, sustituye la fórmula tradicional de la libertad "de que todos pueden hacer lo que no perjudique a otro, y nadie está obligado a hacer lo que la Ley no ordene, ni impedido de ejecutar lo que ella no prohíba" que tiene, incluso su origen, en la Declaración de los Derechos del Hombre y del Ciudadano de 1789, cuyo bicentenario el mundo occidental se prepara a celebrar el próximo año. Los artículos IV y V de dicha Declaración decían:

"IV. La libertad consiste en poder hacer todo lo que no moleste a otro: así el ejercicio de los derechos naturales de cada hombre sólo tiene como límites aquellos que aseguran a otros miembros de la sociedad el goce de esos mismos derechos. Esos límites sólo pueden estar determinados por la Ley.

V. La Ley sólo puede prohibir las acciones dañosas a la sociedad. Todo lo que no está prohibido por la Ley no puede ser impedido y nadie puede ser obligado a hacer lo que ella no ordene".

El artículo 43 de la Constitución, por tanto, es la ratificación del principio de la libertad, como el valor fundamental de nuestras sociedad y del mundo occidental. Sin embargo, al sustituirse el viejo enunciado de hace dos siglos para definirla, el constituyente incorporó al principio otros elementos jurídicos que deben destacarse. Por una parte, la idea de la *personalidad*, lo que implica la consagración expresa del derecho de todo ser humano "al reconocimiento de su personalidad jurídica", tal y como lo afirma el artículo 6° de la Declaración Universal de Derechos Humanos de la ONU de 1948, lo que equivale a la ratificación de la proscripción de toda forma de esclavitud, ya declarada expresamente desde los inicios de nuestra vida republicana. Por otra parte, el reconocimiento expreso de los derechos de la *personalidad*, que abarca la protección jurídica de los denominados bienes personales de los individuos, como la vida, el nombre, el honor, la propia imagen, etc.

---

202   Véase *El Universal*, Caracas, 1° de febrero de 1984, pp. 1-12

203   *Cfr.* José Castán Tobeñas, *op. cit.*, p. 12.

Pero al establecer la norma el principio de la libertad como el derecho al libre desenvolvimiento de la personalidad de cada quien, es decir, al libre desarrollo y ejercicio de los derechos de cada quien, por supuesto, la misma estableció que dicha libertad no puede ser limitada por el orden público y social, que engloba el conjunto de los valores de una determinada sociedad para asegurar tanto su supervivencia, como la convivencia social. Tradicionalmente, la noción de orden público se identificaba con las solas notas de tranquilidad, seguridad, salubridad y moralidad públicas, cuya preservación y restablecimiento conllevaba limitaciones a los derechos, pero el desarrollo del mundo moderno ha ido ampliándola e incorporando otros aspectos como la urbanización, la protección ambiental, la industrialización, con mayor acento colectivo.

En todo caso, es este límite de la libertad, configurado por la tarea del Estado de velar por el saneamiento de orden público y social, lo que fundamenta una de las típicas formas de la actividad administrativa la policía administrativa.

3. *El libre desenvolvimiento de la personalidad: la capacidad jurídica*

Pero la norma constitucional consagrada en el artículo 48, además de reafirmar la personalidad de "todos" los habitantes de la República y además de reconocer implícitamente la existencia de los llamados derechos de la personalidad, establece fundamentalmente para "todos" los habitantes el *derecho al libre desenvolvimiento de la personalidad*; es decir, el derecho al libre ejercicio de los derechos y obligaciones que corresponden a los individuos como personas naturales.

Esta norma consagra entonces la aptitud de todo habitante para ser titular de derechos y obligaciones, y el derecho, también para todo habitante de ejercer y desarrollar esos derechos y obligaciones.

En definitiva, esta norma consagra el reconocimiento de la capacidad jurídica de los administrados; y es precisamente la capacidad una de las condiciones de las personas físicas que tienen consecuencias especiales en el derecho administrativo.

En efecto, aun cuando la capacidad es una, puede hallarse reglamentada por principios distintos con relación a sus efectos y aplicaciones, en el campo del Derecho Privado y en el Derecho Público. Por ello es necesario hacer aquí las siguientes observaciones[204].

En primer lugar, en relación con la distinción entre capacidad para ser titular de derechos y obligaciones (capacidad jurídica) y la capacidad del ejercicio o cumplimiento de los mismos (capacidad de obrar), y su importancia en ambos casos del Derecho. En Derecho Privado, la capacidad jurídica es general, mientras que en muchos sujetos la capacidad de obrar no existe o está limitada de diversos modos. En cambio, en el Derecho Público generalmente no existe esta separación, porque siendo las relaciones estrictamente personales, la capacidad jurídica se atribuye sólo a quien puede ejercitarla personalmente. Excepcionalmente puede admitirse la dis-

---

204 Véase Guido Zanobini, *Curso de Derecho Administrativo*, parte general, Vol. 1, Ediciones Arayú, Buenos Aires, 1954, p. 199.

tinción respecto de las relaciones exclusivamente patrimoniales (por ejemplo la obligación de pagar los impuestos)[205].

En segundo lugar, en el Derecho Público no existen normas generales sobre capacidad, referentes a todas las relaciones jurídicas, como las que promedian en el Derecho Privado (sobre mayoría de edad, etc.). Al contrario, una serie de normas particulares, repartidas en .distintas leyes administrativas, disciplinan la materia para cada categoría de relaciones. Consiguientemente, son numerosísimas en el Derecho Público las formas de incapacidad relativa, o sea, limitadas a ciertas categorías de derechos, las que excepcionalmente se encuentran en el campo del Derecho Privado (por ejemplo, la edad inferior a los treinta años incapacita para ser Magistrado de la Corte Suprema de Justicia).

4. *Las causas que condicionan la capacidad de los ciudadanos*

Diversas causas influyen de manera variada en la capacidad jurídico administrativa de las personas. Sin embargo, repetimos, estas causas operan de manera distinta que en Derecho Privado, pues la ley no reconoce efectos generales a su existencia, sino que en cada materia determinada tienen relevancia distinta. Así, mientras el ser mayor de edad no basta para ser nombrado Ministro del Ejecutivo, en cambio. a partir de los dieciocho años se puede ejercer ciertos derechos políticos como el sufragio.

Esto quiere decir que la capacidad en Derecho Público hay que constituirla caso por caso, en relación con la materia de que se trate. Y en este sentido múltiples factores entran en juego para determinarla: por una parte, factores de orden físico debidos a situaciones de la naturaleza humana que no pueden ser alteradas como, por ejemplo, la edad y el sexo. También otro tipo de factores de orden físico contingente, como la enfermedad. Por otra parte determinan la capacidad jurídico-administrativa otros factores de orden natural, como la nacionalidad, que en principio tiene su origen en el nacimiento en un determinado lugar, o de determinados padres. Además, la capacidad de Derecho Público se encuentra condicionada por factores de orden cultural en lo que se refiere, por ejemplo, a la instrucción recibida o a las ideas religiosas.

Finalmente, en el Derecho Público, además de los factores personales vistos que constituyen verdaderas condiciones de la capacidad, se deben considerar muchos otros, que no se refieren a ésta, sino que son simples condiciones requeridas para entrar en determinadas relaciones con la administración[206]. Tal es el caso, por ejemplo, de la idoneidad física requerida para cumplir el Servicio Militar Obligatorio.

La primera de las causas que condicionan la capacidad de los administrados es la nacionalidad, siendo además, un derecho fundamental de la persona[207].

---

205 En tal sentido véase, Fernando Garrido Falla, *Tratado de Derecho Administrativo*, Vol. 1, Instituto de Estudios Políticos, Madrid, 1958, p. 310.

206 G. Zaboini, *op. cit.*,

207 En efecto, la Declaración Universal de los Derechos del Hombre. en su artículo 14, expresa: "Toda persona tiene derecho a una nacionalidad".

El propio Código Civil hace la distinción "de las personas en cuanto a su nacionalidad", entre venezolanos o extranjeros[208], añadiendo que "las personas extranjeras gozan en Venezuela de los mismos derechos civiles que las venezolanas, con las excepciones establecidas o que se establezcan. Esto no impide la aplicación de las leyes extranjeras relativas al estado y capacidad de las personas en los casos autorizados por el Derecho Internacional Privado"[209].

Ahora, si bien es cierto que en Derecho Privado la capacidad es fundamentalmente la misma para venezolanos y extranjeros, como se desprende de la norma del Código Civil antes anotada, en cambio, en Derecho Público la nacionalidad es base fundamental para el ejercicio de los derechos políticos y para el desempeño, por ejemplo, de funciones públicas, es decir, para adquirir la ciudadanía y. por tanto, es uno de los factores que condicionan la capacidad jurídico-pública de los administrados.

Por ello, antes de analizar los derechos humanos y garantías constitucionales en el sistema venezolano, debemos estudiar la nacionalidad venezolana y su régimen.

II. LA NACIONALIDAD VENEZOLANA

La Nacionalidad Venezolana es el vínculo jurídico-político que otorga a un individuo el carácter de miembro del Estado venezolano. Por tanto, nos encontramos frente a una relación de Derecho Público. El vínculo que se establece entre el Estado venezolano y el individuo con carácter de nacional, es de Derecho Público. Asimismo, es un acto de Derecho Público aquel por medio del cual el Estado venezolano concede la nacionalidad a un determinado individuo.

Al hablar de la Nacionalidad Venezolana debemos referirnos separadamente a la adquisición, pérdida y recuperación de la misma.

1. *La adquisición de la nacionalidad*

La Nacionalidad Venezolana se tiene y puede adquirirse de dos maneras: En primer lugar, por el hecho del nacimiento: se trata de la nacionalidad originaria, y el elemento esencial es lógicamente el nacimiento, cuando aparece vinculado por el territorio venezolano o por la filiación. En segundo lugar, por un hecho posterior al nacimiento: se trata de la nacionalidad derivada.

Es imprescindible que estudiemos separadamente estas dos formas de adquisición de la nacionalidad[210] e insistamos además en las diferencias, en cuanto al régi-

---

208   Artículo 24 del Código Civil.

209   Véase al efecto el Código Bustamante, Libro Primero, titulo Primero, referente a las personas, articulo 9 y siguientes, en Publicaciones de la Facultad de Derecho. Vol. VII, Caracas 1955, p. 56 y ss.

210   En este sentido, la Corte Federal y de Casación en sentencia de 5 de abril de 1945 señaló: "Recuérdese que hay dos clases de Nacionalidad, la de origen y la adquirida. Desde el momento de su nacimiento en el territorio nacional, adquiere el individuo el goce de dicha condición o desde que un extranjero renuncia a su nacionalidad, expresa o tácitamente y se somete a otra ley, la cual viene a ser la suya. El sistema en Venezuela descansa en la voluntad presunta de los nacidos en el territorio de la República o de padres venezolanos, cualquiera que sea el lugar de su nacimiento; en la voluntad expresa de los hijos mayores de edad, de padre o madre venezolanos por naturalización, nacidos fuera del territorio de la República; en la voluntad expresa de las personas nacidas en España o en las Repúblicas Iberoamericanas;

men jurídico, entre los venezolanos por nacimiento (nacionalidad originaria) y los venezolanos por naturalización (nacionalidad derivada).

A. La nacionalidad venezolana originaria

La nacionalidad venezolana originaria es aquella que se adquiere por el hecho mismo del nacimiento, y se contrapone de este modo a la nacionalidad derivada[211].

Los elementos fundamentales de la nacionalidad venezolana originaria, son: por una parte, el lugar donde se nace, es decir, el territorio (*jus soli*); por la otra, los padres de quienes se nace, es decir, la filiación (*jus sanguinis*).

Es necesario estudiar separadamente la nacionalidad venezolana originaria *jure soli* y la nacionalidad venezolana originaria *jure sanguinis*.

a. La nacionalidad venezolana originaria jure soli

Ciertamente, la nacionalidad *jure soli* presenta una neta superioridad sobre el nacimiento *jure sanguinis*. Exige, para otorgar a un individuo la condición de nacional venezolano, que haya nacido en el territorio venezolano.

En efecto, el artículo 13, ordinal 1° de la Constitución, establece que son venezolanos por nacimiento los individuos nacidos en el territorio de la República.

La declaración de esta norma constitucional es categórica en el sentido de que no hace ninguna salvedad como la que hacía la vieja Constitución de 1947 sobre los hijos de extranjeros nacidos en territorio venezolano por causa accidental, o por estar desempeñando sus padres, misiones diplomáticas[212]. Por tanto, por el hecho de nacer en el territorio de la República de Venezuela se es venezolano, así los padres sean extranjeros transeúntes.

El problema de la determinación de la nacionalidad venezolana originaria surge sin embargo, con la demarcación del territorio de la República.

La Constitución vigente señala en su artículo 7° que el territorio nacional es el que "correspondía a la Capitanía General de Venezuela antes de la transformación política iniciada en 1810, con las modificaciones resultantes de los tratados celebrados válidamente por la República". La Exposición de Motivos señala[213] que "se agregó el adverbio "válidamente" para demostrar, en forma inequívoca, la voluntad de la República de aceptar sólo aquellas modificaciones en su status territorial que hayan sido el resultado de libre y válida determinación".

---

en la voluntad expresa de los extranjeros que hayan obtenido carta de naturaleza; y en la voluntad tácita de la mujer casada con venezolano por naturalización; y en la voluntad expresa de la misma, cuyo matrimonio ha sido disuelto" (Memoria de 1946, tomo I, p. 188).

211   En cuanto a la nacionalidad venezolana originaria, véase Gonzalo Parra Aranguren, *La Nacionalidad venezolana originaria*, 2 Tomos, Publicaciones de la Facultad de Derecho, UCV, Vols. XXXI y XXXII, Caracas 1964. Véase asimismo, la bibliografía citada por el autor en las paginas 643 y 652 de la obra.

212   En este sentido, el artículo II, ordinal 1° de la Constitución de 1947, expresaba: "Son venezolanos por nacimiento... los nacidos en Venezuela, con excepción de los hijos de extranjeros no domiciliados ni residenciados en la República o que estuviesen en el país al servicio oficial de otro Estado".

213   La Exposición de Motivos de la Constitución de 1961, puede verse en la *Revista de la Facultad de Derecho*, N° 21, Caracas, 1961, p. 376.

Esta afirmación de la Exposición de Motivos plantea un primer problema de interpretación respecto a los nacionales por nacimiento. En efecto, ¿podrían los individuos nacidos en una porción de territorio que estaba comprendida en el territorio de la antigua Capitanía General de Venezuela antes de 1810, y que ahora pertenece a otro país distinto de Venezuela en virtud de una modificación territorial no resultante de una "libre y válida determinación" o de tratados que la República considere inválidamente celebrados considerarse venezolanos por nacimiento y pretender el ejercicio de los derechos que esta condición comporta?[214].

Pero además de este problema interpretativo, surgen otros relativos a la extensión del territorio nacional. En efecto, las Constituciones de 1947 y 1953 regulaban expresamente el nacimiento de personas en naves y aeronaves venezolanas, considerándolas como venezolanos por nacimiento. La Constitución vigente de 1961 no regula expresamente este problema. Creemos sin embargo, que los individuos nacidos en aeronaves y naves venezolanas que navegan sobre alta mar, mar. territorial venezolano y zona contigua venezolana son venezolanos por nacimiento[215].

Necesario es, sin embargo, determinar cuáles son las naves y aeronaves que pueden considerarse como de nacionalidad venezolana. Respecto a las naves para que tengan nacionalidad venezolana, es preciso que exista "una relación auténtica entre el Estado y el buque; en particular, el Estado ha de ejercer efectivamente su jurisdicción y su autoridad sobre los buques que enarbolan su pabellón, en los aspectos administrativos, técnico y social"[216]. En Venezuela, la nacionalidad venezolana de los buques o naves viene determinada por su registro en la Marina Mercante Venezolana[217].

Respecto a las aeronaves, la nacionalidad venezolana viene determinada por la matriculación en Venezuela en el Registro Aéreo de la República[218].

b. *La nacionalidad venezolana originaria jure sanguinis*

La nacionalidad venezolana originaria *jure sanguinis* viene determinada esencialmente, por la nacionalidad venezolana de los padres. En este sentido debemos

---

214 El problema, en todo caso, debería ser resuelto por el acto de Derecho Internacional Público, que declare inválido el tratado celebrado por la República en el caso concreto.

215 En tal sentido, en Circular informativa a todas las Embajadas, Legaciones, Consulados de Carrera y Honorarios, de la Cancillería de la República de 6 de febrero de 1961, se lee lo siguiente:

"Aunque la propia Constitución no lo establece, de los debates de las Cámaras legislativas y del Informe correspondiente de la Comisión Bicameral de Reforma Constitucional, resulta claro que el concepto de territorio de la República comprende, como la Constitución de 1953, las naves o aeronaves venezolanas fuera del territorio de otro Estado, o sea, las que navegan o vuelan en alta mar bajo la bandera nacional. En consecuencia, los nacidos en estas condiciones tendrán derecho igualmente al pasaporte venezolano en las mismas circunstancias anteriormente establecidas". Véase esta circular en Gonzalo Parra Aranguren, "La Nacionalidad venezolana originaria en la Constitución de 23 de enero de 1961", *Boletín de la Biblioteca de tos Tribunales del Distrito Federal*, Fundación Rojas Astudillo, N° 13, Caracas, 1965, pp. 62 y 63.

216 Así lo establece el artículo 5°. ordinal 1° de la Ley Aprobatoria de la Convención sobre Alta Mar, de 26 de julio de 1961, *Gaceta Oficial*, N° 26.616 de 1° de agosto de 1961.

217 Así lo establece el artículo 15 de la Ley de Navegación.

218 Así lo establece en los artículos 19 y 20 de la Ley de Aviación Civil.

distinguir dos supuestos según se trate de hijos de padres venezolanos por nacimiento o venezolanos por naturalización.

a'. Padres venezolanos por nacimiento

a". Ambos padres

La Constitución de 1961 en su artículo 35, ordinal segundo, considera que son venezolanos por nacimiento los nacidos en territorio extranjero de padre y madre venezolanos por nacimiento.

En estos casos, no es necesario el cumplimiento de ningún otro requisito para conservar o adquirir la condición de venezolano por nacimiento.

b". Uno de los padres venezolano por nacimiento

También considera venezolanos por nacimiento nuestra Carta Fundamental en el ordinal 3° del indicado artículo 35, a los nacidos en territorio extranjero de padre venezolano por nacimiento o madre venezolana por nacimiento, siempre que establezcan su residencia en el territorio de la República o declaren su voluntad de acogerse a la nacionalidad venezolana.

En estos supuestos, por el hecho de establecerse la residencia en la República se adquiere la nacionalidad venezolana por nacimiento; o alternativamente, por el hecho de declarar la voluntad de acogerse a la nacionalidad venezolana. En este último caso, la declaración de voluntad debe hacerse en forma auténtica por el interesado, cuando sea mayor de 18 años, o por su representante legal, si no ha cumplido esa edad[219]. Por otra parte, declaración auténtica es aquella que se hace por documento público, por documento autenticado o por documento reconocido[220]. Una vez hecho esto, debe ser presentada la declaración auténtica ante el Ministro Relaciones Interiores, junto con la partida de nacimiento legalizada, fotocopia de la cédula de identidad del padre o madre venezolanos y el pasaporte de ingreso al país.

Como no se ha regulado aún legalmente el régimen de estas declaraciones de voluntad consagradas en la Constitución, estimamos que debe aplicarse transitoriamente por vía analógica, el régimen de las "manifestaciones de voluntad de ser venezolanos" que consagra la Ley de Naturalización para los hijos de padre o madre venezolanos por naturalización, nacidos en el exterior, en su artículo 3°, cuando señala que una vez recibida la manifestación de voluntad "se insertará en el Registro correspondiente y se publicará dentro de un plazo de 15 días, a partir de la fecha de inscripción".

---

219   Véase dictamen en la Doctrina Administrativa de la Consultoría Jurídica, 1959-1963, publicado en la *Memoria y Cuenta del Ministerio de Justicia de 1963,* pp. 96 y 97. Asimismo en *Doctrina Administrativa 1959-1963, Dictámenes de la Consultoría Jurídica*, Ministerio de Justicia, Caracas, enero 1965, p. 182.

220   Sobre el documento autenticado, que no debe confundirse con el documento público, véase nuestro trabajo: "Consideraciones sobre la distinción entre documento público o auténtico, documento privado reconocido y autenticado y documento Registrado". *Revista de la Facultad de Derecho*, N° 23, Caracas, 1962, p. 347 y ss. Asimismo, véase en *Revista del Ministerio de Justicia*, N° 41, Caracas, 1962, p. 187 y ss.

Esto es lo que en nuestro criterio debe hacerse con las manifestaciones de voluntad de ser venezolano que consagra la vigente Constitución de 1961, mientras no se dicte la respectiva regulación legal.

b'. *Alguno de los padres venezolanos por naturalización*

Pero además, la Constitución en el ordinal 4 del artículo 35, establece que también son venezolanos por nacimiento, "los nacidos en territorio extranjero de padre venezolano por naturalización o madre venezolana por naturalización, siempre que antes de cumplir 18 años de edad establezca residencia en el territorio de la República y antes de cumplir 25 años de edad declaren su voluntad de acogerse a la nacionalidad venezolana".

Este supuesto difiere del analizado anteriormente en el sentido de que los requisitos de residencia y manifestación de voluntad ahí eran alternativos, siendo en este caso *acumulativos*.

Pero para el presente caso, además de exigir el cumplimiento acumulativo de los requisitos de residencia y declaración de voluntad de acogerse a la nacionalidad venezolana, la Constitución establece límites de edad dentro de la cual se deben cumplir los requisitos acumulables. Debe establecerse la residencia en el país antes de cumplir los 18 años, lo que se prueba con el pasaporte y los datos contenidos «en los archivos de entrada y salida de personas de la Dirección de Identificación del Ministerio de Relaciones Interiores; y debe además, declararse la voluntad de acogerse a la nacionalidad venezolana antes de cumplir los 25 años de edad, en la misma forma indicada en el supuesto anterior[221], es decir, en forma auténtica, ante un Juez en lo Civil o Notario Público.

B. *La nacionalidad venezolana derivada*

La nacionalidad venezolana derivada es aquella adquirida posteriormente al nacimiento de un individuo, y por un hecho posterior al mismo. En este sentido se habla de naturalización, cuyas características fundamentales son la voluntad que la gobierna, y los efectos personales que produce, en principio.

Fundamentalmente existen dos tipos de naturalización: la común, que es estrictamente voluntaria y cuya concesión, es discrecional para el Estado; y la especial, que aunque también es voluntaria, su otorgamiento es obligatorio para el Estado una vez declarada la voluntad del individuo.

Veamos separadamente estas dos clases de naturalización:

---

221 Por otra parte, a las personas antes indicadas se les exige: 1° Constancia municipal de domicilio, expedida por el Concejo Municipal respectivo; 2° El pasaporte con el cual ingresó la caís; 3° La *Gaceta Oficial*, en la que salieron naturalizados los padres; 4° Fotocopia de la cédula de identidad del padre o madre venezolanos por naturalización; y 5° Partida de nacimiento legalizada.

a.   *La naturalización común: carta de naturaleza*

a'. *Régimen Ordinario*

La Constitución vigente señala en su artículo 36 que son venezolanos por naturalización, los extranjeros que obtengan Carta de Naturaleza.

a". *Requisitos*

Para la adquisición de la Carta de Naturaleza es necesario, además de que el extranjero que la pretenda obtener pueda ingresar y permanecer legalmente en el país, que esté domiciliado en la República con residencia[222].

La ley no establece plazos de residencia, pues deja al Ejecutivo Nacional la facultad de establecerlo por vía reglamentaria. Sin embargo, aún no se ha dictado e! Reglamento respectivo.

En todo caso, por vía indirecta se desprende que un extranjero, para poder obtener Carta de Naturaleza, debe estar residenciado en el país por lo menos un año. En efecto, hemos dicho que el artículo 4° de la Ley de Naturalización requiere que para adquirir la Carta de Naturaleza, el extranjero "esté domiciliado en el país con residencia". Ahora bien, para que un extranjero pueda adquirir el domicilio en el país debe, además de declarar su voluntad de fijar su domicilio, haber ingresado y permanecido legalmente en el territorio nacional, y haber residido sin interrupción en el país, un año por lo menos tal como lo requiere el artículo 2° del Reglamento de la Ley de Extranjeros; por lo que para obtener la Carta de Naturaleza, el extranjero por lo menos, debe tener un lapso de residencia no menor a un año.

La Ley de Naturalización establece por otra parte en el mismo artículo 4°, que "el Ejecutivo Nacional determinará lo referente a los conocimientos del idioma castellano que deberá poseer el aspirante a obtener la Carta de Naturaleza". El Ejecutivo ha delimitado parcialmente estas condiciones. En efecto, actualmente se exige que las solicitudes para la obtención de la Carta de Naturaleza deben acompañarse del certificado de aprobación del examen sobre castellano, historia, geografía y formación cívica patrias[223].

---

222   Así se desprende de los artículos 1° y 4° de la Ley de Naturalización vigente, del 8 de julio de 1955. Véase además, los artículos 3° y siguientes de la Ley de Extranjeros de 31 de julio de 1937, y 29 y siguientes del Reglamento de la Ley de Extranjeros del 7 de marzo de 1942.

223   Esto se exige en el Reglamento de la Ley de Naturalización dictado por Decreto N° 153 de 11-6-74 (*Gaceta Oficial* N° 30.421 de 11-6-74) y se estableció por primera vez en la Resolución N° 6 del M.R.I. de 4-6-63. Por otra parte, por Resolución N° 2.671 de 6 de marzo de 1964, publicada en *Gaceta Oficial* N° 27.388, de 9 de marzo de 1964, se establecieron normas con el fin de capacitar a los extranjeros que deseen adquirir la nacionalidad venezolana en relación a los conocimientos de idioma castellano, historia, geografía y formación cívica patrias, a que se refiere la resolución citada en el texto. Los exámenes mencionados son de obligatoria presentación ante el Ministerio de Educación, Dirección de Apoyo Docente en Caracas; y en el interior del país, en la Dirección de Educación regional respectiva. Se exceptúan de estos exámenes a: 1. Los extranjeros que comprueben tener cincuenta o más años de edad; 2. Los que tengan 10 años o más de residencia ininterrumpida en el país; y 3° Quienes comprueben haber aprobado en Venezuela estudios de Educación Primaria, Secundaria, Superior o de materias vinculadas a la nacionalidad. Se exceptúan asimismo de la presentación de los exámenes de castellano, los ciudadanos de países donde éste sea el idioma oficial.

Además, por Resolución N° 7 del Ministerio de Relaciones Interiores del mismo 4 de julio de 1963, se instituyó el juramento a la Bandera Nacional, para quienes adquieran la nacionalidad venezolana, lo cual conforme al Reglamento de la Ley de 1974, podrá hacerse en acto colectivo si así lo dispone el Ministerio de Relaciones Interiores.

Por otra parte, la solicitud debe ser dirigida al Ministerio de Relaciones Interiores, y presentada ante cualquiera de las oficinas de la Dirección Nacional de Identificación y Extranjería[224].

b". Las circunstancias favorables

La Ley de Naturalización consagra en su artículo 6° una serie de circunstancias favorables para la obtención de la Carta de Naturaleza. , Estos son: 1, El hecho de poseer el extranjero en el país bienes inmuebles o ser propietario de empresas comerciales, industriales, agrícolas o pecuarias, nacionales o domiciliadas en Venezuela de reconocida solvencia, o socio de ellas; 2. El número de hijos que tenga en Venezuela bajo su patria potestad; 3. Haber prestado algún servicio de importancia a Venezuela o a la Humanidad; 4. Haber prestado en el país servicios técnicos de reconocida utilidad pública; 5. Tener una larga residencia en la República; 6. Estar casado con mujer venezolana; 7. Haber ingresado y permanecido en el país en calidad de colono; 8. Haber cursado estudios y obtenido títulos científicos en una Universidad venezolana y 9. Haberse destacado como científico, artista o escritor.

c". La decisión

El acto administrativo que otorga o niega la concesión de la Carta de Naturaleza debe adoptarse en el término de dos meses contados a partir del acto de entrega de los documentos para los naturales de España o de algún Estado latinoamericano y dentro del término de tres meses, para los demás extranjeros. Dicho acto, además, es un acto administrativo discrecional[225]. Así lo confirma el artículo 8° de la Ley de Naturalización al señalar que el Ejecutivo Nacional, con vista de la solicitud y recaudos acompañados, si lo juzgare conveniente, expedirá la Carta de Naturaleza.

Conforme a la ley, si la decisión es denegatoria no requiere motivación[226] lo cual es una excepción expresa al principio general previsto en el artículo 9 de la Ley Orgánica de Procedimientos Administrativos. En caso de denegación, el extranjero

---

224 La solicitud debe acompañarse conforme lo exige el Artículo l° del Reglamento de la ley, de los siguientes recaudos: 1. Pasaporte; 2. Cédula de Identidad vigente, a los solos efectos de identificación y devolución inmediata; 3. Comprobante de poseer medios lícitos de vida; y; 4. Certificado de aprobación del examen sobre castellano, geografía y formación cívica patrias.

225 Sobre los actos administrativos discrecionales, véase nuestro libro "Las Instituciones fundamentales de Derecho Administrativo y la jurisprudencia venezolana", Publicaciones de la Facultad de Derecho, UCV, Colección Tesis de Doctorado, Vol. IV, Caracas, 1964. Véase, asimismo, nuestro trabajo "Poder Discrecional en la jurisprudencia administrativa venezolana", Revista de la Facultad de Derecho, N° 28, Caracas, 1964, pp. 187 y ss.

226 Así se establece en el artículo 9° de la Ley de Naturalización.

solicitante no puede solicitar nuevamente la Carta de Naturaleza sino después de transcurridos dos años de la fecha de la resolución recaída[227].

Cuando el acto administrativo decisorio otorga la Carta de Naturaleza, ésta deberá insertarse en un Registro que al respecto se lleva en el Ministerio de Relaciones Interiores[228].

b'. *Régimen de facilidades especiales*

Además del régimen ordinario para la obtención de la Carta de Naturaleza, el mismo artículo 36 de la Constitución vigente, señala que "los extranjeros que tengan por nacimiento la nacionalidad de España o de un Estado latinoamericano gozarán de facilidades especiales para la obtención de la Carta de Naturaleza".

La Disposición Transitoria Tercera, aún vigente, de la Constitución dispone sin embargo, que "mientras la ley establece las facilidades a que se refiere el artículo 36 de la Constitución, la adquisición de la Nacionalidad venezolana por quienes tengan por nacimiento la nacionalidad de España o de un Estado latinoamericano continuará rigiéndose por las disposiciones legales vigentes"; por lo que, en este sentido, está vigente transitoriamente la Ley de Naturalización.

En efecto, ésta fue dictada con forraje a la derogada Constitución de 1953 cuyo artículo 23, ordinal 2° establecía: "Son venezolanos por naturalización... los naturales de España o de los Estados latinoamericanos que estén domiciliados en el país y manifiesten y les sea aceptada su voluntad de ser venezolanos". La regulación legal de este dispositivo de la derogada Constitución de 1953, está consagrada en el artículo 3° de la Ley de Naturalización vigente por mandato de la Disposición Transitoria Tercera de la Constitución, que señala: "La decisión sobre la manifestación de voluntad de los naturales de España o de los Estados latinoamericanos... se dictará, una vez satisfecha las condiciones que establezca el reglamento, en un plazo de tres meses. Si la decisión fuere favorable, se inscribirá seguidamente dentro del término de quince días, a partir de la fecha de su inscripción".

El régimen transitorio se diferencia del que prevé la vigente Constitución en lo siguiente: La Constitución señala que los naturales de España y los Estados latinoamericanos deben obtener Carta de Naturaleza con facilidades especiales. El régimen transitorio, en cambio, no exige a estos extranjeros que obtengan Carta de Naturaleza. Sin embargo, el régimen transitorio no se aparta mucho del espíritu de la Constitución vigente, en el sentido de que para otorgarse la naturalización a estos extranjeros no sólo basta que ellos "declaren su voluntad de ser venezolanos", sino que es imprescindible que ella les sea aceptada, lo que configura a una facultad discrecional del Estado similar a la que tiene respecto al otorgamiento de la Carta de Naturaleza.

b. *Las naturalizaciones especiales*

Pero la Constitución de 1961, además de la Naturalización común mediante la obtención de la Carta de Naturaleza vista anteriormente, contempla una serie de

---

227   Artículo 10 de la Ley de Naturalización.
228   Artículo 8° de la Ley de Naturalización.

naturalizaciones especiales derivadas de afinidades familiares, que no requieren la obtención de Carta de Naturaleza sino simplemente una declaración de voluntad de ser venezolanos.

Los supuestos de naturalizaciones especiales se derivan del matrimonio, de la filiación y de la adopción.

a'. *Las afinidades familiares*

a". *Naturalización de la extranjera casada con venezolano*

El artículo 37 de la Constitución vigente establece que es venezolana por naturalización desde que declare su voluntad de serlo "la extranjera casada con venezolano".

A este respecto, la Constitución vigente sólo exige una declaración de voluntad, sin que la Administración tenga que aceptarla o rechazarla. Es más, la Administración no podría rechazarla discrecionalmente[229]. La declaración debe ser auténtica[230].

Por otra parte, esta naturalización especial abarca a la extranjera casada con venezolano por nacimiento como a la extranjera casada con venezolano por naturalización[231].

---

229 Contrariamente a lo que sucedía en la Constitución de 1953, en la cual el artículo 23, ordinal 39 establecía que era venezolana por naturalización la extranjera casada con venezolano que manifestare y le fuera aceptada su voluntad de ser venezolana

230 A esta declaración de voluntad deben adjuntarse los siguientes documentos: 1° Copia auténtica del Acta de Matrimonio. Cuando éste se haya efectuado en el extranjero, las interesadas deben presentar la mencionada Acta, debidamente legalizada por nuestro representante Diplomático o Consular y traducida al castellano si está en otro idioma. Dicho documento debe ser registrado por la primera autoridad civil del lugar de su residencia de conformidad con lo dispuesto en los artículos 103 y 109 del Código Civil. 2° El pasaporte de la interesada; 3° La *Gaceta Oficial* donde haya saldo la naturalización de su esposo, si éste es naturalizado venezolano; 4° Fotocopia de la cédula de identidad del cónyuge; y 5° Cédula de identidad de la interesada

231 En este sentido, la antigua Corte Federal y de Casación, en sentencia de 5 de abril de 1945, estableció lo siguiente:

"Una deducción lógicamente jurídica emanada del precepto constitucional citado, en relación a la indicada forma de adquisición de la nacionalidad por la extranjera casada con un venezolano por naturalización. Vale decir que el matrimonio y la venezolanidad adquirida del marido, son elementos que deben existir en todo momento en que se pretenda apreciar el efecto previsto en el referido precepto. Por manera, que la coexistencia o simultaneidad de tales elementos integrantes del expresado fenómeno político, opera *ipso facto*, el cambio de la nacionalidad de origen de la mujer por su tácito querer de hacerse venezolana, ello mientras subsista el matrimonio El principio, pues, no se refiere al matrimonio entre una extranjera y un extranjero que no ha adquirido, en alguna forma legal, la ciudadanía venezolana, matrimonio, éste entre extranjeros exclusivamente cuyos efectos en relación a la nación de origen se rigen por principios diferentes. Refiérase, sin duda, el mentado principio constitucional venezolano a un matrimonio entre una extranjera con un extranjero que ya hubiere adquirido la ciudadanía venezolana para el momento de su celebración, es decir, a matrimonio de una extranjera con un venezolano por naturalización. Aquel punto de vista —matrimonio entre extranjeros— crea una situación de estado civil con la cual no pueden aspirar los cónyuges a gozar más que los derechos que le corresponden a los extranjeros en el país. Si este marido extranjero obtiene la carta de naturalización en la República, tal cambio de la nacionalidad de origen no arrastra ipso facto el de la mujer, bien sea esta nacionalidad una misma, bien sea diversa. Porque en este caso, seria preciso considerar que la extranjera tenga al propio tiempo el carácter contradictorio de venezolana por efecto retroactivo de la supuesta venezolanización resultante del cambio efectuado por el marido. Pero para que la mujer pierda su nacionalidad de origen, la cual ha

b". *Naturalización de los hijos menores de padres naturalizados venezolanos*

Por otra parte, el mismo artículo 37 de la Constitución vigente, en su ordinal 2° señala que: "son venezolanos por naturalización desde que declaren su voluntad de serlo... los extranjeros menores de edad en la fecha de naturalización de quien ejerza sobre ellos la patria potestad, si residen en el territorio de la República y hacen la declaración antes de cumplir veinticinco años de edad".

Para que esta naturalización especial se produzca es necesario entonces: 1. Que el extranjero sea menor de edad en la fecha de la naturalización de quien ejerza sobre ellos la patria potestad; 2. Que resida en el territorio de la República; y, 3. Que haga la declaración de voluntad antes de cumplir 25 años de edad. Estos requisitos deben ser cumplidos acumulativamente. La declaración debe ser auténtica y dirigida al Ministro de Relaciones Interiores[232].

En todo caso, mientras esos extranjeros menores alcancen la mayoría de edad, "gozarán de la naturalización de sus padres" conforme lo establece la Ley de Naturalización en su artículo 2°.

c". *Naturalización de los extranjeros menores adoptados por venezolanos*

Por último, también como naturalización especial, la Constitución de 1961 en su artículo 37, ordinal 3° establece que: "son venezolanos por naturalización desde que declaren su voluntad de serlo... los extranjeros menores de edad adoptados por venezolanos, si residen en el territorio de la República y hacen la declaración antes de cumplir veinticinco años de edad".

Para que esta naturalización especial se produzca es necesario *acumulativamente* que: 1° El extranjero adoptado sea menor de edad: 2° Que el extranjero resida en el territorio de la República, y 3° Que haga la declaración de voluntad antes de cumplir 25 años de edad.

Gozan de esta naturalización especial por otra parte, tanto los extranjeros menores adoptados por venezolanos por nacimiento como los extranjeros menores adoptados por venezolanos naturalizados[233].

---

conservado en su matrimonio, es preciso que voluntariamente adquiera la venezolana, mediante algunas de las indicadas formas legales, conjunta o separadamente o simultánea o sucesivamente, con el marido. Sería necesario el imperio del principio de que la mujer sigue la condición y nacionalidad del marido que dejó de existir en la legislación civil venezolana, por expresa declaración de este Alto Tribunal, y que rige en algunos países, España, por ejemplo

232 A la misma deben acompañarse los siguientes recaudos: 1. Fotocopia de la cédula de identidad de quien ejerza la patria potestad; 2. Partida de nacimiento legalizada; 3. *Gaceta Oficial* u Oficio con la naturalización de quien ejerza la patria potestad; 4. Constancia de domicilio del interesado expedida por el Concejo Municipal de su domicilio

233 En relación a la naturalización de los hijos menores de padres naturalizados y de extranjeros adoptados por venezolanos, deben acompañarse a la Declaración de voluntad los siguientes documentos: 1° Constancia municipal de domicilio, expedida por el Concejo Municipal respectivo; 2° El pasaporte con el cual ingresó al país y a falta de éste, constancia de ingreso que expide la Dirección de Extranjeros; 3° La *Gaceta Oficial* en la que salieron naturalizados los padres.

b'. *El régimen de las declaraciones de voluntad*

Las declaraciones de voluntad requeridas en los supuestos de naturalizaciones especiales vistos anteriormente "se harán en forma auténtica por el interesado, cuando sea mayor de 18 años, o por su representante legal, si no ha cumplido esa edad", tal como lo exige el artículo 41 de la Constitución vigente.

Estas declaraciones de voluntad son similares a la exigida en el supuesto de nacionalidad venezolana originaria *jure sanguines* cuando uno de los padres es venezolano por nacimiento, estudiado anteriormente.

Las declaraciones, deberán presentarse al Ministerio de Relaciones Interiores, aplicándose, en ausencia de un régimen legal acorde con las disposiciones constitucionales vigentes, el artículo 3° de la Ley de Naturalización que indica, que una vez recibida (por el Ministerio) se insertará en el Registro correspondiente y se publicará dentro de un plazo de quince días, a partir de la fecha de inscripción".

c. *Efectos de la naturalización*

a'. *En cuanto al tiempo*

Al hablar de los efectos de la naturalización debemos indicar previamente, la oportunidad en que la misma comienza a surtir efectos.

Respecto a la naturalización común obtenida por Carta de Naturaleza, la naturalización surtirá efectos desde el momento en que la Administración dicte la Resolución correspondiente conforme al capítulo 5° de la Ley de Naturalización, y la misma sea notificada al interesado[234]. Había sido práctica administrativa realizar la notificación por la publicación de la Resolución respectiva en la *Gaceta Oficial de la República de Venezuela* conforme al artículo 9° de la Ley de Publicaciones Oficiales; práctica consagrada posteriormente en el artículo 5° del Reglamento de la Ley de Naturalización de 1974. Sin embargo, de acuerdo al artículo 73 de la Ley Orgánica de Procedimientos Administrativos, los efectos de los actos administrativos de efectos individuales sólo comienzan a partir de la notificación, por lo que las naturalizaciones den ser ahora notificadas a sus destinatarios.

En materia de naturalizaciones especiales en las cuales no se requiere un acto de la Administración que otorgue la nacionalidad, la naturalización surte efectos conforme al artículo 37 de la Constitución desde que se declare la voluntad de ser venezolano en forma auténtica[235]. Es práctica administrativa publicar también estas declaraciones de voluntad conforme ya se ha indicado. Sin embargo, consideramos que la naturalización surte efectos desde el momento en que se declare la voluntad de ser venezolano en forma auténtica, y no desde el momento en que la Administración publique la correspondiente declaración de voluntad.

---

234   Sobre la notificación de los actos administrativos, véanse los artículos 73 y siguientes de la Ley Orgánica de Procedimientos Administrativos de 1981.

235   Artículo 41 de la Constitución

b'.   *En cuanto al individuo: efectos personales*

En principio, los efectos de la naturalización son primeramente individuales. Sin embargo, los hijos menores gozarán de los efectos de la naturalización de sus padres, mientras alcancen la mayoría de edad[236].

c'.   *En cuanto a los derechos y deberes del naturalizado: la igualdad jurídica*

Entre los efectos que produce la naturalización se encuentra, fundamentalmente, el de la igualdad jurídica entre venezolanos por nacimiento y venezolanos por naturalización.

En efecto, el artículo 45 de la Constitución establece la igualdad jurídica entre venezolanos y extranjeros "con las limitaciones o excepciones establecidas por la Constitución y las leyes"; y cuando la Constitución habla de venezolanos se refiere tanto a los venezolanos por naturalización como a los venezolanos por nacimiento. En efecto, el artículo 111 de la propia Constitución agrega, que "son electores todos los venezolanos que hayan cumplido dieciocho años de edad y no estén sujetos a interdicción civil ni a inhabilitación política", y cuando ahí se habla de venezolanos se refiere tanto a los venezolanos por naturalización como a los venezolanos por nacimiento.

Por otra parte, el artículo 112 de la Constitución agrega que son elegibles y aptos para el desempeño de funciones públicas los electores que sepan leer y escribir, mayores de veintiún años, sin más restricciones que las establecidas en esta Constitución y las derivadas de las condiciones de aptitud que, para el ejercicio de determinados cargos, exijan, sin hacer distinción alguna entre venezolanos por nacimiento y venezolanos por naturalización. En este mismo sentido se dispone en los demás artículos de la Constitución en que se hable de los venezolanos[237].

Por tanto, entre venezolanos por naturalización y venezolanos por nacimiento existe igualdad jurídica, salvo las excepciones que establezca la Constitución, no pudiendo la ley ni ningún otro acto del Poder Público establecer esas restricciones[238].

---

236   Artículo 2 de la Ley de Naturalización.

237   Véase los artículos 45,47,51,52,114,149,152,182,195,213 y 237 de la Constitución vigente.

238   En este sentido, en Dictamen N° 55, de 29 de marzo de 1963, de la Consultoría Jurídica del Ministerio de Justicia, se estableció. En el artículo 11 se establece que el Director del Cuerpo Técnico de la Policía Judicial debe ser "venezolano por nacimiento". Esta disposición es manifiestamente inconstitucional. Sólo la Constitución, puede establecer diferencia entre venezolano por nacimiento y venezolano por naturalización. En efecto, el artículo 45 de la Constitución establece la igualdad jurídica entre venezolanos y extranjeros, "con las limitaciones o excepciones establecidas por la Constitución y las leyes", y cuando la Constitución habla de venezolanos se refiere tanto a los venezolanos por nacimiento como a venezolanos por naturalización. Por otra parte, el artículo 112 dispone que: "son elegibles y aptos para el desempeño de funciones públicas los electores que sepan leer y escribir, mayores de veintiún años...". Ahora bien, son electores "todos los venezolanos que hayan cumplido dieciocho años de edad..." (Art. 111 de la Constitución). En consecuencia, no puede exigirse, para ser Director del Cuerpo Técnico, ser "venezolano por nacimiento". Véase este dictamen en la "Doctrina Administrativa de la Consultoría Jurídica, 1959-1963", publicado en *la Memoria y Cuenta del Ministerio de Justicia de 1963*, p. 154. Véase

La Constitución consagra diferencias entre venezolanos por naturalización y venezolanos por nacimiento, conforme al artículo 112 respecto a la elegibilidad o al desempeño de determinadas funciones públicas. En este sentido, reserva a los venezolanos por nacimiento la posibilidad de ser electos Presidente de la República[239], Senadores[240] o Diputados[241]. Asimismo reserva a los venezolanos por nacimiento la posibilidad de desempeñar las siguientes funciones Públicas: Magistrado de la Corte[242], Ministro del Despacho[243], Contralor General de la República[244], Procurador General de la República[245] y Fiscal General de la República[246].

Fuera de estas distinciones constitucionales la ley no puede establecer diferencia alguna entre venezolanos por naturalización y venezolanos por nacimiento sin estar viciada de inconstitucionalidad[247].

Ahora bien, si bien hemos dicho que la Constitución establece restricciones a la igualdad jurídica entre venezolanos por nacimiento y venezolanos por naturalización, el propio texto Constitucional establece una excepción en la cual equipara en forma absoluta, al venezolano naturalizado con el venezolano por nacimiento.

En efecto, el artículo 45 de la Constitución establece que "gozarán de los mismos derechos que los venezolanos por nacimiento los venezolanos por naturalización que hubieren ingresado al país antes de cumplir los siete años de edad y residido en él permanentemente hasta alcanzar la mayoridad".

Para que esta equiparación absoluta se produzca es imprescindible que se cumplan acumulativamente los siguientes requisitos: 1. Que el venezolano por naturalización hubiere ingresado al país antes de cumplir los siete años de edad; y 2. Que haya residido en el país permanentemente hasta alcanzar la mayoridad, es decir, que haya vivido habitualmente en el territorio de la República, con ánimo de permanecer en él.

---

asimismo en Doctrina Administrativa 1959-1963, *Dictámenes de la Consultoría Jurídica*, Ministerio de Justicia, enero de 1965, p. 287.

En este sentido, vale destacar que algunas disposiciones legales vigentes establecen diferencias, entre venezolanos por nacimiento y ciertos venezolanos por naturalización, exonerando a estos últimos de determinados deberes. Así, la vigente Ley de Inmigración y Colonización, señala en su artículo 7, que los inmigrantes conforme a esa ley que se nacionalizaren, quedarán exentos durante su vida del servicio de armas, excepto en el caso de guerra internacional".

Véanse asimismo las sentencias de la antigua Corte Federal, de fecha 20 de mayo de 1959 y de la Corte Federal de Justicia en Sala Político-Administrativa, de 24 de abril de 1961

239   Artículo 182 de la Constitución.

240   Artículo 140 de la Constitución.

241   Artículo 152 de la Constitución.

242   Artículo 213 de la Constitución.

243   Artículo 195 de la Constitución.

244   Artículo 237 de la Constitución.

245   Artículo 210 de la Constitución.

246   Artículo 219 de la Constitución.

247   Este, por otra parte, es el criterio tradicionalmente sostenido por la Corte Suprema de Justicia. Véase sentencia de la antigua Corte Federal y de Casación, en Sala Plena de 30 de mayo de 1947, publicada en *Gaceta Oficial* N° 22.324, de 31 de mayo de 1947.

Para la obtención formal de esta equiparación, conforme a la Ley sobre la condición jurídica de los venezolanos por naturalización que se encuentren en las condiciones previstas en el artículo 45 de la Constitución de 30 de agosto de 1978[248] debe presentarse una solicitud al Ministerio de Relaciones Interiores, o por ante el respectivo Cónsul de Venezuela, caso de encontrarse en el extranjero, debiendo acreditar: a) su condición de venezolano por naturalización; b) su ingreso al país antes de cumplir los siete años de edad; c) la residencia permanente en Venezuela desde los siete años hasta los dieciocho años[249]; d) residencia en el territorio de la República para el momento de presentar la solicitud, excepción hecha a aquellos casos de permanencia en el extranjero para realizar estudios, con motivo de prestación de servicio a la República; e) ausencia por un lapso que no exceda en total los doce (12) meses, o ausencia en varias oportunidades por lapsos cortos, pudiendo los venezolanos a que se refieren las excepciones precedentes presentar su solicitud, tal y como se señalara con anterioridad ante el respectivo Cónsul de Venezuela.

En el acto de presentación de la solicitud el funcionario receptor está en la obligación de señalar las faltas u omisiones que observase en ésta y sus recaudos, debiendo devolverla en ese mismo acto indicando las correcciones a que hubiere lugar.

Una vez admitida la solicitud, por imperativo de la Ley, ésta ha de publicarse en la *Gaceta Oficial de la República de Venezuela*, notificándose al Fiscal General de la República, iniciándose un lapso de treinta días hábiles dentro del cual cualquier persona puede oponerse a la solicitud mediante escrito razonado.

La Resolución del Ministro que decida el procedimiento deberá dictarse dentro de los sesenta días hábiles siguientes al vencimiento de dicho lapso, debiendo dicha resolución ser motivada.

2. La pérdida de la nacionalidad

Al hablar de la pérdida de la nacionalidad venezolana es necesario distinguir y estudiar separadamente la pérdida de la nacionalidad venezolana originaria de la pérdida de la nacionalidad venezolana derivada.

A. Pérdida de la nacionalidad venezolana originaría

Dos supuestos consagra la Constitución vigente sobre la pérdida de la nacionalidad venezolana originaria: en primer lugar, por opción o adquisición voluntaria de otra nacionalidad; y en segundo lugar, respecto a la venezolana que casare con extranjero.

a. La adquisición voluntaria de otra nacionalidad

El derecho sobre nacionalidad responde a dos principios fundamentales recogidos por la Declaración Universal de los Derechos Humanos en su artículo 15 al se-

---

248   Véase en *Gaceta Oficial* N° 2.806, Extraordinaria de 11-9-78

249   Si bien la Ley habla de 21 años, dicha normal quedo derogada tal y como se desprende de la interpretación conjunta del termino "mayoridad" del articulo 45 de la Constitución y la reciente reforma del Código Civil Venezolano, articulo 18 (Ley de Reforma Parcial del Código Civil, *Gaceta Oficial* n° 2.990 Ext. del 26-7-82)

ñalar: "Toda persona tiene derecho a una nacionalidad. A nadie se privará arbitrariamente de su nacionalidad ni del derecho a cambiar de ella".

Estos principios han sido recogidos por la Constitución vigente de 1961, sobre todo en lo que respecta al derecho a cambiar de nacionalidad.

En efecto, por mucho tiempo fue debatido el problema de si el venezolano podía cambiar de nacionalidad en nuestro derecho[250]. Diversas Constituciones y la Ley de Naturalización de 1949 prohibieron expresamente la posibilidad del venezolano de cambiar y perder su nacionalidad, situación que Lorenzo Herrera Mendoza calificó de "antijurídica, impolítica, contradictoria, injusta y, sobre todo, fecunda en inconvenientes y conflictos[251].

"Esta situación, sin embargo, fue modificada por la Constitución de 1947 y posteriormente por la vigente Constitución de 1961 donde se establece que "la nacionalidad venezolana se pierde... por opción o adquisición voluntaria de otra nacionalidad"[252].

b.   *La situación de la venezolana que casare con extranjero*

En principio, la Constitución Nacional señala que la venezolana que casare con extranjero conserva su nacionalidad[253]. Sin embargo, la propia Constitución en su artículo 38 establece que, la venezolana que casare con extranjero pierde la nacionalidad venezolana cuando declare su voluntad contraria a conservar la nacionalidad venezolana y adquiera, según la ley nacional del marido, la nacionalidad de éste.

Por tanto, la venezolana que casare con extranjero no pierde por ese solo hecho la nacionalidad venezolana a menos que, acumulativamente, adquiera la nacionalidad del marido según la ley nacional de éste y declare al Estado venezolano su voluntad contraria a conservar la nacionalidad venezolana.

---

250   Véase Lorenzo Herrera Mendoza: "¿Puede el venezolano cambiar de nacionalidad?" en Estudios sobre Derecho Internacional Privado y Temas conexos, empresa El Cojo, Caracas 1960, pp. 403 y ss.

251   Lorenzo Herrera Mendoza, *op. cit.*, p. 448

252   Artículo 39, ordinal 1° de la Constitución.

253   Este ha sido el principio tradicional consagrado en nuestro sistema constitucional, como se manifiesta del artículo 14 de la Constitución de 1947 y 24 de la Constitución de 1953. Es de destacar, sin embargo, que el Código Civil de 1922, derogado por el de 1942, establecía en su artículo 22 que: "la venezolana que se casare con un extranjero se reputará como extranjera respecto de los derechos propios de los venezolanos, siempre que por el hecho del matrimonio adquiera la nacionalidad del marido y mientras permanezca casada". Esta norma del Código Civil derogado había sido criticada por la Corte. En efecto, la antigua Corte Federal y de Casación, en sentencia de 25 de septiembre de 1937 (Memorias de 1938. Tomo I, p. 282), que puede verse en Alfredo Acuña, Jurisprudencia Ordenada de la Corte Federal y de Casación de Venezuela, Editorial Las Novedades, Caracas, 1943, n. 140, señala lo siguiente: "Es repugnante, cuando menos, el precepto del artículo 22 del Código Civil. Manda que se repute por extranjera a la venezolana siempre que por el hecho del matrimonio adquiera la nacionalidad del marido. Esto es, sujeta la pérdida de la nacionalidad venezolana y la adquisición de otra distinta a una ley extranjera cuando en rigor de principios tal declaratoria ya sea respecto a su pérdida, sólo puede hacerlo la Constitución de la República. Remitir a una ley extranjera, es en cierto modo abdicar de la soberanía nacional y derogar tácitamente el ordenamiento que somete a los venezolanos que residan o tengan su domicilio en país extranjero a las leyes venezolanas concernientes al estado y capacidad de las personas".

La Constitución no establece la forma de esta declaración de voluntad. Sin embargo, bien puede aplicarse por vía analógica el dispositivo consagrado en el artículo 41 de la misma, exigiéndose que esa declaración de voluntad se haga en forma auténtica.

B. *Pérdida de la nacionalidad venezolana derivada*

a. *La previsión constitucional y el régimen transitorio*

De acuerdo con la Constitución vigente, la nacionalidad venezolana derivada se pierde "por revocación de la naturalización mediante sentencia judicial de acuerdo con la ley"[254], modificando sustancialmente lo consagrado por la vigente Ley de Naturalización de 1955.

Sin embargo, el propio constituyente, mientras se dicte una nueva legislación sobre nacionalidad que establezca normas sustantivas y procesales en esta materia, ha establecido en la Disposición Transitoria Cuarta, aún vigente, de la Constitución, que "la pérdida de nacionalidad por revocatoria de la naturalización se ajustará a las disposiciones de la legislación vigente".

Por tanto, en materia de pérdida de la nacionalidad venezolana derivada, transitoriamente, rigen los artículos 11 y siguientes de la Ley de Naturalización de 1955.

Sin embargo, ello no implica que la pérdida de la nacionalidad derivada no pueda ser consecuencia de una anulación, por el juez contencioso-administrativo, del acto administrativo de concesión de nacionalidad[255].

b. *La revocación de la naturalización*

a'. *Las causales*

El artículo 11 de la Ley de Naturalización establece diversas causales de pérdida de la nacionalidad venezolana derivada, que podemos agrupar en los siguientes apartes: adquisición o uso de otra nacionalidad; actos contra la Nación; adquisición de la nacionalidad con fraude a la ley; adquisición de la nacionalidad en fraude de la ley; y ausencia prolongada fuera del país.

---

254   Artículo 39, ordinal 2° de la Constitución.

255   Puede, por la vía del recurso contencioso administrativo de anulación, solicitarse la nulidad del acto administrativo de concesión de la naturalización, y en este sentido, el propio Procurador General de la República puede solicitar dicha nulidad. Esto se desprendía claramente de la sentencia de la antigua Corte Federal y de Casación en Corte Plena, del 19 de octubre de 1951. Véase en Allan R. Brewer-Carías, Jurisprudencia de la Corte Suprema de Justicia 1930-1974 y Estudios de Derecho Administrativo, Caracas 1975, Tomo I, pp. 392 y ss. A partir de 1976. la Ley Orgánica de la Corte Suprema de Justicia atribuye a la Corte Primera de lo Contencioso-Administrativo, competencia para conocer de las controversias que se susciten con motivo de la adquisición, ejercicio o pérdida de la nacionalidad o de los derechos que de ella se derivan, sin perjuicio de lo establecido en la Disposición Transitoria Cuarta de la Constitución" (Art. 185, Ord. 7°).

a". Por adquisición o uso de otra nacionalidad

Los venezolanos por naturalización pierden la nacionalidad venezolana, en primer lugar, cuando hicieren voluntariamente uso de su nacionalidad de origen o cuando adquieran otra nacionalidad, tal como lo establece el artículo 11, ordinal 1° de la Ley de Naturalización.

Esta primera causal constituye una ratificación del ordinal 1° del artículo 39 de la Constitución.

b". Por actos contra la Nación

Por otra parte los ordinales 2°, 3° y 5° del artículo 11 de la Ley de Naturalización consagran diversas causales de pérdida de la nacionalidad venezolana derivada para los venezolanos por naturalización.

En efecto, en esos dispositivos se consagra que los venezolanos por naturalización pierden la nacionalidad venezolana: 1) Cuando en el exterior se presten a servir en cualquier forma contra la República de Venezuela; 2) Cuando en el territorio de la Nación cometan actos contrarios a la integridad y a la seguridad de ella y logren sustraerse a la acción de las leyes venezolanas; y 3) Cuando inciten al menosprecio o desacato de las instituciones, leyes o disposiciones de las autoridades, sin perjuicio de lo que dispongan al respecto otras leyes.

c". Por adquisición de la nacionalidad con fraude a la ley

Debe entenderse el fraude a la ley como aquella institución, típica del derecho internacional privado, en virtud de la cual se pretende aplicar a un hecho, un derecho que no es el competente, por medio de una manipulación de los factores de conexión.

En el caso del factor de conexión nacionalidad (*lex patrie*), la Ley de Naturalización considera que es causal de revocación o pérdida de la nacionalidad venezolana derivada, cuando es obtenida "con el fin de sustraerse a determinados efectos de una legislación"[256].

A este respecto, la definición de la adquisición de la nacionalidad venezolana originaria con fraude a la ley era más técnica en la derogada ley de 1940, cuando en su artículo 21 señalaba que "será castigado como fraudulento y viciado de nulidad, todo cambio de nacionalidad verificado con el fin de sustraerse, circunstancialmente o temporalmente, a determinados efectos de una legislación".

Ahora bien, debe tenerse presente que no todo cambio de nacionalidad debe verse como hecho con fraude a la ley, aunque los factores de conexión cambiados tengan como consecuencia la no aplicación de una determinada legislación. Por ello lo que debe caracterizar el fraude a la ley es precisamente el elemento intencional, el ánimo de eludir la ley normalmente competente[257].

---

256 Artículo 11, ordinal 4° de la Ley de Naturalización

257 La Corte en diversos oportunidades ha aplicado esta causal de revocación de las naturalizaciones configurada por el fraude a la ley, en la resolución de problemas de extradición.

d". Por adquisición de la nacionalidad en fraude de la ley

Por otra parte la Ley de Naturalización en el ordinal 6° del artículo 11 establece, como causal de pérdida de la nacionalidad venezolana por naturalización "cuando la adquieran en fraude de la Ley".

Esta causal se distingue de la anterior porque no se refiere a una manipulación fraudulenta de los factores de conexión, sino pura y simplemente, a una manipulación fraudulenta de los requisitos que exige la Ley para obtener la naturalización.

En efecto, la ley de Naturalización en su artículo 1° establece, que "son aptos para adquirir la nacionalidad venezolana los extranjeros que puedan ingresar y permanecer legalmente en el país", por lo que no podrán adquirir la nacionalidad venezolana aquellos extranjeros a quienes les está prohibida la entrada al territorio de la República[258].

Por tanto, cuando un extranjero que no pueda adquirir la nacionalidad venezolana por encontrarse incurso en una de las prohibiciones establecidas en la Ley de Extranjeros, la adquiere por medios fraudulentos engañando a las autoridades competentes, puede decirse que adquirió la nacionalidad venezolana en fraude de la Ley, por lo que puede ser revocada por la Administración por constituir una de las causas de pérdida de la nacionalidad venezolana derivada.

e". Por ausencia del territorio de la República

Por último, el artículo 11 de la Ley de Naturalización señala como causal de pérdida de la nacionalidad venezolana derivada, que los venezolanos por naturalización "se ausenten de Venezuela en el transcurso de los cinco años siguientes a su naturalización y adquieran residencia permanente en el exterior o, cuando después de estos cinco años residan en el extranjero durante dos años consecutivos, a menos que antes de vencerse este último plazo soliciten ante un funcionario Consular Venezolano prórroga por dos años", sin posibilidad de obtener una nueva prórroga.

La misma Ley de Naturalización exceptúa en su artículo 12 de esta causal de pérdida de la nacionalidad venezolana derivada:

1° A quien resida en el exterior no más de cinco años para realizar estudios superiores o de especialización; 2° A quien resida en el exterior por razones del ejercicio de un cargo remunerado en alguna organización internacional en la cual participe Venezuela; 3° Al cónyuge y a los padres naturalizados, del venezolano por nacimiento que resida en el extranjero cuando vivan con él; 4° Quienes hayan residido en Venezuela durante veinticinco años o más, contados a partir de la fecha de su naturalización y haya cumplido sesenta y cinco años de edad.

b'. La decisión

La declaración de pérdida de la nacionalidad venezolana derivada en los casos vistos anteriormente, se hará por el Ministerio de Relaciones Interiores sin perjuicio de que se apliquen a los responsables las sanciones penales a que haya lugar. La decisión deberá publicarse en la *Gaceta Oficial de la República de Venezuela*, con-

---

258   Artículo 32 de la Ley de Extranjeros.

forma a la Ley de Naturalización[259], sin perjuicio de que deba notificarse al interesado conforme a lo exigido en el artículo 73 de la Ley Orgánica de Procedimientos Administrativos.

De esta decisión tal como lo señala la Disposición Transitoria Cuarta de la Constitución, "el interesado podrá apelar... ante la Corte Suprema de Justicia en el plazo de seis meses a partir de la fecha de publicación de la revocatoria en la *Gaceta Oficial*", configurándose este recurso, como contencioso-administrativo de anulación, conforme a la doctrina de la Corte Suprema [260].

c.   *La situación de la venezolana por naturalización que casare con extranjero*

La venezolana por naturalización que casare con extranjero conserva su nacionalidad venezolana, a menos que declare su voluntad contraria y adquiera, según la Ley nacional del marido, la nacionalidad de éste[261].

En este sentido rige el mismo régimen que respecto a la venezolana por nacimiento que casare con extranjero.

3.   *La recuperación de la nacionalidad venezolana originaria*

El artículo 40 de la Constitución vigente establece que "la nacionalidad venezolana por nacimiento se recupera cuando el que la hubiere perdido se domicilia en el territorio de la República y declara su voluntad de recuperarla, o cuando permanece en el país por un período no menor de dos años".

Dos formas establecen entonces la Constitución para recuperar la nacionalidad venezolana originaria. En primer lugar, cuando acumulativamente se domicilia en el territorio de la República y declara su voluntad de recuperarla. Esta declaración de voluntad debe hacerse mientras no se dicte la legislación respectiva, como se ha indicado respecto a las declaraciones de voluntad exigidas a los hijos de padre venezolano por nacimiento, nacidos en el extranjero, para adquirir la nacionalidad venezolana originaria *jure sanguinis*.

En segundo lugar, también se recupera la nacionalidad venezolana originaria, cuando el que la hubiere perdido permanece en el país por un período no menor de dos años[262].

---

259   Artículo 13 de la Ley de Naturalización.

260   Véase en *Revista de Derecho Público*, N° 7, Caracas, julio-septiembre 1981, pp. 158 y ss.

261   Articulo 38 de la Constitución.

262   Sobre esto, Gonzalo Parra Aranguren en su trabajo citado sobre "La nacionalidad venezolana originaria en la Constitución de 23 de enero de 1961", *Boletín de la Biblioteca de los Tribunales del Distrito Federal*, 1963, p. 81, señala:

"La recuperación se produce también en forma automática por la simple permanencia en el país por un período no menor de dos años. La voluntad del individuo entonces no interviene sino de manera indirecta, en el sentido de que al permanecer en el país por ese período está manifestando su deseo de reincorporarse a su nacionalidad originaria. Este método imperativo de recuperación tiende precisamente a evitar que venezolanos originarios, naturalizados en el extranjero, pretendan regresar y vivir indefinidamente en el país para disfrutar de las prerrogativas que concede la extranjería, sin asumir ninguno de los deberes derivados de su vínculo originario con el país.

4.   *El régimen de los extranjeros*

De acuerdo al artículo 45 de la Constitución,

> "Los extranjeros tienen los mismos deberes y derechos que los venezolanos, con las limitaciones o excepciones establecidas por esta Constitución y las leyes.
>
> Los derechos políticos son privativos de los venezolanos, salvo lo que dispone el artículo 111.

Esta norma, ante todo, establece como principio, la igualdad jurídica entre venezolanos (por nacimiento o naturalización) y los extranjeros, pero con las limitaciones o excepciones que establezca la Constitución y las leyes. En cuanto a las excepciones constitucionales, en el texto fundamental se excluye a los extranjeros de los derechos políticos, es decir, del derecho activo y pasivo al sufragio, del derecho al ejercicio de funciones públicas, del derecho a asociarse en partidos políticos y del derecho a manifestar (Arts. 110 a 115). Una sola excepción se establece, sin embargo, en materia de derecho activo al sufragio en las elecciones municipales, al establecer el artículo 111 que "El voto para elecciones municipales podrá hacerse extensivo a los extranjeros, en las condiciones de residencia y otras que la Ley establezca", a cuyo efecto, la Ley Orgánica del Sufragio ha establecido la posibilidad de que los extranjeros voten en las elecciones municipales (siempre que se realicen en forma separada, como ha sucedido en las últimas dos elecciones) siempre que tengan más de diez (10) años en calidad de residentes en el país, con uno (1) de residencia en el Distrito de que se trate" (Art. 8).

En todo caso, en materia política, la Ley sobre actividades de los extranjeros en el Territorio Nacional de 1942, reitera múltiples restricciones y limitaciones a los extranjeros respecto de actividades de carácter político, en el sentido de que no pueden pertenecer a asociaciones de carácter político o que tengan propósitos políticos, ni establecer publicaciones con fines políticos, ni organizar desfiles, asambleas o reuniones de carácter político (Art. 3), lo cual con frecuencia es violado sin que el Estado reaccione. Además, la Ley de Extranjeros de 1937, establece que éstos deben conservar estricta neutralidad en los asuntos públicos de Venezuela, por lo que deben abstenerse de formar parte de sociedades políticas; de dirigir, redactar o administrar periódicos políticos y de escribir sobre política del país; de inmiscuirse directa o indirectamente en las contiendas domésticas de la República; y de pronunciar discursos que se relacionen con la política del país (Art. 28).

En cuanto a los derechos civiles, conforme al Código Civil, "la autoridad de la Ley (venezolana) se extiende a todas las personas nacionales o extranjeras que se encuentren en la República" (Art. 8), lo que no impide "la aplicación de las leyes extranjeras relativas al estado y capacidad de las personas en los casos autorizados por el Derecho Internacional Privado" (Art. 26 CC).

En todo caso, el principio en materia de derechos civiles, es que "las personas extranjeras gozan en Venezuela de los mismos derechos civiles que las venezolanas, con las excepciones establecidas o que se establezcan (Art. 25 CC).

Entre estas restricciones se destaca la consagrada en el artículo 28 de la Ley Orgánica de Hacienda Pública Nacional, respecto de los extranjeros, quienes no pueden adquirir por prescripción la propiedad y derechos reales sobre bienes nacionales (baldíos, por ejemplo), situados en la zona de cincuenta kilómetros de ancho paralela a las costas y fronteras. Además, en la Ley Orgánica de Seguridad y Defensa de 1976, se establece que los extranjeros sólo pueden adquirir, poseer o detentar la propiedad u otros derechos sobre bienes inmuebles en las zonas de seguridad fronteriza, de seguridad militar y de seguridad industrial, con autorización escrita del Ejecutivo Nacional por órgano del Ministerio de la Defensa (Art. 16).

III. LA CONSAGRACIÓN CONSTITUCIONAL DE LOS DERECHOS Y LIBERTADES PÚBLICAS

1. *La consagración constitucional*

A. *El rango constitucional de los derechos*

Es una tendencia general en América Latina, la consagración, en el propio texto constitucional, de las libertades públicas. Estas tienen, por tanto, rango constitucional, por lo que no pueden ser modificadas por el legislador ordinario. Respecto a las libertades públicas el principio de la supremacía constitucional se acompaña, entonces, con el principio de la rigidez constitucional, propio del sistema de constituciones rígidas. Ello implica que la reforma de los derechos y garantías constitucionales sólo pueden realizarse por los mecanismos de reforma constitucional; y, en las constituciones como la venezolana, que distinguen los procedimientos de Enmienda y Reforma constitucional[263], respecto de las libertades públicas, cualquier modificación sustancial de ellas sólo podría realizarse mediante el procedimiento de Reforma que asegura la participación popular a través de un referéndum[264]. En ello influye, sin embargo, el tipo de consagración constitucional que se haga de los derechos.

B. *El tipo de consagración constitucional y la imperatividad constitucional*

En este sentido debe señalarse que la consagración constitucional de las libertades públicas no tiene igual valor respecto de todas ellas; o en otras palabras, no todos esos derechos constitucionales tienen igual consagración constitucional. No sólo algunos, en realidad, han sido consagrados, como meras expectativas de derecho cuya actualización depende enteramente del Legislador, sino que incluso en los derechos directamente consagrados por el constituyente pueden distinguirse diversas graduaciones: en algunos casos se trata de derechos absolutos, que no admiten restricciones, suspensiones ni limitaciones en su ejercicio; en otros casos, se trata de derechos que no pueden ser limitados por el Legislador, aun cuando su ejercicio puede ser restringido o suspendido temporalmente; en otros casos, se trata de derechos que pueden ser limitados o regulados en aspectos específicos por el Legislador; en otros casos, puede tratarse de derechos que pueden ser regulados o limitados sin restricciones por el Legislador; y por último, puede tratarse de derechos que requieren de regulación legal para poder ser ejercidos.

---

263   Artículo 245 y ss.
264   Artículo 246, ordinal 4°.

a.   Los derechos fundamentales (absolutos)

En efecto, puede decirse que son derechos fundamentales, de carácter absoluto, el derecho a la vida; el derecho a no ser incomunicado, ni sometido a tortura o a otros procedimientos que causen sufrimiento físico o moral; y el derecho a no ser condenado a penas perpetuas o infamantes o a penas restrictivas de la libertad personal por lapsos mayores de treinta años[265]. Estos derechos, ni pueden ser limitados en forma alguna por el Legislador, ni pueden ser restringidos o suspendidos en su ejercicio por actos de gobierno, ni siquiera en los casos de emergencia o conmoción que afecten la vida económica y social[266]. Salvo estas solas tres excepciones, todos los derechos y garantías constitucionales admiten algún tipo de limitación o restricción y, por tanto, tienen carácter relativo.

b.   Los derechos cuyas garantías pueden ser restringidas o suspendidas por acto de gobierno

En primer lugar, el texto constitucional consagra una serie de derechos fundamentales que si bien no pueden ser limitados por el Legislador sus garantías pueden, sin embargo, ser suspendidas o restringidas por actos de gobierno, temporalmente, en situaciones o circunstancias excepcionales. En este grupo se incluyen el derecho a ser protegido contra los perjuicios al honor, reputación o vida privada[267], el derecho a no ser obligado a prestar juramento ni constreñido a rendir declaración o reconocer culpabilidad en causa penal contra sí mismo o contra otras personas expresadas en el texto constitucional[268]; el derecho a no continuar detenido después de dictada orden de excarcelación por la autoridad competente o una vez cumplida la pena impuesta[269]; el derecho a no ser sometido a juicio por los mismos hechos en virtud de los cuales hubiere sido juzgado anteriormente[270]; el derecho a la igualdad ante la ley y a la no discriminación[271]; el derecho a la libertad religiosa[272]; el derecho a expresar el pensamiento y a informar[273]; el derecho de petición y a obtener oportuna respuesta[274]; el derecho a ser juzgado por sus jueces naturales, a ser juzgado sólo por penas establecidas y preexistentes y el derecho a la defensa[275]; el derecho de reunión[276]; el derecho a la protección de la salud[277]; el derecho a la educación[278]; el

---

265   Artículos 58, 60, ordinal 3° y 64, ordinal 7° de la Constitución.
266   Artículo 241.
267   Artículo 59.
268   Artículo 60, ordinal 4°.
269   Artículo 60, ordinal 6°.
270   Artículo 60, ordinal 8°.
271   Artículo 61.
272   Artículo 65.
273   Artículo 66.
274   Artículo 67.
275   Artículo 68 y 69.
276   Artículo 71.
277   Artículo 76.

derecho al trabajo[279] y el derecho activo al sufragio[280]. Estos derechos, pueden ser ejercidos a plenitud, directamente, en virtud de su consagración constitucional, aún cuando en algunos casos, dada la redacción de la norma respectiva, alguna regulación legal sea necesaria para hacerlos completamente efectivos; tal es el supuesto de derecho a ser protegido contra los perjuicios del honor, reputación o vida privada[281]; el derecho a obtener oportuna respuesta derivada del derecho de petición[282]; el derecho a la protección de la salud[283]; el derecho a la educación[284]; y el derecho al trabajo[285].

En todos estos derechos, es indudable que una normativa adicional de carácter legal es indispensable para establecer las vías o recursos legales destinados a asegurar la protección contra los perjuicios al honor, reputación o vida privada; que establezca cuándo se considera o no oportuna la respuesta a las peticiones; en qué forma el Estado protegerá la salud o asegurará el acceso de todos a la educación; y en qué forma se asegurará el derecho al trabajo.

c. *Los derechos limitables por el legislador en aspectos específicos*

En segundo lugar, dentro de los derechos consagrados en la Constitución, pueden distinguirse aquellos que sí admiten en su ejercicio limitaciones de carácter legal, pero en aspectos específicamente señalados, además de admitir suspensión o restricción por acto de gobierno. Dentro de esta categoría de derechos, se pueden incluir: el derecho a no ser condenado a causa penal sin haber sido notificado personalmente de los cargos y oído "en la forma que indique la ley"[286]; el derecho a la inviolabilidad del hogar doméstico salvo los allanamientos permitidos para cumplir "de acuerdo, con la ley las decisiones que dicten los tribunales"[287]; el derecho a la inviolabilidad de la correspondencia, o salvo los casos de ocupación judicial "con el cumplimiento de las formalidades legales" o de inspección o fiscalización de los documentos de contabilidad "de conformidad con la ley"[288]; y el derecho a ejercer funciones públicas o a ser elegido, salvo las restricciones" derivadas de las condiciones de aptitud que, para el ejercicio de determinados cargos, exijan las leyes"[289].

---

278   Artículo 78.

279   Artículo 84.

280   Artículo 111.

281   Artículo 59.

282   Artículo 67.

283   Artículo 76.

284   Artículo 78.

285   Artículo 84.

286   Artículo 60, ordinal 5°.

287   Artículo 62.

288   Artículo 63.

289   Artículo 112. La Corte Suprema, sin embargo, ha admitido otras limitaciones al derecho pasivo al sufragio, como la necesidad de que el elegido esté inscrito en el registro electoral. Véase Sentencia de la CSJ en SPA de 9-4-69 en *GF.*, N° 64, 1969, pp. 42 y 56

d.   *Los derechos limitables por el legislador en sentido amplio*

En tercer lugar, otra serie de derechos constitucionales están consagrados de tal forma que admiten regulaciones y limitaciones de orden legal de carácter materialmente amplio. En tal caso están, el derecho a no ser preso o detenido, a menos que sea sorprendido *in fraganti,* sino en virtud de orden escrita del funcionario autorizado para decretar la detención "en los casos y con las formalidades prevista por la ley"[290]; el derecho a no ser privado de la libertad por obligaciones cuyo incumplimiento no haya sido definido "por la ley como delito o falta"[291]; el derecho a no ser objeto de reclutamiento forzoso ni sometido al servicio militar "sino en los términos pautados por la ley"[292]; el derecho a la libertad de tránsito "sin más limitaciones que las establecidas por la ley"[293]; el derecho al ejercicio del culto sometido a la suprema inspección del Ejecutivo Nacional, "de conformidad con la ley"[294]; el derecho a dedicarse a la actividad lucrativa de la preferencia de cada quien "sin más limitaciones que las previstas en esta Constitución y las que establezcan las leyes por razones de seguridad, de sanidad u otras de interés social"[295]; el derecho de propiedad, sometido a "las contribuciones, restricciones y obligaciones que establezca la ley con fines de utilidad pública o de interés social"[296]; el derecho a asociarse en partidos políticos regulados por el legislador para asegurar su carácter democrático y su igualdad ante la ley[297]; y el derecho a manifestar "sin otros requisitos que los que establezca la ley"[298].

e.   *Los derechos cuyo ejercicio queda supeditados a reglamentación legal*

Dentro de esta categoría de derechos debe señalarse que la delegación constitucional hacia el Legislador ha sido de tal naturaleza que en algunos casos los derechos no pueden ejercerse sin la regulación legal, como por ejemplo, en el derecho a utilizar los órganos de la administración de justicia "en los términos y condiciones establecidos por la ley"; el derecho de asociarse con fines lícitos "en conformidad con la ley" y el derecho de huelga "dentro de las condiciones que fija la ley" o "en los casos en que aquélla determine" en los servicios públicos[299]

En estos casos, la imperatividad constitucional no es absoluta ni inmediata. La posibilidad de ejercer estos derechos depende de la reglamentación legal. Esto suce-

---

290   Artículo 60, ordinal 1°.

291   Artículo 60, ordinal 2°.

292   Artículo 60, ordinal 9°.

293   Artículo 64.

294   Artículo 65.

295   Artículo 96.

296   Artículo 99.

297   Artículo 114.

298   Artículo 115.

299   Artículo 68. *Cfr.* Sentencia de la CSJ en SPA de 14-12-70 en *GF*, N° 70, 1970, pp. 179 a 185, publicada también en *G.O.*, N° 29.434, de 6-2-71; artículo 70; artículo 92.

de también en los derechos consagrados en normas constitucionales de carácter programático.

En efecto, tal como lo ha señalado la Corte Suprema de Justicia, "la Constitución
distingue entre las cláusulas directamente operativas, que preceptúan autónomamente, son completas y suficientes hasta agotar los requisitos sustantivos y procesales
para su aplicación, y las mediatamente operativas o programáticas, que no pueden
aplicarse sino cuando las complete la legislación ulterior, por requerirlo así la letra y
el contenido del precepto"[300]. Entre estas normas programáticas la Corte Suprema ha
identificado al artículo 75 que consagra el derecho de todo niño a conocer a sus
padres, y en sentencia de 1970, el artículo 49 que consagra el recurso de amparo,
criterio que ha comenzado a ser cambiado en 1983[301].

En todos estos casos, el derecho consagrado en la Constitución no puede ser
ejercido en ausencia de la ley reglamentaria respectiva y hasta tanto ésta se dicte.
Parecería entonces, que surgirá una contradicción entre esas normas y la segunda
parte del artículo 50 de la Constitución que establece que "la falta de ley reglamentaria de estos derechos no menoscaba el ejercicio de los mismos". Sin embargo, tal
contradicción no existe pues los derechos a que se refiere el artículo 50 de la Constitución son los derechos "inherentes, a la persona humana" que no figuran expresamente en la Constitución, y no a todos los otros derechos y libertades públicas enumerados en el texto constitucional.

C. *La rigidez constitucional respecto de los derechos: la Reforma y la En-
     mienda constitucional*

Una de las consecuencias de la consagración constitucional de los derechos y libertades es sin duda, que respecto de ellos, como se dijo, rige el principio de la rigidez constitucional. En efecto, la consagración de las libertades públicas en el texto
constitucional, constituye una parte esencial de la decisión política contenida en
dicho texto, por lo que cualquier eliminación o modificación sustancial de dichas
libertades, tendría que ser objeto de una reforma constitucional. El problema se
plantea, sin embargo, en sistemas constitucionales como el venezolano que admite
dos procedimientos para la modificación de la Constitución: la Reforma y la Enmienda. La Constitución de 1961 distinguió dichos procedimientos pero no especi-
ficó cuándo podía recurrirse a una u otra de dichas figuras. La diferencia procedimental básica entre ellas radica en que la iniciativa para proponerlas si bien es específica, es más rígida en el caso de las reformas[302], y en éstas interviene el Poder

---

300 Véase Sentencia de la CSJ en CP de 21-2-69 en *GF*, N° 64, 1969, pp. 21 y s.; y de 12-9-69 en *GF*, N°
     65, 1969, p. 10.

301 Véase Sentencia de la CSJ en CP de 27-5-69 en *GF*, N° 64,1969, pp. 21 y 55; y de la SCJ en SPA de 14-
     12-70 en *GF*, N° 70, pp. 179 y ss. Véase lo expuesto en pp. 548 y ss. Tomo II.

302 La iniciativa para una "reforma general" de la Constitución "deberá partir de una tercera parte de los
     miembros del Congreso, o de la mayoría absoluta de las Asambleas Legislativa en acuerdo tomados en
     no menos de dos discusiones por mayoría absoluta de los miembros de cada Asamblea". (Art. 246, Ord.
     1°); en tanto que la iniciativa para las enmiendas, "podrá partir de una cuarta parte de los miembros de
     una de las Cámaras, o bien de una cuarta parte de las Asambleas Legislativas de los Estados, mediante
     acuerdos tomados en no menos de dos discusiones por la mayoría absoluta de los miembros de cada
     Asamblea" (Art. 245, Ord. 1°).

Constituyente[303]. En cambio, en las enmiendas, corresponde a las Asambleas Legislativas la ratificación o rechazo[304] sin intervención popular.

Por tanto, es claro que toda revisión constitucional que implique una modificación de las decisiones políticas básicas contenidas en la Constitución tendrá que ser objeto del procedimiento de reforma general, pues requerirá la intervención del Poder Constituyente[305]. Y la consagración constitucional de los derechos y libertades públicas es, sin duda, parte de esa decisión política.

Sin embargo, parece evidente que no toda modificación de las libertades públicas exige una reforma general; la exigencia de ésta dependerá del tipo de consagración constitucional de las libertades públicas[306].

En efecto, tal como se señaló, dentro de los derechos y garantías constitucionales, la Constitución establece una graduación que es muy importante a los efectos de precisar cuándo se requiere reforma general de la Constitución o cuándo es suficiente una Enmienda: en primer lugar, el texto fundamental prevé una serie de derechos fundamentales, verdaderas garantías absolutas, consagrados de manera tal que no admiten ningún tipo de restricciones o suspensiones y ni siquiera de regulación legislativa; en segundo lugar, se prevén una serie de derechos fundamentales, que si bien pueden ser restringidos o suspendidos en su ejercicio por Decreto presidencial, no se prevé regulación legislativa para su ejercicio; en tercer lugar, se consagran una serie de derechos constitucionales cuyo ejercicio puede ser regulado o limitado por el legislador ordinario en aspectos específicos; y en cuarto lugar, el texto fundamental consagra otra serie de derechos constitucionales cuyo ejercicio queda sometido enteramente a lo que establezca y regule el legislador.

Ahora bien parece evidente que los dos primeros grupos de derechos y garantías, que podríamos denominar como derechos fundamentales, han sido concebidos de tal manera en el texto constitucional, que su ejercicio resulta pleno del mismo texto, sin ulteriores regulaciones legales o posibilidades de limitaciones legales. En cambio, los dos últimos grupos constituyen derechos constitucionales, pero sometidos a la regulación restringida o amplia del legislador. En esta distribución podría ubicarse el criterio que estableció la Exposición de Motivos del Proyecto de Constitución para la utilización de la Reforma general o de la Enmienda, cuando se tratase de aspectos fundamentales o circunstanciales, respectivamente[307]. Indudablemente que cambiar

---

303 "El proyecto aprobado (de reforma) se someterá a referéndum en la oportunidad que fijen las Cámaras en sesión conjunta, para que el pueblo se pronuncie a favor o en contra de la reforma..." (Art. 246, Ord 4°).

304 "Aprobada la enmienda por el Congreso, la Presidencia la remitirá a todas las Asambleas Legislativas para su ratificación o rechazo en sesiones ordinarias, mediante acuerdos considerados en no menos de dos discusiones y aprobados por la mayoría de sus miembros" (Art. 245, Ord. 4°); "la enmienda se declarará sancionada en los puntos que hayan sido ratificados por las dos terceras partes de las Asambleas" (Art. 245. Ord. 5°).

305 Cfr. La doctrina de la Procuraduría General de la República, en Doctrina PGR. 1973, Caracas, 1974, pp. y ss.

306 Véase Allan R. Brewer-Carías, Derecho Administrativo, Tomo I, Caracas, 1975, pp. 180 y ss.

307 Véase la exposición de motivos al Título X en Revista de la Facultad de Derecho, UCV. N° 21, 1961, pp. 412 y 413.

el texto constitucional en alguno de los derechos fundamentales (absolutos), sería cambiar un aspecto de "alcance trascendente" que incide sobre la organización política de la Nación; en cambio, cambiar el texto de algunos de los derechos constitucionales, limitables por el legislador, en el sentido de agregar alguna otra limitación a su ejercicio, podría hacerse a través del procedimiento de Enmienda "que permite dejar incólume el texto original o fundamental" introduciendo alguna "modificación sentida por la colectividad como consecuencia de los cambios incesantes que en ella se realizan". En tal sentido, el procedimiento utilizado en Venezuela en 1973 para agregar una condición de elegibilidad o nombramiento para determinadas funciones públicas, fue el de la Enmienda y no el de la Reforma[308].

D.   *El sentido de la consagración constitucional: los derechos constitucionales, las libertades públicas y los derechos humanos (*numerus apertus*)*

El estudio de los derechos y garantías constitucionales se sitúan actualmente en el plano del derecho positivo: se estudian los derechos y libertades públicas consagrados constitucionalmente y por ello se habla particularmente de "derechos constitucionales" o "libertades públicas" en lugar de "derechos del hombre", estos últimos situados por sobre el derecho positivo[309].

Las constituciones latinoamericanas, en general, se sitúan en el campo de los textos que no sólo consagran constitucionalmente los derechos y garantías expresamente, sino que hacen referencia a otros derechos humanos garantizados y. protegidos, fuera de aquellos previstos en la Constitución. Dentro de este panorama, las Constituciones de Argentina, Bolivia, Brasil, Colombia, Ecuador, Guatemala, Honduras, Paraguay, República Dominicana, Perú, Uruguay[310], y Venezuela, por ejemplo, prevén una declaración supletoria por los derechos que puedan omitirse, considerando que ello no implica una negación de su existencia, estableciéndose así un sistema de *numerus apertus* de las libertades públicas, o de "derechos y garantías implícitos"[311].

En efecto, en la Constitución de Venezuela de 1961 se establece expresamente en su artículo 50 lo siguiente:

---

308   La Enmienda N° 1 de la Constitución sancionada el 9 de mayo de 1973, estableció que "no podrán ser elegidos Presidente de la República, Senador o Diputado al Congreso, ni Magistrados de la Corte Suprema de Justicia, quienes hayan sido condenados mediante sentencia definitiva firme, dictada por Tribunales ordinarios, a pena de presidio superior a tres años, por delitos cometidos en el desempeño de funciones públicas, o con ocasión de éstas". Véase en *G.O.*, N° 1.858, extraordinario de 11-5-73. La discusión de dicha Enmienda dio origen a múltiples debates, cuya procedencia vislumbraba ya el texto de la Exposición de Motivos. En particular, véase la sentencia de la CSJ en SPA de 20-8-73 en *G.O.*, N° 30.183 de 20-8-73, p. 226.079

309   *Cfr.* Jean Rivero, *op. cit.*, p. 17

310   Véase Héctor Fix Zamudio, "La protección procesal de las garantías individuales en América Latina", en *Revista de la Comisión Internacional de Justicia*, Vol. IX, N° 2, Ginebra, diciembre, 1968, p. 74.

311   Véase Luis Plaza Fernández, "Los Derechos Humanos en los textos Constitucionales" en *Informática Jurídica*, Ministerio de Justicia, Madrid, Julio- septiembre, 1968, p.101, y Héctor Fix Zamudio, "La protección procesal...", *loc. cit.*, p. 74.

La enunciación de los derechos y garantías contenida en esta Constitución no debe entenderse como negación de otros que, siendo inherentes a la persona humana, no figuren expresamente en ella.

La falta de ley reglamentaria de estos derechos no menoscaba el ejercicio de los mismos[312].

Se reconoce, por tanto, además de las libertades públicas consagradas en la Constitución, la existencia de derechos humanos, inherentes a las personas, cuyo ejercicio no depende de la reglamentación que legalmente pueda hacerse. Con una norma como ésta, dice la Exposición con Motivos del Proyecto de Constitución, "se incorpora al texto fundamental al de aquellas Constituciones que basan el sistema de las garantías sobre la noción esencial de la persona humana y se deja fuera de toda duda la interpretación de que ni pueden quedar las garantías a merced de que exista o no una legislación que explícitamente las consagre y reglamente"[313].

Ahora bien, en relación a este artículo 50 de la Constitución venezolana deben formularse dos observaciones: en primer lugar, como se dijo, consagra la existencia de "derechos humanos" por sobre el derecho positivo, que se reconocen y protegen; y en segundo lugar, se establece expresamente que la falta de ley reglamentaria de estos derechos inherentes a la persona humana no previstos expresamente en la Constitución, no menoscaba el ejercicio de los mismos. Esta segunda observación debe destacarse, pues es frecuente la interpretación que se hace de la segunda parte del artículo 50 aplicándolo a todos los derechos y libertades públicas previstas en la Constitución, lo cual, en nuestro criterio, no es correcto. En muchos casos, hemos visto, la propia Constitución consagra los derechos y libertades supeditando su ejercicio a lo que establezca una ley, por lo que mal podría señalarse que la ausencia de dicha ley no suspendería el ejercicio del derecho. Ello sería contradictorio. En esos casos, como por ejemplo en el derecho de todo niño de conocer a sus padres[314], la norma que lo consagra es una norma de las denominadas programáticas, que no eran directamente operativas sin una reglamentación legal, la cual se dictó en la Reforma del Código Civil de 1982. Este artículo 75 constitucional que consagra dicho derecho, según la argumentación de la Corte Suprema en 1969, al decir que "la ley proveerá lo conducente para que..." establecía que "el Legislador deberá dictar, en el futuro, el ordenamiento legal para que se cumpla lo programado en la norma constitucional...". "Esas disposiciones reconocen derechos y enuncian propósitos cuya realización y efectiva vigencia está *subordinada a la promulgación de leyes futuras.* Se llaman programáticas porque representan un programa que requiere ulterior desarrollo y deben orientar la acción legislativa del futuro"[315]. En base a ello, no hay

---

312   En el artículo 76 de la Constitución, al consagrarse el derecho a la protección de la salud, se hace también referencia a los derechos de la persona humana en los siguientes términos: "Todos están obligados a someterse a las medidas sanitarias que establezca la ley, dentro de los límites impuestos por el respeto a la persona humana".

313   Véase *loc. cit.*, pp. 380 y 381.

314   Artículo 75.

315   Véase sentencia de la CSJ en CP de 27-5-69 en *GF*, N° 64, 1969, pp. 21 y ss. En base a esos argumentos, la Corte Suprema declaró sin lugar el recurso de inconstitucionalidad del artículo 220 del Código

duda, los derechos y garantías constitucionales consagrados en normas programáticas, requieren de reglamentación legal para poder ejercerse, por lo que su efectividad depende de lo que el Legislador establezca. Sea, por supuesto, en leyes internas o en los tratados internacionales aprobados por ley, que regulan aspectos de los derechos humanos, y que por ello configuran derecho político aplicable en el país[316].

En todo caso, debe insistirse que conforme al artículo 50, la Constitución consagra expresamente, además de los derechos y garantías que se enumeran como "derechos fundamentales", principalmente desde el artículo 58 hasta el 116, todos aquellos que aún cuando no figuren expresamente en el texto fundamental, sean "inherentes a la persona humana', no siendo necesario para su ejercicio el que exista, o no una ley reglamentaria de los mismos. Con motivo de esta norma, adquiere todo su significado, el concepto de la persona humana, como valor fundamental cuya protección guía todo el esquema constitucional, tal y como se desprende del propio Preámbulo del Texto Fundamental al hacer referencia, como objetivos de la organización jurídico-política de la Nación, a "la economía al servicio del *hombre*"; a "la garantía universal de los derechos individuales y sociales de la *persona humana*"; y a "la *dignidad* de los ciudadanos".

Esta norma del artículo 50 de la Constitución permite, así, establecer la distinción entre "derechos fundamentales" y "derechos humanos", algunas veces usados como sinónimos. Los derechos fundamentales serían todos los derechos y garantías *enumerados* en el texto constitucional y que, por tanto, han sido positivizados, es decir, reconocidos en el derecho positivo venezolano. El concepto de "derechos humanos", en cambio, tendría una significación más amplia que resume el conjunto de facultades que en un momento histórico actual, concretan las exigencias de la dignidad, la libertad y la igualdad humana, tal y como se han reconocido en el ordenamiento jurídico internacional.

Puede considerarse, entonces, que los "derechos humanos" se convierten en "fundamentales", por tanto, al estar consagrados en el ordenamiento positivo de un Estado, es decir, al ser derechos y garantías constitucionales.

Sin embargo, el hecho de no haber sido enumerados en el Texto Constitucional, no significa que los derechos humanos no encuentren protección en el derecho interno ni dejen de estar reconocidos, al ser inherentes a la persona humana, como lo establece el artículo 50 de la Constitución.

Civil que prohíbe al hijo adulterino la inquisición de la paternidad en ciertos casos; artículo que ha sido reformado en la Ley de Reforma Parcial del Código Civil de 1982.

316 Véase la Ley Aprobatoria de la Convención Interamericana de Derechos Humanos "Pacto de San José de Costa Rica", en *G.O.* N° 31.256 de 14-6-77; Ley aprobatoria del Pacto Internacional de Derechos Económicos, Sociales y Culturales publicada en *G.O.* N° 2.146 Extr. de 28-1-78; y Ley Aprobatoria del Pacto Internacional de Derechos Civiles y Políticos publicada en la misma *G.O.* N° 2.146 Extr. de 28-1-78. La Corte Suprema de Justicia en Sentencia de 20-10-83, sin embargo ha atenuado lo tajante de sus decisiones anteriores al interpretar el artículo 50 en su segunda parte de la siguiente manera: "Considera la Corte que con esta declaración el contribuyente ha reafirmado su voluntad en el sentido de mantener la integridad de los derechos humanos y de ponerlos a cubierto de cualquier intento o acto que pudiese vulnerarlo, ya que en su concepto, la diferencia que ha pretendido hacerse entre derechos y garantías es inadmisible, desde el momento que haría de aquellos meras declaraciones retóricas sin contenido real". Véase *en Revista de Derecho Público* N° 16, Caracas, octubre, diciembre de 1983, p. 170.

Por supuesto, para la identificación de los derechos humanos, las Declaraciones Internacionales (como la Declaración Universal de la ONU o la Declaración Americana de la OEA, ambas de 1948) y las Convenciones Internacionales sobre Derechos Humanos (como los Pactos Internacionales de Derechos Civiles y Políticos y de Derechos Económicos y Sociales y la Convención Americana de Derechos Humanos) tienen una importancia fundamental, pues contribuyen a su ejercicio y al logro de una efectiva protección de los mismos.

Por otra parte, debe destacarse que la Constitución hace referencia a los "derechos y garantías" lo que permite además, establecer una diferencia entre derechos humanos y fundamentales y las garantías constitucionales de los mismos. Así, la primera y fundamental "garantía" de los derechos, que deriva de su consagración constitucional, es que la regulación, limitación o restricción de los mismos sólo puede hacerse mediante Ley. Es el principio denominado de la reserva legal.

Además, por supuesto, están las garantías adjetivas o procesales, conforme a la cual todos tienen derecho a acceder a la justicia (Art. 68) ya que los Tribunales los amparen en el goce y ejercicio tanto de los derechos como de las propias garantías constitucionales (Art. 49), asegurándose, además, el derecho a la defensa (Art. 68) en todo estado y grado de los procesos.

En todo caso, la primera Constitución que en América Latina consagró los derechos del hombre fue la Constitución de Venezuela del 21 de diciembre de 1811[317]. Durante todo el siglo pasado, las normas constitucionales consagraron básicamente los derechos individuales y los derechos económicos; y a partir de 1936 se comenzaron a consagrar los derechos de carácter social. La Constitución de 1497 en el campo de los derechos humanos, fue, por tanto, el resultado de una larga evolución constitucional, además de haber recibido toda la influencia del constitucionalismo europeo que arranca de la Constitución de Weimar y de la Constitución de la República española. La Constitución de 1947 sobre los derechos y garantías constitucionales, sistematizándolos en cuatro grandes categorías: los derechos individuales, los derechos sociales, los derechos económicos y los derechos políticos.

Como una muestra de la enumeración de derechos constitucionales en América Latina, bien puede servir de modelo el análisis de los cuatro grupos de derechos en la Constitución de Venezuela, teniendo en cuenta además, el hecho de que la real efectividad de la vigencia de los derechos y garantías constitucionales, y por tanto su control, depende del efectivo ejercicio de la democracia. Por ello, además de las razones históricas señaladas, la Constitución de Venezuela puede servir para un estudio del caso en América Latina.

---

317 El Capítulo VIII, artículos 141 a 199, está destinado a regular los "Derechos del Hombre que se reconocerán y respetarán en toda la extensión del Estado". Para un análisis histórico de la consagración de las libertades públicas en Venezuela. Véase *Derechos del Hombre y del Ciudadano* (estudio preliminar de P. Ruggeri Parra), Ediciones de la Academia Nacional de la Historia, Caracas, 1959.

2.   Los derechos individuales

A.   El derecho a la vida

En el campo de los derechos individuales, el primero que consagra la Constitución en su artículo 58 es el "derecho a la vida", que es inviolable, por lo que "ninguna Ley podrá establecer la pena de muerte ni autoridad alguna aplicarla".

Sin duda, es el derecho fundamental más importante que se establece en la Constitución, razón por la cual los poderes de restricción o suspensión de las garantías constitucionales que tiene el Presidente de la República "en caso de emergencia, de conmoción que pueda perturbar la paz de la República o de graves circunstancias que afecten la vida económica o social" (Arts. 190, Ord. 6° y 241) no rigen respecto del derecho a la vida. Por tanto, es un derecho fundamental absoluto, que no admite restricciones de ninguna naturaleza.

No existe en Venezuela, por tanto, la posibilidad de privar de la vida a una persona por "pena de muerte" por la comisión de algún delito, y así lo proclama expresamente la Constitución: "Ninguna Ley podrá establecer la pena de muerte ni autoridad alguna aplicarla" (Art. 58). Sólo una reforma constitucional, por tanto, podría prever la posibilidad de que la Ley estableciera la pena de muerte, ya que por lo fundamental de un tal cambio pensamos que ni siquiera podría establecerse mediante enmienda (Arts. 245 y 246).

El derecho a la vida, por tanto, en el sistema constitucional venezolano, "es inherente a la persona humana", por lo que está protegido por la ley, como lo consagra el Pacto Internacional de los Derechos Civiles y Políticos de 1966, que es la Ley de la República desde 1978 (Art. 6) y la Convención Americana sobre Derechos Humanos de 1969 (Pacto de San José de Costa Rica) que también es ley de la República desde 1977 (Art. 4).

Ahora bien, la protección del derecho a la vida en el ordenamiento jurídico, conforme a la Convención Americana, existe como derecho de la persona humana, "a partir de la concepción" (Art. 4), razón por la cual en Venezuela no es posible la consagración del aborto como un supuesto derecho de la mujer de poner fin a la vida del feto. Por tanto, en nuestro sistema constitucional, el *nasciturus* tiene la protección de su vida, sin necesidad de que haya adquirido por el nacimiento la condición de persona (Art. 17 CC). En este campo adquiere todo su valor la expresión del Código Civil de que "el feto se tendrá como nacido cuando se trate de su bien" (Art. 17 CC) ¿Y qué mayor bien que la protección de su vida? Por tanto, en nuestro país, no es posible constitucionalmente, la llamada legalización del aborto, y su previsión requeriría también de una reforma constitucional.

Ahora bien, por lo que se refiere al fin de la vida, es decir, a la muerte, el Código Penal ha establecido diversas disposiciones que protegen la vida, tipificando los denominados delitos contra las personas (homicidio, Arts. 407 a 414; aborto provocado, Arts. 432 a 436).

El Código Penal establece, sin embargo, casos en los cuales la muerte de una persona no se configura como un delito. Un primer supuesto, es cuando el que mata "obra en cumplimiento de un deber o en el ejercicio legítimo de un derecho, autoridad, oficio o cargo, sin traspasar los límites legales" (Art. 65, Ord. 1° CP) aplicable a los funcionarios de policía y seguridad. Sin embargo, aún en estos casos, rige el postulado de la Convención Americana de que "nadie puede ser privado de la vida arbitrariamente" (Art. 4). Esto, nos recuerda necesariamente la arbitraria aplicación de la denominada "Ley de fuga" que algunos cuerpos de policía hicieron, y también, los sucesos de El Amparo, donde al menos la necesidad de la operación está en duda.

Otro supuesto de inimputabilidad penal, deriva del derecho a la conservación de la vida, a través de la legítima defensa. Por tanto, tampoco es punible, el que mata en defensa de su propia persona, siempre que haya habido agresión ilegítima por parte del que hubiere muerto, el medio empleado para impedir o repeler dicha agresión hubiera sido necesario, y no haya habido provocación suficiente de parte del que actúe en defensa propia (Art. 65, Ord. 3° CP). El Código Penal equipara a la legítima defensa el hecho con el cual el agente, en el estado de incertidumbre, temor o terror, traspasa los límites de la defensa *(idem)*.

De manera similar, el Código Penal declara que no será punible el individuo que hubiere matado a otro, encontrándose en la necesidad de defender sus propios bienes contra los autores del escalamiento, de la fractura o incendio de su casa, de otros edificios o de su dependencia, siempre que el delito tenga lugar de noche en sitio aislado, de tal suerte que los habitantes de la casa, edificios o dependencias, puedan crearse, con fundado temor, amenazados en su seguridad personal (Art. 425 CP).

Debe señalarse, por último, que el derecho a la vida ha sido objeto de regulaciones internacionales aprobadas por Venezuela, para la represión de delitos que atenten contra la misma. Entre ellas se destacan, la Ley aprobatoria de la Convención para la prevención y la sanción del delito de genocidio de 1960; y la Ley aprobatoria de la Convención para prevenir y sancionar los actos de terrorismo configurados en delitos contra las personas y la extorsión conexa cuando estos tengan trascendencia internacional de 1973.

Ciertamente que el régimen democrático en Venezuela a partir de los inicios de la década de los sesenta, ha sido la mayor garantía para la inviolabilidad del derecho a la vida, lo que sin embargo no ha impedido, en más de una oportunidad, la comisión de abusos por parte de los cuerpos de policía de seguridad del Estado, que han atentado contra la vida de personas, particularmente por motivos políticos. A ello ha contribuido, indudablemente, la ausencia de un cuerpo normativo de rango legal que regule las funciones de la policía administrativa, y establezca adecuadamente las responsabilidades de los funcionarios de policía.

B.   *El derecho a la protección de la vida privada e intimidad al honor y a la reputación*

a.   *Régimen general*

El artículo 60 de la Constitución dispone que "Toda persona tiene derecho a ser protegida contra los prejuicios a su honor, reputación o vida privada". Se consagra, así, lo que se conoce como el derecho **a** la vida privada o intimidad, a la honra y dignidad, que tanto el Pacto Internacional de los derechos civiles y políticos (Ley de 1978) como la Convención Americana sobre Derechos Humanos (Ley de 1977) ha contribuido a precisar legalmente en el país, en ausencia de una Ley especial que lo garantice.

Así, el Pacto Internacional dispone en su artículo 17, que:

"Nadie será objeto de injerencias arbitrarias o ilegales en su vida privada, su familia, su domicilio o su correspondencia, ni de ataques ilegales a su honra y reputación. Toda persona tiene derecho a la protección de la Ley contra esas injerencias a esos ataques".

Por su parte, la Convención Americana regula la protección de la honra y de su dignidad (Art. 11), así:

1. Toda persona tienen derecho al respeto de su honra y al reconocimiento de su dignidad.

2. Nadie puede ser objeto de injerencias arbitrarias o abusivas en su vida privada, en la de su familia, en su domicilio o en su correspondencia, ni ataques ilegales a su honra o reputación.

3. Toda persona tiene derecho a la protección de la Ley contra esas injerencias o esos ataques".

La Ley venezolana de protección a esos derechos no se ha dictado aún[318], y sólo están vigentes las normas del Código Penal que regulan los delitos de difamación e injuria (Arts. 444 a 452) que por lo complejo del procedimiento penal y lo reducido de las penas, materialmente no son efectivos medios de protección.

Las declaraciones contenidas en la Constitución, y en las Leyes aprobatorias de los Acuerdos Internacionales citados, sin embargo, unido al derecho constitucional al amparo que toda persona tiene al goce y disfrute de sus derechos y garantías constitucionales, permite a los jueces comenzar a afianzar definitivamente estos derechos a la vida privada, y que abarca, entre otros los siguientes: el derecho a la identidad (p.e. a no divulgar el propio estado civil, la dirección de su domicilio o de su residencia; el -derecho a la intimidad del hogar protección a la vida familiar y conyugal); el derecho al secreto de la salud o de los pasatiempos; el derecho a la propia imagen, de manera que no se tolere que una persona sea fotografiada en un lugar privado sin su consentimiento, o a que se utilice sin su acuerdo la fotografía tomada en un lugar público, y en general el derecho a la intimidad de la vida privada.

En definitiva, la vida privada es la esfera de la persona en la cual nadie puede inmiscuirse, sin estar autorizado; y de la cual se tiene el poder de apartar a terceros; es simplemente, "el derecho de que lo dejen en paz". Por tanto, el derecho a la vida privada es el reconocimiento de una zona de actividad que es propia de cada uno y en la que se puede impedir la intromisión de terceros.

Ahora bien, tanto el derecho al honor, a la reputación y a la vida privada que garantiza la Constitución, en nuestra sociedad actual se enfrentan con el derecho a la información que ejercen los profesionales de la comunicación, quienes con frecuencia no aceptan que este último derecho tiene a aquellos otros como límite fundamental. Por ello, tanto el Pacto Internacional como la Convención Americana, al recono-

---

318   Véase por ejemplo, el Proyecto de Ley sobre el nombre y la protección de la personalidad, Ministerio de Justicia, Caracas, 1960, y Proyecto de Ley sobre Protección Civil a la Vida Privada, Ministerios de Justicia, Caracas 1984.

cer y regular la libertad de expresión del pensamiento y de expresión exigen la previsión de restricciones y responsabilidades para "asegurar el respeto a los derechos o
a la reputación de los demás" (Arts. 19 y 13 respectivamente). Por ello, incluso, el
derecho de rectificación o respuesta, incipientemente y mal regulado en la Ley de
Ejercicio del Periodismo de 1972 (Art. 31) y que la Convención Americana regula
así (Art. 19):

> "1. Toda persona afectada por informaciones inexactas o agraviantes emi-
>   tidas en su perjuicio o a través de medios de difusión legalmente re-
>   glamentados y que se dirijan al público en, general, tiene derecho a
>   efectuar por el mismo órgano de difusión su rectificación o respuesta
>   en las condiciones que establezca la Ley.
>
> 2. En ningún caso la rectificación o la respuesta eximirán de las otras
>   responsabilidades legales en que se hubiere incurrido.
>
> 3. Para la efectiva protección de la honra y la reputación, toda publica-
>   ción o empresa periodística, cinematográfica, de radio o televisión
>   tendrá una persona responsable que no esté protegida por inmunidades
>   ni disponga de fuero especial".

Esta norma es ley de la República.

b. *Particular referencia al derecho a la intimidad de la vida privada*

a'. *La intimidad*

La intimidad *(intimus)* responde a la idea de lo más interno o recóndito de la vida
privada o de la interioridad de la persona. Es lo que le pertenece exclusivamente
como, secreto o reservado y que se manifiesta, incluso, en un derecho a la soledad
(ius solitudinis) o a ser dejado tranquilo *(to be let alone)*.

Debe señalarse que la primera mención al derecho a la intimidad la hicieron S.D.
Warren y L. B. Brandeis (este último fue, décadas después, juez y *"Chief Justice"*
de la Corte Suprema de los Estados Unidos) en un artículo publicado en 1890, en el
cual popularizaron el *right to privacy* como el *right to be let alone* (el derecho a
estar solo o a ser dejado tranquilo[319]. La expresión e identificación del derecho a la
intimidad, corresponde en italiano al "diritto alla riservalezza" (derecho a la reserva); en portugués, al "dereitto de estar só"[320]; y en francés, a la *"liberté de la vie
privé"*)[321].

Este derecho a la intimidad de la vida privada ha adquirido cada vez más importancia debido a los avances de la tecnología y de la informática, que han venido
permitiendo una mayor posibilidad de penetración en la vida privada, sin consentimiento de las personas.

---

319 Véase S. D. Warren y L. B. Brandeis, "The right to privacy (The implicit made explicit)", *Harward Law
     Review*, Vol. IV, N° 5, 1890).

320 Véase Paulo Jose da Costa Junior, O Direitto, de estar só, Sao Paulo, 1970

321 Véase R. Kayser, La protección de la vie privé, Paris, 1990, p. 58; André Roux, La protection de la vie
     privée dans les rapports entre l'Etat et les particuliers, París, 1983

Antes se escuchaba a través de las paredes, los susurros; ahora se puede escuchar y gravar por micrófonos direccionales situados a larga distancia. Los avances de la informática, además, colocan los datos e informaciones relativas a las personas al alcance de muchos. Todo ello ha originado mayores posibilidades de penetraciones ilegítimas en la intimidad de las personas, que es necesario prevenir y proteger[322]. Ello por supuesto, ha planteado en forma aguda el dilema y conflicto entre el derecho a la intimidad y el derecho a la información, habiendo pasado el fiel de la balanza de uno a otro lado, dando a veces prioridad a la información y otras a la intimidad[323].

En todo caso, el derecho a la vida privada y a la intimidad, reconocido, como se dijo, en el artículo 59 de la Constitución de Venezuela, en concordancia con la previsto en sus artículos 43 y 50, y en las antes mencionadas Convenciones Internacionales sobre Derechos Humanos que han sido aprobadas por ley de la República, es el derecho de toda persona a un ámbito o reducto de lo propio o suyo, que está vedado a que otros penetren, y que no puede ser objeto e injerencias arbitrarias o abusivas, ni por parte del Estado ni de otras personas. Como lo ha señalado J. M. de Pisón Cayero, la intimidad "hace alusión siempre a algo que es cercano al individuo, ya sea porque le es próximo o porque es algo propio, interno al mismo, que surge de él y que proyecta su entorno. Suele hablarse, por ello, —agrega— de la existencia de una esfera individual, de una vida privada, en la que sólo cada persona es quién para decidir lo que le afecta, sin tener que tolerar ningún tipo de intromisiones"[324].

En sentido similar, G. Duby ha señalado en relación a la intimidad que es "un área particular netamente delimitada, asignada a esa parte de la existencia que todos los idiomas denominan como privada, una zona de inmunidad ofrecida al repliegue, al retiro, donde uno puede abandonar las armas y las defensas de las que conviene hallarse provisto cuando se aventura al espacio público, donde uno se distiende, donde uno se encuentra a gusto, "en zapatillas", libre del caparazón con que nos mostramos y protegemos hacia el exterior"[325].

El derecho a la intimidad de la vida privada, además, no sólo tiene una connotación negativa para impedir cualquier tipo de información referente a la persona o penetración e injerencia arbitraria o abusiva en la vida privada; sino también una connotación positiva, que implica el derecho de controlar los datos referidos a la propia persona que han salido de la esfera privada para insertarse en los archivos públicos. De allí la consagración en Brasil y Colombia de la acción de *habeas da-*

---

322   Véase Fulgencio Madrid Conesa, *Derecho a la intimidad, informática y Estado de Derecho*, Valencia, España 1984; Pablo Lucas Murillo de La Cueva, *Informática y protección de datos personales*, Madrid, 1993; Fermín Morales Prats, *La tutela penal de la intimidad; privacy e informática*, Barcelona, 1984; Rafael Velásquez Bautista, *Protección jurídica de datos personales automatizados*, Madrid, 1993; Pablo Lucas Murillo de La Cueva, *El derecho a la autodeterminación informática*, Madrid, 1990.

323   Véase entre otros, Xavier O´Callaghan, Libertad de expresión y sus límites: honor, intimidad e imagen, Madrid, 1991; Luis García San Miguel (ed), Estudios sobre el derecho a la intimidad, Madrid, 1922.

324   Véase J. M. de Pisón Cavero, El derecho a la intimidad en la jurisprudencia constitucional, Madrid, 1993, p. 27.

325   Véase G. Duby, en el "Prefacio" al libro de Ph. Aries y G. Duby, *Historia de la vida Privada*, Madrid, 1987, Vol. I, p. 10.

ta[326] para asegurar el conocimiento de las informaciones relativas a las personas y la rectificación y corrección de los archivos y registros.

Ahora bien, este derecho a la vida privada y a la intimidad consagrado en la Constitución, implica el derecho de todos a ser protegida contra las intromisiones o injerencias arbitrarias o abusivas en el ámbito de la vida privada, que pertenece en forma exclusiva al individuo, por lo que como hemos dicho, no sólo las autoridades administrativas están obligadas a respetarlo, sino también las Cámaras Legislativas. La Constitución, en efecto, se aplica por la Ley de su Supremacía, a todos los órganos del Estado.

b'.   El derecho a la intimidad económica y sus limitaciones

La exigencia de esta declaración jurada de patrimonio, en efecto, no sólo viola el derecho a la intimidad, sino que es discriminatoria e irrazonable pues afecta innecesaria, abusiva y arbitrariamente uno de los aspectos del derecho a la intimidad de la vida privada, que es el derecho a la intimidad económica. En efecto, el derecho a la intimidad o de la vida privada, como lo señala André Roux, no sólo exige la protección de la vida familiar, de la identidad, de la propia imagen, de las conversaciones, y de la salud de las personas, sino también del patrimonio y de los ingresos, los cuales son "considerados como elementos de la vida privada[327]. En sentido similar, Nicolás Nogueroles Peiró ha señalado que la intimidad personal y familiar también comprende la intimidad personal económica, agregando que "entender lo contrario sería establecer una restricción en un derecho fundamental que la propia Constitución ha configurado de modo mucho más amplio"[328].

Este *derecho a la intimidad económica,* como parte del derecho a la intimidad de la vida privada, que hace que la información sobre la situación patrimonial de la persona, le pertenezca en forma exclusiva, formando parte de su ámbito secreto y personal, ha sido reconocido, incluso, por el Tribunal Constitucional español en la sentencia número 110/84, el cual ha precisado que sólo cede cuando constitucionalmente está legitimada una injerencia en el mismo. En el caso concreto que se decidió en esa sentencia, frente a la solicitud de la Administración Tributaria formulada a una persona para que presentara todos sus estados de cuentas bancarias, y la oposición de esa persona de entregarlas alegando en vía de amparo el derecho a la intimidad económica, el Tribunal Constitucional español concluyó que en ese caso concreto, la solicitud no violaba el derecho a la intimidad, pues la consagración legal de esa potestad de la Administración Tributaria estaba destinada a proteger un bien también de rango constitucional, que era la distribución equitativa de las con-

---

326   Véase las referencia de Allan R. Brewer-Carías, El Amparo a los derechos y garantías constitucionales (una aproximación comparativa), Caracas, 1993, pp. 50 y 88

327   Véase André Roux, *La protection de la vie privée dans les rapports entre l'Etat et les particuliers*, París, 1983, pp. 10 y 11. Véase además Allan R. Brewer-Carías y Carlos Ayala Corao. El derecho a la intimidad y a la vida privada y su protección frente a las injerencias abusivas o arbitrarias del estado, Caracas, 1995. Consúltese en ese libro la sentencia del Juzgado 3° de Primera Instancia en lo Civil de Caracas, de 17-6-94 (Juez César Augusto Montoya).

328   Véase Nicolás Nogueroles Peiró, "La intimidad económica en la doctrina del Tribunal Constitucional", *Revista Española de Derecho Administrativo*, N° 52, Madrid, octubre-diciembre 1986, p. 567.

tribuciones a los gastos públicos. En tal sentido se consideró que el requerimiento de la Autoridad Tributaria, con fines tributarios de inspección, no violaba el derecho a la intimidad, pues no constituía una injerencia arbitraria ni abusiva en el mismo[329].

En esta sentencia, el reconocimiento del derecho a la intimidad económica fue implícito, al admitirse que su penetración por motivos de investigación tributaria era admisible, cuando se trataba del cumplimiento de una potestad institucional (potestad tributaria), a los efectos de hacer cumplir un deber constitucional como el de todos a contribuir con las cargas públicas, según su capacidad económica.

Posteriormente, el Tribunal Constitucional español al reiterar lo antes dicho en forma implícita, en un auto N° 642/1986 de 23 de julio de 1986 lo señaló en forma expresa:

> "si no hay duda de que, en principio, los datos relativos a la situación económica de una persona, y entre ellas, los que tienen su reflejo en las distintas operaciones bancarias en las que figura como titular, entran dentro de la intimidad económica constitucionalmente protegida, no puede haberla tampoco en que la Administración está habilitada, también desde el plano constitucional para exigir determinados datos relativos a la situación económica de los contribuyentes"[330].

Debe señalarse, por otra parte, que incluso en aquellos casos en los cuales el derecho a la intimidad respecto al patrimonio de una persona debe ceder ante los requerimientos de la autoridad fiscal, ello nunca implica un derecho de los funcionarios fiscales de inmiscuirse, indiscriminadamente, en la globalidad del patrimonio de los contribuyentes. Al contrario, esa potestad fiscal de exigir informaciones de carácter económico de los contribuyentes, como lo afirma André Roux, está limitada a aspectos que "sean útiles con vista al establecimiento del impuesto concreto o a la puesta en evidencia de algún fraude fiscal"[331]. Este autor cita, incluso, decisiones del Consejo de Estado francés de 26-10-42 y 18-12-64 en las cuales dicho Tribunal ha establecido límites al tipo de documentos que puede exigir la autoridad fiscal de los

---

329 Véase el texto de la sentencia 110/1984 del 26-11-84 del Tribunal Constitucional español, en Javier Puyol Montero y Mª Flor Generoso Hermoso, *Manual práctico de la Doctrina Constitucional en materia de derecho al honor, a la intimidad y derecho de rectificación*, Madrid, 1991, pp. 103 a 124. Véase los comentarios a dichas sentencia en J.M. Pinsón Cavero, *El derecho a la intimidad en la jurisprudencia constitucional*, Madrid, 1993, pp. 176 a 182; L.M. Alonso González, *Información Tributaria versus intimidad personal y secreto profesional*, Madrid, 1992, pp. 23 a 29; y Nicolás Nogueroles Peiró, "La intimidad económica en la doctrina del Tribunal Constitucional", *Revista Española de Derecho Administrativo*, Madrid, N° 52, oct-dic. 1986, pp. 559 a 584.

330 Véase en el texto de este auto en Javier Puyol Montero y Mª Flor Generoso Hermoso, *Manual Práctico de Doctrina Constitucional en materia de derecho al honor, a la intimidad y derecho de rectificación*, Madrid, 1991, pp. 404 a 418; Véase los comentarios a dicha decisión en Nicolás Nogueroles Peiró, "La intimidad económica en la doctrina del Tribunal constitucional", en *Revista Española de Derecho Administrativo*, N° 52, Madrid, oct-dic. 1986, p. 583

331 Véase André Roux, La protection de la vida prevée dans les rapports entre l'Etat et les particuliers, París, 1983, pp. 57 y 58

contribuyentes, definiendo restrictivamente la noción misma de lo que debe considerarse "documento contable"[332].

Aplicados estos principios, en general, puede señalarse que el derecho a la intimidad y a la vida privada en materia económica, sólo cede, cuando se trata de satisfacer derechos o bienes constitucionales, en cuyo caso no puede hablarse de injerencia arbitraria o abusiva, pues su consagración tiene rango constitucional. Por ejemplo, el deber de todos de contribuir con los gastos públicos previsto en el artículo 56 de la Constitución venezolana conforme a su capacidad económica (Art. 223 de la misma Constitución); o el derecho de todos a la protección de la salud (artículo 76 de la misma Constitución), cuyo aseguramiento puede incluso conducir a realizar visitas sanitarias, que constituyen una excepción a la inviolabilidad del hogar doméstico (artículo 62 de la misma Constitución), que es uno de los aspectos más clásicos del derecho a la intimidad (lo ejemplifica la célebre expresión *"My home is my castle"*), podrían dar origen a la previsión de injerencias razonables -nunca arbitrarias o abusivas- en la intimidad de las personas.

En base a ello, el derecho a la intimidad económica puede ser legítimamente limitado cuando se trata de asegurar el cumplimiento del deber constitucional de todos a contribuir con los gastos públicos (artículo 56), y el carácter distributivo de las cargas fiscales según la capacidad económica de los contribuyentes (artículo 223). Estas son limitaciones "razonables" que tienen rango constitucional. Por ello, incluso, el Código Orgánico Tributario de Venezuela para proteger la intimidad, declara reservado para la Administración Fiscal las informaciones obtenidas con esos fines de los contribuyentes en la siguiente forma:

"Artículo 120.- Las informaciones y documentos que la Administración Tributaria obtenga de los contribuyentes, responsables y terceros, por cualquier medio, tendrán carácter reservado.

Sólo serán comunicadas a la autoridad jurisdiccional, mediante orden de ésta, o de oficio, cuando fuere legalmente procedente.

También podrán ser comunicadas en los demás casos que establezcan las leyes.

El secreto o carácter reservado de la información a que se refiere este artículo no impide que la Administración Tributaria, pueda delegar tareas de recaudación, cobro, administración, levantamiento de estadísticas, procesamiento de datos e información en organismos o empresas especializadas, siempre que éstos acuerden con la Administración Tributaria los medios necesarios para mantener el secreto y reserva previstos en este artículo y se obliguen a no divulgar, reproducir o utilizar la información obtenida".

En todo caso, el carácter del derecho a la intimidad como derecho inherente a las personas es de tal naturaleza, que no toda restricción al mismo es admisible, ni siquiera cuando se trata de proteger un bien constitucional o asegurar el cumplimiento de un deber constitucional.

---

332 *Op. cit.,* p. 58

c'. La intimidad económica y los derechos de la personalidad

Recuérdese, por sobre todo, que el derecho a la intimidad tiene su fundamento constitucional, además de en el artículo 59 de la Constitución venezolana, también en el artículo 43 de dicho Texto Fundamental, que garantiza el derecho al libre desenvolvimiento de la personalidad, esencia de la libertad. En definitiva, el derecho a la intimidad y a la vida privada debe considerarse como un derecho de la personalidad, o como lo señaló el Tribunal Constitucional Español, "forma parte de los bienes de la personalidad que pertenecen al ámbito de la vida privada[333]". Incluso el derecho a la intimidad se ha considerado como uno de los que permiten al ser humano el pleno desarrollo o desenvolvimiento de su personalidad[334].

En todo caso, la vinculación entre el derecho al libre desenvolvimiento de la personalidad previsto en la Constitución de Venezuela en el artículo 43 y el derecho a la intimidad y a la vida privada previsto en el artículo 59 del mismo texto, es tan estrecha que en países como Alemania, cuya Ley Fundamental de 1949 sólo previo el primero (Art. 2, parágrafo 1° Todos tienen derecho al libre desenvolvimiento de su personalidad, siempre que no atente contra el derecho de otros, el orden constitucional o la ley moral"), sin embargo, del mismo, el Tribunal Federal Constitucional ha derivado la protección constitucional del derecho a la intimidad y a la vida privada[335]

Ahora bien, al considerarse el derecho a la intimidad como una condición necesaria para el libre desenvolvimiento de la personalidad, y en sí mismo, uno de los derechos de la personalidad, toda limitación al mismo, como a la libertad en general, no sólo debe ser expresa sino además razonable, lógica y adecuada en relación al fin constitucional perseguido, respetando la proporcionalidad y concordia práctica, asegurando la confidencialidad respecto de quienes acceden a la información obtenida, y no invadiendo el contenido esencial del derecho. En tal sentido, una restricción legitimada por la protección constitucional de la cosa pública que concierne e interesa a todos es, por ejemplo, la exigencia de la declaración jurada de patrimonio a los funcionarios públicos, para controlar los gastos públicos y el enriquecimiento ilícito, prevista en la Ley Orgánica de Salvaguarda del Patrimonio Público de Venezuela.

c. La protección de la privacidad de las comunicaciones

El Congreso de la República sancionó, con fecha 28-11-91 la Ley sobre Protección a la privacidad de las comunicaciones[336], con el objeto de proteger la *privacidad, confidencialidad, inviolabilidad* y *secreto de las comunicaciones* que se produzcan entre dos o más personas (Art. 1).

---

333 Sentencia N° 170/1987 de 30-10-87, véase la referencia en J.M. Pisón Cavero, *El derecho a la intimidad en la jurisprudencia constitucional*, Madrid, 1993 p. 93. Sobre el derecho a la intimidad como derecho ala personalidad, véase: F. Herrero-Tejedor, *Honor, intimidad y propia imagen*, Madrid, 1994, p. 51; L. García San Miguel (ed), *Estudios sobre el derecho a la intimidad*, Madrid, 1992; E. Giannotti, A. *Tutela constitucional da intimidade*, Río de Janeiro, 1987, pp. 8, 35, 56 y 57.

334 Véase Pierre Hayser, *La protección de la vie privé*, París, 1990, p. 9.

335 Véase Pierre Kayser, *La protección de la vie*, París, 1990, pp. 64 y ss.

336 *G.O.* N° 34.863 de 16-12-91.

A tal efecto la Ley previó una serie de delitos y penas para los que violen la protección legal; y los supuestos en los cuales la autoridad podría penetrar en la privacidad de las comunicaciones.

a'. *Los delitos derivados de la violación de la privacidad de las comunicaciones*

a". *La grabación ilegal y su revelación*

De acuerdo con el artículo 2 de la Ley, el que arbitraria, clandestina o fraudulentamente *grabe* o se imponga de una comunicación entre personas, la interrumpa o impida, será *castigado con prisión* de tres (3) a (5) cinco años.

En la misma pena incurrirá, salvo que el hecho constituya delito más grave, quien revele, en toda o en parte, mediante cualquier medio de información, el contenido de las comunicaciones antes indicadas.

b". *La instalación ilegal de medios de grabación*

El que, sin estar autorizado, conforme a la Ley, *instale aparatos o instrumentos* con el fin de *grabar o impedir* las comunicaciones entre otras personas, será castigado con prisión de tres (3) a cinco (5) años. (Art. 3).

c". *La alteración o forjamiento de comunicaciones y su uso*

De acuerdo con el artículo 4° de la Ley, el que, con el fin de obtener *alguna utilidad para si o para otro, o de ocasionar un daño, forje o altere el contenido de una comunicación, será castigado,* siempre que haga uso de dicho contenido o deje que otros lo usen, con prisión de tres (3) a cinco (5) años.

Con la misma pena será castigado quien haya hecho uso o se haya aprovechado del contenido de la comunicación forjada o alterada, aunque no haya tomado parte en la falsificación o la haya recibido de fuente anónima.

d". *La perturbación de la tranquilidad de las personas*

De acuerdo con el artículo 5° de la Ley, el que perturbe la tranquilidad de otra persona mediante el uso de información obtenida por procedimientos condenados por esta Ley y creare estados de angustia, incertidumbre temor o terror, será castigado con prisión de seis (6) a treinta (30) meses.

b'. *Las grabaciones autorizadas*

a". *Casos específicos*

La Ley sobre protección a la privacidad de las comunicaciones establece expresamente en su artículo 6°, que las autoridades de policía, como auxiliares de la administración de justicia, podrán impedir, interrumpir, interceptar o grabar comunicaciones, únicamente a los fines de la investigación de los siguientes hechos punibles:

a) Delitos contra la *seguridad o independencia* del Estado;

b) Delitos previstos en la Ley Orgánica de *Salvaguarda* del Patrimonio Público;

c) Delitos contemplados en la Ley Orgánica sobre *Sustancias Estupefacientes y Psicotrópicas;* y

d) Delitos de secuestro y extorsión

b". *Procedimiento para la autorización*

El artículo 7° de la Ley establece el procedimiento a seguirse para la realización de las grabaciones autorizadas, al prescribir que en los casos antes señalados, las *autoridades de policía, como auxiliares de la administración de justicia,* solicitarán razonablemente al Juez de Primera Instancia en la Penal, que tenga competencia territorial en el lugar donde se realizaría la intervención, la correspondiente autorización, con expreso señalamiento del tiempo de duración, que no excederá de sesenta (60) días, pudiendo acordarse prórrogas sucesivas mediante el mismo procedimiento y por lapsos iguales de tiempo, lugares, medios y demás extremos pertinentes. El Juez debe notificar, de inmediato, de este procedimiento al Fiscal del Ministerio Público.

Excepcionalmente, sin embargo, de acuerdo a lo que prevé el mismo artículo 7°, en casos de extrema necesidad y urgencia, los órganos de policía pueden actuar sin autorización judicial previa, notificando de inmediato al Juez de Primera Instancia en lo Penal, sobre esta actuación, en acta motivada que se debe acompañar a las notificaciones y a los efectos de la autorización que corresponda, en un lapso no mayor de ocho (8) horas.

En todo caso, en los supuestos de inobservancia del procedimiento previsto, la intervención, grabación o interceptación se debe considerar ilícita y no surtirá efecto probatorio alguno, y los responsables serán castigados con prisión de tres (3) a cinco (5) años.

c". *Restricciones al uso de las grabaciones autorizadas*

De acuerdo con el artículo 8° de la Ley *toda grabación autorizada* conforme a lo previsto en sus disposiciones, será de uso exclusivo de las autoridades policiales y judiciales encargadas de su investigación y procesamiento, quedando en consecuencia prohibido a tales funcionarios divulgar la información obtenida.

Si dichos funcionarios infringen la disposición antes señalada serán castigados con la pena establecida en el artículo 2° de esta Ley aumentada hasta las dos terceras (2/3) partes.

c'. *El ejercicio de la acción penal*

Por último, el artículo 9° de la Ley establece en forma expresa, que la acción, para el enjuiciamiento de los delitos tipificados en sus disposiciones, se ejercerá por acusación de parte agraviada.

Se procederá de oficio si el presunto autor es o era para el momento de la interceptación: 1°) Funcionario o empleado público; 2°) Funcionario o empleado de los servicios de teléfonos; o 3°) Funcionario o empleado de los cuerpos policiales o de seguridad del Estado.

C. *La libertad y seguridad personales*

El tercero de los derechos individuales que prevé la Constitución es el derecho a "la libertad y seguridad personales"[337] que también es inviolable, y que da origen a la previsión de una serie de garantías frente al Poder Público, y entre ellas: la determinación legal de los delitos o faltas que puedan dar motivo a la privación de la libertad y la previsión también en la Ley, de los casos en que una persona pueda ser presa o detenida; la prohibición de la incomunicación, la tortura o de los procedimientos que causen sufrimiento físico o moral; la garantía de que nadie podrá ser obligado a prestar juramento ni constreñido a rendir declaración o a reconocer culpabilidad en causa penal contra sí mismo o sus familiares; la garantía de ser notificado personalmente de los cargos y ser oído antes de la condena penal; la prohibición de condenas a penas perpetuas y la limitación a treinta años de las penas restrictivas a la libertad personal; y la prohibición del reclutamiento forzoso para el servicio militar. Sin embargo, este derecho a la libertad y seguridad personales, se encuentra regulado en Venezuela a través de un sistema clásico, basado en un Código Penal inspirado en el Código italiano de 1879, y concebido bajo la idea de que la pena es sólo un castigo, al margen de las modernas concepciones del derecho penal basadas en la noción de defensa social y rehabilitación del delincuente[338]. Por otra parte, por lo que se refiere al procedimiento penal, las consecuencias de la aplicación de un Código de Enjuiciamiento Criminal anticuado, no pueden ser más monstruosas y degradantes y contrarias a la intención del constituyente, debido a lo lento del procedimiento y a las deficiencias del sistema carcelario.

Ahora bien, en relación a la libertad y seguridad personales, tal como están reguladas en la Constitución, se deben destacar diversos aspectos.

a. *La libertad y la detención administrativa y policial*

La libertad física como valor fundamental de nuestra sociedad democrática, puede definirse simplemente como el estado del hombre que no está bajo arresto ni detención y que goza de la posibilidad de ir y venir.

La primera y más importante garantía constitucional de la libertad física, responde al principio de la reserva legar, en el sentido de que "nadie puede ser privado de su libertad por obligaciones cuyo incumplimiento no haya sido definido por la Ley como delito o falta" (Art. 60, Ord. 2); es decir, sólo la Ley puede establecer las causas que pueden provocar, como sanción, la privación de la libertad de una persona, lo que ratifica la Convención Americana sobre Derechos Humanos, al prescribir que "Nadie puede ser privado de su libertad física, salvo por las causas y en las condi-

---

337 Artículo 60.

338 Sobre el Código Penal venezolano, Omar Arenas Candelo ha señalado que el mismo "se nos presenta hoy como un abigarrado mosaico de piezas modulares heterogéneas e inorgánicas, muchas veces incongruentes y otras tantas inconsistentes y oscuras, todo lo cual es fruto de inconsultas y sucesivas reformas introducidas con gran alarde de falta de técnica legislativa, lo que ha determinado que la primitiva y singular unidad estructura orgánica del modelo original se haya perdido totalmente en perjuicio de la eficacia operativa de este fundamental instrumento legal". Véase, en el Foro realizado por Julio Barroeta Lara, "Nuestras Leyes Penales", en *El Nacional*, Caracas, 25 de septiembre de 1972, p. C-1.

ciones fijadas de antemano por las Constituciones Políticas de los Estados o por las leyes dictadas conforme a ellas" (Art. 7,2).

Una limitación, sin embargo, establece la Convención Americana en esta materia, en el sentido de prohibir que una persona pueda ser "detenida por deudas" (Art. 7,7). Es decir, no puede existir en nuestro sistema la "prisión por deudas", excepto como dice la Convención Americana, los casos de "Mandatos de autoridad judicial competente dictados por incumplimiento de deberes alimentarios" (Art. 7,7), lo que se regula en nuestro país, en la Ley sobre delito de violación de los deberes alimentarios del menor de 1959.

A esta garantía de la libertad física, se une la otra también de orden constitucional, relativa a las formalidades y duración de la detención administrativa y judicial, en el sentido de que la detención o encarcelamiento, como lo establece la Convención Americana no puede ser "arbitrarios" (Art. 7,3). La Constitución establece así, que una persona solo puede ser preso o detenido en dos casos: en primer lugar, cuando sea "sorprendido *in fraganti*" en la comisión de un hecho que se defina por la Ley como delito o falta y acarree sanción de privación de la libertad (Art. 183 CEC), entendiéndose como delito *in fraganti* el que se comete actualmente o acaba de cometerse; y aquél por el que se vea el culpable perseguido de la autoridad policial, de la persona agraviada o del clamor público, o en el que se le sorprenda, a poco de haberse cometido el hecho, en el mismo lugar o cerca del lugar donde se cometió con armas, instrumentos u objetos que de alguna manera hagan presumir con fundamento que él es el delincuente (Art. 184 CEC).

En segundo lugar, solo se puede detener una persona "en virtud de orden estricta del funcionario autorizado para decretar la detención, en los casos y con las formalidades previstos por la ley" (Art. 60, Ord. 1º).

La privación de la libertad personal mediante detención, puede ser .decretada sea por la autoridad administrativa o policial, o sea por la autoridad judicial, en los casos autorizados por la Ley.

En cuanto a las detenciones que conforme a la ley ordenen las autoridades administrativas o de policía, la Ley Orgánica de Amparo sobre Derechos y Garantías Constitucionales ha establecido en general, que "las detenciones que conforme a la Ley, ordenen y practiquen las autoridades policiales y otras autoridades administrativas, no excederán de 8 días" y en todo caso, "las que pasen de 48 horas deberán imponerse mediante resolución motivada" (Art. 44).

Por otra parte, en cuanto a las detenciones que las autoridades de policía judicial pueden decretar, dispone la Constitución que:

"En caso de haberse cometido un hecho punible, las autoridades de policía podrán adoptar las medidas provisionales, de necesidad o urgencia, indispensables para asegurar la investigación del hecho y el enjuiciamiento de los culpables. La Ley fijará el término breve y perentorio en que tales medidas deberán ser comunicadas a la autoridad judicial, y establecerá además el plazo para que ésta provea, entendiéndose que han sido revocadas y privadas de todo efecto, si ella no las confirma en el referido plazo" (art. 60, ord. 1º).

Conforme a esta disposición, 1a Ley Orgánica de Amparo sobre Derechos y Garantías Constitucionales de 1988 (siguiendo la orientación de la Disposición Transitoria Sexta del Texto Fundamental) establece expresamente que "Cuando se hubiere cometido un hecho punible, las autoridades de policía que, de acuerdo con la Ley, sean auxiliares de la administración de justicia, podrán adoptar, como medidas provisionales de necesidad y urgencia, la detención del presunto culpable o su presentación periódica, durante la averiguación sumaria, a la autoridad respectiva. En cualquiera de los dos supuestos anteriores, la orden deberá ser motivada y constar por escrito" (Art. 45). En estos casos, "el detenido deberá ser puesto a la orden del Juez competente, dentro del término de 8 días" (Art. 46).

A esta necesidad de que la detención decretada sea sometida a la autoridad judicial responde la previsión de la Convención Americana, de. que:

> "Toda persona detenida o retenida debe ser llevada, sin demora, ante un juez u otro funcionario autorizado por la Ley para ejercer funciones judiciales y tendrá derecho a ser juzgada dentro de un plazo razonable o a ser puesta en libertad, sin perjuicio de que continúe el proceso, Su libertad podrá estar condicionada a garantías que aseguren su comparecencia en el juicio" (Art. 7,5).

Esta disposición coincide con lo previsto en el artículo 75-H del Código de Enjuiciamiento Criminal que prescribe que si "el sindicato estuviere detenido preventivamente", los funcionarios de la policía judicial, "lo pondrán, en un término no mayor de 8 días, contados a partir de la fecha de la detención, a disposición del Tribunal Instructor".

Conforme a esa misma norma, y al artículo 186 CEC (en caso de detención *in fraganti),* dentro de la misma orientación de la Disposición Transitoria Sexta de la Constitución. "El Tribunal Instructor deberá decidir acerca de la detención en el término de 96 horas, salvo que en los casos graves y complejos, requiera un término mayor, que no pasará de 8 días para resolver" (Art. 75-H). En todo caso, vencido este término sin que se haya decidido judicialmente sobre la confirmación de la detención, la detención provisional se entenderá que ha sido revocada y privada de todo efecto.

b.   *El derecho a exigir identificación a las autoridades de policía*

El artículo 48 de la Constitución, ubicado dentro de las "Disposiciones Generales" del Título relativo a los Deberes, Derechos y Garantías establece lo siguiente:

> "Art. 48. Todo agente de autoridad que ejecute medidas restrictivas de la libertad deberá identificarse como tal cuando así lo exijan las personas afectadas".

Se establece así, por una parte, el deber de todo funcionario o empleado público o agente de autoridad que ejecute medidas restrictivas de la libertad, de estar debidamente identificado, de manera de poder identificarse como tal agente de autoridad, cuando así lo exijan las personas afectadas. Esta identificación debe ser permanentemente exteriorizada en el caso de los agentes de autoridad *uniformados,* que cumplan funciones de policía, es decir, de mantenimiento y restablecimiento del orden público. Por tanto, los agentes de las policías locales (metropolitanas, estadales y municipales) que formen parte de cuerpos uniformados de policía, deben siempre exhibir su identificación del nombre y apellido. Lo mismo debe suceder con los otros cuerpos de policía administrativa uniformados, como los funcionarios de la

Dirección General de los Servicios de Inteligencia y Prevención DISIP, del Cuerpo de Vigilantes del Tránsito y de las Fuerzas Armadas de Cooperación (Guardia Nacional), en cuanto cumplan funciones de policía general o especial.

En cuanto a los otros funcionarios públicos que ejerzan funciones de policía administrativa o judicial, que la Constitución identifica con la expresión genérica de "agente de autoridad", deben también tener su identificación de manera que puedan identificarse cuando así lo exijan las personas afectadas. Esta obligación, por tanto, se aplica a todos los funcionarios públicos que por razón de sus funciones, tengan que ejecutar "medidas restrictivas de la libertad", es decir, que limiten el libre desenvolvimiento de la personalidad por causa del derecho de los demás o del orden público y social, por lo que la calificación existe, por igual, por ejemplo, para los funcionarios del Ministerio de Sanidad y Asistencia Social que cumplan funciones de policía sanitaria, como para los funcionarios de la Superintendencia de Protección al Consumidor que cumplen funciones de policía de precios, para los funcionarios del Ministerio del Ambiente y de los Recursos Naturales Renovables, que cumplen funciones de policía ambiental, para los funcionarios de los Municipios que cumplen las funciones de policía urbanística, de policía de abastos o de policía de la salubridad.

De la mencionada norma de la Constitución, en todo caso, también deriva uno de los derechos fundamentales de los individuos: el derecho de exigir la identificación de todo agente de autoridad que pretenda ejecutar una medida restrictiva de la libertad que afecte al interesado. El derecho fundamental consagrado, es de carácter absoluto, pues no admite excepción, es decir, no puede haber ningún caso en el cual un agente de autoridad pueda negarse a identificarse al ejecutar una medida restrictiva de la libertad.

En su sentido amplio, una tal medida comenzaría por ser, incluso, el requerimiento que el agente de autoridad haga a cualquier ciudadano de que se identifique. Para ello, incluso, dicho agente de autoridad tendría que comenzar por identificarse a sí mismo.

     c.   *La libertad personal, las detenciones administrativas y la Ley de Vagos y Maleantes*

Como ya hemos indicado, la Constitución garantiza la libertad y seguridad personales y prescribe las modalidades y formas conforme a las cuales puede alguien ser preso o detenido por las autoridades públicas. En efecto, conforme al artículo 60 de la Constitución, la libertad física está garantizada por el derecho de todos a que la privación de la libertad, como sanción, sólo puede decretarse por una autoridad *judicial y* por obligaciones cuyo incumplimiento haya sido definido previamente por la Ley como delito o falta.

La detención administrativa o policial, por tanto, es por esencia provisional o por razones de necesidad y urgencia, y en todo caso, por lapsos de tiempo muy limitados. Ello se corrobora con lo establecido en la Convención Americana sobre Derechos Humanos, que consagra como derecho fundamental, el que:

> "Toda persona detenida o retenida debe ser llevada, sin demora, *ante un juez u otro funcionario autorizado por la ley para ejercer funciones judiciales y*

tendrá derecho a ser juzgada dentro de un plazo razonable o a ser puesta en libertad, sin perjuicio de que continúe el proceso". (Art. 7,5).

Ahora bien, hasta 1988, la Disposición Transitoria Sexta de la Constitución sólo había establecido límite temporal a las detenciones preventivas realizadas por las autoridades de policía judicial, en caso de haberse cometido un hecho punible, prescribiendo que antes de 8 días debía ponerse al indiciado a la orden de los Tribunales, a los efectos de la prosecución de las diligencias sumariales. Nada se establecía expresamente sobre las detenciones que podían acordar las autoridades administrativas y de policía administrativa.

En todo caso, el derecho a que las decisiones que impongan a una persona la privación de la libertad, como sanción, sólo pueden ser adoptadas por las autoridades judiciales resulta implícitamente del texto constitucional, por lo que analógicamente puede considerarse aplicable a las detenciones administrativas no podían superar ese lapso de tiempo, el lapso máximo de tiempo de 8 días.

A pesar de ello, sin embargo, la Ley de Vagos y Maleantes de 1956, dictada antes de la promulgación del texto constitucional, y a pesar de que podía considerarse que había quedado parcialmente derogada en ese aspecto, continuó aplicándose por las autoridades administrativas, particularmente en cuanto a las medidas correctivas de privación de la libertad "para corregir o poner a recaudo los vagos y maleantes" que prevé, entre las cuales está la medida de "internación" en "Casa de reeducación y trabajo" o en Colonias Agrícolas correccionales o de Trabajo fija o movible. Conforme a la Ley, estas medidas podrían aplicarse por un tiempo de hasta cinco (5) años, correspondiendo la decisión a las autoridades estadales (Primera autoridad Civil de los Distritos y Gobernadores) y al Ministro de Justicia.

Ahora bien, la Ley Orgánica de Amparo sobre Derechos y Garantías Constitucionales de 1988 ha establecido formalmente un régimen de garantías de la libertad personal, al regular expresamente la duración de todas las detenciones policiales y administrativas, y establecer que éstas, en ningún caso, pueden exceder de ocho (8) días (Art. 44), con lo que definitivamente han quedado derogadas las previsiones de la Ley de Vagos y Maleantes que prevén la posibilidad de que las autoridades administrativas puedan tomar decisiones de privar de la libertad a personas indeseables socialmente, mediante la medida de "internamiento". Habiendo quedado derogada dicha Ley en esos aspectos, ninguna autoridad administrativa podría aplicarla.

Ahora bien, es indudable que a pesar de ello, la Ley de Vagos y Maleantes de 1956 requiere de urgentes reformas para redefinir tipos delictivos y permitir un control del Estado sobre personas dañinas a la sociedad con las debidas garantías de un proceso judicial penal. Para justificar dicha necesaria reforma, sin embargo, algún parlamentario ha sostenido que la Ley, aún cuando es inconstitucional, no quedó derogada por la Ley Orgánica de Amparo. Este argumento, lamentablemente conduciría a admitir que mientras esa reforma no se produzca, las autoridades administrativas podrían pretender continuar aplicando la Ley en cuanto a las medidas restrictivas a la libertad.

El argumento en definitiva, es peligrosísimo, pues si lo que se sostiene es que la Ley de Vagos y Maleantes es inconstitucional y nada más, ello no impediría, *per se,* la aplicación de la Ley, con sus monstruosidades, pues bien es sabido que la inconstitucionalidad de las leyes y su consecuente nulidad, sólo puede ser declarada por la

Corte Suprema de Justicia (Art. 215 C), por lo que mientras ello no se produzca la Ley impugnada continúa surtiendo efectos. Ello sería a todas luces inadmisible en este caso.

Por todo lo anterior es que sostenemos que la Ley de Vagos y Maleantes quedó derogada por una Ley posterior, de rango superior orgánica) y especial (protección constitucional) como es la Ley Orgánica de Amparo, lo que impide *ipso facto* que la misma pueda ser aplicada. El solo argumento de la inconstitucionalidad de la Ley, al contrario, no impediría su aplicabilidad, agravándose la situación que se quiere corregir.

d. La libertad física, la seguridad personal, y la detención judicial

De acuerdo con lo establecido en el artículo 182 del Código de Enjuiciamiento Criminal, sólo cuando resulte plenamente comprobado que se ha cometido un hecho punible que merezca pena corporal, sin estar evidentemente prescrita la acción penal correspondiente, y aparezcan fundados indicios de la culpabilidad de alguna persona, el Tribunal Instructor decretará la detención del indiciado, por auto razonado, el cual debe contener todas las formalidades y menciones.

El auto de detención judicial, por tanto, es el único medio de privación judicial de la libertad, por lo que sin dicha orden ningún Director de Cárcel puede recibir en ella al aprehendido (Art. 187 CEC), bajo la pena que señala el Código Penal, cuyo artículo 180 castiga "al funcionario público que rigiendo una cárcel o un establecimiento penal, reciba en calidad de preso o de detenido, a alguna persona, sin orden escrita de la autoridad competente (Art. 180 CP).

El auto de detención es dictado por el Tribunal Instructor, como una pieza esencial del sumario en el juicio penal. Esta etapa del sumario debería durar 30 días después de efectuada la detención judicial, oportunidad en la cual debería pasarse el expediente al Tribunal de la causa, para que declare concluido el sumario (Art. 204). Con ello comienza la etapa llamada del plenario en el proceso penal, en la cual el reo asume la posibilidad de su plena defensa (audiencia del reo), y concluye con la sentencia que puede ser absolutoria o condenatoria.

En caso de sentencias penales condenatorias que conlleven penas privativas de la libertad, de acuerdo a la Constitución, estas penas corporales no pueden exceder de 30 años (Art. 60, Ord. 7°); y de acuerdo al Código Penal y según los tipos delictivos, pueden ser penas de presidio, prisión, arresto, relegación a colonia penitenciaria, confinamiento o expulsión del territorio de la República (Art. 9). La pena de presidio se cumple en las penitenciarías y comporta trabajos forzados, proporcionales a las fuerzas del penado (Art. 12 CP).

Sobre esto debe señalarse que si bien el Pacto Internacional de Derechos Civiles y Políticos (Arts. 8, 3,a) y la Convención Americana garantiza que "nadie debe ser sometido a ejecutar trabajo forzado u obligatorio", se establece la excepción a los casos de penas privativas de la libertad acompañada de trabajo forzado, el cual, en todo caso, se dispone que "no debe afectar a la dignidad ni a la capacidad física e intelectual del recluido" (Arts. 8,3a y 6,2 respectivamente). Estos trabajos deben realizarse bajo la vigilancia de autoridades públicas y en ningún caso los individuos que los realicen pueden ser puestos a disposición de particulares, compañías o personas jurídicas de carácter privado (Art. 6,3a). (En sentido similar, Art. 8, 3 del Pacto Internacional de Derechos Civiles y Políticos).

La pena de prisión se cumple en las cárceles nacionales o en su defecto en las Penitenciarías, pero en este caso separándose entre los condenados a presidio y prisión (Art. 14 CP); y el condenado a prisión no está obligado a otros trabajos sino a los de artes y oficios que puedan verificarse dentro del establecimiento (Art. 15 CP). El arresto se cumple en cárceles locales o en los cuarteles de policía, sin que en ningún caso pueda obligarse al condenado a trabajar contra su voluntad (Art. 17 CP). La pena de relegación a colonia penitenciaria impone al reo la obligación de residir en la colonia que designe la sentencia, con ubicación preferente en los Territorios Federales o en las fronteras despobladas de la República (Art. 1 CP). Por último, la pena de confinamiento consiste en la obligación impuesta al reo de residir durante el tiempo de la condena, en el Municipio que indique la sentencia el cual deberá estar a más de 100 kilómetros de aquél donde se cometió el delito o donde era el domicilio del reo y del ofendido (Art. 20 CP).

En cuanto a la expulsión del territorio de la República, que como pena impone al reo la obligación de no volver a ésta durante el tiempo de la condena (Art. 21 CP), no se puede imponer a los venezolanos, sino como conmutación de otra pena (Art. 64 Constitución).

La Ley de Régimen Penitenciario, cuya última reforma es de 1981, regula todo lo relativo a los servicios penitenciarios del Estado, prescribiendo en general que el período de cumplimiento de las penas restrictivas de la libertad será utilizado para procurar la rehabilitación el penado y su readaptación social (Art. 2).

En todo caso, conforme a lo prescrito en la Constitución, aún en los supuestos del cumplimiento de penas privativas de la libertad, "nadie puede ser incomunicado ni sometido a tortura o a otros procedimientos que causen sufrimiento físico o moral" (Art. 60, Ord. 3°) por lo que la propia Constitución declara que "es punible todo atropello físico o moral inferido a personas sometidas a restricciones de su libertad" (Art. 60, Ord. 3°). El mismo principio lo recoge la Ley de Régimen Penitenciario al establecer la prohibición de "someter a los penados a cualquier clase de trato vejatorio o humillante, así como el empleo de medios de corrección que no sean los permitidos por la Ley" (Art. 6). Sin embargo, dicha ley prescribe en el régimen de las sanciones disciplinarias, entre otras, la "reclusión en celda de aislamiento hasta por quince días sin que ello implique incomunicación absoluta" (Art. 53, letra d), lo cual, sin duda es de dudosa constitucionalidad, pues el Texto Fundamental no distingue entre incomunicación absoluta o relativa, a pesar de que la Ley exija que en esos casos haya una diaria y estricta vigilancia del médico del establecimiento (Art. 54).

Por último, debe señalarse que conforme a la Ley de Sometimiento a juicio, y suspensión condicional de la pena de 1979), en ciertos casos, las penas privativas de la libertad personal, pueden sustituirse por otras medidas restrictivas, tales como la obligación de no salir de la ciudad o lugar en que resida o de no cambiar de domicilio; fijar la residencia en otro Municipio o lugar, o dejar de frecuentar determinados lugares (Art. 8).

En todo caso, es de destacar también como un derecho fundamental de rango constitucional, el derecho a la libertad cuando se ha decidido la excarcelación por la autoridad competente o al cumplirse la pena impuesta. El artículo 60, ordinal 6° del Texto Fundamental indica, así, que

> "Nadie continuará en detención después de dictada orden de excarcelación por la autoridad competente o una vez cumplida la pena impuesta".

Se agrega además, que en caso de constitución de fianza exigida por la Ley para conceder la libertad provisional (bajo fianza, Art. 320 CEC) del detenido, ello no puede causar impuesto alguno.

e.   La libertad frente a los particulares

La libertad personal, como el derecho de ir y venir y de no estar detenido o arrestado, no sólo es una garantía de toda persona frente al Estado sino, por supuesto, frente a otros particulares, de manera que nadie puede privar de la libertad a otro o restringir su libertad ilegítimamente, por lo que las conductas violatorias de la libertad se consideran como delitos.

Entre estos, los delitos contra la libertad más notorios está el delito de reducción a la esclavitud, por lo que se castiga con presidio de hasta 12 años, a cualquiera que reduzca a esclavitud a alguna persona o la someta a condición análoga b a los que concurran en la trata de esclavos (Art. 174 CP).

En el mismo sentido está la norma de la Convención Americana que garantiza que "Nadie puede ser sometido a esclavitud o servidumbre, y tanto éstas, como la trata de esclavos y la trata de mujeres están prohibidas en todas sus formas" (Art. 6,1). (Igualmente el Pacto Internacional de los Derechos Civiles y Políticos, Art. 8,1).

En esta materia, es de destacar que Venezuela suscribió el Convenio para la represión de la trata de personas y de la explotación de la prostitución ajena, aprobada por Ley de-1968, y en ella el Estado se comprometió a castigar a toda persona que para satisfacer las pasiones de otra, concertare la prostitución de otra persona, la indujere a la prostitución, la corrompiere con objeto de prostituirla, aún con el consentimiento de tal persona, o explotare la prostitución de otra persona, aún con el consentimiento de tal persona (Art. 1). Asimismo, el Estado venezolano se comprometió a castigar a toda persona que mantuviera una casa de prostitución, la administrare o a sabiendas la sostuviere o participare en su financiamiento; diere o tomare a sabiendas en arriendo un edificio u otro local, o cualquier parte de los mismos, para explotar la prostitución ajena (Art. 2).

Por otra parte, y en relación a los delitos contra la libertad de las personas, el Código Penal regula el delito de secuestro, y castiga con pena de prisión a cualquiera que ilegítimamente haya privado a alguno de su libertad personal. En estos casos, si el culpable hace uso de amenazas, sevicia o engaño, o si comete el delito con espíritu de venganza o lucro, o con el fin o pretexto de religión, o si secuestra a una persona con el fin de ponerla al servicio militar de un país extranjero, la prisión es de hasta 4 años. Además, es un agravante si el delito se comete contra algún ascendiente o cónyuge, contra un Senador o Diputado tanto al Congreso como a las Asambleas Legislativas, o contra cualquier magistrado público; por razón de sus funciones, o si del hecho resulta algún perjuicio grave para la persona, la salud o los bienes del agraviado (CP 175).

También se configura como delito de secuestro, el que se produce cuando cualquiera con un objeto extraño al de satisfacer sus propias pasiones, de contraer matrimonio o de realizar alguna ganancia, hubiese arrebatado a una persona menor de 15 años de al lado de sus padres, tutores, o demás guardadores, siquiera sea temporalmente aún cuando preste su ascenso (Art. 178 CP). En caso de que algún individuo, por medio de violencias, amenazas o engaño hubiese arrebatado, sustraído o detenido, con fines de libertinaje o de matrimonio a una mujer mayor o emancipada, se tipificaría el delito de rapto que se castiga con prisión de hasta tres años (Art. 384 CP); siendo un agravante, cuando la raptada fuere menor o mujer casada (Art. 385 CP).

Por último, en relación a la libertad personal frente a otros particulares, debe destacarse especialmente el derecho de todos a no ser sometidos a servidumbre, consagrado tanto en la Convención Americana (Art. 6,1) como en el Pacto Internacional de Derechos Civiles y Políticos (Art. 8,2).

f. La libertad individual y sus consecuencias

Hemos ya señalado que la Constitución garantiza a todos el derecho al libre desenvolvimiento de la personalidad (Art. 43), con lo que se quiere expresar el concepto más tradicional de la libertad, como el derecho de hacer lo que no perjudique a otro, de no estar obligado a hacer lo que la Ley no ordene y de no estar impedido de ejecutar lo que ella no prohíba. De allí que el Código Penal precisamente prevea como un delito contra la libertad personal, castigado con prisión (Art. 176), el ejercicio de la violencia contra las personas, que se produce cuando una persona, sin autoridad o derecho para ello, por medio de amenazas, violencia u otros apremios ilegítimos, forzare a otra persona a ejecutar un acto a que la Ley no la obligue o a tolerarlo o le impidiere ejecutar alguno que no le está prohibido por la misma (Art. 176 CP).

Si este delito se comete con abuso de autoridad pública, o contra algún descendiente o cónyuge, o contra algún funcionario público por razón de sus funciones, o si del hecho resulta algún perjuicio grave para la persona, la salud o los bienes del agraviado, la pena se eleva hasta 5 años de prisión (Art. 176 CP). En todo caso, cuando la violencia o amenaza tiene por objeto constreñir a alguna persona, del uno o del otro sexo, a un acto carnal, el delito, es el de violación (Art. 375 CP).

Ahora bien, esta libertad de las personas, de no ser obligados a hacer nada contra su voluntad o de no ser impedidas de hacer lo que no prohíba la Ley o no perjudique a otros, tiene diversas manifestaciones en el mundo moderno, que deben destacarse.

Por ejemplo, el Pacto Internacional de los Derechos Civiles y Políticos, que es ley en Venezuela, establece el derecho de las personas a no ser "sometidas sin su libre consentimiento a experimentos médicos o científicos" (Art. 7). Por ello, la Ley sobre trasplantes de órganos y materiales anatómicos en seres humanos de 1972, establece expresamente que debe haber consentimiento expreso por parte del donante en caso de trasplantes entre personas vivientes, para el retiro de órganos y materiales anatómicos (Art. 9); siendo dicho acto de donación de órganos y materiales anatómicos esencialmente revocable hasta el momento de la operación quirúrgica (Art. 10). En cuanto al receptor, también éste debe dar su consentimiento o, en su defecto, deben darlo sus representantes legales, y a falta de éstos o si no pudieren prestarlo, el de las personas que convivan con el receptor (Art. 4).

En el caso de trasplantes de órganos y materiales anatómicos retirados de cadáveres, esto puede hacerse si consta la voluntad del donante, dada por escrito (Art. 11) o si ello no consta, con la autorización de los familiares con quienes haya convivido el difunto, pero entre ellos prevalecerá la opinión del cónyuge, o a falta de éste, de los hijos mayores de edad o de sus ascendientes o de sus hermanos mayores de edad, en ese orden. Sin embargo, la voluntad dada en vida por el finado prevalece sobre cualquier parecer contrario de las personas señaladas (Art. 11).

En todo caso, es evidente que este derecho de las personas a no ser sometidas sin su libre consentimiento a experimentos médicos o científicos, no excluye la obligación establecida en el texto constitucional de todos "a someterse a las medidas sanitarias que establezca la ley, dentro de los límites impuestos por el respeto a la persona humana" (Art. 76). Así, por ejemplo, la autoridad sanitaria, conforme a la Ley de Vacuna, podría establecer la obligatoriedad de la vacunación en casos en que sea necesario; los presuntos consumidores de drogas, conforme a la Ley Orgánica sobre sustancias estupefactivas y psicotrópicas, están obligados a someterse a exámenes médicos, psiquiátricos, psicológicos y toxicológico forense (Art. 101); y los enfermos afectados por alguna de las denominadas Enfermedades de Denuncia Obligatoria, están obligados a someterse a los exámenes médicos correspondientes.

Por otra parte, otra manifestación de la libertad, consagrada tanto en el Pacto Internacional de los Derechos Civiles y Políticos (Art. 8, 3,c), como en la Convención Americana (Art. 6,3), es el derecho de las personas a no ser sometidas a trabajos obligatorios, con las excepciones siguientes: "El servicio impuesto en caso de peligro o calamidad que amenace la vida o el bienestar de la comunidad, y el trabajo o servicio que forme parte de las obligaciones cívicas normales". Esta es otra consecuencia de los deberes derivados de la solidaridad social, previstos en la propia Constitución (Art. 57).

D. *La seguridad personal y el debido proceso*

El derecho a la seguridad personal, es la garantía fundamental del derecho a la libertad, en el sentido de que las privaciones o restricciones legítimas a la libertad, sólo pueden producirse en forma tal, que la persona y su integridad estén seguras.

a. *El derecho al debido proceso*

La seguridad, como derecho, se traduce en el derecho de todos a un debido proceso en caso de restricciones o privaciones de la libertad física cuyas manifestaciones más relevantes son las siguientes:

1. El derecho a no ser obligado a declarar contra el mismo ni a declararse culpable, como lo expresa la Convención Americana sobre Derechos Humanos (Arts. 8, 2,g).

La Constitución establece en este sentido que "Nadie podrá ser obligado a prestar juramento ni constreñido a rendir declaración o a reconocer culpabilidad en causa penal contra sí mismo, ni contra su cónyuge o la persona con quien haga vida marital, ni contra sus parientes dentro del cuarto grado de consanguinidad o segundo de afinidad" (Art. 60, Ord. 4°). Por ello, el Código de Enjuiciamiento Criminal exige que dicho precepto se lea, siempre que hubiese de oírse al reo, en persona (Art. 193), sin perjuicio de que el procesado pueda formular confesión, que hará prueba contra él, siempre que entre otros aspectos, se haya rendido libremente y sin juramento (Art. 247). Por ello, la Convención Americana establece que "la confesión del inculpado solamente es válida si es hecha sin coacción de ninguna naturaleza" (Art. 8,3).

2. "Nadie podrá ser condenado en causa penal sin antes haber sido notificado personalmente de los cargos y oído en la forma que indique la Ley" (Art. 60, Ord. 5°), lo que es una reafirmación del derecho a la defensa en todo estado y grado del proceso que garantiza el artículo 68 de la Constitución. Por ello, el mismo Texto fundamental prescribe que "El indiciado tendrá acceso a los recaudos sumariales y a todos los medios de defensa que prevea la Ley tan pronto como se ejecute el correspondiente auto de detención" (Art. 604). Sin embargo, el Texto Fundamental, en esta materia, establece como excepción, el que "los reos de delito contra la cosa pública podrán ser juzgados en ausencia, con las garantías y en forma que determine la Ley", lo cual se ha regulado en la Ley Orgánica de Salvaguarda del Patrimonio Público de 1982 (Art. 91). Por esta excepción de rango constitucional, al Venezuela ratificar la Convención Americana formuló reserva respecto a lo establecido en el artículo 8,1 de la Convención, que no prevé dicha posibilidad y que dispone:

> "Toda persona tiene derecho a ser oída, con las debidas garantías y dentro de un plazo razonable, establecido con anterioridad por la Ley, en la sustanciación de cualquier acusación penal formulada contra ella, o para la determinación de sus derechos y obligaciones de orden civil, laboral, fiscal o de cualquier otro carácter".

3. "El sumario no podrá prolongarse más allá del límite máximo legalmente fijado" (Art. 60, Ord. 1°), lo que lamentablemente se viola constantemente en la jurisdicción penal. Dicha norma persigue que la fase inicial de instrucción tenga un límite para garantizar la seguridad del indiciado, por lo que el Código de Enjuiciamiento Penal prescribe, que transcurridos 30 días después de efectuada la detención judicial del procesado, el Juez de Instrucción debe pasar el expediente al Tribunal de la causa, para que revisado el expediente declare concluido el sumario (Art. 204).

4. "Nadie podrá ser sometido a juicio por los mismos hechos en virtud de los cuales hubiese sido juzgado anteriormente" (Art. 61,8), que consagra el principio *non bis in idem,* es decir, no se puede juzgar a una misma persona dos o más veces por los mismos hechos. La Convención Americana, por ello, prescribe que "el inculpado absuelto por una sentencia firme no podrá ser sometido a nuevo juicio por los mismos hechos" (Art. 8,4).

5. Derecho de toda persona inculpada de delito "a que se presuma su inocencia mientras no se establezca legalmente su culpabilidad", como lo precisa la Convención Americana (Art. 8,2). Por ello, la norma del artículo 46 de la Ley Orgánica de Salvaguarda del Patrimonio Público, que impone al investigado o enjuiciado la carga de probar que no incurrió en enriquecimiento ilícito, ha sido considerado como violatoria de esta garantía judicial.

6. El derecho de toda persona detenida a comunicarse con sus abogados y parientes cercanos, conforme al artículo 47 de la Ley Orgánica de Amparo sobre Derechos y Garantías Constitucionales, y al artículo 5 de la Ley de Policía Judicial, lo que implica una obligación para las autoridades administrativas y de policía en tal sentido.

b. *Otras garantías del debido proceso y el habeas corpus*

Además de las garantías del debido proceso previstas en la Constitución, antes enumeradas (Art. 60), la Convención Americana sobre Derechos Humanos establece que durante el proceso penal, toda persona tiene derecho, en plena igualdad, a las siguientes garantías mínimas (Art. 8,2):

a) derecho del inculpado de ser asistido gratuitamente por el traductor o intérprete, si no comprende o no habla el idioma del juzgado o tribunal;

b) comunicación previa y detallada al inculpado de la acusación formulada;

c) concesión al inculpado del tiempo y de los medios adecuados para la preparación de su defensa;

d) derecho del inculpado de defenderse personalmente o de ser asistido por un defensor de su elección y de comunicarse libre y privadamente con su defensor;

e) derecho irrenunciable de ser asistido por un defensor proporcionado por el Estado, remunerado o no según la legislación interna, si el inculpado no se defendiere por sí mismo ni nombrare defensor dentro del plazo establecido por la Ley.

f) derecho de la defensa de interrogar a los testigos presentes en el tribunal y de obtener la comparecencia, como testigos o peritos, de otras personas que puedan arrojar luz sobre los hechos.

g) derecho a no ser obligado a declarar contra sí mismo ni a declararse culpable; y

h) derecho de recurrir del fallo ante el juez o tribunal superior.

Se precisa, además, que el proceso penal debe ser público, salvo en lo que sea necesario para preservar los intereses de la justicia (Art. 8,5).

En todo caso, la máxima garantía del debido proceso en casos de privación de la libertad física de las personas, como lo señala el Pacto Internacional de los Derechos Civiles y Políticos, es el derecho de toda persona que sea privada de libertad en virtud de detención o prisión, "a recurrir ante un tribunal, a fin de que éste decida a la brevedad posible sobre la legalidad de su prisión y ordene su libertad si la prisión fuere ilegal" (Art. 9,4). Con más detalle, esta garantía del *habeas corpus,* la precisa la Convención Americana así (Art. 7,6):

"Toda persona privada de libertad tiene derecho a recurrir ante un juez o tribunal competente, a fin de que éste decida, sin demora, sobre la legalidad de su arresto o detención y ordene su libertad si el arresto o la detención fueran ilegales. En los Estados cuyas leyes prevén que toda persona que se viera amenazada de ser privada de su libertad tiene derecho a recurrir a un juez o tribunal competente a fin de que éste decida sobre la legalidad de tal amenaza, dicho recurso no puede ser restringido ni abolido. Los recursos podrán interponerse por sí o por otra persona.

En nuestro país, la Ley Orgánica de Amparo sobre Derechos y Garantías Constitucionales (1988), al sustituir la normativa de la Disposición Constitucional Transitoria Quinta relativa al recurso de *habeas corpus*, reguló el amparo a la libertad y seguridad personales, "como derecho de toda persona que fuere objeto de privación o restricción de su libertad, o se viere amenazada en su seguridad personal, con violación de las garantías constitucionales", de recurrir al tribunal competente, para obtener de éste un mandamiento de *habeas corpus* (Art. 39), en el cual el juez ordene la inmediata libertad del agraviado o el cese de las restricciones que se le hubiesen impuesto, si encontrase que para la privación o restricción de la libertad no se hubiesen cumplido las formalidades legales (Art. 42).

c. *El habeas corpus*

La más conocida garantía judicial de la libertad y seguridad personales, es el denominado mandamiento de *habeas corpus*, que no es otra cosa, que el amparo judicial a la libertad personal.

Su origen remoto está en el conocido *writ of habeas corpus ad subjiciendum* del *common law* inglés, quizás la más renombrada contribución inglesa a la protección de la libertad del hombre. Se trataba de un remedio judicial mediante el cual el juez ordenaba a las autoridades de policía llevar ante el propio juez el *cuerpo* de una persona cuya presencia era requerida a los efectos de un procedimiento judicial. Posteriormente en el siglo XIV, surgió el *writ of habeas corpus cum causa*, mediante el cual se requería de la persona que tuviera en custodia a un prisionero de llevarlo en persona ante el Tribunal, junto con los motivos de la detención. Se trataba de un medio para verificar la legalidad de la detención, de manera que si se probaba la ilegalidad, con ello se asegura la libertad inmediata. En 1679, el Parlamento inglés dictó el *Habeas Corpus Act*, consolidándose definitivamente la institución, la cual se extendió en todo el mundo.

En Venezuela, el amparo a la libertad personal, como garantía judicial, se estableció por primera vez en la Constitución de 1947 (Art. 32), en la siguiente forma:

> "A toda persona detenida o presa con violación de las garantías establecidas en esta Constitución en resguardo de la libertad individual, le asiste el recurso de *Habeas Corpus*. Este recurso podrá ser ejercido por el interesado o por cualquier otra persona en nombre de aquél, y será admisible cuando la Ley no consagre contra la orden, acto o procedimiento, que lo motive, ningún recurso judicial ordinario"

La Ley, decía la Constitución, debía determinar los Tribunales que conocerían y decidirían en forma breve y sumaria de las denuncias del caso, así como también las demás condiciones necesarias para el ejercicio de este recurso. La pérdida de evidencia de este texto constitucional a partir de 1498, provocó la eliminación del derecho de *habeas corpus* en nuestro sistema constitucional, hasta que se dictó la Constitución de 1961, en cuya Disposición Transitoria Quinta se reguló el amparo a la libertad personal en forma inmediata, prescribiendo que:

> "Toda persona que sea objeto de privación o restricción de su libertad, con violación de las garantías constitucionales tiene derecho a que el Juez de Primera Instancia en lo Penal que tenga jurisdicción en el lugar donde se haya ejecu-

tado el acto que motiva la solicitud o donde se encuentra la persona agraviada, expida un mandamiento de *habeas corpus*".

A tal efecto, dicha Disposición Transitoria reguló un procedimiento breve y sumario, el cual estuvo en vigencia hasta el 22 de enero de 1988, cuando entró en aplicación la Ley Orgánica de Amparo sobré Derechos y Garantías Constitucionales, que destina un Capítulo (el V) a regular el amparo de la libertad y seguridad personales.

Procede entonces conforme a la nueva Ley, la acción de amparo para proteger la libertad y seguridad personales en los casos en los cuales una persona fuere objeto de privación o restricción de su libertad, o se viere amenazada en su seguridad personal, con violación de las garantías constitucionales (Arts. 38 y 39). En esos casos, dicha persona tiene derecho a que un Juez de Primera Instancia en lo Penal competente, con jurisdicción en el lugar donde se hubiere ejecutado el acto causante de la solicitud o donde se encontrare la persona agraviada, expida un mandamiento de *habeas corpus* (Art. 39).

La solicitud respectiva puede ser hecha por el agraviado o por cualquier persona que gestione en favor de aquél, por escrito, verbalmente o por vía telegráfica, sin necesidad de asistencia de abogado, y el Juez al recibirla, debe abrir una averiguación sumaria, ordenando inmediatamente al funcionario bajo cuya custodia se encuentre la persona agraviada, que informe dentro de un plazo de 24 horas, sobre los motivos de la privación o restricción de la libertad (Art. 41).

El juez respectivo debe decidir en un término no mayor de 96 horas después de recibida la solicitud, la inmediata libertad del agraviado o el cese de las restricciones que se le hubieren impuesto, si encontrare que para la privación o restricción de la libertad no se hubieren cumplido las formalidades legales. En todo caso, el Juez, de considerarlo necesario, puede sujetar esta decisión a caución personal o a prohibición de salida del país de la persona agraviada, por un término no mayor de 30 días (Art. 43).

A los efectos de garantizar la libertad personal, la propia Ley Orgánica de Amparo establece un límite máximo de 8 días para las detenciones por autoridades administrativas o de policía (Art 44); y en caso de la comisión de un delito, la detención por las autoridades de policía judicial no pueden exceder tampoco de 8 días, y vencido dicho término el detenido necesariamente debe ser puesto a la orden del Juez competente (Art. 46).

E. *El derecho a la integridad personal*

Hemos señalado que entre, los derechos derivados de la libertad personal constitucionalmente consagrados, está el derecho de toda persona a no ser incomunicada ni sometida a tortura o a otros procedimientos que causen sufrimiento físico o moral siendo punible todo atropello físico o moral inferido a persona sometida a restricciones de su libertad (Art. 60,3). Así, el Código Penal castiga al funcionario público que con abuso de sus funciones, ordene o ejecute la pesquisa o registro del cuerpo de una persona, con prisión de hasta 5 meses (Art. 179 CP), y asimismo, castiga a todo funcionario público encargado de la custodia o conducción de alguna persona detenida o condenada, que cometa contra ella actos arbitrarios o lo someta a actos no autorizados por los reglamentos del caso, con prisión de hasta 20 meses (Art. 182

CP) considerándose un agravante, si el funcionario hubiese procedido para satisfacer algún interés privado (Art. 183 CP).

Se garantiza, así, la integridad personal, lo que se refuerza al limitarse las penas que puedan ser impuestas, en el sentido de que "nadie podrá ser condenado a penas perpetuas o infamantes" y en el caso de las penas restrictivas de la libertad, éstas no pueden exceder de 30 años (Art. 60,7).

Estas garantías constitucionales (Art. 60,3 y 60,7) son de tal naturaleza que junto con el derecho a la vida, no pueden ser objeto de restricción ni suspensión por parte del Presidente de la República (Art. 241), teniendo por tanto el carácter de derechos fundamentales absolutos.

El Pacto Internacional de Derechos Civiles y Políticos, reafirma el principio de la norma constitucional al establecer que "Nadie será sometido a torturas ni a penas o tratos crueles, inhumanos o degradantes" (Art. 7); y luego precisa que "Toda persona privada de su libertad será tratado humanamente y con el respeto debido a la dignidad inherente al ser humano", (Art. 10).

La Convención Americana también desarrolla estos principios al garantizar en su artículo 5, lo siguiente:

1. Toda persona tiene derecho a que se respete su integridad física, psíquica y moral.

2. Nadie puede ser sometido a torturas ni a penas o tratos crueles, inhumanos o degradantes. Toda persona privada de libertad será tratada con el respeto debido a la dignidad inherente al ser humano.

3. La pena no puede trascender de la persona del delincuente.

4. Los procesados deben estar separados de los condenados, salvo en circunstancias excepcionales, y serán sometidos a un tratamiento adecuado a su condición de personas no condenadas.

5. Cuando los menores puedan ser procesados, deben ser separados de los adultos y llevados ante tribunales, especializados, con la mayor celeridad posible, para su tratamiento.

6. Las penas privativas de la libertad tendrán como finalidad especial la reforma y la readaptación social de los delincuentes.

La Ley Tutelar del Menor, y la Ley de Régimen Penitenciario regulan aspectos de estas garantías, las cuales también se enumeran en el Pacto Internacional (Art. 10).

Por último, debe señalarse que la Constitución establece como garantía de la libertad y seguridad personales, que "las medidas de interés social sobre sujetos en estado de peligrosidad sólo podrán ser tomadas mediante el cumplimiento de las condiciones y formalidades que establezca la ley", las cuales medidas deben orientarse en todo caso "a la readaptación del sujeto para los fines de la convivencia social" (Art. 60,10). Esta norma, conforme a la Exposición de Motivos de la Constitución, buscaba aclarar "el objeto y finalidad de las medidas", "ya que la legislación especial de la materia aparecía totalmente fuera del sistema constitucional", y si ello se refería a la Ley de Vagos y Maleantes, es cierto que seguiría estando.

F. *La igualdad*

El cuarto derecho individual que prevé la Constitución es el que garantiza a todos la ausencia de discriminación fundada en "la raza, el sexo, el credo o la condición social[339] con lo cual se reafirma el principio jurídico de la igualdad.

"Todas las personas son iguales ante la Ley. En consecuencia, tienen derecho, sin discriminación, a igual protección de la Ley". Así se dispone en el artículo 24 de la Convención Americana sobre Derechos Humanos y en el artículo 26 del Pacto Internacional de los Derechos Civiles y Políticos.

Por su parte, el principio se desarrolla en el artículo 26 del Pacto Internacional de los Derechos Civiles y Políticos, al agregar que:

> "A este respecto, la Ley prohibirá toda discriminación y garantizará a todas las personas protección igual y efectiva contra cualquier discriminación, por motivos de raza, color, sexo, idioma, religión, opiniones políticas o de cualquier índole, origen nacional o social, posición económica, nacimiento o cualquier otra condición social. "

El principio es tradicional en nuestro ordenamiento constitucional y en nuestra sociedad esencialmente igualitaria, y proviene de los orígenes de nuestro constitucionalismo al disponer la Constitución de 1811 que "la igualdad consiste en que la ley sea una misma para todos los ciudadanos, sea que castigue o que proteja. Ella no reconoce distinción de nacimiento ni herencia de poderes".

La Constitución de 1961, recoge todos estos principios y establece:

1. "No se permitirán discriminaciones fundadas en la raza, el sexo, el credo o la condición social" (Art. 61). Se trata del principio de la igualdad, formulada en forma negativa, y que no encuentra excepciones en la Constitución, sino sólo a efectos de la consagración de protecciones. Así, el artículo 74 prescribe que la maternidad será protegida sea cual fuere el estado civil de la madre; y el artículo 93 establece que la mujer trabajadora será objeto de protección especial. Por su parte, las comunidades indígenas deben ser protegidas mediante un régimen de excepción (Art. 77), y quienes carezcan de medios económicos y no estén en condiciones de procurárselos tendrán derecho a la asistencia social mientras sean incorporados al sistema de seguridad social (Arts. 76 y 84). Pero fuera de las desigualdades derivadas de especiales situaciones de protección por razón del sexo o de la condición social, ninguna otra distinción es admisible entre las personas en nuestro sistema constitucional[340]

2. "Los documentos de identificación para los actos de la vida civil no contendrán mención alguna que califique la filiación" (Art. 61). Por supuesto, no se trata de que los documentos relativos al estado civil de las personas no pueden contener menciones que califiquen la filiación pues la propia Constitución establece el

---

339   Artículo 61.

340   El artículo 970 del Código de Comercio establecía, en este sentido, la prohibición para la mujer de ser síndico de la quiebra, lo cual fue declarado nulo por la Corte Suprema de Justicia. Véase las referencias jurisprudenciales en Allan R. Brewer-Carías, *Jurisprudencia de la Corte Suprema 1930-1974 y Estudios de Derecho Administrativo*, Tomo I (El ordenamiento constitucional y funcional del Estado). Caracas, 1975, pp. 395 y ss.

derecho de todo niño, sea cual fuere su filiación, de conocer a sus padres (Art. 75), a cuyo efecto la Ley Protección Familiar y el nuevo Código Civil previeron disposiciones en tal sentido. Debe señalarse, por otra parte, que conforme a la Ley Orgánica de Identificación de 1978, para la obtención de la cédula de identidad, los interesados deben acreditar su, "nacionalidad, filiación, fecha y lugar de nacimiento" (Arts. 5 y 6), con lo cual debe formarse expediente en la Oficina Nacional de Identificación (Art. 8), si bien se precisa que los elementos básicos de la identificación de la persona son, "su nombre, apellidos, sexo y los dibujos de sus crestas papilares" (Art. 3).

Es de destacar, sin embargo, que si los documentos de identificación deben contener los apellidos de la persona, de ello podrían derivarse elementos respecto de la filiación. Para evitar esto, la Convención Americana regula el derecho de toda persona "a un nombre propio y a los apellidos de sus padres o al de uno de ellos", previendo que la Ley debe reglamentar "la forma de asegurar este derecho para todos, mediante nombres supuestos, si fuere necesario" (Art. 18).

En todo caso, por lo que respecta a los documentos de identificación, es decir, la cédula de identidad o el pasaporte, los mismos no pueden contener mención alguna que califique la filiación, como garantía de no discriminación.

3. "No se dará otro tratamiento oficial sino el del ciudadano y usted, salvo las fórmulas diplomáticas" (Art. 61); fórmula que nos viene de orígenes mismos de nuestro constitucionalismo, que son los del republicanismo y del fin del antiguo régimen, de los privilegios y los estamentos sociales. Así, la Constitución de 1811 prescribió que "nadie tendrá en la Confederación de Venezuela otro título ni tratamiento público que el de *ciudadano,* única denominación de todos los hombres libres que componen la Nación" (Art. 226).

Esta norma, sello del igualitarismo, solo admite como excepción los tratos diplomáticos, que permiten calificar, por ejemplo, de excelentísimos a los Embajadores o altos funcionarios de otros países.

4. "No se reconocerán títulos nobiliarios ni distinciones hereditarias" (Art. 61); norma que también proviene de los orígenes de nuestro constitucionalismo y de los principios de la Revolución Francesa plasmados en la Declaración de Derechos que procedió la Constitución de 1795: "la igualdad no admite distinción alguna de nacimiento, ni herencia de poderes" (Art. 3). Por ello, la Constitución de 1811 además de recoger dicho principio (Art. 154), estableció, como base del Estado independiente, que quedaban "extinguidos todos los títulos concedidos por el anterior gobierno y ni el Congreso, ni las Legislaturas provinciales podrán conceder otro alguno de nobleza, honores o distinciones hereditarias" (Art. 204).

En Venezuela, por tanto, desde siempre, los títulos nobiliarios no tienen reconocimiento de naturaleza alguna, ni existen distinciones hereditarias. Lo que es del hombre se extingue consigo mismo, y sólo quedan su nombre y sus obras.

En todo caso, debe destacarse que la noción de igualdad ante la ley derivada de este derecho a la no discriminación ha sido precisada claramente por la jurisprudencia de la Corte Suprema. En tal sentido, ha señalado que la desigualdad proscrita por la Constitución "sólo quiere que los ciudadanos, en circunstancias y casos iguales, sean tratados, en cuanto a derechos y obligaciones, del mismo modo, y no de modo desemejante según rango, raza, color, religión y bienes de fortuna, posición social y otros motivos creados para establecer distinciones y separaciones entre hombres[341]. Por tanto, en materia impositiva el principio de la igualdad se cumple cabalmente y en toda su extensión "cuando en condiciones análogas, se imponen los mismos o iguales gravámenes a los contribuyentes, conforme a las diferencias constitutivas que pudiera haber entre ellos", y lo que la garantía constitucional de la igualdad no permite "es que dentro de cada categoría o grupo de contribuyentes se establezcan excepciones o privilegios, recabando de unos lo que no se cobre a los otros del mismo grupo[342].

G. La inviolabilidad del hogar doméstico

El lugar donde vive una persona es la prolongación material más importante de su personalidad y vida privada, razón por la cual el ordenamiento jurídico protege el hogar doméstico contra toda intromisión o violación. Así el artículo 62 de la Constitución declara que "El hogar doméstico es inviolable", lo que responde a la antigua fórmula de la Constitución de 1811, de que "la casa de todo ciudadano es un asilo inviolable", la cual se remonta, como principio, a la más lejana antigüedad.

Es de destacar que la Constitución [343] no habla de inviolabilidad del domicilio, sino del hogar doméstico, por lo que debe aquí hacerse la distinción del derecho civil entre domicilio (lugar donde la persona tiene el asiento principal de sus negocios e intereses) (Art. 27 CC) y la residencia, como lugar donde habitualmente vive la persona, la cual en general, es su casa o el hogar doméstico, de la persona y su familia.

En todo caso, la inviolabilidad del hogar doméstico conforme a la Constitución, está sometido a excepciones en el sentido de que en algunos casos, las autoridades públicas pueden penetrar en él, conforme a determinados y estrictos requisitos. Sin embargo en relación a las otras personas, puede decirse que la inviolabilidad garantizada en la Constitución es absoluta, de manera que, incluso se prohíbe por ejemplo, al arrendador-propietario el penetrar en el inmueble arrendado sin el consentimiento del arrendatario o en su ausencia.

---

341 Véase sentencia de la CFC en CP de 10-10-47 en M. 1948, pp. 6 y 7.

342 La Corte Suprema, al decidir cuestiones sobre la igualdad tributaria ha insistido en la precisión del principio de igualdad ante la ley en los términos siguientes: "La igualdad ante la ley, sanamente entendida, no es ni puede ser otra cosa que el derecho de los ciudadanos a que no se establezcan excepciones o privilegios que excluyan a unos de lo que se concede a los otros en igualdad de circunstancias: que no se establezcan diferencias entre quienes se encuentran en las mismas condiciones ; y de allí que una disposición legal no puede jamás violar la garantía constitucional de la igualdad sino cuando en situaciones idénticas establezca desigualdades entre los ciudadanos sin razón alguna que las "admite". Véase Sentencia de la CF de 8-6-54 en GF, Nº 4, 1954, pp. 116 y ss. Igual criterio lo ha ratificado la Corte Suprema en sentencias de la CF de 8-7-55 en GF, Nº 9, 1955, p. 10, citada también por J.S. Núñez Aristimuño, Doctrina Político-Administrativa de la Corte Suprema, Mérida 1964, p. 98; y CSJ en SPA (s/f) publicada en G.O., Nº 1.542, extraordinaria, de 14-9-72, p. 25, Cfr. La Doctrina de la Procuraría General de la República de 10-11-70 en Doctrina PGR, 1970, Caracas, 1971, pp. 266 y ss.; y de 29-12-71 en Doctrina PGR, 1971, Caracas 1972, pp. 299 y ss. Véanse todas las sentencias señaladas en Allan R. Brewer-Carías, Jurisprudencia de la Corte Suprema..., cit., Tomo I, pp. 395 y ss.

343 Artículo 62.

En cuanto a las excepciones derivadas de las actuaciones públicas, la autoridad administrativa de policía, puede "allanar" el hogar doméstico "para impedir la perpetración de un delito o para cumplir de acuerdo con la Ley, las decisiones que dicten los Tribunales". También pueden practicarse "visitas sanitarias" en el hogar doméstico, y sólo previo aviso de los funcionarios que las ordenen o hayan de practicarlas, de conformidad con lo previsto en la Ley de Sanidad Nacional.

El allanamiento policial del domicilio, en todo caso, se regula en el Código de Enjuiciamiento Criminal, (Art. 75-F) en la siguiente forma:

> "Ninguna pesquisa domiciliaria puede ser efectuada por los funcionarios de la Policía Judicial, sin que éstos hayan previamente obtenido del Juez competente la orden de allanamiento, la cual exhibirán, con sus respectivas credenciales, a quien concierna".

> "Quedan exceptuados de la presente disposición los casos siguientes: 1. Cuando se encuentre en la casa el autor de un delito in fraganti a quien se está persiguiendo para su aprehensión; 2. Cuando se encuentre en la casa el evadido; 3. Para evitar la comisión de un delito".

La consecuencia de estas regulaciones es que toda otra, pesquisa domiciliaria efectuada sin las formalidades antes indicadas, se configura como delito contra la inviolabilidad del domicilio, que castiga el Código Penal. Este texto, en efecto, sanciona con prisión al que arbitraria, clandestina o fraudulentamente se introduzca en domicilio ajeno contra la voluntad de quien tiene derecho a ocuparlo (Art. 184); y particularmente sanciona con prisión de hasta 18 meses a los funcionarios públicos que con abuso de sus funciones o faltando a las condiciones o formalidades establecidas por la Ley se introduzca en domicilio ajeno, considerándose como un agravante, si el hecho se ha acompañado de pesquisas o de algún otro acto arbitrario o si consta que el culpable ha obrado por causa de algún interés privado (Art. 185 CP).

Es de destacar que el Código Penal establece las sanciones en casos de violación no sólo del hogar doméstico, sino del "domicilio" por lo que además de las violaciones de la casa de las personas, también se sancionan las violaciones del domicilio, es decir, de las oficinas de las personas, no realizadas conforme a las previsiones legales, particularmente, por orden judicial. En tal sentido, por ejemplo, la orden judicial de ocupación de los bienes del demandado en quiebra, y de sus libros, correspondencia y documentos, debe ser decretada por el juez mercantil conforme a lo establecido en el artículo 932 del Código de Comercio.

Por otra parte, debe señalarse que nada dice la Constitución en los casos de necesidad de entrar en el domicilio e incluso, el hogar doméstico, en casos de incendio, inundación, terremoto u otras calamidades públicas. Rige aquí lo previsto en el artículo 54 de la Ley de Expropiación por Causa de Utilidad Pública o Social, que prescribe que "En los casos de fuerza mayor o de necesidad absoluta, como incendio inundación, terremotos o semejantes, podrá procederse a la ocupación temporal de la propiedad ajena, y bastará para ello la orden de la primera autoridad de policía de la localidad. Todo sin perjuicio de la indemnización del propietario si a ello hubiere lugar, tenidas en cuenta las circunstancias".

Por último, debe señalarse que la idea del hogar doméstico y del domicilio, como prolongaciones de la vida privada, implican el derecho al libre uso del mismo, y por tanto constituye el lugar donde la libertad toma su máxima dimensión, sea que se trate de la libertad física, de expresión del pensamiento, de cultos e incluso de trabajo, Por supuesto, el límite de estas libertades en el domicilio es que su ejercicio no trascienda al exterior, pues si tienen repercusiones hacia el exterior, entra en juego la noción de orden público, como su límite, que implica reglamentaciones de policía, por ejemplo, ante los ruidos molestos o los usos contrarios a la zonificación.

H. *La inviolabilidad de la correspondencia*

"La correspondencia en todas sus formas es inviolable", dice el artículo 63 de la Constitución, con lo cual de nuevo se protege el derecho de la persona a su vida privada y a su intimidad, al garantizarse el secreto de lo que se escribe, en particular de las cartas, las cuales como reflejo de la vida privada, no deben ser conocidas sino por su destinatario; así como de los papeles y escritos personales del individuo, que sólo a él conciernen.

Conforme a la Constitución[344], la correspondencia comprende "las cartas, telegramas, papeles privados y cualquier otro medio de Correspondencia" o comunicación entre personas, por lo que conforme a los modernos medios de comunicación, se incluye el télex, y el tele-facsimilar (fax o telefax). Y aún cuando el sentido del texto constitucional apunta a los medios escritos de correspondencia, es evidente que la inviolabilidad de otras formas o medios de comunicación, como la telefónica y la propia conversación personal, no deben ser violadas como consecuencia de intercepciones o gravaciones no autorizadas por las personas interesadas.

La inviolabilidad de la correspondencia entendida en sentido amplio, como cualquier forma o medio de comunicación entre las personas, incluyendo los papeles privados de las personas, está establecida en la Constitución en términos absolutos respecto de otras personas, no admitiendo excepción alguna.

Las excepciones, al igual que respecto a la inviolabilidad del hogar doméstico, se establecen en relación a las actuaciones de la autoridad pública. Así, el artículo 63 de la Constitución establece:

> "Las cartas, telegramas, papeles privados y cualquier otro medio de correspondencia no podrán ser ocupados sino por la autoridad judicial, con el cumplimiento de las formalidades legales y guardándose siempre el secreto respecto de lo doméstico y privado que no tenga relación con el correspondiente proceso. Los libros, comprobantes y documentos de contabilidad sólo estarán sujetos a la inspección o fiscalización competentes, de conformidad con la Ley".

Ante esta excepción, resalta ante todo la mención al secreto de la correspondencia en lo privado o doméstico que pueda contener, lo cual es una garantía absoluta, incluso en los casos en los que por decisión judicial —y sólo por la autoridad judicial— sean ocupados los papeles y archivos de una persona. Esto es posible, en materia de quiebra, como una medida preventiva, cuando el juez de comercio puede decretar la ocupación judicial de los libros, correspondencia y documentos del demandado (Art. 932 C. de C). Sin embargo, incluso en estos casos, si bien los síndi-

---

344   Artículo 63.

cos de la quiebra están autorizados para recibir y abrir las cartas dirigidas al fallido, sin embargo, deben entregar al mismo "las cartas y telegramas que no interesen a la quiebra, guardando sobre su contenido el más riguroso secreto" (Art. 979 C. de C).

En materia tributaria, por ejemplo, los funcionarios de fiscalización tienen competencia para examinar los libros, registros, documentos y comprobantes donde consten o puedan verificarse negociaciones y operaciones relacionadas con la determinación de los tributos (p.e. Art. 96 de la Ley de Impuesto sobre la Renta), pero ello no excluye el deber general de secreto sobre todo lo que sea personal o privado del contribuyente.

Por último, debe señalarse que el Código Penal tipifica los delitos contra la inviolabilidad del secreto, y castiga con arresto al que indebidamente abra carta, telegrama o pliego cerrado que no se le haya dirigido, o que indebidamente lo tome para conocer su contenido, aunque no esté cerrado (Art. 186 CP); con multa, al que teniendo una correspondencia epistolar o telegráfica, no destinada a la publicidad, la hiciere indebidamente pública, aunque le haya sido dirigida, siempre que el hecho pueda ocasionar algún perjuicio; y con prisión, al que estando empleado en el servicio de correos o telégrafos, con abuso de su oficio se adueñare de alguna carga, telegrama, comunicación o cualquiera otra correspondencia no cerrada, o estándolo, la abra para conocer su contenido, o la retenga o revele su existencia o contenido a otra persona distinta del título de su destino (Art. 189 CP).

I.   *La libertad de tránsito y de establecimiento*

El artículo 64 de la Constitución establece:

"Todos pueden transitar libremente por el territorio nacional, cambiar de domicilio o residencia, ausentarse de la República y volver a ella, traer sus bienes al país o sacarlos de él, sin más limitaciones que las establecidas por la Ley. Los venezolanos podrán ingresar al país sin necesidad de autorización alguna. Ningún acto del Poder Nacional podrá establecer la pena de extrañamiento del territorio nacional contra venezolanos, salvo como conmutación de otra pena y a solicitud del mismo reo".

Ante todo, esta norma establece la libertad de tránsito por el territorio nacional, es decir, la libertad de ir y venir (lo que se ha denominado la libertad de locomoción), lo cual solo puede ser limitada por la Ley (principio de la reserva legal).

Estas limitaciones, como lo indica el Pactó Internacional de Derechos Civiles y Políticos que es ley en Venezuela, sólo pueden establecerse cuando "sean necesarias para proteger la seguridad nacional, el orden público, la salud o la moral pública o los derechos y libertades de terceros y sean compatibles con los demás derechos reconocidos" (Art. 12,3).

La manifestación más directa de esta libertad, es la de circular a pie, es la libertad del peatón. Ella, sin embargo, está sometida a regulaciones (p.e. en las áreas urbanas, circulación por las aceras y en las calles, por los lugares demarcados de acuerdo a la Ley de Tránsito Terrestre; y en Parques Nacionales, previa autorización conforme a la Ley Forestal de Suelos y Aguas) o a restricciones (por ejemplo, en zonas de seguridad y defensa, conforme a la Ley Orgánica de Seguridad y Defensa).

Pero en general, la Ley ha regulado y restringido el tránsito y circulación en vehículos, naves y aeronaves, sometiéndola a permisos y autorizaciones para conducirlos y circularlos (Ley de Tránsito Terrestre, Ley de Navegación, Ley de Aviación Civil).

En todo caso, la base para el ejercicio de esta libertad, es la consideración de las calles, carreteras y caminos como bienes del dominio público, así como los ríos navegables y el espacio aéreo, cuyo uso es regulado por el propio Estado.

Pero la norma constitucional también establece la libertad de establecimiento es decir, el derecho de las personas de fijar o cambiar libremente de domicilio (asiento principal de los negocios e intereses) o residencia (lugar donde habitualmente se vive). Sin embargo, la ley puede establecer limitaciones cuando, por ejemplo se establece una sanción penal de confinamiento o de residencia fija (p.e. en la Ley de Sometimiento a juicio y suspensión condicional de la pena), o en los casos en los cuales el ejercicio de un cargo público impone el deber de residir en el lugar donde se ejerce (Registradores, Alcaldes).

Esta libertad de establecimiento abarca también, como lo establece la norma, la libertad de ausentarse de la República y de volver a ella[345]. En cuanto a los extranjeros, esta libertad está sometida a normas de ingreso, para lo cual la República puede exigir el otorgamiento previo y discrecional de visa por los Consulados de la República, conforme a lo prescrito en la Ley de Extranjeros y en cuanto a la libertad de ausentarse de la República, la Ley de Extranjeros y la Ley sobre Actividades de los Extranjeros en Venezuela prevén la posibilidad de que las autoridades nacionales impongan, a los extranjeros indeseables, la sanción de expulsión.

Sin embargo, como lo garantiza el Pacto Internacional de los Derechos Civiles y Políticos "El extranjero que se halle legalmente en el territorio (nacional)... sólo podrá ser expulsado de él en cumplimiento de una decisión adoptada conforme a la Ley; y, a menos que razones imperiosas de seguridad nacional se opongan a ello, se permitirá a tal extranjero exponer las razones que lo asistan en contra de su expulsión, así como someter su caso a revisión ante la autoridad competente o bien ante la persona o personas designadas especialmente por dicha autoridad competente, y hacerse representar con tal fin ante ellas" (Art. 13).

Por otra parte, como medida preventiva, a cualquier persona venezolana o extranjera y en los supuestos regulados en el Código de Enjuiciamiento Criminal, se le puede prohibir la salida del país, en caso, por ejemplo, de libertad bajo fianza (Art. 382 y 333). Además, la salida o regreso al país, puede ser forzada en casos de que se solicite o se acuerde la extradición de un encausado conforme a los Tratados Públicos que tenga celebrado la República.

Específicamente en cuanto a los venezolanos, conforme a la Constitución, éstos tienen absoluta libertad de ingresar al país en cualquier momento sin necesidad de autorización alguna, por lo que en ningún caso podría requerírseles visa para ello. Además, los venezolanos, en ninguna forma pueden ser obligados o compelidos a salir del país por las autoridades (expulsión), y la Constitución sólo autoriza el esta-

---

345   Artículo 63. La Ley sobre conmutación de penas por extrañamiento de 11 de diciembre de 1964 en *G.O.*, N° 27.619 de 15-12-64.

blecimiento de la pena de extrañamiento del territorio nacional por conmutación de otra pena y a solicitud del mismo reo, lo cual se ha regulado en la Ley de conmutación de penas por indulto o extrañamiento del Territorio Nacional de 1964[346], respecto de ciertos delitos (p.e. delitos contra los Poderes Nacionales y de los Estados; delitos contra el orden público en caso de excitar a la guerra civil; delitos contra la conservación de los intereses públicos o privados en caso de incendios, inundaciones, etc).

Por último, en cuanto a la libertad de todos de traer sus bienes al país y de sacarlos de él, ella está sometida a las limitaciones impuestas a la importación y exportación de bienes en la Ley Orgánica de Aduanas, así como a las contribuciones (impuestos de aduana) en ella previstos.

J.   *La libertad religiosa y de cultos*

En Venezuela, conforme a lo establecido en el artículo 65 de la Constitución, "Todos tienen derecho a profesar su fe religiosa y de ejercitar su culto, privada o públicamente, siempre que no sea contrario al orden público o a las buenas costumbres".

Se consagra así, la libertad religiosa y la libertad de cultos. En cuanto a la primera, ella implica no solo que no existe una religión de Estado, sino que los ciudadanos pueden libremente profesar cualquier fe religiosa, contrariamente a lo que se previó en la Constitución de 1811, donde se proclamaba en su primer artículo que "La Religión Católica, Apostólica y Romana es también la del Estado y la única y exclusiva de los habitantes de Venezuela".

Conforme al régimen, al contrario, todos tienen derecho de profesar su fe religiosa es decir, se garantiza la libertad de conciencia y de creencias, sin que esa libertad pueda ser en forma alguna restringida, como lo indica el artículo 18 del Pacto Internacional de los Derechos Civiles y Políticos: "Se trata de una libertad de tener o de adoptar la religión o las creencias de su elección, así como la libertad de manifestar su religión o sus creencias, individual o colectivamente, tanto en público como en privado, mediante el culto, la celebración de ritos, las prácticas y la enseñanza" (Art. 18,1). Y en particular, respecto de la religión católica, como lo ratifica el artículo 19 del Convenio celebrado entre la República de Venezuela y la Santa Sede Apostólica el 6 de marzo de 1964, aprobado por Ley de 30 de junio de 1964, "El Estado Venezolano continuará asegurando y garantizando el libre y pleno ejercicio del Poder Espiritual de la Iglesia Católica, así como el libre y público ejercicio del culto católico en todo el territorio de la República".

Sin embargo, como lo establece expresamente la Constitución "Nadie podrá invocar creencias o disciplinas religiosas para eludir el cumplimiento de las leyes ni para impedir a otro el ejercicio de sus derechos". Por tanto, no es posible en nuestro país, por ejemplo, "invocar la objeción de conciencia" para, por ejemplo, incumplir el servicio militar obligatorio o para no trabajar o para no educarse; y nadie puede

---

346   *Idem . Cfr.* sobre las limitaciones a la libertad de tránsito las sentencias de la CSJ en SPA de 9-10-68 en *GF*, N° 62, 1969, pp. 16 y ss. y de 16-7-70 en *G.O.* N° 29.369 de 14-11-70. Véase además en Allan R. Brewer-Carías, *Jurisprudencia de la Corte Suprema... cit.*, Tomo I, pp. 420 y ss.

invocar dicha objeción para impedir que los ciudadanos cumplan con los deberes legales o constitucionales.

Pero además de la libertad religiosa, la Constitución establece el derecho de todos a ejercitar el culto de la religión en forma pública o privada, pero siempre que no sea contrario al orden público o a las buenas costumbres[347]. El culto es la manifestación externa de la fe religiosa y aún cuando se ejercite incluso en privado, puede afectar el orden público o las buenas costumbres, razón por la cual el Estado tiene deber de inspeccionarlo. Nadie, así, puede ejercitar culto alguno que pueda afectar el orden público (tranquilidad, seguridad, salubridad públicas) y las buenas costumbres (moralidad pública). Precisamente para evitar estas perturbaciones, como lo expresa la Constitución, "El culto estará sometido a la suprema inspección del Ejecutivo Nacional, de conformidad con la Ley", razón por la cual se pueden establecer limitaciones al mismo, por ley, siempre que "sean necesarias para proteger la seguridad, el orden, la salud o la moral pública, o los derechos y libertades fundamentales de los demás" (Art. 18.3, Pacto Internacional de los Derechos Civiles y Políticos).

Esta "Ley", en realidad aún no se ha dictado, y continúa vigente el antiguo Decreto sobre el ejercicio de la inspección suprema de cultos de 24 de octubre de 1911, el cual se refiere a los "cultos tolerados", cuyo ejercicio se regirá —dice—, "por la Ley de 28 de julio de 1824, sobre Patronato Eclesiástico". De acuerdo a esta vieja ley, el Estado Venezolano tenía el derecho de patronato sobre la Iglesia Católica —cuyo culto, en esa época, era el único tolerado— lo que implicaba que eran los órganos del Estado los que decretaban la elección de arzobispados y obispados; establecían los límites de las diócesis; determinaban sus fondos; daban el pase a bulas y breves; y elegían y nombraban a los candidatos que debían presentarse a su Santidad para los arzobispados y obispados, así como a las personas que debían ocupar las dignidades y canonjías e incluso los curas de las diócesis, etc. Esta situación de "patronato", que si bien perdura en la actualidad (Art. 129 C), en cuanto a la Iglesia Católica está regulado a partir de 1964 por el Convenio celebrado con la Santa Sede[348] cuyo contenido suaviza las intervenciones del Estado en el manejo del gobierno eclesiástico en Venezuela, y por ejemplo, en cuanto a nombramientos de Arzobispos y Obispos, por ejemplo, sólo se prescribe que la Santa Sede debe participar el nombre de los candidatos al Presidente de la República, "a fin de que éste manifieste si tiene objeciones de carácter político general que oponer al nombramiento" en cuyo caso, la Santa Sede debe indicar el nombre de otro candidato (Art. 6). Los otros nombramientos solo deben ser comunicados oficialmente al Gobierno de Venezuela antes de la toma de posesión por parte de los investidos (Art. 8).

Sin embargo, en cuanto a los otros "cultos tolerados" puede decirse que rige, en principio, la Ley de 1824 en virtud de lo previsto en el Decreto de 24 de octubre de 1911, por lo cual en principio, el Estado Venezolano podría tener una activa intervención en el gobierno de las iglesias respectivas.

---

347 Artículo 65. Véase sentencia de la CFC en SF de 2-2-53 en *GF*, Nº 13, 1953, pp. 17 a 21.

348 Ley de 30-6-64 en *G.O.*, Nº 27.478 de 30-6-64. Véase José Rodríguez Iturbe, *Iglesia y Estado en Venezuela*, Caracas, 1968.

En todo caso, el ejercicio del culto, como manifestación social externa, se encuentra como límite general el orden público y las buenas costumbres, razón por la cual se le aplican las medidas generales de policía: por ejemplo, policía de extranjeros para los agentes del culto, no nacionales; régimen de estado de las personas, de manera que para que se efectúen los registros bautismales debe haberse previamente expedido la partida de nacimiento (Art. 473 CC) prohibiéndose, además, la celebración de ritos matrimoniales de la religión que se profese, sin la presentación del acto civil de matrimonio (Art. 45 CC); régimen de las reuniones privadas o públicas (Art. 71 C) para el ejercicio de los cultos en el interior de las Iglesias o en el exterior y de las manifestaciones públicas (Art. 115 C) para el ejercicio de aspectos del culto religioso en la vía pública; y régimen de la expresión del pensamiento, como manifestación externa del culto y de la fe religiosa, siempre que no ofenda la moral ni tenga por objeto provocar la desobediencia de las leyes (Art. 66 C).

Por último, como ejercicio de una libertad individual, el ejercicio del culto está protegido, de manera que el Código Penal tipifica como delito, la ofensa a algún culto lícitamente establecido, y castiga al que impide o perturbe el ejercicio del culto, al que vilipendie a los agentes de cultos establecidos y al que destruya cosas destinadas al culto (Arts. 168 a 171 CP).

K. *La libertad de expresión del pensamiento*

El noveno derecho individual que consagra la Constitución es el derecho de todos "de expresar su pensamiento de viva voz o por escrito y de hacer uso para ello de cualquier medio de difusión, sin que pueda establecerse censura previa". Este derecho ciertamente que está sometido a algunas limitaciones constitucionales[349]; sin embargo, por la ausencia de regulaciones legales, su ejercicio, lejos de garantizar el derecho a la información, ha dado lugar a abusos por parte de las empresas de información y a la ausencia de protección de los ciudadanos frente a la prensa, radio, cine y televisión. En este campo, es uno en los que surge la necesidad de una regulación legal que proteja a los ciudadanos contra el poder privado[350], y proteja también al Poder Público frente a la revelación abusiva de documentos oficiales y secretos[351].

En efecto, la ausencia de regulación legal en Venezuela respecto a la prensa, la radio y la televisión, salvo por lo que se refiere a los permisos administrativos para operar, han hecho no sólo casi inexistente el derecho de toda persona a ser informado verazmente, y no intencionadamente, sino que han colocado a los particulares en una situación de indefensión frente a los abusos de los medios de comunicación, particularmente ante otros derechos, como los derechos de la personalidad[352]. En tal sentido,

---

349 Artículo 66. Las limitaciones son: no se permite el anonimato. Tampoco se permitirá la propaganda de guerra, la que ofenda la moral pública ni la que tenga por objeto provocar la desobediencia de las leyes, sin que por eso pueda coartarse el análisis o la crítica de los preceptos legales.

350 *Cfr.* Harry Stret, Freedon the Individual and the Law, 1972, pp. 251 y ss.

351 Véase sobre el particular, J. G. Andueza, "Interpretación del aparte único del artículo 66 de la Constitución"; Tulio Chiossone. "El Delito de Revelación de Secretos", y Hugo Mármol, "Publicación de Documentos Oficiales", en *Doctrina PGR*, 1971, Caracas, 1972, pp. 21 y ss.

352 Véase Allan R. Brewer-Carías, "Las limitaciones a la libertad de información en el Derecho Comparado (Prensa, Radio, Cine y Televisión)", en *RFD*, UCV, N° 47, Caracas, 1970, pp. 9 y ss.

parece urgente la necesidad en Venezuela de una Ley de Prensa, Radio y Televisión que regule las condiciones para la veracidad de la información (noticias falsas), limite la información por razones de seguridad del Estado, de orden público, de orden judicial y de orden personal; prevea las adecuadas garantías de los particulares frente a los abusos de la información, tales como el derecho de rectificación y el derecho de réplica o respuesta, así como las medidas admisibles de policía administrativa[353]; y concilie, en definitiva, el derecho de informar con el derecho a la información, de manera que aquél no continúe siendo un medio para la alineación[354].

a. Alcance de la libertad de expresión del pensamiento

El artículo 66 de la Constitución garantiza el derecho a la libertad de expresión del pensamiento, lo que conlleva, por supuesto, "el derecho a la libertad de pensamiento", como lo indica la Convención Americana sobre Derechos Humanos (Art. 13,1), manifestación, junto con la libertad religiosa, de la libertad de conciencia.

Ahora bien, específicamente en cuanto al derecho a la libertad de expresión del pensamiento, el principio clásico es que "nadie puede ser molestado a causa de sus opiniones" (Art. 19,1 Pacto Internacional de los Derechos Civiles y Políticos), las cuales como lo dice el artículo 66 de la Constitución, pueden ser dadas "de viva voz o por escrito", para lo cual el propio texto garantiza el derecho "de hacer uso para ello de cualquier medio de difusión" (prensa, radio, cine, televisión). Esta libertad de expresión, como lo indica el Pacto Internacional citado, "comprende la libertad de buscar, recibir y difundir información e ideas de toda índole, sin consideración de fronteras, ya sea oralmente, por escrito o en forma impresa o artística, o por cualquier otro procedimiento de su elección" (Art. 19,2).

Una libertad así concebida, por supuesto y ante todo, es contraria a reservar el derecho de informar a unos pocos, los periodistas, que ejercen una profesión exclusiva sometida, incluso, a colegiación conforme a la Ley de Ejercicio del Periodismo de 1972, todo lo cual, sin duda es inconstitucional. Se puede regular una profesión e imponer su colegiación, pero no en perjuicio de un derecho humano fundamental, que es el de informar, como manifestación de la libertad de expresar el pensamiento.

Ahora bien, el derecho a la libertad de expresión del pensamiento, conforme a la Constitución, en ningún caso puede estar sujeto a "censura previa" (lo cual ratifica la Convención Americana), por lo que solo puede ser sujeto a "responsabilidades ulteriores que deben estar expresamente fijadas por la Ley y ser necesarias para asegurar a) el respeto a los derechos o a la reputación de los demás; o b) la protección de la seguridad nacional, el orden público o la salud o la moral pública" (Art. 13,2).

En esta forma, además del derecho a la libertad de expresión del pensamiento, se consagra el derecho o libertad de informar, el cual conforme a la Convención Ame-

---

353 *Idem.* pp. 22 y ss. Solo muy tímidamente en la ley de Ejercicio del Periodismo (*Gaceta Oficial*), se establece la obligación de los periodistas de rectificar y de las empresas de dar cabida a tal rectificación o a la aclaratoria del interesado

354 *Ibídem.* pp. 46 y 47. Véase en general, Eddie Rafael Ferreira y Luis Beltrán Guerra, "La Libertad Individual. Algunas consideraciones sobre la libertad de prensa", en *Doctrina PGR*, 1971, Caracas, 1972, pp. 37 y ss.

ricana, no se puede restringir ni siquiera "por vías o medios indirectos, tales como el abuso de controles oficiales o particulares de papel para periódicos, de frecuencia radio-eléctricas, o de enseres y aparatos usados en la difusión de información o por cualquiera otros medios encaminados a impedir la comunicación y la circulación de las ideas y opiniones" (Art. 13,3).

En todo caso, en forma general, la Constitución establece directamente prohibiciones que restringen la libertad de información y de expresión del pensamiento, al prescribir que:

"No se permite el anonimato. Tampoco se permitirá la propaganda de guerra, la que ofenda la moral pública ni la que tenga por objeto provocar la desobediencia de las leyes, sin que por esto pueda coartarse el análisis o la crítica de los preceptos legales".

La Convención Americana amplía y precisa estas prohibiciones, al agregar la prohibición de "toda apología del odio nacional, racial o religioso que constituyen incitaciones a la violencia o cualquier otra acción ilegal similar contra cualquier persona o grupos de personas, por ningún motivo, incluso los de raza, color, religión, idioma u origen nacional" (Art. 13,5). El Pacto Internacional de los Derechos Civiles y Políticos, agrega a estas prohibiciones las manifestaciones de "incitación a la discriminación, la hostilidad o la violencia", Art. 20.

En el ordenamiento interno algunas leyes han recogido estos principios. Por ejemplo, la Ley Orgánica de Educación, "prohíbe la publicación y divulgación de impresos u otras formas de comunicación social que produzcan terror en los niños, inciten al odio, a la agresividad, la indisciplina, deformen el lenguaje y atenten contra los sanos valores del pueblo venezolano, la moral y las buenas costumbres" (Art. 11). Por su parte, la Ley Orgánica sobre Sustancias Estupefacientes y Psicotrópicas de 1984, "prohíbe cualquier tipo de publicación, publicidad, propaganda o programas a través de los medios de comunicación, que contengan estímulos y mensajes subliminales, auditivos, impresos o audiovisuales para favorecer el consumo, y el tráfico ilícito de sustancias estupefacientes y psicotrópicas" (Art. 89), estableciendo multas para los infractores y el decomiso del material utilizado para la infracción. Además, la Ley Orgánica del Sufragio prohíbe la propaganda "dirigida a provocar la abstención electoral, y la que atente contra la dignidad humana u ofenda la moral pública" y prohíbe la utilización "con fines de propaganda electoral de lemas que comprendan el nombre o los apellidos o una derivación o una combinación del nombre o los apellidos de una persona viva sin su autorización" (Art. 161).

Conforme a todas estas normas, la Constitución garantiza el derecho a la libertad de información, sometido a las prohibiciones señaladas y a las responsabilidades que las leyes establezcan, para proteger la seguridad, la salubridad, la moralidad pública (orden público) y para asegurar el respeto a los derechos o a la reputación de los demás. En este último caso, por ejemplo, el Código Penal castiga los delitos de difamación e injuria. La difamación se produce cuando una persona, comunicándose con varias personas reunidas o separadas, imputa a algún individuo un hecho determinado capaz de exponerlo al desprecio o al odio público, u ofensivo a su honor o reputación. Se considera agravante, la utilización de medios de comunicación para cometer el delito (Art. 444 CP).

La injuria se produce cuando una persona en comunicación con varias personas, juntas o separadas, ofende de alguna manera el honor, la reputación o el decoro de alguna persona. Se considera agravante, si el hecho se comete por escrito o en lugar público o mediante medios de comunicación (Art. 446 CP).

b. *El derecho de rectificación o respuesta*

Aún cuando no expresamente regulado en la Constitución, la consecuencia directa de la consagración de la libertad de información y expresión del pensamiento, es el derecho de rectificación y respuesta que se establece para toda persona frente a informaciones inexactas o agraviantes, garantizado conforme al artículo 50 de la Constitución, pero deficientemente regulado en el derecho positivo.

En efecto, frente a informaciones inexactas, falsas o no veraces y que perjudiquen a cualquier persona, existe el derecho de la persona afectada por las mismas, de que se efectúe en el medio de difusión correspondiente, sin que ello exima de las otras responsabilidades legales en que se hubiere incurrido. Este derecho de rectificación está expresamente regulado en la Ley de Ejercicio del Periodismo de 1994[355], como obligación de los periodistas y medios de comunicación de rectificar, en la forma siguiente:

> Art. 9. "Toda tergiversación o ausencia de veracidad en la información debe ser rectificada oportuna y eficientemente. El periodista estará obligado a rectificar y la empresa deberá dar cabida a tal rectificación o a la aclaratoria que formule el afectado".

Básicamente, por tanto, el derecho a la rectificación frente a informaciones inexactas, se garantiza legalmente obligando a los periodistas a efectuar la rectificación, y obligando a los medios a dar cabida a tal rectificación. Esta, por supuesto, no la tiene que formular el afectado, sino que es una obligación del periodista de formularla, y del medio de comunicación, de publicarla. Sin embargo, se trata de un derecho que no está garantizado afectivamente, pues no están previstos medios efectivos de obligar a la rectificación, salvo el derecho de amparo judicial. Es raro, para no decir inexistente, encontrar en los medios de comunicación rectificaciones de periodistas, salvo las que se refieren a simples errores de imprenta (omisión o confusión de nombres, por ejemplo).

Distinto al derecho de rectificación, es el derecho a respuesta, que también es un derecho inherente a la persona humana, y que implica que frente a informaciones inexactas o que afecten al honor de una persona, ésta tiene el derecho de responder las imputaciones que se le hacen, y a que el medio de comunicación originalmente empleado, publique en forma gratuita el texto o respuesta que muestre el punto de vista del lesionado, lo cual debería efectuarse en la misma página y con los mismos caracteres tipográficos. Es el derecho de los ciudadanos a defenderse contra el poder de la prensa, y que obliga al Director del medio de comunicación a dar cabida "a la aclaratoria que formule el afectado" (Art. 9 Ley de Ejercicio del Periodismo). Sin embargo es evidente que este derecho por no estar completamente asegurado en el

---

355   Véase en *G.O.* 4883 Extra de 31-3-95.

derecho positivo, no es respetado cabalmente por los medios escritos de comunicación, los que incluso deberían estar obligados a publicar el texto de la respuesta en extensión de hasta el doble del espacio destinado a la información tergiversada. En todo caso, a pesar de las restricciones y prohibiciones establecidas, por ejemplo, en el Reglamento de Radiodifusión (Art. 53), no hay norma alguna que garantice el derecho a respuesta en los medios audiovisuales (radio, televisión), pero ello no impediría que pudiera asegurarse el ejercicio del derecho mediante un mandamiento judicial de amparo. En todo caso, para el ejercicio de los derechos de rectificación y respuesta, así como para exigir las responsabilidades derivadas del ejercicio de la libertad de información, o como lo señala la Convención Americana sobre Derechos Humanos, "para la efectiva protección de la honra y la reputación, toda publicación o empresa periodística, cinematográfica, de radio o televisión tendrá una persona responsable que no esté protegida por inmunidades ni disponga de fuero especial" (Art. 14,3). En consecuencia, no pueden ser directores o responsables de la edición de medios de comunicación, personas investidas con el cargo de senador o diputado, que gozan de inmunidad parlamentaria lo que, lamentablemente, con frecuencia se ha irrespetado en el país.

c.   *El derecho a la información*

En el texto de la Constitución de 1961, al regularse el derecho de cada quien de expresar su pensamiento, se ha consagrado expresamente el derecho de informar, el cual, en particular, lo ejercen los periodistas y las empresas propietarias de medios de comunicación. Este derecho, en su regulación, sigue un esquema de regulación clásico: se consagra la libertad de información, particularmente frente al Estado, con lo cual se siguen los moldes clásicos de cuando la libertad de prensa fue una batalla ganada constitucionalmente frente al Poder. Este esquema de regulación positiva, sin embargo, es evidente que se estructuró mucho antes de las transformaciones técnicas, económicas y sociales de la prensa actual, y mucho antes de la aparición y desarrollo del cine, la radio y la televisión.

Ante el mundo de las comunicaciones de la actualidad, sin embargo, ya el problema no es sólo de preservar el derecho a la libertad de informar, sino garantizar otro derecho no enumerado en la Constitución: el derecho humano a la información, a ser informados veraz y objetivamente. Este ya no es un derecho frente al Estado, el cual ha perdido la posibilidad de monopolizar la información, sino básicamente, frente a quienes controlan la información, es decir, los periodistas y las empresas que manejan los medios de información.

La libertad de información, en términos generales, sigue siendo la libertad de unos pocos frente al derecho de muchos a recibir información, pues la importancia y magnitud económica de los medios de información en la actualidad, ha provocado la concentración de algunos medios en manos del Estado o en manos de grupos económicos o personales determinados. A causa de ello, el derecho humano a la información, que es la esencia de la libertad de información correctamente concebida, no encuentra en la actualidad una debida acogida en el ordenamiento positivo.

Se exige, por tanto, un gran esfuerzo para conciliar el interés de la sociedad y de los hombres a ser debida y verazmente informados y el interés del Estado y de los grupos políticos y económicos que manejan los medios de información. La libertad de información debe entonces consistir en algo más que la sola posibilidad de oponerse o presionar contra el gobierno o en favor de intereses políticos o económicos, de manera que pueda asegurar el derecho humano a la información. En esta forma, la libertad de información tiene que tener una función social que cumplir: el garantizar a todos el derecho a la información, es decir, el derecho a ser informado y a conocer verazmente la realidad social, política y económica. Una libertad de información tendiente a garantizar el derecho a la información podría ser entonces un arma para la lucha del hombre contra la alineación, y no como parecen constituir en la actualidad buena parte de los medios de información, un medio para la alineación.

Por supuesto, para ello, lo fundamental y primero que tendría que garantizar el ordenamiento, jurídico, es la objetividad de la información. En cuanto a los periodistas, la Ley de Ejercicio del Periodismo establece entre sus deberes, el utilizar "la libertad de expresión al servicio de la verdad y objetividad de las informaciones" (Art. 34,1), de manera que se consideran como violaciones a la ética periodística, entre otros hechos, el "incurrir voluntariamente en errores de hecho en sus informaciones", el "adulterar intencionalmente las opiniones y declaraciones de terceros", el "negarse a rectificar debidamente los errores de hecho en que haya podido incurrir al reportar sobre personas, sucesos y declaraciones" el "adulterar o tergiversar intencionalmente las informaciones con el objetivo de causar daño o perjuicio moral a terceros". Antes de la reforma de 1994 también se consideraba como violación a la ética periodística el "apartarse deliberadamente de la objetividad en las informaciones sobre personas y sucesos".

Sin embargo, no hay normas en el ordenamiento positivo, que prescriban lo mismo respecto de los directores o responsables de los medios de comunicación o de las empresas que los operan en general; y así, muchas veces son los mismos periodistas, los que sufren de censuras y tergiversaciones en su trabajo, por la orientación que se les da a las informaciones que producen al ser procesadas en la redacción, de periódicos, radios y televisoras. La objetividad de la información, por tanto, está a veces opacada por el interés de quienes dirigen o manejan los medios, vulnerándose así, el derecho a ser informado.

L.   *El derecho de petición y a obtener oportuna respuesta*

Conforme a la más clásica tradición en materia de declaración de derechos, la Constitución de Venezuela establece como uno de los derechos individuales, el derecho de petición, al prescribir- en su artículo 67 lo siguiente:

"Todos tienen el derecho de representar o dirigir peticiones ante cualquier entidad o funcionario público, sobre los asuntos que sean de la competencia de éstos y a obtener oportuna respuesta".

Un principio similar está prescrito en casi todas las Constituciones modernas, partiendo del principio establecido en la Enmienda N° 1 a la Constitución de los Estados Unidos de Norteamérica, en 1789.

El procedimiento administrativo legalmente regulado, en consecuencia, tiene por objeto, ante todo, garantizar tanto el derecho de peticionar ante la Administración Pública, como el de obtener de las autoridades administrativas la oportuna respuesta a dichas peticiones. Por ello, incluso la Ley Orgánica de Procedimientos Administrativos de Venezuela, reitera la declaración constitucional, precisando el derecho de petición administrativo, así:

"Artículo 2. Toda persona interesada podrá, por sí o por medio de su representante, dirigir instancias o peticiones a cualquier organismo, entidad o autoridad administrativa. Estos deberán resolver las instancias o peticiones que se les dirijan o bien declarar, en su caso, los motivos que tuvieren para no hacerlo".

Por supuesto, la regulación del derecho de petición en las leyes de procedimiento administrativo trae variadas consecuencias formales.

En primer lugar, tratándose de peticiones administrativas, las leyes de procedimiento administrativo distinguen las simples peticiones de información o consulta, de las peticiones tendentes, por ejemplo, a lograr una decisión que cree o declare un derecho. En este último caso, las leyes exigen una legitimación concreta para poder introducir peticiones, que corresponde a los "interesados", es decir, a quienes tengan un interés personal, legítimo y directo en el asunto[356].

En segundo lugar, al regularse el derecho de petición, las leyes prescriben la forma de las peticiones en cuanto a los elementos formales que deben contener, referidos a la identificación del peticionante o solicitante, la precisión del objeto de la solicitud y los fundamentos o motivos de la petición (Art. 49 LOPA).

En tercer lugar, tratándose de peticiones o solicitudes de los interesados, las leyes de procedimiento administrativo generalmente establecen regulaciones relativas a la recepción y registro de documentos (Arts. 44 y 46 LOPA), a los efectos de dejar constancia auténtica, entre otros aspectos, de la fecha de las peticiones. Esto tiene importancia procesal, por la obligación que las leyes imponen a los funcionarios de respetar el orden riguroso de presentación de las peticiones, al momento de decidir sobre las mismas y evitar así favoritismos.

En cuarto lugar, las leyes de procedimientos administrativos, al regular las peticiones como derecho de los administrados, también establecen el derecho de éstos de desistir de sus peticiones o de renunciar a su derecho (Art. 63 LOPA). En el mismo orden de ideas, las leyes regulan la extinción del procedimiento por perención, cuando éste se paraliza por un lapso de tiempo (2 meses, por ejemplo) por causas imputables al interesado, contado a partir de la notificación que le haga la Administración (Art. 64 LOPA). Sin embargo, prescriben las leyes que, no obstante el desistimiento o perención, la Administración puede continuar la tramitación de procedimientos, si razones de interés público lo justifican (Art. 66 LOPA).

En quinto lugar, tratándose de un derecho de petición con garantía de oportuna respuesta, las leyes de procedimiento administrativo reafirman la obligación de la Administración y de sus funcionarios de resolver, rápida y oportunamente, las peticiones, prescribiendo además plazos para las decisiones. Así, por ejemplo, la Ley Orgánica de Procedimientos Administrativos establece los lapsos según los tipos de procedimiento: Si se trata de procedimientos simples, que no requieren sustanciación, la Administración está obligada a decidir las peticiones en un lapso de 20 días;

---

356 Arts. 22 y 48 LOPA. Véase Allan R. Brewer-Carías, *Principios del Procedimiento Administrativo*, Madrid, 1990, pp. 141 y ss.

en cambio, si el procedimiento requiere sustanciación, la Ley establece un lapso de 4 meses para la decisión, con posibilidad de prórroga de 2 meses (Arts. 3, 5 y 60 LO-PA).

En sexto lugar, la consecuencia de la regulación del derecho de petición y del derecho de obtener oportuna respuesta es la declaración formal de las leyes de procedimiento de la responsabilidad de los funcionarios públicos por el retardo, omisión, distorsión o incumplimiento de cualquier procedimiento (Arts. 3, 100 y 101 LO-PA).

Por último, para garantizar "la oportuna respuesta" a los efectos del ejercicio del derecho a la defensa, las leyes de procedimiento administrativo han establecido la presunción de que la misma se ha producido tácitamente, con el transcurso del tiempo y el silencio de la Administración. Por ello, uno de los aspectos de mayor interés en la codificación del procedimiento administrativo ha sido, precisamente, el establecimiento de reglas generales tendentes a garantizar la situación de los administrados frente al silencio de la Administración, entre las cuales están tanto el principio del silencio negativo como del silencio positivo, y la posibilidad de acudir a la vía contencioso-administrativa contra la carencia de la Administración.

El principio de los efectos negativos del silencio administrativo puede decirse que es el más generalizado y establecido en casi todas las legislaciones sobre procedimiento administrativo de Hispanoamérica. Un ejemplo de su formulación más general está en el artículo 4 de la Ley Orgánica de Procedimientos Administrativos de Venezuela, que prescribe que:

"En los casos en que un órgano de la Administración Pública no resolviere un asunto o recurso dentro de los correspondientes lapsos, se considerará que ha resuelto negativamente y el interesado podrá intentar el recurso inmediato siguiente, salvo disposición expresa en contrario. Esta disposición no releva a los órganos administrativos, ni a sus funcionarios, de las responsabilidades que le sean imputables por la omisión o la demora".

Se trata, por tanto, de la consagración general de un valor negativo, al transcurso del tiempo sin que haya decisión de la Administración, presumiéndose que al vencimiento del lapso legalmente prescrito para decidir, se ha producido una decisión tácita denegatoria de lo solicitado o del recurso interpuesto.

De esta norma pueden distinguirse tres supuestos diferentes de casos de silencio tácito denegatorio.

En primer lugar, el silencio respecto de la decisión de solicitudes o peticiones que, conforme al Código Contencioso-Administrativo de Colombia, "transcurrido el plazo de dos meses contados a partir de la presentación de una petición sin que se haya notificado decisión que la resuelva, se entenderá que ésta es negativa" (Art. 40). En la Legislación española, al principio antes indicado se agrega la necesidad de que el interesado ponga en mora a la Administración y sólo después de tres meses de denunciada la mora es que "podrá considerar desestimada su petición, al efecto de deducir, frente a esta denegación presunta, el correspondiente recurso administrativo o jurisdiccional, según proceda, o esperar la resolución expresa de su petición" (Art. 94.1). El mismo principio de la puesta en mora a la Administración, como condición para que surja decisión presunta derivada del silencio de la Administración, se establece en la legislación argentina (Art. 10).

En segundo lugar, el silencio tácito denegatorio también se produce por el transcurso del tiempo en los procedimientos que se inician de oficio y que por tanto, no resultan del ejercicio del derecho de petición. El transcurso del tiempo permitiría el ejercicio del recurso respectivo, siempre que, por supuesto, el acto tácito negativo lesione intereses personales, legítimos y directos. Por ejemplo, si un inmueble amenaza ruina y la Administración no resuelve el procedimiento iniciado de oficio para ordenar o no su demolición, los vecinos interesados podrían intentar los recursos respectivos[357].

El tercer supuesto en el cual se produce el silencio tácito denegatorio, es en materia de ejercicio de recursos administrativos, en el sentido de que si no son resueltos por la Administración en los lapsos prescritos, se presume que la Administración los ha declarado sin lugar, procediendo, entonces la posibilidad de ejercer, según los casos, el recurso administrativo subsiguiente o el recurso contencioso administrativo.

En esta materia, el Código Contencioso Administrativo de Colombia precisa que la ocurrencia del silencio administrativo negativo "implica la pérdida de la competencia de la Administración para resolver los recursos" (Art. 60); regla que no es necesariamente general en América Latina. En otros países, a pesar de haberse producido el acto derogatorio por silencio e incluso, de haberse recurrido contra el acto tácito derivado del silencio, la Administración no pierde poder para decidir, como sucede en Venezuela[358].

En todo caso, y salvo el caso de Colombia, lo importante de las regulaciones legislativas relativas al silencio negativo, es que el principio de la decisión tácita se establece en beneficio exclusivo de los administrados, como garantía a sus derechos de protección, por lo cual, el recurrir contra el acto tácito no es una carga impuesta a los interesados, los cuales en todo caso pueden esperar la decisión expresa.

Por otra parte, se destaca también que la regulación de esta garantía no exime al funcionario de su obligación de decidir, quedando comprometida su responsabilidad por la demora en que incurra. Así lo regulan expresamente las legislaciones (Art. 4 LOPA) y en particular lo expresa con toda claridad la Ley española de Procedimiento Administrativo, al señalar que "la denegación presunta no excluirá el deber de la Administración de dictar una resolución expresa"; agregando que "Contra el incumplimiento de este deber podrá deducirse reclamación de queja, que servirá de recordatorio previo de responsabilidad personal, si hubiere lugar a ella, de la autoridad o funcionario negligente" (Art. 94.3).

Por otra parte, en cuanto a la consagración del silencio administrativo con efectos positivos, y salvo el caso de la Legislación de Costa Rica, el principio es que debe ser establecido por ley especial, en cada caso. Así lo establece expresamente el Código Contencioso-Administrativo de Colombia (Art. 41), y las Leyes de Procedi-

---

357   Vid. en Allan R. Brewer-Carías, El Derecho Administrativo y Ley Orgánica de Procedimientos Administrativos, Caracas, 1985, p. 230.

358   Vid. Allan R. Brewer-Carías, Estado de Derecho y Control Judicial, Madrid, 1985, p. 321.

miento Administrativo de España (Art. 95) y Argentina (Art. 10). En otros países, como Venezuela, aún sin previsión en la Ley de Procedimientos Administrativos, en leyes especiales como la relativa a la ordenación del territorio y a la ordenación urbanística, se regula la figura del silencio positivo en materia de autorizaciones, aprobaciones y permisos[359].

En contraste con el régimen del silencio positivo establecido sólo en leyes especiales, la Ley General de Administración Pública de Costa Rica, en forma excepcional en el derecho comparado, ha consagrado con carácter general la figura del silencio administrativo positivo en los casos de procedimientos autorizatorios. El artículo 330 de dicha Ley, en efecto, establece que:

"1.   El silencio de la Administración se entenderá positivo cuando así se establezca expresamente o cuando se trate de autorizaciones o aprobaciones que deban acordarse en el ejercicio de funciones de fiscalización y tutela.

2.   También se entenderá positivo el silencio cuando se trate de solicitudes de permisos, licencias y autorizaciones".

En la norma se establecen, en realidad, dos supuestos de silencio administrativo positivo: en primer lugar, en las relaciones interorgánicas, internas de la Administración, cuando se trate de autorizaciones o aprobaciones que, como lo dice la legislación española (Art. 95), con motivo del ejercicio de funciones de fiscalización y tutela, pongan en relación los órganos superiores con los inferiores dentro de una misma estructura jerárquica o en relación de descentralización funcional. A pesar de que la Ley de Costa Rica no lo precise como lo hace la ley española, entendemos que la figura del silencio positivo no puede darse, por ejemplo, respecto de las funciones de fiscalización y control que órganos constitucionales, como la Contraloría General de la República, realizan respecto de los órganos de la Administración Central o descentralizada.

El segundo supuesto del silencio administrativo positivo consagrado en forma general, se refiere a los casos de solicitudes de permisos, licencias y autorizaciones, es decir, en los procedimientos autorizatorios, que es precisamente donde las leyes especiales en otros países generalmente los regulan.

No regula, sin embargo, la Ley de Costa Rica, la forma práctica de eficacia del acto tácito positivo, lo cual sin embargo sí se precisa en el Código Contencioso Administrativo de Colombia, al prescribir que "la persona que se hallare en las condiciones previstas en las disposiciones legales que establecen el beneficio del silencio administrativo positivo, protocolizará la constancia o copia de que trata el artículo 5° (petición), junto con su declaración jurada de no haberle sido notificada una decisión dentro del término previsto". En esta forma, la escritura y sus copias producirán todos los efectos legales de la decisión favorable que se pidió, y es deber de todas las personas y autoridades reconocerla así (Art. 42).

---

359   *Vid.* Allan R. Brewer-Carías, Ley Orgánica para la Ordenación del Territorio, Caracas, 1983, pp. 66-67; Allan R. Brewer-Carías, y otros, *Ley Orgánica de Ordenación Urbanística*, Caracas, 1988; pp. 57 ss.; Humberto Romero Muci, en *Idem* , pp. 144 ss.

En todo caso, tratándose de un acto administrativo tácito declarativo de derechos a favor de los interesados, el acto administrativo producto del silencio positivo es un acto irrevocable por la Administración[360].

M.   *El derecho a la tutela judicial*

a.   *El derecho de acudir a la justicia*

Por otra parte, también se consagra como derecho individual en el artículo 68 de la Constitución, el derecho a utilizar los órganos de la administración de justicia para la defensa de los derechos e intereses, dentro de las condiciones que establezcan las leyes, siendo además la defensa, un derecho inviolable en todo estado y grado del proceso. Sin embargo, a pesar de la exigencia de la Constitución de que la ley deberá fijar "normas que aseguren el ejercicio de este derecho a quienes no dispongan de medios suficientes", las diferencias de orden económico siguen siendo una de las grandes limitaciones al efectivo y libre acceso a los medios de protección jurisdiccional[361], pues salvo la superada figura de la declaración de pobreza que prevé el Código de Procedimiento Civil[362], la ley no garantiza el ejercicio pleno de este derecho, el cual queda reservado, de hecho, a una minoría privilegiada económicamente.

Por otra parte y en el mismo orden judicial, la Constitución garantiza el que nadie podrá ser juzgado sino por sus jueces naturales, por lo que no podrán constituirse tribunales *ad hoc* para el castigo en determinadas personas; y el que nadie podrá sufrir pena que no esté establecida por la ley preexistente, recogiéndose un clásico principio de derecho penal[363].

b.   *El derecho a ser juzgado por sus jueces naturales*

En efecto, la garantía establecida en el artículo 69 de la Constitución, conforme al cual "Nadie podrá ser juzgado sino por sus jueces naturales", protege a las personas en el sentido de que sólo pueden ser juzgados por tribunales pre-existentes que formen parte del Poder Judicial, que sean competentes y que por tanto, sean imparciales e independientes.

En este sentido, el "juez natural" es el "creado conforme a los principios constitucionales y que es competente para conocer todos los casos y respecto de todas las personas. En otros términos, este principio prohíbe la creación de tribunales para que conozcan determinados casos o juzguen a una o varias personas en particular[364].

En otras palabras, la garantía constitucional busca impedir que las personas sean juzgadas por tribunales especiales, *ad-hoc* creados *ex-post facto,* que no formen

---

360   Art. 331.2 LGA, Costa Rica; el Art. 41 CCA Colombia, en cambio, establece diversos supuestos de revocación

361   Véase Allan R. Brewer-Carías, *Cambio Político y Reforma...*, *cit.*, capítulo 22.

362   Artículos 28 y ss.

363   Artículo 69. Véase Sentencia de la CFC en SPA de 16-5-38 en *M.* 1939, pp. 213 y 214

364   Rubén Hernández Valle, *Las Libertades Públicas en Costa Rica*, San José, 1990, p. 82.

parte del Poder Judicial, y que, por tanto, de acuerdo con el ordenamiento, ni sean los normalmente competentes, ni sean imparciales e independientes.

Esta norma del artículo 69 de la Constitución tiene antecedentes en toda la historia constitucional del país.

El antecedente de la norma en la Constitución de 1811, por otra parte, está en la Constitución francesa de 1791, en cuyo preámbulo, el Art. 4 establecía que ningún ciudadano podía ser sustraído de los jueces legalmente designados, para someterlo, a una comisión o a otros organismos con atribuciones distintas a las determinadas por la ley.

El tema de la garantía a ser juzgado por los jueces naturales, por tanto, no es nuevo ni siquiera propio de los derechos nacionales, pues ha sido consagrado en las declaraciones internacionales de derechos humanos.

De todas las normas anteriormente citadas, así como del texto del artículo 69 de la Constitución, surge claramente que la garantía de ser juzgado por el juez natural consiste en que toda persona tiene derecho a ser juzgado por un tribunal que forme parte del Poder Judicial, y por tanto, independiente e imparcial, establecido con anterioridad de conformidad con la ley, y con la competencia prevista en ésta, de manera general.

El tema del derecho a ser juzgado por sus jueces naturales fue precisado hace décadas por la antigua Corte Federal y de Casación, en Sala Político Administrativa, en sentencia de 16-5-38, al conocer de la impugnación, por nulidad, de una Ordenanza de Policía que regulaba sanciones administrativas-policiales respecto de vagos, concluyendo en que dicha Ordenanza no violaba la garantía a ser juzgado por sus jueces naturales, pues esto sólo ocurre cuando un tribunal es "creado especialmente", es decir, "con motivo de un caso particular" y no "en términos generales, para todos los casos; y tal es el concepto de juez natural"[365].

Como lo ha señalado Héctor Faúndez, "lo que la garantía desea es evitar la creación y operación de "comisiones" o "tribunales especiales", que no tengan asignada la competencia sobre el caso concreto con anterioridad a los hechos que se van a juzgar"[366].

La garantía, por tanto, nada tiene que ver con la modificación de competencias de tribunales preexistentes. En tal sentido el *Comité de Derechos Humanos de Naciones Unida*, en el caso 66/1980 contra Uruguay, al conocer de un asunto concerniente en la modificación de la competencia de tribunales preexistentes, retirando el proceso de un juez ordinario y asignándolo a un tribunal distinto, no se pronunció sobre la posible violación de la garantía en particular, aún cuando se trataba del caso de un proceso que —después de estar paralizado por algún tiempo— se reinició ante un tribunal militar, luego que una ley sometiera a la jurisdicción militar todos los delitos políticos, incluso los procesos en curso[367].

---

365 *Memoria* 1939, pp. 212 y ss.

366 M. Héctor Faúndez Ledesma, *Administración de Justicia y Derecho Internacional de los Derechos Humanos (El Derecho a un juicio justo)*, Caracas, 1992, p. 227.

367 *Cit.* Por Héctor Faúndez, *op. cit.*, p. 227.

En realidad, lo que la garantía persigue, es que el tribunal que conozca de la causa sea un tribunal preexistente, con competencia asignada conforme a la ley, y que sea imparcial e independiente, es decir, que forme parte del Poder Judicial, y que por tanto, pronuncie su decisión conforme a las normas habituales de justicia y no mediante procedimientos excepcionales.

Pero es indudable que, incluso, el hecho de la creación de tribunales especiales, en sí mismo, no violaría la garantía. En relación al artículo 14 del Pacto Internacional de Derechos Civiles y Políticos, que es ley de la República, y que consagra la garantía de ser juzgado por tribunales y cortes de justicia competentes, independientes e imparciales establecidos por ley, el *Comité de Derechos Humanos de Naciones Unidas,* en la declaración intitulada "Principios básicos relativos a la independencia de la judicatura" aprobados con el Séptimo Congreso de las Naciones Unidas sobre la prevención del delito y tratamiento del delincuente, celebrado en Milán en 1985 y ratificados por la Asamblea General de la ONU por Resolución 40/146 del 13-12-85; puede decirse que ha sido renuente a considerar los tribunales especiales como intrínsecamente incompatibles con el artículo 14 del Pacto. En su Comentario General N° 13, párrafo 4° de los Principios, en efecto, señaló:

> "Las disposiciones del artículo 14 se aplican a todos los tribunales y cortes de justicia comprendidos en el ámbito de este artículo, ya sean ordinarios o especiales. El Comité observa la existencia, en muchos países, de tribunales militares o especiales que juzgan a personas civiles. Esto podría presentar graves problemas en lo que respecta a la administración equitativa, imparcial e independiente de la justicia. Muy a menudo la razón para establecer tales tribunales es permitir la aplicación de procedimientos excepcionales que no se ajustan a las normas habituales de justicia. Si bien el Pacto no prohíbe esas categorías de tribunales, las condiciones que estipula indican claramente que el enjuiciamiento de civiles por tales tribunales debe ser muy excepcional y ocurrir en circunstancias que permitan verdaderamente la plena aplicación de las garantías previstas en el artículo 14... En algunos países esos tribunales militares y especiales no proporcionan las garantías estrictas para la adecuada administración de justicia, de conformidad con las exigencias del artículo 14, que son fundamentales para la eficaz protección de los derechos humanos. Si los Estados Partes deciden, en situaciones excepcionales, como prevé el artículo 4, dejar en suspenso los procedimientos normales requeridos en virtud del artículo 14, deben garantizar que tal suspensión no rebase lo que estrictamente exija la situación en el momento y que se respeten las demás condiciones estipuladas en el párrafo 1 del artículo 14"[368].

El sentido de esta garantía constitucional de ser juzgado por el juez natural es la exigencia de que el Juez o el Tribunal sean realmente imparciales y establecidos con anterioridad, de conformidad por la Ley, lo cual constituye una prohibición al establecimiento de fueros especiales.

---

368   Citado por Daniel O' Donnell, *Protección Internacional de los Derechos Humanos*, Comisión Andina de Juristas, Lima, 1988, p. 161.

Sobre ello José Thompson ha señalado:

"Lamentablemente, la formación y funcionamiento de fueros especiales es todavía un hecho no tan inusual en las legislaciones latinoamericanas.

También es una violación de este principio la asignación de competencias sobre hechos delictuosos a Tribunales que no sean los ordinarios, lo cual ocurre cuando se concede, por ejemplo a los fueros militares, la competencia sobre todos los casos en que pueda resultar comprometida una acción que atente contra la estabilidad nacional.

Igualmente el principio de Juez Natural en materia de derechos humanos significa no sólo una garantía para el procesado, sino también un esfuerzo para llegar a la certeza de un juzgamiento efectivo. En otras palabras, se trata de evitar la constitución de Tribunales especiales "blandos", preparados para impedir una condena ante que para llevar a cabo un procedimiento"[369].

Por otra parte, en relación a esta garantía constitucional, como lo ha destacado Héctor Faúndez:

"Tanto el Pacto de Derechos Civiles y Políticos como la Convención Americana de Derechos Humanos insisten en la competencia del tribunal. No se trata sólo de la jurisdicción del tribunal (concepto distinto al de competencia), *sino de que éste sea, precisamente, el llamado por el ordenamiento jurídico a conocer de esa controversia en particular*. Esto es, que éste sea el competente para determinar el alcance de los derechos u obligaciones civiles de la persona afectada, o el llamado por la ley a pronunciarse sobre su culpabilidad o inocencia en el caso de una acusación criminal.

En el derecho anglosajón se diría que la persona tiene derecho a ser juzgada por "sus pares" o iguales. En nuestros días, en que prevalece el principio de igualdad ante la ley, lo fundamental es que el tribunal que conozca del caso sea, precisamente, el señalado por la ley para tal efecto. En todo caso, lo que se desea evitar con esta garantía es la creación, operación de "comisiones" o "tribunales especiales", que no tengan asignada la competencia sobre el caso concreto con anterioridad a los hechos que van a juzgar"[370].

Por otra parte, otra condición señalada por los instrumentos internacionales que garantizan el derecho a ser juzgado por los jueces naturales, se refiere a que el tribunal debe haber sido establecido de conformidad con la ley.

Como lo señala el mismo Faúndez:

"Si el propósito de esta garantía es impedir que alguien pueda ser juzgado por comisiones especialmente creadas para ese caso, o por tribunales *ad-hoc,* el enunciado original de este derecho debería agregarse, primero que nada, que la

---

369   José Thompson "Garantías penales y procesales en el derecho de los derechos humanos" en Lorena González Volio (ed), *El Juez y la defensa de la democracia*, IIDH, San José, 1993, pp. 149 y 150

370   Héctor Faúndez, "El derecho a un juicio justo: las condiciones que debe reunir todo tribunal", en *Boletín de la Comisión Andina de Jurista*, Nº 33, Lima, junio 1992, p. 46.

idea es que el tribunal haya sido establecida "con anterioridad" al hecho del cual va a conocer; esto es, debe tratarse de un tribunal "previamente" establecido conforme a la ley, y así debe interpretarse en conexión con el derecho a ser oído "con las debidas garantías".

En cuanto a la determinación de derechos u obligaciones de carácter civil, o de posibles responsabilidades penales, esta garantía pretende asegurar que se conozca de antemano el tribunal llamado a conocer de cualquier controversia que surja sobre la materia; al mismo tiempo, ella pretende evitar el que dichas controversias sean sometidas a comisiones o tribunales especialmente creados al efecto y que podrían tener una actitud prejuiciada en torno al caso. La sola existencia de estos tribunales o comisiones especiales, creados *ad-hoc* para el conocimiento de una determinada situación, constituyen una violación al principio de la igualdad ante los tribunales y llevan implícito el germen de su dependencia y falta de ecuanimidad e imparcialidad"[371].

En suma, el derecho de toda persona a un proceso regular que comprende ser juzgada por sus jueces naturales, implica ser juzgado por un tribunal competente, independiente e imparcial, establecido con anterioridad por la ley. Según esto:

1. Nadie puede ser juzgado por un tribunal creado *ex-post facto,* es decir, por un tribunal creado después del hecho imputado, con el propósito específico de juzgarlo "a la medida" del afectado o del caso. Esto implica el derecho a ser juzgado por un tribunal establecido con anterioridad de conformidad con la ley. El propósito de esta garantía es impedir que alguien pueda ser juzgado por comisiones *ad-hoc,* cuya imparcialidad está lejos de asegurarse. En el fondo este es un imperativo de la imparcialidad e independencia del tribunal, pues la escogencia de jueces *ad-hoc,* especialmente en ciertos procedimientos especiales como los militares, están enderezados a condicionar la independencia del juez frente a la jerarquía que lo ha designado, a la que debe obediencia. Es también un imperativo de la igualdad ante la ley, a la que repugna que un ciudadano sea discriminado y sometido especialmente a un tribunal creado particularmente para enjuiciarlo.

Pero este principio no puede oponerse al funcionamiento normal para ese fin con el propósito de administrar justicia sin discriminación dentro de la esfera de competencia, en todos los casos, situaciones personas que se encuentren en el supuesto de la norma que los atribuye. Mucho menos puede oponerse a que tribunales preexistentes y competentes previamente por razón de la materia, entren a conocer de procesos en curso en virtud de una decisión de especialización de competencias adoptada por el órgano legalmente facultado para decidirla.

En estos casos no se trata de la creación de un tribunal *ex-post fado,* sino que de acuerdo con la normativa vigente para la atribución de competencia a los tribunales de la República, el conocimiento de determinados hechos en causa ha sido legalmente atribuido a un tribunal establecido con anterioridad, cuyo juez titular había sido designado con entera prescindencia del caso de autos y que de ninguna manera puede ser considerado como un funcionario judicial seleccionado *ad-hoc* para cum-

---

371 Héctor Faúndez, "El derecho a un juicio justo... *loc. cit.*, p. 55. Véase además, en el libro citado del mismo autor, *Administración de Justicia...*, pp. 227 y ss.

plir sus actuaciones sin la imparcialidad debida. En estos, casos, se trataría, por lo demás, de un tribunal que ha tenido desde siempre competencia para conocer de las materias que se le someten, las cuales comprende los supuestos en los cuales se le ha especializado la competencia. En estos casos todos los interesados estarían siendo juzgados por un juez natural, creado con anterioridad al hecho imputado y sujeto a actuar con independencia e imparcialidad.

2. Toda persona tiene derecho a ser juzgado por un tribunal independiente e imparcial, tanto por lo que respecta al sistema judicial en su conjunto como por lo que toca a la libertad de apreciación de cada juez en particular. La atribución de competencia en determinadas materias a tribunales preexistentes no podría considerarse como una fuente estructural o personal de subordinación, toda vez que eliminada modificaría la independencia e imparcialidad de la que los jueces titulares, en su persona y como órganos del sistema judicial, tenían hasta la fecha en que tal competencia le fue atribuida.

3. Toda persona tiene el derecho a ser juzgado por un tribunal competente. La competencia ha de ser atribuida por los órganos constitucional y legalmente aptos para hacerlo. En el caso, de acuerdo con la Ley Orgánica del Consejo de la Judicatura, éste es el órgano del Poder Nacional que tiene atribuida la competencia para determinar la especialización de la competencia de los tribunales de la República.

c. *El derecho a la defensa*

El artículo 68 de la Constitución, además, consagra el derecho a la defensa en todo estado y grado del proceso, el cual como lo ha destacado Michael Stassinopoulos, "es tan viejo como el mundo"[372] y, por tanto, es un derecho inherente a la persona humana.

Su formulación jurisprudencial histórica se la sitúa en el famoso *Dr. Bewtley's Case* decidido en 1723 por una Corte inglesa, en el cual el Juez Fortescue, al referirse al mismo como un principio de *natural justice,* señaló:

> "The objection for want of notice can never be got over. The laws of God and men both give the party an opportunity to make his defense, if he has any. I remember to have heard it observed an occasion, that even God himself did not pass sentence upon Adem before he was called upon to make his defense, "Adam (says God) where are thou? Hast thou not eaten of the tree whereof I commanded thee that thou shuldest not eat? And the same question was put to Eve also"[373].

En dicha decisión se resolvió que el *Chancellar* de la Universidad de Cambridge, Dr. Bentley, no podía haber sido desprovisto de sus títulos o grados académicos, sin habérsele informado previamente de los cargos formulados en su contra y sin habér-

---

372   Michael Stassinopoulos, *Le droit de la défense devant les autorités administratives*, París, 1976, p. 50

373   *Dr. Bentley's case: The King v. The Chancellor, Ec, of Cambridge* (1723), Stra. 557. Vid. las referencias en *Cooper v. The Board of Works for Wandsworth District* (1863), 14.C.B. (n.s.) 180, en S. H. Bailey, C. A. Cross y J. F. Garner, *Cases and materials in Administrative Law*, London, 1977, pp. 348-351.

sele dado la oportunidad de responderlos[374]. De ahí surgió la formulación judicial del principio del derecho a la defensa en el derecho inglés, como uno de los principios de *natural justice,* tan viejo como el mundo.

En el mundo contemporáneo, muchas Constituciones consagran el derecho a la defensa como un derecho constitucional como sucede en la Constitución de Venezuela. De acuerdo a la jurisprudencia de la Corte Suprema de Justicia en Sala Político Administrativa este derecho de defensa:

> "Constituye una garantía inherente a la persona humana y es, en consecuencia, aplicable en cualquier clase de procedimientos que puedan derivar en una condena"[375].

Pero, aún en ausencia de tales declaraciones, tradicionalmente se lo ha garantizado no sólo en la vía jurisprudencial, sino ante la Administración. Se destaca, así, la doctrina jurisprudencial del Consejo de Estado iniciada con el *arrêt Tery,* de 20 de junio de 1913 (Rec. 736) dictado también con motivo de la imposición a un profesor de liceo de medidas disciplinarias, sin habérsele asegurado su derecho a ser oído[376].

Ahora bien, en materia de procedimiento administrativo, el derecho a la defensa ha tenido múltiples desarrollos, de manera que, incluso, se habla de "los derechos de la defensa"[377], cuyos principios han sido objeto de una amplia regulación legislativa en las leyes de procedimiento administrativo.

Por ello, en materia administrativa, con razón, el derecho a la defensa se ha considerado no sólo como una exigencia del principio de justicia, sino también del principio de eficacia, "porque asegura un mejor conocimiento de los hechos, contribuye a mejorar la Administración y garantiza una decisión más justa[378]. Por supuesto, el aspecto que nos interesa destacar más, es el de las garantías adjetivas establecidas en el ordenamiento jurídico para hacer efectivo dicho derecho a la defensa, debiéndose considerar bajo esta perspectiva, como lo ha expresado la Corte Suprema de Justicia, que:

> "el derecho a la defensa debe ser considerado no sólo como la oportunidad para el ciudadano encausado o presunto infractor de de hacer oír sus alegatos, sino como el derecho de exigir del Estado el cumplimiento previo a la imposición de toda sanción, de un conjunto de actos o procedimientos destinados a permitirle conocer con precisión los hechos que se le imputan y las disposicio-

---

374 *Vid.* E. C. S. Wade y G. Godfrey Philips, *Constitutional and Administrative Law*, London, 1981, p. 599.

375 Sentencia de 23 de octubre de 1986, *Revista de Derecho Público*, Nº 28, Caracas, 1986, pp. 88-89. Cf. Sentencia de la Corte Suprema de Justicia en Sala Político Administrativa de 11 de a*G.O.*sto de 1983, *Revista de Derecho Público*, Nº 16, Caracas. 1983, p. 15.

376 M. Long, P. Weil y G. Braibant, *Les grandes arréts de la jurisprudence administrative*, París, 1978, pp. 119-120.

377 *Vid.* por ejemplo, R. Odent, "Les droits de la défense", *Etudes et Documents*, Conseil d'Etat, París, 1953, pp. 50 ss.

378 Sentencia de la Corte Primera de lo Contencioso Administrativo (Venezuela) de 15 de mayo de 1986, *Revista de Derecho Público*, Nº 26, Caracas, 1986, p. 110.

nes legales aplicables a los mismos, hacer oportunamente alegatos en su descargo y promover y evacuar pruebas que obren en su favor. Esta perspectiva del derecho a la defensa es equiparable a lo que en otros Estados de Derecho ha sido llamado como el principio del "'debido proceso"[379].

Desde este punto de vista del *due process of law,* el derecho a la defensa en el procedimiento administrativo se desdobla, en los siguientes derechos: derecho a ser notificado, derecho a hacerse parte, derecho a tener acceso al expediente, derecho a ser oído, derecho a presentar pruebas y alegatos y derecho a ser informado de los medios de defensa frente a la Administración[380].

N. *Los derechos de reunión y asociación*

Por último, y también como derechos individuales, la Constitución garantiza el "derecho de asociarse con fines lícitos, en conformidad con la ley" y el derecho de todos de "reunirse pública o privadamente, sin permiso previo, con fines lícitos y sin armas"; derechos que bajo el régimen democrático han sido efectivamente garantizados[381].

3. *Los derechos sociales*

El segundo grupo de derechos que la Constitución regula y garantiza son los derechos sociales[382] y en relación a éstos pueden distinguirse dos tipos de derechos: por una parte, aquellos expresa y directamente formulados por la Constitución; y por la otra, aquellos que pueden deducirse como contrapartida a las obligaciones que la Constitución establece para el Estado, y que, por tanto, su efectividad depende de la regulación legal que se dicte en cumplimiento de dichas obligaciones. No se trata, por tanto, de derechos exigibles por su sola previsión indirecta en la Constitución, sino que requieren de una consagración o actualización legal para su exigibilidad ante el Estado. Por esto, realmente, podría hablarse respecto a ellos, como "expectativas de derechos". En el primer caso, están sin embargo, el derecho a la protección de la salud, el derecho a la educación, el derecho al trabajo, y el derecho a la huelga.

A. *El derecho a la salud*

En primer lugar, el derecho a la protección de la salud, que conlleva una obligación constitucional a las autoridades de velar "por el mantenimiento de la salud pública" y de proveer "los medios de prevención y asistencia a quienes carezcan de

---

379 Sentencia de 17 de noviembre de 1983, Sala Político Administrativa, *Revista de Derecho Público*, Nº 16. Caracas, 1983, p. 115.

380 Véase Allan R. Brewer-Carías, *Principios del Procedimiento Administrativo... cit.*, pp. 174 y ss.

381 Artículos 70 y 71. Véase, por ejemplo, la Ley sobre Partidos Políticos, Reuniones y Manifestaciones Públicas de 15 de diciembre de 1964, en *G.O.*, Nº 27.620 y 16-12-64.

382 Sobre el sentido de la consagración de los derechos sociales en la Constitución, véase lo señalado en la Sentencia de la CSJ en CP de 27-5-69, en *G.F.*, Nº 64, 1969, pp. 21 y ss., en *G.O.*, Nº 1.484, extraordinaria de 4-10-71, p. 37. Véase además, en Allan R. Brewer-Carías, *Jurisprudencia de la Corte Suprema... Tomo I, cit.*, pp. 106 y ss.

ellos"[383]. A nivel legislativo, el régimen para garantizar este derecho está establecido en una antigua Ley de Sanidad de 1942, y en varias leyes dispersas, todas dictadas en la década de los años treinta[384] siendo la única excepción, el Reglamento General de Alimentos dictado por vía ejecutiva[385]. A ello hay que unir la dispersión administrativa del sector salud, con el resultado de que el derecho a la protección de la salud no está debidamente garantizado. En efecto, no sólo no existe a nivel del sector público un Servicio Nacional de Salud, sino que a nivel de los servicios privados de atención médica, éstos, por su elevado costo, resultan materialmente inaccesibles. Los particulares, entonces, se debaten entre unos servicios públicos dispersos y deficientes y unos servicios privados de costos inalcanzables.

El derecho a la protección de la salud, por ello, para ser debidamente garantizado, exigirá una firme acción del Estado que proteja a los particulares del poder privado de un sector del gremio médico que sólo ve en los servicios privados de atención médica una manifestación del libre ejercicio de las actividades lucrativas, y no una profesión que en si misma es un servicio público y social. Por otra parte, se hará indispensable en un futuro, actualizar la previsión constitucional relativa a la posibilidad de que la ley imponga, a quienes aspiren a ejercer la profesión de médico, el deber de prestar servicios en las instituciones del Servicio Nacional de Salud, por un lapso que podría ser de dos años y en el interior de la República[386], como medio para evitar la excesiva concentración de médicos en la capital de la República y en las demás áreas urbanas.

B. *El derecho a la educación y la libertad de enseñanza*

El segundo derecho social directamente establecido en la Constitución, es el derecho a la educación, el cual, a la vez, se configura como una obligación[387]. Este derecho, también conlleva, correlativamente, la obligación para el Estado de crear y sostener "escuelas, instituciones y servicios suficientemente dotados para asegurar el acceso a la educación y a la cultura, sin más limitaciones que las derivadas de la vocación y de las aptitudes" de manera de garantizar a todos una educación gratuita en todos sus ciclos, en los institutos oficiales[388]. Puede decirse que el sistema venezolano de la educación es de carácter mixto, ya que la Constitución exige al Estado estimular y proteger la educación privada[389]; por lo que, los conflictos tradicionales a partir de 1945, entre la educación oficial y la privada, particularmente católica,

383 Artículo 76.

384 Véase por ejemplo, la Ley de Protección contra la Fiebre Amarilla, la Ley de Defensa contra el Paludismo, la Ley de Vacunación, la Ley Orgánica de Sustancias Estupefacientes y Psicotrópicas de 1984, y la Ley de Defensa contra las Enfermedades Venéreas. Véase en MSAS, *Legislación Sanitaria Nacional*, 2 tomos, Caracas, 1967.

385 Véase Decreto N° 525 de 12-1-59, en *G.O.*, N° 25.864 de 16-1-59.

386 Artículo 57.

387 Artículos 55 y 78 y ss.

388 Artículo 78.

389 Artículo 79.

están superados en lo que concierne a su legitimidad[390]. Se consagra, por tanto, paralelamente al derecho a la educación, el derecho a educar o la libertad de enseñanza, sometida también a limitaciones constitucionales y legales[391].

En todo caso, a pesar de la gratitud de la educación oficial y de los progresos realizados en los últimos años a nivel de inversión pública, lejos está todavía de ser garantizado el derecho a la educación, y la población venezolana, en muchos casos, se debate entre la ausencia de escuelas, particularmente en las áreas marginales, y lo costoso de la educación privada; y en todo caso, de los libros y materiales escolares. Una regulación de estos últimos, y para garantizar la efectiva gratuidad de la enseñanza, ha sido indispensable, a la vez que una regulación de las tarifas de la educación privada, a la cual se ha tendido a subvencionar en muchos casos, de manera que se elimine lo que pueda haber de clasista en la misma. En todo caso, la Ley Orgánica de Educación de 1980 ha sido un paso de avance[392].

C. El derecho al trabajo y a la huelga

Además de los derechos a la protección de la salud y a la educación, el tercer derecho directamente establecido en la Constitución es el derecho al trabajo, el cual también, en este caso, se configura como un deber para toda persona apta para prestarlo[393]. En tan sentido, el Estado debe procurar que toda persona apta pueda obtener colocación que le proporcione una subsistencia digna y decorosa[394] quedando el trabajo sometido a protección especial por parte del Estado[395]. Indudablemente que el pleno empleo es todavía una de las metas a lograr en el desarrollo económico de nuestros países, donde la escasa industrialización aún no permite la creación del número de empleos requeridos para la población activa[396], por lo que el derecho al trabajo aún es uno de los derechos que están por garantizarse materialmente. Ello, sin embargo, no ha impedido el que, desde 1936, se haya dictado una legislación laboral, siendo la Ley Orgánica del Trabajo, un instrumento legal de gran contenido social. Hasta cierto punto, puede decirse que, inclusive, todos los principios contenidos en la Constitución de 1961 sobre la protección del trabajo[397], fueron inspirados en la legislación laboral de 1936. Debe indicarse, además, que íntimamente vin-

---

390 Un interesante análisis de estos conflictos, desde el punto de vista político, puede verse en Daniel H. Levine, Conflict and Political Change in Venezuela, Princenton University Press, 1973, pp. 62 y ss.

391 Artículo 79. La Constitución regula el derecho de toda persona natural o jurídica para dedicarse libremente a las ciencias o a las artes y, previa demostración de su capacidad, para fundar cátedras y establecimientos educativos bajo la suprema inspección y vigilancia del Estado. En relación a las limitaciones a este derecho, véase la sentencia de la CFC en SPA de 16-12-40 en M. 1941, pp. y ss., v. de 14-8-45 en M. 1956, pp. 135 y ss.; de la CFC en CP de 25-5-49. en GF, N° 2, 1949. pp. 7 a 9: y de la CSJ en SPA de 20-10-60, en GF, N° 30, pp. 40 y ss., publicada también en Doctrina PGR, 1971, Caracas, 1972, pp. 349 y ss. Véase en Allan R. Brewer-Carías, Jurisprudencia de la Corte Suprema... cit., Tomo I, pp. 426 y ss.

392 La Ley Orgánica de Educación fue publicada en G.O. N° 2.635 de 28-7-80.

393 Artículos 54 y 84 y ss.

394 Artículo 84.

395 Artículo 85.

396 Véase Allan R. Brewer-Carías, Cambio Político y Reforma....., cit.

397 Artículos 85 a 93.

culado al derecho al trabajo, la Constitución regula, también directamente, el derecho a la huelga dentro de las condiciones que fije la ley, aun cuando en los servicios públicos el mismo sólo podrá ejercerse en los casos en que la propia ley determine.

Ahora bien, no se ha dictado hasta la fecha ninguna ley que regule en especial la huelga en los servicios públicos, por lo que debe recurrirse a lo previsto en la Ley Orgánica del Trabajo para determinar su régimen.

Ante todo debe señalarse que la Ley Orgánica del Trabajo excluye de las disposiciones de su texto, a los miembros de los cuerpos armados, entendiendo por tales, los que integran las Fuerzas Armadas Nacionales, los servicios policiales y los demás que están vinculados a la defensa y la seguridad de la Nación y al mantenimiento del orden público (Art. 7).

La consecuencia de ello es que si bien las autoridades respectivas, dentro de sus atribuciones, deben establecer por vía reglamentaria, los beneficios de que deberá gozar el personal que preste sus servicios en dichos cuerpos, (Art. 7), la huelga está proscrita del ámbito de los mismos por ser incompatible con la índole de las labores de los miembros de dichos cuerpos armados.

Por otra parte, en cuanto a la huelga en el resto de los órganos de la Administración Pública, los obreros tienen derecho a ella conforme al artículo 8 de la Ley. En cuanto a los funcionarios o empleados públicos, los que no desempeñen cargos de carrera, no se les consagra el derecho de huelga; y los que desempeñen cargos de carrera tienen derecho a la huelga "en cuanto sea compatible con la índole de los servicios que prestan y con las exigencias de la Administración Pública" (Art. 8).

La Ley Orgánica del Trabajo, además, en particular respecto de la huelga en los servicios públicos, previo lo siguiente:

Art. 496. El derecho de huelga podrá ejercerse en los servicios públicos sometidos a esta ley, cuando su paralización no cause perjuicios irremediables a la población o a las instituciones.

Esta norma, sin duda, abre la posibilidad para el Ejecutivo Nacional de reglamentar la Ley Orgánica del Trabajo, para determinar cuándo la paralización de un servicio público causa perjuicios irreparables a la población o a las instituciones, y por tanto, en cuáles servicios públicos no se admite el ejercicio del derecho de huelga.

Ahora bien, en ausencia de esta Reglamentación, y para el caso de que se declare una huelga en algún servicio público, en todo caso regirían las siguientes dos normas de la Ley Orgánica del Trabajo.

En primer lugar, la que exige que aún declarada la huelga están obligados a continuar trabajando aquellos funcionarios, empleados u obreros cuyos servicios sean indispensables para la salud de la población o para la conservación y mantenimiento de máquinas cuya paralización perjudique la reanudación ulterior de los trabajos o las exponga a graves deterioros y aquellos que tengan a su cargo la seguridad y conservación de los lugares de trabajo (Art. 498).

En segundo lugar, la que permite al Ejecutivo Nacional proveer a la reanudación de las faenas, en caso de huelga que por su extensión, duración o por otras circunstancias graves, ponga en peligro inmediato la vida o la seguridad de la población o de una parte de ella. En estos casos, en el Decreto respectivo debe preverse la forma en que se reanudarán las faenas conforme lo exijan los intereses generales, y el mismo debe indicar los fundamentos de la medida y someter el conflicto a arbitraje (Art. 504).

D. Otros derechos sociales

Hemos señalado, sin embargo, que aparte de los cuatro derechos sociales directamente previstos en la Constitución, este texto establece y regula otra serie de derechos en forma indirecta o, mejor dicho, regula expectativas de derecho, al establecer obligaciones al Estado y definir sus fines[398]. En este sentido, puede decirse que son derechos de carácter social, en primer lugar, el derecho de las obligaciones, corporaciones, sociedades y comunidades que tengan por objeto el mejor cumplimiento de los fines de la persona humana y de la convivencia social, a ser objeto de protección por parte del Estado[399], el cual, además está obligado a fomentar la organización de cooperativas y demás instituciones destinadas a mejorar la economía popular[400]. En segundo lugar, también es un derecho social, el derecho de la familia a obtener protección del Estado, como célula fundamental de la sociedad, para lo cual éste tiene la obligación de velar por el mejoramiento de su situación moral y económica[401]. En este sentido, el matrimonio también debe ser objeto de protección[402], y la familia tiene, además, derecho a que el Estado provea lo conducente a facilitarle la adquisición de vivienda cómoda e higiénica[403]. En igual sentido, la maternidad también debe ser objeto de protección especial, sea cual fuere el estado civil de la madre, y todo niño, sin discriminación alguna, tiene derecho a protección integral, desde su concepción hasta su completo desarrollo[404]. Todo niño, además, tiene derecho a conocer a sus padres, sea cual fuere su filiación, por lo que la ley debe prever lo conducente a tal fin[405], y por ello se ha dictado la Ley de Protección Familiar en 1961, y se ha reformado el Código Civil de 1982[406]. Además, la juventud tiene derecho a ser protegida contra el abandono, la explotación o el abuso y, básicamente, las obligaciones del Estado en este campo están determinadas en la Ley Tutelar del Menor[407]. Constitucionalmente, por tanto, los derechos sociales de la población

---

398   *Cfr.* Sobre estos derechos como expectativas de derecho, que no implican directamente una responsabilidad de la Administración, en H. Barbé Pérez, Adecuación de la Administración conformadora del orden económico y social a las exigencias del Estado de Derecho, en *Revista de Derecho Jurisprudencia y Administración*, Tomo 65, N° 1, Montevideo, p. 9.

399   Artículo 72.

400   *Idem* .

401   Artículo 73.

402   *Idem.* Particularmente se prevé en la Constitución que la Ley debe favorecer la organización del patrimonio familiar inembargable.

403   Artículo 73.

404   Artículo 74. Véase José Guillermo Andueza, Allan R. Brewer-Carías y Gerardo Fernández, *Los Derechos del niño vs. Los abusos parlamentarios de la libertad de expresión*, Caracas, 1994.

405   Artículo 75.

406   La Ley de Protección Familiar fue promulgada el 22 de diciembre de 1961, en *G.O.* N° 26.735 de esa misma fecha; y la Ley de Reforma parcial del Código Civil fue promulgada el 26 de julio de 1982, en *Gaceta Oficial* N° 2.990 Extr. de esa misma fecha.

407   Publicada en *G.O.* N° 2.710, de 30-12-80.

marginal, están debidamente garantizados, pero la insuficiencia legislativa de las normas existentes, y la dispersión administrativa del sector de protección y promoción social, indudablemente que hace nugatorios el cuerpo de derechos tan completamente previstos por el texto constitucional.

Debe destacarse, además, que en el orden social, además de las leyes de protección familiar, de adopción y del delito de violación de los derechos alimentarios del menor[408], la legislación civil, con la reforma del Código Civil en 1982 eliminó las discriminaciones respecto al hijo natural y la ausencia de protección completa respecto a la concubina que, a pesar de las normas constitucionales que prohíben todo tipo de discriminación, estaban vigentes en un Código Civil que si bien había sido revolucionario en este campo en 1942, estaba desadaptado. No era posible, en este sentido, por ejemplo, que se siguiera regulando civilmente en forma preponderante los derechos de los hijos legítimos, cuando lo normal en Venezuela es que los hijos sean naturales, siendo la excepción los hijos legítimos[409]. Por ello, tampoco tenía sentido basar toda la legislación civil en la patria potestad del padre, cuando la realidad social muestra un esquema de preponderancia matriarcal en la conducción de los asuntos familiares[410].

La legislación social de Venezuela, en este sentido, requería no sólo de una urgente adaptación a la realidad de nuestros fenómenos colectivos actuales, para lo cual era indispensable que el ordenamiento jurídico que se dictase respondiera a una concepción sociológica acorde con aquéllos; sino que era indispensable que esa legislación se estableciera con visión de futuro, para dar curso a la nueva sociedad que en menos de una generación existirá en Venezuela.

Por último y también dentro de los derechos sociales, todos los habitantes de la República tienen derecho a la seguridad social, cuyo sistema el Estado debe desarrollar progresivamente, de manera que tengan protección contra los infortunios de trabajo, enfermedad, invalidez, vejez, muerte, desempleo y cualesquiera otros riesgos que puedan ser objeto de previsión social, así como contra las cargas derivadas de la vida familiar[411]. En este mismo orden de ideas, la ausencia de materialización del derecho a la seguridad social, da origen al derecho a la asistencia social a quienes carezcan de medios económicos y no estén en condiciones de procurárselos. La materialización de estos derechos a la seguridad social y a la asistencia social, sin embargo, y en especial debido a las deficiencias administrativas, está lejos todavía de producir su ejercicio efectivo.

---

408   Dichas leyes, respectivamente, fueron dictadas el 22 de diciembre de 1961; el 20 de junio de 1972 y el 14 de agosto de 1959. Véase respectivamente en *G.O.*, N° 26.735 de 22-12-61; N° 29.859 de 20-7-72; y N° 26.041 de 20-8-59. La Ley Tutelar del Menor de 1980 derogó la Ley sobre el delito de violación de los derechos alimentarios del menor.

409   Véase Sentencia de la CSJ en CP de 27-5-69 en GF, N° 64, 1969, pp. 21 y ss., por la cual se declaró sin lugar la acción de inconstitucionalidad del artículo 220 del Código Civil por violación del artículo 75 de la Constitución. Este artículo del Código Civil fue reformado en 1982, en la Ley de Reforma del Código Civil.

410   Véase José F. Iribarren, "Legislación y realidad social", en *El Universal*, Caracas, 15 de febrero de 1974, p. 1-4. Véase Allan R. Brewer-Carías, *Cambio Político y Reforma...*, *cit.*, capítulos 2, 13 y 14.

411   Artículo 94. En tal sentido se orienta la Ley del Seguro Social Obligatorio de 11 de julio de 1966 en *G.O.*, N° 1.096, extraordinaria de 6-4-67.

4. Los derechos económicos

La Constitución, además, de los derechos individuales y de los derechos sociales, destina también un capítulo especial a la regulación de los derechos de carácter económico y, particularmente del derecho a la libertad económica y del derecho de propiedad, definiendo además todas las características del régimen económico mixto de la República, con una creciente participación activa del Estado en la conducción del proceso de desarrollo.

A. La libertad económica y su protección

En efecto, de acuerdo con la Constitución, todos tienen el derecho de dedicarse libremente a las actividades lucrativas de su preferencia, sin más limitaciones que las previstas en el propio texto constitucional y las que establezcan las leyes por razones de seguridad, de sanidad y otras de interés social[412]. El margen de limitaciones a la libertad económica, por tanto, es sumamente amplio, por lo que no hay duda en considerar que la libertad económica ilimitada, base del liberalismo, en Venezuela quedó en la historia; y particularmente por las limitaciones derivadas de las posibilidades de intervención del Estado para planificar, racionalizar y fomentar la producción, y regular la circulación, distribución y consumo de la riqueza, con el fin de impulsar el desarrollo económico del país[413], es decir, para crear nuevas fuentes de riqueza, aumentar el nivel de vida de la población y fortalecer la soberanía nacional[414], todo ello dentro de los principios de justicia social que aseguren a todos una existencia digna y provechosa para la colectividad[415].

Dado el carácter mixto del sistema económico de Venezuela, las necesidades de protección a la libertad económica frente al poder público, sin embargo, y aun cuando todavía importantes, han abierto el paso a otro tipo de protecciones a la propia libertad económica, pero en este caso, frente al abuso del propio poder privado desarrollado a su amparo. El problema lo prevé la propia Constitución al exigir que "la Ley dictará normas para impedir la usura, la indebida elevación de los precios y, en general, las maniobras abusivas encaminadas a obstruir o restringir la libertad económica[416]. Estas protecciones, indudablemente que tienen una importancia fundamental en el mundo moderno, de manera que la libertad económica y la propia ley no se conviertan en un arma utilizada contra el pueblo y principalmente, contra los débiles económicos[417], particularmente por el poder económico privado.

---

412 Artículo 95. Sobre la libertad económica y sus limitaciones véase Allan R. Brewer-Carías, "El derecho de propiedad y la libertad económica. Evolución y situación actual en Venezuela", en *Estudios sobre la Constitución. Libro Homenaje a Rafael Caldera*, UCV, Caracas, 1979, Tomo II, pp. 1.139 y ss. Véase lo expuesto en la Cuarta Parte, Tomo I.

413 Artículo 98.

414 Artículo 95.

415 *Idem* . En relación a las limitaciones a la libertad económica, véase Sentencia de la CSJ en SPA de 5-6-67 en *GF*, Nº 56, 1968; p. 164. y la doctrina de la Procuraduría General de la República en Doctrina PGR, 1966, Caracas, 1967, pp. 179 y ss., y 302 y ss.

416 Artículo 96. Véase la Ley de Protección al Consumidor de 1974, en *G.O.* Nº 1.680 Extr. de 2-9-74.

417 Tal como lo sugiere el título de la obra editada por Robert Lefcourt ed (.), Law Against the People, New York, 1971.

Tres tipos de protección a la libertad económica prevén entonces la Constitución. En primer lugar, la protección contra la usura y, por tanto, la necesidad de que el Estado intervenga en la limitación de la libertad contractual para proteger a los débiles económicos. En tal sentido, por ejemplo, y después de haberse superado las aberrantes situaciones que produjo el liberalismo imperante durante el siglo pasado, desde 1946 ha estado vigente (aun en forma parcial a partir de 1974) un Decreto-Ley contra la usura que limitaba el tipo máximo de interés a estipularse en los contratos de préstamo de dinero, al uno por ciento mensual (12 por ciento anual), considerándose como usura todo porcentaje superior a dicho límite, sometida, como delito, a penas de privación de la libertad[418].

El segundo tipo de limitaciones a los abusos de la libertad económica, se refiere al poder del Estado de impedir la indebida elevación de los precios, es decir, de regular los precios de los bienes destinados al consumo[419]. Frente a un proceso de industrialización altamente protegido a través de un mecanismo de sustitución de importaciones, indudablemente que la protección al consumidor se convierte en una exigencia ineludible por el Estado, frente a los productores y comerciantes. Sin embargo, en Venezuela hasta 1974, una de las situaciones increíbles derivadas de la ausencia de normativa jurídica para conducir el proceso de industrialización, fue la ausencia de un cuerpo de normas que permitiera al Estado regular adecuadamente los precios de los artículos de primera necesidad. En 1974, por ejemplo, los mecanismos de protección al consumidor frente al alza de precios derivados del oneroso proceso de industrialización o de las tendencias inflacionarias mundiales, estaban establecidos en el Decreto N° 176, dictado el 15 de agosto de 1944, en la situación de emergencia de suministros provocada por la Segunda Guerra Mundial, en virtud de una suspensión de garantías constitucionales en la Constitución de 1936, vigente en aquella época. Este Decreto, en efecto, treinta años después, era el instrumento con que contaba el Estado para regular los precios de los artículos de primera necesidad, y para utilizarlo, durante todo ese lapso, materialmente fue necesario mantener suspendida la garantía constitucional de la libertad económica[420]. Desde el punto de vista jurídico-económico, la sociedad venezolana vivió entonces por un lapso de treinta años, en un permanente estado de emergencia económica pues sólo mediante esa emergencia y la suspensión del derecho a la libertad económica, por ausencia de legislación adecuada, fue que el Estado pudo regular los precios de los artículos de primera necesidad y proteger al consumidor. Fue sólo en el campo de los productos agrícolas, en virtud de las disposiciones de la Ley de Mercadeo Agropecuario, que se previeron legislativamente poderes para la regulación de los precios de los mis-

---

418   Véase Decreto-Ley de 9 de abril de 1946, de República contra la Usura en *G.O,* N° 21.980 de 9-4-46. Este Decreto fue parcialmente derogado por la Ley de Protección al Consumidor de 5-8-74, publicada en *G.O.* N° 1.680, extraordinaria, de 2-9-74, cuyo artículo 6° remitió a una decisión del Ejecutivo Nacional la fijación del tipo máximo de interés en las operaciones de crédito o financiamiento. Posteriormente en 1975, la Ley del Banco Central de Venezuela atribuyó a esta institución la determinación de los tipos de interés.

419   Artículos 96 y 98.

420   Es de destacar que el mismo día en que se promulgó la Constitución, el 23 de enero de 1961, el Presidente de la República, dictó un Decreto de suspensión de la garantía constitucional de la libertad económica, el vigente en 1991. Véase Decreto N° 455 de 23-1-61 en *Gaceta Oficial* N° 26.464 de 24-1-61.

mos. Esta situación fue remediada a partir de 1974 al promulgarse la Ley de Protección al Consumidor[421], que contiene normas relativas a la regulación de precios máximos para bienes y servicios de primera necesidad; a la publicidad comercial e industrial; a las garantías contra defectos o mal funcionamiento; y a la normalización y a la certificación de calidad de los bienes de consumo.

El consumidor, por tanto, puede decirse que fue el gran ausente de las regulaciones y protecciones de nuestro régimen jurídico, siendo hasta 1974, objeto de protección indirecta e inorgánicamente prevista en algunos casos particulares. En efecto, el productor y el comerciante, muy poca o ninguna responsabilidad efectiva tenían frente a los perjuicios y daños que pudieran causarle a los consumidores los bienes producidos o vendidos[422], salvo las vías de responsabilidad civil previstas en el Código Civil; y las regulaciones concernientes, a las pesas y medidas, marcas y denominaciones comerciales y propaganda comercial[423] eran manifiestamente insuficientes. En particular en el campo de la publicidad, la situación del consumidor no podía estar más desasistida, sólo existiendo indirectamente, algunas limitaciones de protección por motivos sanitarios[424]. En términos generales puede decirse, que las regulaciones de protección al consumidor hasta 1974 eran muy anticuadas, salvo por lo que se refería a las regulaciones y control sobre los bancos y otros institutos de crédito[425]; sobre las empresas de seguro y reaseguro[426], sobre las ventas con reserva de dominio[427], sobre las ventas de parcelas[428], y sobre las ventas en propiedad horizontal[429]. Una regulación general, en este campo, que es necesario destacar, aun cuando dictada en 1946, fue la Ley contra el Acaparamiento y la Especulación, que otorgaba poderes sancionadores a la Administración para evitar el acaparamiento de

---

421   Ley de 5-8-74 en *G. O.* N° 1.680, Extraordinaria de 2-9-74; la Ley de Mercadeo Agropecuario de 4-8-70 en *G.O.* N° 29.298 de 21-8-70, autorizó al Ejecutivo Nacional para adoptar las medidas necesarias para impedir la indebida elevación de los precios de los productos agrícolas. Véase Allan R. Brewer-Carías, Derecho y Desarrollo, Caracas, 1971, pp. 32 y 33.

422   Véase en general, Gordon Borrie and Anbrey L. D'amond, The Consumer, Society and the Law, 1973

423   La Ley de Metrología de 1-12-80; la Ley de Propiedad Industrial de 2-9-55 y la Ley sobre Propaganda Comercial de 30-8-44. Véase en *G.O.* N° 2.717 de 30-12-80, N° 25.227 de 10-12-56 y N° 21.503 de 6-9-44.

424   Tal como, por ejemplo, el Reglamento General de Alimentos lo prevé respecto de la propaganda en la venta de alimentos y bebidas. Véase, en general, F. Hung Vaillant, La regulación de la actividad publicitaria, Caracas, 1972

425   Véase la Ley General de Bancos y otros Institutos de Crédito de 22-4-75 en *Gaceta Oficial* N° 1.742, Extraordinaria de 22-5-75

426   Ley de Empresas de Seguro y Reaseguro de 1995 en *Gaceta Oficial* Extraordinaria. Por lo general, las Superintendencias de Seguros y Bancos, tienen a su cargo el control de las actividades bancarias y aseguradoras y la protección del consumidor, mediante la aprobación previa de la mayoría de las formas, de contratos y pólizas

427   La protección de los consumidores en las operaciones de venta de bienes muebles con reserva de dominio se estableció desde 1955 con la Ley de Ventas con Reserva de Dominio de 29-12-58 en *Gaceta Oficial* N° 25.856 de 7-1-59

428   Para evitar los abusos originados en la venta de inmuebles urbanos con motivo del proceso de urbanización, en 1960 se dictó la Ley de Venta de Parcelas del 9-12-60 en *Gaceta Oficial* N° 26.428 de 9-12-60

429   El auge de la modalidad de venta de inmuebles urbanos en propiedad horizontal provocó la promulgación de la Ley de Propiedad Horizontal de 15-9-58 en *Gaceta Oficial* N° 25.760 de 15-9-68

bienes por productores y comerciantes, e inclusive autorizaba el comiso de los productos sin indemnización[430]. Esta Ley sin embargo, fue derogada por la reforma de la Ley de Protección al Consumidor de 1990.

Por otra parte la libertad contractual en materia de arrendamiento de inmuebles urbanos ha sido también regulada e intervenida desde la década de los cuarenta, de manera que, modificándose las normas del Código Civil, la autonomía de la voluntad, en lo que se refiere a la fijación del canon de los arrendamientos, está limitada. Conforme a la Ley de Regulación de Alquileres de 1° de agosto de 1960[431], corresponde a la Administración la determinación unilateral de los cánones de arrendamiento de todos los inmuebles urbanos, facultad que ha sido extendida a los inmuebles rurales mediante la Ley de Reforma Agraria, en cuyo caso, corresponde la determinación al Instituto Agrario Nacional[432].

Por último, dentro de las limitaciones que la Constitución prevé como protección a la libertad económica, por una parte exige que la Ley dicte normas destinadas a impedir "las maniobras abusivas encaminadas a obstruir o restringir la libertad económica"[433] y por la otra, prohíbe directamente los monopolios[434]. En ejecución de esta norma en 1992 se dictó la ley para promover y proteger la libre competencia[435].

B. *El derecho de propiedad*

Además de la consagración del derecho, a la libertad económica y sus limitaciones y protecciones, la Constitución garantiza también el derecho de propiedad, pero de ninguna manera como un derecho absoluto, sino esencialmente relativo, como el que más: "En virtud de su función social la propiedad estará sometida a las contribuciones, restricciones y obligaciones que establezca la Ley con fines de utilidad pública o interés general"[436]. La propiedad, por tanto, ha sido regulada en la Constitución; en tanto que objeto de limitación[437], y como tal, se prevé expresamente la

---

430   La Ley contra el Acaparamiento y la Especulación de 2-8-47 en *Gaceta Oficial* N° 22.380 de 7-8-47

431   Véase en *Gaceta Oficial* N° 26.319 de 1-8-60. Véase Allan R. Brewer-Carías, "Estudios sobre la Ley de Regulación de Alquileres da 1° de agosto de 1960", en *Revista del Colegio de Abogados del Distrito Federal*, N° 113, Caracas, 1960, pp. 217 y ss. Véase las decisiones de la Corte Suprema sobre esta materia en Allan R. Brewer-Carías, Jurisprudencia de la Corte Suprema, *cit.*, Tomo I, pp. 465 y ss.

432   La Ley de Reforma Agraria de 5-3-60 en *Gaceta Oficial* N° 611, Extraordinaria de 19-3-60 limitó, asimismo, la autonomía contractual en el campo de los arrendamientos rurales.

433   Artículo 96.

434   Artículo 97. Medidas que, tal como lo señala la Exposición de Motivos de la Constitución, tienden a "impedir todas aquellas manifestaciones de predominio que en el campo económico suelen ejercerse en detrimento de la efectiva libertad del menos fuerte".

435   En 1974 se presento al Congreso un proyecto de Ley Anti-Monopolios y de Protección al Consumidor que realmente no regulaba dicha protección y era permisiva -en lugar de prohibitiva- respecto a los Monopolios y Carteles. Dicho proyecto fue modificado y con fecha 5-8-74 se aprobó una Ley de Protección al Consumidor (Véase en *Gaceta Oficial* N° 1.680, Extraordinaria 2-9-74), sin regulaciones relativas a los monopolios. Estas se incorporaron en la Ley señalada de 1992

436   Artículo 99.

437   Sobre las limitaciones a la propiedad, véase Sentencias de la CFC en SF de 15-12-33 en M. 1934, pp. 240 y ss.; y de 15-2-39 en M. 1939, pp. 452 y ss.; de la CSF en SPA de 20-11-36 en M. 1937, pp. 226 y

expropiación por causa de utilidad pública o interés social[438], se prohíbe la confiscación salvo algún caso especial[439]; se prevé la reversión de los bienes afectos a la exploración o explotación de las concesiones mineras y de hidrocarburos, los cuales, al extinguirse por cualquier causa las concesiones, pasarán en plena propiedad a la Nación[440]; se afectan al servicio del público los ferrocarriles, carreteras, oleoductos y demás vías de comunicación y de transporte construidos por empresas de explotación de recursos naturales[441]; se declara contrario al interés social el régimen latifundista[442], y se prevén limitaciones al aprovechamiento de los recursos naturales[443]. Todas estas limitaciones autorizadas por la Constitución han dado lugar a la promulgación de una serie de normas legales, de manera de hacer efectivas algunas de ellas: Ley de Expropiación por Causa de Utilidad Pública o Social, Ley sobre Bienes Afectos a Reversión en las Concesiones de Hidrocarburos, la Ley de Reforma Agraria y la Ley Forestal, de Suelos y Aguas[444].

C. El derecho a dotación de tierras

Aparte de los derechos de carácter económico que expresa y directamente prevé la Constitución, puede asimismo identificarse un tercer derecho indirectamente consagrado -tratándose también, en este caso, de una expectativa de derecho-, pero no por ello ausente de protección; el derecho de los campesinos y trabajadores rurales a ser dotados de tierras, cuando carezcan de ellas, para lo cual la Ley debe disponer lo conducente[445]. En realidad, se trata de una obligación impuesta al Estado de dictar la Ley que conduzca a la eliminación del latifundio y a la consecuente dotación de tierra, lo que se produjo al promulgarse la Ley de Reforma Agraria de 1960. En cuanto al derecho indirecto de los campesinos y trabajadores rurales, sin embargo, lejos está aún de haber sido garantizado cabalmente, a pesar de todos los progresos realizados en el campo.

---

ss., y de 10-1-41 en M. 1942, pp. 106 y ss.; y de la CFC en CP de -6-52 en GF, N° 11, 1952, pp. 27 y ss. Véase, además, la doctrina de la Procuraduría General de la República en *Doctrina PGR*, 1963, Caracas, 1964, pp. 185 y ss., y *Doctrina PGR*, 1972, Caracas, 1973, pp. 71 y ss. Véase además, el trabajo citado en la nota 118 y Allan R. Brewer-Carías, *Urbanismo y Propiedad Privada*, Caracas, 1979.

438 Artículo 101. Véase Allan R. Brewer-Carías, *La Expropiación por causa de utilidad pública o social*, Caracas, 1966.

439 Artículos 102 y 250.

440 Artículo 103.

441 Artículo 104.

442 Artículo 105.

443 Artículo 106.

444 Dichas leyes, respectivamente son de 6-11-47 en *Gaceta Oficial* N° 22.458 de 6-11-47 (reformada parcialmente por Decreto N° 184 de 25-4-58 en *Gaceta Oficial* N° 25.642 de 25-4-58); de 30-6-71 en *Gaceta Oficial* N° 29.577 de 6-8-71; de 5-3-60 en *Gaceta Oficial* N° 611, Extraordinaria de 19-3-60; y de 30-12-65 en *Gaceta Oficial* N? 1.004, Extraordinaria de 26-1-66

445 Artículo 105 de la Constitución.

IV. EL RÉGIMEN DE LOS DERECHOS HUMANOS EN LA CONSTITUCIÓN VENEZOLANA DE 1961 Y EN LOS TEXTOS INTERNACIONALES (ENSAYO DE SISTEMATIZACIÓN)

La "Convención Americana sobre Derechos Humanos", denominada "Pacto de San José de Costa Rica", suscrita en la Conferencia Especializada Interamericana sobre Derechos Humanos, en San José de Costa Rica, el 22 de noviembre de 1969 fue aprobada por ley de la República[446]. Por tanto, a partir de esa fecha, esa Convención tiene fuerza de ley en nuestro país.

El artículo 1° de la Convención establece la obligación de los Estados Partes de la Convención de respetar los derechos humanos. Por tanto, la República está comprometida "a respetar los derechos y libertades reconocidos" en la Convención,

> "y a garantizar su libre y pleno ejercicio a toda persona que esté sujeta a su jurisdicción, sin discriminación alguna por motivos de raza, color, sexo, idioma, religión, opiniones políticas o de cualquier otra índole, origen nacional o social, posición económica, nacimiento o cualquier otra condición social" (Art. 1,1).

Por otra parte, tanto el Pacto Internacional de Derechos Civiles y Políticos (PIDCP) como el Pacto Internacional de Derechos Económicos, Sociales y Culturales (PIDESC), adoptados en el seno de las Naciones Unidas, fueron también aprobados por Leyes de la República[447]. Esos textos, por tanto, a partir de esa fecha también tienen fuerza de ley en el país.

En este sentido, el PIDCP también establece el compromiso de la República de:

> "respetar y a garantizar a todos los individuos que se encuentren en su territorio y estén sujetos a su jurisdicción los derechos reconocidos en el presente Pacto, sin distinción alguna de raza, color, sexo, idioma, religión, opinión pública o de otra índole, origen nacional o social, posición económica, nacimiento o cualquier otra condición social". (Art. 2,1).

A su vez, el PIDESC en igual forma regula el compromiso de la República de:

> "garantizar el ejercicio de los derechos que en él se enuncian, *sin discriminación* alguna por motivos de raza, color, sexo, idioma, religión, opinión política o de otra índole, origen nacional o social, posición económica, nacimiento o cualquier otra condición social". (Art. 2,2).

Pero no sólo la Convención Americana y los Pactos referidos obligan a nuestro país a respetar los derechos humanos, sino que le imponen el deber de adoptar las disposiciones de derecho interno necesarias para hacer efectivos los derechos en ella establecidos. Así, el artículo 2° de la Convención precisa que:

---

446 *Gaceta Oficial* N° 31.256 de 14-6-77.
447 *Gaceta Oficial* N° 2.146 Extra. De 28-1-78.

"Si el ejercicio de los derechos y libertades mencionados en el artículo 1° no estuviere ya garantizado por disposiciones legislativas o de otro carácter, los Estados Partes se comprometen a adoptar, con arreglo a sus procedimientos constitucionales y a las disposiciones de esta Convención, las medidas legislativas o de otro carácter que fueren necesarios para hacer efectivos tales derechos y libertades".

En igual sentido, el artículo 2, numerales 2 y 3 del PIDCP, regula este compromiso así:

"2. Cada Estado Parte se compromete a adoptar, con arreglo a sus procedimientos constitucionales y a las disposiciones del presente Pacto, las medidas oportunas para dictar las disposiciones legislativas o de otro carácter que fueren necesarias para hacer efectivos los derechos reconocidos en el presente Pacto y que no estuviesen ya garantizados por disposiciones legislativas o de otro carácter.

3. Cada uno de los Estados Partes en el presente Pacto se compromete a garantizar que:

a) Toda persona cuyos derechos o libertades reconocidos en el presente Pacto hayan sido violados podrá interponer un recurso efectivo, aun cuando tal violación hubiera sido cometida por personas que actuaban en ejercicio de sus funciones oficiales;

b) La autoridad competente, judicial, administrativa o legislativa, o cual quiera otra autoridad competente prevista por el sistema legal del Estado, decidirá sobre los derechos de toda persona que interponga tal recurso, y a desarrollar las posibilidades de recurso judicial;

c) Las autoridades competentes cumplirán toda decisión en que se haya estimado procedente el recurso".

También, el PIDESC, en su artículo 2.1, establece este deber de la República así:

"1. Cada uno de los Estados Partes en el presente Pacto se compromete a adoptar medidas, tanto por separado como mediante la asistencia y !a cooperación internacionales, especialmente económicas y técnicas, hasta el máximo de los recursos de que disponga, para lograr progresivamente, por todos los medios apropiados, inclusive en particular la adopción de medidas legislativas, la *plena efectividad* de los derechos aquí reconocidos.

Estos compromisos legales, responden, sin duda al principio de la Declaración Universal de los Derechos del Hombre, de la ONU (1948) en cuyo artículo 28 se precisó el derecho de "toda persona a que se establezca un orden social e internacional en el que los derechos y libertades proclamados en esta Declaración se hagan plenamente efectivos".

Ahora bien, para entender el alcance de la obligación de Venezuela de respetar los derechos establecidos en la Convención y los Pactos, así como la obligación que tienen las Cámaras Legislativas de. adoptar disposiciones de derecho interno para hacerlos efectivos en el país, en este capítulo intentaremos establecer la necesaria comparación e integración entre las previsiones de la Constitución Nacional de 23 de enero de 1961 en materia de derechos humanos, y las previsiones tanto de la Convención Americana como de los tactos internacionales citados.

También compararemos, en cada caso, el texto constitucional y el de la Convención y Pactos, que son Ley en la República, con la Declaración Universal de los Derechos Humanos de la ONU de 1948, y con la Declaración Americana de los, Derechos y Deberes del Hombre de la OEA de 1948.

1. *Declaraciones generales*

Dentro de las declaraciones generales en materia de Derechos Humanos, pueden distinguirse en la Constitución, la que establece el derecho a la personalidad y a su libre desenvolvimiento; la que consagra el carácter enumerativo de la enunciación de los derechos y garantías, y la que prevé el principio de la irretroactividad de la ley.

A. *El derecho al libre desenvolvimiento de la personalidad*

El primero de los artículos del Texto Fundamental venezolano que contiene el Título III relativo a los "Deberes, Derechos y Garantías", dispone lo siguiente:

> Art. 43. Todos tienen derecho al libre desenvolvimiento de su personalidad, sin más limitaciones que las que derivan del derecho de los demás y del orden público y social. .

Esta norma, conforme se indica en la Exposición de Motivos de la Constitución, "sustituye el enunciado tradicional de que todos pueden hacer lo que no perjudique a otro y nadie está obligado a hacer lo que la ley no ordene ni impedido de ejecutar lo que ella no prohíba".

La expresión "derecho al libre desenvolvimiento de la personalidad", sin embargo, encuentra su antecedente en la Declaración Universal de la ONU, cuyo artículo 22 declara el derecho de toda persona, como miembro de la sociedad:

> "a la seguridad social, y a obtener, mediante el esfuerzo nacional y la cooperación internacional, habida cuenta de la organización y los recursos de cada Estado, la satisfacción de los derechos económicos, sociales y culturales indispensables a su dignidad y *al libre desenvolvimiento de su personalidad"*.

Ahora bien, en cuanto a las limitaciones al derecho al libre desenvolvimiento de la personalidad, la Convención Americana establece, en su artículo 32, Ord. 2° lo siguiente:

> "Los derechos de cada persona están limitador por los derechos de los demás, por la seguridad de todos y por las justas exigencias del bien común, en una sociedad democrática".

Igual principio proclama la Declaración Americana, cuyo artículo XXVIII establece:

"Los derechos de cada hombre están limitados por los derechos de los demás, por la seguridad de todos y por las justas exigencias del bienestar general y del desenvolvimiento democrático".

Dentro de esta misma orientación encaja la Declaración Universal, cuyo artículo 29 en su numeral 2 establece:

"En el ejercicio de sus derechos y en el disfrute de sus libertades, toda persona estará solamente sujeta a las limitaciones establecidas por la Ley con el único fin de asegurar el reconocimiento y el respeto de los derechos y libertades de los demás, y de satisfacer las justas exigencias de la moral, del orden público y del bienestar general en una sociedad democrática".

El PIDESC establece el principio, pero como límite a la potestad reguladora del Estado, al reconocer la República que el ejercicio de los derechos garantizados en el Pacto, pueden ser sometidos "únicamente a limitaciones determinadas por ley, sólo en la medida compatible con la naturaleza de esos derechos y con el exclusivo objeto de promover el bienestar general en una sociedad democrática". (Art. 4).

En el mismo sentido, por lo que se refiere a las restricciones a los derechos, el artículo 30 de la Convención Americana precisa el alcance de las mismas en la forma siguiente:

"Las restricciones permitidas, de acuerdo con esta Convención, al goce y ejercicio de los derechos y libertades reconocidas en la misma, no pueden ser aplicadas sino conforme a leyes que se dictaren por razones de interés general y con el propósito para el cual han sido establecidas".

Ahora bien, la norma del artículo 43 de la Constitución puede decirse que se complementa con otras de la Convención Americana y de los Pactos que son principios del ordenamiento jurídico del país.

En primer lugar, la prevista en el artículo 1, 2 de la Convención, según la cual:

"Para los efectos de esta Convención, persona es todo ser humano".

En segundo lugar, el derecho al reconocimiento de la personalidad jurídica que regula el artículo 3 de la Convención, así:

Art. 3. Toda persona tiene derecho al reconocimiento de su personalidad jurídica.

Este principio se recoge expresamente en el artículo 16 del PIDCP, el el cual establece, que "todo ser humano tiene derecho, en todas partes, al reconocimiento de su personalidad jurídica". En igual forma lo establece el artículo 6 de la Declaración Universal.

Además, la Declaración Americana, en su artículo XVII proclama que:

"Toda persona tiene derecho a que se le reconozca en cualquier parte como sujeto de derechos y obligaciones, y a gozar de los derechos civiles fundamentales".

Por último, en relación a este derecho al libre desenvolvimiento de la personalidad, la Convención Americana, en su artículo 18 establece el derecho al nombre, así:

> "Toda persona tiene derecho a un nombre propio, a los apellidos de sus padres o al de uno de ellos. La ley reglamentará la forma de asegurar este derecho para todos, mediante nombre supuesto, si fuere necesario".

Estos principios sobre el carácter de persona de todo ser humano, del derecho al reconocimiento de la personalidad y del derecho al nombre están regulados, en Venezuela, en el Código Civil (Arts. 15, 17, 235 y ss.), aun cuando en forma limitada en relación a lo previsto en los textos internacionales.

B. *El carácter enunciativo de los derechos*

La Constitución venezolana no estableció un *numerus clausus* de derechos y garantías, sino que al contrario, consagró el principio de que la enumeración que de ellos hace su texto, no puede entenderse como negación de los otros derechos inherentes a la persona humana que no figuren expresamente en él.

En esta forma, el artículo 50 de la Constitución dispone lo siguiente:

> "La enunciación de los derechos y garantías contenida en esta Constitución no debe entenderse como negación de otros que, siendo inherentes a la persona humana, no figuren expresamente en ella.
>
> La falta de ley reglamentaria de estos derechos no menoscaba el ejercicio de los mismos".

Con motivo de esta norma, la Exposición de Motivos de la Constitución señala que el texto fundamental se incorpora "al de aquellas Constituciones que basan el sistema de las garantías sobre la noción esencial de la persona humana y se deja fuera de toda duda la interpretación de que no pueden quedar las garantías a merced de que exista o no una legislación que explícitamente la consagre y reglamente".

En esta misma línea reguladora, la Convención Americana expresamente señala que ninguna de las disposiciones puede ser interpretada en el sentido de "excluir otros derechos y garantía que son inherentes al ser humano o que se derivan de la forma democrática representativa de gobierno" (Art. 29, c).

C. *La interpretación de los derechos*

En cuanto al sentido no restrictivo de la interpretación que debe darse a los derechos y garantías constitucionales, el artículo 29 de la Convención Americana, establece las siguientes Normas de interpretación:

> "Ninguna disposición de la presente Convención puede ser interpretada en el sentido de:
> a) permitir a alguno de los Estados Partes, grupo o persona, suprimí el goce y ejercicio de los derechos y libertades reconocidos en la Convención o limitarlos en mayor medida que la prevista en ella;

b) limitar el goce y ejercicio de cualquier derecho o libertad que pueda estar reconocido de acuerdo con las leyes de cualquiera de los Estado Partes o de acuerdo con otra convención en que sea parte uno de dicho Estados;

c) excluir otros derechos y garantías que son inherentes al ser humano que derivan de la forma democrática representativa de gobierno, y

d) excluir o limitar el efecto que puedan producir la Declaración Americana de Derechos y Deberes del Hombre y otros actos internacionales de la misma naturaleza".

En igual sentido, el artículo 5° tanto del PIDESC como del PIDC establecen los principios de interpretación de sus normas, en la forma siguiente:

"1. Ninguna disposición del presente Pacto podrá ser interpretada e el sentido de conceder derecho alguno a un Estado, grupo o individuo para emprender actividades a realizar actos encaminados a la destrucción de cualquiera de los derechos y libertades reconocidos en el Pacto o a su limitación en mayor medida que la prevista en él.

2. No podrá admitirse restricción o menoscabo de ninguno de los derechos fundamentales reconocidos o vigentes en un Estado Parte en virtud de leyes, convenciones, reglamentos o costumbres, so pretexto de que el presente Pacto no los reconoce o los reconoce en menor grado".

Con carácter más general, y referido a los principios de las Naciones Unidas, el artículo 46 del PIDCP y el artículo 24 del PIDESC establecen el principio de que:

"Ninguna disposición del presente Pacto deberá interpretarse en menoscabo de las disposiciones de la Carta de las Naciones Unidas o de las constituciones de los organismos especializados que definen las atribuciones de los diversos órganos de las Naciones Unidas y de los organismos especializados en cuanto a las materias a que se refiere el presente Pacto".

La misma Declaración Universal de los Derechos Humanos de las Naciones Unidas, en su artículo 29,3, consagró el mismo principio así:

"Estos derechos y libertades no podrán, en ningún caso, ser ejercidos en oposición a los propósitos y principios de las Naciones Unidas".

En igual sentido, la Declaración Universal establece:

Art. 30. Nada en la presente Declaración podrá interpretarse en el sentido de que confiere derecho alguno al Estado, a un grupo o a una persona, para emprender y desarrollar actividades o realizar actos tendientes a la supresión de cualquiera de los derechos proclamados en esta Declaración.

Ahora bien, como principio fundamental de la comunidad internacional, tanto el PIDCP como el PIDESC establecen, en su artículo primero, el principio de la autodeterminación de los pueblos, y libre aprovechamiento de sus riquezas, así:

"1. Todos los pueblos tienen el derecho de libre determinación. En virtud de este derecho establecen libremente su condición política y proveen asimismo a su desarrollo económico, social y cultural.

2. Para el logro de sus fines, todos los pueblos pueden disponer libremente de sus riquezas y recursos naturales, sin perjuicio internacional basada en el principio de beneficio recíproco, así como del derecho internacional. En ningún caso podrá privarse a un pueblo de sus propios medios de subsistencia".

Por ello, dichos Pactos (Arts. 47 y 25, respectivamente) establecen como principio adicional de interpretación de sus normas, el que:

"Ninguna disposición del presente Pacto deberé interpretarse en menoscabo del derecho inherente de todos los pueblos a disfrutar y utilizar plena y libremente sus riquezas y recursos naturales".

D. *La irretroactividad de la ley*

El principio está recogido en el artículo 44 de la Constitución en la siguiente forma:

"Ninguna disposición legislativa tendrá efecto retroactivo, excepto cuando imponga menor pena. Las leyes de procedimiento se aplicarán desde el momento mismo de entrar en vigencia, aun en los procesos que se hallaren en curso; pero en los procesos penales las pruebas ya evacuadas se estimarán, en cuanto beneficien al reo, conforme a la ley para la fecha en que se promovieron".

En todo caso, además, el principio de la irretroactividad de la ley ha sido una regulación tradicional en el Código Civil (Art. 3).

En materia penal, la Convención Americana recoge el principio de la retroactividad en los siguientes términos:

Art. 9. ... Tampoco se puede imponer pena más grave que la aplicable en el momento de la comisión del delito. Si con posterioridad a la comisión del delito la ley dispone la imposición de una pena más leve, el delincuente se beneficiará de ello.

En materia penal, el Código Penal ha previsto tradicionalmente el principio de la retroactividad de la ley en los siguientes términos:

"Las leyes penales tienen efecto retroactivo en cuanto favorezcan al reo, aunque al publicarse hubiere ya sentencia firme y el reo estuviere cumpliendo la condena" (Art. 2).

E. *La correlación entre derechos y deberes*

Pero además de los derechos humanos, la Constitución establece una serie de deberes correlativos, conforme a la orientación de la Declaración Universal, que establece una serie de deberes correlativos, al establecer en su artículo 29,1, que:

"Toda persona tiene deberes respecto a la comunidad puesto que sólo en ella puede desarrollar libre y plenamente su personalidad".

En igual sentido, la Convención Americana establece en forma más específica que:

Art. 32. 1° Toda persona tiene deberes para con la familia, la comunidad y la humanidad.

El PIDCP, por su parte, en el Preámbulo presuponerla existencia de los deberes de todo individuo "respecto de otros individuos y de la comunidad a la que pertenece", para proclamar la obligación de todos "de esforzarse por la consecución y la observancia de los derechos reconocidos en este Pacto".

Ahora bien, estos deberes, en la Constitución venezolana, son los siguientes: defender a la patria, obedecer el orden público, prestar el servicio militar, educarse, trabajar, contribuir, votar y ejercer cargos públicos.

a. *Deber de defender a la Patria*

El artículo 51 de la Constitución establece lo siguiente:

"Los venezolanos tienen el deber de honrar y defender la Patria, y de resguardar y proteger los intereses de la Nación".

La Declaración Americana en su artículo XXXIV regula estos dos deberes de defender a. la Patria y de prestar servicio militar así:

"Toda persona hábil tiene el deber de prestar los servicios civiles y militares que la Patria requiera para su defensa y conservación, y en caso de calamidad pública, los servicios de que sea capaz".

b. *Deber de obedecer el orden público*

El artículo 52 de la Constitución establece lo siguiente:

"Tanto los venezolanos como los extranjeros deben cumplir y obedecer la Constitución y las leyes y los derechos, resoluciones y órdenes que en ejercicio de sus atribuciones dicten los órganos legítimos del Poder Público".

En cuanto a este deber de obediencia a la Ley y a las autoridades del país, la Declaración Americana en su artículo XXXIII establece:

"Toda persona tiene el deber de obedecer a la Ley y demás mandamientos legítimos de las autoridades de su país y de aquel en que se encuentre".

c. *El deber de prestación del servicio militar*

En cuanto al servicio militar obligatorio, el artículo 53 de la Constitución establece:

"El servicio militar es obligatorio y se prestará sin distinción de clase o condición social, en los términos y oportunidades que fije la ley".

d. *El deber de educarse*

En cuanto a la educación, además de consagrarse como un derecho, el artículo 55 lo regula como un deber en los términos siguientes:

"La educación es obligatoria en el grado y condiciones que fije la ley. Los padres y representantes son responsables del cumplimiento de este deber, y el Estado proveerá los medios para que todos puedan cumplirlo".

La Declaración Americana en su artículo XXXI se refiere al deber de educarse, en relación, al menos, a la instrucción primaria:

"Toda persona tiene el deber de adquirir a lo menos la instrucción primaria".

e. *El deber de trabajar*

Asimismo, el trabajo además de ser un derecho es un deber regulado en el artículo 54, así:

"El trabajo es un deber de toda persona apta para prestarlo".

Del mismo modo el artículo XXXVII de la Declaración Americana establece:

"Toda persona tiene el deber de trabajar dentro de su capacidad y posibilidades, a fin de obtener los recursos para su subsistencia o en beneficio de la comunidad".

f. *El deber de contribuir con los gastos públicos*

El artículo 56 de la Constitución establece:

"Todos están obligados a contribuir a los gastos públicos".

El artículo XXXVI de la Declaración Americana en cuanto al deber de contribuir con los gastos públicos establece el deber de pagar los impuestos en la siguiente forma:

"Toda persona tiene el deber de pagar los impuestos establecidos por la Ley para el sostenimiento de los servicios públicos".

g. *Los deberes políticos*

a'. *El deber de votar*

De acuerdo con el artículo 110 de la Constitución, el voto no sólo es un derecho, sino "una función pública", por lo que "su ejercicio será obligatorio, dentro de los límites y condiciones que establezca la Ley".

En esta misma orientación, la Declaración Americana establece el deber de votar en las elecciones populares a toda persona capacitada para ello, en la siguiente forma:

Artículo XXXII. Toda persona tiene el deber de votar en las elecciones populares del país de que sea nacional, cuando esté legalmente capacitada para ello.

b'. *El deber de desempeñar los cargos públicos*

En la Constitución de 1961 nada se establece respecto del deber de los ciudadanos a desempeñar determinados cargos públicos, sólo a nivel local la Ley Orgánica de Régimen Municipal establece el carácter obligatorio del desempeño del cargo de Concejal para el cual un ciudadano haya sido electo.

El Artículo XXIV de la Declaración Americana, en todo caso, establece este deber así:

"Asimismo tiene el deber de desempeñar los cargos de elección popular que le correspondan en el Estado de que sea nacional".

c'. *El deber de los extranjeros de no realizar actividades políticas*

Conforme al artículo 45 de la Constitución, "los derechos políticos son privativos de los venezolanos", lo que implica un deber general de los extranjeros, de carácter negativo, de no intervenir en actividades políticas en el país.

Este principio lo recoge el artículo XXXVIII de la Declaración Americana, en la siguiente forma:

"Toda persona tiene el deber de no intervenir en las actividades políticas que de conformidad con la Ley, sean privativas de los ciudadanos del Estado que no sea extranjero".

h. *Los deberes familiares*

En forma indirecta el artículo 75 de la Constitución, establece respecto de los deberes, el "deber de asistir, alimentar y educar a sus hijos" e incluso el deber de proteger la infancia y la juventud contra el abandono, la explotación o el abuso.

El principio se ha establecido expresamente, en el artículo XXX de la Declaración Americana, extendiendo los deberes familiares a aquellos que los hijos también tienen respecto de sus padres, así:

"Toda persona tiene el deber de asistir, alimentar, educar y amparar a sus hijos menores de edad, y los hijos tienen el deber de honrar siempre a sus padres y el de asistirlos, alimentarlos y ampararlos cuando éstos lo necesiten".

i. *Los deberes derivados de la convivencia y solidaridad social*

El artículo 57 de la Constitución establece los deberes derivados de la solidaridad social, en la siguiente forma:

"Las obligaciones que corresponden al Estado en cuanto a la asistencia, educación y bienestar del pueblo no excluyen las que, en virtud de la solidaridad social, incumben a los particulares según su capacidad. La ley podrá imponer el cumplimiento de estas obligaciones en los casos en que fuere necesario. También podrá imponer a quienes aspiren a ejercer determinadas profesiones, el deber de prestar servicio durante cierto tiempo en los lugares y condiciones qué se señalen".

En este sentido, el artículo XXXV de la Declaración Americana establece:

"Toda persona tiene el deber de cooperar con el Estado y con la comunidad en la asistencia y seguridad sociales de acuerdo con sus posibilidades y con las circunstancias".

Además, la misma Declaración Americana regula el deber de convivir con los demás a fin de poder formar y desenvolver íntegramente la personalidad, estableciendo en su artículo XXIX lo siguiente:

"Toda persona tiene el deber de convivir con las demás de manera que todas y cada una puedan formar y desenvolver integralmente su personalidad".

2. *Los derechos individuales*

En cuanto a los derechos individuales encuentran regulación expresa en la Constitución y en los textos internacionales los siguientes derechos: a la vida; al respeto a la dignidad humana; al honor y a la privacidad; a la igualdad; a la libertad personal; al debido proceso; a la inviolabilidad del hogar doméstico; a la inviolabilidad de la correspondencia; al libre tránsito y circulación; a la libertad de conciencia y de religión; a la libre expresión del pensamiento; de petición; a utilizar los órganos de la administración de justicia; de asociación; y de reunión.

A. *El derecho a la vida*

a. *Principio: Inviolabilidad*

Conforme al artículo 58 de la Constitución "El derecho a la vida es inviolable".

La Convención Americana recoge el mismo principio, aun cuando en forma menos terminante, al expresar:

"Art. 4. 1º Toda persona tiene derecho a que se respete su vida. Este derecho estará protegido por la Ley y, en general, a partir del momento de la concepción. Nadie puede ser privado de la vida arbitrariamente".

En todo caso, la conjugación de estas normas, en nuestro criterio, impide la llamada legalización del aborto.

El PIDCP recoge el principio del derecho a la vida, así:

"Artículo 6: 1. El derecho a la vida es inherente a la persona humana. Este derecho estará protegido por la Ley. Nadie podrá ser privado de la vida arbitrariamente".

A su vez, la Declaración Universal, en su artículo 3°, establece que: "Todo individuo tiene derecho a la vida, a la libertad y a la seguridad de su persona".

El artículo I de la Declaración Universal está redactado en la misma forma.

b. *Prohibición de la pena de muerte*

El artículo 58 de la Constitución, al declarar el derecho a la vida como inviolable, por supuesto, concluye señalando que:

"Ninguna ley podrá establecer la pena de muerte ni autoridad alguna aplicarla".

La Exposición de Motivos de la Constitución califica este principio como "una de las mejores tradiciones de nuestra Constitución", por lo que conforme a la Convención Americana, nuestro país está obligado a "no restablecer la, pena de muerte" (Art. 4,3).

Por tanto, las normas de los numerales 2 al 6 del artículo 4° de la Convención Americana no son aplicables, en forma alguna, en Venezuela. Estas normas disponen lo siguiente:

"Art. 4. 2. En los países que no han abolido la pena de muerte, ésta sólo podrá imponerse por los delitos más graves, en cumplimiento de sentencia ejecutoria de tribunal competente y de conformidad con una ley que establezca tal pena, dictada con anterioridad a la comisión del delito. Tampoco se extenderá su aplicación a delitos a los cuales no se la aplique actualmente.

4. En ningún caso se puede aplicar la pena de muerte por delitos políticos ni comunes conexos con los políticos.

5. No se impondrá la pena de muerte a personas que, en el momento de la comisión del delito, tuvieren menos de dieciocho años de edad o más de setenta, ni se le aplicará a las mujeres en estado de gravidez.

6. Toda persona condenada a muerte tiene derecho a solicitar la amnistía, el indulto o la conmutación de la pena, los cuales podrán ser concebidos en todos los casos. No se puede aplicar la pena de muerte mientras la solicitud esté pendiente de decisión de autoridad competente".

En igual sentido, las normas contenidas en los numerales 6.2. al 6.6. del artículo 6 del PIDCP tampoco son aplicables en Venezuela. Esas normas disponen lo siguiente:

"2. En los países que no hayan abolido la pena capital sólo podrá imponerse la pena de muerte por los más graves delitos y de conformidad con leyes que estén en vigor *en* el momento de cometerse el delito y que no sean contrarias a las disposiciones del presente acto ni a la Convención para la prevención y la sanción del delito de genocidio. Esta pena sólo podrá imponerse en cumplimiento de sentencia definitiva de un tribunal competente.

3. Cuando la privación de la vida constituya delito de genocidio se tendrá entendido que nada de lo dispuesto en este artículo excusará en modo alguno a los Estados Parte del cumplimiento de ninguna de las obligaciones asumidas en virtud de las disposiciones de la Convención para la prevención y la sanción del delito de genocidio.

4. Toda persona condenada a muerte tendrá derecho a solicitar el indulto o la conmutación de la pena. La amnistía, el indulto o la conmutación de la pena capital podrán ser concedidos en todos los casos.

5. No se impondrá la pena de muerte por delitos cometidos por personas de menos de 18 años de edad, ni se le aplicará a las mujeres en estado de gravidez.

6. Ninguna disposición de este artículo podrá ser invocado por un Estado Parte en el presente pacto para demorar o impedir la abolición de la pena capital".

B. *El derecho al respeto de la dignidad de la persona humana*

Este derecho está indirectamente establecido tanto en la Constitución como en la Convención Americana.

El artículo 76,3 de la Constitución, en efecto, lo establece al regular las medidas sanitarias, así:

> ...Todos están obligados a someterse a las medidas sanitarias que establezca la ley, dentro de los límites impuestos por el respeto a la persona humana.

La Convención Americana, en cambio, lo establece al regular la privación de la libertad, y el derecho a la integridad personal, así:

> "Art. 5. 1. Toda persona tiene derecho a que se respete su integridad física, psíquica y moral.
>
> 2. Toda persona privada de libertad será tratada con el respeto debido a la dignidad inherente al ser humano".

Esta norma de la Convención Americana (Art. 5,2), está consagrada en el artículo 10 del PIDCP.

En sentido similar la Declaración Americana establece en su artículo XXV, lo siguiente:

> "...tiene derecho también a un tratamiento humano durante la privación de su libertad".

Por su parte, la Declaración Universal, en forma más general establece en su artículo 22 lo siguiente:

> "...toda persona, como miembro de la sociedad, tiene derecho a... obtener, mediante el esfuerzo nacional y la cooperación internacional, habida cuenta de la organización y los recursos en cada Estado, la satisfacción de los derechos económicos, sociales y culturales, indispensables a su dignidad...'

C. *El derecho al honor y a la privacidad*

La Constitución "entendiendo que la personalidad humana debe ser amparada no sólo en su integridad física sino también en lo que atañe a su ser moral", como lo afirma la Exposición de Motivos, establece este derecho en los siguientes términos:

> "Art. 59. Toda, persona tiene derecho a ser protegida contra los perjuicios a su honor, reputación o vida privada".

La Convención Americana regula, en su artículo 11, la protección de la honra y de la dignidad, en los siguientes términos:

> "1. Toda persona tiene derecho al respeto de su honra y al reconocimiento de su dignidad.
>
> 2. Nadie puede ser objeto de injerencias arbitrarias o abusivas en su vida privada, en la de su familia, en su domicilio o en su correspondencia, ni de ataques ilegales a su honra o reputación.

3. Toda persona tiene derecho a la protección de la ley contra esas injerencias o esos ataques".

Las garantías al ejercicio de este derecho, particularmente en relación al derecho a la libre expresión del pensamiento, en materia de rectificación o respuesta, las regula la Convención Americana, como se verá más adelante, en el artículo 14.

En cuanto al PIDCP, éste establece en su artículo 17 la protección de la honra, la reputación y la vida privada de la siguiente manera:

1. Nadie será objeto de injerencias arbitrarias o ilegales en su vida privada, en su familia, su domicilio o su correspondencia, ni de ataques ilegales a su honra y reputación.

2. Toda persona tiene derecho a la protección de la ley contra esas injerencias o esos ataques".

Del mismo modo, el artículo 12 de la Declaración Universal establece:

"Nadie será objeto de injerencias arbitrarias en su vida privada, su familia, su domicilio o su correspondencia, ni de ataques a su honra o a su reputación. Toda persona tiene derecho a la protección de la ley contra tales injerencias o ataques".

También este derecho encuentra consagración en la Declaración Americana en la siguiente forma:

"Artículo V. Toda persona tiene derecho a la protección de la Ley contra los ataques abusivos a su honra, a su reputación y a su vida privada y familiar".

En cuanto a la legislación venezolana, ésta ha sido deficiente en la garantía plena de estos derechos. Aparte de las normas que los delitos de difamación e injuria en el Código Penal (Arts. 444 ss.) de difícil ejecución práctica, y de las normas de la Ley de Ejercicio del Periodismo (1972) sobre el derecho de réplica (Arts. 30 y 31), también de difícil implementación práctica, no se ha logrado una protección legal cónsona con nuestros tiempos, contra los perjuicios al honor, la reputación o vida privada.

D. *El derecho a la igualdad*

a. *Prohibición de discriminación*

a'. *Principio*

El derecho a la igualdad o al trato sin discriminación se regula en el artículo 61 de la Constitución así:

"Art. 61. No se permitirán discriminaciones fundadas en la raza, el sexo, el credo o la condición social.

Los documentos de identificación para actos de la vida civil no contendrán mención alguna que califique la filiación".

La Convención Americana establece el derecho a la igualdad ante la ley así:

"Art. 24. Todas las personas son iguales ante la ley. En consecuencia, tienen derecho, sin discriminación, a igual protección de la ley".

En este mismo sentido el artículo 26 del PIDCP establece:

"Todas las personas son iguales ante la ley y tienen derecho sin discriminación a igual protección de la ley. A este respecto, la ley prohibirá toda discriminación y garantizará a todas las personas protección igual y efectiva contra cualquier discriminación por motivos de raza, color, sexo, idioma, religión, opiniones políticas o de cualquier índole, origen nacional o social, posición económica, nacimiento o cualquier otra condición social".

El artículo 14.1. del mismo Pacto, en relación al derecho de acudir a la justicia, declara que "todas las personas son iguales ante los Tribunales y Cortes de Justicia".

Por su parte, la Declaración Universal en sus artículos 1°; 2°,1; 2°,2 y 7° también regula este derecho a la igualdad y al trato sin discriminación, así:

"Art. 1° Todos los seres humanos nacen libres e *iguales* en dignidad y derechos y, dotados como están de razón y conciencia, deben comportarse fraternalmente los unos con los otros".

"Art. 2° 1. Toda persona tiene todos los derechos y libertades proclamados en esta Declaración, sin distinción alguna de raza, color, sexo, idioma, religión, opinión política o de cualquier otra índole, origen nacional o social, posición económica, nacimiento o cualquier otra condición.

2. Además, no se hará distinción alguna fundada en la condición política, jurídica o internacional del país o territorio de cuya jurisdicción dependa una persona, tanto si se trata de un país independiente; como de un territorio bajo administración fiduciaria, no autónomo o sometido a cualquier otra limitación de soberanía".

"Art. 7° Todos son iguales ante la ley y tienen, sin distinción, derecho a igual protección de la ley. Todos tienen derecho a igual protección contra toda *discriminación* que infrinja esta Declaración y contra toda provocación y tal discriminación".

Asimismo, la Declaración Americana en su artículo II se refiere a este derecho de igualdad de la siguiente manera:

"Todas las personas son iguales ante la Ley y tienen los derechos y deberes consagrados en esta declaración sin discriminación de raza, sexo, idioma, credo ni otra alguna".

El principio está regulado en tal forma, que el artículo 4 del PIDCP establece la prohibición de discriminación aun en los casos en que los Estados Partes adopten disposiciones en situaciones excepcionales, que suspendan las obligaciones contraídas en virtud del Pacto, así:

"1. En situaciones excepcionales que pongan en peligro la vida de la nación y cuya existencia haya sido proclamada oficialmente, los Estados Partes en el presente Pacto podrán adoptar disposiciones que, en la medida estrictamente limitada a las exigencias de la situación, suspendan las obligaciones contraídas en virtud de este Pacto, siempre que tales disposiciones no sean incompatibles con las demás obligaciones que les impone el derecho internacional y no entrañen *discriminación* alguna fundada únicamente en motivos de raza, color, sexo, idioma, religión u origen social".

Además, como señalamos, el artículo 1° de la Convención Americana obliga a Venezuela a respetar los derechos y libertades reconocidos en ella, y a *"garantizar su libre y pleno ejercicio a toda persona que esté sujeta a su jurisdicción, sin discriminación alguna por motivos de raza, color, sexo, idioma, religión, opiniones políticas o de cualquier otra índole, origen nacional o social, posición económica, nacimiento o cualquier otra condición social"*.

Iguales compromisos ha contraído Venezuela en el PIDCP, así:

"Artículo 2. 1. Cada uno de los Estados Partes en el presente Pacto se compromete a respetar y a garantizar a todos los individuos que se encuentren en su territorio y estén sujetos a su jurisdicción los derechos reconocidos en el presente Pacto, *sin distinción alguna* de raza, color, sexo, idioma, religión, opinión política o de otra índole, origen nacional o social, posición económica, nacimiento o cualquier otra condición social".

A lo anterior, se añade lo establecido en el artículo 3 del PIDCP, en el sentido de que nuestro país, como Estado Parte, se compromete a "garantizar a nombres y mujeres la igualdad en el goce de todos los derechos civiles y políticos enunciados en el presente Pacto".

En el mismo orden de garantizar este derecho a la igualdad, el PIDESC establece que:

"Artículo 3. Los Estados Partes en el presente Pacto se comprometen a asegurar a los hombres y a las mujeres igual título y a gozar de todos los derechos económicos, sociales y culturales enunciados en el presente Pacto".

Por último, debe señalarse la Carta de la Organización de los Estados Americanos, que el artículo 26 de la Convención Americana manda a los Estados miembros a desarrollar, también dispone en el artículo 29, a) lo siguiente:

"Todos los seres humanos, sin distinción de raza, nacionalidad, sexo, credo o condición social, tienen el derecho de alcanzar su bienestar material y su desarrollo espiritual en condiciones de libertad, dignidad, igualdad de oportunidades y seguridad económica".

b'. *Protecciones especiales*

A pesar de la igualdad ante la Ley, tanto la Constitución como los textos internacionales establecen protecciones especiales para ciertos sujetos.

a". *Protección a la madre*

La Constitución establece, como principio general, que "la maternidad será protegida, sea cual fuere el estado civil de la madre (Art. 74).

Este derecho a protección, sin embargo, lo establece expresamente el artículo 10,2 del PIDESC así:

2. Se debe conceder especial protección a las madres durante un período de tiempo razonable antes y después del parto. Durante dicho período, a las madres que trabajen se les debe conceder licencia con remuneración o con prestaciones adecuadas de seguridad social.

b". Protección de los menores

El artículo 74 de la Constitución establece, así:

"... Se dictarán las medidas necesarias para asegurar a todo niño, sin discriminación alguna, protección integral, desde su concepción hasta su completo desarrollo, para que éste se realice en condiciones materiales y morales favorables".

En el mismo sentido la Convención Americana dispone en su artículo 19 de los Derechos del Niño, así:

"Todo niño tiene derecho a las medidas de protección que su condición de menor requieren por parte de su familia, de la sociedad y del Estado".

En igual sentido, el artículo 10,3 del PIDESC establece:

"3. Se deben adoptar medidas especiales de protección y asistencia en favor de todos los niños y adolescentes, sin discriminación *alguna por razón de filiación o cualquier otra condición.* Debe protegerse a los niños y adolescentes contra la explotación económica y social. Su empleo en trabajos nocivos para su moral y salud, o en los cuales peligre su vida o se corra el riesgo de perjudicar su desarrollo normal, será sancionado por la ley. Los Estados deben establecer también límites de edad por debajo de los cuales quede prohibido y sancionado por la ley el empleo a sueldo de mano de obra infantil".

En el derecho interno, desde la década de los cuarenta se ha venido delineando una legislación especial para la protección de los menores. Primero, en el Estatuto de Menores (1949), complementado por las leyes de Protección Familiar (1961) y sobre delito de violación de los derechos alimentarios del menor (1959), todas sustituidas por la Ley Tutelar del Menor (1980), actualmente vigente.

c". Protección de la mujer y de los menores trabajadores

El artículo 93 de la Constitución dispone lo siguiente:

"La mujer y el menor trabajador serán objeto de protección especial".

En tal virtud, tanto en la Ley del Trabajo como en la Ley Tutelar del Menor se establecen normas de protección en relación al trabajo de los menores y de la mujer.

d". Protección de las comunidades indígenas

El artículo 77 de la Constitución dispone:

"... La Ley establecerá el régimen de excepción que requiera la* protección de las comunidades indígenas y su incorporación progresiva a la vida de la Nación".

Salvo las viejas normas de la Ley de Misiones de principios del siglo XXI, aún no se han dictado estas regulaciones previstas en la Constitución.

b. Igualdad de los extranjeros

El artículo 45 de la Constitución establece el principio general de la igualdad entre extranjeros y venezolanos en los siguientes términos:

"Los extranjeros tienen los mismos deberes y derechos que los venezolanos, con las limitaciones o excepciones establecidas por esta Constitución y las leyes".

El principio está recogido, en términos similares, en el artículo 26 del Código Civil, y en las leyes fundamentales que establecen las regulaciones respecto de los extranjeros que son, la Ley de Extranjeros (1937) y la Ley sobre actividades de Extranjeros en Venezuela (1942).

c. Igualdad entre venezolanos por nacimiento venezolanos por naturalización

La igualdad entre los venezolanos está regulada en la Constitución, en la cual sólo excepcionalmente se establecen diferencias entre venezolanos por nacimiento y venezolanos por naturalización. Por tanto, fuera de estas excepciones, la igualdad es completa.

a'. Excepciones

La igualdad tiene las siguientes excepciones en el texto constitucional, respecto al ejercicio de determinados cargos públicos: Senador (Art. 149), Diputado al Congreso Nacional (Art. 152), Diputados a las Asambleas Legislativas de los Estados (Art. 19), Ministro (Art. 195), Magistrado de la Corte Suprema de Justicia (Art. 213), Procurador General de la República (Art. 201), Fiscal General de la República (Art. 219), Contralor General de la República (Art. 237) y Gobernador de los Estados (Art. 21), los cuales están reservados a los venezolanos por nacimiento.

b'. Igualdad absoluta

Pero inclusive ante estas excepciones, ellas desaparecen en el supuesto previsto en el artículo 45 de la Constitución, que establece los casos de igualdad absoluta así:

"...Gozarán de los mismos derechos que los venezolanos por nacimiento los venezolanos por naturalización que hubieren ingresado al país antes de cumplir los siete años de edad y residido en él permanentemente hasta alcanzar la mayoridad".

A tal efecto se ha dictado la Ley sobre la condición jurídica de los venezolanos por naturalización que se encuentren en las condiciones previstas en el artículo 45 de la Constitución Nacional (1978).

d.   La prohibición de tratos distintivos

La igualdad ante la ley excluye en Venezuela los tratos oficiales distintivos. Por ello, el artículo 61 establece lo siguiente:

"... No se dará otro tratamiento oficial sino el de ciudadano y usted, salvo las formalidades diplomáticas.

No se reconocerán títulos nobiliarios ni distinciones hereditarias".

E.   El derecho a la libertad personal

a.   Principio

a'.   Inviolabilidad de la libertad y seguridad, personales

El artículo 60, de la Constitución establece el principio de que "la libertad y seguridad personales son inviolables".

La Convención Americana, por su parte, establece en su artículo 7, numeral 1°, que "toda persona tiene derecho a la libertad y a la seguridad personales".

Por su parte, el PIDCP establece, en su artículo 9.1., que "Todo individuo tiene derecho a la libertad y a la seguridad personales".

Asimismo, la Declaración Universal en su, Art. 3, establece: "Todo individuo tiene derecho a... la libertad y a la seguridad de su persona".

También la Declaración Americana establece en su Art. 1: "todo ser humano tiene derecho a... la libertad y a la seguridad de su persona".

b'.   Definición legal de las causas de pérdida de libertad

a".   El principio de la reserva legal

El artículo 60, ordinal 2° de la Constitución establece el principio de la legalidad en materia de privación de la libertad así:

"Nadie podrá ser privado de su libertad por obligaciones cuyo incumplimiento no haya sido definido por la Ley como delito o falta".

El Código Penal en su artículo 1° ha recogido tradicionalmente este principio, al disponer expresamente previsto como punible por la ley, ni que no estuviere expresamente previsto como punible por la ley, ni con penas que ella no hubiere establecido previamente".

Por su parte, la Convención Americana recoge este principio, en su artículo 9, así:

"Nadie puede ser condenado por acciones u omisiones que en el momento de cometerse el delito no fueran delictivos según el derecho aplicable".

En sentido similar, el PIDCP en su artículo 15 define el principio de la legalidad así:

"1. Nadie será condenado por actos u omisiones que en el momento de cometerse no fueran delictivos según el derecho nacional o internacional. Tampoco se impondrá pena más grave que la aplicable en el momento de la comisión del delito. Si con posterioridad a la comisión del delito la ley dispone la imposición de una pena más leve, el delincuente se beneficiará de ello.

15. 2. Nada de lo dispuesto en este artículo se opondrá al juicio ni a la condena de una persona por actos u omisiones que, en el momento de cometerse fueran delictivos según los principios generales del derecho reconocidos por la comunidad internacional".

Del mismo modo, la Declaración Americana establece en su artículo xxv lo siguiente:

"Nadie puede ser privado de su libertad sino en los casos y según las formas establecidas por leyes preexistentes".

Asimismo, la Declaración Universal recoge el principio de la legalidad, en su Art. 11,2, así:

2. Nadie será condenado por actos u omisiones que en el momento de cometerse no fueron delictivos según el Derecho nacional o internacional. Tampoco se impondrá pena más grave que la aplicable en el momento de la comisión del delito.

b". *La exclusión de la prisión por deudas*

El artículo 7,7 de la Convención Americana establece este principio, así;

"Nadie será detenido por deudas. Este principio no limita los mandatos de autoridad judicial competente dictados por incumplimiento de deberes alimentarios".

En este sentido se dictaron las normas de la Ley sobre delito de violación de los deberes alimentarios de los menores (1959), sustituidas por la vigente Ley Tutelar del Menor (1980).

El principio en todo caso, expresamente se establece en el artículo II del PIDCP, donde se indica que:

"Nadie será encarcelado por el solo hecho de no poder cumplir una obligación contractual".

Y la Declaración Americana, también precisa en su artículo XXV que:

"Nadie puede ser detenido por incumplimiento de obligaciones de carácter netamente civil".

c'. *Excepción en los trastornos al orden público*

Por vía excepcional, la Constitución permite la detención o confinamiento de personas en caso de trastornos del orden público, en la siguiente forma:

"Art. 244. Si existieren fundados indicios para temer inminentes trastornos de orden público, que no justifiquen la restricción o suspensión de las garantías constitucionales, el Presidente de la República, en Consejo de Ministros, podrá adoptar las medidas indispensables para evitar que tales hechos se produzcan.

Estas medidas se limitarán a la detención o confinamiento de los indiciados, y deberán ser sometidas a la consideración del Congreso o de la Comisión Delegada dentro de los diez días siguientes a su adopción. Si éstos las declarasen no justificadas, cesarán de inmediato; en caso contrario, se las podrán mantener hasta por un límite no mayor de noventa días. La ley reglamentará el ejercicio de esta facultad".

b. *Garantías frente a la detención*

a'. *Formalidades para la detención*

El principio está establecido en el artículo 60, numeral 1° de la Constitución así:

"Nadie podrá ser preso o detenido, a menos que se sorprendido *in fraganti* sino en virtud de orden escrita del funcionario autorizado para decretar la detención, en los casos y con las formalidades previstas por la ley...".

La Convención Americana lo enuncia en forma más general, al establecer:

"...Art. 7. ...2. Nadie puede ser privado de su libertad física, salvo por las causas y en las condiciones fijadas de antemano por las Constituciones Políticas de los Estados Partes o por las leyes dictadas conforme a ellas".

b'. *La exclusión de la detención arbitraria*

La Convención Americana, en el artículo 7, numeral 3° establece:

"3. Nadie puede ser sometido a detención o encarcelamiento arbitrarios".

Este principio se establece en el artículo 9 del PIDCP, así:

"...Nadie podrá ser sometido a detención o privación arbitraria. Nadie podrá ser privado de libertad salvo por las causas fijadas por la ley y con arreglo al procedimiento establecido en ésta".

Asimismo, la Declaración Universal en su artículo 9 lo establece de una manera general así:

"Nadie podrá ser arbitrariamente detenido, preso ni desterrado".

c'.   La detención administrativa y su duración

La Constitución regula la detención provisional así:

"Art. 60. 1. ...En caso de haberse cometido un hecho punible, las autoridades de policía podrán adoptar las medidas provisionales, de necesidad o urgencia, indispensables para asegurar la investigación del hecho, y el enjuiciamiento de los culpables. La ley fijará el término breve y perentorio en que tales medidas deberán ser comunicadas a la autoridad judicial, establecerá además el plazo para que ésta provea, entendiéndose que han sida revocadas y privadas de todo efecto, si ella no las confirma en el referido plazo".

Sobre este tema, la Disposición Transitoria Sexta de la Constitución había establecido lo siguiente:

"En tanto la legislación ordinaria fija los términos y plazos a que se refiere el último aparte del ordinal 1) del artículo 60 de la Constitución, las autoridades de policía que hayan practicado medidas de detención preventiva deberán poner al indiciado a la orden del correspondiente Tribunal en un término no mayor de ocho días, junto con las actuaciones que hubieren cumplido, a los fines de la prosecución de las diligencias sumariales. El tribunal instructor deberá decidir, acerca de la detención, dentro del término de noventa y seis horas, salvo los casos graves y complejos que requieran un término mayor, el cual en ningún caso excederá de ocho días Sólo están facultadas para tomar las medidas previstas en el artículo 60 de la Constitución las autoridades de policía, que de acuerdo con la ley tengan carácter de auxiliares de la administración de justicia".

El Código de Enjuiciamiento Criminal había desarrollado estos principios, y es la Ley de Policía Judicial (1975) la que enumera las autoridades que tienen el carácter de auxiliares de la administración de justicia.

En todo caso, la Ley Orgánica de Amparo sobre Derechos y Garantías Constitucionales de 1988 ha establecido con carácter genera la duración de las detenciones administrativas así:

"Art. 44. Las detenciones que conforme a la Ley, ordenen y practique las autoridades policiales y otras autoridades administrativas, no excederán 8 días. Las que pasen de 48 horas deberán imponerse mediante Resolución motivada. Quedan a salvo las disposiciones legales aplicables al proceso penal".

d'.   Identificación de la autoridad

El artículo 48 de la Constitución regula la necesaria identificación de la autoridad que aplique medidas restrictivas a la libertad, así:

"Todo agente de autoridad que ejecute medidas restrictivas de la libertad deberá identificarse como tal cuando así lo exijan las personas afectadas".

e'.   *Prohibición de la tortura y de los procedimientos infamantes*

El artículo 60, numeral 3° establece en este sentido, lo siguiente:

"... Nadie podrá ser incomunicado ni sometido a tortura o a otros procedimientos que causen sufrimiento físico o moral. Es punible todo atropello físico o moral inferido a persona sometida a restricción de su libertad".

La Convención Americana, por su parte, dispone en el artículo 5, numeral 2° lo siguiente:

"... Nadie debe ser sometido a torturas ni a penas o tratos crueles, inhumanos o degradantes".

El PIDCP lo dispone en su artículo 7:

"Nadie será sometido a torturas ni a penas o tratos crueles, inhumanos o degradantes. En particular, nadie será sometido sin su libre consentimiento a experimentos médicos o científicos".

A su vez, la Declaración Universal establece lo siguiente:

"Art. Nadie será sometido a torturas ni a penas o tratos crueles, inhumanos o degradantes".

Por último, la Declaración Americana, también dispone en su artículo XXVI, el derecho de todos a que no se le impongan penas crueles, infamantes o inusitadas.

f'.   *Derecho a la información*

La Convención Americana regula el derecho del detenido a que se le informen los motivos de ello, así:

"Art. 7. 4. . Toda persona detenida o retenida debe ser informada de las *razones de su detención y notificada, sin demora, del cargo o cargos formulados* contra ella".

El principio se regula, en Venezuela, en el Código de Enjuiciamiento Criminal (Art. 182).

El PIDCP establece en sus artículos 9 y 14 este derecho del detenido a ser informado en los siguientes términos:

"Art. 9.2. Toda persona detenida será informada, en el momento de su detención, de las razones de la misma, y notificada, sin demora, de la acusación formulada contra ella".

"Art. 14. Durante el proceso, toda persona acusada de un delito tendrá derecho, en plena igualdad, a las siguientes garantías mínimas:

a)   A ser informada sin demora, en un idioma que comprenda y en forma detallada, de la naturaleza y causas de la acusación formulada contra ella".

g'. *El derecho a la excarcelación*

La Constitución establece al respecto lo siguiente:

"Art. 60. p. ...Nadie continuará en detención después de dictada orden de ex-carcelación por la autoridad competente o una vez cumplida la pena impuesta. La constitución de fianza exigida por la ley para conceder la libertad provisional del detenido no causará impuesto alguno".

c. *Derecho a recurso judicial*

En materia de libertad personal, en la Constitución de Venezuela, el recurso de *habeos corpus* es una manifestación del derecho de amparo. En todo caso, la Convención Americana establece el derecho de toda persona privada de libertad a ejercer recursos ante la autoridad judicial pertinente en los siguientes términos:

"Art. 7. 6. ... Toda persona privada de la libertad tiene derecho a recurrir ante un juez ó Tribunal competente a fin de que éste decida, sin demora, sobre la legalidad de su arresto o detención y ordene su libertad si el arresto o la detención fueran ilegales. En los Estados Partes cuyas leyes prevén que toda persona que se viera amenazada de ser privada de su libertad tiene derecho a recurrir a un juez o tribunal competente a fin de que éste decida sobre la legalidad de tal amenaza, dicho recurso no puede ser restringido ni abolido. Los recursos podrán interponerse por sí o por otra persona".

El mismo derecho se regula en el PIDCP, cuyo Art. 9.4. dispone:

"Toda persona que sea privada de libertad en virtud de detención o prisión tendrá derecho a recurrir ante un tribunal, a fin de que éste decida a la brevedad posible sobre la legalidad de su prisión y ordene su libertad si la prisión fuera ilegal".

En el mismo sentido la Declaración Americana en su Art. XXV dispone:

"Todo individuo que haya sido privado de su libertad tiene derecho a que el juez verifique *sin demora* la legalidad de la medida *y a ser juzgado sin dilación injustificada,* o, de lo contrario, a ser puesto en libertad".

d. *Garantías frente al reclutamiento forzoso*

El servicio militar obligatorio se regula en la Constitución en los artículos 53 y 60, numeral 9° en los siguientes términos:

"Art. 53. El servicio militar es obligatorio y se prestará sin distinción de clase o condición social, en los términos y oportunidades que fije la ley".

"Art. 60. 9° Nadie podrá ser objeto de reclutamiento forzoso ni sometido al servicio militar sino en los términos pautados por la ley".

La regulación básica sobre la materia está en la Ley de Conscripción Militar (1978), sustitutiva de la vieja Ley del Servicio Militar Obligatorio.

e.   *Las penas privativas de la libertad personal*

a'.   *La previsión legal*

La Constitución establece el principio de la legalidad de la pena en la forma siguiente:

"Art. 69. Nadie podrá ser... condenado a sufrir pena que no esté establecida por la Ley preexistente".

El principio, como se dijo, está recogido en el artículo 1° del Código Penal.

b'.   *Las penas personales*

La Convención Americana establece la exigencia de personalización de las penas, en la forma siguiente:

"Art. 5. 3. La pena no puede trascender de la persona del delincuente".

c'.   *La prohibición de penas perpetuas o infamantes*

La Constitución establece en su artículo 60, Ord. 7° lo siguiente:

"Nadie podrá ser condenado a penas perpetuas o infamantes. Las penas restrictivas de la libertad no podrán exceder de treinta años".

d'.   *Finalidad de la pena*

La Convención Americana establece expresamente la finalidad de las penas en la forma siguiente:

"Art. 5. 6. Las penas privativas de la libertad tendrán como finalidad esencial la reforma y la readaptación de los condenados".

En este sentido, la Constitución establece lo siguiente:

Art. 60. 10. Las medidas de interés social sobre sujetos en estado de peligrosidad sólo podrán ser tomadas mediante el cumplimiento de las condiciones y formalidades que establezca la ley. Dichas medidas se orientarán en todo caso a la readaptación del sujeto para los fines de la convivencia social".

e'.   *El régimen de los procesados y condenados y el cumplimiento de las penas*

a".   *Modalidades*

La Convención Americana establece modalidades específicas para el cumplimiento de las penas, en la forma siguiente:

"Art. 5. 4. Los procesados deben estar separados de los condenados, salvo en circunstancias excepcionales, y serán sometidos a un tratamiento adecuado a su condición de personas no condenadas.

5. Cuando los menores puedan ser procesados, deben ser separados de los adultos y llevados ante tribunales especializados, con la mayor celeridad posible, para su tratamiento".

El mismo principio lo establece el PIDCP, en su artículo 10, así:

"2. a) Los procesados estarán separados de los condenados, salvo en circunstancias excepcionales, y serán sometidos a un tratamiento distinto, adecuado a su condición de personas no condenadas;

b) Los menores procesados estarán separados de los adultos y deberán ser llevados ante los tribunales de justicia, con la mayor celeridad posible para su enjuiciamiento.

3. El régimen penitenciario consistirá en un tratamiento cuya finalidad esencial será la reforma y la readaptación social de los penados. Los menares delincuentes estarán separados de los adultos y serán sometidos a un tratamiento adecuado a su edad y condición jurídica".

Estos principios se han regulado, legislativamente, en la Ley de Régimen Penitenciario (1961), y en la Ley Tutelar del Menor (1980).

b". *La prohibición de constreñir a trabajos forzados*

El artículo 6, numeral 2° de la Convención prevé lo siguiente sobre los trabajos forzosos:

"2. Nadie puede ser constreñido a ejecutar un trabajo forzoso u obligatorio. En los países donde ciertos delitos tengan señalada pena privativa de la libertad acompañada de trabajos forzosos, esta disposición no podrá ser interpretada en el sentido de que prohíbe el cumplimiento de dicha pena impuesta por juez o tribunal competente. El trabajo forzoso no debe afectar a la dignidad ni a la capacidad física e intelectual del recluido".

El artículo 8.3. del PIDCP en este mismo sentido establece:

"a) Nadie será constreñido a ejecutar un trabajo forzoso u obligatorio; 8.b) El inciso precedente no podrá ser interpretado en el sentido de que prohíbe, en los países en los cuales ciertos delitos pueden ser castigados con la pena de prisión acompañada de trabajos forzados, el cumplimiento de una pena de trabajos forzados impuesta por un tribunal competente".

Estos principios están regulados en el Código Penal, en los casos de la pena de presidio, la cual comporta los trabajos forzados (Art. 12).

c". *Excepción respecto a la consideración de trabajos forzosos*

El artículo 6, numeral 3° de la Convención excluye de la calificación como trabajo forzoso u obligatorio a los efectos de la prohibición mencionada los siguientes:

"a) Los trabajos o servicios que se exijan normalmente de una persona recluida en cumplimiento de una sentencia o resolución formal dictada por la autoridad judicial competente. Tales trabajos o servicios deberán realizarse bajo la vigilancia y control de las autoridades públicas, y los individuos que, los efectúen no serán puestos a disposición de particulares, compañías o personas jurídicas de carácter privado.

b) el servicio militar y, en los países donde se admite exención por razones de conciencia, al servicio nacional que la ley establezca en lugar de aquél;

c) el servicio impuesto en casos de peligro o calamidad que amenace la existencia o el bienestar de la comunidad, y

d) el trabajo o servicio que forme parte de las obligaciones cívicas normales".

El PIDCP en su artículo 8,3, c, excluye de la consideración como "trabajo forzoso u obligatorio", a los efectos de la prohibición antes indicada, los siguientes:

"i) Los trabajos o servicios que, aparte de los mencionados en el inciso b), se exijan normalmente de una persona presa en virtud de una decisión judicial legalmente dictada, o de una persona que habiendo sido presa en virtud de tal decisión se encuentre en libertad condicional;

ii) El servicio de carácter militar y, en los países donde se admite la 'exención por razones de conciencia, al servicio nacional que deben prestar conforme a la ley quienes se opongan al servicio militar por razones de conciencia;

iii) El servicio impuesto en casos de peligro o calamidad que amenace la vida o el bienestar de la comunidad.

iv) El trabajo o servicio que forme parte de las obligaciones cívicas normales".

f. *La prohibición de la esclavitud y la servidumbre*

El artículo 6, numeral 1° de la Convención establece el principio general en los siguientes términos:

"Nadie puede ser sometido a esclavitud, y tanto ésta como la trata de esclavos y la trata de mujeres están prohibidas en todas sus formas".

En este mismo sentido, el Art. 8 del PIDCP establece:

"1. Nadie estará sometido a esclavitud. La esclavitud y la trata de esclavos estarán prohibidas en todas sus formas.
2.   Nadie estará sometido a servidumbre".

Y la Declaración Universal, además, agrega en su artículo 4:

Art. 4° Nadie estará sometido a esclavitud ni a servidumbre; la esclavitud y la trata de esclavos están prohibidas en todas sus formas.

F.   *El derecho al debido proceso*

a.   *Derecho a ser juzgado por sus jueces naturales*

El artículo 9 de la Constitución establece lo siguiente:

"Nadie podrá ser juzgado sino por su jueces naturales, ni condenado a sufrir pena que no esté establecida por ley preexistente".

El artículo XXVI de la Declaración Americana establece que "Toda persona acusada de delito tiene derecho... a ser juzgada por tribunales anteriormente establecidos de acuerdo con leyes preexistentes".

b.   *Derecho a juicio penal rápido y público*

La Convención Americana establece a este respecto lo siguiente:

"Art. 7. 5. Toda persona detenida o retenida debe ser llevada, sin demora, ante un juez u otro funcionario autorizado por la ley para ejercer funciones judiciales y tendrá derecho a ser juzgada dentro de un plazo razonable o a ₛ ser puesta en libertad, sin perjuicio de que continúe el proceso. Su libertad podrá estar condicionada a garantías que aseguren su comparecencia en el juicio".

Además, la Convención establece el principio del juicio público en materia penal, en la forma siguiente:

"Art. 8. 5. El proceso penal debe ser público salvo en lo que sea necesario para preservar los intereses de la justicia".

Por su parte, el PIDCP establece en su artículo 9, 3 lo siguiente:

"Toda persona detenida o presa a causa de una infracción penal será llevada sin demora ante un juez u otro funcionario autorizado por la ley para ejercer funciones judiciales, y tendrá derecho a ser juzgada dentro de un plazo razonable o a ser puesta en libertad. La prisión preventiva de las personas que hayan de ser juzgadas no debe ser la regla general, pero su libertad podrá estar subordinada a garantías que aseguren la comparecencia del acusado en el acto del juicio, o en cualquier otro momento de las diligencias procesales y, en su caso, para la ejecución del fallo".

Además en su artículo 14,3 c, establece el derecho de toda persona "A ser juzgada sin dilaciones indebidas".

En cuanto al juicio público, el artículo 14,1 del PIDCP establece casos de excepción a la publicidad de los juicios, así:

"1. *Todas las personas son iguales ante los tribunales y cortes de justicia.* Toda persona tendrá derecho a ser oída públicamente y, con las debidas garantías por un tribunal competente, independiente e imparcial, establecido por la ley, en la sustanciación de cualquier acusación de carácter penal formulada contra ella o para la determinación de sus derechos u obligaciones de carácter civil. La prensa y el público podrán ser excluidos de la totalidad o parte de los juicios por consideraciones de moral, orden público o seguridad nacional en una sociedad democrática, o cuando lo exija el interés de la vida privada de las partes o, en la medida estrictamente necesaria en opinión del tribunal, cuando por circunstancias especiales del asunto, la publicidad pudiera perjudicar a los intereses de la justicia; pero toda sentencia en materia penal o contenciosa será pública excepto en los casos en que el interés de menores de edad exija lo contrario, o en las actuaciones referentes a pleitos matrimoniales o la tutela de menores".

Al "juicio público" hace también referencia la Declaración Universal (Art. 11,1).

    c.   *La cosa juzgada jurisdiccional (non bis in idem)*

El principio de la cosa juzgada jurisdiccional, como garantía en juicio, lo prevé el artículo 60, ord. 8° de la Constitución en estos términos:

    "Nadie podrá ser sometido a juicio por los mismos hechos en virtud de los cuales hubiere sido juzgado anteriormente".

Por su parte, la Convención Americana establece al respecto, como derecho de toda persona durante el proceso, en plena igualdad, la siguiente garantía mínima:

    "Art. 8. 4. El inculpado absuelto por una sentencia firme no podrá ser sometido a nuevo juicio por los mismos hechos".

Por su parte, el PIDCP, en su artículo 15, numeral 7° establece este principio de la cosa juzgada jurisdiccional como garantía del juicio, de la siguiente manera:

    "Nadie podrá ser juzgado ni sancionado por un delito por el cual haya sido ya condenado o absuelto por una sentencia firme de acuerdo con la ley y el procedimiento penal de cada país".

    d.   *Las garantías contra el juramento*

La Constitución establece como una garantía en juicio, la que concierne al Juramento, en los siguientes términos:

    "Art. 60. 4° Nadie podrá ser obligado a prestar juramento ni constreñido a rendir declaración o a reconocer culpabilidad en causa penal contra sí mismo, ni contra su cónyuge o la persona con quien haga vida marital, ni contra sus parientes dentro del cuarto grado de consanguinidad o segundo de afinidad".

En esta materia, la Convención Americana, en su artículo 8, establece la siguiente garantía mínima de toda persona durante el proceso, en plena igualdad:

    Art. 8. 2, g) "derecho a no ser obligado a declarar contra sí mismo ni a declararse culpable".

En este sentido, el PIDCP establece en su artículo 14,3,g la garantía mínima de toda persona durante el proceso y en igualdad, "a no ser obligada a declarar contra sí misma, ni a confesarse culpable".

Además, con carácter general se establece en la Convención Americana el principio de la invalidez de la confesión hecha mediante coacción, así:

"Art. 8. 3. La confesión del inculpado solamente es válida si es hecha sin co-acción de ninguna naturaleza".

e.   *El derecho a ser notificado de cargos*

a'. *Principio: derecho a ser oído*

La Constitución establece el principio del derecho a ser oído, como requisito para la condena en causa penal, en la siguiente forma:

"Art. 60. 5. Nadie podrá ser condenado en causa penal sin antes haber sido notificado personalmente de los cargos y oído en la forma que indique la ley".

La Convención Americana a este respecto tiene la siguiente regulación general:

"Art. 8. 1. Toda persona tiene *derecho a ser oída* con las debidas garantías y dentro de un plazo razonable, por un juez o tribunal competente, independiente e imparcial, establecido "con anterioridad por la ley, en la sustanciación de cualquier acusación penal formulada contra ella o para la determinación de sus derechos y obligaciones de orden civil, laboral, fiscal o de cualquier otro carácter".

El PIDCP también regula este derecho a ser oído, y así en su artículo 14, numeral 1° expone:

"Toda persona tendrá derecho a ser oída públicamente y, con las debidas garantías por un tribunal competente, independiente e imparcial, establecido por la ley, en la sustanciación de cualquier acusación de carácter penal formulada contra ella o para la determinación de sus derechos u obligaciones de carácter civil".

A su vez la Declaración Universal en su artículo 10 también regula el principio del derecho a ser oído así:

"Toda persona tiene derecho, en condiciones de plena igualdad, a ser oída públicamente y con justicia por un tribunal independiente e imparcial, para la determinación de sus derechos y obligaciones o para el examen de cualquier acusación contra ella en materia penal".

Por último, también se encuentra el principio en la Declaración Americana, en su artículo XXVI:

"Toda persona acusada de delito tiene derecho a ser oída en forma imparcial y pública...".

Además la Convención Americana regula entre las garantías mínimas de toda persona, durante juicio, en plena igualdad, la siguiente:

Art. 8. 2. b) "comunicación previa y detallada al inculpado de la acusación formulada".

A los efectos de garantizar este derecho, la Convención Americana establece también, en el artículo 8. 2. a), el:

"derecho del inculpado de ser asistido gratuitamente por traductor o intérprete, si no comprende o no habla el idioma del juzgado o tribunal".

Del mismo modo, el PIDCP establece en su Art. 14,3,5 el derecho de toda persona "a ser asistida gratuitamente por un intérprete, si no comprende o no habla el idioma empleado en el tribunal".

b'. *El derecho a no ser juzgado en ausencia: excepción*

La Constitución establece una excepción al derecho a ser oído que implica el de no ser juzgado en ausencia, en los casos de reos de delitos contra la cosa pública, en los siguientes términos:

"Art. 60. 5. Los reos de delito contra la cosa pública podrán ser juzgados en ausencia, con las garantías y en la forma que determine la ley".

Ello ha sido regulado expresamente en la Ley Orgánica de Salvaguarda del Patrimonio Público (1982), donde se han establecido las debidas garantías.

Precisamente, por esta excepción constitucional, al aprobarse por ley la Convención Americana, Venezuela hizo expresa *reserva* respecto del contenido del artículo 8,1 de la Convención (Art. 2), que prevé la posibilidad de que alguien pueda ser juzgado en ausencia.

f. *La duración del sumario*

El artículo 60, Ord. 1° de la Constitución establece el principio general del límite temporal del sumario en la siguiente forma:

"El sumario no podrá prolongarse más allá del límite máximo legalmente fijado".

Este límite se fija en el Código de Enjuiciamiento Criminal.

g. *El derecho a la defensa*

El derecho a la defensa está regulado tanto en la Constitución como en los textos internacionales, con diversas garantías:

a'. *La inviolabilidad del derecho*

La Constitución establece la inviolabilidad del derecho a la defensa en los siguientes términos:

"Art. 68. La defensa es un derecho inviolable en todo estado y grado del proceso.

Esta fórmula ha permitido extender la aplicación de este principio, incluso, hacia el ámbito del procedimiento administrativo.

b'. *El derecho a tener acceso al expediente*

El artículo 60, Ord. 1° de la Constitución, para garantizar el derecho a la defensa, establece el derecho del indiciado a tener acceso al expediente, en la forma siguiente:

> "El indiciado tendrá acceso a los recaudos sumariales y a todos los medios de defensa que provea la ley tan pronto como se ejecute el correspondiente auto de detención".

c'. *El tiempo de preparación de la defensa*

La Convención Americana en su artículo 8, 2, c. establece, como garantía de toda persona durante el proceso, en plena igualdad, la "concesión al inculpado del tiempo y de los medios adecuados para la preparación de la defensa".

En sentido similar el PIDCP regula esta garantía al establecer en su Art. 14, 3, b.

> "A disponer del tiempo y de los medios adecuados para la preparación de su defensa y a comunicarse con un defensor de su elección".

d'. *La defensa y los defensores*

En cuanto a la forma de asumir la defensa y al derecho a tener defensor, la Convención Americana establece las siguientes garantías de toda persona, durante el proceso, en plena igualdad en su artículo 8, 2°, letras d y e:

> "d) derecho del inculpado de defenderse personalmente o de ser asistido por un defensor de su elección y de comunicarse libre y privadamente con su defensor;
>
> e) derecho irrenunciable de ser asistido por un defensor proporcionado por el *Estado,* remunerado o no según la legislación interna, si el inculpado no se defendiere por sí mismo ni nombrare defensor dentro del plazo establecido por la ley".

El PIDCP también regula estas garantías, agregando además, la de ser informado sobre el derecho a tener defensor "y a comunicarse con un defensor de su elección" (Art. 14,3,b). En particular, el Pacto garantiza el derecho del inculpado:

> "A hallarse presente en el proceso y a defenderse personalmente o ser asistido por un defensor de su elección; a ser informado, si no tuviera defensor del derecho que le asiste a tenerlo, y, siempre que el interés de la justicia lo exija, a que se le nombre defensor de oficio, gratuitamente, si careciese de medios suficientes para pagarlo".

La Declaración Universal engloba todas estas garantías al establecer en el Art. 11, el derecho de toda persona acusada de delito a tener un juicio "en el que se le hayan asegurado todas las garantías necesarias para su defensa" (Art. 11,1).

e'. *El derecho a interrogar testigos*

En esta materia, la Convención Americana establece también, como garantía mínima de toda persona, durante el proceso, en plena igualdad, conforme el artículo 8, el:

2° f) Derecho a la defensa de interrogar a los testigos presentes en el tribunal y de obtener la comparecencia como testigos o peritos, de otras personas que puedan arrojar luz sobre los hechos".

En esta materia, el PIDCP establece el derecho de toda persona acusada de delito,

"A interrogar o hacer interrogar a los testigos de cargo y a obtener la comparecencia de los testigos de descargo y que éstos sean interrogados en las mismas condiciones que los testigos de cargo".

h. *La presunción de inocencia*

La Convención Americana establece, al respecto, lo siguiente:

"Art. 8. 2° Toda persona inculpada de delito tiene derecho a que se presuma su inocencia mientras no se establezca legalmente su culpabilidad".

El PIDCP también regula esta garantía en el artículo 14,2, así: "Toda persona acusada de un delito tiene derecho a que se presumí su inocencia mientras no se pruebe su culpabilidad conforme a la ley"

Por su parte, la Declaración Americana establece:

"Artículo XXVI. Se presume que todo acusado es inocente hasta que se pruebe que es culpable".

El principio también está expresamente establecido en la Declaración Universal, así:

"Art. 11. 1. Toda persona acusada de delito tiene derecho a que se presuma su inocencia mientras no se pruebe su culpabilidad, conforme a la le; y en juicio público en el que se le hayan asegurado todas las garantía necesarias para su defensa".

i. *El derecho a recurso*

La Convención Americana establece el derecho a recurso judicial como garantía de toda persona, durante el proceso, en plena igualdad en su artículo 8. 2°, h.:

"h) Derecho a recurrir del fallo ante juez o tribunal superior".

En igual sentido, el Art. 14,5 del PIDCP, establece:

"5. Toda persona declarada culpable de un delito tendrá derecho a que el fallo condenatorio y la pena que se le haya impuesto sean sometidos a u tribunal superior, conforme a lo prescrito por la ley".

j.   El derecho a indemnización

Por último, el artículo 10 de la Convención Americana establece el derecho de indemnización derivado de error judicial, así:

"Toda persona tiene derecho a ser indemnizada conforme a la ley en caso de haber sido condenada en sentencia por error inicial".

Este derecho, en el PIDCP, se regula en los artículos 9, 5 y 14,6, así:

"Art. 9. 5. Toda persona que haya sido ilegalmente detenida o presa, tendrá derecho efectivo a obtener reparación".

"Art. 14. 6. Cuando una sentencia condenatoria firme haya sido ulteriormente revocada, o el condenado haya sido indultado por haberse producido o descubierto un hecho plenamente probatorio de la comisión *de un error judicial,* la persona que haya sufrido una pena como resultado de tal sentencia deberá ser indemnizada, conforme a la ley, a menos que se demuestre que le es imputable en todo o en parte al no haberse revelado oportunamente el hecho desconocido".

G.   El derecho a la inviolabilidad del hogar doméstico

La Constitución garantiza en su artículo 62 el derecho a la inviolabilidad del hogar doméstico, en los siguientes términos:

a.   El principio

"Art. 62. El hogar doméstico es inviolable...".

La Declaración, Americana en su artículo IX establece este derecho así:

"Toda persona tiene el derecho a la inviolabilidad de su domicilio".

b.   El allanamiento del hogar doméstico

El principio, sin embargo, admite excepciones en los casos de perpetuación de delito o para cumplir decisiones judiciales, así:

"Art. 62. No podrá ser allanado sino para impedir la perpetración de un delito o para cumplir, de acuerdo con la ley, las decisiones que dicten los tribunales...".

c.   Las visitas sanitarias

En materia administrativa por razones de orden público sanitario, las visitas sanitarias no se consideran como violatorias del hogar doméstico, pero siempre que reúnan ciertas condiciones; por ello la Constitución establece:

"Art. 62. Las visitas sanitarias que hayan de practicarse de conformidad con la ley sólo podrán hacerse previo aviso de los funcionarios que los ordenen o hayan de practicarlas".

H. *El derecho a la inviolabilidad de la correspondencia*

La inviolabilidad de la correspondencia, como garantía constitucional, está regulada en el artículo 6° de la Constitución en los siguientes términos:

a. *Principio*

"Art. 63. La correspondencia en todas sus formas es inviolable...".

La Declaración Americana, consagra este derecho, así:

"Artículo X. Toda persona tiene derecho a la inviolabilidad y circulación de su correspondencia".

b. *La ocupación judicial de la correspondencia*

La excepción al principio está en las decisiones judiciales que, como en la quiebra, permitan la ocupación de correspondencia, tal como lo regula la Constitución:

"Art. 63. ... Las cartas, telegramas, papeles privados y cualquier otro medio de correspondencia no podrán ser ocupados sino por la autoridad judicial, con el cumplimiento de las formalidades legales y guardándose siempre el secreto respecto de lo doméstico y privado que no tenga relación con el correspondiente proceso".

En tal sentido, el Código de Comercio establece:

"Art. 932. ...podrá el Juez disponer, como medida preventiva, la ocupación judicial de todos los bienes del demandado, sus libros, correspondencia y documentos, nombrando un depositario de dichos bienes y papeles...".

c. *Las inspecciones fiscales y contraloras*

En materia fiscal, las inspecciones no se consideran como violación a la correspondencia, siempre que se hagan conforme a la ley. Por ello, la Constitución establece:

"Art. 63. ...Los libros, comprobantes y documentos de contabilidad sólo estarán sujetos a la inspección o fiscalización de las autoridades competentes, de conformidad con la ley".

La Ley Orgánica de la Contraloría General de la República (1975), y el Código Orgánico Tributario regulan estas inspecciones.

I. *El derecho al libre tránsito y circulación*

a. *La libertad de circulación personal*

El artículo 64 de la Constitución establece que "todos pueden transitar libremente por el territorio nacional", y en el mismo sentido, la Convención Americana establece en su artículo 22, numeral 1° que "toda persona que se halle legalmente en el territorio de un Estado tiene derecho a circular por el mismo".

Por su parte la Declaración Universal establece que "toda persona tiene derecho a circular libremente" (Art. 1,31) y el PIDCP en forma similar a lo establecido en la Convención dispone que: "toda persona que se halle legalmente en el territorio de un Estado tendrá derecho a circular libremente por él" (Art. 12,1).

b. La libertad de establecimiento: domicilio y residencia

La Constitución establece el derecho de todos a cambiar de domicilio o residencia (Art. 64), y la Convención Americana establece el derecho de toda persona que se halle legalmente en el territorio de un Estado, "a residir en él con sujeción a las disposiciones legales" (Art. 22,1):

Este derecho se establece en el PIDCP en su artículo 12,1, así:

> "Toda persona que se halle en el territorio de un Estado tendrá derecho... a escoger libremente en él su residencia".

La Declaración Universal a su, vez, en su artículo 131, establece "Toda persona tiene derecho a... elegir su residencia en el territorio de un Estado".

Por último la Declaración Americana en su artículo VIII establece que:

> "Toda persona tiene el derecho de fijar su residencia en el territorio del Estado de que es nacional...".

c. La libertad de ausentarse y entrar al país

El artículo 64 de la Constitución, además, establece el derecho de todos de "ausentarse de la República y volver a ella" garantizándose *a los venezolanos el poder "ingresar al país sin necesidad de autorización* alguna".

La Convención Americana, por su parte, establece que 'toda persona tiene derecho a salir libremente de cualquier país, inclusive del propio" (Art. 22, 2°) y agrega que nadie puede "ser privado del derecho a ingresar" en el territorio del Estado del cual es nacional (Art. 22,5°).

El PIDCP establece en su artículo 12, numerales 2° y 4°, que "Toda persona tendrá derecho a salir libremente de cualquier país, incluso del propio" y que "nadie podrá ser arbitrariamente privado del derecho a entrar en su propio país".

La Declaración Universal, por su parte establece en el Artículo 13,2 que Toda persona tiene derecho a salir de cualquier país, incluso del propio, y a regresar a su país".

d. La libertad de circulación de bienes

Por último, el mismo artículo 64 de la Constitución establece que "todos pueden ... traer sus bienes al país, o sacarlos de él, sin más limitaciones que las establecidas por la ley".

e. Restricciones a los derechos

De acuerdo a la Convención Americana "el ejercicio de los derechos anteriores no puede ser restringido sino en virtud de una ley, en la medida indispensable en una sociedad democrática, para prevenir infracciones penales o para proteger la seguridad nacional, la seguridad o el orden público la moral o la salud públicas o los derechos y libertades de los demás" (Art. 22, 3°).

En este sentido, el PIDCP establece en su Art. 12, 3, lo siguiente:

"3. Los derechos antes mencionados no podrán ser objeto de restricciones salvo cuando éstas se hallen previstas en la ley, sean necesarias para proteger la seguridad nacional, el orden público, la salud o la moral públicas o los derechos y libertades de terceros, y sean compatibles con los demás derechos reconocidos en el presente Pacto".

Por otra parte, en relación al derecho al libre tránsito y al establecimiento de residencia, la Convención establece que pueden ser restringidos "por la ley, en zonas determinadas, por razones de interés público" (Art. 22, 4).

En tal sentido, la Ley Orgánica de Seguridad y Defensa establece determinar zonas de seguridad y defensa en las cuales, una vez establecidas formalmente, puede restringirse el libre tránsito.

f.   *El régimen de la expulsión*

a'.   *La prohibición de expulsión de venezolanos*

La Convención Americana establece en forma general, que "nadie puede ser expulsado del territorio del Estado del cual es nacional" (Art. 22. 5).

En la misma orientación, la Constitución establece en el artículo 64 la prohibición de expulsión de los venezolanos, al regular lo siguiente:

"Ningún acto del Poder Público podrá establecer la pena del extrañamiento del territorio nacional contra venezolanos, salvo como conmutación de otra pena y a solicitud del mismo reo".

En tal sentido, fue dictada la Ley de Conmutación de Pena por Extrañamiento (1946) que regula la excepción al principio general.

b'.   *La expulsión de extranjeros*

La Convención Americana regula la expulsión de los extranjeros estableciendo tres normas al respecto:

a".   *La legalidad de la expulsión*

En este sentido establece el artículo 22, numeral 6° lo siguiente:

6° El extranjero que se halle legalmente en el territorio de un Estado Parte en la presente Convención, sólo podrá ser expulsado de él en cumplimiento de una decisión adoptada conforme a la Ley".

En tal sentido, tanto la Ley de Extranjeros como la Ley sobre actividades de Extranjeros en Venezuela establecen las condiciones conforme a las cuales puede dictarse la expulsión de extranjeros.

En todo caso, es de destacar la previsión del PIDCP, cuyo artículo 13 establece en esta materia, lo siguiente:

"El extranjero que se halle legalmente en el territorio de un Estado Parte en el presente Pacto sólo podrá ser expulsado de él en cumplimiento de una decisión adoptada conforme a la ley; y, a menos que razones impetuosas de seguridad nacional se opongan a ello, se permitirá a tal extranjero a exponer las razones que lo asistan en contra de su expulsión, así como someter su caso a revisión ante la autoridad competente o bien ante la persona o personas designadas especialmente por dicha autoridad competente, y hacerse representar con tal fin ante ellas".

b". *Limitaciones a la expulsión*

Por otra parte, la posibilidad de expulsión de extranjeros está limitada en el artículo 22, numeral 8° de la Convención Americana en la siguiente forma:

"8. En ningún otro caso el extranjero puede ser expulsado o devuelto a otro país, sea o no de origen, donde su derecho a la vida o la libertad personal está en riesgo de violación a causa de raza, nacionalidad, religión, condición social o de sus opiniones políticas".

c". *Prohibición de la expulsión colectiva*

Por último, la Convención Americana prohíbe "la expulsión colectiva de extranjeros" (Art. 22, 9).

J. *La libertad de conciencia y de religión*

a. *La libertad de conciencia*

La Comisión establece en su artículo 65, el derecho de todos "de profesar su fe religiosa".

Este derecho está consagrado también en la Convención Americana en la siguiente forma:

"Art. 12. 1° Toda persona tiene derecho a la libertad de conciencia y de religión. Este derecho implica la libertad de conservar su religión o sus creencias, o de cambiar de religión o de creencias".

Por su parte, el PIDCP en su artículo 18, establece:

"1. Toda persona tiene derecho a la libertad de pensamiento, de conciencia y de religión; este derecho incluye la libertad de tener o de adoptar la religión o las creencias, individual o colectivamente, tanto en público como en privado, mediante el culto, la celebración de los ritos, las prácticas y la enseñanza".

La Declaración Universal de los Derechos del Hombre también consagra este derecho en su artículo 18 al establecer que: "Toda persona tiene derecho a la libertad de pensamiento, de conciencia y de religión, este derecho incluye la libertad de cambiar de religión o de ciencia...".

En igual forma, la Declaración Americana establece que 'Toda persona tiene el derecho de profesar libremente una creencia religiosa" (Art. III).

Ahora bien, esta libertad no es limitable, por lo que la Convención Americana establece en su artículo 12, numeral 2°, lo siguiente:

"Nadie puede ser objeto de medidas restrictivas que puedan menoscabar *la libertad de conservar su religión o sus creencias o* de cambiar de religión o de creencias".

Igualmente, el PIDCP, en su artículo 18, numeral 2°, establece lo siguiente:

"Nadie será objeto de medidas coercitivas que puedan menoscabar su libertad de tener o de adoptar la religión o las creencias de su elección".

b.   *El derecho al ejercicio del culto y sus limitaciones*

La Constitución, además, establece en el mismo artículo 65 que:

"Todos tienen derecho... de ejercitar su culto, privada o públicamente, siempre que no sea contrario al orden público o a las buenas costumbres".

Además, prescribe la Constitución que "El culto estará sometido a la suprema inspección del Ejecutivo Nacional, de conformidad con la ley".

La Convención Americana, en sentido similar, reconoce, en su artículo 12, numeral 1, "la libertad de profesar y *divulgar su religión* o sus *creencias, individual o colectivamente, tanto en público como en privado"*.

Agrega además, en el número 3° del mismo artículo 12, lo siguiente:

"3° La libertad de manifestar la propia religión y las propias creencias está sujeta únicamente a las limitaciones prescritas por la ley y que sean necesarias para proteger la seguridad, el orden, la salud o la moral públicos o los derechos o libertades de los demás".

En sentido similar, el PIDCP establece que "Toda persona tiene... derecho a la libertad... de manifestar su religión o sus creencias, individual o colectivamente, tanto en público como en privado... (Art. 18, 1); agregando lo siguiente:

"3. La libertad de manifestar la propia religión o las propias creencias está sujeta únicamente a las limitaciones prescritas por la ley que sean necesarias para proteger la seguridad, el orden, la salud o la moral públicos, o los derechos y libertades fundamentales de los demás.

4. Los Estados Partes en el presente Pacto se comprometen a respetar la libertad de los padres y, en su caso, los tutores legales, para garantizar que los hijos reciban la educación religiosa y moral que esté de acuerdo con sus propias convicciones".

El PIDCP, agrega, además en relación al principio de la no discriminación religiosa, lo siguiente:

"Art. 27. En los Estados en que existan minorías... religiosas... no se negará a las personas que pertenezcan a dichas minorías el derecho que les corresponde... en común con los demás miembros de su grupo... a profesar y practicar su propia religión".

También la Declaración Universal en igual sentido que el PIDCP, establece en su artículo 18 que "toda persona tiene derecho a... manifestar su religión o su creencia, individual o colectivamente, tanto en público como en privado...".

Por último la Declaración Americana, al referirse a este derecho, señala en su artículo III, que "Toda persona tiene el derecho de...manifestar libremente su creencia religiosa y practicarla en público y en privado".

c. El ámbito de la libertad

En todo caso, conforme a lo establecido en el artículo 65 de la Constitución:

> "Nadie podrá invocar creencias o disciplinas religiosas para eludir el cumplimiento de las leyes ni para impedir a otro el ejercicio de sus derechos".

K. El derecho a la libre expresión del pensamiento

a. La libertad de pensamiento y expresión

El artículo 66 de la Constitución regula esta libertad al establecer lo siguiente:

> "Todos tienen el derecho de expresar su pensamiento de viva voz o por escrito y de hacer uso para ello de cualquier medio de difusión... ".

En este sentido, la Convención Americana en su artículo 13, numeral 1° prevé lo siguiente:

> "Toda persona tiene derecho a la libertad de pensamiento y de expresión. Este derecho comprende la *libertad de buscar, recibir y difundir informaciones e ideas de toda índole, sin consideración de fronteras,* ya sea oralmente, por escrito p en forma impresa o artística, o por cualquier otro procedimiento de su elección".

Esta libertad de pensamiento y expresión también se encuentra consagrada expresamente en el PIDCP, cuyo artículo 19, numerales 1° y 2° establecen que "nadie podrá ser molestado a causa de sus opiniones" y que "toda persona tiene derecho a la libertad de expresión; este derecho comprende la libertad de buscar, recibir y difundir informaciones e ideas de toda índole, sin consideración de fronteras, ya sea oralmente, por escrito o en forma impresa o artística, o por cualquier otro procedimiento de su elección".

También la Declaración Universal se refiere a este derecho y así, en su articula 19, establece:

> "Todo individuo tiene derecho a la libertad de opinión y de expresión; este derecho incluye el de no ser molestado a causa de sus opiniones, el de investigar y recibir informaciones y opiniones, y el de difundirlas, sin limitación de fronteras, por cualquier medio de expresión".

Igualmente, esta libertad está consagrada en la Declaración Americana así:

> "Artículo IV. Toda persona tiene derecho a la libertad de investigación, de opinión y de expresión y de difusión del pensamiento por cualquier medio".

b. *Prohibición de censura previa y la responsabilidad individual*

La Constitución, al regular la libertad de expresión del pensamiento establece en el mismo artículo 66 que no podrá "establecerse censura previa". Sin embargo, agrega que "quedan sujetas a pena, de conformidad con la ley, las expresiones que constituyen delito".

La Convención Americana en este sentido es más explícita en cuanto a la responsabilidad individual, al establecer en el artículo 13, numeral 2° lo siguiente:

"El ejercicio del derecho previsto en el inciso precedente *no puede estar sujeto a previa censura* sino a responsabilidades ulteriores, las que deben estar expresamente fijadas por la ley y ser necesarias para asegurar:

a) el respeto a los derechos o a la reputación de los demás, o

b) la protección de la seguridad nacional, el orden público o la saludo la moral públicas".

En sentido similar, el PIDCP, al referirse al ejercicio del derecho de libertad de pensamiento y expresión en cuanto a los deberes y responsabilidades especiales señala en su artículo 19,3 lo siguiente:

"El ejercicio del derecho en el párrafo 2 de este artículo entraña deberes y responsabilidades. Por consiguiente, puede estar sujeto a ciertas restricciones que deberán, sin embargo, estar expresamente fijadas por la ley y ser necesarias para:

a) Asegurar el respeto a los derechos o a la reputación de los demás:

b) La protección de la seguridad nacional, el orden público o la salud o la moral públicas".

La prohibición de censura previa, sin embargo, no rige para los espectáculos públicos, al prever la Convención Americana lo siguiente:

"Art. 13. 4° Los espectáculos públicos pueden ser sometidos por la ley a *censura previa* con él exclusivo *objeto de regular el acceso a ellos para la protección moral de la infancia* y la adolescencia, sin perjuicio de lo establecido en el inciso 2".

c. *La prohibición de restricciones indirectas*

La Convención Americana establece, además, lo siguiente:

"Art. 13. 3. No se puede restringir el derecho de expresión por vías o medios *indirectos,* tales como el abuso de controles oficiales o particulares de *papel para periódicos,* de *frecuencias radioeléctricas,* o de enseres y aparatos usados en la difusión de información o por cualesquiera otros medios encaminados a impedir la comunicación y la circulación de ideas y opiniones".

d.   Las prohibiciones

La Constitución, en su artículo 66, sin embargo, establece prohibiciones terminantes a esta libertad en los siguientes términos:

"No se permite el anonimato. Tampoco se permitirá la propaganda de guerra, la que ofenda la moral pública ni la que tenga por objeto provocar la desobediencia de las leyes, sin que por esto pueda coartarse el análisis o la crítica de los preceptos legales".

En igual sentido, la Convención Americana establece lo siguiente:

"Art. 13. 5. Estará prohibida por la ley toda propaganda en favor de la guerra y toda apología del odio nacional, racial o religioso que constituyan incitaciones a la violencia o cualquiera otra acción ilegal similar contra cualquier persona o Agrupo de personas, por ningún motivo, inclusive los de raza, color, religión, idioma u origen nacional".

En sentido similar el PIDCP, establece lo siguiente:

"Art. 20. 1. Toda propaganda en favor de la guerra estará prohibida por la ley.

2. Toda apología del odio nacional, racial o religioso que constituya incitación a la discriminación, la hostilidad o la violencia estará prohibida por la ley".

e.   Las consecuencias: el derecho de rectificación o respuesta

La Convención Americana, en su artículo 14, regula expresamente el derecho de rectificación o respuesta, con motivo de la libertad de expresión del pensamiento, en los siguientes términos:

"Art. 14. Derecho de Rectificación o Respuesta:

1. Toda persona afectada por informaciones inexactas o agraviantes emitidas en su perjuicio a través de medios de difusión legalmente reglamentados y que se dirijan al público en general, tiene derecho *a efectuar y por el mismo órgano* de difusión *su rectificación o* respuesta en las condiciones que establezca la ley.

2. En ningún caso la *rectificación o la respuesta eximirán* de las otras *responsabilidades,* legales en que se hubiese incurrido.

3. Para la *efectiva protección de la honra y la reputación,* toda *publicación o empresa periodística,* cinematográfica, de radio ó televisión tendrá una persona responsable que no esté protegida por inmunidades ni disponga de fuero especial".

La Ley de Ejercicio del Periodismo, como se ha dicho, consagra el derecho de rectificación de las personas agraviadas por informaciones.

L.   El derecho de petición

La Constitución establece en su artículo 67 el derecho de petición en la siguiente forma:

a. *Principio*

"Art. 67. Todos tienen el derecho de representar o dirigir peticiones ante cualquier autoridad o funcionario público, sobre los asuntos que sean de la competencia de éstos...".

En sentido similar, la Declaración Americana establece este derecho así:

"Artículo XXIV. Toda persona tiene derecho de representar peticiones respetuosas a cualquiera autoridad competente, ya sea por motivo de interés general, ya de interés particular...".

b. *El derecho a obtener oportuna respuesta*

"Art. 67. Todos tienen el derecho... a obtener oportuna respuesta".

En la Declaración Americana se hace referencia al derecho "de obtener pronta resolución" (XXIV).

Estos derechos, en vía administrativa, han sido regulados en general, en la Ley Orgánica de Procedimientos Administrativos (1980).

M. *El derecho a utilizar los órganos de la Administración de Justicia*

La Constitución consagra, además, el derecho de acceso a la justicia, en la siguiente forma:

"Art. 68. Todos pueden utilizar los órganos de la administración de justicia, para la defensa de sus derechos e intereses, en los términos y condiciones establecidos por la ley la cual fijará normas que aseguren el ejercicio de este derecho a quienes no dispongan de medios suficientes".

Básicamente, son el Código de Procedimiento Civil y las leyes reguladoras de procedimientos especiales, las que desarrollan el derecho de acceso a la justicia.

N. *El derecho de asociación*

a. *El principio*

La Constitución establece el derecho de asociación en los siguientes términos:

"Art. 70. Todos tienen derecho de asociarse con fines lícitos, en conformidad con la ley".

Conforme a ello, el Código Civil y el Código de Comercio son los cuerpos normativos básicos que regulan las sociedades y el contrato de sociedad, además de otras leyes especiales como la Ley de Asociaciones Cooperativas.

Por su parte, la Convención Americana establece este mismo derecho, en su artículo 16, numeral 1°, así:

"1. Todas las personas tienen derecho a asociarse libremente con fines ideológicos, religiosos, políticos, económicos, laborales, sociales, culturales, deportivos o de cualquier otra índole".

Este derecho se reconoce en el PIDCP, cuyo artículo 22, numeral 1°, establece:

"1° Toda persona tiene derecho a asociarse libremente con otras, incluso el derecho a fundar sindicatos y afiliarse a ellos para la protección de sus intereses".

También la Declaración Americana consagra este derecho de asociación en su artículo XXII así:

"Toda persona tiene el derecho de asociarse con otras para promover, ejercer y proteger sus intereses legítimos de orden político, económico, religioso, social, cultural, profesional, sindical o de cualquier otro orden".

Por último la Declaración Universal establece en su artículo 20 numeral 1°: "Toda persona tiene derecho a la libertad de reunión y de asociación pacífica" agregando en su numeral 2°; que "Nadie podrá ser obligado a pertenecer a una asociación".

b. Restricciones

La Convención Americana, al prever las restricciones al derecho de asociación establece lo siguiente:

"Art. 16. 2. El ejercicio de tal derecho sólo puede estar sujeto a las *restricciones previstas por* la ley que sean necesarias en una sociedad democrática, en interés de la *seguridad nacional,* de la seguridad o del orden público, o para proteger la *salud* o la *moral públicas o los derechos y libertades de los demás".*

En particular, la Convención Americana hace referencia a la restricción del derecho de asociación respecto de los miembros de las Fuerzas Armadas y de los cuerpos policiales, en la siguiente forma:

Art. 16. 3 Lo dispuesto en este artículo no impide la imposición de restricciones legales, y son la provación del *ejercicio* del derecho de *asociación* a los miembros de las Fuerzas Armadas y de la policía".

Estas restricciones al derecho de asociación previstas en la Convención Americana con particular referencia a las restricciones del derecho de asociación respecto de los miembros de las Fuerzas Armadas y de los cuerpos policiales también se encuentran expresamente establecidas en el PIDCP, en su artículo 22, numeral 2°. En materia de asociación sindical, el PIDESC también las regula en su Art. 8,2.

Ñ. El derecho de reunión

En cuanto al derecho de reunión, la Constitución lo establece en el artículo 71, así:

"Todos tienen el derecho de reunirse, pública o privadamente, sin permiso previo, con fines lícitos y sin armas. Las reuniones en lugares públicos se regirán por la ley".

Por su parte, la Convención Americana lo regula en su artículo 15 en estos términos:

"Se reconoce el derecho de reunión pacífica y sin armas. El ejercicio de tal derecho sólo puede estar sujeto a las restricciones previstas por la ley, que sean necesarias en una sociedad democrática, en interés de la seguridad nacional, de la seguridad a del orden público para proteger la salud o la moral públicas o los derechos o libertades de los demás".

El artículo 21 del PIDCP, recoge textualmente el contenido del artículo 15 de la Convención Americana, referente a este derecho de reunión, con la única variante de la expresión "sin armas" que el Pacto no establece.

Así mismo, la Declaración Universal de los Derechos del Hombre se refiere a esta libertad de reunión al expresar en su artículo 20, numeral 1, que:

"Toda persona tiene derecho a la libertad de reunión...".

También el artículo XXI de la Declaración Americana recoge este derecho así:

"Toda persona tiene el derecho de reunirse pacíficamente con otras, en manifestación pública o en asamblea transitoria, en relación con sus intereses comunes de cualquier índole".

Este derecho, en cuanto a las reuniones públicas, ha sido regulado en la Ley de Partidos Políticos, Reuniones y Manifestaciones Públicas (1964).

3. *Los derechos sociales*

La Constitución establece un gran elenco de derechos sociales, conforme a la tradición iniciada con la Constitución de 1947, al contrario del texto de la Convención Americana que trae escasas regulaciones, destinadas, básicamente, a la protección de la familia.

Sin embargo, debe destacarse que el Capítulo III de la Convención Americana contiene el artículo 26, en el cual se establece lo siguiente:

"Los Estados Partes se comprometen a adoptar providencias tanta a nivel interno como mediante la cooperación internacional, especialmente económica y técnica, para lograr progresivamente la plena efectividad de las derechos que se derivan de las normas económicas, sociales y sobre, educación, ciencia y cultura, contenidas en la Carta de la Organización de los Estados Americanos, reformada por el Protocolo de Buenos Aires, en la medida de los recursos disponibles, por vía legislativa u otros medios apropiados".

Se establece así una obligación de los Estados Miembros de lograr la plena efectividad de los derechos sociales y sobre educación, ciencia y cultura contenidos en la Carta de la Organización de los Estados Americanos, reformada por el Protocolo de Buenos Aires, y de desarrollarlos por vía legislativa.

En todo caso, la regulación de los derechos sociales en la Constitución tiene dos formas de consagración: unos que son directamente efectivos y otros, que están establecidos en forma programática. Estos derechos son: el derecho a la salud, el derecho a la educación, el derecho a la cultura, la libertad de enseñanza, el derecho al trabajo y a la libertad de trabajo, el derecho a la protección del trabajo, el derecho a la contratación colectiva, el derecho a la sindicalización, el derecho a la huelga, el derecho a la seguridad y asistencia social, el derecho a un nivel de vida adecuado, y además, derechos especiales de protección social.

A. El derecho a la salud

El derecho a la salud está consagrado, como un derecho a obtener prestaciones del Estado, lo cual origina un servicio público, cuya ejecución puede a la vez, limitar la libertad individual.

a. Principio

En la Constitución el principio está regulado en la forma siguiente:

"Art. 76. Todos tienen derecho a la protección a la salud".

El PIDESC, en su artículo 12,1, amplía este dispositivo y establece:

"el derecho de toda persona al disfrute del más alto nivel posible de salud física y mental".

b. Las obligaciones estatales

Las obligaciones prestacionales de las entidades estatales (nacionales, estadales y municipales), que originan el servicio público de salud están previstas en el mismo artículo 76 de la Constitución Nacional, así:

"Las autoridades velarán por el mantenimiento de la salud pública y proveerán los medios de prevención y asistencia a quienes carezcan de ellos".

La obligación del Estado en materia de asistencia social, se reitera en el artículo 94 de la Constitución.

En este sentido, el PIDESC establece en su artículo 12, numeral 2º, las medidas que deben adoptar los Estados Partes en el Pacto a fin de asegurar la plena efectividad de este derecho, así:

"2. Entre las medidas que deberán adoptar los Estados Partes en el Pacto a fin de asegurar la plena efectividad de esté derecho, figurarán las necesarias para:

a) La reducción de la mortinatalidad y de la mortalidad infantil y el sano desarrollo de los niños;

b) El mejoramiento en todos sus aspectos de la higiene del trabajo y del medio ambiente;

c) La prevención y el tratamiento de las enfermedades epidémicas, endémicas, profesionales y de otra índole, y la lucha contra ellas;

d) La creación de condiciones que aseguren a todos asistencia médica y servicios médicos en casos de enfermedad".

La Declaración Americana por su parte establece el derecho a la preservación de la salud y el bienestar en su artículo XI de la manera siguiente:

"Toda persona tiene derecho a que su salud sea preservada por medidas sanitarias y sociales relativas a la alimentación, el vestido, la vivienda y la asistencia médica, correspondientes, al nivel que permitan los recursos públicos y los de la comunidad".

c. Las limitaciones consecuenciales

Las actividades estatales para garantizar la protección de la salud, por otra parte, pueden originar limitaciones a los derechos individuales, las cuales no pueden traspasar los límites impuestos por el respeto a la persona humana. Por ello la redacción de la última parte del artículo 76 del Texto Fundamental:

"... Todos están obligados a someterse a las medidas sanitarias que establezca la ley, dentro de los límites impuestos por el respeto a la persona humana".

B. El derecho a la educación

a. Principios derecho y obligación personal

"Art. 78. Todos tienen derecho a la educación".

En sentido similar, el PIDESC estable el "derecho de toda persona a la educación" (Art. 13), en el mismo sentido de la Declaración Universal (Art. 26,1).

La Declaración Americana, por su parte, establece que:

"Toda persona tiene derecho a la educación, la que debe estar inspirada en los principios de libertad, moralidad y solidaridad humanas".

Pero además de ser un derecho, conforme a la Constitución:

"La educación es obligatoria en el grado y condiciones que fije la ley..." (Art. 55).

El PIDESC, en sentido similar establece el principio de la "obligatoriedad de la enseñanza" y de la "enseñanza obligatoria" (Art. 14); y la Declaración Universal declara "la instrucción elemental obligatoria" y que la "instrucción técnica y/profesional habrá de ser generalizada" (Art. 26,1).

Tratándose de un derecho de los ciudadanos, su consagración origina obligaciones prestacionales a cargo del Estado, las cuales se configuran como un auténtico servicio público. Por ello, lo previsto en el artículo 78 de la Constitución:

"El Estado creará y sostendré escuelas, instituciones y servicios suficientemente dotados para asegurar el acceso a la educación y a la cultura, sin más limitaciones que las derivadas de la vocación y de las aptitudes".

Esta obligación estatal se concreta en el PIDESC como un compromiso de los Estados Miembros, así:

"Art. 14. Todo Estado Parte en el presente Pacto que, en el momento de hacerse parte en él, aún no haya podido instituir en su territorio metropolitano o en otros territorios sometidos a su jurisdicción la obligatoriedad y la gratuidad de la enseñanza primaria, se compromete a elaborar y adoptar, dentro de un plazo de dos años, un plan detallado de acción para la aplicación progresiva, dentro de un número razonable de años fijado en el plan, del principio de la enseñanza obligatoria y gratuita para todos".

b.   *La garantía del acceso a la educación y su gratitud*

La Constitución, en el artículo 78, garantiza el acceso a la educación y a la cultura, "sin más limitaciones que las derivadas de la vocación y de las aptitudes". Por tanto, no puede haber limitaciones de orden económico. De allí el principio de la gratuidad de la educación oficial, prevista así:

"Art. 78. La educación impartida por los institutos oficiales será gratuita en todos sus ciclos. Sin embargo, la ley podrá establecer excepciones respecto de la enseñanza superior y especial, cuando se trate de personas desprovistas de medios de fortuna".

En esta materia, la Carta de la Organización de Estados Americanos, en su artículo 30, a) y b) establece como principio lo siguiente:

"a) La enseñanza primaria será obligatoria, y, cuando la imparta el Estado, será gratuita;

b) El acceso a los estudios superiores será reconocido a todos, sin distinción de raza, nacionalidad, sexo, idioma, credo o condición social".

El PIPESC establece, en esta materia, amplios principios relativos a la acción de los Estados Miembros, así:

"Art. 13. Los Estados Partes en el presente Pacto reconocen que, con objeto de lograr el pleno ejercicio de este derecho;

a) La enseñanza primaria debe ser obligatoria y asequible a todos gratuitamente;

b) La enseñanza secundaria, en sus diferentes formas, incluso la enseñanza secundaria técnica y profesional, debe ser generalizada y hacerse accesible a todos, por cuantos medios sean apropiados, y en particular por la implantación progresiva de la enseñanza gratuita;

La enseñanza superior debe hacerse igualmente accesible a todos, sobre la base de la capacidad de cada uno, por cuantos medios sean apropiados, y en particular, por la implantación progresiva de la enseñanza gratuita;

Debe fomentarse e intensificarse, en la medida de lo posible, la educación fundamental para aquellas personas que no hayan recibido o terminado el ciclo completo de instrucción primaria:

e) Se debe proseguir activamente el desarrollo del sistema escolar en todos los ciclos de la enseñanza, implantar un sistema adecuado de becas, y mejorar continuamente las condiciones materiales del cuerpo docente".

Por último la Declaración Americana en este sentido establece en su artículo XII lo siguiente:

"El derecho de educación comprende el de igualdad de oportunidades en todos los casos, de acuerdo con las dotes naturales, los méritos y el deseo de aprovechar los recursos que puedan proporcionar la comunidad y el Estado.

Toda persona tiene derecho a recibir gratuitamente la educación primaria, por lo menos".

Asimismo, la Declaración Universal establece en su artículo 26, que... "La educación debe ser gratuita, al menos en lo concerniente a la instrucción elemental y fundamental..., el acceso a los estudios superiores será igual para todos, en función de los méritos respectivos".

c. *Finalidad*

La finalidad de la educación, vinculada a la cultura, la democracia y la solidaridad social, se establece en el artículo 80 de la Constitución, en la forma siguiente:

"La educación tendrá como finalidad el pleno desarrollo de la personalidad, la formación de ciudadanos aptos para la vida y para el ejercicio de la democracia, el fomento de la cultura y el desarrollo del espíritu de solidaridad humana"

En relación a la finalidad de la educación, el PIDESC, en su artículo 113 establece que los Estados Partes:

"Convienen en que la educación debe orientarse hacia el pleno desarrollo de la personalidad humana y del sentido de su dignidad, y debe fortalecer el respeto por los derechos humanos y las libertades fundamentales. Convienen asimismo en que la educación debe capacitar a todas las personas para participar efectivamente en una sociedad libre, favorecer la comprensión, la tolerancia y la amistad entre todas las naciones y entre todos los grupos raciales, étnicos o religiosos, y promover las actividades de las Naciones Unidas en pro del mantenimiento de la paz".

A su vez, la Declaración Universal, en su artículo 26 numeral 2°, dispone:

"La educación tendrá por objeto el pleno desarrollo de la personalidad humana y el fortalecimiento del respeto a los derechas del hombre y a las libertades fundamentales; favorecerá la comprensión, la tolerancia y la amistad entre todas las naciones y todos los grupos étnicos y religiosos; y promoverá el desarrollo de las actividades de las Naciones Unidas para el mantenimiento de la paz".

Por último, la Declaración Americana establece en su artículo XII, el derecho de todos a que "mediante esa educación, se le capacite para lograr una digna subsistencia, en mejoramiento del nivel de vida y para ser útil a la sociedad" (Art. XII).

d. *Libertad educativa*

La Convención Americana agrega a estas regulaciones, la libertad de escogencia de la educación en la siguiente forma:

"Art. 12. 4. Los padres, y en su caso los tutores, tienen derecho a que sus hijos o pupilos reciban la educación *religiosa y moral* que esté de acuerdo con sus propias convicciones".

El PIDESC en este sentido establece lo siguiente:

"Art. 13. 3. Los Estados Partes en el presente Pacto se comprometen a respetar la libertad de los padres y, en su caso, de los tutores legales, de escoger para sus hijos o pupilos escuelas distintas de las creadas por las autoridades públicas, siempre que aquéllas satisfagan las normas mínimas que el Estado prescriba o apruebe en materia de enseñanza, y de hacer que sus hijos o pupilos reciban la educación religiosa o moral que esté de acuerdo con sus propias convicciones.

4. Nada de lo dispuesto en este artículo se interpretará como una restricción de la libertad de los particulares y entidades para establecer y dirigir instituciones de enseñanza, a condición de que se respeten los principios enunciados en el párrafo 1 y de que la educación dada en esas instituciones se ajuste a las normas mínimas que prescriba el Estado".

Asimismo, la Declaración Universal en su artículo 26 numeral 3, sobre la libertad de escogencia de la Educación, expresa:

"Los padres tendrán derecho preferente a escoger el tipo de educación que habrá de darse a sus hijos".

La Declaración Americana en este sentido establece en su artículo XII que el derecho a la educación debe estar inspirado "en los principio de libertad...".

C. *El derecho a la cultura y la protección de los bienes culturales y de las creaciones intelectuales*

En cuanto al derecho a la cultura, la Constitución establece el principio en los siguientes términos:

"Art. 83. El Estado fomentará la cultura en sus diversas manifestaciones y velará por la protección y conservación de las obras, objetos y monumentos de valor histórico o artístico que se encuentren en el país, y procurará que ellos sirvan al fomento de la educación".

La Convención Americana manda desarrollar los principios en la materia de la Carta de la OEA, cuyo artículo 31 establece lo siguiente:

"Los Estados Miembros se comprometen a facilitar, dentro del respeto debido a la personalidad de cada uno de ellos, el libre intercambio cultural a través de todos los medies de expresión".

El PIDESC en cuanto a este derecho a la cultura establece en su artículo 15, lo siguiente:

"1. Los Estados Partes en el presente Pacto reconocen el derecho de toda persona a:

a) Participar en la vida cultural;

b) Gozar de los beneficios del progreso científico y de sus aplicaciones;

c) Beneficiarse de la protección de los intereses morales y materiales que le correspondan por tazón de las producciones científicas, literarias o artísticas de que sea autora".

Asimismo, en este artículo se recogen las medidas que deben adoptar los Estados Partes para asegurar el pleno ejercicio de este derecho así:

"2. Entre las medidas que los Estados Partes en el presente Pacto deberán adoptar para asegurar el pleno ejercicio de este derecho, figurarán las necesarias para la conservación, el desarrollo y la difusión de la ciencia y de la cultura.

3. Los Estados Partes en el presente Pacto se comprometen a respetar la indispensable libertad para la investigación científica y para la actividad creadora.

4. Los Estados Partes en el presente Pacto reconocen los beneficios que derivan del fomento y desarrollo de la cooperación y de las relaciones internacionales en cuestiones científicas y culturales".

La Declaración Universal por su parte establece en su artículo 27 lo siguiente:

"1. Toda persona tiene derecho a tomar parte libremente en la vida cultural de la comunidad, a gozar de las artes y a participar en el progreso científico y en los beneficios que de él resulte.

2. Toda persona tiene derecho a la protección de los intereses morales y materiales que le correspondan por razón de las producciones científicas, literarias o artísticas de que sea autor".

En este mismo sentido la Declaración Americana en su artículo XIII se refiere al derecho a los beneficios de la cultura del modo siguiente:

"1. Toda persona tiene el derecho de participar en la vida cultural de la comunidad, gozar de las artes y disfrutar de los beneficios que resulten de los progresos intelectuales y especialmente de las descubrimientos científicos. Tiene asimismo derecho a la protección de los intereses morales y materiales que le correspondan por razón de los inventos, obras literarias, científicas o artísticas de que sea autor".

Por último, en cuanto al derecho a la cultura y el principio de la no discriminación, el PIDCP establece lo siguiente:

"Art. 27. En los Estados en que existan minorías étnicas…, o lingüísticas, no se negará a las personas que pertenezcan a dichas minorías el derecho que les corresponde, en común con los demás miembros de su grupo, a tener su propia vida cultural... y emplear su propio idioma".

D. La libertad de enseñanza

a. Principio

Pero además del derecho a la educación, la Constitución establece el derecho a educar, es decir, la libertad de enseñanza, aún cuando sometida al control del Estado, así:

"Art. 79. Toda persona natural o jurídica podrá dedicarse libremente a las ciencias o a las artes, y, previa demostración de su capacidad, fundar cátedras y establecimientos educativos bajo la suprema inspección y vigilancia del Estado".

b. Estímulo a la educación privada

El establecimiento del principio de la libertad de enseñanza implica que el servicio educativo no es un monopolio del Estado, sino de prestación concurrente con los particulares. La Constitución lo reconoce expresamente, y establece la obligación del Estado de fomentar la educación privada, en la siguiente forma:

"Art. 79. El Estado estimulará y protegerá la educación privada que se imparta de acuerdo con los principios contenidos en esta Constitución y en las leyes".

c. Educadores

En cuanto a las personas que pueden enseñar, la Constitución establece sus requisitos mínimos, y respecto de ellos, algunos mecanismos de seguridad social especial, así:

"Art. 81. La educación estará a cargo de personas de reconocida m eral i dad y de idoneidad docente comprobada, de acuerdo con la ley. La ley garantizará a los profesionales de la enseñanza su estabilidad profesional y un régimen de trabajo y un nivel de vida acordes con su elevada misión".

d. Orientación

La orientación general que debe tener el sistema educativo se establece en el artículo 80 de la Constitución, así:

"El Estado orientará y organizará el sistema educativo para lograr el cumplimiento de los fines aquí señalados".

Los principios constitucionales mencionados sobre el derecho a la educación y a la libertad de enseñanza deben guiar la organización del sistema educativo por parte del Estado, lo cual se ha realizado mediante dos regulaciones básicas, la Ley Orgánica de Educación de 1981 y la Ley de Universidades de 1970.

E. *El derecho al trabajo y la libertad de trabajar*

a. *Principio: el derecho y el deber*

El trabajo también se regula en la Constitución como un derecho y un deber, en la siguiente forma:

"Art. 84. Todos tienen derecho al trabajo...".

"Art. 54. El trabajo es un deber de toda persona apta para prestarlo...".

La Carta de la Organización de los Estados Americanos, que el artículo 26 de la Convención Americana manda a desarrollar en esta materia a los Estados Miembros, dispone en su artículo 29, b) lo siguiente sobre el trabajo:

"El trabajo es un derecho y un deber social; no será considerada como un artículo de comercio; reclama respeto para la libertad de asociación y la dignidad de quien lo presta y ha de efectuarse en condiciones que aseguren la vida, la salud, y un nivel económico decoroso, tanto en los años de trabajo, como en la vejez o cuando cualquier circunstancia prive al hombre de la posibilidad de trabajar".

Por su parte, el PIDESC se refiere a este derecho al trabajo en sus artículos 6 y 7, desarrollando los principios orientadores del régimen laboral, de la siguiente manera:

"Art. 6. 1. Los Estados Partes en el presente Pacto reconocen el derecho a trabajar, que comprende el derecho de toda persona a tener la oportunidad de granarse la vida mediante un trabajo libremente escogido y aceptado y tomarán medidas adecuadas para garantizar este derecho".

"Art. 7. Los Estados Partes en el presente Pacto reconocen el derecho de toda persona al goce de condiciones de trabajo equitativas y satisfactorias que le aseguren en especial:

a) Una remuneración que proporcione como mínimo a todos los trabajadores: i) Un salario equitativo e igual por trabajo de igual valor, sin distinciones de ninguna especie; en particular debe asegurarse a las mujeres condiciones de trabajo no inferiores a las de los hombres, con salario igual por trabajo igual; ii) Condiciones de existencia dignas para ellos y para sus familias conforme a las disposiciones del presente Pacto;

b) La seguridad y la higiene en el trabajo;

c) Igual oportunidad para todos de ser promovidos, dentro de su trabajo, a la categoría superior que les corresponda, sin más consideraciones que los factores de tiempo de servicio y capacidad;

d) El descanso, el disfrute del tiempo libre, la limitación razonable de las horas de trabajo y las vacaciones periódicas pagadas, así como la remuneración de los días festivos".

A su vez, la Declaración Universal en su artículo 2, numeral 1°, expone:

"Toda persona tiene derecho al trabajo, a la libre elección de su trabajo, a condiciones equitativas y satisfactorias de trabajo y a la protección contra el desempleo".

Por último la Declaración Americana al referirse a este derecho al trabajo, en su artículo XIV establece lo siguiente:

"Toda persona tiene derecho al trabajo en condiciones dignas y a seguir libremente su vocación, en cuanto lo permitan las oportunidades existentes de empleo".

b. *Obligaciones estatales*

Al establecerse el derecho al trabajo de los particulares, surgen también en contrapartida obligaciones a cargo del Estado que se regulan en el artículo 84, así:

"El Estado procurará que toda persona apta pueda obtener colocación que le proporcione una subsistencia digna y decorosa".

En este sentido el PIDESC en su artículo 6,2 establece lo siguiente:

"2. Entre las medidas que habrá que adoptar cada uno de los Estados Partes en el presente Pacto para lograr la plena efectividad de este derecho deberá figurar la orientación y formación técnico-profesional, la preparación de programas, normas y técnicas encaminadas a conseguir un desarrollo económico, social y cultural constante y la ocupación plena y productiva, en condiciones que garanticen las libertades políticas y económicas fundamentales de la persona humana".

c. *Restricciones y posibilidad de colegiación*

El derecho al trabajo se configura en la Constitución, también, como una libertad de trabajar vinculada a la libertad de dedicarse á las actividades lucrativas de la preferencia de cada quien (Art. 96 de la Constitución). La libertad de trabajar, en todo caso, como todas las libertades públicas puede ser objeto de restricciones sólo en virtud de ley, a cuyo efecto el artículo 84 en su última parte dispone lo siguiente:

"... La libertad de trabajo no estará sujeta a otras restricciones que las que establezca la Ley".

En particular, en cuanto a las profesiones liberales, la Constitución establece la posibilidad de que la Ley pueda exigir determinados títulos y establecer la colegiación obligatoria, en la siguiente forma:

"Art. 82. La ley determinará las profesiones que requieren título y las condiciones que deben cumplirse para ejercerlas.

Es obligatoria la colegiación para el ejercicio de aquellas profesiones universitarias que señale la ley".

F.   *El derecho a la protección del trabajo*

a.   *Principio*

Pero además de consagrarse, constitucionalmente, el derecho al trabajo y la libertad de trabajar, el texto fundamental establece el derecho de todos a que el Estado proteja el trabajo, en la siguiente forma:

> "Art. 85. El trabajo será objeto de protección especial. La ley dispondrá lo necesario para mejorar las condiciones materiales, morales e intelectuales de los trabajadores. Son irrenunciables por el trabajador las disposiciones que la ley establezca para favorecerlo y protegerlo".

En tal sentido, la Ley del Trabajo, originalmente de 1936 y cuya última reforma es de 1983, desarrolla los principios de protección al trabajo que se indican a continuación, lo cual, además se ha realizado mediante la aprobación legislativa de las convenciones de la OIT.

b.   *Límite a la jornada de trabajo y derecho al descanso*

En primer lugar, en cuanto al límite de la jornada de trabajo y al derecho al descanso, el principio constitucional es el siguiente:

> "Art. 866. La ley limitará la duración máxima de la jornada de trabajo.
>
> Salvo las excepciones que se prevean, la duración normal del trabajo no excederá de ocho horas diarias ni de cuarenta y ocho semanales, y la del trabajo nocturno, en los casos en que se permita, no excederá de siete horas diarias ni de cuarenta y dos semanales.
>
> Todos los trabajadores disfrutarán de descanso semanal remunerado y de vacaciones pagadas en conformidad con la ley.
>
> Se propenderá a la progresiva disminución de la jornada, dentro del interés social y en el ámbito que se determine, y se dispondrá le conveniente para la mejor utilización del tiempo libre".

En relación al derecho al descanso y al límite de la jornada de trabajo, el PIDESC en su artículo 7, letra d) exige que los Estados Miembros del Pacto garanticen:

> "El descanso, el disfrute del tiempo libre, la limitación razonable de las horas de trabajo y las vacaciones periódicas pagadas, así como la remuneración de los días festivos".

También, la Declaración Universal define a este derecho al establecer, en su artículo 24, lo siguiente:

> "Toda persona tiene derecho al descanso, al disfrute del tiempo libre a una limitación razonable de la duración del trabajo y a vacaciones periódicas pagadas".

Del mismo modo, la Declaración Americana establece:

"Artículo XV. Toda persona tiene derecho al descanso, a honesta recreación y a la oportunidad de empelar útilmente el tiempo libre en beneficio de su mejoramiento espiritual, cultural y físico".

c.   *Derecho al salario*

En cuanto al derecho al salario, el texto fundamental dispone lo siguiente:

"Art. 87. La ley proveerá los medies conducentes a la obtención de un salario justo; establecerá normas para asegurar a todo trabajador por lo menos un salario mínimo; garantizará igual salario para igual trabaje, sin discriminación alguna; fijará la participación que debe corresponder a los trabajadores en los beneficios de las empresas, y protegerá el salario y las prestaciones sociales con la inembargabilidad en la proporción y casos que se fijen y con los demás privilegios y garantías que ella misma establezca".

En relación al derecho al salario, el PIDESC en su artículo 7, letra a, i), exige que los Estados Miembros garanticen:

"Una remuneración que proporcione como mínimo a todos los trabajadores: a) Un salario equitativo e igual por trabajo de igual valor, sin distinciones de ninguna especie; en particular, debe asegurarse a las mujeres condiciones de trabajo no inferiores a las de los hombres, con salario igual por trabajo igual".

A su vez, la Declaración Americana en su artículo XIV, establece el derecho al salario, así:

"Toda persona que trabaje tiene derecho de recibir una remuneración que, en relación con su capacidad y destreza le asegure un nivel de vida conveniente para sí misma y su familia".

Por último, la Declaración Universal, en su artículo 23, numeral $2°$ y $3°$ regula ese derecho de la siguiente manera:

"2. Toda persona tiene derecho, sin discriminación alguna, a igual salario por trabajo igual".

"3. Toda persona que trabaja tiene derecho a una remuneración equitativa y satisfactoria, que le asegure, así como a su familia una existencia conforme a la dignidad humana y que será completada, en caso necesario, por cualesquiera otros medios de protección social".

d.   *Derecho a la estabilidad*

El derecho a la estabilidad en el trabajo se consagra constitucional-mente, así:

"Art. 8. La ley adoptará medidas tendientes a garantizar la estabilidad en el trabajo y establecerá las prestaciones que recompensen la antigüedad del trabajador en el servicio y lo ampara en caso de cesantía".

Además de las normas pertinentes de la Ley del Trabajo, el desarrollo de este derecho se ha realizado mediante la Ley contra despidos injustificados de 1976.

e. *Responsabilidad patronal*

La responsabilidad patronal se establece en la Constitución, como principio a ser desarrollado por la ley, así:

"Art. 89. La ley determinará la responsabilidad que incumba a la persona, natural o jurídica en cuyo provecho se preste el servicio mediante intermediaria o contratista, sin perjuicio de la responsabilidad solidaria de éstos".

f. *Protección especial a la mujer y a los menores trabajadores*

El trabajo de las mujeres y los menores debe ser objeto de regulación para protegerlos, por lo que la Constitución dispone lo siguiente:

"Art. 93. La mujer y el menor trabajador serán objeto de protección especial".

G. *Derecho a la contratación colectiva*

El derecho a la contratación colectiva es en Venezuela, de rango constitucional, establecido en el artículo 90 del texto fundamental, así:

"Art. 90. La ley favorecerá el desarrollo de las relaciones colectivas de trabajo y establecerá el ordenamiento adecuado para las negociaciones colectivas y para la solución pacífica de los conflictos. La convención colectiva será amparada, y en ella se podrá establecer la cláusula sindical, dentro de las condiciones que legalmente se pauten".

H. *Derecho a la sindicalización y libertad sindical*

En cuanto a la sindicalización, la Constitución regula el derecho en la siguiente forma:

"Art. 91. Los sindicatos de trabajadores y los de patronos no estarán sometidos a otros requisitos, para su existencia y funcionamiento, que los que establezca la ley con el objeto de asegurar la mejor realización de sus funciones propias y garantizar los derechos de sus miembros. La ley protegerá en su 'empleo, de manera específica, a los promotores y miembros directivos de sindicatos de trabajadores durante el tiempo y las condiciones que se requieran para asegurar la libertad sindical".

Este derecho a la sindicalización, lo regula el PIDESC en su artículo 8, así:

"1.   Los Estados Partes en el presente Pacto se comprometen a garantizar:

a) El derecho de toda persona a fundar sindicatos y a afiliarse al de su elección, con sujeción únicamente a los estatutos de la organización correspondiente, para promover y proteger sus intereses económicos y sociales. No podrán imponerse otras restricciones al ejercicio de este derecho que las que prescriba la ley y que sean necesarias en una sociedad democrática en interés de la seguridad nacional o del orden público, o para la protección de los derechos y libertades ajenos;

b) El derecho de los sindicatos a formar federaciones o confederaciones nacionales y el de éstas a fundar organizaciones sindicales internacionales o a afiliarse a las mismas;

c) El derecho de los sindicatos a funcionar sin obstáculos y sin otras limitaciones que las que prescriba la ley y que sean necesarias en una sociedad democrática en intereses de la seguridad nacional o del orden público, o para la protección de los derechos y libertades ajenas.

2. El presente artículo no impedirá someter a restricciones legales al ejercicio de tales derechos por los miembros de las Fuerzas Armadas, de la policía o de la administración del Estado.

3. Nada de le dispuesto en este artículo autorizará a los Estados Partes en el Convenio de la Organización- Internacional del Trabajo de 1918 relativo a la libertad sindical y a la protección del derecho de sindicalización a adoptar medidas legislativas que menoscaben las garantías previstas en dicho Convenio o a aplicar la ley en forma que menoscabe dichas garantías.

Asimismo, el PIDCP, al regular el derecho de asociación que engloba el de fundar sindicatos, establece en su artículo 22 lo siguiente:

"1. Toda persona tiene derecho a asociarse libremente con otras, incluso el derecho a fundar sindicatos y afiliarse a ellos para la protección de sus intereses.

2. El ejercicio de tal derecho sólo podrá estar sujeto a las restricciones previstas por la ley que sean necesarias en una sociedad democrática, en interés de la seguridad nacional, de la seguridad pública o del orden público, o para proteger la salud o la moral públicas o los derechos y libertades de los demás. El presente artículo no impedirá la imposición de restricciones legales al ejercicio de tal derecho cuando se trate de miembros de las fuerzas armadas y de la policía.

3. Ninguna disposición de este artículo autoriza a los Estados Partes en el Convenio de la Organización Internacional del Trabajo de 1918 relativo a la libertad sindical y a la protección del derecho de sindicalización a adoptar medidas legislativas que puedan menoscabar las garantías previstas en él ni a aplicar la ley de tal manera que pueda menoscabar esas garantías".

El derecho se regula también en la Declaración Americana en su artículo XXII, así:

"Toda persona tiene el derecho de asociarse con otras para proponer, ejercer y proteger sus intereses legítimos de orden... sindical...".

Por último, la Declaración Universal en su artículo 23.4, regula este derecho, así:

"Toda persona tiene derecho a fundar sindicatos y a sindicalizarse para la defensa de sus intereses".

I. *Derecho a la huelga*

La huelga también es un derecho de rango constitucional, sometido a regulaciones legales, y consagrado en la siguiente forma:

"Art. 92. Los trabajadores tienen el derecho de huelga, dentro de las condiciones que fije la ley. En los servicios públicos este derecho se ejercerá en los casos que aquella determine".

El PIDESC establece el compromiso de los Estados Miembros a garantizar "el derecho de huelga, ejercido de conformidad con las leyes de cada país" (Art. 8,1 d).

J. *El derecho a la seguridad y asistencia social*

Por último en la Constitución se establecen los principios de la seguridad social en los siguientes términos:

"Art. 94. En forma progresiva se desarrollará un sistema de seguridad social tendiente a proteger a todos los habitantes de la República contra infortunios del trabajo, enfermedad, invalidez, vejez, muerte, desempleo y cualesquiera otros riesgos que puedan ser objeto de previsión social, así como contra las cargas derivadas de la vida familiar.

Quienes carezcan de medios económicos y no estén en condiciones de procurárselos tendrán derecho a la asistencia social mientras sean incorporados al sistema de seguridad social".

Este derecho está vinculado con la obligación del Estado de proveer medios de asistencia en materia de salud, a quienes carezcan de ellos (Art. 76, ya mencionado).

El PIDESC también regula este derecho al prescribir en el artículo 9, que:

"Los Estados Partes en el presente Pacto reconocen el derecho de toda persona a la seguridad social, incluso al seguro social".

También la Declaración Universal establece sobre la materia, en sus artículos 22 y 25.1, lo siguiente:

"Art. 22. Toda persona, como miembro de la sociedad, tiene derecho a la seguridad social, y a obtener, mediante el esfuerzo nacional y la cooperación internacional, habida cuenta de la organización y les recursos en cada Estado, la satisfacción de los derechos económicos, sociales y culturales, indispensables a su dignidad y al libre desarrollo de su personalidad".

Art. 25. 1. Toda persona tiene derecho a un nivel de vida adecuado que le asegure, así como a su familia, la salud y el bienestar, y en especial la alimentación, el vestido, la vivienda, la asistencia médica y los servicios sociales necesarios; tiene asimismo derecho a los seguros en caso de desempleo, en enfermedad, invalidez, viudez u otros casos de pérdida de sus medios de subsistencia por circunstancias independientes de su voluntad".

La Declaración Americana, también en su artículo XVI, establece este derecho a la seguridad social, así:

"Toda persona tiene derecho a la seguridad social que le proteja contra las consecuencias de la desocupación, de la vejez y de la incapacidad que, proveniente de cualquier otra causa ajena a su voluntad, la imposibilite física o mentalmente para obtener los medios de subsistencia".

K. *El derecho a un nivel de vida adecuado*

Por último debe destacarse la consagración en el Preámbulo de la Constitución y en el PIDESC, en su artículo 11 del derecho de todos a un nivel de vida adecuado, al cual se agrega el derecho de toda persona de estar protegida contra el hambre, así:

"1. Los Estados Partes en el presente Pacto reconocen el derecho de toda persona a un nivel de vida adecuado para sí y su familia, incluso alimentación, vestido y vivienda adecuados, y a una mejora continua de las condiciones de existencia. Los Estados Partes tomarán medidas apropiadas para asegurar la efectividad de este derecho, reconociendo a este efecto la importancia esencial de la cooperación internacional fundada en el libre consentimiento.

2. Los Estados Partes en el presente Pacto, reconociendo el derecho fundamental de toda persona a estar protegida contra el hambre, adoptarán, individualmente y mediante la cooperación internacional, las medidas, incluidos programas concretos, que se necesitan para:

a) Mejorar los métodos de producción, conservación y distribución de alimentos mediante la plena utilización de los conocimientos técnicos y científicos, la divulgación cíe principios sobre nutrición y el perfeccionamiento o la reforma de los regímenes agrarios de moda que se logre la explotación y la utilización más eficaces de las riquezas naturales;

b) Asegurar una distribución equitativa de los alimentos mundiales en relación con las necesidades, teniendo en cuenta los problemas que se plantean tanto a los países que importan productos alimenticios como a los que los exportan".

La Declaración Universal también regula estos principios en el artículo 25.1, al establecer el derecho de toda persona a que se le "asegure así como a su familia, la salud y el bienestar y en especial la alimentación, el vestido, la vivienda, la asistencia médica...".

L. *Derechos de protección social*

En cuanto a la protección social, se establece como derecho, en cuanto a las comunidades, la familia, los menores, los campesinos y los indígenas.

a. *Derechos de las comunidades y asociaciones*

En lo referente a la las comunidades establecidas con fines humanitarios y sociales, la Constitución prevé el principio de su protección, así:

"Art. 72. El Estado protegerá las asociaciones, corporaciones, sociedades y comunidades que tengan por objeto el mejor cumplimiento de los fines de la persona humana y de la convivencia social, y fomentará la organización de cooperativas y demás instituciones destinadas a mejorar la economía popular".

En esta materia se destaca la Ley General de Asociaciones Cooperativas cuya última reforma es de 1975.

b.   Derechos de la familia

Los derechos de la familia también se protegen en la Constitución, a los efectos de que la ley desarrolle los principios en ella establecidos.

a'.   Protección

La Constitución, así, establece:

"Art. 73. El Estado protegerá la familia como célula fundamental de la sociedad y velará por el mejoramiento de su situación moral y económica...".

En este sentido, la Convención Americana establece en su artículo 17, relativo a la protección de la familia, lo siguiente:

"1. La familia es el elemento natural y fundamental de la sociedad y debe ser protegida por la sociedad y el Estado".

La protección legal fundamental se estableció en 1961 con la Ley de Protección Familiar, parcialmente derogada por la Ley Tutelar del Menor.

En esta materia, el PIDESC establece en su artículo 10, esta protección de la siguiente manera:

"Los Estados Partes en el presente Pacta reconocen que: 1. Se debe conceder a la familia, que es el elemento natural y fundamental de la sociedad, la más amplia protección y asistencia posibles, especialmente para su constitución y mientras sea responsable del cuidado y la educación de los hijos a su cargo".

También, el PIDCP contempla este principio en su artículo 23, con un contenido similar al establecido en el artículo 17, primer aparte de la Convención Americana:

"1. La familia es el elemento natural y fundamental de la sociedad y tiene derecho a la protección de la sociedad y del Estado".

Por última la Declaración Americana también se refiere a este principio y así en su artículo VI establece:

"Toda persona tiene derecho a constituir familia, elemento fundamental de la sociedad, y a recibir protección para ella".

b'.   El matrimonio

La Constitución regula el principio de la protección al matrimonio en la siguiente forma:

"Art. 73. La ley protegerá el matrimonio, favorecerá la organización del patrimonio familiar inembargable y proveerá lo conducente a facilitar a cada familia la adquisición de vivienda cómoda e higiénica".

En esta materia, la Convención Americana trae principios más amplios, regulados así:

"Art. 17. 2. Se reconoce el derecho del hombre y la mujer a contraer matrimonio y a fundar una familia si tienen la edad y las condiciones requeridas para ello por las leyes internas, en la medida en que éstas no afecten al principio de no discriminación establecido en esta Convención.

3. El matrimonio no puede celebrarse sin el libre y pleno consentimiento de los contrayentes.

4. Los Estados Partes deben tomar medidas apropiadas para asegurar la igualdad de derechos y la adecuada equivalencia de responsabilidades de los cónyuges en cuanto al matrimonio, durante el matrimonio y en caso de disolución del mismo. En caso de disolución, se adoptarán disposiciones que aseguren la protección necesaria a los hijos, sobre la base única del interés y conveniencia de ellos".

En este sentido, el PIDESC regula el principio de la libertad de matrimonio, así:

"Art. 10. 1. El matrimonio debe contraerse con el libre consentimiento de los futuros cónyuges".

El PIDCP en su artículo 23 regula estos principios, con un contenido similar al establecido en el artículo 17.2, de la Convención Americana, así:

"2. Se reconoce el derecho del hombre y de la mujer a contraer matrimonio y a fundar una familia si tienen edad para ello.

3. El matrimonio no podrá celebrarse sin el libre y pleno consentimiento de los contrayentes.

4. Los Estados Partes en el presente Pacto tomarán las medidas apropiadas para asegurar la igualdad de derechos y de responsabilidades de ambos esposos en cuanto al matrimonio, durante el matrimonio y en caso de disolución del mismo. En caso de disolución, se adoptarán disposiciones que aseguren la protección necesaria a los hijos".

También la Declaración Universal de los Derechos del Hombre establece este principio, así:

"Art. 16. 1. Los hombres y las mujeres a partir de la edad núbil, tienen derecho, sin restricción alguna por motivos de raza, nacionalidad o religión, a casarse y fundar una familia; y disfrutarán de iguales derechos en cuanto al matrimonio, durante el matrimonio y en caso de disolución del matrimonio.

2. Sólo mediante libre y pleno consentimiento de los futuros esposos podrá contraerse el matrimonio.

3. La familia es el elemento natural y fundamental de la sociedad y tiene derecho a la protección de la sociedad y del Estado".

La Reforma del Código Civil de 1982 tuvo por objeto fundamental, establecer principios en cuanto al matrimonio que aseguran la igualdad de los cónyuges.

c'. *La maternidad*

En cuanto a la protección de la maternidad, el artículo 74 de la Constitución dispone lo siguiente:

> "La maternidad será protegida, sea cual fuere el estado civil de la madre...".

La Declaración Americana en este sentido, establece en su artículo VII que:

> "Toda mujer en estado de gravidez o en época de lactancia, así como todo niño, tienen derecho a protección, cuidados y ayuda especiales".

Asimismo, el artículo 25.2. de la Declaración Universal, establece que,

> "La maternidad... tiene derecho a cuidados y asistencia especiales...".

c. *Derechos de los menores*

a'. *Protección*

La protección de los menores también es una exigencia constitucional, en los siguientes términos:

> "Art. 74. Se dictarán las medidas necesarias para asegurar a todo niño, sin discriminación alguna, protección integral, desde su concepción hasta su completo desarrollo, para que éste se realice en condiciones materiales y morales favorables".

> "Art. 75. El amparo y protección de los menores serán objeto de legislación especial y de organismos y tribunales especiales".

La Ley Tutelar del Menor desarrolla estos principios constitucionales. El PIDCP también regula este principio de la siguiente manera:

> "Art. 24. Todo niño tiene derecho, sin discriminación alguna por motivos de raza, calor, sexo, idioma, religión, origen nacional o social, posición económica o nacimiento a las medidas de protección que su condición de menor requiere, tanto por parte de su familia como de la sociedad y del Estado.

> 2. Todo niño será inscrita inmediatamente después de su nacimiento y deberá tener un nombre.

> 3. Todo niño tiene derecho a adquirir una nacionalidad".

Por su parte, sobre esta materia, el artículo VII de la Declaración Americana establece el derecho de todo niño a "protección, cuidados y ayuda especiales".

También la Declaración Universal regula este principio y así en su artículo 25.2. establece lo siguiente:

"La maternidad y la infancia tienen derecho a cuidados y asistencia especiales. Todos los niños, nacidos de matrimonio o fuera de matrimonio, tienen derecho a igual protección social".

Por otra parte, en relación a la protección procesal a los menores, el PIDCP establece:

"Art. 14. En el procedimiento aplicable a los menores de edad a efectos penales se tendrá en cuenta esta circunstancia y la importancia de estimular su readaptación social".

b'. *La filiación*

En el Art. 75 de la Constitución Nacional se establece que:

"La ley proveerá lo conducente para que todo niño, sea cual sea su filiación, pueda conocer a sus padres; para que éstos cumplan el deber de asistir, alimentar y educar a sus hijos y para que la infancia y la juventud estén protegidas contra el abandono, la explotación o el abuso".

En esta materia, la Convención Americana establece lo siguiente:

"Art. 17. 5. La ley debe reconocer iguales derechos tanto a los hijos nacidos fuera del matrimonio como a los nacidos dentro del mismo".

La reforma del Código Civil de 1982 y la Ley Tutelar del Menor garantizan los mencionados derechos de los menores en cuanto a la filiación.

c'. *La adopción*

En cuanto a la adopción, la Constitución establece lo siguiente:

"Art. 7. ... La filiación adoptiva será amparada por la ley. El Estado compartirá con los padres de modo subsidiario y atendiendo a las posibilidades de aquellos, la responsabilidad que les incumbe en la formación de los hijos".

La normativa legal respecto de la adopción se ha establecido en la Ley de Adopción de 1972.

d. *Derechos de los campesinos*

En cuanto a los campesinos, la Constitución establece sus derechos así:

"Art. 77. El Estado propenderá a mejorar las condiciones de vida de la población campesina...".

La Ley de Reforma Agraria de 1960 es el instrumento legal de mayor importancia para la efectividad de estos derechos.

e. *Derechos de los indígenas*

En cuanto a la protección de los indígenas, la Constitución establece lo siguiente:

"Art. 77. La ley establecerá el régimen de excepción que requiere la protección de las comunidades de indígenas y su incorporación progresiva a la vida de la Nación".

4. *Los derechos económicos*

En cuanto a los derechos económicos, la Constitución garantiza la libertad económica y el derecho de propiedad, pero dentro de un sistema de economía mixta, en el cual el Estado puede participar activamente en el proceso productivo y puede ser propietario de los medios de producción.

En todo caso, en cuanto al sistema económico general, la Constitución establece los principios sobre los cuales debe descansar tanto en la actividad de los particulares como en la actividad del propio Estado, así:

"Art. 95. El régimen económico de la República se fundamentará en principios de justicia social que aseguren a todos una existencia digna y provechosa para la colectividad".

Para este fin, la Constitución otorga al Estado poderes de fomento del desarrollo económico en la siguiente forma:

"Art. 95. ...El Estado promoverá el desarrollo económico y la diversificación de la producción, con el fin de crear nuevas fuentes de riqueza, aumentar el nivel de ingresos de la población y fortalecer la soberanía económica del país".

"Art. 108. La República favorecerá la integración económica latinoamericana. A este fin se procurará coordinar recursos y esfuerzos para fomentar el desarrollo económico y aumentar el bienestar y seguridad comunes".

En esta materia de principios generalizados, el PIDESC establece el derecho del desarrollo económico, así:

"Art. 1. 1. Todos los pueblos tienen el derecho de libre determinación. En virtud de este derecho establecen libremente su condición política y proveen asimismo a su desarrollo económico, social y cultural.

2. Para el logro de sus fines, todos los pueblos pueden disponer libremente de sus riquezas y recursos naturales, sin perjuicio de las obligaciones que derivan de la cooperación económica internacional basada en el principio de beneficio recíproco, así como del derecho internacional. En ningún caso podrá privarse a un pueblo de sus propios medios de subsistencia.

3. Los Estados Partes en el presente Pacto, incluso los que tienen la responsabilidad de administrar territorios no autónomos y territorios en fideicomiso, promoverán el ejercicio del derecho de libre determinación, y respetarán este derecho de conformidad con las disposiciones de la Carta de las Naciones Unidas".

A. La libertad económica

La Constitución garantiza la libertad económica, pero sometida a limitaciones establecidas por el Estado.

a. El derecho y sus limitaciones

El enunciado de la libertad económica está en el artículo 96 del texto fundamental en la siguiente forma:

"Todos pueden dedicarse a la actividad lucrativa de su preferencia, sin más limitaciones que las previstas en esta Constitución y las que establezcan las leyes por razones de seguridad, de sanidad u otras de interés social".

Con base en esta norma, legislativamente se han establecido múltiples limitaciones a la libertad económica.

El PIDESC establece, en cuanto a los extranjeros y el goce de los derechos económicos, lo siguiente:

"Art. 2. 3. Los países en desarrollo, teniendo debidamente en cuenta los derechos humanos y su economía nacional, podrán determinar en qué medida garantizarán los derechos económicos reconocidos en el presente Pacto a personas que no sean nacionales suyos".

b. La protección a la libertad económica

Una de las garantías a la libertad económica es su protección legal frente a las actividades de los otros particulares, y que conllevan la protección contra la usura, la indebida elevación de los precios y contra los monopolios.

a'. Proscripción de la lisura

En cuanto a la usura y las otras maniobras que restringen la libertad económica, el artículo 96 de la Constitución establece:

"La ley dictará normas para impedir la usura, la indebida elevación de los precios, y, en general, las maniobras abusivas encaminadas a obstruir o restringir la libertad económica".

En este sentido, la Convención Americana establece en su artículo 21, numeral 3°, lo siguiente:

"Tanta la usura como cualquier otra forma de explotación del hombre por el hombre, deben ser prohibidas por la ley".

b'. Prohibición de los monopolios

En cuanto a la prohibición de los monopolios, el artículo 97 de la Constitución establece lo siguiente:

"No se permitirán los monopolios. Sólo podrán otorgarse, en conformidad con la ley, concesiones con carácter de exclusividad, y por tiempo limitado, para el establecimiento y la explotación de obras y servicios de interés público".

c'.   *La protección de la iniciativa privada*

Consecuencia de la consagración de la libertad económica es la previsión constitucional de que el Estado debe proteger la iniciativa privada (Art. 98).

c.   *El papel del Estado en la economía*

A pesar de garantizar y proteger la libertad económica, así como proteger la iniciativa privada, la Constitución otorga al Estado una posibilidad de intervención amplia en la economía al asignarle poderes de limitación a la libertad económica; poderes de regulación y ordenación de la economía; poderes de fomento, y poderes de participación activa en el proceso económico.

a'.   *Los poderes de limitación a la libertad económica*

Ante todo la Constitución autoriza al Estado a limitar, por ley, la libertad económica, en forma amplia, por "razones de seguridad, de sanidad u otras de interés social" (Art. 96).

En particular, en cuanto a las inversiones extranjeras el artículo 107 establece lo siguiente:

"La ley establecerá las normas relativas a la participación de los capitales extranjeros en el desarrollo económico nacional".

Asimismo, en cuanto a la actividad económica respecto de las armas, el artículo 133 establece lo siguiente:

"La fabricación, comercio, posesión y uso de otras armas serán reglamentadas por la ley".

b'.   *Los poderes de regulación y ordenación de la economía*

Además, la Constitución autoriza al Estado para intervenir en la economía, regulándola y planificándola en la siguiente forma:

"Art. 98. El Estado protegerá la iniciativa privada, sin perjuicio de la facultad de dictar medidas para planificar, racionalizar y fomentar la producción, y regular la circulación, distribución y consumo de la riqueza, a fin de impulsar el desarrollo económico del país".

c'.   *Las facultades de fomento*

El Estado, además, tiene la obligación de fomentar la actividad económica, no sólo en el artículo 98 de la Constitución, sino conforme a lo previsto en los artículos 95 y 108 antes mencionados.

d'. *La participación activa del Estado en la economía*

Además, la Constitución permite al Estado reservarse determinadas actividades y controlar otras, aun cuando se desarrollen por particulares.

a". *La reserva estatal de actividades económicas*

El artículo 97 de la Constitución permite al Estado reservarse actividades económicas, provocando el monopolio estadal sobre las mismas. Si se trata de actividades que venían desarrollándose por particulares, la reserva ha sido la vía de la nacionalización, lo cual ha sucedido por ejemplo en materia de explotación del hierro, del gas natural y de la industria y el comercio de los hidrocarburos en la década de los setenta.

Este artículo, en efecto, establece lo siguiente:

"Art. 97. ...El Estada podrá reservarse determinadas industrias, explotaciones o servicios de interés público por razones de conveniencia nacional y propenderá a la creación y desarrollo de una industria básica pesada bajo su control".

b". *El control del Estado sobre la industria básica*

El mismo artículo 97 establece que el Estado "propenderá a la creación y desarrollo de una industria básica pesada bajo su control".

c". *Las empresas industriales del Estado*

La posibilidad y legitimidad de la actividad industrial del Estado, a través de empresas públicas se establece indirectamente en el artículo 97 de la Constitución, en la siguiente forma:

"... La ley determinará lo concerniente a las industrias promovidas y dirigidas por el Estado".

d. *La participación de los particulares en los asuntos concernientes a las actividades estatales relativas a la economía*

El artículo 109 de la Constitución establece, por último, la posibilidad de participación de los particulares en las tareas públicas concernientes a la vida económica, en la siguiente forma:

"La ley regulará la integración, organización y atribuciones de los cuerpos consultivos que se juzguen necesarios para oír la opinión de los sectores económicos privados, la población consumidora, las organizaciones sindicales de trabajadores, los colegios profesionales y las universidades en los asuntos que interesan a la vida económica".

B. *El derecho de propiedad*

La Constitución, además de la libertad económica, garantiza el derecho de propiedad, pero sometido también a limitaciones y a medidas de apropiabilidad por parte del Estado.

a.   Principio

a'.   La garantía

La garantía del derecho está en el artículo 99 en la forma siguiente:

"Se garantiza el derecho de propiedad...".

En esta materia, la Convención Americana establece en su artículo 21, numeral 1°), que "toda persona tiene derecho al uso y goce de sus bienes".

La Declaración Universal en cuanto al derecho de propiedad establece en su artículo 17 lo siguiente:

"Toda persona tiene derecho a la propiedad individual y colectivamente".

También la Declaración Americana en su artículo XXIII contempla este derecho de propiedad así:

"Toda persona tiene derecho a la propiedad privada correspondiente a las necesidades esenciales de una vida decisiva, que contribuya a mantener la dignidad de la persona y del hogar".

b'.   El derecho de autor y la propiedad industrial

En cuanto a los derechos sobre bienes inmateriales, la Constitución establece su garantía con sujeción a lo que dispongan las leyes, así:

"Art. 100. Los derechos sobre obras científicas, literarias y artísticas, invenciones, denominaciones, marcas y lemas gozarán de protección por el tiempo y en las condiciones que la ley señale".

En esta materia se han dictado la Ley de Propiedad Industrial (1955) y la Ley sobre Derecho de Autor (1993). Este derecho se garantiza, además, en el artículo 15,l,c del PIDESC y en el artículo 27 de la Declaración Universal.

b.   La función social de la propiedad y las limitaciones al derecho

a'.   Principio

La garantía del derecho de propiedad, sin embargo, no lo convierte en un derecho absoluto. Al contrario, conforme a la Constitución el mismo tiene una función social que cumplir, y ello da origen a que pueda ser limitado por el legislador. Por ello el artículo 99 establece lo siguiente:

"En virtud de su función social la propiedad estará sometida a las contribuciones, restricciones y obligaciones que establezca la ley con fines de utilidad pública o de interés general".

Por su parte la Convención Americana señala:

"Art. 21. 2. Ninguna persona puede ser privada de sus bienes, excepto mediante el pago de indemnización justa, por razones de utilidad pública o de interés social y en los casos y según las formas establecidas por la ley".

La Convención Americana establece en este sentido que "la Ley puede subordinar" el uso y goce de los bienes, "al interés social" (Art. 21, 1º).

En virtud de esta remisión al legislador, se han dictado una multitud de leyes reguladoras de la propiedad, además de las clásicas normas del Código Civil.

b'. *Proscripción del latifundio*

En cuanto a la propiedad rural, la Constitución prevé una norma relativa al latifundio y a su eliminación en la forma siguiente:

"Art. 105. El régimen latifundista es contrario al interés social. La ley dispondrá lo conducente a su eliminación y establecerá normas encaminadas a dotar de tierra a los campesinos y trabajadores rurales que carezcan de ella, así como a proveerlos de los medios necesarios para hacerla producir".

El desarrollo legislativo de este artículo se ha realizado en la Ley de Reforma Agraria.

c'. *Afectación a los servicias públicos*

Por el destino de ciertas obras construidas por particulares, se establece la posibilidad de limitación del derecho de propiedad, en la forma siguiente:

Art. 104. Los ferrocarriles, carreteras, oleoductos y otras vías de comunicaciones o de transporte construidos por empresas explotadoras de recursos naturales estarán al servicio del público, en las condiciones y con las limitaciones que establezca la ley".

d'. *Conservación de los recursos naturales*

Por último, la propiedad también puede ser limitada por ley como consecuencia de la conservación de los recursos naturales renovables. En esta forma, el artículo 106 establece lo siguiente:

"El Estado atenderá a la defensa y conservación de los recursos naturales de su territorio, y la explotación de los mismos estará dirigida primordialmente al beneficia colectivo de los venezolanos".

c. *Extinción de la propiedad*

La propiedad que garantiza la Constitución, como se dijo, no es un derecho absoluto, y además de ser limitable por ley, puede ser extinguido por acto de autoridad pública. Se prevén así, en la Constitución tres formas públicas de extinción de la propiedad: la expropiación, la confiscación y la reversión.

Estas previsiones responden al principio establecido en la Declaración Universal en el sentido de que "Nadie será privado arbitrariamente de su propiedad" (Art 17,1).

a'. *La expropiación*

En cuanto a la expropiación el artículo 101 establece lo siguiente:

"Sólo por causa de utilidad pública o de interés social, mediante sentencia firme y pago de justa indemnización, podrá ser declarada la expropiación de cualquier clase de bienes. En la expropiación de inmuebles, con fines de reforma agraria o de ensanche y mejoramiento de poblaciones, y en los casos que por graves razones de interés nacional determine la ley, podrá establecerse el diferimiento el pago por tiempo determinado o su cancelación parcial mediante la emisión de bonos de aceptación obligatoria, con garantía suficiente".

b'. *La confiscación*

La Constitución establece el principio de la prohibición de la confiscación, aun cuando con dos excepciones: una con motivo del enriquecimiento ilícito por usurpadores; y otra en relación a los extranjeros conforme al derecho internacional.

a". *Prohibición*

La prohibición de la confiscación está en el artículo 102 de la Constitución, de la siguiente forma:

"No se decretarán ni ejecutarán confiscaciones sino envíos casos permitidas por el artículo 250".

b". *Excepción en caso de enriquecimiento ilícito*

El artículo 102 de la Constitución, como se señaló, remite a lo establecido en el artículo 250 en el cual se establece la excepción en los casos de enriquecimiento derivado de la usurpación. Dicha norma establece lo siguiente:

"Art. 250. Esta Constitución no perderá su vigencia si dejare de observarse por acto de fuerza o fuere derogada por cualquier otro medio distinto del que ella misma dispone. En tal eventualidad, todo ciudadana, investido o no de autoridad, tendrá el deber de colaborar en el restablecimiento de su efectiva vigencia.

Serán juzgados según esta misma Constitución y las leyes expedidas en conformidad con ella, los que aparecieren responsables de los hechos señalados en la primera parte del inciso anterior y asimismo los principales funcionarios de los gobiernos que se organicen subsecuentemente, si no han contribuido a restablecer el imperio de esta Constitución. El Congreso podrá decretar, mediante acuerdo aprobado por la mayoría absoluta de sus miembros, la incautación de todo o parte de los bienes de esas mismas personas y de quienes se hayan enriquecido ilícitamente al amparo de la usurpación, para resarcir a la República de los perjuicios que se le hayan causado".

c". *Extranjeros*

En cuanto a los extranjeros el artículo 102 admite la posibilidad de la confiscación, en los términos aceptados por el derecho internacional. Así, el artículo 102 dispone lo siguiente: "Quedan a salvo, respecto de extranjeros, las medidas aceptadas por el derecho internacional".

c'. *La reversión*

Otra forma de extinción de la propiedad privada, cuyo principio está previsto en la Constitución es la reversión, aun cuando regulada sólo respecto de los bienes afectos a actividades de explotación de minas e hidrocarburos. Esta norma del artículo 103 establece lo siguiente:

"Las tierras adquiridas con destino a la explotación o explotación de concesiones, mineras, comprendidas las de hidrocarburos y demás minerales combustibles, pasarán en plena propiedad a la Nación, sin indemnización alguna, al extinguirse por cualquier causa la concesión respectiva".

d. *La reserva (dominio público)*

Por último, en cuanto a la propiedad, la Constitución prevé un supuesto de reserva de propiedad a favor del Estado, excluyendo esos bienes de la apropiabilidad por parte de los particulares. Ese supuesto, regulado en el artículo 133 establece lo siguiente:

"Sólo el Estada puede poseer y usar armas de guerra. Todas las que existan, se fabriquen o se introduzcan en el país pasarán a ser propiedad de la República, sin indemnización ni proceso".

5. Los derechos políticos

La Constitución establece un elenco de derechos políticos que son el derecho al sufragio; el derecho a ejercer funciones públicas; el derecho a asociarse en partidos políticos; el derecho a manifestar y el derecho de asilo.

Estos derechos, sin embargo, no corresponden a todos los habitantes del país, sino sólo a los venezolanos. Así, se establece en el artículo 45 de la Constitución, en el cual se dispone lo siguiente:

"...los derechos políticos son privativos de los venezolanos, salva los que dispone el artículo 111".

Este artículo 111, que establece la excepción se refiere a la posibilidad de que en las elecciones municipales se pueda hacer extensivo el voto de los extranjeros, "en las condiciones de residencia y otras que la ley establezca", lo cual se ha hecho en la Ley Orgánica del Sufragio.

Estando los derechos políticos reservados a los venezolanos, debemos señalar las normas constitucionales relativas a la nacionalidad venezolana.

A. *La nacionalidad*

a. *El derecho a la nacionalidad*

Conforme a la Convención Americana, la nacionalidad es un derecho de toda persona. En particular el artículo 20,1°, establece que "toda persona tiene derecho a una nacionalidad".

En sentido similar, el PIDCP establece el derecho de "todo niño... a adquirir una nacionalidad" Art. 24,3).

Los principios generales en esta materia se definen con precisión en la Declaración Universal que, regulando también el derecho de cambiar de nacionalidad establece:

"Art. 15. 1. Toda persona tiene derecho a una nacionalidad.

2. A nadie se privará arbitrariamente de su nacionalidad ni del derecho a cambiar de nacionalidad".

También la Declaración Americana en su artículo XIX establece:

"Toda persona tiene derecho a la nacionalidad que legalmente le corresponda y el de cambiarla, si así lo desea, por la de cualquier otro país que esté dispuesto a otorgársela".

Ahora bien, la Constitución establece el régimen de adquisición, pérdida y recuperación de la nacionalidad, en la siguiente forma:

b. *Adquisición*

En cuanto a la adquisición de la nacionalidad, la Constitución establece dos principios: la nacionalidad originaria y la nacionalidad derivada.

a'. *Nacionalidad originaria*

En cuanto a la nacionalidad originaria, la Constitución establece lo siguiente:

"Art. 35. Son venezolanos por nacimiento:

1. Los nacidos en el territorio de la República.

2. Los nacidos en territorio extranjero de padre o madre venezolanos por nacimiento.

3. Los nacidos en territorio extranjero de padre venezolanos por nacimiento o madre venezolana por nacimiento, siempre que establezcan su residencia en el territorio de la República o declaren su voluntad de acogerse a la nacionalidad venezolana, y

4. Los nacidos en territorio extranjero de padre venezolano por naturalización o madre venezolana por naturalización, siempre que antes de cumplir dieciocho años de edad establezcan su residencia en el territorio de la República y antes de cumplir veinticinco años de edad declaren su voluntad de acogerse a la nacionalidad venezolana".

Esta declaración de voluntad prevista en los ordinales 3 y 4 de este artículo debe hacerse en forma auténtica, conforme lo exige el artículo 41 de la Constitución.

"Art. 20. 2° Toda persona tiene derecho a la nacionalidad del Estado en cuyo territorio nació si no tiene derecho a otra".

b'. Lo nacionalidad derivada

Respecto de la nacionalidad derivada, la Constitución regula dos sistemas para su adquisición: la Carta de naturaleza y la declaración de voluntad.

a". Carta de Naturaleza

La adquisición de la Carta de Naturaleza se establece en la Constitución en la siguiente forma:

"Art. 36. Son venezolanos por naturalización los extranjeros que obtengan carta de naturaleza. Los extranjeros que tengan por nacimiento la nacionalidad de España o de un Estado latinoamericano gozarán de facilidades especiales para la obtención de carta de naturaleza".

En virtud de que la Ley de Naturalización (1955) no ha establecido estas regulaciones, continúa en vigencia la Disposición Transitoria Tercera de la Constitución que dispone lo siguiente:

"Disposición Transitoria Tercera. Mientras la Ley establece las facilidades especiales a que se refiere el artículo 36 de la Constitución, la adquisición de la nacionalidad venezolana por quienes tengan por nacimiento la nacionalidad de España o de un Estado latinoamericano continuará rigiéndose por las disposiciones legales vigentes".

b". Declaración de voluntad

En cuanto a la adquisición de la nacionalidad derivada por declaración de voluntad, el artículo 37 de la Constitución regula los diversos supuestos, así:

"Son venezolanos por naturalización desde que declaren su voluntad de serlo:

1.   La extranjera casada con venezolano.

2.   Los extranjeros menores de edad en la fecha de naturalización de quien ejerza sobre ellos la patria potestad si residen en el territorio de la República y hacen la declaración antes de cumplir veinticinco años de edad, y

3.   Los extranjeros menores de edad adoptados por venezolanos, si residen en el territorio de la República y hacen la declaración antes de cumplir veinticinco años de edad".

Esta declaración de voluntad debe realizarse conforme lo indica el artículo 41 en la forma siguiente:

"Art. 41. Las declaraciones de voluntad contempladas en los artículos 35, 37 y 40 se harán en forma auténtica por el interesado, cuando sea mayor de dieciocho años, o por su representante legal, si no ha cumplido esa edad".

c. *Pérdida*

La pérdida de la nacionalidad se regula en el artículo 39 y, en forma indirecta, en el artículo 38 respecto de la venezolana casada con extranjero.

a'. *Supuestos de pérdida de la nacionalidad*

El artículo 39 de la Constitución establece los supuestos de pérdida de la nacionalidad venezolana así:

"La nacionalidad venezolana se pierde:

1. Por opción o adquisición voluntaria de otra nacionalidad.

2. Por revocación de la naturalización mediante sentencia judicial de acuerdo con la ley".

En virtud de que la Ley de Naturalización, de 1955 no está adaptada a la normativa constitucional, y ello no se ha hecho aún, continúa en vigencia la Disposición Transitoria Cuarta, que dispone lo siguiente:

"Mientras la ley establece las normas sustantivas y procesales correspondientes, la pérdida de nacionalidad por revocatoria de la naturalización se ajustará a las disposiciones de la legislación vigente, pero el interesado podrá apelar de la decisión administrativa ante la Corte Suprema de Justicia en el plazo de seis meses a partir de la fecha de publicación de la revocatoria en la *Gaceta Oficial*".

En todo caso, de acuerdo a lo antes analizado, la Convención Americana regula el tema en el artículo 20, 3° en la siguiente forma:

"A nadie se privará arbitrariamente de su nacionalidad ni del derecho a cambiarla".

b'. *La venezolana casada con extranjero*

En cuanto al supuesto de la venezolana casada con extranjero, el artículo 38 de la Constitución dispone lo siguiente:

"La venezolana que casare con extranjero conserva su nacionalidad, a menos que declare su voluntad contraria y adquiera, según la ley nacional del marido, la nacionalidad de éste".

d. *Recuperación*

La nacionalidad venezolana perdida, conforme a la Constitución, es recuperable, y a tal efecto el artículo 40 establece lo siguiente:

"La nacionalidad venezolana par nacimiento se recupera cuando el que la hubiere perdida se domicilia en el territorio de la República y declara su voluntad de recuperarla, o cuando permanece en el país por un período no menor de dos años".

Esta declaración de voluntad, conforme al artículo 41, debe ser auténtica, conforme se señaló anteriormente.

B. *El derecho al sufragio y a participar en el gobierno*

La Constitución, en los artículos 110 a 113, regula el derecho al sufragio en su doble vertiente: como un derecho activo y como un derecho pasivo al sufragio.

Este derecho también está regulado en la Convención Americana, en el artículo 23 en los siguientes términos:

"1º Todos los ciudadanos deben gozar de los siguientes derechos y oportunidades:

    a) de participar en la dirección de los asuntos públicos, directamente o por medio de representantes libremente elegidos;

    b) de votar y ser elegidos en elecciones periódicas auténticas, realizadas por sufragio universal e igual y por voto secreto que garantice la libre expresión de la voluntad de los electores, y

    c) de tener acceso, en condiciones generales de igualdad, a las funciones públicas de su país".

En idéntico sentido, el PIDCP establece que "todos los ciudadanos gozarán, sin ninguna de las discriminaciones mencionadas en el artículo 2, y sin restricciones indebidas" de dichos "derechos y oportunidades" (Art. 25).

En el mismo sentido, la Declaración Universal establece, en su artículo 21, lo siguiente:

"1. Toda persona tiene derecho a participar en el gobierno de su país, directamente o por medio de representante libremente escogido.

2. Toda persona tiene el derecho de acceso, en condiciones de igualdad, a las funciones públicas de su país.

3. La voluntad del pueblo es la base de la autoridad del poder público: esta voluntad se expresará mediante elecciones auténticas que habrán de celebrarse periódicamente, por sufragio universal e igual y por voto secreto u otro procedimiento equivalente que garantice la libertad del voto".

Por último, la Declaración Americana sobre este derecho al sufragio dispone en su artículo XX lo siguiente

Toda persona, legalmente capacitada, tiene el derecho de tomar parte en el gobierno de su país, directamente o por medio de sus representantes, y de participar en las elecciones populares, que serán de voto secreto, genuinas, periódicas y libres".

La Convención Americana, en todo caso establece el principio de la reserva legal, dentro de determinado marco, para limitar el ejercicio de los derechos y oportunidades establecidas en el artículo 23, así:

"2° La ley puede reglamentar el ejercicio de les derechos y oportunidades a que se refiere el inciso anterior, exclusivamente por razones de edad, nacionalidad, residencia, idioma, instrucción, capacidad civil o mental, o condena, por juez competente, en proceso penal".

a.   El derecho activo al sufragio

En cuanto al derecho activo al Sufragio, éste se regula en la Constitución, además, de como un derecho, como una obligación en virtud de que se le considera una función pública. Por ello el artículo 110 establece:

"El voto es un derecho y una función pública. Su ejercicio será obligatorio, dentro de los límites y condiciones que establezca la ley".

El desarrollo legislativo de este derecho está en la Ley Orgánica del Sufragio.

a'.   Los electores

En cuanto a los titulares de este derecho, es decir, los electores, el artículo 111 establece lo siguiente:

"Son electores todos los venezolanos que hayan cumplido dieciocho años de edad y no estén sujetos a interdicción civil ni a inhabilitación política. El voto para elecciones municipales podrá hacerse extensivo a los extranjeros, en las condiciones de residencia y otras que la ley establezca".

b'.   Libertad del voto

La garantía de la libertad del voto se establece en el artículo 113 en la forma siguiente:

"La legislación electoral, asegurará la libertad y el secreto del voto, y consagrará el derecho de representación proporcional de las minorías. Los organismos electorales estarán integrados de manera que no predomine en ellos ningún partido o agrupación política, y sus componentes gozarán de los privilegios que la ley establezca para asegurar su independencia en el ejercicio de sus funciones.

Los partidos políticos concurrentes tendrán derecho de vigilancia sobre el proceso electoral".

c'.   El principio de la representación proporcional de las minorías

La Constitución establece expresamente el principio de la representación proporcional de las minorías, no sólo en el artículo 113 de la Constitución, sino en el artículo 19 respecto de la elección de los Diputados a las Asambleas Legislativas; en el artículo 148 respecto de la elección de los Senadores; y en el artículo 151 respecto de la elección de los Diputados al Congreso.

b.   *El derecho pasiva al sufragio*

a'.   *Principio*

En cuanto al derecho pasivo al sufragio, el principio está establecido en el artículo 112 de la Constitución en la forma siguiente:

"Son elegibles y aptos para el desempeño de funciones públicas, los electores que sepan leer y escribir, mayores de veintiún años, sin más restricciones que las establecidas en esta Constitución y las derivadas de las condiciones de aptitud que, para él ejercicio de determinados cargos, exijan las leyes".

b'.   *Excepción*

Este principio está sometido a una excepción establecida en el artículo 112 de la Constitución en la forma siguiente:

".. .No podrán ser elegidos Presidente de la República, Senador o Diputado al Congreso, ni Magistrado de la Corte Suprema de Justicia, quienes hayan sido condenados mediante sentencia definitivamente firme, dictada por Tribunales Ordinarios, a pena de presidio o prisión superior a tres años, por delitos cometidos en el desempeño de funciones, públicas, o con ocasión de éstas.

De lo sucedido por los organismos competentes no habrá otro recurso que el de apelación ante la Corte Suprema de Justicia, en pleno ejercicio por cualquier elector. La Corte deberá decidir dentro de los diez días siguientes al recibo de la solicitud. Esta apelación se oirá en un solo efecto".

c'.   *Restricciones*

La Constitución, además, establece algunas restricciones por razones de nacionalidad y edad. Así, es necesario tener más de 30 años para ser electo Presidente de la República (art. 182) y Senador (Art. 149); es necesario ser venezolano por nacimiento, para ser electo Presidente de la República (Art. 182), Senador (Art. 149), Diputado al Congreso (Art. 152) y Diputado a las Asambleas Legislativas (Art. 19).

Por otra parte, para poder ser elegido Presidente de la República es necesario ser de estado seglar (Art. 182) y no estar en los supuestos de inelegibilidad previstos en los artículos 184 y 185 por razones temporales o por haber ejercido previamente el cargo.

Respecto de la elección de Senadores y Diputados el artículo 140 de la Constitución también establece diversos supuestos de ineligibilidad derivados del ejercicio de funciones públicas.

c.   *El derecho a ejercer, funciones públicas*

a'.   *Principio*

En cuanto al derecho a desempeñar funciones públicas, el artículo 112 establece el principio en los siguientes términos:

"Son... aptos para el desempeño de funciones públicas los electores que sepan leer y escribir, mayores de veintiún años, sin más restricciones que las establecidas en esta Constitución y las derivadas de las condiciones de aptitud que, para el ejercicio de determinados cargos, exijan las leyes".

La Convención Americana en el artículo 23, ordinal V, letra c) regula el derecho de los ciudadanos "de tener acceso, en condiciones generales de igualdad, a las funciones públicas de su país"; derecho que puede ser restringido sólo "por razones de edad, nacionalidad, residencia, idioma, instrucción, capacidad civil o mental o condena, por juez competente, en proceso penal" (Art. 23,2).

Por su parte la letra c) del artículo 25 de PIDCP establece también el derecho "de tener acceso, en condiciones generales de igualdad, a las funciones públicas de su país".

b'. *Restricciones*

Sin embargo, sólo los venezolanos por nacimiento mayores de 30 años pueden ejercer las funciones de Magistrado de la Corte Suprema de Justicia (Art. 213), de Procurador General de la República (Art. 201), de Fiscal General de la República (Art. 219), de Contralor General de la República (Art. 237) y de Gobernador (Art. 21).

Además, otras restricciones están establecidas en la Constitución, como la necesidad de tener la condición de seglar para ser Gobernador (Art. 21) y Contralor General de la República (Art. 237) y de ser abogado para ser Magistrado de la Corte Suprema de Justicia (Art. 213), Procurador General de la República (Art. 201) y Fiscal General de la República (Art. 219).

C. *El derecho a asociarse en partidos políticos*

La Constitución establece los principios básicos del derecho de asociarse en partidos políticos al regularlos como instrumentos de participación política democrática.

a. *El régimen de partidos*

El artículo 114 de la Constitución establece:

"Todos los venezolanos, aptas para el voto tienen el derecho de asociarse en partidos políticos para participar, por métodos democráticos, en la orientación de la política nacional".

b. *Régimen democrático y principio de igualdad*

El legislador por otra parte, conforme al artículo 114 de la Constitución, debe garantizar el carácter democrático de los partidos. En tal sentido establece:

"...El legislador reglamentará la constitución y actividad de los partidos políticos con el fin de asegurar su carácter democrático y garantizar su igualdad ante la ley".

La Ley que regula estas instituciones es la Ley de Partidos Políticos, Reuniones y Manifestaciones Públicas de 1964.

D. El derecho a manifestar

En cuanto al derecho a manifestar, el artículo 115 de la Constitución establece lo siguiente:

"Los ciudadanos tienen el derecho de manifestar pacíficamente y sin armas, sin otro requisita que los que establezca la ley".

Este derecho está regulado en la Ley de Partidos Políticos, Reuniones y Manifestaciones Públicas de 1964.

E. El derecho de asilo

El artículo 116 de la Constitución, al referirse al derecho de asilo, establece lo siguiente:

"La República reconoce el asilo a favor de cualquier persona que sea objeto de persecución o se halle en peligro, por motivos políticos, en las condiciones y con los requisitos establecidos por las leyes y las normas del derecho internacional".

En este mismo orden de ideas la Convención Americana en el artículo 22, 7° establece lo siguiente:

"Toda persona tiene el derecho de buscar y recibir asilo en territorio extranjero en caso de persecución por delitos políticos o comunes conexos con los políticos y de acuerdo con la legislación de cada Estado y los convenios internacionales".

En cuanto al derecho de asilo, la Declaración Universal en su artículo 14 establece lo siguiente:

"En caso de persecución, toda persona tiene derecho a buscar asilo, y a disfrutar de él, en cualquier país.

2. Este derecho no podrá ser invocado contra una acción judicial realmente originada por delitos comunes o por actos opuestos a los propósitos y principies de las Naciones Unidas".

El derecho también está consagrado en la Declaración Americana en su artículo XXVII, así:

"Toda persona tiene el derecho de buscar y recibir asilo en territorio extranjero, en caso de persecución que no sea motivada por delitos de derecho común y de acuerdo con la legislación de cada país y con los convenios internacionales".

6. La efectividad y protección de los derechos

La Constitución establece un sistema para lograr la efectividad y protección de los derechos humanos, al regular la suspensión o restricción de los mismos, la responsabilidad de los funcionarios públicos; y los recursos judiciales de protección.

A. *La suspensión o restricción de las garantías*

En cuanto a la suspensión ó restricción de las garantías, la Constitución establece las siguientes regulaciones:

a. *El Principio*

a'. *El Estado de emergencia*

La Constitución establece, en relación al estado de emergencia, lo siguiente:

Art. 240. El Presidente de la República podrá declarar el estado de emergencia en caso de conflicto interior o exterior, o cuando existan fundados motivos de que uno u otro ocurran.

b.' *La suspensión o restricción de garantías*

El Art. 241 de la Constitución señala que:

"En caso de emergencia, de conmoción que pueda perturbar la paz de la República o de graves circunstancias que afecten la vida económica o social, el Presidente de la República podrá restringir o suspender las garantías constitucionales, o algunas de ellas con excepción de las consagradas en el artículo 58 y en los ordinales 3° y del artículo 60.

El Decreto expresará los motivos en que se funda, las garantías que se restringen o suspenden, y si rige para todo o parte del territorio nacional.

La restricción o suspensión de garantías no interrumpe el funcionamiento ni afecta las prerrogativas de los órganos del Poder Nacional".

En esta materia, la Convención Americana establece lo siguiente:

"Art. 27. Suspensión de Garantías.

1. En caso de guerra, de peligro público o de otra emergencia que amenace la independencia o seguridad del Estado Parte, éste podrá adoptar disposiciones que, en la medida y por el tiempo estrictamente limitados a las exigencias de la situación, suspendan las obligaciones contraídas en virtud de esta Convención, siempre que tales disposiciones no sean compatibles con las demás obligaciones que les impone el derecho internacional y no entrañen discriminación alguna fundada en motivos de raza, color, sexo, idioma, religión u origen social".

b. *Las excepciones*

Sin embargo, no todas las garantías pueden ser objeto de restricción o suspensión. De acuerdo con el Art. 21, no se pueden restringir o suspender las garantías del derecho a la vida (Art. 58); del derecho a no ser incomunicado o sometido a tortura (Art. 60, Ord. 3°) y del derecho a no ser condenado a penas perpetuas o infamantes (Art. 60, Ord. 7°).

En sentido más amplio, el artículo 27, Ord. 2° de la Convención Americana establece lo siguiente, como excepción a la posibilidad de suspensión de las garantías:

"La disposición precedente no autoriza la suspensión de los derechos determinados en los siguientes artículos: 3° (Derecho al Reconocimiento de la Personalidad Jurídica), 4° (Derecho a la Vida), 5° (Derecho a la Integridad Personal), 6° (Prohibición de la Esclavitud y Servidumbre); 9° (Principio de Legalidad y de Irretroactividad), 12 (Libertad de Conciencia y de Religión), 17 (Protección a la Familia), 18 (Derecho al Nombre), 19 (Derechos del Niño), 20 (Derecho a la Nacionalidad) y 23 (Derechos Políticos) ni de las garantías judiciales indispensables para la protección de tales derechos".

Esto implica, por tanto, que la garantía del amparo a los derechos fundamentales (Art. 49 de la Constitución) no puede tampoco ser suspendido *per se.*

El Ord. 2° del Art. 4 del PIDCP, por su parte, prohíbe la suspensión de las garantías establecidas en los artículos 6° (Derecho a la vida), 7° (Derecho a no ser sometido a torturas ni a penas o tratos crueles, inhumanos o degradantes), 8, 1 y 2 (Prohibición de la esclavitud y de la servidumbre), 11 (Derecho a no ser encarcelado por incumplimiento de una obligación civil, 15 (Principio de legalidad y de irretroactividad), 16 (Reconocimiento de la personalidad jurídica) y 18 (Derecho a la libertad de pensamiento, conciencia y religión).

c. *Formalidades*

La Constitución establece las siguientes formalidades respecto del Decreto de restricción o suspensión de las garantías constitucionales:

"Art. 242. El Decreto que declare el estado de emergencia u ordene la restricción o suspensión de garantías será dictado en Consejo de Ministros y sometido a la consideración de las Cámaras en sesión conjunta o de la Comisión Delegada, dentro de los diez días siguientes a su publicación".

Por su parte la Convención Americana agrega, en cuanto a la suspensión de garantías, las siguientes formalidades:

"3° Todo Estado Parte que haga uso del derecho de suspensión deberá informar inmediatamente a los demás Estados Partes en la presente Convención, por conducto del Secretario General de la Organización de los Estados Americanos, de las disposiciones cuya aplicación haya suspendido, de los motivos que hayan suscitado la suspensión y de la fecha en que haya dado por terminada tal suspensión"'.

La disposición del PIDCP es idéntica a la de la Convención, salvo en la previsión de que será a través del Secretario de las Naciones Unidas que se informará a los Estados Partes (Art. 4,3).

d. *Duración y revocación*

La Constitución establece las modalidades de revocación del Decreto de suspensión y duración de las medidas, así:

"Art. 243. El Decreto de restricción o suspensión de garantías será revocado por el Ejecutivo Nacional, o por las Cámaras en sesión conjunta, al cesar las causas que lo motivaron. La cesación del estado de emergencia será decretada por el Presidente de la República en Consejo de Ministros y con la autorización de las Cámaras en sesión conjunta o de la Comisión Delegada".

B. *Efectos de la violación de los derechos: la garantía objetiva y la responsabilidad de los funcionarios*

Como una garantía respecto de la efectividad de los derechos, la Constitución establece, por una parte, la nulidad de los actos estatales que los menoscaben, y por la otra, la responsabilidad de los funcionarios públicos que los ejecuten.

Así, el artículo 466 establece lo siguiente:

"Todo acto del Poder Público que viole o menoscabe los derechos garantizados por esta Constitución es nulo, y los funcionarios y empleados públicos que lo ordenen o ejecuten incurren en responsabilidad penal, civil ,y administrativa, según los casos, sin que les sirvan de excusas órdenes superiores manifiestamente contrarias a la Constitución y a las leyes".

C. *Los medios judiciales de protección*

Además, para garantizar la efectividad de los derechos y garantías constitucionales, la Constitución establece diversos medios judiciales de protección y particularmente el derecho de amparo, el recurso de inconstitucionalidad y el recurso contencioso-administrativo.

a. *El derecho de amparo*

En cuanto al derecho de amparo, el artículo 49 de la Constitución establece lo siguiente:

"Los Tribunales ampararán a todo habitante de la República en el goce y ejercido los derechos y garantías que la Constitución establece, en conformidad con la ley.

El procedimiento será breve y sumario, y el juez competente tendrá potestad para restablecer inmediatamente la situación jurídica infringida".

En virtud de la redacción de este artículo, durante años se interpretó que para ejercer la acción de amparo allí prevista, se requería de una ley que estableciera el procedimiento y juez competente.

Sin embargo, para asegurar al menos la acción de amparo a la libertad personal, la Disposición Transitoria Quinta de la Constitución, reguló el recurso de *habeos corpus* en la siguiente forma:

"El amparo a la libertad personal, hasta tanto se dicte la ley especial que lo regule conforme a lo previsto en el artículo 49 de la Constitución, procederá de acuerdo con las normas siguientes:

Toda persona que sea objeto de privación o restricción de su libertad, con violación de las garantías constitucionales, tiene derecho a que el Juez de Primera Instancia en lo Penal que tenga jurisdicción en el lugar donde se haya ejecutado el acto que motiva la solicitud o donde se encuentre la persona agraviada, expida un mandamiento de *habeas corpus*. Recibida la solicitud, que podrá ser hecha por cualquier persona, el Juez ordenará inmediatamente al funcionario bajo cuya custodia esté la persona agraviada, que informe dentro del plazo de veinticuatro horas sobre los motivos de la privación o restricción de la libertad y abrirá una averiguación sumaria.

El Juez decidirá, en un término no mayor de noventa y seis horas después de presentada la solicitud, la inmediata libertad del agraviado, o el cese de las restricciones que se le hayan impuesto, si encontrare 'que para la privación o restricción de la libertad no se han llenado las formalidades legales. El Juez podrá sujetar esta decisión al otorgamiento de caución o prohibición de salida del país de la persona agraviada, por un término que no podrá exceder de treinta días, si lo considera necesario. La decisión dictada por el Juez de Primera Instancia se consultará con el Superior, al que deberán enviarse los recaudos en el mismo día o en el siguiente. La consulta no impedirá la ejecución inmediata de la decisión. El Tribunal Superior decidirá dentro de las setenta y dos horas siguientes a la fecha de recibo de los autos".

En todo caso, después de una importante evolución jurisprudencial que abrió la vía al ejercicio de la acción de amparo aún sin regulación legal, en 1988 se dictó la Ley Orgánica de Amparo sobre Derechos y Garantías Constitucionales, que regula la materia en forma muy amplia en cuanto a las vías de protección, incluyendo el amparo a la libertad personal.

En esta materia, la Convención Americana dispone lo siguiente en materia de protección judicial de los derechos que garantiza:

"Art. 25. Protección Judicial. 1. Toda persona tiene derecho a un recurso sencillo y rápido o a cualquier otro recurso efectivo ante los jueces o tribunales competentes, que la ampare contra actos que violen sus derechos fundamentales reconocidos por la Constitución, la ley o la presente Convención, aun cuando tal violación sea cometida por personas que actúen en ejercicio de sus funciones.

2. Los Estados Partes se comprometen:

a. a garantizar que la autoridad competente prevista por el sistema legal del Estado decidirá sobre los derechos de toda persona que interponga tal recurso;

b. a desarrollar las posibilidades de recurso judicial, y

c. a garantizar el cumplimiento, por las autoridades competentes, de toda decisión en que se haya estimado procedente el recurso".

En sentido similar, el PIDCP establece en su artículo 2.3, lo siguiente:

"3. Cada uno de los Estados Partes en el presente Pacto se compromete a garantizar que:

a) Toda persona cuyos derechos o libertades reconocidos en el presente Pacto hayan sido violados podrá interponer un recurso efectivo, aun cuando tal violación hubiera sido cometida por personas que actuaban en ejercicio de sus funciones oficiales;

b) La autoridad competente, judicial, administrativa o, legislativa, o cualquiera otra autoridad competente prevista por el sistema legal del Estado, decidirá sobre los derechos de toda persona que interponga tal recurso, y a desarrollar las posibilidades del *recurso judicial;*

c) Las autoridades competentes cumplirán toda decisión en que se haya estimado procedente el recurso".

La Declaración Universal en su artículo 8 también regula este derecho así:

"Toda persona tiene derecho a un recurso efectivo ante los Tribunales nacionales competentes, que la ampare contra actos que violen sus derechos fundamentales reconocidos por la Constitución o por la ley".

La Declaración Americana, por su parte, establece en sus artículos XVIII y XXVI lo siguiente:

Artículo XVIII. Toda persona puede ocurrir a los tribunales para hacer valer sus derechos. Asimismo debe disponer de un procedimiento sencillo y breve por el cual la justicia lo ampare contra actos de la autoridad que violen, en perjuicio suyo, alguno de los derechos fundamentales consagrados constitucionalmente.

b. *La acción de inconstitucionalidad*

Frente a la violación de los derechos y garantías constitucionales por actos estatales, el propio Texto Constitucional establece el derecho de todos de interponer el recurso de inconstitucionalidad, en base al deber general establecido en el artículo 250 de la Constitución de colaborar en el restablecimiento de la efectiva vigencia de la Constitución.

El control de la constitucionalidad de los actos estatales está a cargo de la Corte Suprema de Justicia, a cuyo efecto el artículo 215 le otorga las siguientes atribuciones:

"Son atribuciones de la Corte Suprema de Justicia...

3° Declarar la nulidad total o parcial de las leyes nacionales y demás actos de los cuerpos legislativos que colidan con esta Constitución.

4° Declarar la nulidad total o parcial de las leyes estadales, de las ordenanzas municipales y demás actos de los cuerpos deliberantes de los Estados o Municipios que colidan con esta Constitución.

6° Declarar la nulidad de los reglamentos y demás actos del Ejecutivo Nacional cuando sean violatorios de esta Constitución".

A los efectos del ejercicio de este recurso de inconstitucionalidad, en la Ley Orgánica de la Corte Suprema de Justicia se establece una acción popular que por ello, puede intentarse por cualquier persona.

c. *El recurso contencioso-administrativo*

El control de la constitucionalidad de los actos administrativos de efectos particulares, está atribuido a los órganos de la jurisdicción contencioso-administrativa, la cual se regula en el artículo 206 de la Constitución, en la forma siguiente:

"La jurisdicción contencioso-administrativa corresponde a la Corte Suprema de Justicia y a los demás Tribunales que determine la ley. Los órganos de la jurisdicción contencioso-administrativa son competentes para anular los actos administrativos generales o individuales contrarios a derecho, incluso por desviación de poder; condenar al pago de sumas de dinero y a la reparación de daños y perjuicios originados en responsabilidad de la administración, y disponer lo necesario para el restablecimiento de las situaciones subjetivas lesionadas por la actividad administrativa".

En tal sentido, en particular, se atribuye a la Corte Suprema de Justicia la siguiente competencia:

"Art. 215. Son atribuciones de la Corte Suprema de Justicia... 7° Declarar la nulidad de los actos administrativos del Ejecutivo Nacional, cuando sea procedente".

D. *El contralor público de los derechos y garantías: el Fiscal General de la República*

Por último, puede decirse que la Constitución organiza un sistema de contralor público de la vigencia y efectividad de los derechos y garantías establecidos en la Constitución, al atribuir al Fiscal General de la República, funcionario que ejerce el Ministerio Público, goza de autonomía funcional, y es designado por el Congreso de la República (Art. 219), funciones similares a las que corresponden al *ombudsman* de otros países.

Así, el artículo 220 de la Constitución establece lo siguiente:

"Son atribuciones del Ministerio Público:

1°   Velar por el respeto de los derechos y garantías constitucionales.

2°   Velar por el correcto cumplimiento de las leyes y la garantía de los derechos humanos en las cárceles y demás establecimientos de reclusión".

E. *La obligación de dictar disposiciones legislativas*

Por último, debe destacarse que el PIDCP obliga a los Estados Partes a dictar las disposiciones legislativas necesarias para el ejercicio de los derechos fundamentales, así:

"Art. 2.2: Cada Estado Parte se compromete a adoptar, con arreglo a sus procedimientos constitucionales y a las disposiciones del presente Pacto, las medidas oportunas para dictar las disposiciones legislativas o de otro carácter que fueren necesarias para hacer efectivos los derechos reconocidos en el presente Pacto y no estuviesen ya garantizados por disposiciones legislativas o de otro carácter".

V. LOS DERECHOS DE LOS ADMINISTRADOS FRENTE A LA ADMINIS- TRACIÓN

La actividad del Estado que puede afectar más directamente los derechos y garantías de los particulares es, sin duda la actividad desarrollada por la Administración Pública. Por ello, el cuadro de los derechos y garantías constitucionales no estaría completo, si no se analizan los derechos de los particulares en relación a la Administración Pública.

Con fecha 1° de enero de 1982 comenzó a regir la Ley Orgánica de Procedimientos Administrativos[448], y es precisamente esta Ley la que regula estas relaciones jurídicas entre la Administración Pública y los particulares, siendo por ello, quizás, la Ley más importante que se ha dictado en Venezuela en relación a la Administración Pública.

Esta Ley, en efecto, además de regular el procedimiento administrativo[449], reglamenta las situaciones jurídicas, tanto de la Administración como de los particulares, en las relaciones que se establecen entre ellos; y en particular, precisa los diversos derechos de los administrados en relación a la Administración.

Esta Ley, por tanto, puede decirse que es una muestra del equilibrio que siempre busca el derecho administrativo, entre poderes de la Administración y derecho de los particulares. No siempre ha habido un balance en la historia del derecho administrativo entre esas dos posiciones o situaciones jurídicas, y a veces, la balanza se ha inclinado a favor de la Administración, a través del otorgamiento, de poderes y prerrogativas, no garantizándose al particular derechos frente a ella.

Antes de esta Ley, la situación en Venezuela era desbalanceada: muchos derechos, poderes y prerrogativas de la Administración y muy pocos derechos de los particulares frente al Estado, por lo cual muchas veces, era aplastado por éste, encontrándose desasistido e indefenso. Por eso, la Ley tiene la gran importancia de otorgar derechos a los particulares, pero su regulación, sin duda, posiblemente haya creado otro desbalance al hacer que el sistema se incline hacia una mayor consagración de derechos a favor de los particulares. Por eso, una parte medular de la Ley la constituye el estudio de los derechos de los administrados o particulares en el sistema de procedimiento administrativo que regula.

Vamos a estudiar estos derechos en relación a la Administración; en segundo lugar, derechos en relación al procedimiento en concreto; y en tercer lugar, derechos en relación a los actos administrativos.

1. *Derechos en relación a la administración*

En relación a la Administración, la Ley consagra una serie de derechos a favor de los interesados: derecho de petición y a la respuesta; derecho a la igualdad; dere-

448   Véase en *Gaceta Oficial* N° 2.818 de 1-7-81. Véase la edición de la Editorial Jurídica Venezolana, *Ley Orgánica de Procedimientos Administrativos,* con comentarios de Allan R. Brewer-Carías, Hildegard Rondón de Sansó y Gustavo Urdaneta, Caracas, 1981.

449   Sobre el tema, véase Hildegard Rondón de Sansó, *El Procedimiento Administrativo,* Caracas, 1976; y Allan R. Brewer-Carías, *El Derecho Administrativo y la Ley Orgánica de Procedimientos Administrativos,* Caracas, 1982. En el texto seguimos lo expuesto en esta última obra, pp. 105 y ss.

cho a la estabilidad o seguridad jurídica; derecho a la información; derecho a la certeza y derecho a la prescripción. Veámoslos separadamente.

A. *El derecho de petición y a la respuesta*

El primero de estos derechos, al cual ya hemos hecho referencia, es la consagración del derecho de petición que, en genérico, establece el artículo 67 de la Constitución. Hemos dicho que la Constitución establece el derecho de todos a representar y dirigir peticiones ante cualquier entidad o funcionario público sobre los asuntos que sean de la competencia de éstos y, además, consagra el derecho a obtener oportuna respuesta. La ley recoge el mismo derecho de petición, en su artículo 2°, pero lo regula como un derecho de los interesados, es decir, de aquéllos que puedan alegar una lesión a sus intereses personales, legítimos y directos o a sus derechos subjetivos.

El artículo 2 también establece y regula el derecho a obtener oportuna respuesta al prescribir que los funcionarios deben resolver las instancias o peticiones que se le dirijan. Se trata, por tanto, de una obligación de decidir, y en su caso, si el funcionario estima que no debe decidir en concreto, debe expresar los motivos que tuviere para no hacerlo. La Ley, por tanto, garantiza que el funcionario no debe guardar silencio, que es uno de los principales problemas de la Administración, sino que está obligado a decidir, o si él estima, en un caso concreto, que no debe decidir, debe decir por qué no lo hace en forma motivada. Con esto la Ley busca concretar el derecho de petición y a obtener oportuna respuesta.

Por otra parte, la oportunidad de la respuesta se refleja en los lapsos que la Ley da a los funcionarios para decidir. Si se trata de una petición que no requiere sustanciación, el funcionario tiene un lapso de 20 días hábiles para tomar la decisión[450], si se trata de un procedimiento que sí requiere sustanciación, el funcionario tiene un lapso de cuatro meses y dos meses de prórroga para tomar la decisión, o sea, un lapso máximo de seis meses[451]; por último, si se trata de un procedimiento sumario que puede ser resuelto por vía expedita, la decisión debe tomarse en 30 días hábiles.[452]

Por tanto, el derecho a obtener oportuna respuesta derivado del derecho de petición, la Ley lo concreta, y estima que esa oportunidad es de 20 días, 6 meses ó 30 días, según que se trate, respectivamente, de un procedimiento que no requiere sustanciación, que sí lo requiere o que sea de carácter sumario. Si transcurre el lapso oportuno, y la Administración no decide, se aplica lo establecido en el artículo 4° de la Ley, es decir, opera el silencio administrativo tácito negativo, que implica que, cuando no se resolviere un asunto o un recurso dentro de los correspondientes lapsos, se considerará que la Administración lo ha resuelto negativamente a los efectos de que el interesado pueda intentar los recursos inmediatos siguientes[453].

---

450 Artículo 5 LOPA.

451 Artículo 60 LOPA.

452 Artículo 67 LOPA.

453 Sobre esta regulación del Silencio Administrativo véase Allan R. Brewer-Carías, "Consideraciones sobre el silencio administrativo consagrado a los efectos del recurso contencioso-administrativo de anulación", en *Revista de Control Fiscal*, Nº 96, 1980, pp. 11 y ss.; y Allan R. Brewer-Carías, "El sentido del silencio administrativo negativo en la Ley Orgánica de Procedimientos Administrativos" en *Revista de Derecho Público*, Nº 8, Caracas, 1981, pp. 27 a 34.

Por tanto, si no se decide el asunto o recurso dentro de los lapsos establecidos, se considera que hay una decisión administrativa tácita, denegatoria del recurso o de la solicitud; y el efecto de que se considere que hay un acto administrativo tácito negativo, es que el particular tiene garantías jurídicas contra la inacción, es decir, contra la decisión derivada del silencio administrativo.

Con anterioridad a la Ley Orgánica, salvo por lo que respecta al recurso contencioso-administrativo de anulación en los casos de silencio en la decisión de recursos administrativos previsto en el artículo 134 de la Ley Orgánica de la Corte Suprema de Justicia, en caso de solicitudes no decididas por la Administración, el particular no tenía medios de protección. Por eso, la Ley Orgánica, con esta regulación, busca garantizar, realmente al interesado, el derecho a obtener oportuna respuesta, que se vincula a los señalados lapsos que prevé la propia Ley.

B. Derecho a la igualdad

Además del derecho de petición y a obtener oportuna respuesta, otro derecho de los interesados que se establece en la Ley en relación a la Administración, es el derecho a la igualdad. Puede decirse que, en general, los particulares tienen el derecho a la igualdad derivado del Preámbulo y del artículo 61 de la Constitución, que prohíben la discriminación. Por tanto, frente a la Administración, los particulares tienen el derecho a un trato igual, no discriminatorio e imparcial. El principio de la imparcialidad está consagrado en el artículo 30 de la Ley como un principio del procedimiento administrativo, y además, como un derecho del particular a que la Administración no se parcialice en la resolución de los asuntos, por ninguna de las partes. Esto trae consecuencias: la Administración debe respetar el orden de los asuntos, conforme a su presentación[454]; y si el funcionario se encuentra en alguna situación que pueda comprometer su imparcialidad, debe inhibirse del conocimiento del asunto[455], para asegurar la igualdad y la imparcialidad del procedimiento.

C. Derecho a la estabilidad de las decisiones

El tercer derecho de los interesados frente a la Administración, es el derecho a la estabilidad o a la seguridad jurídica que tienen los particulares en relación a los actos administrativos. La Administración no puede estar variando sus actos en cada momento, porque lesionaría la seguridad jurídica, ya que el interesado no sabría a qué atenerse frente a la Administración. Por tanto, la actuación de la Administración tiene que tener condiciones mínimas de estabilidad y permanencia.

En todo caso, la Administración aun cuando tome decisiones en base a un criterio, podrá cambiarlo, pues no se trata de inmovilizar la actuación administrativa. Sin embargo, de acuerdo al artículo 11 de la Ley, y si bien la Administración puede modificar los criterios que tiene para decidir y puede adoptar nuevas interpretaciones, ello no implica que pueda aplicar esas nuevas interpretaciones a situaciones anteriores ya decididas, pues de lo contrario no habría estabilidad, ni seguridad jurídica en las decisiones. Sólo se exceptúa de la no aplicación de nuevas interpretaciones a situaciones

---

454   Artículo 34 LOPA.
455   Artículo 36 LOPA.

anteriores, los casos en que la nueva interpretación sea más favorable para el particular, por lo que si lo perjudica no se podría, en ninguna forma, aplicar retroactivamente la nueva interpretación. Por tanto, el derecho a la estabilidad y a la seguridad jurídica, implican el principio de la irretroactividad de los actos administrativos que también se deriva, como principio general del derecho, del artículo 44 de la Constitución.

En consecuencia, cuando se produzca en la Administración una nueva interpretación, modificándose los criterios anteriores, los actos cumplidos anteriormente, quedan firmes y no pueden ser modificados. Tampoco tiene derecho el particular a pedir que la Administración los modifique.

Esto nos conduce, como consecuencia del derecho a la estabilidad y a la seguridad jurídica, a otro principio que es el de la irrevocabilidad de los actos administrativos. En efecto, los actos administrativos cuando han creado derechos a favor de particulares, no pueden ser revocados libremente por la Administración[456], y este principio, derivado del derecho a la estabilidad y a la seguridad jurídica, se establece en el artículo 82 de la Ley. En esta norma se dispone que los actos administrativos que no originen derechos subjetivos o intereses legítimos, personales y directos para un particular, pueden ser revocados en cualquier momento en todo o en parte, por la autoridad administrativa que lo dictó o por el superior jerárquico. Por tanto, por interpretación a contrario del artículo 82, resulta que cuando un acto administrativo sí origine derechos a favor de particulares, es irrevocable, lo cual, además, está confirmado en el artículo 19, ordinal 2° de la Ley que declara nulos, de nulidad absoluta, los actos administrativos que revoquen actos anteriores que habían creado derechos a favor de particulares.

D. *El Derecho a la información*

El cuarto derecho de los particulares frente a la Administración, es el derecho a la información. En efecto, los particulares tienen derecho a tener una información general sobre las estructuras, funciones, comunicaciones y jerarquías de las dependencias administrativas, conforme se prevé en el artículo 33 de la Ley. Asimismo, las dependencias al servicio del público deben informar a los particulares por medios adecuados, sobre los fines, competencias y funcionamiento de los órganos y servicios administrativos. El artículo 33 de la Ley, así, regula un derecho general a ser informado, sobre cómo funciona la Administración y cuáles son los procedimientos y trámites que hay que cumplir en los diversos casos, lo que implica, asimismo, derechos a que se indiquen los formularios y requisitos que hay que llenar en cada caso.

Pero además de este derecho general, también hay un derecho particular a ser informado en los casos en que pueda haber alguna falla en la tramitación que inicia el particular. Hay una consagración general de este derecho específico a ser informado, en el artículo 45 de la Ley, que indica que los funcionarios del registro de documentos deben advertir a los interesados de las omisiones y de las irregularidades que observen al iniciarse un procedimiento con la entrega de la solicitud respectiva, sin que puedan

---

456   Véase Allan R. Brewer-Carías, "Comentarios sobre la revocación de los actos administrativos", en *Revista de Derecho Pública*, N° 4, Caracas 1981, pp. 27 y ss.

negarse a recibirla. Por tanto, cuando se entrega una petición a un organismo público, el funcionario del registro no puede negarse a recibirla si no contiene todos, los elementos que exige la Ley, pero sí está obligado a decirle al interesado cuáles son las faltas de la solicitud, quien en este caso, tiene un derecho a ser informado específicamente.

Además, este derecho concreto a ser informado de fallas u omisiones, se consagra también con posterioridad a la introducción de los documentos respectivos en el registro. Por ejemplo, en las solicitudes que no requieren sustanciación y que deben ser resueltas en lapso breve de 20 días, la Administración está obligada a informar al interesado, por escrito, dentro de los 5 días siguientes a la recepción de la documentación, de la omisión o incumplimiento por aquél de algún requisito para que lo subsane[457]. En igual forma este derecho está regulado en el artículo 50 de la Ley, en aquellos casos en que el procedimiento sí requiere sustanciación: en este supuesto, cuando en el escrito o solicitud falte algún requisito de los prescritos en la Ley[458], la autoridad competente para iniciar las actuaciones debe notificar al interesado presentante, comunicándole las omisiones o fallas observadas en su documento, para que las subsane en un plazo de quince días.

Estas normas cambian totalmente un panorama que regía antes de la Ley en relación a la acción administrativa. Antes, si un particular presentaba una documentación incompleta, normalmente la Administración no se lo advertía, y después de unos meses le indicaba que no había presentado completo el expediente. Ahora, la Administración está obligada a advertirle al particular, en breve lapso, qué es lo que le falta para completarlo, por lo que la Administración no puede ir posponiendo la tramitación de un asunto bajo la excusa de que faltan documentos.

En todo caso, este derecho a ser informado en concreto, lo regula la Ley sólo en el caso de peticiones o solicitudes, pero no se establece en caso de recursos. Por tanto, si un particular inició un procedimiento ante la Administración Pública, y el procedimiento concluyó con una decisión en el momento en el cual el interesado vaya a intentar un recurso cualquiera contra el acto administrativo, debe necesariamente cumplir con todos los requisitos que exige el artículo 49 de la Ley. En estos casos, si no lo hace, ello es a su riesgo y la Administración no está obligada a advertir de las omisiones o fallas sino que, simplemente, la Administración debe declarar inadmisible el recurso si no cumple los requisitos formales[459]. En este caso, debe tenerse en cuenta que el particular ya ha estado en relación con la Administración, y conoce las exigencias formales, por lo que no tiene razón de estar siempre tutelado.

E. *El derecho a la racionalidad administrativa*

Otro derecho del interesado en relación a la Administración, es el derecho a la racionalidad de la actuación administrativa, es decir, el derecho a que la Administración siga las fórmulas racionales, lo cual se deriva del principio de la racionalidad, que establece indirectamente el artículo 30 de la Ley. Por tanto, el derecho a la racionalidad implica que la Administración debe actuar de acuerdo a una serie de formas,

---

457   Artículo 5 LOPA.

458   Artículo 49 LOPA.

459   Artículo 86 LOPA.

uniformemente prescritas, que sean inteligibles por todos los particulares, en las cuales se establezcan las características que deben tener, no sólo cada documento y cada exigencia procedimental, sino cada fase del procedimiento. Por ello el artículo 32 exige a la Administración el que deba racionalizar sus sistemas y métodos de trabajo, adoptando las medidas y procedimientos más idóneos.

F. Derecho a la prescripción

Por último, también puede considerarse como un derecho de los interesados en relación a la Administración, el derecho a la prescripción. En efecto, cuando se trata de actos administrativos que imponen o crean obligaciones a los particulares, éstos no pueden estar sujetos eternamente a dichas obligaciones, sino que tienen derecho a oponerse a su cumplimiento y a que las mismas prescriban por el transcurso del tiempo. En esta forma, el artículo 70 de la Ley Orgánica expresamente señala que las acciones que provengan de estos actos creadores de obligaciones, prescriban en el término de 5 años. Por tanto, si se trata de actos administrativos que imponen obligaciones de hacer (órdenes) o de no hacer (prohibiciones) a un particular, transcurridos cinco años a partir del momento en el cual comenzaron a surtir efectos, si la Administración inicia acciones para ejecutarlos, el interesado puede oponerse a la ejecución de los mismos.

Debe señalarse, además, que la Ley Orgánica establece el procedimiento para el caso de que el interesado se oponga a la ejecución de un acto administrativo alegando la prescripción: en estos casos, la autoridad administrativa a la que corresponda el conocimiento del asunto procederá, en el término de 30 días, a verificar el tiempo transcurrido y las interpretaciones o suspensiones habidas, si fuese el caso, y a decidir lo pertinente[460].

2. Derechos en relación al procedimiento

Además del grupo de derechos de los administrados frente a la Administración como instrumento de acción del Estado, puede también distinguirse otra serie de derechos de los particulares, pero en relación al procedimiento administrativo concreto, consagrados por primera vez en el derecho positivo en la Ley Orgánica de Procedimientos Administrativos.

Estos son: el derecho a la defensa, el derecho a la celeridad, el derecho al orden de las decisiones, el derecho a desistir del procedimiento, y el derecho de queja.

A. El derecho a la defensa

El derecho a la defensa ante la Administración, y en el curso de un procedimiento administrativo ha sido una construcción jurisprudencial derivada del principio constitucional consagrado en el artículo 68 que se refiere, básicamente, a los procesos judiciales, pero el cual había sido extendido por la jurisprudencia de la Corte Suprema, respecto a todos los procedimientos y, particularmente, respecto al procedi-

---

460 Artículo 71 LOPA.

miento administrativo[461], tiene una consagración múltiple en la Ley Orgánica, la cual en diversas normas, precisa su sentido y manifestaciones. Se regulan así, los siguientes derechos conexos: el derecho a ser oído, el derecho a hacerse parte, el derecho a ser notificado, el derecho de acceso al expediente, el derecho a presentar pruebas y el derecho a ser informado de los recursos para ejercer la defensa.

a. El derecho a ser oído

En primer lugar, la ley establece expresamente el derecho del interesado a ser oído, el cual es la base del derecho de la defensa, pues no podría hablarse de posibilidad siquiera de defensa, si no es convocado u oído el particular. Se trata del derecho a la audiencia que tiene todo interesado, como consagración positiva del principio de la jurisprudencia había establecido como el de *audi alteram parti,* es decir, el derecho a oír a la otra parte, previsto expresamente en los artículos 48 y 68 de la Ley Orgánica.

El artículo 48 por ejemplo, establece que en los casos de procedimientos administrativos que se inician de oficio, la Administración, al ordenar la apertura del procedimiento, lo primero que debe hacer es notificar a los particulares cuyos derechos subjetivos o intereses legítimos, personales y directos puedan resultar afectados, y debe concederles un lapso de 10 días para que expongan sus pruebas y aleguen sus razones, con lo cual, insistimos, por primera vez, con carácter general en el derecho positivo, se consagra el derecho a la defensa del interesado, al asegurársele el derecho a ser oído.

Por supuesto, se trata, si se quiere, de un derecho elemental, pero también a pesar de ello, de un derecho que era regular y tradicional-mente vulnerado por la Administración. Puede decirse que, en general, la Administración normalmente no convocaba a los interesados y con frecuencia dictaba decisiones a sus espaldas. Era muy frecuente que el particular se enterara de una decisión, cuando se la notificaban, y no tenía asegurado en el procedimiento constitutivo del acto, este derecho a ser oído y a través del mismo, el derecho a poder alegar sus razones. Por ello, esta norma tiene enorme importancia, pues asegura a los particulares el derecho a ser oídos con anterioridad a la decisión para poder ejercer su defensa.

Este derecho también está regulado en el artículo 68 de la Ley, que se refiere a los procedimientos sumarios. Establece esta norma que en estos procedimientos sumarios, el funcionario sustanciador, con autorización del superior y *previa audiencia de los interesados,* podrá determinar que se siga el procedimiento ordinario. Se trata, aquí también, de una consagración concreta del derecho a ser oído, es decir, de la audiencia al interesado, quien, para el cambio de procedimiento por la autoridad administrativa, debe ser convocado previamente para poder exponer sus razones.

461   Véase "Evolución jurisprudencial del derecho a la defensa en el procedimiento administrativo", en *Revista de Derecho Público* N° 7, Caracas, 1981, pp. 197 y ss.

b.   *El derecho a hacerse parte*

El derecho a la defensa tiene otra manifestación concreta en el derecho a hacerse parte en el procedimiento. En efecto, no sólo tienen derecho a hacerse parte en el procedimiento los interesados que hubiesen intervenido en la iniciación del mismo, sino que, iniciado un procedimiento por algún particular, puede haber otro interesado que tenga interés en el procedimiento. Por ello, el artículo 23 de la Ley Orgánica señala que estos interesados, aun cuando no hubiesen intervenido en el inicio del procedimiento, pueden apersonarse en el mismo en cualquier estado en que se encuentre la tramitación, con lo cual se asegura, siempre, a todo interesado, el derecho a hacerse parte en el procedimiento y poder alegar las razones que tenga en relación a la decisión que ha sido solicitada de la Administración.

c.   *El derecho a ser notificado*

Parte también del derecho a la defensa, es el derecho que tienen los interesados a ser notificados de las decisiones administrativas. La notificación, en efecto, se consagra como un derecho en los procedimientos que se inicien de oficio, en cuyo caso, expresamente, el artículo 48 exige que se notifique a los particulares cuyos derechos subjetivos e intereses legítimos, personales y directos pueden estar afectados por el procedimiento.

Por otra parte, la Ley Orgánica regula las formalidades de la notificación, para la eficacia de los actos administrativos. Así, todo acto administrativo, una vez dictado, si afecta los derechos de los particulares, debe ser notificado personalmente a éstos, y la Ley regula en el artículo 72 y siguientes, todos los requisitos que deben tener las notificaciones. Puede decirse que aquí también estamos en presencia de una muy novedosa regulación en el derecho administrativo, relativa a las notificaciones. Puede decirse que no había, hasta ahora, regulaciones generales en esta materia, y al contrario, ahora se establece expresamente, que todo acto administrativo de carácter particular que afecte derechos o intereses legítimos, personales y directos de los administrados debe ser notificado, conforme a requisitos formales previstos en la Ley[462].

En efecto, conforme al artículo 73, la notificación debe contener el texto íntegro del acto y además, la indicación de cuáles recursos proceden contra ese acto. Se trata de unos requisitos de tal naturaleza, que si la notificación se formula sin cumplirlos, se entiende que la notificación no produce ningún efecto. Por ello, se regulan expresamente las llamadas notificaciones defectuosas, es decir, que no cumplan todos los requisitos que señala la Ley, esto es, que no contengan el texto íntegro del acto o que no indiquen al particular los recursos que éste tiene y los lapsos y los órganos para poder atacarlos. En esta forma, también, por primera vez, se regulan las consecuencias de los defectos de la notificación, al establecerse que ésta, si no contiene los requisitos mencionados, no produce ningún efecto[463].

---

462   Artículo 73 LOPA.

463   Artículo 74 LOPA.

Por otra parte, debe señalarse que la notificación es un acto que busca poner en conocimiento al interesado, en forma personal, de la decisión administrativa. Por eso, la Ley establece con detalle las formalidades de la notificación del acto, cuando la notificación sea impracticable[464]. Es decir, cuando no pueda notificarse el acto, personalmente al interesado la Administración puede acudir, por vía subsidiaria, a la publicación del acto, pero no ya en la *Gaceta Oficial,* sino en un diario de mayor circulación. En la *Gaceta Oficial,* en realidad, sólo pueden y deben publicarse los actos administrativos de efectos particulares, sólo cuando la Ley establezca expresamente, que deban publicarse en dicha *Gaceta Oficial.* Esto tiene mucha importancia porque, formalmente, de acuerdo a la Ley, un acto de efectos particulares surte efecto con la notificación personal y no con la publicación en *Gaceta.* Sin .embargo, era muy común encontrar en la *Gaceta Oficial* de la República, la publicación de actos de efectos particulares entendiéndose tradicionalmente que el acto surtía efecto a partir de la publicación en *Gaceta.* Sin embargo, de acuerdo a la Ley Orgánica, si un texto legal no exige expresamente que el acto de efectos particulares deba publicarse, lo cual no es muy normal ni frecuente, el acto debe notificarse personalmente de acuerdo a los requisitos que establezcan los artículos 74 y siguientes de la Ley, con lo cual, la práctica de publicar actos de efectos particulares en la *Gaceta Oficial,* entendiendo que con esto, ya el acto surtía efectos, es una práctica que se encuentra ahora limitada por la Ley Orgánica de Procedimientos Administrativos.

d.   *El derecho a tener acceso al expediente*

Además del derecho a la audiencia del interesado, de ser oído, de hacerse parte y de ser notificado de los procedimientos, otra manifestación del derecho a la defensa, de gran importancia, y también tradicionalmente violentado por la Administración, es el derecho de los interesados a tener acceso al expediente administrativo, que se establece expresamente en el artículo 59 de la Ley Orgánica. Conforme a este artículo, los interesados y sus representantes tienen el derecho de examinar en cualquier estado o grado del procedimiento, el expediente respectivo, y de leer y copiar cualquier documento contenido en el mismo e inclusive, de pedir certificación del mismo. Este, por supuesto, es un derecho del interesado que se configura como la base para su defensa.

Este artículo 59 de la Ley Orgánica también va a variar una actitud tradicional de la Administración, y que consistía en ocultar el expediente, o llevar varios expedientes, uno para consultar y otro para decidir. No era infrecuente que la Administración se negara a enseñarle al particular documentos que en el expediente pudieran darle la razón, y mostrarle sólo aquellos informes o documentos que iban en contra del interés o derecho del particular.

No era infrecuente que al acudir a una oficina pública, en primer lugar, el interesado no lograra poder examinar el expediente, el cual se consideraba reservado o secreto, y luego, si lograba que le enseñaran algún documento del mismo, normalmente eran aquellos documentos que no lo favorecían, pues todos aquellos dictámenes y opiniones que podían resultarle favorables, en general, se guardaban y siempre se

---

464   Artículos 75 y ss. LOPA.

mantenían en reserva. Esto no podrá suceder, de acuerdo a la nueva Ley. No olvidemos que existe la obligación de la Administración, de formar un expediente que debe tener una unidad y una integridad[465], por lo que todo documento concerniente al caso, debe ir a engrosar el expediente. Se asegura, así, que con el derecho al acceso al expediente, en cualquier momento, el interesado tiene efectivamente consagrado su derecho a revisar todo el expediente, como base de su derecho a la defensa.

En todo caso, ante el principio general hay una excepción: los interesados no pueden tener acceso a los documentos que sean calificados como confidenciales por el superior jerárquico, los cuales deben archivarse en cuaderno aparte, siendo esta la única excepción a la unidad e integración del expediente. Por supuesto, aquí también encontramos el principio de que la calificación de confidencial de algunos documentos, requiere de una resolución motivada y, por tanto, debe hacerse la explicación formal de por qué se considera confidencial el documento[466]. Esta norma tiene una enorme importancia en las relaciones entre el interesado y la Administración, pues significa cambiar el principio de la confidencialidad por el de la apertura. Nuestra Administración Pública ha estado signada desde el siglo pasado, por la característica del secreto y de la reserva. La Ley Orgánica de la Administración Central de 1976, inclusive, recoge los viejos artículos del Estatuto Orgánico del Ministerio, al establecer como principio general que los archivos de la Administración Pública son reservados para el uso oficial[467], lo cual implica que no habría posibilidad normal de tener acceso a los expedientes. La Ley Orgánica de Procedimientos Administrativos, cambia totalmente el sistema, y ahora, se establece el derecho del particular a tener acceso al expediente, a poder revisar los documentos, a poderlos leer, a poder obtener copias certificadas, siendo la excepción, el que en forma expresa y concreta, en un expediente, se califique de confidencial un documento mediante una resolución motivada. Esta sería la única forma de impedirle al particular observar, leer, consultar los documentos, para lo cual esas pruebas confidenciales deben archivarse separadamente del expediente central.

e.   *El derecho a presentar pruebas*

Otra manifestación del derecho de la defensa que establece y regula expresamente la Ley, es el derecho, no sólo a alegar razones, sino a presentar pruebas. En efecto, en los procedimientos que se inician de oficio, el interesado tiene un lapso determinado para exponer sus pruebas y alegar sus razones[468]; en el artículo 58 se regulan los medios de prueba y remitiéndose básicamente, a los establecidos en los Códigos de Procedimiento Civil y de Enjuiciamiento Criminal, lo que evidencia la amplitud considerable de la Ley en cuanto a los medios probatorios de que pueda disponer el particular para ejercer su derecho a la defensa.

---

465   Artículo 31 y 51 LOPA.
466   Artículos 9 y 59 LOPA.
467   Artículo 54 LOPA.
468   Artículo 48 LOPA.

f.   El derecho a ser informado de los recursos

Una última manifestación del derecho a la defensa, es el derecho que tiene el interesado, conforme al artículo 73, a que se le informe sobre los recursos que puede interponer contra los actos administrativos para poder defenderse frente a los mismos; es decir, es el derecho a no ser sorprendido por la Administración, con una decisión que a veces no se sabe si es impugnable o no, ante quién y qué lapso tiene. Por tanto, tomada una decisión, se debe indicar al particular qué recurso puede ejercer, ante cuál funcionario y en qué lapso, y ello debe hacerse en la notificación del acto recurrible.

Ahora bien, este derecho a ser informado de los medios de defensa o recursos, tiene una connotación importante en el artículo 77 de la Ley. En efecto, si en la notificación se le indica al interesado, cómo tiene que hacerse, cuáles son los medios de defensa de los cuales dispone, es decir, cuáles son los recursos contra el acto, así como los lapsos y el órgano ante el cual deben interponerse, si la información es errada, el error en la notificación no afecta al derecho del particular. En esta forma, expresamente la Ley señala que si sobre la base de una información errada que contenga la notificación, el interesado hubiere intentado algún procedimiento que sea improcedente, el tiempo transcurrido no se tomará en cuenta a los efectos de determinar el vencimiento de los lapsos que le correspondan para intentar el recurso que sea el apropiado. En estos casos, por tanto, se produce una especie de suspensión de la caducidad en favor del particular cuando intente un recurso improcedente, por una indicación errada de la Administración. Esto nos confirma además, sin duda, en la Ley Orgánica, una inclinación importantísima hacia el particular en ese balance de situaciones jurídicas de la Administración y del particular, al regularse, con precisión, este derecho a la defensa, en todas esas manifestaciones señaladas: el derecho a ser oído, a hacerse parte, a ser notificado, a tener acceso al expediente, a presentar pruebas y a ser informado de los medios, de los recursos de que disponga contra los actos administrativos.

B.   El derecho a la celeridad

También, en relación al procedimiento, además del derecho a la defensa con todas estas manifestaciones, en varias normas de la Ley se consagra lo que podríamos denominar el derecho a la celeridad en el procedimiento, el cual también va a afectar la actuación tradicional de la Administración, donde el tiempo no contaba ni tenía valor. Para un funcionario indicarle a un particular que regresara en una semana o dentro de 15 días, era lo mismo, y normalmente pasaban meses y meses y no se resolvía el asunto con celeridad. Sin embargo, este desprecio del tiempo ahora tendrá que cambiar al preverse en la Ley este derecho a la celeridad, a los efectos de que los procedimientos se resuelvan rápidamente.

Este derecho, ante todo, se consagra como uno de los principios generales que deben regir la actividad administrativa, conforme se establece en el artículo 30 de la Ley, al mencionar el principio de la economía procesal y el principio de la celeridad, además del de la eficacia e imparcialidad.

a.   El derecho al cumplimiento de plazos

El derecho a la celeridad se manifiesta, ante todo, en el derecho del interesado a que la Administración respete los lapsos y decida en los términos legales. Por ello, el artículo 41, establece que los términos y plazos establecidos en la Ley, obligan, por igual, y sin necesidad de apremio, a las autoridades y funcionarios competentes para el despacho de los asuntos. Por tanto, el interesado, puede decirse que tiene un derecho a que la Administración se atenga a los plazos, derecho que, por otra parte, se aprecia en las diversas normas que establecen lapsos para decidir. El artículo 5° en relación a los procedimientos sumarios, establece la obligación de decidir en un lapso de 30 días; y luego, en los procedimientos que requieren sustanciación, el artículo 60 establece un lapso de 4 meses, con posibilidad de 2 meses más de prórroga (6 meses). En esta forma, hay una certeza del particular de obtener una decisión en estos lapsos, consagrando la Ley, además, el silencio administrativo negativo como una sanción indirecta a la no decisión rápida de los asuntos en los lapsos prescritos. Por tanto, transcurridos esos lapsos sin que la Administración decida, se entenderá, de acuerdo al artículo 4 de la Ley, que la Administración ha resuelto negativamente el asunto o recurso, por lo que, el silencio equivale al vencimiento de los lapsos, a una decisión denegatoria del recurso o de la solicitud introducida.

b.   El derecho a la actuación administrativa de oficio

Otra manifestación de este derecho a la celeridad, está en la obligación de la Administración de cumplir todos los actos de procedimiento para el mejor conocimiento del asunto[469], asignándole al funcionario la responsabilidad de impulsar el procedimiento. El procedimiento administrativo por tanto, no es un procedimiento que se desarrolle sólo a instancia de los interesados o a lo que éstos aleguen o planteen ante la Administración, sino que la Administración está obligada a seguir el procedimiento y a realizar todos los actos necesarios para que éste concluya, siendo su responsabilidad el impulsarlo en todo momento.

c.   El derecho a la no suspensión del procedimiento

Por último, otra consagración muy importante de este derecho a la celeridad en las decisiones administrativas, está en el derecho a la no suspensión del procedimiento administrativo, cuando se trata de una sustanciación meramente administrativa. En efecto, si el funcionario, en el curso del procedimiento, debe obtener informes o dictámenes de otros organismos o de órganos dentro del mismo organismo, el hecho de que no se reciban esos informes, o un dictamen, no es causa de que se suspenda la tramitación[470]. Por tanto, hay un carácter no suspensivo de la ausencia de recepción de documentos o, en general, del hecho de que no se cumpla a nivel administrativo, con trámites que sean meramente administrativos. Así, la excusa tradicional de que un asunto no estaba resuelto porque se está esperando el dictamen de la Consultoría Jurídica o de una Sala Técnica o de otro funcionario, no suspende el proce-

---

469   Artículo 53 LOPA.
470   Artículo 56 LOPA.

dimiento, ni suspende el transcurso del lapso para decidir y para que se opere, eventualmente, el silencio administrativo negativo.

Este .derecho a la no suspensión del procedimiento existe también, como se verá más adelante, en los casos en los cuales, conforme al artículo 3° de la Ley se ejerza un recurso de reclamo contra las omisiones, retardos, distorsiones o incumplimiento de normas procedimentales, por los funcionarios públicos. El ejercicio del recurso de reclamo, en efecto, no acarrea paralización del asunto.

C.   El derecho al respeto del orden de las tramitaciones

Otro derecho de los particulares ante el procedimiento administrativo, como consecuencia del derecho a la igualdad, es el que se manifiesta particularmente en el respeto, por la Administración, en forma rigurosa, del orden de entrada de los asuntos ante la propia Administración, para su decisión. En el despacho de los asuntos, dice el artículo 34, se respetará rigurosamente el orden en que fueron presentados; orden que debe constar del recibo y de los datos de registro que regula el artículo 44 de la Ley. Por tanto, aquí se identifica un derecho del administrado a que su asunto sea resuelto en el orden en que entró, y por tanto, tiene el derecho a oponerse e inclusive, a exigir la imposición de sanciones, cuando este orden se altere si el funcionario prefiere resolver antes un asunto que haya sido presentado posteriormente.

D.   El derecho de queja

Por último, otro derecho del particular en relación al procedimiento es el derecho de los interesados de quejarse ante el superior jerárquico en los casos de retardo, omisión, distorsión o incumplimiento de cualquier procedimiento, trámite o plazo, en que incurrieran los funcionarios responsables del asunto[471].

Antes de la Ley Orgánica de Procedimientos Administrativos, no había regulación expresa, en el derecho positivo, de este derecho del particular de dirigirse al superior jerárquico reclamando las actuaciones del funcionario inferior que impliquen retardos, omisiones, o cualquier otra violación de normas de procedimiento.

La Ley, al regular el reclamo en el artículo 3°, establece una vía formal, es decir, se trata de un recurso jurídico que, podríamos llamar recurso de reclamo, que se debe interponer ante el superior jerárquico. El ejercicio de este recurso de reclamo, hemos dicho, no acarrea paralización de los asuntos. Por tanto, por el hecho de que un funcionario realice determinados actos en el procedimiento, que impliquen omisión, dilación o retardo, el interesado tiene el derecho de quejarse ante el superior y exigir, inclusive, la imposición de sanciones, pero sin que ello implique que el procedimiento se paralice, sino que se continúe, con lo cual se garantiza el derecho a la celeridad antes comentado. En todo caso, debe destacarse que si el superior jerárquico ante quien se interpone el reclamo, lo considerase fundado, debe necesariamente imponer al funcionario que ha sido denunciado, las sanciones previstas en el artículo 100 de la Ley Orgánica, sin perjuicio de las demás responsabilidades y sanciones a que hubiere, lugar.

---

471   Artículo 3° LOPA.

E. El derecho a desistir del procedimiento

Otro derecho que también prevé la Ley Orgánica, y que antes era materia de principios, es el derecho del particular a desistir del procedimiento, cuando éste se haya iniciado a instancias de parte. Se entiende terminado el procedimiento, dice el artículo 63 de la Ley, por el desistimiento del interesado de su solicitud, petición o instancia, por lo que se trata de un derecho que sólo puede hacerse valer en los procedimientos que se inician a instancia del interesado.

La Ley establece que este desistimiento debe hacerse por escrito, y en relación al mismo, corresponde al funcionario que conozca del asunto, formalizar el desistimiento por auto escrito y ordenar el archivo del expediente.

Por supuesto, puede haber casos en que haya interés público en que el procedimiento continúe, a pesar del desistimiento y aun cuando haya sido solicitado a instancia de parte. Por ejemplo, a nivel local, la Administración Municipal puede decidir la demolición de inmuebles, cuando amenacen ruina. Ahora bien, un particular puede dirigirse a la Administración y pedirle que ordene la demolición de un inmueble vecino, porque estima amenaza ruina; y puede perfectamente, con posterioridad, desistir de la solicitud. Sin embargo, si del procedimiento, la propia Administración encuentra que realmente el inmueble está en una situación de hecho de amenazar ruina o que amerita el que deba demolerse, en virtud del interés público envuelto, puede decidir continuar el procedimiento, a pesar del desistimiento del solicitante.

En esta forma, el artículo 66 de la Ley Orgánica otorga potestad a la Administración de continuar el procedimiento de oficio, a pesar del desistimiento del particular. Por supuesto, tienen que existir estas razones de interés público, y si bien la Ley no lo dice expresamente, se requiere de un acto formal que motive la continuación del procedimiento a pesar del desistimiento del particular.

3. Derechos en relación a los actos administrativos

Además de esos derechos de los administrados frente a la Administración y al procedimiento, también puede ubicarse un tercer grupo de derechos de los particulares, en relación a los actos administrativos, es decir, en relación a aquellas manifestaciones de voluntad expresa de la Administración Pública para producir efectos jurídicos[472]. Este conjunto de derechos también está regulado en forma dispersa en la Ley, por lo que ya nos hemos referido indirectamente a algunos de ellos.

A. El derecho al formalismo

En primer lugar, puede decirse que hay un derecho al formalismo. La Ley Orgánica, en efecto, es un texto que regula el procedimiento, estableciendo trámites, lapsos y requisitos y la Administración está obligada a cumplir estas formalidades necesarias para la validez y eficacia de sus actos. Este derecho al formalismo, se deduce, ante todo, del artículo 1° de la Ley, que establece como obligación de la Administración, ajustar su acción a las prescripciones de la Ley. Pero también se deduce del artículo 12, el cual si bien regula el acto discrecional, insiste en que aun cuando se trate de

---

472   Artículo 7 LOPA.

tales actos discrecionales, la Administración debe cumplir, al dictarlos, los trámites, requisitos y formalidades necesarios para su validez y eficacia. Por tanto, habría en primer lugar, en relación a los actos administrativos, un derecho al formalismo y que éstos se dicten dentro de las formalidades prescritas en la Ley.

Por otra parte, las formas que deben revestir el acto administrativo están precisadas en el artículo 18 de la Ley. Por primera vez, también, en el derecho positivo, se enumeran en forma extensa cuáles son los requisitos formales que debe contener un acto administrativo, de manera que lo que había sido una tradición jurisprudencial a través de decisiones de la Corte, se establece ahora con carácter expreso en el artículo 18 al indicarse los elementos formales que debe contener el acto: el nombre del organismo que dicte el acto; el lugar y la fecha de su emisión; el nombre de la persona a la cual va dirigido; la motivación, es decir, la expresión sucinta de los hechos, razones y sus fundamentos legales; el objeto del acto, es decir, la decisión respectiva, si fuere el caso; el nombre del funcionario o funcionarios que lo suscriben, el sello de la oficina, y la firma autógrafa.

B.   *El derecho a la motivación*

Dentro de estos requisitos formales se destaca un segundo derecho del particular frente a los actos administrativos, el derecho a la motivación, es decir, el derecho a que la Administración, al decidir, lo haga indicando obligatoria y necesariamente al particular, formalmente, los motivos que tuvo para adoptar la decisión[473].

La motivación se consagra en el artículo 9 de la Ley Orgánica con carácter general, es decir, todo acto administrativo de carácter particular, debe ser motivado, siendo la única excepción, si se trata de actos de simple trámite o de aquellos actos respecto de los cuales una Ley expresa los exonere de la obligación de motivarlo.

La motivación significan la necesaria expresión de los hechos, es decir, de la causa (presupuesto de hecho) y de los fundamentos legales del acto. Este requisito de la motivación previsto en el artículo 9, está complementado en la misma Ley Orgánica, en el ordinal 5° del artículo 18, cuando, al detallar las formas, prescribe que el acto necesariamente debe tener una indicación sucinta de los hechos, de las razones que hubiesen sido alegadas y de los fundamentos legales. Debe advertirse que este ordinal 5° del artículo 18 agrega un elemento más respecto de lo que prescribe el artículo 9. Este artículo sólo habla de la expresión de los hechos y de los fundamentos legales, es decir, de la causa y de la base legal del acto, pero el artículo 18 agrega un elemento más: el acto debe contener también las razones que hubiesen sido alegadas. Es decir, la Administración está obligada a analizar lo alegado por el particular y rechazarlo o admitirlo, pero tiene que analizar esas razones alegadas. Y esa motivación regulada en estas dos normas, se complementa, también, en el artículo 73 de la Ley, al exigir que la notificación del acto contenga el texto íntegro del mismo, es decir, todos los elementos que precisa el artículo 18, incluida la motivación, y que implican la decisión. Todo ello debe reflejarse formalmente en la notificación del acto.

---

473   Sobre la motivación de los actos administrativos, véase Allan R. Brewer-Carías, "Consideraciones sobre la distribución ante la causa de los actos administrativos y la motivación como requisito de forma de los mismos", en *Revista de la Facultad de Derecho,* N° 49, UCV, Caracas, 1971, pp. 733 y ss.

Por tanto, ahora no será posible notificar el acto administrativo sin indicar expresamente la motivación. Muchas veces sucedía, por ejemplo a nivel municipal, que las decisiones en un Concejo Municipal se tomaran normalmente después de una larga sesión donde todos los concejales intervenían y discutían, y luego, al particular, cuando se le notificaba el acto, se le daba sólo la decisión final, teniendo que pedir copia de la sesión respectiva de la Cámara Municipal, para enterarse bien de los motivos. Con la Ley Orgánica, esto debe cesar, y la motivación completa debe expresarse formalmente, pues a la notificación deben incorporarse todos los elementos del acto, incluyendo la expresión clara y concreta de las razones de hecho y de derecho, así como a los alegatos del particular considerados por la Administración.

C. *El derecho a la notificación*

Por ello, vinculado a la motivación y al formalismo, podría decirse que otro derecho del interesado en relación al acto administrativo concreto que se adopte, es el derecho a la notificación. Este derecho existe respecto de los actos de efectos particulares, es decir, que afecten derechos subjetivos o intereses legítimos, personales y directos de los administrados. La notificación, conforme al artículo 75 de la Ley, debe hacerse en el domicilio o residencia del interesado o de su apoderado. Además, para que exista notificación, debe haber un recibo firmado en el cual se deje constancia de la fecha en que se realiza la notificación, del contenido de la misma, así como del nombre y de la cédula de identidad de la persona que reciba la notificación.

Este formalismo de la notificación que establece el artículo 75, también tiene una enorme importancia para asegurar los derechos del particular. En general, puede decirse que la Ley exige notificación personal, que debe recibirse con constancia de recibo en el domicilio o residencia del interesado y de su apoderado. Por tanto, no son válidas, conforme a la Ley, las notificaciones realizadas por correo donde no hay constancia de recibo.

Debe aclararse, sin embargo, que cuando afirmamos que la notificación debe ser personal, significa que debe realizarse en el domicilio o residencia del interesado, no necesariamente al interesado personalmente, sino en el domicilio o en su residencia. La puede recibir cualquier persona vinculada a ese lugar, por relaciones familiares o de trabajo, siempre que se deje constancia del recibo y de quien la recibió, a los efectos de poder comprobar que, en efecto, ha sido una persona vinculada al interesado que vive, reside o trabaja en el lugar, quien ha recibido el documento.

Ahora bien, sólo si la notificación es impracticable porque no se conozca ni la residencia ni el domicilio del interesado, o si se conoce la residencia y el domicilio, sea impracticable porque no haya nadie en la misma, se puede proceder a la publicación del acto. Esta publicación debe hacerse en un diario de mayor circulación en la entidad territorial donde la autoridad que conoce el asunto tenga su sede y ejerza su competencia, y en este caso de publicación, se entiende que ha sido notificado el interesado a los 15 días siguientes a la publicación. En caso de no existir prensa diaria en la entidad territorial, debe publicarse en un diario de gran circulación de la capital de la República.

En todo caso, debe destacarse que no puede realizarse esta publicación del acto en la *Gaceta Oficial* ni de la entidad territorial ni de la República, sino que tiene que ser en un diario de mayor circulación. Por tanto, el hecho de que haya imposibilidad de practicar la notificación, no da derecho a la Administración a publicar el acto en la *Gaceta Oficial,* sea de la entidad, sea del ámbito nacional.

D.   *El derecho a la suspensión de efectos*

Otro derecho vinculado al acto administrativo, es el derecho que consagra la Ley, en forma novedosa en materia de ejecución de los actos administrativos, de que se pueda pedir la suspensión de los efectos del acto administrativo en vía administrativa. El artículo 87 de la Ley, con buen criterio, establece, como principio, que la interposición de cualquier recurso no suspende la ejecución de los actos impugnados. Se trata de la consagración del principio tradicional de los efectos no suspensivos de los recursos administrativos[474]. Sin embargo, por primera vez, también en el derecho positivo, se regula la posibilidad de que el interesado pueda solicitar a la Administración, intentando un recurso administrativo, que suspenda los efectos del acto, es decir, suspenda su ejecución, mientras el recurso administrativo se decide.

Hasta ahora, primero por decisiones jurisprudenciales de la Corte Suprema donde se ha manifestado su función integradora y creadora del derecho, se había admitido que, en vía judicial contencioso-administrativa el Tribunal pudiese suspender los efectos del acto administrativo objeto del recurso si su ejecución pudiera causar gravamen irreparable o de difícil reparación por la sentencia definitiva. La Ley Orgánica de la Corte Suprema de Justicia de 1976, consagró expresamente esta posibilidad de que en sede contencioso-administrativa, el recurrente contra un acto de la Administración pudiera solicitar al Juez que suspendiera los efectos del mismo. Así, el artículo 136 de la Ley Orgánica de la Corte Suprema de Justicia ya ha dado origen a una muy rica jurisprudencia de la Corte Suprema y de la Corte Primera de lo Contencioso-Administrativo, donde han venido estableciéndose cuáles son los diversos requisitos y situaciones que se presentan en materia de suspensión de efectos de actos administrativos en sede Contencioso-Administrativa[475]. Pero en vía administrativa no había nada similar. La Ley Orgánica de Procedimientos Administrativos, expresamente señala, que cuando se intenta un recurso administrativo jerárquico, de reconsideración o revisión, contra un acto administrativo, la Administración puede, de oficio o a petición de parte (con lo cual aquí se consagra el derecho del particular a pedirlo), acordar la suspensión de los efectos del acto recurrido, en el caso de que la ejecución del mismo pueda causar graves perjuicios al interesado, o si la impugnación se fundamenta en vicios de nulidad absoluta del mismo[476].

Se prevén, por tanto, dos motivos de solicitud de suspensión de efectos de los actos administrativos en vía administrativa: primero, si se alega nulidad absoluta[477], y en segundo lugar, puede pedirse la suspensión cuando la ejecución del acto pueda cau-

---

474   Véase Allan R. Brewer-Carías, "Los efectos no suspensivos del recurso contencioso-administrativo de anulación y sus excepciones", en *Revisten de la Facultad de Derecho,* N° 37-38, UCV, Caracas, 1968, pp. 293 y ss.

475   Véase Allan R. Brewer-Carías, "Comentarios en torno a la suspensión de efectos de las actos administrativos en vía contencioso-administrativa", en *Revista de Derecho Público,* N° 4, Caracas, 1980, pp. 189 y ss.

476   Artículo 87 LOPA.

477   Artículo 19 LOPA.

sar graves perjuicios al interesado. En esos casos, dice la Ley, la Administración debe exigir la contribución de una caución lo cual se formula como una obligación de la Administración. Al contrario, en materia Contencioso-Administrativa, la Ley Orgánica de la Corte otorga sólo una potestad al Juez de exigir o no caución según el acto y según los perjuicios. En la Ley Orgánica de Procedimientos Administrativos, en realidad se trata de una imposición a la Administración, pues si suspende los efectos del acto recurrido, debe pedir la constitución de la caución que considere suficiente, haciendo responsable al funcionario en los casos de insuficiencia de la misma. En muchos casos, dada la naturaleza de los actos, esta caución, sin duda, no será necesaria.

En todo caso, esta norma, tiene una enorme importancia, pues hasta ahora no había regulación expresa en esta materia. Ciertamente puede decirse que era práctica administrativa el que, en la gran mayoría de los casos, si el acto lesionaba el derecho del particular, si éste recurría, la Administración suspendía la ejecución, no mediante un acto formal de suspensión sino, simplemente, no ejecutaba el acto. Piénsese, por ejemplo, en la revocación de un permiso o de una licencia: si el particular reclamaba ante la propia Administración, normalmente la Administración esperaba la decisión del superior jerárquico para ejecutar el acto. Por tanto, puede decirse que era práctica administrativa normal en los actos que podían causar graves perjuicios al particular el suspender su ejecución en caso de recurso. Ahora, y eso es lo innovador, la Ley expresamente consagra este derecho del particular de pedir formalmente la suspensión, cuando se puedan producir perjuicios graves, para evitar así que se produzcan daños innecesarios.

E. *El derecho a la ejecución formal de los actos administrativos*

Otro derecho también previsto expresamente en la Ley, es el derecho a la ejecución formal de los actos administrativos. Anteriormente no existía formalmente establecida esta obligación de la Administración de ejecutar de manera formal los actos, pues no había el derecho del particular a que hubiese actos administrativos previos a los actos materiales de ejecución. Ahora, la Ley Orgánica expresamente establece en el artículo 78, que ningún órgano de la Administración puede realizar actos materiales de ejecución que menoscaben o perturben el ejercicio de derechos de particulares, sin que previamente haya sido dictada una decisión que sirva de fundamento a tales actos, con lo cual la ejecución material de actos administrativos cuando sea necesaria la realización de tales actos materiales, requiere una decisión previa, formal, por parte de la Administración.

No era infrecuente que la Administración ejecutara actos materiales sin haber adoptado, previamente, decisiones formales, creando una situación de hecho que luego se trataba de regularizar con una decisión adoptada con posterioridad a la ejecución material. La Ley Orgánica ahora, expresamente, exige que todo acto material esté precedido de un acto formal, de una decisión ejecutiva, que la prevea.

VI. LOS DEBERES CONSTITUCIONALES

La Constitución de 1961, luego de establecer unas Disposiciones Generales con el Título III relativo a "los deberes, derechos y garantías", antes de enumerar los derechos individuales, los derechos sociales, los derechos económicos y los derechos políticos, dedica un Capítulo a los "deberes constitucionales".

Por tanto, las personas no sólo encuentran en la Constitución una serie de derechos fundamentales que dicho texto garantiza, sino que también están sujetas al cumplimiento de una serie de deberes para con el Estado y la Sociedad.

Sigue así, el texto constitucional, una larga tradición que tiene su origen en la Declaración de Derechos y Deberes del Hombre que precedió al texto de la Constitución francesa de 1795, y que se recogió en nuestro país en la Declaración de Derechos del Pueblo de 1° de julio de 1811 y en el texto de la Constitución de diciembre de ese mismo año 1811. En esos textos, entre los "deberes del hombre en la Sociedad" se establecían las siguientes normas, de gran riqueza conceptual, cuyo texto es poco conocido:

> "Son deberes de cada individuo para con la sociedad, vivir sometido a las leyes, obedecer y respetar a los Magistrados y autoridades constituidas, que son sus órganos; mantener la libertad y la igualdad de derechos; contribuir a los gastos públicos y servir a la Patria cuando ella lo exija, haciéndole el sacrificio de sus bienes y de su vida si es necesario".

> "Ninguno es hombre de bien ni buen ciudadano si no observa las leyes fiel y religiosamente, si no es buen hijo, buen hermano, buen amigo, buen esposo y buen padre de familia".

Aún sin la riqueza humana de estas antiguas fórmulas, la Constitución vigente recoge varios deberes constitucionales que deben destacarse.

1.   *El deber de defender a la patria*

El primero de ellos, que obliga a los venezolanos, tanto por nacimiento como por naturalización, es el "deber de honrar y defender a la patria, y de resguardar y proteger los intereses de la nación" (Art. 51). Encontramos aquí el viejo concepto de Patria, como lazo de pertenencia a una sociedad político-territorial, siempre vigente, y que exige de los venezolanos su defensa y respeto y el deber, de resguardar sus intereses; en definitiva, el deber de ser leal para con la Nación venezolana.

El incumplimiento de este deber, por supuesto, significa lo que en genérico se califica como "traición a la patria", conducta que está sancionada, como delito, en el Código Penal. Así, se castiga con pena de presidio de 25 a 30 años, a quien de acuerdo con una nación extranjera o con enemigos exteriores, conspire contra la integridad territorial de la Patria (Art. 128 CP); con pena de presidio de 22 a 28 años, a quien dentro o fuera de Venezuela, sin complicidad con otra nación, atente por sí solo contra la independencia o la integridad del territorio de la República; y a quien solicite, gestione o impetre la intervención de un gobierno extranjero para derrocar el Gobierno venezolano (Art. 129 CP); con presidio de 10 a 20 años, a quien en tiempo de guerra de alguna nación extranjera con Venezuela, aparezca sublevado en armas contra el gobierno legítimo de la República (Art. 130 CP); con presidio de 6 a 10 años, a cualquiera que, en tiempo que Venezuela se halle amenazada de guerra extranjera, favorezca, facilite o ayude directa o indirectamente, con revueltas interinas o por medio de actos de perturbación del orden público, las miras, planes o propósitos de los enemigos extraños (Art. 131 CP); con presidio de 6 a 10 años, a cualquiera que conspire para destruir la forma política republicana que se ha dado a la Nación (Art. 132 CP); y con pena de hasta 14 años de presidio, diversas conductas vinculadas con la revelación de secretos políticos o militares concernientes a la seguridad de Venezuela (Arts. 134 a 137 CP).

2.   El deber de obediencia a la autoridad

El segundo de los deberes constitucionales que se impone tanto a los venezolanos como a los extranjeros, es el deber de "cumplir y obedecer la Constitución y las leyes y los decretos, resoluciones y órdenes que en ejercicio de sus atribuciones dicten los órganos legítimos del Poder Público" (Art. 52). Se trata, en definitiva, del deber de obediencia a la autoridad constituida.

Este deber implica, en primer lugar, la obligación de cumplir y obedecer la Constitución y las leyes de la República, es decir, de acatar el ordenamiento jurídico-político establecido para el país en la Constitución. Por ello la disposición del artículo 250 de la Constitución, que obliga a cumplir la Constitución, aún frente a su derogación por acto de fuerza, regulándose así el derecho-obligación de resistencia frente a los gobiernos ilegítimos. Esta norma establece, en efecto, que la Constitución "no perderá su vigencia si dejare de observarse por acto de fuerza o derogada por cualquier otro medio distinto del que ella misma dispone" agregando que "En tal eventualidad, todo ciudadano investido o no de autoridad, tendrá el derecho de colaborar en el restablecimiento de su efectiva vigencia".

El deber de obediencia previsto en la Constitución, también se refiere a los decretos, resoluciones y órdenes. Sin embargo, para que en estos casos exista dicho deber, se tiene que tratar d actos, no sólo que dicten los órganos legítimos que ejercen el Poder Público, es decir, electos o nombrados en la forma establecida en la Constitución, sino que dichos actos sean dictados en ejercicio de sus atribuciones, es decir, de la competencia que legalmente se les ha asignado. Por tanto, en casos de órdenes emanados de autoridad ilegítima o usurpada los mismos son nulos (Art. 120) y frente a ellos existe el derecho-deber de resistencia. En caso de actos dictados por autoridades manifiestamente incompetentes, si bien los mismos son nulos (Art. 19, Ord. 4° LOPA), dicha nulidad debe ser declarada por la autoridad administrativa o judicial respectiva.

En todo caso, la desobediencia a la autoridad, puede configurarse como un delito político cuando implique el desconocimiento de gobiernos legítimamente constituidos, al alzarse públicamente contra él mismo para deponerlo (Art. 485 CP), o como un delito contra el orden público, cuando se excite públicamente a la desobediencia de las leyes (instigación a delinquir) (Art. 286 CP).

La Constitución, por otra parte, reafirma el deber de obediencia de la Constitución y las leyes respecto de los funcionarios públicos, en particular, respecto de los Gobernadores de Estado ("cumplir y hacer cumplir esta Constitución y las leyes, y ejecutar y hacer ejecutar las órdenes y resoluciones que reciba del Ejecutivo Nacional", Art. 23, Ord. 1°) y del Presidente de la República ("Hacer cumplir esta Constitución y las Leyes", Art. 190, Ord. 1°). En cuanto a los demás funcionarios públicos, conforme a la Constitución (Art. 122), para ejercer los respectivos cargos deben prestar juramento "de sostener y defender la Constitución y las leyes de la República y de cumplir fiel y exactamente los deberes de su empleo" conforme lo exige la Ley de Juramento de 1945.

Este deber de obediencia respecto de los funcionarios públicos tiene un efecto fundamental en relación a la responsabilidad penal por los hechos cometidos en ejercicio de sus funciones, en el sentido de que un eximente de la misma es la obediencia debida. Así, el Código Penal establece que no es punible: "1. El que obra en cumplimiento de un deber o en el ejercicio legítimo de un derecho, autoridad, oficio o cargo, sin traspasar los límites legales; 2. El que obra en virtud de obediencia legítima y debida, en cuyo caso, si el hecho ejecutado constituye un delito o falta, la pena correspondiente se debe imputar al que resultare haber dado la orden ilegal" (Art. 65 CP).

Sin embargo, esta eximente de responsabilidad penal no opera cuando se trata de actos que violen o menoscaben los derechos garantizados por la Constitución, los cuales el propio texto considera nulos, agregando que los funcionarios y empleados públicos que los ordenen o ejecuten "incurren en responsabilidad penal, civil y administrativa según los casos, sin que les sirvan de excusa órdenes superiores manifiestamente contrarias a la Constitución y á las leyes" (Art. 46).

3. *El servicio militar obligatorio*

En Venezuela, "el servicio militar obligatorio se prestará sin distinción de clase o condición social en los términos y oportunidades que fije la Ley". Así lo establece expresamente el artículo 53 de la Constitución, norma que se complementa con la previsión constitucional del derecho de todos a no "ser objeto de reclutamiento forzoso" ni a ser sometido a servicio militar "sino en los términos pautados por la Ley" (Art. 60, Ord. 9°).

El régimen del servicio y de las obligaciones militares está establecido en la Ley de Conscripción y Alistamiento Militar de 1978, y se aplica a los venezolanos hombres y mujeres, en edad militar, es decir, en edad comprendida entre los 18 y 50 años (Art. 4°) La primera obligación que se establece en la Ley para los venezolanos en edad militar, es el deber de inscribirse en el Registro Militar (Art. 5), lo que por supuesto comprende también a las mujeres (Art. 65). Esta obligación se aplica, por supuesto tanto a los venezolanos por nacimiento, quienes deben inscribirse en la Junta de Conscripción de su residencia dentro de los sesenta días siguientes a la fecha en la cual cumplan 18 años de edad (Art. 36), como a los venezolanos por nacimiento, quienes deben inscribirse en la Junta de Conscripción de su residencia dentro de los sesenta días siguientes a la fecha en la cual cumplan 18 años de edad (Art. 36), como a los venezolanos por naturalización, cuando tengan la edad comprendida entre los 18 y 50 años quienes deben presentarse ante la Junta de Conscripción de su residencia para inscribirse en el Registro Militar, dentro de los 60 días siguientes a la fecha de su naturalización (Art. 37). La no inscripción Militar implica que se considere a los obligados como renuentes sometidos a multas y arresto te acuerdo a la ley (Arts. 41 y 74).

El carácter obligatorio de la inscripción en el Registro Militar tiene consecuencias directas en la Ley: en primer lugar, se dispone que los institutos de enseñanza oficiales y privados no podrán aceptar como alumnos a los venezolanos que en edad militar no comprueben haber cumplido con sus obligaciones militares (Art. 58); en segundo lugar, se prescribe que los venezolanos en edad militar no podrán obtener licencia para conducir vehículos de motor, ni licencia (patentes municipales) para establecimientos comerciales, si no comprueban haber cumplido con sus obligaciones militares (Art. 59); y en tercer lugar, se impone como obligación a los organismos públicos (policías) y privados (servicios de vigilancia), cuyas funciones impliquen la utilización de armas, el emplear solamente a personas que hayan prestado servicio militar activo o su equivalente (Art. 60).

Ahora bien, conforme a la Ley de Conscripción y Alistamiento Militar, el servicio militar tiene por objeto, preparar a los venezolanos para la seguridad y defensa nacional; mantener los efectivos de las Fuerzas Armadas Nacionales que se fije en el contingente anual obligatorio; facilitar una rápida y ordenada movilización militar; y contribuir a la capacitación de los venezolanos, a los fines de que una vez cumplido el servicio militar, estén en mejores aptitudes de participar en el desarrollo socio económico de la Nación (Art. 2).

El servicio militar se debe cumplir sea en forma regular en las Fuerzas Armadas Nacionales, sea sometiéndose a la instrucción militar (Art. 3).

Las diversas situaciones militares reguladas por la Ley (Art. 14) son las siguientes: En primer lugar, la situación de *actividad,* que comprende a los venezolanos que se encuentren alistados en las Fuerzas Armadas Nacionales (Art. 15), conforme al procedimiento de elegibilidad (Art. 45) que deben desarrollar las Juntas de Conscripción y Alistamiento que existen en las entidades federales (Art. 31) y de acuerdo al llamamiento, del contingente anual obligatorio que debe fijar el Presidente de la República (Art. 7), y a las cuotas que debe aportar cada entidad federal en proporción a su población (Art. 8). La situación de actividad dura 18 meses (Art. 15).

En segundo lugar, la situación de *excedencia,* en la cual se encuentran los venezolanos que no hayan sido alistados en su clase (se denominan clases las agrupaciones de venezolanos nacidos en un mismo año, Art. 11) por habérseles diferido su servicio en filas (Arts. 34 y 16). Estos venezolanos pueden ser convocados para su alistamiento o llamados a recibir instrucción militar (Art. 17).

En tercer lugar, la situación de *reserva* que incluye a los venezolanos en edad militar que no estén en servicio activo (Primera Reserva: menores de 30 años; Segunda Reserva de 30 a 40 años; Reserva Territorial, de 40 a 50 años) (Art. 18). Los venezolanos en situación de reserva pueden ser llamados para períodos de reentrenamiento o instrucción militar (Art. 19).

4. *El deber de trabajar*

En la sociedad contemporánea, el trabajo no es sólo un derecho, sino que ante todo es un deber de toda persona apta "para prestarlo (Art. 54). De allí el postulado del Preámbulo de la Constitución, que fija como uno de los objetivos de la organización política, el "proteger y enaltecer el trabajo". La revalorización del trabajo, como único medio de desarrollo personal y de realización de toda actividad creadora, tendría que estar, por tanto, en el centro de toda la política social del Estado, con el objeto de enterrar el facilismo y el espejismo de la riqueza súbita que tanto daño ha hecho a nuestro país.

En todo caso, la consecuencia fundamental del deber de trabajar, es la previsión de sanciones para el que lo incumpla. Así, tradicionalmente, el Código Penal ha considerado como una falta a la mendicidad, por lo que sanciona con arresto al que, siendo apto para el trabajo, fuere hallado mendigando (Art. 504 CP).

Pero la regulación más importante de carácter sancionatorio relativa al incumplimiento de la obligación de trabajar, es la contenida en la Ley de Vagos y Maleantes de 1956, cuyo texto es de interés releer, pues conforme a la definición de la Ley, más de un vago y más de un maleante andan circulando.

En efecto, esta Ley considera vagos (Art. 2):

1. A los que habitualmente y sin causa justificada no ejerzan profesión u oficio lícitos y que por tanto constituyan una amenaza para la sociedad.

2. Los que aún ejerciendo profesión, destino u oficio o poseyendo bienes o rentas, viviesen o completasen sus recursos personales a expensas de personas dedicadas a la prostitución, o por ejercicio de actividades ilegítimas, entendiéndose por tales, a los efectos de la ley, las que tienen por objeto actos generalmente considerados como atentarios de la moral o de las buenas costumbres;

3. Los timadores y petardistas de oficio;

4. Los que habitualmente transiten por calles o caminos promoviendo y fomentando la ociosidad y otros vicios;

5. Los que habitualmente pidan limosna para imágenes, santuarios y otros fines religiosos, sin la licencia eclesiástica y el visado de la autoridad de policía; y los que con pretexto benéfico y filantrópico especulen con la buena fe del público levantando contribuciones;

6. Los que habitualmente induzcan o manden a sus hijos, parientes o subordinados que sean menores de edad a mendigar públicamente y los que en general se valgan de menores para el mismo fin o exploten igualmente a enfermos mentales o lisiados;

7. Los que fingieren enfermedad o defectos orgánicos para dedicarse a la mendicidad.

Por su parte, la misma Ley considera *maleantes,* entre otros (Art. 3) a:

1. Los rufianes y proxenetas;

2. Los que hacen de los juegos prohibidos su profesión habitual y los que exploten estos juegos o cooperen con los explotadores en cualquier forma a sabiendas de esa actividad ilícita;

3. Los que habitualmente, sin llenar los requisitos legales, comercien con armas, drogas, bebidas espirituosas y otros efectos de uso o consumo reglamentado o prohibido por la Ley, o de manera ilícita los fabriquen, importen o faciliten.

4. Los que ejerzan de brujos o hechiceros, los adivinadores y todos los que por medio de esas artes ilícitas exploten la ignorancia o la superstición ajena.

5. Los que habitualmente ocurran a la amenaza de algún daño inmediato contra las personas o sus bienes con el objeto de obtener algún provecho, utilidad o beneficio.

6. Los que comercien con objetos pornográficos o los que exhiban en público, y los que ofendan el pudor de la mujer y la irrespeten en la vía y lugares públicos, con persecuciones y palabras que constituyan ofensas a su delicadeza y sean un desacato al respeto y a la moral.

7. Los que conocida y habitualmente hagan profesión de testificar en juicios.

8. Los pederastas debidamente evidenciados que de ordinario frecuenten las reuniones de menores.

9. Los que habitualmente se dediquen al contrabando.

10. Los que habitualmente sean hallados en la vía y lugares públicos en estado de embriaguez y sean además provocadores de riñas.

11. Los curanderos reincidentes en el ejercicio de alguna de las profesiones médicas siempre que por su persistencia en la explotación de la credulidad ajena, constituyan peligro a la vida o la salud de las personas.

12. Los merodeadores, es decir, aquellos que habitualmente vagan por el campo viviendo de lo que hurten o se apropien.

La Ley de Vagos y Maleantes establece una serie de regulaciones correctivas que permiten, incluso, la orden de reclusión o internación en Colonias de trabajo, de los antisociales, por un tiempo hasta de cinco (5 años) (Art. 5); orden que se toma por los Prefectos, Gobernadores y al Ministerio de Justicia según los casos, pero sin intervención judicial, lo cual sin duda, es atentatorio del derecho a ser juzgado o condenado a penas restrictivas de la libertad, por autoridades judiciales y no por autoridades administrativas.

5. *El deber de educarse*

De acuerdo con el artículo 55 de la Constitución,

> "La educación es obligatoria en el grado y condiciones que fije la Ley. Los padres y representantes son responsables del cumplimiento de este deber, y el Estado proveerá los medios para que todos puedan cumplirlo".

Se establece así, la obligación de todos de educarse, lo que conforme a la Ley Orgánica de Educación de 1980, se refiere a los niveles de educación pre-escolar y de educación básica (Art. 9). Por supuesto, el cumplimiento de esta obligación de educarse, en el menor de edad, es responsabilidad de los padres.

En todo caso, a los efectos del cumplimiento de esta obligación, el Estado está obligado a la vez, de proveer los medios para que todos puedan cumplirla. Por tanto, la educación se considera como una función primordial e indeclinable del Estado (Art. 2), y como medio de mejoramiento de la comunidad y factor principal del desarrollo nacional, se la declara como un servicio público que es prestado por el Estado o impartido por los particulares (Art. 5).

En cuanto al Estado, la Ley Orgánica de Educación dispone la obligación que le incumbe de crear y sostener instituciones y servicios suficientemente dotados para asegurar el cumplimiento de su obligación de proveer los medios necesarios para que las personas puedan educarse (Art. 6); y a esos mismos efectos, se declara la educación que se imparta en los institutos oficiales como gratuita en todos sus niveles y modalidades (Art. 8).

En cuanto a los niveles en los cuales la educación es obligatoria, es decir, la educación pre-escolar y la educación básica, ambos son definidos con precisión en la Ley Orgánica.

La educación pre-escolar, se define como la fase previa al nivel de educación básica, que tienen por objeto asistir y proteger al niño en su crecimiento y desarrollo y orientarlo en las experiencias socio-educativas; así como atender sus necesidades e intereses en las áreas de la actividad física, afectiva, de inteligencia, de voluntad, de moral, de ajuste social, de expresión de su pensamiento y desarrollo de su creatividad, destrezas y habilidades básicas (Art. 17). Para el cumplimiento de la obligación estatal se impone a las empresas el deber de colaborar con la educación pre-escolar de los hijos de sus trabajadores de acuerdo con las posibilidades económicas y financieras de ellas y según las circunstancias de su localización (Art. 20). Además, para concientizar a los padres en relación a la obligación de educar a los hijos, la Ley obliga al Estado a desarrollar la realización de programas y cursos especiales de capacitación de la familia y de todos los miembros de la comunidad para la orientación y educación de los menores, para lo cual los medios de comunicación deberían ser de utilidad fundamental (Art. 20).

En cuanto a la Educación básica, esta tiene como finalidad contribuir a la formación integral del educando mediante el desarrollo de sus destrezas y de su capacidad científica, técnica, humanística y artística; cumplir funciones de exploración y de orientación educativa y vacacional e iniciarlos en el aprendizaje de disciplina y técnicas que le permitan el ejercicio de una función socialmente útil; estimular el deseo de saber y desarrollar la capacidad de ser de cada individuo, de acuerdo con sus aptitudes.

Este nivel de educación básica tiene una duración de nueve años, y en él, el Ministerio de Educación debe organizar cursos de artesanado o de oficios que permitan la adecuada capacitación de los alumnos (Art. 21). En todo caso, para los mayores de 16 años, éstos pueden optar al certificado de educación básica sin otro requisito que la comprobación de los conocimientos fundamentales correspondientes (Art. 42).

Por supuesto, para que esta obligación de educarse pueda ser efectivamente cumplida, resulta indispensable la descentralización de la prestación del servicio, de manera que por lo que se refiere a los institutos oficiales, ella corresponda exclusivamente a los Estados y Municipios (Art. 55), conforme a las normas que dicte el Ministerio de Educación.

6.   El deber de contribuir a los gastos públicos

Dentro de los deberes constitucionales, la Constitución recoge la tradicional obligación de todos de contribuir a los gastos públicos (Art. 56).

Básicamente se establece así, la obligación de todos de contribuir al funcionamiento del Estado, mediante el pago de los impuestos, tasas y contribuciones que se establezcan mediante Ley. Por tanto, la potestad del Estado de establecer dichos tributos y contribuciones, tiene como contrapartida la garantía constitucional de todos, de la reserva legal, es decir, de que sólo por Ley pueden aquéllos crearse (Art. 224); y de que los tributos, tasas y contribuciones deben establecerse, de acuerdo al principio de distribución vertical del poder, dentro de sus respectivas competencias, por la República (Art. 136, Ord. 8°), los Estados (Art. 18) y los Municipios (Art. 31), con las limitaciones constitucionales (Art. 18).

El deber de contribuir a los gastos públicos, también tiene que estar acompañada de otra garantía fundamental de las personas, y es la del control efectivo de los ingresos públicos, de manera que lo pagado por contribuciones vaya efectivamente a la masa general del Tesoro y efectivamente ingrese al mismo, y no sea objeto ni de aprobación indebida por los funcionarios ni por malversación.

Las garantías antes indicadas de la reserva legal y del control del destino de las contribuciones, han sido reguladas mediante la previsión de figuras delictivas en la Ley Orgánica de Salvaguarda del Patrimonio Público de 1983.

Por otra parte, el deber de contribuir a los gastos públicos, siempre tiene que ser un deber de índole patrimonial o real (en dinero o en especie), razón por la cual, conforme a la propia Constitución, no puede "establecerse ningún impuesto pagadero en servicio personal" (Art. 225). Esta es otra de las garantías constitucionales derivadas del deber de contribuir.

Este deber de contribuir a los gastos públicos afecta a todos los habitantes de la República, respecto de hechos ocurridos en el territorio nacional conforme se establezca en las leyes. Sin embargo, el Código Orgánico Tributario de 1982, autoriza a que las Leyes Tributarias puedan crear tributos sobre hechos imponibles ocurridos total o parcialmente fuera del territorio nacional cuando el contribuyente tenga la nacionalidad venezolana o esté domiciliado en Venezuela. En estos casos se prescribe que la ley respectiva debe procurar conciliar los efectos de tales tributos con la convivencia de evitar la doble tributación (Art. 12).

Por otra parte, debe señalarse que el cumplimiento de la obligación de contribuir a los gastos públicos, está signado por el principio de la igualdad, en el sentido de la no discriminación (Art. 61 C). Aquí de nuevo, la garantía de la igualdad ante las cargas públicas, está en que las exenciones o exoneraciones de impuestos y contribuciones sólo puede ser establecida mediante ley (Art. 224) (reserva legal).

En todo caso, la obligación de contribuir en forma igual está regulada por el principio de la justicia distributiva, en el sentido de que las cargas deben ser distribuidas según la capacidad económica del contribuyente, atendiendo al principio de la progresividad, así como la protección de la economía nacional y la elevación del nivel de vida del pueblo (Art. 223 C).

Por último, la potestad tributaria del Estado, contrapartida del deber de contribuir, no puede conducir a la imposición de cargas de naturaleza confiscatoria estando, como está prohibida la confiscación en la Constitución (Art. 102).

En todo caso, a pesar de los principios constitucionales, es evidente que en el país, por la riqueza petrolera y el abundante ingreso público derivado de la misma, aún no se ha creado una conciencia del contribuyente. El venezolano, en general, vive subsidiado y no contribuye, según su capacidad. Pocos son, por tanto, "contribuyentes" y muchos viven del subsidio estatal, directo o indirecto. Pensamos que el tiempo ha llegado para que la contribución de todos a los gastos públicos sean universal, por supuesto, según la capacidad económica de cada quien, y más aún cuando la inmensa riqueza fiscal de antaño derivada de la riqueza petrolera, cada vez se merma más. En todo caso, es evidente que solo contribuyendo, es que realmente se puede exigir del Estado, con derecho, más y mejores servicios públicos.

7.   La solidaridad social y los deberes ciudadanos

El establecimiento en la Constitución de una serie de obligaciones que corresponden al Estado (por ejemplo, en materia educativa y en los órdenes sociales), como contrapartida, incluso, a los derechos que se establecen a favor de los particulares, sin embargo, no excluyen las que corresponden a todos los ciudadanos y empresas para con las demás personas, derivadas de la solidaridad social.

El principio se establece expresamente en la Constitución, en el artículo 57, en la siguiente forma:

"Las obligaciones que corresponden al Estado en cuanto a la asistencia, educación y bienestar del pueblo no excluyen las que, en virtud de la solidaridad social, incumben a los particulares según su capacidad. La Ley podrá imponer el cumplimiento de estas obligaciones en los casos en que fuere necesario. También podrá imponer, a quienes aspiren a ejercer determinadas profesiones, el deber de prestar servicio durante cierto tiempo en los lugares y condiciones que se señalen".

Sobre esta norma, la Exposición de Motivos del Proyecto de Constitución destacó especialmente su "novedad, considerando que su consagración expresa no sólo era "de necesidad, sino de una evidente conveniencia". Agrega dicha Exposición de Motivos que "al mismo tiempo, ella traduce uno de los conceptos de mayor importancia en la vida moderna, a saber, el de que la solidaridad social impone a todos un compromiso que no es simplemente moral, sino que las leyes pueden y deben exigir en muchas ocasiones, contribuir a la resolución de problemas sociales de la magnitud de los nombrados, en proporción a las respectivas capacidades".

Estos deberes derivados del principio de la solidaridad social, y que por tanto, permiten la imposición mediante Ley de obligaciones a los particulares en el campo de la asistencia, educación y bienestar del pueblo, se han desarrollado básicamente en materia educativa. En efecto, la propia Ley Orgánica de Educación de 1980, por ejemplo, establece la obligación de los particulares que dirijan o administren estaciones de radiodifusión sonora o audiovisual a prestar su cooperación en las tareas educativa y a ajustar su programación para el logro de los fines y objetivos de la educación (Art. 11). Dicha ley establece, además, la obligación de las empresas en la medida de sus posibilidades económicas y financieras de colaborar con el Estado en la educación pre-escolar de los hijos de sus trabajadores (Art. 19); y de dar facilidades a sus trabajadores en orden a su capacitación y perfeccionamiento, así como a cooperar en la actividad educativa y cultural de la comunidad. En particular, las empresas están obligadas a facilitar las instalaciones y servicios para el desarrollo de labores educativas, especialmente en programas de cesantías y de cursos cooperativos, de estudio-trabajo (Art. 108).

Además, la Ley Orgánica establece obligaciones urbanísticas por razones de educación a las personas que se ocupen por cuenta propia del parcelamiento de terrenos o de la construcción de barrios o urbanizaciones de viviendas unifamiliares o multifamiliares, de construir locales suficientes y adecuados para que la Nación pueda prestar los servicios de educación pre-escolar y básica en la oportunidad y de acuerdo a lo que establezca el Ministerio de Educación (Art. 111).

Además, en el caso de viviendas multifamiliares, conforme lo determine el Ministerio de Educación, éstas deben contar con locales apropiados para el funcionamiento de un plantel de educación pre-escolar, los cuales formarán parte de los bienes comunes del inmueble y serán ofrecidos al Ministerio de Educación para dicho uso (Art. 111).

TERCERA PARTE

LA JUSTICIA CONSTITUCIONAL (1996)

I. INTRODUCCIÓN

En el mundo contemporáneo, el signo más característico del Estado de Derecho o del Estado sometido al Derecho, sin duda, es la existencia de un sistema de control judicial de la conformidad con el derecho de *todos* los actos estatales, lo cual se aplica no sólo a los actos administrativos, a través del tradicional control contencioso-administrativo, sino a las leyes, a través de un sistema de justicia constitucional[478]. Este principio, que puede hoy considerarse elemental y que tiene sus raíces en el constitucionalismo norteamericano[479], sin embargo, es relativamente reciente en Europa continental, donde la noción de Constitución rígida, el principio de su supremacía, la garantía de la nulidad de los actos estatales que la vulneren, la consagración constitucional de los derechos fundamentales, y la consideración de la Constitución como norma de derecho positivo directamente aplicable a los ciudadanos son también nociones y principios relativamente nuevos[480], cuya aceptación, incluso, ha sido calificada como producto de una "revolución"[481]. De allí la gran diferencia en la trayectoria constitucional del Estado que ha existido entre los países de América Latina y los países de Europa continental. América Latina fue tributaria directa de los principios del constitucionalismo moderno originados en la Revolución Norteamericana y en la Revolución Francesa, principios que, salvo en las Constituciones revolucionarias francesas de fines del siglo XVIII y principios del siglo XIX, los

---

478 Por eso J. Rivero estima que el último paso en la construcción del Estado de Derecho, es que el Legislador misma esté sometido a una norma superior, la Constitución, en "Rapport de Synthèse", en L. Favoreu (ed.), *Cours constitutionnelles Européennes et Droits Fundamentaux,* París, 1982, p. 519. Así mismo P. Lucas Murillo de la Cueva, califica a la justicia constitucional como "la culminación de la construcción del Estado de Derecho", en "El Examen de la Constitucionalidad de las Leyes y la Soberanía Parlamentaria", *Revista de Estudios Políticos,* Nº 7, Madrid, 1979, p. 200.

479 Véase en particular A. Hamilton, *The Federalist* (ed. B. F. Wright), Cambridge Mass. 1961, *letter* Nº 78, pp. 491-493. Véanse además, los comentarios de Alexis de Tocqueville, *Democracy in America* (ed. J. P. Mayer and M. Lerner), London, 1968, vol. I, p. 120.

480 Véase García de Enterría, *La Constitución como norma y el Tribunal Constitucional,* Madrid, 1981.

481 Véase J. Rivero, "Rapport de Synthèse", *loc. cit.,* p. 520, donde califica la aceptación de muchos de esos principios por el Consejo Constitucional como una "revolución".

países europeos no siguieron, y sólo en las últimas décadas han comenzado a "redescubrir"[482].

En efecto, los países de América Latina iniciaron su proceso constitucional en 1811 —antes incluso de la sanción de la primera Constitución española, la de Cádiz de 1812[483]—, con la aprobación de un texto constitucional por una Asamblea electa democráticamente, con carácter de Constitución rígida y con la nota de su supremacía, en la cual se enumeraron los derechos fundamentales y se estableció el principio de la nulidad de los actos estatales contrarios a la Constitución y violatorios de dichos derechos. Esa fue la "Constitución Federal para los Estados de Venezuela" de 21 de diciembre de 1811, la cual incluso, fue precedida por una "Declaración de los Derechos del Pueblo", adoptada por el mismo Supremo Congreso de Venezuela el 10 de julio de ese mismo año de 1811[484].

A partir de la Revolución Latinoamericana iniciada en 1810, por tanto, y durante los últimos 186 años, el constitucionalismo latinoamericano siguió, invariablemente, los principios acuñados por las revoluciones norteamericana y francesa que dieron origen al Estado Liberal de Derecho, particularmente en cuanto *a la sumisión de todos los actos estatales al derecho* con la Constitución en la cúspide del orden jurídico, y en cuanto a la existencia de un control judicial de la constitucionalidad y legalidad de los actos estatales. La esencia del Estado Constitucional de Derecho en América Latina, y a pesar de las múltiples y variadas vicisitudes que nuestros países han tenido en sus regímenes políticos, para decirlo con palabras de Manuel García Pelayo, ha sido "que la Constitución en tanto que norma fundamental positiva, vincula a todos los poderes públicos incluido el Parlamento y que, por tanto, la Ley no puede ser contraria a los preceptos constitucionales, a los principios de que éstos arrancan, o que se infieren de ellos, y a los valores a cuya realización aspira"[485].

En esta forma, el principio de la primacía del derecho se ha manifestado siempre en América Latina en las dos vertientes fundamentales del Estado de Derecho: por una parte, en la primacía de la Constitución dada su supremacía, sobre la Ley y los demás actos estatales dictados en ejecución directa de la Constitución (Decretos-Leyes y Actos de Gobierno); y por la otra en la primacía de la Ley sobre todos los actos de los órganos estatales dictados en ejecución indirecta de la Constitución por eso el Estado de Derecho o el Estado sometido al derecho no sólo ha significado en

---

482   El término lo usa con razón L. Favoreu, al señalar que ha sido sólo después de la Primera Guerra Mundial, y particularmente, después de la Segunda Guerra Mundial, que los países europeos han "redescubierto" la Constitución como texto de carácter jurídico y como norma fundamental, en "Actualité et légitimité du contrôle juridictionnel des lois en Europe Occidentale", *Revue du Droit Public et de la Science Politique en France et á l'étranger,* 1984, p. 1.176.

483   No mencionamos la de Bayona, de 1810, por considerarla más el texto constitucional del invasor francés que la Constitución adoptada por los españoles.

484   Véase los textos en Allan R. Brewer-Carías, *Las Constituciones de Venezuela,* Madrid, 1985, pp. 175-205. La Constitución de 1811 fue la cuarta Constitución del Mundo Moderno (después de la norteamericana 1787, de la francesa 1791 y de la polaca 1791) y la Declaración de Derechos, la tercera del Mundo Moderno (después de las provincias norteamericanas —Virginia, 1776— y las Enmiendas a la Constitución norteamericana de 1971, y de la francesa 1789).

485   Véase M. García Pelayo, "El 'Status' del Tribunal Constitucional", *Revista Española da Derecho Constitucional,* vol. I, N° 1, Madrid, 1981, p. 18.

nuestros países, como tradicionalmente sólo significó en Europa hasta hace poco, el sometimiento de los actos judiciales a la ley —de allí el desarrollo del contencioso-administrativo y del recurso de casación—; sino en el sometimiento de todos los actos estatales a la Constitución. De allí el desarrollo en América Latina, desde mediados del siglo pasado, del recurso de inconstitucionalidad de las leyes, en algunos casos incluso, como acción popular[486], y del recurso o juicio de amparo de los derechos fundamentales frente a cualquier acto o actuación estatal[487]. Por tanto, lo que en los años veinte proclamaba Hans Kelsen —el padre, sin duda, del modelo europeo de justicia constitucional—, de que desde el punto de vista jurídico una Constitución sin garantías contra los actos inconstitucionales y en la cual éstos, y particularmente, las leyes inconstitucionales, permanecen en vigor porque no pueden ser anulados —que era la situación europea hasta 1920—, no pasa de ser "un deseo sin fuerza obligatoria"[488]; ha sido un postulado consustancial al constitucionalismo latinoamericano desde su propio inicio a comienzos del siglo pasado.

Ahora bien, conforme a los postulados anteriores, uno de los principios fundamentales del régimen constitucional del Estado de Derecho en Venezuela, es el de la supremacía constitucional, que implica que "la Ley Fundamental sea no sólo superior a los demás cuerpos legales, sino que sobre ella, no puede existir ninguna otra forma jurídica"[489]. Como consecuencia, en la cúspide del ordenamiento jurídico está el ordenamiento constitucional, establecido como decisión política por el Poder Constituyente y sólo modificable, como tal decisión, por éste y mediante los mecanismos particulares previstos en la misma Constitución.

Entre las consecuencias fundamentales de esta supremacía constitucional debe destacarse la de la necesaria sujeción de todos los actos dictados por órganos estatales a los preceptos constitucionales[490]. Ello implica, para que el Estado de Derecho tenga sentido y coherencia, la nulidad de todo acto del Estado dictado en contravención de las disposiciones del texto fundamental[491]. Por ello, el Estado de Derecho no estaría completamente estructurado, si el ordenamiento jurídico no estableciera diversos mecanismos para asegurarles a los ciudadanos la posibilidad de controlar la constitucionalidad de los actos estatales. En el establecimiento de estos controles, está una de las garantías constitucionales de los derechos del hombre[492].

Ahora bien, conforme a lo señalado anteriormente, en Venezuela, el principio de la supremacía constitucional tiene efectiva consagración, al establecerse en el orde-

---

486 La acción popular de inconstitucionalidad se consagró por primera vez en la Constitución venezolana de 1858.

487 El recurso de amparo se consagró por primera vez en la Constitución del Estado de Yucatán en México en 1841 y a nivel federal, en el Acta de Reformas constitucionales de 1847.

488 Véase H. Kelsen, "La garantie juridictionnelle de la Constitution (La justice constitutionnelle)", *Revue de Droit Public et de la Science Politique en France et l'étranger,* París, 1928, p. 250.

489 Véase sentencia de la CSJ en SPA de 14-3-62 en *GF* Nº 35, 1962, p. 177.

490 Tal como el artículo 117 de la Constitución lo precisa: "La Constitución y las Leyes definen las atribuciones del Poder Público, y a ellas debe sujetarse su ejercicio".

491 Artículos 46 y 119.

492 Véase Allan R. Brewer-Carías, Las garantías constitucionales de los Derechos del Hombre, Caracas, 1976.

namiento jurídico múltiples mecanismos que permiten a los particulares controlar el sometimiento a las disposiciones constitucionales, de todos los actos del Estado; y además, el sometimiento a la ley, de los actos estatales dictados en su ejecución.

Aquí se impone una precisión terminológica. Hemos hablado de "actos estatales" o de "actos del Estado" para referirnos a todos los actos dictados por cualquier autoridad pública en ejercicio del Poder Público. Este no es otra cosa que "la potestad o poder jurídico de obrar que la Constitución confiere a los órganos del Estado venezolano para la realización de sus fines"[493]; por tanto, tal como lo expresamos en otro lugar, el Poder Público como potestad estatal, no existe ni ha existido en la realidad político administrativa venezolana como ente funcionante, orgánicamente considerado, sino como un concepto jurídico que permite ejercer las funciones del Estado. Como todo poder, por ello, el Poder Público es y ha sido una situación jurídica constitucional individualizada, propia y exclusiva del Estado[494].

Por ello, las expresiones constitucionales "atribuciones del Poder Público"[495], "ramas del Poder Público"[496], "ejercicio del Poder Público"[497], se refieren a la potestad genérica del Estado y no a una realidad orgánica-pública. Todos los órganos del Estado, nacionales, estadales y municipales, ejercen el Poder Público (Poder Público Nacional, Estadal y Municipal, respectivamente), además de otros entes de la administración descentralizada calificadas como "personas jurídicas de derecho público"[498]. Por tanto, la expresión "actos del Poder Público" que empleaba el Texto Constitucional de 1953[499] no era del todo correcta, pues en realidad significaba "actos de los órganos estatales o del Estado en ejercicio del Poder Público". Aquella expresión "actos del Poder Público" se empleó en el Texto Constitucional de 1936[500] pero no en el de 1947. La Constitución vigente de 1961, sin embargo, recogió la expresión "acto del Poder Público"[501] por lo que la aclaración de su verdadero sentido debía corresponder al Legislador. Por ello, resulta incomprensible, salvo por el peso de la tradición terminológica que impuso a la Corte Suprema el tener que aplicar durante tanto tiempo la Ley Orgánica de la Corte Federal de 1953[502], que la Ley Orgánica de la Corte Suprema de Justicia de 1976 haya recogido de nuevo la

---

493 Tal como lo expresamos en Allan R. Brewer-Carías, *Derecho Administrativo*, Tomo I, Caracas, 1975, p. 214.

494 *Idem*, pp. 214 y 215. *Cfr*. Allan R. Brewer-Carías, *Las Instituciones Fundamentales del Derecho Administrativo y la Jurisprudencia Venezolana*, Caracas, 1964, p. 103.

495 Art. 117.

496 Art. 118.

497 Art. 121.

498 Art. 124.

499 El artículo 133, ordinal 3° de dicha Constitución atribuía a la Corte Federal competencia para "declarar la nulidad de *los actos del Poder Público* que sean violatorios de esta Constitución".

500 Artículo 128, ordinal 11. *Cfr*. Humberto J. La Roche, *El Control Jurisdiccional de la Constitucionalidad en Venezuela y Estados Unidos*, Maracaibo, 1972, p. 119.

501 Artículo 43.

502 El artículo 7, ordinal 8° de dicha Ley atribuía a la Corte Federal competencia para "declarar la nulidad de todos los actos del Poder Público que sean violatorios de la Constitución Nacional...".

misma terminología "actos del Poder Público"[503] cuando en realidad se trata de actos dictados por los órganos del Estado "en ejercicio del Poder Público".

Hecha esta precisión terminológica resulta que conforme a la Constitución, todos los actos de órganos estatales o de órganos públicos dictados en ejercicio del Poder Público Nacional, Estadal o Municipal, son susceptibles de ser controlados en cuanto a su conformidad con la Constitución, y en su caso, en cuanto a su conformidad con la legalidad[504].

Para asegurar ese control, el ordenamiento jurídico ha estructurado los más variados mecanismos. Ante todo, la Constitución ha asignado a un funcionario público, el Fiscal General de la República, la facultad genérica de velar por la "exacta observancia de la Constitución"[505] y en particular, de "velar por el respeto de los derechos y garantías constitucionales"[506]. Con ello, la Constitución ha estructurado a cargo del Ministerio Público, un controlador público de la constitucionalidad de los actos estatales.

Pero la garantía del control, en el Estado de Derecho, en realidad, se establece en favor de los particulares. Estos, entonces, tienen una serie de vías, medios o recursos jurídicos que el ordenamiento constitucional pone a su disposición para realizar tal control. Estos medios y recursos son de variada índole y entre ellos se destacan los recursos administrativos, es decir, las vías jurídicas puestas a disposición de los particulares para reclamar, ante la propia Administración, la revisión de los actos administrativos. El recurso jerárquico, el recurso de reconsideración y el recurso de revisión, por tanto, pueden ser utilizados como medios de control de la conformidad con el derecho de los actos administrativos, ante la propia Administración Pública.

Ahora bien, concretándonos al *control judicial* de los actos estatales, donde está la esencia del Estado de Derecho, en el ordenamiento jurídico venezolano se destacan los siguientes sistemas de control:

En primer lugar, en el ámbito judicial, el control de la conformidad de los actos judiciales con el derecho está asegurado por los recursos judiciales de proceso ordinario, entre ellos, el recurso de apelación, que se ejerce para ante el Tribunal de alzada y permite la revisión de la decisión judicial, por el Tribunal Superior. Además, por su importancia, también es de destacar el Recurso de Casación como medio de impugnación de sentencias que se ejerce ante la Corte Suprema de Justicia y que puede servir de medio de control de la constitucionalidad y legalidad de las

---

503   Por ejemplo, en el artículo 2o y en el ordinal 11 del articula 42.

504   Esta afirmación, cuestionada por la jurisprudencia de la Corte Suprema de Justicia en Corte Plena, en relación al control de la Constitucionalidad (véase CSJ-CP, 29-4-65, en Allan R. Brewer-Carías, *Jurisprudencia de la Corte Suprema, 1930-1974 y Estudios de Derecho Administrativo*, Tomo IV [La jurisdicción constitucional], Caracas, 1977, pp. 81-91), en cambio, ha sido admitida con carácter absoluto en materia de control de legalidad. Por ejemplo, en sentencia CSJ-SPA 5-4-84, la Corte señaló: "Todos los actos de la Administración Pública están sometidos al control jurisdiccional —regla general— y por lo mismo, todo acto administrativo puede ser revisado en vía contencioso-administrativa por ordenarlo así nuestra Carta Magna". Véase en *Revista de Derecho Público*, N° 18, Editorial Jurídica Venezolana, Caracas, 1984, p. 179.

505   Art. 218.

506   Art. 220, Ord. 10.

mismas[507]. Por último también debe destacarse el juicio de invalidación de sentencias[508], que en algunas de sus causales puede servir de medio de control de la constitucionalidad y legalidad de las mismas.

En segundo lugar, y como medio de control de la constitucionalidad y legalidad
de los actos estatales violatorios de los derechos y garantías constitucionales, se
destaca la acción de amparo, prevista en la propia Constitución[509], regulada originalmente en la Disposición Transitoria Cuarta de los actos estatales violatorios de la
libertad personal, y a partir de 1988 objeto de regulación legal mediante la Ley
Orgánica de Amparo sobre Derechos y Garantías Constitucionales[510].

En tercer lugar, también es un medio de control de la conformidad con el derecho (legalidad y constitucionalidad) de los actos administrativos, el recurso contencioso-administrativo de anulación que se ejerce ante la Corte Suprema de Justicia en
Sala Político-Administrativa[511]; transitoriamente ante los Tribunales Superiores con
competencia en lo contencioso-administrativo o ante la Corte Primera de lo Contencioso-Administrativo[512]; y de acuerdo a Leyes especiales, ante otros tribunales especiales como el Tribunal de la Carrera Administrativa, el Tribunal de Inquilinato, y
los Tribunales Contencioso-Tributarios. Este recurso es un medio de impugnación
de los actos administrativos para controlar la conformidad con el derecho de los
mismos[513], por lo que sirve como medio de control de la constitucionalidad y legalidad de los actos administrativos[514]. Pero al referirnos al recurso contencioso-
administrativo de anulación debemos puntualizar en especial los medios de control
de los actos administrativos *nacionales*. En efecto, en general, los actos administrativos *de efectos generales* de los órganos nacionales pueden estar sometidos a dos
medios de control distintos: por vicios de inconstitucionalidad, están sometidos al
control de la constitucionalidad mediante el recurso de inconstitucionalidad, que se
ejerce ante la Corte Suprema de Justicia en Corte Plena[515] o en Sala Político-
Administrativa[516] según el tipo de acto por vicio de ilegalidad, están sometidos a
control de la legalidad mediante el recurso contencioso-administrativo de anulación[517], el cual, por su objeto (actos de efectos generales) en este caso, tiene modalidades específicas. En todo caso, este segundo tipo de recurso se intenta ante la Corte
en Sala Político-Administrativa[518]. En cuanto a los actos administrativos nacionales
de efectos individuales sean cuales fueren los vicios del acto —inconstitucionalidad

---

507   Véase Art. 215, Ord. 10 de la Constitución; Art. 312 CPC y Art. 42, ordinales 30 a 34 de la LOCSJ.

508   Art. 327 CPC.

509   Art. 49.

510   Véase lo expuesto en la Décima Cuarta Parte, Tomo III.

511   Art. 215, ordinal 7° de la Constitución, y por ejemplo, Art. 42, ordinales 9° y 10 de la LOCSJ.

512   Arts. 181 y 185, Ord. 3° de la LOCSJ.

513   Art. 206 de la Constitución.

514   Art. 42, Ord. 10 de la LOCSJ.

515   Art. 42, Ord. 4° de la LOCSJ.

516   Art. 42, Ords. 11 y 12 de la LOCSJ.

517   Art. 42, Ords. 11 y 12 de la LOCSJ.

518   Art. 43 de la LOCSJ.

o ilegalidad— están sometidos a control mediante el ejercicio del recurso contencioso-administrativo de anulación ante la Sala Político-Administrativa de la Corte Suprema[519] y en ciertos casos, ante la Corte Primera de lo Contencioso-Administrativo. Ahora bien, como consecuencia de lo anterior, y como medio específico de control de la constitucionalidad y legalidad de los actos administrativos, el recurso contencioso-administrativo de anulación es el medio de control judicial de los actos administrativos nacionales de efectos individuales dictados por el Ejecutivo Nacional[520], por los Institutos Autónomos, por los órganos judiciales o las Cámaras Legislativas Nacionales, por ejemplo[521], y por los órganos del Estado en el ámbito nacional que gozan de autonomía funcional: Consejo Supremo Electoral, Consejo de la Judicatura, Fiscalía General de la República y Contrataría General de la República[522].

En cuarto lugar, el Código de Procedimiento Civil establece la posibilidad de que todo órgano jurisdiccional ejerza un control de la constitucionalidad de las Leyes en cualquier proceso, al establecer que "cuando la Ley vigente, cuya aplicación se pida, colidiere con alguna disposición constitucional, los tribunales aplicarán ésta con preferencia"[523]. Esta institución del control difuso de la constitucionalidad, permite a cualquiera de las partes en un proceso, solicitar la inaplicabilidad de una Ley que se estime inconstitucional, en cuyo caso, el juez puede aplicar con preferencia la Constitución e inaplicar la Ley en el caso concreto teniendo por supuesto la decisión, efectos *inter partes*.

Por último, y en quinto lugar, el ordenamiento jurídico ha consagrado como medio por excelencia de control de la constitucionalidad de las Leyes, y de los demás actos de efectos generales de los órganos del Estado, y en general de los actos dictados en ejecución directa de la Constitución[524], el recurso de inconstitucionalidad que se ejerce como acción popular por ante la Corte Suprema de Justicia en Corte Plena o en Sala Político-Administrativa. Este recurso configura el tipo de control concentrado de la constitucionalidad de los actos estatales, y que otorga a la Corte Suprema de Justicia el monopolio de su declaratoria de nulidad, por inconstitucionalidad, con efectos *erga omnes*.

En conocimiento de este recurso de inconstitucionalidad, que se ejerce como acción popular directa, la Corte Suprema realiza una de sus funciones primordiales: "controlar, de acuerdo con la Constitución y las Leyes, la constitucionalidad... de los actos de Poder Público"[525], es decir, de los actos de órganos estatales dictados en

---

519   Art. 42, Ord. 10 de la LOCSJ.

520   Art. 42, Ord. 10 de la LOCSJ.

521   Art. 42, Ord. 11. Cuando este ordinal atribuye a la Corte en la Sala Político-Administrativa competencia para "declarar la nulidad, cuando sea procedente, por razones de inconstitucionalidad de los actos de los órganos del Poder Público en los casos no previstos en los ordinales 3°, 4° y 6° del artículo 215 de la Constitución", en nuestro criterio, debe entenderse que se refiere a los actos de "órganos no* previstos" en esos ordinales.

522   Art. 42, Ord. 12 de la LOCSJ.

523   Art. 20 CPC.

524   Art. 215, Ords. 3°, 4° y 6° de la Constitución y Art. 42, Ords. 1° a 4° y 11 y 12 LOCSJ.

525   Art. 2 de la LOCSJ.

ejercicio del Poder Público[526]. Sobre este control, ha señalado la Corte Suprema de Justicia en Corte Plena:

"La existencia del control jurisdiccional de la constitucionalidad de los actos del Poder Público por parte del más Alto Tribunal de la República, ha sido tradicional en Venezuela, y es indispensable en todo régimen que pretenda subsistir como Estado de Derecho"[527].

El objetivo de esta y la siguiente parte de la obra es estudiar la *justicia constitucional* en Venezuela[528], para lo cual previamente haremos unas consideraciones generales sobre el tema, con algunas referencias al derecho comparado.

II. PRINCIPIOS DE LA JUSTICIA CONSTITUCIONAL

La idea del Estado de Derecho está indisolublemente unida a la idea de la Constitución como norma fundamental y suprema, que debe prevalecer sobre toda otra norma o acto estatal; y por tanto, al poder de los jueces o de ciertos órganos constitucionales en ejercicio de funciones jurisdiccionales, de anular o considerar nulos los actos estatales contrarios a la Constitución, incluidas las leyes. Ese fue el gran y principal aporte de la revolución norteamericana al constitucionalismo moderno, y su desarrollo progresivo ha sido el fundamento de los sistemas de justicia constitucional en el mundo contemporáneo.

---

526   Véase sentencia de la CSJ en SPA de 13-2-68, en *GF*, N° 59, 1968, p. 84.

527   Véase sentencia de la CSJ en CP de 15-3-62 en *GO*, N° 760, Extr. de 22-3-62, pp. 3 a 7.

528   Véase Allan R. Brewer-Carías, *Estado de Derecho y Control Judicial*, Madrid, 1987, pp. 9 a 206. En las notas hemos usado las siguientes abreviaturas:

C   Constitución 1961.

CF   Corte Federal (1953-1961).

CFC   Corte Federal y de Casación (antes de 1953).

CFC en CP   Corte Federal y de Casación en Sala Plena.

CFC en SF   Corte Federal y de Casación en Sala Federal.

CFC en SPA   Corte Federal y de Casación en Sala Político-Administrativa CPC Código de Procedimiento Civil, 1985.

CSJ   Corte Suprema de Justicia (a partir de 1961).

CSJ en CP   Corte Suprema de Justicia en Corte Plena.

CSJ en SCC   Corte Suprema de Justicia en Sala de Casación Civil.

CSJ en SPA Corte Suprema de Justicia en Sala Político-Administrativa.

Doctrina GPR   *Doctrina de la Procuraduría General de la República* (Publicación anual a partir de 1962).

CF   *Gaceta Forense* (publicación periódica de la Corte Federal y de Casación —1949 a 1952—, de la Corte Federal —1953 a 1961— y de la Corte Suprema de Justicia a partir de 1961).

GO   *Gaceta Oficial de la República de Venezuela.*

LOCSJ   Ley Orgánica de la Corte Suprema de Justicia, 1976.

LOPA   Ley Orgánica de Procedimientos Administrativos, 1982.

M   Memoria de la Corte Federal y de Casación (hasta 1949).

Como lo expresó Manuel García Pelayo:

"La Constitución, en tanto que norma fundamental positiva, vincula a todos los poderes públicos incluidos el Parlamento y por tanto, la ley no puede ser contraria a los preceptos constitucionales, a los principios de que éstos arrancan o que se infieren de ellos, y a los valores a cuya realización aspira. Tal es lo que configura la esencia del Estado constitucional de Derecho..."[529].

En efecto, puede señalarse que uno de los principios fundamentales del Estado de Derecho, es la primacía del principio de legalidad, en el sentido de que todos los órganos del Estado están subordinados al mismo, el cual se manifiesta, principalmente, en dos formas: en primer lugar, en la primacía de la Constitución en relación a las leyes del Parlamento y los otros actos del Estado, especialmente aquellos dictados en ejecución directa de la Constitución; y en segundo lugar, en la primacía de las leyes, como actos del Parlamento, en relación a todos los demás actos del Estado.

En todo caso, y en particular cuando decimos que una de las características esenciales del Estado de Derecho es la primacía de la Constitución, esto no quiere decir, por supuesto, que las únicas normas constitucionales que prevalecen sean solamente los artículos formalmente escritos en la Constitución, sino también, la integralidad de los valores fundamentales que están a la base de la misma y que, al mismo tiempo, pueden inferirse de sus normas. El papel del Poder Judicial para su identificación, en todo caso, ha sido y sigue siendo de primer orden.

En esta forma, la posibilidad misma de la justicia constitucional, no solamente es el resultado último de la consolidación del Estado de Derecho, sino también, en particular, de la noción de Constitución como norma suprema y positiva. Es decir, como lo señaló Mauro Cappelletti, la Constitución concebida "no como una simple pauta de carácter político, moral o filosófico, sino como una ley verdadera, positiva y obligante, con un carácter supremo y más permanente que la legislación positiva ordinaria"[530].

En consecuencia, para poder analizar en el mundo contemporáneo, a la justicia constitucional, tenemos que comenzar por puntualizar la noción de Constitución como norma suprema y directamente efectiva. Por ello, esta parte sobre los principios de la Justicia Constitucional la dividiremos en dos partes: en una primera parte, estudiaremos el principio de la supremacía constitucional como fundamento de la justicia constitucional; y en la segunda parte, efectuaremos el análisis de ésta como la principal garantía de dicha supremacía[531].

---

529 M. García Pelayo, "El Status del Tribunal Constitucional", *Revista Española de Derecho Constitucional*, N° 1, Madrid, 1981, p. 18.

530 M. Cappelletti, *Judicial Review of Legislation and its Legitimacy. Recent Developments*. General Report. International Association of Legal Sciences. Uppsala, 1984 (mimeo), p. 20; también publicado como "Rapport général" en L. Favoreu y J.A. Jolowicz (ed). *Le contrôle juridictionnel des lois Légitimité, effectivité et développements récents*, París, 1986, pp. 285-300.

531 Véase Allan R. Brewer-Carías, "La Justicia Constitucional", *Revista Jurídica del Perú*, N° 3, 1995, Trujillo, Perú, pp. 121 a 160.

1. *La supremacía constitucional como fundamento de la justicia constitucional*

Sin duda, una de las principales características del constitucionalismo moderno, es el concepto de Constitución como realidad normativa, y no como compromiso político ocasional de grupos políticos, que podría cambiar en cualquier momento en que varíe el equilibrio entre ellos. Al contrario, en el mundo contemporáneo, como lo ha puntualizado Eduardo García de Enterría, las Constituciones son normas jurídicas efectivas, que prevalecen en el proceso político, en la vida social y económica del país, y que sustentan la validez a todo el orden jurídico[532]. En este sentido, la Constitución como ley suprema, real y efectiva, contiene normas directamente aplicables tanto a los órganos del Estado como a los individuos.

Este fue el concepto adoptado en los Estados Unidos de América desde los inicios del constitucionalismo, y en los países de América Latina, desde el siglo pasado. Fue el concepto adoptado en Europa después de la Revolución francesa, y que, abandonado durante el siglo pasado, fue redescubierto en este siglo, particularmente después de la Segunda Guerra Mundial.

En efecto, originalmente la Constitución fue siempre una ley fundamental que limitaba a los órganos del Estado y proclamaba los derechos fundamentales de los individuos, producto de un consenso político logrado por el pueblo mismo, y por lo tanto, directamente aplicable por los tribunales. Este concepto de Constitución, adoptado por algunos países de Europa continental luego de la Revolución francesa, fue modificado posteriormente por la restauración del principio monárquico, el cual transformó la Constitución en un código formal y abstracto del sistema político, otorgado por el Rey y no directamente impuesto por los tribunales. En este contexto, la Constitución no incluía normas directamente aplicables a los individuos, quienes sólo estaban sometidos a las leyes, y aun cuando contenía una parte orgánica, la falta de medios de control de la constitucionalidad de los actos estatales, trajo como consecuencia la pérdida de su carácter normativo.

Este concepto de Constitución, en los sistemas jurídicos de Europa continental, como se dijo, cambió después de la Segunda Guerra Mundial, volviendo nuevamente a la concepción original de ley suprema, con normas directamente aplicables tanto a los órganos del Estado como a los individuos, juzgadas por los Tribunales. Tal como se desprende de los términos de la decisión de la Corte Suprema norteamericana, en el caso *Trop vs Dulles,* 1958, en la cual, en relación al carácter normativo de la Constitución, estableció lo siguiente:

"Las disposiciones de la Constitución no son adagios trillados ni contraseñas vacías. Son principios vitales y vivos que autorizan y limitan los poderes gubernamentales de nuestra Nación. Sin normas de Gobierno. Cuando se cuestiona ante este Tribunal la constitucionalidad da una ley del Congreso, debemos aplicar dichas normas. De lo contrario, los términos de la Constitución se convertirían en poco más que buenas intenciones"[533].

---

532   E. García de Enterría, *La Constitución como norma y el Tribunal constitucional,* Madrid, 1985, p. 33, 39, 66, 71, 177 y 187.

533   356 US 86 (1958).

Por ello, en los sistemas jurídicos contemporáneos, las Constituciones no son aquellas "buenas intenciones" ni esos "adagios trillados"; al contrario, su contenido tienen un carácter normativo que rige tanto respecto de los órganos del Estado como de los individuos. Este principio rige ahora, incluso, en Francia, donde al contrario, en el sistema constitucional tradicional instaurado por las Leyes constitucionales de 1875, debido a la inexistencia de la Declaración de los Derechos del Hombre y del Ciudadano en el texto de la Constitución[534], sus disposiciones fueron consideradas como no directamente aplicables a los individuos. Sin embargo, tras varias decisiones del Consejo Constitucional adoptadas en los años setenta, el "bloque de la constitucionalidad"[535] ha sido ampliado para incluir en el mismo a la Declaración de los Derechos del Hombre y del Ciudadano de 1789, a los Preámbulos de las Constituciones de 1946 y 1958, y a los principios fundamentales reconocidos por las leyes de la República[536]. Esto llevó a Jean Rivero a afirmar, con respecto a la creación del derecho por el juez constitucional, que, con las decisiones del Consejo Constitucional basadas en "la Constitución y en particular en su Preámbulo", se había producido "una revolución":

> "He allí, de una sola vez, la Declaración de 1789, el Preámbulo de 1946, los principios fundamentales reconocidos por las leyes de la República, integrados a la Constitución francesa, aun cuando la Constituyente no lo quiso. La Constitución francesa duplicó de tamaño por simple voluntad del Consejo Constitucional"[537].

Este carácter normativo de la Constitución, en relación a los órganos del Estado y a los individuos, y su aplicación por los tribunales, también han provocado cambios en relación a las llamadas "normas programáticas" de la Constitución, las cuales tradicionalmente habían sido consideradas como normas sólo directamente aplicables al Legislador[538].

En efecto, en las Constituciones modernas, particularmente en el texto relativo a los derechos económicos y sociales, se encuentran normas que en realidad, están formuladas como pautas o programas políticos dirigidos al Legislador. Esto llevó a considerar que tales normas constitucionales no se aplicaban directamente a los individuos mientras el Legislador no hubiera adoptado las leyes formales necesarias para ejecutar el "programa" establecido. Por ello, únicamente las leyes dictadas para

---

534   J. Rivero, *Les libertés publiques*, vol. 1, París, 1973, p. 70.

535   L. Favoreu, "Le principe de constitutionalité. Essai de définition d'après la jurisprudence du Conseil constitutionnel" en *Recueil d'études en l'honneur de Charles Eisenmann*, París, 1977, p. 33.

536   L. Favoreu, *Le contrôle juridictionnel des lois et sa légitimité. Développements récents en Europe occidentale*, Association Internationale des Sciences Juridiques, Colloque d'Uppsala, 1984 (mineo), p. 8; también publicado en L. Favoreu y J. A. Jolowicz, *Le contrôle juridictionnel des lois...*, *cit.*, pp. 17 y sgts.

537   J. Rivero, "Rapport de Synthèse" in L. Favoreu (ed), *Cours Constitutionnelles Européennes et Droit Fondamental*, Aix-en-Provence, 1982, p. 520.

538   E. García de Enterría, *op. cit.*, pp. 37, 69. *Cfr.* P. Biscaretti di Ruffia y S. Rozmaryn, *La Constitution comme loi fondamental dans les Etats de l'Europe Occidentale et dans les Etats Socialistes*, Torino, 1966, p. 39.

el desarrollo jurídico del programa, eran las que se consideraba que debían ser aplicadas por los tribunales.

Por el contrario, el carácter normativo de la Constitución como tendencia esencial del constitucionalismo contemporáneo, tiende a la superación del carácter programático atribuido a algunas normas constitucionales, y a su ejecución por los tribunales, como normas directamente aplicables a los individuos, dejando ser consideradas sólo como aquellas "buenas intenciones" a las que hacía referencia el Chief Justice Warren de la Corte Suprema de los Estados Unidos, en el caso *Trop vs Dulles* (US 1958)[539]. Es por ello que dichas "normas programáticas" o disposiciones que indican los propósitos del Estado, también deben ser aplicadas, como principios que deben ser aplicados por los tribunales, como principios que deben orientar las acciones de sus órganos.

Por otra parte, en el derecho constitucional contemporáneo, la justicia constitucional es fundamentalmente posible, no sólo cuando existe una Constitución como norma verdaderamente aplicable por los tribunales, sino además, cuando la misma tiene efectiva supremacía sobre el orden jurídico en su conjunto, en el sentido de que prevalece frente a todas las normas, actos y principios de derecho contenidos en un sistema jurídico determinado. Esta supremacía de la Constitución sobre las demás fuentes del derecho y, en particular, sobre los actos del Parlamento, implica que la Constitución es la ley suprema que determina los valores supremos del orden jurídico, y que, desde esa posición de supremacía, puede ser tomada como parámetro para determinar la validez de las demás normas jurídicas del sistema.

A. *Los antecedentes británicos de la supremacía constitucional y el constitucionalismo norteamericano*

Esta concepción de la Constitución como ley suprema se la debemos, sin duda, al constitucionalismo norteamericano, constituyendo no sólo una de sus grandes contribuciones a la historia universal del derecho, sino el fundamento de la noción misma de justicia constitucional.

Esta concepción, en especial en Norteamérica, integró la tradición del derecho natural en la versión de John Locke y Edward Coke, de la "ley de leyes", "ley inmutable", es decir, *lex legum, lex aeterna y lex immutabile,* con una forma jurídica concreta plasmada en los Pactos y Cartas de las Colonias americanas, formalizada luego como ley fundamental, en un documento solemne, precisamente aquél que iba a darse a conocer bajo el nombre de "Constitución"[540].

Esta concepción de la Constitución como ley suprema o fundamental, nacida en Norteamérica precisamente de la técnica de la justicia constitucional, la cual derivó de esa supremacía constitucional, provino, en realidad, del *common law* británico, considerado en sí mismo, como ley fundamental.

En efecto, antes del Siglo XVII, en el sistema británico, el *common law,* es decir la ley no legislada, prevalecía sobre las leyes formales o *statutes* que eran considera-

---

539   356 US 86 (1958).

540   E.S. Corwin, *The "Higher Law" Background of American Constitutional Law,* N. Y., 1955 (reimpreso en *Harvard Law Review,* Vol. XLII, 1928-1929, pp. 149-185 y 365-409).

das como normas particulares o excepcionales en relación al derecho consuetudinario previamente establecido[541]. Esa práctica de la supremacía del *common law* sobre las leyes formales o, como lo expuso el Juez Edward Coke, "la supremacía tradicional del *common law* sobre la autoridad del Parlamento"[542], se plasmó en el famoso caso *Bonham* de 1610, en el que Coke afirmó:

> "Aparece en nuestros libros que en muchos casos, el *common law* controla los actos del Parlamento y a veces, los juzga totalmente nulos: pues, cuando un acto del Parlamento va en contra del sentido común y la razón, o es incompatible o imposible de aplicar, el *common law* lo controlará y juzgará como nulo"[543].

Este "sentido común y la razón", sin duda, era algo fundamental y permanente, en pocas palabras, una ley suprema, obligante para el Parlamento y para los tribunales ordinarios.

Una de esas leyes fundamentales, de acuerdo con Coke, era, precisamente, la Carta Magna. Coke explicó que fue llamada "Carta Magna, no por su tamaño o extensión... sino... por la gran importancia y grandeza de su contenido en pocas palabras, por ser la fuente de todas las leyes fundamentales del Reino"[544]. La Carta Magna se consideraba, así, como una ley fundamental y como tal, puede tenerse como el lejano antecedente de las Constituciones modernas.

Con respecto al concepto de ley suprema obligante para el Parlamento, Edward S. Corwin se refirió a otro caso, el *Day vs Savadge* de 1614, en el cual el Juez Hobart, sin hacer referencia directa al caso *Bonham* afirmó:

> "Incluso un Acto del Parlamento, dictado contra la *natural equity*, como el que hace a un hombre juez en su propia causa, en sí mismo es nulo; porque *jura naturae sunt immutabilia* y aquella es *leges legum* "[545].

Sin embargo, después de la "Gloriosa Revolución" de 1688, en el derecho británico se afianzó el principio de la supremacía y soberanía del Parlamento; de allí el principio de la sumisión general del ordenamiento al poder legislativo. A pesar de ello, doce años después de la Revolución, el Juez Hotl, en el caso *City of hondón vs Wood* de 1701, comentaba el caso del *Dr. Bonham* afirmando:

> "Y lo que dice Lord Coke en el caso del Dr. Bonham... está lejos de ser una extravagancia, ya que resulta muy razonable y cierto afirmar que si un Acto del Parlamento ordenara que una persona sea a la vez juez y parte, o lo que es lo

---

541 M. Cappelletti, *Judicial Review in the Contemporary World*, Indianapolis, 1971, pp. 36-37.

542 Citado por E. S. Conwin, *op. cit.*, p. 38. Con respecto al razonamiento de Coke, véase W. Holdsworth, *A History of English Law*, Vol. V, Londres, 1966, p. 475. Véase además J. Beauté, *Un Grand Juriste Anglais: Sir Edward Coke 1552-1634, ses idées politiques et constitutionnelles*, París, 1975.

543 Véase la cita y sus comentarios en Ch. H. McIlwain, *The High Court of Parliament and its Supremacy*, Yale, 1919, pp. 286-301. Véase las críticas a las opiniones de Lord Coke en L. B. Boudin, *Government by Judiciary*, N. Y., 1932, Vol. I, pp. 485-517.

544 E. S. Conwin, *op. cit.*, pp. 54-55.

545 *Idem.*, p. 52.

mismo, juez en su propia causa, se trataría de un acto nulo; puesto que es imposible que uno sea juez y parta, ya que el juez es el que decide entre parte y parte"[546].

Sin embargo, Holt aceptaba el principio según el cual "un Acto del Parlamento puede estar equivocado", pues el principio de la supremacía del Parlamento ya había sido reconocido, aún cuando consideraba que "parecía bien extraño"[547] si fuera contrario a los principios del derecho natural —hoy natural justice—.

Debe decirse, sin embargo, que dicha supremacía del Parlamento, paradójicamente, tuvo un efecto directo sobre el desarrollo de la justicia constitucional en Norteamérica ya que, antes de la Declaración de Independencia, las leyes dictadas por las Legislaturas coloniales, en varias oportunidades, habían sido declaradas inválidas por estar en contradicción con las leyes de Inglaterra o con las Cartas coloniales[548]. En consecuencia, como lo ha afirmado Mauro Cappelletti:

"Aun cuando la Gloriosa Revolución de 1688 marcó, en Inglaterra, el triunfo de la supremacía legislativa, las Colonias americanas, sin embargo, habían heredado las ideas de Coke con respecto tanto a la subordinación de la Corona y del Parlamento a la ley suprema, como a un Poder Judicial acostumbrado a interpretar y, a veces, a ignorar los actos legislativos que violaran principios superiores... Paradójicamente, la Gloriosa Revolución no sólo no obstaculizó sino que estimuló el desarrollo de la nueva doctrina del control judicial"[549].

Por ello, Cappelletti ha insistido en la misma idea, al señalar:

"El principio de la supremacía parlamentaria —y por lo tanto, de la supremacía del derecho positivo—, introducida en Inglaterra después de la Gloriosa Revolución de 1688, produjo en América resultados bien diferentes de aquellos que tuvo en Inglaterra. En Inglaterra, el resultado consistió en despojar a los jueces de cualquier facultad de control sobre la validez de la legislación, a pesar de los primeros éxitos de la doctrina de Lord Coke. En América, por lo contrario, el resultado fue facultar a los jueces coloniales para desconocer la legislación local que no estuviera en conformidad con la ley inglesa. Quedó pues dilucidada la aparente paradoja: de cómo el principio inglés de supremacía no controlada de la legislatura, coadyuvó en América a la formación de un sistema opuesto, en vez de impedirlo"[550].

En esta forma, si bien es cierto que la decisión en el caso Dr. Bonham, no ocupó lugar importante alguno de las decisiones judiciales en Inglaterra, particularmente, después de la victoria final del Parlamento sobre la Corona, su doctrina pasó a América, como lo expresa Edward S. Corwin, "para incrementar el arsenal de armas que

---

546 *Idem.,* p. 52.

547 Ch. H. McIlwain, *op. cit.,* p. 37.

548 C.P. Patterson, "The development and evaluation of Judicial Review", *Washington Law Review,* N° 13, 1938, p. 75, 171, 353.

549 M. Cappelletti, *Judicial Review in the Contemporary World, op. cit.,* pp. 38-39.

550 *Idem.,* p. 40.

se acumularon en contra de las reivindicaciones de soberanía por parte del Parlamento"[551].

En efecto, los colonos americanos se sumaron directamente a la tradición de Coke con respecto a la necesaria subordinación de la Corona y del Parlamento a una ley suprema, consignada en gran medida en un documento singular que, después de la Declaración de Independencia, se convirtió en una Constitución adoptada por cada uno de los nuevos Estados. Por esa razón, después de 1776, en algunos Estados, particularmente en Pennsylvania y Vermont, se fue insistiendo en la idea de que las leyes estadales no podían ser incompatibles con sus leyes fundamentales. De allí que los Tribunales de New Jersey, en 1780, ya hubieran empezado a aplicar la idea del control judicial de la constitucionalidad[552].

En la Convención Constitucional de 1787, sin embargo, el problema del control judicial de la constitucionalidad sólo se trató ocasionalmente, pues las discusiones giraron más bien en torno al concepto de la supremacía de la Constitución sobre la legislación de los Estados; es decir, al principio según el cual la Constitución es la ley suprema del país, que deben aplicar los jueces a pesar de cualquier disposición contraria en las Constituciones o Leyes de los Estados miembros, lo cual se consagró en la Constitución de 1787, en lo que se conoce como la "Cláusula de supremacía"[553].

Debe señalarse, sin embargo, que en su artículo I, sección 9, la Constitución norteamericana había impuesto algunas limitaciones al Congreso[554], habiendo sido concebida, además, en 1789, tanto la primera Enmienda a la Constitución, como las otras nueve dirigidas a configurar una Declaración de derechos y garantías individuales *(Bill of rights),* como una limitación al Poder Legislativo, al estipular que (Primera Enmienda):

> "El Congreso no legislará respecto al establecimiento de una religión, o la prohibición del libre ejercicio de la misma; ni pondrá cortapisas a la libertad de expresión o de la prensa; ni coartará el derecho de las personas a reunirse en forma pacífica, y pedir al Gobierno la reparación de los agravios".

En todo caso, la "Cláusula de supremacía", las limitaciones constitucionales impuestas al Congreso por la Constitución y la autoridad concedida a la Corte Suprema para "resolver cualquier causa, en derecho y equidad, derivada de esta Constitución" (artículo III, sección 2), junto con los antecedentes de la "ley suprema" del sistema constitucional británico, fueron las que llevaron a la adopción formal de la doctrina

---

551   E. S. Corwin, *op. cit.,* p. 53.

552   Véase W. J. Wagner, *The Federal States and their Judiciary*, The Hague, 1959, pp. 87-88; Silvia Snowiss, *Judicial review and the Law of the Constitution, cit.* pp. 50 y sigts.

553   Artículo VI, parágrafo 2do. de la Constitución: "Esta Constitución y las Leyes de los Estados Unidos que se sancionen conforme a ella, y todos los Tratados firmados o por firmar bajo la autoridad de los Estados Unidos, conformarán la Ley Suprema de la Nación; y los Jueces de cada Estado estarán subordinados a ella, independientemente de cualquier disposición contraria de las Leyes de cualquier Estado".

554   Por ejemplo: "El privilegio del autor de *Habeas Corpus* no se suspenderá, salvo cuando así lo requiera la seguridad pública en los casos de rebelión o invasión". No se dictará Ley alguna de efectos individuales o expost facto" (numerales 2 y 3).

de la supremacía constitucional y en consecuencia, del control judicial de la constitucionalidad[555].

Ahora bien, la idea de la supremacía de la Constitución como norma fundamental y suprema, puede decirse que fue desarrollada por primera vez, en 1788, por Alexander Hamilton en *The Federalist,* cuando al referirse al papel de los Jueces como intérpretes de la ley afirmó:

"Una Constitución es, de hecho, y así debe ser considerada por los jueces, como una ley fundamental. Por tanto, les corresponde establecer su significado así como el de cualquier acto proveniente del cuerpo legislativo. Si se produce una situación irreconciliable entre ambos, por supuesto, la preferencia debe darse a la que tiene la mayor obligatoriedad y validez, o, en otras palabras, la Constitución debe prevalecer sobre las Leyes, así como la intención del pueblo debe prevalecer sobre la intención de sus representantes".

En respuesta a la afirmación según la cual "los poderes de los tribunales para declarar nulos actos legislativos contrarios a la Constitución" podría implicar "una superioridad del Poder Judicial sobre el Poder Legislativo", Hamilton expresó:

"La afirmación —según la cual los Tribunales deben preferir la Constitución a las leyes— no implica de ninguna manera una superioridad del Poder Judicial sobre el cuerpo legislativo. Sólo supone que el poder del pueblo está por encima de ambos; y que cuando la voluntad de la legislatura declarada en sus Leyes, esté en oposición con la del pueblo declarada en la Constitución, los jueces deben regirse por la última más que por la primera. Ellos deben basar sus decisiones en las leyes fundamentales, antes que en aquellas que no son fundamentales".

Su conclusión fue pues, la siguiente:

"Por consiguiente, ningún acto legislativo contrario a la Constitución, puede ser válido. Negar esto significaría afirmar que el adjunto es más importante que su principal; que el sirviente está por encima de su patrón; que los representantes del pueblo son superiores al pueblo mismo; que los hombres que actúan en virtud de poderes, puedan hacer no sólo lo que sus poderes no les autorizan sino también lo que les prohíben".

Así es como en *The Federalist,* Hamilton no solamente desarrolló la doctrina de la supremacía de la Constitución, sino también, aun más importante, la doctrina de "los jueces como guardianes de la Constitución", como lo expresa el título de la Carta N° 78 en la que Hamilton, al referirse a la Constitución como limitación de los poderes del Estado y, en particular, de la autoridad legislativa, afirmó que:

"Limitaciones de este tipo sólo pueden ser preservadas, en la práctica, mediante los Tribunales de justicia, cuyo deber tiene que ser el de declarar nulos todos los actos contrarios al tenor manifiesto de la Constitución. De lo contra-

---

555 Véase Silvia Snowiss, Judicial *Review..., cit.,* pp. 90 y ss.

rio, todas las reservas de derechos o privilegios particulares, equivaldrían a nada"[556].

La posibilidad de que los Tribunales pudieran invalidar leyes "incompatibles con la Constitución, los Tratados o normas de los Estados Unidos" fue contemplada por el Primer Congreso, en la primera Ley judicial de 1789. Ello llevó a un Tribunal Federal de Circuito en 1795 (caso *Vanhorne's Lessee vs Dorrance)* y en 1800 (caso *Cooper vs Telfair)* a declarar nulas leyes estadales por ser incompatibles con la Constitución Federal y con la de los Estados[557].

En realidad, el principio de la supremacía de la Constitución se desarrolló con relación a la legislación de los Estados federales, en el caso *Vanhorne's Lessee vs Dorrance* (1975), un caso resuelto por un Tribunal Federal de Circuito en el que el juez Williams Paterson declaró inválida por inconstitucional una Ley de Pennsylvania. En sus instrucciones al Jurado, comparando los sistemas de Inglaterra y de Norteamérica, expresó:

"Algunos de los jueces en Inglaterra, han tenido la audacia de declarar que un Acto del Parlamento que vaya en contra de la *natural equity,* es nulo; sin embargo, tal opinión contraría la posición general según la cual, la validez de un Acto del Parlamento no puede ser cuestionada por el Poder Judicial; no se puede discutir y debe obedecerse. El poder del Parlamento es absoluto y supremo; el Parlamento es omnipotente en la jerarquía política. Además, en Inglaterra, no existe Constitución escrita, ninguna ley fundamental, nada visible, nada real, nada cierto mediante el cual pueda cuestionarse una Ley. En América, las cosas son muy diferentes: cada Estado de la Unión tiene su Constitución escrita con exactitud y precisión".

Luego, se planteó lo siguiente:

"¿Qué es una Constitución? Es la forma de gobierno, delineada por la mano todo poderosa del pueblo, en la cual se establecen algunos principios primarios de leyes fundamentales. La Constitución es cierta y permanente; contiene la voluntad permanente del pueblo y es la ley suprema de la Nación; es soberana con relación al poder legislativo y sólo puede ser revocada o modificada por la autoridad que la hizo".

En el mismo orden de ideas, se refirió a la legislación preguntándose:

"¿Qué son las legislaturas? Creaturas de la Constitución; le deben a ella su existencia; derivan sus poderes de la Constitución; son sus mandatarias, y por lo tanto, todos sus Actos deben conformarse a ella, so pena de ser nulos. La Constitución es la obra o la voluntad del pueblo mismo, en su capacidad original, soberana e ilimitada. La ley es obra o voluntad de la legislatura en su capacidad derivada y subordinada. Una es obra del creador y la otra de la creatura. La

---

556 *The Federalist* (ed. B.F. Wright), Cambridge, Mass. 1961, pp. 491-493.

557 W. J. Wagner, *op. cit.,* pp. 90-91.

Constitución fija limitaciones al ejercicio de la autoridad legislativa y prescribe la órbita en la cual ésta se debe mover".

En sus afirmaciones de 1795, además, el juez Paterson señaló al Jurado:

"En pocas palabras, señores, la Constitución es la cúspide del sistema políti-co, alrededor de la cual se mueven los cuerpos legislativos, ejecutivo y judicial. Cualquiera que sea la situación en otros países, en este no cabe la menor duda de que cualquier acto legislativo incompatible con la Constitución, resulta abso-lutamente nulo..."[558].

De acuerdo con estas orientaciones, e independientemente de la intención de los redactores de la Constitución en relación a que el control judicial de la constitucio-nalidad fuera o no uno de los principios fundamentales del sistema constitucional norteamericano, ese control se estableció por primera vez en relación a las leyes federales, en el famoso caso *Marbury vs Madison* de 1803[559], en el cual el principio de la supremacía de la Constitución fue el argumento principal para el ejercicio de tal poder de control judicial de la constitucionalidad de las leyes por parte de la Cor-te Suprema.

En efecto, el Chief Justice Marshall, buscando determinar si de conformidad con la Constitución, la Corte Suprema podía ejercer la autoridad que le había sido confe-rida por la Ley Judicial de 1789, de dictar *writs of mandamus* a los empleados públicos, y considerando que ello "no estaba previsto en la Constitución", decidió "investigar la posibilidad de que una jurisdicción así conferida pudiera ejercerse"; para ello, desarrolló la doctrina de la supremacía de la Constitución basándose en la pregunta de si "un acto incompatible con la Constitución podía o no llegar a conver-tirse en ley de la Nación?".

Con miras a responder esta pregunta siguió un razonamiento lógico, establecien-do, en primer lugar, el principio de la supremacía de la Constitución. Inició su ar-gumentación aceptando la idea de un "derecho original" del pueblo a fijar los prin-cipios que han de regir "su futuro gobierno", como "la base sobre la cual se ha erigi-do todo el sistema norteamericano". En su opinión, este derecho original de adoptar tales principios "fundamentales" y "permanentes" representaba una tarea considera-ble, de tal manera que no debía "repetirse frecuentemente".

---

558   2. Dallas 304 (1795). Véase el texto en S. I. Kutler (ed.), *The Supreme Court and the Constitution. Readings in American Constitutional History,* N. Y., 1984, pp. 7-13.

559   5. U.S. (1 Cranch), 137; 2 L. Ed 60 (1803). Con relación a este caso véase en general E. S. Corwin, *The Doctrine of judicial review. Its legal and historical basis and other Essays,* Princeton, 1914, pp. 1 y 78. El caso que provocó la decisión puede resumirse así: El Presidente John Adams, justo antes de finalizar su período, había nombrado a William Marbury como Juez de Paz. El nuevo Presidente, Thomas Jeffer-son, no quería a Marbury en el ejercicio del cargo, y ordenó al Secretario de Estado, James Madison, que no le diera el nombramiento. Marbury pidió a la Corte Suprema una orden o mandamiento judicial requiriendo del Secretario de Estado le otorgara el nombramiento. En la decisión, y aun cuando el *Chief Justice* John Marshall considerara que se había tratado injustamente a Marbury, desechó el caso al con-siderar que la Corte Suprema no tenía competencia para ordenar actuaciones a un órgano del Poder Eje-cutivo, a pesar de que la Ley Judicial la autorizaba para ello, considerando que al así hacerlo la ley esta-ba en contradicción con la Constitución.

Esta "voluntad original y suprema", decía, "organiza el gobierno..., confiere a diferentes departamentos sus poderes respectivos... (y) fija ciertas limitaciones que dichos departamentos no pueden sobrepasar". Consideró que el Gobierno de los Estados Unidos era del tipo en el que "los poderes de la Legislatura están definidos y limitados" y fue precisamente, para que "estas limitaciones no puedan ser mal interpretadas u olvidadas", por lo que se adoptó una Constitución escrita con aquellos principios fundamentales y permanentes.

Luego, el juez Marshall se preguntó:

"¿Para qué fin están limitados los poderes, y para qué fin tal limitación se pone por escrito si dichos límites pudieran ser transgredidos, en cualquier momento, por aquellos a quienes se busca restringir? La distinción entre un gobierno con poderes limitados y otro con poderes ilimitados desaparece, si esos límites no obligan a los individuos sobre quienes se imponen, y si los actos prohibidos y aquellos permitidos tienen la misma obligatoriedad".

La alternativa, según el, como proposición demasiado evidente para ser cuestionada, era la siguiente, o:

"que la Constitución controla cualquier acto legislativo incompatible con ella; o que el poder legislativo puede modificar la Constitución mediante un acto ordinario";

en relación a lo cual explicaba:

"En esta alternativa no hay término medio. O la Constitución es una ley suprema soberana, que no puede ser modificada por medios ordinarios, o está en el mismo nivel que los actos legislativos ordinarios y, al igual que éstos, puede ser modificada cuando le plazca a la legislatura.

Si la primera parte de la alternativa es cierta, entonces un acto legislativo contrario a la Constitución no es una ley; si la última parte es cierta, entonces las constituciones escritas no son sino intentos absurdos por parte del pueblo de limitar un poder por naturaleza ilimitable".

Por supuesto, su conclusión fue que la Constitución era "la ley suprema y soberana de la Nación", principio que consideraba "como uno de los principios fundamentales de nuestra sociedad". En consecuencia, aceptó el postulado según el cual "un acto de la legislatura incompatible con la Constitución es nulo", considerando como "la esencia misma del deber judicial", el determinar las normas que rigen el caso, cuando una ley está en oposición a la Constitución. En estos casos, concluyó, "la Constitución es superior a cualquier acto ordinario de la legislatura; la Constitución, y no tales actos ordinarios, deben regir el caso al que ambos se aplican". Lo contrario, significaría otorgar "a la legislatura una omnipotencia real y práctica...; significaría lo mismo que prescribir limitaciones y declarar que estas pueden ser transgredidas a voluntad... lo que, en conjunto, socavaría el fundamento mismo de todas las Constituciones escritas".

Después de este caso, el principio de supremacía de la Constitución, en el sentido de que prevalece sobre cualquier otra ley incompatible con ella, se convirtió en una de las principales características del constitucionalismo moderno y, por supuesto, de la posibilidad misma del control judicial de la constitucionalidad de las leyes.

En todo caso, en la actualidad, la supremacía de la Constitución no es únicamente un principio de deducción, según la lógica del caso *Marbury vs Madison,* sino a menudo, también, una consecuencia de declaraciones expresas en ese sentido, dentro de la misma Constitución. Ese fue el caso clásico de la Constitución checoslovaca de 1920, la cual estipuló en el artículo I, 1:

"Todas las leyes contrarias a la Carta Constitucional, a sus partes y a las Leyes que la modifican o completan, son inválidas".

Este tipo de declaración expresa, considerada por Hans Kelsen como una de las "garantías objetivas" de la Constitución[560], puede estimarse, incluso, como una tendencia general en el constitucionalismo contemporáneo, en especial en las Constituciones de América Latina[561] y África[562]. En este último caso, como lo afirmó B. O. Nwabueze, "cuando un Tribunal declara una ley nula por inconstitucionalidad no es sino el portavoz, el instrumento, de la Constitución"[563].

Este concepto de supremacía constitucional, es decir, de la Constitución considerada como una ley fundamental y suprema, según la concibió el constitucionalismo americano, aún cuando durante el Siglo XIX, no tuvo seguidores en Europa, finalmente fue adoptado en el presente siglo.

En efecto, el inicial rechazo europeo respecto al principio de la supremacía de la Constitución y a la posibilidad de la justicia constitucional, a pesar del proceso histórico nacido de la Revolución Francesa, se explica por el desarrollo del principio monárquico, como consecuencia de la restauración de la Monarquía a principios del siglo pasado, que hacía del Rey una fuente de poder preconstitucional, reduciendo la Constitución a un simple código formal otorgado por el Monarca, particularmente en relación con los órganos del Estado, sin parte dogmática alguna relacionada con los derechos fundamentales aplicables a los individuos[564]. Además, también contribuyó al rechazo de la adopción del principio de supremacía de la Constitución, el principio de la soberanía parlamentaria y la interpretación extrema de la separación de los poderes, lo que otorgaba al Legislador inmunidad respecto del Poder Judicial.

La doctrina de la supremacía de la Constitución y del control jurisdiccional de la constitucionalidad, en realidad, sólo se abrió camino en Europa, después de la Primera Guerra Mundial, principalmente a través del sistema constitucional concebido

---

560 H. Kelsen, "La garantie juridictionnelle de la Constitution (La Justice constitutionnelle)", *Revue du Droit Public et de la Science Politique en France et á l'étranger,* París, Vo.. XLV, 1928, p. 214.

561 Por ejemplo, la Constitución de 1961 determina en el artículo 46: "Cualquier acto del Poder Público que viole o menoscabe los derechos garantizados por esta Constitución es nulo...".

562 Constitución de Uganda (Art. 1), Kenya, (Art. 3), Nigeria (Art. 1), Zwasilandia (Art. 2). *Cfr.* B.O. Nwabueze, *Judicial Control of Legislative Action and its Legitimacy. Recent Development (African Regional Report),* International Association of Legal Science. Uppsala Colloquium, 1984 (mineo), p. 2; también publicado en L. Favoreu y J. A. Jolowicz, *Le contrôle juridictionnel des lois... cit.,* pp. 193 y ss.

563 *Idem., doc. cit.,* p. 2.

564 E. García de Enterría, *op. cit.,* pp. 55-56.

por Hans Kelsen para su país, reflejado en la Constitución austriaca de 1920, así como en la Constitución checoslovaca del mismo año. Años más tarde, después de la Segunda Guerra Mundial, el sistema austriaco de supremacía constitucional y justicia constitucional fué adoptado por Alemania e Italia para luego, por su influencia, extenderse a otros sistemas constitucionales europeos, como sucedió más recientemente, en España y Portugal.

Como le señaló hace algunos años Louis Favoreu, no ha sido sino en las últimas décadas cuando Europa ha vuelto a "descubrir" la Constitución como una ley suprema, que coloca algunos valores fundamentales de la sociedad fuera del alcance de mayorías parlamentarias ocasionales o temporales, transfiriendo el tradicional carácter sagrado de los actos del Parlamento a la Constitución. De allí que la Constitución haya sido "rejuridificada" en el sentido de que se le considera ahora como una ley fundamental directamente ejecutable por los jueces y aplicable a los individuos[565].

La situación en América Latina, en todo caso, siempre fue distinta. Bajo la inspiración del constitucionalismo americano, el principio de la supremacía constitucional y de la justicia constitucional se arraigó allí desde el siglo pasado, habiendo pasado a configurarse como uno de los principios clásicos del constitucionalismo latinoamericano.

En esta forma, por ejemplo, el sistema constitucional venezolano, al concebirse, en 1811, se basó en el principio de la supremacía constitucional, siendo la Constitución considerada como un cuerpo normativo que no sólo organizaba el ejercicio del Poder Público, sino que también declaraba los derechos fundamentales de los ciudadanos. Ese principio de consagración en la Constitución de normas positivas directamente aplicables a los individuos, ha caracterizado el constitucionalismo venezolano hasta el presente[566].

Este principio de la supremacía de la Constitución inevitablemente condujo en Venezuela, hace más de un siglo (1858), al desarrollo de un sistema de control judicial de la constitucionalidad de los actos del Estado[567]. Ello fue explicado por la propia Corte Suprema de Justicia, en 1962, cuando decidió una acción popular interpuesta contra la Ley aprobatoria del Tratado de Extradición firmado con los Estados Unidos de América, de la manera siguiente:

"La existencia de un control judicial de la constitucionalidad de los actos del Poder Público por parte del más alto Tribunal de la República, es tradición en

---

565   L. Favoreu, *Le contrôle juridictionnel des lois et sa légitimité. Développements récents en Europe occidentale, doc. cit.,* p. 23.

566   Véase Allan R. Brewer-Carías, *Estado de Derecho y Control Judicial,* Madrid, 1987, pp. 17 y ss. La Constitución de Venezuela del 21 de diciembre de 1811, que es la primera de América Latina, estableció expresamente que toda "Ley contraria" a la declaración de derechos de los ciudadanos, "que se expida por la legislatura federal o por las provincias será absolutamente nula y de ningún valor" (Art. 199). Véase Allan R. Brewer-Carías, *Las Constituciones de Venezuela,* Madrid 1985, p. 200.

567   Véase los comentarios acerca de control judicial de la constitucionalidad como consecuencia de la supremacía de la Constitución, en Pablo Ruggeri Para, *La supremacía de la Constitución y su defensa,* Caracas 1941; José Guillermo Anducza, *La Jurisdicción Constitucional en el derecho venezolano,* Caracas 1955; Allan R. Brewer-Carías, *Estado de Derecho...,* pp. 19 y ss.

Venezuela, y resulta indispensable en todo régimen que pretenda subsistir como Estado de Derecho.

Porque lo inconstitucional es siempre antijurídico y contrario al principio que ordena al Poder Público en todas sus ramas, sujetarse a las normas constitucionales y legales que definen sus atribuciones. Lo inconstitucional es un atropello a los derechos ciudadanos y al orden jurídico en general, que tiene su garantía suprema en la Ley Fundamental del Estado. En los países libremente regidos, toda actividad individual o gubernativa ha de mantenerse necesariamente circunscrita a los limites que le señala la Carta Fundamental, cuyas prescripciones, como expresión solemne de la voluntad popular en la esfera del Derecho Público, son normas de ineludible observancia para gobernantes y gobernados, desde el más humilde de los ciudadanos hasta los más altos Poderes del Estado.

De los principios consignados en la Constitución, de las normas por ella trazadas, así en su parte dogmática como en su parte orgánica, deben ser simple desarrollo las leyes y disposiciones que con posterioridad a la misma se dicten; y tan inconstitucionales, y por consiguiente,, abusivas serían éstas si de tal misión excedieran, como inconstitucionales y también abusivos lo serían cualquiera otros actos de los Poderes Públicos que abierta mente contravinieran lo estatuido en la Ley Fundamental"[568].

Como consecuencia de este principio de la supremacía constitucional, la Constitución venezolana de 1961, siguiendo una tradición constitucional que se remota a la Constitución de 1858[569], consagra, en su artículo 215, la competencia de la Corte Suprema de Justicia para declarar la nulidad, por inconstitucionalidad de las leyes y otros actos normativos de los cuerpos deliberantes nacionales, estadales y municipales, así como de los reglamentos ejecutivos y de los actos del Congreso y del gobierno dictados en ejecución directa de la Constitución. En cuanto a los actos judiciales y administrativos, por supuesto, también están sometidos a medios de control de legalidad y constitucionalidad, mediante los recursos de casación y de apelación, o mediante acciones judiciales contencioso administrativas.

Por otra parte, el artículo 20 del Código de Procedimiento Civil autoriza a todos los tribunales de la República a declarar inaplicables en la decisión de casos concretos, cualquier acto normativo del Estado cuando sean considerados inconstitucionales, y por lo tanto, a dar preferencia a las normas constitucionales. En consecuencia, además del sistema de control concentrado de la constitucionalidad, también se ha adoptado un sistema difuso de justicia constitucional. Por consiguiente, tal como ocurre actualmente en el sistema portugués y de Colombia, se puede afirmar que el sistema venezolano de control judicial de la constitucionalidad de las leyes y otros actos del Estado, al menos formalmente, es uno de los más completos en el derecho

568 Sentencia de la Corte Suprema de Justicia en Pleno, 15-3-62. Véase *Gaceta Oficial* N° 760, Extra., 22-36-2, pp. 3-7.

569 Véase J. G. Andueza, *La jurisdicción constitucional en el derecho venezolano,* Caracas, 1955, p. 46.

comparado, que mezcla el sistema difuso de control judicial de la constitucionalidad de las leyes, con el sistema concentrado[570].

Con respecto al carácter mixto del sistema venezolano, la Corte Suprema, al analizar el ámbito del control judicial de la constitucionalidad de las leyes, señaló que éste es responsabilidad:

"No tan solo del Supremo Tribunal de la República, sino de los jueces en general, cualquiera sea su grado y por ínfima que fuere su categoría. Basta que el funcionario forme parte de la rama judicial para ser custodio de la Constitución y, aplicar, en consecuencia, las normas de ésta prevalecientemente a las leyes ordinarias... Empero, la aplicación de la norma fundamental por parte de los jueces de grado, sólo surte efecto en el caso concreto debatido, y, no alcanza, por lo mismo, sino a las partes interesadas en el conflicto; en tanto, que cuando se trata de la ilegitimidad constitucional de las leyes pronunciadas por el Supremo Tribunal en ejercicio de su función soberana, como intérprete de la Constitución y en respuesta a la acción pertinente, los efectos de la decisión se extienden *erga omnes* y cobran fuerza de ley. En el primer caso, el control es incidental y especial; y en el segundo, principal y general; y cuando éste ocurre, es decir, cuando el recurso es autónomo, éste es formal o material, según que la nulidad verse sobre una irregularidad concerniente al proceso elaborativo de la ley, o bien que no obstante haberse legislado regularmente en el aspecto formalista, el contenido intrínseco de la norma adolezca de vicios sustanciales"[571].

Por consiguiente, en Venezuela, el sistema de control de la constitucionalidad es un sistema mixto en el que el sistema difuso funciona paralelamente con el sistema concentrado atribuido éste último a la Corte Suprema de Justicia[57243]. En sentido similar funciona el sistema en Colombia y en el Perú.

B.   *La supremacía y la rigidez constitucional*

Hemos señalado que el control jurisdiccional de la constitucionalidad, en particular de las leyes, requiere en primer lugar, de la existencia de una Constitución escrita, producto de un Poder Constituyente Soberano, que es el pueblo, concebida como una ley fundamental y ejecutable, con efectos directos, tanto respecto de los órganos del Estado como de los individuos. Igualmente hemos señalado que para que exista justicia constitucional, la Constitución debe gozar de superioridad y supremacía jerárquica, con relación a todos los poderes constituidos, que son creados por la misma Constitución.

---

570   Véase en general, Allan R. Brewer-Carías, *El control de la constitucionalidad de los actos estatales,* Caracas, 1977; *Estado de Derecho..., cit.,* pp. 19 y ss.; y también, "Algunas consideraciones sobre el control jurisdiccional de la constitucionalidad de los actos estatales en el derecho venezolano", *Revista de Administración Pública,* N° 76, Madrid, 1975, pp. 419-446.

571   Véase sentencia de la Corte Federal (reemplazada en 1961 por la Corte Suprema de Justicia), de 19-6-1953 en *Gaceta Forense,* 1, 1953, pp. 77-78.

572   Véase en general, Allan R. Brewer-Carías, *El control concentrado de la constitucionalidad de las leyes,* Caracas 1994; y *Judicial Review in Comparative Law,* Cambridge UK 1989.

Ahora bien, la supremacía de la Constitución está clara y estrechamente vinculada con el carácter rígido de la misma, es decir, con el principio de que las normas de la Constitución sean inmunes ante los poderes del Legislador ordinario. Esta característica de la Constitución constituye una tendencia general en el derecho constitucional en el mundo entero, dejando a salvo sistemas tales como los del Reino Unido, Nueva Zelandia e Israel que no tienen Constitución escrita, la cual, por ello, es flexible[573].

En principio, puede decirse que el control jurisdiccional de la constitucionalidad es consustancial con las Constituciones rígidas[574], aun cuando debe señalarse que no todos los países con este tipo de Constitución cuentan con un sistema de justicia constitucional. Por otra parte, también debe señalarse que en sistemas con constituciones flexibles, también es posible algún tipo de control de la constitucionalidad. Sin embargo, el control jurisdiccional de la constitucionalidad de las leyes sólo adquiere su plena significación en sistemas constitucionales dotados de Constituciones escritas y rígidas, en los cuales la ley fundamental es adoptada de manera estable, de forma que sus enmiendas y reformas sólo pueden realizarse mediante procedimientos especiales, y no a través de procedimientos legislativos ordinarios.

Por ello, Maurice Duverger ha considerado que "la existencia de un control jurisdiccional de la constitucionalidad de las leyes requiere que la Constitución sea rígida y no flexible"[575] y ello es así; pues, en definitiva, es en el marco de las Constituciones rígidas donde se puede distinguir entre normas constitucionales y normas ordinarias, y donde el principio de la supremacía constitucional es definitivamente aceptado.

En estos sistemas de Constituciones rígidas, el principio de *lex superior derogart legi inferiori* es el que se aplica al juzgar la constitucionalidad de las leyes; mientras que en los sistemas de constituciones flexibles, en los cuales la Constitución no cuenta con un carácter de ley suprema, el conflicto entre normas jurídicas no es aquél expresado por el Juez Marshall de la Corte Suprema norteamericana en el caso *Marbury vs Madison,* sino entre normas del mismo rango. Por ello, en tales casos, los principios tradicionales de interpretación son los de: *lex posterior derogat legi priori y lex specialis derogat legi generali*[576].

Ahora bien, si bien es cierto que en sistemas constitucionales con Constituciones flexibles, la ausencia de un texto constitucional estable faculta al legislador ordinario para reformar o enmendar la Constitución, y por lo tanto, impide el desarrollo de un sistema efectivo de justicia constitucional, sin embargo, en esos países puede establecerse una distinción entre normas constitucionales y normas legislativas ordinarias sin tomar en cuenta su aspecto formal, sino más bien su contenido. En los sistemas con Constituciones rígidas, la diferencia entre estas normas, básicamente,

---

573 Véase en general, J. Bryce, *Constituciones flexibles y Constituciones rígidas,* Madrid, 1962, p. 19.

574 Véase al contrario, G. Trujillo Fernández, *Dos estudios sobre la constitucionalidad de las leyes.* La Laguna, 1970, pp. 11, 17.

575 M. Duverger, *Institutions politiques et Droit Constitutionnel,* París, 1965, p. 222.

576 P. de Vega García, "Jurisdicción Constitucional y Crisis de la Constitución", *Revista de Estudios Políticos,* Nº 7, Madrid, 1979, p. 206.

es de orden formal, en el sentido de que las normas constitucionales sólo pueden modificarse o enmendarse mediante procedimientos especiales; sin embargo, la distinción también existe en sistemas con Constituciones flexibles, aunque no en sentido formal, sino con relación al contenido de dichas normas[577]. En consecuencia, si bien un sistema de justicia constitucional en sentido formal, no puede existir en países con Constituciones flexibles, ello no resulta imposible en sentido sustantivo, con respecto al contenido de las normas[578]. Además, en países con Constituciones flexibles, se pueden identificar algunas dificultades en relación a la reforma de algunos actos del Parlamento, lo que permite la posibilidad de algún control formal de la "constitucionalidad" de la legislación, lo que hasta cierto punto sucede en Israel, que, como se dijo, no tiene Constitución escrita.[579]

C.   *La supremacía constitucional y los principios constitucionales no escritos*

Ahora bien, si bien es cierto que un auténtico sistema de justicia constitucional es posible en países con Constituciones escritas y rígidas, para determinar el ámbito del control es necesario dilucidar si este opera sólo con respecto al texto formal de las normas constitucionales escritas, o puede ejercerse también, en base a los principios y valores no escritos de la Constitución escrita. En otras palabras, debe determinarse si el control jurisdiccional de la constitucionalidad de las leyes sólo puede ejercerse en relación a las normas incluidas en los artículos escritos de la Constitución, o si puede ejercerse con relación a normas no escritas, que se infieren del texto de la Constitución y de su espíritu[580].

En los Estados Unidos de América esto ha sido ampliamente discutido, al analizarse el problema del papel activo de la Corte Suprema, en especial, en cuanto a la protección de los derechos fundamentales; y del debate respecto del papel de los jueces en materia de justicia constitucional han resultado dos posturas antagónicas: el rol interpretativo o el rol no-interpretativo de los jueces[581].

---

577   G. Trujillo Fernández, *op. cit,* pp. 17-18.

578   P. Lucas Murillo de la Cueva, "El Examen de la constitucionalidad de las leyes y la Soberanía Parlamentaria", *Revista de Estudios Políticos,* N° 7, Madrid, 1979, p. 206.

579   A. Shapira, *The Constitution and its Defense in Israel: Fundamentais, Guarantees, Emergency Powers and Reform,* International Congress on the Constitution and its Defense, U.N.A.M., México, 1982 (mimeo), pp. 25. Véase también A Shapira, "Judicial Review without a Constitution: the Israeli Paradox", *Temple Law Quaterly,* 56, 1983, p. 405. Véase la referencia en el caso *Bergman vs. Ministerio de Finanzas* 23 PD (1) 693, 1969 en J.D. Whyte, *Judicial Review of Legislation and its Legitimacy: Developments in the Common Law World,* International Association of Legal Sciences, Uppsala Colloquium (mimeo) p. 57; y A. Shapira, *The Constitution... cit.,* pp. 9-13.

580   L. Favoreu, "Rapport général Introductif" en L. Favoreu (ed.), *Cours Constitutionnelles... cit.,* p. 45.

581   J. H. Ely. *Democracy and distrust. A Theory of judicial review,* 1980, pp. 1-2; T. Grey, "Do we have an unwritten constitution?", *Stanford Law Review,* N° 27, 1975, p. 703; T. Grey, "Origins of the Unwritten Constitution: Fundamental Law in American Revolutionary Thought", *Stanford Law Review,* N° 30, 1978, pp. 843-847; E. García de Enterría, *op. cit.,* pp. 210-221; M. Cappelletti, "El formidable problema del control judicial y la contribución del análisis comparado", *Revista de Estudios Políticos,* N° 13, Madrid, 1980, pp. 68-69, "The mighty problem" of judicial review and the contribution of comparative analysis, in *Southern California Law Review,* 1980, p. 409); B. Caine, "Judicial Review: Democracy versus Constitutionality", *Temple Law Quaterly,* 56, (2), 1973, p. 298.

Según el método interpretativo, los jueces constitucionales deben limitarse a aplicar y ejecutar las normas concretas contenidas en los artículos de la Constitución escrita o derivadas de ellos en forma claramente implícita. Este modelo fue el originalmente seguido por Hamilton y el Juez Marshall; y conforme al mismo, las leyes sólo pueden ser consideradas nulas mediante deducción, siempre que la premisa fundamental se encuentre claramente en la Constitución.

En el extremo opuesto, el del modelo no-interpretativo, se permite a los jueces ir más allá de las referencias literales a la Constitución y aplicar normas que no se encuentran en el marco del documento escrito, pero que forman parte de los valores fundamentales y permanentes de una sociedad determinada y de su sistema político. En opinión de Thomas Grey, la forma más pura del modelo no-interpretativo, partía de la premisa de que los principios del gobierno republicano y de la *natural justice* en relación á los derechos humanos, establecían limitaciones a la autoridad legislativa, sin que debieran tenerse en cuenta los términos precisos del texto escrito de la Constitución, y ni siquiera su propia existencia[582]. Este modelo no-interpretativo, pesar de que la Constitución de 1798 y las Enmiendas de 1791 no consagraban el principio de igualdad y que la Enmienda XIV (1868) sólo establecía la Cláusula de Protección Igual[583], fue seguido por la Corte Warren en las decisiones relativas a cuestiones sobre discriminación racial y protección de las minorías[584].

Por supuesto, la elección entre el modelo interpretativo y el no-interpretativo ha sido, y probablemente seguirá siendo, una de las interrogantes más importantes con respecto al papel de la justicia constitucional y del control judicial de la constitucionalidad de las leyes. La adopción de un modelo u otro depende, en realidad, del contenido de la Constitución misma y de la manera y fecha en que fueron redactados sus artículos. El hecho es que, cuando una Constitución tiene más de doscientos años, como la norteamericana, resulta imposible en la actualidad plasmar cuáles fueron en su momento, las intenciones conocidas de sus redactores, quienes vivieron en una sociedad patriarcal que desapareció desde hace mucho tiempo, en especial, con respecto a las llamadas cláusulas abiertas de la Constitución[585]. Sin embargo, en casos concretos, tales intenciones deben determinarse, siendo ese, precisamente, el papel de los jueces.

Por supuesto, la situación es diferente en sistemas constitucionales dotados de textos constitucionales contemporáneos, de contenido detallado, en los cuales a veces puede resultar difícil desarrollar el modelo no-interpretativo. En todo caso, la adopción de uno u otro modelo también depende de la tradición jurídica de cada país.

Por ejemplo, en el ámbito de los derechos fundamentales, el Tribunal Federal suizo ha desarrollado ampliamente el modelo no-interpretativo para su protección.

---

582 T. Grey, "Origins...", *loc. cit.,* p. 844.

583 *Cfr.* J. H. Ely, *op. cit.,* pp. 79-90; E. García de Enterría, *op. cit.,* pp. 216-217. Véase también R. Berger, *Government by Judiciary. The Transformation of the fourteen Amendment,* 1977.

584 Véase en particular *Brown vs Board of Education of Topeka,* 347 U.S. 483 (1954). Véase el texto en S.I. Kutler (ed.) *op. cit.,* pp. 548-5...

585 J. H. Ely, *op. cit.,* p. 13; E. García de Enterría, *op. cit.,* p. 211.

En efecto, algunos derechos fundamentales importantes, como la libertad personal, la libertad de expresión o el derecho a ser oído (audiencia previa) no se encuentran expresos en el texto de la Constitución federal, pero han sido reconocidos por el Tribunal Federal como derechos constitucionales no escritos. Al respecto se ha dicho que el Tribunal, en realidad, no ha interpretado la Constitución, sino que la ha perfeccionado, al considerar que ese es su deber, como juez constitucional. Esta actitud se justifica por el hecho de que su función consiste, precisamente, en garantizar los fundamentos del Estado federal democrático, en conformidad con la ley[586].

Por el contrario, en el caso del Tribunal Constitucional austriaco, como lo señaló Theo Ohlinger, éste adopta el método interpretativo, considerándose limitado por el texto constitucional. La tarea interpretativa por supuesto, ha sido considerada de gran importancia, debido a que las normas más importantes de la Constitución relativas a los derechos fundamentales, fueron redactadas en el siglo pasado, algunas con un estilo formalista y lapidario. En todo caso, en esta tarea, la orientación positivista del Tribunal Constitucional ha sido determinante, aferrándose a una aplicación cuidadosa de los métodos interpretativos. Esto ha conducido a que cuando el Tribunal Constitucional ha considerado que la ausencia de una norma constitucional afecta una situación particular, ha estimado que su deber sólo consiste en solicitar al legislador constitucional que llene el vacío, considerándose incompetente para hacerlo jurisdiccionalmente[587].

En contraste con esta situación, en relación al ámbito de la protección de los derechos fundamentales, debe destacarse, como ejemplo del modelo no-interpretativo, el papel durante la última década del Consejo Constitucional francés. Puede señalarse que el juez constitucional en Francia no solamente ha superado el modelo interpretativo, sino que han alcanzado la forma más pura del modelo de justicia constitucional no-interpretativa en aquellos casos en los cuales ha controlado la conformidad de la legislación con los "principios generales" o con las "tradiciones republicanas" no definidas, vagas y no escritas, "encontradas" por el Consejo Constitucional y definidos como de rango jurídico superior[588].

En este sentido, la actitud del Consejo Constitucional francés cambió radicalmente a partir de los años setenta, después de la importante decisión adoptada el 16 de julio de 1971[589] con respecto a la libertad de asociación, y al valor del Preámbulo de la Constitución. En efecto, en contraste con el criterio del Comité Consultivo Constitucional que elaboró la Constitución de 1958 conforme al cual, el papel del Consejo Constitucional no tenía por objeto garantizar el cumplimiento de las disposiciones del Preámbulo de la Constitución; en 1971, el Consejo Constitucional reconoció el valor jurídico positivo de dicho Preámbulo de la Constitución de 1958, con

---

586 T. Ohlinger, "Objet et portée de la protection des droits fondamentaux: la Cour Constitutionnelle Autrichienne", in L. Favoreu (ed.), *Cours Constitutionnelles...*, pp. 335-336.

587 *Idem.*, p. 346.

588 M. Cappelletti, "El formidable problema... *loc. cit.*, nota 20, p. 69.

589 Véase en L. Favoreu y L. Philip, *Les grandes décisions du Conseil Constitutionnel*, París 1984, pp. 222-237

todas sus consecuencias[590], configurándose así, lo que Louis Favoreu ha llamado el "bloque de la constitucionalidad"[591].

En efecto, el Preámbulo de la Constitución francesa de 1958 establece lo siguiente:

"El pueblo francés proclama solemnemente su subordinación a los Derechos del Hombre y a los principios de soberanía nacional tal como están definidos por la Declaración de 1789, confirmados y completados por el Preámbulo de la Constitución de 1946".

Este Preámbulo de la Constitución, hasta 1971, había sido considerado por el propio Consejo Constitucional como un mero principio de orientación para la interpretación constitucional; habiendo considerado que su competencia estaba "estrictamente limitada" por el texto constitucional[592].

Esta actitud, sin embargo, cambió con la mencionada decisión del Consejo Constitucional del 16 de julio de 1971, cuando resolvió que una nueva ley, al establecer un procedimiento previo de controles judiciales para que una asociación pudiera tener capacidad jurídica, era contraria a la Constitución. Esa ley, en realidad, era una reforma a la Ley de 1910 referida a las Asociaciones sin fines de lucro, que había sido introducida por el Gobierno a la consideración de la Asamblea Nacional en 1970. El Consejo Constitucional la consideró inconstitucional[593] partiendo del argumento siguiente:

La Constitución de 1958, a través del Preámbulo de la Constitución de 1946, se refería a los "principios fundamentales reconocidos por las leyes de la República" entre los cuales debe mencionar el principio de libertad de asociación. De acuerdo con este principio, las asociaciones pueden constituirse libremente y pueden desarrollar sus actividades públicamente, con la única condición de hacer una declaración previa, cuya validez no podía ser sometida a una intervención previa por parte de autoridades administrativas o judiciales.

El Consejo Constitucional decidió que las limitaciones impuestas a las asociaciones por la nueva ley que establecían un control judicial previo a la mencionada declaración, eran inconstitucionales. Por ello, Jean Rivero afirmó que:

---

590   L. Favoreu, "Rapport général Introductif", en L. Favoreu (ed) *Cours Constitutionnelles. ... cit.*, pp. 45-46

591   L. Favoreu, "Le principe de la constitutionalité. Essai de définition d'après la jurisprudence du Conseil Constitutionnel", *loc. cit.*, p. 34.

592   L. Hamon, "Contrôle de Constitutionalité et protection des droits individuels. A propos de trois décisions récentes du Conseil Constitutionnel", *Recueil Dalloz Sirey 1974*, Chronique XVI, p. 85.

593   Véase la decisión del Consejo Constitucional en L. Favoreu y J. Philip, *Les grandes décisions du Conseil Constitutionnel, cit.*, p. 222. Véase los comentarios de la decisión del 16 de julio de 1971 en J. Rivero, "Note", *L'Actualité Juridique. Droit Administratif*, 1971, p. 537; J. Rivero "Principes fondamentaux par les lois de la République; une nouvelle catégorie constitutionnelle?", *Dalloz 1974, Chroniques*, p. 265; J. E. Bardsley, "The Constitutional Council and Constitutional Liberties in France", *The American Journal of Comparative Law Journal*, 20 (3), 1972, p. 43; y B. Nicolas, "Fundamental Rights and Judicial Review in France", *Public Law Journal*, 1978, p. 83.

"La libertad de asociación, la cual no está expresamente consagrada ni por la Declaración ni por "los principios particularmente necesarios en nuestro tiempo", pero que ha recibido su status de una Ley del 1° de julio de 1901, se la ha reconocido, por la decisión citada (del Consejo Constitucional), como dotada de un carácter constitucional, y ello no solamente como principio, sino incluso, en relación con las modalidades de su ejercicio"[594].

El impacto de esta decisión ha sido resumido por Barry Nicholas, de la manera siguiente:

"Marcó un cambio inequívoco con respecto a la tradición constitucional de la supremacía de la ley. Declaró, por sobre todo, que incluso del ámbito reservado a la legislación por el artículo 30 de la Constitución, había principios fundamentales que el Parlamento no podía alterar ni infringir. Y sobre todo, declaró que aquellos principios fundamentales se encontraban no solamente en la misma Constitución sino también en su Preámbulo, y a través del mismo, en el Preámbulo de 1946 (y presumiblemente, también en la Declaración de 1789)"[595].

La decisión del 16 de julio de 1971 acerca de la libertad de asociación, puede considerarse como un ejemplo de la voluntad creativa del Consejo Constitucional para determinar los derechos fundamentales, aun cuando para ello tenía que basar su decisión en el Preámbulo de la Constitución de 1958, y a través de éste, en el Preámbulo de la Constitución de 1946, considerado como uno de los "principios fundamentales reconocidos por las leyes de la República". Por lo tanto, con el fin de establecer un derecho fundamental o una libertad como "principio fundamental", el Consejo Constitucional se basó en una ley específica existente, particularmente, en relación con la libertad de asociación, como era la Ley del 1° de julio de 1901 que la reconocía.

Sin embargo, en otros casos[596], como sucedió con el derecho a la defensa, el Consejo Constitucional, para deducirlo no se basó en la existencia de una ley en particular, sino en "los principios fundamentales reconocidos por las leyes de la República". En efecto, en la decisión de 1920 de enero de 1981[597], el Consejo Constitucional cambió radicalmente la situación previa con respecto al derecho a la defensa, el cual era considerado por el Consejo de Estado, simplemente, como un principio general del derecho"[598]. Al contrario, luego de la decisión de 1981, el Con-

---

594   J. Rivero, "Les garanties constitutionnelles des Droits de l'Homme en Droit français", *IX Joumées Juridiques Franco-Latino-américaines*, Bayonne, 21-23 mai, 1976 (mimeo), p. 11.

595   B. Nicholas, *loc. cit.*, p. 89.

596   Las decisiones del 8 de noviembre de 1976; del 2 de diciembre de 1976; del 19 de enero de 1981; del 20 de enero de 1981. *Cfr.* las citas en F. Luchaire, "Procédures et Techniques de Protection des Droits Fondamentaux. Conseil Constitutionnel Français", en L. Favoreu (ed), *Cours Constitutionnelles Européennes. .. cit.*, pp. 69, 70, 83.

597   L. Favoreu y L. Philip, *Les grandes décisions.... cit.*, pp. 490, 517.

598   *Cfr.* D. G. Lavroff, "El Consejo Constitucional Francés y la Garantía de las libertades públicas", *Revista Española de Derecho Constitucional*, N° 1 (3), 1981, pp. 54-55; L. Favoreu y L. Philip, *Les grandes décisions... cit*, p. 213

sejo Constitucional lo reconoció como parte de los "principios y valores de rango constitucional", expresión empleada por el Consejo Constitucional para "designar de manera genérica todas las normas que tienen rango constitucional, sin estar incluidas en el texto de la Constitución"[599].

Por todo lo anterior, en la actualidad, en Francia, como consecuencia de la ampliación del principio de constitucionalidad, la "conformidad con la Constitución" no se entiende estrictamente como la conformidad con una disposición expresa de la Constitución. Al contrario, desde los años setenta, la noción de norma constitucional que puede servir de norma de referencia para el control jurisdiccional de la constitucionalidad se entiende, cada vez más, en sentido más amplio, incluyendo disposiciones y principios que están fuera del texto expreso constitucional, y en particular, contenidos en la Declaración de 1789 en los Preámbulos de las Constituciones de 1946 y 1958, en los principios fundamentales reconocidos por las leyes de la República y en los principios generales con valor constitucional[600].

En todo caso, sigue vigente la discusión relativa a si es o no necesario disponer de una norma de referencia escrita, para que se pueda producir el control de la constitucionalidad de las leyes. Distintas soluciones se han formulado según los varios sistemas de control[601], aun cuando puede observarse una clara tendencia de permitir el método no-interpretativo de justicia constitucional con un papel cada vez más activo del juez constitucional.

D. *La adaptación de la Constitución y su interpretación*

En efecto, el tipo normal y habitual de control jurisdiccional de la constitucionalidad de las leyes que se ha desarrollado en todos los sistemas constitucionales en los cuales se establece el principio de la supremacía de la Constitución, está basado en la existencia de normas escritas en la Constitución a las cuales deben conformarse todos los órganos del Estado, en especial, el Legislador. En este caso, evidentemente, el problema básico de la Justicia constitucional con base en el modo interpretativo, se refiere al grado de claridad del texto constitucional en cuestión, y consecuentemente, a la factibilidad del ejercicio del control jurisdiccional de la constitucionalidad de las leyes, con respecto a nociones vagas, imprecisas o indeterminadas contenidas en los artículos constitucionales y en la necesidad de un juez constitucional para adaptar el texto de la Constitución, con el fin de garantizar su efectividad y supremacía.

Como se señaló anteriormente, la situación depende del carácter contemporáneo o anticuado que tenga la Constitución, del número de las disposiciones o regulaciones de su texto y de la precisión o vaguedad de los artículos del mismo.

---

599 L. Favoreu, "Les décisions du Conseil Constitutionnel dans l'affaire desnationalisations", *Revue du Droit Public et de la Science Politique en France et à l'étranger,* T. XCVIII, N° 2, París 1982, p. 401

600 L. Favoreu, "L'application directe et l'effet indirect des normes constitutionnelles", *French Report to the XI International Congress of Comparative Law, Caracas,* 1982 (mimeo), p. 4

601 Véase E. Smith, *Contrôle juridictionnel de la législation et sa légitimité. Développements récents dans les cinq pays scandinaves,* Rapport au Symposium de l'Association Internationale des Sciences Juridiques, Uppsala, 1984 (mimeo), p. 61. También publicado en L. Favoreu y J. A. Jolowicz (ed), *Le contrôle juridictionnel des lois... cit.,* pp. 225-282.

Sin embargo, incluso en las Constituciones contemporáneas, respecto de las declaraciones de derechos fundamentales, algunas veces están redactadas de manera sintética, vaga y elusiva; sus normas a veces se expresan en conceptos indeterminados como libertad, orden público, democracia, justicia, dignidad, igualdad, función social o interés público[602], todo lo cual tiene que conducir a los jueces a ejercer un papel de interpretación muy activo, de lo que se ha dado en llamar las "ambigüedades preciosas"[603] de las Constituciones.

En todo caso, estas expresiones vagas e imprecisas de las Constituciones siempre expresan algunos conceptos o valores relacionados con los fundamentos generales de una sociedad determinada y su sistema político; por tanto, tiene que ser en relación con éstos últimos, que el juez constitucional debe desempeñar su papel creativo, y determinar el sentido exacto del concepto. Estas expresiones, llamadas "conceptos jurídicos indeterminados" o "nociones jurídicas imprecisas"[604] las cuales están incluidas en las Constituciones, principalmente por su carácter general, son las que el juez constitucional debe explicar e identificar; y mediante un proceso interpretativo, fijar sus fronteras para lo cual debe tomar en cuenta, sobre todo, los valores supremos que derivan de la Constitución y que, generalmente, se encuentran en el Preámbulo o en los primeros artículos del Texto.

La posición del juez constitucional frente a la Constitución no es, pues, muy diferente de la que cualquier juez tiene normalmente ante las leyes, las cuales deben ser interpretadas; y así como los jueces no deben sustituir al Legislador deduciendo conceptos contrarios a lo que está escrito en la ley, tampoco pueden interpretar la Constitución de manera tal que lleguen a deducir conceptos que vayan en contra del texto constitucional y de sus valores fundamentales[605].

Sin embargo, el juez constitucional siempre tiene un deber adicional al juez ordinario: debe defender la Constitución y, en especial, los valores que, en un momento dado, estuvieron en la base de su creación. Por esta razón, el juez constitucional, en su proceso interpretativo, debe adaptar la Constitución a los valores de la sociedad y del sistema político, con miras, precisamente, a "mantener viva la Constitución"[606]. Para este fin, no cabe la menor duda que para controlar la constitucionalidad de la legislación, debe desarrollar una actividad creativa de manera de permitir la aplicación moderna y efectiva de Constituciones que, por ejemplo, fueron escritas en el Siglo XIX.

---

602 M. Cappelletti, "Nécessité et légitimité de la justice constitutionnelle" en L. Favoreu (ed) *Cours Constitutionnelles Européennes et Droits fondamentaux*, París, 1982, p. 474..

603 "Si bien es cierto que la precisión ocupa un sitial de honor en la redacción de una decisión gubernamental, no es menos cierto que se vuelve mortal en una Constitución que se quiere permanezca como un cuerpo viviente". S.M. Hfstedles, "In the name of Justice", *Stanford Lawyers*, 14 (1), 1979, pp. 3-4, citado por M. Cappellett;, "Nécessité et légitimité...", *loc. cit.*, p. 474. Véase las referencias en E. García de Enterría, *op. cit.*, p. 229; y en L. Favoreu, "Le contrôle juridictionnel des lois et sa légitimité.. ." *doc. cit.*, p. 32.

604 F. Sainz Moreno, *Conceptos jurídicos, interpretación y discrecionalidad administrativa*, Madrid, 1976; E. García de Enterría, *La lucha contra las inmunidades de poder en el Derecho Administrativo*, Madrid, 1980, p. 32.

605 F. Luchaire, "Procédures et techniques.. ", *loc. cit.*, p. 83.

606 M. Cappelletti, "El formidable problema...", *loc. cit.*, p. 78.

En este sentido, la Constitución no puede ser considerada como un documento estático. Por el contrario, siempre debe adaptarse a la evolución de las necesidades e instituciones sociales. Y precisamente, en este proceso de adaptación de la Constitución, el papel del juez constitucional ha sido de vital importancia, como lo ha demostrado la Corte Suprema norteamericana, al dictar importantes decisiones en relación con la discriminación racial en el sistema educativo.

Al referirse a la Enmienda XIV, por ejemplo, el *Chief Justice Warren* de la Corte Suprema, declaró en el caso *Brow vs Board of Education of Topeka,* en 1954, que:

"Al enfocar este problema no podemos regresarnos a 1868 cuando se adoptó la Enmienda, y ni siquiera a 1896 cuando sé decidió el caso *Plessy vs. Ferguson.* Debemos examinar la educación pública a la luz de su desarrollo completo y del lugar que ocupa actualmente en la vida americana, en toda la Nación. Solamente de esta manera puede determinarse si la segregación en las escuelas públicas priva a los demandantes de una protección igual de las leyes".

Tal afirmación lo llevó a concluir, señalando lo siguiente:

"Que en el campo de la educación pública la doctrina "separados pero iguales" no tiene lugar. Establecimientos educacionales separados son intrínsicamente desiguales. Por ello, sostenemos que los demandantes así como otros en situación similar de quienes han intentado las acciones son, debido a la segregación de la que se quejan, privados de una protección igual por parte de las leyes, garantizada por la Enmienda XIV"[607].

En el mismo sentido, esta adaptación de la Constitución por el juez constitucional ha quedado demostrada en Francia por el Consejo Constitucional, en el famoso caso de las Nacionalizaciones en 1982; en el cual se aplicó el artículo relativo al derecho de propiedad contenido en la Declaración de los Derechos del Hombre y del Ciudadano en 1789, y consecuentemente, se declaró el derecho de propiedad con rango constitucional. En su decisión del 16 de enero de 1982[608], aun cuando el artículo de la Declaración de 1789 relativo al derecho de propiedad fue considerado obsoleto, estimándose que su interpretación no podía realizarse sino en un sentido radicalmente diferente al que tenía en 1789[609], el Consejo Constitucional declaró que:

"Considerando que, si posteriormente a 1789 y hasta nuestros días, las finalidades y las condiciones de ejercicio del derecho de propiedad han experimentado una evolución caracterizada a la vez por una notable extensión de su campo de aplicación a dominios individuales nuevos, y por limitaciones exigidas por el interés general, los principios mismos enunciados por la Declaración de los Derechos del Hombre tienen pleno valor constitucional, tanto en lo que concierne al carácter fundamental del derecho de propiedad cuya conservación constituye

---

607   347 U.S. 483 (1954). Véase el texto en S. I. Kutler (ed), *op. cit.*

608   Véase L. Favoreu y L. Philip, *Les grandes décisions..., cit.,* pp. 525-562

609   L. Favoreu, "Le contrôle juridictionnel des lois et sa légitimité..., *doc. cit.,* p. 3.2.

uno de los objetivos de la sociedad política, y que está colocado en el mismo nivel que la libertad, la seguridad y la resistencia a la opresión, como en lo que concierne a las garantías otorgadas a los titulares de este derecho y las prerrogativas del poder público..."[610].

En esta forma, el Consejo Constitucional no sólo "creó" un derecho fundamental constitucional al asignar rango y valor constitucional a la Declaración de 1789, sino que también adaptó el "sagrado" y absoluto derecho de propiedad consagrado hace doscientos años, al derecho limitado y limitable de nuestros tiempos, aun cuando su preservación lo llevó a declarar inconstitucionales algunos de los artículos de la Ley de Nacionalización.

De lo anteriormente señalado resulta claro que en todos los sistemas constitucionales dotados de Constituciones escritas, para que las Constituciones sean vistas como leyes supremas cuyas normas deben prevalecer sobre cualquier otra en el ordenamiento jurídico, el principio de la supremacía de la Constitución no sólo se aplica a sus artículos escritos sino también a las normas no escritas que pueden deducirse por los jueces constitucionales del Texto Fundamental, como parte de los valores supremos que se encuentran en el fundamento de una sociedad determinada y de su sistema político.

En todo caso, el principio de supremacía de la Constitución quedaría como letra muerta si el sistema constitucional no brindase un conjunto completo de garantías constitucionales, para darle efectividad. Una de estas garantías es, precisamente, la justicia constitucional, es decir, los poderes otorgados a los jueces, tanto ordinarios como especiales, para controlar la constitucionalidad de las leyes y de todos los demás actos del Estado.

E.   El derecho ciudadano a la supremacía constitucional

En efecto, si partimos del supuesto de que la Constitución es manifestación de la voluntad del pueblo que debe prevalecer sobre la voluntad de los órganos constituidos, el principal derecho constitucional que los ciudadanos pueden tener, es *el derecho a dicha supremacía,* es decir, al respeto de la propia voluntad expresada en la Constitución. Nada se ganaría con señalar que la Constitución, como manifestación de la voluntad del pueblo, debe prevalecer sobre la de los órganos del Estado, si no existiere el derecho de los integrantes del pueblo de exigir el respeto de esa Constitución.

El constitucionalismo moderno, por tanto, en nuestro criterio, está montado no sólo en el principio de la supremacía constitucional, sino en que como secuela del mismo, existe *un derecho del ciudadano a esa supremacía*[611], que se concreta, conforme al principio de la separación de poderes, en *un derecho fundamental a la tutela judicial de la supremacía constitucional.*

---

610   L. Favoreu y L. Philip, *Les grandes décisions...,* cit., p. 526. *Cfr.* L. Favoreu, "Les décisions du Conseil Constitutionnel dan l'affaire des nationalisations", *loc. cit.,* p. 406.

611   Véase Allan R. BrewerCarías, "El amparo a los derechos y libertades constitucionales (una aproximación comparativa)" en *La protección jurídica del ciudadano. Estudios en Homenaje al Profesor Jesús González Pérez,* Madrid 1993, Tomo III, pp. 2.696 y 2.697

En esta forma, el desarrollo de la justicia constitucional en sus dos vertientes, como protección de la parte orgánica de la Constitución, o como protección de su parte dogmática, es decir, de los derechos y libertades constitucionales, en definitiva no es más que la manifestación de la garantía constitucional del derecho fundamental del ciudadano al respecto de la supremacía constitucional, es decir, a la tutela judicial efectiva de dicha supremacía.

Este derecho fundamental, así, se concreta tanto en un derecho al control jurisdiccional de la constitucionalidad de los actos estatales, sea mediante sistemas de justicia constitucional concentrados o difusos, y en un derecho al amparo judicial de los demás derechos fundamentales de las personas, sea mediante acciones o recursos de amparo u otros medios judiciales de protección inmediata de los mismos. La consecuencia de este derecho fundamental, sin duda, implica el poder atribuido a los jueces de asegurar la supremacía constitucional, sea declarando la nulidad de los actos contrarios a la Constitución, sea restableciendo los derechos fundamentales vulnerados por acciones ilegítimas, tanto de los órganos del Estado como de los particulares.

Tratándose de un derecho fundamental de los ciudadanos, el de asegurar la supremacía constitucional mediante la tutela judicial de la misma, es evidente que sólo la Constitución podría limitar dicho derecho, es decir, sería incompatible con la idea del derecho fundamental de la supremacía constitucional que se postula, cualquier limitación legal a la misma, sea manifestada en actos estatales excluidos del control judicial de constitucionalidad; sea en derechos constitucionales cuya violación no fuera amparable en forma inmediata.

La supremacía constitucional es una noción absoluta, que no admite excepciones, por lo que el derecho constitucional a su aseguramiento tampoco puede admitir excepciones, salvo por supuesto, lo que establezca la propia Constitución.

De lo anterior resulta que, en definitiva, en el derecho constitucional contemporáneo, la justicia constitucional se ha estructurado como una garantía adjetiva al derecho fundamental del ciudadano a la supremacía constitucional.

En cierta forma, como lo ha señalado Silvia Snowiss en su análisis histórico sobre los orígenes de la justicia constitucional de Norteamérica, ésta ha surgido como un sustituto a la revolución[612]. En efecto, si los ciudadanos tienen derecho a la supremacía constitucional, como pueblo soberano, cualquier violación de la Constitución podría dar lugar a la revocatoria del mandato a los representantes o a su sustitución por otros, en aplicación del derecho de resistencia o revuelta que defendía John Locke[613]. En caso de opresión de los derechos o de abuso o usurpación, la revolución era la solución o la vía de solución de conflictos por el pueblo. Como sustituto de la misma, sin embargo, surgió el poder atribuido a los jueces para dirimir los conflictos constitucionales entre los poderes constituidos o entre éstos y el pueblo. Esa es, precisamente, la tarea del juez constitucional, quedando configurada la justicia constitucional como la principal garantía al derecho ciudadano a la supremacía constitucional.

---

612   Véase Silvia Snowiss, *Judicial Review...*, *cit.*, p. 113.

613   Véase John Locke, *Two Treatises of Government* (ed. Peter Laslett), Cambridge UK, 1967, pp. 221 y ss.

2.   *La justicia constitucional como garantía de la Constitución*

Hemos señalado que uno de los elementos fundamentales que caracterizan al Estado de Derecho en los regímenes que poseen una Constitución escrita, es el principio de la supremacía de la Constitución sobre cualquier otra norma jurídica o cualquier acto que emane del Estado. En consecuencia, como la supremacía de la Constitución es de la esencia misma del Estado y del ordenamiento jurídico, los actos del Parlamento y de los demás órganos del Estado no pueden violar las reglas y normas de la Constitución.

Esta preeminencia significa no sólo la estricta observancia de las normas y procedimientos fijados por la Constitución, sino también el respeto de los derechos fundamentales de los ciudadanos, declarados o implícitos en la misma. En efecto, todas las Constituciones contemporáneas contienen, al mismo tiempo, una parte orgánica y una parte dogmática; la primera se refiere a la organización del Estado, la distribución y la separación del Poder Público y los mecanismos relativos a su funcionamiento; la segunda se refiere a los derechos fundamentales y a las limitaciones impuestas a los órganos del Estado por su respeto y prevalencia. Esto implica, por ejemplo, en lo que respecta al Parlamento, no sólo la obligación de respetar las normas constitucionales que rigen la separación de poderes y evitar usurpar las atribuciones del Ejecutivo y del Poder Judicial, sino además, de actuar de conformidad con los procedimientos para la elaboración de las leyes que prevé la Constitución. Esto implica, igualmente, que en la elaboración de las leyes, el Parlamento no puede, en ningún caso, violar los derechos fundamentales que garantiza la Constitución.

En este sentido, y teniendo en cuenta su supremacía, debe considerarse que la Constitución no sólo contiene normas de carácter orgánico y de procedimiento, sino también de fondo o de carácter sustantivo. En esta forma, una ley puede ser inconstitucional no sólo por vicios de procedimiento que afecten su elaboración, sino por razones de fondo, cuando su contenido es contrario a los principios enunciados en la Constitución en materia de derechos fundamentales. Por tanto, la inconstitucionalidad puede ser de forma o de fondo[614].

En todo caso, como hemos señalado, esta supremacía de la Constitución sería imperfecta e inoperante desde el punto de vista jurídico, si no se establecieran en la misma las garantías que la protegen de los actos inconstitucionales del Estado o de cualquier ruptura del ordenamiento constitucional. La supremacía de la Constitución significaría nada si no se fijaran, con precisión, los medios para protegerla tanto en su parte orgánica, incluyendo los procedimientos constitucionales, como en la dogmática que se refiere a los derechos fundamentales. De allí las garantías de la Constitución, entre ellas, los sistemas de justicia constitucional.

En general, e históricamente, pueden distinguirse dos tipos de garantías de la supremacía de la Constitución: las políticas y las jurisdiccionales. Las garantías políticas se atribuyen, en general, a los órganos políticos supremos de carácter representativo. Esta garantía política de la Constitución existió, en general, en los regímenes jurídicos donde se impuso una interpretación extrema, tanto del principio de la sepa-

---

614   H. Kelsen. "La garantie juridictionnelle de la Constitution (La justice constitutionnelle)". *Revue du Droit public et de la Science politique en France et à l'étranger*, París, 1928, p. 202

ración de poderes, como del principio de la unidad del Poder del Estado. En el primer caso, esa fue tradicionalmente la situación en Francia hasta la creación del Consejo Constitucional, donde la Asamblea Nacional era el único poder del Estado con facultad de velar por la constitucionalidad de las leyes. En el segundo caso, se trata del sistema que fue adoptado en casi todos los llamados países socialistas, donde el órgano supremo y políticamente representativo era el único que podía ejercer el control de la constitucionalidad de las leyes.

En los sistemas donde la garantía política de la constitucionalidad le correspondía a los órganos políticos representativos, se tendía a asimilar los órganos controlados y los órganos de control[615], lo que suscitó críticas incluso en el mundo socialista, al considerarse el sistema inadecuado o por lo menos "poco satisfactorio". En todo caso, el argumento en favor de este tipo de garantía o medio de protección de la Constitución se basaba en el principio de la unidad del poder del Estado (y el rechazo del principio de la separación de poderes) que caracterizaba el régimen jurídico de derecho público de los países socialistas, lo que implicaba, siempre, la supremacía del poder del órgano políticamente representativo del Estado. La consecuencia lógica de esta preeminencia fue la imposibilidad de confiar el poder de control de la constitucionalidad de las leyes a otro órgano, y considerar como ilegítimo cualquier otro control que pudiese ser ejercido por un órgano del Estado diferente del órgano supremo representativo, incluyendo la autoridad judicial[616].

Antes de los cambios constitucionales que se produjeron en el mundo socialista a partir de 1990, sólo tres países: Yugoslavia, Checoslovaquia y Polonia, habían instituido una garantía jurisdiccional de la Constitución, confiando el poder de control de la constitucionalidad de las leyes a Tribunales Constitucionales especiales, inspirándose en el principio de la supremacía de la Constitución y en el principio de la separación de poderes del Estado. Esta tendencia se ha seguido, posteriormente a las transformaciones, del mundo socialista, en los últimos años, en casi todos los países del Este.

Por otra parte, en los regímenes en los cuales se siguió una interpretación rigurosa del principio de la separación de poderes o que adoptaron el principio de la supremacía y soberanía del Parlamento, evidentemente que no podía haber un sistema de control judicial de la constitucionalidad de las leyes. Este era el caso de todos los países de Europa continental después de la Revolución Francesa, y de la restauración de la Monarquía, y es aún el caso de Inglaterra. En efecto, en Europa, la Monarquía y el principio de la representación basado en la elección del cuerpo legislativo, tuvo como consecuencia la adopción del principio de la supremacía del Parlamento sobre los demás poderes del Estado y, por consiguiente, la primacía de las leyes o actos del Parlamento sobre todas las demás normas y actos estatales.

---

615 P. Biscaretti di Ruffia, "Les Constitutions européennes: notions introductives" en P. Biscaretti di Ruffia y S. Rozmaryn, *La Constitution comme loi fondamentale dans les Etats socialistes,* Torino, 1966, p. 70.

616 P. Nikolic, *Le contrôle juridictionnel des lois et sa légitimité. (Dévenloppement récents dans les pays socialistes),* Informe, Association Internationale des Sciences juridiques, Uppsala, 1984 (mimeo), pp. 14-217. Publicado también en L. Favoreu and J. A. Jolowicz (ed) *Le contrôle juridictionnel des lois. Légitimité, effectivité et développement récent, cit.* pp. 1-115.

En el siglo pasado, por tanto, en Europa era inconcebible suponer cualquier alteración del principio de la supremacía de la ley, producto de la voluntad general. Este principio, sencillamente, hacía inconcebible cualquier incumplimiento de la Constitución por parte del Parlamento. A los ojos del liberalismo formal, en el siglo pasado, el verdadero enemigo del ciudadano era el Ejecutivo (el Monarca) quien podía caer en la tentación de hacer prevalecer su propia voluntad sobre la del pueblo, encarnada por el Parlamento. Por ello, era inconcebible que el Parlamento pudiera equivocarse o fallar. Este mito de la Asamblea, como expresión absoluta de la voluntad popular, fuente segura e infalible de la voluntad colectiva, fue, sin duda, el fruto histórico del jacobinismo francés, del cual, basado en el principio absoluto de la representación de la voluntad nacional, nacería el dogma de la soberanía parlamentaria en Francia; dogma en virtud del cual se proscribía en forma absoluta, todo poder por encima de la Asamblea y se hacía, naturalmente, del Poder Judicial, un simple instrumento de ejecución de las leyes sancionadas por la Asamblea, quitándole hasta la facultad de interpretarlas. De allí el conocido procedimiento del *"référé législatif"* que imponía a los jueces la obligación de consultar a la Asamblea Nacional, en caso de duda en la interpretación de las leyes[617].

Esta obligación derivaba de la más pura tradición de las teorías de Montesquieu, según las cuales los jueces no eran más que "la boca que pronuncia la palabra de ley"; por tanto, meros seres pasivos, incapaces ni siquiera de moderar la fuerza o rigor de dichas leyes[618]. Por otra parte, dicha obligación ocupaba un lugar predominante en la famosa Ley del 16-24 de agosto de 1790 sobre la organización judicial.

En efecto, en el artículo 10 del Título II de dicha ley se estableció el principio de la separación de los poderes legislativo y judicial en los términos siguientes: "Los tribunales no podrán participar ni directa ni indirectamente en el ejercicio del poder legislativo; ni impedir ni suspender la ejecución de los decretos del cuerpo legislativo..." Y el artículo 12 del mismo Título agregaba: "Ellos (los tribunales) no podrán hacer reglamentos sino que se dirigirán al cuerpo legislativo cada vez que crean necesario, sea interpretar una ley o hacer una nueva". El *"référé législatif"* como se dijo, constituía en ese entonces, el instrumento mediante el cual el cuerpo legislativo podía interpretar las leyes, interpretación a la que los jueces ni siquiera podían proceder. Por ello, Robespierre decía que la palabra "jurisprudencia" debía ser eliminada de la lengua francesa, agregando:

> "En un Estado que tiene una Constitución, una legislación, la jurisprudencia de los tribunales no es otra cosa que la ley... si una autoridad distinta del legislador podría interpretar las leyes, ella elevaría su voluntad por encima de la del legislador"[619].

En nombre de este principio jacobino de la Asamblea, producto de la Revolución, en Francia, durante mucho tiempo se rechazó la posibilidad de que las autori-

---

617 Véase Art. 2 de la Ley del 16-24 agosto 1790; y Art. 21 de la Ley de 27 de noviembre-1° diciembre 1790. Véase las referencias en M. Troper, *La séparation des pouvoirs et l'histoire constitutionnelle française*, París 1980, pp. 58 y ss.

618 Citado por Ch. H. Me Ilwain, *The High Court of Parliament and its Supremacy*, Yale, 1910, p. 323.

619 Citado por M. Troper, *La séparation... , cit.*, p. 60.

dades judiciales pudieran anular las decisiones que emanaban de la Asamblea. En el Reino Unido, este es, precisamente, el mismo principio de la soberanía del Parlamento, fruto de la "Gloriosa Revolución" de 1688, que aún impide en la actualidad, a las instancias judiciales, poder velar por la constitucionalidad de las leyes. De acuerdo con este principio, la tarea de los jueces es Sólo aplicar las leyes y, por supuesto, interpretarlas, pero éstos no tienen poder alguno para controlarlas, pues las decisiones del cuerpo legislativo traducen la voluntad soberana del pueblo.

Partiendo de esta concepción tradicional de la separación de los poderes, todo sistema de control judicial de la constitucionalidad de las leyes era considerado atentatorio al principio de la soberanía del Parlamento, que se basaba en la preeminencia del Legislador sobre los demás poderes del Estado. Esta concepción se apoyaba en la idea de que el Parlamento estaba compuesto por representantes del pueblo, quienes, como tales, en el seno de un régimen democrático representativo, representaban al soberano. En este sentido, se consideraba inadmisible toda intervención de una instancia constitucional cualquiera con miras a limitar la autonomía del órgano representativo supremo del Estado, razón por la cual el control de la constitucionalidad de las leyes sólo podía ser ejercido por ese órgano.

En todo caso, debe tenerse en cuenta que el principio de la soberanía del pueblo, como dogma fundamental de todo Estado de Derecho democrático, y que está a la base de las Constituciones modernas, es un principio político inherente al poder constituyente del Estado, no al poder de los cuerpos constituidos del mismo, que ejercen el Poder Público. Por consiguiente, en nuestro criterio, no tenía sentido ni tiene sentido continuar con el debate sobre la soberanía relativa de los cuerpos constituidos del Estado, ya que todos emanan del soberano (el pueblo) y son sus representantes. Asimismo, actualmente no puede tener sentido alegar la soberanía del Parlamento para frenar la instauración de un mecanismo jurisdiccional capaz de garantizar la Constitución, a la que también está subordinado el Parlamento.

Para retomar el argumento desde otro punto de vista, no hay que olvidar que en los regímenes democráticos tanto de tipo presidencial como parlamentario, el Presidente de la República o el Jefe de Gobierno son elegidos por el pueblo y surgen de la soberanía popular, al igual que los miembros del Parlamento. A partir del momento en que la Constitución reconoce la soberanía del pueblo, resulta totalmente claro que esta calidad no puede ser conferida a un órgano del Estado, más que a otro. No hay que olvidar que todos los poderes del Estado y todos los órganos que los ejercen, derivan su legitimidad del pueblo; por consiguiente, ningún órgano constitucional es ni puede ser verdaderamente soberano, ni siquiera el Parlamento, y todos están sujetos a la Constitución.

Además, tampoco debe olvidarse que en las democracias contemporáneas, la relación entre las fuerzas políticas y sociales tiende a relativizar las funciones constitucionales de los órganos del Estado, transformando en muchos casos al Parlamento, en una especie de foro de los partidos políticos en el cual se obliga al Gobierno a negociar con ellos, tal y como lo hace con los sindicatos y los grupos de presión. Esta primacía fáctica de los partidos políticos ha erosionado el principio mismo de la separación de poderes y, por el contrario, ha llevado a que los poderes se concentren en manos del Gobierno o de los mismos partidos políticos[620]. Por ello, incluso, ha surgido la necesidad de adoptar medidas a fin de orientar, por vías constitucionales, las actividades de los órganos del Estado y las de los mismos partidos[621].

A. El control jurisdiccional de la constitucionalidad y el fin del absolutismo parlamentario

Ahora bien, salvo en el Reino Unido, puede decirse que en Europa ya se ha disipado el mito de la soberanía del Parlamento. En efecto, el control jurisdiccional de la constitucionalidad de las leyes apareció en Europa luego de la gran crisis que se produjo al finalizar la primera guerra mundial y como consecuencia de las tragedias posteriores que hicieron desaparecer los derechos individuales. Ello condujo a la transformación de la Constitución en un verdadero código normativo, directamente aplicable y obligante, y a la creación de órganos constitucionales cuya tarea fue la protección jurisdiccional del orden constitucional y la garantía de la supremacía de la Constitución, no sólo en relación al Poder Ejecutivo (controlado, en forma separada, por otro tipo de instancia judicial o jurisdiccional), sino esencialmente en relación al Parlamento, es decir, particularmente sobre las leyes y demás actos legislativos. En consecuencia, la soberanía del Parlamento dejó de ubicarse sobre la justicia, y el control jurisdiccional de la constitucionalidad se convirtió en el instrumento que ha permitido la sujeción del parlamento a la Constitución, sobre todo cuando la formación de mayorías efímeras han desequilibrado los poderes del Estado o cuando la irracionalidad de las relaciones políticas y sociales pudieran afectar los principios y valores superiores de la sociedad. De hecho, las terribles lecciones que se aprendieron de los abusos de los regímenes nazi y fascista en Europa, tal vez fueron las que permitieron derrumbar los mitos y teorías de la época en cuanto al carácter infalible de la ley. Por ello, como lo ha destacado Louis Favoreu, "el mito de Rousseau sobre el carácter infalible de la ley y del Parlamento por el que se expresa la voluntad general, se ha derrumbado", por lo que la célebre fórmula según la cual "el legislador no puede actuar mal" *(ne peut mal faire)* tuvo que ser revisada[622].

En efecto, la experiencia europea adquirida durante el período comprendido entre las dos guerras, hizo que naciera un sentimiento de prudencia, marcado de escepticismo, con referencia a los Parlamentos y su pretendida soberanía y al mito de la representatividad. Tal y como lo resaltó Mauro Cappelletti, los europeos se dieron cuenta de que se habían hecho "demasiadas ilusiones sobre la teoría democrática liberal" en vista de que a menudo "la realidad se alejaba del mito de la supremacía de la voluntad del pueblo"; que "los Parlamentos y su legislación podían transformarse en los instrumentos de regímenes despóticos, y de que las mayorías podían ser

---

620   Véase Manuel García Pelayo, *El Estado de Partidos*, Madrid, 1986; Allan R. Brewer-Carías, *Problemas del Estado de Partidos*, Caracas, 1988

621   P. Lucas Murillo de la Cueva, "El examen de la constitucionalidad de las leyes y la soberanía parlamentaria", *loc. cit.*, p. 212.

622   L. Favoreu, "Europe occidentale" en L. Favoreu y J. A. Jolowicz. (ed) *Le contrôle juridictionnel des lois. Légitimité, effectivité et développements récents*, París 1986, p. 43. Publicado como "Actualité et légitimité du contrôle juridictionnel des lois en Europe occidentale" in *Revue du Droit publie et de la Science politique en France et à l'étranger*, París, 1984 (5), pp. 1.147 y 1.201.

brutalmente opresivas"[623]. De hecho, los legisladores de la República de Weimar y de la Italia de Mussolini no sólo fracasaron como garantes de la libertad, sino que, al contrario, se transformaron en el instrumento de mayorías circunstanciales en beneficio de la consolidación de regímenes totalitarios.

Por supuesto, puede afirmarse que estos dos países aprendieron la lección, y no sólo introdujeron en sus nuevas Constituciones sancionadas después de la Segunda Guerra Mundial, valores fundamentales con raíces sólidas y derechos fundamentales que quedaron fuera del alcance del Parlamento, sino que también elaboraron un principio de control jurisdiccional de la constitucionalidad de las leyes, como lo había hecho Austria en los años veinte.

En este sentido, se tomó conciencia de la necesidad de proteger las libertades no sólo contra el Ejecutivo sino también contra el Legislador. Tal como lo señaló Jean Rivero:

"La vieja idea, que domina todo el siglo XIX liberal, de la protección de la libertad *por la ley* tiende a sustituirse por la idea experimental de la necesidad de la protección de las libertades *contra la ley*. Y esta evolución ha hecho posible este fenómeno extraordinario, de aceptación de una autoridad superior al legislador mismo, de una autoridad encargada de imponer al legislador el respeto de la Constitución"[624].

En consecuencia, los países de Europa continental adoptaron un sistema de control jurisdiccional de la constitucionalidad de las leyes tomando caminos diferentes al del sistema norteamericano, de control judicial, y por otros motivos. Según Louis Favoreu, el fenómeno europeo se produjo no tanto por un problema de lógica jurídica del constitucionalismo, que a la luz del caso *Marbury vs Madison,* una ley contraria a la Constitución no puede ser aplicada; sino por un problema de lógica política. Se trató más bien:

"Del temor a la opresión por una mayoría parlamentaria, lo que fue determinante en el cambio de posición de los países de Europa occidental en cuanto al control jurisdiccional de la constitucionalidad de las leyes"[625].

Igualmente, es posible, encontrar una explicación a esta lógica política del control jurisdiccional de la constitucionalidad de las leyes, en el hecho de que un gran número de países, la representatividad de la voluntad general expresada por los elegidos, se desmitificó, sobre todo porque el cuerpo legislativo se ha conformado, la mayoría de las veces, por individuos escogidos por los partidos políticos, por lo que, al ser indiscutiblemente una emanación de esos mismos partidos, de hecho no han representado verdaderamente a la voluntad popular.

---

623 M. Cappelletti, "Rapport général" en L. Favoreu y J. A. Jolowicz. (ed) *Le contrôle juridictionnel des lois...*, *cit.*, pp. 293-294.

624 J. Rivero, "Rapport de Synthèse" in L. Favoreu (ed)., *Cours constitutionnelles européenes et Droits fondamentaux,* Aix-en-Provence, 1982, p. 519.

625 L. Favoreu, "Europe occidentale", *doc. cit.*, p. 43.

En todo caso, la idea de introducir en el bloque de la constitucionalidad un cierto número de valores fuera del alcance de mayorías circunstanciales o pasajeras, contribuyó, de una forma u otra, a transferir el carácter tradicionalmente sagrado de la ley, a la Constitución. En otras palabras, se desacralizó a la ley en beneficio de la Constitución.

En consecuencia, después de la Segunda Guerra Mundial puede decirse que en los países de Europa continental "ha habido un redescubrimiento de la Constitución como texto de carácter jurídico"[626] o más bien, que esos países comenzaron a descubrir la verdadera naturaleza fundamental de la Constitución, viendo en ella una ley superior y suprema, aplicable a todos los órganos del Estado y a los individuos, e imponible por los tribunales. Tal y como lo puso de manifiesto Mauro Cappelletti, un hecho totalmente novedoso en el constitucionalismo europeo moderno:

> "...Es el serio esfuerzo por concebir la Constitución, no como una simple guía de carácter moral, política o filosófica, sino como una ley verdadera, ella misma *positiva y obligatoria*, pero de una naturaleza superior, más permanente que la legislación ordinaria"[627].

Y, por supuesto, esta ley positiva y superior debía aplicarse a todos los órganos del Estado, en especial, al Parlamento y al Gobierno.

En este sentido, es que se ha dicho, como lo destacamos al inicio, que el control jurisdiccional de la constitucionalidad de los actos del Estado es la consecuencia última de la consolidación del Estado de Derecho en el cual los órganos del Estado, no siendo soberanos, están sujetos a los límites impuestos por una Constitución, que tiene fuerza de ley suprema.

Este argumento lo puso de manifiesto, en Francia, hace muchos años, Paul Duez, al señalar lo siguiente:

> "El derecho público moderno establece, como axioma, que los Gobiernos no son soberanos y que, en particular, el Parlamento está limitado en su acción legislativa por normas jurídicas superiores que no puede infringir; los actos del Parlamento están sujetos a la Constitución, y ningún acto del Parlamento puede ser contrario a la Constitución"[628].

En esa forma, al proclamar el principio de que todos los órganos del Estado están sujetos a límites impuestos por la Constitución como norma suprema, Duez añadió:

> "No vasta proclamar tal principio, éste debe ser organizado, y deben adoptarse medidas prácticas y efectivas para poder garantizarlo"[629].

---

626 *Idem.*

627 M. Cappelletti, "Rapport général" en L. Favoreu y J. A. Jolowicz, *Le contrôle juridictionnel des lois...*, *cit.*, p. 294.

628 P. Duez, "Le contrôle juridictionnel de la constitutionalité des lois en France" en *Mélanges Hauriou*, París, 1929, p. 214.

629 *Idem.*, p. 21.

Más adelante, Duez destacó la importancia, en Francia, del sistema de control jurisdiccional contencioso-administrativo referido a la Administración Pública y a los actos administrativos, agregando que:

"El espíritu de legalidad exige que se establezca un control con respecto a los actos legislativos";

concluyendo de la manera siguiente:

"No hay una verdadera democracia organizada ni un Estado de Derecho, salvo cuando existe y funciona este control de la legalidad de las leyes"[630].

La lógica del razonamiento de Duez, totalmente extraño, en 1929 y en las décadas subsiguientes al pensamiento dominante en Francia, era y sigue siendo impecable: ningún órgano del Estado puede ser considerado soberano, y todos los órganos del Estado, en particular el Legislador, en sus actividades, están sujetos a los límites establecidos por las normas superiores, contenidas en la Constitución.

Por ello, las leyes y demás actos del Parlamento siempre deben estar sujetos a la Constitución, y no pueden ser contrarios a la misma. En consecuencia, el espíritu de legalidad impone la existencia y funcionamiento no sólo del control de la legalidad de los actos administrativos, sino también del control de la constitucionalidad de las leyes. Por ello, solamente en aquellos países donde existe este tipo de control, puede decirse que existe este tipo de control, puede decirse que existe verdadera democracia organizada y un Estado de Derecho.

En todo caso, el control jurisdiccional de la "legalidad de las leyes" al que se refería Duez, es precisamente, el control jurisdiccional de la constitucionalidad de las leyes y de los otros actos del Estado dictados en ejecución directa de la Constitución, donde "legalidad" significa "constitucionalidad".

La tesis de Duez, en todo caso, fue acogida en Francia cincuenta años después, por el Consejo Constitucional francés, en su decisión sobre las nacionalizaciones del 16 de enero de 1928, al indicar lo siguiente:

"Considerando que si el artículo 34 de la Constitución coloca dentro del dominio de la ley a "las nacionalizaciones de empresas y las transferencias de empresas del sector público al sector privado", esta disposición, al igual que la que confía a la ley la determinación de los principios fundamentales del régimen de la propiedad, no podría dispensar al legislador, en el ejercicio de su competencia, del respeto de los principios y de las reglas de valor constitucional que se imponen a todos los órganos del Estado"[631].

Refiriéndose a esta decisión del Consejo Constitucional, Louis Favoreu la calificó, con respecto a la situación anterior, como "la afirmación fundamental de la plenitud de la realización del Estado de Derecho en Francia en la medida en que el

---

630   *Ibid.,* p. 215.

631   L. Favoreu y L. Philip, *Les grandes décisions du Conseil constitutionnel, cit.,* p. 527. L. Favoreu, "Les décisions du Conseil constitutionnel dans l'affaire des nationalisations", *loc. cit.,* p. 400.

legislador, hasta una época reciente, escapaba, de hecho o de derecho, a la sumisión a una regla superior"[632].

La supremacía de la Constitución sobre el Parlamento marcó, además, el fin del absolutismo parlamentario[633]; modificó el antiguo concepto de soberanía parlamentaria y, con la creación del Consejo Constitucional, abrió paso a la justicia constitucional en Francia. Este proceso, en todo caso, como se ha dicho antes, ya se había iniciado de manera más amplia en otros países de Europa continental como Austria, Alemania, Italia y España.

Otro factor que contribuyó a la aparición de mecanismos de control jurisdiccional de la constitucionalidad de las leyes fue la transformación de la noción de "ley" como acto del Parlamento. De hecho, las leyes, antiguamente consideradas, en la tradición del Siglo XIX, como el fruto de la tarea del legislador como expresión de la voluntad general, con la evolución de los regímenes parlamentarios, realmente se habían convertido en actos de la mayoría parlamentaria y del propio Gobierno, mediante un sistema vasocomunicante, a través de los partidos políticos. En esta forma, las leyes no siempre han sido, necesariamente, la expresión de la voluntad de todos, ni han sido sancionadas por una mayoría sólida y mítica; en muchos casos sólo han sido, como lo señaló Jean Rivero, "la expresión de la voluntad gubernamental aprobada por una mayoría solidaria"[634]. Además, teniendo en cuenta la evolución de las tareas del Estado, la ley ha tendido a convertirse en un producto mucho más técnico, cuyo contenido, incluso, escapa con frecuencia al control efectivo de los miembros del Parlamento, puesto que son los tecnócratas en el seno de la Administración, los que la conciben y fijan su contenido, sin la participación efectiva de aquellos. Por ello, en virtud de que en muchos casos las leyes traducen más la voluntad gubernamental que la voluntad general, el control jurisdiccional constituye un instrumento eficaz que permite velar por su constitucionalidad.

En todo caso, la supremacía de la Constitución y su influencia sobre el Legislativo hizo que la misma Constitución se dotara de garantías jurisdiccionales en vez de políticas, sobre todo cuando en Francia, la experiencia del Senado Conservador de 1799 y de la Constitución de 1852 había demostrado que estas últimas eran ineficaces. En general, como se dijo, las Constituciones habían fijado la distribución de los poderes públicos entre los diferentes órganos del Estado y esencialmente habían otorgado poderes fundamentales al Legislativo, cuerpo que tradicionalmente había sido considerado como infalible puesto que era la expresión misma de la voluntad popular. Sin embargo, desde el punto de vista político, el auto control del Parlamento fue ilusorio.

Por otra parte, las Constituciones comenzaron a establecer progresivamente, declaraciones de derechos fundamentales de los individuos y de las minorías, incluso contra la voluntad de la mayoría. Por ello, como lo señaló Mauro Cappelletti, "ningún sistema eficaz de control de los derechos puede estar confiado a los electo-

---

632   L. Favoreu, "Les décisions du Conseil constitutionnel...", *loc. cit.,* p. 400.

633   J. Rivero, "Fin d'un absolutisme", *Pouvoirs,* 13, París, 1980, pp. 5-15.

634   J. Rivero, "Rapport de synthése", *loc. cit,* p. 519.

res o a las personas y órganos dependientes y estrechamente tributarios, de la voluntad de la mayoría"[635], en otros términos, del Legislativo propiamente dicho.

Esta es la razón por la cual, contrariamente a los sistemas de control político de la constitucionalidad de las leyes, la tendencia general del constitucionalismo contemporáneo, en los regímenes constitucionales dotados de una Constitución escrita, es prever la existencia de medios de protección judicial o jurisdiccional de la Constitución, otorgando poderes efectivos de control de la constitucionalidad de las leyes sea a los tribunales o a las autoridades judiciales ordinarias, sea a los Tribunales especiales.

Debe decirse, en efecto, que en la mayoría de los países contemporáneos, la justicia constitucional, es decir, el poder de controlar la constitucionalidad de las leyes y proteger los derechos fundamentales, es hoy día conferida constitucionalmente a los órganos que ejercen el Poder Judicial. En estos países, puede decirse que el juez constitucional es el Poder Judicial.

En otros países, en cambio, particularmente de Europa continental, las autoridades judiciales no ejercen completamente la justicia constitucional sino que ésta está conferida, en algunos casos, a órganos constitucionales diferentes e independientes del Poder Judicial, especialmente creados para ello, en la forma de Cortes, Tribunales o Consejos Constitucionales. Por lo tanto, en estos países, el juez constitucional no siempre es una autoridad judicial, sino un órgano que no depende del Poder Judicial.

Evidentemente, en ambos sistemas, el juez constitucional ejerce una función jurisdiccional, en el sentido de declarar el derecho con fuerza de verdad legal en calidad de órgano independiente en el seno del Estado, de los órganos de los poderes legislativo y ejecutivo. En ambos sistemas, la justicia constitucional es la expresión más elocuente de la supremacía de la Constitución y de su garantía. La diferencia entre ellos, estriba en el hecho de que en el primer sistema, es decir, en aquellos países en los cuales el Poder Judicial es juez constitucional, la garantía jurisdiccional de la supremacía de la Constitución es una garantía judicial, mientras que, en los demás sistemas, sólo se trata de una garantía jurisdiccional, pero no judicial.

Ahora bien, de acuerdo con los principios del constitucionalismo moderno que se desprendieron de la Revolución norteamericana, el Poder Judicial debe considerarse como el poder del Estado que tiene, por excelencia, la función de ser juez constitucional, es decir, el poder del Estado que de conformidad con el principio de la separación de los poderes, debe velar por la supremacía de la Constitución, tanto desde un punto de vista orgánico como dogmático; estando por tanto facultado para controlar la constitucionalidad de las leyes y proteger los derechos fundamentales establecidos en la Constitución.

Puede decirse que este es el principio en casi todos los países del mundo contemporáneo que han tenido la influencia del constitucionalismo moderno, sin las desviaciones relativas a la separación de los poderes emanadas de la Revolución francesa. Esta es la razón por la cual el principio general en el ámbito del control de

---

635   M. Cappelletti, "Rapport général", en Favoreu y J. A. Jolowicz, *Le contrôle juridictionnel des lois...,* *cit.,* p. 295.

la constitucionalidad de las leyes, salvo en los países europeos, es la atribución de la función de juez constitucional, al Poder Judicial. En cambio, en cuanto a la protección de los derechos y garantías constitucionales, en todos los países del mundo contemporáneo, el Poder Judicial, es decir, la autoridad judicial, es a quien corresponde la tarea de ser guardián de las libertades y de los derechos constitucionales de los individuos.

Por otra parte, debe destacarse que cuando el control jurisdiccional de la constitucionalidad de las leyes se atribuye al Poder Judicial, éste puede ser tarea de todos los jueces o de algunos de ellos. En el primer caso, el sistema de control judicial de la constitucionalidad es el sistema difuso, el más difundido en el mundo contemporáneo; en el segundo caso, el sistema de control de la constitucionalidad de las leyes es el sistema concentrado ya que la tarea de controlar se concede a un solo órgano judicial, bien sea la Corte Suprema del país a un Tribunal constitucional perteneciente al Poder Judicial. En algunos países, incluso, ambos sistemas de control coexisten.

En todo caso, el control jurisdiccional de la constitucionalidad de las leyes, es decir, este poder de controlar la conformidad de actos del Estado con la Constitución, especialmente los actos legislativos y aquellos dictados en ejecución directa de la Constitución, como hemos señalado, sólo puede darse en sistemas jurídicos en los cuales existe una Constitución escrita, que impone límites a las actividades de los órganos del Estado y, en particular, al Parlamento. En consecuencia, incluso en los sistemas de control judicial, el poder de los tribunales para controlar la constitucionalidad de los actos del Estado no es necesariamente una consecuencia de la existencia de un Poder Judicial autónomo e independiente, sino de los límites jurídicos impuestos en una Constitución sancionada como ley suprema a los órganos constituidos del Estado.

B.   *La justicia constitucional y las limitaciones constitucionales a los órganos estatales*

Como se ha señalado, para que exista control jurisdiccional de la constitucionalidad de las leyes, no sólo es necesario que exista una Constitución escrita, como norma suprema que consagre los valores fundamentales de una sociedad, sino además, es necesario que esa norma superior se establezca en forma rígida y estable, en el sentido de que no puede ser modificada por la legislación ordinaria. En un sistema de este tipo, todos los órganos del Estado están limitados por la Constitución y están sujetos a la misma, por lo que sus actividades deben ser llevadas a cabo de conformidad con esta ley suprema.

Esto implica, por supuesto, no sólo que la Administración y los jueces, como órganos de ejecución de la ley, están sujetos a la legalidad (Constitución y "legislación"), sino también que los órganos que crean la "legislación", especialmente los cuerpos legislativos, también están sujetos a la Constitución.

En todo caso, una Constitución escrita y rígida, ubicada en la cúspide de un sistema jurídico, no sólo exige que todos los actos dictados por los órganos del Estado en ejecución directa o indirecta de la misma la respeten y no la violen, sino también, una garantía que prevenga y sancione dicha violación[636]. Precisamente, el control jurisdiccional de la constitucionalidad es el poder atribuido, generalmente, a los órganos que ejercen el Poder Judicial, de controlar el cumplimiento de la ley suprema de un país, por parte de los órganos del Estado.

Ahora bien, en todos los sistemas jurídicos dotados de Constituciones escritas y rígidas, puede decirse que siempre existe un sistema jerarquizado de normas y actos jurídicos, por lo que no todos los actos del Estado tienen el mismo nivel de derivación, en la creación de normas jurídicas. Al contrario, en primer lugar, existen actos que ejecutan directa e inmediatamente la Constitución y que sólo están sujetos a esta norma suprema, a los cuales se denomina genéricamente como "legislación"; y en segundo lugar, existen actos del Estado que ejecutan indirectamente la Constitución, y que se producen al mismo tiempo en ejecución directa e inmediata de la "legislación", y por consiguiente, directamente sujeta a ella. Entre los primeros se encuentran, básicamente, las leyes formales, los otros actos del Parlamento, incluyendo los *interna corporis,* y los actos de Gobierno dictados de conformidad con los poderes constitucionales que le han sido conferidos al Jefe de Gobierno. Entre los segundos se encuentran los actos administrativos y los actos judiciales.

En un Estado de Derecho, la garantía del principio de legalidad está establecida respecto de los dos niveles de creación o derivación de las normas jurídicas, a través de tres sistemas de control jurisdiccional: primero, el control jurisdiccional de la constitucionalidad establecido para controlar los actos del Estado dictados en ejecución directa de la Constitución; segundo, el control jurisdiccional contencioso administrativo establecido básicamente respecto de los actos administrativos; y tercero, con respecto a los actos judiciales dictados por los Tribunales, los sistemas de control judicial de apelación o casación.

Además, en el Estado de Derecho en el cual la Constitución establece los derechos y libertades fundamentales, también existen mecanismos de control judicial a fin de garantizar y proteger dichos derechos contra cualquier acto del Estado que pueda violarlos, e incluso, contra actos de los particulares que puedan afectarlos.

Ahora bien, la justicia constitucional o si se quiere los sistemas de control jurisdiccional de la constitucionalidad, básicamente se refieren a los actos de los órganos constitucionales del Estado, donde el principio de "legalidad" se convierte en "constitucionalidad", pues, se trata de actos que ejecutan directa e inmediatamente la Constitución.

En efecto, entre los actos estatales sujetos al control de la constitucionalidad están las leyes formales, y precisamente por ello es por lo que la justicia constitucional se identifica normalmente con el control jurisdiccional de la constitucionalidad de las leyes[637]. Sin embargo, las leyes no son los únicos actos del Estado dictados en ejecución directa de la Constitución y en ejercicio de poderes constitucionales. Además, existen otros actos de los cuerpos legislativos, como los Reglamentos In-

---

636 *Cfr.* H. Kelsen, "La garantie juridictionnelle de la Constitution (La Justice Constitutionnelle)", *loc. cit.,* pp. 197-257.

637 Ver, por ejemplo, M. Cappelletti, *Judicial Review in Contemporary World,* Indianapolis, 1971; Allan R. Brewer-Carías, *Judicial Review in Comparative Law,* Cambridge, 1987.

ternos y de Debates e, incluso, otros actos parlamentarios sin forma de ley y de contenido no normativo, como los que regula la Constitución y mediante los cuales el Congreso o las Cámaras Legislativas se relacionan con otros órganos constitucionales del Estado (aprobaciones de Tratados, u otros actos políticos, por ejemplo). Todos estos actos adoptados por el Parlamento están sujetos a la Constitución porque se dictan en virtud de poderes que le están atribuidos directamente por el texto fundamental. Por ello, en un Estado de Derecho, estos actos también están sometidos al control de la constitucionalidad[638].

Además de estos actos del Parlamento, el Gobierno, en un Estado de Derecho, también dicta actos que ejecutan directamente la Constitución, que en el sistema jurídico jerarquizado tienen el mismo rango que las leyes y en algunos casos, incluso tienen la misma fuerza que una ley formal.

En efecto, en el derecho constitucional contemporáneo, en una variedad de formas, el Gobierno dicta actos que tienen la misma fuerza que una ley formal bien sea mediante una legislación delegada o en virtud de poderes establecidos directamente en la misma Constitución. En esos casos, se trata de actos ejecutivos con contenido normativo pero con la misma jerarquía, fuerza y poder de derogación que la ley formal dictada por las Cámaras Legislativas. Por ello, estos decretos-leyes, dictados en ejecución directa de la Constitución, no son actos administrativos, sino actos de Gobierno con contenido normativo y rango legislativo. En consecuencia, también están sujetos al control jurisdiccional de la constitucionalidad[639].

Por otra parte, el Presidente de la República o el Gobierno también tiene poderes establecidos en la Constitución, para dictar ciertos actos políticos sin ninguna interferencia legislativa, como por ejemplo, cuando declara el Estado de Sitio o la restricción o suspensión de las garantías constitucionales, cuando dirige las relaciones internacionales o cuando veta una ley sancionada en el Parlamento. Todos estos actos, denominados en Europa Continental como "actos de gobierno", también están sujetos al control de la constitucionalidad. Es cierto que conforme al criterio tradicional del derecho administrativo francés, esos "actos del gobierno" se configuraron con miras a excluirlos del control contencioso administrativo, sea por su contenido político, por sus motivos o porque eran dictados por el Gobierno en sus relaciones con otros órganos constitucionales, especialmente, con el Parlamento[640]. Sin embargo, como lo hemos indicado, estos actos también están sujetos a la Constitución, y por consiguiente, también están sometidos al control jurisdiccional de la constitucionalidad[641].

Por último, en los sistemas jurídicos contemporáneos, y dejando de lado los problemas que derivan de las concepciones monistas y dualistas, los Tratados y Acuerdos Internacionales también están sujetos al control jurisdiccional de la constitucio-

---

638   *Cfr.* H. Kelsen, *loc. cit,* p. 228.

639   *Idem.,* p. 229.

640   Ver la obra clásica de P. Duez, *Les actes de gouvernement,* París, 1953.

641   *Cfr.* H. Kelsen, *loc. cit.,* p. 230.

nalidad[642], bien sea directamente o a través del control sobre las leyes del Parlamento o los actos de Gobierno que los incorporan al orden jurídico interno.

Por consiguiente, en los sistemas jurídicos con una Constitución escrita, todos los actos del Estado dictados en ejecución de la Constitución están sujetos al control jurisdiccional de la constitucionalidad.

C. *La legitimidad del control jurisdiccional de la constitucionalidad y los sistemas de distribución del Poder Público*

En general, como antes señalamos, puede afirmarse que en el constitucionalismo moderno, el Poder Judicial, supuestamente el "menos peligroso"[643] de todos los poderes del Estado, recibió la tarea de defender la Constitución y velar por la constitucionalidad de las leyes. Ese es el caso en Norteamérica y en los países de América Latina. En otros casos, como en Europa, la función jurisdiccional del control de la constitucionalidad ha sido atribuida a órganos o tribunales constitucionales especiales independientes del Poder Judicial.

Tanto en uno como en otro caso, este hecho, particularmente en Europa, ha desencadenado un debate interminable referente al "gigantesco problema del control judicial", según la expresión de Cappelletti, centrándose la discusión en torno a la legitimidad o ilegitimidad del poder conferido a órganos estatales que no son responsables ante el pueblo, de controlar los actos de otros que, en cambio, sí son políticamente responsables[644]; o desde otro punto de vista, en torno al carácter democrático o no democrático del control jurisdiccional[645].

En este debate, en los regímenes en los que prevalece la soberanía del Parlamento, las posiciones se han alternado, sea para justificar la ausencia de control jurisdiccional o judicial de la constitucionalidad; sea para criticar dicho control, porque los jueces habrían demostrado un activismo desmesurado en la adaptación de la Constitución, estableciendo normas constitucionales no escritas o atribuyendo a ciertas normas un carácter constitucional. En esas condiciones, se estimó que el control jurisdiccional podía ser ilegítimo, pues se pensaba que los órganos estatales no elegidos no debían controlar a los cuerpos elegidos del Estado, y porque los órganos públicos no elegidos no podían tener la facultad para determinar qué norma podía tener fuerza de ley, es decir, pronunciarse sobre su constitucionalidad o su inconstitucionalidad.

En todo caso, este debate puede considerarse no sólo como interminable y abstracto, sino bizantino, particularmente porque se basa en un supuesto problema de legitimidad abstracta del control jurisdiccional, que sólo podría resolverse de forma abstracta[646]. El problema del control jurisdiccional de la constitucionalidad o de los

---

642 *Idem.*, p. 231.

643 A. Bickel, *The least dangerous Branch. The Supreme Court at the bar of Politics,* Indianapolis, 1962.

644 M. Cappelletti, "El formidable problema del control judicial y la contribución del análisis comparado", *Revista de Estudios Políticos,* Nº 13, Madrid 1980, pp. 61-103 ("The mighty problem of Judicial Review and the contribution of comparative analysis", *Southern California Law Review,* 1980, p. 409).

645 M. Cappelletti, "Rapport Général", *loc. cit.,* pp. 296 y sig.

646 *Cfr.* Allan R. Brewer-Carías, *Judicial Review in Comparative Law, cit.,* pp. 116 y ss.

poderes otorgados a los jueces o a órganos constitucionales de naturaleza jurisdiccional para velar por la constitucionalidad de las leyes, no puede ser tratado o discutido bajo el ángulo de la legitimidad o ilegitimidad, partiendo del principio de que la democracia sólo se basa en la representatividad. La democracia va más allá del marco de la sola representatividad, porque se trata más bien de un modo político de vida, en el que las libertades individuales y los derechos fundamentales de los seres humanos tienen primacía. Ello es así, al punto de poder decir que un sistema de control jurisdiccional efectivo de la constitucionalidad de las leyes no es viable en regímenes no democráticos, sobre todo porque en esos sistemas no puede existir una verdadera independencia de los jueces[647]; siendo absolutamente claro que no se puede ejercer un control judicial efectivo en sistemas en los que no se garantiza la autonomía e independencia del Poder Judicial[648].

Igualmente, esta es la razón por la cual muchos países europeos instauraron un control jurisdiccional en materia de constitucionalidad, luego de períodos de dictadura, como fue el caso en Alemania, Italia, España y Portugal[649]. De allí, por supuesto, no puede deducirse que la justicia constitucional sea un sistema propio de nuevas democracias, o de Estados cuya tradición democrática es más débil y quebradiza[650].

En consecuencia, en todo régimen representativo y democrático, el poder otorgado a los jueces o a ciertos órganos constitucionales para vigilar las anomalías del Legislativo y las infracciones del órgano representativo contra los derechos fundamentales, debe considerarse como completamente democrático y legítimo[651]. Como lo puso de manifiesto Jean Rivero en su Informe final en el Coloquio Internacional de Aix-en-Provence en 1981 sobre la protección de derechos fundamentales por parte de los Tribunales constitucionales en Europa:

"Creo, incluso, que el control marca un progreso en el sentido de la democracia, que no es solamente un modo de atribución del poder, sino también un modo de ejercicio del poder. Y pienso que todo lo que refuerce las libertades fundamentales del ciudadano va en el sentido de la democracia"[652].

En este orden de ideas, Eduardo García de Enterría, refiriéndose a las libertades constitucionales y a los derechos fundamentales como límites impuestos a los poderes de Estado, observó lo siguiente:

---

647   M. Cappelletti, Rapport Général, *loc. cit.*, p. 29.

648   J. Carpizo y H. Fix-Zamudio, *The necessily for and the Legitimacy of the Judicial Review of the Constitutionality of the Laws in Latin America, Developments.* International Association of Legal Sciences. Uppsala Colloquium 1984 (mineo), p. 22. Publicado también en L. Favoreu y J. A. Jolowicz (ed). *Le contrôle juridictionnel des lois. Légitimité effectivité et développements récents, cit.*, pp. 119-151.

649   L. Favoreu, "Europe occidentale", *op. cit.*, p. 44. *Cfr.* P. de Vega García, "Jurisdicción constitucional y Crisis de la Constitución", *Revista de Estudios políticos*, N° 7, Madrid, 1979, p. 108

650   Como lo afirma Francisco Rubio Llorente, "Seis tesis sobre la jurisdicción constitucional en Europa", *Revista Española de Derecho Constitucional*, N° 35, Madrid 1992, p. 12.

651   E. V. Rostow, "The Democratic Character of Judicial Review", *Harvard Law Review*, 193, 1952.

652   J. Rivero, "Rapport de Synthèse", *loc. cit.*, pp. 525526. *Cfr.* M. Cappelletti "Rapport Général", *loc. ci.*, p. 300.

"Si la Constitución los consagra, es obvio que una mayoría parlamentaria ocasional que los desconozca o los infrinja, lejos de estar legitimada para ello por el argumento mayoritario, estará revelando su abuso de podar, su posible intento de postración o de exclusión de la minoría. La función protectora del Tribunal Constitucional frente a este abuso, anulando los actos legislativos atentorios de la libertad de todos o de algunos ciudadanos, es el único instrumento eficaz frente a ese atentado; no hay alternativa posible si se pretende una garantía efectiva de la libertad, que haga de ella algo más que simple retórica del documento constitucional"[653].

Este mismo argumento lo expuso Hans Kelsen en 1928, para refutar la tesis referente a la fuerza de la mayoría. A este respecto escribió:

"Si se ve la esencia de la democracia, no en el poder todo poderoso de la mayoría, sino en el compromiso constante entre los grupos representados en el Parlamento por la mayoría y la minoría, y luego en la paz social, la justicia constitucional surge como un medio particularmente adecuado para llevar a cabo esta idea. La simple amenaza de recurso a un tribunal constitucional puede ser, en manos de la minoría, un instrumento para impedir a la mayoría violar inconstitucionalmente intereses jurídicamente protegidos, y, para oponerse eventualmente a la dictadura de la mayoría, que no es menos peligrosa para la paz social, que la de la minoría"[654].

Pero la legitimidad democrática del control jurisdiccional de la constitucionalidad de las leyes no sólo proviene de la garantía de protección de los derechos fundamentales, sino también de los aspectos orgánicos de la Constitución, es decir, de los sistemas de distribución de poderes adoptados por la Constitución.

A este respecto, cabe destacar que el problema de la legitimidad de dicho control nunca se ha planteado en el caso de la distribución vertical del Poder del Estado, propio de los regímenes políticamente descentralizados o de tipo federal Al contrario, puede afirmarse que el control jurisdiccional de la constitucionalidad de las leyes está estrechamente ligado al federalismo[655].

En efecto, el federalismo exige la imposición de un cierto grado de supremacía de las leyes federales sobre la legislación local, regional o de los Estados miembros. Por ello, no es casualidad el que los países dotados de una estructura federal y políticamente descentralizados, hayan sido los primeros en instaurar un control judicial de la constitucionalidad de las leyes. Ese fue el caso, durante el siglo pasado, de los Estados Unidos de América, y de todos los Estados federales de América Latina (Argentina, Brasil, México y Venezuela), los cuales instauraron un sistema de control judicial de la constitucionalidad de las leyes y demás actos del Estado. De igual modo, en Europa, al haber Alemania adoptado un modelo de Estado federal, Italia un sistema regional descentralizado y España el sistema de comunidades autónomas,

---

653   E. García de Enterría, *op. cit.*, p. 190.

654   H. Kelsen, *loc. cit.*, p. 253.

655   W. J. Wagner, *The Federal States and their Judiciary,* The Hague, 1959, p. 85.

estos tres países establecieron un sistema de control jurisdiccional de la constitucionalidad de las leyes.

En todos estos casos, la necesidad de instaurar un control judicial o jurisdiccional de la constitucionalidad de las leyes se justificaba, precisamente, con miras a resolver los conflictos de poder que pudieran surgir entre las diversas instancias políticas nacionales y regionales. Una de las tareas fundamentales de las Cortes y Tribunales Constitucionales en Austria, Alemania, Italia y España, y del control judicial de la constitucionalidad que ejercen las Cortes Supremas y Tribunales Constitucionales en América Latina es, precisamente, la resolución de los conflictos y colisiones entre las instancias político-administrativas nacionales y los Estados miembros de la federación, las regiones o entidades locales políticas o las comunidades autónomas, según los países. En el caso de los Estados Federales o regionalizados, la descentralización política contribuyó a la aparición y consolidación de Cortes o Tribunales Constitucionales encargados, precisamente, de velar por la constitucionalidad de las leyes, para garantizar el equilibrio constitucional entre el Estado y las otras entidades territoriales. Por ello, en los Estados federales y los políticamente descentralizados, no puede haber duda en cuanto a la legitimidad del control jurisdiccional de la constitucionalidad de las leyes, ni puede haber debate al respecto, salvo para justificar su existencia y necesidad.

Por consiguiente, los problemas de legitimidad que plantea el control jurisdiccional de la constitucionalidad de las leyes no pueden tener relación alguna ni con la garantía de la Constitución referente a la forma del Estado, al federalismo o la descentralización política, ni tampoco con la que se refiere a los derechos fundamentales del individuo. En estos casos, ello constituye un freno para el poder legislativo, por lo que dicho control jurisdiccional se ejerce sin ninguna duda[656].

Sin embargo, no puede decirse lo mismo respecto de la distribución horizontal o la separación de poderes. Aun cuando este principio también le impone límites al poder legislativo, en este caso, la aceptación del control judicial de la constitucionalidad de las leyes ha suscitado polémicas en cuanto a su legitimidad, en particular, debido a que ese control se enfrentaba al principio de la supremacía del Parlamento sobre los demás poderes del Estado. Por otra parte, ello mismo ha proporcionado argumentos en favor del control judicial, como elemento de contrapeso esencial entre los diferentes poderes del Estado, para garantizar la Constitución.

En efecto, la separación de poderes, consecuencia de la distribución horizontal de los poderes del Estado entre sus órganos, entre otras cosas, ha exigido esencialmente un mecanismo independiente para garantizar el contenido orgánico de la Constitución. Tal sistema de control siempre ha sido indispensable, en particular, en cuanto a la delimitación de poderes entre el Legislativo y el Ejecutivo. En este caso, en particular, ha sido necesario intercalar un sistema de contrapeso con miras a mantener el equilibrio que plantea la Constitución. Por ello, por ejemplo, los poderes otorgados a los órganos judiciales para controlar la constitucionalidad y la legalidad

---

656   *Cfr.* B. O. Nwabueze, Judicial Control of Legislative action and its Legitimacy - Recent Developments. African Regional Report. International Association of Legal Sciences. Uppsala Colloquium, 1984 (mimeo), p. 23. Publicado también en L. Favoreu y J. A. Jolowicz (ed), Le contrôle juridictionnel des lois..., op. cit., pp. 193-222

de los actos administrativos siempre fueron aceptados sin discusión, como poderes estrechamente relacionados al concepto de Estado de Derecho.

Sin embargo, como se ha señalado, los principios tradicionales de la supremacía del Parlamento, por un lado, y, por el otro, de la separación de poderes, fueron tan importantes en Europa, que tuvieron como consecuencia impedir a las autoridades judiciales toda posibilidad de ejercer su poder de control, no sólo sobre la legalidad de los actos administrativos, sino también sobre la constitucionalidad de las leyes. Esa fue la razón por la que, en Francia se creó la jurisdicción contencioso adminis-trativa independiente del Poder Judicial, y en general, en Europa se desarrollaron sistemas de control jurisdiccional de la constitucionalidad, pero tomando la precau-ción de confiarlos a nuevos órganos constitucionales, distintos y separados del Po-der Judicial. En esta forma, la necesidad ineludible de instaurar un control jurisdic-cional de la constitucionalidad de las leyes como garantía de la Constitución, se adaptó a la interpretación extrema del principio de la separación de poderes confor-me al cual, tradicionalmente se consideraba toda tentativa de control judicial de la constitucionalidad de las leyes, como una ingerencia inadmisible de las autoridades judiciales en el campo del Legislador.

Esta confrontación entre la necesidad de instaurar un control jurisdiccional de la Constitución y el principio de la separación de poderes fue, precisamente, lo que llevó a la creación de Tribunales constitucionales en Europa continental, con la atri-bución jurisdiccional particular y específica de velar por la constitucionalidad de las leyes, sin que ello se atribuyera, sin embargo, al orden judicial tradicional. En esta forma, se puso fin a la antinomia, creándose nuevos Tribunales o Cortes constitu-cionales, ubicadas jerárquicamente por encima de los órganos que ejercen los pode-res públicos horizontalmente; en consecuencia ubicados por encima del Parlamento, del Ejecutivo y de las autoridades judiciales, con miras a velar por la supremacía de la Constitución sobre todos los órganos del Estado.

El llamado "sistema austriaco" de control jurisdiccional de la constitucionalidad o el "modelo Europeo", como también se lo ha llamado[657], se caracteriza así, por el hecho de que la justicia constitucional fue confiada a un órgano constitucional en algunos casos estructuralmente independiente de las autoridades judiciales ordina-rias, es decir del Poder Judicial y de su organización. Además, en general, los miembros de los Tribunales Constitucionales no pertenecen a la carrera judicial y son más bien nombrados por los órganos políticos del Estado, en particular por el Parlamento y el Ejecutivo. Este sistema dio origen a órganos constitucionales espe-ciales que, como se dijo, en algunos casos no pertenecen al Poder Judicial, pero que en todo caso, ejercen una actividad jurisdiccional propiamente dicha.

Estas Cortes, Consejos y Tribunales Constitucionales fueron considerados como los "intérpretes supremos de la Constitución", según el calificativo que le atribuyó la Ley Orgánica que lo creó, al Tribunal Constitucional en España[658] o como los

---

657   L. Favoreu, "Actualité et légitimité du contrôle juridictionnel des lois en Europe occidentale", *loc. cit.*, p. 1.149.

658   Art. 1. Ley Orgánica del Tribunal constitucional. Oct. 1979, *Boletín Oficial del Estado*, N° 239.

"guardianes de la Constitución"[659]. Eduardo García de Enterría, al hablar del Tribunal Constitucional español, lo calificó de "comisario del poder constituyente, encargado de defender la Constitución y de velar por que todos los órganos constitucionales conserven su estricta calidad de poderes constituidos"[660] y el antiguo presidente de ese mismo Tribunal español, Manuel García Pelayo vio en él "un órgano constitucional instituido y directamente estructurado por la Constitución" y que:

> "Como regulador de la constitucionalidad de la acción estatal, está destinado a dar plena existencia al Estado de derecho y a asegurar la vigencia de la distribución de poderes establecida por la Constitución, ambos componentes inexcusables, en nuestro tiempo, del verdadero "Estado constitucional"[661].

D. *El juez constitucional y la protección de derechos fundamentales*

Por otra parte, debe señalarse que la defensa de la Constitución como función esencial de la justicia constitucional no sólo tiene como objetivo garantizar los diferentes modos de distribución del poder entre los cuerpos constituidos del Estado y así, la estabilidad y continuidad política del Estado, sino que además, tiene la función de garantizar los derechos y libertades individuales fundamentales. Se trata, sin duda, de otro elemento esencial del Estado de Derecho y uno de los argumentos de peso empleados para defender la legitimidad del control jurisdiccional de la constitucionalidad de los actos del Estado.

En efecto, la justicia constitucional o el control jurisdiccional de la constitucionalidad de las leyes están estrechamente relacionados con la declaración constitucional y efectiva de los derechos fundamentales. Precisamente, cuando existen declaraciones de derechos y libertades fundamentales con respecto a los valores constitucionales de una sociedad determinada, es que más surge la necesidad de instaurar un sistema de control jurisdiccional de la constitucionalidad.

Ahora bien, aun cuando la idea de declarar y establecer derechos fundamentales en una Constitución tenga sus antecedentes históricos en las Revoluciones americanas y francesa y haya sido práctica normal en toda América desde comienzos del siglo pasado, en realidad, ésta sólo surgió en Europa después de la Segunda Guerra Mundial. Precisamente, la creación de sistemas de control jurisdiccional de la constitucionalidad en Europa, salvo los implantados en Austria y Checoslovaquia en los años veinte, como medios para defender los derechos del hombre, sólo se desarrollaron después de la Segunda Guerra Mundial debido, precisamente, a las graves violaciones de los mismos que se produjeron. En este caso, por ejemplo, el hecho de que en Italia y en Austria se hubiera incluido por primera vez, en su Constitución, una declaración de los derechos humanos y paralelamente se hubiera admitido la necesidad de establecer mecanismos adecuados que asegurasen su defensa, entre los cuales figuraba el control de la constitucionalidad de las leyes, no fue producto de una mera casualidad.

---

659   G. Leibholz, *Problemas fundamentales de la Democracia,* Madrid, 1971 p. 15.

660   E. García de Enterría, *op. cit,* p. 198.

661   M. García Pelayo, "El Status del Tribunal constitucional", *loc. cit.,* p. 15.

En cambio, la ausencia de una declaración constitucional de los derechos individuales o fundamentales como un medio para limitar la acción del legislador, ha sido
una de las razones primordiales que explican la inexistencia de cualquier sistema de
control judicial o jurisdiccional de la constitucionalidad de las leyes, tal y como lo
ilustra el caso británico. Esta situación ha conducido a D. G. T. Williams, con razón,
a expresar que "el problema de fondo en cuanto a la consagración constitucional de
los derechos fundamentales o de una estructura federal en el Reino Unido, es el control judicial", puesto que "la adopción de una declaración constitucional de derechos
fundamentales supondría naturalmente el ejercicio por los tribunales ingleses de sus
poderes de control", es decir, que le correspondería a los tribunales ordinarios "garantizar o proteger ciertas libertades fundamentales contra el legislador propiamente
dicho"[662].

En todo caso, es evidente que en los regímenes dotados de Constituciones escritas, si la Constitución se rige en la ley suprema, con fuerza directamente obligatoria,
el sistema constitucional debe establecer expresamente los medios para defenderla y
garantizarla. En caso contrario, como lo puso de manifestó Kelsen:

> "Una Constitución en la cual no exista la garantía de la anulación de actos in-
> constitucionales, no es, en sentido técnico, plenamente obligatoria... Una Cons-
> titución en la cual los actos inconstitucionales y, en particular, las leyes incons-
> titucionales, permanezcan igual de válidas —porque su inconstitucionalidad no
> permita anularlas— equivale, desde el punto de vista propiamente jurídico, más
> o menos a un acto sin fuerza obligatoria"[663].

Las garantías jurisdiccionales de la Constitución, es decir, el poder conferido a
las autoridades judiciales ordinarias o a instancias constitucionales especiales, según
el caso, para declarar inconstitucionales los actos de los órganos que ejercen los
poderes públicos que violen la Constitución o para incluso, anular los que tienen
efectos generales, son los mecanismos esenciales del Estado de Derecho para asegurar el respeto de la ley, por parte de todos los órganos del Estado; el respeto que les
impone la Constitución conforme a los sistemas de distribución del poder del Estado
en vigencia[664], y, además, el respeto de los derechos y libertades fundamentales que
consagra la Constitución.

E.   *La variedad de los sistemas de justicia constitucional*

Es evidente, en todo caso, que en el mundo contemporáneo no existe un solo sistema de justicia constitucional, sino que más bien existe una gran variedad de sistemas. Pueden adoptarse diferentes criterios para clasificar estos diversos sistemas de
control jurisdiccional de la constitucionalidad de los actos del Estado, especialmente

---

662   D. G. T. Williams, "The Constitution of the United Kingdom", *Cambridge Law Journal*, 31, 1972, pp.
      278-279.

663   H. Kelsen, *loc. cit.*, p. 250.

664   M. Hiden, "Constitutional Rights in the Legislative process: the Finish system of advance control of
      Legislation", en *Scandinavian Law*, 17, Estocolmo, 1973, p. 97.

de la legislación[665]; sin embargo, todos se relacionan con un criterio básico: el referente a los órganos del Estado que pueden ejercer las funciones de justicia constitucional. En efecto, como se ha señalado, el control jurisdiccional de la constitucionalidad puede ser ejercido por todos los tribunales de un país determinado; sólo por la Corte Suprema del país, o por un órgano constitucional especialmente creado con ese fin.

En el primer caso, todos los tribunales de un país determinado tienen la facultad de juzgar la constitucionalidad de las leyes. Este es el caso de Estados Unidos de América, habiéndose llamado este sistema el "sistema americano" porque se adoptó primero, en Estados Unidos, particularmente, después del famoso caso *Marbury vs Madison* decidido por la Corte Suprema en 1803. Además, muchos otros países, con o sin tradición del *common law,* también aplican este sistema, como es el caso, por ejemplo, de Argentina, Brasil, Colombia, México, Venezuela, Grecia, Australia, Canadá, la India, Japón, Suecia, Noruega y Dinamarca. A este sistema también se lo denomina sistema difuso de control judicial de la constitucionalidad[666] porque el control judicial se atribuye a todos los tribunales desde el nivel más bajo hasta la Corte Suprema del país.

Por otra parte, existe el sistema concentrado de justicia constitucional, donde la facultad de control de la constitucionalidad de las leyes y de otros actos del Estado producidos en ejecución directa de la Constitución, se atribuye a un solo órgano del Estado, sea la Corte Suprema o un órgano constitucional, Tribunal, Corte o Consejo Constitucional especialmente creado para ese fin. Este último caso, se conoce como el "sistema austriaco" porque en Europa se estableció primero en Austria, en 1920[667]. Este sistema, también llamado el "modelo europeo", cuando el poder de control se atribuye a un Tribunal o Corte Constitucional particularmente ubicado fuera del Poder Judicial, es aplicado en Alemania, Italia y España. Se lo denomina sistema concentrado de control jurisdiccional por oposición al sistema difuso, porque la facultad de control de la constitucionalidad de los actos del Estado sólo se le confiere a un órgano constitucional que puede ser la Corte Suprema de un país dado o a un Tribunal Constitucional especialmente creado para tal fin que, puede o no estar integrado dentro de la organización del Poder Judicial[668].

Ahora bien, en el caso de los Tribunales Constitucionales europeos, hay que tener en cuenta que si bien, efectivamente, tienen calidad de órganos constitucionales independientes y separados de los órganos tradicionales del Estado (Legislativo, Ejecutivo y Judicial), siempre resuelven conflictos constitucionales, en el marco del ejercicio de una función jurisdiccional. En tal sentido ni estos tribunales constitucio-

---

665   Ver en general M. Cappelletti, *Judicial Review...*, *cit.*, p. 45 y M. Cappelletti and J. C. Adams, "Judicial Review of Legislation: European Antecedents and Adaptations", *Harvard Law Review,* 79, 6, Abril de 1966, p. 1.207; Allan R. Brewer-Carías, *Judicial Review in Comparative Law, cit.,* pp. 125 y ss.

666   M. Cappelletti, "El control judicial de la constitucionalidad de las leyes en el Derecho Comparado", *Revista de la Facultad de Derecho de México,* N° 61, 1966, p. 28; Allan R. Brewer-Carías, *Judicial Review in Compative Law, cit.*

667   *Idem.*

668   Allan R. Brewer-Carías, *Judicial Review..., cit.,* pp. 182 y ss., *El control concentrado de la constitucionalidad de las leyes, cit.,* pp. 127 y ss

nales ni los tribunales judiciales cuando actúan como jueces constitucionales, aun cuando ejercen un poder de control constitucional, pueden considerarse, como pretendía Hans Kelsen[669], que actúan como un "legislador negativo".

En efecto, para refutar la objeción a la justicia constitucional derivada del principio de la separación de poderes, Hans Kelsen alegaba que cuando el tribunal constitucional anulaba un acto del Parlamento, este ejercía una actividad legislativa y no jurisdiccional. Sostenía que:

> "Anular una ley es formular una norma general: ya que la anulación de una ley tiene el mismo carácter de generalidad que su elaboración, siendo por así decirlo, la elaboración pero con un signo negativo; por consiguiente, ella misma una función legislativa"[670].

Pero en realidad, cuando una Corte o un Tribunal constitucional anula una ley, no lo hace discrecionalmente ni por conveniencia, sino que se basa en criterios jurídicos, y procede a hacerlo aplicando una ley superior, la Constitución; de manera que no ejerce, en este sentido, función legislativa alguna[671]. Ejerce, verdaderamente, una función jurisdiccional, como la que se asigna a las autoridades judiciales, pero en este caso a título de garantía de la Constitución. Y si bien es cierto que los jueces constitucionales, cuando deben resolver sobre la constitucionalidad de actos legislativos, a menudo toman decisiones de carácter político, lo hacen con base en métodos y criterios legales, en el marco de un proceso iniciado a instancia de parte con la legitimación necesaria. Esto es así, incluso, cuando se acude a la justicia constitucional mediante una acción popular[672] con miras a obtener una decisión de la Corte Suprema sobre la inconstitucionalidad de una ley, como es el caso en Venezuela y Colombia, aun cuando no existan partes en el sentido habitual de cualquier proceso.

Ahora bien, como se ha dicho, en los sistemas norteamericano y latinoamericano, el control jurisdiccional de la constitucionalidad de las leyes forma parte de las atribuciones del Poder Judicial, cuyo ejercicio corresponde tanto a la Corte Suprema como a la justicia ordinaria. En estos sistemas, se puede afirmar que el juez constitucional es el Poder Judicial. En cambio, en el sistema europeo, el control jurisdiccional de la constitucionalidad de las leyes en muchos casos se ha asignado a Cortes o Tribunales Constitucionales creados como órganos de rango constitucional e independiente del Poder Judicial. Ejercen una función jurisdiccional como en Francia lo hacen los órganos de la jurisdicción administrativa, aunque en forma separada de las autoridades judiciales. En ambos sistemas, la justicia constitucional es el resultado del ejercicio de una función jurisdiccional, la cual no es monopolio del Poder Judicial.

Debe señalarse que el Consejo Constitucional en Francia, en su decisión del 22 de julio de 1980, en la cual analizó la conformidad con la Constitución de la Ley del

---

669   H. Kelsen, *loc. cit.*, p. 226.

670   *Idem.*, p. 224.

671   Véase los comentarios de A. Pérez Gordo, *El Tribunal Constitucional y sus Funciones*, Barcelona, 1982, p. 41.

672   *Cfr.*, en sentido contrario B. O. Nwabueze, *Judicial Control of Legislative action...*, doc. cit., p. 3.

25 de julio de 1980 sobre la convalidación de los actos administrativos[673], se refirió a la existencia de un tercer poder del Estado, conjuntamente con los poderes legislativo y ejecutivo, que se podía calificar de "poder jurisdiccional" y que engloba las jurisdicciones administrativa y judicial. Ahora bien, en ese mismo "poder jurisdiccional" o "Poder Judicial"[674] podría incluirse al Consejo Constitucional. En consecuencia en Francia, el "Poder Jurisdiccional" podría ahora considerarse como un poder formado por las jurisdicciones administrativa, judicial y constitucional, esta última confiada al Consejo Constitucional. En esta forma, en Francia podría afirmarse que el control de la constitucionalidad de las leyes y el respeto de los derechos fundamentales se ejerce por el "Poder Jurisdiccional", en la misma forma que el "Poder Judicial" lo ejerce en los países de América.

En todo caso, debe señalarse que no existe un único sistema de justicia constitucional para garantizar y defender la Constitución, así como tampoco puede existir un sistema ideal que pueda aplicarse a todos los países[675]. En el derecho constitucional contemporáneo, cada país ha desarrollado su propio sistema, habiendo sido el sistema difuso atribuido a los órganos del Poder Judicial, iniciado en Norteamérica, el que más influencia ha tenido.

En otros países se ha adoptado una mezcla de los sistemas antes mencionados, el difuso y el concentrado, con miras a permitir que ambos tipos de control funcionen al mismo tiempo. Este es el caso de Portugal, Colombia, Perú, Venezuela y más recientemente de México, donde todos los tribunales tiene la facultad de juzgar la constitucionalidad de las leyes, y por consiguiente, pueden decidir en forma autónoma la inaplicabilidad de una ley en un proceso dado, y además, la Corte Suprema o un Tribunal o Corte Constitucional tienen la facultad de declarar la nulidad por inconstitucionalidad de las leyes, en un proceso objetivo. Como se ha señalado, esos países tienen un sistema paralelo, difuso y concentrado, de control judicial de la constitucionalidad, quizá el más completo en derecho comparado.

Por otra parte, con respecto a los denominados sistemas concentrados de la constitucionalidad, en los cuales la facultad de control es otorgada a un sólo órgano constitucional, como la Corte Supremo o un Tribunal o Corte Constitucional, se pueden observar otras diferencias[676].

En primer lugar, en relación al momento en el que se efectúa el control de la constitucionalidad de las leyes. Este control puede producirse antes de la sanción de la ley, como es el caso en Francia, o puede ser ejercido por el Tribunal luego de que la ley ha entrado en vigor, como es el caso en Alemania e Italia. En otros países como España, Portugal, Colombia y Venezuela se han adoptado ambas posibilidades. En Venezuela, una ley sancionada por el Congreso antes de su entrada en vigor, puede ser sometida por el Presidente de la República a la Corte Suprema, mediante veto, con el fin de obtener una decisión relativa a su constitucionalidad; pero igual-

---

673   L. Favoreu y L. Philip, *op. cit.,* pp. 472 y sig.

674   L. Favoreu, "Chronique", *Revue du Droit Public et de la Science Politique,* París, 1980, p. 1.661.

675   Véase en general, Allan R. Brewer-Carías, *Judicial Review...,* cit., pp. 125 y sig.

676   Véase, en general, Allan R. Brewer-Carías, *El control concentrado de la constitucionalidad de las leyes, cit.,* pp. 44 y ss.

mente, la Corte Suprema, puede decidir sobre la constitucionalidad de la ley después de su publicación y de su entrada en vigor, cuando es impugnada por la vía de acción popular.

Además, en relación con los sistemas concentrados de control de la constitucionalidad, existen dos vías para ejercerlo: la vía incidental y la vía principal[677]. En primer caso, la cuestión constitucional sólo se considera justiciable cuando está estrecha y directamente relacionada con un proceso en particular, en el cual la constitucionalidad de la ley específica, no es el único aspecto requerido para el solo desenlace del proceso. Debe destacarse, que el carácter incidental del control judicial es de la esencia de los sistemas de control difuso y, por tanto, de todos los sistemas jurídicos que siguen el modelo americano. En los sistemas de control concentrado, el control de la constitucionalidad puede ser incidental y la Corte Suprema o el Tribunal Constitucional sólo pueden intervenir y decidir cuando así sea requerido por el tribunal ordinario al cual está sometido el caso. En estas circunstancias, la cuestión constitucional ante el Tribunal Constitucional le es sometida por el Tribunal ordinario que debe decidir el caso concreto.

Ahora bien, en cuanto al sistema concentrado de control de la constitucionalidad, el poder de control otorgado a la Corte Suprema o a un Tribunal Constitucional, también puede ser ejercido por vía principal, mediante una acción directa en la que la constitucionalidad de una ley específica constituye la única cuestión del proceso, sin relación ni referencia a un caso particular. En este último supuesto, puede hacerse otra distinción en cuanto al *locus standing* para ejercer la acción directa de inconstitucionalidad en numerosos países dotados de un sistema concentrado de control de la constitucionalidad, únicamente son otros órganos del Estado los que pueden ejercer la acción directa de constitucionalidad ante el Tribunal Constitucional, por ejemplo, el Jefe de Gobierno o un cierto número de representantes en el Parlamento.

Otros sistemas de control concentrado, sin embargo, permiten que los particulares ejerzan la acción de inconstitucionalidad, sea alegando que una determinada ley afecta los derechos de un individuo o, como en el caso de Colombia y Venezuela, mediante una acción popular en la que cualquier ciudadano puede solicitar a la Corte Suprema o a la Corte Constitucional que decida su solicitud referente a la inconstitucionalidad de una ley determinada, sin que exista condición especial con respecto a la legitimación.

Ahora bien, con respecto a esta distinción entre sistemas concentrado y difuso de control de la constitucionalidad también se puede hacer otra diferencia, según los efectos legales que surte la decisión jurisdiccional de control. En este sentido, pueden distinguirse decisiones con efectos *in casu et inter partes* o *erga omnes,* es decir, decisiones que surten efectos solamente entre las partes de un juicio determinado, o que surten efectos generales, aplicables a cualquiera.

Por ejemplo, en los sistemas de control concentrado, de acuerdo con el modelo austriaco, cuando la decisión jurisdiccional es una consecuencia del ejercicio de una

677   Véase Allan R. Brewer-Carías, *El control concentrado de la constitucionalidad...*, *cit.*, pp. 28 y ss.

acción objetiva, en general, los efectos de tal decisión mediante la cual se anula la ley, son generales con validez *erga omnes*[678].

En cambio, en los sistemas de control difuso, la decisión del juez en materia de inconstitucionalidad sólo tiene efectos *ínter partes*. Por consiguiente, en estos sistemas, una ley declarada inconstitucional con efectos *ínter partes*, en principio, es nula y no surte ningún tipo de efectos para el caso concreto ni para las partes en el mismo. Por ello, en este caso, la decisión es, en principio, retroactiva en el sentido de que tiene consecuencias *ex tunc* o *pro pretaerito*, es decir, la ley declarada inconstitucional se considera como si nunca hubiera existido a nunca hubiera sido válida. En estos casos, esta decisión surte efectos "declarativos", en el sentido de que declara la nulidad preexistente de la ley inconstitucional[679].

Por el contrario, en los sistemas de control concentrado, una ley anulada por inconstitucional, con efectos *erga omnes*, se considera, en principio, como anulable. La decisión en este caso es, por lo tanto, prospectiva ya que tiene consecuencias *ex nunc y pro futuro;* es decir, la ley anulada por inconstitucional, es considerada como habiendo surtido efectos hasta su anulación por el Tribunal o hasta el momento que este determine como consecuencia de la decisión. En este caso, por consiguiente, la decisión tiene efectos "constitutivos" ya que la ley se vuelve inconstitucional solamente después de la decisión[680].

Sin embargo, esta distinción relativa a los efectos de la decisión judicial con respecto a la inconstitucionalidad de una ley, no es absoluta. Por un lado, si bien es cierto que en el sistema de control difuso la decisión surte efectos *ínter partes*, cuando la decisión es adoptada por la Corte Suprema como consecuencia de la doctrina *stare decisis*, los efectos prácticos de la decisión son, de hecho, generales, en el sentido de que obliga a todos los Tribunales inferiores del país. Por ello, a partir del momento en que la Corte Suprema declara inconstitucional una ley, en principio, ningún otro Tribunal podría aplicarla.

Por otro lado, en sistemas de control concentrado de la constitucionalidad, cuando se adopta una decisión en una cuestión incidental de constitucionalidad, algunos sistemas constitucionales han establecido que los efectos de la misma, en principio, sólo se relacionan con el proceso particular en el que se planteó la cuestión de constitucionalidad, y entre las partes de dicho proceso, aunque como hemos señalado esa no es la regla general.

En cuanto a los efectos declarativos o constitutivos de la decisión, o sus efectos retroactivos o prospectivos, el paralelismo absoluto entre los sistemas difuso y concentrado también ha desaparecido.

En los sistemas de control difuso de la constitucionalidad, aun cuando los efectos de las decisiones declarativas de inconstitucionalidad de la ley sean *ex tunc, pro pretaerito*, en la práctica, algunas excepciones en casos regulados por el derecho civil, han hecho que dicha invalidez de la ley no sea siempre retroactiva. De la mis-

---

678   Véase Allan R. Brewer-Carías, *El control concentrado de la constitucionalidad...*, *cit.*, pp. 31 y ss.

679   Véase Allan R. Brewer-Carías, *Judicial Review...*, *cit.*, pp. 131 y ss.

680   Véase Allan R. Brewer-Carías, *El control concentrado...*, *cit.*, pp. 32 y ss.

ma manera, en los sistemas de control concentrado de la constitucionalidad, aun cuando los efectos de las decisiones anulatorias de una ley por inconstitucionalidad sean constitutivos, *ex nunc, pro futuro,* también en la práctica, algunas excepciones en casos regulados por el derecho penal, han hecho que dicha invalidez de la ley, sea retroactiva y beneficie al reo.

3. *Conclusión*

Como señalamos al inicio, la justicia constitucional, sin duda, es "la culminación de la edificación del *Estado de Derecho*"[681] y la consecuencia directa del proceso de constitucionalización del mismo, es decir, de la adopción de una Constitución como ley suprema, en la cual no sólo se establece la organización de los poderes del Estado y sus limitaciones, sino que se declaran y garantizan los derechos fundamentales de los ciudadanos.

En este sentido, la justicia constitucional, considerada como la facultad de los tribunales (sean tribunales constitucionales, ordinarios o especiales) para controlar la constitucionalidad de la legislación, es, sin lugar a dudas, el logro más importante del ciudadano frente a la autoridad absoluta de los órganos del Estado, y en particular, frente a la supremacía y soberanía de los Parlamentos.

Incluso, en su origen, de la misma manera como surgió el constitucionalismo moderno en Norteamérica, como reacción contra la soberanía del Parlamento inglés, la justicia constitucional en su concepción americana original, también fue una reacción contra el cuerpo legislativo y sus facultades[682]. El Congreso de los Estados Unidos, como los demás órganos del Estado, debía estar sujeto a la Constitución y, por consiguiente, todas las leyes del Congreso sancionadas en violación de la Constitución debían ser consideradas nulas. De lo contrario, la Constitución sería letra muerta, o como lo expresó Alexander Hamilton: "equivaldría a nada[683].

Esta concepción se encuentra dentro de la lógica del Estado de Derecho, por lo que Jean Rivero, en su Informe de síntesis presentado en el segundo coloquio celebrado cn Aix-en-Provence en 1981, sobre "Las Cortes Constitucionales Europeas y los Derechos Fundamentales", expresó:

"La lógica del Estado de Derecho coloca a la Constitución en la cúspide de la pirámide de normas, de donde las demás normas extraen su validez. Pero debe reconocerse que durante un largo siglo esta lógica se encontró frenada..., por el mito de la supremacía de la ley, y que para alcanzar la última etapa de la construcción del Estado de Derecho, ese que somete al legislador mismo a una nor-

---

681   P. Lucas Murillo de la Cueva, "El examen de la constitucionalidad de las leyes y la soberanía parlamentaria", *loc. cit.,* p. 200.

682   E. S. Corwin, *"The 'Higher Law' Background of American Constitutional Law",* cit., p. 53.

683   Alexander Hamilton, *The Federalist, cit.,* p. 491.

ma superior a su propia voluntad, ha sido necesaria la transformación que vengo de señalar"[684].

Por consiguiente, el control jurisdiccional de la constitucionalidad de las leyes es la consecuencia directa de la culminación de la construcción del Estado de Derecho, como un Estado cuyos órganos están limitados en sus acciones, por la Constitución, la cual, además, establece los derechos fundamentales de los individuos y los medios de protección de los mismos contra dichos órganos del Estado, y en particular, contra el Legislador. Esto llevó a Rivero a afirmar que esta evolución del Estado de Derecho producida en relación con el sistema constitucional francés:

"Ha hecho posible ese fenómeno extraordinario que es la aceptación de una autoridad superior al legislador mismo, de una autoridad encargada de imponer al legislador el respeto de la Constitución por parte del legislador"[685].

La constitucionalización del Estado de Derecho, por tanto, está esencialmente ligada a la idea de la justicia constitucional, y esa es la razón por la cual Mauro Cappelletti, en uno de los informes presentados a dicho Coloquio de Aix-en-Provence, manifestó que:

"El constitucionalismo, en su estado más avanzado, ha exigido un órgano o un grupo de órganos, suficientemente independientes de los poderes "políticos" —el legislativo y el ejecutivo— para proteger una regla de derecho superior y relativamente permanente, contra las tentaciones que son inherentes al poder"[686].

En este sentido, los Tribunales, considerados políticamente como los "menos peligrosos" o los "más débiles" de los tres poderes del Estado, son precisamente, dichos órganos independientes, encargados por excelencia, de controlar el cumplimiento de la Constitución por parte de los poderes Ejecutivo y Legislativo.

III. LOS DOS MÉTODOS DE CONTROL DE LA CONSTITUCIONALIDAD Y EL SISTEMA MIXTO O INTEGRAL VENEZOLANO

1. El carácter mixto o integral del sistema venezolano

La Constitución Venezolana establece en forma explícita, en su artículo 215, la competencia de la Corte Suprema de Justicia para declarar la nulidad por inconstitucionalidad, de las leyes y demás actos de los cuerpos deliberantes de carácter nacional, estadal o municipal, así como de los reglamentos y actos de gobierno, dictados por el Ejecutivo Nacional. Es decir, la Constitución prevé un control judicial con-

---

684 Se refiere a la aceptación de una autoridad superior al legislador encargada de imponerle el respeto de la Constitución. Véase J. Rivero, "Rapport de Synthèse", en L. Favoreu (ed), *Cours Constitutionnelles Européennes et Droits Fondamentaux, cit.*, p. 519.

685 *Idem.*, p. 519.

686 M. Cappelletti, "Nécessité et légitimité de la justice constitutionnelle" en L. Favoreu (ed) *Cours Constitutionnelles Européennes et Droits Fondamentaux, cit.*, p. 483. También reproducido en *Revue Internationale de Droit Comparé*, 1981 (2), p. 647.

centrado de la constitucionalidad de todos los actos estatales, con exclusión de los actos judiciales y de los actos administrativos respecto de los cuales prevé medios específicos de control de legalidad y constitucionalidad (recurso de casación, apelaciones y jurisdicción contencioso-administrativa). De acuerdo a la Constitución, por tanto, existe un control concentrado de la constitucionalidad reservado en el nivel nacional, a los actos estatales de rango legal (leyes, actos parlamentarios sin forma de ley y actos de gobierno) y a los reglamentos dictados por el Ejecutivo Nacional, exclusivamente; en el nivel estadal, a las leyes emanadas de las Asambleas Legislativas; y en el nivel municipal, a las Ordenanzas Municipales. Este control de la constitucionalidad de los actos estatales permite a la Corte Suprema de Justicia en Corte Plena declarar su nulidad cuando sean violatorios de la Constitución. Se trata, por tanto, como hemos dicho, de un control concentrado de la constitucionalidad de las leyes, y otros actos estatales, atribuido a la Corte Suprema de Justicia.

Pero además, el artículo 20° del Código de Procedimiento Civil, permite, a todos los Tribunales de la República al decidir un caso concreto, declarar la inaplicabilidad de las leyes y demás actos estatales normativos, cuando estimen que son inconstitucionales, dándole por tanto, preferencia a las normas constitucionales. Se trata, sin duda, de la base legal de un control difuso de la constitucionalidad.

Por tanto, el sistema venezolano de control de la constitucionalidad de las leyes y otros actos estatales, puede decirse que es uno de los más amplios conocidos en el mundo actual si se lo compara con los que muestra el derecho comparado, pues mezcla el llamado control difuso de la constitucionalidad de las leyes con el control concentrado de la constitucionalidad de las mismas[687].

En efecto, cuando se habla de control difuso de la constitucionalidad, se quiere significar, que la facultad de control no se concentra en un solo órgano judicial, sino que, por el contrario, corresponde, en general, a todos los órganos judiciales de un determinado país, que poseen el poder-deber de desaplicar las leyes inconstitucionales en los casos concretos sometidos a su conocimiento; en cambio, en el denominado método de control concentrado, el control de la constitucionalidad se centraliza en un solo órgano judicial, quien tiene el monopolio de la declaratoria de la nulidad de las leyes inconstitucionales[688]. Confrontados estos dos métodos con los sistemas que muestra el derecho comparado, se ha identificado como arquetipo del denominado control difuso de la constitucionalidad de las leyes, al sistema norteamericano, y, en cambio, como arquetipo del denominado control concentrado, particularmente el desarrollado en Europa durante las últimas décadas, al sistema austríaco[689].

El método de control difuso, que permite a todos los tribunales conocer de la inconstitucionalidad de las leyes, y decidir su inaplicabilidad al caso concreto, en el

---

687 De acuerdo a la terminología acuñada por Piero Calamandrei, *La illegittimitá Costituzionale delle Leggi*, Padova, 1950, p. 5; y difundida por Mario Capelletti, *Judicial Review in the contemporary World*, Indianápolis, 1971. Véase Allan R. Brewer-Carías, *Judicial review in comparative law*, Cambridge University Press, 1989. Véase además, Allan R. Brewer-Carías, *El sistema, mixto o integral de control de constitucionalidad en Colombia y* Venezuela, Bogotá, 1995.

688 Véase Mauro Cappelletti, "El Control Jurisdiccional de la Constitucionalidad de las Leyes en el Derecho Comparado", en *Revista de la Facultad de Derecho*, México, N° 65, Tomo XVI, 1966, pp. 28 a 33.

689 *Ídem*, p. 29

ámbito de América Latina y siguiendo el arquetipo norteamericano, existe, por ejemplo, en Brasil, Guatemala, Uruguay, México, Argentina, Colombia y Venezuela[690]. Sin embargo, en cada caso, con modalidades específicas que hacen diferir los sistemas de un país a otro. Por ejemplo, en Argentina, donde el control concentrado se ha mantenido muy apegado al sistema americano, a pesar de que todos los tribunales tienen la facultad de desaplicar una ley al caso concreto, siempre es posible llevar el conocimiento del asunto a la Corte Suprema de Justicia, en última instancia, mediante el ejercicio del recurso extraordinario de inconstitucionalidad[691]. En cambio, en sistemas como el de Venezuela y Colombia, el control difuso de la constitucionalidad no es el único existente, sino que se combina con el control concentrado que ejerce la Corte Suprema de Justicia.

Sin embargo, en todos los casos de control difuso de la constitucionalidad de las leyes, mediante el cual el Juez declara inaplicable una ley al caso concreto, la decisión del juez tiene carácter incidental y efectos interpartes, considerándose a la ley como si nunca hubiera existido o producido efectos en el caso concreto.

Por otra parte, el método de control concentrado de la constitucionalidad de las leyes implica siempre la atribución a un solo órgano jurisdiccional, el Tribunal Supremo o una Corte Constitucional, del monopolio de la declaratoria de inconstitucionalidad de las leyes. A diferencia del arquetipo austríaco o modelo europeo, en América Latina se pueden distinguir diversas modalidades de este control concentrado. Por ejemplo, en El Salvador y Panamá[692] se prevé el recurso de inconstitucionalidad como acción popular que se ejerce por ante la respectiva Corte Suprema de Justicia, y que corresponde a cualquier ciudadano sin una legitimación (interesado) específica. Por otra parte, se destaca el sistema establecido en Guatemala a partir de 1965, cuya Constitución previo un recurso de inconstitucionalidad directo ante un tribunal especial, la Corte de Constitucionalidad, pero para cuya imposición se requiere de una legitimación específica[693], y cuya decisión tiene efectos *erga omnes* y pro futuro. Asimismo se destacan los sistemas de Chile y Ecuador donde se puede distinguir un sistema concentrado paralelo de control de la constitucionalidad, atribuido a la Corte Suprema de Justicia por vía incidental, y al Tribunal Constitucional o de Garantías Constitucionales, por vía directa.

Ahora bien, en Venezuela, al igual que en Colombia, al contrario de los sistemas que normalmente se aprecian en el derecho comparado, el control de la constitucionalidad de las leyes no puede identificarse en particular con alguno de esos dos métodos o sistemas, sino que, realmente, está conformado por la mezcla de ambos[694], configurándose entonces como un sistema híbrido y de una amplitud no

---

690   *Cfr.* Héctor Fix Zamudio, "Protección procesal de los Derechos Humanos", *Boletín Mexicano de Derecho Comparado*, Nos. 13-14, México, enero-agosto 1972, p. 78.

691   Véase, Alejandro E. Ghigliani, *Del Control Jurisdiccional de la Constitucionalidad*, Buenos Aires, 1952, p. 76; Jorge Reinaldo Vanossi, *Aspectos del Recurso Extraordinario de Inconstitucionalidad*, Buenos Aires, 1966.

692   *Cfr.* Héctor Fix Zamudio, "Protección Procesal...", *loc. cit.*, p. 89.

693   Véase *Ídem*, pp. 89 y 90.

694   Sobre el tema véanse nuestros trabajas: Allan R. Brewer-Carías, *El control de la constitucionalidad de los actos estatales*, Caracas, 1977; "Algunas consideraciones sobre el control jurisdiccional de la consti-

comparable con otros sistemas de los fundamentales que muestra el derecho comparado, excepción hecha del sistema de Portugal.

Este sistema mixto de control de la constitucionalidad tiene su fundamento en el principio básico de nuestro constitucionalismo, del carácter de norma suprema de la Constitución, la cual no sólo tiene por objeto regular orgánicamente el funcionamiento de los órganos estatales sino establecer los derechos fundamentales de los ciudadanos. Este principio de la supremacía constitucional y de la Constitución como norma suprema de derecho positivo directamente aplicable a los individuos, tiene sus raíces en la primera Constitución de Venezuela de 1811, la cual puede considerarse no sólo la primera en la historia constitucional de América Latina, sino la cuarta de las Constituciones escritas en la historia constitucional del mundo moderno[695]. Este principio de la supremacía constitucional es el que ha conducido, inevitablemente, al desarrollo de nuestro sistema mixto de justicia constitucional establecido hace más de cien años[696]. Tal como lo ha explicado la Corte Suprema de Justicia en su decisión del 15 de marzo de 1962 cuando decidió la acción popular intentada contra la Ley aprobatoria del Tratado de Extradición suscrito con los Estados Unidos de América, al sostener que la existencia del control jurisdiccional de la constitucionalidad de los actos del Poder Público por parte del más Alto Tribunal de la República, es indispensable en todo régimen que pretenda subsistir como Estado de Derecho:

> "Porque lo inconstitucional es siempre antijurídico y contrario al principio que ordena al Poder Público, en todas sus ramas, sujetarse a las normas constitucionales y legales que definen sus atribuciones. Lo inconstitucional es un atropello al derecho de los ciudadanos y al orden jurídico en general, que tiene su garantía suprema en la Ley Fundamental del Estado. En los países libremente regidos, toda actividad individual o gubernativa ha de mantenerse necesariamente circunscrita a los límites que le señala la Carta Fundamental, cuyas prescripciones como expresión solemne de la voluntad popular en la esfera del Derecho Público, son normas de includible observancia para gobernantes y gobernados desde el más humilde de los ciudadanos hasta los más altos Poderes del Estado. De los principios consignados en la Constitución, de las normas por ella trazadas, así en su parte dogmática como en su parte orgánica, deben ser simple desarrollo las leyes y disposiciones que con posterioridad a la misma se

---

tucionalidad de los actos estatales en el Derecho venezolano", *Revista de Administración Pública*, Madrid. N° 76, 1975, pp. 419 a 446, y "La Justicia Constitucional en Venezuela", documento presentado al Simposio Internacional sobre Modernas Tendencias de Derecho Constitucional (España y América Latina). Universidad Externado de Colombia, Bogotá, Nov. 1986, 102 páginas. Véase además, M. Gaona Cruz. "El control judicial ante el Derecho Comparado" en *Archivo de Derecho Público y Ciencias de la Administración* (El Derecho Público en Colombia y Venezuela), vol. VII, 1986, Caracas, 1986.

695   Véase Allan R. Brewer-Carías, *Las Constituciones de Venezuela*, Madrid, pp. 181-205.

696   Véanse los comentarios en relación al sistema mixto de justicia constitucional en Venezuela como consecuencia del principio de supremacía constitucional en R. Feo, *Estudios sobre el Código de Procedimiento Civil Venezolano*, Caracas, 1904, tomo I, pp. 26-35; R. Marcano Rodríguez, *Apuntaciones Analíticas sobre las materias fundamentales y generales del Código de Procedimiento Civil Venezolano*, Caracas, tomo I, pp. 36-38; A. Borjas, *Comentarios al Código de Procedimiento Civil*, Caracas, tomo I, pp. 33-35.

dicten; y tan inconstitucionales, y por consiguiente, abusivas serían éstas si de tal misión excedieran, como inconstitucionales y también abusivos lo serían cualquiera otros actos de los Poderes Públicos que abiertamente contravienen lo estatuido en la Ley Fundamental"[697].

Como consecuencia, entonces, de este principio de la supremacía constitucional, el sistema venezolano de justicia constitucional se ha venido desarrollando como un sistema mixto de control judicial de la constitucionalidad, a la vez difuso y concentrado.

Por una parte, como dijimos, el Código de Procedimiento Civil autoriza expresamente a todos los jueces a aplicar preferentemente la Constitución en los casos concretos que decidan, cuando la ley vigente, cuya aplicación se les pida, colidiere con alguna disposición constitucional[698]. Esta norma recogida por primera vez en nuestro ordenamiento jurídico en el Código de Procedimiento Civil de 1897[699], consagra claramente el denominado control difuso de la constitucionalidad de las leyes, que permite a cualquier juez, desaplicar una ley que estime inconstitucional aplicando preferentemente la Constitución, en un proceso cuyo conocimiento le corresponda[700].

Pero además, como se dijo, la Constitución siguiendo una tradición que se remonta a 1858 atribuye expresamente a la Corte Suprema de Justicia competencia para declarar la nulidad total o parcial de las leyes nacionales, de las leyes estadales y de las ordenanzas municipales, y de los actos de gobierno y reglamentos que coliden con la Constitución[701], consagrándose un control concentrado reservado a la Corte Plena[702] y que tiene por objeto no ya desaplicar la ley en un proceso concreto, sino declarar la nulidad por inconstitucionalidad de las leyes con efectos *erga omnes*, cuando ello se ha solicitado por vía de acción popular.

En torno al carácter mixto del sistema venezolano, la propia Corte Suprema de Justicia ha insistido sobre el ámbito del control de la constitucionalidad de las leyes al señalar que está encomendado:

"no tan sólo al Supremo Tribunal de la República, sino a los jueces en general], cualquiera sea su grado y por ínfima que fuere su categoría. Basta que el funcionario forme parte de la rama judicial para ser custodio de la Constitución y aplicar, en consecuencia, las normas de ésta prevalecientemente a las leyes ordinarias... Empero, la aplicación de la norma fundamental por parte de los jueces de grado, sólo surte efecto en el caso concreto debatido, y no alcanza,

---

697   Véase la sentencia de la CSJ-CP, de 15-3-62 en *G.O.*, N° 760, Extra de 22-3-62, pp. 3-7.

698   Artículo 20, Código de Procedimiento Civil de 1986.

699   Artículo 10 de los Códigos de Procedimiento Civil de 1897 y 1904; y artículo 7 del Código de 1916. El único cambio en la redacción de la norma se introdujo en 1986, cuando se sustituyó la palabra "Tribunales" por "jueces".

700   *Cfr.* José Guillermo Andueza, *La Jurisdicción Constitucional en el Derecho Venezolano*, Caracas, 1955, pp. 37 y 38. *Cfr.* Sentencia CFC-SF de 18-5-45, 1946, pp. 2265 y ss.

701   Artículo 215, ordinales 3, 4, y 6.C.

702   Artículo 216 C.

por lo mismo, sino a las partes interesadas en el conflicto; en tanto, que cuando se trata de la ilegitimidad constitucional de las leyes pronunciadas por el Supremo Tribunal en ejercicio de su función soberana, como intérprete de la Constitución y en respuesta a la acción pertinente, los efectos de la decisión se extienden *erga omnes* y cobran fuerza de ley. En el primer caso, el control es incidental y especial; y en el segundo, principal y general; y cuando éste ocurre, vale decir, cuando el recurso es autónomo, éste es formal o material, según que la nulidad verse sobre una irregularidad concerniente al proceso elaborativo de la ley, o bien que no obstante haberse legislado regularmente en el aspecto formalista, el contenido intrínseca de la norma adolezca de vicios sustanciales"[703].

En consecuencia, el sistema venezolano de justicia constitucional es un sistema mixto, en el cual el control difuso de la constitucionalidad está atribuido a todos los tribunales de la República, y el sistema concentrado, en relación a las leyes y demás actos de rango similar, está atribuido a la Corte Suprema de Justicia en Corte Plena.

Antes de analizar estos dos métodos en el sistema venezolano, estudiaremos los aspectos esenciales de los mismos en la teoría de la justicia constitucional.

2. *Principios del método difuso de Justicia Constitucional*

El método de control difuso de la constitucionalidad de las leyes, como se ha dicho, confiere a cualquier Juez de cualquier nivel en la jerarquía judicial, el necesario poder para actuar como juez constitucional. En consecuencia, conforme a dicha norma, todos los jueces, al aplicar la ley en un caso concreto sometido a su consideración, están autorizados a juzgar la constitucionalidad de dicha ley y, en consecuencia, a decidir su inaplicabilidad a dicho caso concreto cuando la consideren inconstitucional, dando aplicación preferente a la Constitución[704].

A. *La lógica del método como consecuencia del principio de la supremacía constitucional*

Desde el punto de vista lógico y racional, este poder general de todo Juez de actuar como juez constitucional, por lo que si la Constitución se considera como la Ley Suprema del país, en todo caso de conflicto entre una Ley y la Constitución, ésta debe prevalecer, considerándose por lo demás, como un deber de todo juez, el decidir cuál es la ley aplicable en un caso concreto. Como lo señaló el juez William Paterson en una de las más viejas decisiones de la Corte Suprema de los Estados Unidos de América sobre la materia, en el caso Vanhorne's Lessee v. Dorrance (1795) hace casi doscientos años:

"...si un acto legislativo se opone a un principio constitucional el primero debe dejarse de lado y rechazarse por repugnante. Sostengo que es una posición

---

703 Véase sentencia CF de 19-6-53, en *GF.*, N° 1, 1953, pp. 77 y 78.

704 Véase Allan R. Brewer-Carías, *Judicial Review in Comparative Law*, Cambridge, 1989, pp. 127 y ss. Véase Allan R. Brewer-Carías, "Prólogo" al libro de Humberto Briceño León, *La acción de Inconstitucionalidad en Venezuela*, Caracas, 1989.

clara y sonora que, en tales casos, es un deber de todo tribunal el adherirse a la Constitución y declarar tal acto nulo y sin valor"[705].

O como fue definitivamente establecido por el Juez Marshall en el conocido caso *Marbury v. Madison* (1803) decidido por la misma Corte Suprema:

"Aquellos que aplican las normas a casos particulares, deben necesariamente exponer e interpretar aquella regla... de manera que si una Ley se encuentra en oposición a la Constitución... la Corte debe determinar cual de las reglas en conflicto debe regir en el caso: Esta es la real esencia del deber judicial. Si en consecuencia, los tribunales deben ver la Constitución, y la Constitución es superior a cualquier acto ordinario de la Legislatura, es la Constitución, y no tal acto ordinario, la que debe regir el caso al cual ambas se aplican"[706].

En consecuencia, la supremacía constitucional y el poder de todo juez de controlar la constitucionalidad de las leyes, son conceptos que están esencialmente unidos en el constitucionalismo moderno. Por ello debe recordarse que en relación a las Constituciones y a las Leyes de los Estados Miembros de la Federación Americana, se estableció expresamente en la Constitución de 1787 la muy conocida "Cláusula de Supremacía" contenida en el artículo VI, Sección 2, el cual dispone:

"Esta Constitución, y las leyes de los Estados Unidos que se expidan con arreglo a ella, y todos los Tratados celebrados o que se celebren bajo la autoridad de los Estados Unidos, serán la suprema Ley del país y los jueces de cada Estado estarán obligados a observarlos, a pesar de cualquier cosa en contrario, que se encuentre en la Constitución o las leyes de cualquier Estado".

Esta "Cláusula de Supremacía" se recogió en el artículo 227 de la Constitución venezolana de 1811, que estableció en una forma más amplia lo siguiente:

"La presente Constitución, las leyes que en consecuencia se expidan para ejecutarla y todos los Tratados que se concluyan bajo la autoridad del Gobierno de la Unión serán la Ley suprema del Estado en toda la extensión de la Confederación, y las autoridades y habitantes de las Provincias estarán obligados a obedecerlas y observarlas religiosamente sin excusa ni pretexto alguno; pero las leyes que se expidieren contra el tenor de ello no tendrán ningún valor, sino cuando hubieren llenado las condiciones requeridas para una justa y legítima revisión y sanción".

En todo caso, fue precisamente la "Cláusula de Supremacía" de la Constitución Americana, limitada en su formulación respecto a las Constituciones y Leyes de los Estados Miembros de la Federación, la que en el caso *Marbury v. Madison*, (1803) fue extendida a las leyes federales, a través de una interpretación y aplicación lógica y racional del principio de la supremacía de la Constitución, el cual, como se ha visto, en otros países encontró expresión formal en el derecho constitucional positi-

---

705   Vanhorne's Lessee v. Dorrance, 2 Dallas 304 (1795). Véase el texto S. I. Kutler (ed.), *The Supreme Court and the Constitution. Reading in American Constitucional History*, N.Y. 1984, p. 8

706   *Marbury* 1. Cranch 137 (1803). Véase el texto en S. I. Kutler (ed.), *op.cit.*, p. 29.

vo. Se destaca, por ejemplo, el contenido del artículo 215 de la Constitución de Colombia, incorporado en las Enmiendas de 1910, el cual establece:

"En todo caso de incompatibilidad entre la Constitución y la Ley, se aplicarán de preferencia las disposiciones constitucionales"[707].

En otros países, el principio está en la legislación positiva como es el caso de Venezuela, donde el texto del artículo 20 del Código de Procedimiento Civil está incorporado al Código desde 1897 (Art. 10).

B. La compatibilidad del método con todos los sistemas jurídicos

En consecuencia, el sistema difuso de control judicial de la constitucionalidad de las leyes puede decirse que no es un sistema peculiar a los sistemas jurídicos anglosajones o del *common law*, y que pudiera ser incompatible con los sistemas jurídicos de tradición civil o de derecho romano. Al contrario, el sistema de control difuso ha existido desde el siglo pasado en casi todos los países de América Latina, todos pertenecientes a la familia de tradición del derecho romano. Es el caso de México, Argentina y Brasil que siguieron el modelo norteamericano y el de Colombia y Venezuela donde existe un sistema mixto de control de la constitucionalidad.

También ha existido en Europa, en países con una tradición de derecho civil, como Suiza y Grecia. En Suiza, el sistema difuso fue establecido por primera vez en la Constitución de 1874, aún cuando en forma limitada, lo que se confirma en el sentido de que si bien el sistema suizo actualmente permite que los tribunales decidan sobre asuntos constitucionales, ello es sólo en cuanto a la inaplicabilidad de actos legislativos de los Cantones, pero no de las leyes federales[708]. En Grecia donde se ha adoptado, también, un sistema mixto de control de constitucionalidad, la Constitución de 1975 atribuye a todos los tribunales competencia para desaplicar una disposición cuyo contenido consideren contrario a la Constitución[709]. Así, el artículo 95 de dicha Constitución establece:

"Los Tribunales están obligados a no aplicar leyes cuyo contenido sea contrario a la Constitución".

En consecuencia, el método difuso de control judicial de constitucionalidad existe y ha funcionado en sistemas jurídicos tanto con tradición de *common law* como de derecho romano. Por ello, no estamos de acuerdo con Cappelletti y Adams, cuando señalan que existe una incompatibilidad fundamental entre el método difuso

---

707 Véase J. Ortega Torres (ed.), *Constitución Política de Colombia*, Bogotá, 1985, p. 130. El origen de esta norma está en el Acto Legislativo N° 3, Art. 40, 1910.

708 Véase en H. Fix Zamudio, *Los Tribunales Constitucionales y los derechos humanos*, México, 1980, p. 17, 84; A. Jiménez Blanco, "El Tribunal Federal Suizo", *Boletín de Jurisprudencia Constitucional*, Cortes Generales, 6, Madrid, 1981, p. 477.

709 Art. 93. Véase H. Fix Zamudio, *op.cit.*, p. 162; L. Favoreu, *Le control e jurisdictionnel des lois et sa légitimité, Developpements recents en Europe Occidentale*. Association Internacionale des Sciences Juridiques, Colloque d'Uppsala, 1984, (mineo), p. 14. Publicado también en L. Favoreu y J. A. Jolowic (ed.), *Le controle juridictionnel des lois. Légitimité, effectivité et developpements recents*, París, 1986, p. 17-68.

de control judicial de la constitucionalidad y los sistemas jurídicos basados en la tradición del derecho romano[710], ni con lo que el mismo Mauro Cappelletti ha señalado en otra parte, al referirse a la experiencia de Italia y Alemania Federal antes de la creación de sus respectivas Corte y Tribunal Constitucionales, y señalar que esos países "revelaron completamente la desadaptación del método descentralizado (difuso) de control judicial para los países con sistemas jurídicos de derecho civil"[711].

En nuestro criterio, los argumentos en favor del método concentrado de control judicial que se han adoptado en Europa Continental, no puede resolverse en base a su supuesta adaptabilidad o no con un sistema jurídico particular, sino en realidad, con el sistema constitucional, la consecuencia lógica y necesaria es la atribución dada a todos los jueces del poder decidir cuál norma debe ser aplicada cuando existe una contradicción entre una ley particular y la Constitución, estando entonces obligados a dar prioridad a la Constitución, como un verdadero deber, independientemente del sistema jurídico de tradición de *common law* o de derecho romano del país en particular.

Por supuesto, otra cuestión es la relativa a los efectos prácticos que puede tener la adopción del método difuso de control de la constitucionalidad. Así, en ausencia de método alguno de control de la constitucionalidad, en Europa, antes de los años veinte y con el marco tradicional del principio de la separación de poderes basado en los principios de soberanía del Legislador, de la supremacía de la Ley y de la desconfianza en los tribunales como órganos de control de la acción legislativa, las críticas al método difuso de control de la constitucionalidad formuladas en Europa, son tan antiguas como la existencia del mismo "modelo europeo" de control. Por ejemplo, Hans Kelsen, el creador del modelo austríaco hizo referencia a los problemas que originaba el método difuso de control para justificar "la centralización del poder para examinar la regularidad de las normas generales", subrayando "la ausencia de unidad en las soluciones" y "la incertidumbre legal" que resultaba cuando "un tribunal se abstenía de aplicar una ley considerada irregular, en tanto que otro Tribunal hacía lo contrario"[712]. En sentido similar, Mauro Cappelletti y John Clarke Adams insisten en que el método difuso de control constitucional "puede llevar a una grave incertidumbre y confusión, cuando un tribunal decide aplicar una ley y otro la considera inconstitucional"[713].

Pero en realidad, estos problemas existen tanto en los sistemas del *common law* como de derecho romano que han adoptado el método difuso, no pudiendo considerarse como esencialmente peculiares a los países con tradición de derecho romano que lo hayan adoptado. Sin embargo, lo contrario pretenden demostrarlo Cappelletti

---

710 M. Cappelletti y J. C. Adams, "Judicial Review of legislation: European Antecedents and adaptations", *Harvard Law Review*, 79 (6), 1966, p. 1215.

711 M. Cappelletti and J. C. Adams, *Judicial Review in the Contemporary World*, Indiannapolis, 1971, p. 59. En sentido similar M. Fromont considera que es "difícil admitir el método difuso de control de constitucionalidad en países con tradición de derecho romano. Véase "Preface" en J. C. Beguin, *Le Controle de la Constitutionalité des lois en Republique Federale d'Allemagne*, París, 1982, p. V.

712 Véase H. Kelsen, "La garantie juridictionnelle de la Constitution (La Justice constitutionnelle)" *Revue du Droit Public et de la Science Politique en France et a l'etranger*", 1928, p. 218.

713 *Loc.cit.*, p. 1215

y Adams basando su argumento en los efectos correctivos respecto de esos problemas, que tiene la doctrina del *stare decisis*, que es peculiar a los sistemas del *common law* y extraña a los sistemas de tradición de derecho romano. Su argumento,
básicamente, es el siguiente:

"Conforme a la doctrina angloamericana de *stare decisis*, la decisión del más
alto Tribunal en cualquier jurisdicción es obligatoria para todos los tribunales
inferiores de la misma jurisdicción, por lo que tan pronto el Tribunal Supremo
ha declarado una ley inconstitucional, ningún otro tribunal puede aplicarla. La
Corte no necesita que se le confiera un especial poder para declarar una ley inválida, ni debe decidir otros aspectos más allá de la aplicabilidad de la ley cuestionada al caso concreto; el principio *stare decisis* hace el resto, al requerir de
los otros tribunales el seguir el precedente en todos los casos sucesivos. Por lo
que aun cuando la ley inconstitucional continúe en la *Gaceta Oficial*, es una
"ley muerta".

Por ello, concluyen estos autores su argumento señalando:

"...*stare decisis*, sin embargo, no es normalmente un principio de los sistemas
jurídicos de derecho romano, donde los tribunales generalmente no están obligados por las decisiones de los más altos tribunales"[714].

El argumento ha sido luego desarrollado por el mismo Cappelletti, al señalar:

"por cuanto en principio de *stare decisis* es extraño a los jueces en los sistemas jurídicos de derecho civil, un método de control de la constitucionalidad
que permita a cada juez decidir sobre la constitucionalidad de las leyes, puede
conducir a que una ley pueda ser inaplicada por algunos jueces, por inconstitucional y ser considerada aplicable, por otros jueces en sus decisiones. Aún más,
el mismo órgano judicial, que puede algún día haber desaplicado una ley, puede
luego, al día siguiente, considerarla aplicable, cambiando su criterio acerca de
la legitimidad constitucional de la Ley. Además, entre diferentes tipos o grados
de tribunales podrían surgir diferencias, por ejemplo, entre un tribunal de la jurisdicción ordinaria y tribunales de la jurisdicción administrativa, o entre jueces
jóvenes y más radicales de los tribunales inferiores y jueces mayores de conciencia tradicional de los tribunales superiores... El resultado extremadamente
peligroso de ello, puede ser un grave conflicto entre órganos judiciales y una
grave incertidumbre respecto de la Ley aplicable"[715].

Sin embargo, insistimos en que esos problemas derivados del principio de la supremacía constitucional existen tanto en países con tradición de sistemas de *common
law* como de derecho romano, y si bien es cierto que la doctrina *stare decisis* es una
corrección a los problemas anotados, dicha corrección no es absoluta, pues no todos
los casos en los cuales los tribunales inferiores decidan cuestiones de constituciona-

---

714   *Idem.*, p. 1215
715   M. Cappelletti, *op.cit.*, p. 58

lidad, por ejemplo, en los Estados Unidos, llegan a la Corte Suprema, la cual decide discrecionalmente los casos que conoce[716].

Por otra parte, y aún cuando la doctrina *stare decisis*, tal como es conocida en los países del *common law*, no se aplica en países con sistemas jurídicos de la tradición del derecho romano, aquellos en los cuales se ha adoptado un método difuso de control de constitucionalidad han adoptado, paralelamente, sus propios correctivos a los problemas planteados, con efectos similares. Por ejemplo, en el sistema de amparo mexicano, la Constitución establece el principio de que la Ley de Amparo debe establecer los casos en los cuales la "jurisprudencia", es decir, los precedentes judiciales de las Cortes Federales, debe ser obligatoria[717]. Por ello, la Ley de Amparo establece los casos en los cuales las decisiones de la Corte Suprema e, incluso, de las Cortes de Circuito, deben considerarse como precedentes obligatorios, lo que sucede sólo cuando se hayan dictado cinco decisiones consecutivas, que no sean interrumpidas por alguna decisión incompatible, con el mismo efecto.

Los efectos de esta "jurisprudencia", incluso parcialmente, han sido considerados como equivalentes a los que resultan del principio *stare decisis*. Incluso, en el sistema de amparo mexicano, el llamado "amparo contra leyes" ha sido desarrollado también como una acción extraordinaria de inconstitucionalidad de leyes autoaplicativas, que afecten directamente derechos de un individuo, y que pueden ser impugnadas ante las Cortes Federales, permitiéndoles juzgar la inconstitucionalidad de la ley sin relación alguna con un proceso concreto[718].

En sentido similar, en Argentina y Brasil, países que también siguen de cerca el modelo norteamericano en el sentido del poder otorgado a todos los tribunales de decidir no aplicar las leyes basados en consideraciones constitucionales, se ha establecido la institución procesal denominada "recurso extraordinario de inconstitucionalidad" que puede formularse ante la Corte Suprema contra decisiones judiciales adoptadas en última instancia en las cuales se considera una Ley federal como inconstitucional e inaplicable al caso concreto[719]. En estos casos, la decisión adoptada por la Corte Suprema tiene efectos *in casu et inter partes* pero siendo dictada por el Tribunal Supremo, tiene de hecho efectos obligatorios respecto de los tribunales inferiores[720]. En igual sentido, otros países con tradición de derecho romano que han adoptado el método difuso de control de constitucionalidad, han establecido mecanismos judiciales especiales para superar los problemas que se puedan derivar de decisiones contradictorias en materia constitucional de tribunales diferentes. Es el

716   28 U. S. Code, Sece. 1254, 1255, 1256, 1257. Véase también Rule N° 17 of the Supreme Court

717   Art. 107, Sección XIII, parágrafo 1 de la Constitución (Enmienda de 1950-1951).

718   R. D. Baker, *Judicial Review in México. A Study of the Amparo Suit*, Austin, 1971, pp. 164, 250-251, 256, 259.

719   H. Fix Zamudio, *Veinticinco años de evolución de la Justicia, Constitucional 1940-1965*, México, 1968, uu. 26, 36; J. Carpizo y H. Fix Zamudio, "La necesidad y la legitimidad de la revisión judicial en América Latina. Desarrollo reciente", *Boletín Mexicano de Derecho Comparado*, 52, 1985, p. 33; también publicado en L. Favoreu y J. A. Jolowicz (ed.), *Le controle juridictionnel des lois. Légitimité, effectivité et developpements récents*, París, 1986, pp. 119-151.

720   Véase J. R. Vanossi and P. E. Ubertone, *Instituciones de defensa de la Constitución en la Argentina*, UNAM, Congreso Internacional sobre la Constitución y su Defensa, México, 1982 (mineo), p. 32.

caso de Grecia, donde la Constitución de 1975, estableció una Corte Suprema Especial con poderes para decidir sobre materias de inconstitucionalidad de las leyes, cuando se adopten decisiones contradictorias, en la materia, por el Consejo de Estado, la Corte de Casación o la Corte de Cuentas. En esos casos, las decisiones de la Corte Suprema Especial tienen efectos absolutos y generales en lo que concierne al control de la constitucionalidad de las leyes[721].

Finalmente, en los otros países con tradición de derecho romano donde se ha adoptado el método difuso de control de la constitucionalidad, debe tenerse en cuenta, particularmente en materia de casación, el valor de las decisiones de la Sala de Casación de la Corte Suprema para los Tribunales de instancia. En Venezuela, el Código de Procedimiento Civil establece que "los jueces de instancia procurarán acoger la doctrina de casación establecida en los casos análogos para defender la integridad de la legislación y la uniformidad de la jurisprudencia" (Art. 321). Por tanto, si en su sentencia, la Sala de Casación ha hecho uso del poder de control difuso de la constitucionalidad, esa doctrina en principio debe ser seguida por los jueces de instancia. Pero en los casos en que los asuntos no lleguen a la Sala de Casación, los sistemas de tradición de derecho romano con método difuso de control de constitucionalidad, han establecido correctivos a los problemas originados por la incertidumbre y conflictividad de decisiones judiciales, mediante el establecimiento de un sistema mixto de control de constitucionalidad, que combina el método difuso con el método concentrado. En América Latina es el caso de Guatemala,[722] Colombia y Venezuela. En particular, en estos dos últimos países, paralelamente el método difuso de control de constitucionalidad expresamente previsto en el derecho positivo, también existe un método concentrado de control de constitucionalidad, que autoriza a la Corte Suprema de Justicia para anular formalmente las leyes inconstitucionales, con efectos *erga omnes*, cuando es requerida mediante el ejercicio de una *actio popularis* que puede ser interpuesta por cualquier habitante del país. En consecuencia, en estos países, paralelamente al poder atribuido a cualquier tribunal para considerar en un caso concreto una ley como inconstitucional y desaplicarla, la Corte Suprema de Justicia tiene el poder de anular con efectos generales las leyes impugnadas por inconstitucionales[723].

En igual sentido, otros países europeos con tradición de derecho romano que han adoptado el método difuso de control de la constitucionalidad, también han adoptado paralelamente un método concentrado de control, asignando a la Corte Suprema del país el poder de anular leyes inconstitucionales. Es el caso de Suiza, donde a pesar de que no exista control judicial de constitucionalidad en relación a las leyes federales, la Corte Federal tiene poder para declarar la inconstitucionalidad de leyes cantonales, con efectos *erga omnes*, cuando se requiera su decisión a través del de-

721   Véase E. Spiliotopoulos, "Judicial Review of Legislative Acts in Greece", *Temple Law Quarterly*, 56, (2), Philadelphia, 1983, pp. 496-500

722   J. H. García Laguardia. *La Defensa de la Constitución*, México, 1933, p. 52.

723   A. R. Brewer-Carías, *El Control de la Constitucionalidad de los actos estatales*, Caracas, 1977; L. C. Sachica, *El Control de la Constitucionalidad y sus mecanismos*, Bogotá, 1908.

nominado "recurso de derecho público" en casos de violación de derechos fundamentales[724].

En consecuencia en el mismo sentido en que se ha desarrollado la doctrina *stare decisis* en los países con sistemas jurídicos del *common law*, para resolver los problemas de incertidumbre y posible conflictividad entre las decisiones judiciales adoptadas por los diferentes tribunales en materia de inconstitucionalidad de las leyes que un método difuso puede originar, también los países con sistemas jurídicos de tradición de derecho romano que han adoptado el mismo mecanismo correctivo, al establecerse en paralelo al control difuso, el control concentrado a cargo de los Tribunales supremos, con posibilidad de anular las leyes con efectos generales. En otros casos se ha planteado establecer mecanismos de revisión de sentencias de inconstitucionalidad dictados por tribunales inferiores, por parte de los Tribunales supremos o Cortes Constitucionales éstos, con la posibilidad incluso de adoptar interpretaciones vinculantes.

a.   La nulidad de los actos estatales inconstitucionales

En consecuencia, el primer aspecto que muestra la racionalidad del método difuso de control de constitucionalidad, es el principio de la nulidad de los actos estatales y particularmente de las leyes que colidan con la Constitución.

Ahora bien, en principio, la nulidad de un acto estatal significa que si tal acto pretende existir jurídicamente, objetivamente, en realidad, no existe porque es irregular, en el sentido de que no se corresponde con las condiciones establecidas para su emisión por una norma de rango superior. Esto fue lo que Hans Kelsen llamó la "garantía objetiva de la Constitución"[725], lo que significa que un acto estatal nulo no puede producir efectos, y no necesita de ningún otro acto estatal que así lo declare. Si ello fuera necesario, entonces la garantía no sería la nulidad del acto, sino su anulabilidad.

En consecuencia, en estricta lógica, la supremacía de la Constitución significa que todo acto estatal que viole la Constitución es nulo, y por tanto teóricamente, cualquier autoridad pública, e incluso, los particulares, estarían autorizados para examinar su irregularidad, declarar su inexistencia y considerar el acto inválido como no obligatorio. Por supuesto, esto podría conducir a la anarquía jurídica, por lo cual normalmente, el derecho positivo establece límites respecto de este poder de examinar la regularidad de los actos estatales, y lo reserva a los órganos judiciales. En consecuencia, cuando un acto estatal viola la Constitución y es nulo, este sólo puede ser examinado por los jueces y sólo los jueces tienen el poder para considerarlo nulo.

Pero sin embargo, a pesar de los límites impuestos por el derecho positivo respecto del poder de examinar la nulidad de los actos estatales, esto no significa que la garantía de la Constitución cese de ser la nulidad de los actos estatales y quede con-

---

724   E. Zellweger. "El Tribunal Federal Suizo en calidad de Tribunal Constitucional", *Revista de la Comisión Internacional de Juristas*, Vol. VII (1), 1966, p. 119; H. Fix Zamudio, *Los Tribunales Constitucionales... cit.*, p. 84

725   H. Kelsen, *loc. cit.*, p. 214

vertida en anulabilidad. Al contrario, la nulidad del acto inconstitucional persiste, pero con la limitación derivada de la reserva legal atribuida a los jueces para declarar, con exclusividad, su nulidad.

Así, hasta ese momento, el acto irregular debe ser considerado como siendo efectivo y obligatorio por cualquier autoridad pública, y particularmente, por las autoridades administrativas y particulares; pero una vez que el juez declara su inconstitucionalidad en relación a un caso concreto, entonces el acto deviene nulo y sin valor, en relación a dicho proceso.

En conclusión, en el método difuso de control de la constitucionalidad, el deber de todos los jueces es el de examinar la constitucionalidad de las leyes, y declarar, cuando ello sea necesario, que una ley particular no debe ser aplicada a un proceso específico que el juez esté conociendo, en razón de que es inconstitucional, y por tanto, debe considerarse nula y sin valor.

b.   *El poder de todos los jueces*

Lo anterior nos conduce al segundo aspecto de la racionalidad del método difuso de control de la constitucionalidad, el cual es que el poder para declarar la inconstitucionalidad de la legislación es atribuida a todos los jueces de un país determinado.

En efecto, si la Constitución es la Ley suprema del país, y el principio de la supremacía es aceptado, entonces la Constitución se debe aplicar con preferencia sobre cualquier otra ley que sea inconsistente con la misma, sea que ello esté expresamente establecido en el texto expreso de la Constitución, o sea una consecuencia implícita de su supremacía. Consecuentemente, las leyes que violen la Constitución o en cualquier forma colidan con sus normas, principios y valores, son, como hemos dicho, nulas y sin valor, y no pueden ser aplicadas por los Tribunales, los cuales tienen que aplicar preferentemente la Constitución.

Todos los Tribunales deben en consecuencia decidir los casos concretos que están considerando, como lo decía el Juez Marshall, "conforme a la Constitución desaplicando la ley inconstitucional" siendo esto "la verdadera esencia del deber judicial"[726]. En consecuencia, en el método difuso de control de la constitucionalidad, este rol corresponde a todos los jueces y no sólo a una Corte o Tribunal en particular, y no debe ser sólo visto como un poder atribuido a los Tribunales, sino como un deber de los mismos[727], para decidir conforme a las reglas constitucionales, desaplicando las leyes contrarias a sus normas.

c.   *El carácter incidental del método difuso*

Este deber de todos los tribunales de dar preferencia a la Constitución y, en consecuencia, a desaplicar las leyes que consideren inconstitucionales y por tanto nulas y sin valor, nos lleva al tercer aspecto de la racionalidad del método difuso de con-

---

726   *Marbury v. Madison* 5 US (1 Cranch), 137. (1803).

727   Confróntese B. O. Nwabueze, *Judicial control of legislative action and its legitimacy. Recent development. African regional report*. International Association of Legal Sciences. Uppsala Colloquium 1984 (mineo), pp. 2-3. También publicado en L. Favoreu y J. A. Jolowic (ed.). *Le controle juridictionnel des lois. Légitimitéé, effectivité et developpements récents*. París, 1986, p. 193-222.

trol de la constitucionalidad de las leyes, el cual es que este deber judicial sólo puede ser cumplido *incidenter tantum*, es decir en un proceso concreto del cual el juez esté conociendo, y donde la inconstitucionalidad de la ley o norma no es ni el objeto de dicho proceso ni el asunto principal del mismo.

En consecuencia, en este caso, siempre debe iniciarse un proceso ante un Tribunal en cualquier materia, por lo que el método difuso de control de la constitucionalidad siempre es un sistema incidental de control, en el sentido de que la cuestión de inconstitucionalidad de una ley y su inaplicabilidad, debe plantearse en un caso o proceso concreto, cualquiera sea su naturaleza, en el cual la aplicación o no de una norma concreta es considerada por el Juez como relevante para la decisión del caso. En consecuencia, en el método difuso de control de constitucionalidad, el objeto principal del proceso y de la decisión judicial no es la consideración abstracta de la constitucionalidad o inconstitucionalidad de la ley o su aplicabilidad o inaplicabilidad, sino más bien, la decisión de un caso concreto de carácter civil, penal, administrativo, mercantil o laboral, etc. La cuestión de constitucionalidad, en consecuencia, sólo es un aspecto incidental del proceso que sólo debe ser considerada por el juez para resolver la aplicabilidad o no de una ley en la decisión del caso concreto, cuando surgen cuestiones relativas a su inconstitucionalidad.

d.   *La iniciativa del poder de los jueces*

Ahora bien, si se trata de un deber de los jueces el aplicar la Constitución en un caso concreto y desaplicar, para su decisión, la ley que consideren inconstitucional para su decisión, debe señalarse que el cuarto aspecto de la racionalidad del método difuso, consiste en permitir a los jueces el considerar de oficio las cuestiones de constitucionalidad, a pesar de que ninguna de las partes en el proceso las haya planteado. De hecho, esta es la consecuencia directa de la garantía de la Constitución que cuando se establece como "garantía objetiva", lo que implica la nulidad de las leyes contrarias a la Constitución, y lo que además produce como consecuencia, la reserva dada o los jueces para considerar la nulidad y la inaplicabilidad de una norma en un caso concreto.

Dentro de este marco, estimamos que la inconstitucionalidad de la ley en relación a los procesos particulares, no debe quedar a la sola instancia de las partes en el proceso, por lo que aún cuando las partes no planteen ante el Juez la cuestión de inconstitucionalidad, éste tiene el deber de considerarla, y decidir, de oficio, sobre la inconstitucionalidad de la ley. Debe advertirse, sin embargo, que aún cuando este aspecto de la racionalidad del método difuso de control de la constitucionalidad es seguido en muchos países como Venezuela y Grecia[728], debemos admitir que, en general, las normas procesales de la mayoría de los países prohíbe a los Tribunales considerar de oficio, al decidir un caso concreto, cualquier cuestión, incluso las cuestiones de inconstitucionalidad[729].

---

728   E. Spilliotopoulos, "Judicial review of legislative acts in Grece", *Loc.cit.*, p. 479.

729   Por ejemplo B. O. Nwabueze ha dicho que "El hecho de que este deber sólo puede ser ejercido a instancia de parte agravada por una violación de la Constitución, refuerza la legitimidad de la función. Esto significa que aún en presencia de una violación flagrante de la Constitución por el Legislador, la Corte no puede intervenir, por su propia iniciativa. Debe esperar a que alguien la inste", *loc. cit*, p. 3. Véase la

En todo caso, el signo común de este aspecto de la racionalidad del método difuso es que la cuestión de inconstitucionalidad sólo puede ser incidental en un proceso particular el cual, por supuesto, en todo caso debe ser iniciado a instancia de parte.

e. El efecto inter partes de la decisión judicial

El quinto aspecto de la racionalidad del método difuso de control de constitucionalidad se refiere a los efectos de la decisión que adopten los Tribunales en relación a la constitucionalidad o aplicabilidad de la ley en un caso concreto; y este aspecto de los efectos de la decisión judicial se relaciona con dos preguntas, primero, ¿a quién afecta la decisión? y segundo, ¿cuándo comienza a surtir efectos?

En relación al primer interrogante, la racionalidad del método difuso es que la decisión adoptada por el Juez sólo tiene efectos en relación a las partes en el proceso concreto en la cual aquella se adopta. En otras palabras, en el método difuso de control de constitucionalidad, la decisión adoptada sobre la inconstitucionalidad e inaplicabilidad de la ley en un caso, sólo tiene efectos *in casu et inter partes*, es decir en relación al caso concreto y exclusivamente en relación a las partes que han participado en el proceso, por lo que no puede ser aplicada a otros particulares. Esta es la consecuencia directa del antes mencionado aspecto relativo al carácter incidental del método difuso de control de constitucionalidad.

En efecto, si la decisión judicial sobre la constitucionalidad y aplicabilidad de una ley sólo puede ser adoptada en un proceso particular desarrollado entre partes concretas, la lógica del sistema es que la decisión sólo se puede aplicar a este proceso en particular, y a las partes del mismo, y en consecuencia, no puede ni beneficiar ni perjudicar a ningún otro individuo ni a otros procesos.

En consecuencia, si una ley es considerada inconstitucional en una decisión judicial, esto no significa que dicha ley ha sido invalidada y que no es efectiva y aplicable en otros casos. Sólo significa que en cuanto concierne a ese proceso particular, y a las partes que en él intervinieron en el cual el Juez decidió la inaplicabilidad de la Ley, es que ésta debe considerarse inconstitucional, nula y sin valor, sin que ello tenga ningún efecto en relación a otros procesos, otros jueces y otros particulares.

Establecido correcciones a estos efectos inter partes, a través de la contradicciones en relación a la aplicabilidad de las leyes, se han establecido correcciones a estos efectos inter partes, a través de la doctrina stare decisis o mediante regulaciones de derecho positivo cuando las decisiones se adoptan por la Corte Suprema de un país.

f. Los efectos declarativos de las decisiones judiciales

Ahora bien, los efectos inter partes de la decisión judicial adoptada conforme al método de control difuso de constitucionalidad, están directamente relacionados con otras cuestiones concernientes también a los efectos de la decisión, pero en el tiempo, es decir, respecto de cuándo comienza a ser efectiva la declaración de inconsti-

---

discusión de J. R. Vanossi y . E. Ubertone, *op.cit.*, p. 24, en G. Bidart Campos, *El Derecho Constitucional del Poder*, Tomo II, Cap. XXI; y en J. R. Vanossi, *Teoría Constitucional*, Tomo II, Buenos Aires, 1976, pp. 318 y 319.

tucionalidad y, por supuesto, también en relación a la nulidad como garantía de la Constitución.

En efecto, hemos señalado que el principal aspecto de la racionalidad del método difuso de control de constitucionalidad es el de la supremacía de la Constitución sobre todos los demás actos estatales, lo que lleva a considerar que las leyes contrarias a la Constitución son nulas y sin valor, siendo ésta la garantía más importante de la Constitución. En consecuencia, cuando un Juez decide sobre la constitucionalidad de una ley, y la declara inconstitucional e inaplicable a un caso concreto, es porque la considera nula y sin valor, tal cual como si nunca hubiera existido. Por ello, la decisión tiene efectos declarativos; declara que una ley es inconstitucional y consecuentemente que ha sido inconstitucional desde que se dictó. Así, la ley cuya inaplicabilidad se decida por ser contraria a la Constitución, debe ser considerada por el Juez como si nunca hubiera tenido validez y como si siempre hubiese sido nula y sin valor. Por ello es que se dice que la decisión del Juez en virtud de ser de carácter declarativo, tiene efectos ex tune, pro pretérito o de carácter retroactivo, en el sentido de que dichos efectos se retrotraen al momento en que la norma considerada inconstitucional fue dictada, evitando que pueda tener efectos, por supuesto, solamente en lo que concierne al caso concreto decidido por el Juez y en relación a las partes que intervinieron en el proceso. El acto legislativo declarado inconstitucional por un Juez conforme al método difuso de control de constitucionalidad, por tanto, es considerado, *ab initio*, como nulo y sin valor, por lo que no es anulado por el Juez sino que éste sólo declara su nulidad preexistente.

C. *Panorama general del sistema*

En conclusión, podemos señalar en el campo de los principios, que la racionalidad del método difuso de control de constitucionalidad funciona de la siguiente manera:

La Constitución tiene un carácter supremo sobre todo el orden jurídico, por lo que los actos contrarios a la Constitución no pueden tener efectos y son considerados nulos y sin valor.

Todos los jueces tienen el poder y el deber de aplicar la Constitución, y en consecuencia, a dar preferencia a la Constitución sobre las leyes que la violen, y a declararlas inconstitucionales e inaplicables en los casos concretos de los cuales conocen.

El poder-deber de los jueces de considerar una ley inconstitucional aplicando preferentemente la Constitución, sólo puede ser ejercido en un proceso particular, iniciado a instancia de parte, donde la cuestión constitucional sólo es una cuestión incidental, y cuando su consideración es necesaria para resolver el caso.

La decisión judicial relativa a la inconstitucionalidad e inaplicabilidad en un proceso concreto puede ser adoptada de oficio por el Juez, pues es su deber el aplicar y respetar la supremacía de la Constitución.

La decisión adoptada por los jueces sobre inconstitucionalidad e inaplicabilidad de la Ley sólo tiene efectos inter partes en relación al caso concreto en el cual se adopta; y tiene efectos declarativos en el sentido que declara *ab initio* la nulidad de la Ley. Por ello, al declarar una ley inconstitucional e inaplicable, de hecho, la decisión tiene efectos ex tune y pro pretérito en el sentido que ellos son retroactivos al momento en que se promulgó la Ley, la cual es considerada como no habiendo producido efecto alguno en relación al caso concreto y a las partes que en él intervinieron.

Por supuesto, esta lógica del método difuso de control de constitucionalidad no siempre es absoluta, y cada sistema legal ha desarrollado correctivos en relación a la cosible desviación que cada uno de los aspectos de la racionalidad del sistema produce, en relación a la nulidad o anulabilidad del acto inconstitucional al poder atribuido a todos los jueces o a un número limitado de tribunales para revisar la constitucionalidad; al carácter incidental del sistema; a la iniciativa de los jueces o a la necesidad de instancia de parte para plantear la cuestión constitucional; a los efectos inter partes o *erga omnes* de la decisión y a su carácter declarativo o constitutivo.

3. *Principios del método concentrado de Justicia Constitucional*[730]

El método concentrado de control jurisdiccional de la constitucionalidad de las leyes, contrariamente al sistema difuso, se caracteriza por el hecho de que el ordenamiento constitucional confiere a un solo órgano estatal el poder de actuar como juez constitucional, es decir, que este sistema existe cuando un solo órgano estatal tiene la facultad de decidir jurisdiccionalmente la nulidad por inconstitucionalidad de los actos legislativos y otros actos del Estado de rango y valor similar a las leyes.

El órgano estatal dotado del privilegio de ser único juez constitucionalidad de las leyes, aun cuando sea generalmente similar al "modelo europeo" de Tribunales constitucionales especiales[731], no implica necesariamente la existencia de un Tribunal Constitucional especial, "concebido constitucionalmente fuera del Poder Judicial. El sistema sólo implica la atribución, a un órgano particular del Estado que ejerce una actividad jurisdiccional, del poder y del deber de actuar como juez constitucional. Esta es la esencia propia del sistema concentrado con relación al sistema difuso, sea que el órgano dotado del poder para actuar como juez constitucional sea el Tribunal más alto del Poder Judicial o un Tribunal especializado en materia constitucional, sea que se trate de un órgano constitucional especial, creado fuera de la organización judicial, aun cuando este último aspecto no resulte esencial para establecer la distinción.

A. *La supremacía de la Constitución y el carácter expreso del método concentrado*

Desde un punto de vista lógico y racional, puede afirmarse que el poder conferido a un órgano estatal que ejerce una actividad jurisdiccional para que actúe como juez constitucional, es una consecuencia del principio de la supremacía de la Constitución. En estos sistemas de justicia constitucional concentrada, siendo la Constitución la Ley suprema de país, es evidente que en caso de conflicto entre un acto estatal y la Constitución, ésta última debe prevalecer. Sin embargo, la Constitución no siempre confiere poderes a todos los tribunales para que actúen como jueces consti-

---

730   Véase Allan R. Brewer-Carías, *El control concentrado de la constitucionalidad de las leyes (Estudio de Derecho Comparado)*, Caracas, 1994.

731   M. Cappellatti, *Judicial Review in the Contemporary World*, Indianápolis, 1971, pp. 46, 50, 53.

tucionales. En muchos casos, reserva este poder a la Corté Suprema de Justicia o a un Tribunal Constitucional especial, sobre todo en lo que respecta a algunos actos del Estado los cuales solamente pueden ser anulados por dichos órganos cuando contradicen la Constitución.

De manera general puede señalarse que la lógica del método reside en el principio de la supremacía de la Constitución y del deber de los tribunales de decidir la ley aplicable a cada caso en particular[732]; ello sin embargo, con una limitación precisa: el poder de decidir la inconstitucionalidad de los actos legislativos y otros actos del Estado del mismo rango se reserva a la Corte Suprema de Justicia o a una Corte, un Consejo o un Tribunal Constitucional. En consecuencia, en el método concentrado de control de la constitucionalidad de las leyes, todos los tribunales continúan teniendo plenos poderes para decidir sobre la constitucionalidad de las normas aplicables en cada caso, concreto, salvo las de las leyes o actos dictados en ejecución inmediata de la Constitución[733].

Un método concentrado de control de la constitucionalidad de las leyes, el cual se basa en el principio de la supremacía de la Constitución, no puede, por lo tanto, desarrollarse como consecuencia de la labor pretoriana de los jueces en sus decisiones judiciales, como sucedió en el caso del sistema difuso de control de la constitucionalidad, por ejemplo, en los Estados Unidos y en Argentina. Al contrario, debe ser expresamente establecido en la Constitución. Por tanto, las funciones de justicia constitucional relativas a ciertos actos del Estado, reservadas a la Corte Suprema o a un Tribunal Constitucional especial, requieren texto expreso.

Por consiguiente, dadas las limitaciones que ello implica tanto al deber como al poder de todos los jueces de determinar, en cada caso, la ley aplicable, sólo se puede implantar un sistema concentrado de control jurisdiccional de la constitucionalidad en la medida en que está previsto *expressis verbis* por normas constitucionales. En esta forma, la Constitución, como ley suprema de un país, es el único texto que puede limitar los poderes y deberes generales de los tribunales para decidir la ley aplicable en cada caso; es la única habilitada para atribuir dichos poderes y deberes, en la referente a ciertos actos del Estado, a ciertos órganos constitucionales, sea la Corte Suprema o una Corte, un Consejo o un Tribunal Constitucional.

Por lo tanto, el método concentrado de control jurisdiccional de la constitucionalidad solamente puede ser un sistema de control establecido y regido expresamente por la Constitución. Los órganos del Estado a los cuales la Constitución reserva el poder de actuar como jueces constitucionales respecto de algunos actos del Estado, tienen el carácter de jueces constitucionales, es decir, de órganos del Estado creados y regidos expresamente por la Constitución, trátese de la Corte Suprema de Justicia

---

732 *Cf.* W. K. Geck, "Judicial Review of Statutes: A Comparative Survey of Present Institutions and Practices", *Cornell Law Quarterley*, 51, 1966, p. 278.

733 *Cf.* García Pelayo. "El «status» del Tribunal Constitucional". *Revista Española de Derecho Constitucional*, 1. Madrid, 1981, p. 19; E. García de Enterría, *La Constitución como norma y el Tribunal Constitucional*, Madrid, 1981, p. 65. En particular en los sistemas concentrados de control de la constitucionalidad, los tribunales dotados de funciones de justicia administrativa siempre tienen el poder para actuar como juez constitucional de los actos administrativos. Ver C. Frank, *Les fonctions juridictionnelles duConseil d'Etat dans l'ordre constitutionnel*, París, 1974.

existente o de una Corte, un Consejo o un Tribunal Constitucional especialmente creado para tal fin.

B. *La compatibilidad del método concentrado con todos los sistemas jurídicos*

El método concentrado de control de la constitucionalidad de las leyes es compatible con todos los sistemas jurídicos, es decir, no es propio de los sistemas de derecho civil ni tampoco incompatible con la tradición del *common law*. En realidad, se trata de un sistema que debe establecerse en una Constitución escrita, y poco importa que el sistema jurídico del país sea de derecho civil o de *common law*, aun cuando es más frecuente en países de derecho civil.

Por ejemplo, en Papua, Nueva Guinea, un territorio que logró su independencia de Australia en 1975 y que tiene una tradición de *common law*, la Constitución confiere a la Corte Suprema una jurisdicción exclusiva con respecto a las cuestiones de interpretación y aplicación de la Constitución. Por ello, cuando se plantea una de estas cuestiones en un tribunal de la jurisdicción ordinaria, ésta debe ser llevada ante la Corte Suprema[734]. De la misma manera, la Constitución de 1966 de Uganda confirió una jurisdicción exclusiva a la Alta Corte en materia constitucional. Al respecto, el artículo 95 consagraba:

> "Cuando en un procedimiento y por ante un tribunal distinto de la Corte Marcial, se plantea una cuestión de interpretación de la presente Constitución, y el tribunal, a instancia de una de las partes, considera que la cuestión planteada cuestiona un aspecto fundamental de la ley, el tribunal deberá llevar dicha cuestión ante la Alta Corte, compuesta por tres jueces por lo menos".

Más adelante, el mismo artículo sigue:

> "Cuando, en virtud del presente artículo, se envíe una cuestión a la Alta Corte, esta última dará a conocer su decisión acerca de la cuestión, y el tribunal donde se planteó la cuestión decidirá el caso de conformidad con dicha decisión"[735].

También podría mencionarse el caso del sistema de Ghana, donde las Constituciones de 1960, 1969 y 1979 atribuyeron a la Corte Suprema de Justicia una jurisdicción original y exclusiva en materia de control judicial de la constitucionalidad. En efecto, el artículo 42 de la Constitución de 1960 y el artículo 106 de la Constitución de 1969 consagraron lo siguiente:

> "La Corte Suprema tiene una jurisdicción original para todas las materias en las que se plantea una cuestión relativa a la promulgación de una ley que excede los poderes conferidos al Parlamento por la Constitución; en caso de que la cuestión haya sido planteada en la Alta Corte o en un tribunal inferior, se dife-

---

734 Artículos 18 y 19 de la Constitución. Ver en J. D. Whyte, *Judicial Review of Legislation and its Legitimacy: Developments in the Common Law Worlf*, IAS, Uppsala Colloquium, 1984, (mimeo). p, 25.

735 Ver en T. M. Franck, *Comparative Constitutional Procese. Cases and Materials*, London, 1968, pp. 75-7.

rirá la audiencia y se referirá la cuestión a la Corte Suprema para que ésta deci-da"[736].

Además, el artículo 2 de la Constitución de 1969 previo una acción directa que podía ser interpuesta por ante la Corte Suprema para ejercer el control de la constitucionalidad, así:

"La persona que invoca el hecho de que una ley o parte de su contenido, o cualquier acto adoptado en ejecución de dicha ley, contradice una disposición de la Constitución o es contrario a ella, debe interponer una acción por ante la Corte Suprema con el fin de obtener la decisión correspondiente"[737].

Con miras a la adopción de tal decisión, la Corte Suprema podía emitir las órdenes y suministrar las orientaciones que estimase apropiadas para garantizar la efectividad de su decisión[738].

Tales disposiciones relativas al control de la constitucionalidad también fueron adoptadas por la Constitución de 1979[739], sin embargo, desde 1971, fueron interpretadas por la Corte Suprema de manera de limitar la remisión de casos a la misma y evitar que le fueran llevadas peticiones fútiles[740].

En todo caso, si bien es cierto que el sistema de control de la constitucionalidad no siempre ha dado resultados en los países de la Mancomunidad Británica debido a la inestabilidad de la democracia[741], no se puede negar que el sistema concentrado de control de la constitucionalidad existe y funciona en sistemas jurídicos tradicionalmente de *comon law*.

Por ello, la expresión del profesor Edward Me Whinney de que "la práctica del *common law* siempre ha sido incompatible con la noción de tribunal constitucional especial según el modelo continental[742] en materia de control de la constitucionalidad, debe entenderse como una referencia al modelo europeo de Corte, Consejo o Tribunal Constitucional especial y no, como lo dice, a un sistema "en el que la jurisdicción está determinada y limitada a ciertas cuestiones[743]. El sistema concentrado de control de la constitucionalidad no puede reducirse a los sistemas constitucionales en los cuales existe una Corte, un Consejo o un Tribunal Constitucional. Por esta razón consideramos que es erróneo, para estudiar el sistema, el enfoque que consiste en identificar el sistema concentrado de control de la constitucionalidad de las leyes

---

736 Ver en S. O. Gyandoh Jr. "Interaction of the Judicial and Legislative Processes in Ghana since Independence", *Temple Law Quaterly*, 56, 2, Philadelphia, 1983, pp. 365-366, 370.

737 *Idem.*, p. 370.

738 Artículo 2, *Ídem.*, p. 370

739 *Idem.*, p. 384

740 *Republic vs. Maikankan* (1971) 2 G.R.L., 473 citado por S. O. Gyandoh Jr., *loc. cit.*, p. 386.

741 Ver, en lo que concierne a Ghana, los comentarios de S. O. Gyandoh Jr., *Loc.cit.*, p. 395.

742 E. Mc Whinney, "Constitutional Review in the Commonwealth", en E. Mosler (ed.) Max-Plank-Institut für Auslädisches öffentliches recht und Völkerrecht, *Verfassungs gerichtsbarkeit in der Gegenwart, Internationales Kollqouium*, Heidelberg, 1961, KölnBerlin, 1962, p. 80.

743 *Idem.*, p. 80

con el "modelo europeo" de Cortes, Consejos o Tribunales constitucionales especiales.

De hecho, aun cuando el método concentrado de control de la constitucionalidad de las leyes se conozca también como el sistema "austriaco"[744] o "modelo europeo"[745] debido a la existencia de una Corte, un Consejo o un Tribunal Constitucional especial, encargado por la Constitución de actuar como juez constitucional fuera del Poder Judicial, debe recalcarse el hecho de que la característica fundamental del sistema no es la existencia de una Corte, un Consejo o un Tribunal Constitucional especial, sino más bien, la atribución exclusiva a un solo órgano constitucional del Estado del poder de actuar como juez constitucional en lo que respecta algunos actos del Estado, trátese de la Corte Suprema de Justicia existente en el país o de una Corte, un Consejo o un Tribunal Constitucional especialmente creado.

La adopción del método es una elección constitucional, una decisión tomada en función de las circunstancias concretas de cada país, pero no necesariamente implica la creación de Tribunales Constitucionales especiales con el fin de garantizarla justicia constitucional, ni la organización de tales Tribunales fuera del Poder Judicial.

En Europa, por ejemplo, la multiplicación de los Tribunales Constitucionales encargados de ejercer el sistema concentrado de control de la constitucionalidad de las leyes, debe considerarse como una consecuencia práctica de una tradición constitucional particular, vinculada al principio de la supremacía de la ley, a la separación de poderes y a la desconfianza hacia los jueces en lo que respecta al control de los actos estatales y particularmente de los administrativos[746]. Sin embargo, esto no puede llevar a considerar que el "modelo" del sistema concentrado de control de la constitucionalidad de las leyes esté limitado a la creación de órganos constitucionales fuera del Poder Judicial, para que actúen como jueces constitucionales. Antes del "descubrimiento" europeo de la justicia constitucional a través de la creación de Cortes o Tribunales constitucionales especiales después de la Primera Guerra Mundial, otros países con tradición de derecho civil habían implantado, a partir de mediados del siglo pasado, sistemas concentrados de control de la constitucionalidad, atribuyendo a sus Cortes Supremas una jurisdicción exclusiva y original, con el fin de anular leyes y otros actos del Estado con efectos, similares, cuando éstos contradicen la Constitución. Este es el caso de los sistemas constitucionales latinoamericanos, incluso si, con alguna frecuencia, han combinado el sistema concentrado con el sistema difuso de control de la constitucionalidad.

De lo anterior se desprenden tres conclusiones con respecto al método concentrado de control de la constitucionalidad de las leyes.

---

744   M. Cappelletti, *op.cit.*, p. 50; J. Carpizo et H. Fix Zamudio, "La necesidad y la legitimidad de la revisión judicial en América Latina. Desarrollo reciente", *Boletín Mexicano de Derecho comparado*, 52, 1985, p. 36.

745   L. Favoreu, "Actualité et légitinrté du controle juridictionnel des lois en Europe occidentale", *Revue du Droit public et de la Science politique en France et a, l'étranger*, 1985 (5), París, p. 1149. Publicado también en L. Favoreu y J. A. Jolowcz (ed.), *Le controle jurisdictionnel des lois. Légitimité, effectivité et développements récents*, París, 1986, pp. 17-68.

746   *Cf.* M. Cappelletti, *op.cit.*, p. 54; M. Cappelletti y J. C. Adams, "Judicial Review of Legislation: European Antecedents and Adaptation, *Harvard Lew Review*, vol. 79 (6), 1966, p. 1211

En primer lugar, el método concentrado de control de la constitucionalidad sólo puede existir cuando está establecido *expressis verbis* en la Constitución; por lo tanto, no puede surgir de la sola interpretación del principio de la supremacía de la Constitución. En segundo lugar, el método concentrado de control de la constitucionalidad, al atribuir a un solo órgano constitucional las funciones de justicia constitucional, no es incompatible con algún sistema jurídico, perteneciente al *common law* o al derecho civil, aun cuando se haya desarrollado ampliamente en los países de derecho civil. En tercer lugar, el método concentrado de control de la constitucionalidad no necesariamente supone atribuir funciones de justicia constitucional a una Corte, un Consejo o un Tribunal Constitucional especial, creado separadamente de la organización judicial, sino que también puede existir cuando las funciones de justicia constitucional se atribuyen a la Corte Suprema de Justicia existente en el país, incluso si, en numerosos países, en este último caso, el sistema tiende a combinarse con algunos aspectos del sistema difuso de control de la constitucionalidad.

C. *La racionalidad del método*

Como se ha señalado anteriormente, la esencia del método concentrado de control de la constitucionalidad de las leyes es la noción de supremacía de la Constitución. En efecto, si la Constitución es la ley suprema de un país, y por lo tanto, prevalece ante todas las demás leyes, entonces un acto del Estado que contradiga la Constitución no puede constituir una norma efectiva; al contrario, debe considerarse nulo. Ahora bien, el principal elemento que aclara la diferencia entre los dos grandes sistemas de control de la constitucionalidad (difuso y concentrado) no es una posible concepción distinta de la Constitución y de su supremacía, sino más bien el tipo de concepción distinta de la Constitución y de su supremacía, sino más bien el tipo de garantía adoptada en el sistema constitucional para preservar dicha supremacía. Como lo indicó Hans Kelsen en 1928, estas "garantías objetivas" son la nulidad o la anulabilidad del acto inconstitucional.

Por nulidad se entiende, como lo explicó Kelsen. que el acto inconstitucional del Estado no puede considerarse objetivamente como un acto jurídico; en consecuencia, no se requiere, en principio, de ningún otro acto jurídico para quitarle al primero su calidad usurpada de acto jurídico. En este caso, teóricamente, cualquier órgano, cualquier autoridad pública o cualquier individuo tendría el derecho de examinar la regularidad de los actos considerados nulos, con el fin de decidir su irregularidad y juzgarlos no conformes y no obligatorios.

En cambio, si otro acto jurídico fuera necesario para establecer la nulidad del acto inconstitucional, la garantía constitucional no sería la nulidad sino la anulabilidad[747].

Ahora bien, en principio, la nulidad de los actos inconstitucionales del Estado es garantía de la Constitución que conduce al sistema difuso de control de la constitucionalidad, aun cuando la ley positiva restrinja el poder que podría tener cualquier

---

747 H. Kelsen, "La garantie juridictionnelle de la Constitution. La Justice constitutionnelle" *Revue du Droit Public et de la Science politique en France et á l'étranger*, 1928, París, p. 124.

persona para juzgar como nulos los actos inconstitucionales[748] y atribuya este poder de manera exclusiva a los tribunales, como se puede observar en forma generalizada, dada la necesidad de confiabilidad y seguridad jurídicas.

Por otra parte, la otra garantía de la Constitución, a saber: la anulabilidad de los actos inconstitucionales del Estado, es precisamente la que conduce, en principio, al sistema concentrado de control de la constitucionalidad de las leyes.

a.   *La anulabilidad de algunos actos inconstitucionales del Estado*

El primer aspecto que muestra la racionalidad del sistema concentrado de control de la constitucionalidad de las leyes es el principio de anulabilidad de algunos actos del Estado, en particular de las leyes y otros actos dictados en ejecución directa de la Constitución, cuando la contradicen.

Contrariamente a la nulidad de los actos del Estado, la anulabilidad de dichos actos cuando se considera como una garantía objetiva de la Constitución, significa que el acto del Estado, aun irregular o inconstitucional, una vez producido por una institución pública, debe considerarse como un acto del Estado, y como tal, válido y efectivo hasta que el órgano que lo produjo lo derogue o revoque o hasta que se decida su anulación por otro órgano del Estado con los poderes constitucionales correspondientes. Este es precisamente el caso de los sistemas concentrados de control de la constitucionalidad, en los cuales la Constitución confiere el poder para anular algunos actos del Estado, cuando se juzgan inconstitucionales, a un solo órgano constitucional, sea éste la Corte Suprema existente o un órgano creado especial y separadamente del Poder Judicial, con funciones jurisdiccionales, que le permiten actuar como juez constitucional.

En todo caso, debe señalarse que en los sistemas concentrados de control de la constitucionalidad, la anulabilidad de los actos del Estado no constituye la única garantía de la Constitución puesto que siempre va acompañada de la nulidad. En cierta manera, se configura como una restricción a la regla de nulidad que deriva de la violación de la Constitución. En efecto, se ha afirmado que, en lo que respecta a la nulidad de los actos inconstitucionales del Estado, en el sistema difuso de control de la constitucionalidad, la ley positiva, con miras a evitar la anarquía jurídica, limita el poder teórico general de las autoridades públicas y los individuos para considerar como inexistente e inválido un acto inconstitucional del Estado, reservando dicho poder a los jueces. Esto significa que, de hecho, el acto inconstitucional del Estado sólo puede ser examinado por los tribunales, los cuales son los únicos en tener el poder para considerarlo nulo; lo que significa que, hasta ese momento, el acto irregular debe considerarse efectivo y obligatorio para las autoridades públicas y los individuos. En el sistema difuso de control de la constitucionalidad, una vez que un tribunal ha apreciado y declarado la inconstitucionalidad del acto estatal en relación a un juicio particular, el acto se considera nulo con relación a dicho juicio.

En todo caso, esta misma situación también se presenta en los sistemas constitucionales dotados de un sistema concentrado de control de la constitucionalidad, con relación a todos los actos del Estado distintos de aquellos que sólo pueden ser anu-

---

748   *Idem.*, p. 215

lados por el Tribunal Constitucional o por la Corte Suprema. En efecto, como se ha señalado, en lo que respecta a los actos del Estado de rango inferior en la jerarquía de las normas, por ejemplo, los actos administrativos normativos, todos los jueces, en un sistema concentrado de control de la constitucionalidad, tienen normalmente el poder de considerarlos nulos cuando son inconstitucionales, con relación al juicio particular en el cual fueron cuestionados. En estos casos, la garantía de la Constitución es la nulidad del acto inconstitucional del Estado, aun cuando solamente los tribunales estén habilitados para examinarlo.

En consecuencia, la particularidad del sistema concentrado de control de la constitucionalidad reside en el hecho de que la ley positiva establece un límite adicional a los efectos de la inconstitucionalidad de los actos, a saber, que respecto de algunos de éstos, el poder para declarar su inconstitucionalidad y su invalidez, y por tanto, para considerarlos sin efectos, ha sido reservado exclusivamente a un solo órgano constitucional: la Corte Suprema existente o una Corte, un Consejo o un Tribunal Constitucional especial. En estos casos, y con relación a tales actos, tratándose normalmente de actos legislativos y otros actos del Estado de rango o efectos similares en el sentido de que sean de ejecución directa de la Constitución, la garantía de la Constitución ha sido reducida a la anulabilidad del acto del Estado considerado inconstitucional.

En conclusión, en los sistemas constitucionales que poseen un sistema concentrado de control de la constitucionalidad, el deber de todos los jueces y todos los tribunales consiste en examinar la constitucionalidad de los actos del Estado. Sin embargo, cuando el acto cuestionado es una ley u otro acto de ejecución directa de la Constitución, los tribunales ordinarios no pueden juzgar su inconstitucionalidad, puesto que dicho poder está reservado a un Tribunal Constitucional especial o a la Corte Suprema de un país determinado, el cual puede anular el acto. En este caso, la garantía de la Constitución es la anulabilidad y entonces el acto queda anulado con efectos generales, puesto que es considerado o declarado nulo, no solamente respecto de un caso particular, sino en general.

Salvo esta excepción jurisdiccional particular, la cual es propia del método concentrado de control de la constitucionalidad, todos los demás tribunales o jueces pueden, en un juicio concreto, decidir la inaplicabilidad de los actos normativos del Estado no contemplados por esta excepción, considerándolos nulos cuando los juzguen viciados de inconstitucionalidad. En estos casos, la garantía de la Constitución es, sin lugar a dudas, la nulidad.

b.   *El poder de un órgano constitucional paira anular algunos actos inconstitucionales del Estado*

El segundo aspecto de la racionalidad del método concentrado de control de la constitucionalidad es que el poder para declarar la nulidad de las leyes está conferido a un órgano constitucional con funciones jurisdiccionales, sea la Corte Suprema existente en un país determinado, sea una Corte, un Consejo o un Tribunal Constitucional especialmente creado. Por consiguiente, el método concentrado posee una particularidad doble: en primer lugar, el poder para anular ciertos actos inconstitucionales está conferido a un solo órgano constitucional con funciones jurisdiccionales, y en segundo lugar, de acuerdo con la excepción mencionada, el poder de dichos órganos constitucionales para juzgar la inconstitucionalidad y declarar la nulidad de ciertos actos del Estado no concierne todos los actos del Estado, sino un número limitado de ellos, normalmente las leyes y otros actos del Congreso o del Gobierno, dictados en ejecución directa de la Constitución y únicamente sometidos a sus regulaciones.

Se ha señalado anteriormente que el método concentrado de control de la constitucionalidad no implica necesariamente el otorgamiento del poder para anular leyes a una Corte, un Consejo a un Tribunal Constitucional especialmente creado, tal como sucede en Europa, sino que dicho poder puede ser conferido a la Corte Suprema existente en el país, como es el caso en América Latina mucho antes de que Europa continental implantase el modelo de los Tribunales constitucionales en 1920.

En efecto, desde mediados del siglo pasado, muchos países latinoamericanos habían adoptado un sistema concentrado de control de la constitucionalidad confiriendo a la Corte Suprema del país el poder para decidir la nulidad de las leyes. Debe señalarse los casos de Colombia y Venezuela que poseen un verdadero sistema concentrado de control de la constitucionalidad desde 1850, en el cual la Corte Suprema ha tenido el monopolio de la anulación de las leyes. En Colombia, en 1991, este poder ha sido transferido a una Corte Constitucional.

Debe señalarse, que por lo general, los sistemas de control de la constitucionalidad que se han desarrollado en América Latina durante los últimos 140 años se han ido orientando progresivamente hacia sistemas mixtos de control de la constitucionalidad, en los cuales coexisten el método difuso y el método concentrado. Este es el caso de Venezuela, Colombia, México y Guatemala, tal como se explicará más adelante. No obstante, algunos sistemas de América Latina permanecieron concentrados, como por ejemplo el de Uruguay y Paraguay donde la Corte Suprema de Justicia tiene una jurisdicción exclusiva y original para declarar la inconstitucionalidad de las leyes[749].

Debe destacarse, sin embargo, que la modalidad del método concentrado de control de la constitucionalidad basado en la creación de un órgano constitucional especial, una Corte, un Consejo o un Tribunal para actuar como juez constitucional dotado del poder original y exclusivo para anular las leyes y otros actos de rango y efectos similares, ha marcado, por su carácter novedoso, la evolución de la justicia constitucional en las últimas décadas, desde la creación de las primeras Cortes Constitucionales en Austria y Checoslovaquia en 1920. El sistema fue adoptado más tarde en Alemania y en Italia después de la Segunda Guerra Mundial, y más recientemente en España y en Portugal. También había sido adoptado, antes de 1990, en algunos países ex socialistas (Yugoslavia, Checoslovaquia y Polonia) y se desarrolló bajo una forma particular en Francia. Bajo la influencia del modelo europeo pero con características propias de los sistemas latinoamericanos, el sistema también se implantó en Guatemala en la década de los sesenta y en Chile hacia principios de los años 70, con la creación de un Tribunal Constitucional, y luego apareció en Ecuador

---

749   H. Gros Espiell, *La Constitución y su Defensa*. Uruguay, UNAM, Congreso Internacional sobre la Constitución y su defensa, México, 1982, (mimeo), p. 7; J. P. Gatto de Souza, "El control constitucional de los actos del Poder público", *Memoria de la Reunión de Presidentes de Cortes Supremas de Justicia de Iberoamérica, el Caribe, España y Portugal*, Caracas, 1983, p. 661; L. M. Angaña, "Ponencia" (Paraguay), en *Ídem.*, p. 551.

y Perú donde fueron creados Tribunales de Garantías constitucionales. En Perú, en 1994 se cambió su denominación por Tribunal Constitucional. En 1991, la nueva Constitución colombiana, como se dijo, creó una Corte Constitucional; y en 1994 la reforma constitucional en Bolivia creó un Tribunal Constitucional.

A pesar del desarrollo del constitucionalismo desde principios del siglo pasado, principalmente gracias a las experiencias norteamericanas, debe admitirse que Europa continental se había quedado atrás de las concepciones constitucionales, por lo que el sistema de justicia constitucional sólo fue adoptado en Europa después de la Primera Guerra Mundial. Dicha opción se hizo en dos etapas. La primera terminó con la Constitución de Weimar (1919) mediante la cual Alemania instituyó un Tribunal dotado de una jurisdicción para decidir los conflictos entre los poderes constitucionales del Estado, y particularmente, entre los distintos poderes territoriales, distribuidos verticalmente como consecuencia de la organización federal del Estado. La segunda fue el sistema austríaco, creación personal del profesor Hans Kelsen, quien concibió un sistema que fue recogido inicialmente en la Constitución austríaca de 1920, y luego perfeccionado por la reforma constitucional de 1929.

En todo caso, puede considerarse que la introducción de un sistema de justicia constitucional en Europa fue el resultado de la influencia de la teoría pura del derecho de Hans Kelsen, quien diseñó la norma constitucional como fuente de validez para todas las normas del ordenamiento jurídico con un corolario fundamental: la necesidad de un órgano del Estado encargado de garantizar la Constitución, es decir, de resolver los conflictos entre las normas reglamentarias y aquellas de jerarquía superior en las que se basan las primeras (las legales), y entre todas ellas, y en última instancia, con la Constitución[750].

Kelsen concibió la justicia constitucional como un aspecto particular de un concepto más general de garantía de la conformidad de una norma inferior con una norma superior de la cual la primera deriva y en base a la cual ha sido determinado su contenido. Así, la justicia constitucional es una garantía de la Constitución que se desprende de la "pirámide jurídica" del ordenamiento legal donde se encuentran determinadas tanto la unidad como la jerarquía de las diferentes normas.

Debe destacarse, sin embargo, que la modalidad del método con Kelsen, Checoslovaquia fue el primer país europeo en adoptar el sistema de control de la constitucionalidad, en su Constitución del 29 de febrero de 1920[751]. Los fundamentos de la adopción del sistema concentrado de control de la constitucionalidad en Checoslovaquia provinieron de una norma constitucional, la cual estableció de manera explícita la supremacía de la Constitución con respecto al resto del ordenamiento legal, consagrando que "Todas las leyes contrarias a la Constitución o a una de sus partes así como a las leyes que la modifican y la completan se consideran nulas"[752]; prohibiendo expresamente a los tribunales ejercer el control difuso de la constitucionali-

---

750   H. Kelsen, *loc. cit.*, pp. 201, 223.

751   Artículo 1.1. Ver en P. Cruz Villalón, "Dos modos de regulación del control de constitucionalidad: Checoslovaquia (1920-1938) y España (1931-1936), *Revista Española de Derecho Constitucional*, 5, Madrid, 1982, p. 119

752   Artículo 1.1, *Idem*

dad de las leyes[753]. Además, la Constitución estableció la obligación para todos los tribunales de consultar al Tribunal Constitucional en casos de aplicación de una ley considerada como inconstitucional. Todos estos elementos llevaron a la concentración de la jurisdicción constitucional para juzgar la constitucionalidad de las leyes en un órgano especial, el Tribunal Constitucional, el cual existió hasta 1938[754].

La concepción de Kelsen acerca del sistema concentrado de control de la constitucionalidad, contrariamente a la del sistema difuso en el cual todos los jueces tienen el poder para abstenerse de aplicar leyes que consideren contrarias a la Constitución, tendía a conferir a un órgano especial el poder exclusivo para declarar la inconstitucionalidad de una ley y para anularla. Este órgano es un Tribunal Constitucional al cual deben recurrir todos los tribunales cuando deben aplicar una ley cuya constitucionalidad sea dudosa. En tal sistema, por lo tanto, los tribunales ordinarios no tienen el poder para abstenerse de aplicar leyes inconstitucionales.

Dentro de su concepción teórica original, este sistema concentrado de control de la constitucionalidad de las leyes no había sido concebido por Kelsen como el ejercicio de una función jurisdiccional, sino más bien como un "sistema de legislación negativa"[755]. En este caso, se consideraba que la Corte Constitucional no decidía específicamente la constitucionalidad de las leyes; tal función estaba reservada al tribunal a quo que hubiera planteado la cuestión de la constitucionalidad por ante la Corte Constitucional. Normalmente, la competencia de esta última estaba limitada a la cuestión puramente abstracta de la compatibilidad lógica que debía existir entre la ley y la Constitución. Desde este punto de vista puramente teórico, puesto que no había ninguna aplicación concreta de la ley en un caso específico, se consideraba que no se trataba del ejercicio de una actividad jurisdiccional que implicara una decisión concreta. Esto llevó a Kelsen a sostener que, cuando el Tribunal Constitucional declaraba la inconstitucionalidad de una ley, la decisión, por tener efectos *erga omnes*, era una "acción legislativa" y que la decisión del Tribunal Constitucional tenía "fuerza de ley". Es también la razón por la cual la ley debía ser considerada válida hasta la adopción de la decisión de anularla, por la cual los jueces estaban obligados a aplicarla[756].

Tal concepción fue desarrollada por Kelsen para responder a las objeciones eventuales que podían formularse al control jurisdiccional de la acción legislativa, dado el concepto de supremacía del Parlamento hondamente arraigado en el Derecho Constitucional europeo. En esta forma, prohibiendo a los jueces ordinarios abstenerse de aplicar las leyes, y confiriendo a una Corte Constitucional el poder para declarar la inconstitucionalidad de una ley con efectos *erga omnes*, el Poder Judicial

---

753   El artículo 102 establece que "Los tribunales pueden verificar la validez de los reglamentos ejecutivos, cuando examinan una cuestión legal específica; en lo que se refiere a las leyes, sólo pueden verificar si han sido correctamente publicadas", ver en P. Cruz Villalón, *Loc.cit.*, p. 135.

754   También debe observarse que en el régimen constitucional rumano existió un sistema de control de la constitucionalidad de las leyes en el artículo 103 de la Carta Fundamental del 29 de marzo de 1923. Sin embargo, este control sólo se confiaba a la Corte de Casación y fue eliminado por la República Popular, bajo la influencia soviética, en la Ley Fundamental de 1948

755   H. Kelsen, *loc. cit.*, pp. 224, 226. Ver los comentarios de E. García de Enterría, *op.cit.*, pp. 57, 132

756   H. Kelsen, *loc. cit.*, pp. 224, 225.

quedaba subordinado a las leyes sancionadas por el Parlamento, y al mismo tiempo, se mantenía la supremacía de la Constitución con respecto al Parlamento. La Corte Constitucional, así, más que una competidora del Parlamento, se concebía como su complemento natural. Sus funciones se limitaban a juzgar la validez de una ley empleando la pura lógica racional, sin tener que decidir conflictos en casos específicos, y a actuar como un "legislador negativo", aun cuando no espontáneamente, sino a instancia de las partes interesadas. Según Kelsen, el Poder Legislativo se dividió así en dos partes: la primera, ejercida por el Parlamento con la iniciativa política, el "legislador positivo"; y la segunda, ejercida por el Tribunal Constitucional, el "legislador negativo", con el poder para anular las leyes que violasen la Constitución[757].

De acuerdo con esta concepción, por supuesto, era necesario que la Corte Constitucional fuese un órgano separado de los poderes tradicionales del Estado y no formara parte de las autoridades judiciales[758].

Hoy día, si bien se ha aceptado el carácter jurisdiccional (no legislativo) de la actividad de estas Cortes Constitucionales especiales rechazando su llamado carácter de "legislador negativo"[759], la idea de conferir funciones jurisdiccionales a un órgano constitucional especialmente creado (Corte, Consejo o Tribunal Constitucional) generalmente ubicado fuera de la organización judicial, prevaleció en Europa continental y abrió camino al "modelo europeo" de control de la constitucionalidad. Este, en cierta manera, se desarrolló como consecuencia de un compromiso entre la necesidad de un sistema de justicia constitucional derivado de la noción de supremacía constitucional y la concepción tradicional europea de la separación de los poderes. la cual niega el poder a los jueces para juzgar la invalidez de las leyes inconstitucionales[760].

En todo caso, es evidentemente erróneo identificar el sistema concentrado de control de la constitucionalidad de las leyes con el "modelo europeo", ya que un sistema en el cual la jurisdicción exclusiva y original para anular las leyes y otros actos del Estado se confiere a la Corte Suprema de Justicia existente en un país dado y ubicada en la cúspide de la organización judicial, también debe ser considerado como un sistema concentrado de control de la constitucionalidad. Por esta razón, el segundo aspecto de la racionalidad del sistema concentrado de control de la constitucionalidad es el otorgamiento, a un órgano constitucional particular, sea la Corte Suprema o una Corte, un Consejo o un Tribunal Constitucional especialmente creado, del papel de juez constitucional con el fin de anular leyes con efectos *erga omnes*.

---

757   Ver los comentarios relativos al pensamiento de Kelsen en E. García de Enterría, *op.cit.*, pp. 57, 58, 59, 131, 132, 133.

758   H. Kelsen. *loc.cit.*, p. 223.

759   M. Cappelletti y J. C. Adams, *loc .cit.*, pp. 1218, 1219.

760   M. Cappelletti, *op.cit.*, p. 67.

c.   *El carácter incidental y principal del método*

Contrariamente al método difuso de control de la constitucionalidad, el cual siempre tiene un carácter incidental, el método concentrado puede tener, bien sea un carácter principal, o un carácter incidental, en la medida en que las cuestiones constitucionales relativas a las leyes lleguen a la Corte suprema o a la Corte Constitucional en virtud de una acción directa intentada ante la misma o cuando un tribunal inferior donde se planteo, a instancia de parte o *ex officio*, la cuestión constitucional, recurre a la Corte.

En consecuencia, el tercer aspecto de la racionalidad del método concentrado de control de la constitucionalidad de las leyes, en el cual el poder para anularlas se confiere a la Corte Suprema o a una Corte especial, es que la cuestión constitucional puede alcanzar la Corte de manera directa o principal mediante una acción contra la ley, o de manera incidental cuando la cuestión constitucional se plantea en un tribunal inferior con motivo de un juicio particular y concreto. En este caso, el juez debe remitir su decisión a la Corte Suprema o a la Corte Constitucional para luego poder adoptar la resolución final del caso, de acuerdo con la decisión tomada por la Corte. En ambos casos, el control de la constitucionalidad de las leyes es de tipo concentrado, porque un solo órgano está autorizado para juzgar la constitucionalidad de la ley.

Sin embargo, este carácter esencial del control concentrado no siempre implica que la cuestión constitucional deba plantearse sólo de una manera principal o incidental. Podría ser cualquiera de las dos y también ambas paralelamente, según las normas de la ley positiva. En esta forma, en nuestra opinión, no existe, en el derecho comparado ningún motivo para identificar el sistema concentrado de control de la constitucionalidad con el carácter principal o abstracto del método de revisión de la cuestión constitucional. Si bien ello era cierto, en el sistema original austríaco implantado en 1920, ya no lo es en el derecho constitucional contemporáneo[761], en el cual el sistema concentrado de control de la constitucionalidad puede derivar de ambos métodos: principal e incidental.

En el sistema principal, la cuestión constitucional relativa a una ley es "la cuestión principal" y única del juicio iniciado mediante acción directa que puede ser interpuesta por ante la Corte Suprema o la Corte Constitucional, tanto por los ciudadanos mediante un *actio popularis*, o regida por reglas de legitimación particulares, por funcionarios o autoridades públicas específicas. En el método incidental, la cuestión constitucional puede ser planteada ante un tribunal ordinario como una cuestión incidental, la cuestión constitucional puede ser planteada ante un tribunal ordinario como una cuestión incidental en el juicio o *ex officio* por el tribunal. Este tribunal es, entonces el único que puede la cuestión constitucional ante la Corte Suprema o la Corte Constitucional, en cuyo caso se debe suspender la decisión del caso concreto hasta que la cuestión constitucional haya sido resuelta por la Corte Suprema o la Corte Constitucional.

---

761   *Cf.* M. Cappelletti, *op.cit.*, pp. 69, 72

d. *El poder de iniciativa del control de la constitucionalidad*

Como viene de señalarse, la cuestión de la constitucionalidad referente a la validez de una ley normalmente se plantea ante la Corte Suprema o la Corte Constitucional mediante una acción o por remisión de un tribunal inferior. En ambos casos, el juez constitucional debe decidir en derecho, sin considerar los hechos.

En ambos casos, como se señaló, la cuestión constitucional debe formularse ante la Corte Suprema o la Corte Constitucional, por lo que ésta no tiene iniciativa propia para actuar como juez constitucional[762]. En esta forma, el principio *nemo judex sine actore* se aplica, pero una vez que la cuestión constitucional ha llegado a la Corte como consecuencia de una acción o de su remisión por parte de un tribunal inferior, el principio *in judex judicet ultra petitum partis* ya no es operante. Esto significa que la Corte Suprema o la Corte Constitucional, como juez constitucional, una vez requerida por una parte o por un medio incidental, tiene poderes *ex officio* para considerar cuestiones de constitucionalidad distintas a las que han sido planteadas.

Sin embargo, debe señalarse que en Austria, además de los dos métodos de control de la constitucionalidad, incidental y principal, la Constitución confiere al Tribunal Constitucional el poder para plantear, por iniciativa propia, cualquier cuestión constitucional referente a las leyes y las normas ejecutivas, en casos llevados ante el Tribunal en los cuales una ley o un reglamento ejecutivo debe aplicarse[763]. Podría verse allí un método adicional de control jurisdiccional en el sistema austríaco, que fue contemplado por el propio Hans Kelsen[764]. En efecto, la Constitución establece que. a pesar de que el Tribunal pueda tener la convicción de la inconstitucionalidad de una ley, debido a vicios en su promulgación, si su anulación total puede significar un perjuicio evidente de los intereses jurídicos del recurrente (en una acción directa) o de la parte en el procedimiento en el cual se planteó la cuestión incidental por ante el Tribunal, éste debe abstenerse de anular la ley[765].

Por otra parte, si bien es cierto que la Corte Suprema o la Corte Constitucional no tienen iniciativa propia para iniciar el procedimiento de control concentrado relativo a las leyes, debe recordarse que en el método incidental de control concentrado de la constitucionalidad, los tribunales inferiores que deben remitir la cuestión constitucional, pueden tener la iniciativa de plantearla por ante la Corte Suprema o a la Corte Constitucional. Es decir, los tribunales ordinarios, cuando plantean cuestiones constitucionales mediante el método incidental, no siempre están vinculados a lo que las partes o el Fiscal invoquen, por lo que cuando consideran el caso particular, pueden plantear la cuestión constitucional *ex officio* y transmitirla a la Corte Suprema o a la Corte Constitucional para que ésta decida.

---

762   De manera excepcional, el Tribunal Constitucional Federal de la Antigua Federación de Yugoslavia poseía poderes *ex officio* para iniciar un procedimiento de control de la constitucionalidad de las leyes. Ver artículo. 4 de la Ley de la Corte Constitucional de Yugoslavia, 31-12-1963, en B. T. Blagojevic (ed.), *Constitucional Judicature*, Beograd, 1965, p. 16.

763   Artículo 139, 1 y artículo 140, 1, 3.

764   H. Kelsen, *loc. cit.*, p. 247.

765   Artículo 140, 3.

Esta es una consecuencia del principio de supremacía de la Constitución y del deber de los jueces de aplicar la ley. Por tanto, aun cuando en el sistema concentrado de control de la constitucionalidad, la Constitución prohíba a los tribunales ordinarios actuar como jueces constitucionales en cuanto a las leyes, esto no quiere decir que en caso de que éstos consideren inconstitucional una ley aplicable a la decisión de un caso concreto, no tengan el poder para plantear la cuestión constitucional y no puedan transmitirla al juez constitucional. Lo contrario significaría la ruptura con el principio de la supremacía de la Constitución y con el papel de los jueces en la aplicación de la ley.

e.   *Los efectos erga omnes de las decisiones de la Corte*

El quinto aspecto de la racionalidad del sistema concentrado de control de la constitucionalidad se refiere a los efectos de las decisiones dictadas por la Corte Suprema o por la Corte Constitucional relativas a la inconstitucionalidad de la ley, sea que la cuestión constitucional haya sido planteada mediante una acción o de manera incidental, por remisión de un tribunal inferior. Este aspecto de los efectos de la decisión judicial responde a dos preguntas primero, ¿a quién afecta la decisión? y segundo, ¿cuándo comienzan los efectos de la decisión?

En lo que la primera pregunta se refiere, la racionalidad del sistema concentrado de control de la constitucionalidad implica que la decisión dictada por la Corte Suprema o por la Corte Constitucional, actuando como juez constitucional, tiene efectos generales *erga omnes*. Esto sucede cuando el control de la constitucionalidad se ejerce mediante una acción directa interpuesta por ante la Corte Constitucional o la Corte Suprema, sin conexión directa por ante un juez constitucional, la relación procesal no se establece entre un demandante y un demandado, sino más bien, fundamentalmente, entre un recurrente y una ley cuya constitucionalidad está cuestionada. En este caso, el objeto de la decisión acerca de la constitucionalidad de la ley es su anulación, y los efectos de la decisión son necesariamente *erga omnes*. Nunca podrían ser inter partes, particularmente debido a la ausencia de las partes propiamente dichas, en el procedimiento. Por otra parte, en el sistema concentrado de control de la constitucionalidad, iniciado por el método incidental, cuando se plantea una cuestión constitucional referente a una ley en un procedimiento concreto y el tribunal inferior la remite a la Corte Suprema o a la Corte Constitucional para que sea objeto de una decisión, dicha decisión también debe adoptarse en base a los aspectos de derecho y no con respecto a los hechos, por lo que también tiene efectos *erga omnes*, es decir, no limitados al juicio concreto en el que se planteó la cuestión constitucional ni a las partes del mismo.

En efecto, en ambos casos del sistema concentrado o de control de la constitucionalidad, a través del método principal o del incidental, la Corte Suprema o la Corte Constitucional respectiva, de manera abstracta, debe decidir la cuestión de la constitucionalidad de la ley, sin ninguna referencia los hechos ni al juicio concreto en el que se planteó la cuestión constitucional. Por consiguiente, en el sistema concentrado, el juez constitucional no decide una cuestión constitucional con miras a resolver un caso concreto entre partes; el juez constitucional, como se señaló, no toma decisiones con respecto a un caso concreto, sino únicamente con respecto a una cuestión de constitucionalidad de una ley. La lógica del sistema consiste pues, en que la decisión debe aplicarse en general a todos y a cualquier órgano del Estado por sus efectos *erga omnes*.

En consecuencia, cuando una ley sea considerada inconstitucional por la Corte Constitucional o por la Corte Suprema actuado como juez constitucional, ello significa que dicha ley queda anulada y no pueda ejecutarse ni aplicarse a la resolución del caso concreto, pero tampoco a ninguna otra cosa.

f.   Los efectos constitutivos de la decisión de la Corte

Estos efectos *erga omnes* de la decisión jurisdiccional en el sistema concentrado de control de la constitucionalidad de las leyes están estrechamente vinculados tanto a la cuestión de los efectos temporales de la decisión, en particular la determinación de cuándo la decisión es efectiva, como al aspecto ya mencionado de la anulabilidad de algunos actos del Estado como garantía de la Constitución.

En efecto, tal como se ha señalado anteriormente, el primer y más importante aspecto de la racionalidad del sistema concentrado de control de la constitucionalidad es que la supremacía de la Constitución con respecto a todos los demás actos del Estado, lleva a considerar que una ley contraria a la Constitución debe ser nula. También se señaló que, aun cuando la garantía de la Constitución en los sistemas de control de la constitucionalidad sea, en principio, la nulidad de los actos inconstitucionales del Estado, la Constitución ha restringido su propia garantía, en lo que respecta a algunos actos del Estado, como las leyes, reservando el examen y la declaración de la nulidad de las leyes a un solo órgano constitucional: la Corte Suprema o una Corte, un Consejo o un Tribunal Constitucional especialmente creado, al cual se ha conferido el poder exclusivo de declarar la nulidad de dichos actos.

En consecuencia, cuando un juez constitucional decide la anulación por inconstitucionalidad de una ley, la decisión jurisdiccional tiene efectos prospectivos *ex nunc* o *pro futuro*, es decir, que no se remontan al momento de la promulgación de la ley considerada inconstitucional. Por lo tanto, los efectos producidos hasta el momento de la anulación de la ley se consideran válidos. En consecuencia, la ley declarada inconstitucional por un juez constitucional en el sistema concentrado de control de la constitucionalidad de las leyes, debe considerarse como un acto válido que ha producido efectos completos hasta su anulación por la Corte.

Este aspecto de la lógica del sistema concentrado de control de la constitucionalidad, sin embargo, está matizado por el mismo sistema constitucional, cuando éste establece una distinción entre los vicios de inconstitucionalidad que pueden afectar las leyes con nulidad absoluta o nulidad relativa. En el caso de los vicios constitucionales que pueden acarrear la nulidad absoluta de una ley, la anulación de la ley decidida por un juez constitucional produce evidentemente efectos *ex tune*, puesto que una ley considerada nula de manera absoluta no puede producir ningún efecto. En consecuencia, en estos casos, la anulación de la ley tiene efectos *pro praeterito* o efectos retroactivos, ya que es considerada nula *ab initio*. En cambio, si el vicio constitucional de la ley que llevó a su anulación por el juez constitucional no es tan grave como para producir su nulidad absoluta, sino una nulidad relativa, entonces los efectos de la anulación de la ley son únicamente *ex nunc, pro futuro*.

D. *Panorama general del método*

En conclusión, se puede afirmar que, en principio, la racionalidad del método concentrado de control de la constitucionalidad de las leyes funciona de la manera siguiente:

La Constitución ejerce su supremacía sobre el ordenamiento jurídico en su conjunto; por consiguiente, los actos que la contradicen no pueden tener ningún efecto y se consideran nulos.

En principio, por lo que respecta a los actos del Estado subordinados a la ley, todos los tribunales tienen el poder y el deber de aplicar la Constitución y las leyes. Por lo tanto, deben dar la preferencia a la Constitución y a las leyes en relación a los actos del Estado que las violan, y declararlos inconstitucionales e inaplicables al juicio concreto desarrollado por ante los tribunales. Sin embargo, por lo que se refiere a algunos actos del Estado, como las leyes y otros actos inmediatamente subordinados a la Constitución, esta última reserva expresamente el poder examinar y declarar la inconstitucionalidad de tales actos, así como el poder anularlos, a un solo órgano constitucional, sea la Corte Suprema de un país determinado, o una Corte, un Consejo o un Tribunal Constitucional especialmente creado, integrado o no al Poder Judicial.

Este poder del juez constitucional para declarar la inconstitucionalidad de algunos actos del Estado sólo puede ejercerse si es solicitado mediante una acción directa interpuesta ante él contra la ley inconstitucional para que la examine de manera abstracta, o cuando un tribunal remite al juez constitucional una cuestión constitucional planteada en un juicio concreto. En este último caso, el carácter incidental de la cuestión acarrea efectos suspensivos, es decir, que el caso concreto sólo podrá ser resuelto después que el juez constitucional adopte su decisión con respecto a la constitucionalidad de la ley; decisión que debe adoptarse de manera abstracta y sin referencia a los hechos del juicio concreto.

Por lo tanto, la decisión de la Corte Constitucional puede adoptarse mediante un método principal o incidental con respecto a la constitucionalidad de la ley, sin que el juez constitucional pueda plantear la cuestión *motu proprio* o *ex officio*. Sin embargo, cuando se somete la cuestión constitucional ante el juez constitucional, éste tiene el poder *ex officio* para considerar otras cuestiones constitucionales. En el caso del método incidental, el tribunal inferior que planteó la cuestión tiene el poder *ex officio* de formularla ya que no está limitado a la iniciativa de las partes.

La decisión adoptada por el juez constitucional en cuanto a la inconstitucionalidad de una ley tiene efectos *erga omnes* para con todos los órganos del Estado y todos los individuos. También tiene efectos constitutivos en la medida en que pronuncia la nulidad de la ley, por lo que la decisión tiene efectos *ex nunc* y pro futuro en el sentido en que no son retroactivos. En este caso, el acto anulado debe ser considerado como habiendo producido efectos válidos hasta el momento de su anulación, a menos que la nulidad que lo afecta sea absoluta.

Por supuesto, en el sistema concentrado de control de la constitucionalidad esta lógica no siempre es absoluta, y cada sistema jurídico ha diseñado correctivos para las eventuales desviaciones de cada uno de los aspectos de la racionalidad del sistema, con relación a la anulabilidad o nulidad del acto inconstitucional, a la iniciativa de la Corte, a los efectos inter partes o *erga omnes* de la decisión y a su carácter declarativo o constitutivo.

Ahora bien, este sistema de control concentrado de la constitucionalidad de las leyes, como se ha señalado, puede ejercerse sea por la Corte Suprema de Justicia de un país determinado o por un Tribunal Constitucional creado dentro de la organización del Poder Judicial; sea por Tribunales, Consejos o Cortes Constitucionales creados por la Constitución, especialmente para ejercer el control de la constitucionalidad de las leyes, pero como órganos independientes del Poder Judicial.

IV EL CONTROL DIFUSO DE LA CONSTITUCIONALIDAD DE LAS LEYES Y DEMÁS ACTOS NORMATIVOS

Como hemos señalado, el Código de Procedimiento Civil, desde 1897, establece expresamente lo siguiente dentro de sus "Disposiciones Fundamentales":

> Art. 20. Cuando la ley vigente, cuya aplicación se pida, colidiere con alguna disposición constitucional, les jueces aplicarán ésta con preferencia.

De acuerdo con esta norma, el sistema difuso de justicia constitucional autoriza a todos los jueces, desde el grado judicial más bajo en la jerarquía hasta la propia Corte Suprema de Justicia, a decidir no aplicar una ley que estime contraria a la Constitución, cuando la aplicación de dicha Ley sea solicitada por una de las partes. Esta es, sin duda, la consecuencia básica del principio de la supremacía constitucional, tal como se ha considerado en Venezuela desde el comienzo del presente siglo por todos los comentaristas del Código de Procedimiento Civil[766] Ahora bien, de acuerdo a este poder atribuido a todos los jueces, el control difuso de la constitucionalidad de las leyes en Venezuela puede caracterizarse por los siguientes elementos:

1. *La preeminencia de la constitución y la nulidad de los actos inconstitucionales*

En primer lugar, por el principio de la preeminencia de la Constitución, consecuencia de su supremacía, y la nulidad derivada de los actos constitucionales. En efecto, la supremacía constitucional implica que los jueces están obligados a respetarla, teniendo el poder deber de aplicarla. Por tanto, si una ley es inconstitucional, los jueces no pueden aplicarla y deben preferir el texto la Constitución, pues una ley inconstitucional no tiene valor alguno. Puede decirse que éste ha sido el principio establecido en nuestro ordenamiento constitucional desde el inicio de nuestro constitucionalismo, particularmente en la Constitución de 1811 en la cual se ha considerado que un control difuso de la constitucionalidad fue implícitamente adoptado[767].

---

766 Véase R. Feo, *Estudios sobre el Código de Procedimiento Civil Venezolano*, Caracas, 1904, tome I, pp. 26-35; R. Marcano Rodríguez, *Apuntaciones Analíticas sobre las materias fundamentales y generales del Código de Procedimiento Civil Venezolano*, Caracas, tomo I, pp. 36-38; A. Borjas, *Comentarios al Código de Procedimiento Civil*, Caracas, tomo I, pp. 33-35.

767 Véase H. J. La Roche, *El control jurisdiccional de la constitucionalidad en Venezuela y Estados Unidos*, Maracaibo, 1971. p. 24; T. Polanco, "El recurso de inconstitucionalidad en la Constitución Venezolana de 1811", en *El Pensamiento Constitucional de Latinoamérica 1810-1830*. Congreso de Academias e Institutos Históricos. Actas y Ponencias, Caracas, 1962, tomo 3, p. 208.

En efecto, el artículo 227 de la Constitución de 1811 estableció lo siguiente:

Art. 227. La presente Constitución, las leyes que en consecuencia se expidan para ejecutarla y todos los Tratados que se concluyan bajo la autoridad del gobierno de la Unión serán la ley suprema del Estado en toda la extensión de la Confederación, y las autoridades y habitantes de las provincias estarán obligados a obedecerlas y observarlas religiosamente sin excusa ni pretexto alguno; pero las leyes que se expidieren contra el tenor de ella no tendrán ningún valor sino cuando hubieren llenado las condiciones requeridas para una justa y legítima revisión y sanción[768].

De acuerdo a esta norma, por tanto, y conforme al modelo de justicia constitucional que años antes, en 1803, había definido el juez Marshall en el célebre caso *Marbury vs Madison*[769], la Constitución era considerada la ley suprema del Estado, por lo que las leyes inconstitucionales no tenían ningún valor, es decir, eran consideradas nulas, salvo que se hubiesen aprobado mediante las formalidades previstas para la revisión de la propia Constitución. La garantía de la supremacía e inviolabilidad de la Constitución, por tanto, era la nulidad de las leyes inconstitucionales (no su anulabilidad), por lo que los jueces no estaban obligados a aplicarlas. Al contrario, lo que debían aplicar preferentemente era la Constitución, pues estaban obligados a "obedecerla y observarla religiosamente". Tal como luego fue establecido expresamente en la Constitución de 1830:

"Art. 186. Ningún funcionario público expedirá, obedecerá ni ejecutará órdenes manifiestamente contrarias a la Constitución o las leyes o que violen de alguna manera las formalidades esenciales prescritas por esas o que sean expedidas por autoridades manifiestamente incompetentes"[770].

Por tanto, los jueces, como funcionarios públicos, estaban obligados, por esta norma, a no aplicar normas contrarias a la Constitución.

Por otra parte, en relación a los derechos individuales, el artículo 199 de la Constitución de 1811 declaró:

"Que todas y cada una de las cosas constituidas en la anterior declaración de derechos están exentas y fuera del alcance del Poder general ordinario del gobierno y que, conteniendo o apoyándose sobre los indestructibles y sagrados principios de la naturaleza, toda ley contraria a ellas que se expida por la legislatura federal o por las provincias será absolutamente nula y de ningún valor".

Asimismo, el artículo 187 de la misma Constitución de 1830 estableció la responsabilidad de "los que expidieren, firmaren, ejecutaren o mandaren ejecutar decretos, órdenes o resoluciones contrarias a la Constitución y leyes que garantizan los derechos individuales"[771], norma que se ha mantenido hasta el presente. Además,

768   Véase en Allan R. Brewer-Carías, *Las Constituciones de Venezuela*, Madrid, 1985, p. 203.
769   U.S. (1 Cranch). 137.
770   Véase en Allan R. Brewer-Carías, *Las Constituciones de Venezuela, cit.*
771   Art. 187 *Idem*, p. 353.

expresamente la Constitución de 1893 agregó la declaración formal de que las leyes que reglamentaren el ejercicio de los derechos reconocidos y consagrados en la Constitución no debían menoscabarlos ni dañarlos, de lo contrario "serán tenidas como inconstitucionales y carecerán de toda eficacia[772]. Por tanto, la garantía básica de los derechos individuales desde el siglo pasado ha sido la nulidad de las leyes que los violaren y la responsabilidad de los funcionarios que ejecutaren actos que los menoscabaren. Por ello, precisamente, el artículo 46 de la Constitución vigente de 1961 establece lo siguiente:

"Art. 46. Todo acto del Poder Público que viole o menoscabe los derechos garantizados por esta Constitución es nulo, y los funcionarios y empleados públicos que la ordenen o ejecuten incurren en responsabilidad penal, civil y administrativa, según los casos, sin que les sirvan de excusa órdenes superiores manifiestamente contrarias a la Constitución y a las leyes".

Por tanto, puede decirse que desde 1811, existe en Venezuela un sistema de control difuso de la constitucionalidad de las leyes, basado en los principios de supremacía de la Constitución, de la nulidad e ineficacia de los actos inconstitucionales y de la responsabilidad de los funcionarios que los dicten, siguiendo en forma implícita las líneas del modelo norteamericano, particularmente hasta 1897, cuando se establece expresamente en el Código de Procedimiento Civil el poder de todos los jueces de apreciar la constitucionalidad de las leyes.

Desde el punto de vista histórico, debe también mencionarse que en la Constitución de 1901, sancionada después de la aprobación del Código de Procedimiento Civil en 1897, el poder de control de la constitucionalidad de las leyes atribuido a todos los jueces fue ratificado, atribuyéndose además, competencia, a la Corte Suprema de Justicia para declarar:

"cuál disposición ha de prevalecer en el caso especial que se le someta, cuando la autoridad (judicial) llamada a aplicar la ley, en el lapso legal señalado para su decisión, motu proprio, o a instancia de interesado, acuda en consulta a este Tribunal con copia de lo conducente, porque se considere que hay colisión de las leyes federales o de los Estados con la Constitución de la República"[773].

En esta forma, el control difuso por todos los jueces se complementó con la posibilidad que éstos tenían de someter a consulta de la Corte Suprema la cuestión de constitucionalidad, facultad que luego fue eliminada de la Constitución en 1904. Debe indicarse sin embargo, que esa posibilidad de consulta a la Corte Suprema no tenía efectos suspensivos, por lo que la propia Constitución de 1901 estableció que formulada la consulta por ello no se detendría el curso de la causa, por lo que llegada la oportunidad de dictar sentencia sin haberse recibido la declaración de la Corte Suprema, el juez respectivo se debía conformar "a lo que sobre el particular dispone

---

772   Art. 17, *Ídem.*, p. 531.
773   Art. 106, 8. *Ídem*, p. 579.

el Código de Procedimiento Civil", es decir, debía resolver por sí mismo la aplicación o desaplicación de le ley cuestionada de inconstitucionalidad[774].

En todo caso, desde el punto de vista histórico y conforme al actual ordenamiento constitucional, Venezuela siempre ha tenido conforme al modelo norteamericano, un sistema difuso de justicia constitucional, de acuerdo al cual todos los jueces tienen el poder de examinar la constitucionalidad de las leyes y de decidir no aplicarlas cuando las consideren inconstitucionales, dando preferencia a las normas de la Constitución. Por supuesto, la expresión "leyes" que utiliza el Código de Procedimiento Civil ha sido siempre interpretada en forma extensiva, comprendiendo no sólo las leyes formales, aprobadas por el Congreso, las Asambleas Legislativas de los Estados o los Concejos Municipales (Ordenanzas), sino todos los actos normativos, de los órganos estadales, incluyendo los reglamentos.

2.   El carácter incidental del método y los poderes ex-officio de los jueces

Por otra parte, siguiendo las líneas generales del método difuso de justicia constitucional, el sistema venezolano tiene también un carácter incidental, es decir, es *incidenter tantum* en el sentido de que el juez sólo puede revisar la constitucionalidad de las leyes y decidir no aplicarlas cuando las estime inconstitucionales, cuando decida un caso concreto consecuencia de una acción presentada por una parte contra otra, en la cual la cuestión de la constitucionalidad de la ley no es, por supuesto, la cuestión principal sometida a la decisión del juez, sino sólo una cuestión incidental relativa a la ley que el juez debe aplicar para la resolución del caso y cuya aplicación es requerida por una de las partes.

Por tanto, el poder de los jueces de controlar la constitucionalidad de las leyes sólo puede ser ejercido en litigios concretos, en relación a las leyes cuya aplicación solicitan las partes, y cuando la cuestión de la constitucionalidad de la ley es relevante para el caso y deba ser decidida en la sentencia para resolverlo. Ahora bien, en el sistema venezolano, contrariamente al modelo norteamericano, la cuestión relativa de la constitucionalidad puede ser planteada *ex officio* por el Juez, sin que sea necesario que la inconstitucionalidad de la ley se plantee en la demanda o como una excepción por las partes. Por tanto, en Venezuela, el control difuso de la constitucionalidad aún cuando de carácter incidental, no es un control que sólo pueda ejercerse cuando se plantee una "excepción de inconstitucionalidad"[775] por una de las partes, y al contrario, el juez puede ejercer dicho control, motu proprio, como se indicaba en la Constitución de 1901[776].

3.   Los efectos de la decisión judicial en el control difuso y la ausencia de medios extraordinarios de revisión judicial

Ahora bien, siendo la nulidad de las leyes inconstitucionales la garantía de la Constitución, particularmente en relación a las leyes que violen o menoscaben los

---

774   *Ídem*

775   En sentido contrario véase las opiniones de H. J. La Roche, *op.cit.,* pp. 137, 140, 150, 162; y J. G. Andueza, *La jurisdicción constitucional en el derecho venezolano*, Caracas, 1955, pp. 37-38.

776   Art. 106, 8. Véase en Allan R. Brewer-Carías, *Las Constituciones de Venezuela*, cit., p. 579

derechos fundamentales, la decisión de los jueces en el sistema difuso de justicia constitucional, cuando deciden no aplicar una ley que consideran inconstitucional, tiene efectos declarativos, es decir, el juez en el caso concreto al juzgar que la Ley que se le pide aplicar es inconstitucional, lo que hace es declarar la inconstitucionalidad de la ley, considerándola como inconstitucional desde que fue publicada (*ab initio*), lo que significa que la considera como si nunca fue válida y como si siempre hubiese sido nula. Por tanto, evidentemente, la decisión de los jueces en estos casos, tiene efectos *ex-tunc* y *pro pretaerito* o retroactivos, impidiendo que una ley considerada inconstitucional e inefectiva, pudiera producir efectos.

Consiguientemente, en estos casos de control difuso, la decisión del juez no es una declaratoria "de nulidad" de la ley que estima inconstitucional, sino una declamatoria de que la ley "es inconstitucional"; al desaplicarla en el caso concreto, evidentemente que aprecia que esa ley nunca ha podido haber surtido sus efectos en el mismo; y no otro puede lógicamente ser el efecto de su decisión: el Juez, al conocer un caso concreto pretendidamente regulado en el pasado por una ley que una de las partes del proceso exige sea aplicada, al decidir la inaplicabilidad de la ley al caso concreto, está "ignorando" la ley, en su criterio, inconstitucional, y, por tanto, estimando que la misma, en el pasado, nunca tuvo efectos sobre el caso concreto sometido a su consideración.

Por tanto, los efectos de la decisión del juez al declarar la inaplicabilidad por inconstitucionalidad de la ley conforme al artículo 20 del Código de Procedimiento Civil, si se quiere. son los de una sentencia declarativa: el juez declara la inconstitucionalidad de la ley y no la aplica, la ignora, estimando que nunca ha surtido efectos en relación al caso, lo que equivale a considerar que la ley nunca ha existido, es decir, que es inexistente. Lógicamente, esta decisión del juez, es una decisión de efectos inter partes y, por tanto, relativos[777]; el juez considera la ley inconstitucional, la desaplica y estima que nunca pudo surtir efectos, exclusivamente en relación al caso concreto cuyo contenido ha sido sometido a su conocimiento, de acuerdo con sus competencias procesales; y los efectos de esa decisión, por supuesto, no obligan a los otros jueces y ni siquiera al mismo juez que la dictó, quien en otro juicio puede variar de criterio jurídico. La ley inaplicada en un caso concreto, por otra parte, no se ve afectada en su vigencia general con motivo de esa decisión; ni el juez tiene competencia alguna para declarar la nulidad de la ley, lo cual está reservado a la Corte Suprema de Justicia. Por tanto, a pesar de que un juez mediante el control difuso de la constitucionalidad, considere una ley inaplicable por inconstitucional al caso concreto, la ley, como tal, continúa vigente, y sólo perderá sus efectos generales si es derogada o si se le declara nula por la Corte Suprema de Justicia[778]. El hecho es que la ley haya sido declarada inaplicable por inconstitucionalidad, por un juez, en un proceso determinado, insistimos, no afecta su vigencia ni equivale a una declaratoria de que es nula, no siendo además la decisión del juez obligatoria, como

---

777   Véase Sentencia CP de 19-6-53 en *G.F.*, N° 1, 1953, pp. 77-78

778   Art. 177 y 215, Ord. 3° y 4° C.

precedente, para ningún otro juez ni siquiera para el mismo juez que la dictó, en los otros procesos que le corresponde conocer[779].

Los efectos relativos del control difuso de la constitucionalidad de las leyes se encuentran, por otra parte, en todos los sistemas que han seguido el modelo norteamericano, tal como sucede con el argentino, el más similar a aquél desde el punto de vista del sistema constitucional entre todos los latinoamericanos[780], aún cuando ha habido discusión en relación a los efectos de dichas decisiones cuando han sido dictadas por la Corte Suprema, en virtud del valor de las mismas como precedentes[781].

En términos generales, entonces, los efectos de la decisión de desaplicar una ley conforme al artículo 20 del Código de Procedimiento Civil venezolano, tal como se dijo, son similares a los de los sistemas denominados de control difuso en el derecho comparado, y particularmente al sistema norteamericano, con la gran diferencia, sin embargo, de que en Estados Unidos, las decisiones de los tribunales sí se consideran y aprecian como precedentes para otras decisiones, particularmente las de la Corte Suprema mediante la doctrina *stare decisis*. En efecto, en el sistema procesal venezolano, la doctrina *stare decisis* no tiene aplicación, estando sometidos los jueces, conforme al artículo 205 de la Constitución, sólo a ésta y a las leyes, y no a precedentes judiciales. Por tanto, las decisiones judiciales en las cuales se haya considerado inconstitucional una ley conforme al sistema difuso de la justicia constitucional, no son obligatorias, ni para el mismo que la dictó quien puede cambiar de criterio, ni en relación a otros jueces, incluso cuando se trate de jueces inferiores.

Por otra parte, y a diferencia de los sistemas norteamericano y argentino, en el sistema venezolano de justicia constitucional, no existen recursos extraordinarios contra las decisiones de los jueces en los cuales se resuelvan cuestiones de inconstitucionalidad, que puedan ser llevados directamente ante la Corte Suprema de Justicia. Al contrario, las decisiones de los jueces sólo están sujetas a las vías ordinarias de apelación y al recurso de casación, cuando proceda, de acuerdo a las normas generales de procedimiento establecidas en el Código de Procedimiento Civil. Debe señalarse, sin embargo, como antes mencionamos, que sólo fue en la Constitución de 1901 en la cual se atribuyó a la antigua Corte Federal la competencia de establecer criterios generales en materia constitucional, cuando se sometía a su conoci-

---

779 M. Cappelletti, al referirse a los ordenamientos que siguen esta fórmula de control (norteamericano, japonés y mexicano), resume los efectos de la decisión del juez, señalando que éste debe limitarse a desaplicar la ley inconstitucional en el caso concreto, de manera que el control judicial de la constitucionalidad de las leyes, carece, como en Austria, de eficacia general, *erga omnes*, pues únicamente posee eficacia particular limitada al caso concreto, aun cuando por otra parte, debe hacerse notar que en los Estados Unidos esta característica ha sido descartada en buena parte, especialmente cuando se trata de control ejercitado por la Supreme Court en virtud del principio del *stare decisis*. "El control jurisdiccional da la constitucionalidad de las leyes en el derecho comparado", *Revista de la Facultad de Derecho*. México, N° 65, 1966, p. 59-60.

780 Véase Jorge Alvarado. *El recurso contra la inconstitucionalidad de las leyes*, Buenos Aires, 1925, p. 97: Alejandro F. Ghigliani, *Del Control Jurisdiccional de Constitucionalidad*. Buenos Aires. 1952, p. 97.

781 Véase Carlos A. Ayarragaray, *Efectos de la Declaración de Inconstitucionalidad*, Buenos Aires, 1955, pp. 32 y ss.; Alejandro E. Ghigliani, *op .cit.*, pp. 100 y ss.

miento, por un tribunal inferior, una cuestión constitucional por vía de consulta, cuando se planteaba en un caso concreto, la cual fue eliminada posteriormente en la Constitución de 1904. En efecto, el artículo 106, ordinal 89 de la Constitución de 1901 estableció como competencia de la Corte Federal, la siguiente:

> "Declarar en el término más breve posible cuál disposición ha de prevalecer en el caso especial que se le someta, cuando la autoridad llamada a aplicar la ley, en el lapso legal señalado para su decisión, motu propio, o a instancia de interesado, acuda en consulta a este Tribunal con copia de lo conducente, porque se considere que hay colisión de las leyes federales o de los Estados con la Constitución de la República. Sin embargo, por este motivo no se detendrá el curso de la causa y llegada la oportunidad de dictar sentencia sin haberse recibido la declaración de que trata esta facultad, aquélla se conformará a lo que sobre el particular dispone el Código de Procedimiento Civil. En el caso de que la decisión llegue encontrándose la causa en apelación, el Tribunal de alzada aplicará lo dispuesto por las Cortes Federales"[782].

Sin embargo, como se dijo, esta atribución de la Corte sólo tuvo una corta vigencia, eliminándose cuatro años después, en 1904, con lo cual en materia de control difuso de la constitucionalidad de las leyes, no existe mecanismo para uniformizar la jurisprudencia, siendo cada juez autónomo en el ejercicio de sus poderes de apreciación de la constitucionalidad de las leyes. Sin embargo, la posible contradicción que podría surgir entre decisiones de diversos jueces en materia de desaplicación de leyes, con la consecuente incertidumbre del orden jurídico, se han corregido en el sistema constitucional venezolano desde 1858, mediante el establecimiento paralelamente al control difuso de la constitucionalidad, de un sistema de justicia constitucional concentrado, atribuido a la Corte Suprema de Justicia.

4. *La posibilidad de un control difuso por vía principal de la constitucionalidad de las leyes y demás actos normativos*

Como se ha señalado, la Ley Orgánica de Amparo sobre Derechos y Garantías Constitucionales estableció el amparo contra normas, al prever en su artículo 3° que:

> Art. 3. También es procedente la acción de amparo, cuando la violación o amenaza de violación deriven de una norma que colida con la constitución. En este caso, la providencia judicial que resuelva la acción interpuesta deberá apreciar la inaplicación de la norma impugnada y el Juez informará a la Corte Suprema de Justicia acerca de la respectiva decisión.

En esta forma, además del control difuso incidental de la constitucionalidad de las leyes, que sigue el esquema clásico del arquetipo norteamericano, en el sistema venezolano se puede distinguir un control difuso principal, vinculado a la acción de amparo, y que permite el ejercicio de acciones de amparo directamente contra leyes y normas que violen derechos y garantías constitucionales, con motivo de las cuales éstos pueden decidir la inaplicabilidad de la Ley respecto del accionante.

---

782   Art. 106, 8. Véase en Allan R. Brewer-Carías, *Las Constituciones de Venezuela, cit.*, pp. 579-580

A. *La preeminencia de los derechos y garantías constitucionales y la nulidad de los actos violatorios de los mismos*

Tal como lo hemos señalado, dentro del principio de la primacía de la Constitución, está el de la preeminencia de los derechos y garantías constitucionales, que obliga a todos los jueces a hacerlos respetar y protegerlos. Además, como se ha dicho la propia Constitución establece la garantía objetiva de los derechos al establecer la nulidad de los actos violatorios de los derechos (Art. 46), lo cual tiene su origen en la propia Constitución de 1811.

Incluso, en la misma orientación, la Constitución de 1893 agregó la declaración formal de que las leyes que reglamentasen el ejercicio de los derechos reconocidos y consagrados en la Constitución no debían menoscabarlos ni dañarlos, de lo contrario "serán tenidas como inconstitucionales y carecerán de toda eficacia" (Art. 17).

Precisamente dentro de toda esta tradición, encaja la norma del artículo 46 del texto constitucional actual, que prevé como garantía básica de los derechos individuales, la nulidad de las leyes que los violen y la responsabilidad de los funcionarios que ejecuten actos que los menoscaben.

Ahora bien, esta primacía de los derechos constitucionales, concebida y garantizada en esta forma, impone a todos los jueces el deber de aplicar preferentemente la Constitución (y los derechos en ella establecidos) en relación a las leyes y normas que los violen, mediante el control difuso incidental ya comentado. Adicionalmente, también permite a toda persona que se sienta lesionada en sus derechos y garantías constitucionales por una ley o norma, el obtener protección judicial por vía del amparo directo contra la norma, conforme al artículo 8° de la Ley Orgánica de Amparo. En estos casos, la primacía, de los derechos y garantías se puede también garantizar por este sistema de control de constitucionalidad, también de carácter difuso, pero principal.

B. *El carácter principal del sistema y los poderes del juez*

En efecto, en este caso de la acción de amparo contra normas, se trata de un sistema de control de la constitucionalidad de leyes y normas de carácter principal, es decir, se trata de una acción directa contra una ley o norma, mediante la cual se solicita amparo al Juez competente, y cuya decisión tiene como resultado apreciar la inaplicabilidad de la Ley al respecto del accionante.

Por tanto, es un control de constitucionalidad principal, por vía de acción de amparo, pero a la vez de carácter difuso pues no se intenta ante un sólo órgano judicial.

En efecto, la competencia para conocer la acción de amparo está atribuida a todos los jueces de Primera Instancia que lo sean en la materia afín con la naturaleza del derecho o de las garantías constitucionales violadas o amenazadas de violación (Art. 7)Sin embargo, cuando los hechos, actos u omisiones constitutivos de la violación o amenaza de violación se produzcan en un lugar donde no funcionen Tribunales de Primera Instancia, se interpondrá la acción de amparo ante cualquier Juez de la localidad (Art. 9). En esta forma, el carácter difuso de la competencia judicial en materia de amparo, hace del amparo contra Leyes y normas un control principal y difuso de la constitucionalidad.

En todo caso, siendo un control principal por vía de acción, los poderes del Juez de amparo en materia de control de la constitucionalidad están circunscritos a lo planteado por el accionante en cuanto a la violación que denuncie respecto de los derechos o garantías que puedan estar lesionados por la ley o norma. No tiene el juez de amparo por tanto, poderes para actuar de oficio ni para considerar de oficio otros vicios o violaciones de derechos no formulados por el accionante,

C. *Los efectos de la decisión judicial de amparo y los medios de revisión*

Por último, tal como lo establece el artículo 3° de la Ley Orgánica de Amparo sobre Derechos y Garantías Constitucionales, el Juez de amparo en los casos de amparo contra Leyes o normas, "deberá apreciar la inaplicación de la norma", es decir, debe ejercer un control de constitucionalidad similar al control difuso clásico, y decidir sobre la inconstitucionalidad de la Ley o norma. La decisión judicial, por tanto, tiene efectos declarativos respecto del accionante. El juez de amparo, por tanto, lo que hace es declarar la inconstitucionalidad de la Ley o norma por violación del derecho fundamental alegado, considerándola inaplicable al accionante. Esta declaratoria tiene efectos *ex-tunc* y *pro pretaerito* en el sentido de que la norma se considera como si nunca fue válida y como si siempre hubiese sido nula. Por ello, el juez aprecia su "inaplicabilidad", por supuesto, respecto del accionante, similar a los efectos ínter partes del control clásico difuso.

Los efectos de esa decisión, en todo caso, si producen cosa juzgada, "respecto al derecho o garantía objeto del proceso" como lo señala el artículo 36 de la Ley Orgánica, en el sentido de que si se decreta el amparo de ese derecho mediante la declaratoria de inaplicabilidad de la Ley o norma al accionante, esa decisión obliga a los otros jueces y a todas las autoridades de la República, so pena de incurrir en desobediencia a la autoridad (Art. 29).

A pesar de ello, sin embargo, la Ley o norma respectiva que se declare inaplicable por vía de amparo, no se ve afectada en su vigencia general con motivo de la decisión, ni el juez tiene competencia alguna para declarar su nulidad (de allí lo incorrecto de la expresión "norma impugnada" del artículo de la Ley Orgánica), lo cual está reservado a la Corte Suprema de Justicia por la vía del control concentrado de la constitucionalidad de las leyes.

Por último, debe señalarse que en el sistema procesal de la Ley de Amparo, se restableció el principio de la doble instancia, de manera que los mandamientos de amparo pueden ser apelados ante el Tribunal Superior, y en su defecto, deben ser consultados con el mismo (Art. 35).

En esta materia, la Ley Orgánica de Amparo no previo la posibilidad de dicho recurso, de manera que los casos de amparo contra leyes o normas no llegan a ser revisadas por la Corte Suprema de Justicia.

En esta materia, el artículo 3° establece, solamente, que en los casos de mandamientos de amparo contra leyes o normas, los jueces respectivos deben informar a la Corte Suprema de Justicia acerca de la respectiva decisión.

V. EL CONTROL CONCENTRADO DE LA CONSTITUCIONALIDAD DE LAS LEYES Y DEMÁS ACTOS ESTATALES DE RANGO Y VALOR DE LEY

1. *Antecedentes históricos*

En forma paralela al sistema difuso de justicia constitucional, desde la Constitución de 1858 en Venezuela ha existido un control concentrado de la constitucionalidad de las leyes, como consecuencia de los poderes atribuidos a la Corte Suprema de Justicia para anular con efectos generales, las leyes y otros actos normativos del Estado cuando sean contrarias a la Constitución.

La Constitución de 1858, en efecto, atribuyó a la Corte Suprema competencia para:

"Declarar la nulidad de los actos legislativos sancionados por las Legislaturas provinciales, a petición de cualquier ciudadano, cuando sean contrarios a la Constitución"[783]

Por tanto, en 1858 fue establecida en Venezuela una acción popular con el objeto de controlar la constitucionalidad de las leyes y otros actos legislativos adoptados por las Legislaturas de las Provincias que componían la República. Se trataba de un sistema limitado de justicia constitucional concentrado, el cual no abarcaba los actos legislativos, nacionales; sin embargo, sin duda puede considerarse como el antecedente directo de la acción popular establecida definitivamente desde 1893 y que todavía existe. En su origen, estaba destinada a proteger la invasión de las competencias del Poder Central, y por eso fue que en la Constitución de 1864 que consolidó la forma federal del Estado, él principio de protección se invirtió para defender las competencias y derechos de los Estados Miembros de invasiones por el Poder Federal o Nacional. En este sentido, en la Constitución de 1864 se estableció expresamente que:

"Todo acto del Congreso o del Ejecutivo Nacional que viole los derechos garantizados a los Estados en esta Constitución, o ataque su independencia, deberá ser declarado nulo por la Alta Corte, siempre que así lo pida la mayoría de las Legislaturas"[784].

En esta forma, la Constitución de 1864 eliminó la acción popular y limitó la legitimación para obtener por parte de la Alta Corte la declaración de nulidad de las leyes nacionales o decretos del Ejecutivo Nacional, a las Legislaturas de los Estados Miembros de la Federación. Sin embargo, la Constitución de 1864 atribuyó a la Alta Corte Federal competencia general para "declarar cuál sea la ley vigente cuando se hallen en colisión las nacionales entre sí o éstas con las de los Estados o las de los mismo Estados"[785], con lo cual se reguló cierto tipo de control judicial pero en relación a la legislación de los Estados miembros de la Federación con las regulaciones federales.

---

783   Art. 113, 8. Véase en Allan R. Brewer-Carías, *Las Constituciones de Venezuela*, Madrid, 1985, p. 392.

784   Art. 92. *Ídem*, p. 422

785   Art. 89, 9. *Ídem*, p. 422.

Esta situación constitucional se mantuvo invariable hasta 1893, cuando la reforma constitucional de ese año extendió los poderes de control judicial de la legislación por parte de la Corte Suprema, a una situación muy similar a la actual. La Constitución de 1893, en efecto, atribuyó a la Alta Corte Federal competencia general para:

"Declarar cuál sea la ley, decreto o resolución vigente cuando estén en colisión las nacionales entre sí, o éstas con las de los Estados, o la de los mismos Estados, o cualquiera con esta Constitución"[786].

En esta forma, los poderes de la Corte Suprema en materia de justicia constitucional fueron restablecidos, extendiéndolos no sólo en relación a las leyes, sino a los decretos y resoluciones, manteniéndose además la norma protectora de los derechos de los Estados Miembros de la Federación contra las invasiones de competencias por parte del Poder Nacional o Federal[787].

Por otra parte, en esta misma Constitución de 1893 siguiendo la orientación del artículo 199 de la Constitución de 1811 que declaró "absolutamente nulas y de ningún valor" las leyes contrarias a los derechos fundamentales, también dispuso, en forma expresa, la garantía de los derechos fundamentales de los ciudadanos, al establecer que:

"los derechos reconocidos y consagrados en los artículos anteriores (Art. 14 a 16 de la Constitución) no serán menoscabados ni dañados por las leyes que reglamenten su ejercicio, y las que esto hicieren serán tenidas como inconstitucionales y carecerán de toda eficacia"[788].

Finalmente, la misma Constitución de 1893 asignó a la Alta Corte Federal competencias para declarar la nulidad de todos los actos estatales adoptados por autoridad usurpada o por requisición directa o indirecta de la fuerza o de reunión de pueblo en actitud subversiva[789], los cuales el propio texto constitucional declaraba nulos de derecho e ineficaces[790].

Como consecuencia de todas estas disposiciones constitucionales, puede decirse que fue en 1893 cuando se estableció en Venezuela un completo y efectivo sistema de justicia constitucional concentrado, el cual fue seguido por el establecimiento también expreso, del sistema difuso de control de la constitucionalidad cuatro años después, en el Código de Procedimiento Civil de 1897.

El sistema de 1893, con la sola excepción de un corto período de 3 años entre 1901 y 1904[791], se ha mantenido en los textos constitucionales posteriores, con más

---

786   Art. 110, 8. *Ídem*, p. 540.

787   Art. 123. *Ídem*, p. 541.

788   Art. 17. *Ídem*, p. 531.

789   Art. 110, 9. *Ídem*, p. 540.

790   Arts. 118, 119. *Ídem*, p. 541

791   La Constitución de 1901 eliminó la atribución de la Corte Suprema de controlar en forma directa la constitucionalidad de las leyes, estableciendo sólo un control incidental difuso basado en la consulta so-

o menos sus mismos caracteres, pero con tendencia a ampliar los medios de control. Así, en 1925 se agregó a los poderes de la Corte Suprema la posibilidad, también, de declarar la nulidad de las Ordenanzas Municipales que violaran la Constitución[792], y en 1936, a la lista de actos estatales sometidos a control constitucional, se agregaron los reglamentos[793] En todo caso, fue en la Constitución de 1936, sancionada después del final de la dictadura de Gómez, que el sistema concentrado de justicia constitucional fue definitivamente establecido, al asignar la Constitución a la Corte Suprema (en ese entonces, Corte Federal y de Casación) competencias para declarar la nulidad "de todos los actos del Poder Público violatorios de esta Constitución"[794].

Por último debemos señalar que paralelamente a estas regulaciones del sistema de control judicial concentrado de la constitucionalidad de la legislación (nacional, estadal y municipal), a partir de la Constitución de 1925, también se estableció expresamente el sistema de control judicial de los actos administrativos, dando origen a la jurisdicción contencioso-administrativa atribuida a tribunales integrados dentro del Poder Judicial[795]. En consecuencia, la jurisdicción constitucional, reservada a la Corte Suprema de Justicia en Corte Plena, en general, sólo se refiere a los actos legislativos nacionales, estadales y municipales, y a los actos nacionales dictados en ejecución directa de la Constitución, como los Decretos-Leyes y otros actos de gobierno[796], y a los Reglamentos dictados por el Presidente de la República en Consejo de Ministros. Los otros actos estatales y en particular, los actos administrativos, están sujetos al control de su constitucionalidad y legalidad (contrariedad al derecho) por los órganos de la jurisdicción contencioso-administrativa que tienen en su cúspide propia y la Corte Suprema de Justicia, pero en Sala Político Administrativa.

En este sentido, la Constitución vigente de 1961, ha atribuido a la Corte Suprema de Justicia competencia para declarar la nulidad total o parcial, primero, "de las leyes nacionales y demás actos de los cuerpos legislativos que colidan con esta Constitución"[797]; segundo, "de las leyes estadales, de las Ordenanzas municipales y demás actos de los cuerpos deliberantes de los Estados o Municipios que colidan con la Constitución"[798]; y tercero, "de los reglamentos y demás actos del Ejecutivo Nacional cuando sean violatorios de esta Constitución"[799]. Estas atribuciones, que la Corte Suprema debe ejercer en Corte Plena[800], han sido desarrolladas por la Ley

---

bre cuestiones constitucionales que podían los Tribunales inferiores plantear ante la Corte Suprema. Art. 106, 8. Véase Allan R. Brewer-Carías, *Las Constituciones..., cit.*, p. 579.

792   Arts. 31 y 120, 11. *Ídem*, pp. 703, 716

793   Arts. 34 y 123, 11. *Ídem*, pp. 705, 824

794   Art. 123, 11. *Ídem*, p. 824.

795   Art. 123, 11. *Ídem*, p. 824

796   Allan R. Brewer-Carías, *El control de la .constitucionalidad de los actos estatales,* Caracas, 1977, pp. 27-29.

797   Art. 215, 3. Constitución

798   Art. 215, 4

799   Art. 215, 6

800   Art. 216

Orgánica de la Corte Suprema de Justicia de 1976[801], conforme a la cual, puede decirse que todos los actos estatales de carácter normativo (legislación de los tres niveles territoriales —nacional, estadal y municipal—y reglamentos ejecutivos) y todos los otros actos estatales emanados en ejecución directa de la Constitución, están sometidos a control judicial de la constitucionalidad por vía directa, a través de la acción popular.

Esta acción de inconstitucionalidad, por supuesto, concreta el ejercicio de un control a posteriori de la constitucionalidad, que se ejerce siempre después de que el acto estatal cuestionado ha entrado en vigencia y produce efectos, control que es el más comúnmente realizado. Sin embargo, en el sistema venezolano, también se puede distinguir un control concentrado de la constitucionalidad de las leyes de carácter previo (a priori), que se ejerce por la Corte Suprema a requerimiento del Presidente de la República, antes de la promulgación de las leyes ya mencionadas por las Cámaras Legislativas. Por tanto, el sistema concentrado de justicia constitucional en Venezuela puede ser preventivo o a posteriori.

2. *El sistema preventivo de Justicia Constitucional*

En efecto, a partir de la reforma constitucional de 1945, la Constitución ha establecido expresamente la posibilidad del ejercicio de un control preventivo de la constitucionalidad de las leyes nacionales, incluyendo por supuesto, las leyes aprobatorias de tratados internacionales y de contratos de interés público, ejercido por la Corte Suprema de Justicia a solicitud del Presidente de la República, como consecuencia de sus poderes de veto en relación a las leyes sancionadas por las Cámaras Legislativas[802].

Sin embargo, en cuanto a las leyes sancionadas por el Congreso pero no promulgadas por el Presidente de la República, ya en la década de los treinta, la Corte admitió la posibilidad de su impugnación por inconstitucionalidad por el Presidente de la República, alegando que resultaba un contrasentido el que la autoridad ejecutiva la promulgara y luego solicitara la nulidad de la ley[803]. En la Constitución de 1961 se reguló definitivamente el procedimiento y se facultó al Presidente de la República para acudir ante la Corte Suprema de Justicia, dentro del término fijado para la promulgación de la ley, solicitando decisión sobre la inconstitucionalidad de la ley, disposición que ha sido acogida y repetida por las Constituciones estadales.

---

801   Art. 42, Ord. 1°, 2°, 3°, 4°, 11 y 12. LOCSJ, en *GO.*, N° 1.894, Extra de 30-7-76.

802   Art. 91, Constitución de 1945. Véase en Allan R. Brewer-Carías, *Las Constituciones...*, p. 856. En sentido similar, Art. 90, Constitución de 1953, *Ídem.*, p. 947.

803   Resultaría por lo menos irregular de parte del Ejecutivo —señaló la Corte—, el ordenar su ejecución, promulgación y publicación, o sea, elevarlo a la categoría de ley vigente, para luego instar su nulidad por razón de su inconstitucionalidad, aparte de que semejante proceder del ciudadano Presidente frente a un acto de Poder Público que conceptúa de su exclusiva competencia, podría interpretarse como un asentimiento a la usurpación cometida contra su propia autoridad". Véase sentencia de la CFC en SPA de 22-12-37 en *M.* 1938, p. 383. *Cfr.* sentencia de la CFC en SPA de 6-6-40 en *M.* 1941, pp. 167 y 168, en la cual la Corte insistió en que "el interés jurídico de la acción de nulidad estribará, pues, en que si la ley está en su primer estado, no se promulgue; si ha sido promulgada, no se la publique; y si ha sido publicada, no sea obligatoria". *Cfr.* además, sentencia CFC en SPA de 16-11-37, en M. 1938, pp. 340-341.

Por tanto, en la actualidad, la Constitución de 1961, en el procedimiento "de la formación de las leyes" establece la posibilidad del veto presidencial a las leyes sancionadas en la siguiente forma[804]:

El Presidente de la República debe promulgar las leyes sancionadas por las Cámaras Legislativas, dentro de los diez días siguientes a aquel en que la haya recibido del Presidente del Congreso. Sin embargo, dentro de ese lapso, el Presidente, podrá, con acuerdo del Consejo de Ministros, pedir al Congreso la reconsideración de la Ley, mediante exposición razonada, a fin de que modifique alguna de sus disposiciones o levante la sanción a toda la ley o parte de ella.

En tal caso, las Cámaras en sesión conjunta deben decidir acerca de los puntos planteados por el Presidente de la República y podrán dar a las disposiciones objetadas y a las que tengan conexión con ellas una nueva redacción.

Cuando la decisión de las Cámaras se hubiere adoptado por las dos terceras partes de los presentes, el Presidente de la República debe proceder a promulgar la ley dentro de los cinco días siguientes a su recibo, sin poder formular nuevas observaciones. Sin embargo, cuando la decisión se hubiere tomado por simple mayoría, el Presidente de la República podrá optar entre promulgar la ley o devolverla al Congreso dentro del mismo plazo de cinco días para una nueva y última reconsideración. La decisión de las Cámaras en sesión conjunta será definitiva, aun por simple mayoría, y la promulgación de la Ley deberá hacerse dentro de los cinco días siguientes a su recibo.

En todo caso, si la objeción del Presidente de la República se hubiere fundado en la inconstitucionalidad, el Presidente podrá, dentro del término fijado para promulgar la ley (los mencionados cinco días), recurrir a la Corte Suprema de Justicia, solicitando su decisión : acerca de la inconstitucionalidad alegada.

En estos casos, la Corte debe decidir en el término de diez días, contados desde el recibo de la comunicación del Presidente de la República. Si la Corte negare la inconstitucionalidad invocada, o no decidiera dentro del término anterior, el Presidente de la República deberá promulgar la Ley dentro de los cinco días siguientes a la decisión de la Corte o al vencimiento de dicho término.

Al contrario, si la Corte decide sobre la inconstitucionalidad alegada aceptándola, ello impide la promulgación de la ley[805], y las Cámaras deberán modificar el texto sancionado de acuerdo a la decisión de la Corte, que tiene carácter obligatorio.

Debe señalarse que este procedimiento de veto y reconsideración ha ¿ sido también establecido en las Constituciones estadales, y en esos J casos, una vez devuelta a la Asamblea Legislativa una ley por el Gobernador respectivo, la Corte Suprema ha estimado que éste no puede acudir a la vía judicial-constitucional para impugnar la ley sancionada, sino después de que la Asamblea Legislativa ha adoptado su decisión sobre la ley devuelta[806].

---

804   Artículo 173, y artículo 42 ordinal 2° de la Ley Orgánica de la Corte Suprema de Justicia (LOCSJ).

805   Art. 175, Constitución

806   La Corte Suprema, en efecto, ha declarado extemporáneas las solicitudes de nulidad por inconstitucionalidad de leyes estadales sancionadas, aún no promulgadas por los gobernadores, cuando aún esté pendiente la decisión del veto y de reconsideración formulada ante la Asamblea Legislativa correspondien-

En todo caso, en los supuestos de impugnación de leyes sancionadas,. pero no promulgadas, en virtud de que cuando sea procedente, la decisión de la Corte debe ser previa a la promulgación[807], el recurso tiene . efectos suspensivos respecto a la promulgación de la ley, siendo este el único supuesto en que un recurso de inconstitucionalidad de las leyes produciría la suspensión de los efectos de las mismas[808].

La Constitución no establece nada acerca de la posibilidad para la Corte Suprema de adoptar una decisión sobre la inconstitucionalidad alegada después de vencido el lapso de 10 días establecido, y sus consecuencias. Estimamos que dado el poder de la Corte de "controlar la constitucionalidad de los actos del Poder Público"[809], el lapso señalado no puede ser preclusivo de los poderes de la Corte. Por tanto, si vencido el lapso sin que haya habido decisión de la Corte, y aun cuando la ley se haya promulgado compulsivamente, la Corte Suprema podría dictar su decisión en forma tardía declarando la nulidad de la ley promulgada, con base en sus poderes concentrados de justicia constitucional.

---

te. La Corte ha señalado, en este sentido, que "mientras la Asamblea Legislativa no decida acerca de la solicitud de . revisión del Gobernador, el acta legislativo no es perfecto, ni tiene carácter definitivo, pues, en el curso de las dos discusiones de que ha de ser objeto en el seno de aquel cuerno, su contenido pueda ser modificado, acogiendo o no lo pedido por el Gobernador". Véase sentencia de la CSJ en SPA de 18-1-68 en *GF.* N° 59, 1969, pp. 53 a 55. *Cfr.* sentencia de la CSJ en SPA de 5-5-70, en *GO.*, N° 29.339 de 8-10-70, pp. 219-225.

807   En efecto, la Corte Suprema de Justicia, en una sentencia de 12 de mayo de 1965, sostuvo lo siguiente:

"Es norma general de la legislación venezolana que los actos legislativos nacionales, estadales y municipales deben ser promulgados por la respectiva autoridad administrativa dentro del plazo legal pautado por la Ley. Sin embargo, tanto la Constitución de la República como diversas Constituciones de los Estados, consagran, en favor de la autoridad administrativa a quien compete la promulgación, la facultad de objetar la ley cuando en su concepto colida con una disposición constitucional. Así se establece concretamente en el artículo 173 de la Constitución de la República y en el artículo 52 de la Constitución del Estado Táchira".

"Como puede observarse, se trata de una disposición de carácter excepcional que tiende a evitar, a solicitud del órgano encargado de promulgarla, que. se ponga en vigencia un estatuto legal que puede estar viciado de inconstitucionalidad".

"Por consiguiente, habiendo sido propuesta ante la Corte por el Gobernador del Estada Táchira —que es el ente encargado de la promulgación de las leyes en ese Estado— la inconstitucionalidad de la ley que crea el Instituto Coordinador de Servicios y Obras Comunales del Estado Táchira, la decisión de este Supremo Tribunal sobre la inconstitucionalidad de dicho estatuto, tiene carácter previo a toda formalidad de promulgación; y, como la Corte se ha avocado al conocimiento de esa impugnación, ha de ser con posterioridad al fallo cuando podrá efectuarse la promulgación de la ley impugnada, y así se declara". Véase en *GF.*, N° 48, 1965, pp. 116-117.

808   Repetidamente la Corte ha sostenido que el recurso de inconstitucionalidad de leyes sancionadas pero no promulgadas, es el único supuesto en que el recurso de inconstitucionalidad de las leyes tiene efectos suspensivos. Véanse sentencias de la CSJ en SPA de 16-1-68, en *GF.*, N° 59, 1968, pp. 47 y ss.; de 6-2-69 en *GF.*, N° 63, 1969, p. 137; de 28 y 29-7-69 en *GF.*, N° 65, 1969, pp. 102, 103, 115 y 116; de 25-2-70 en *GF.*, N° 67, 1970, p. 224; y de 7-6-63 en *GO.*, N° 1.618, Extraordinaria, de 16-10-73, p. 7. En tal sentido, la Corte se ha declarado incompetente para suspender los efectos de un acto de instalación de una Asamblea Legislativa. Véase sentencia de la CSJ en SPA de 15-2-67, en *GF.*, N° 55, 1968, pp. 66 y 70.

809   Art. 2 Ley Orgánica de la Corte Suprema de Justicia

3. El control directo de la constitucionalidad

Ahora bien, aparte del control preventivo mencionado, el control concentrado de la constitucionalidad de las leyes nacionales, estadales y municipales así como de los actos adoptados en ejecución directa de la Constitución, se ejerce en Venezuela por la Corte Suprema de Justicia, en Corte Plena, a solicitud de cualquier sujeto de derecho, a través de una acción popular, cuyos antecedentes, como se dijo, se pueden situar en la Constitución de 1858.

A. La actio popularis y el carácter principal del proceso

En efecto, la característica principal de la competencia de la Corte Suprema de Justicia para ejercer sus poderes de control concentrado de la constitucionalidad, es que se ejerce como consecuencia de una acción popular que, por tanto, corresponde y puede ser ejercida por cualquier persona natural o jurídica que se encuentre en pleno goce de sus derechos[810]. En consecuencia, el sistema concentrado de justicia constitucional en Venezuela siempre se concibe como un proceso de carácter principal, el cual se desarrolla por ante la Corte Suprema cuando se intenta ante ella una acción popular. Esta acción popular, como lo ha indicado la propia Corte en 1971, abierta "a cualquiera del pueblo (de allí la denominación) está dirigida a la defensa de un interés público que es a la vez simple interés del accionante quien, por esta sola razón, no requiere estar investido de un interés jurídico diferenciado legítimo". Por ello, la acción popular en Venezuela, está consagrada "para impugnar la validez de un acto del Poder Público, que por tener un carácter normativo y general, obra erga omnes y, por tanto, su vigencia afecta e interesa a todos por igual"[811].

De aquí resulta una de las grandes diferencias entre la acción de inconstitucionalidad y la acción contencioso-administrativa contra los actos administrativos de efectos particulares: la primera no requiere legitimación activa especial, basta el "simple interés particularizado" en la legalidad, en cambio, en el segundo, si se impugna un acto de efectos particulares se requiere que el recurrente sea titular de un derecho subjetivo o de un interés personal, legítimo y directo en la legalidad del acto[812].

B. El carácter objetivo del proceso

La consecuencia directa del carácter popular de la acción de inconstitucionalidad en el sistema venezolano, es el carácter objetivo del proceso que se desarrolla ante la Corte Suprema como consecuencia de la misma.

En efecto, en Venezuela, la acción de inconstitucionalidad no se presenta en absoluto contra un órgano del Estado, por ejemplo el Congreso o el Presidente de la República, por haber sancionado o promulgado la Ley atacada de inconstitucionali-

810 Cfr. sentencia de la CF de 22-2-60 en GF., N° 27, 1960, pp. 107 y 108, y sentencias de la CSJ en SPA de 3-10-63, en GF., N° 42, 1963, pp. 19 y 20; de 6-2-64 en GO., N° 27.373, de 21-2-64; de 30-5-63 en GF., N° 52, 1968, p. 109, y de 25-9-73 en GO., N° 1.643, Extraordinaria de 21-3-74, p. 15.

811 Véase sentencia de la CSJ en SPA de 18-2-71 en GO., N° 1.472, Extraordinaria, de 11-6-71, p. 6. Cfr. Sentencia de la CSJ en SPA de 6-2-64 en GO., N° 27.373 de 21-2-64.

812 Véase por ejemplo, la sentencia de la CSJ en SPA de 18-2-71, en GO., N° 1.472, Extraordinaria, de 11-6-71, p. 6, artículo 121 LOCSJ.

dad, sino que en realidad sólo está dirigida contra un acto estatal: por ejemplo, una ley.

Por tanto, la acción de inconstitucionalidad que se ejercita ante la Corte Suprema de Justicia no se ejerce "contra" demandado alguno frente a quien supuestamente se quiere hacer valer una pretensión del demandante. El recurrente, en la acción popular, no demanda a nadie; sólo solicita de la Corte Suprema de Justicia la declaratoria de nulidad de un acto estatal. Estando envuelto el interés general en la impugnación de los actos estatales de efectos generales susceptibles de recurso de inconstitucionalidad, el acto puede ser defendido por el Fiscal General de la República, por el Procurador General de la República o por cualquier interesado en la constitucionalidad del acto. Por tanto, en el proceso de inconstitucionalidad no hay "partes" propiamente dichas, ni hay demandante ni demandado en estricto sentido. El proceso de inconstitucionalidad, en realidad es un proceso contencioso contra un acto, el cual puede ser iniciado por cualquier particular o entidad pública o privada e incluso, por cualquier funcionario público, incluso en nuestro criterio, por los propios Magistrados de la Corte Suprema de Justicia, en su carácter de ciudadanos. Por tanto, si bien es cierto que la Corte Suprema, como tal, no puede iniciar un proceso de inconstitucionalidad de oficio, para lo cual es necesario que se intente ante ella una acción popular[813], ésta podría ser ejercida por un miembro de la Corte en su carácter personal.

Por otra parte, como no hay demandado en el proceso de inconstitucionalidad, no es necesaria la citación de nadie[814]; y una vez admitida la acción, la Corte en realidad sólo debe "notificar por oficio al Presidente del Cuerpo o funcionario que haya dictado el acto y solicitar dictamen del Fiscal General de la República, si éste no hubiere iniciado el juicio, quien podrá consignar su informe mientras no se dicte sentencia"[815].

En todo caso, la Corte debe ordenar la publicación de carteles de emplazamiento a los interesados, cuando lo crea necesario[816]. Por tanto, en igual sentido que cualquier persona natural o jurídica lesionada en sus derechos e intereses puede ejercer la acción popular de inconstitucionalidad de las leyes, en igual forma, cualquier sujeto de derecho con el mismo simple interés particularizado tiene derecho a presentar escritos y alegatos en el proceso, inclusive en defensa de la ley o acto impugnado[817].

Esto ha originado el planteamiento de la Corte Suprema en relación con el carácter "contencioso" en sentido estricto del proceso de inconstitucionalidad. Tal como lo ha señalado al Corte Suprema en 1957:

---

813   Art. 82 LOCSJ

814   Véase sentencia de la CFC en SPA de 20-11-40 en M. 1941, pp. 265 y 266.

815   Artículo 116 de la LOCSJ

816   *Ídem.*

817   Artículo 137 de la Ley Orgánica de la Corte Suprema de Justicia

"En el resto de inconstitucionalidad, no hay partes, porque no hay procedimiento contencioso y por eso en ese procedimiento lo que prevé la Ley Orgánica de la Corte Federal es la simple notificación del Procurador"[818].

En efecto, en el derecho procesal, la noción de proceso o jurisdicción contenciosa, normalmente elaborada frente a la noción de jurisdicción o proceso voluntario, resulta ser una función estatal que tiene por objeto componer una *litis*, es decir, un conflicto de intereses actual caracterizado por ser siempre un conflicto intersubjetivo, marcado por la presencia de una pretensión resistida o discutida[819]. La jurisdicción voluntaria, en cambio, tiene por objeto la prevención de la *litis* por el Juez, función realizada en presencia de una sola persona, sin contradictor[820].

Uno de los elementos que caracteriza a la jurisdicción contenciosa es, pues, la existencia de un conflicto intersubjetivo de intereses que necesariamente se produce entre dos sujetos o partes, en el cual una parte (el demandante) pretende hacer subordinar a su interés propio el interés ajeno de la otra parte (el demandado)[821].

Pues bien, este conflicto intersubjetivo no se plantea en el recurso de inconstitucionalidad, y si bien hay un conflicto que se pretende resolver, este conflicto está circunscrito a la colisión entre un acto que se impugna y el texto constitucional. El objeto del proceso, por tanto, aquí, es una declaratoria de mero derecho de parte del juez sobre la inconstitucionalidad o no de un acto estatal; y esa pretensión de anulación que caracteriza al recurso de inconstitucionalidad puede ser resistida por cualquier interesado. Pero ni el recurrente es demandante ni los eventuales defensores del acto son demandados.

Por eso se dice, entonces, que el recurso de inconstitucionalidad no abre un proceso "contencioso" en sentido procesal, aun cuando, por supuesto, no estamos tampoco en presencia de una jurisdicción voluntaria, pues mediante dicho recurso no se trata de prevenir una *litis* sino de resolver un conflicto, no entre partes e intereses intersubjetivos, sino entre un acto estatal y la Constitución.

Sin embargo, es de destacar que la doctrina jurisprudencial de la Corte no ha sido coherente con lo expresado en la citada sentencia de 1957. Por ejemplo, en 1968, la Corte Suprema al decidir un recurso de inconstitucionalidad del acto de instalación de las Cámaras Legislativas del 5 de marzo de 1968, ante escritos presentados por dos ciudadanos en contra de los pedimentos de los recurrentes, estableció lo siguiente:

"Esta Corte se limitó a hacer agregar a los autos, dichos escritos, por no ser los nombrados parte (sic) en el presente juicio ni haber intervenido en los actos impugnados por los demandantes. El ejercicio de la acción popular... es el dere-

---

818 Véase sentencia de la Cf. de 30-7-57 en *GF.*, N° 17, 1957, pp. 57 y 58. En otra sentencia de 20-11-40, de la CFC en SPA, ésta ha señalado que "cuando se trata de nulidad de un acto legislativo, el procedimiento es sumario; no se requiere citación de ninguna persona". Véase *M.* 1941, p. 266.

819 Véase F. Carnelutti, *Instituciones del Proceso Civil*, vol. I, Buenos Aires, 1959, p. 28.

820 *Ídem*, p. 45; y véase Arístides Rengel Romberg, *Manual de Derecho Procesal Civil Venezolano*, vol. I, Caracas, 1968, p. 74.

821 F. Carnelutti, *op.cit.*, p. 32.

cho que tiene cualquier ciudadano para constituirse en demandante en los casos permitidos por la ley, pero no para hacerse parte como demandado cuando la acción no ha sido intentada contra él"[822].

En otra sentencia, la Corte señaló además que para que un abogado pudiera asumir la defensa de la constitucionalidad de una Ley, debía tener la representación de la Asamblea Legislativa cuyo acto se impugnó, por lo que declaró improcedentes los pedimentos de dicho abogado por no tener dicha representación[823]. Sin embargo, posteriormente la Corte cambió nuevamente de criterio y en una sentencia de 25 de septiembre de 1973, expuso lo siguiente:

"La Sala considera que por cuanto el recurrente ha hecho uso de la acción popular, que como todo ciudadano le corresponde, igual derecha, en todo caso, le corresponde al abogado firmante de los alegatos, por lo cual carece de relevancia jurídica examinar si existen o no en el mandato que le fue conferido, los vicios señaladas por el recurrente"[824].

Esta última sentencia, sin duda correcta, .sigue la línea doctrinal de la señalada de 1957, en el sentido de excluir la noción de "parte" del juicio que se inicia con el recurso de inconstitucionalidad. La Ley Orgánica de la Corte Suprema de Justicia, sin embargo, aun cuando utiliza la expresión "parte" para referirse a las personas que pueden intervenir en el procedimiento, sin embargo no le asigna las características de "demandante" o "demandado" propias del proceso contencioso civil.

Por último debe indicarse que el recurso de inconstitucionalidad se inicia mediante escrito de recurso en el cual el recurrente ha de expresar con claridad el acto recurrido[825] e indicar con precisión las inconstitucionalidades denunciadas, es decir, tanto los motivos del recurso como las normas constitucionales que se dicen violadas[826]. Sin embargo, y tratándose de una acción popular en la cual está en juego la vigencia de una ley y la supremacía constitucional, estimamos que la Corte puede apreciar la inconstitucionalidad del acto impugnado, de oficio, de vicios no alegados por el recurrente[827], sin tener que restringir su conocimiento a las solas denuncias formuladas por el recurrente[828]. Por tanto, si bien es cierto que la acción popular debe ser presentada ante la Corte Suprema por un accionante[829], la Corte en el pro-

822   Véase sentencia de la CSJ en CP de 12-6-68, *Publicaciones del Senado, cit.*, pp. 190 y 191.

823   Véase sentencia de la CSJ en SPA de 27-5-70 en *GF.*, N° 68, 1970, p. 111

824   Véase sentencia de la CSJ en SPA de 25-9-73 en *GO.*, Extraordinaria de 21-3-74, p. 15.

825   Artículo 113 de la LOCSJ. *Cfr.* Sentencia de la CSJ en SPA de 23-1-69 en *GF.*, N° 63, 1969, p. 95

826   Articulo 113 LOCSJ. *Cfr.* Sentencia de la CFC en CP de 14-12-50, en *GF.*, N° 6, 1950, pp. 46 y 47; ver sentencia de la CSJ en SPA de 11-8-64 en *GF.*, N° 45, 1964, pp. 185 y 186.

827   En tal sentido, la Procuraduría ha señalado que la constitucionalidad de los actos legislativos, es materia de orden público eminente; por tanto, en los juicios en que se ventilan tales problemas, las facultades del juez no están ni pueden estar limitadas por lo alegado y probado en autos. Véase, *Doctrina PGR 1963*, Caracas, 1964, pp. 23 y 24.

828   Tal como la Corte Suprema lo ha sostenido en sentencia de la CSJ en CP de 15-3-62 en *GO.*, N° 760, Extraordinaria de 22-3-62. En este sentido, J G. Andueza sostiene que la decisión de la Corte no puede contener ultrapetita, *op.cit.*, p. 37.

829   Artículo 82 LOCSJ

ceso de inconstitucionalidad, no está sujeta totalmente a la voluntad del recurrente, quien, por ejemplo, a pesar de poder desistir del recurso, una vez intentado, la Corte sin embargo tiene potestad para continuar conociéndolo[830].

C.   La legitimación en la acción

Ahora bien, hemos señalado que en la acción de inconstitucionalidad la pretensión de anulación del recurrente puede ser discutida o cuestionada por algún defensor del acto recurrido. Se distingue, por tanto, una legitimación activa, para recurrir, de una legitimación pasiva, para defender la constitucionalidad del acto.

a.   La legitimación activa

La esencia de la acción popular es precisamente que la misma corresponde a todo habitante del país: estando en juego la constitucionalidad de un acto de efectos generales, que afecta a todos, no hay duda que todos pueden impugnarlo. La legitimación activa en este recurso, por tanto, corresponde a la del simple interés, es decir, al interés por la constitucionalidad de los actos estatales que corresponde a cualquier sujeto de derecho[831]. Debe señalarse que si bien la Corte ha atribuido la legitimación activa a cualquier "ciudadano"[832], sin embargo, consideramos que en realidad corresponde a todo habitante del país y no sólo a los venezolanos en ejercicio de sus derechos políticos, a quienes corresponde la ciudadanía en sentido estricto[833].

Por esta legitimación tan amplia, aun cuando exista insuficiencia en el poder del abogado que recurre, la Corte desde 1953 ha admitido el recurso respectivo[834]. Así, en una sentencia de 1960, la Corte señaló:

"El presente recurso de nulidad ha sido presentado a la Corte por el Dr. José Agustín Méndez con carácter de apoderado especial de Ferry Boats Margarita C.A., representación que consta de poder que corre al folio 3 del expediente. Aunque se observa que el poder producido no fue otorgado en la forma prescrita por el artículo 42 del Código de Procedimiento Civil, ya que aparece certificado a continuación del texto del poder instrumento que legitima la representación, circunstancia esta que haría insuficiente el poder para actuar en juicio, en

---

830 Artículo 87 LOCSJ. *Cfr.* J. G. Andueza, *op.cit.*, p. 37.

831 Véase sentencia de la CF de 14-3-60 en *GF.*, N° 27, 1960, pp. 129 a 131. La sentencia de la CSJ en SPA de 30-5-66 en *GF.*, N° 52, 1966, pp. 108 y 109, fundamenta la acción popular en el derecho de petición (Art. 68 de la Constitución).

832 Véase la sentencia de la CSJ en SPA de 29-9-73 en *GO.*, 1643, Extraordinaria de 21-3-74, p. 15. En la citada sentencia de la CF. de 14-3-60, la Corte señaló respecto de la acción popular, que "cualquier ciudadano puede ejercer la acción para atacar un acto lesivo al interés general". Véase en *GF.*, N° 27, 1960, pp. 129 a 131. En otra sentencia de 3-10-63 la Corte señaló que la acción popular podía ser "intentada por cualquier ciudadano venezolano en nombre del interés general". Véase en *GF.*, N° 42, 1963, pp. 19 y 20.

833 Sobre la noción de ciudadanía véase Allan R. Brewer-Carías, *El Régimen Jurídico de la Nacionalidad y Ciudadanía Venezolanas*, Caracas, 1965.

834 En una sentencia de la CF de 12-6-53 señaló que "no consta en autos la representación que los solicitantes se atribuyen, lo que no es óbice a la procedencia y ejercicio de lo pedido por vía de acción popular" Véase en *GF.*, N° 1, 1953, p. 50

atención a que dicho instrumenta no fue objetado por la Personería de la Nación en su dictamen, ya que la nulidad propuesta es de aquellas que pueden per intentadas ante esta Corte por cualquier ciudadano, la anotaba insuficiencia no es óbice a que se le dé curso legal a la referida acción de nulidad"[835].

Por supuesto, correspondiendo la acción popular a cualquier habitante del país, con capacidad jurídica, la misma puede ser ejercida también por los funcionarios públicos. En particular, por el Fiscal General de la República, conforme a sus atribuciones constitucionales[836]; por el Procurador General de la República e inclusive por el Presidente de la República directamente o a través de sus Ministros. Sobre esto último la Corte Suprema de Justicia en sentencia de 3 de octubre de 1963 estableció lo siguiente:

"La antedicha acción de nulidad ha sido incoada ante esta Corte por el ciudadano Ministro de Relaciones Interiores, como órgano que es del Presidente de la República y en acatamiento de la Resolución tomada en Consejo de Ministros el día 13 de octubre de 1960.

La referida acción es de aquellas denominadas 'popular', la cual por su naturaleza misma puede ser intentada por cualquier ciudadana venezolano en nombre del interés público.

Además, en el presente caso, conforme a la normativa constitucional que rige las funciones del Presidente, quien reúne la doble condición de Presidente de la República en su carácter de Jefe del Estado y Jefe del Ejecutivo Nacional (articula 181 de la Constitución Nacional), puede éste, en su condición de Jefe del Estado y como defensor de la existencia y seguridad del mismo que le impone la Constitución, proponer al órgano jurisdiccional la expresada acción de nulidad, tanto más cuanta que la potestad del Presidente aparece robustecida con la decisión del Consejo de Ministros, cuyo consentimiento no era requisito fundamental para intentar la acción.

Mas, el ciudadano Presidenta de la República ocurre a uno de sus órganos inmediatos, el ciudadano Ministro de Relaciones Interiores, para instaurar la acción, conforme al texto del artículo 195 de la Carta Fundamental.

Ciertamente que hubiera podido hacerlo también a través del Procurador General de la Nación, de conformidad con lo previsto en el numeral 79 del Art. 9° de la Ley de Procuraduría de la Nación y del Ministerio Público, de 1955, pero

---

835   Véase sentencia de la CP de 22-2-60 en *GF.*, N° 27, 1960, pp. 107 y 108. Véase además, la sentencia de la CSJ-SPA de 25-9-73 en *GO.*, N° 1.643, Extraordinaria de 21-3-74, p. 15.

836   El Art. 220 ordinal 1° de la Constitución le atribuye competencia para "velar por el respeto de los derechas y garantías constitucionales" y el Art. 218 le asigna la función de velar "por la exacta observancia de la Constitución. En similar sentido, la Ley Orgánica de la Corte Suprema de Justicia establece en su artículo 116 que al admitirse un recurso de inconstitucionalidad deberá notificarse al Fiscal General de la República "si éste no hubiere iniciado el juicio", por lo que indirectamente se consagra la legitimación activa de este funcionario en la acción popular. Por otra parte, directamente la Ley Orgánica del Ministerio Público confiere al Fiscal General de la República atribución para "iniciar de oficio ante la Corte Suprema de Justicia las acciones de nulidad a que se contraen los ordinales 3°, 4°, 6° y 7° del artículo 215 de la Constitución".

la circunstancia de no haber adoptado el Presidente de la República este procedimiento no descalifica en forma alguna el que decidió escoger, para plantear, directamente ante esta Corte, las violaciones constitucionales denunciadas"[837].

Ahora bien, conforme a toda esta doctrina jurisprudencial, la Ley Orgánica de la Corte Suprema de Justicia ha establecido en la siguiente forma la legitimación activa para recurrir en el recurso de inconstitucionalidad:

> "Art 112. Toda persona natural o jurídica plenamente capaz, que sea afectada en sus derechos o intereses por Ley, reglamento, ordenanza u otro acto de efectos generales emanado de alguno de los cuerpos deliberantes nacionales, estadales o municipales o del Poder Ejecutivo Nacional, puede demandar la nulidad del mismo, ante la Corte, por razones de inconstitucionalidad o de ilegalidad, salvo lo previsto en las Disposiciones Transitorias de esta. Ley".

Conforme a esta norma, por tanto, todo habitante del país con plena capacidad jurídica puede intentar el recurso de inconstitucionalidad. La Ley Orgánica, acoge, por tanto, la doctrina de la acción popular en cuanto a que legitima para intentar el recurso no sólo a los ciudadanos, sino a "toda persona natural o jurídica plenamente capaz".

Sin embargo, en cuanto a la popularidad de la acción, la Ley Orgánica establece una restricción: se necesita además, que el acto impugnado, afecte los "derechos o intereses" del recurrente[838]. Esta precisión del artículo 112 de la Ley Orgánica restringe la popularidad de la acción a sus límites razonables: exige la lesión de los derechos o intereses del recurrente, pero puede, por supuesto tratarse de un simple interés aun cuando específico. Por ejemplo, si se trata de una Ley de un Estado, al menos se requiere ser residente de dicho Estado de manera que la Ley impugnada pueda lesionar los intereses del recurrente, y éste pueda tener un simple interés en la constitucionalidad de la Ley. Si se trata de la impugnación de una Ordenanza Municipal se exige, al menos, que el recurrente sea residente del Distrito o Municipio respectivo, o por ejemplo, tenga bienes en él, de manera que sus derechos o su simple interés puedan estar lesionados.

Si se trata de una Ley nacional en cambio, en principio, cualquier habitante del país, con capacidad jurídica plena, podría impugnar la Ley pues su interés simple por la constitucionalidad estaría lesionado por la Ley inconstitucional. Sin embargo, aun en estos casos algunas limitaciones a la legitimación activa podrían surgir: si se tratase, por ejemplo, de la impugnación del artículo 970 del Código de Comercio que establece una discriminación respecto a las mujeres de no poder ser síndicos de quiebras "aun cuando sean comerciantes", violatoria del artículo 61 de la Constitución, la acción no podría ser intentada sino por una mujer[839]. La Ley Orgánica, sin

---

837 Véase sentencia de la CSJ en SPA de 3-10-63 en *GF.*, N° 42, 1963, pp. 19 y 20.

838 *Cfr.* Allan R. Brewer-Carías. *Las garantías constitucionales de los derechos del hombre*, Caracas, 1976, p. 53

839 Dicha norma fue declarada nula por inconstitucionalidad por la Corte Suprema en 1964. Véase Jurisprudencia de Ramírez y Garay, 1er semestre, 1964, 599, *cit.*, por Humberto J. La Roche, *El control jurisdiccional de la constitucionalidad en Venezuela y Estados Unidos*, Maracaibo, 1972, p. 100.

quitarle la popularidad de la acción, la restringe al grado de que exista una lesión potencial al interés del recurrente, por su residencia, su condición o por la situación de sus bienes.

En este sentido, la Corte Suprema de Justicia en Corte Plena, con motivo de la impugnación por vía de acción popular del Código Orgánico Tributario, ha apreciado la legitimación del accionante en su condición de contribuyente así:

Estima el Alto Tribunal su deber, referirse previamente tanto a su propia competencia como a la legitimación activa de la sociedad mercantil anónima C.A. "Dianamen", para intentar acción a que contrae el caso de autos:

1.   Es, en efecto, competente la Corte en Pleno para conocer del presente recurso de inconstitucionalidad por imperativo de las disposiciones contenidas en los artículos 42, ordinal 1? y 43 de la Ley Orgánica que rige sus funciones, concordantes con el respectivo (ordinal 3? del artículo 215) de la Carta Magna.

2.   Tal como se alega en la demanda, la accionante —persona jurídica constituida— aparece con el interés legítimo que exige el artículo 112 de la Ley de la Corte para demandar la nulidad de disposiciones del Código Orgánico Tributario que es un acto legislativo de efectos generales, por cuanto es contribuyente de impuesto sobre la renta que solicitó reintegro, y por eso le conciernen las normas del Código Orgánico Tributario, en especial las que son objeto de la nulidad demandada en este caso[840].

En todo caso, las dudas acerca de la extensión de la restricción a la popularidad de la acción[841] han sido dilucidadas por la propia Corte Suprema de Justicia, la cual ha considerado que la exigencia del artículo 112 de la Ley Orgánica en el sentido de que la ley impugnada afecte los derechos e intereses del accionante, no significa que la acción popular se haya eliminado, ni que se haya establecido una especial exigencia de legitimación activa para solicitar de la Corte Suprema el ejercicio del control de la constitucionalidad. El objetivo de la acción popular, ha dicho la Corte, es "la defensa objetiva de la majestad de la Constitución y de su supremacía" y si es cierto que la Ley Orgánica de la Corte Suprema requiere que el accionante sea afectado "en sus derechos e intereses", esta expresión debe interpretarse en forma "rigurosamente restrictiva"[842]. En base a ello la Corte Suprema ha llegado a la conclusión de que:

"cuando una persona ejerce el recurso dé inconstitucionalidad en los términos del artículo 112 de su ley, debe presumirse, al menos relativamente, que el acto recurrido en alguna forma afecta los derechos o intereses del recurrente en su condición de ciudadano venezolano, salvo que del contexto del recurso aparez-

---

840   Véase la sentencia de 15-10-85 en *Revista de Derecho Público*, N° 25, Caracas, 1986, p. 110.

841   Véase L. H. Farías Mata, "¿Eliminada la Acción Popular del Derecho Positivo Venezolano?", *Revista de Derecho Público*, N° 11, EJV, Caracas, 1982, pp. 5-18.

842   Sentencia de la Corte en Pleno de 30-6-82. Véase en *Revista de Derecho Público*, N° 11, EJV, Caracas, 1982, p. 138.

ca manifiestamente lo contrario, o que el mismo fuere declarado inadmisible conforme al artículo 115 de la ley de la Corte"[843].

En todo caso, igual legitimación activa se plantea respecto al coadyuvante en el recurso: intentada una acción popular, cualquier persona que pueda ser lesionada en sus derechos e intereses puede coadyuvar en la impugnación del acto recurrido, siempre que reúna las mismas condiciones del recurrente. Tal como lo precisa la propia Ley Orgánica:

"Art. 137. Sólo podrán hacerse parte en los procedimientos a que se refieren las secciones Segunda y Tercera de este Capítulo, las personas que reúnan las mismas condiciones exigidas para el accionante o recurrente".

b.   *La legitimación pasiva*

En cuanto a la legitimación pasiva, es decir, a quienes pueden defender la constitucionalidad del acto impugnado, de acuerdo al artículo 137 de la Ley Orgánica, antes transcrito, rige el mismo carácter popular de la legitimación activa, con la restricción de que el defensor del acto debe tener al menos ese interés simple calificado para intervenir en el proceso. En base a ello, por tanto, la Corte, en 1973, ha admitido las defensas del acto impugnado aun cuando haya habido insuficiencia en el poder otorgado al abogado defensor del acto[844]. Esta, en nuestro criterio, es la doctrina correcta y cónsona con la orientación popular de la acción, siempre que el abogado respectivo pueda estar lesionado, personalmente, en sus derechos o interés simple a la constitucionalidad.

Sin embargo, la jurisprudencia de la Corte, en este sentido, ha sido contradictoria. En 1968, la Corte rechazó la defensa de un acto impugnado por insuficiencia en el poder respectivo[845], y más recientemente, en 1970, insistió en esa tesis en la forma siguiente:

"Visto el escrito presentado el 16 de los corrientes en el cual él señor Alejandro Hernández, Gobernador del Estado Nueva Esparta, en ejercicio del recurso que le confiere el último aparte del artículo 57 de la Constitución de dicho Estado, por intermedio de apoderados especiales, demanda ante esta Sala la inconstitucionalidad de la Ley de Reforma Parcial de la Ley que crea el Instituto para el Desarrollo Integral de Turismo en el Estado Nueva Esparta, sancionada por la Asamblea Legislativa de la misma Entidad el día 1° de abril de 1970; y vistos los demás escritos que forman este expediente; y por cuanto el Dr. Francisco Espinoza Prieto, no tiene la representación de la Asamblea Legislativa del Estado Nueva, Esparta, que es indispensable para que pueda asumir la defensa de la constitucionalidad de la Ley impugnada, se declaran improcedentes los

---

843   *Ídem*. De acuerdo a este criterio, por tanto, como lo ha dicho la Corte Suprema en Sala Plena, la acción popular en definitiva "puede ser ejercida por cualquier ciudadano plenamente capaz". Sentencia de 19-11-85, en *Revista de Derecho Público*, N° 25, EJV, Caracas, 1986.

844   Véase sentencia de la CSJ en SPA de 25-9-73, en *GO*, 1.643, Extraordinaria de 21-3-74, p. 15

845   Véase la sentencia de la CSJ en SPA de 12-6-68 en *Publicación del Senado, cit.*, 1968, pp. 190 y 191

pedimentos formulados por el mencionado abogado, se admite cuanto ha lugar en derecho la demanda a que antes se ha hecho referencia y se ordena pasar el expediente al Juzgado de sustanciación para que siga su curso de conformidad con los trámites establecidos en los artículos 25 y siguientes de la Ley Orgánica de la Corte Federal"[846].

Pero en particular, pueden actuar como defensores del acto impugnado tanto el Procurador General de la República, como el Fiscal General de la República. En tal sentido, el Art. 116 de la Corte Suprema de Justicia establece lo siguiente:

"Art. 116. En el auto de admisión se dispondrá notificar por oficio al Presidente del cuerpo o funcionario que haya dictado al acto y solicitar dictamen del Fiscal General de la República, si éste no hubiere iniciado el juico, quien podrá consignar su informe mientras no se dicte sentencia. También se notificará al Procurador General de la República en el caso de que la intervención de éste en el procedimiento fuere requerida por estar en juego los intereses patrimoniales de la República. En la misma oportunidad, el Tribunal podrá ordenar la citación de los interesados por medio de carteles, cuando a su juicio fuere procedente".

Ante todo, la norma transcrita establece la notificación obligatoria y de oficio, al Fiscal General de la República. Conforme al artículo 40 de la Ley Orgánica del Ministerio Público de 1970, el Fiscal designado para actuar ante la Corte Suprema de Justicia en pleno y ante su Sala Político-Administrativa, tiene atribución para:

"1. Intervenir, si no lo hace personalmente el Fiscal General de la República, en los siguientes procedimientos:

a) Nulidad total o parcial de leyes y demás actos de los cuerpos legislativos nacionales que colidan con la Constitución;

b) Nulidad total o parcial de leyes estadales, ordenanzas municipales y demás actos de los cuerpos deliberantes de los Estados o Municipios que colidan con la Constitución;

c) Colisión entre disposiciones legales del mismo rango;

d) Nulidad de reglamentos y demás actos del Ejecutivo Nacional cuando sean violatorios de la Constitución y de las leyes;

4. Informar en los casos en que la Corte Suprema de Justicia en pleno o en su Sala Político-Administrativa lo requiera".

En cuanto a la notificación al Procurador General de la República, a diferencia de la prevista respecto del Fiscal General, ella no es obligatoria: queda a la apreciación de la Corte cuándo es requerida dicha notificación según que estime están en juego los intereses patrimoniales de la República. En tal sentido, el artículo 38 de la Ley Orgánica de la Procuraduría General de la República de 1965 establece lo siguiente, remitiendo a lo regulado en la Ley Orgánica de la Corte Suprema:

---

846   Véase sentencia de la CSJ en SPA de 27-5-70, en *GF.*, N° 68, p. 111.

"Art. 38. Los funcionarios judiciales están obligados a notificar al Procurador General de la República de toda demanda, oposición, excepción, providencia, sentencia o solicitud de cualquier naturaleza que, directa o indirectamente, obre contra los intereses patrimoniales de la República. Dichas notificaciones se harán por oficio y deberán ser acompañadas de copia certificada de todo lo que sea conducente para formar criterio acerca del asunto. El Procurador General de la República deberá contestarlas en un término de noventa (90) días, vencido el cual se tendrá por notificado.

En los juicios en que la República sea parte, los funcionarios judiciales están igualmente obligados a notificar al Procurador General de la República de la apertura de todo término para el ejercicio, de algún recurso, de la fijación de oportunidad para la realización de algún acto, y de toda activación que se practique. En estos casos, las notificaciones podrán efectuarse en una cualquiera de las personas que ejerzan la representación de la República en el referido asunto. Vencido un plazo de ocho (8) días hábiles, se tendrá por notificada la República.

En las notificaciones a que se refiere el primer aparte de este artículo, para los asuntos que cursen ante la Corte Suprema de Justicia se aplicarán preferentemente las normas que establezca la Ley respectiva".

D. *Elementas inquisitivos en el proceso*

Uno de los principios generales del procedimiento civil en Venezuela, es su carácter dispositivo, que deja a las partes la conducción y fijación exclusiva de la *litis*, siendo el Juez un mero árbitro en el debate. Este principio dispositivo implica una serie de aspectos particulares, y entre ellos los siguientes, tal como los sintetiza J. Rodríguez Urraca:

1. No hay proceso sin demanda de parte; 2. El tema a decidir (objeto litigioso) es establecido por las partes, no pudiendo el Juez, en forma alguna, separarse de lo que ellas han convenido en hacer objeto de discusión. 3. El Juez debe decidir exclusivamente en base a lo que ha sido probado por las partes; 4. El Juez no puede condenar a una cosa distinta de la que le ha sido pedida por las partes, ni más allá del contenido de ese mismo pedimento[847].

Ahora bien, confrontado este principio con el juicio que se desarrolla con motivo de un recurso de inconstitucionalidad, se evidencian ciertos elementos inquisitorios, que atribuyen al Juez un papel activo en el proceso.

En efecto, en cuanto al primer aspecto del principio, sin duda, en el recurso de inconstitucionalidad rige el principio dispositivo: *Nemo iudex sine actore*, por lo que la Corte Suprema de Justicia sólo puede conocer de un recurso de inconstitucionalidad a instancia de parte. Tal como lo señala la Ley Orgánica:

---

847   Véase José Rodríguez II., *Autoridad del Juez y Principia Dispositivo*, Valencia, 1968, p. 8.

"Art. 82. La Corte conocerá de los asuntos de su competencia a instancia de parte interesada, salvo en los casos en que pueda proceder de oficio de acuerdo con la Ley".

Este aspecto de principio se ha extendido en materia procesal civil de manera que *ne procedat iudex ex officio* con lo que se impide al Juez tomar alguna iniciativa procesal, no sólo al comienzo del litigio, sino durante el curso del mismo. Sin embargo, este aspecto no rige en materia de recurso de inconstitucionalidad: por ejemplo la Corte tiene amplios poderes en cuanto a decidir la admisión o inadmisibilidad del recurso[848], además, de oficio, puede ordenar, como se ha señalado, la notificación al Fiscal General de la República y, cuando sea procedente, al Procurador General de la República[849]; puede, de oficio, reducir los plazos establecidos en la Ley "si lo exige la urgencia del caso"[850]; y puede, cuando ni la Ley Orgánica, ni los Códigos y otras Leyes nacionales prevean un procedimiento especial a seguir, "aplicar el que juzgue más conveniente de acuerdo con la naturaleza del caso"[851].

En cuanto al segundo aspecto del principio dispositivo, es decir, que las partes deben determinar el objeto litigioso no aparece claramente recogido en el derecho dispositivo aun cuando la jurisprudencia de la Corte ha tendido a admitirlo. En efecto, la Ley Orgánica de la Corte Suprema de Justicia al regular lo concerniente a la sentencia de la Corte en un juicio de inconstitucionalidad, establece que "en su fallo definitivo la Corte declarará si procede o no la nulidad del acto o de los artículos impugnados, una vez examinados los motivos en que se fundamenta la demanda"[852]. Ciertamente, no dispone el artículo 119 de la Ley que la sentencia sólo podrá versar sobre las denuncias indicadas por el recurrente, sino que para decidir la Corte debe examinar los motivos en que se fundamenta el recurso. Por ello estimamos que la Corte, en virtud de su carácter de supremo guardián de la constitucionalidad, podría entrar a considerar otros motivos de inconstitucionalidad distintos a los alegados por el recurrente. Tal como lo ha señalado la Procuraduría General de la República:

"Ahora bien, la constitucionalidad de los actos legislativos es de inminente orden público y, por tanto, en los juicios en que tal cuestión se plantee, los poderes de conocimiento del juzgador no quedan limitados como en los juicios ordinarios, a lo alegado y probado en autos, sino que se extienden hasta el examen total del acto cuestionado y le permiten pronunciarse sobre vicios no alegados. La doctrina suele reconocer semejante libertad de acción al juez que interviene en los procesos contencioso-administrativos, en los cuales solamente se ventilan problemas de legalidad de los actos del Poder Público (Véase Garrido Falla, Fernando: Régimen de impugnación de los Actos Administrativos, Instituto de Estudios Políticos, Madrid, 1956, pp. 303-304); con mayor razón debe admitirse entonces cuando esté en juego la intangibilidad de la Constitución. En

---

848   Arts. 84, 105 y 115.
849   Art. 117 de la Ley Orgánica
850   Art. 135.
851   Art. 102.
852   Art. 119.

este sentido se ha orientado la jurisprudencia de nuestro Máximo Tribunal cuando en sentencia del 2 de julio de 1940, refiriéndose a las demandas de inconstitucionalidad, asentó: "Juzga la Corte que son de orden público o de acción pública las demandas en referencia, procediendo, por tanto, su consideración y determinación aun de oficio". (Subrayado nuestro). Ello está acorde, además, con numerosos textos de nuestro ordenamiento jurídico positivo, entre los cuales cabe destacar el artículo 7° del Código de Procedimiento Civil, que ordena a los jueces aplicar la Constitución con preferencia a cualquier ley que con ella colida, y el artículo 11 *ejusdem*, que les confiere amplia libertad para actuar en resguardo del orden público o de las buenas costumbres"[853].

En base a este criterio, por otra parte, es que se sostiene que una vez intentado el recurso éste no puede retirarse[854], y la Corte tiene que decidirlo: sólo así se garantiza la posibilidad de que realice su función de supremo guardián de la Constitucionalidad.

En este mismo orden de ideas, la figura de la perención de la instancia no se da en los procedimientos resultantes de un recurso de inconstitucionalidad, en virtud del orden público envuelto.

En efecto, la Ley Orgánica de la Corte Suprema de Justicia consagró expresamente la perención para todos los procedimientos, excepto para los penales, en los siguientes términos:

"Art. 86. Salvo lo previsto en disposiciones especiales, la instancia se extingue de pleno derecho en las causas que hayan estado paralizadas por más de un año. Dicho término empezará a contarse a partir de la fecha en que se haya efectuado el último acto del procedimiento. Transcurrido el lapso aquí señalado, la Corte, sin más trámites, declarará consumada la perención de oficio o a instancia de parte.

Lo previsto en este artículo no es aplicable en los procedimientos penales".

Sin embargo, la propia Ley Orgánica estableció la no aplicabilidad de las normas relativas a la perención en los casos en que se violen normas de orden público, como son las de rango constitucional, en los términos siguientes:

"Art. 87. El desistimiento de la apelación o la perención de la instancia dejan firme la sentencia apelada o el acto recurrido, salvo que éstos violen las normas de orden público y por disposición de la Ley, corresponda a la Corte el control de la legalidad de la decisión o acto impugnado".

A pesar de que esta norma sólo hace referencia, impropiamente, al "control de la legalidad", no hay duda que se aplicaría, fundamentalmente, en los casos de control de la constitucionalidad. Con ello, se da a la Corte un muy amplio poder inquisitorio que, a pesar de la perención, le permite seguir conociendo del procedimiento.

---

853   Véase *Doctrina PGR 1963*, Caracas, 1964, pp. 23 y 24.

854   Véase José Guillermo Andueza, *La Jurisdicción Constitucional en el Derecho Venezolano*, Caracas, 1955, p. 37, *Cfr.* Humberto J. La Roche, *op. cit.*, p. 138.

En todo caso, la jurisprudencia de la Corte Suprema no ha sido consecuente con esta posición general respecto a los poderes inquisitorios; todo lo contrario, ha tendido a darle aplicación estricta al principio dispositivo. Por ejemplo, en una decisión de 1962 señaló lo siguiente:

"Es necesario advertir previamente a fin de dejar delimitado el objeto de la pretensión, que la demanda propuesta se contrae, exclusivamente, a impugnar la exención de los impuestos o contribuciones directas establecidos por las Municipalidades, y no a las otras que se contemplan en la norma transcrita. Por consiguiente, la motivación y decisión de la Corte habrá de contraerse a la exención de carácter municipal"[855].

Conforme a ello, la Corte se ha aferrado al principio de que sólo las partes deben determinar el objeto litigioso, propio del procedimiento civil, el cual es extraño y hasta cierto punto atentatorio del principio de la supremacía constitucional y del papel de supremo contralor de la constitucionalidad que corresponde a la Corte. En base a eso consideramos que no puede la Corte, percatada y convencida de la inconstitucionalidad de un artículo de una Ley, no entrar a decidir la nulidad del mismo so pretexto de que el recurrente no lo haya denunciado y se haya limitado a denunciar la inconstitucionalidad de otros artículos. La Corte, al contrario, estimamos que está obligada a realizar el control constitucional y desarrollar poderes inquisitorios[856].

Con base en ello, los dos restantes aspectos del principio dispositivo tampoco tendrían aplicación absoluta en el proceso derivado de un recurso de inconstitucionalidad. El tercero de ellos, índex indicare *debet secundurum probata partium*, es decir, el Juez debe decidir exclusivamente en base a lo que ha sido probado por las partes, no tiene aplicación en materia de control de la constitucionalidad. Tratándose de asuntos de mero derecho, el juez no está sometido a los solos alegatos del recurrente o defensores del acto, sino que, por supuesto, tiene la más amplia posibilidad de investigar, interpretar e integrar el derecho. Pero si hay algún elemento inquisitorio en el proceso, estimamos que con mayor razón sería aplicable la norma del artículo 129 de la Ley Orgánica de la Corte Suprema de Justicia que está ubicada en la Sección Tercera relativa a los juicios de nulidad de los "actos administrativos de efectos particulares", y que establece lo siguiente:

"Art. 129. En cualquier estado de la causa, la Corte podrá solicitar las informaciones y hacer evacuar de oficio las pruebas que considere pertinentes".

Si este poder inquisitorio se admite en el procedimiento contencioso-administrativo de anulación de los actos administrativos de efectos particulares, con mayor razón debería aplicarse a los procedimientos de inconstitucionalidad donde el

---

855 Véase sentencia de la CSJ en CP de 15-3-62 en *GO.*, Extraordinaria de 22-3-62.

856 En este sentido, por ejemplo, la derogada Ley Orgánica de la Corte Federal al referirse a la impugnación de las leyes por inconstitucionalidad, señalaba que "La nulidad se limitará al párrafo, artículo o artículos en que aparezca la colisión, salvo que éstos sean de tal importancia, por su conexión con los demás, que, a juicio de la Corte, su nulidad acarreare la de todo el acto legislativo" (ordinal 10, Art. 7°). Esta atribución fue eliminada en la Ley vigente.

interés general está aún más envuelto y comprometido[857]. Dicha norma, por tanto, de ser necesario, debería poderse aplicar analógicamente a estos juicios.

El cuarto de los aspectos señalados del principio dispositivo, *ne eat ludex ultra petite partium*, es decir, que el Juez no puede decidir más allá de lo solicitado, de admitirse los elementos inquisitorios derivados de la cuestión de inconstitucionalidad, tampoco sería aplicable: si el Juez puede, como creemos, apreciar de oficio la inconstitucionalidad de una norma, no hay duda que al decidir esto incurre en ultra y a veces extra petita[858].

En todo caso, como se señala más adelante al analizar el contenido de la sentencia en el juicio de nulidad, la Corte puede apreciar la inconstitucionalidad de otras normas, distintas a las señaladas por el accionante de la misma Ley o Reglamento[859].

E. *La imprescriptibilidad de la acción*

Una de las consecuencias fundamentales de la naturaleza de la jurisdicción constitucional, de la popularidad de la acción de inconstitucionalidad, y del tipo de acto estatal que a través de la misma se impugna (actos de rango legal o de efectos generales), es la no previsión de lapso alguno de caducidad para intentar el recurso. El principio de la imprescriptibilidad del recurso de inconstitucionalidad había sido establecido tradicionalmente por la jurisprudencia de la Corte Suprema de Justicia al interpretar el contenido del ordinal 8° del artículo 7° de la derogada Ley Orgánica de la Corte Federal[860]. El principio, en todo caso ha sido establecido expresamente en la Ley Orgánica de la Corte Suprema de Justicia en los siguientes términos:

> "Art. 134. Las acciones o recursos de nulidad contra los actos generales del Poder Público podrán intentarse en cualquier tiempo, pero los dirigidos a anular actos particulares de la Administración, caducarán en el término de seis meses contados a partir de su publicación en el respectivo órgano oficial, o de su notificación al interesado, si fuere procedente y aquélla no se efectuare...".

De esta imprescriptibilidad del recurso de inconstitucionalidad resulta entonces, que el mismo puede intentarse en cualquier momento. Sin embargo, cuando la impugnación de un acto estatal de efectos generales se realice al mismo tiempo que un acto administrativo de efectos particulares que tengan su fundamento en aquél, sin duda, ello deberá hacerse en el lapso de caducidad de seis meses a contar de la notificación o publicación de éste. En todo caso, vencido este lapso, sólo podría intentarse el recurso de inconstitucionalidad contra el acto de efectos generales, y el acto de efectos individuales quedaría firme, salvo que la Corte, al anular el acto de efec-

---

857 Debe destacarse que el artículo 89 de la Ley Orgánica permite a la Corte, de oficio, formular preguntas escritas a las autoridades y representantes legales de la República, sobre hechos de que tengan conocimiento personal y directo, quienes deben contestarlas.

858 En contra, véase lo sostenido por J. G. Andueza, *op.cit.*, p. 37.

859 Véase la sentencia de la Corte Plena de 16-12-81 citada en sentencia de la Sala Político Administrativa de 8-12-87, *Revista de Derecho Público* N° 36, Caracas, 1988, p. 84.

860 Véase, por ejemplo, sentencias de la CF de 30-7-57 en *GF.*, N° 17, 1957, p. 58 y de la CSJ en SPA de 3-10-63, en *GF.*, N° 42, 1963, p. 21.

tos generales les otorgue a su sentencia efectos hacia el pasado[861], es decir, declarativos, en cuyo caso todos los actos cumplidos también resultarían nulos.

En todo caso, es de tener en cuenta que cuando se impugne paralelamente un acto de efectos particulares, por ilegalidad, y al acto de efectos generales que le sirve de fundamento por inconstitucionalidad, el procedimiento que debe seguirse es el recurso contencioso-administrativo de anulación pero ante la Corte en Pleno y no ante su Sala Político-Administrativa. Así lo ha previsto la Ley Orgánica de la Corte Suprema de Justicia:

> "Art. 132. Cuando se demande la nulidad de un acto administrativo de efectos particulares y al mismo tiempo la del acto general que le sirva de fundamento, y se alegaren rabones de inconstitucionalidad para impugnarlos, se seguirá el procedimiento establecido en la Sección Tercera de este Capítulo (De los juicios de nulidad de los actos administrativos de efectos particulares) y el conocimiento de la acción y del recurso corresponderá a la Corte en Pleno":

Pero en cuanto a la oportunidad de interposición del recurso, la Corte Suprema ha limitado su ejercicio a que se agoten, previamente, otras vías previstas en el ordenamiento jurídico para revisar el acto, siguiendo una doctrina establecida jurisprudencialmente desde hace largo tiempo. Conforme a ello, por tanto, no sería "cualquier tiempo" el oportuno para interponer el recurso, sino sólo el tiempo posterior al agotamiento de los otros recursos o vías de revisión previstos[862].

4. *Un caso especial de Justicia Constitucional: la protección del orden constitucional y la disolución de los partidos políticos*

Una de las piezas fundamentales del sistema constitucional venezolano la constituye el régimen político-democrático. En tal sentido, el artículo 39 de la Constitución establece que "el gobierno de la República de Venezuela es, y será siempre

---

861 Arts. 119 y 131

862 En una sentencia del 5 de mayo de 1970 la Corte sentó esta doctrina en forma clara, en los siguientes términos: "Por cuanto de acuerdo con los términos de la demanda y demás actuaciones que forman este expediente, el acto legislativo cuya inconstitucionalidad se solicita, fue vetado por el Gobierno del Estado Nueva Esparta y devuelto a la Asamblea Legislativa para su reconsideración, en conformidad con el artículo 57 de la Constitución de dicho Estado; por cuanto no hay constancia en el expediente de que el proceso de reconsideración así iniciado haya concluido del modo previsto en la citada norma constitucional, lo cual abre la posibilidad de que la Asamblea Legislativa, en uso de sus atribuciones legales, acoja o rechace las observaciones formuladas por el Gobernador, y a que éste —también de acuerdo con la misma disposición— solicite una nueva y última reconsideración del acto, después que aquél lo ratifique o reforme por simple mayoría; por cuanto debido a tales circunstancias, el acto cuestionado es susceptible de reformas que al modificar su contenido pueden hacer inoficiosa la solicitud del Gobernador; y por cuanto conforme a doctrina reiteradamente acogida en sus fallos por este Alto Tribunal, las acciones y recursos de nulidad por inconstitucionalidad o ilegal: dad de un acto sólo proceden cuando se hayan agotado los recursos ordinarios que conceden la Constitución o las Leyes para lograr que se le anule, revoque o modifique; la Corte Suprema de Justicia en Sala Político-Administrativa, en nombre de la República y por autoridad de la Ley, declara improcedente la acción intentada por el señor Alejandro Hernández, en su carácter de gobernador del Estado Nueva Esparta, contra la 'Ley de reforma parcial de la Ley que crea el Instituto para el Desarrollo Integral del Turismo', en conformidad con el artículo 57 de la Constitución de dicho Estado". Véase en *GO.*, N° 29.339 de 8-10-70, pp. 219-255

democrático, representativo, responsable y alternativo". Esta disposición se aplica, por supuesto, a todos los órganos representativos que conforman la organización política del Estado venezolano, como Estado Federal, en su peculiar sistema de distribución vertical del Poder Público, sea que se trate de órganos representativos nacionales, estadales o municipales. En particular, además, en cuanto al Municipio concebido como la "unidad política primaria y autónoma dentro de la organización nacional"[863], la representación de los mismos que deben ejercer "los órganos que determine la ley", tiene que ser también democrática porque lo impone el artículo 27, en su última parte, al prescribir "la organización municipal será democrática y responderá a la naturaleza propia del gobierno local...". La democracia, por tanto, está en la base del orden constitucional e incluso se inscribe como uno de los propósitos enunciados en el Preámbulo de la Constitución: "sustentar el orden democrático como único e irrenunciable medio de asegurar los derechos y la dignidad de los ciudadanos, y favorecer pacíficamente su extensión a todos los pueblos de la Tierra".

Ahora bien, la actualización del régimen democrático en la vida política, se logra por el establecimiento en la Constitución del sistema electoral, básicamente de escrutinio de representación proporcional para los cuerpos representativos[864] y de escrutinio de mayoría relativa para la elección del Presidente de la República[865], y del sistema de partidos políticos.

En particular, en cuanto a estos últimos, la Constitución dispone lo siguiente en su artículo 114:

"Todos los venezolanos aptos para el voto tienen el derecho de asociarse en partidos políticos para participar, por métodos democráticos, en la orientación de la política nacional.

El legislador reglamentará la constitución y actividad de los partidos políticos con el fin de asegurar su carácter democrático y garantizar su igualdad ante ya Ley".

Por tanto, constitucionalmente se establece no sólo el papel de los partidos políticos, sino el principio de la participación en la orientación de la política nacional a través de los mismos; participación que debe realizarse por métodos democráticos y con partidos que tengan carácter y organización democrática. Estos principios se han desarrollado en la Ley de Partidos Políticos, Manifestaciones y Reuniones Públicas de 1964[866] en la cual se prescribe la obligación de los partidos de establecer en la declaración de principios o en su programa, el compromiso de perseguir siempre sus objetivos a través de métodos democráticos, acatar la manifestación de la soberanía popular y respetar el carácter institucional y apolítico de las Fuerzas Armadas Nacionales[867]. Como consecuencia de estos métodos democráticos que deben utilizar los partidos políticos para alcanzar sus propósitos, ellos deben garantizar asimismo

---

863   Art. 25 Constitución 1961

864   Arts. 19, 113, 148 y 151 Constitución 1961

865   Art. 183 Constitución 1961

866   Véase en Gaceta Oficial, N° 27.620 de 16 de diciembre de 1964

867   Art. 4.

en sus estatutos, "los métodos democráticos en su orientación y acción política, así como la apertura de afiliación sin discriminación de raza, sexo, credo o condición social; y asegurarán a sus afiliados la participación directa o representativa en el gobierno del partido y en la fiscalización de su actuación"[868]: Por otra parte, y como consecuencia de los métodos democráticos que deben utilizar los partidos políticos, es obligación de los mismos el "no mantener directa ni indirectamente, ni como órgano propio ni como entidad complementaria o subsidiaria, milicias o formaciones con organización militar o paramilitar, aunque ello no comporte el uso de armas, ni a permitir uniformes, símbolos o consignas que proclamen o inciten a la violencia"[869]

Ahora bien, la consecuencia de estos principios democráticos del orden constitucional en relación a los partidos políticos, es la posibilidad no sólo de un control administrativo-político sobre los mismos por el Consejo Supremo Electoral, quien puede cancelar el registro de los partidos, "cuando su actuación no estuviese ajustada a las normas legales"[870], sino de un control jurisdiccional por parte de la Corte Suprema de Justicia, la cual tiene competencias para disolver los partidos políticos cuando "de manera sistemática propugnen o desarrollen actividades contra el orden constitucional" a instancia del Poder Ejecutivo Nacional[871]. En esta forma, la Corte Suprema de Justicia también ejerce funciones de juez constitucional en la protección del orden democrático, lo cual realizó aun antes de la entrada en vigencia de la Ley de Partidos Políticos, en base a las solas normas y principios constitucionales, en 1963, al declarar la "inhabilitación" de dos partidos políticos de extrema izquierda que habían realizado actividades subversivas armadas[872].

---

868   Art. 5.

869   Art. 25,3.

870   Art. 27,4.

871   Art. 29.

872   Partido Comunista de Venezuela y el Movimiento de Izquierda Revolucionaria. Véase sentencia de 3-10-63 en *Gaceta Oficial*, N° 27.262 de 3-10-63. Véase la Doctrina de la Procuraduría General de la República en dictamen de 15-11-62 en *Doctrina de la Procuraduría General de la. República 1962*. Caracas, 1963, p. 41

EL CONTROL CONCENTRADO DE LA CONSTITUCIONALIDAD EN VENEZUELA: LA JURISDICCIÓN CONSTITUCIONAL (1996)

El control concentrado de la constitucionalidad de las leyes y demás actos estatales de rango legal, como se ha dicho, se ejerce en Venezuela por la Corte Suprema de Justicia, en Corte Plena, la cual tiene poderes para anular las leyes y actos dictados en ejecución directa de la Constitución cuando colidan con ella.

En este sentido, la Corte Suprema de Justicia, en Corte Plena, ejerce la *jurisdicción constitucional* en el sentido de que tiene la potestad exclusiva para conocer de la impugnación por inconstitucionalidad y anular las leyes y demás actos estatales de rango legal, es decir, de ejecución directa de la Constitución, y además, de los re reglamentos dictados por el Presidente de la República en Consejo de Ministros.

Jurisdicción constitucional, en consecuencia, en Venezuela no equivale a justicia constitucional pues también actúan como jueces constitucionales en el país, todos los jueces de la República cuando ejercen el control difuso de la constitucionalidad, y conocen de acciones de amparo; así como los órganos de la jurisdicción contencioso-administrativa cuando controlan la conformidad con el derecho de los actos administrativos.

Esta parte, en todo caso, está destinada a estudiar la jurisdicción constitucional, es decir, el control concentrado de la constitucionalidad ejercido por la Corte Suprema de Justicia en Corte Plena.

I. LA UNIVERSALIDAD DEL CONTROL DE CONSTITUCIONALIDAD Y LA AUSENCIA DE ACTOS EXCLUIDOS DE CONTROL

1. *Las previsiones constitucionales*

Conforme al artículo 215, ordinales 3°, 4° y 6° de la Constitución de 1961, como se dijo, el control directo de la constitucionalidad de los actos estatales por vía de acción popular está reservado a actos de rango legal, es decir, dictados en ejecución directa de la Constitución, y a los Reglamentos emanados del Presidente de la República en Consejo de Ministros. En el ámbito nacional, estos actos estatales de rango legal son las leyes, los actos parlamentarios sin forma de ley y los actos de gobierno[873]; y en el ámbito estadal y municipal, las leyes estadales y las Ordenanzas Municipales, así como los demás actos normativos de los cuerpos deliberantes de esos niveles político-territoriales[874]. En el ámbito nacional, por tanto, con la sola excepción de los Reglamentos dictados por el Ejecutivo Nacional, sólo pueden ser objeto de una acción de inconstitucionalidad los actos dictados por el Congreso, las Cámaras Legislativas y el Ejecutivo Nacional *en ejecución directa de la Constitución*. La Corte Suprema de Justicia claramente ha expresado este criterio, en los siguientes términos:

> "el examen de una acción por inconstitucionalidad supone la confrontación entre el acto que se considera viciado y las normas de la Constitución presuntamente infringidas por éste. Si *tales normas condicionan el acto,* es decir, determinan, por ejemplo, la finalidad de éste, la autoridad competente para realizarlo, o los requisitos intrínsecos o extrínsecos cuyo incumplimiento puede afectar su validez, la acción o recurso dirigido a anularlo, por colidir con la Constitución, es de inconstitucionalidad. Pero si el acto no es regulado por una disposición de la Carta Fundamental, sino por una ley, la contravención a éstas u otras irregularidades menos aparentes que la doctrina denomina excesos, abuso o desviación de poder, dan lugar a una acción o recurso de ilegalidad"[875].

Mas recientemente, en relación a los "actos generales" de las Cámaras Legislativas que menciona el artículo 42, Ord. 1° de la LOCSJ, la Corte en pleno ha interpretado esa norma en el sentido de señalar que esos actos sólo son los dictados en ejecución directa de la Constitución[876].

En este sentido, conforme a la Constitución, podrían ser objeto de una acción popular de inconstitucionalidad los siguientes actos estatales: 1) Las leyes nacionales; 2) Las leyes estadales; 3) Las Ordenanzas Municipales; 4) Los actos del Congreso, de las Cámaras Legislativas Nacionales, de las Asambleas Legislativas de los Estados o de los Concejos Municipales dictados en ejecución directa de la Constitución, y que no constituyan actos administrativos; 5) Los actos de gobierno del Ejecutivo Nacional, y 6) Los Reglamentos del Ejecutivo Nacional[877].

---

873   La Corte ha reservado este recurso de inconstitucionalidad a los actos de efectos *erga omnes,* que interesan a todos. Véase sentencia de la CSJ en SPA de 14-3-60 en *G.O.,* N° 26.222 de 1-4-60, pp. 154-225.

874   Las Ordenanzas Municipales tienen el carácter de leyes locales. Véase Alan R. Brewer-Carías, *El Régimen Municipal en Venezuela,* Caracas, 1984, p. 162.

875   Véase sentencia de la CSJ en SPA de 13-2-68 en *GF.,* N° 59, 1968, p. 83.

876   Véase sentencia de la Corte en Pleno de 25-1-94 en la cual acordó fijar la interpretación del artículo 42, ordinal 1° de la Ley Orgánica de la Corte Suprema de Justicia atendiendo al sentido siguiente: Cuando agrega la palabra generales a la frase contenida en el artículo 215, ordinal 3° de la Constitución ("declarar la nulidad..., demás actos de los cuerpos legislativos que colidan con la Constitución) debe entenderse que se refiere a actos emitidos por el cuerpo legislativo nacional, *en ejecución directa e inmediata de disposiciones constitucionales* que sin serlo, tengan rango equiparable a la Ley" (Consultada en original).

877   Artículo 215, ordinales 3°, 4° y 6° de la Constitución. *Cfr.* el voto salvado del Magistrado J. G. Sarmiento Núñez a la sentencia de la CSJ de 29-4-65 publicada por la Imprenta Nacional, Caracas, 1965, p.

Es cierto que conforme al artículo 215, ordinal 6° de la Constitución, también se atribuye competencia a la Corte Suprema de Justicia en Pleno, para declarar la nulidad por inconstitucionalidad de los reglamentos dictados por el Ejecutivo Nacional, es decir, los dictados por el Presidente de la República en Consejo de Ministros conforme al artículo 190, ordinal 10° de la Constitución. Sin embargo, la Corte en Pleno conoce de esas acciones de nulidad, no tanto como jurisdicción constitucional, sino como órgano de la jurisdicción contencioso-administrativa que, conforme al artículo 206 de la Constitución, tiene el monopolio de la competencia para anular los actos administrativos; y los Reglamentos, en Venezuela, son actos administrativos de efectos generales.

En esta forma, la Corte Suprema de Justicia es, conforme al artículo 206 de la Constitución, un órgano de la jurisdicción contencioso-administrativa.

Por otra parte, puede decirse que el control jurisdiccional de la constitucionalidad de los actos estatales está consagrado en términos absolutos en el texto fundamental, sea a través de los recursos judiciales ordinarios, respecto de los actos judiciales; sea a través de los recursos contencioso-administrativos, respecto de los actos administrativos emanados de cualquier autoridad; sea a través de la acción de inconstitucionalidad, respecto de los actos estatales de rango legal y los reglamentos del Ejecutivo Nacional.

Sin embargo, a pesar de lo absoluto de dicho control, la Corte Suprema de Justicia, en una forma incomprensible, en un fallo de 1965 se limitó a sí misma sus facultades y señaló que "el control jurisdiccional de la constitucionalidad intrínseca de los actos estatales no ha sido consagrado en forma absoluta", por lo que "se justifican situaciones excepcionales en que los actos del Poder Público en sus tres ramas no están sometidos al control de la jurisdicción constitucional"[878]. Estas declaraciones y los ejemplos de actos que a su juicio no estarían sometidos al control de la constitucionalidad, en una sentencia dictada en un recurso de inconstitucionalidad de un artículo de la Ley aprobatoria del Tratado de Extradición suscrito entre Venezuela y los Estados Unidos de Norte América, no sólo eran totalmente innecesarias, sino peligrosas para el futuro como lo demostró acertadamente el voto salvado al fallo[879]. En este sentido, la Corte no sólo se declaró incompetente para conocer de las acciones de inconstitucionalidad de las leyes aprobatorias de Tratados Internacionales, sino para conocer de las acciones intentadas contra actos dictados en ejercicio de atribuciones privativas de las Cámaras Legislativas, salvo los casos de "extralimita-

---

25. Véase también en J. G. Sarmiento Núñez. "El control de la constitucionalidad de las leyes y de los Tratados", en *Libro Homenaje al Doctor Eloy Lares Martínez*, Caracas, 1984, tomo II, pp. 705-777.

878   Véase sentencia de la CSJ en CP de 29-4-65 publicada por la *Imprenta Nacional*, Caracas, 1965, p. 9.

879   El magistrado J. G. Sarmiento Núñez, observó acertadamente que "por no ser necesario para arribar a la conclusión a que llega el fallo, no ha debido la sentencia dejar establecido que existan actos del Poder Público que, en su concepto, no están sometidos a revisión por inconstitucionalidad, pues ello implica comprometer anticipadamente el criterio de este Supremo Tribunal sobre materias no planteadas en el proceso, y ajenas al supuesto que es objeto del presente juicio; ya que, sobre la posibilidad de control constitucional de estos actos, debe decidirse en la oportunidad en que surja un caso determinado", *loc. cit.*, p. 48.

ción de atribuciones"[880]; y para conocer de recursos intentados contra los actos de
gobierno del Presidente de la República[881]. Los argumentos de la Corte en 1965,
indudablemente carecían de toda consistencia y un solo ejemplo basta para compro-
barlo: el Art. 61 de la Constitución establece que "no se permitirán discriminaciones
fundadas en la raza, el sexo, el credo o la condición social"; por tanto, ¿podría afirmarse, cómo resultaba de los argumentos de la Corte, que no sería impugnable por
inconstitucionalidad, un acto del Senado que negase la autorización a un funcionario
a aceptar recompensas de gobiernos extranjeros en virtud de que el funcionario era
de raza negra, el voto de censura a un Ministro o la improbación de la Memoria y
Cuenta de un Ministro por no haber aplicado durante su gestión, discriminaciones
fundadas en la raza o la condición social; o el acto del Presidente de la República
que al fijar el contingente de las Fuerzas Armadas excluyera a los miembros de una
determinada Iglesia o secta religiosa? Indudablemente que estos actos legislativos
sin forma de ley o esos actos de gobierno serían impugnables por inconstitucionalidad, máxime cuando la Constitución no da pie para la exclusión de ninguno de ellos
del control de la Corte; lo contrario significaría propiciar la apertura de una brecha a
la supremacía constitucional, al reconocer, contrariamente a lo que en sus normas
prevé, que hay actos no sometidos al control constitucional y que pueden, impune-
mente, violar la Constitución.

Afortunadamente, en las últimas tres décadas, el desafortunado criterio de la
Corte Suprema de 1965 ha sido totalmente superado, hasta el punto de llegar a la
situación radicalmente contraria: en Venezuela no hay actos estatales excluidos de
control de la constitucionalidad, y los únicos actos estatales que no pueden ser objeto de una acción popular de inconstitucionalidad, son los actos cuyo control de constitucionalidad se ejerce mediante otras vías de control: los actos judiciales a través
de los recursos ordinarios, incluido el recurso de casación; y los actos administrativos, a través de las acciones contencioso-administrativas conforme al artículo 206 de
la Constitución.

Esto es lo que resulta de la interpretación del artículo 215, ordinales 3°, 4° y 6°, y
del artículo 206 de la Constitución. Sin embargo, la Ley Orgánica de la Corte Suprema de Justicia, al detallar en su artículo 42 los actos susceptibles de control directo de la constitucionalidad por vía de acción popular estableció, sin duda, un *numerus clausus* que contraría el carácter del control de la constitucionalidad conforme al espíritu de la Constitución de 1961, propios del *numerus apertus*. En virtud de

---

880   Este criterio en cuanto al ámbito del control de la constitucionalidad de los actos privativos de las
       Cámaras Legislativas, ratificado por la Corte en 1968 en los siguientes términos: "De los textos consti-
       tucionales antes copiados se desprende claramente que los actos de los cuerpos legislativos en ejercicio
       de sus atribuciones privativas, no están sometidos al veto del Presidente de la República, que es quien
       constitucionalmente puede ejercerlo, ni al examen y control de la Corte Suprema de Justicia, salvo
       cuando el cuerpo legislativo incurra en extralimitación de atribuciones. Es entendido, por lo tanto, que
       solamente cuando los cuerpos legislativos, en ejercicio de sus atribuciones privativas, se extralimiten
       contrariando lo que sobre la materia establece la misma Constitución, podrá esta Corte declarar la nuli-
       dad de tales actos". Véase sentencia de la CSJ en CP de 12-6-68 publicada por el Senado de la Repúbli-
       ca, Caracas, 1969, p. 193. Véase sobre el particular, G. Pérez Luciani, "El control jurisdiccional de la
       constitucionalidad de los actos de organización interna de las Cámaras Legislativas", en *Revista de la
       Facultad de Derecho*, UCAB, N° 8, 1968-1969, pp. 141 a 196.

881   Véase sentencia de la CSJ en CP de 29-4-65, *loc. cit.*, pp. 10 y 11.

esa enumeración, sin duda podrían aparecer diversos actos estatales excluidos del control de la constitucionalidad, aun cuando algunos sometidos a otro campo específico de control. Tal es el supuesto de los actos administrativos individuales sometidos al control (de la constitucionalidad o de la legalidad) mediante los recursos contencioso-administrativos, y de los actos judiciales sometidos a los recursos judiciales ordinarios o extraordinarios.

Sin embargo, el problema de la supremacía constitucional se plantea y se rompe en la Ley en los supuestos de actos que conforme a las previsiones de la Ley escaparían a todo control de la constitucionalidad (o legalidad). Los casos de exclusión por tanto, varían según estén previstos o no otros controles sustitutivos del control directo de la constitucionalidad.

2. *Las exclusiones de control de constitucionalidad mediante acción popular ante la Corte Plena en virtud de la previsión de otros medios de control*

A. *Los actos sometidos al control de la jurisdicción contencioso administrativa: los actos administrativos*

De acuerdo al artículo 206 de la Constitución, están sometidos al control de la jurisdicción contencioso-administrativa "los actos administrativos generales o individuales contrarios a derecho". Por tanto, todos los actos administrativos generales o individuales emanados de autoridades nacionales, estadales o municipales pueden ser objeto del recurso contencioso administrativo de anulación.

En este sentido debe señalarse que la emisión de actos administrativos no está reservada a los órganos del Poder Ejecutivo. Al contrario, los actos administrativos se dictan por todos los órganos estatales y en ejercicio de todas las funciones estadales, por lo que constituyen actos administrativos, según lo que en otro lugar hemos expuesto[882]: 1. los actos de carácter sublegal dictados por los órganos del Poder Ejecutivo (Administración Pública en sentido orgánico) en ejercicio de la función administrativa, de la función normativa y de la función jurisdiccional; 2. los actos dictados por los Tribunales de la República en ejercicio de la función administrativa o de la función normativa: 3. los actos de carácter sublegal dictados por las Cámaras Legislativas en ejercicio de la función administrativa; 4. los actos dictados por particulares en ejercicio del Poder Público conforme a la Ley. De allí que la noción del acto administrativo, por su carácter heterogéneo, no pueda resultar de la aplicación de un solo criterio orgánico, formal o material, sino de la mezcla y combinación de ellos. En tal sentido hemos propuesto la siguiente definición: "acto administrativo es toda manifestación de voluntad de carácter sublegal realizada por los órganos del Poder Ejecutivo, actuando en ejercicio de la función administrativa, de la función normativa y de la función jurisdiccional; por los órganos del Poder Legislativo, actuando en ejercicio de la función administrativa y de carácter sublegal, por los órganos del Poder Judicial, actuando en ejercicio de la función administrativa y de la función normativa, y por particulares en ejercicio del Poder Público conforme a la Ley, con

---

882 Véase Allan R. Brewer-Carías, *Derecho Administrativo*, tomo I, *cit.*, pp. 391 y ss. y en "Estudio sobre la impugnación ante la jurisdicción contencioso-administrativa de los actos administrativos de registro" en *Doctrina PGR 1975*, Caracas, 1976, pp. 162 y ss

el objeto de producir efectos jurídicos determinados que pueden ser o la creación, declaración, modificación o extinción de una situación jurídica general"[883].

Conforme a esta noción, considerando a los actos estatales dentro de una perspectiva general, quedarían fuera de la calificación como actos administrativos, los actos cumplidos por los órganos del Poder Ejecutivo en función política y en ejecución directa de la Constitución (actos de gobierno) y que por tanto son de rango legal; los actos cumplidos por los órganos del Poder Legislativo en ejercicio directo de la Constitución, en función normativa (leyes), en función política (leyes, actos parlamentarios sin forma de ley), en función jurisdiccional (actos parlamentarios sin forma de Ley) y en función administrativa de rango legal (leyes, actos parlamentarios sin forma de ley), y los actos cumplidos por los órganos del Poder Judicial actuando en función jurisdiccional (sentencias, autos).

Ahora bien, conforme a esta definición, no sólo los actos administrativos dictados por los órganos del Poder Ejecutivo serían susceptibles de impugnación en vía contencioso-administrativa, sino también los actos administrativos dictados por los órganos del Poder Judicial[884], por los órganos del Poder Legislativo[885] y por particulares en ejercicio de potestades públicas.

Por tanto, los actos administrativos, por razones de ilegalidad e inconstitucionalidad, quedan bajo el ámbito de la jurisdicción contencioso-administrativo y por tanto, excluidos de la jurisdicción constitucional que está reservada a los actos de ejecución directa de la Constitución y a los Reglamentos del Presidente de la República, por supuesto, por motivos de inconstitucionalidad.

B. *Los actos sometidos al control de la jurisdicción judicial ordinaria: los actos judiciales*

Por otra parte, por supuesto, tampoco están sometidos al control de la constitucionalidad directa por la vía de acción popular por la Corte Suprema de Justicia, los actos judiciales; es decir, las sentencias emanadas de los Tribunales de la República realizando la función jurisdiccional y en ejercicio del Poder Judicial[886].

En este sentido ha sido tradicional la jurisprudencia de la Corte Suprema de Justicia, al negar el recurso de inconstitucionalidad contra los actos del Poder Judicial, dictados en ejercicio de la función jurisdiccional.

En efecto, en una sentencia del 28 de noviembre de 1951, la Corte Federal y de Casación, en Corte Plena, sostuvo con absoluta claridad que las decisiones judiciales no podían ser objetó del recurso de inconstitucionalidad en los términos siguientes:

---

883 Véase Allan R. Brewer-Carías, "El problema de la definición del acto administrativo" en *Libro Homenaje al Dr. Eloy Lares Martínez*.

884 Por ejemplo, las sanciones policiales impuestas por un Juez y los actos de nombramiento de personal de los tribunales.

885 Por ejemplo los actos de las Cámaras Legislativas dictados en el campo de la Administración de su personal administrativo (nombramientos remociones) o de ejecución de su presupuesto.

886 Como tampoco son susceptibles de impugnación en la vía contencioso-administrativa. Véase Allan R. Brewer-Carías, *Las Instituciones Fundamentales del Derecho Administrativo... cit.*, p. 399.

"Principio fundamental de derecho es el de que lo decidido por una sentencia firme pasa a la categoría de cosa juzgada, o sea, que el asunto así resuelto no puede ser objeto de un nuevo proceso.

La intangibilidad de la cosa juzgada se justifica plenamente por diversos motivos.

Las decisiones contenidas en una sentencia firme han de tenerse como la exacta expresión de la verdad, vale decir, de una verdad acerca de la cual no cabe suscitar dudas de ninguna clase.

Eso por una parte, pues por la otra, el sosiego colectivo, la paz social están íntimamente vinculados a la necesidad de la intangibilidad de la cosa juzgada, porque de otra manera, los litigios serían interminables con grave daño para la tranquilidad pública y los ciudadanos nunca estarían seguros de haber alcanzado la estabilidad de sus derechos.

Y la necesidad apuntada es mucho mayor que cuando se trata de la esfera de acción del derecho penal, porque en ello va envuelto el principio de la libertad y, por tanto, el de la seguridad individual, acerca de los cuales bastante se esmera la Constitución Nacional en garantizarlos plenamente.

Serían ilusorios y vanos los enunciados principios y se iría de frente contra el primordial objetivo perseguido por la Constitución y las leyes de asegurar el orden y el concierto social, si no se admitiera un respeto absoluto para los fallos firmes en materia penal, sea que ellos declaren responsabilidad en cuanto a alguna o algunas personas e impongan la pena legal, o que sean de carácter absolutorio por haberse comprobado la inocencia.

Mas, puede suceder que después, de firme una sentencia, se encuentre que el Juez sufrió un error de hecho tan manifiesto que el fallo resulte contrario a la verdad real por no haberse tomado en consideración elementos ignorados para la época en que fue dictado. En ese caso el legislador ha pensado que mantener la decisión sería la consagración de una gran iniquidad y ha permitido una excepción al principio de la *"res judicata pro veritate habetur"* mediante el recurso extraordinario llamado de invalidación de los juicios en materia civil, y Recurso de Revisión en la criminal. Pero para la admisión de ese recurso extraordinario nuestro legislador ha sido eminentemente prudente. Así refiriéndonos a la materia penal, vemos cómo el recurso de revisión sólo lo concede en las tres hipótesis previstas por el artículo 56 del Código de Enjuiciamiento Criminal. Fuera de esos casos no es permitida la revisión

Ahora bien, ¿podrían los fallos ser atacados de nulidad mediante el ejercicio de la acción de inconstitucionalidad ya mencionada?

Si se hace una revisión a las Constituciones anteriores a 1936 se encontrará que el control constitucional de la Corte estaba limitado a las actuaciones de los Poderes Legislativos, Ejecutivo y Municipal, sin que en forma alguna se refiera al Poder Judicial.

Del hecho de que, a partir de la Constitución de 1936, el legislador patrio, al determinar las facultades de esta Corte en cuanto al control constitucional, incluyera la frase: "... y en general de todos los actos del Poder Público violatorios de esta Constitución" (Art. 128, numeral 11), no es posible sacar la conclusión de que quiso incluir los actos del Poder Judicial, porque si tal hubiera sido, habría mencionado expresamente dicho Poder como menciona en efecto a los Poderes Legislativos y Ejecutivo y los actos de los Concejos Municipales. Por consiguiente la frase: "y en general, de todos los actos del Poder Público, etc.", no puede interpretarse sino como referente a esos Poderes con exclusión del Judicial.

Es cierto, como lo expresa el postulante Juan de Jesús Navas, que esta Corte en algunos fallos de años anteriores anuló varias sentencias atacadas mediante la acción constitucional en referencia.

Mas, aparte de que tal jurisprudencia no tiene ni ha tenido nunca el carácter de obligatoria, los sentenciadores, en el presente caso, después de un minucioso y detenido estudio de tan grave problema, han llegado a la conclusión de que las sentencias no pueden corregirse sino por los medios legales del procedimiento ordinario; de que los abusos, excesos, usurpaciones y, las violaciones de la Constitución que ellas puedan contener, se subsanan mediante los recursos que determinan las leyes en la marcha regular de los procesos desde sus comienzos hasta que ellos llegan a la Casación cuando procede este recurso. Tal es, por otra parte, la sana doctrina sostenida por esta Corte con anterioridad a los fallos aludidos en que se anularon varias sentencias atacadas de nulidad por la acción de inconstitucionalidad.

Admitir la procedencia de esta acción para atacar de nulidad las sentencias firmes dictadas por los Tribunales de Justicia, es admitir que toda persona, así no tenga el más remoto interés en el asunto, está autorizada para atacar de nulidad las expresas sentencias so pretexto de defender la intangibilidad de la Constitución. Y ello equivale a crear en la colectividad la zozobra y la intranquilidad. Como la dicha acción no tiene término alguno de prescripción, nunca podría considerarse estables las situaciones jurídicas creadas por una sentencia y éstas no llegarían jamás a ser firmes. Quien, como consecuencia de un proceso penal, resultase absuelto por haber probado su inocencia, lejos de estar seguro de esa situación jurídica, quedaría por el contrario, expuesto a que en cualquier tiempo se le atacase mediante la acción de inconstitucionalidad. En una palabra, el principio de la cosa juzgada caería por su base. Y todas estas consideraciones las tuvo, sin duda, en cuenta el legislador para no incluir las sentencias dictadas por los Tribunales de Justicia entre las previsiones del numeral 11 del artículo 128 de la Constitución Nacional"[887].

Esta decisión de la Corte Suprema ha sido ratificada en múltiples sentencias posteriores[888], y recientemente, la Corte Suprema de Justicia en Sala Político-Administrativa en sentencia de 18 de febrero de 1974 insistió en su incompetencia

---

887   Véase sentencia de la CFC en CP de 28-11-51, en *GF*, N° 9, 1951, pp. 58 a 65.

888   Véase, por ejemplo, sentencias de la CFC en CP de 13-3-51 en *GF.*, N° 7, 1951, p. 8 de 26-5-52 en *GF.*, N° 11, 1952, pp. 9 a 11 y de 18-7-52 en *GF.*, N° 11, 1952, pp. 51 a 53; de la CF de 31-7-53 en *GF.*, N° 1, 1953, pp. 169 a 171, de 20-5-55 en *GF.*, N° 8, 1955, pp. 66 a 99 de 23-3-56 en *GF.*, N° 11, 1965, p. 174, de 150 en *GF.*, N° 27, 1960, p. 40; y de la CSJ en SPA de 17-4-61 en *GF.*, N° 32, 1961, pp. 49 y 50 de 29-2-68 en *GF.*, N* 59, 1968, pp. 117 y 118 y de 29-10-69 en *GF.*, N° 66, 1969, p. 60.

para conocer el recurso de inconstitucionalidad contra los actos judiciales en los siguientes términos:

"El ordinal 8° del artículo 7° de la Ley Orgánica de la Corte Federal que sirve de fundamento a la demanda, en concordancia con la disposición transitoria decimaquinta de la Constitución, atribuye a la Corte la potestad de declarar, en Sala Político-Administrativa, "la nulidad de todos los actos del Poder Pública que sean violatorios de la Constitución...". Esta norma atributiva de competencia concuerda o, mejor dicho reproduce el ordinal 3° del artículo 133 de la Constitución de 1953 (derogada por la vigente), conforme al cual era atribución de la Corte Federal "declarar la nulidad de los actos del Poder Público que sean violatorios de esta Constitución".

Y en atención a que con arreglo a los artículos 40 y 49 de esa misma Constitución, el Poder Público se distribuye entre el Poder Municipal, el de los Estados y el Nacional, y éste, a su vez se divide en Legislativo, Ejecutivo y Judicial, era evidente que en conformidad con el ordinal 3° del Art. 133 ya citado, podía demandarse ante la Corte Federal, la nulidad por inconstitucionalidad de los actos jurisdiccionales, lo cual era una anomalía en nuestra legislación que consagra el sistema de la doble instancia y el recurso de casación para la revisión de tales actos, cuando fueren contrarios a derecho.

De acuerdo con la Constitución vigente tal anomalía ya no existe, pues el ámbito de la competencia de la Corte como supremo contralor de la legalidad de los actos del Poder Público queda delimitado en el artículo 215 de nuestra Carta Magna en los siguientes términos: "son atribuciones de la Corte Suprema de Justicia:

3° Declarar la nulidad total o parcial de las leyes nacionales y demás actos de los cuerpos legislativos que colidan con esa Constitución;

4° Declarar la nulidad total o parcial de las leyes estadales, de las ordenanzas municipales y demás actos de los cuerpos deliberantes de los Estados o Municipios que colidan con esta Constitución;

7° Declarar la nulidad de los actos administrativos del Ejecutivo Nacional cuando sea procedente;

10° Conocer del recurso de casación.

Al tenor de tales disposiciones, el supremo control de la legalidad de los actos del Poder Público, se hace efectivo ante la Corte así: en relación con los actos jurisdiccionales mediante el recurso de casación; respecto de los actos legislativos *(latu sensu)*, los reglamentos y en otros actos especiales de los Poderes Legislativo y Ejecutivo, por medio del recurso de nulidad por inconstitucionalidad; y en cuanto concierne a los actos administrativos, el recurso contencioso de anulación (por inconstitucionalidad o ilegalidad), en los casos en que sea procedente.

Como puede observarse, todas las vías conducen a la Corte Suprema de Justicia, pero para llegar a ella el constituyente y el legislador establecen recursos diferentes atendiendo a la naturaleza del acto impugnado. El constituyente no concede el recurso de nulidad por inconstitucionalidad contra los actos de les órganos jurisdiccionales porque considera que la infracción debe ser corregida en tales casos por los tribunales superiores al conocer en grado de la causa, o por este Supremo Tribunal gracias al recurso de casación. Dentro del sistema institucional trazado por el constituyente resulta tan absurdo impugnar una ley ante la Corte utilizando el recurso de casación o el recurso contencioso de anulación, como recurrir de un fallo dictado por un órgano de la administración de justicia mediante el recurso de nulidad por inconstitucionalidad, o el recurso contencioso-administrativo de anulación.

Aplicando estos conceptos al caso de autos es evidente a impertinencia del recurso intentado, por cuanto el acto contra el cual va dirigido el mismo, es de carácter jurisdiccional.

En consecuencia, la Corte considera inadmisible dicho recurso y así lo declara en nombre de la República y por autoridad de la Ley"[889].

Conforme a esta tradición jurisprudencial, por tanto, los actos judiciales no pueden ser objeto de la acción de inconstitucionalidad por ante la Corte Suprema de Justicia. Estos actos tienen, como se ha dicho, sus propios medios de control en los recursos ordinarios (apelación) extraordinarios (recurso de casación) o excepcionales (recurso de revisión) previstos en el Código de Procedimiento Civil[890].

3. *El rechazo de las pretendidas exclusiones de control directo de la constitucionalidad respecto de actos estatales*

Tal como se ha señalado, el sistema constitucional venezolano no admite fisuras en cuanto al control jurisdiccional de la constitucionalidad. Sea que éste se ejerza por la vía de acción directa popular de inconstitucionalidad; por la vía del control difuso; por la vía contencioso-administrativa, o de los recursos judiciales del proceso ordinario, la supremacía constitucional no admite actos que la contraríen sin que puedan ser susceptibles de control. Esta, por otra parte, ha sido la doctrina tradicionalmente sentada por la Corte Suprema. Así se deduce, por ejemplo, de lo que expresó en su sentencia del 15 de marzo de 1962:

"Porque si la regla general constitucionalmente establecida es la del pleno ejercicio del control constitucional de los actos del Poder Público, cualquier excepción a dicha regla tendría que emanar, necesariamente, de la propia Constitución. Ni siquiera una disposición legal podría sustraer alguno de aquellos actos al control antes dicho; y menos aún pueden autorizarlo los órganos jurisdiccionales como intérpretes fieles que deben ser del contenido de aquella norma. A todo evento, y, ante la duda que pudiera surgir acerca de si algún acto emanado del Poder Público es o no susceptible de revisión constitucional por acción directa, debe optarse, en obsequio a aquel amplio y fundamental principio constitucional, por admitir su examen por parte de este Alto Tribunal. La contrarío sería establecer obstáculos al control constitucional que, en ninguna for-

---

889   Véase sentencia de la CSJ en SPA de 18-2-74 en *GO.*, N° 1.657, Extraordinaria de 4-4-74, p. 35. Véase más recientemente, sentencia de la Sala Político Administrativa de 12-10-86, *Revista de Derecho Público*, N° 28, Caracas, 1986, p. 100.

890   Véase artículo 215, ordinal 10 de la Constitución. *Cfr.* sentencia de la CF de 20-5-55 en *GF.*, N° 8, 955, pp. 96 a 99; y sentencias de la CSJ en SPA de 7-11-63 en *GF.*, N° 42, 1963, pp. 240 y ss., y de 27-5-64, en *GF.*, N° 44, 1963, p. 78. Véase ordinales 30 a 34 del artículo 42 de la LOCSJ.

ma ha previsto nuestro ordenamiento jurídico. Se consagrarían así excepciones, sin respaldo legal, a la función más importante y soberana constitucionalmente atribuida, a lo largo de toda la historia patria, al más alto Tribunal de la República: la de vigilar y mantener en todo momento y en su amplia integridad el imperio de la Constitución"[891].

Sin embargo, esta sana doctrina, establecida en 1962 fue radicalmente quebrantada por la misma Corte Suprema de Justicia tres años después, en sentencia de 29 de abril de 1965, en la cual establecieron casos de actos estatales no susceptibles de control de la constitucionalidad, admitiendo que este control no era absoluto. En dicha decisión, la Corte señaló lo siguiente:

"Pero es de observar que el control jurisdiccional de la constitucionalidad intrínseca de los actos estatales no ha sido consagrado en forma absoluta, pues del estudio de la propia Constitución Nacional, de la Ley Orgánica de la Corte de Casación *(sic)* y de precedentes jurisprudenciales surgen y se justifican situaciones excepcionales en que los actos del Poder Público en sus tres ramas no están sometidos al control de la jurisdicción constitucional.

En lo tocante al Poder Legislativo Nacional existen varios casos en que sus actos están excluidos del control jurisdiccional de su constitucionalidad intrínseca, como expresamente lo estatuye el artículo 159 de la Constitución Nacional. De modo que los cuerpos legislativos, al ejercer sus atribuciones privativas, salvo lo que la misma Constitución establece sobre extralimitación de atribuciones, no están sujetos a ninguna clase de control, incluso el jurisdiccional, y por tanto ningún otro poder puede cuestionar en su aspecto privativo la validez de los actos realizados.

Por lo que respecta particularmente a la Cámara del Senado, goza ésta además de ciertas atribuciones de naturaleza política o de naturaleza discrecional que, en atención a su índole, tampoco están sometidas en su ejercicio al control constitucional, tales como: a) Autorización a funcionarios o empleados públicos para aceptar cargos, honores o recompensas de gobiernos extranjeros; b) Autorización para emplear misiones militares venezolanas en el exterior o extranjeras en el país, a solicitud del Ejecutivo Nacional; c) Autorización al Presidente de la República para salir del territorio nacional.

En lo que atañe particularmente a la Cámara de Diputados, también goza ésta del ejercicio de un derecho político no sometido en cuanto al fondo, al control objetivo de constitucionalidad, como es el da "dar voto de censura a los Ministros" en forma simple o con la consiguiente remoción del Ministro si así lo acuerdan las dos terceras partes de los Diputados presentes (artículo 153 de la Constitución Nacional).

En lo que respecta a las Cámaras en sesión conjunta también existen actos qua por su naturaleza discrecional están excluidos del control constitucional; entre ellos puede citarse: 1) Recibir y examinar el mensaje anual del Presidente de la República; 2) Examinar y aprobar o improbar las Memorias y Cuentas del

---

891   Véase sentencia de la CSJ en CP de 15-3-62 en *GO.* N° 760, Extraordinaria de 22-3-62

Despacho Ejecutivo Nacional y de cualquier otro organismo o funcionario que esté obligado a ello.

En lo que respecta al Poder Judicial, ha sido predominante la jurisprudencia de este Alto Tribunal en el sentido de que los actos del Poder Judicial no pueden ser impugnados con el recurso directo y objetivo de inconstitucionalidad. La extinguida Corte Federal y de Casación ha negado la procedencia de dicho recurso contra sentencias y otras decisiones judiciales en fallos de 8 de mayo de 1894, Memoria 1895; 11 de marzo de 1913, Memoria 1914; 12 de julio de 1914; Memoria 1915; 28 de noviembre de 1951; *Gaceta Forense* N° 11; 31 de julio de 1953, *Gaceta Forense* N° 1, 2ª Etapa...

En lo relativo a los actos que el Presidente de la República está facultado para realizar en ejercicio de sus atribuciones constitucionales, un atento examen de las mismas conduce a la conclusión de que determinadas actuaciones presidenciales, en cualquiera de los dos caracteres de Jefe de Ejecutivo Nacional o Jefe del Estado Venezolano asignados a aquél por el artículo 181 de la Constitución, están excluidos del control jurisdiccional en atención a que por su propia esencia son actos de índole eminentemente política o actos de gobierno, o de índole discrecional; situaciones en que no cabe aplicar a los motivos determinantes de la actuación el expresado control constitucional.

Entre tales actos encuéntrense según el artículo 190 de la Constitución Nacional los siguientes: Fijar el contingente de las Fuerzas Armadas Nacionales; convocar el Congreso a sesiones extraordinarias y reunir en Convención a algunos o a todos los Gobernadores de las entidades federales.

Con base en las excepciones que se han indicado en lo relativo al control jurisdiccional sobre la constitucionalidad intrínseca de los actos del Poder Público, puede sentarse la conclusión de que este control no ha sido establecido en forma rígida o absoluta, pues están sustraídas a su dominio diversas situaciones tanto en el orden legislativo, coma en el judicial y en el ejecutivo"[892].

Excepción hecha de los actos judiciales, que si bien están excluidos del control de la constitucionalidad directa, sí están sujetos a un control de la constitucionalidad a través del ejercicio de los recursos judiciales del proceso ordinario, a lo que nos hemos referido anteriormente, mediante esta sentencia, la Corte estableció su incompetencia para controlar la constitucionalidad de una serie de actos que al contrario, constitucionalmente están sujetos a dicho control o a algún tipo de control de la constitucionalidad, tal como la propia Corte, en innumerables sentencias dictadas posteriormente se ha encargado de precisar, abandonando totalmente la doctrina de 1965.

---

892   Véase sentencia de la CSJ en CP de 29-4-65 edición de la *Imprenta Nacional,* 1965, pp. 9 a 11.

4.   *El régimen de la Ley Orgánica de la Corte Suprema de Justicia y su necesaria interpretación acorde con la Constitución*

De acuerdo con lo previsto en el artículo 42 de la Ley Orgánica de la Corte Suprema de Justicia, este Tribunal, como el más alto de la República, es competente, para:

Ord. 1º   "Declarar la nulidad total o parcial de las *Leyes* y demás *actos generales* de los cuerpos legislativos nacionales que colidan con la Constitución".

Ord. 2º   "Decidir acerca de la inconstitucionalidad de las *Leyes* que solicite el Presidente de la República antes de ponerle el ejecútese, conforme al artículo 173 de la Constitución".

Ord. 3º   "Declarar la nulidad total o parcial de las *constituciones* o leyes *estatales,* de las *ordenanzas municipales* y demás *actos generales* de los cuerpos deliberantes de los Estados o Municipios, que colidan con la Constitución".

Ord. 4º   "Declarar la nulidad total o parcial de los *Reglamentos* y demás *actos de efectos generales* del Poder Ejecutivo Nacional, que colidan con esta Constitución".

Ord. 11   "Declarar la nulidad, cuando sea procedente por razones de inconstitucionalidad de los *actos* de los órganos del Poder Público, en los casos no previstos en los ordinales 3º, 4º y 6º del artículo 215 de la Constitución".

El conocimiento de la acción de inconstitucionalidad en el caso de los ordinales 1º a 4º del artículo 42 de la LOCSJ corresponde a la Corte en Pleno y el conocimiento del recurso contencioso-administrativo de anulación, también con el carácter de acción popular, en el caso del ordinal 11 del mismo artículo, corresponde a la Sala Político-Administrativa de la Corte[893].

En el primer caso, la Corte actúa propiamente en jurisdicción constitucional aún cuando en el supuesto de impugnación de los reglamentos del Ejecutivo Nacional podría considerarse que actúa como jurisdicción contencioso-administrativa; en el segundo caso, la Sala Político-Administrativa actúa en jurisdicción contencioso-administrativa.

Estas normas de la Ley Orgánica de la Corte Suprema de Justicia, en realidad son un desarrollo legislativo —aun cuando restringiéndolas— de las siguientes normas del artículo 215 de la Constitución, que asigna a la Corte Suprema en Corte Plena las siguientes atribuciones:

Ord. 3º   "Declarar la nulidad total o parcial de las *leyes nacionales* y demás *actos* de los cuerpos legislativos que colidan con esta Constitución".

Ord. 4º   "Declarar la nulidad total o parcial de las *leyes estadales,* de Ordenanzas Municipales y *demás actos* de los cuerpos deliberantes de los Estados o Municipios que colidan con esta Constitución".

---

893   Art. 43 de la LOCSJ.

Ord. 6°   "Declarar la nulidad de los *Reglamentos* y *demás actos* del Ejecutivo Nacional cuando sean violatorios de esta Constitución"[894].

Ahora bien, si se comparan ambos grupos de atribuciones —las de la Constitución y las de la Ley Orgánica de la Corte Suprema de Justicia en relación a los actos susceptibles de ser recurridos por vía de inconstitucionalidad ante la Corte Suprema de Justicia, se evidencia que la Ley Orgánica ha regulado la acción popular sólo respecto de las leyes y a los *actos de efectos generales de los órganos estatales,* quedando fuera de sus previsiones, los actos parlamentarios sin forma de Ley del Congreso y de las Cámaras Legislativas Nacionales, de efectos particulares; los actos de efectos particulares de las Asambleas Legislativas, y los actos de gobierno del Ejecutivo Nacional, de efectos particulares.

Ello por supuesto no significa, en nuestro criterio, que estos actos hayan quedado excluidos de la acción de inconstitucionalidad, tal como se verá más adelante, a pesar de la ausencia de previsión de la Ley Orgánica[895].

En todo caso, la regulación de la acción de inconstitucionalidad respecto de los *actos de efectos generales* de los órganos estatales que hace la Ley Orgánica, en parte responde a una doctrina jurisprudencial de la Corte Suprema.

En efecto, en sentencia de 14 de marzo de 1960, al referirse a la acción popular, la Corte señalaba que:

"es la que corresponde a todos y cada uno de los individuos que componen un conglomerado, para impugnar la validez de un acto del Poder Público que por tener un carácter *normativo y general,* obra *erga omnes* y por tanto su vigencia afecta e interesa a todos por igual"[896].

En una sentencia de 18 de febrero de 1971, la Corte insistió en el mismo principio:

"Es de doctrina, y así lo tiene establecido la Corte en reiterada jurisprudencia, que este recurso (de inconstitucionalidad) es el que corresponde a cualquier ciudadano, que en tal situación actúa como parte legítima, "para impugnar la validez de un acto del Poder Público, que por tener un carácter *normativo y general,* obra *erga omnes,* y por tanto su vigencia afecta e interesa a todos por igual". En tal virtud, la acción que se da en el caso a cualquiera del pueblo (de allí su denominación) está dirigida a la defensa de un interés público que es a la

---

894 De acuerdo con lo previsto en el artículo 216 de la Constitución, esas atribuciones las debe ejercer la Corte en Pleno, aun cuando se estableció en la Disposición Transitoria Decimoquinta que mientras se dictaba la Ley Orgánica de la Corte Suprema de Justicia, la atribución contenida en los ordinales 4° y 6° del artículo 215 debía ejercerse por la Sala Político-Administrativa de la Corte.

895 Por ello, la Corte en la citada sentencia de 25-1-94 ha interpretado que todo acto estatal de ejecución directa de la Constitución, sea cual fuere su contenido (de efectos generales o de efectos particulares) es susceptible de impugnación mediante la acción de inconstitucionalidad. Véase nota N° 4, *Supra.*

896 Véase sentencia de la CF de 14-3-60 en *GF.,* N° 27, 1960, pp. 129 a 131. En sentencia de 15-3-62, señalaba la Corte que la acción popular y directa de inconstitucionalidad era la "propia de los actos generales del Poder Público" en *GF.,* N° 35, 1962, pp. 203 y 204.

vez simple interés del accionante quien, por esta sola razón, no requiere estar investido de un interés jurídico diferencial o legítimo"[897].

Ahora bien, de la confrontación de esta doctrina jurisprudencial con las normas de la Ley Orgánica de la Corte Suprema de Justicia antes transcritas, resulta que se ha utilizado indistintamente la expresión "acto general" o "actos de efectos generales", siendo que su significado no necesariamente es el mismo.

En efecto, la expresión "acto de efectos generales" se emplea en nuestro criterio para identificar a los actos de contenido normativo, es decir, aquellos que establecen normas jurídicas que por su generalidad (en cuanto a que están dirigidas a un número indeterminado e indeterminable de personas) y por su valor *erga omnes,* integran el ordenamiento jurídico[898]. En este sentido, una Ley o un reglamento son actos de efectos generales. Pero la expresión "acto general" no necesariamente apunta el contenido normativo de un acto, y por tanto, a los "efectos generales" del mismo. En este sentido, hay actos generales pero que no son de efectos generales, en el sentido de que no establecen normas que forman parte del ordenamiento jurídico. A nivel de los actos de la Administración puede captarse mejor la diferencia: un Reglamento es un acto de "efectos generales" en el sentido antes señalado; pero una convocatoria a un concurso de oposición para ingresar a la función pública, por ejemplo, es un "acto general", por estar destinado a una pluralidad de personas, aun cuando no sea "de efectos generales" en cuanto a que no establece normas que integran el ordenamiento jurídico[899].

En otras palabras, los "actos de efectos generales" pueden identificarse con los "actos normativos" y por tanto, puede haber "actos generales" de contenido no normativo[900], en cuanto a que no se trata de "actos de efectos generales".

La Ley Orgánica de la Corte Suprema de Justicia, en efecto, adopta básicamente, la distinción entre "actos de efectos generales" y "actos de efectos particulares" para

---

897   Véase sentencia de CSJ en SPA de 18-2-71 en *GO.,* 1.472, Extraordinaria de 11-6-71, p. 6. Recientemente, en sentencia de 21-11-74 la Corte insistió en el mismo criterio. Véase en *GO.* N° 30.594 de 10-1-75.

898   Esta es la tesis ordinamentalista que sostiene Eduardo García de Enterría, en "Recurso contencioso directo contra disposiciones reglamentarias y recurso previo de reposición" en *Revista de Administración Pública,* N° 29, Madrid, 1950, p. 164. En particular señala que "el Reglamento forma parte del ordenamiento, sea su contenido general o particular, y el acto administrativo, aunque su contenido sea general o se refiere a una pluralidad indeterminada de sujetos no forma parte del Ordenamiento jurídico es un acto "ordenado" y no "ordinamental". Véase también en el libro del mismo autor, *Legislación Delegada, Potestad Reglamentaria y Control judicial,* Madrid, 1970, p. 240. *Cfr.* También en Eduardo García de Enterría, "Significación general del control judicial sobre las normas reglamentarias". *Archivo de Derecho Público y Ciencias de la Administración,* Instituto de Derecho Público, vol. I, 1968-1969, Caracas, 1971, p. 283.

899   Véase E. García de Enterría, *loe. cit.,* p. 163 y Lorenzo Martín-Retortillo, "Actos Administrativos Generales y Reglamentos", en *Revista de Administración Pública,* N° 40, 1963, p. 246.

900   Véase Jesús Leguina Villa, "Legitimación, Actos Administrativos Generales y Reglamentos", en *Revista de Administración Pública,* N° 49, 1966, pp. 211 a 215. En general, véase Giuseppe Santaniello, *Gli Atti amministrativi generali a contenuto non normativo,* Milano, 1963, en especial, pp. 30 y 72. En general, sobre la distinción entre acto normativa y acto no normativo. Véase Jean Marie Reinaud, *La distinction de l'Acte reglamentaire et l'Acte individuel,* París, 1966; y José Luis Meilán Gil, *La distinción entre normas y acto administrativo,* Madrid, 1967.

regular la legitimación activa en los recursos y los procedimientos[901], y entendemos que cuando emplea las expresiones "actos generales" y "actos particulares"[902], no lo hace queriendo establecer la otra distinción a que hemos hecho referencia, sino, en realidad identificando "acto general" con "acto de efectos generales" y "actos particulares" con "actos de efectos particulares". Por ello, aun cuando, como se ha visto, en el artículo 42, hable la Ley de "actos generales" (ordinales 1° y 3°) y de "actos de efectos generales" (ordinal 4°) entendemos que entre unos y otros no hay distinción en el sentido de que la Ley ha querido someter a fiscalización por inconstitucionalidad directa solamente los actos que hemos entendido como "de efectos generales", es decir, de contenido normativo.

De acuerdo a lo anterior, entonces, la Ley Orgánica de la Corte Suprema de Justicia, conforme a esta doctrina, en los ordinales 1°, 2°, 3°, 4°, del artículo 42 ha reducido el ejercicio de la acción de inconstitucionalidad ante la Corte en Pleno sólo contra las leyes y actos de efectos generales de los órganos estatales, y en particular, contra los siguientes:

Las Leyes emanadas de las Cámaras Legislativas;

Los actos de efectos generales del Congreso o de las Cámaras Legislativas;

Las Constituciones y las Leyes emanadas de las Asambleas Legislativas de los Estados;

Los actos de efectos generales de las Asambleas Legislativas de los Estados;

Las Ordenanzas Municipales;

Los actos de efectos generales de los Concejos Municipales;

Los Reglamentos dictados por el Ejecutivo Nacional;

Los demás actos de efectos generales del Poder Ejecutivo Nacional, entre los cuales están algunos actos de Gobierno;

Sin embargo, independientemente de la enumeración de la Ley Orgánica de la Corte Suprema de Justicia, es indudable que también están sometidos a control de constitucionalidad por la Corte Suprema los actos emanados de las Cámaras Legislativas y del Presidente de la República en ejecución directa o inmediata de la Constitución, aún cuando de efectos particulares, por expresa disposición de la Constitución en su artículo 215, ordinales 3° y 6°. Ello, además, ya ha sido precisado por la mayoría Corte en Pleno en la mencionada sentencia interpretativa del artículo 42, ordinal 1° de la Ley Orgánica, de 25-1-94.

De ello resulta, en todo caso, la siguiente identificación de los actos estatales como objeto de la acción popular de inconstitucionalidad: Las leyes nacionales, estadales y municipales; los actos de las Cámaras Legislativas y del Ejecutivo en ejecución directa e inmediata de la Constitución; los actos de efectos generales de

---

901   Véase por ejemplo los títulos de las secciones segunda, tercera y cuarta del Capítulo II del Título V que se refieren, respectivamente, a "De los juicios de nulidad de los actos de efectos generales", a "De los juicios de nulidad de los actos administrativos de efectos particulares"; y a "Disposiciones Comunes a los juicios de nulidad de actos de efectos generales o de actos de efectos particulares". Igual terminología emplean, por ejemplo, los artículos 112, 121, 132 y 181.

902   Por ejemplo en los artículos 132 y 134.

las Asambleas Legislativas y de los Concejos Municipales dictados en ejecución directa de la Constitución; y los Reglamentos dictados por el Presidente de la República en Consejo de Ministros.

Los otros actos estatales, es decir, los actos administrativos de efectos generales o particulares se encuentran sometidos también a control de la constitucionalidad, a través de las acciones contencioso-administrativas.

II. EL OBJETO DE LA ACCIÓN POPULAR DE INCONSTITUCIONALIDAD ANTE LA CORTE SUPREMA DE JUSTICIA EN CORTE PLENA

1. *Las Leyes*

En primer lugar, son objeto de control de la constitucionalidad por parte de la Corte Suprema de Justicia, en Corte Plena, mediante el ejercicio de la acción popular, las leyes sean éstas nacionales, estadales o municipales. En Venezuela, en efecto, conforme al sistema de distribución vertical del Poder, propio de la organización política federal, además de las Cámaras Legislativas, que dictan las leyes nacionales, tanto las Asambleas Legislativas de los Estados como los Concejos Municipales ejercen el poder normativo en sus respectivos ámbitos del Poder Público, mediante la emisión de leyes estadales o locales, estas últimas, las ordenanzas municipales. Por tanto, pueden ser objeto de la acción popular de inconstitucionalidad por ante la Corte Suprema de Justicia en Corte Plena, las leyes nacionales, las leyes estadales y las ordenanzas municipales.

A. *Las leyes nacionales*

a. *La noción de Ley*

Es indudable, que entre los actos sometidos al control de la constitucionalidad, los de mayor importancia son las leyes, en virtud de su rango y en la mayoría de los casos, de su generalidad.

Ahora bien, la Constitución define como Ley a "los actos que sancionen las Cámaras como cuerpos colegisladores"[903] por lo que para precisar la noción de Ley, en el ordenamiento constitucional venezolano, basta un criterio orgánico-formal: actos que sancionen las Cámaras Legislativas actuando como cuerpos colegisladores, sin atender al contenido del acto ni a sus efectos generales o carácter abstracto.

Tal como lo ha precisado con claridad la Corte Suprema de Justicia:

"Acoge sólo la Constitución esa forma simple pero precisa para tipificar dicho concepto, lo que significa que la mera circunstancia de que una norma sea sancionada por las Cámaras como cuerpos colegisladores basta para que figure como Ley dentro de nuestro ordenamiento jurídico. Este concepto, claro y preciso de lo que la Constitución concibe como Ley, no admite ni puede admitir interpretaciones contrarias a su texto, ni menos aún la asignación de otros requisitos o condiciones que, si bien pueden ser atribuibles o procedentes en le-

---

903   Art. 162.

gislaciones donde el concepto de Ley obedece a otros criterios doctrinales, en manera alguna son adecuados al que terminantemente se fija en la Constitución venezolana"[904].

Esta interpretación precisa y terminante de la Corte en 1962, condujo a dar por concluida la vieja polémica originada por la distinción entre leyes formales y leyes materiales, y que planteaba la impugnabilidad por la vía del recurso de inconstitucionalidad de sólo las leyes con contenido normativo (leyes materiales). En efecto, en una sentencia de 5 de marzo de 1937, la antigua Corte Federal y de Casación, sostuvo que el control de la constitucionalidad de las leyes se limitaba a las leyes materiales, en los siguientes términos:

"Se contrae el control de las normas jurídicas, para someterlas a los preceptos de la Constitución e impedir toda trasgresión por parte del Poder Legislativo, al dictar esas normas, de las garantías individuales consagradas en el mismo Pacto Fundamental. Las normas jurídicas integradas en parte por las leyes, implican un mandato general y abstracto, que impone reglas de conducta válidas para todos y para casos abstractamente determinados; por lo cual el Poder Legislativo, en su función normativa, procede generalizando. Cuando ejerce esta función elabora las leyes en sentido material, que tienen todas las características de la ley propiamente dicha; mientras que cuando colabora con el Poder Ejecutivo en la Administración Pública, ejecuta actos administrativos aun cuando ellos estén revestidos de la forma extrínseca de la ley, y son estos actos los que la doctrina del derecho constitucional denomina leyes formales. Estos no tienen el contenido de la ley propiamente dicha, porque no establecen reglas de conducta para todos, no contienen un mandato general y abstracto, sino que se refieren a relaciones concretas, a casos particulares: son providencias administrativas o actos de administración pública en forma de ley. Tal lo que sucede en la llamada ley que aprueba un contrato o un convenio de interés nacional"[905].

La posición de la Corte, sin embargo, no fue siempre consecuente con esa doctrina, y en sentencias de 1937 y 1938 declaró la nulidad de diversas leyes formales[906], es decir, de efectos particulares.

Sin embargo, y en base a la definición de la Constitución de 1962 según la cual "para calificar de Ley una norma de derecho, basta únicamente determinar si es o no un acto sancionado por las Cámaras como cuerpos colegisladores"[907], la Corte Suprema de Justicia al conocer de la demanda de nulidad de una Ley aprobatoria de un contrato de interés general, declaró su competencia para ello considerando que:

---

904 Véase sentencia de la CSJ en CP de 15-3-62 en *GO.*, N° 760, Extraordinaria de 22-3-62.

905 Véase sentencia de la CFC en SPA de 5-5-37 en *M., 1938,* pp. 226 a 299.

906 Véase sentencias de la CFC de 16-11-37 en *M., 1938,* p. 339 por la cual declaró la nulidad de la Ley que decretó el estudio y trazado de un ferrocarril; de la CFC de 26-11-37 en *M., 1938,* p. 350 por la cual declaró la nulidad de una Ley especial que autorizó un préstamo a una Municipalidad; y de la CFC de 22-12-37, *M., 1938,* p. 381, por la cual declaró la nulidad de leyes especiales contentivas de donaciones a diversas municipalidades.

907 Véase sentencia de la CSJ en CP de 15-3-62 en *GO.*, N° 760, Extraordinaria de 22-3-62.

"En nada influye, respecto a este criterio, que doctrinalmente se establezca distinción entre *Ley formal* y Ley material; porque constitucionalmente no se refleja tal distinción en nuestro ordenamiento legal, y mal puede por ello el intérprete hacer diferenciaciones de tipo doctrinal en materia en que el constituyente ha sido claro, preciso y terminante. Por consiguiente: llámesela Ley material o llámesela Ley formal, si el acto que la determina emana de las Cámaras como cuerpos colegisladores, queda comprendido bajo el citado concepto constitucional de Ley"[908].

Como consecuencia de lo anteriormente señalado, el control de la constitucionalidad de las leyes que corresponde, por vía de acción, a la Corte Suprema de Justicia en Corte Plena, se ejerce sobre cualquier clase de ley: Ley Orgánica o Ley Ordinaria, de contenido normativo o de efectos particulares; basta que se trate de un acto que emane de las Cámaras Legislativas actuando como cuerpos colegisladores.

Por supuesto, el control de la constitucionalidad de las leyes procede, en principio, con respecto a las leyes que han cumplido todos los requisitos de eficacia, es decir, que han sido promulgadas, y que por tanto, surten sus efectos. Esto plantea, sin embargo, varios tipos de problemas relativos al control de la constitucionalidad de las leyes sancionadas pero no promulgadas; de las leyes promulgadas pero no vigentes; de las leyes derogadas y de las leyes de vigencia temporal.

b. *La impugnación de leyes no promulgadas*

En efecto, en cuanto a las leyes sancionadas por el Congreso pero no promulgadas por el Presidente de la República, ya nos hemos referido al sistema de control preventivo de la constitucionalidad de las leyes ejercido por la Corte Suprema a instancia del Presidente de la República, como consecuencia de sus poderes de veto, en el proceso de la formación de las leyes.

Podría plantearse el problema, sin embargo, de si los particulares podrían intentar un recurso de inconstitucionalidad de una ley sancionada pero no promulgada. Según una tradicional doctrina de la Corte Suprema, sí era posible. Por sentencia de 6 de junio de 1940, en efecto, la Corte sostuvo lo siguiente:

"Un proyecto de ley votado por la Asamblea Legislativa, es ya una Ley en potencia, si bien inejecutable todavía, por faltarle la sanción presidencial. Cuando esta se efectúa, es ya una ley ejecutable, pero que, sin embargo, carece aún de la cualidad de ser obligatoria *erga omnes,* por no haberse hecho su publicación en el órgano oficial. Mas, como en cualquiera de esos tres estados o penados de una Ley, contra ella puede ya actuarse en nulidad por vía judicial; "las leyes son perfectas como obra legislativa, para el voto de los Cámaras; ejecutorias, por la promulgación y obligatorias, por la publicación. El interés jurídico de la acción en nulidad estribará, pues, en que si la Ley está en su primer estado, no se la promulgue; si ha sido promulgada no se la publique, y si ya ha sido publicada, no sea obligatoria"[909].

---

908   *Idem.*

909   Véase sentencia de la CFC en SPA de 6-6-40 en *M., 1U1,* pp. 167 y 168.

Sin embargo, el problema radica aquí en la legitimación que la nueva Ley orgánica requiere para que se interponga el recurso de inconstitucionalidad. El artículo 112 de la Ley exige que la Ley afecte al recurrente en sus derechos o intereses. Ahora, ¿cómo pueden éstos quedar afectados si la Ley no ha entrado en vigencia? Por tanto, en principio, los particulares no tendrían posibilidad de ejercer el recurso directo de inconstitucionalidad contra las Leyes sancionadas y no promulgadas; sólo el Presidente de la República como se ha visto, podría cuestionarla.

c.   La impugnación de leyes promulgadas pero aún sin vigencia

Las leyes, conforme se señala en la Constitución, quedan promulgadas al publicarse con el correspondiente "cúmplase" en la *Gaceta Oficial* de la República[910]. No distingue por tanto, la Constitución vigente, el momento de la promulgación propiamente dicha (cúmplase) con el de la publicación, produciéndose la confusión que Joaquín Sánchez-Covisa ya advertía en 1943[911].

En todo caso, conforme lo precisa el Código Civil en su artículo 1°, "La Ley es obligatoria desde su publicación en la *Gaceta Oficial* o desde la fecha posterior que ella misma indique" con lo que el inicio de su vigencia se sitúa, en principio, en el momento de la publicación [912].

Pero la propia Ley puede establecer un momento distinto de la publicación para su entrada en vigencia. En algunos casos, inclusive, esta *vacatio legis* es obligatoria. En materia de leyes tributarias, en efecto, la Constitución exige que "la Ley que establezca o modifique un impuesto u otra contribución deberá fijar un término previo a su aplicación. Si no lo hiciere, no podrá aplicarse sino sesenta días después de haber quedado promulgada"[913], es decir, después de haber sido publicada. El sistema de la *vacatio legis,* en todo caso, es bastante frecuente en nuestro ordenamiento jurídico.

Ahora bien, el problema a plantearse en relación al control de la constitucionalidad de las leyes en este caso, es la posibilidad de ejercer el recurso de inconstitucionalidad contra leyes promulgadas pero no vigentes, durante el lapso de la *vacatio*. La Ley, en estos casos, no hay duda, puede producir ciertos efectos. El primero precisamente es abrir la *vacatio legis,* y el hecho de que aún no haya entrado en vigencia ni le quita el carácter de ley ni los efectos que puede, en ese lapso, producir. Por tanto, como toda Ley, podría ser objeto de un recurso de inconstitucionalidad con el objeto, precisamente, si se resuelve a tiempo, de que no entre en vigencia. El problema, en todo caso, se sitúa, conforme a la nueva Ley Orgánica de la Corte Suprema de Justicia, en la exigencia de que para que la Ley sea recurrible debe afectar los derechos o intereses del recurrente[914]. ¿Puede una Ley que no ha entrado en vigen-

---

910   Art. 174.

911   V. Joaquín Sánchez-Covisa, *La vigencia temporal de la Ley en el Ordenamiento Jurídico Venezolano,* Caracas, 1956, p. 58.

912   En igual sentido, la Ley de Publicaciones Oficiales de 22-7-41 establece que "Las leyes entrarán en vigor desde la fecha que ellas mismas señalen; y, en su defecto desde que aparezcan en la *Gaceta Oficial...*" (Art. 2).

913   Art. 226.

914   Art. 112.

cia afectar los derechos e intereses de una persona? Indudablemente que no. La vigencia es el momento de la entera eficacia de la Ley, por lo que en el lapso de la *vacatio legis,* la Ley no puede afectar derechos e intereses algunos. Esta restricción a la acción popular introducida por la Ley Orgánica, necesariamente, conduce a la apreciación de que no podrían ser objeto del recurso de inconstitucionalidad las leyes promulgadas pero aún sin vigencia.

d.   *La impugnación de leyes derogadas*

Pero en el otro extremo de la vida de las leyes, la cuestión relativa a la posibilidad de impugnar por vía del recurso de inconstitucionalidad, las leyes ya derogadas, también se ha planteado, y su solución depende evidentemente de los efectos de la sentencia declaratoria de nulidad por inconstitucionalidad. Si tiene efectos constitutivos, *pro futuro,* no hay duda, en principio, que sólo las leyes vigentes pueden ser objeto del recurso de inconstitucionalidad[915].

En efecto, puede decirse, con base en esta alternativa, que las decisiones de la Corte con posterioridad a 1949 han sido denegatorias de las solicitudes de nulidad de leyes derogadas. En efecto, si bien en 1940 la Corte Suprema sostuvo que había interés en demandar la nulidad de una ley derogada, pues "la anulación obra retroactivamente y suprime todos los efectos que había producido la aplicación de la ley nula"[916], ese criterio ha sido cambiado radicalmente a partir de 1949, no sólo en relación a la no admisibilidad de recursos de inconstitucionalidad de leyes ya derogadas, sino en relación a los efectos sólo constitutivos de las sentencias de la Corte declaratorias de nulidad por in-constitucionalidad de las leyes. En efecto, en 1949, la Corte sostuvo que "las facultades constitucionales de control de la Constitución de este Alto Tribunal sólo se refieren a leyes vigentes", por lo que al solicitarse la nulidad por inconstitucionalidad de una ley derogada "la Corte carece de materia sobre qué decidir"[917]. Posteriormente, en 1966, la Corte ha sostenido el mismo criterio, al precisar que entre las circunstancias determinantes de la relación procesal en el recurso de inconstitucionalidad, "tiene especial relieve la existencia misma del acto impugnado por inconstitucionalidad, cuya validez o nulidad viene a constituirse, precisamente, en la materia u objeto del proceso", por lo que al solicitarse la nulidad de un acto que ya ha cesado en su vigencia, el recurso, carece de objeto[918].

Por otra parte, mediante sentencia de 6 de diciembre de 1973, con motivo de la impugnación de un Acuerdo del Concejo Municipal del Distrito Federal, derogado posteriormente por una Ordenanza, la Corte Suprema de Justicia ratificó el criterio señalado en los siguientes términos:

---

915   Véase Allan R. Brewer-Carías, *Derecho Administrativo,* tomo I, Caracas, 1975, pp. 334 y ss.

916   Véase sentencia de la CFC en SPA de 13-1-40 en *M., 1941,* p. 102. En esta sentencia, por contraposición a la nulidad, la Corte señalaba que "la derogatoria obra sólo para el futuro. Deja en pie los actos realizados en aplicación de la Ley derogada. En cambio, la nulidad abra retroactivamente y suprime todos los efectos que había producido la aplicación de la ley nula. El interés que hubo para demandar la nulidad subsiste, pues, aun después de la revocatoria por derogación".

917   Véase sentencia de la CFC en PC de 21-3-49 en *GF.,* N° 1, 1949, pp. 13 a 15.

918   Véase sentencia de la CSJ en SPA de 20-1-66 en *GF.,* N° 51, 1968, pp. 13 y 14.

"Ahora bien, por efecto de la promulgación de la citada Ordenanza, el recurso interpuesto en este procedimiento carece, para el momento, de toda finalidad y objeto, en virtud de que el Acuerdo impugnado de nulidad fue derogado y sustituido por la Ordenanza en vigor. En este mismo orden de razones, cualquier vicio o defecto que pudiera haber padecido el mencionado Acuerdo, habría quedado remediado por el nueva estatuto, sancionado y promulgado conforme a la Ley y el cual vendría a ser el instrumento cuestionable, si se objetara nuevamente la personalidad jurídica de la "Fundación Caracas". En consecuencia, el presente recurso de nulidad carece de objeta, y por tal motivo, resulta inútil la decisión que se pronuncie sobre sus planteamientos"[919].

Como consecuencia de esta doctrina jurisprudencial, y tal como se verá, siendo los efectos de la sentencia declaratoria de inconstitucionalidad de carácter constitutivo, es decir, hacia el futuro, no hay duda de que las leyes derogadas no pueden ser impugnadas por el recurso de inconstitucionalidad[920], salvo que la impugnación se fundamente en la nulidad absoluta prevista en los artículos 46 y 119 de la Constitución.

e.   *La cuestión de impugnación de leyes de vigencia temporal*

Siguiendo los mismos planteamientos formulados respecto de las leyes derogadas en cuanto a su no impugnabilidad por la vía del recurso de inconstitucionalidad, puede decirse también que las leyes de vigencia temporal, como las leyes anuales de presupuesto, al perder su vigencia por cesación de sus efectos, tampoco podrían ser impugnadas. Este ha sido el criterio de la Corte Suprema de Justicia, quien al conocer de un recurso de inconstitucionalidad de una Ley de presupuesto estatal, señaló:

"Cierto es que las leyes se derogan por otras leyes, pero es obvio que leyes de la naturaleza de la impugnada pierden su vigencia al cumplir la finalidad para la cual fueron promulgadas, por lo cual es evidente que al perder vigencia la ley en cuestión carece de sentido práctico proceder al análisis, y posterior pronunciamiento, acerca de los presuntos vicios y colisiones denunciados por los demandantes"[921].

f.   *La cuestión de impugnación de las leyes aprobatorias de Tratados Internacionales*

a'.   *Los principios generales*

De acuerdo a la Constitución, "los tratados o convenios internacionales que celebre el Ejecutivo Nacional deberán ser aprobados mediante ley especial para que tengan validez, salvo que mediante ellos se trate de ejecutar o perfeccionar obliga-

---

919   Véase sentencia de la CSJ en SPA de 20-1-66, en *GF.*, Nº 1.649, Extraordinaria de 29-4-74.

920   Este criterio fue ratificado por la Corte Plena en sentencia de 1996 que declaró no tener materia sobre la cual decidir, al resolver la impugnación de los Decretos de Suspensión de Garantías de 1994 que ya habían sido derogados para el momento de la decisión. Consultada en original.

921   Véase sentencia de la CSJ en SPA de 7-4-75 en *GO.*, Nº 1.754, Extraordinaria de 19-6-75.

ciones preexistentes de la República, de aplicar principios expresamente reconocidos por ella, de ejecutar actos ordinarios en las relaciones internacionales o de ejercer facultades que la ley atribuya expresamente al Ejecutivo Nacional"[922]. Salvo estas últimas excepciones que permiten a los tratados o convenios tener validez en la República con la sola ratificación ejecutiva, los tratados requieren ser aprobados por una ley especial para que tengan validez en el país. Esta exigencia plantea, sin duda, la discusión relativa a la impugnabilidad de las leyes aprobatorias de Tratados Internacionales por ante la Corte Suprema de Justicia con motivo de un recurso de inconstitucionalidad.

Si se admite el principio de la supremacía constitucional y de la existencia de un control de la constitucionalidad de las leyes —actos sancionados por las Cámaras Legislativas actuando como cuerpos colegisladores cualquiera sea su contenido— previstos en la Constitución, no hay duda en considerar que las leyes aprobatorias de Tratados Internacionales pueden ser impugnadas ante la Corte Suprema de Justicia por vía de inconstitucionalidad como cualquier otra Ley. Tal como lo ha señalado la Corte Suprema de Justicia:

> "si la regla general constitucionalmente establecida es la del pleno ejercicio del control constitucional de todos los actos del Poder Público, cualquier excepción a dicha regla tendría que emanar, necesariamente, de la propia Constitución. Ni siquiera una disposición legal podría sustraer alguno de aquellos actos al control antes dicho; y menos aún pueden autorizarlo los órganos jurisdiccionales como intérpretes fieles que deben ser del contenido de aquella norma. A todo evento, y, ante la duda que pudiera surgir acerca de si algún acta emanado del Poder Público es o no susceptible de revisión constitucional por acción directa, debe optarse, en obsequio a aquel amplio y fundamental principio constitucional, por admitir su examen por parte de este Alto Tribunal"[923].

Conforme a esta doctrina, que responde a la más clara interpretación del ordenamiento constitucional, la Corte Suprema de Justicia debe entrar a considerar el recurso de nulidad por inconstitucionalidad que se intente contra *una Ley aprobatoria* de un Tratado Internacional. En tal sentido, el ordinal 3° del artículo 215 de la Constitución es terminante: Si las leyes aprobatorias de tratados son *leyes,* caen bajo el control de la constitucionalidad de la Corte Suprema.

b'.   *El criterio de la Corte Suprema de Justicia en 1965*

En efecto, mediante sentencia de 29 de abril de 1965, dictada por la Corte Plena, ésta señaló que carecía de competencia para conocer y declarar la nulidad absoluta, parcial o total de la ley aprobatoria del Tratado de Extradición que la República de Venezuela tiene celebrado con los Estados Unidos de América"[924].

---

922   Art. 128.

923   Véase sentencia de la CSJ en CP de 15-3-62, en *GO.,* N° 760, Extraordinaria de 22-3-62.

924   Véase el texto en *Gaceta Oficial* N° 958 Extra, de 21-5-65; y en la ubicación: *Sentencia por la cual se declara sin lugar la demanda de nulidad de la Ley Aprobatoria del Tratado de Extradición Venezuela-USA,* Imprenta Nacional, Caracas, 1965, pp. 12 y ss.

Los argumentos en los cuales se basó la Corte, en resumen, fueron los siguientes:

1.   El principio *pacta sunt servanda* que condiciona todo el derecho internacional público, y en especial, el derecho de los tratados y que implica que "en el cumplimiento de los tratados están comprometidos la buena fe, la responsabilidad y el honor de las altas partes contratantes".

2.   La exigencia del artículo 129 de la Constitución que ordena la inclusión, en los tratados internacionales de "una cláusula por la cual las partes se obliguen a decidir por las vías pacíficas reconocidas en el derecho internacional... las controversias que pudieran suscitarse entre las mismas con motivo de su interpretación o ejecución", lo que .según el decir de la Corte Suprema, pone de manifiesto la intención del Poder Constituyente de "sustraer los tratados internacionales, una vez celebrados y perfeccionados, al control jurisdiccional de constitucionalidad", dejando abierta la posibilidad de resolver los conflictos "entre la Constitución y el Tratado por las vías aceptadas por el derecho internacional".

Agregó la Corte, en consecuencia, que "en los Tratados interestatales, la propia Constitución, reconociendo la igualdad de las partes, los excluye del control jurisdiccional de constitucionalidad y ordena que en relación con dichos tratados las divergencias sean resueltas por las vías reconocidas en el derecho internacional o por las previamente convenidas por las partes contratantes".

3.   "Las diferencias derivadas de la interpretación o ejecución de un tratado internacional, se refieren exclusivamente a las partes contratantes, a los Estados signatarios del acuerdo, pero en modo alguno a los ciudadanos o súbditos de los Estados intervinientes, pues si bien el tratado internacional puede adoptar en el derecho interno la forma de una ley conforme a la definición que acoja cada técnica constitucional, sigue, no obstante, conservando en la esfera internacional la naturaleza intrínseca de una convención, de un acuerdo de voluntades entre Estados, y como tal, sólo extinguible por las vías aceptadas en el derecho de gentes o por los otros medios previstos por el consentimiento de los contratantes". Concluye la Corte señalando, que "ningún Estado ostenta poder jurídico para hacer prevalecer el imperio de sus propias leyes sobre las de otro, y como quiera que no existe un tercer poder o norma supraestatal con autoridad incontestable sobre los miembros de la comunidad internacional, es preciso concluir que los órganos jurisdiccionales de los Estados vinculados por un tratado internacional no pueden anularlo total o parcialmente por sí y ante sí, unilateralmente, aduciendo razones de orden jurídico interno".

4.   El hecho de que una Ley aprobatoria de un tratado sea inconstitucional, sin embargo, según la Corte, no implica que Venezuela tendría que aceptar o soportar pasivamente la vigencia de esa ley inconstitucional; y ello por las siguientes razones dadas por la Corte:

a)   Porque la Constitución no pierde su vigencia por el hecho de la inconstitucionalidad de aquella Ley.

b)   La antinomia entre la Constitución y la ley aprobatoria debe ser resuelta "en favor de nuestros conceptos constitucionales pero no por la vía jurisdiccional de anulación unilateral, sino por las vías reconocidas en el derecho internacional: la denuncia del tratado, por ejemplo". De manera que "ante la imposibilidad jurídica del máximo organismo jurisdiccional para declarar e imponer la nulidad del expresado Tratado, entraría a funcionar entonces la cooperación prevista en el artículo 118 de la Constitución" entre las diversas ramas del Poder Público.

c)   Porque, "aunque el Estado venezolano carece de poder jurídico para anular jurisdiccionalmente por sí y ante sí con efectos *erga omnes"* un Tratado, "es indudable que en cada caso concreto de colisión sometido a su decisión, los tribunales venezolanos deben aplicar por mandato legal la norma constitucional con preferencia a cualquier otro texto de ley, incluso los tratados internacionales", tal como se regula en el artículo 20 del Código de Procedimiento Civil.

d)   Y por último, según afirmó la Corte, "porque durante el proceso de formación de un tratado internacional, los ciudadanos pueden impugnar jurisdiccionalmente, la inconstitucionalidad de la Ley promulgada para la aprobación de los mismos, siempre que ejerzan la acción antes del acto de ratificación".

5.   La última argumentación que formuló la Corte Suprema radica en "la naturaleza *sui géneris* del contenido de la Ley aprobatoria de un tratado internacional", caracterizada por los siguientes elementos:

a)   En la Ley aprobatoria de un Tratado, "el Poder Legislativo tiene que limitarse a aprobar o negar la celebración del convenio sin poderlo alterar en ninguna de sus cláusulas".

b)   "Los Tratados, después de ser aprobados por el Congreso, no pueden ser reformados por éste".

c)   La promulgación de las leyes aprobatorias de tratados queda a discreción del Ejecutivo Nacional (Art. 176 de la Constitución).

d)   La promulgación de la Ley aprobatoria de un Tratado, no le imparte fuerza vinculante en la esfera internacional, lo que depende de la ratificación.

e)   En la promulgación de la Ley aprobatoria de un Tratado el Presidente de la República actúa como Jefe del Estado.

f)   Las leyes aprobatorias de Tratados no se derogan por otras leyes, sino por las formas autorizadas en el derecho internacional, y "en el absurdo supuesto —dice la Corte— de que el Congreso derogara por otra Ley especial la aprobatoria de un Tratado Internacional, tal acto sería jurídicamente irrelevante en la esfera internacional".

c'.   *Las críticas de la doctrina de la Corte de 1965*

La doctrina de la Corte Suprema de Justicia, expresada en el fallo reseñado de 1965, sin lugar a dudas, no sólo era contradictoria con su propia doctrina anterior, sino que era atentatoria contra el ordenamiento constitucional venezolano, construido sobre el principio de la supremacía constitucional y del control de la constitucionalidad a cargo de la propia Corte Suprema de Justicia.

El problema frente a las leyes aprobatorias de los Tratados y su posibilidad de control constitucional, radica sin embargo en una confusión en que incurrió la Corte Suprema entre el acto aprobatorio —Ley— y el acto aprobado —Tratado—, confusión que ha sido disipada por la doctrina[925]. En efecto, en el caso de Leyes aprobatorias de Tratados "se trata de dos actos diferentes, unidos entre sí por algún vínculo jurídico, pero los dos actos tienen naturaleza jurídica diferente"[926]: el acto de aprobación, es un acto de control (Ley aprobatoria) y por tanto accesorio; el Tratado que se aprueba, acto controlado, es el acto principal. Dada la naturaleza de acto de control, la Ley aprobatoria no podría ser libremente modificada, o derogada, pues el acto de control se agota al darse o no la aprobación.

Ahora bien, siendo dos actos distintos, la Ley aprobatoria y el Tratado Internacional, no hay duda de que la Ley aprobatoria sería impugnable por vía del recurso de inconstitucionalidad, no así el Tratado en sí mismo. Si mediante una Ley se aprueba un Tratado con cláusulas contrarias a la Constitución, en el orden jurídico venezolano, la Ley sería inconstitucional (al aprobar un acto inconstitucional) y la misma podría ser objeto de un recurso de inconstitucionalidad.

Como se señaló, la Ley aprobatoria y el Tratado son actos distintos, de allí que la declaratoria de nulidad de la primera no afecta jurídicamente al Tratado ni al principio *pacta sunt servanda*. El Estado venezolano estaría sujeto internacionalmente al Tratado cuya Ley aprobatoria sea declarada nula, hasta tanto no se le ponga fin por las vías del derecho internacional. Por supuesto, la declaratoria de nulidad de la Ley aprobatoria, conforme al artículo 118 de la Constitución, debería provocar la inmediata denuncia del Tratado.

Por otra parte, el argumento de la Corte de que el artículo 129 de la Constitución implica la exclusión del control de la constitucionalidad de las leyes aprobatorias de Tratados no tiene fundamento alguno, ni en el texto constitucional ni en el derecho internacional. Un problema es la solución pacífica de controversias y otro el control de la constitucionalidad de las leyes.

Además, es absurdo sostener que las leyes aprobatorias de Tratados puedan inaplicarse en casos concretos, por cualquier juez en Venezuela mediante el ejercicio del control difuso de la constitucionalidad (Art. 20 CPC), como lo sostuvo la Corte, y que en cambio no puedan ser objeto de control directo. Los argumentos que dio la Corte para declararse incompetente para conocer del recurso de inconstitucionalidad contra una Ley aprobatoria de un Tratado, también deberían ser válidos para el ejercicio de control difuso de la constitucionalidad. Por último pretender que habría un recurso directo de inconstitucionalidad de la Ley aprobatoria de un Tratado después de sancionada pero antes de que se ratifique por el Ejecutivo Nacional, no parece tener sentido, pues la supremacía constitucional no puede estar sujeta al acto de ratificación.

Por otra parte, el hecho de que la Ley aprobatoria de un Tratado sea de naturaleza *sui generis* no es más que una consecuencia de la distinción apuntada entre el acto de control —Ley aprobatoria— y el acto controlado —Tratado—. Como acto de control, la Ley aprobatoria se limita a aprobar el Tratado, no puede, por supuesto, introducirle modificaciones, ni puede ser reformada o derogada posteriormente.

---

925 Véase Gonzalo Pérez Luciani, "El control jurisdiccional de la constitucionalidad de leyes aprobatorias de Tratados Internacionales", en *RFD,* UCAB, N° 4, Caracas, 1966-1967, pp. 293 y ss.

926 *Idem.*, p. 329.

Pero el hecho de que sea una Ley especial *sui generis* no le quita su carácter de Ley, susceptible de ser controlada por inconstitucional por la Corte Suprema de Justicia.

Por supuesto, el problema de la declaratoria de inconstitucionalidad de las leyes aprobatorias de Tratados, radica en los efectos de tal declaratoria en el ámbito de las obligaciones internacionales de la República.

En efecto, la declaratoria de nulidad, por inconstitucionalidad, de una Ley aprobatoria de un Tratado internacional, por la Corte Suprema de Justicia implica, necesariamente y por la colaboración que los poderes del Estado deben tener entre sí, que el Ejecutivo Nacional debe poner fin al Tratado por las vías autorizadas por el derecho internacional público. Por supuesto, esto puede comprometer la responsabilidad internacional de la República, la cual debe ser asumida por el Estado. Lo que sí resulta inadmisible es que frente a un eventual compromiso de la responsabilidad internacional de la República se argumente que debe mantenerse una situación de inconstitucionalidad en el ámbito interno. Esto, en realidad, lo que puede comprometer es hasta la responsabilidad personal de los funcionarios que apliquen el acto inconstitucional en el país.

En todo caso, la supremacía constitucional y el control de la constitucionalidad de las leyes no pueden ser sacrificados por los compromisos internacionales. La República debe asumir éstos, y sus responsabilidades internacionales, cuando una Ley aprobatoria de un Tratado sea declarada nula, por inconstitucionalidad, por la Corte Suprema[927].

d'. *El criterio de la Corte Suprema de Justicia en 1990*

Ahora bien, la Corte Suprema de Justicia en Corte Plena, en una importante sentencia del 10-7-90 en la cual declaró sin lugar una acción de inconstitucionalidad de un artículo de la Ley Aprobatoria del Acuerdo de Cartagena, puede decirse que cambió radicalmente su doctrina de 1965, admitiendo la posibilidad de la impugnación de las leyes aprobatorias de Tratados internacionales[928].

En efecto la Corte Suprema de Justicia, en Corte Plena, con el voto favorable de ocho Magistrados y siete votos salvados, en sentencia del 10 de julio de 1990[929], declaró sin lugar la acción popular de in-constitucionalidad que el Dr. José Guillermo Andueza intentó contra el Parágrafo Primero del artículo Único de la Ley Aprobatoria del Acuerdo de Cartagena, y otras decisiones de la Comisión del Acuerdo de 1973 *(Gaceta Oficial* N° 1.620 de 1-11-73), que estableció lo siguiente:

> "Las decisiones de la Comisión del Acuerdo de Cartagena que modifiquen la legislación venezolana o sean materia de la competencia del Poder Legislativo, requieren la aprobación, mediante Ley, del Congreso de la República".

---

927 Véase en general sobre el tema José Gabriel Sarmiento Núñez, "El control de la constitucionalidad de las leyes y de los Tratados" en *Libro Homenaje al Doctor Eloy Lares Martínez,* Tomo II, Caracas, 1984, pp. 705 y ss.

928 Allan R. Brewer-Carías, "El control de la constitucionalidad de las leyes aprobatorias de Tratados internacionales y la cuestión constitucional de la integración latinoamericana", *Revista de Derecho Público,* N° 44, 1990, pp. 225-229.

929 Véase en *Revista de Derecho Público,* N° 44, 1990, pp. 96-101.

El recurrente había denunciado la inconstitucionalidad de esta norma, invocando los artículos 108, 128, 139, 190, ordinales 1°, 5° y 8° y 241 de la Constitución, y fundamentando su petición, básicamente, en los artículos 128 y 190, ordinales 1° y 5° de la Constitución. La Corte Plena consideró, finalmente, que "en la norma impugnada no se incurrió en violaciones de la Constitución venezolana, por lo cual la nulidad no procede", declarando sin lugar la demanda de nulidad y señalando que "En consecuencia, esa norma mantiene y conserva plena vigencia, validez y eficacia".

La Corte Suprema, para dictar su sentencia del 10-7-90, hizo referencia a la doctrina establecida en una sentencia anterior, de 29-4-65 (*Gaceta Oficial* N° 958 Extra. de 21-5-65) en la cual había declarado que carecía de competencia para conocer y declarar la nulidad absoluta, parcial o total de leyes aprobatorias de Tratados, y en el caso específico, de la Ley Aprobatoria del Tratado de Extradición que la República de Venezuela tiene celebrado con los Estados Unidos de América. Dicha sentencia, como lo hemos señalado, criticada por nosotros[930], pues la consideramos atentatoria contra el ordenamiento constitucional venezolano, construido sobre el principio de la supremacía constitucional y del control de la constitucionalidad a cargo de la propia Corte Suprema, que impide que existan actos estatales excluidos de dicho control. Por tanto, una Ley aprobatoria de un Tratado —no el Tratado en sí mismo— siempre es susceptible de ser impugnada de inconstitucionalidad, independientemente de los efectos —responsabilidad internacional del Estado y denuncia del Tratado— que puedan resultar de la anulación total o parcial de la Ley.

Ahora bien, frente a la tesis de que la Corte Suprema carecía de competencia para conocer y declarar la nulidad por inconstitucionalidad de una Ley aprobatoria de un Tratado sentada en 1965, se destaca ahora la tesis diametralmente contraria establecida en la sentencia de 10-7-90, en la cual la Corte Suprema entró a conocer de la inconstitucionalidad de un artículo de la Ley aprobatoria de un Tratado, si bien el resultado fue el haber declarado sin lugar el recurso.

El cambio de jurisprudencia puede decirse que ha sido radical, no teniendo ningún sentido ni relevancia la "justificación" que la Corte Suprema consignó en su sentencia para entrar a conocer de la inconstitucionalidad parcial de la Ley aprobatoria del Tratado del Acuerdo de Cartagena. En efecto, la Corte señaló que la sentencia de 1965 se justificaba porque en esa oportunidad se pretendía la invalidez absoluta de la Ley aprobatoria de aquel Tratado de Extradición, —lo cual, como lo indica el Magistrado Trejo Padilla (Ponente de la sentencia de 1965), en su voto salvado a la sentencia de 1990, es falso e inexacto, puesto que en aquella oportunidad se había demandado la nulidad parcial del ordinal 14 del artículo II de la Ley aprobatoria— y consecuencialmente del Tratado mismo, y que en cambio, en el caso de 1990, la acción se dirigió contra una disposición de la Ley Aprobatoria, con lo cual no se perseguía la nulidad del Tratado en sí ni la descalificación como Ley formal de la República del acto aprobatorio. De allí deduce la Corte que la nueva acción "es perfectamente admisible y no se contraría el criterio sentado en la dicha sentencia del 29 de abril de 1965", lo cual no es cierto, siendo el argumento, como lo califica

---

930   Véase Allan R. Brewer-Carías. *El Control de la constitucionalidad de los actos estatales*, Caracas, 1977, pp. 48 y ss

el Magistrado Trejo Padilla, "gravemente censurable" además de "irrelevante", pues el criterio de:

> "la falta de jurisdicción y de competencia, en la esfera internacional, del máximo organismo judicial de un Estado para anular o modificar un Tratado Internacional y para imponer coercitivamente ese dispositivo, rige tanto en el caso de que se solicite la nulidad total de la Ley Aprobatoria del mismo, como en el caso de que se pretenda la nulidad parcial de dicha Ley".

Lo cierto, en todo caso, es que aun cuando la Corte en la sentencia de 1990 haya "tergiversado datos históricos", y como lo advierte el Magistrado Trejo Padilla, afirme que este caso "es diferente al anterior" (el de 1965) y que en ella no se contraría la antigua doctrina... *"lo cierto es que se la está abandonando sin decirlo expresamente, y sin exponer las razones jurídicas que justifican tal abandono".*

Esta es la verdadera importancia de la sentencia de 10-7-90: el cambio de doctrina en torno al control de constitucionalidad de las leyes aprobatorias de Tratados, lo cual —contrariamente a lo sentado en 1965— ahora se admite, pero sin que la Corte Suprema haya explicado las razones jurídicas que lo justifican. Saludamos la sentencia en este aspecto, pues hemos sostenido esa tesis, criticando la sentencia de 1965, pero lamentamos que para llevar a su nueva conclusión, la Corte no haya explicado las razones de un cambio tan radical de doctrina.

Al admitir su propia competencia para conocer de acciones de inconstitucionalidad de leyes aprobatorias de Tratados —lo que es la gran novedad de la sentencia de 10-7-90— la Corte entró a analizar las denuncias de inconstitucionalidad respecto del parágrafo primero del artículo único de la Ley Aprobatoria del Acuerdo de Cartagena, concluyendo que las Cámaras Legislativas tenían competencia, al sancionar dicha Ley, para exigir que los actos de la Comisión del Acuerdo de Cartagena, que en Venezuela correspondieren a materias de la "reserva legal", no podían entrar en aplicación inmediata en Venezuela sin la previa aprobación, por Ley. Como lo indica la sentencia, al Congreso:

> "lo que hizo fue dejar constancia de que actos de su competencia interna no están sometidos a la determinación de la Comisión del Acuerdo, convirtiéndolo en organismo supranacional de índole legislativa".

g. *La cuestión de la impugnación de las leyes aprobatorias de contratos de interés nacional*

Conforme a lo establecido en el artículo 126 de la Constitución, "sin la aprobación del Congreso, no podrá celebrarse ningún contrato de interés nacional, salvo los que fueren necesarios para el normal desarrollo de la administración pública o los que permita la ley. La ley puede exigir determinadas condiciones de nacionalidad, domicilio o de otro orden, o requerir especiales garantías, en los contratos de interés público".

Conforme a esta norma, todos los contratos de interés nacional que no sean de aquellos necesarios para el normal desarrollo de la Administración Pública, deben ser aprobados por la Ley, salvo que la Ley los permita celebrar sin dicho requisito. En otro lugar nos hemos ocupado de analizar esta intervención legislativa en el proceso de formación de la voluntad de la administración en los contratos administrativos[931], por lo que no insistiremos en este lugar sobre ello.

A los efectos del control de la constitucionalidad de las leyes aprobatorias de dichos contratos, sin embargo, debe destacarse el planteamiento que hicimos en aquellas oportunidades: el acto legislativo de aprobación —Ley aprobatoria— es distinto del acto aprobado —contrato de interés nacional—, y permanecen distintos, por lo que no deben confundirse[932]. La aprobación, por Ley, de un contrato de interés público nacional, por tanto, no transforma dicho contrato en un acto legislativo como erróneamente lo ha afirmado la Corte Suprema en la sentencia de 15 de marzo de 1963 mediante la cual declaró la nulidad, por inconstitucionalidad, de una cláusula del contrato celebrado entre el Ejecutivo Nacional y el Banco de Venezuela, S.A. para la prestación, por éste, del Servicio de Tesorería[933].

Tal como lo señalamos anteriormente, la Corte Suprema de Justicia en este fallo de 1962 se separó de la doctrina que había sentado en la década de los años treinta[934], según la cual no procedía el recurso de inconstitucionalidad contra las leyes aprobatorias de contratos, por ser leyes formales.

A partir de la decisión de 1962 la Corte admitió que la distinción entre ley formal y la ley material no tiene sentido en el ordenamiento venezolano, y que por tanto, para que fuera objeto del control de la constitucionalidad de las leyes, un acto estatal, bastaba que se tratase de un acto sancionado por las Cámaras Legislativas actuando como cuerpos colegisladores. La Corte, en efecto, señaló:

"Pretender que un acto de la importancia de una Ley aprobatoria de un contrato de interés público integrado por actuaciones de dos importantes ramas del Poder Público, la Ejecutiva y la Legislativa, pueda escapar, por obra y gracia de un interés privado incurso en dicho acto, del soberano control de la constitucionalidad que es privativo de esta Suprema Corte, es dejar abierta una peligrosa brecha para que, por ese medio contractual, puedan producirse violaciones constitucionales incontrolables, ya que, en tal caso, únicamente los actos unilaterales de los Altos Poderes, podrían ser objeto de la acción anulatoria respectiva. Así, si un acto legislativo del Congreso, que no se adopte la forma de contrato, contiene una disposición similar a la que es objeto de la nulidad demandada, no habría objeción para que esta misma Corte, en pleno, se pronunciara sobre ella y declarara su anulación por inconstitucional. En cambio, esa misma disposición declarada inconstitucional, contenida en una llamada Ley formal

---

931   Véase Allan R. Brewer-Carías, *Las Instituciones Fundamentales del Derecho Administrativo y la Jurisprudencia Venezolana*, Caracas, 1964, pp. 48 y ss. y 170 y ss. y "La formación de la voluntad de la Administración Pública Nacional en la Contratación Administrativa", en *Revista de la Facultad de Derecho*, UCV, N° 28, Caracas, 1964, pp. 61 y ss.

932   Con esto está conforme Gonzalo Pérez Luciani, "El control jurisdiccional de la Constitucionalidad de Leyes no normativas, aprobatorias de contratos" en *Revista de la Facultad de Derecho*, UCAB, N° 2, Caracas, 1965-1966, p. 225.

933   Véase en *GO.*, N° 760, Extraordinaria de 23-3-62.

934   Véase sentencia de CFC de 5-5-37 en *M., 1938*, pp. 226 a 229.

como la del caso de autos, estaría exenta de toda revisión constitucional directa".

"Tal argumento demuestra palmariamente, que, tanto el acto legislativo unilateral y aislado contentivo de un estatuto legal, como el acto legislativo que comprende un contrato de interés público, tienen la misma razón, lógica y legal, para estar sometidos al control jurisdiccional de la constitucionalidad que ejerce este Supremo Tribunal, según la atribución que le confiere el ordinal 3° del artículo 215 de la Constitución"[935].

Por tanto, también en este caso, la especialidad de la Ley aprobatoria de un contrato de interés público, como acto de control distinto del acto controlado —contrato—, y que implica que la misma no pueda modificarse ni derogarse, pues como acto de control agota sus efectos con la aprobación, no implica que no pueda ser declarada nula por inconstitucionalidad, por la Corte Suprema de Justicia.

También, en este caso, por supuesto, esta declaratoria de nulidad podría implicar que quede comprometida la responsabilidad contractual de la República, lo cual es lógico. La nulidad declarada de la Cláusula de exención de impuestos municipales contenida en el contrato celebrado entre la República y el Banco de Venezuela, S.A. a que se ha hecho referencia, y que fue aprobado por Ley, podría conducir a una ruptura de la ecuación o equilibrio económico del contrato, que podría conducir a la Administración a tener que indemnizar al Banco por dicha ruptura derivado del ilícito legislativo al aprobarse un contrato con una cláusula inconstitucional[936].

B. *Las Constituciones y las Leyes emanadas de las Asambleas Legislativas de los Estados*

Conforme al artículo 20, ordinal 1° de la Constitución, corresponde a las Asambleas Legislativas de los Estados, la facultad de "Legislar sobre las materias de la competencia estadal", entre las cuales está, la organización de los poderes públicos de cada Estado, en conformidad con la Constitución Nacional[937]. Esto se ha venido haciendo tradicionalmente a través de las denominadas "Constituciones" estadales.

La Constitución de 1961, sin embargo, eliminó el señalamiento expreso que incluían las Constituciones anteriores de que correspondía a los Estados "dictar su Constitución"[938], con lo que las actuales constituciones estadales no son más que

---

935   Véase sentencia de la CSJ en CP de 15-3-62 en *GO.,* N° *760,* Extraordinaria de 23-3-62. Véase sobre el particular G. Pérez Luciani, "El Control Jurisdiccional de la Constitucionalidad de las Leyes no Normativas Aprobatorias de Contratos", *loe. cit.,* pp. 207 a 231. Véase, además, los argumentos del Voto Salvado del Magistrado J. G. Sarmiento Núñez, a la sentencia de la CSJ en CP de 29-4-65, *loc. cit.,* pp. 31 y ss. y 66 y ss.

936   Sobre esto véase Allan R. Brewer-Carías, "Consideraciones sobre los efectos de la ruptura de la ecuación económica de un Contrato Administrativo por una Ley declarada nula por Inconstitucional" en *Cuadernos de Derecho Público,* Departamento de Derecho Público, Facultad de Derecho, ULA, Mérida, 1976, pp. 5 y ss.

937   Art. 17, Ord. 1°.

938   Art. 16, Ord. 1° de la Constitución de 1953 Art. 121, Ord. 2° de la Constitución de 1947; y Art. 17, Ord. 1° de la Constitución de 1936.

Leyes de organización de los poderes estatales, sin que tengan diferencia fundamental con las Leyes ordinarias[939]. Ambos tipos de norma, por tanto, están sujetas a la Constitución Nacional, y las violaciones de ésta por aquéllas dan origen al control de la constitucionalidad de las mismas.

En este sentido, la Corte Suprema de Justicia ha conocido de recursos de inconstitucionalidad de Constituciones[940] y Leyes[941] estadales violatorias de la Constitución Nacional, y las ha anulado.

Ahora bien, el hecho de que las Constituciones estadales no tengan un rango distinto a las Leyes estadales y de que se atribuya a la Corte Suprema de Justicia competencia para declarar la nulidad de esas normas cuando colidan con la Constitución Nacional, ha provocado que la Corte siempre se haya declarado incompetente para conocer de las colisiones entre leyes estadales entre sí o entre las Leyes y las Constituciones estadales. En efecto, en una sentencia de 14 de enero de 1941, la antigua Corte Federal y de Casación señaló lo siguiente:

"De aquí que no veamos figurar entre las atribuciones de esa Corte, la de conocer las antinomias de las Constituciones y Leyes de los Estados entre sí; porque tales antinomias en nada alteran la vida normal de la República, ya que no afectan sus instituciones fundamentales. Y por ello, los incisos 9, 10 y 11 de la Constitución Nacional (de 1936) son precisos al respecto: sólo cuando las Constituciones o Leyes de los Estados coliden con la Nacional o con Leyes Federales, es que puede intervenir la Corte Federal y de Casación para declarar el ordenamiento que proceda"[942].

Recientemente la Corte Suprema de Justicia fue categórica al declararse incompetente para conocer de la violación por las Leyes estadales de la Constituciones de los Estados, en los siguientes términos:

"El control jurisdiccional de la constitucionalidad de las Leyes y demás actos de las Asambleas Legislativas, lo ejerce este Alto Tribunal como guardián de la Constitución, para asegurar la supremacía y recta interpretación de éste en todo el país, motivo por el cual dichos actos no pueden ser impugnadas por el recur-

---

939 Véase la sentencia de la Corte Suprema de Justicia en Sala Político-Administrativa transcrita en el libro de J. M. Casal Montbrun, *La Constitución de 1961 y la evolución constitucional venezolana*, tomo I, vol. II, Caracas, 1972, p. 215, y *Cfr.* el criterio del mismo autor en el tomo II, vol. I, Caracas, 1972, p. 72.

940 Véase por ejemplo, la sentencia de la CSJ en SPA de 14-3-62 en *GF.*, Nº 35, 1962, pp. 177 y ss. por la cual se declaró la nulidad por inconstitucionalidad de varios artículos de la Constitución del Estado Aragua.

941 Véase por ejemplo, la sentencia de la CSJ en SPA transcrita en el libro de J. M. Casal Montbrun *cit.*, tomo II, vol. II, por la cual se declaró la nulidad de la Ley de Escalafón, Estabilidad y Prestaciones Sociales del Magisterio Estatal del Estado Táchira.

942 Véase la sentencia de la CSF en SPA del 14-1-41 en *M., 1U2*, p. 111. En igual sentido sentencia de la misma CFC en SPA de 20-1-39 en *M., 19U0*, p. 130.

so de inconstitucionalidad alegando infracción de un artículo de la Constitución de un Estado"[943].

Por lo demás, y en cuanto a la impugnación de las Constituciones y leyes estadales, se aplican todos los principios señalados anteriormente en relación a las leyes nacionales, particularmente en cuanto concierne a las Leyes sancionadas y no promulgadas; a las leyes de vigencia temporal; y a las leyes aprobatorias de contratos de interés estadal.

C. Las Ordenanzas Municipales

En el ordenamiento constitucional venezolano, dada la consagración de la autonomía del Municipio, que implica "la libre gestión en las materias de su competencia"[944], los Concejos Municipales tienen competencia para dictar la legislación local que sea necesaria. Las Ordenanzas Municipales por tanto, son las "leyes locales" por excelencia[945], ya que mediante ellas es que la autoridad municipal estatuye con carácter general[946] a través de un procedimiento específico de formación de las leyes locales, sobre las materias propias de la vida local. Sobre este carácter de "leyes locales" de las Ordenanzas Municipales, la jurisprudencia de la Corte Suprema ha sido reiterativa[947], habiendo sostenido lo siguiente:

"entre nosotros las Ordenanzas tienen el carácter de leyes, puesta que se lo da originariamente la Constitución Nacional y la misma del Estado, al erigir las Municipalidades en Poder, atribuyéndoles el ejercicio de una parte del Poder Público, dentro de los límites antes señalados. Y siendo la facultad legislativa la manifestación primordial de la autonomía del Municipio, tiene que aplicársele a las Ordenanzas dictadas, a esas "Leyes locales", las reglas generales Concernientes a las nacionales o estadales, o sea, que aquéllas guardan —lo mismo que éstas— igual subordinación a los principios generales del Derecho y a la Constitución Nacional o estadal, respectivamente"[948].

Más recientemente, en sentencia de la Sala Político-Administrativa de 11-11-92, se reiteró esta doctrina al citarse la sentencia de la Corte Plena de 6-2-91, así:

Los recursos que por razones de inconstitucionalidad se ejerzan contra las Ordenanzas Municipales, deben ser conocidos y decididos por la Corte en Pleno. En efecto, este ha sido el criterio cuando en sentencia del 6 de febrero de 1991, señaló:

---

943 Véase la sentencia de la CSJ en SPA de 19-12-75 en *GO.*, N* 1.741, Extraordinaria de 21-5-76, pp. 26 y 27.

944 Art. 29, ordinal *29*

945 Nos apartamos así, como ya lo hicimos desde 1968 (véase Allan R. Brewer-Carías *El Régimen de Gobierno Municipal en el Distrito Federal Venezolano,* Caracas, 1968, p. 179), de lo que sostuvimos en nuestro libro *Las Instituciones Fundamentales del Derecho Administrativo y la Jurisprudencia Venezolana,* Caracas, 1964, pp. 106, 107, 149, 150 y 151. Art. 43 Ley Orgánica del Régimen Municipal.

946 Véase nuestro libro *El Régimen Municipal en Venezuela,* Caracas, 1984.

947 Véase por ejemplo, sentencias de la CFC en SPA de 27-2-40, *M., 1941,* p. 20 y de 2-3-42 en *M., 1943,* p. 121.

948 Véase sentencia de la CF de 24-11-53 en *GF.,* Nº 2, 1953, pp. 174 y 175.

"Es evidente e indiscutible que una Ordenanza Municipal... es la expresión de la potestad legislativa, limitada desde luego, por las normas que la Constitución Nacional y la Ley Orgánica de Régimen Municipal le reconoce a las Municipalidades como derivación de su autonomía".

"En consecuencia, considera la Corte en Pleno que una Ordenanza Municipal debe ser considerada y calificada como un acto legislativo emanado de un órgano colegiado del Poder Público, como lo es el Concejo Municipal, *y la competencia de la Corte Suprema de Justicia —en Sala Plena— para conocer y decidir acerca de la impugnación de una determinada Ordenanza, por razones de inconstitucionalidad, está establecida en la Constitución Nacional (artículo 29) y las Leyes Orgánicas de la Corte Suprema de Justicia y de Régimen Municipal, en sus artículos 42 (3) y 4, respectivamente, y así se declara..."* (Resaltado de la Sala)[949].

En virtud de lo anterior, es concluyente para esta Sala que el control de la constitucionalidad de los actos normativos emanados de los órganos legislativos municipales ha sido atribuido en forma exclusiva y excluyente a la Sala Plena de la Corte Suprema de Justicia, por lo que lo prevenido en el artículo 179 de la Ley Orgánica de Régimen Municipal resulta aplicable exclusivamente a las acciones de nulidad por ilegalidad, y así se declara[950].

A nivel local, por tanto, conforme a otra sentencia de la Corte "sólo las ordenanzas tienen carácter de Ley, y por ello se las contrapone a otros actos de menor jerarquía como los Acuerdos y Resoluciones cuya naturaleza y alcance es diferente al de aquéllas"[951]. Antes de 1978, las leyes estadales sobre Poder Municipal regulaban el proceso de formación de las Ordenanzas, en cada Estado, pero ello ahora está regulado con carácter general en la Ley Orgánica sobre el Régimen Municipal[952].

En todo caso, a las Ordenanzas Municipales se les aplican, por tanto, todos los principios jurisprudenciales antes señalados respecto de las leyes nacionales, y las mismas, por estar sujetas a la Constitución, pueden ser susceptibles de impugnación por vía del recurso de inconstitucionalidad, única forma de revisión de las mismas por otra autoridad distinta del propio Concejo Municipal que las dictó[953]. En innumerables oportunidades la Corte Suprema de Justicia se ha pronunciado sobre la nulidad de Ordenanzas Municipales, por inconstitucionalidad, y entre las decisiones con mayor frecuencia se destacan las referentes a Ordenanzas por las cuales se han

---

949 Consultada en original

950 Véase en *Revista de Derecho Público*, N° 52, Caracas, 1902, p. 135.

951 Véase sentencia de la CSJ en SPA de 15-2-69, en *GF.*, N° 64, 1969, pp. 171-180.

952 Véase artículo 43 de la Ley Orgánica. El Proyecto de Ley, sin embargo, establecía que "Las Ordenanzas tendrán el carácter de *Leyes locales* y servirán para establecer normas de aplicación general sobre asuntos específicos de interés municipal; serán sancionadas por el Consejo en tres (3) discusiones, mandadas a cumplir por el Administrador Municipal o Metropolitano y publicadas en la *Gaceta Municipal* o *Metropolitana'*" (Art. 40).

953 Una de las manifestaciones de la autonomía municipal es, precisamente, que "Los actos de los Municipios no podrán ser impugnados sino por ante los órganos jurisdiccionales de conformidad con esta Constitución y las leyes" (Art. 29 *infine* de la Constitución).

creado impuestos y contribuciones invadiéndose las competencias que la Constitución reserva al Poder Nacional[954].

2. *Los actos dictados en ejecución directa e inmediata de la Constitución*

De acuerdo con los ordinales 3° y 6° de la Constitución, además de las Leyes nacionales y de los Reglamentos dictados por el Presidente de la República, también pueden ser objeto de acción popular de inconstitucionalidad, los actos estatales dictados en ejecución directa e inmediata de la Constitución. Estos actos estatales son los actos parlamentarios sin forma de ley y los actos de gobierno.

A. *Los actos parlamentarios sin forma de Ley*

a. *El criterio jurisprudencial*

El ordinal 3° del artículo 215 de la Constitución, como se ha dicho, establece que la Corte Suprema de Justicia, en Corte Plena tiene competencia para declarar la nulidad total o parcial "de las leyes nacionales y *demás actas* de los cuerpos legislativos que colidan con esta Constitución, cuando conozca del asunto al ejercerse una acción popular de inconstitucionalidad.

Estos "demás actos de los Cuerpos Legislativos", tal como lo ha interpretado la Corte Suprema de Justicia, son los actos del Congreso o de las Cámaras Legislativas dictados en ejecución directa e inmediata de las disposiciones constitucionales que, sin serlo, tengan rango equivalente a la ley. En efecto, la Corte Suprema de Justicia, con motivo de decidir un recurso de interpretación del ordinal 1° del artículo 42 de la Ley Orgánica de la Corte, acordó:

> "fijar la interpretación del artículo 42, ordinal 1° de la Ley Orgánica de la Corte Suprema de Justicia atendiendo al sentido siguiente; cuando agrega la palabra *generales* a la frase contenida en el artículo 215, ordinal 3° de la Constitución ("declarar la nulidad... y demás actos de los cuerpos legislativos que colidan con la Constitución") debe entenderse que se refiere a actos emitidos por el cuerpo legislativo nacional, en ejecución directa e inmediata de disposiciones constitucionales que, sin serlo, tengan rango equivalente a la Ley"[955].

Para llegar a esta conclusión, la Corte Suprema de Justicia en Corte Pleno, reiterando el criterio que la Sala Político Administrativa había sentado en sentencia de 14-9-93 al declararse incompetente para conocer de una acción de inconstitucionalidad contra el acuerdo del Congreso mediante el cual se había declarado la falta absoluta del Presidente de la República, siguió el siguiente razonamiento lógico:

---

954 Véanse las sentencias de la Corte Suprema citadas y parcialmente transcritas en Allan R. Brewer-Carías, *Jurisprudencia de la Corte Suprema 1930-1947, y Estudios de Derecho Administrativo,* tomo II, Caracas, 1976, pp. 335 y ss. y en especial, pp. 449 y ss. Véase además, la sentencia de la Sala Político Administrativo de 7-5-85 en *Revista de Derecho Público* N° 23. Caracas, 1985, pp. 148 y 149.

955 Sentencia de 25-1-94 Consultada en original.

"3)   No teniendo el acto impugnado, es decir, el acuerdo del Congreso, el carácter de Ley formal, precisa la decisión cuáles serían los "demás actos de los cuerpos legislativos" a que alude el señalado ordinal 3°. Para ello interpreta la sentencia las normas constitucionales, "dentro de (su) contexto y no aisladamente, es decir, integrándolas a los principios que insuflan un tipo de fisonomía al Estado", y por ello afirma que el artículo 206 dispone que la jurisdicción contencioso-administrativa corresponde a la Corte Suprema de Justicia y a los demás tribunales que determine la Ley, los cuales son competentes para "anular los actos *administrativos generales o individuales* contrarios a derecho, incluso por desviación de poder"; y la Sala considera evidente que tales actos generales o individuales de rango *sub-legal* dictados en función administrativa, deben ser excluidos del término "demás actos de los cuerpos legislativos" señalados por el ordinal 3° del artículo 215 de la Constitución.

4) Si están excluidos los actos administrativos dictados por los cuerpos deliberantes nacionales del ordinal 3° del artículo 215 de la Carta Magna, "es forzoso concluir en que los "demás actos" a que aquél se refiere han de ser aquellos emitidos por los cuerpos legislativos nacionales, en ejecución también directa e inmediata de disposiciones constitucionales, teniendo por tanto, sin serlo, rango equiparable al de la ley"[956].

Por tanto, conforme a este criterio, de acuerdo con el ordinal 3° del artículo 215 de la Constitución y con prescindencia del calificativo" "generales" que contiene el ordinal 1° del artículo 42 de la Ley Orgánica de la Corte Suprema, pueden ser objeto de acción popular de inconstitucionalidad y de la jurisdicción constitucional que ejerce la Corte en Pleno, los actos parlamentarios sin forma de ley, es decir, los dictados por el Congreso o las Cámaras Legislativas en ejecución directa de la Constitución, dentro de los cuales están los actos dictados por las Cámaras en ejercicio de sus atribuciones privativas, sea que se trate de actos de efectos generales o de efectos particulares. Entre esos actos deben identificarse los de carácter político y los dictados en uso de atribuciones privativas.

b.   *Los actos parlamentarios de carácter político*

La Constitución establece expresamente un conjunto de actos parlamentarios sin forma de ley que puedan adoptar el Congreso o las Cámaras Legislativas, particularmente en relación a los otros órganos del Estado.

En particular, el Congreso, es decir, las Cámaras en sesión conjunta tienen, entre otras las siguientes atribuciones que ejercen en función política: apreciar sobre la justificación de las medidas de policía que adopte el Presidente de la República para evitar inminentes trastornos de orden público (Art. 244); autorizar la cesación del Estado de Emergencia (Art. 245); revocar el acuerdo de suspensión y restricción de garantías constitucionales (Art. 243); incautar los bienes de quienes se hubieren enriquecido al amparo de la usurpación (Arts. 102 y 250); elegir Presidente de la República por el resto del período constitucional en caso de falta absoluta (Art. 187); decidir la conversión de falta temporal del Presidente de la República en falta

---

956 *Idem.*

absoluta (Art. 188); pronunciarse sobre el procedimiento para la reforma general de la Constitución (Art. 246, Ord. 2°); determinar la oportunidad del referéndum de aprobación de la reforma general de la Constitución; aprobar o rechazar los lineamientos generales del plan de desarrollo económico y social (Art. 7 Enmienda N° 2). Además, por ejemplo, el Senado debe autorizar la salida del Presidente de la República del país (Art. 150 y 189); y autorizar el enjuiciamiento del Presidente de la República. En cuanto a la Cámara de Diputados, a ésta le corresponde dar voto de censura a los ministros (Art. 153, Ord. 2°).

Sobre estos actos, la Sala Político-Administrativa ha señalado en sentencia de 14-9-93 dictada con motivo de la impugnación del Acuerdo del Congreso declarando la falta absoluta del Presidente de la República, que:

"no nos encontramos en presencia de un acto administrativo, cuya nulidad sería de competencia de algún órgano de la jurisdicción contencioso-administrativa, como se dejó sentado, sino de un acuerdo del Congreso dictado en uso de atribuciones conferidas expresa y directamente de la Constitución (artículo 188), por lo que su rango o jerarquía es de Ley, desde el punto de vista puramente formal. Estando, por tanto, comprendido dentro de las actos de los cuerpos legislativos nacionales a los que se refiere el ordinal 3° del artículo 215, constitucional"[957].

Todos estos actos del Congreso o de las Cámaras Legislativas, por tanto, son susceptibles de control de constitucionalidad por la Corte en Pleno, quedando superada la doctrina de la Corte de 1965, antes señalada.

c.   Los actos dictados por las Cámaras en uso de atribuciones privativas

El artículo 158 de la de la Constitución en sus seis ordinales, regula las atribuciones privativas de cada uno de los cuerpos legislativos (Senado y Cámara de Diputados), en relación a dictar su reglamento; aplicar las sanciones en él previstas a quienes lo infrinjan; acordar la separación temporal de un senador o diputado; calificar sus miembros y conocer de sus renuncias; organizar su servicio de policía; remover los obstáculos que se opongan al ejercicio de sus funciones; acordar y ejecutar su presupuesto de gastos; ejecutar y mandar ejecutar las resoluciones concernientes a su funcionamiento y a las atribuciones privativas.

Entre estas atribuciones privativas, el ejercicio de la primera, es decir, dictar su reglamento es la que en general origina un acto de efectos generales. De resto, en general, se trataría de actos de efectos particulares, salvo por lo que se refiere a la organización del servicio de policía (Ord. 3°) y otros actos normativos (por ejemplo, para remover obstáculos que se opongan al ejercicio de sus funciones).

En efecto, cada una de las Cámaras Legislativas, la del Senado y la de Diputados, .debe tener su Reglamento[958], que determina su organización interna, funcionamiento y establece las reglas del debate parlamentario. Además del Reglamento de cada Cámara, éstas, en sesión conjunta, deben dictar el Reglamento del Congre-

---

957 Consultada en original.

958   Art. 158, Ord. 1°.

so[959] y deben asimismo dictar el Reglamento de la Comisión Delegada de éste, en el cual se debe establecer "la forma y oportunidad de su elección y el régimen interno"[960].

Estos Reglamentos deben contener regulación sobre "los requisitos y procedimientos para la instalación y demás sesiones de las Cámaras, y para el funcionamiento de sus Comisiones"[961], y en ellos se pueden atribuir funciones, tanto a la Comisión Delegada como a las Comisiones que las Cámaras formen con sus miembros, en virtud de la autorización expresa que la Constitución formula en sus artículos 138 y 159.

Las normas de efectos generales que pueden contener los Reglamentos, entonces, se refieren a los siguientes aspectos: organización interna; organización de los servicios de policía de las Cámaras[962], reglas para la discusión de los proyectos de leyes[963]; normas para la calificación de sus miembros[964]; requisitos y procedimientos para la instalación y demás sesiones de las Cámaras[965]; normas sobre el funcionamiento de sus Comisiones y asignación de funciones a las mismas[966]; normas sobre responsabilidad de los Senadores y Diputados ante las Cámaras[967]; y normas sobre las investigaciones que realicen los cuerpos legislativos o sus Comisiones[968].

Por supuesto, muchas de las normas contenidas en los Reglamentos no sólo interesan y vinculan a los miembros de las Cámaras, sino que tienen efecto respecto de funcionarios de la Administración Pública e inclusive, respecto de los particulares[969]. Pensamos sólo en un ejemplo: dentro de las atribuciones que la Constitución asigna al Congreso, está el ejercer "el Control de la Administración Pública Nacional en los términos establecidos por esta Constitución"[970]; y la Constitución autoriza a los Cuerpos Legislativos o sus Comisiones para "realizar las investigaciones que juzguen convenientes, *en conformidad con el reglamento*"[971]. Los Reglamentos pueden regular, entonces, las modalidades relativas a la comparecencia, ante las Comisiones, de los funcionarios de la Administración Pública y de los institutos

---

959   Art. 138.

960   Art. 178.

961   Art. 156.

962   Art. 158, Ord. 3°.

963   Art. 166.

964   Art. 158, Ord. 2°.

965   Art. 156.

966   Arts. 156 y 138.

967   Art. 152.

968   Art. 160.

969   En este sentido es que estimamos debe entenderse la expresión de Orlando Tovar Tamayo cuando afirma que "estos reglamentos son simples actos parlamentarios que sólo vinculan a los miembros de la Cámara y *a las personas que por una u otra razón se encuentran en relación con ella"*. Véase Orlando Tovar Tamayo, *Derecho Parlamentario*, Caracas, 1973, p. 29.

970   Art. 139.

971   Art. 160.

autónomos[972]; e inclusive, pueden regular las modalidades de la obligación de comparecencia y de suministro de información que incumbe a los particulares ante dichas Comisiones[973]. No hay duda, por tanto, que dichos Reglamentos contienen normas generales que puedan afectar, además a los miembros de las Cámaras, a funcionarios de la Administración Pública y a los particulares.

Por tanto, los Reglamentos de los cuerpos legislativos, como-actos de efectos generales de los mismos son susceptibles de impugnación por la vía de la acción de inconstitucionalidad.

Sin embargo, debe señalarse que aparentemente no toda inconstitucionalidad, o violación directa de la Constitución por parte de un Reglamento del Congreso, o de otro acto dictado en uso de sus atribuciones privativas podría dar origen a la apertura del control de la constitucionalidad. En efecto, el artículo 159 de la Constitución establece lo siguiente:

> "Los actos de los cuerpo legislativos en ejercicio de sus atribuciones privativas no estarán sometidos al veto, examen o control de los otros poderes, salvo lo que esta Constitución establece sobre extralimitación de atribuciones".

Sin embargo, la limitación al control de la constitucionalidad que podría resultar de esta norma, es más aparente que real pues, en definitiva, implica que toda violación de la Constitución por los cuerpos legislativos, constituye una extralimitación de atribuciones pues éstas son de texto constitucional expreso, como competencia de orden constitucional que son:

En efecto, en la sentencia de 29 de abril de 1965 la Corte Suprema de Justicia en Corte Plena, al decidir sobre la demanda de declaratoria de inconstitucionalidad de un artículo de la Ley aprobatoria de un Tratado Internacional, señaló incidentalmente lo siguiente:

> "que el control jurisdiccional de la constitucionalidad intrínseca de los actos estatales no ha sido consagrado en forma absoluta, pues del estudio de la propia Constitución Nacional, de la Ley Orgánica de la Corte de Casación (sic) y de precedentes jurisprudenciales surgen y se justifican situaciones excepcionales en que los actos del Poder Público en sus tres ramas no están sometidos al control de la jurisdicción constitucional". "En lo tocante al Poder Legislativo Nacional existen varios casos en que sus actos están excluidos del control jurisdiccional de su constitucionalidad intrínseca, como expresamente lo estatuye el artículo 159 de la Constitución Nacional. De modo que los cuerpos legislativos, al ejercer sus atribuciones privativas, *salvo lo que la misma Constitución establece sobre extralimitación de atribuciones,* no están sujetos a ninguna clase de control, incluso el jurisdiccional, y por tanto, ningún otro poder puede cuestionar en su aspecto privativo la validez de los actos realizados"[974].

---

972   Art. 160.

973   Art. 160.

974   Véase sentencia de la CSJ en CP de 29-4-65 en publicación de la *Imprenta Nacional,* Caracas, 1965, pp. 9 a 11.

Sin embargo, en esta decisión la Corte no aclaró la expresión constitucional del artículo 159 sobre lo que debe entenderse por "extralimitación de atribuciones". Ello lo hizo, en cambio, en la sentencia de la Corte Plena de 12 de junio de 1968 con motivo de una acción de in-constitucionalidad contra un acto de instalación de las Cámaras del Senado y de la Cámara de Diputados el día 5 de marzo de 1966, en los siguientes términos:

"De los textos constitucionales antes copiados (Arts. 156, 158 y 159), se desprende claramente que los actos de los cuerpos legislativos en ejercicio de sus atribuciones privativas, no están sometidos al veto del Presidente de la República, que es quien constitucionalmente puede ejercerlo, ni al examen y control de la Corte Suprema de Justicia, salvo cuando el cuerpo incurriere en extralimitación de atribuciones.

Es entendido, por tanto, que solamente cuando los cuerpos legislativos, en ejercicio de sus atribuciones privativas, *se extralimiten contrariando lo que sobre la materia establece la misma Constitución,* podrá esta Corte declarar la nulidad de tales actos..." ..."Es entendido, de acuerdo con el artículo 159 de la Carta Fundamental, que los Cuerpos Legislativos incurren en *extralimitación de atribuciones cuando contravienen lo previsto en la Constitución, al hacer uso de sus atribuciones privativas"*...

"Esta Corte, por tanto, al conocer los recursos de nulidad por inconstitucionalidad, debe examinar las facultades que cada uno de los Poderes Públicos da la Constitución, a fin de armonizarlas a la luz de los antecedentes que le han dado vida. El Constituyente de 1961 quiso que los cuerpos legislativos actuaran sin trabas ni interferencias en su funcionamiento y que al reglamentar éste tuvieran como únicas limitaciones las establecidas por la Constitución. El control jurisdiccional de este Supremo Tribunal sobre los actos de los otros Poderes del Estado, debe ser ejercido con el sano espíritu de mantener y respetar el principio de la separación de Poderes, sin invadir la órbita de la propia actividad del Poder Ejecutivo o del Legislativo. Si este Supremo Tribunal actuara en forma deferente, invadiría la esfera privativa de las funciones de otros Poderes, excedería sus facultades de control jurisdiccional y, lejos de cumplir su elevada misión de afianzar la justicia, crearía un cima de recelo y desconfianza, contrario al principio de colaboración entre los Poderes Nacionales establecido en el artículo 118 de la Constitución"[975].

Conforme a esto, entonces los actos dictados en ejercicio de atribuciones privativas por las Cámaras Legislativas podrían ser impugnados por la vía del recurso de inconstitucionalidad por extra-limitación de atribuciones, es decir, cuando las Cámaras al dictarlos, contravinieren lo previsto en la Constitución o contraríen lo que sobre la materia establece la Constitución. De resultas, conforme, a esta doctrina de la Corte, toda violación de la Constitución es una extra-limitación de atribuciones, pues ninguna norma atributiva de competencia de los cuerpos legislativos los autoriza para violar la Constitución.

---

975   Véase sentencia de la CSJ en CP de 12-6-68 en publicación del Senado de la República, *Juicio ante la Corte Suprema de Justicia,* Caracas, julio de 1968, pp. 193, 195 y 201.

En efecto, las Cámaras Legislativas, al dictar sus Reglamentos y demás actos en ejercicio de atribuciones privativas, ejecutan directamente la Constitución, y dichos actos, por tanto, como actos parlamentarios sin forma de ley, están sometidos a la normativa constitucional. La Constitución, es el límite del ejercicio de sus atribuciones al dictar dichos actos y Reglamento[976] y aquí también, como en materia administrativa, la competencia de las Cámaras Legislativas es de texto expreso, es decir, no se presume. Por tanto, en esos actos y Reglamentos, las Cámaras no podrían violar una norma del texto constitucional, pues no tienen atribución constitucional para ello. Toda violación de la Constitución sería, por tanto, una incompetencia, es decir, una extralimitación de atribuciones, por lo que el acto privativo de las Cámaras que se dicte en esa forma sería susceptible de impugnación por inconstitucionalidad ante la Corte Suprema de Justicia.

B. *Los actos ejecutivos dictados en ejecución directa e inmediata de la Constitución*

También están sometidos a control de la constitucionalidad por parte de la Corte Suprema de Justicia en Corte Plena, mediante acción popular, los actos dictados por el Presidente de la República, generalmente, en Consejo de Ministros, en ejercicio de atribuciones directa establecidas en la Constitución, y por tanto, en ejecución directa e inmediata de ésta. Por tanto no se trata de actos administrativos que son de rango sub-legal, sino de actos de igual rango que la Ley por su ejecución directa de la constitución, y en algunos casos, de igual valor.

Entre estos actos ejecutivos dictados en ejecución directa de la Constitución se destacan los Decretos-Ley y los actos de gobierno. Estos actos, sin duda, son los "demás actos" (distintos a los Reglamentos y a los actos administrativos, a que alude el artículo 215, ordinal 6° de la Constitución como objeto de la acción popular de inconstitucionalidad que se ejerce ante la Corte Suprema de Justicia, en Corte Plena.

a. *Los Decretos con rango y valor de Ley*

a'. *Los Decretos-Leyes autorizados*

Entre las atribuciones del Presidente de la República está la de "dictar medidas extraordinarias en materia económica o financiera cuando así lo requiera el interés público y haya sido autorizado para ello por Ley especial"[977]. Esta atribución constitucional le permite al Presidente de la República dictar actos de contenido normativo y de fuerza igual a la Ley, en las materias para las cuales haya sido autorizado por Ley especial de carácter económico o financiero. El contenido normativo de rango y valor legal de las medidas resulta de su carácter extraordinario: no tendría sentido la autorización por Ley especial si de lo que se tratase fuera de dictar actos de efectos

---

976 Para las Cámaras Legislativas también rige el artículo 117 de la Constitución: *"La Constitución y las Leyes* definen las *atribuciones* del Poder Público y a ellas debe sujetarse su ejercicio". La formulación de este artículo, aplicado a las Cámaras Legislativas sería la siguiente: La Constitución define las atribuciones de las Cámaras Legislativas, y a ella debe sujetarse su ejercicio.

977 Art. 190, Ord. 8° Véase en general, Gerardo Fernández, *Los Decretos-Leyes,* Caracas, 1992.

generales de carácter reglamentario, que el Presidente puede realizar por atribuciones propias y directas[978].

Por otra parte, estos Decretos-Leyes, en realidad, no se dictan en virtud de una delegación legislativa[979], sino en virtud de poderes propios que la Constitución otorga al Presidente de la República y que se precisan en una Ley especial, que es una Ley de autorización[980]. Esta Ley especial es una Ley con características particulares: es una Ley que autoriza al Presidente de la República para dictar "medidas económicas y financieras", por lo que tiene un sólo destinatario: el Presidente de la República, y en sí misma no tiene contenido normativo[981] establece más bien una situación jurídica individualizada que habilita al Presidente de la República a dictar actos de carácter legislativo y contenido normativo.

Por otra parte, la Ley de autorización precisa las medidas que puede dictar el Presidente de la República, y ello en el marco de dos limitaciones: la limitación constitucional, "medidas económicas y financieras" y dentro de éstas, las que determine la Ley de autorización. Por supuesto, esto plantea dos problemas de interpretación que inciden, por una parte, en la delimitación de las materias "económicas y financieras" que pueden ser autorizadas en la Ley, y por la otra, en los Decretos-Leyes que el Presidente de la República pueda citar, en el campo autorizado.

En el primer supuesto, sin duda, queda a la apreciación del legislador el alcance de lo económico y financiero. Aquí se trata de un concepto jurídico totalmente impreciso, en cuya precisión juega todo su papel la discrecionalidad del legislador. Sin embargo, si bien hay cierta discrecionalidad, ello no puede conducir a la arbitrariedad, por lo que si el legislador ha apreciado que determinada materia es de carácter económico o financiero —aun cuando evidentemente no lo sea—y ha autorizado al Presidente a dictar Decretos-Leyes en ese campo, se podría cuestionar la apreciación del legislador. Por tanto, en nuestro criterio, procedería el ejercicio de un recurso de inconstitucionalidad para cuestionar el carácter "económico o financiero" que el Congreso haya dado a una materia al incluirla en la Ley Habilitante. Este poder discrecional, como todo otro, está sometido a control, sobre todo porque la Constitución no deja a la total apreciación del Legislador la materia objeto de la habilitación, sino que la califica de "económica o financiera". Distinto es el caso, por ejemplo, de la atribución que la Constitución da al Congreso para reservar al Estado determinados sectores eco-micos "por razones de conveniencia nacional"[982]. En estos casos por supuesto, ningún control puede ejercerse tendiente a cuestionar la apreciación del legislador de lo que debe entenderse por conveniencia nacional.

Ahora bien, precisadas las materias económicas y financieras en la Ley de autorización, la segunda limitación impuesta al Presidente deriva del texto de la propia

---

978   Cfr. Antonio Moles Caubet, *Dogmática de los Decretos-Leyes*, ediciones del Centro de Estudios para Graduados, Facultad de Derecho, UCV, Lección inaugural curso 1974 (Multigrafiado), p. 23.

979   Nos apartamos así, de lo que señalamos en nuestro libro, *Las Instituciones Fundamentales del Derecho Administrativo y la Jurisprudencia Venezolana*, Caracas, 1964, pp. 35 y 36.

980   Cfr. Antonio Moles Caubet, *op. cit.*, p. 25.

981   *Ídem.*, p. 8.

982   Art. 97.

ley y de la formulación de la autorización. En algunos supuestos, la ley ha contenido autorizaciones concretas; por ejemplo, en la Ley Orgánica que autoriza al Presidente de la República para dictar medidas extraordinarias en materia económica y financiera de 31 de mayo de 1974[983], se autorizó al Presidente para "Modificar la Ley Orgánica de la Hacienda Pública Nacional en lo que se refiere a la unidad del Tesoro a fin de que pueda destinarse anualmente a la creación y mantenimiento del Fondo de Inversiones de Venezuela, el 50 por ciento de los ingresos fiscales obtenidos por concepto de impuesto de explotación del petróleo y gas y del impuesto sobre la renta sobre estos sectores..."[984], y en cumplimiento de esta autorización, el Presidente por Decreto-Ley N° 150 de 11 de junio de 1974 procedió a modificar el artículo 184 de la Ley Orgánica de la Hacienda Pública Nacional[985].

Pero en otros supuestos, las autorizaciones al Presidente contenidas en la Ley han sido bastante genéricas y ambiguas. Por ejemplo, la Ley Orgánica citada de 1974 autorizó al Presidente para "realizar las reformas necesarias en el sistema financiero nacional y en el mercado de capitales a objeto de asegurar que la acción del Estado contribuya eficazmente a acelerar el desarrollo económico del país, propiciar la mejor distribución de la riqueza, garantizar la estabilidad del sistema monetario y evitar las perturbaciones inflacionarias"[986]; y para "estimular la transformación de la estructura de aquellos sectores de la producción que lo requieran, con la finalidad de hacerlos más competitivos en el exterior, con especial atención de los acuerdos de integración suscritos por Venezuela, de favorecer la política de pleno empleo y de desconcentración económica y de controlar las presiones inflacionarias"[987]. Conforme a estas autorizaciones tan genéricas e imprecisas, materialmente el Presidente de la República podía dictar cualquier tipo de normativa económica y financiera que persiguiera las finalidades establecidas en la Ley Orgánica. Y en efecto, en base a la primera de las autorizaciones señaladas, el Presidente de la República, entre 1974 y 1975, por vía de Decretos-Leyes, dictó una nueva Ley del Banco Central de Venezuela; reformó parcialmente la Ley General de Bancos y otros Institutos de Crédito; dictó una nueva Ley del Mercado de Capitales; dictó una nueva Ley de Empresas de Seguros y Reaseguros; dictó una nueva Ley del Sistema Nacional de Ahorro y Préstamo; reformó parcialmente la Ley General de Asociaciones Cooperativas ; dictó una nueva Ley del Banco Industrial de Venezuela; reformó parcialmente la Ley del Banco de Desarrollo Agropecuario; dictó la nueva Ley del Instituto Nacional de la Vivienda, y reformó la Ley de la Corporación de Desarrollo de la Pequeña y Mediana Industria. En base a las dos autorizaciones indicadas por otra parte, el Presidente, mediante Decreto-Ley, durante esas mismas fechas, dictó un nuevo Estatuto de la Corporación Venezolana de Fomento; y con base en la segunda de las autorizaciones señaladas, dictó las Normas para el desarrollo de la Industria Naval; las Normas para el desarrollo de la Industria Aeronáutica; las Normas para el Desarrollo de las Industrias Militares; las Normas para el desarrollo de la Industria Au-

---

983   Véase en *G.O.*, N° 30.412 de 31-5-74.

984   Art. 1, ordinal 2°.

985   Véase en *G.O.*, N° 1.660, Extraordinaria de 21-6-75.

986   Artículo 1°, ordinal 2°.

987   Art. 1°, ordinal 6°.

tomotriz, y las Normas para el desarrollo de la Industria Nuclear; y estableció el Registro de Proyectos Industriales obligatorio.

Ahora bien, frente a una Ley de autorización como la de 1974 es necesario plantearse el problema teórico del carácter que debe tener la Ley de autorización prevista en el artículo 190, ordinal 8° de la Constitución. Este texto atribuye al Presidente la facultad de "dictar medidas extraordinarias... cuando... haya sido autorizado para ello por Ley especial", de donde se deduce que no se trata de cualquier medida, sino de aquellas medidas, disposiciones, actos o decisiones concretas previstas en la Ley Especial. Esta, en principio, no podría establecer autorizaciones "en blanco" sujetas a la sola interpretación del Poder Ejecutivo. Por ello, no nos parece adecuada la técnica seguida en la sanción de la Ley Orgánica de 1974 que estableció autorizaciones tan genéricas, imprecisas y ambiguas como las transcritas[988], y ello porque originó la reforma de partes de leyes que nada tienen que ver con el carácter "extraordinario" de las mismas[989], y en otros casos, dio origen a normas que, a pesar de su bondad, difícilmente encuentran asidero en la autorización genérica dada. Tal es el caso, por ejemplo, del establecimiento obligatorio del Registro o Proyectos Industriales para el establecimiento de nuevas industrias o la ampliación de las instaladas[990], que se dictó de conformidad con lo establecido en el ordinal 6° del artículo 1° de la Ley, antes transcrito, y que no tiene liada que ver con la autorización contenida en dicho ordinal: "Estimular la transformación de la estructura de aquellos sectores de la producción que lo requieran, con la finalidad de hacerlos más competitivos en el exterior, con especial atención de los acuerdos de integración suscritos por Venezuela, de favorecer la política de pleno empleo y de desconcentración económica y de controlar las presiones inflacionarias"[991]. En casos como este, sin duda, podría plantearse un recurso de inconstitucionalidad por haberse extralimitado el Presidente de la República en relación a la autorización legal que le fue conferida[992].

---

988 Véase en este sentido el "Voto salvado de la Fracción Parlamentaria del Partido Social Cristiana Copei en relación con la Ley Orgánica de Medidas Extraordinarias en Materia Económica y Financiera" publi cado en *El Universal,* Caracas, 2-6-74, pp. 2-14 y 2-15.

989 La reforma parcial de la Ley del Trabajo, por ejemplo (Decreto-Ley !N° 786 de 2-4-75) dictada en base a lo previsto en el Ordinal 9, del artículo 1° de la Ley Orgánica.

990 Véase Decreto-Ley N° 365 de 27-8-74 en *G.O.,* N° 30.503 de 18-9-74.

991 .Debe señalarse respecto a este supuesto que la Exposición de Motivos del Proyecto de Ley Orgánica de 1974, al comentar el ordinal 6° del artículo 1° en su versión original, ya anunciaba la "Ley de Registro de Proyectos", véase en la publicación de los *Decretos 1974-1975,* dictados en base a la Ley Orgánica, de la Presidencia de la República, mayo 1975, p. 30.

992 Véase Allan R. Brewer-Carías, "Régimen jurídico del traslado de industrias", *Revista de Derecho Público,* N° 7, Caracas, 1981, pp. 5-32. Sobre la necesaria sujeción del Presidente de la República a la autorización Legislativa, José Guillermo Andueza ha señalado lo siguiente:

"El Presidente de la República, al dictar las medidas extraordinarias en materia económica *o* financiera, debe sujetarse a lo dispuesto en la autorización del Congreso. Si el Presidente de la República interpreta *extensivamente la autorización o se excede de los límites en que fue concedida, el decreto puede ser accionado de nulidad por inconstitucionalidad.* El decreto, al violar los términos en que fue concedida la autorización, incurre en el vicio de usurpación de funciones. Si el decreto regula materias para las cuales el Congreso no autorizó al Ejecutivo Nacional debe considerarse que éste ha invadido la esfera legislativa y, por tanto, ha usurpado funciones".

b.   *Los Decretos con valor de Ley dictados en suspensión o restricción de garantías constitucionales*

Pero además de los Decretos-Leyes autorizados que se dicten de conformidad con el artículo 190 ordinal 8° de la Constitución, pueden considerarse también como Decretos con rango y valor de Ley, aquellos de contenido normativo dictados en suspensión o restricción de garantías constitucionales, para regular aspectos que en situaciones normales corresponderían al legislador.

En efecto, el principio básico de la regulación constitucional de los derechos y libertades públicas en Venezuela, es decir, la verdadera "garantía" de esos derechos y libertades radica en la reserva establecida a favor del Legislador para limitar o restringir dichos derechos[993]. Sólo por Ley pueden establecerse limitaciones a los derechos y libertades consagrados en la Constitución.

Pero la propia Constitución admite la posibilidad de que las garantías constitucionales puedan ser suspendidas o restringidas en situaciones de emergencia o en circunstancias excepcionales, por decisión del Presidente de la República en Consejo de Ministros[994]. Durante el tiempo de vigencia de estas suspensiones o restricciones, los derechos y libertades suspendidos o restringidos no podrán ejercerse efectivamente, y podrán ser regulados por vía ejecutiva.

En efecto, la consecuencia fundamental del Decreto de suspensión o restricción de las garantías constitucionales, es la posibilidad que tiene el Poder Ejecutivo de regular el ejercicio del derecho, asumiendo competencias que normalmente corresponderían al Congreso. Si la esencia de la garantía constitucional es la reserva legal para su limitación y reglamentación; restringida o suspendida la garantía constitucional, ello implica la restricción o suspensión del monopolio del Legislador para regular o limitar los derechos, y la consecuente ampliación de los poderes del Ejecutivo Nacional para regular y limitar, por vía de Decreto, dichos derechos y garantías constitucionales[995]. Por supuesto, tal como lo aclara la propia Constitución: "la restricción o suspensión de garantías no interrumpe el funcionamiento ni afecta las prerrogativas de los órganos del Poder Nacional"[996]; es decir, si bien amplía las competencias reguladoras del Poder Ejecutivo, no impide ni afecta las competencias legislativas ordinarias del Congreso.

Ahora bien, en base a esta restricción o suspensión de garantías constitucionales, y a la ampliación de las "funciones legislativas" del .Poder Ejecutivo, el Presidente

---

"El decreto-ley puede haberse dictado dentro del marco de la autorización, pero el Ejecutivo Nacional pudo haberla utilizado con fines distintos a los que se propuso el Congreso. En este caso existe abuso de poder por desviación de las finalidades perseguidas por la autorización". Véase en su trabajo "Decretos-Leyes" en *Doctrina PGR 1970,* Caracas, 1971, pp. 312 y 313

993   Véase por ejemplo, Art. 136, ordinal 24°.

994   Art. 190, Ord. 6° y Art. 242.

995   *Cfr.* Allan R. Brewer-Carías, *Las garantías constitucionales de los Derechos del hombre,* Caracas, 1976, pp. 33, 40 y 41; *Doctrina PGR 1966,* Caracas, 1967, p. 302.

996   Art. 241.

de la República ha dictado verdaderos Decretos con valor de Ley[997] en diversas materias de gran trascendencia, particularmente, en el campo económico. Por ejemplo, todo el régimen establecido desde la década de los cuarenta en materia de regulación de precios, regulación de alquileres, y de control de cambio, tuvo su fundamento en Decretos con valor de Ley restrictivos de la libertad económica que pudieron dictarse con base en la suspensión de la garantía de la libertad económica que estuvo suspendida desde 1939 hasta 1991. Sin embargo, aún cuando la suspensión de la libertad económica se ratificó en 1961 al mismo tiempo de promulgarse la Constitución vigente[998], puede decirse que el Ejecutivo Nacional; fue prudente en la utilización de estas facultades legislativas ampliadas derivadas de la restricción de la libertad económica[999].

Por supuesto, estos Decretos-Leyes pueden también ser objeto de acción popular de inconstitucionalidad.

Debe citarse como ejemplo de control de la constitucionalidad por la Corte Plena de actos dictados en suspensión de garantías constitucionales, la decisión de la Corte del 11-3-93 (Caso *Gruber Odreman*) motivo de la impugnación del Decreto N° 2.668 de 27-11-92 de suspensión de garantías y del Decreto N° 2.669 de la misma fecha mediante el cual se sometió a jurisdicción militar a los comprometidos la rebelión militar. La Corte anuló el segundo Decreto expresando lo siguiente:

"En el Decreto N° 2.668 de fecha 27-11-92, publicado en *Gaceta Oficial* N° 35.101 de igual fecha, aparecen como suspendidas las garantías constitucionales siguientes: las contenidas en el artículo 60, ordinales 1°, 2°, 6° y 10°; y las de los artículos 62, 64, 66, 71 y 115 de la Constitución.

Resulta claro entonces, que en el texto del Decreto de Suspensión de Garantías que, como ya se estableció en este fallo es *condición previa para la procedencia* de la aplicación del procedimiento extraordinario del Código de Justicia Militar al cual remite, no aparecen suspendidas las garantías constitucionales a la defensa y al debido proceso contempladas en los artículos 68 y 69 del texto constitucional. Ahora bien, reitera la Corte que el único supuesto en que le estaría permitido al Ejecutivo limitar excepcional y transitoriamente una garantía constitucional es bajo el régimen de suspensión de garantías: en la medida en que esté suspendida una garantía, conforme a los parámetros constitucionales existirá la atribución del Jefe de Estado para reglamentarla.

Si, en cambio, *no ha mediado una previa suspensión de garantías* en los términos en que prevé el artículo 240 y siguientes de la Corte Magna, se está entonces ante un caso *flagrante de usurpación de funciones conferidas consti-*

997 Eloy Lares Martínez los califica como "decretos ley, emanados de gobiernos constitucionales, aunque dictados- sin previsión explícita de la Constitución ni autorización legislativa al respecto", en *Manual de Derecho Administrativo*, Caracas, 1975, p. 94.

998 Véanse los Decretos N° 455 de 23-1-61 en *GO.*, N° 26.464 de 24-1-61 y N° 674 de 8-1-62 en *GO.*, N° 26.746 de 8-1-62 y el Acuerdo del Congreso de 6-4-62 en *GO.*, N* 26.821 de 7-4-62.

999 Véase Allan R. Brewer-Carías. *Evolución del Régimen Legal de la Economía 1939-1979*, Valencia, 1980.

tucionalmente al Poder Legislativo, cuya consecuencia no puede ser otra que la *nulidad absoluta del acto,* con arreglo a la propia normativa constitucional.

En consecuencia, al *no haber sido suspendidas en el Decreto N° 2.668 del 27-11-92 las mencionadas garantías del debido proceso y de la defensa* establecidas en los artículos 68 y 69 de la Constitución, no tenía atribución el Ejecutivo para reglamentar sobre materias que escapan a su potestad y que corresponden a otra rama del Poder Público. Por tanto, no podía el Presidente de la República disponer en el mencionado instrumento, la aplicación de un procedimiento sólo pautado bajo supuestos de estricto cumplimiento que, en este caso, tal como ha podido constatar este Alta Tribunal, no se dieron en la realidad fáctica, violándose así los derechos garantizados por la Constitución, y por ende, el impugnado Decreto N° 2.669 del 27 de noviembre de 1992, resulta absolutamente nulo, según lo previene el artículo 46 constitucional. Así se declara.

Declarada la nulidad del Decreto N° 2.669 por vicios de entidad constitucional, juzga esta Corte inoficioso pronunciarse acerca de las alegadas violaciones del referido instrumento legal a la normativa contemplada en un texto de igual rango como es la Convención Americana sobre Derechos Humanos "Pacto de San José de Costa Rica", cuya Ley Aprobatoria dictada por el Congreso, fue publicada en la *Gaceta Oficial* de la República de Venezuela N° 31.256 de fecha 14 de junio de 1977"[1000].

c'. *Los Decretos-Leyes en el campo de los servicios públicos*

La Constitución, entre las atribuciones del Presidente de la República, establece lo siguiente:

"Decretar en caso de urgencia comprobada, durante el receso del Congreso, la creación y dotación de nuevos servicios públicos, o la modificación o supresión de los existentes, previa autorización de la Comisión Delegada[1001].

Del análisis detenido de esta norma, cuya interpretación ha sido objeto de múltiples y variadas opiniones[1002], resulta ante todo una conclusión: la "creación y dotación de nuevos servicios públicos o la modificación o supresión de los existentes" es una competencia reservada al Poder Legislativo, quien la ejerce mediante Ley. Esta reserva, por supuesto, emana de la propia Constitución. Frente a la reserva legal, sin embargo, y excepcionalmente por las situaciones de urgencia, el Presidente de la República puede asumir la creación, modificación o supresión de servicios públicos" previa autorización de la Comisión Delegada. Cuando así actúe el Poder Ejecutivo, sin duda, dictará Decretos con valor de Ley en virtud, no de una "delegación legisla-

---

1000 Véase en *Revista de Derecho Público,* N° 53-54, Caracas, 1993, pp. 155 y 218.

1001 Art. 190, Ord. 11. Esta disposición es complementaria por la atribución asignada por la Constitución a la Comisión Delegada del Congreso: "Autorizar al Ejecutivo Nacional, y por el voto favorable de las dos terceras partes de sus miembros, para crear, modificar o suprimir servicios públicos, en caso de urgencia comprobada" (Art. 179, Ord. 5°).

1002 Véase por ejemplo, Eloy Lares Martínez... *cit.,* pp. 233 y ss., Comisión de" Administración Pública, *Informe sobre la Reforma de la Administración Pública Nacional,* tomo I, Caracas, 1972, pp. 567 y ss.

tiva", sino de atribuciones constitucionales propias. La naturaleza jurídica legislativa de los Decretos-Leyes en materia de servicios públicos, coincide con la de los Decretos-Leyes dictados en materia económica o financiera a que hemos hecho referencia anteriormente[1003].

El análisis de esta norma atributiva de funciones legislativas al Presidente de la República en materia de servicios públicos, exige, sin embargo, que se precise el sentado de esta noción "servicios públicos" pero no aisladamente, sino en tanto en cuanto se trata de un área reservada al legislador. La interpretación del sentido material u orgánica de dicha noción tiene, por tanto, que estar condicionada por esa reserva legal.

En efecto, la noción servicio público puede tener ante todo un sentido material, amplio, de "actividad dirigida a la satisfacción de una necesidad colectiva, abstracción hecha de la persona que lo preste"[1004]. Pero, por supuesto, no toda actividad de esa naturaleza, en cuanto a su creación, modificación o supresión, está reservada al Poder Legislativo. Sólo se reserva a la intervención del Poder Legislativo la creación, supresión o modificación de servicios públicos que impliquen una limitación a los derechos o libertades individuales, como la libertad -económica. Así sucede, por ejemplo, cuando una ley declara una determinada actividad como servicio público, lo que implica o que sólo el Estado puede prestarla, por ejemplo en materia de correos[1005], o que para que un particular la realice, necesite de una concesión administrativa, por ejemplo en materia de transporte por ferrocarril[1006]. En estos casos, la declaración de la actividad como servicio público implica "crear" el servicio en el sentido de que se limita la libertad económica de los particulares; por ello, eso sólo puede hacerse por Ley o por Decretos-Leyes en los casos previstos en el artículo 109, Ord. 11 de la Constitución citado[1007]. Por supuesto, toda modificación o supresión de una actividad considerada como "servicio público" en los términos señalados, también requerirá de una Ley o excepcionalmente de esos Decretos-Leyes.

Conforme a este criterio, por supuesto, no toda actividad de prestación que decida asumir el Estado es un servicio público a los efectos de lo previsto en el artículo 190, ordinal 11 de la Constitución. La Administración en múltiples oportunidades, asume actividades económicas, las modifica o suprime, en concurrencia con los particulares y sin limitarle su libertad económica, y para ello no requiere de Ley alguna que lo disponga, ni de autorización de la Comisión Delegada del Congreso en caso de receso de éste y si lo considera urgente.

1003 *Cfr.* además, José Guillermo Andueza, "Decretos y Leyes", en *Doctrina PGR 1970,* Caracas, 1971, pp. 309 y 313.

1004 Véase sentencia de la CSJ en SPA de 5-10-70 en *GO.,* N° 1.447. Extraordinaria de 15-12-70, p. 11.

1005 La Ley de Correos (14-7-38) establece en este sentido que el servicio es exclusivo del Estado (Art. 1).

1006 La Ley de Ferrocarriles (2-8-57) prevé, en este sentido (Arts. £ y ss.). las concesiones de ferrocarriles para la prestación del servicio por particulares.

1007 En este sentido, la Comisión de Administración-Pública señaló que "crear un servicio significa calificar una determinada actividad de interés general, y decidir, que debe ser prestada directa o indirectamente, por la Administración, conforme a un régimen especial". Véase *Informe sobre la Reforma... cit.,* tomo I, p. 577.

Desde el otro ángulo, orgánico, la noción de servicio público también puede tener un sentido amplio: "órgano al que el Estado encomienda atender a dicha necesidad colectiva"[1008]; sin embargo, no toda creación, modificación o supresión de órganos administrativos está reservada al Poder Legislativo. Sólo se reserva al Legislador, conforme a la Constitución, la creación de Ministerios o de Institutos Autónomos[1009], por lo que la modificación o supresión de las estructuras ministerial y de los Institutos Autónomos también requerirán de una Ley. Desde este ángulo, orgánico, y a los efectos del artículo 190, ordinal 11 de la Constitución, "servicio público" no puede ser todo órgano, sino aquellos cuya creación, modificación o supresión está reservada al Legislador[1010].

Por tanto, no toda creación, modificación o supresión de órganos o reparticiones administrativas requiere de una Ley, o de un Decreto-Ley como el previsto en el artículo 190, ordinal 11 de la Constitución. Tal como lo ha señalado la Comisión de Administración Pública:

> "Debe diferenciarse la potestad organizativa, de la facultad excepcional y de orden legislativo que la Constitución atribuye al Presidente de la República para la creación, modificación y supresión de servicios públicos. La primera comprende la creación, modificación y extinción de reparticiones administrativas, la asignación de competencias, la determinación del personal y los medios materiales necesarios para su funcionamiento, y no requiere la intervención del Congreso o su Comisión Delegada, salvo la que deriva de la normativa presupuestaria. Se trata del ejercicio de la función administrativa que, por definición, corresponde al Poder Ejecutivo"[1011].

1008 Véase la sentencia de la CSJ en SPA de 5-10-70 en *GO.*, N° 1.447, Extraordinaria de 1512-70, p. 11.

1009 Arts. 193 y 230.

1010 En este sentido no consideramos que la creación de "una repartición administrativa —una Dirección Ministerial, por ejemplo—", requiera de una Ley, como parece indicarlo Eloy Lares Martínez, *Manual... cit.*, p. 233.

1011 Véase CAP, *Informe sobre la Reforma..., cit.*, tomo I, p. 577. La Cornisón ha insistido en este argumento señalando lo siguiente:

"En consecuencia, el Ejecutivo Nacional estará ejerciendo una función legislativa, por vía de excepción y previo control de la Comisión Delegada, cuando erija en servicio público una actividad, y determine su régimen de prestación creando los órganos necesarios para ello. Por el contrario, cuando organiza la Administración Pública Nacional, por vía reglamentaria y dentro del marco de la ley, ejercita una potestad propia, indisociable de la función administrativa, distinta de la de proceder, en caso de urgencia comprobada, durante el receso del Congreso, a la 'creación y dotación de nuevos servicios públicos, o la modificación o supresión de los existentes, previa autorización de la Comisión Delegada' ".

"Las dependencias del Ejecutivo Nacional no son servicios públicos, si bien en algunos casos, pueden tener a su cargo la prestación de uno de ellos. Correlativamente, la creación de una nueva oficina o repartición ministerial no involucra la de un servicio público en este campo, los límites de la potestad administrativa vienen determinados por las normas legales, y no por la necesidad de la autorización de la Comisión Delegada" (pp. 576 y 577). Sin embargo, agrega la Comisión 'el ejercicio de la potestad administrativa no puede ignorar o menoscabar las atribuciones del Poder Legislativo en materia presupuestaria. Por ello, cuando el funcionamiento de las nuevas oficinas o dependencias administrativas, requiera la modificación de la Ley de Presupuesto, debe acudirse a los mecanismos consagrados por la Ley y en especial, en su caso, al del Crédito adicional, previsto en el artículo 190, ordinal 14° de la Constitución' " (p. 577).

Conforme a esto, por tanto, la creación, modificación o supresión de dependencias dentro de un Ministerio, ni requiere de Ley ni de autorización de la Comisión Delegada, sino que corresponde a la potestad organizativa del Ejecutivo Nacional. Asimismo, la creación, modificación o supresión de entes descentralizados del Estado con formas jurídicas de derecho privado (Fundaciones, asociaciones civiles, o sociedades anónimas), tampoco ha requerido ni requiere de Ley alguna del Congreso, ni para ello el Ejecutivo Nacional debe obtener la autorización de la Comisión Delegada.

En todo caso, en aquellos supuestos en que sea necesaria una Ley para la creación, modificación o supresión de un "servicio público" en el sentido señalado, y que estando en receso el Congreso, sea de urgencia tomar algunas de esas decisiones, los Decretos con valor de Ley y por tanto, debido a su contenido normativo, son susceptibles de ser impugnados por la vía del recurso de inconstitucionalidad.

d.'   *Los Decretos con valor de Ley de los gobiernos de facto*

Por supuesto, también podrían ser objeto del recurso de inconstitucionalidad, los Decretos-Leyes emanados de los gobiernos de facto. En la reciente historia venezolana, el conjunto de disposiciones normativas de rango legal producidas por los gobiernos de facto que rigieron al país entre 1945 y 1946; 1948 a 1953, y 1958 y 1959, ha sido de enorme importancia. Por ello se ha planteado el problema de su naturaleza legislativa. Sin embargo estimamos que no existe ninguna duda sobre tal naturaleza, dada la asunción por parte del Poder Ejecutivo, en esos períodos, de las funciones legislativas[1012].

1012 En relación a la naturaleza de Decreto-Ley del acto creador de CORDIPLAN, la Procuraduría General de la República ha señalado lo siguiente:

"La doctrina suele denominar "estatuto" al reglamento, o bien al conjunto de normas, en los que se traza la constitución de un ente público" (Entrena Cuesta, Rafael: "Curso de Derecho Administrativo", Editorial Tecna, S. A., Madrid, 1965, pp. 122-123) ¿Qué naturaleza jurídica tiene el estatuto de CORDIPLAN?

El Decreto N° 492 al que tantas veces se ha hecho referencia fue dictado el 30 de diciembre de 1958 por la Junta de Gobierno, organismo que asumió (Art. 2 del Acta Constitutiva de la Junta Militar de Gobierno) todos los poderes del Estado.

Dicho Decreto, suscrito por los miembros de la Junta y el Gabinete Ejecutivo, tiene el rango de ley. Acerca de las peculiaridades de este tipo de fuente del Derecha, y en relación con un caso análogo desde el punto de vista de su naturaleza jurídica, la Procuraduría General de la República opinó lo siguiente:

"Las disposiciones con fuerza de ley, que dictan los gobiernos de facto son, para muchos autores, los auténticos Decretos-Leyes. El que sean los "verdaderos" —o los "únicos" doctrinariamente admisibles— es problema discutible. Ahora bien, lo que sí está fuera de toda duda es su naturaleza jurídica, es decir, que se trata de normas con fuerza de ley, emanadas de gobiernos de facto, cuya validez admiten todas las corrientes doctrinarias y jurisprudenciales, fundamentándola sobre todo en razones de seguridad.

"Esa orientación es fundada, porque el reconocimiento de la validez de los actos de los gobiernos de facto responde a una clara necesidad social; asegurar la estabilidad de las normas dictadas por dichos gobiernos, cuya autoridad, por imperio de las circunstancias, ha debido ser acatada por todos. La invalidez total de las decisiones dictadas por los regímenes de facto, crearía indudablemente mayores perturbaciones que su mantenimiento" ha dicho Sayagués *(Tratado de Derecho Administrativo,* Montevideo, 1959, tomo I, p. 110).

Tal como lo ha señalado la Corte Suprema de Justicia:

"El Decreto... cuya nulidad ha sido solicitada... pertenece a la categoría de los actos normativos denominados por la doctrina "decreto-leyes"...

Es, en efecto, una decisión contentiva de normas de aplicación general, emanada de un gobierno de facto que había concentrado en sus manos el ejercicio de las funciones ejecutivas y legislativas. Por una necesidad social, para evitar mayores males, se admite en derecho la validez de tales actos: se equipara su fuerza a la de las leyes dictadas por las Cámaras Legislativas en época de normalidad institucional, y aún más, se reconoce la subsistencia de la eficacia obligatoria de aquellas normas, aun después del restablecimiento de la normalidad y sin necesidad de ratificación legislativa, mientras no sean derogadas explícita o implícitamente por los órganos legislativos surgidos de la consulta popular... Por imperiosas razones de conveniencia colectiva, para evitar mayores perturbaciones, la doctrina y la jurisprudencia reconocen fuerza de ley, no obstante, su procedencia irregular, a las reglas de derecho dictadas por los gobiernos de facto en el ejercicio de la función legislativa asumida por éstas"[1013].

Por tanto, los Decretos-Leyes de los gobiernos de facto también podrían ser objeto de impugnación por la vía de un recurso de inconstitucionalidad.

b. *Los actos de gobierno*

Además de los Decretos con valor de Ley que puede emitir el Presidente de la República, conforme a la Constitución, el Jefe del Estado y del Gobierno puede dictar otros actos de igual rango que la Ley, desvinculados de ésta por ser emanados en ejecución directa de la Constitución, que en Venezuela se denominan actos de

---

"La emisión de Decretos-Leyes por la Junta de Gobierno de los Estados Unidos de Venezuela, es pues, inobjetable, desde un punto de vista, estrictamente jurídico formal, puesto que ese Organismo se había arrogado todos los poderes del Estado", concluye la Procuraduría General de la República en el ya referido informe (N° 4.373 de 6-11-66 dirigido a la Corte Suprema de Justicia, en Sala Plena).

Nuestros autores se encuentran también acordes en el sentido de atribuir rango legal a los Decretos-Leyes emanados de gobiernos de facto. Lares Martínez, el enumerar entre esos gobiernos de facto a la Junta de Gobierno que se constituyó el 23 de enero de 1958 —autora del Decreto cuya naturaleza se estudia— dice: "No han reconocido límites nuestros gobiernos de facto en cuanto al ejercicio de la función legislativa. En teoría se aconseja que esa actividad se reduzca a las medidas de urgencia y a las que revistan caracteres de necesidad dentro de los fines perseguidos por el movimiento que ha dado origen al gobierno de facto. En la práctica, esas limitaciones carecen de efectividad, puesto que son los propios detentadores del poder los que estiman la urgencia o la necesidad de las disposiciones que se proponen dictar". Y agrega: "No hay duda de que el Cuerpo Legislativo tiene plena facultad para derogarlos y para reformarlos total o parcialmente; pero mientras no los altere, esos Decretos-Leyes mantienen su vigor inicial. La conveniencia colectiva así lo impone, pues la caducidad inmediata de toda legislación proveniente del régimen de facto, traería innumerables perjuicios. La experiencia venezolana ha sido la de reconocer la vigencia de los Decretos-Leyes dictados por los gobiernos de facto aun después del retorno a la vida constitucional, sin necesidad de ratificación" (Lares Martínez, Eloy: "Manual de Derecho Administrativo", Universal Central de Venezuela, Caracas, 1963". Véase en *Doctrina PGR 1966*, Caracas, 1967, pp. 200 y 201.

1013 Véase sentencia de la CSJ en CP de 11-7-63 en *GO.*, N° 27.205 de 29-7-63 citada además en *Doctrina PGR 1966*, Caracas, 1967, pp. 201 y 202.

gobierno[1014]. Los actos de gobierno, por tanto, dictados en el ejercicio de la función de gobierno y no en ejercicio de la función administrativa, no son actos administrativos[1015], y emanan del Presidente de la República en ejercicio de atribuciones que la Constitución le asigna directamente. Por tal razón, el legislador no puede regular el ejercicio de la función de gobierno por el poder Ejecutivo. No se trata, por tanto, de actos de carácter sub-legal, sino de igual rango que la Ley.

Sobre estos actos de gobierno, la Corte Suprema de Justicia en Corte Plena, al conocer de la impugnación de un Decreto de Suspensión de Garantías constitucionales, en sentencia de 11-3-93 señaló:

"Es ampliamente conocida en el ámbito constitucional la teoría del "acto de gobierno", "gubernativo" o "acto político", conforme a la cual, en su formulación clásica, el Presidente de la República como cabeza del Ejecutivo y Jefe de Estado (artículo 181 de la Constitución) ejerce, además de funciones propiamente administrativas, otras de contenido distinto, atinentes a la "oportunidad política" o actos que por su naturaleza, intrínsecamente ligada a la conducción y subsistencia del Estado, no son en la misma medida enjuiciables. Se institucionalizaba así, la figura intimidante de la "razón de Estado" como justificación a toda cuestión de la cual el Gobierno no tuviera que rendir debida cuenta.

Semejante construcción sustentada en la tesis de la llamada "soberanía suprema", cuyo nacimiento teórico ubican distintos autores en la época posterior a la caída del régimen napoleónico, pronto empezó a ser revisada con criterios cada vez más estrictos que llevaron a una categorización jurisprudencial de los actos de esa naturaleza excluidos del control jurisdiccional, también cada vez más reducida.

En Venezuela, la falta de una disposición expresa al respecto en el Texto Fundamental, ha sentado este Alto Tribunal, como nota identifica-dora de esa especie jurídica, aquellos actos que, en ejecución directa e inmediata de la Constitución, son de índole eminentemente política. (*Vid*. SPA del 21-11-88, *Caso Jorge Olavarría*).

Dentro de este contexto, concuerdan autores y jurisprudencia nacional y extranjera en mantener dentro de esa clasificación, entre otros, el indulto, los actos relativos a la conducción de las relaciones entre el Gobierno y países extran-

---

1014 Véase Allan R. Brewer-Carías, *Derecho Administrativo*, tomo I, Caracas, 1975, pp. 378 y 391.

1015 Véase Allan R. Brewer-Carías, *Las Instituciones Fundamentales del Derecho Administrativo y la Jurisprudencia Venezolana*, Caracas, 1964, pp. 26, 108 y 323 y ss. No compartimos la tesis sostenida por Eloy Lares Martínez de que la noción de actos de gobierno que nosotros hemos sostenido desde 1963 es "inútil" y que puede resolverse acudiendo a la noción de los poderes discrecionales. Véase en *Manual...* cit., pp. 183 a 185. Sobre la noción de actos de gobierno, acogida por la Procuraduría General de la República, véase *Doctrina PGR 1973*, Caracas, 1974, pp. 127 a 131.

Debe señalarse, además, que dentro de la competencia de la Corte Suprema está la de "declarar la nulidad de los actos administrativos del Ejecutivo Nacional, cuando sea procedente" (Art. 215, Ord. 79). En la Le Orgánica de la Corte Suprema de Justicia se establece la competencia de la Corte para declarar la nulidad por inconstitucionalidad de los "actos de efectos generales del Poder Ejecutivo Nacional" (Ord. 4o del Art. 42), distintos de los Reglamentos, y en general de todos los otros actos del Poder Ejecutivo (Art. 42, Ord. 11) distintos de los actos administrativos individuales (Art. 42, Ord. 10).

jeros, la declaratoria de emergencia, y precisamente, el acto que en concreto interesa analizar a los fines de este fallo: La suspensión de las garantías constitucionales[1016].

En el mismo sentido, la Corte Suprema de Justicia en Sala Político Administrativa, en sentencia de 21-11-88 precisó la noción del acto de gobierno, como un acto ejecutivo dictado en ejecución directa de la Constitución y no de la Ley Ordinaria, distinguiéndolos así de los actos administrativos, en la forma siguiente:

"4°) *Permanecen* todavía incólumes los principios sentados por la Corte —a los que se refieren los apoderados del Consejo, pero aplicándolos inexactamente al caso de autos— respecto de los "actos de gobierno", especie jurídica que, en razón de su *superior jerarquía, derivada del hecho de que son producidos en ejecución directa e inmediata de la Constitución y no de la ley ordinaria,* ha sido *excluida* hasta ahora, por la propia Corte, de la totalidad del control jurisdiccional de constitucionalidad, "en atención —como ella misma ha expresado— a que *por su propia esencia* son actos de *índole eminentemente política* o actos de gobierno, o de índole *discrecional;* situaciones en que no cabe aplicar a los *motivos* determinantes de la actuación el expresado control *constitucional".*

Los principios jurisprudenciales alegados por los defensores de la actuación del Consejo en la Resolución recurrida, permanecen, en efecto, aún vigentes (a más de la comentada decisión del 29-4-65, en Corte Plena, véase la de 28-6-83: CENADICA, dictada en S. PA); mas, no son aplicables al caso de autos como ellos lo pretenden, sino —insiste la Sala— sólo a las *actuaciones emanadas de la cúspide del Poder Ejecutivo en función de gobierno, es decir, a los denominados por la doctrina "actos de gobierno", emitidos justa y precisamente en ejecución directa e inmediata de la Constitución;* y no a los producidos, como los de autos, por una administración —la electoral en el caso— que ejecutó, de manera directa e inmediata, normas de rango inferior al de la Carta Magna, a saber: las de la Ley Orgánica del Sufragio. Así se declara[1017].

De acuerdo con esta categorización, entre los actos de gobierno que puede dictar el Presidente de la República están la concesión de indultos (Art. 190, Ord. 2°); los actos relativos a la conducción de las relaciones entre el Gobierno y los países extranjeros, es decir, en general, derivados de las relaciones exteriores de la República (Art. 190, Ord. 5°); la declaratoria de Estado de Emergencia (Art. 190, Ord. 6° y 240); la suspensión o restricción de garantías constitucionales (Art. 190, Ord. 6° y 241); la adopción de medidas extraordinarias de policía para impedir inminentes trastornos al orden público (Art. 244); la adopción de decisiones como Comandante en Jefe de las Fuerzas Armadas, como el fijar el contingente de las mismas (Art. 190, Ord. 3° y 4°); las medidas que adopte en defensa de la República, la integridad del territorio y la soberanía en caso de emergencia internacional (Art. 190, Ord. 7°); y la convocatoria al Congreso a sesiones extraordinarias (Art. 190, Ord. 9°).

1016 Véase *Revista de Derecho Público,* N° 53-54, 1993, pp. 155 y ss.

1017 Véase en *Revista de Derecho Público,* N° 36, Caracas, 1988, pp. 62 y ss.

En esta forma, la noción del acto de gobierno en Venezuela ha sido delineada en base a un criterio estrictamente formal: se trata de los actos dictados por el Presidente de la República, en ejecución directa de la Constitución, en ejercicio de la función de gobierno[1018]. No se trata, por tanto, de actos administrativos que siempre son de rango sub-legal, ni de actos en cuyo dictado el Presidente deba someterse a normas legislativas. Como actos dictados en ejercicio de atribuciones constitucionales por el Presidente de la República, el Poder Legislativo no puede regular la forma o manera de sus dictados pues incurriría en una usurpación de funciones. Entre los actos de gobierno regulados en la Constitución Venezolana se destacan, por ejemplo, el Decreto de suspensión o restricción de garantías constitucionales o el Decreto que declare el Estado de emergencia[1019].

Los actos de gobierno, por tanto, si bien no son actos sometidos a la ley en sentido formal, pues la función de gobierno no puede ser regulada por el Legislador, sí son actos sometidos a la Constitución, en virtud de que son dictados por el Presidente de la República en ejercicio de competencias constitucionales. Como actos sometidos a la Constitución, también están sometidos al control de la constitucionalidad que ejerce la Corte Suprema de Justicia[1020], por lo que el Tribunal Supremo puede declarar su nulidad, por inconstitucionalidad, con carácter absoluto, *erga omnes*. En esa forma, y en el campo de la protección de los derechos y libertades públicas, el Decreto de suspensión o restricción de garantías constitucionales podría ser impugnado, por la vía del recurso de inconstitucionalidad, por ante la Corte Suprema de Justicia. Tal sería el caso, por ejemplo, de un Decreto de suspensión o restricción de garantías constitucionales que afectara el derecho a la vida; el derecho a no ser incomunicado o sometido a tortura; y el derecho a no ser condenado a penas perpetuas o infamantes o a penas restrictivas de la libertad superiores a 30 años, en cuyo caso, sería contrario a lo dispuesto en el artículo 241 de la Constitución.

Por tanto, los actos de gobierno como actos de naturaleza política pueden ser objeto de control por la jurisdicción constitucional, y basta un solo ejemplo, utilizando también los ejemplos expuestos por la Corte Suprema en la sentencia de 1965, para darse cuenta de la necesidad del control: la fijación del contingente de las Fuerzas Armadas Nacionales, por el Presidente de la República, estableciendo un cupo por razas, en violación del artículo 61 de la Constitución. Este acto, burdamente inconstitucional, sin embargo, conforme a las previsiones de la Ley Orgánica de la Corte Suprema de Justicia no sería susceptible de impugnación por no tener efectos generales, es decir, contenido normativo. Al reducir la Ley Orgánica de la Corte el objeto del recurso de inconstitucionalidad en relación a los actos de efectos generales y excluir a los actos de gobierno de efectos particulares, incurrió en una inconstitucionalidad. Por ello, la Corte para conocer de una acción de inconstitucionalidad de un

1018 Véase Allan R. Brewer-Carías, *Las Instituciones Fundamentales del Derecho Administrativo y la Jurisprudencia Venezolana*, Caracas, 1964, pp. 26, 108 y 323 y ss. y *Derecho Administrativo*, tomo I, *cit.*, pp. 391 y ss.

1019 Art. 190, Ord. 6° y 240 de la Constitución.

1020 Véase Allan R. Brewer-Carías, "Comentarios sobre la doctrina del acto de gobierno, del acto político, del acto de Estado y de las cuestiones políticas como motivo de inmunidad jurisdiccional de los Estados en sus tribunales nacionales", *Revista de Derecho Público*, N° 26, Caracas, 1986, pp. 65-68.

acto de Gobierno, tiene que recurrir, como lo ha hecho, al ordinal 6° del artículo 215 de la Constitución que le da competencia para " declarar nulidad de los demás actos del Ejecutivo Nacional cuando sean violatorios de esta Constitución" sin hacer distinción de ninguna naturaleza, según se trate de actos de efectos generales o particulares.

En cuanto a los Decretos de restricción o suspensión de garantías constitucionales, éstos pueden ser dictados en los siguientes supuestos: en caso de emergencia cuando ha sido declarado el Estado de emergencia en caso de conflicto interior o exterior o cuando existan fundados motivos de que uno u otro ocurran[1021], en caso de conmoción que pueda perturbar la paz de la República; o en caso de graves circunstancias que afecten la vida económica o social de la República[1022]. En virtud de esta exigencia constitucional de causas o motivos para que puedan dictarse dichas medidas, la Constitución exige que "el decreto expresará los motivos en que se funda, las garantías que se restringen o suspendan y si rige para todo o parte del territorio nacional"[1023].

El acto de suspensión o restricción de garantías constitucionales, como acto de gobierno, tiene el mismo rango que la Ley, pero además tiene fuerza legal. Tal como lo ha señalado la Procuraduría General de la República:

> "esta suspensión implica un acto de naturaleza legislativa porque mediante ella las leyes que tutelan las derechos subjetivos de los administrados quedan en suspenso temporalmente mientras el decreto de suspensión o restricción de garantías no sea revocado"[1024].

Por otra parte, es precisamente en base a esta suspensión o restricción de garantías constitucionales realizada por el Poder Ejecutivo que, posteriormente, el propio Ejecutivo Nacional puede, como se ha visto, dictar Decretos con valor de Ley[1025].

Ahora bien, en torno a la posibilidad de impugnar el Decreto de suspensión o restricción de garantías constitucionales, la Procuraduría ha sostenido lo siguiente:

> "La jurisprudencia venezolana no se ha pronunciado sobre la admisibilidad de los recursos contra el decreto de suspensión de garantías. Por esta razón resulta indispensable fijar algunos criterios en esta materia. Como el decreto de suspensión o restricción de garantías tiene naturaleza legislativa, los recursos que contra él se intenten lo deben ser por las siguientes causas: a) cuando el decreto no llena las formalidades constitucionales (por ejemplo: no se dictó en Consejo de Ministros o no se indican los motivos en que se fundamentó); b) cuando suspenda a interrumpa el funcionamiento de los poderes públicas nacionales; c) cuando suspenda alguna de las garantías que la Constitución prohíbe suspender

---

1021 Art. 240.

1022 Art. 241.

1023 Art. 241.

1024 Véase *Doctrina PGR 1971*, Caracas, 1972, p. 189.

1025 Véase Allan R. Brewer-Carías, *Las garantías constitucionales de los derechos del hombre*, Caracas, 1976, pp. 33 y 41

o restringir. En cambio, somos de opinión de que el recurso es inadmisible cuando el recurrente lo que pretende es que la Corte Suprema de Justicia analice la existencia de los motivos a razones del decreto. Este análisis sólo puede hacerlo el Congreso cuando le es sometido el decreto o cuando procede a revocarlo por considerar que han cesado las causas que lo motivaron. De aceptarse la otra tesis se convertiría la Corte Suprema de Justicia en un tribunal político para juzgar sobre las razones que tuvieron en cuenta los otros poderes del Estado para mantener el decreto de suspensión o restricción de garantías"[1026].

Aparte de estos motivos de impugnación, por supuesto, la violación directa de la Constitución también puede ser motivo del recurso de inconstitucionalidad: por ejemplo, que el Decreto establezca una discriminación por la raza, credo, sexo o condición social, y por tanto, viole el principio de la igualdad establecido en el artículo 61 de la Constitución.

Debe señalarse en todo caso, que en la sentencia citada de la Corte Suprema de Justicia en Corte Plena de 29-4-65, dictada con motivo de la impugnación de la Ley aprobatoria del Tratado de Extradición con los Estados Unidos, la Corte había sentado el criterio siguiente:

"En lo relativo a los actos que el Presidente de la República está facultado para realizar en *ejercicio de sus atribuciones constitucionales,* un atento examen de las mismas conduce a la conclusión de que *determinadas actuaciones presidenciales, en cualquiera de los dos caracteres de Jefe del Ejecutivo Nacional o Jefe del Estado Venezolano asignados a aquél por el artículo 181 de la Constitución, están excluidos del control jurisdiccional de constitucionalidad en atención a que por su propia esencia son actos de índole discrecional;* situaciones en que no *cabe aplicar a los motivos determinantes* de la *actuación el expresado control constitucional.*

Entre tales actos encuéntrale según el artículo 190 de la Constitución Nacional los siguientes: Fijar el contingente de las Fuerzas Armadas Nacionales; convocar el Congreso a sesiones extraordinarias y reunir en Convención a algunos o a todos los Gobernadores de las entidades federales.

Con base en las excepciones que se han indicado en lo relativo al control jurisdiccional sobre la constitucionalidad intrínseca de los actos del Poder Público, puede sentarse la conclusión de que este control no ha sido establecido en forma rígida o absoluta, pues están, sustraídas a su dominio diversas situaciones tanto en el orden legislativo, como en el judicial y en el ejecutivo"[1027].

Esta decisión, como se ha dicho, ahora totalmente superada, originó la doctrina de los actos excluidos de control aún cuando no en si mismos, sino en los aspectos de los mismos que podían ser controlados. En relación a los actos de gobierno, en particular, Luis H. Farías Mata señaló:

1026 Véase *Doctrina PGR 1971, cit,* p. 189.

1027 Véase en la citada publicación de la Imprenta Nacional, Caracas, 1965.

"1) El acto de gobierno es presentado en nuestra jurisprudencia como *un acto de ejecución de la Constitución,* y, en tal sentido, resulta equiparable, formalmente, tanto *a la ley misma como a los actos de fuerza de ley.* Cabría entonces *distinguirlos,* en principio, por su rango —jerárquicamente superior— de los actos *administrativos* emanados del Poder Ejecutivo;

2) Ese rango superior *los excluye no del control de la jurisdicción* contencioso-administrativa, como sucede *en otros sistemas jurídicos, sino del control de la jurisdicción constitucional,* la cual hubiera sido —conforme a nuestro Derecho Positivo— la competente, en *principio,* para conocer de los vicios que pudieran afectarlos;

6) Se conciben, además, como actos discrecionales, mas no como subespecies del acto administrativo, sino como especies de un acto de rango constitucional. Alienta aquí la justificación del acto de gobierno en atención a dos principios, que la doctrina moderna ha rechazado: de una parte, la falsa oposición entre acto discrecional y acto reglado, y, de otra, la presunta irrevisibilidad de los supuestos actos discrecionales... Por otra parte, si bien la posibilidad de que una jurisdicción revise la actuación administrativa, puede detenerse ante una cierta libertad de apreciación, por el agente administrativo, de las circunstancias de lugar y de tiempo que lo llevaron a adoptar la decisión, no puede, empero, extenderse esta inhibición jurisdiccional frente a la demostración de la falsedad de los hechos, ni mucho menos podría extenderse el fuero, a favor de la administración, respecto de la incompetencia del agente, o del contenido ilícito, imposible, indeterminado o indeterminable del acto, ni ante la desviación de poder o los vicios de procedimiento en que hubiere incurrido el funcionario.

7) Por tanto, a pesar de la exclusión, ciertos recursos contra actos de gobierno parecen viables, porque cuando en la comentada decisión se habla de "situaciones en que no cabe aplicar a los motivos determinantes de la actuación el expresado control constitucional", sin duda el Alto Tribunal está afirmando que la exclusión del control afecta sólo a dichos motivos, es decir, a lo que la doctrina moderna concibe como causa del acto (el por qué de la decisión) mas no a otros elementos del mismo. De donde se deduce que los vicios de incompetencia o de violación de procedimiento, por ejemplo, podrían ser ampliamente revisados por una jurisdicción"[1028].

Esta interpretación doctrinal sobre la exclusión del control de constitucionalidad "intrínseca" de los actos de gobierno, que sólo podía referirse a los motivos del acto, como acto discrecional, pero no a los aspectos relativos a la competencia o a la forma, no fue acogida totalmente de inmediato, al punto que en una sentencia de 21-11-88, la Sala Político Administrativa al conocer de la impugnación de un acto del Consejo Supremo Electoral, afirmó al distinguirlo de los actos de gobierno, que en relación a estos que:

1028 Véase Luis H. Farías Mata. "La doctrina de los actos excluidos en la jurisprudencia del Supremo Tribunal", en *Archivo de Derecho Público y Ciencias de la Administración,* Instituto de Derecho Público, UCV, Vol. I, (1968-1969) Caracas, 1971, pp. 329 a 331.

"Permanecen todavía incólumes los principios sentados por la Corte —a los que se refieren los apoderados del Consejo, pero aplicándolos inexactamente al caso de autos— respecto de los "actos de gobierno", especie jurídica que, en razón de su superior jerarquía, derivada *del hecho de que son producidos en ejecución directa e inmediata de la Constitución y no de la ley ordinaria,* ha sido *excluida hasta ahora,* por la propia Corte, de la totalidad del control jurisdiccional de constitucionalidad, "en atención como ella misma ha expresado— a que *por su propia esencia* son actos *de índole eminentemente política* o actos de gobierno, o de índole *discrecional;* situaciones en que no cabe aplicar a los motivos determinantes de la actuación el expresado control *constitucional"*[1029].

La discusión, en todo caso, fue definitivamente cancelada por la Corte Suprema de Justicia en Corte Plena en sentencia de 11-3-93 (caso Gruber Odreman) al decidir sobre la impugnación por inconstitucionalidad de los decretos de suspensión de garantía y su ejecución, de noviembre de 1992 dictados luego de la sublevación militar del día 27 de ese mes. La Corte entró directamente al tema preguntándose lo siguiente:

"Ahora bien, *¿cabe dentro del marco constitucional venezolano sostener la no enjuiciabilidad de actuaciones de la Administración, de rango ejecutivo o legislativo, en razón de su contenido político?*

Para llegar a una respuesta adecuada, se hace imperativo, en primer término, acudir a la construcción que sobre el tema ha hecho esta Corte a través de decisiones donde se pone en evidencia, una vez más, la nunca suficientemente entendida relación de causalidad existente entre *el avance del sistema de control jurisdiccional sobre los actos del Poder Público y el desarrollo institucional democrático de un país.*

En efecto, no es ésta la primera ocasión que se presenta a la Corte de discernir sobre la *teoría de los actos exentos de control* pues, no pocas veces, ha ido su Sala Político-Administrativa *extendiendo pausada pero invariablemente, su ámbito de control* —como órgano de la jurisdicción contencioso-administrativa— *a toda la actividad del Poder Público;* y así igualmente, en cuanto al control constitucional directo, este *Alto Tribunal en Pleno ha traspasado barreras conceptuales antes defendidas por la preeminencia* de un Estado todopoderoso, criterio hoy francamente superado"[1030].

Para fundamentar este criterio, la Corte acudió a su doctrina original sentada en 1962 sobre la universalidad del control de constitucionalidad y citando la sentencia de 15-3-62 (dictada con motivo de la acción de nulidad de la ley aprobatoria del contrato con el Banco de Venezuela, como auxiliar de tesorería) señaló:

"Tal *amplitud* de criterio, mantenida casi invariablemente por esta Suprema Corte, se ha puesto ya de *manifiesto en actos conocidos como típicamente gu-*

bernativos, como es el caso, aunque en materia contencioso-administrativa y no constitucional, de la sentencia de fecha 31 de octubre de 1972 (Caso *Manuel Elpidio Páez Almeida,* SPA).

3. *Con arreglo a lo anterior, es indispensable para esta Corte que las actuaciones de la rama ejecutiva del Poder Público, a tenor del artículo 117 de la Constitución que consagra el principio de legalidad* ("La Constitución y las leyes definen las atribuciones del Poder Público, y a ellas debe sujetarse su ejercicio"), *están sujetas, por imperio de la Carta Fundamental, a da ley en su sentido más amplio y por ende, a revisión judicial: constitucional en aplicación del artículo 215,* ordinal 6 *ejusdem* y *contencioso-administrativo,* por previsión del artículo 206 *ibídem.*

Luego, en Venezuela, el *problema de los "actos de gobierno" no se contrae a una categoría jurídica revestida de inmunidad jurisdiccional,* pues como se ha visto, existe frente a éstos la posibilidad de recurrirlos con base a una garantía constitucional. La cuestión se circunscribe entonces *al mayor o menor grado de sujeción al cuerpo normativo, asunto atinente a la competencia reglada y al poder discrecional* del funcionario que, en ejecución de la Ley Fundamental, dicta el acto"[1031].

En esta forma, la Corte identificó el problema del control de la constitucionalidad de los actos de gobierno, como un problema de control de actos discrecionales. Para ello, aplicó los principios que la misma Corte había venido estableciendo sobre el control de los actos administrativos discrecionales desde la década de los cincuenta[1032]. Particularmente, se destaca en esa línea, la sentencia de la Sala Político Administrativa (caso Depositaría Judicial) de 2-11-82 en la cual al admitir el control de los actos administrativos discrecionales en relación a la competencia, las formalidades y la finalidad, la Corte señaló que si bien no controla las razones de fondo, mérito de oportunidad y conveniencia, el Juez puede:

"revisar la veracidad y la congruencia de los hechos que, a través de la motivación, el funcionario alega que ocurrieron, y con base en los cuales adoptó —apreciándolas según las circunstancias de oportunidad y de conveniencia que tuvo a la vista— la medida posteriormente recurrible ante la jurisdicción contencioso-administrativa"[1033].

Esta doctrina del control de los actos discrecionales se recogió posteriormente en la sentencia de la Sala Político Administrativa de 21-11-88 (caso Jorge Olavarría), en la cual la Corte señaló que:

"que la *posibilidad de revisión de los motivos de oportunidad o de conveniencia implícitos* en la adopción de una decisión administrativa, aun predominantemente discrecional, es hoy día también patrimonio de la jurisprudencia

---

1031 *Idem.*

1032 Véase Allan R. Brewer-Carías, "Los límites a los poderes discrecionales de las autoridades administrativas", *Revista de la Facultad de Derecho,* Universidad Católica Andrés Bello, N° 2, Caracas, 1965.

1033 Véase en *Revista de Derecho Público,* N° 12, Caracas, 1982, pp. 124 y ss.

venezolana, como lo ha sido en el Derecho Administrativo clásico extranjero a partir de 1953; eso sí, con la natural limitación de que, en señal de respeto al principio de la separación de poderes, no pueda que en señal de respeto al principio de la separación de poderes, no pueda pasar el *juez a ocupar el lugar de la Administración emisora del acto. Pero si le está permitido en cambio, tal como lo hace la Sala en el presente caso y sin necesidad de sustituirse a aquélla entrar a examinarse la exactitud, veracidad y congruencia de los fundamentos de hecho y de derecho que sustentan la decisión administrativa, aun la más ampliamente discrecional, y sin que quepa distinguirla* —al menos a los fines de su revisibilidad— *de la predominantemente reglada*"[1034].

Precisamente, aplicando estos principios de la sentencia de 1988, al conocer de la acción popular contra el Decreto de suspensión de garantías constitucionales de 1992, en la sentencia de 1993 la Corte señaló:

"Los principios expuestos fueron posteriormente trasladados por la Sala Político-Administrativa —de manera si se quiere incidental— a la figura de los "actos de gobierno" (Caso de Jorge Olavarría, citado), donde en un intento de afinar el criterio vertido en una anterior decisión de la Corte en pleno del 29-4-65, se puso de relieve como patrimonio de la jurisprudencia venezolana, la imposibilidad de revisión de los "motivos de oportunidad" implícitos en la adopción de una decisión predominantemente discrecional —v. gr. los de eminente contenido político— para mantener "la natural limitación de que en señal de respeto al principio de la separación de poderes, no puedan pasar al juez a ocupar el lugar de la Administración emisora del acto". Sin embargo, se añadió en aquella oportunidad, que sí le está permitido en cambio al órgano jurisdiccional proceder *al examen de la exactitud, veracidad y congruencia de los fundamentos de hecho y de derecho que sustentan la decisión gubernativa.*

En estos supuestos, la jurisprudencia ha entendido que el control se extiende a la revisión de la competencia del agente, del contenido lícito, posible, determinado o determinable del acto, a la utilización correcta o debida de la competencia atribuida y a cumplimiento del procedimiento previamente establecido.

5. De lo expuesto se infiere que al examinar la constitucionalidad de un Decreto de Suspensión de Garantías, *a pesar de tratarse de un acto de gobierno* y de naturaleza discrecional, puede el juez, sin embargo, *conocer no sólo de los aspectos formales que rodearon la emisión del mismo, sino también revisar la "veracidad y congruencia" de los hechos que constituyen su fundamentación fáctica*"[1035].

Concluyó la Corte en esa sentencia señalando lo siguiente:

"En efecto, como se dejó sentado en el punto antes tratado, el Decreto de Suspensión de Garantías, si bien es conceptuado como un típico "acto de gobierno", no por ello goza, al menos dentro de nuestro ordenamiento, de inmuni-

---

1034 Véase en *Revista de Derecho Público*, N° 36, 1988, pp. 62 y ss.

1035 Véase en *Revista de Derecho Público*, N° 53-54, 1993, p. 220.

dad jurisdiccional, pues la discrecionalidad del Jefe del Estado al acordar una medida de esta naturaleza no es ilimitada, y como se dijo, puede ser objeto de revisión por el juez en cuanto a la competencia del funcionario, el contenido lícito, posible, determinado o determinable del acto, a la correcta utilización de esa competencia y a la sujeción al procedimiento previamente establecido"[1036].

3. Los reglamentos dictados por el Ejecutivo Nacional

A. Los actos reglamentarios del Presidente de la República son los sometidos a la jurisdicción constitucional

También pueden ser objeto de una acción popular de inconstitucionalidad conforme al artículo 215, ordinal 6° de la Constitución, los Reglamentos dictados por el Ejecutivo Nacional, de contenido normativo y que, por tanto, integran o modifican el ordenamiento jurídico. El contenido de los Reglamentos siempre es de carácter normativo, y se identifican por su generalidad, efectos *erga omnes* y por estar destinados a un número indeterminado e indeterminable de personas. El Reglamento, en esta forma, es uno de los típicos actos de efectos generales a que nos referimos anteriormente, por contener "normas de carácter general"[1037]. Tal como los ha definido la Corte Suprema:

"el Reglamento es norma jurídica de carácter general dictado por la Administrador Pública, para su aplicación a todos los sujetos de derecho y en todos los casos que caigan dentro de sus supuestos de hecho"[1038].

En todo caso, el Reglamento, aun cuando tiene contenido normativo e integra el ordenamiento jurídico, está subordinado a la Ley. Tal como lo ha señalado la Corte Suprema de Justicia:

"Las disposiciones de los reglamentos que conforme a ella han de dictarse, tienen el carácter de normas secundarias respecto a las de la Ley, que son en este caso, las primarias. O sea, que cada reglamento es el complemento de la determinada Ley, cuya finalidad es facilitar la ejecución de ésta"[1039].

Ahora bien, al plantear la noción del Reglamento como acto susceptible de impugnación directa por vía de acción de inconstitucionalidad conforme a la Constitución y a la Ley Orgánica de la Corte Suprema de Justicia, exige precisar que no todo acto general del Ejecutivo Nacional es un Reglamento. Se hace indispensable, de nuevo, insistir en la distinción entre "actos de efectos generales" como los Reglamentos, y "actos generales", es decir, entre actos normativos por una parte, y por la otra, los actos generales no normativos. La Corte Suprema de Justicia, en este sentido, se ha pronunciado expresamente sobre esta distinción en varias oportunidades.

1036 *Idem.*

1037 Véase sentencia de la CSJ en SPA de 10-5-65, en *GF.*, N° 48, pp. 122 y 123.

1038 Véase sentencia de la CSJ en SPA de 27-5-68, en *GF.*, N° 60, 1968, pp. 115 a 118.

1039 Véase sentencia de la CSJ en SPA de 10-5-65 en GF., N° 48, pp. 122 y 123.

En efecto, en una sentencia del 2 de noviembre de 1967, en relación a un Acuerdo del Consejo Universitario de la Universidad de Los Andes, la Corte señaló lo siguiente:

"... Una disposición reglamentaria tiene siempre el atributo de la generalidad, porque se aplica, dentro de los; supuestos de hecho que contempla en relación con la materia legal cuya ejecución regula, a un número indeterminado de personas. El acuerda que se impugna tiene un carácter distinto porque la decisión que contiene se refiere a un grupo de personas individualmente determinadas. La circunstancia de qua la situación jurídica creada por el acto cuya validez se discute esté dirigida a más de una persona, en virtud del número de ellas, no modifica su individualidad, motivo por el cual continúa siendo un acto administrativo de efectos particulares. En consecuencia, estima la Sala que carece de fundamento el alegato según el cual, el acto administrativo impugnado es una decisión de efectos generales y contenido reglamentario"[1040].

De esta decisión resulta clara la distinción que hemos hecho entre el acto normativo, como el Reglamento, que es "de efectos generales", y el acto administrativo general que aun cuando tenga como destinatarios a un grupo de personas, no es de carácter normativo, es decir, no es de efectos generales, sino particulares[1041]. En el caso del acto analizado en la sentencia antes transcrita, se trataría de un acto administrativo general de efectos particulares el cual no sería susceptible de recurso de inconstitucionalidad, sino sólo del recurso contencioso-administrativo de anulación.

En otra sentencia reciente, la Corte Suprema de Justicia señaló que las características propias del reglamento son la "generalidad e impersonalidad", y aclaró que una Resolución del Ministerio de Minas e Hidrocarburos no tenía carácter reglamentario, por lo siguiente:

"el reglamento como todos los actos de efectos generales, va dirigido a un indeterminado número de personas, por lo cual se hace imposible nombrarlas a todas. En cambio, la Resolución impugnada va dirigida a cierto número de personas, perfectamente identificares, ya que ellas han celebrado un contrato previamente con el Ejecutivo Nacional, pues todas y cada una, son concesionarias de hidrocarburos. Por lo tanto, el contenido de la Resolución citada debe tomarse como un conjunto de decisiones individuales que se han condensado en un solo texto legal, en forma aparentemente colectiva, pero que en realidad no lo es, en virtud de la peculiaridad anteriormente anotada"[1042].

1040   Véase sentencia de la CSJ en SPA de 2-11-67 en *GF.*, Nº 57, 1967, pp. 38 y 39.

1041   Véase lo indicado en la *Presentación* del libro de Allan R. Brewer-Carías, *El control de la constitucionalidad de los actos estatales, cit.*, pp. 8 y ss.

1042   Véase sentencia de la CSJ en SPA de 7-11-73, en *GO.*, Nº 1.643 Extraordinaria de 21-3-74, p. 13. En este sentido, por ejemplo, ha sido coincidente el criterio de la Procuraduría General de la República: "lo que caracteriza el reglamento con relación al acto individual o particular es el carácter en cierta forma anónimo de las personas obligadas por el reglamento, la imposibilidad de nombrarlas a todas; el carácter impersonal de la regla" (Waline, *ib. cit.*, p. 108.)

Ahora bien, planteada la distinción entre Reglamento y acto administrativo general, queda claro que sólo los primeros, por sus efectos generales y contenido normativo pueden ser susceptibles de impugnación directa por la vía de la acción de inconstitucionalidad. Sin embargo, queda por precisar en el ordenamiento jurídico venezolano, qué autoridades tienen competencia para dictar esos Reglamentos susceptibles de impugnación por inconstitucionalidad ante la Corte en Pleno. En efecto, a nivel constitucional la única previsión que se establece en relación a los Reglamentos está contenida en el artículo 190, ordinal 10° de la Constitución, que precisa dentro de las atribuciones y deberes del Presidente de la República "Reglamentar total o parcialmente las Leyes, sin alterar su espíritu, propósito o razón". Sin duda, conforme a esto, "solamente al Presidente de la República le está atribuida por la Constitución la facultad de reglamentar las Leyes"[1043] pero, tal como lo precisa la Corte:

> "La Ley y el Reglamento ejecutivo, no son, como parece creerlo la impugnante, la única fuente de los actos administrativos de efectos generales, ya que éstos pueden provenir, además, de disposiciones de otros órganos del poder público: nacionales, estadales, municipales y aun de entes autónomos y descentralizados"[1044].

Por tanto, los actos de efectos generales o reglamentarios no se agotan en el Reglamento Ejecutivo previsto en la Constitución y reservado al Presidente de la República, sino que a nivel de los órganos que ejercen el Poder Ejecutivo Nacional, para no mencionar por ahora a los entes descentralizados territorial o funcionalmente, los Ministros tienen la potestad reglamentaria.

Sin embargo, a los efectos del artículo 215, ordinal 6° de la Constitución, la atribución de la Corte Suprema de Justicia en Corte Plena, para conocer de la acción popular de inconstitucionalidad de "los reglamentos del Ejecutivo Nacional", sólo puede referirse a los reglamentos dictados por el Presidente de la República en Consejo de Ministros, sea para reglamentar las leyes, sea los emitidos en forma autónoma.

En efecto, los Reglamentos dictados por el Presidente de la República pueden ser Reglamentos Ejecutivos, cuando son dictados para ejecutar una Ley sin alterar su espíritu, propósito o razón; o pueden ser Reglamentos Autónomos, en el sentido de

---

Ahora bien, en el derecho venezolano la diferencia entre reglamento y resolución se basa precisamente en este criterio. El reglamento contiene una norma general. La resolución contiene una decisión individual. Ahora bien, como el ejercicio del control administrativo conlleva una serie de medidas particulares, la forma ordinaria de ejercerlo será a través de resoluciones ministeriales.

"Esta forma jurídica hace más flexible y dinámico el control, pues ello facilita una mejor adaptación a las condiciones cambiantes que puedan producirse en los organismos controlados. De acuerdo con este criterio, la Resolución N° 960, de fecha 14 de agosto de 1968, emanada del Ministerio de Minas e Hidrocarburos, constituye una serie de decisiones individuales yuxtapuestas, tomadas bajo una forma colectiva, y a que es posible hacer una lista nominativa de todos los concesionarios afectados por las medidas de control". Véase *Doctrina PGR 1969*, Caracas, 1970, p. 52.

1043 Véase sentencia de la CSJ en SPA de 7-11-83 en *GO.*, N° 1.643, Extraordinaria de 21-3-74, p. 13.

1044 *Idem.*

que no ejecutan ninguna Ley en articular[1045], pero que, en todo caso, están sujetos a lo que los leyes dispongan. En general, tanto para una como para la otra clase de Reglamento, es necesario tener presente que:

> "la actividad reglamentaria está en estos casos limitada y encauzada por la norma legal, y de ahí que toda disposición reglamentaria que viole la Constitución o las Leyes es susceptible de anulación o de inaplicación en los casos concretos"[1046].

Ahora bien, en particular, respecto de los Reglamentos Ejecutivos, debemos tratar de precisar el sentido de su sujeción a la Ley. Ante todo, tal como lo exige la Constitución, los Reglamentos deben respetar el "espíritu, propósito y razón de la Ley", y "se altera el espíritu de la Ley cuando el acto reglamentario contiene excepciones o sanciones no previstas o disposiciones contrarias a los fines perseguidos por el Legislador"[1047]. En torno a esto, con motivo de la impugnación del Reglamento de la Ley de Tránsito Terrestre, la Corte precisó el sentido de esta limitación constitucional:

> "Del propio articulado de la Ley de Tránsito Terrestre aparece autorizado el Ejecutivo Federal para crear cuando lo juzgue conveniente la Inspectoría General de Tránsito y para dotar a dicho organismo de atribuciones".

> "El propósito legislativo se evidencia del contexto de la Ley: regir el tránsito en general, en toda la Nación, y unificar las medidas mediante un organismo nacional".

> "La misión de crear el organismo previsto en la Ley es confiada al Poder Ejecutivo, sin duda, porque rozando la materia del tránsito directamente el orden público, en nuestro régimen constitucional corresponde al mantenimiento de éste al Poder Federal (Inciso 3°, Art. 15 de la Constitución Nacional)".

> "La misma consideración de hallarse el tránsito urbano y extraurbano en estrecha relación con el orden público explica asimismo lo amplio de la facultad

---

1045 Un ejemplo típico del Reglamento Autónomo sería el Reglamento de Regionalización Administrativa dictado por Decreto N° 1.331, de 16 de diciembre de 1975 en *GO.*, N° 30.890 de 9 de enero de 1976. Otro típico caso sería el Reglamento de los Servicios Privados de Vigilancia, Protección e Investigación de 12-11-74, en *GO.*, N° 30.584 de 27-12-74.

1046 Véase sentencia de la CSJ en SPA de 10-5-65 en *GF.*, N° 48, 1965, pp. 122 y 123. En este sentido, la Procuraduría General de la República ha señalado lo siguiente sobre los límites de la potestad reglamentaria:

"En el ejercicio de esa potestad reglamentaria, el Ejecutivo tiene límites que han sido cuidadosamente señalados por la doctrina: la sumisión de los mismos a la Constitución; la obligación de respetar la ley reglamentada, cuyo "espíritu, propósito o razón" no podrá un reglamento ejecutivo alterar: la imposibilidad de que un reglamento contenga disposiciones contrarias a cualquier otra ley; y, finalmente le está también vedado al Ejecutivo el "establecer condiciones para el ejercicio de los derechos ciudadanos, ni estatuir sobre creación de impuestos, establecimiento de penas, regulación de la vida privada y de la propiedad, ni sobre procedimientos judiciales y demás materias reservadas por la Constitución a la iniciativa del legislador" (Lares Martínez, *ob cit.*, pp. 62 a 68). Véase en *Doctrina PGR 1966*, Caracas, 1967, p. 203

1047 Véase sentencia de la CFC en CP de 4-6-52 en *GF.*, N° 11, 1962, p. 25.

otorgada por la Ley al Ejecutivo Federal, y al mismo tiempo justifica la procedencia de las medidas. Cuando ellas son de la naturaleza de las impugnadas, debe corresponder su implantamiento al Poder Ejecutivo, tanto por la competencia constitucional de este órgano como por cuanto es constante la doctrina y la jurisprudencia en reconocer a las autoridades ejecutivas la facultad de apreciar las circunstancias en punto a oportunidad y conveniencia y la facultad discrecional de adoptar, suprimir o modificar providencias en que se halla interesado el orden público[1048].

Por otra parte, siempre que la disposición reglamentaria esté dentro del espíritu, propósito y razón de la Ley, es admisible la regulación normativa que por vía ejecutiva adopte el Presidente de la República. Esta sujeción la precisó la Corte Suprema en los siguientes términos:

"El decreto reglamentario o Reglamento Ejecutivo, tomado en su acepción estricta —que es el que interesa en este caso—, tiene como antecesor a la Ley, de la cual es derivación, efecto y corolario. Esta sienta el principio, aquél, prevé y desarrolla sus consecuencias, facilita su aplicación a los pormenores y determina las medidas necesarias para su aplicación. De ahí que cuando el reglamento ejecutivo se propasa y se ocupa de reparar las deficiencias de la Ley, regula cuestiones no comprendidas en ella, o se aparta del espíritu, propósito y razón que lógicamente han debido guiar al Legislador en su elaboración, se está en presencia de una extralimitación de atribuciones, en el primer caso, y de una violación del texto constitucional en el segundo; y en uno y otro, de un reglamento ejecutivo viciado, en todo o en parte, de ilegalidad por violatorio de expresas normas de la Ley Fundamental"[1049].

Sin embargo, el hecho de que el Reglamento Ejecutivo esté sometido a la Ley que ejecuta, no significa que la actividad reglamentaria se convierta en una mera ejecución mecánica de la Ley. En efecto, la propia Corte Suprema de Justicia ha señalado en este sentido lo siguiente:

"Sin embargo, dentro de estas limitaciones se reconoce a los reglamentos un campo de acción relativamente amplio en cuanto tienden al desarrollo del texto legal, especialmente cuando la Ley sólo consagra normas fundamentales. Se admite así, que por vía reglamentaria, puedan establecerse formalidades o requisitos no previstos en la Ley pero necesarios para asegurar su cumplimiento, o definirse palabras usadas por el legislador y cuyo alcance conviene precisar a fin de evitar dudas. Pero en este último supuesto y, en general, cuando la administración interpreta el sentido de la Ley por vía reglamentaria, insiste la doctrina en que ha de entenderse que la interpretación afirmativa es válida en cuanto esté conforme a la voluntad legislativa"[1050].

1048 Véase sentencia de la CFC en CP de 4-6-52 en *GF.*, Nº 11, 1952, pp. 25 y 26.
1049 Véase sentencia de la CF de 24-9-58 en *GF.*, Nº 1, 1958, p. 151.
1050 Véase sentencia de la CSJ en SPA de 10-5-65 en *GF.*, N" 48, 1965, pp. 122   y 123

Sobre esto, la Corte ha sido aún más clara en otra parte de esa misma sentencia de 10 de mayo de 1965, que resolvió el recurso de in-constitucionalidad del Reglamento de la Ley de Regulación de Alquileres:

"Se impugna este articulo por estimarse que, si la Ley no exige a los propietarios o arrendadores, como requisito para presentar solicitudes o interponer recursos en materia inquilinaria, la obligación de acompañar la constancia de estar solvente el inmueble respectiva con las Rentas Municipales correspondientes, ese requisito no puede ser tampoco exigido por el Reglamento como so hace en el artículo 105 ejusdem". "Considera la Corte que la mera circunstancia de que un Reglamento contemple alguna formalidad que no aparezca en la Ley, no es razón suficiente para estimar alterada la relación de legalidad entre ambos estatutos. Lo contrario sería establecer que los Reglamentos deberían ser la reproducción fiel y exacta de la Ley, y, por consiguiente, carentes de toda utilidad y objeto".

"Por tanto, pues, sí puede y debe el Reglamento desarrollar las normas de la Ley mediante disposiciones acordes con ella, siempre que no contradigan su texto y su intención, e, incluso, establecer formalidades o requisitos no previstos en el texto legal pero indispensables para asegurar su cumplimiento, según el criterio doctrinal ya expuesto"[1051].

Por último debe señalarse que esta facultad de interpretar, desarrollar y complementar la ley que cumple el Presidente de la República en ejercicio de la potestad reglamentaria depende, en cuanto a su amplitud, de las propias normas legales. En muchas ocasiones, es el legislador mismo el que delega la regulación de determinados aspectos al Reglamento, por lo que en estos casos el Reglamento Ejecutivo en realidad viene a contener una normativa complementaria de la Ley. Esto resulta claro de la sentencia de la Corte Suprema de 21 de enero de 1971 por la cual conoció de un recurso de nulidad contra el Reglamento de la Ley de Pilotaje. En dicha sentencia la Corte sostuvo lo siguiente:

"Vistos tales alegatos y el dictamen de la Procuraduría General de la República, pasa la Sala a examinar el primero de los pedimentos enunciados, o sea, la

---

1051 Véase sentencia de la CSJ en SPA de 10-5-65 en GF., Nº 48, 1965, pp. 123 y 124. En este sentido la Procuraduría General de la República ha sostenido lo siguiente:

"Es cierto que los citados artículos 105 y 11 someten el ejercicio del recurso otorgado al arrendador o propietario al cumplimiento de ciertas formalidades no previstas en la Ley, cuales son concretamente, la presentación del certificado de solvencia con las Rentas Municipales y, el término de caducidad, respectivamente. Lo que no cree esta Procuraduría es que, como afirma el actor, el Ejecutivo se haya excedido en el uso normal de su poder reglamentario al establecer tales requisitos o formalidades, pues semejante facultad le viene dada implícitamente por el ordinal 10º del artículo 190 de la Constitución que dice: "Artículo 190. Son atribuciones y deberes del Presidente de la República: ... 10º Reglamentar total o parcialmente las leyes, sin alterar su espíritu, propósito y razón...". Así pues, al reglamentar una Ley, puede el Ejecutivo dictar las normas de desarrollo que juzgue conveniente, siempre que no contradigan el texto o la intención de esa Ley o de otra cualquiera; por eso la doctrina admite en forma general que "por vía reglamentaria pueden establecerse formalidades o requisitos no previstos en la Ley pero necesarios para asegurar su cumplimiento... " (Sayagués Laso, Enrique: "Tratado de Derecho Administrativo", Montevideo, 1959, tomo I, p. 130). Véase *Doctrina PGR 1963,* 1964, p. 181.

declaratoria de nulidad del artículo 26 del Reglamento de la Zona de Pilotaje de Las Piedras actualmente en vigor, cuyo contenido reproducen textualmente los demandantes en uno de los párrafos transcritos en el capítulo anterior".

"En resumen, dicho pedimento se funda en que, conforme al artículo 33 de la Ley de Pilotaje, el Congreso delegó en el Poder Ejecutivo la autoridad necesaria para determinar en el reglamento de cada una de las zonas de pilotaje que creara, la forma de distribución de las ingresos provenientes del cobro de los derechos de habilitación, y en lugar de hacerlo así en el artículo 26 cuya nulidad se demanda, el Poder Ejecutivo delegó a su vez dicha autoridad en el Ministerio de Comunicaciones.

"La Ley de la materia sola contiene disposiciones que, por su carácter general, pueden aplicarse a todas las zonas de pilotaje actualmente existentes o que se crearen en el futuro, por la determinación de los límites de éstas, de los requisitos' que deben llenarse mientras se navegue por ellas, de los símbolos, luces y señales especiales que deberán usarse en las mismas, de la cuantía del derecho de habilitación y de la forma de distribución de los ingresos provenientes del mismo, así como la regulación de otras materias semejantes, ha sido expresamente confiado en el articulado de la Ley, al Poder Ejecutivo, quien con tal objeto debe dictar tantos reglamentos como sea necesario teniendo en cuenta las características o peculiaridades de cada zona. Estos reglamentos no tienen por objeta desarrollar disposiciones legales ya existentes, sino complementar la Ley que reglamentan con otras previsiones sobre materias expresamente señaladas por el Legislador, por lo cual tienen en nuestro ordenamiento jurídico el mismo rango que los actas legislativos. Podría decirse que son Decretos Leyes sobre materias cuya regulación reserva el Congreso al Poder Ejecutivo por consideraciones de orden práctico. Por esa razón el Ejecutivo no puede utilizar otro medio que el establecido por el Legislador para dar cumplimiento a las cometidos señalados en la Ley de la materia, ni delegar en otra autoridad el mandato así recibido, sin infringir la norma de la que deriva la autoridad especial de que está investido".

"Al dictar el Reglamento de la Zona de Pilotaje de Las Piedras, en junio de 1957, el Poder Ejecutiva cumplió a medias lo ordenado en el artículo 33 de la Ley de la materia, pero incurrió en una omisión y al mismo tiempo, que en un exceso o desviación de poder, al atribuir al Ministro de Comunicaciones la parte más importante y delicada de la delegación legislativa que contiene el aludido artículo 33, o sea, la fijación de las pautas reglamentarias conforme a las cuales ha de hacerse la distribución de los fondos recaudados"[1052].

Ahora bien, estos Reglamentos que conforme a esta doctrina jurisprudencial, no están destinados a desarrollar preceptos de una Ley sino a regular cuestiones precisamente no reguladas en la Ley, y que la Corte califica como "delegación legislativa" en realidad continúan siendo Reglamentos en el sentido de que se trata de normas jurídicas de orden sublegal. El hecho de que el Legislador autorice, habilite o

---

1052 Véase sentencia de la CSJ en SPA de 27-1-71 en *GO.*, N° 1.472, Extraordinaria de 11-6-71, p. 18.

delegue en el Presidente de la República la potestad de complementar una Ley[1053] , no convierte el Reglamento que se dicte en un "Decreto-Ley " o acto con igual "rango que los actos legislativos" como impropiamente lo señala la Corte, sino que el acto normativo que se dicte —Reglamento— seguirá siendo un acto de ejecución de la Ley, de rango sublegal, aun cuando por virtud de ella misma, regule materias no contempladas en la Ley.

En todo caso, estos Reglamentos complementarios o "Reglamentos de Administración Pública", como los denomina la doctrina francesa[1054], son también susceptibles de control jurisdiccional por vía de la acción de inconstitucionalidad.

Por otra parte, si bien la potestad reglamentaria se atribuye expresamente en la Constitución al Presidente de la República, por la vía del Reglamento Ejecutivo, ello no significa, como se ha visto, que el propio Presidente no pueda dictar Reglamentos Autónomos, ni que los otros órganos del Poder Ejecutivo puedan tampoco dictar reglamentos. Tal como lo ha señalado la Corte Suprema de Justicia, "la potestad reglamentaria (está) tradicionalmente reconocida en nuestra legislación a los órganos ejecutivos en los diferentes niveles de la Administración Pública"[1055].

Tal como lo ha señalado la Procuraduría General de la República:

"si bien la Constitución Nacional atribuye sólo competencia al Presidente de la República para reglamentar total o parcialmente las leyes, "sin alterar su espíritu, propósito y razón" ello no puede interpretarse con carácter restrictiva, pues se estaría desconociendo una realidad institucional: la posibilidad, por ejemplo, que tiene el mismo Presidente de la República para dictar reglamentos autónomos, los cuales no tienen por objeto desarrollar la normativa de alguna Ley (v.g.: el Reglamento de Administración de Personal para los Servidores del Gobierno Nacional de 14 de noviembre de 1960, publicado en la *Gaceta Oficial* N° 26.406 de igual fecha), y que por tanto no son dictados en usa de la atribución 10ª del artículo 190 de la Constitución citada: así como también la posibilidad que tienen los Ministros como "órganos directos del Presidente de la República" (artículo 193 de la Constitución) y como jefes o jerarcas del Despacho Ministerial respectivo (artículo 10 del Estatuto Orgánico de Ministerios) de dictar actos administrativos de carácter general o reglamentos. Por tanto, y ello es evidente, en el sistema jurídico venezolano, no sólo el Presidente de la República tiene la potestad reglamentaria, sino que en el Poder Nacional, también los Ministros tienen en las ramas de su competencia, dicha potestad"[1056].

Sin embargo, dentro de las expresiones de la Constitución: "actos del Ejecutivo Nacional"[1057], como de la Ley Orgánica de la Corte Suprema de Justicia: "actos ge-

---

1053 En general sobre la delegación legislativa. Véase Eduardo García de Enterría, *Legislación delegada. Potestad Reglamentaria y control judicial.* Madrid, 1970, pp. 111 y ss.

1054 Véase por ejemplo, A. de Laubadere, *Traité Elementaire de Droit Administratif,* vol. I, París, 1963, p. 74.

1055 Véase sentencia de la CSJ en SPA de 29-3-73 en *GO.,* N° 1.607, Extraordinaria de 21-8-73, p. 42.

1056 Véase *Doctrina PGR 1965,* Caracas, 1966, pp. 244 y 245.

1057 Art. 215, Ord. 6°

nerales del Poder Ejecutivo"[1058], como susceptibles de ser impugnados por la vía de la acción popular de inconstitucionalidad, no deben incluirse en los actos reglamentarios emanados de los Ministros, como órganos directos del Presidente de la República, sean dictados en ejecución de un Reglamento Ejecutivo, sean dictados en ejecución de un Decreto-Ley[1059]. Estos actos son impugnables por ante la Sala Político-Administrativa, en vía contencioso-administrativa, la cual ejerce, también, el control de constitucionalidad.

Debe señalarse, por último, que podrían plantearse dudas acerca de la naturaleza, y por tanto, impugnabilidad de las Instrucciones o Instructivos dictados por el Presidente de la República. Estos actos generales, destinados a los funcionarios públicos y órganos de la Administración, se comenzaron a utilizar formalmente en 1970 mediante la emisión de la Instrucción Presidencial RA-1 mediante la cual se establecen los Lineamientos Generales de la Reforma Administrativa en la Administración Pública Nacional[1060]. Con posterioridad, y particularmente a partir de 1974 ha sido un medio frecuente utilizado a través del cual el Presidente de la República ha instruido a los órganos y funcionarios administrativos en relación a determinada política gubernamental a seguirse, y las modalidades de su ejecución.

Estos actos, sin embargo, en nuestro criterio no son susceptibles de ser recurridos por vía del recurso de inconstitucionalidad, pues no son actos de efectos generales tal como quedó delineado este concepto anteriormente, ya que no tienen contenido normativo. Podrían ser actos generales, por tener destinatarios indeterminados (todos los funcionarios públicos) pero sin contenido normativo; y en todo caso, no se destinan a los particulares.

Sin embargo, podría plantearse la duda sobre la recurribilidad de estas Instrucciones, realmente, cuando ellas puedan contener algunas normas de carácter reglamentario que afectan a los particulares. En estos casos, los contenidos normativos de las Instrucciones, sí podrían ser objeto del recurso de inconstitucionalidad, pues en ese caso se trataría de un acto de efectos generales del Poder Ejecutivo[1061].

B.   *Los otros actos reglamentarios están sometidos al control de constitucionalidad en vía contencioso-administrativa*

El control de constitucionalidad que ejerce la Corte Suprema de Justicia en Corte Plena, como se ha visto, se extiende a las Leyes y demás actos estatales de rango y valor similar a la Ley y excepcionalmente, a los Reglamentos emanados del Presidente de la República en Consejo de Ministros, a pesar de su carácter sublegal. Pero

---

1058 Art. 42, Ord. 4°

1059 Un típico ejemplo de este último supuesto fue el Reglamento del Control de Cambios dictado por el Ministerio de Hacienda por Resolución de 17 de marzo de 1961 en ejecución del Decreto-Ley N° 480 de la misma fecha sobre divisas dictado en suspensión de la garantía de la libertad económica. Véanse sus textos en Tomás E. Carrillo Batalla, *La Economía del Comercio Internacional de Venezuela*, Caracas, 1962, pp. 94 y ss. y 107 y ss.

1060 Véase en *Gaceta Oficial*, N° 1.399, Extraordinaria de 13-5-70.

1061 A título de ejemplo, el Instructivo N° 16 de 14-10-75 para la compra de medicamentos por la Administración Pública al establecer un Registro de Proveedores de Medicamentos a la Administración Pública sin duda, tenía un contenido normativo. Véase en *GO.t* N° 30.826 de 21-10-75.

esta excepción sólo se refiere a los actos reglamentarios del Presidente de la República dictados en Consejo de Ministros (Art. 190, Ord. 10).

Los otros actos reglamentarios dictados por los órganos estatales, están sometidos al control de constitucionalidad en la vía contencioso-administrativa.

a.   Los actos reglamentarios de los Ministros

En primer lugar, los otros actos reglamentarios dictados por los Ministros como órganos directos del Presidente de la República (Resoluciones de efectos generales), son susceptibles de impugnación por ante la Sala Político-Administrativa de la Corte Suprema de Justicia, por razones de inconstitucionalidad (y por supuesto, de ilegalidad), como órgano cúspide de la jurisdicción contencioso-administrativa, conforme a los artículos 206 y 215, ordinal 7° de la Constitución.

b.   Los actos de efectos generales de los órganos del Poder Nacional dotados de autonomía funcional

La Ley Orgánica de la Corte Suprema de Justicia asigna competencia a la Sala Político-Administrativa de la Corte para "declarar la nulidad cuando sea procedente por razones de inconstitucionalidad... de los actos administrativos generales... del Consejo Supremo Electoral o de otros órganos del Estado de igual jerarquía a nivel nacional"[1062]. En esta forma, también son susceptibles de impugnación por motivos de inconstitucionalidad, en vía contencioso-administrativa, ante la Sala Político-Administrativa de la Corte Suprema, los actos reglamentarios, es decir, normativos o de efectos generales de los órganos del Estado dotados de autonomía funcional y de potestad reglamentaria: el Consejo Supremo Electoral, la Contraloría General de la República, la Fiscalía General de la República y el Consejo de la Judicatura[1063]. Aunque con una autonomía menor, también podrían ser susceptibles de impugnación los actos de efectos generales de la Procuraduría General de la República, organismo de nivel nacional, con una jerarquía similar a los anteriores, aun cuando sin autonomía funcional[1064].

Todos los organismos mencionados tienen en común que aunque formen parte de la Administración Pública Nacional y realizan la función administrativa tanto en ejercicio del Poder Ejecutivo como del Poder Judicial[1065], sin embargo, salvo la Procuraduría General, no tienen una relación de dependencia jerárquica respecto al Presidente de la República, ni respecto del Congreso o la Corte Suprema de Justicia

---

1062 Art. 42, Ord. 12.

1063 .La Constitución regula, directamente, a la Contraloría General de la República (Art. 236), a la Fiscalía General de la República (Art. 219) y al Consejo de la Judicatura (Art. 217). Se trata, por tanto, de instituciones de rango constitucional. El Consejo Supremo Electoral, en cambio, es creado por la Ley Orgánica del Sufragio (Art. 38).

1064 La Procuraduría General de la República también es un organismo de rango constitucional, creado por la propia Constitución (Arts. 200 y ss.), pero formando parte orgánicamente del Poder Ejecutivo Nacional (Capítulo IV del Título VI de la Constitución).

1065 Sobre las nociones de poder público y funciones del Estado véase Allan R. Brewer-Carías, *Derecho Administrativo*, tomo I, Caracas, 1975, pp. 214 y ss.

ya que, constitucionalmente, por el tipo de actividades que les corresponden, gozan de autonomía funcional.

En todo caso, administrativamente hablando, no se trata de entes descentralizados, sino desconcentrados: son órganos de la República, pero en su actuación (salvo lo que se refiere al Procurador General de la República, que está sujeto a las órdenes del Ejecutivo Nacional), no están sujetos a órdenes, directrices o control de ninguno de los órganos (o "Poderes") del Estado, salvo por lo que se refiere al control jurisdiccional.

Ahora bien, entre las consecuencias fundamentales de esta autonomía funcional está la de que estos órganos gozan de potestad reglamentaría, es decir, de la posibilidad de dictar normas jurídicas que integran el ordenamiento[1066]. Esta potestad reglamentaria también la tiene el Procurador General de la República[1067].

En efecto, en la teoría del Derecho Administrativo, la autonomía "consiste en la facultad de algunos entes públicos para formar su propio ordenamiento jurídico, o dicho en otros términos, en la posibilidad de emanar normas jurídicas con carácter obligatorio válidas y eficaces en el ordenamiento general del Estado[1068]. Aplicando esto a los organismos con autonomía funcional que integran la Administración de la República, resulta que los mismos no sólo realizan sus funciones con independencia de los órganos de los Poderes del Estado (Poder Legislativo, Poder Ejecutivo y Poder Judicial) y tienen y ejecutan su propio presupuesto, sino fundamentalmente, desde el punto de vista jurídico, tienen la posibilidad de autonormarse[1069].

Por supuesto, frente al ejercicio de esta potestad reglamentaria, de la esencia de estos órganos estatales que gozan de autonomía funcional, surge la duda respecto de la naturaleza jurídica de las normas que resultan del ejercicio de la misma. ¿Se trata de normas puramente internas, de efectos circunscritos al ámbito de la organización, o las mismas tienen como destinatarios, también, a los particulares o extraños a la institución? Si se analizan los diversos reglamentos dictados por estos organismos, incluso los "internos", no hay duda de que se encuentran, entre sus normas, algunas

---

1066 Por ejemplo, véase las Normas sobre Propaganda y Campaña Electoral para las elecciones generales de 1978 dictadas por el *Consejo Supremo Electoral* (Resolución de 2-12-76 en *GO.*, N° 31.127 de 8-12-76); el Reglamento para otorgar el beneficio de Jubilación y Pensiones a sus funcionarios y empleados (Resolución N° 89 de 6-7-76 en *GO.*, N° 31.038 de 4-8-76) o las Normas para el nombramiento de Jueces y Suplentes por el sistema de concurso-oposición (Resolución de 17-1-72 en *GO.*, N° 29.729 de 8-2-72) del *Consejo de la Judicatura*, y el Reglamento Interno de la Contraloría General de la República (Resolución N° J--217 de 22-4-75 en *GO.*, N° 1.735, Extr. de 30-4-75).

1067 Véase, por ejemplo, el Reglamento Interno de la Procuraduría General de la República (Resolución de 26-4-76 en *GO.*, N° 30.971 de 30-4-76).

1068 Véase J. A. García Trevijano Fos, *Principios Jurídicos de la Organización Administrativa*, Madrid, 1957, p. 235; *Cfr*. Fernando Garrido Falla, *Tratado de Derecho Administrativo*, tomo I, Madrid 1958, p. 246.

1069 De allí que le haya sido reconocida tradicionalmente al Contralor General de la República, por ejemplo, la potestad reglamentaria. Véase la Ponencia Venezolana al II Congreso Latinoamericano de Entidades Fiscalizadoras sobre *Las Potestades de los organismos de control. Memoria*. Santiago de Chile, 1965, p. 253.

de efectos externos[1070]. Esto resulta particularmente claro de los reglamentos dictados por el Contralor General de la República, y de los que puede dictar conforme a la reforma de la Ley Orgánica de la Contraloría General de la República de 1996. En efecto, si se analiza el Reglamento interno de la Contraloría General de la República, su artículo 65 dispone lo siguiente:

Artículo 65. Los actos de efectos generales de la Contraloría se clasifican fundamentalmente de la siguiente manera: Reglamentos, Resoluciones Organizativas, Instrucciones y Circulares externas e internas.

Los Reglamentos son dictados por el Contralor en las materias que legalmente le competen, y contendrán normas de carácter permanente que deben cumplirse por la Institución o por las entidades, dependencias, funcionarios o personas sujetas al control, vigilancia y fiscalización de la misma...".

Es decir, la propia Resolución del Contralor General de la República definió el alcance de sus actos. Pero además, en el Reglamento Interno se reguló detalladamente el procedimiento administrativo que debe seguir la Contraloría y conforme al cual los interesados encuentran garantizados sus derechos e intereses ante el organismo contralor[1071]. En el momento en que se elaboró este Reglamento Interno hubo criterios discrepantes en relación a las normas que podían ser dictadas en el mismo, entre el Contralor y la Procuraduría General de la República, organismo donde se sostenía que esas normas procedimentales no podían estar en el Reglamento Interno que dictase el Contralor, sino en el Reglamento General (Ejecutivo) de la Ley Orgánica de la Contraloría General de la República que debía dictar el Presidente de la República. El Contralor sostenía que el establecimiento de esas normas procedimentales era parte esencial de la autonomía funcional del organismo contralor, que implicaba que sólo éste podía autolimitarse en materia de procedimiento. Toda limitación procedimental proveniente de normas ejecutivas podía considerarse como limitativa a la autonomía. La Procuraduría General de la República sostenía, en cambio, que la materia procedimental no era de aquellas que podían ser reguladas en un Reglamento Interno, en el cual no debían incluirse normas de efectos externos, hacia los particulares[1072]. Esta divergencia de criterios se mantuvo y como resultado de la

---

1070 Por ejemplo, el Reglamento Interno de la Procuraduría General de la República, al regular la consulta de sus expedientes (Art. 43) tiene como destinatarios, también, a los particulares.

1071 Art. 61 y ss.

1072 La propia Consultoría Jurídica de la Contraloría General de la República en Dictamen s/n de 21-11-74 había mantenido una opinión similar, errada en nuestro criterio. Dicha Consultoría, por ejemplo, señaló lo siguiente:

"Por tal razón, los reglamentos que el Contralor puede dictar, no propiamente en ejecución de la Ley Orgánica de la Contraloría, sino como jerarca de dicho organismo, no son, en sentido estricto, creadores de normas jurídicas generales. Al no gozar de esta neta característica del reglamento, necesario y forzoso resulta entonces filiar tales dispositivos en lo que es un derecho de todo jerarca a quien la ley confía la suprema dirección y organización de una entidad pública. Los reglamentos de organización —u ordenanzas administrativas en la doctrina alemana referida entre otros por Carré de Malberg— "se mueven dentro de los límites del derecho vigente, es decir, no entrañan ninguna modificación de la situación jurídica de los particulares, su eficacia permanece estrictamente dentro del organismo administrativo, sólo se dirigen a los funcionarios, y su objeto es únicamente el de formular para éstos reglas aplicables a los asuntos administrativos: pueden, pues, crear así un orden reglamentario para la autoridad administra-

misma, las normas de procedimiento que se incluyeron en el Registro Interno, aparecieron casi textualmente repetidas en el Reglamento de la Ley Orgánica de la Contraloría General de la República dictado por el Presidente de la República[1073].

En todo caso, resulta evidente la inclusión de normas generales de efectos generales de los organismos nacionales no descentralizados con autonomía funcional, además de la posibilidad misma, directamente, que tienen estos organismos de dictar en algunos casos dicho tipo de normas. Un ejemplo típico sería por ejemplo, las Normas sobre Propaganda Electoral emanadas del Consejo Supremo Electoral. En todos estos supuestos, y a los efectos del control de la constitucionalidad de los actos estatales por la Corte Suprema de Justicia, estos actos de efectos generales de los organismos nacionales no descentralizados que gozan de autonomía funcional, son susceptibles del recurso de inconstitucionalidad conforme al artículo 42, ordinal 12, por ante la Sala Político-Administrativa de la Corte.

c. *Los actos de efectos generales de los establecimientos públicos*

Por otra parte, la Ley Orgánica de la Corte establece el control de la constitucionalidad de los actos de efectos generales de los establecimientos públicos, de los Gobernadores de Estado, y de los órganos del Poder Judicial mediante el recurso contencioso administrativo o por razones de inconstitucionalidad por ante la Sala Político-Administrativa de la Corte Suprema de Justicia. En efecto, el ordinal 11 del artículo 42 de la Ley Orgánica señalada establece competencia a la Corte para:

"Declarar la nulidad, cuando sea procedente por razones de inconstitucionalidad de los actos de los órganos del Poder Público, en los casos no previstos en los ordinales 3°, 4° y 6° del artículo 215 de la Constitución".

Los casos previstos en dichos ordinales son los relativos a los actos de los cuerpos legislativos nacionales, de los cuerpos deliberantes de los Estados o Municipios y del Ejecutivo Nacional. Por tanto, y dentro del elenco de órganos estatales, además de los actos generales ya señalados, en dicho ordinal 11 del artículo 42 de la Ley Orgánica de la Corte pueden incluirse los actos de efectos generales de los establecimientos públicos, de los Gobernadores de Estado y de los órganos del Poder Judicial, cuando se impugnan en vía contencioso-administrativa por razones de inconstitucionalidad.

En cuanto a los establecimientos públicos, dentro de la organización general del Estado, éstos son personas jurídicas de derecho público no territoriales, producto del fenómeno de descentralización funcional del Estado, siendo las personas de derecho público territoriales la República, los Estados y las Municipalidades. La Constitución las denomina "personas jurídicas de derecho público"[1074], siendo una de las

---

tiva, pero no constituyen un orden jurídico para los administrados". Véase en *Dictámenes de la Consultoría Jurídica de la Contraloría Jurídica* de la Contraloría General de la República 1969-1976, tomo IV, Caracas, 1976, p. 345.

1073 Véase Decreto N° 867 de 22-4-75.

1074 Art. 124. El Código Civil las denomina "cuerpos morales de carácter público" (Art. 19) o "establecimientos públicos" (Art. 538).

especies del establecimiento público, los Institutos Autónomos, previstos también en la propia Constitución[1075]. En este sentido, por tanto los Institutos Autónomos no agotan el género de establecimiento público; y por tanto, no sólo los Institutos Autónomos son personas jurídicas de derecho público no territoriales.

En efecto, en el ordenamiento jurídico venezolano las personas jurídicas de derecho público no territoriales, es decir, las que en general integran la administración descentralizada con forma de derecho público, son de tres clases: establecimientos públicos corporativos (universidades, colegios profesionales, academias), establecimientos públicos institucionales (Institutos Autónomos) y establecimientos públicos asociativos (personas de derecho público con forma societaria). Todos tienen como rasgo común la presencia de una personalidad jurídica de derecho público y de un patrimonio autónomo, distinto e independiente del Patrimonio del Estado (Hacienda Pública Nacional o "Fisco Nacional"). La creación de los mismos es de la reserva legal, pues la Ley los crea o se crean en virtud de una autorización legal, por lo que obtienen la personalidad jurídica de derecho público por virtud de la Ley. Es de hacer notar que comúnmente muchos de estos organismos son denominados impropiamente institutos autónomos, aun cuando resulta claro, de un análisis más detallado de los mismos, la diferencia que existe entre ellos.

En efecto, los establecimientos públicos institucionales o institutos autónomos se caracterizan porque son creados directamente por Ley[1076] están sometidos siempre a un control de tutela por parte del Ministerio de adscripción, y sus directivos los designa y los remueve el Ejecutivo Nacional. A la autonomía patrimonial que los caracteriza, la acompaña una personalidad jurídica propia que es la nota de la descentralización. En estricto sentido, estos institutos autónomos son "fundaciones" de derecho público, caracterizadas por la afectación de un patrimonio, dotado de personalidad, a un fin público específico.

Los establecimientos públicos corporativos, en cambio, tienen como esencia, un sustrato sociológico —conjunto de personas o corporación, vinculadas por intereses comunes— al cual el Estado reconoce y dota de personalidad jurídica de derecho público, en razón de la finalidad que realizan o persiguen. También tienen un patrimonio propio pero no están sometidos a control de tutela por parte del Ejecutivo Nacional (no están adscritos a ningún Despacho Ministerial) y al contrario de los Institutos Autónomos, la corporación que les sirve de sustrato elige directamente sus propios directivos. Dentro de esta categoría de establecimientos públicos corporativos se encuentran las Universidades Nacionales Autónomas, los Colegios Profesionales y las Academias Nacionales. En algunos casos, estos entes son creados directamente por una Ley como en el supuesto de las Academias Nacionales[1077] o de algunos Colegios Profesionales[1078], en otros supuestos, están previstos o regulados

---

1075 Arts. 140, ordinales 1° y 3°, 141, 160 y 230.

1076 Art. 230 de la Constitución.

1077 Véase por ejemplo las Leyes de creación de las Academias de Ciencias Políticas y Sociales; de Medicina y de Ciencias Físicas y Matemáticas en *GO.,* N° 15.361 de 13-8-24; N° 20.557 y de 5-8-41 y N° 13.181 de 27-6-45, respectivamente.

1078 Por ejemplo, la Ley de Ejercicio del Periodismo creó directamente el Colegio Nacional de Periodistas en su Art. 4.

por la Ley, pero su creación obedece a un acto constitutivo posterior, como en el supuesto de las Universidades Naciones autónomas[1079] o de algunos Colegios Profesionales[1080].

Por último, además de los establecimientos públicos corporativos e institucionales, el ordenamiento jurídico admite también los establecimientos públicos asociativos cuya característica primordial está en que siendo personas jurídicas de derecho público creadas directamente por Ley se constituyen bajo la forma de sociedades por acciones permitiendo, inclusive, en algunos casos participación de particulares en su capital. Estos entes se diferencian de las empresas del Estado en que éstas se crean directamente en virtud del registro del documento societario en el registro mercantil, y se diferencian de los institutos autónomos en que no están sometidos a control de tutela ni están adscritos a Ministerio alguno. El control que, sin embargo, la Administración Central ejerce sobre los mismos, se realiza a través de los mecanismos societarios, así como la designación de sus directivos[1081].

En todo caso, y teniendo en cuenta las diferencias entre estos tres tipos de establecimientos públicos, todos tienen en común la potestad reglamentaria, consecuencia de la autonomía propia de la descentralización. Los actos de efectos generales de estos entes, por tanto, son susceptibles de impugnación por ante la Corte Suprema de Justicia por la vía del recurso de inconstitucionalidad. En este caso estarían, por ejemplo, los Reglamentos Internos de los Institutos Autónomos autorizados, por lo demás, en sus respectivas leyes de creación; los Reglamentos dictados por los Consejos Universitarios de las Universidades Nacionales[1082]; los Reglamentos emanados del Banco Central .de Venezuela[1083], y los Reglamentos dictados por los Colegios Profesionales[1084].

Es de interés señalar, respecto de este último supuesto, que en 1976 al plantearse la impugnación por ante la Corte Suprema de Justicia del Reglamento de Honorarios Mínimos del Colegio de Abogados del Estado Zulia, la Corte al analizar su competencia, la naturaleza pública del Colegio de Abogados y el carácter reglamentario del acto impugnado, señaló lo siguiente:

"La Corte debe examinar, en primer término su propia competencia para conocer del presente asunto, pues el poder de anular el acto sometido a su juicio en el presente caso, no está señalado expresamente entre las atribuciones priva-

---

1079 Art. 8 de la Ley de Universidades.

1080 Por ejemplo, la Ley de Abogados prevé la posibilidad de constitución de Colegias de Abogados (Art. 32).

1081 En esta categoría se ubican el Banco de los Trabajadores, el Banco de Desarrollo Agropecuario, el Banco Central de Venezuela. En cierta forma, también el Banco Industrial de Venezuela.

1082 Por ejemplo ordinales 16 y 17 del Art. 26 de la Ley de Universidades.

1083 Véase por ejemplo la Resolución del Banco Central de Venezuela por la cual se dispone dictar las disposiciones sobre el otorgamiento de créditos a empresas cuyo capital pertenezca directa o indirectamente, conjunta o separadamente, en más de un 50 por ciento a las personas naturales residentes o domiciliadas en el país en GO. N° 30.198 de 6-9-73.

1084 Véase por ejemplo el Reglamento de Honorarios Mínimos dictado por el Colegio de Abogados del Distrito Federal de 3-11-75 en *Gaceta Legal,* N* 405, de 15-11-75, pp. 27 y ss.

tivas que le confiere la Constitución, la Ley Orgánica que rige sus funciones ni en ninguna otra Ley especial que así lo establezca. En efecto, conforme al ordinal 6° del artículo 215 de la Constitución es atribución de la Corte "declarar la nulidad de los reglamentos y demás actos del Ejecutivo Nacional cuando sean violatorios de esta Constitución". Y con arreglo al ordinal 11 del artículo 7° de la Ley Orgánica de la Corte Federal es atribución de esta Sala "declarar la nulidad de los Decretas o Reglamentos que dicte el Poder Ejecutivo para la ejecución de las Leyes, cuando alteren su espíritu, propósito o razón". De acuerdo con las normas transcritas el acto reglamentario recurrible ante la Corte tendría el significado de un acto emanado de la administración, por lo cual otro de naturaleza distinta, situado en el campo puramente profesional y nacido de una entidad de esta índole, parecería hallarse fuera del radio de la competencia de este Supremo Tribunal. Pero no es así. Para el derecho moderno "los organismos profesionales se sitúan en la frontera del derecho público y el derecho privado, conservando del primero las prerrogativas del poder público, tomando del segundo sus modos de gestión, afirmando en definitiva la tendencia al desarrollo de un derecho profesional". Este criterio del Consejo de Estado francés, inspirada en la importancia del régimen corporativo, le ha permitido concluir que aun cuando las directivas de los colegios profesionales no constituyen establecimiento público es evidente que ellas están encargadas de participar en la ejecución de un servicio público y, en consecuencia, sus decisiones reglamentarias e individuales constituyen actos administrativos sometidos a la competencia de la autoridad administrativa. Conforme a esta tendencia, la actividad profesional constituye en cierto modo un servicio público y los colegios profesionales creados para la organización y disciplina de la respectiva profesión, estarían dotados de ciertas prerrogativas del poder público y sometidos por esta razón a un control estricto por parte del Estado. En tal orden de ideas, la misión que está confiada a los colegios profesionales, es decir, la reglamentación y disciplina de la profesión, constituye el ejercicio de un servicio público, de donde resultaría que las decisiones reglamentarias tomadas por ellos para la ejecución del servicio a ellos confiado, "son actos administrativos unilaterales a los cuales se atribuyen las prerrogativas de la decisión ejecutoria", y están sometidos, en todo caso, al respeto de la legalidad, y son susceptibles, en consecuencia, de ser impugnados ante la Corte por la vía del recurso contencioso-administrativo de anulación. En efecto, cualquier daño o falta que se origine por la decisión de un colegio profesional acarrea la responsabilidad de éste desde el punto de vista del derecho administrativo. Ahora bien, para la Ley de Abogados (artículo 33), "los Colegios de Abogados son corporaciones profesionales con personería jurídica y patrimonio propio, encargados de velar por el cumplimiento de las normas y principias de ética profesional de sus miembros y de los intereses de la abogacía".

Tienen, además, la obligación de procurar que sus asociados "se guarden entre sí debido respeto y consideración, observen intachable conducta en todos sus actos públicos y privados y contribuyan a enaltecer la profesión de la abogacía y al mejoramiento de la doctrina, de la legislación y de la jurisprudencia nacionales". Mediante la definición legal que antecede, el Estado reconoce un sistema jurídico particular que se mantiene a través del ejercicio de los poderes conferidos a les órganos a quienes corresponde velar por el mantenimiento de ese sistema. Y la forma de ejercer esta potestad, en cumplimiento de los fines previstos en la Ley, se traduce en actos que tienen que ver no sólo con el interés profesional sino con las necesidades públicas vinculadas a ese interés y cuyos efectos no pueden escapar al control de la jurisdicción contencioso-administrativa. En el presente caso se ha dictado un acto reglamentario de carácter gremial en el Estado Zulia, cuyo alcance regla la actividad profesional de los abogados en ejercicio sujetos al ordenamiento particular que a esta entidad corresponde. Puesto que el Estado, como se ha visto antes, interviene en la formación y en la actividad cumplida por los colegios profesionales, directa o indirectamente, es claro que ese ordenamiento particular de los organismos gremiales debe corresponderse en cada caso, con el ordenamiento general del Estado, de donde se concluye, que cuando una norma reglamentaria comprendida en el ordenamiento particular de una entidad profesional colida con la Constitución o con la Ley, tal colisión provocaría la nulidad de dicha norma, en virtud del predominio que la Constitución y la Ley general tienen sobre la norma particular afectada, la cual perdería, en esta forma, toda la relevancia jurídica de que estuvo aparentemente investida. Cuando se producen situaciones conflictivas de esta naturaleza, tal como lo denuncia el recurrente en el caso de autos, es evidente que corresponde a la Corte, de acuerdo con sus atribuciones constitucionales y legales, resolver el problema planteado sobre la nulidad o validez del Reglamento impugnado. En consecuencia, la Corte declara, en este punto de la cuestión, que es competente para conocer el presente recurso de nulidad...

Ha quedado establecido que el reglamento profesional constituye un acto normativa de carácter particular que crea o admite un sistema aplicable a determinado grupo o categoría de personas cuya actividad gremial se cumple dentro de una sociedad organizada conforme a las reglas del Estado de Derecho. Debe advertirse, con anterioridad a cualquier otro análisis, que al llamar "acto normativo" al acto reglamentario, tal denominación responde al aspecto material de la función ejercida por el conjunta de personas investidas por la ley de la facultad de dictarlo y acatarlo en relación con su conducta profesional y en manera alguna, a que pueda tener el significado de la norma legislativa en su acepción ordinaria, cuyo proceso de formación es potestad exclusiva de las Cámaras Legislativas, actuando' como cuerpos colegiadores. En este sentido, los colegios profesionales se organizan y funcionan en virtud de "las normas" dictadas y aceptadas por sus propios integrantes; su autoridad y representación está confiada a determinada persona a grupo y éstos la ejercen conforme a las reglas establecidas por el mismo colegio y se establecen sanciones, generalmente disciplinarias, para el incumplimiento de las mismas. En nuestro sistema, los colegios de abogados son corporaciones profesionales, con la individualidad y los fines que les reconoce la Ley. Esta última otorga facultad a los colegios para que dicten sus propios reglamentos internos a través de los respectivos órganos con atribuciones para ello. En esa forma, la Ley de Abogados y su Reglamento, promulgado por el Ejecutivo Nacional, constituyen la fuente jurídica de dichos cuerpos, determinan su relación de procedencia con el Poder Público y la necesidad de adecuar su actividad reglamentaria al ordenamiento fundamental y general del Estado; en otras palabras, todos los actos regidos por el ordenamiento particular de los colegios de abogadas se hallan sometidos a la prueba de la Constitución y de la Ley"[1085].

En todo caso, las dudas que se planteó la Corte en relación a su competencia, han quedado descartadas y resueltas en la vigente Ley Orgánica de la Corte Suprema de Justicia (Art. 42, Ord. 11), tal como se ha señalado.

d. Los actos de efectos generales de los órganos del Poder Judicial

Por último, y en virtud de la formulación residual del Ordinal 11 del artículo 42 de la Ley Orgánica del Poder Judicial, también podrían ser objeto del recurso contencioso-administrativo por razones de in-constitucionalidad, los actos de efectos generales emanados del Poder Judicial.

En efecto, en el ordenamiento jurídico venezolano, los órganos del Poder Judicial no sólo realizan la función jurisdiccional sino que también realizan la función normativa, dictando normas jurídicas de validez general, a través de actos de efectos generales[1086]. Por ejemplo, el artículo 77, literal A, numeral 8 de la Ley Orgánica del Poder Judicial[1087] atribuye a los Tribunales Superiores competencia para:

"Dictar su Reglamento Interno y de Pulida y el de los demás Tribunales de la circunscripción".

Estos Reglamentos emanados de los órganos judiciales de efectos generales podrían ser objeto de impugnación por la vía del recurso de inconstitucionalidad.

En este mismo sentido, la Corte Suprema de Justicia tiene competencia para dictar diversos actos de efectos generales. La Ley Orgánica, en efecto, le atribuye competencia para, por ejemplo, "Dictar las normas concernientes a los derechos y obligaciones de los empleados al servicio de la Corte y organizar el sistema de administración de personal"[1088]; y "Dictar su Reglamento Interno"[1089]. Estos actos de la Corte Suprema, no serían actos jurisdiccionales, sino actos administrativos de efectos generales, por lo que no se les aplicaría la disposición constitucional (Art. 211), que prohíbe oir o admitir recurso alguno contra sus decisiones que recoge la propia Ley Orgánica (Art. 19). Por tanto, aun siendo actos emanados de la misma Corte, podrían ser objeto de un recurso de inconstitucionalidad.

e. Los actos de efectos generales de los Gobernadores de Estado

Por otra parte, tal como se indicó, el carácter residual de la competencia atribuida a la Corte Suprema en el ordinal 11 del artículo 42 de su Ley Orgánica permite incluir dentro de los actos de efectos generales susceptibles de impugnación directa mediante el recurso de inconstitucionalidad, además de los actos emanados de los establecimientos públicos, a los dictados por los Gobernadores de Estado. Estos, en

1085 Véase la sentencia de 13 de enero de 1976 en *Repertorio Forense,* N° 3.342 de 20-1-70.
1086 Véase Allan R. Brewer-Carías, *Derecho Administrativo,* tomo I, *cit.,* p. 375.
1087 Véase la Ley de 16-9-74 en *G.O.,* N° 1.692, Extraordinaria de 4-10-74.
1088 Art. 44, ordinal 13.
1089 Art. 4*, ordinal 15.

efecto, como Jefes del Ejecutivo del Estado (Art. 21), tienen a su cargo "el gobierno y la administración de cada Estado" y en virtud de ello, sin duda, tienen la potestad reglamentaria en sus respectivos ámbitos de gobierno, para ejecutar y desarrollar la legislación estadal. Estos reglamentos de los Gobernadores de Estado, en relación a los cuales cabe aplicar todos los principios señalados respecto de la naturaleza y límites de los reglamentos nacionales, también son susceptibles de impugnación directa por la vía del recurso de inconstitucionalidad.

4. *Los demás actos de efectos generales de las Asambleas Legislativas de los Estados y de los Concejos Municipales*

De acuerdo con el artículo 215, ordinal 4° de la Constitución, como se ha visto, la Corte Suprema en Corte Plena, es decir, como jurisdicción constitucional, es competente para declarar la nulidad por inconstitucionalidad "de leyes estadales, de las ordenanzas municipales y demás actos de los cuerpos deliberantes de los Estados o Municipios que colidan con esta Constitución". Similar atribución asigna a la Corte en Pleno el ordinal 3° del artículo 42 de la Constitución, con la sola diferencia de agregar a la expresión "demás actos" el calificativo de *generales*. Siguiendo la orientación jurisprudencial ya precisada en relación a los actos parlamentarios sin forma de ley y a los actos de gobierno, habría que reservar el acceso a la jurisdicción constitucional a aquellos actos de las Asambleas Legislativas y de los Concejos Municipales, que no pudieran calificarse de actos administrativos, pues en ese caso estarían sometidos a la jurisdicción contencioso-administrativa.

La Corte Suprema de Justicia, en Sala Político Administrativa, en este sentido, con motivo de la impugnación por inconstitucionalidad de un reglamento interno y de debates de un Concejo Municipal, en sentencia de 9-11-93 declinó su competencia en la Corte Plena, señalando:

"Dispone el artículo 112 de la Ley Orgánica de la Corte Suprema de Justicia, que "Toda persona natural o jurídica plenamente capaz, que sea afectada en sus derechos o intereses por ley, reglamento, ordenanza u otro acto de efectos generales emanado de alguno de los cuerpos deliberantes nacionales, estadales o municipales o del Poder Ejecutivo Nacional, puede demandar la nulidad del mismo ante la Corte, por razones de inconstitucionalidad o ilegalidad,...".

Ciertamente el reglamento cuya nulidad se pretende es un acto administrativo de efectos generales emanado de una autoridad municipal.

Ahora bien, de acuerdo a la Ley Orgánica que rige las funciones de este Máximo Tribunal "Es de la competencia de la Corte como más alto Tribunal de la República... declarar la nulidad total o parcial de las ordenanzas municipales y demás actos generales de los cuerpos deliberantes de los Estados y Municipios que colidan con la Constitución... (artículo 42, ordinal 3°) y, específicamente, conocerá de tales asuntos la Corte en Pleno, de acuerdo con el artículo 43 *ejusdem*.

Es decir, que ciertamente corresponde a este Máximo Tribunal en Pleno conocer del asunto y así se declara.

En razón de lo expuesto, la Sala Político-Administrativa de la Corte Suprema de Justicia, administrando Justicia, en nombre de la República y por autoridad de la Ley, se declara *incompetente* para conocer del recurso de nulidad intentado por el ciudadano *Juan Onofre Páez Castillo* en contra del Reglamento Interno y de Debates del Concejo Municipal Girardot del Estado Aragua y *acuerda* remitir las actuaciones a la Corte en Pleno[1090].

Con anterioridad a la Ley Orgánica de la Corte, la Sala Político-Administrativa se había pronunciado sobre la nulidad de los actos de efectos generales de las Asambleas Legislativas, precisando en todo caso, en cuanto al conocimiento de la Corte de los vicios de inconstitucionalidad, en relación a dichos actos de efectos generales de las Asambleas Legislativas, que no existe la aparente limitación contenida en el artículo 159 de la Constitución respecto de los actos privativos de las Cámaras Legislativas nacionales en cuanto a la extralimitación de atribuciones. En esto, la Corte Suprema de Justicia ha sido expresa:

"En cuanto a la competencia de esta Sala para controlar la constitucionalidad de los actos realizados por las Legislaturas Estadales en ejercicio de sus atribuciones privativas, y a la jurisprudencia establecida sobre el particular, es pertinente advertir que el criterio sustentado por este Alto Tribunal, en Corte Plena, en sentencia dictada el 12 de junio de 1968, aparece claramente expresado en el párrafo que a continuación se transcribe:

"Son diferentes el régimen de control de esta Corte respecto a las Asambleas Legislativas de los Estados, a los cuales se refiere el fallo de la Sala Político-Administrativa antes citado (de 14-12-67) y el relativo a los Cuerpos Legislativos Nacionales, en virtud de que estos últimos están amparados por la previsión de excepción contenida en el artículo 159 de la Constitución, que no es aplicable a las Asambleas Legislativas de los Estados"[1091].

En todo caso, los Reglamentos internos no son los únicos actos de efectos generales de las Asambleas Legislativas. La Corte Suprema de Justicia, en efecto, ha conocido del recurso de inconstitucionalidad de "Decretos" de las Asambleas Legislativas de efectos generales, como los que ordenan la creación de un Municipio, por considerarlo como violatorio de la Constitución[1092].

Debe destacarse, por último, que la Sala Político-Administrativa ha asumido también competencia para anular actos de las Asambleas Legislativas de improbación de la Memoria de un Gobernador. En efecto en sentencia del 3 de agosto de 1972, la Corte declaró la nulidad de un acto de una Asamblea Legislativa mediante el cual improbó la gestión del Gobernador del Estado y solicitó del Presidente de la República la destitución del mismo por la negativa, de éste, de presentar el informe anual de su gestión. La Corte consideró que la Asamblea Legislativa había violado el artículo 24 de la Constitución al aprobar ese acuerdo y lo declaró nulo[1093].

1090 Consultada en original.

1091 Véase sentencia de la CSJ en SPA de 29-2-72 en *GO.*, N* 1.542 Extraordinario de 14-9-72, p. 9.

1092 Véase sentencia de la CSJ en SPA de 18-10-73 en *GO.*, N<> 30.282 de 15-12-73, pp. 228-880.

1093 Véase sentencia de la CSJ en SPA de 3-8-72 en *GO.*, N° 29.902 de 9-9-72.

III. LOS MOTIVOS DE LA ACCIÓN POPULAR DE INCONSTITUCIONALIDAD

Tratándose de una acción de inconstitucionalidad, por supuesto, los motivos de la misma sólo pueden ser de inconstitucionalidad, y no pueden alegarse motivos de ilegalidad[1094]. Dos grandes motivos pueden distinguirse:- la violación directa de la Constitución y de los principios constitucionales que informan el texto (p.e. violación de derechos y garantías constitucionales, incluso los inherentes a la persona humana no enumerados expresamente); y la incompetencia de orden constitucional, generalmente identificada con la usurpación de funciones (violación de los principios de distribución vertical y horizontal del Poder Público).

1. *La violación directa de la Constitución*

La Corte Suprema de Justicia ha sentado como "criterio doctrinario pacífica y universalmente admitido", en sentencia de Corte Plena de 26-2-85, el que:

> "la inconstitucionalidad de una determinada norma resulta siempre excepcional y que, en los casos en que existan diversas posibilidades de interpretación, debe preferirse siempre aquélla que armonice el texto constitucional con el de la norma en discusión. Por otra parte, las violaciones a la Constitución que den origen a la nulidad de los actos del Poder Ejecutivo Nacional deben ser directas; no surgir de meros planteamientos teóricos o de la eventual colisión entre la norma que se impugna y alguna otra que corresponda a la legislación ordinaria. Si bastara el presunto choque entre una disposición emanada del Poder Ejecutivo y alguna norma legal para concluir en la inconstitucionalidad de la primera, carecería de sentido el principio de la legalidad y la inconstitucionalidad arroparía todo supuesto de contradicción entre normas de diferentes jerarquías"[1095].

Ahora bien, en principio, podría admitirse que cualquier violación directa de una norma constitucional por un acto estatal, podría dar origen a la interposición de la acción. La violación directa de la Constitución, por supuesto no implica que no puedan estar violadas también, normas de rango inferior.

Sin embargo, la Ley Orgánica de la Corte Suprema de Justicia establece en este campo una restricción en su artículo 133:

> "Art. 133. La infracción del artículo 117 de la Constitución no podrá invocarse como fundamento de la acción o del recurso a que se refieren los artículos 112 y 121 de esta Ley, sino cuando otra disposición de aquélla haya sido directamente infringida por el acto cuya nulidad se solicita".

Conforme a esta norma, la sola violación del artículo 117 de la Constitución, que dispone que "La Constitución y las Leyes definen las atribuciones del Poder Público, y a ellas debe sujetarse su ejercicio", no puede servir de fundamento a una ac-

---

1094 Véase sentencia de la CSJ en SPA de 13-2-68 en *GF.*, Nº 59, 1969, pp. 85 y 86.
1095 Véase en *Revista de Derecho Público*, Nº 22, Caracas, 1985, pp. 164 y 165.

ción de inconstitucionalidad. Si se alega incompetencia de orden constitucional debe indicarse la otra norma constitucional directamente violada[1096].

La norma, en todo caso, está ubicada en el Capítulo relativo a las "Disposiciones comunes a los juicios de nulidad de los actos de efectos generales o de actos de efectos particulares", por lo que la restricción que contiene se aplica por igual a las acciones de inconstitucionalidad y a las acciones contencioso-administrativas de anulación de efectos generales o particulares. Debe destacarse que, en particular, la Corte Suprema de Justicia estableció una tradicional doctrina jurisprudencial para rechazar los recursos contencioso-administrativos, de anulación basados en la sola violación del artículo 117 de la Constitución, exigiendo siempre que, además, debían indicarse las normas legales atributivas de competencias que se dicen violadas. La Ley ha extendido el principio a todos los recursos de nulidad, y por tanto, el ámbito del recurso de inconstitucionalidad. En todo caso, la violación del artículo 117 de la Constitución además de otra norma constitucional, daría origen al vicio de incompetencia constitucional que se analizará más adelante.

Ahora interesa insistir en los casos de inconstitucionalidad fundamentados en la violación directa de una norma constitucional, particularmente aquellas que consagran derechos y garantías constitucionales y que imponen normas de conducta a funcionarios y órganos del Estado. En estos casos de violación directa de la Constitución, por supuesto, debe haber una colisión evidente entre el acto estatal impugnado y la Constitución para que el recurso de inconstitucionalidad sea procedente. Tal como lo ha señalado la Procuraduría General de la República:

"La doctrina ha observada que para que la incompatibilidad entre una Ley y la Constitución produzca la nulidad de aquélla, debe ser evidente, es decir, debe consistir en una verdadera colisión, como lo exige el ordinal 3° del artículo 215 de nuestra Carta Fundamental: "Colisión da idea de contradicción evidente de violación grosera de la Constitución. Cuando al comparar la Ley con la Constitución se advierte, sin gran esfuerzo interpretativo, que aquélla no está de acuerdo con ésta, se puede hablar de inconstitucionalidad manifiesta y sólo en estos casos deberá la Corte anular las leyes nacionales o estatales, los reglamentos y las ordenanzas o acuerdos municipales. En cambio, para los demás actos estatales bastará la simple violación, comprendiendo en ella la infracción de los motivos y móviles de la Constitución" (José Guillermo Andueza. *La Jurisdicción Constitucional en el Derecho Venezolano,* Sección de Publicaciones de la Facultad de Derecho de la Universidad Central de Venezuela, Caracas 1955, p. 78).

Dadas las repercusiones que una decisión de inconstitucionalidad puede originar, el Alto Tribunal deberá extremar la prudencia en los casos de inconstitucionalidad de leyes: "se debe presumir que el Poder Legislativo, coordinado y no subordinado al Poder Judicial, ha obrado correctamente y en observancia de

---

1096 En la sentencia de la CSJ en SPA de 4-4-74, en *GO.,* N° 1.657, Extraordinaria de 7-6-74, pp. 2 y 3, la Corte, sin embarga, estimó que una Ley estadal era inconstitucional por violación del Art. 117 de la Constitución Nacional al no haberse dictado conforme a lo pautado en la Constitución del Estado respectivo.

la Constitución; la Corte solamente puede anular el trabajo legislativo si su inconstitucionalidad está fuera de duda. Se debe evidenciar claramente una violación de una disposición positiva de la Constitución; no es suficiente que un acto legislativo esté contra el espíritu de la Constitución como dijo la Corte en 1873... Debe limitarse el Juez a comparar con la Constitución la ley sometida a su examen y admitir ésta si la estricta interpretación del texto constitucional no la excluye" (Wolf, Ernesto: *Tratado de Derecho Constitucional Venezolano*, Tipografía Americana, Caracas, 1945, Tomo II, p. 177).

Nuestro máximo Tribunal ha expresado el principio que deberá guiarlo al examinar la constitucionalidad de leyes en el sentido restrictivo que es el único admisible, a saber: que su control constitucional es ajeno al examen de la ley desde el punto de vista de su utilidad, que la Corte no debe juzgar o contemplar la conveniencia o inconveniencia, ni sus dificultades de aplicación, ni sus consecuencias o efectos beneficiosos o no (Sentencia de la extinguida Corte Federal, de 2 de febrero de 1943, comentada por Wolf, *ob. cit.*, tomo II, p. 184)"[1097].

La acción de inconstitucionalidad implica, por tanto, la confrontación entre el acto que se considera viciado y las normas Constitucionales presuntamente infringidas por éste; por lo que el acto que se impugna debe ser un acto estatal dictado, generalmente, en ejecución de competencias constitucionales. Tal como lo ha señalado la Corte:

"Si tales normas (constitucionales) condicionan el acto, es decir, determinan, por ejemplo, la finalidad de éste, la autoridad competente para realizarlo, o los requisitos intrínsecos o extrínsecos cuyo cumplimiento puede afectar su validez la acción o recurso dirigido a anularlo, por colidir con la Constitución, es de inconstitucionalidad. Pero si el acto no es regulado por una disposición de la Carta Fundamental sino por una Ley, la contravención a éstas u otras irregularidades menos aparentes que la doctrina denomina exceso, abuso o desviación de poder, dan lugar a una acción o recurso de ilegalidad"[1098].

Esto lo precisó aún más la Corte Suprema de Justicia, en una Sentencia de 1964, en los términos siguientes:

"Para que proceda la inconstitucionalidad de una disposición legal, es preciso que el contenido de la norma cuestionada colida con una disposición constitucional. Ahora bien, los principios inherentes a la carga de la prueba no figuran dentro del ordenamiento constitucional, ya que el sector jurídico en el cual se ubican las normas relativas a la regulación de la actividad probatoria, está constituido por el derecho sustantivo y por el derecho procesal.

De aquí, que todo lo relativo al régimen jurídico de la prueba, inclusive la referente a la carga de la misma, aparezca debidamente regulado por la legislación civil y penal, así como en leyes especiales.

1097 Véase *Doctrina PGR 1964,* Caracas, 1965, pp. 156 y 157.

1098 Véase sentencia de la CSJ en SPA de 13-2-68 en *GF.,* N" 59, 1969, pp. 83 a 86. *Cfr.* sentencia de la CSJ en SPA de 20-12-67 en GF., N° 58, 1967, pp. 162 a 169.

La propia Constitución, en su artículo 68, al consagrar el derecho que todos los ciudadanos tienen de utilizar los órganos de la administración de justicia para la defensa de sus derechos e intereses, delega en la ley la fijación de los términos y condiciones para la tramitación de las pretensiones propuestas ante los órganos jurisdiccionales. Y, precisamente, la actividad probatoria forma parte de esa tramitación judicial

De lo expuesto se deduce que no estando consagrados expresamente ni implícitamente dentro del ordenamiento constitucional, los principios referentes a la carga probatoria, no puede existir la inconstitucionalidad del artículo 28 de la Ley de Enriquecimiento Ilícito"[1099].

La inconstitucionalidad, por tanto, ha dicho la Corte, no puede "surgir de meros planteamientos teóricos o de la eventual colisión entre la norma que se impugna y alguna otra que corresponda a la legislación ordinaria"[1100], sino que tiene que ser el resultado de la violación directa de una norma constitucional. Esta doctrina, dijo la Corte Suprema en sentencia de 1983:

> "...tiene ahora respaldo legal. En efecto, el artículo 133 de la Ley Orgánica de la Corte Suprema de Justicia, al establecer que la sola denuncia de infracción del artículo 117 de la Constitución[1101] no podrá invocarse como fundamento de la acción y del recurso a que se refieren los artículos 112 y 121 *ejusdem,* sino que se requiere la denuncia de otra disposición de aquélla que "haya sido directamente infringida por el acto cuya nulidad se solicita", está señalando que la violación indirecta de una norma constitucional no podrá constituir fundamenta del recurso de inconstitucionalidad ... Afinando los conceptos expuestos... podría agregarse que existe recurso por violación directa de la Carta Fundamental, cuando sea factible llegar a la solución positiva o negativa del problema planteado con la exclusiva aplicación de las normas constitucionales violadas"[1102].

Por otra parte, también ha sostenido la Corte Suprema que no toda norma constitucional violada puede servir de fundamento a la acción popular; y al contrario, con frecuencia ha exigido la Corte, que tiene que tratarse de una norma directamente operativa[1103], no admitiendo el recurso cuando se alegan violaciones de normas programáticas[1104].

1099 Véase sentencia de la CSJ en SPA de 11-8-64 en *GF.,* N° 45, 1964, pp. 182 a 185.

1100 Véase sentencia de la Corte Plena de 26-2-85 en *Revista de Derecho Público,* N° 22, EJV, Caracas, 1985, p. 164.

1101 Este artículo 117 establece lo siguiente: "La Constitución y las leyes definen las atribuciones del Poder Público, y a ellas debe sujetarse su ejercicio".

1102 Véase sentencia de la CSJ-SPA de 28-6-83 en *Revista de Derecho Público,* N° 15, EJV, Caracas, 1983, pp. 155-156.

1103 Véase sentencias de la CSJ en CP de 12-9-69 en *GF.,* N° 65, 1969, p. 10; y en SPA de 25-5-69 en *GF.,* N° 64, 1969, p. 23 y sentencia de la CSJ en SPA de 13-2-68 en *GF.,* N° 59, 1969, pp. 85 y 86.

1104 Sobre las normas programáticas de la Constitución, véase Allan R. Brewer-Carías, *Derecho Administrativo,* tomo I, Caracas, 1975, parágrafo 7.

La Corte Suprema en tal sentido ha señalado lo siguiente, con motivo de impugnación de unas normas de la Ley Orgánica del Poder Judicial:

"Respecto a la alegada violación del articula 207 de la Constitución, la Corte observa que dicha disposición dice: "La Ley proveerá lo conducente para el establecimiento de la carrera judicial y para asegurar la idoneidad, estabilidad e independencia de los jueces y establecerá las normas relativas a la competencia, organización y funcionamiento de los Tribunales en cuanto no esté previsto en esta Constitución". No se viola dicho artículo cuando se dictan normas para la designación de los Jueces antes de haber sido promulgada la Ley que establezca la carrera judicial, por diversas razones: la Constitución usa la expresión "La ley proveerá lo conducente para el establecimiento de la carrera judicial...", lo cual hace procedente recordar que esta Corte al decidir en mayo del presente año una solicitud de nulidad de determinado artículo del Código Civil, estableció que la Constitución distingue entre sus cláusulas directamente operativas, que preceptúan autónomamente, y son completas y suficientes hasta agotar los requisitos sustantivos y procesales para su aplicación, y las mediatamente operativas o programáticas, que no pueden aplicarse sino cuando las complete la Legislación ulterior, por requerirlo así la letra y el contenido del precepto. No puede fundarse una declaratoria de inconstitucionalidad —según dicho fallo— en las cláusulas programáticas hasta que el Legislador no las haya desenvuelto.

La disposición del artículo 207 de la Constitución que se refiere a la carrera judicial es una norma programática. A quien toca determinar el momento en el cual debe ser establecida en el país la carrera judicial es al Legislador, pero mientras éste no lo haga, la existencia de esa norma programática no puede menoscabar la potestad de que está investido constitucionalmente el Congreso para legislar en lo relativo a la competencia, organización y funcionamiento de los Tribunales. A los efectos de robustecer la doctrina de esta Corte es de hacer notar que los redactores del Proyecta de Constitución concibieron el contenido del artículo 207, no en términos preceptivos, sino como un "desideratum" hacia el cual debe tender la organización judicial del país"[1105].

Sin embargo, esta doctrina no significa que el control de la constitucionalidad de las leyes no pueda realizarse basado en principios constitucionales. Por ejemplo, el artículo 50 de la Constitución expresamente establece que "La enumeración de los derechos y garantías contenida en esta Constitución no debe entenderse como negación de otros que, siendo inherentes a la persona humana, no figuren expresamente en ella". Por tanto, la Corte Suprema podría ejercer sus funciones de control de la constitucionalidad, basada en violaciones de derechos inherentes a la persona humana, no enumerados expresamente en el texto constitucional.

Por último debe mencionarse que la denuncia de inconstitucionalidad debe necesariamente plantear una "vinculación lógica, a través de una seria y necesaria motivación, entre el acto recurrido y la norma que se dice quebrantada por ésta"[1106], por

---

1105 Véase sentencia de la CSJ en CP de 12-9-69 en *GF.*, N" 65, 1969, pp. 10 y ss.
1106 Véase sentencia de la CSJ en SPA de 21-12-67, en GF., N° 58, 1968, p. 68.

lo que la Corte ha considerado formalmente insuficientes las denuncias de infracciones de normas constitucionales cuando dicha vinculación no aparece en las denuncias.

Por tanto, para que proceda la impugnación, por inconstitucionalidad de, por ejemplo, una Ley, es necesaria la violación directa de la norma constitucional, que condiciona su emisión. Si la Ley no contradice la Constitución sino otra Ley, en realidad no se trataría de una inconstitucionalidad[1107] y a lo sumo, sólo derogación tácita de una Ley por otra. En estos casos se podría plantear la cuestión de la colisión entre Leyes y la Corte tendría que decidir cuál debería prevalecer. Sobre estos dos supuestos, la Doctrina de la Procuraduría General de la República ha sido expuesta, en los términos siguientes:

"Se dice que una norma jurídica es nula cuando no ha sido debidamente sometida a los requisitos de orden constitucional o legal que rigen su formación, o cuando su contenido se halla en contradicción con otra norma de jerarquía superior vigente en el momento en que aquélla deba entrar en vigor. La nulidad es la consecuencia obligada de un vicio que se halla en el origen mismo de la norma, que la invalida desde que nace y la hace inepta para producir efectos jurídicos.

Se trata, por lo tanto, de la discordancia entre esa específica norma y otra, a la cual la primera debe hallarse jerárquicamente subordinada.

Por otra parte, se habla de derogación tácita o implícita cuando existe una incompatibilidad absoluta y total entre una norma jurídica determinada y otra de igual o superior jerarquía, pero posterior a ella sin que ésta contenga una cláusula derogatoria expresa ni haga referencia alguna a la norma anterior, "con la importante y lógica consecuencia —dice Sánchez Covisa— que la ulterior derogación del precepto derogatorio no revive de nuevo el precepto derogado, salvo que el legislador manifieste su voluntad en este sentido" (*Cfr.* Sánchez Covisa, J.: *La vigencia temporal de la ley en el ordenamiento jurídico venezolano,* UCV, Caracas, 1956, p. 103)"[1108].

En todo caso la violación directa de la Constitución de que se trata, como fundamento de una acción de inconstitucionalidad, se refiere a la Constitución Nacional y no a las constituciones de los Estados. Por ello la Corte en Sala Político-Administrativa ha advertido que:

"las infracciones a las Constituciones de los Estados no otorgan, a los efectos de la competencia, categoría de recurso de inconstitucionalidad pues ésta deviene exclusivamente de posibles violaciones de preceptos contenidos en la Constitución Nacional"[1109].

Ahora bien, en cuanto a la violación directa de la Constitución, para que proceda el recurso de inconstitucionalidad, debe señalarse que no sólo aquella se produce

---

1107 Véase la sentencia de CF de 2-6-58 en *GF.,* Nº 20, 1958, p. 110.

1108 Véase *Doctrina PGR 1966,* Caracas, 1967, p. 73.

1109 Véase la sentencia de 30-11-89 en *Revista de Derecho Público* Nº 40, Caracas, 1989, pp. 91-92.

cuando hay contradicción o discordancia literal entre la ley, por ejemplo, y la Constitución, sino cuando también el legislador le da un contenido distinto a la Ley del querido por el constituyente o pretende alcanzar fines distintos a los consignados en la Constitución[1110]. Tal como lo ha señalado la Procuraduría General de la República.

"Se viola la Constitución no solamente cuando existe una contradicción literal entre la norma constitucional y la norma legal, sino también cuando el legislador le da a la ley un contenido distinto al querido por el constituyente o cuando pretende alcanzar fines diferentes a los que se propuso la Constitución. El juez constitucional cuando conoce de una denuncia de inconstitucionalidad basada en el supuesto de que el legislador no ha acatado el propósito perseguido por el constituyente tiene que indagar cuál fue la finalidad que se propuso alcanzar el poder constituyente y cuál es la finalidad que se propone alcanzar el poder legislativo. Si de esta comparación resulta que las finalidades no son las mismas o son contradictorias, el juez deberá declarar la inconstitucionalidad de la Ley"[1111].

Por supuesto, como sucede en materia de desviación de poder respecto de los actos administrativos, el problema de la determinación de la inconstitucionalidad por violación de los fines o móviles perseguidos por la Constitución, es un problema de prueba y de interpretación, correspondiendo la decisión, en cada caso, a la Corte Suprema. La Corte Suprema, en todo caso, ha declarado nulos actos estatales por

---

1110 La Corte Suprema, en este sentido ha declarado la inconstitucionalidad de una Ordenanza porque "viola el espíritu y propósito de una norma constitucional". Véase sentencia de la *CF.*, de 25-3-58 en GF., Nº 19, 1958, p. 58.

1111 Véase *Doctrina PGR 1969*, Caracas, 1970, p. 111. La Procuraduría sin embargo, anteriormente tenía otro criterio. En efecto, en 1974, señaló lo siguiente :

"La discordancia entre la Constitución y la Ley debe ser manifiesta para que se produzca la nulidad de esta última. Por lo mismo, la infracción de los móviles de aquélla —que jamás será evidente, sino que requerirá en todo caso de una labor interpretativa para hacerse patente—, no puede ser causa de anulación del texto legal, sino cuando éste no puede ser susceptible de una interpretación más favorable. De allí que la violación de los motivos constitucionales sólo puede ser invocada, por regla general como causa de nulidad de los actos no legislativos, en particular los de naturaleza administrativa, tal como asienta el citado párrafo en su parte final: "En cambio, para los demás actos estatales bastará la simple violación, comprendiendo en ella la infracción de los motivos y móviles de la Constitución". En consecuencia, si una norma admite ser interpretada razonablemente en dos o más formas diferentes, habrá que acoger la que mejor armonice con la Ley Suprema: "En caso de duda, los jueces deben decidirse por la constitucionalidad, y tanto han de ajustar a esa regla su actuación, que no deben atribuir a la norma una inteligencia que provoque el problema de su validez cuando la controversia puede ser solucionada adoptando otra que desplace toda cuestión acerca de ese punto, y más aún si la interpretación que elimina el examen de la legitimidad es la que han adoptado los funcionarios encargados de aplicarla. Por lo demás, si la norma cuya validez se impugna es susceptible de una interpretación razonable que la concilie con la Constitución, no debe ser declarada ilegítima por incompatible con ella, y en el supuesto de que haya dos interpretaciones distintas, pero razonables ambas, y una de ellas, sin violentar el significado corriente de las palabras, la armoniza con la Constitución, en tanto que la otra la coloca frente a ella, el juez ha de inclinarse por la primera y evitar una declaración de inconstitucionalidad' " (Ghiglini, A.: *Del Control Jurisdiccional de Constitucionalidad*, R. Depalma, Edit. B. A., 1951, pp. 90 y 91). Véase en *Doctrina PGR 1964*, Caracas, 1966, pp. 198 y 199.

violar "el espíritu y propósito" de normas constitucionales[1112], y en todo caso, los Reglamentos, cuando son contrarios al "espíritu, propósito y razón" de la Ley que ejecutan, conforme al artículo 215, ordinal 10º de la Constitución, también son susceptibles de impugnación por inconstitucionalidad.

Por otra parte, el acto estatal que puede ser impugnado por inconstitucionalidad, es aquel producido durante la vigencia de la Constitución que sirve de fundamento al recurso. Es decir, la inconstitucionalidad debe ser originaria, pues si es una inconstitucionalidad sobrevenida, en realidad se trataría de una derogación implícita del acto por el cambio de la Constitución. En tal sentido, la Procuraduría General de la República ha sido clara al distinguir ambos conceptos, *inconstitucionalidad originaria y sobrevenida,* en los siguientes términos:

"Si se atiende al momento en que el vicio aparece, encontramos también dos clases de inconstitucionalidad: originaria y sobrevenida. La primera afecta a la regla jurídica desde el instante mismo de su nacimiento, porque ha sido dictada contra las previsiones de la Constitución, la segunda opera cuando una disposición legal originalmente perfecta se hace con posterioridad inconstitucional en virtud de una reforma de la Constitución, caso en el cual es preferible hablar de derogación implícita y no de inconstitucionalidad.

Al conjugar ambos criterios de clasificación del vicio, encontramos que la inconstitucionalidad originaria puede ser material o formal, pero en cambio no sucede lo mismo con la inconstitucionalidad sobrevenida o, más correctamente, con la derogación implícita o tácita, que sólo puede ser material. En efecto, se comprende perfectamente que una ley que desde su nacimiento quebranta la Constitución, ya sea por razones intrínsecas o extrínsecas, puede y debe ser declarada nula, puesto que en su formación no fueron respetados los límites — materiales o formales— que la Ley Superior impone a la potestad legítima de los órganos del Poder Público. Muy distinto es el caso de una ley producida con arreglo a las prescripciones constitucionales vigentes para la fecha de su promulgación: si posteriormente son modificadas aquellas prescripciones y como consecuencia de ello se produce una contradicción objetiva o material entre la ley y la nueva Constitución, es claro que la primera pierde su fuerza obligatoria, por cuanto resultaría inadmisible tolerar, so pretexto de respeto a las situaciones preexistentes, la aplicación de una regla contraria al nuevo ideal jurídico del constituyente, y por tanto es preciso concluir en que la referida ley ha devenido inconstitucional, o en términos más propios —repetimos— ha quedado implícitamente derogada; pero si la reforma constitucional se ha limitado a modificar el mecanismo creador de las leyes, ya sea porque establece un procedimiento de

---

1112 Véase sentencia de la CF de 25-3-58 en *GF.* Nº 19, 1958, p. 58. En sentido contrario la Procuraduría General de la República ha sostenido que no puede ser causa de anulación de un texto legal la infracción de los móviles de la Constitución. Véase *Doctrina PGR, 1964,* Caracas, 1965, p. 158. En otra parte, sin embarga, la misma Procuraduría ha sostenido que se viola la Constitución cuando la ley pretende alcanzar fines diferentes a los propuestos por la Constitución, y no solamente cuando existe una contradicción literal entre la norma constitucional y la norma legal. Véase *Doctrina PGR, 1969,* Caracas, 1970, p. 111. En general sobre los diversos tipos de motivos de inconstitucionalidad de las leyes. Véase *Doctrina PGR, 1967,* Caracas, 1967, pp. 170 a 174.

formación diferente, o bien porque atribuye la facultad de dictarlas a un órgano distinto del anteriormente autorizado, y, por consiguiente, la contradicción entre la Constitución y la ley es tan sólo extrínseca o formal, la conclusión ha de ser otra: por cuanto nada se opone objetivamente a la aplicación de esa ley, toda vez que ella no repugna al ideal de justicia consagrado en la Constitución, y por cuanto además, dicha ley fue promulgada válidamente en su tiempo, lo razonable es que continúe vigente hasta que sea sancionada —conforme al nuevo mecanismo de producción del derecho— otra norma que la sustituye.

En síntesis: si el mandato de la regla jurídica es compatible con el de la Constitución, aquélla conserva su fuerza obligatoria hasta que sea derogada por una nueva regla, necesariamente creada con arreglo al nuevo procedimiento y emanada del órgano últimamente facultado para legislar. Así, pues, el único efecto de una modificación en las normas constitucionales relativas al modo de formación del ordenamiento jurídico, consiste en que, en lo sucesivo, toda disposición legislativa habrá de ser producida conforme al nuevo sistema ideado por el constituyente, y queda a salvo la vigencia de las dictadas anteriormente de acuerdo con el sistema entonces imperante. Razones de seguridad jurídica y de integridad del derecho positiva así lo exigen, porque si se acogiera la solución contraria se llegaría al indeseable resultado de que, por una parte, jamás se podría poseer ni un mínimo grado de certeza acerca de la constitucionalidad de las leyes, y, por otra parte, cada vez que el constituyente decidiese modificar la competencia o el procedimiento para legislar, se producirían enormes vacíos en el ordenamiento jurídico, pues gran cantidad de cuerpos legales quedarían implícitamente derogados"[1113].

2. La incompetencia de orden constitucional

La competencia es uno de los requisitos de validez de todos los actos estatales. Tal como lo ha señalado la Corte Suprema de Justicia:

"… la actividad del Estado y la de todas las personas que dentro del mismo ejercen funciones públicas, debe estar estrictamente ceñida a las facultades que expresamente se les señalen. Cualquier extralimitación en el ejercicio- de estas atribuciones vicia de ilegalidad el acto de que se trate, y su nulidad debe ser declarada si así fuere solicitada. Es este el principio de legalidad sobre el cual debe descansar el Estado de Derecho... la competencia, o sea, la aptitud legal de los órganos de la Administración, no se presume; ella debe emerger del texto expreso de una regla de derecho"[1114].

El principio, por supuesto, se aplica al ámbito constitucional. Los órganos del Estado cuyas atribuciones están previstas en la Constitución deben ceñirse, estrictamente, a las previsiones del texto fundamental. En este ámbito constitucional, por supuesto, la competencia tampoco se presume, sino que tiene que ser expresa.

1113 Véase *Doctrina de la PGR, 1966*, Caracas, 1967, pp. 171 y 172.

1114 Véase sentencia de la CSJ en SPA de 11-8-65 en *GO.*, N* 27.845, de 22-9-65, pp. 207-324.

Ahora bien, los supuestos de incompetencia constitucional son básicamente tres: usurpación de autoridad, usurpación de funciones y extralimitación de atribuciones. Veámoslos separadamente.

A. *La usurpación de autoridad*

Tal como lo hemos señalado en otro lugar, el usurpador de autoridad es aquél que la ejerce y realiza sin ningún tipo de investidura, ni regular ni prescrita. El concepto de usurpación, en este caso, emerge cuando una persona que no tiene *auctoritas* actúa como autoridad[1115]. De ahí que, como lo señala expresamente el artículo 119 de la Constitución, "Toda autoridad usurpada es ineficaz, y sus actos son nulos".

La usurpación de autoridad, por tanto, es un vicio de orden constitucional, una incompetencia constitucional; pues la Constitución no puede ceder ante situaciones de hecho o de fuerza. Por ello, el propio texto fundamental establece que "Esta Constitución no perderá su vigencia si dejare de observarse por acto de fuerza o fuere derogada por cualquier otro medio distinto del que ella misma dispone"[1116].

Pero, en todo caso, la figura del usurpador de autoridad debe ser distinguida de la del funcionario de hecho. En ambos casos se trata de la asunción de funciones sin investidura, en forma irregular, pero en el primer caso no hay fines plausibles, en cambio en el segundo caso sí los hay[1117]. En el caso del funcionario de hecho, a pesar de la irregularidad de la investidura, en virtud de los fines perseguidos, los actos jurídicos manifestados exteriormente deben producir respecto de terceros en general, y del público, los mismos efectos que tendrían como si hubiesen sido emanados de agentes regulares. Esta situación del funcionario de hecho la acepta la propia Constitución.

En efecto, en su artículo 250, al señalar que la Constitución "no perderá su vigencia si dejare de observarse por acto de fuerza o fuere derogada por cualquier otro medio del que ella misma dispone", agrega que "En tal eventualidad, todo ciudadano, investido o no de autoridad, tendrá el deber de colaborar en el restablecimiento de su efectiva vigencia".

No hay duda, los actos que puedan haber sido cumplidos en esta forma, de hecho, por quien no estuviere investido de autoridad, no podrían considerarse como viciados de "usurpación de autoridad", por lo que no estarían viciados de inconstitucionalidad.

1115 Véase Allan R. Brewer-Carías, *Las Instituciones Fundamentales del Derecho Administrativo y la Jurisprudencia Venezolana,* Caracas, 1964, p. 59.

1116 Art. 250.

1117 Tal como lo señala César A. Quintero, "La usurpación, a diferencia de la función de hecho, es una figura no plausible. El usurpador viene a ser, pues, el que dolosa o violentamente desaloja de su cargo al titular legítimo para ocuparlo él, o el que sin título alguno, y en ausencia de toda necesidad y aprobación colectiva, asume su cargo, o se mantiene en el que tenía después de haber expirado la vigencia de su auténtica investidura", en *Los Decretos con valor de Ley,* Madrid, 1958, p. 87.

B. La usurpación de funciones

De acuerdo a lo preceptuado por la Constitución. "Cada una de las "ramas del Poder Público tiene sus funciones propias..."[1118], por lo que existe usurpación de funciones cuando un órgano en ejercicio de una rama del Poder Público realiza funciones que le corresponden a otro órgano distinto en ejercicio de otra rama del Poder Público[1119]. Existe, por tanto, usurpación de funciones cuando, por ejemplo, un órgano del Poder Ejecutivo realiza funciones atribuidas al Congreso y dicta actos reservados al mismo, o cuando las Cámaras Legislativas o Asambleas Legislativas asumen funciones reservadas a los órganos ejecutivos, como por ejemplo, el nombramiento de funcionarios públicos[1120]; también existe usurpación de funciones, cuando los órganos del Poder Municipal realizan funciones reservadas a los órganos de Poder Nacional; por ejemplo, en materia de establecimiento de impuestos[1121], o cuando los órganos ejecutivos nacionales o estadales realizan funciones que corresponden a los órganos municipales[1122].

En todos estos casos, la incompetencia constitucional se manifiesta en la invasión o interferencia entre las diversas funciones que realizan los órganos que ejercen el Poder Público, en una forma no autorizada en la Constitución. Se trata, de la forma más burda y radical de incompetencia.

C. La extralimitación de atribuciones

A nivel constitucional, también puede haber incompetencia cuando un órgano del Estado se extralimita en el ejercicio de sus atribuciones o realiza atribuciones para las cuales no está autorizado, pero sin invadir atribuciones conferidas a otros órganos estatales. La extra-limitación de atribuciones en sí misma, no sólo es, por tanto, un vicio de ilegalidad, como lo hemos sostenido en relación a los actos administrativos[1123], sino que también puede tratarse de un vicio de inconstitucionalidad.

Por otra parte, está expresamente previsto en la Constitución en relación a los actos privativos de las Cámaras Legislativas, en la forma siguiente:

"Art. 159. Los actos de los cuerpos legislativos en ejercicio de sus atribuciones privativas no estarán sometidos al veto, examen o control de los otros poderes, salvo lo que esta Constitución establece sobre *extralimitarían de atribuciones*".

1118 Art. 118.

1119 Sobre la noción de usurpación de funciones véase Allan R. Brewer-Carías, *Las Instituciones del Derecho Administrativo y la Jurisprudencia Venezolana, cit.,* pp. 60 y ss. En la jurisprudencia de la Corte, véase en Allan R. Brewer-Carías, *Jurisprudencia de la Corte Suprema 19S0-197U y Estudios de Derecho Administrativo,* tomo I, Caracas, 1975, pp. 158 y ss.; y tomo III, vol. I, Caracas, 1976, pp. 308 y ss.

1120 Véase sentencia de la CSJ-SPA de 14-3-62 en GF., N° 35, 1962, pp. 177 y ss.

1121 Véanse todas las sentencias citadas en Allan R. Brewer-Carías, *Jurisprudencia de la Corte Suprema 19S0-197U y Estudios de Derecho Administrativo,* tomo II, Caracas, 1976, pp. 449 y ss.

1122 Véase por ejemplo las sentencias de la CSJ en SPA de 14-3-62, en *GF.,* N° 35, 1962, pp. 186 y ss.; y de 7-5-70 en *GF.,* N° 68, 1970.

1123 Véase Allan R. Brewer-Carías, *Las Instituciones Fundamentales del Derecho Administrativo y la Jurisprudencia Venezolana, cit,* p. 63.

Aparte de que, en realidad, la Constitución no establece nada, expresamente, sobre la extralimitación de atribuciones, esta noción se identifica con la incompetencia de orden constitucional derivada de cualquier violación de la Constitución. Tal como lo ha precisado la Corte Suprema de Justicia:

"... solamente cuando los cuerpos legislativos, en ejercicio de sus atribuciones privativas, "se *extralimiten contrariando lo que sobre la materia establece la misma Constitución",* podrá esta Corte declarar la nulidad de tales actos...".

"Es entendido, de acuerdo con el artículo 159 de la Carta Fundamental, que los cuerpos legislativos incurren en extralimitación de atribuciones cuando contravienen lo previsto en la Constitución, al hacer uso de sus atribuciones privativas"[1124].

Conforme a esta decisión, los actos legislativos de efectos generales podrían ser impugnados por inconstitucionalidad, por extralimitación de atribuciones, cuando al dictarlos, las Cámaras Legislativas contravinieren lo previsto en la Constitución o lo que sobre la materia establece la Constitución. De ello resulta, que la extralimitación de atribuciones en el orden constitucional se identifica con toda violación de la Constitución por los órganos que realizan sus funciones en ejecución directa de la misma.

IV. EL PROCEDIMIENTO ANTE LA JURISDICCIÓN CONSTITUCIONAL

1. *La regulación del procedimiento*

La Ley Orgánica de la Corte Suprema de Justicia, contrariamente a lo que establecía la Ley Orgánica de la Corte Federal, ha previsto normas detalladas de procedimiento en los casos de recursos de nulidad, clasificadas en dos, tomando como base los actos recurridos: hay normas precisas para los juicios de nulidad de actos estatales de efectos generales y normas específicas para los juicios de nulidad de los actos administrativos de efectos particulares[1125].

Las normas relativas a los juicios de nulidad de los actos de efectos generales se aplican, por tanto, por igual, tanto al procedimiento en los casos de acción popular de inconstitucionalidad, como al procedimiento en los casos de un recurso contencioso-administrativo de anulación contra un acto administrativo de efectos generales por razones de ilegalidad y de inconstitucionalidad.

Pero, por supuesto, la Ley Orgánica de la Corte no ha establecido una regulación detallada de todas las normas de procedimiento, por lo que supletoriamente, rigen los preceptos del Código de Procedimiento Civil. En dos normas hace referencia a ello, aun cuando sin la debida correlación:

"Art. 81. Las acciones o recursos de que conozca la Corte, se tramitarán de acuerdo con los procedimientos establecidos en los Códigos y Leyes naciona-

---

1124 Véase sentencia de la CSJ en CP de 12-6-68 en publicación del Senado de la República, *Juicio ante la Corte Suprema de Justicia,* Caracas, julio de 1968, pp. 193, 195 y 201

1125 Secciones segunda y tercera del capítulo II» del Título V, LOCSJ.

les, a menos que en la presente Ley *v* su Reglamento Interno, se señale un procedimiento especial".

"Art. 88. Los reglas del Código de Procedimiento Civil regirán como normas supletorias en los procedimientos que cursen ante la Corte".

De estas disposiciones resulta que las normas básicas de procedimiento son las previstas en el Código de Procedimiento Civil y en los otros Códigos y Leyes nacionales, salvo en lo que respecta a las normas particulares que la propia Ley Orgánica establece. Pero para no dejar, en materia de procedimiento, posibilidad alguna de ausencia de procedimiento, la propia Ley Orgánica otorga a la Corte el poder inquisitorio necesario para precisar las normas de procedimiento en ausencia de las mismas, en los siguientes términos:

"Art. 102. Cuando ni en esta Ley, ni en los Códigos y otras Leyes nacionales se prevea un procedimiento especial a seguir, la Corte podrá aplicar el que juzgue más conveniente, de acuerdo con la naturaleza del caso".

Además, la Ley permite a la Corte, la posibilidad, aun de oficio, de reducir los plazos establecidos en la Ley, "si lo exige la urgencia del caso". A tal efecto el artículo 135 establece lo siguiente:

"Art. 135. A solicitud de parte y aun de oficio, la Corte podrá reducir los plazos establecidos en las dos Secciones anteriores, si lo exige la urgencia del caso, y procederá a sentenciar sin más trámites.

Se considerarán de urgente decisión, los conflictos que se susciten entre funcionarios u órganos del Poder Público.

La Corte podrá dictar sentencia definitiva, sin relación ni informes, cuando el asunto fuere de mero derecho. De igual modo se procederá en el caso al que se refiere el ordinal 6° del artículo 42 de esta Ley".

En todo caso, en las líneas que siguen nos limitaremos a comentar las normas procedimentales que, en forma especial, establece la Ley Orgánica de la Corte en relación al procedimiento en los recursos de inconstitucionalidad.

2. *La iniciación del procedimiento*

A. *Requisitos del libelo*

a. *Precisión del órgano jurisdiccional*

Tal como se ha señalado anteriormente, tiene competencia para conocer de la acción de inconstitucionalidad, la Corte Suprema de Justicia en Corte Plena[1126]. Por supuesto estas mismas normas de procedimiento se aplican en relación a los recursos contencioso-administrativos contra actos administrativos de efectos generales ante la Sala Político-Administrativa. Por tanto, el primer requisito del libelo de la

---

1126 Art. 43.

acción popular de inconstitucionalidad es la indicación del órgano jurisdiccional competente. Tal como lo establece la Ley Orgánica de la Corte Suprema.

"Art. 83. Las demandas o solicitudes se dirigirán a la Corte Suprema de Justicia, pero se indicará en ellas la Sala a que corresponda el conocimiento del asunto a menos que éste fuere de la competencia de Corte en Pleno.

. Sin embargo, la omisión de este último requisito no impedirá que se remita a la Sala correspondiente la demanda, solicitud, expediente o escrito enviado por error a otra Sala o a la Corte en Pleno, cuando evidentemente le competa el conocimiento del asunto. En caso de duda, decidirá la Corte en Pleno".

b.   *Contenido del libelo*

La jurisprudencia de la Corte Suprema, en los últimos años, ha venido precisando el contenido del libelo en las acciones populares de inconstitucionalidad.

En efecto, tratándose de una acción de inconstitucionalidad, ante todo debe identificarse, con claridad, el acto impugnado. La Corte, en una sentencia del 23 de enero de 1969 señaló lo siguiente:

"En el escrito fechado el 19 del corriente, que encabeza estas actuaciones, el doctor Francisco Espinoza Prieto, solicitó que "este Supremo Tribunal declare la nulidad por inconstitucionalidad de todos y cada uno de los actos y actuaciones que desde el 2 de enero de 1969 inclusive, ha realizado y pueda realizar en el futuro... la Comisión Delegada constituida el 31 de diciembre de 1968" por los Diputados que fueron designados, en esa misma fecha, por la Asamblea Legislativa del Estado Nueva Esparta; y como de acuerdo con sus atribuciones, la Corte no puede anular sino actuaciones real y efectivamente cumplidas por otros órganos del Poder Público, y en dicho escrito no indica el solicitante ninguno de los actos cuya nulidad demanda, *señalamiento que es indispensable al ejercer acciones como la propuesta,* se declara inadmisible, por contraria a derecho, la referida solicitud"[1127].

Pero además de la indicación del acto impugnado, la Corte venía exigiendo que se indicaran en el libelo, con precisión, las normas constitucionales violadas. En efecto, en una sentencia de 14 de diciembre de 1950, la antigua Corte Federal y de Casación señaló:

"Parece que también se ataca la Resolución mencionada alegando abuso de poder por parte del funcionario que la dictó, al imputarle que "ha violado las Disposiciones del Decreto contra el Acaparamiento y la Especulación", y como no se determina cuáles son el artículo o artículos de la susodicha Ley penal que se consideran infringidos, ni se exponen las razones en que se funda la denuncia de esas violaciones, se hace también imposible en este aspecto realizar el control jurisdiccional que tiene la Corte sobre los actos de las autoridades na-

---

1127 Véase sentencia de la CSJ en SPA de 23-1-69 en *GF,* N° 63, 1969, p. 95.

cionales que estuvieron incursas en las situaciones previstas por el artículo 45 de la Carta Fundamental y así se declara"[1128].

La misma Corte Federal y de Casación, en una sentencia de 26 de noviembre de 1952, insistió en este mismo criterio en los términos siguientes:

"La Ley atribuye expresamente a la Corte Federal y de Casación, en Sala Plena, la declaración de nulidad, cuando sea procedente, de todos les actos a que se refiere el artículo 42 de la Constitución de la República, emanados de autoridad nacional; y en general, de todos aquellos actos del Poder Público que sean violatorios de la misma Constitución. Pero en el presente casa no se ha solicitado la declaración de nulidad de las decisiones administrativas arriba señaladas con fundamento en la violación de determinada norma constitucional, sino que, simplemente, se las impugna de nulidad alegando que la primera de las Resoluciones citadas, no fue dictada por el funcionario competente sino por el Director de la Sección de Alquileres de la Comisión Nacional de Abastecimiento, quien carece de facultades para ello, y las otras no pueden tener ninguna validez por haber tenido por base aquella primera Resolución. No dice el impugnante cuál precepto constitucional infringieron los citados organismos administrativos al dictar las decisiones en referencia. Esgrimir como argumento la carencia de facultades, no es suficiente para fundamentar una violación de norma constitucional. Tal violación no se puede colegir por vía de deducciones sino que ha de descansar en razones amplias y suficientemente explícitas para poner en claro la cuestión de la inconstitucionalidad a fin de que la Corte, con base a tales alegatos, y sin suplir argumentaciones al peticionario o solicitante, pronuncie el veredicto a que haya lugar"[1129].

En el campo de denuncia de conflictos de leyes la Corte Suprema de Justicia, ha sido particularmente cuidadosa en esta exigencia de indicación precisa de los textos legales en conflicto. En una sentencia de 11 de agosto de 1964, la Corte ha señalado lo siguiente:

"Acerca de esta acción, el libelo de demanda hace la siguiente exposición: "La Ley de Enriquecimiento Ilícito, de 8 de octubre de 1948, colide con los artículos 35, 42, 44, 175, 195, 200, 209, 226, 261, 268 y 294 del Código de Enjuiciamiento Criminal. Estos mismos vicios tiene la sentencia recurrida. La Corte Suprema de Justicia está facultada para declarar la nulidad por colisión de Leyes en virtud del ordinal 5° del artículo 215 de la Constitución".

A este párrafo del libelo se concreta y se limita la demanda en lo concerniente a la acción "de nulidad por colisión", planteada por el acto, respecto de la cual la Corte observa:

En el libelo de la demanda se omiten de manera absoluta los artículos de la Ley de Enriquecimiento que el actor estima violatorios de la serie de artículos del Código de Enriquecimiento Criminal que enumera. Se omiten asimismo de

---

1128 Véase sentencia de la CFC en CP de 14-12-50 en *GF.*, N° 6, 1950, p. 47.

1129 Véase sentencia de la CFC en CP de 26-11-62 en *GF,* N° 12, 1952, p. 29.

manera absoluta, las razones y explicaciones en las cuales se basa el demandante para considerar en conflicto las normas legales. Ahora bien, la colisión de disposiciones legales, se pone en evidencia mediante el estudio comparativo que se haga de una y otra, como medio para determinar si su contenido, espíritu y alcance, se contradicen entre sí. Este examen es imposible hacerlo si como en el caso concreto, se desconocen las normas de una de las Leyes que se dicen colidir con las de otra.

Por ello, el artículo 237 del Código de Procedimiento Civil preceptúa que en el libelo debe determinarse con precisión la cosa que es objeto de la demanda y las razones en que ésta se funda. Sin estas precisiones la demanda es defectuosa y no puede, lógicamente, prosperar. Del ordinal 5° del artículo 215 de la Constitución invocado por el demandante, se desprende la necesidad de determinar las normas que se creen en conflicto. El ordinal 5° dispone, en efecto, que compete a la Corte "resolver las colisiones que existan entre diversas disposiciones legales y declarar *cuál de éstas* debe prevalecer". Para hacer tal señalamiento debe conocerse por medio del libelo cuáles son las disposiciones que el demandante considera que coliden, así como las razones en que sustenta tal creencia. No habiéndose hecha en el libelo tal especificación la acción intentada resulta improcedente"[1130].

Pero la jurisprudencia de la Corte no se ha limitado a exigir la especificación precisa, en el libelo de la acción, de las disposiciones legales que se impugnan y las normas constitucionales que se dicen violadas, sino también ha exigido que se indiquen en el libelo, las razones en que se funda la acción. En una sentencia del 14 de diciembre de 1950, la Corte Federal y de Casación ya había señalado lo siguiente:

"Parece que el peticionario imputa al Ministro de Fomento la violación de la Constitución Nacional en cuanto se refiere al principio de la igualdad de los venezolanos ante la Ley; empero, a simple vista destaca la carencia de fundamentos, motivos o razones en que finca esta imputación, pues se limita a manifestar que con la sedicente violación ha creado un privilegio de apreciación y sentado un funesto precedente en la vida jurídico-social de la República, de manera tal, que se hace imposible ejercer el control jurisdiccional que este Alto Tribunal tiene, por la Constitución, sobre los actos del Poder Público, violatorios de ella, por lo que se concluye que dada la vaguedad de que adolece la acusación de inconstitucionalidad, no se encuentra materia sobre qué decidir, y así se declara"[1131].

Todos estos principios y exigencias jurisprudenciales en torno al contenido del libelo o escrito de la acción popular de inconstitucionalidad, han sido recogidos en la Ley Orgánica de la Corte Suprema de Justicia, en cuyo artículo 113 se establece lo siguiente:

1130 Véase sentencia de la CSJ en SPA de 1-8-64, en *GF*, N° 45, 1964, pp. 185-186.

1131 Véase sentencia de la CFC en CP de 14-12-50 en *GF*, N° 6, 1950, pp. 46 y 47.

"Artículo 113. En el libelo de la demanda se indicará con toda precisión el acto impugnado, las disposiciones constitucionales o legales cuya violación se denuncie y las razones de hecho y de derecho en que se funde la acción. Si la nulidad se concreta a determinados artículos a ellos se hará mención expresa en la solicitud indicándose respecto de cada uno la motivación pertinente.

Junto con dicho escrito el solicitante acompañará un ejemplar o copia del acto impugnado, el instrumento que acredite el carácter con que actúa, si no lo hace en nombre propio, y los documentos que quiera hacer valer en apoyo de su solicitud".

Con base en esta norma la Corte Suprema de Justicia en Sala Plena, en Sentencia de 24-5-88, declaró improcedente una acción de inconstitucionalidad, por imprecisión en los fundamentos expuestos en el libelo, así:

"3°) En cuanto a la nulidad solicitada del ordinal 10 del artículo 15 de la Ley Orgánica para la Ordenación del Territorio, se observa:

El examen de una acción o recurso de inconstitucionalidad, supone la confrontación entre el acto o norma que se considera viciado y las normas de la Constitución presuntamente infringidas por éste o ésta; en el caso de autos, de acuerdo con la transcripción hecha en el Capítulo I de este fallo y salvo la mención de los artículos 176 y 177 de la Constitución en la primera página del escrito del recurso, los recurrentes se limitan a tratar de fundamentar su acción en frases tales como "declare la inconstitucionalidad de la citada norma", porque se está tratando "de arrogar facultades que no le corresponden, lo cual la pone en conflicto con su propia razón de ser y, por ende, con los principios constitucionales que obligan al respecto de las obligaciones emanadas de los Tratados...", frases que se consideran genéricas e imprecisas, que no permiten examinar a cabalidad el caso y, consiguientemente, dictaminar exactamente la conformidad o no de la norma recurrida con alguna o algunas disposiciones de la Constitución, pues la ligera mención de los artículos 176 y 177 que se acaba dé citar, no permite establecer su infracción por parte del mencionado ordinal 10 del artículo 15 en estudio[1132].

Ahora bien, en principio, el contenido del escrito de la acción determina el objeto del proceso, y por tanto, la materia respecto de la cual la Corte habrá de pronunciarse[1133]. Respecto de ello, sin embargo, se plantea la cuestión de los poderes inquisitorios de la Corte Suprema en materia de control de la constitucionalidad, tal como se ha señalado anteriormente, por lo que en nuestro criterio, la Corte podría apreciar la inconstitucionalidad de un acto estatal, aun basándose en motivos no alegados por el recurrente, y declararlo nulo.

1132 Véase en *Revista de Derecho Público*, Nº 35, Caracas, 1988, p. 107.

1133 Así lo ha señalado la CFC en CP en sentencia de 26-11-52 en *GF*, Nº 12, 1952, p. 27; y la CSJ en CP en sentencia de 15-3-62 en *GO*, Nº 760 de 22-3-62.

B. *Presentación del libelo*

Las acciones populares de inconstitucionalidad, tal como lo señala el artículo 83 de la Ley Orgánica de la Corte Suprema de Justicia, deben presentarse ante el Secretario de la Corte Suprema de Justicia[1134], directamente, pudiéndose, sin embargo, presentarse ante tribunales ordinarios para ser remitidos a la Corte, cuando el recurrente no sea residente del Área Metropolitana de Caracas, tal como lo autoriza el artículo 85 de dicha Ley. Esto último, es, sin duda, una de las innovaciones importantes de la Ley.

En efecto, la antigua Ley Orgánica de la Corte Federal no establecía regulación alguna sobre la posibilidad de que el escrito de una acción que le correspondiera conocer, pudiera ser presentado ante otra autoridad judicial para que le fuera remitido posteriormente. El artículo 25 de dicha Ley se limitaba a señalar que "el escrito se interpondrá ante la Corte" con lo cual se limitaban, de hecho, las posibilidades de intentar acciones de esta naturaleza, por dificultades de traslado, a residentes del interior del país. El problema se planteaba, en todo caso, no sólo en las acciones populares de inconstitucionalidad, sino de los recursos contencioso-administrativos.

En este último campo, la Ley de la Carrera Administrativa, al establecer normas transitorias sobre el recurso contencioso-funcionarial, había previsto la posibilidad de que el escrito del recurso podía "ser consignado ante cualquier juez de la jurisdicción ordinaria, para su inmediata remisión al Tribunal de la Carrera Administrativa"[1135]. En la Ley Orgánica de la Corte Suprema de Justicia se ha acogido este criterio, ahora con carácter general, para todos los procedimientos de inconstitucionalidad y contencioso-administrativos, en los términos siguientes:

> "Art. 85. El demandante no residenciado en el área metropolitana de Caracas, podrá presentar su demanda o solicitud y la documentación que la acompañe, ante uno de los tribunales civiles que ejerza jurisdicción en el lugar donde tenga su residencia. El Tribunal dejará constancia de su presentación al pie de la demanda y en el Libro Diario y remitirá a la Corte el expediente debidamente foliada y sellado".

C *Recepción del escrito*

Consignado el escrito de la acción directamente ante el Secretario de la Corte, o recibido dicho escrito, por éstos, en caso de que su presentación se haya hecho por ante un tribunal ordinario, el Secretario debe dar cuenta a la Corte de la solicitud[1136], para que el Presidente disponga su remisión al Juzgado de Sustanciación. Tal como lo señala el artículo 114 de la Ley Orgánica:

1134 Artículo 49, Ord. 3° de la Ley Orgánica de la CSJ.

1135 Art. 73 de la Ley de Carrera Administrativa.

1136 Entre las atribuciones del Secretario de la Corte está la siguiente (Art. 49, ordinal 3°) : "Autorizar con su firma las diligencias de las partes, recibir las demandas, representaciones y cualesquiera otra clase de escritos o comunicaciones que les sean presentados - en conformidad con la Ley, y dar cuenta de ellos a la Corte, de acuerdo con las instrucciones del Presidente".

"Art. 114. En la misma audiencia en que se dé cuenta de la solicitud, el Presidente dispondrá su remisión al Juzgado de Sustanciación junto con los anexos correspondientes".

3. *La admisión del recurso*

A. *Aspectos generales*

Una de las fallas fundamentales de la Ley Orgánica de la Corte Federal, tanto en el campo de la acción popular de inconstitucionalidad como en el contencioso-administrativo, fue la ausencia de previsiones, en el procedimiento, de la posibilidad de que la Corte adoptase una decisión de admisibilidad o inadmisibilidad del recurso, al inicio del procedimiento, como lo exigía la celeridad procesal[1137]. Este vacío legislativo implicaba que las cuestiones de admisibilidad o inadmisibilidad del recurso se decidían en la sentencia de fondo, con evidente perjuicio para las partes y la Corte, en tiempo y trámites que a la larga, resultaban inútiles.

La construcción jurisprudencial de los requisitos o condiciones de admisibilidad de los recursos contencioso-administrativos de anulación por la Corte, sin embargo fue provocando la necesidad de que éstos pudieran ser apreciados *in limine litis* sin necesidad de tener que esperar la decisión de fondo; y en una decisión de la Sala Político-Administrativa de 21 de noviembre de 1974, la Corte dejó claramente establecida la necesidad de adoptar una decisión sobre la admisibilidad de un recurso contencioso-administrativo de anulación "antes de proceder a sustanciarlo" y "en atención a razones de estricta economía procesal" para "determinar si están cumplidos los requisitos procesales para su admisibilidad"[1138]. En esta forma se impuso la doctrina de que no era necesario sustanciar un recurso y decidir en la definitiva las cuestiones previas de inadmisibilidad que se plantearan, lo cual, sin duda, es una notable innovación respecto de los principios tradicionales del procedimiento civil ordinario.

Esta doctrina y jurisprudencia ha sido acogida por la Ley Orgánica de la Corte Suprema de Justicia, al regular, tanto en el recurso de inconstitucionalidad como en el recurso contencioso-administrativo, dentro del procedimiento respectivo, la cuestión de la admisibilidad de los recursos, como cuestión previa, a cargo del respectivo Juzgado de Sustanciación.

B. *El Juzgado de Sustanciación*

La decisión sobre la admisión o no de la acción de inconstitucionalidad corresponde al Juzgado de Sustanciación, tal como lo señala la Ley Orgánica:

"Art. 115. El Juzgado de Sustanciación decidirá acerca de la admisión de la solicitud dentro de las tres audiencias siguientes a la del recibo del expediente...".

1137 Véase la crítica que formulamos en 1963 en Allan R. Brewer-Carías, *Las Instituciones Fundamentales del Derecho Administrativo y la Jurisprudencia Venezolana,* Caracas, 1964, pp. 372 y 373.

1138 Véase sentencia de la CSJ en SPA de 21-11-74 en *GO.,* N° 30.594 de 10-1-76, pp. 229-719 a 229-722.

En este caso, se trata de acciones de las cuales debe conocer la Corte Suprema en Pleno, por lo que "el Presidente, el Secretario y el Alguacil de la Corte constituyen el Juzgado de Sustanciación"[1139]. En cambio, en materia contencioso-administrativa, como el conocimiento de la acción compete a la Sala Político-Administrativa, el Juzgado de Sustanciación se constituye con el Presidente, el Secretario y el Alguacil de la Sala[1140]. Sin embargo, el artículo 27 de la Ley Orgánica prevé lo siguiente en torno al Juzgado de Sustanciación de la Sala Político-Administrativa:

"Art. 27.   El Juzgado de Sustanciación de la Sala Político-Administrativa podrá constituirse con personas distintas a las señaladas... cuando así lo decida la Corte.

El Juzgado de Sustanciación, constituido en la forma prevista en este artículo, podrá instruir también las causas de que conozca la Corte en Pleno o las otras Salas, y podrá conferir comisión cuando fuere necesario o pertinente".

C. *La inadmisibilidad de la acción*

a. *Los motivos de inadmisibilidad*

La decisión del Juzgado de Sustanciación puede ser, por supuesto, de inadmisibilidad de la acción. El artículo 115 de la Ley Orgánica precisa los motivos en los términos siguientes:

"Art. 115. ... El auto que declare inadmisible la demanda será motivado y *sólo* podrá fundarse en alguna de las causales señaladas en los ordinales 1°, 2°, 3° y 4° primera parte del 5°, 6° y 7° del artículo 84 o en la cosa juzgada...".

De acuerdo a esta remisión al artículo 84 de la Ley, que establece los casos en que "no se admitirá ninguna demanda o solicitud que se intente ante la Corte", los motivos por los cuales el Juzgado de Sustanciación puede declarar inadmisible un recurso de inconstitucionalidad son los siguientes:

1°   Cuando así lo disponga la ley;

2°   Si el conocimiento de la acción y el recurso competen a otro tribunal;

3°   Si fuere evidente la caducidad de la acción o del recurso intentado;

4°   Cuando se acumulen acciones que se excluyan mutuamente o cuyos procedimientos sean incompatibles;

5°   Cuando no se acompañen los documentos indispensables para verificar si la acción es admisible;

6°   Si contiene conceptos ofensivos o irrespetuosos o es de tal modo ininteligible o contradictoria que resulte imposible su tramitación;

1139 Art. 26.
1140 Art. 26.

7°   Cuando sea manifiesta la falta de representación que se atribuya el actor; y

8°   Cuando no haya cosa juzgada.

Veamos separadamente las implicaciones de estos diversos motivos de inadmisibilidad de la acción.

a'. *La prohibición legal*

El primero de los motivos de inadmisibilidad de la acción de inconstitucionalidad, se produce "cuando así lo disponga la Ley". Sin embargo, estando previsto el control de la constitucionalidad de los actos estatales en la Constitución, lo primero que habría que preguntarse es si "la Ley" puede excluir algún acto estatal del control de la constitucionalidad, sin incurrir, la propia Ley, en inconstitucionalidad por realizar dicha exclusión.

Anteriormente nos hemos referido a los actos cuyo control de la constitucionalidad no está expresamente establecido en las previsiones de la propia Ley Orgánica de la Corte Suprema de Justicia, y hemos señalado cómo, en nuestro criterio, esa exclusión no sería óbice para que la Corte conociera de las acciones respectivas en virtud de las previsiones del artículo 215 de la Constitución.

Por lo demás, si el control está previsto en dicho artículo 215 de la Constitución, no podría plantearse la cuestión de inadmisibilidad de una acción respecto de alguno de los actos mencionados en la Constitución como susceptibles de ser controlados por la Corte Suprema.

b'. *La competencia de otro órgano jurisdiccional*

Esta causal de inadmisibilidad de la acción de inconstitucionalidad sólo tiene sentido cuando se trata de la imaginación de actos administrativos de efectos generales o de efectos particulares por razones de inconstitucionalidad, en cuyo caso, la competencia puede estar atribuida a otros órganos jurisdiccionales distintos a la Corte Suprema de Justicia en Pleno, conforme a las previsiones de las Disposiciones Transitorias de la Ley Orgánica[1141].

Sin embargo, si se trata de impugnación por la vía de acción de inconstitucionalidad contra actos estatales de rango y valor de Ley o de Reglamentos del Presidente de la República, difícilmente puede concebirse. La Constitución y la Ley Orgánica de la Corte Suprema de Justicia han establecido un monopolio, respecto del control concentrado de la constitucionalidad de esos actos estatales a favor de la Corte Suprema de Justicia en Pleno. Por tanto, no existe ningún supuesto en que haya atribuido el control de la constitucionalidad de actos estatales de efectos generales a otro órgano jurisdiccional distinto, salvo a la Sala Político Administrativa.

c'. *La "caducidad" de la acción*

La tercera de las causales de inadmisibilidad de la acción; conforme a la Ley Orgánica, se produciría "si fuere evidente la caducidad de la acción o del recurso

---

1141 Art. 180 y ss.

intentado". Sin embargo, esta causal de inadmisibilidad no es procedente respecto de las acciones de inconstitucionalidad. Estas, conforme al artículo 134 de la Ley Orgánica, "podrán intentarse en cualquier tiempo" por lo que mal podrían, por tanto, caducar.

d'. *La acumulación de acciones*

Con esta causal de inadmisibilidad se sigue la orientación del artículo 239 del Código de Procedimiento Civil que prohíbe acumular "en una misma demanda acciones que se excluyan mutuamente, o que sean contrarias entre sí; ni las que por razón de la materia no correspondan al conocimiento del mismo Tribunal que ha de conocer de la principal; ni aquellas cuyos procedimientos legales sean incompatibles entre sí".

En particular, el problema de la acumulación de acciones se podría presentar entre los recursos de inconstitucionalidad y el recurso contencioso-administrativo de anulación, cuando se impugnen a la vez un acto administrativo de efectos individuales fundamentado en un acto estatal de rango y valor de ley, por razones de inconstitucionalidad.

Evidentemente en estos casos, no habría incompatibilidad entre los procedimientos ni ellos se excluyen entre sí. Por ello, en estos casos, no habría cuestión de inadmisibilidad, y la propia Ley Orgánica de la Corte establece lo siguiente:

> "Art. 132. Cuando se demande la nulidad de un acto administrativo de efectos particulares y al mismo tiempo la del acto general que le sirva de fundamento, y se alegaren razones de inconstitucionalidad para impugnarlos, se seguirá el procedimiento establecido en la sección tercera de este Capítulo y el conocimiento de la acción y del recurso corresponderá a la Corte en Pleno".

En cambio, en el procedimiento de las demandas contra la República por la vía contencioso-administrativa prevista en los artículos 103 y siguientes de la Ley Orgánica de la Corte, y en el procedimiento del recurso de inconstitucionalidad, sí habría incompatibilidad y no podría acumularse, por lo que el contenido del artículo 131 de la Ley Orgánica no resulta adecuado.

e'. *La ausencia de prueba de las condiciones de admisibilidad*

En cuarto lugar se establece como motivo para declarar la inadmisibilidad de la acción popular de inconstitucionalidad, el supuesto de que "no se acompañen los documentos indispensables para verificar si la acción es admisible"; es decir, cuando el recurrente no prueba documentalmente el cumplimiento de las condiciones de admisibilidad del recurso.

En el caso de la acción de inconstitucionalidad, esta causal no tendría mayor sentido al no exigirse ni una legitimación activa particularmente especificada, ni un lapso de caducidad, dada la imprescriptibilidad del recurso, ni en forma expresa el agotamiento de las vías previas de revisión. Sin embargo, por vía de deducción, podría aplicarse esta causal en algunos supuestos.

En efecto, si bien no se establece en la acción de inconstitucionalidad, expresamente, como causal de inadmisibilidad, la ausencia de interés del recurrente, ello podría plantearse en virtud de la formulación del artículo 112. Este, en efecto, establece una legitimación activa para ejercer la acción popular de inconstitucionalidad, para "toda persona natural o jurídica plenamente capaz, que sea afectada en sus derechos o intereses" por el acto estatal de efectos generales que se impugna. Como consecuencia, si el accionante es incapaz, entredicho o inhabilitado, la Corte tendría que declarar inadmisible la acción.

Por otra parte, de esta norma resultaría que el accionante, al introducir la acción, debe probar que sus "derechos o intereses" han sido afectados. Por supuesto no se trata aquí de un interés legítimo, sino de un simple interés, pero a la vez calificado. Por ejemplo, para impugnar una Ordenanza por inconstitucionalidad, consideramos que es necesario probar por ejemplo, que se es residente, al menos, del respectivo Municipio o Distrito, para que el simple interés a la constitucionalidad pueda verse lesionado por el acto inconstitucional.

Otro supuesto en el cual se aplicaría esta causal de inadmisibilidad de la acción de inconstitucionalidad, sería cuando no se acredite que se han agotado los recursos ordinarios constitucionalmente previstos previamente. Esto exige una aclaratoria.

La jurisprudencia de la Corte Suprema ha sido muy clara en los últimos años en exigir el agotamiento de la vía administrativa como requisito de admisibilidad de los recursos contencioso-administrativos de anulación; y el agotamiento del procedimiento administrativo previo a la demandas contra la República en vía contencioso-administrativa[1142]. La Corte Suprema en algunos casos, ha aplicado este mismo criterio en materia de la acción de inconstitucionalidad, por lo que en estos casos, el no acreditar que se han cumplido las vías previas de revisión respectivas podría dar lugar a considerar el recurso como inadmisible.

En efecto, en una sentencia del 16 de enero de 1968, y con motivo de la aplicación del artículo 13, ordinal 5° que autoriza al Gobernador del Distrito Federal para "someter a la decisión de la Corte Suprema de Justicia las Ordenanzas, Acuerdos y Resoluciones del Concejo Municipal, cuando a su juicio, colidan con la Constitución Nacional o con otras leyes", la Corte Suprema de Justicia decidió lo siguiente:

> "... al establecer el régimen actualmente vigente en el Distrito Federal el Legislador no quiso dejar en libertad al órgano ejecutivo del Municipio para ejercer *ad-libitum* la acción popular que, según la doctrina y la jurisprudencia, corresponde a todo ciudadano para atacar los actos generales violatorios de la Carta Fundamental, sino que le impuso el deber de someter a la decisión del correspondiente órgano jurisdiccional las Ordenanzas, resoluciones y acuerdas del Concejo Municipal cuando a su juicio colidieren con la Constitución o con las leyes. La interpretación de la norma legal que así lo establece (ordinal 5° del artículo 13) en concordancia con otra disposición de la misma Ley Orgánica del Distrito Federal (Ordinal 2° del artículo 14), conduce a la conclusión de que en casos como el de autos, tal recurso puede ser intentado por el Gobernador sólo contra los actos del Concejo Municipal que hayan quedado definitivamente firmes, esto es, contra aquellos respecto de los cuales se hayan agotado, sin éxito, el recurso ordinario de revisión por inconstitucionalidad que debe proponer

1142 Véase Allan R. Brewer-Carías, *Las Instituciones Fundamentales del Derecho Administrativo y la Jurisprudencia Venezolana*, Caracas, 1964, pp. 357 y ss.

dicho funcionario ante el mismo cuerpo, dentro del plazo que al efecto le señala la última de las citadas disposiciones"[1143].

Este criterio fue ratificado posteriormente por la Corte Suprema de Justicia en una sentencia del 5 de mayo de 1970, en los siguientes términos:

"Por cuanto de acuerdo con los términos de la demanda y demás actuaciones que forman este expediente, el acto legislativo cuya inconstitucionalidad se solicita, fue vetado por el Gobernador del Estado Nueva Esparta y devuelto a la Asamblea Legislativa para su reconsideración, en conformidad con el artículo 57 de la Constitución de dicho Estado; por cuanto no hay constancia en el expediente de que el proceso de reconsideración así iniciado haya concluido del modo previsto en la citada norma constitucional, lo cual abre la posibilidad de que la Asamblea Legislativa, en uso de sus atribuciones legales, acoja o rechace las observaciones formuladas por el Gobernador, y que éste —también de acuerdo con la misma disposición— solicite una nueva y última reconsideración del acto, después que aquel cuerpo lo ratifique o reforme por simple mayoría; por cuanto debido a tales circunstancias, el acto cuestionado es susceptible de reformas que al modificar su contenido puedan hacer inoficiosa la solicitud del Gobernador; y por cuanto conforme a doctrina reiteradamente acogida en sus fallos por este Alto Tribunal, las acciones y recursos de nulidad por inconstitucionalidad o ilegalidad de un acto sólo proceden cuando se hayan agotado los recursos ordinarios que concedan la Constitución o las Leyes para lograr que se le anule, revoque o modifique: la Corte Suprema de Justicia en Sala Político-Administrativa, en nombre de la República y por autoridad de la Ley, declara improcedente la acción intentada por el señor Alejandro Hernández, en su carácter de Gobernador del Estado Nueva Esparta, contra la "Ley de Reforma Parcial de la Ley que crea el Instituto para el Desarrollo Integral del Turismo", en conformidad con el artículo 57 de la Constitución de dicho Estado"[1144].

f'.   Defectos formales graves

La sexta causal de inadmisibilidad de la acción de inconstitucionalidad se aplica a los supuestos en que el escrito de la acción contenga "conceptos ofensivos o irrespetuosos o es de tal modo ininteligible o contradictoria que resulte imposible su tramitación".

Por supuesto en la aplicación de esta causal, que implica el traslado a la acción de requisitos tradicionales exigidos en el proceso civil respecto de las sentencias, hay un amplio margen de apreciación del Juzgado de Sustanciación limitado, sin embargo, en el segundo supuesto, por la circunstancia de que el carácter ininteligible o contradictorio de la acción, tiene que provocar la *imposibilidad* de la tramitación del mismo. No basta, por tanto, que dificulte la tramitación, sino que la haga imposible, para que se declare inadmisible el recurso.

1143 Véase sentencia de la CSJ en SPA de 16-1-68 en *GF.*, N° 59, 1968, pp. 47 y ss.

1144 Véase sentencia de la CSJ en SPA de 5-5-70 en *GO.*, N° 29.339 de 8-10-70, pp. 219-225.

g'. *Falta de representación*

La séptima causal de inadmisibilidad de la acción se refiere a los casos en que "sea manifiesta la falta de representación que se atribuya el actor". Esto se aplica, por supuesto, a los apoderados o representantes judiciales que intenten la acción en nombre de otro. La falta de representación debe, en todo caso, ser *manifiesta* para que opere el motivo de inadmisibilidad.

Sin embargo, en este caso, debe recordarse lo que se expuso anteriormente en relación a la posibilidad de que, aun cuando sea deficiente el documento que acredite la representación, la Corte pueda admitir la acción de inconstitucionalidad al considerar que el representante fallido tiene suficiente calidad personal para actuar como recurrente en la acción popular: es decir, es lesionado por el acto impugnado en sus propios derechos o en su interés simple[1145].

h'. *La cosa juzgada*

Por último, conforme al artículo 115 de la Ley Orgánica de la Corte, también es una causal de inadmisibilidad de la acción "la cosa juzgada".

El artículo 1.395 del Código Civil, al hablar de presunción de cosa juzgada señala:

> "La autoridad de la cosa juzgada no procede sino respecto de lo que ha sido objeto de sentencia. Es necesario que la cosa demandada sea la misma; que la nueva demanda esté fundada sobre las misma causa; que sea entre las mismas partes, y que éstas vengan al juicio con el mismo carácter que en el anterior".

Conforme a ello, por tanto, para que proceda la excepción de cosa juzgada en el proceso ordinario es necesario que exista una identidad entre el objeto, la causa y las partes. Sin embargo, en materia del procedimiento de inconstitucionalidad esta identidad entre objeto, causa y partes no necesita ser tan absoluta como en materia civil.

En efecto, las decisiones definitivas que se dictan en materia del recurso de inconstitucionalidad puede ser de dos órdenes, con dos efectos distintos: la nulidad del acto, o la improcedencia del recurso.

En cuanto a las decisiones de nulidad del acto impugnado, como se verá más adelante, las mismas tienen efecto *erga omnes,* es decir, se aplican, obligan y tienen validez general, respecto de todos. Por tanto, procederá declarar la inadmisibilidad de una acción de inconstitucionalidad por la cosa juzgada, cuando se intente contra un mismo acto de efectos generales declarado nulo, aun cuando se intente por otras personas y sean diferentes las causas de nulidad alegadas. Si ya el acto se declaró nulo, una nueva acción con ese propósito no tendría objeto y sería inadmisible. En estos casos, la cosa juzgada es absoluta.

Por supuesto, no procedería la inadmisibilidad de la acción si el acto impugnado es un acto de efectos generales declarado nulo parcialmente, y se impugnan, en la nueva acción, artículos del acto no impugnados en la acción anterior, aun cuando el

---

1145 Véase las sentencias de la CF de 12-6-53 y de 22-2-60 en *GF.,* N° 1, 1953, p. 50 y N° 27, 1960, pp. 107 y 108.

accionante sea la misma persona. En este caso, aun cuando el acto impugnado sea el mismo, el objeto (artículos) es distinto.

En las decisiones que declaren improcedente un recurso de inconstitucionalidad aun cuando también tienen efectos *erga omnes,* el valor de la cosa juzgada, en principio, es relativa: procedería la inadmisibilidad de la acción si se impugna el mismo acto (o los mismos artículos), por los mismos motivos y por el mismo recurrente.

En estos casos, sin embargo, tratándose de cuestiones de inconstitucionalidad, podría plantearse la duda respecto de la posibilidad de cambio de criterio de la Corte respecto de la apreciación de inconstitucionalidad. Una acción declarada improcedente contra un acto estatal, podría volverse a intentar posteriormente, aun por el mismo accionante y los mismos motivos, y la Corte podría declararla con lugar por un cambio de criterio. Lo mismo podría plantearse en el caso de que durante ese lapso haya cambiado la Constitución y los mismos motivos, a la luz del nuevo texto, tengan una aceptación diferente. En estos casos no procederá la inadmisibilidad de la acción.

Por otra parte, la acción sería admisible, aun si se trata del mismo accionante, si éste alega nuevos y diferentes motivos de inconstitucionalidad o si impugnan otros artículos del acto, diferentes a los ya impugnados. También sería admisible la acción, en nuestro criterio, si un accionante diferente impugna el acto o los mismos artículos, por distintos motivos. Si se tratase de los mismos motivos, procedería la inadmisibilidad por los efectos de la cosa juzgada[1146], dejando a salvo lo dicho sobre la posibilidad de cambio de criterio de la Corte.

b.   *La decisión de inadmisibilidad y la apelación*

La decisión del Juzgado de Sustanciación que declare la inadmisibilidad de la acción tiene que ser motivada[1147] y contra la misma "podrá apelarse dentro de las cinco audiencias"[1148].

La apelación contra el auto del Juzgado de Sustanciación se interpone para ante la Corte en Pleno[1149]. La Corte debe decidir en un lapso de quince audiencias la confirmación, reforma o revocación de la decisión apelada[1150], y en todo caso, "el Magistrado de cuya decisión, como juez sustanciador, se apele o recurra para ante la Sala de que forma parte, no participará en las deliberaciones y decisiones de ésta sobre la apelación c recurso intentado". En tal caso, la Sala actuará válidamente con sus restantes miembros[1151].

1146 Véase la sentencia de la CSJ en SCCMT de 12-12-63 en *GF.,* Nº 42, 1963, pp. 667 a 672.

1147 Art. 115.

1148 Arts. 84 y 115.

1149 Arts. 28, 30 y 84.

1150 Art. 97.

1151 Art. 29.

D. La decisión de admisibilidad de la acción

Corresponde también al Juzgado de Sustanciación la decisión de admisibilidad de la acción. El efecto fundamental de la misma es la notificación a los representantes del Estado y al defensor público de la Constitución, y eventualmente, el emplazamiento de los interesados. Esta decisión no tiene apelación, y por ello, los interesados pueden oponer posteriormente las excepciones de inadmisibilidad.

En tal sentido, el artículo 116 de la Ley Orgánica de la Corte, establece lo siguiente:

> "Art. 116. En el auto de admisión se dispondrá notificar por oficio al Presidente del cuerpo o funcionario que haya dictado el acto y. solicitar dictamen del Fiscal General de la República, si éste no hubiere iniciado el juicio, quien podrá consignar su informe mientras no se dicte sentencia. También se notificará al Procurador General de la República en el caso de que la intervención de éste en el procedimiento fuera requerida por estar en juego los intereses patrimoniales de la República. En la misma oportunidad, el Tribunal podrá ordenar la citación de los interesados por medio de carteles, cuando a su juicio fuere procedente".

a. La notificación al ente público interesado

El Juzgado de Sustanciación debe necesariamente, en el auto de admisión del recurso, notificar al Presidente del Congreso, o de la Cámara respectiva de la Asamblea Legislativa, del Concejo Municipal; y al Presidente de la República, según cual sea el acto estatal impugnado. Estos funcionarios directamente o a través de representantes o apoderados pueden asumir la defensa del acto impugnado, o pueden solicitar a la Corte que declare con lugar el recurso.

Estos representantes, por supuesto, deben acreditar suficientemente su representación para que puedan admitirse sus alegatos[1152].

Sin embargo, cuando se trate de acciones populares de inconstitucionalidad intentadas contra actos de rango valor de Ley y de Reglamentos del Presidente de la República, corresponde a la Procuraduría General de la República dictaminar en los mismos[1153].

b. La solicitud de dictamen obligatorio del Fiscal General de la República

En el mismo auto de admisión de la acción, el Juzgado de Sustanciación debe solicitar dictamen al Fiscal General de la República, si éste no hubiere iniciado el juicio. Tal como se señaló, el Fiscal General de la República debe velar "por la exacta observancia de la Constitución"[1154] y "por el respeto de los derechos y garantías constitucionales"[1155].

1152 Véase sentencia de la CSJ en SPA de 27-5-70 en *GF.*, N° 68.

1153 Art. 4° de la Ley Orgánica de la Procuraduría General de la República.

1154 Art. 218 de la Constitución.

1155 Art. 220, Ord. 19 de la Constitución.

El Fiscal General de la República puede ejercer personalmente el Ministerio Público en las acciones de inconstitucionalidad. Cuando no lo haga personalmente, corresponde al Fiscal designado para actuar ante la Corte Suprema de Justicia, intervenir y dictaminar en los procedimientos de recursos de inconstitucionalidad. La Ley Orgánica del Ministerio Público *obliga* a dicho Fiscal a intervenir en los siguientes procedimientos":

"a)   Nulidad total o parcial de leyes y demás actos de los cuerpos legislativos nacionales que colidan con la Constitución;

b)   Nulidad total o parcial de leyes estadales, ordenanzas municipales y demás actos de los cuerpos deliberantes de los Estados o Municipios que colidan con la Constitución;

c)   Colisión entre disposiciones legales del mismo rango;

d)   Nulidad de reglamentos y demás actos del Ejecutivo Nacional cuando sean violatorios de la Constitución y de las Leyes"[1156].

En todo caso, el dictamen de la Fiscalía puede ser en defensa de la constitucionalidad del acto impugnado o solicitando de la Corte la declaratoria con lugar de la acción.

c.   *La posibilidad de notificación al Procurador General de la República*

En el auto de admisión de la acción además, el Juez de Sustanciación, si estima que en el procedimiento respectivo pueden estar en juego los intereses patrimoniales de la República, debe notificar del recurso al Procurador General de la República. Sin embargo, esta notificación no es obligatoria: el Juez de Sustanciación es libre en su apreciación sobre si están o no en juego intereses patrimoniales de la República para decidir la notificación al Procurador, y sólo debe obligatoriamente notificarle cuando estime que dichos intereses patrimoniales están en juego[1157].

Sin embargo, cuando se trate de acciones de inconstitucionalidad intentadas contra actos del Poder Ejecutivo Nacional, tal como se señaló, el Procurador General de la República debe dictaminar, no como consecuencia de la notificación que puede hacérsele, sino como representante judicial de los intereses de la República[1158].

En todo caso, conforme a las previsiones de la Ley Orgánica de la Procuraduría General de la República "cuando el recurso se intente contra los actos de otro Poder Nacional, Institutos Autónomos o Establecimientos Públicos Nacionales podrá la Procuraduría General de la República dictaminar sobre él. También podrá emitir dictamen cuando el recurso se intente contra los actos emanados de los órganos estadales o municipales, si el acto interesa a la Administración Pública Nacional y así lo resolviere el Ejecutivo Nacional"[1159].

1156 Art. 40, Ord. 1°.

1157 Art. 38 de la Ley Orgánica de la Procuraduría General de la República.

1158 Art. 4o de la Ley Orgánica de la Procuraduría General de la República.

1159 Art. 4°, *ídem.*

En los casos en que el Procurador General de la República deba ser notificado conforme a lo señalado anteriormente, "dichas notificaciones se harán por oficio y deberán ser acompañadas de copia certificada de todo lo que sea conducente para formar criterio acerca del asunto"[1160]. La notificación, en estos casos, surte efectos desde que sea recibida por el Procurador, y no se aplica el término de 90 días que la Ley Orgánica de la Procuraduría General de la República establece para que se lo tenga por notificado[1161], en virtud de la propia disposición que contiene dicha Ley en el sentido de que "En las notificaciones... para los asuntos que cursen ante la Corte Suprema de Justicia se aplicarán preferentemente las normas que establezca la Ley respectiva"[1162], y ésta no es otra que la Ley Orgánica de la Corte Suprema de Justicia, la cual sólo precisa que a partir del auto de admisión, en principio, comenzará a correr el término probatorio de 60 días[1163].

d. *El emplazamiento de los interesados*

Por último, en el auto de admisión de la acción, la Corte *"podrá* ordenar la citación de los interesados por medio de carteles, cuando a su juicio fuere procedente"[1164].

Ahora bien, tal como se señaló anteriormente, no habiendo propiamente partes en el procedimiento de la acción de inconstitucionalidad, mal puede hablarse de "citación". En realidad, aquí se trata, si la Corte lo juzga procedente, de un emplazamiento mediante carteles de todos los que puedan tener interés en la defensa o inconstitucionalidad del acto impugnado, para que coadyuven a la defensa o impugnación del acto[1165]. Conforme a este emplazamiento, para que algún interesado se haga parte en el procedimiento, debe reunir "las mismas condiciones exigidas para el accionante o recurrente"[1166], es decir, debe acreditar la lesión a "sus derechos o intereses"[1167]. En otras palabras, debe acreditar un simple interés calificado en la constitucionalidad o inconstitucionalidad del acto recurrido, tal como se ha señalado anteriormente.

En todo caso, aun cuando el representante judicial del particular se hace parte, no acredite suficientemente su representación, sus alegatos pueden ser tenidos en cuenta siempre que personalmente tenga ese interés en el recurso. En tal sentido se ha

---

1160 Art. 38, *ídem.*

1161 Art. 38, *ídem.*

1162 Art. 38, *ídem.*

1163 Art. 117.

1164 Art. 116.

1165 No estamos conformes con la decisión de la sentencia de la CSJ en CP de 12-6-68, en la cual no se tomaron en consideración los alegatos de unas personas en relación a la impugnación de un Acto de Instalación de las Cámaras Legislativas Nacionales, alegándose que no eran "parte" en el juicio. La Corte sostuvo además que "el ejercicio de la acción popular es el derecho que tiene cualquier ciudadano para constituirse en demandante en los casos permitidos por la Ley, pero no para hacerse parte como de mandado cuando la acción no ha sida intentada contra él". Véase en *Publicación del Senado,* 1968, pp. 190 y 191.

1166 Art. 137.

1167 Art. 112.

pronunciado la Corte en sentencia del 29 de septiembre de 1973 en los siguientes
términos:

> "La Sala considera que, por cuanto el recurrente ha hecho uso de la acción
> popular que como ciudadano le corresponde, igual derecho, en todo caso, le co-
> rresponde al abogado firmante de los alegatos, por la cual carece de relevancia
> jurídica examinar, si existen o no, en el mandato que le fue conferido, los vicias
> señalados por el recurrente"[1168].

e. La designación del Ponente en los asuntos de que conozca la Corte en Pleno.

En las acciones de inconstitucionalidad contra actos estatales cuya decisión corresponde a la Corte en Pleno conforme a lo previsto en los ordinales 1°, 2°, 3°, 4° y
6° del artículo 42 de la Ley Orgánica, uno de los efectos inmediatos del auto de admisión de la acción es la designación del Ponente por el Presidente de la Corte[1169].

E. El tema de la suspensión de los efectos del acto impugnado

a. El criterio tradicional

La jurisprudencia de la Corte Suprema de Justicia ha venido siendo constante en
el sentido de no admitir las solicitudes de suspensión de los efectos de los actos estatales de efectos generales impugnados, contrariamente a la doctrina de la suspensión
de los efectos de los actos administrativos individuales que, también, jurisprudencialmente, había establecido[1170].

A esta doctrina, sin embargo, llegó por vía indirecta. En un principio, la Corte
admitió, con razón, que la impugnación de actos legislativos sancionados pero no
promulgados por los órganos ejecutivos, traía como consecuencia la suspensión del
procedimiento para la puesta en vigencia de la Ley. Esto lo sostuvo en sentencia de
12 de mayo de 1965 y en sentencia de 16 de enero de 1968. En esta última, pronunciada con motivo de la impugnación por el Gobernador del Distrito Federal de una
Ordenanza sancionada por el Concejo Municipal de dicho Distrito, la Corte sostuvo
lo siguiente:

> "El ejercicio del recurso jurisdiccional tiene como efecto inmediato suspender
> el proceso que culmina con la promulgación de los actos legislativos por el
> Concejo, mientras la Corte no decida sobre la inconstitucionalidad invocada.
>
> Esta solución parece particularmente recomendable dentro del cuadro institu-
> cional de un país como el nuestro donde impera el principio de la supremacía
> de la Constitución sobre las Leyes ordinarias, pues resulta más conforme con la

---

1168 Véase sentencia de la CSJ en SPA de 25-9-73 en *GO.*, Extraordinaria N° 1.643 de 21-3-74, p. 15.

1169 Art. 63.

1170 Véase el comentario formulado en Allan R. Brewer-Carías, "Los efectos no suspensivos del recurso
contencioso-administrativo de anulación y sus excepciones" en *Revista de la Facultad de Derecho*,
Nos. 37-38, Caracas, 1968, pp. 293 y ss

lógica de las instituciones que se difiera temporalmente la vigencia de un acto aún no promulgado mientras se purgan los vicios que puedan afectar su constitucionalidad, a que se le ponga en vigor a sabiendas de que su validez es cuando menos discutible"[1171].

Conforme a esta doctrina, la cual se acoge, por otra parte, en el artículo 173 de la Constitución, el acto impugnado no puede ser promulgado mientras la Corte no decida lo que sea procedente[1172]. Pero, por supuesto, la misma no puede aplicarse cuando lo que se impugna es un acto legislativo ya promulgado o cuando la Constitución respectiva no permita la referida suspensión[1173].

La Corte Suprema, en sentencia del 28 de julio de 1969, en tal sentido, y con motivo de la impugnación de la Ley de Carrera Administrativa del Estado Monagas, que ya había sido promulgada, señaló lo siguiente:

"La jurisprudencia de la Corte, a la cual se refiere el solicitante, fue dictada en casos distintos, ya que se trataba de Leyes *que no habían sido promulgadas* y contra las cuales, el funcionario encargado de su promulgación, había ejercido el recurso de nulidad por inconstitucionalidad; en tales oportunidades, la Corte estableció "que la decisión de este Supremo Tribunal sobre la inconstitucionalidad de dicho Estatuto tiene carácter previo a toda formalidad de promulgación; y, como la Corte se ha avocado al conocimiento de esa impugnación, ha de ser con posterioridad al fallo cuando podrá efectuarse la promulgación de la Ley impugnada, y así se declara".

Claramente se observa la diferencia que existe entre ambas situaciones: en el caso decidido por la Corte el 12 de mayo de 1964, en el cual se declaró con lugar el pronunciamiento previo solicitado, se trataba de un acto legislativo que no había sido promulgado; en el caso presente se trata de una ley en la cual se ha cumplido todo el proceso de formación de la misma... El criterio contrario conduciría a la situación anormal, de que bastaría impugnar ante la Corte, por inconstitucionalidad, un acto legislativo, debidamente promulgado, concretamente una Ley, para obtener, .por vía de pronunciamiento previo, la suspensión de su vigencia, con grave mengua de las facultades que al órgano legislativo corresponde"[1174].

De acuerdo a esto, por tanto, la Corte ha sido terminante en declarar que "no tiene competencia para suspender los efectos de actos legislativos definitivamente sancionados y promulgados"[1175] por lo que ha declarado como improcedentes los pedimentos previos solicitados en tal sentido.

1171 Véase sentencia de la CSJ en SPA de 16-1-68 en *GF.*, N° 59, 1968, pp. 47 y ss.

1172 En este sentido la Corte declaró la nulidad de leyes promulgadas por una Asamblea Legislativa, que habían sido impugnadas ante la Corte, sin esperarse la decisión del Supremo Tribunal. Véase sentencia de la CSJ en SPA de 6-2-69 en *GF.*, N° 63, 1969, p. 137.

1173 Véase sentencia de la CSJ en SPA de 7-6-73 en *GO.*, N° 1.618 Extraordinaria de 16-10-73, p. 7.

1174 Véase las sentencias de la CSJ en SPA de 28-7-69 y 29-7-69, en *GF.*, N° 65, 1969, pp. 102 y 103 y pp. 115 y 116. En igual sentido véase sentencia de la CSJ en SPA de 25-2-70 en GF., N° 61, 1970.

1175 Véase sentencia de la CSJ en SPA de 21-6-71 en *GO.*, N° 1.478, Extraordinaria de 16-7-71, p. 39.

Posteriormente, en sentencia del 31 de enero de 1974, la Corte ratificó su criterio, estableciendo la comparación con la suspensión de los efectos del acto impugnado en el procedimiento contencioso-administrativo, en los siguientes términos.

"La Corte, en relación con la solicitud de pronunciamiento previo observa que, en conformidad con su jurisprudencia, los órganos de lo contencioso-administrativo son competentes para suspender temporalmente los efectos de los actos administrativos contrarios a derecho cuando sea procedente, pero que en un juicio de nulidad como este, la Corte no puede suspender la vigencia de los actos normativos, de carácter general emanados del Poder Legislativa en cualquiera de sus ramas, por vía de pronunciamiento previo" [1176].

b.   *La posibilidad de suspensión de efectos en los casos de ejercicio conjunto de la acción de inconstitucionalidad y la acción de amparo*

La doctrina mencionada de la improcedencia de la suspensión de efectos de las leyes impugnadas ha sido cambiada recientemente por la Ley Orgánica de Amparo sobre Derechos y Garantías Constitucionales de 1988, al prever expresamente que cuando se trata de leyes impugnadas por acción popular de inconstitucionalidad, si en la misma se formula una pretensión de amparo respecto de algún derecho o garantía constitucional, la Corte puede suspender los efectos de la norma impugnada, por supuesto, en relación al recurrente.

Así, el artículo 3° de dicha Ley Orgánica dispuso:

"Art. 3... La acción de amparo también podrá ejercerse conjuntamente con la acción popular de inconstitucionalidad de las Leyes y demás actos estatales normativos, en cuyo caso, la Corte Suprema de Justicia, si lo estima procedente para la protección constitucional, *podrá suspender la aplicación de la norma respecto de la situación jurídica concreta cuya violación se alega, mientras dure el juicio de nulidad".*

En este caso, como lo ha dicho la Corte Suprema de Justicia en Corte Plena en sentencia de 27-4-93:

"En el segundo de los casos previstos, la acción de amparo tiene por finalidad evitar que se violen, o continúen siendo violados, derechos o garantías constitucionales mientras se resuelve el juicio principal. Además se ha sostenido que para lograr la protección constitucional deseada, el juez tiene la potestad de restablecer la situación jurídica infringida *inmediatamente,* en los casos que tenga una presunción grave de que la lesión alegada se produzca.

Para obtener el fin mencionado, la ley dispone que el tiene la facultad de "suspender la aplicación de la norma *respecto de la situación jurídica concreta que se alega",* lo que equivale decir, que el juez evitará el menoscabo de derechos o garantías de rango constitucional producido por la ejecución o aplica-

1176   Véase sentencia de la CSJ en SPA de 31-1-74 en *GO.,* N° 30.322 de 5-2-74, pp. 227-202.

ción, en el caso concreto alegado, de alguna disposición impugnada de inconstitucionalidad mientras dure el juicio principal[1177].

En todo caso, por supuesto, en estos casos de ejercicio conjunto de la acción de amparo con la acción de inconstitucionalidad, como lo ha señalado la Corte Pleno en sentencia de 8-6-88:

"... la pretensión de amparo se concreta en una decisión de esta Corte en Pleno, de previo pronunciamiento antes del fallo definitivo que recaiga sobre la acción popular de inconstitucionalidad, también propuesta, sin seguir todo el procedimiento previsto en la Ley de Amparo, como por ejemplo la solicitud del informe correspondiente, realización de audiencia pública oral y citación del Ministerio Público.

Pues bien, conforme al artículo 3° de la Ley, transcrito y citado previamente, esta Corte, si lo estima procedente para la protección constitucional, podrá suspender la aplicación de la norma respecto de la situación jurídica concreta cuya violación se alega, mientras dure el juicio de nulidad de la ley o acto estatal normativo de que se trate. De la redacción de la norma se desprende que es facultativo para la Corte —"si lo estima procedente"; "podrá suspender"— desaplicar la norma cuya contrariedad con la Constitución se haya alegado como fundamento de la pretensión de amparo. Así se declara.

Ahora bien, para que este Alto Tribunal en Pleno pueda suspender la aplicación de la norma de que se trate, siempre se hará necesario confrontarla, mediante análisis, con la respectiva disposición constitucional contentiva de un derecho o garantía cuya violación se le imputa, lo que equivaldría, en algunos casos, a adelantar opinión sobre el fondo de la acción popular de inconstitucionalidad de la ley o acto estatal normativo cuyo conocimiento le haya sido planteado conjuntamente con la acción de amparo[1178].

F. *Las decisiones en casos urgentes o de mero hecho*

La Corte Suprema de Justicia, por vía jurisprudencial, había establecido que en caso de acciones de inconstitucionalidad que pudieran provocar conflictos entre funcionarios u órganos del Poder Público, podía, por vía de pronunciamiento previo, resolver temporalmente el conflicto hasta su resolución en la definitiva. Por ejemplo, en una sentencia de 10 de febrero de 1969, al conocer de la impugnación de actos de instalación de un Concejo Municipal lo que había provocado la constitución de dos directivas paralelas que pretendían regir al mismo tiempo los destinos del cuerpo deliberante, decidió lo siguiente:

"Ante tales hechos, la Corte debe resolver cuál de las dos directivas representará al Concejo Municipal aludido, mientras se tramita y decide el presente recurso, ya que el ejercicio simultáneo de unas mismas funciones por organismos que recíprocamente se desconocen, es contrario a derecho y al mismo tiempo

1177 Véase en *Revista de Derecho Público*, N° 53-54, Caracas, 1993, p. 222.
1178 Véase en *Revista de Derecho Público*, N° 36, Caracas, 1988, p. 85.

lesivo al orden constitucional, con las graves consecuencias que una situación de esta naturaleza acarrea en lo civil, político y administrativo"[1179].

La Ley Orgánica de la Corte Suprema de Justicia ha recogido en su normativa este principio, ampliando las posibilidades de la Corte para que, en casos de urgencia, ésta pueda inclusive reducir los lapsos. En el artículo 135 de la Ley Orgánica, en efecto, se establece lo siguiente:

"Art. 135. A solicitud de parte y aun de oficio, la Corte podrá reducir los plazos establecidos en las dos Secciones anteriores, si lo exige la urgencia del caso, y procederá a sentenciar sin más trámites.

Se considerarán de urgente decisión los conflictos que se susciten entre funcionarios u órganos del Poder Público.

La Corte podrá dictar sentencia definitiva sin relación ni informes, cuando el asunto fuere de mero derecho. De igual modo se procederá en el caso a que se refiere el ordinal 6º del artículo 42 de esta Ley".

4.   *Los alegatos de las partes en el procedimiento*

A.   *La oportunidad*

En el procedimiento de la acción de inconstitucionalidad, no habiendo citación ni partes, no hay realmente una oportunidad para "contestar" la acción.

El Fiscal General de la República puede consignar su informe, en cualquier tiempo, "mientras no se dicte sentencia"[1180]. En cuanto al Procurador General de la República, a los representantes de los órganos cuyos actos se han impugnado, el recurrente y a los interesados que se hagan parte en el procedimiento éstos pueden consignar ante el Secretario de la Corte toda clase de escritos e informes[1181] siempre que ello se haga antes del acto de informes, ya que éstos "constituyen la última actuación de las partes en relación a la materia litigiosa que sea objeto del juicio o de la incidencia de que se trate. Concluido el acto de informes, no se permitirá a las partes nuevos alegatos o pruebas relacionadas con dicha materia"[1182].

B.   *Las excepciones y defensas*

En el curso del juicio, y hasta las oportunidades señaladas anteriormente, las partes e interesados pueden oponer todas las excepciones y defensas que estimen convenientes.

En cuanto a las excepciones, pueden oponer las de inadmisibilidad cuando se estime que no se cumplen las condiciones de admisibilidad antes analizadas a las que

---

1179 Véase sentencia de la CSJ en SPA de 10-2-69 en *GF.*, Nº 63, 1969, pp. 144 y 145.

1180 Art. 116.

1181 Art. 49, Ord. 3º.

1182 Art. 96.

se refieren los artículos 84 y 115 de la Ley Orgánica de la Corte[1183]. Por tanto, el hecho de que la Corte haya admitido la acción no impide que los interesados puedan posteriormente oponer las excepciones de inadmisibilidad.

Por supuesto, entre las excepciones que no podrán oponerse en este procedimiento está la de caducidad de la acción, dado su carácter imprescriptible[11845 7].

Las excepciones, en principio, deben ser resueltas en la sentencia definitiva "a menos que el Juzgado de Sustanciación considere que debe resolverse alguna de ellas previamente, en cuyo caso, si fuere necesario, abrirá una articulación con arreglo a lo dispuesto en el artículo 386 del Código de Procedimiento Civil"[1185].

Este artículo del Código de Procedimiento Civil, relativo a otras incidencias que pudieran presentarse, y al cual también remitía la derogada Ley Orgánica de la Corte Federal[1186], establece lo siguiente:

> "Art. 386. CPC: Si por resistencia de una parte a alguna medida legal del Juez, por abuso de algún funcionario, o por alguna necesidad del procedimiento, una de las partes reclamare alguna providencia, el Juez ordenará en la misma audiencia que la otra parte conteste en la siguiente, y hágalo ésta o no, resolverá en la primera audiencia, a lo más tarde dentro de la tercera, lo que considere justo; a menos que haya necesidad de esclarecer algún hecho, casa en el cual abrirá una articulación por ocho días sin término de distancia.
>
> Si la resolución de la incidencia debiere influir en la decisión de la causa, el Juez resolverá la articulación en la sentencia definitiva; en caso contrario decidirá al noveno día".

C. Las pruebas

a. El lapso probatorio

El artículo 117 de la Ley Orgánica de la Corte Suprema de Justicia, en relación al lapso probatorio establece lo siguiente:

> "Art. 117. A partir de la fecha del auto de admisión o de publicación del cartel a que se refiere el artículo anterior, comenzará a correr un término de sesenta días continúes dentro del cual los interesados podrán promover y evacuar las pruebas pertinentes".

1183 Algunas de ellas coinciden con las excepciones previstas en los artículos 346 y 358 del Código de Procedimiento Civil.

1184 Véase sentencias de la CF de 30-7-57 en GF., N° 17, 1957, pp. 57 y 58 y de la CSJ en SPA de 3-10-63 en *GF.*, N° 42, 1963, pp. 20 y 21.

1185 Art. 130.

1186 Art. 26.

b. Las disposiciones particulares sobre los medios de prueba

Conforme al artículo 88 de la Ley Orgánica, "Las reglas del Código de Procedimiento Civil regirán como normas supletorias en los procedimientos que cursen ante la Corte", por lo que en materia de prueba, los medios de prueba admitidos, en principio, son los previstos en los artículos 1.354 y siguientes del Código Civil en concordancia con lo previsto en los artículos 288 y siguientes del Código de Procedimiento Civil, con las excepciones establecidas en las Leyes especiales. Estas excepciones se refieren a las posiciones juradas, al juramento decisorio, a la exhibición de documentos y a la inspección ocular.

a'. La exclusión de las posiciones juradas y el juramento decisorio

La prueba de la confesión y el juramento decisorio han sido tradicionalmente excluidas respecto de los funcionarios públicos por la jurisprudencia de la Corte Suprema. En una decisión característica de esta doctrina, la Corte Suprema con fecha 13 de agosto de 1964 estableció lo siguiente:

> "Con relación a la prueba de posiciones juradas pedidas al Procurador General de la República, los sentenciadores también estiman la negativa como bien fundada, pues ni el artículo 202 de la Constitución ni el artículo 9^9 de la Ley especial (Ley de la Procuraduría de la Nación y del Ministerio Público) que en forma expresa contienen las atribuciones que corresponden a dicho funcionario, le otorgan a éste facultades para absolver posiciones, en su carácter de representante judicial de la nación venezolana ni existe prueba en autos en que se haya investido al Procurador de poder especial que le obligue a contestar posiciones, bajo juramento, que versen sobre hechos que le consten y que están relacionados con el pleito. Aún más, la inasistencia del apoderado o mandatario* de la Nación a los actos de contestación de demandas intentadas contra ellos o de excepciones que hayan sido opuestas no da lugar, en ningún caso, a la confesión ficta, pues en todo caso, se tendrán unas y otras como contradichas en todas sus partes.
>
> En cuanto a la negativa a admitir las pruebas de posiciones juradas pedidas a los Ministros y demás funcionarios administrativos mencionados en el escrito de promoción y determinados en este auto, es criterio de la Corte que "la confesión no es admisible respecto de la Administración Pública, ya que los funcionarios públicos, en materia de índole administrativa, no pueden obligar a la Administración mediante declaraciones provocadas en una absolución de posiciones" (Decisión de fecha 21 de marzo de 1963)"[1187].

De acuerdo a esta doctrina, se ha admitido que como la prueba de posiciones juradas o juramento decisorio podría involucrar un convenimiento, para que un funcionario como el Procurador General de la República pudiera someterse a ellas tendría que tener una autorización previa escrita del Ejecutivo Nacional, conforme a

---

1187 Véase sentencia de la CSJ en SPA de 13-8-64 en *GF.,* N° 45, 1964, p. 225.

lo previsto en el artículo 44 de la Ley Orgánica de la Procuraduría General de la República[1188].

En todo caso, la Ley Orgánica de la Corte ha resuelto definitivamente el problema negando la admisibilidad de dichas pruebas en la forma siguiente:

"Art. 89. Ni las autoridades ni los representantes legales de la República, estarán obligados a absolver posiciones ni a prestar juramento decisoria, pero contestarán por escrito las preguntas que, en igual forma, les hicieren el Juez o la contraparte sobre hechos de que tengan conocimiento personal y directo".

La norma, en todo caso, es restrictiva: sólo libera de la obligación a las autoridades y representantes legales de la República, por lo que respecta de autoridades o representantes de otras autoridades de órganos del Poder Público o de los Institutos Autónomos, no resuelve en forma expresa la situación, aun cuando puede sostenerse que se aplica el criterio definido jurisprudencialmente.

Por otra parte, las preguntas que se formulen al funcionario deben versar sobre "hechos de que tengan conocimiento personal y directo", lo cual es propio de la figura de posiciones juradas[1189]. Por último, debe destacarse que las referidas preguntas pueden serles formuladas al funcionario público, no sólo por las partes, sino por el Tribunal, de oficio, con lo cual se confirma otro elemento inquisitorio del procedimiento.

b'. *La inspección ocular*

En cuanto a la admisibilidad de la prueba de inspección ocular en relación a los archivos y documentos de la Administración Pública Central, en la legislación nacional existe una doble limitación: en primer lugar, dicha prueba sólo puede admitirse si el documento no puede llevarse a juicio en otra forma; y en segundo lugar, la misma no procede respecto de documentos de carácter reservado o confidencial.

En tal sentido, la Ley Orgánica de la Corte Suprema establece lo siguiente:

"Art. 90. Sin perjuicio de lo dispuesto en leyes especiales, podrá acordarse inspección ocular sobre determinados planos o documentos que formen parte de los archivos de la Administración Pública si hay constancia de que la prueba que de ellos pretenda deducirse no puede traerse de otro modo a los autos".

Por su parte, la Ley Orgánica de la Administración Central de 28 de diciembre de 1976 establece lo siguiente:

"Art. 55. No se podrá ordenar la exhibición o inspección general de los archivos de ninguna de las dependencias de la Administración Pública Nacional sino por los organismos a los cuales la Ley atribuye específicamente tal función.

1188 *Cfr.* lo expresado por Hildegard Rondón de Sansó, *El sistema contencioso-administrativo de la carrera administrativa*, Caracas, 1974, pp. 265 y 266.

1189 Arts. 296 y 297 del CPC.

Podrá acordarse judicialmente la copia, exhibición o inspección de determinado documento, expediente, libro o registro y se ejecutará la providencia a
menos que, por razones de seguridad u oportunidad para el Estado, el órgano
superior respectivo resuelva que dicho documento, libro, expediente o registro
es de carácter reservado o confidencial".

Una norma similar a esta, está en la Ley Orgánica de la Procuraduría General de
la República y en la Ley Orgánica del Ministerio Público respecto de los archivos de
dichos organismos[1190]. Diversas Leyes especiales establecen, por lo demás, normas
relativas al carácter reservado de los archivos públicos para el servicio oficial[1191] o
normas particulares para la divulgación o conocimiento de ciertas informaciones[1192].

c'. La exhibición de documentos

En relación a la exhibición de documentos, sin perjuicio de la aplicación de las
normas especiales antes señaladas, rige el artículo 91 de la Ley Orgánica de la Corte
Suprema de Justicia, que establece lo siguiente:

"Art. 91. Podrá solicitarse y acordarse la exhibición de documentos pertinentes al caso, sin menoscabo de lo dispuesto en Leyes especiales. Si el documento
cuya exhibición se solicite no fuere por su naturaleza de carácter reservado, el
Jefe de la Oficina donde estuviere archivado cumplirá la orden judicial, por
órgano de la Procuraduría General de la República. Del acto de exhibición se
levantará un acta en la cual se dejará constancia, a solicitud de la parte a quien
interese, de cualquier circunstancia relacionada con el estado o contenido del
documento de cuya exhibición se trate. También podrá dejarse copia certificada
o fotostática debidamente autenticada, del documento íntegro. Cumplidas estas
diligencias, se devolverá el documento al archivo a que corresponda, por órgano del representante de la República que lo haya exhibido".

De este artículo se deduce también, que la prueba de exhibición de documentos
no procede en caso de tratarse de instrumentos de carácter reservado. De lo contrario la Administración está obligada a exhibir cuando se le pidiere conforme a la
Ley[1193].

c. La admisibilidad de las pruebas y las apelaciones

Corresponde al Juzgado de Sustanciación la decisión de admitir o negar las
pruebas, y contra ambas decisiones se admite apelación. Tal como lo precisa el artículo 92 de la Ley Orgánica:

1190 Arts. 54 y 70, respectivamente

1191 Art. 54 de la Ley Orgánica de la Administración Central y Art. 124 de la Ley Orgánica de la Hacienda
Pública Nacional.

1192 Arts. 9 y 10 de la Ley de Estadísticas y de Censos Nacionales.

1193 Véase sentencia de la CFC de 8-2-49 en *GF.*, N «1, 1949, p. 58 y de la CSJ en SPA de 11-8-66 en
Doctrina PGR, 1970, Caracas, 1971, pp. 372 a 374.

"Art. 92. Se oirá en ambos efectos la apelación contra las decisiones en las que se niegue la admisión de alguna prueba, y en un solo efecto la apelación contra el auto en que se admita".

La apelación se intenta, en todo caso, para ante la Corte en Pleno o para ante la Sala Político-Administrativa[1194], dentro de las tres audiencias[1195]. La Corte o Sala deben confirmar, revocar o reformar la decisión apelada en un lapso de quince audiencias[1196], no pudiendo participar en las deliberaciones y decisiones de éstas el Magistrado de cuya decisión, como Juez de Sustanciación, se hubiere apelado[1197].

D. Fin de la actuación del Juzgado de Sustanciación

El Juzgado de Sustanciación concluye su actuación al vencer el término probatorio. En este momento deberán devolverse los autos a la Corte Plena[1198].

5. La decisión del juicio

A. La preparación de la Sustanciación

Al concluir el lapso probatorio, se da comienzo a la fase del procedimiento preparatorio de la decisión y que se concreta en la designación del Ponente, la relación de la causa y el acto de informes. Sólo después de cumplidas estas etapas podrá procederse a dictar sentencia definitiva. Sólo si la Corte considera que un asunto es de mero derecho, o si se trata de decidir sobre colisiones que existan entre diversas disposiciones legales para declarar cuál de ellas debe prevalecer, podrá dictar sentencia definitiva, sin relación ni informes[1199].

a. El Ponente

Concluido el lapso probatorio, deben devolverse los autos a la Corte. El Secretario deberá dar cuenta a la Corte de tal hecho. Debe señalarse que en los casos de recursos contencioso-administrativos de efectos generales, en la audiencia siguiente al recibo del expediente deberá designarse ponente[1200]. En cambio si el asunto es del conocimiento de la Corte en Pleno, el Ponente ya ha debido haber sido nombrado inmediatamente después de admitido el recurso[1201].

Las ponencias serán asignadas por el Presidente de la Corte, en la forma que se establezca en el Reglamento, y el Presidente actuará como Ponente en los asuntos que él mismo se reserve o en los que ya le hayan sido asignados[1202].

1194 Art. 28.

1195 Art. 97.

1196 Art. 97.

1197 Art. 29.

1198 Art. 117.

1199 Art. 135 en concordancia con el Art. 42, Ord. 6º.

1200 Art. 177 en concordancia con el Art. 63.

1201 Art. 63.

1202 Art. 63.

Por otra parte, tal como lo señala el artículo 64 de esta Ley:

"En las Salas Accidentales la ponencia corresponderá al suplente o conjuez que haya aceptado la suplencia, a menos que el Presidente se la reserve o asigne a otro Magistrado.

Cuando sean varios los suplentes o con jueces convocados simultáneamente en la misma Sala, el Presidente de ésta designará el Ponente".

La función primordial del ponente es informar a los demás Magistrados acerca de los puntos de hecho y de las cuestiones de derecho que suscite el estudio del asunto, proponer soluciones a los mismos, y someter oportunamente a la consideración de aquéllos, un proyecto de decisión[1203].

b. *La relación de la causa*

La relación de la causa comenzará en una de las cinco audiencias siguientes al momento en que se dé cuenta de la remisión del expediente por el Juzgado de Sustantación, una vez concluido el lapso probatorio, en los casos en que corresponda la decisión a la Corte en Pleno[1204].

La relación se hará privadamente y consistirá en el estudio individual o colectivo del expediente por los Magistrados que formen la Corte[1205].

Conforme al artículo 94 de la nueva Ley Orgánica, la relación tiene dos etapas: una que concluye con los informes y la segunda de estudio definitivo del proceso.

a'. *Primera etapa de la relación e informes de las partes*

La primera etapa de la relación, de cuyo comienzo debe dejarse constancia en el expediente, tiene 15 días continuos de duración, y concluirá con el acto de informes de las partes, que se realizará en el primer día hábil siguiente y a la hora que fije el Tribunal[1206].

De acuerdo a lo establecido en el artículo 95 de la Ley Orgánica, las partes pueden informar por escrito u oralmente.

En caso de que informen por *escrito,* consignarán ante el Secretario sus informes en la fecha fijada con tal fin o antes de la misma si así lo prefieren.

En caso de que las partes deseen informar *oralmente,* lo deberán notificar a la Corte, con anticipación. En una misma causa, no podrá informar oralmente más de una persona por cada parte, aunque sean varios los recurrentes o defensores del acto. Al comenzar el acto de informes, el Presidente debe señalar a las partes el tiempo de que dispondrán para informar, y de igual modo procederá si los litigantes manifiestan su deseo de hacer uso del derecho de réplica y contrarréplica.

1203 Art. 65.

1204 Art. 93.

1205 Art. 94.

1206 Art. 94

En todo caso, el Presidente podrá declarar concluido el término que se haya fijado para informar oralmente a quienes en el acto de informes infrinjan las reglas que rigen la conducta de los litigantes en el proceso.

Por último, debe indicarse que quienes hayan informado verbas-mente pueden presentar conclusiones escritas dentro de los tres días siguientes[1207].

Los informes constituyen la última actuación de las partes en relación con la materia litigiosa que sea objeto del juicio o de la incidencia de que se trate. Concluido el acto de informes, por tanto, tal como lo precisa el artículo 95 de la Ley Orgánica, no se permitirá a las partes nuevos alegatos o pruebas relacionadas con dicha materia[1208].

b'. *Segunda etapa de la relación*

Realizado el acto de informes o consignados éstos, correrá una *segunda etapa* de la relación, que tendrá una duración de 20 audiencias. Sólo por auto razonado podrá la Corte, prorrogar hasta por 30 días del término de la relación, cuando el número de piezas de que se componga el expediente, la gravedad o complejidad del asunto u otras evidentes razones, así lo exijan[1209].

c. *Auto para mejor proveer*

A pesar de que la última actuación de las partes, conforme al artículo 96, sea el acto de informes, la Corte, si lo juzgare procedente, terminada la relación y después de los informes podrá, conforme al artículo 514 del Código de Procedimiento Civil, dictar auto para mejor provee, en el cual podrá acordar:

"1. Hacer comparecer a cualquiera de los litigantes para interrogarlos sobre algún hecho importante que aparezca dudoso u oscuro;

2. La presentación de algún instrumento de cuya existencia haya algún dato en el proceso y que se juzgue necesario;

3. Que se practique inspección judicial en alguna localidad, y se forme un croquis sobre los puntos que se determinen; o bien, se tenga a la vista un proceso que exista en algún archivo público, y se ponga certificación de algunas actas, siempre que en el pleito de que se trate haya alguna circunstancia de tal proceso y tenga relación el uno con el otro;

4. Que se practique alguna experticia sobre los puntos que fije el Tribunal o se amplíe o aclare la que existiere en autos"[1210].

1207 Art. 96.

1208 Art. 96.

1209 Art. 94

1210 Art. 514 del CPC.

d.   *El proyecto de decisión*

Conforme a lo previsto en el artículo 63 de la Ley Orgánica de la Corte:

"... El proyecto de decisión deberá ser presentado por el respectivo Ponente dentro del término de 30 días a contar de la fecha del vencimiento de la relación de la causa y será distribuido de inmediato entre los demás Magistrados, quienes dentro de los 15 días siguientes deberán expresar por escrito si están o no conformes con el proyecto".

En todo caso, cada Ponencia deberá ser distribuida entre todos los Magistrados que constituyen la Corte y será considerada y discutida en la oportunidad que ésta señale[1211].

B.   *La sentencia*

a.   *Requisitos para decidir*

La Corte deberá sentenciar "dentro de los treinta días siguientes a la fecha de conclusión de la relación, a menos que la complejidad y naturaleza del asunto exija mayor término"[1212].

El quórum requerido para deliberar en la Corte en Pleno (y en -cada una de las Salas) es de las cuatro quintas partes (4/5) de los Magistrados que respectivamente las formen[1213].

Para que las decisiones de la Corte en Pleno (o de cualquiera de sus Salas) sean válidas, se requiere el voto de la mayoría absoluta de sus miembros[1214].

El Presidente debe hacer saber a todos los Magistrados que constituyen la Corte en Pleno (o la Sala respectiva), el día en que se vaya a votar una decisión[1215]; y en esa oportunidad, el Presidente de la Corte (o de la Sala respectiva) será siempre el último en votar[1216].

b.   *Elementos formales de la sentencia*

a'.   *Firma*

La decisión debe ser suscrita por todos los Magistrados que constituyan la Corte en Pleno, al ser aprobada por la mayoría[1217]. También deberá ser suscrita por el Se-

---

1211 Art. 66.

1212 Art. 118. De acuerdo a lo previsto en el artículo 56 de la Ley Orgánica, "Las decisiones que dicte la Corte en los juicios de que conozca se denominan autos o *sentencias;* y las que tome en otros asuntos, acuerdos o resoluciones".

1213 Art. 54 el cual agrega que "Cuando por aplicación de esta regla resultare una fracción, ésta no será tomada en cuenta".

1214 Art. 55.

1215 Art. 58.

1216 Art. 57.

1217 Art. 59.

cretario[1218]. El Magistrado que no firme la decisión se presume que está conforme con el voto de la mayoría[1219].

b'.   *Votos salvados*

De acuerdo a lo establecido en el artículo 56 de la Ley Orgánica de la Corte:

"... Los Magistrados que disientan del fallo, consignarán su voto salvado dentro de las cinco audiencias siguientes a la fecha de aquél, en escrito razonado que, firmado por todos los Magistrados, se agregará a la decisión; dicho término podrá ser prorrogado por el Presidente de la Corte o de la Sala por dos veces; el Magistrado que no firme la decisión o que en el caso concreto, no razone su voto salvado, se presume que está conforme con el voto de la mayoría".

c'.   *Publicación del fallo*

La Corte debe publicar el fallo al día siguiente o el más inmediato posible al vencimiento del término para la consignación de los votos salvados[1220]. En todo caso, la decisión podrá publicarse aunque no haya sido suscrita por todos los Magistrados que formen la Corte, si sus firmantes constituyen, por lo menos, las cuatro quintas partes (4/5) de los Magistrados, y entre los presentes se encuentra la mayoría que esté conforme con ella[1221].

d'.   *La publicación del fallo en la Gaceta Oficial*

En todo caso, las sentencias en las acciones de inconstitucionalidad deberán publicarse *"inmediatamente* en la Gaceta Oficial de la República de Venezuela"[1222]. Además, en los casos en que la acción fuere declarada con lugar, dice el artículo 119, "la Corte ordenará, que en el Sumario de la *Gaceta Oficial* donde se publique el fallo se indique, con toda precisión, el acto o disposición anulados".

C.   *Contenido de la sentencia*

En su fallo definitivo, la Corte, conforme lo prevé el artículo 119 de la Ley Orgánica, "declarará si procede o no la nulidad del acto o de los artículos impugnados, una vez examinados los motivos en que se fundamente la demanda"[1223]. De acuerdo a ello, la Corte está obligada a examinar *todos* los motivos en que se fundamente la demanda, pero la Ley no limita su apreciación a los solos motivos alegados por el recurrente. En vista de la cuestión de inconstitucionalidad envuelta en estos juicios, y en virtud de que conforme al artículo 2º de la misma Ley Orgánica,

---

1218 Art. 49, Ord. 5º

1219 Art. 59. Sobre los requisitos formales véase la sentencia de la CSJ en SPA de 8-6-71 en *GO.,* Nº 1.481, Extraordinaria de 25-8-71, p. 28.

1220 Art. 59.

1221 Art. 60.

1222 Art. 120.

1223 Arts. 119 y 130.

la "función primordial" de la Corte es controlar "la constitucionalidad y legalidad de los actos del Poder Público" estimamos que la Corte podría apreciar motivos de inconstitucionalidad no alegados por el accionante como consecuencia del carácter inquisitorio del procedimiento.

Pero en relación al contenido de la decisión, la Corte, además, debe decidir en la sentencia definitiva "las excepciones o defensas opuestas en el curso de estos juicios... a menos que el Juzgado de Sustanciación considere que debe resolverse alguna de ellas previamente en cuyo caso, si fuere necesario, abrirá una articulación con arreglo a lo dispuesto en el artículo 386 del Código de Procedimiento Civil"[1224].

Por tanto, puede decirse que la sentencia en los procesos de inconstitucionalidad, en principio, se debe limitar a declarar si procede o no la nulidad de la ley o acto o de los artículos impugnados, y por tanto, a declararlos nulos o a declarar improcedente el recurso. Tal como la Corte Suprema lo señaló en 1966:

"Corresponde a la Corte, en ejercicio de su poder de control de la constitucionalidad de los actos de los cuerpos legislativos, declarar la nulidad del acto impugnado si en alguna forma colidiese con los preceptos de la Constitución y como consecuencia de tal declaratoria, proclamar la extinción jurídica del mismo o, en cambio, mantenerlo en toda su plenitud en defecto de los supuestos expresados"[1225].

Sin embargo, la Ley Orgánica de la Corte Suprema de Justicia en 1976 previo, dentro de las Disposiciones comunes a los recursos de inconstitucionalidad y contencioso-administrativo, el artículo 131 en el cual después de establecer que "en su fallo definitivo la Corte declarará si procede o no la nulidad del acto impugnado y determinará los efectos de su decisión en el tiempo", con lo que repite lo expresado en el artículo 119, agregó lo siguiente:

"... Igualmente, la Corte podrá de acuerdo con los términos de la respectiva solicitud, condenar al pago de sumas de dinero y a la reparación de daños y perjuicios originados en responsabilidad de la administración, así como disponer lo necesario para el restablecimiento de las situaciones jurídicas subjetivas lesionadas por la actividad administrativa".

La ubicación de dicha norma podría hacer pensar que en los procesos de inconstitucionalidad, la decisión de la Corte Suprema también podría contener decisiones de condena. Sin embargo, las referencias que dicho artículo hace a la "Administración" y "a la actividad administrativa" lo harían inaplicable a cualquier supuesto de responsabilidad del Estado por acto legislativo, y evidencian la intención del legislador de confinarla a los casos de recursos contencioso-administrativos de anulación.

Debe señalarse, además, que si bien la sentencia debe pronunciarse sobre la inconstitucionalidad de los artículos de una ley conforme a lo alegado por el accionan-

---

1224 Art. 130.

1225 Véase sentencia de la CSJ en SPA de 20-1-66 en *GF.*, N° 51, 1966, p. 13. *Cfr.* sentencias de la CFC en SPA de 2-12-41 en *M., 1942*, pp. 335 a 338, y de 13-7-42 en *M., 1943*, pp. 174 a 175.

te, se ha reconocido que la Corte tiene poderes de oficio para pronunciarse sobre la inconstitucionalidad de otros artículos del mismo texto legal. Así lo estableció expresamente en sentencia de la Corte Plena de 8-12-87, al señalar:

"En la parte final del escrito contentivo del Recurso, la parte actora concreta su petición de declaratoria de nulidad, por inconstitucional, a los artículos 2° y 4° de la mencionada Ordenanza; ahora bien se observa que al desarrollar su argumentación los demandantes señalan que los artículos 5°, 7° y 10° de la Ordenanza son también inconstitucionales.

Estima la Corte que, aun cuando en conformidad con lo dispuesto en los artículos 113 y 122 de la Ley Orgánica de la Corte Suprema de Justicia esta decisión debería limitarse solamente a los artículos de la Ordenanza cuya nulidad ha sido expresamente solicitada, es conveniente, y así lo estableció la Corte en sentencia de fecha 16-12-81 *(Boletín de Jurisprudencia,* N° 4, pág. 17) que, en conformidad con el artículo 82 *ejusdem* la Corte debe pronunciarse, si es el caso, "sobre la nulidad de otros artículos de la Ordenanza, aunque los actores no hayan hecho solicitud expresa al respecto, si considera que los mismos incurren en violaciones que afectan el orden público, sobre todo si se trata de cuestiones de orden público eminente[1226].

En todo caso, el contenido de la sentencia de la Corte Suprema al decidir una acción de inconstitucionalidad, tiene un límite general en la propia Constitución, y dentro de ella, en el principio de la separación de poderes, en el sentido de que la Corte no puede sustituirse en los otros órganos del Estado. En este sentido, al resolver una acción de inconstitucionalidad la Corte precisó:

"Los modos de proceder son materia de carácter procesal. Así es que el Código de Enjuiciamiento Criminal, al establecer los diversos modos de proceder dispone lo pertinente al procedimiento de oficio, a la denuncia y a la acusación. El Capítulo I del Título III del Libro III del Código de Enjuiciamiento Criminal y el artículo 146 de la Ley Orgánica que rige a esta Corte dispone que el modo de proceder para enjuiciar al Presidente de la República y a los altos funcionarios a los cuales se refiere el ordinal 2° del artículo 215 de la Constitución dispone que corresponde al Congreso legislar sobre las materias de la competencia nacional y sobre el funcionamiento de las distintas ramas del Poder Público y el ordinal 24 del artículo 136 de la misma Constitución que dice que es de la competencia del Poder Nacional la legislación de procedimientos. La Constitución, solamente en los casos de enjuiciamiento de algún miembro del Congreso, dispone que el juicio se puede iniciar por acusación o por denuncia. En los casos de enjuiciamiento de los demás altos funcionarios, corresponde al Congreso Nacional establecer los modos de proceder.

Solamente cuando el Congreso Nacional, en ejercicio de sus atribuciones se extralimita contrariando lo que sobre la materia establece la Constitución, podrá esta Corte declarar la nulidad de las leyes que el Congreso dicte o de sus actos.

1226 Véase en *Revista de Derecho Público,* N° 36, Caracas, 1988, p. 84.

El denunciante solicita a esta Corte que extienda el alcance del artículo 144 de la Constitución a situaciones no previstas en dicho artículo, es decir, que aplique a un Ministro una disposición relativa a miembros del Congreso. En reiterada doctrina, esta Corte ha establecido que al conocer del recurso de nulidad por inconstitucionalidad, debe examinar las facultades que a cada uno de los Poderes Públicos asigna la Constitución, a fin de analizarlas a la luz de los antecedentes que le han dado vida. El control jurisdiccional de este Supremo Tribunal sobre los actos de los otros poderes del Estado, debe ser ejecutado con el sano espíritu de mantener y respetar el principio de la separación de poderes, sin invadir la órbita de la propia actividad del Poder Ejecutivo o Legislativo. Si este Tribunal actuara en forma diferente, invadiría la esfera de las jurisdicciones d.: otros Poderes, excedería sus facultades de control jurisdiccional y lejos de cumplir su elevada misión y afianzar la justicia, crearía un clima de recelo y desconfianza, contrario al principio de colaboración entre los Poderes Nacionales establecido en el artículo 118 de la Constitución"[1227].

Finalmente debe señalarse que la decisión de la Corte Suprema en casos de acción popular, puede ser de rechazo de la acción, por infundada o improcedente, y en particular, si la Corte considera que la acción hubiese sido "temeraria o evidentemente infundada", puede imponer al solicitante multa hasta de Bs. 5.000[1228], con lo cual los posibles inconvenientes que podría producir la popularidad de la acción, podrían ser corregidos.

6. *Irrecurribilidad de las decisiones de la Corte Suprema de Justicia*

Tal como lo precisa el artículo 1° de la Ley Orgánica de la Corte Suprema de Justicia,

"La Corte Suprema de Justicia es el más alto Tribunal de la República y la máxima representación del Poder Judicial. Contra las decisiones que dicte, en Pleno o en algunas de sus Salas, no se oirá ni admitirá recurso alguno".

Recoge la Ley Orgánica el mismo principio constitucional establecido en el artículo 211 del Texto Fundamental, el cual ha estado respaldado por una extensa y tradicional doctrina jurisprudencial[1229].

En efecto, en una sentencia del 7 de diciembre de 1964, la Corte Suprema señaló lo siguiente:

1227 Véase sentencia de la Corte Plena de 12-11-86 en *Revista de Derecho* Público, N° 28, Caracas, 1986, p. 99.

1228 Art. 119 LOCSJ.

1229 Véanse sentencias de la CFC en SPA de 17-2-32 en *M., 1933,* pp. 143 y 144; de la CFC en SF de 1-4-35 en *M., 1936,* p. 146; de la CFC en SPA de 17-11-38 en *M., 1939,* pp. 330 a 334; de la CFC en SF de 13-2-47, *M., 1948,* pp. 158 y 159; de la CFC en CP de 7-3-49 en *GF.,* N° 1, 1949, p. 10; y de 9-10-52 en *GF.,* N° 12, 1952, p. 6; de la CFC de 18-3-55 en *GF.,* N° 7, 1954, pp. 153 y 154 y de 24-5-55 en *GF.* N° 8, 1955, p. 172; y de la CSJ en SPA de 6-11-62 en *GF.,* N° 38, 1962, pp. 94 y 95 y de 7-11-63 en GF., N° 42, 1963, p. 240.

"De conformidad con lo dispuesto en el artículo 211 de la Constitución de la República, contra las decisiones de la Corte Suprema de Justicia, "no se oirá ni admitirá recurso alguno". Es necesario, por consiguiente, analizar si la invalidación solicitada constituye o no un recurso, y si, por tanto, procede o no su admisión.

En sentido procesal se entiende por recurso la acción que se deriva de la ley en favor de la parte que se considere perjudicada por una resolución judicial, para acudir ante el órgano competente a fin de que dicha resolución quede sin efecto o sea modificada en determinado sentido.

Los recursos, según las facultades que se confieren al órgano decisor, se clasifican en ordinarios y extraordinarios. Los ordinarios son aquellos que, como indica su nombre, se dan con cierto carácter de normalidad dentro del ordenamiento procesal. De esta normalidad se deriva la mayor facilidad con que el recurso es admitido y el mayor poder que se atribuye al órgano jurisdiccional encargado de resolverlo. Por eso suele decirse que el recurso ordinario no exige motivos especiales para su interposición, ni limita los poderes judiciales de quien los dirime, en relación a los poderes que tuvo el órgano que dictó la resolución recurrida.

Los recursos extraordinarios, en cambio, se configuran de un modo mucho más particular y limitado. Han de darse en ellos las notas estrictamente inversas a las de los recursos ordinarios, tanto en cuanto a las partes como en cuanto al Juez. Por consiguiente, el recurso extraordinario se configura como aquél en que rigen, para su interposición, motivos determinados y concretos, y en el que el órgano jurisdiccional no puede pronunciarse sobre la totalidad de la cuestión litigiosa, sino solamente sobre aquellos sectores agotados de la misma que la índole del recurso establezca particularmente.

De acuerdo a lo expuesto, toda acción que conceda la ley a las partes para modificar o dejar sin efecto lo decidido en un proceso, constituye un recurso; y si, en ese recurso, el derecho de las partes y los poderes del Juez, se encuentran circunscritos a causales concretas y limitadas, se trata de un recurso extraordinario.

Por tanto, dentro de las categorías de los recursos extraordinarios han de comprenderse la casación y la invalidación, ya que ambos constituyen una impugnación de actos procesales realizados y se encuentran restringidos por causas taxativas.

La diferencia entre ambas figuras procesales de impugnación estriba en que, mientras en la casación los errores que la motivan son errores inmanentes al proceso, bien sea de forma o de fondo, en la invalidación las razones que la justifican rebasan el ámbito del proceso mismo, ya que se basan en errores de hecho posteriormente descubiertos

La consideración de la motivación inmanente o trascendente de ambos recursos es, pues, lo que justifica la diferencia que existe entre casación y revisión. De aquí que se ha sostenido que podrán hacerse con ambas dos aspectos de una misma figura, en la que se distinguirían: una revisión interna u ordinaria, que sería la actual casación, y una revisión externa y extraordinaria que sería la actual invalidación.

Conforme a lo expuesto, la invalidación aparece, en cuanto a su materia jurídica, como una figura procesal de carácter impugnativo; y por tanto, se perfila como un auténtico recurso.

La doctrina patria, al aludir a la naturaleza de la invalidación, ha coincidido con los principios expuestos y ha llegado a afirmar que, "además de los medios ordinarios para impugnar y hacer revocar o reformar las decisiones judiciales, como son la reposición, la apelación y el recurso de hecho; además del recurso extraordinario, establecido para hacer cesar o anular, por errores de derecho, los fallos y las actuaciones procesales en que se halla incurrido en violación de ley expresa o quebrantamiento de los trámites esenciales del procedimiento; *es indispensable conceder a las partes litigantes otro recurso extraordinario para hacer invalidar las sentencias o los procesos".* (Borjas, *Comentarios al Código de Procedimiento Civil,* T. VI, pág. 33).

En nada altera el criterio expuesto la circunstancia de que, en algunos de los artículos del C. de P. C. se hable de "juicio de invalidación", y se disponga, como se hace en el artículo 739 *ejusdem,* que la invalidación debe sustanciarse por los trámites del juicio ordinario y en una sola instancia. En efecto, no es su denominación lo que determina la naturaleza de una figura jurídica, sino su contenido y finalidad; por tanto, si, como se ha visto, el objeto de la invalidación es la impugnación de un proceso, su naturaleza no puede ser otra que la de un recurso. Además, en muchos de los artículos de la sección respectiva se denomina esta figura con su normal significación de *recurso* (artículos 738, 739 y 741).

Por otra parte, el hecho de que se establezca que el procedimiento aplicable a la invalidaron es el del juicio ordinario, tampoco desnaturaliza su objeto: porque no existe un procedimiento típico y exclusivo para todos los recursos, sino que el legislador está en libertad de establecer para cada uno la tramitación que considere más adecuada. Y es por ello que el recurso de casación tiene pautado su propio procedimiento, y de igual modo lo tienen los recursos de segunda instancia que se conceden en los propios ordinarios. También la ley ha establecido un procedimiento propio para los recursos contencioso-administrativos ante la Corte (artículo 25 de la Ley Orgánica de la Corte Federal), en el cual también se prevé lapso probatorio; y la Ley de Regulación de Alquileres, en la parte final del artículo 17, dispone que "los Tribunales u Organismos a que se refiere este artículo tramitarán y decidirán las apelaciones de que conozcan *en conformidad con las disposiciones* del C. de P. C. para los juicios breves" Luego, la circunstancia de que se fije un procedimiento especial para los recursos, o se ordene aplicar a ellos algunos de los procedimientos existentes para determinados juicios, en nada altera el carácter impugnativo de los mismos.

Tampoco influye en la naturaleza del recurso, el hecho de que su conocimiento y decisión competa al propio órgano jurisdiccional que haya conocido del caso impugnado. En efecto, el ordenamiento procesal reconoce *y admite,* medios de impugnación que operan en el mismo grado de la, jerarquía judicial en que se produce el acto recurrido. De aquí que, entre la clasificación de los recursos, se denominen éstos como *recursos horizontales,* dejándose el nombre de *recursos verticales* para los que se interpongan ante el superior jerárquico. En la legislación española las impugnaciones en la misma instancia se conocen con el nombre de *recurso de reposición.* En el ordenamiento venezolano de esta especie la llamada *revocatoria por contrario imperio,* a que se refiere el artículo 164 del C. de P. C.

Además, en caso de la invalidación, está plenamente justificado que su conocimiento corresponda al propio Juez que conoció del caso impugnado, tal como la prescribe el derecho patrio, al igual que el de Francia e Italia. En efecto, como lo reconoce la doctrina, ningún Juez más adecuado para apreciar el error sufrido que el que dictó el fallo cuya invalidación se pide; porque él, mejor que otro cualquiera, puede valorar la influencia que ejercieron sobre su ánimo las prácticas dolosas de uno de los litigantes, las escrituras falsas o la falta de nuevos documentos. De manera que no se modifica el carácter de recurso que tiene la invalidación, por la circunstancia de que sea el propio Juez que dictó el acto recurrido, quien tenga asignada la competencia para conocer de la impugnación.

Por cuanto de todo lo expuesto se deduce, que la invalidación es un recurso; y, por cuanto el Artículo 211 de la Constitución considera improcedentes los recursos contra las decisiones de la Corte Suprema de Justicia, se declara que no hay lugar a la admisión del presente recurso de invalidación propuesto"[1230].

Como conclusión, por tanto, debe señalarse que las sentencias de la Corte Suprema de Justicia dictadas en todos los procedimientos judiciales que puedan desarrollarse ante ella, son irrecurribles e irrevisables, produciendo de inmediato los efectos de cosa juzgada a que hemos hecho referencia.

Por supuesto, la irrevisabilidad de las sentencias definitivas de la Corte prevista en el artículo 211 de la Constitución y en el artículo 1° de la Ley Orgánica de la Corte Suprema de Justicia, sólo rige respecto de sus "sentencias", es decir, respecto de los actos jurídicos que dicte en ejercicio de la función jurisdiccional. Los actos administrativos de la Corte Suprema de efectos generales, como los que dicte en uso de las atribuciones que le confieren los ordinales 13 y 15 del artículo 44 de la misma Ley, serían, como se ha visto, recurribles ante la propia Corte por la vía del recurso de inconstitucionalidad.

V. LOS EFECTOS DE LA DECISIÓN EN LOS CASOS DE CONTROL CONCENTRADO DE LA CONSTITUCIONALIDAD

El contenido de la sentencia, en los juicios de inconstitucionalidad, tal como se señaló, se reduce a declarar la nulidad total o parcial del acto impugnado o a declarar improcedente el recurso. En estos casos, el carácter de la decisión es mero declarativo, por lo que no tiene vías de ejecución coactiva. La Corte, en este sentido, en una sentencia del 6 de febrero de 1964, sostuvo lo siguiente:

1230 Véanse sentencias de la CSJ en SPA de 7-12-64 en *GF.,* N° 46, 1963, pp. 314 a 318. *Cfr.* las de la misma Corte de 26-1-66 en *GF.,* N° 51, 1968, p. 107; y de 16-4-69 en *GF.,* N° 64, 1969, p. 77.

"...La decisión que antecede es una sentencia declarativa que se limitó a pronunciar la improcedencia de la demanda de inconstitucionalidad del acto, en los términos establecidos en el fallo. Por consiguiente, dicha decisión carece de todo atributo que permita llevar a efecto la ejecución coactiva a que se refiere el ordenamiento procesal"[1231].

Por supuesto, los efectos de la sentencia varían en uno y otro caso.

1. *Efectos de la sentencia declarativa de la improcedencia de la acción*

En el caso de que la sentencia sea declarativa de la improcedencia de la acción y por tanto, de los vicios de inconstitucionalidad denunciados, la decisión tiene, sin duda, efectos *erga omnes* en relación a la constitucionalidad de la Ley, al menos en cuanto a los artículos impugnados y a los vicios denunciados. En relación a éstos, la decisión tiene el valor de cosa juzgada, los cuales por supuesto no se extienden a otros actos legislativos similares que puedan ser impugnados, por los mismos vicios.

Este planteamiento ha sido analizado por la Sala de Casación Civil, Mercantil y del Trabajo de la Corte Suprema de Justicia, al considerar los efectos de una sentencia de la Sala Político-Administrativa de la misma Corte en la cual se anuló una Ordenanza Municipal por inconstitucional. La situación fue la siguiente: La Sala Político-Administrativa, en una decisión, había declarado sin lugar una acción popular de inconstitucionalidad intentada contra una Ordenanza Municipal del Distrito Boconó del Estado Trujillo relativa a cuestiones tributarias. Posteriormente, en un procedimiento civil ordinario en el cual una Ordenanza Municipal de otro Distrito (en este caso, del Distrito Valera del mismo Estado Trujillo) similar a la anterior, debía ser aplicada, una parte alegó su inconstitucionalidad lo cual fue decidido por el juez civil en base a sus poderes de control difuso de la inconstitucionalidad. En caso civil llegó por vía de recurso de casación a la Sala de Casación Civil de la Corte Suprema, en la cual se planteó la aplicabilidad de la antes mencionada decisión de la Sala Político-Administrativa, respecto de la otra Ordenanza Municipal. La Sala de Casación Civil, entonces en una decisión de 12 de diciembre de 1963, estableció lo siguiente:

"... habiendo sido impugnada ante la Sala Político-Administrativa, la constitucionalidad de una Ordenanza del Distrito Boconó del Estado Trujillo, y habiendo decidido dicha Sala que tal Ordenanza no es inconstitucional, se quiere hacer valer esa decisión como argumento decisivo para establecer lo mismo con respecto a otra similar del Distrito Valera, sobre la misma materia.

Es de observar que aunque dicha decisión produce cosa juzgada *erga omnes,* ésta se circunscribe estrictamente a la materia misma decidida, o sea, a la constitucionalidad de la Ordenanza del Distrito Boconó, pero nunca puede pretenderse hacerla extensiva a la del Distrito Valera, ni a ninguna otra, pese a que versen sobre la misma materia y a la eventual similitud de sus respectivos ordenamientos.

1231 Véase sentencia de la CSJ en SPA de 6-2-64 en *GF.,* N° 43, 1964, pp. 162 y 163.

Suscitada en este juicio la cuestión de constitucionalidad de la Ordenanza del Distrito Valera, por vía incidental, como excepción, los Tribunales de instancia que sentenciaron este juicio, tenían completa libertad para examinar y decidir, conforme el artículo 7 del Código de Procedimiento Civil, si la Ordenanza que se invocaba ante ellos, era o no inconstitucional, sin estar ligado a cosa juzgada ninguna, porque no la había. Ellos encontraron que la Ordenanza en cuestión no es inconstitucional y ordenaron su cumplimiento.

Lo mismo ocurre con esta Sala de Casación Civil, Mercantil y del Trabajo, que tampoco está obligada en absoluto por la cosa juzgada pronunciada sobre materia diferente, en que se decidió sobre la constitucionalidad de una Ordenanza diferente a ésta cuyo cumplimiento aquí se demanda. Si la decisión de la Sala Político-Administrativa hubiera versado sobre la Ordenanza del Distrito Valera, para esta Sala, como para todo el mundo, la constitucionalidad de aquella estaría fuera de toda discusión, por haber recaído sobre ella cosa juzgada.

No tratándose precisamente de esa Ordenanza, sino de otra diferente, el caso es de control constitucional relativo e indirecto y esta Sala tiene absoluta y amplia jurisdicción, libertad y discreción para decidir, a los solos efectos de este proceso, si esa Ordenanza que aquí se invoca colide o no con la Constitución Nacional, a los efectos de las infracciones que se imputan a la recurrida, por haber cumplido ésta con las disposiciones de dicha Ordenanza que, según el formalizante, son inconstitucionales. La jurisprudencia sentada por dicha Sala Política al establecer los motivos de su decisión, merecen el mayor respeto y atención de esta Sala Civil, al dictaminar en asuntos semejantes, pero no la obligan como tampoco la obligaría su propia jurisprudencia en asuntos anteriormente decididos, si encontrare razones suficientes para modificar su criterio"[1232].

Algunos principios básicos resultan de esta sentencia de 1963, que debemos retener:

En primer lugar, se confirma el poder absoluto de todos los jueces de ejercer el control de la constitucionalidad de las leyes mediante el sistema difuso de justicia constitucional.

En segundo lugar, se confirman los poderes de la Corte Suprema de Justicia para controlar la constitucionalidad de las leyes en forma concentrada, a través de decisiones que tienen efectos *erga omnes*.

En tercer, lugar se confirma que los efectos de *cosa juzgada* de la decisión de la Corte Suprema de Justicia concerniente a la constitucionalidad de las leyes, sea cuando la ley es anulada o cuando la acción popular es declarada sin lugar, sólo se refieren a la particular y específica ley impugnada ante la Corte, y no pueden extenderse respecto de otros actos legislativos.

Por tanto, en caso de una decisión de la Corte Suprema declarando sin lugar una acción popular contra una ley, y en consecuencia, estimando su constitucionalidad, tiene efectos *erga omnes* y valor de cosa juzgada en el sentido de que la constitucio-

---

1232 Véase sentencia de la CSJ en SCC de 12-12-63 en *GF.*, Nº 42, 1963, pp. 667 a 672.

nalidad de esa Ley debe ser admitida por todos los jueces, quienes están obligados a seguir el criterio de la Corte Suprema. Por tanto, declarada por la Corte Suprema la constitucionalidad de una ley no podrían los jueces de instancia, conforme al artículo 20 del Código de Procedimiento Civil, inaplicarla a un caso concreto por considerarla inconstitucional.

En este sentido, en otra decisión de la Sala de Casación Civil, Mercantil y del Trabajo de la Corte Suprema de Justicia de 11 de agosto de 1971, la Corte fue aún más clara al establecer que una decisión de la Sala Político-Administrativa por la cual declaró improcedente un recurso de inconstitucionalidad, debía aplicarse necesariamente por la Sala de Casación, así como por los tribunales de Primera Instancia, por ser aquél un pronunciamiento con fuerza *erga omnes.* En tal virtud la Sala de Casación declaró con lugar un recurso de casación interpuesto respecto de una sentencia de instancia que no aplicó la decisión de la Sala Político-Administrativa que había considerado válido un acto municipal y por tanto, había declarado improcedente su impugnación[1233].

2. *Efectos de la sentencia declarativa de la nulidad del acto impugnado: valor erga omnes*

Cuando la decisión de la Corte es de declaratoria de nulidad del acto impugnado, totalmente, o de los artículos del mismo que hayan sido atacados, ello produce la cesación de los efectos del acto, y la Corte, inclusive, puede pronunciarse sobre la nulidad de todos los actos que se realizaron en base al acto declarado nulo[1234].

El pronunciamiento de la Corte tiene valor general, es decir, *erga omnes,* y esto lo ha mantenido la jurisprudencia de la misma Corte desde hace varias décadas. En efecto, en una sentencia de 17 de noviembre de 1938, la antigua Corte Federal y de Casación, sostuvo lo siguiente:

1233 Véase sentencia de la CSJ en SCC de 11-8-71 en *GF.,* N° 73, 1971, pp. 477 y ss. En este sentido la Procuraduría General de la República ha estimado los efectos de la declaratoria sin lugar de un recurso de inconstitucionalidad en los términos siguientes: "Por otra parte, el recurso ratificado en el presente juicio por los apoderados de la Municipalidad fue declarado sin lugar por la Corte Federal y de Casación, en Sala Político-Administrativa, el 13 de junio de 1938. Semejante declaratoria obtenida por vía de acción produce cosa juzgada, cuyos efectos valen *erga omnes.*

"La sentencia de inconstitucionalidad, como toda sentencia judicial, produce cosa juzgada. La que se obtenga en la jurisdicción objetiva, ya sea estimatoria o desestimatoria, produce siempre efectos *erga omnes.* De este principio se desprenden consecuencias de gran interés práctico como la de la irrevocabilidad. Cuando la Corte Federal declara sin lugar el recurso por no contener el acta estatal impugnado los vicios denunciados, esa decisión no podrá ser revisada por gozar de las características de toda sentencia que produce cosa juzgada: la indiscutibilidad y la inmutabilidad".

"Para el caso de que la Corte Federal haya declarado sin lugar un recurso de inconstitucionalidad y sin embargo se le vuelve a impugnar por las mismas razones y con apoyo de las mismas disposiciones constitucionales, la Corte deberá declarar improcedente el nuevo recurso por cuanto ello es ya cosa juzgada. En consecuencia la Corte deberá aplicar de oficio su anterior sentencia o decidir la excepción de cosa juzgada opuesta por el Procurador de la Nación" (J. G. Andueza, *La Jurisdicción Constitucional en el Derecho Venezolano;* Universidad Central de Venezuela. Sección de Publicaciones. Facultad de Derecho, vol. II, Caracas, 1955, p. 99) Véase en *Doctrina PGR, 1963,* Caracas, 1964, pp. 199 y ss.

1234 Véase sentencia de la CSJ de 4-4-74 en *G.O.* N° 1.657, Extraordinaria de 7-6-74, pp. 2 y 3.

"La Corte Federal y de Casación está en el grado más alto de la jerarquía judicial; la cosa juzgada por ella establecida, aun suponiéndola errada en doctrina, es siempre la última palabra del Poder Judicial, contra la cual no pueden nada, en derecho ni ella misma, ni los otros dos Poderes. Siendo una institución federal, con atribuciones exclusivas para anular *erga omnes* las leyes y actos del Poder Público que violen la Constitución, esto la constituye en soberano intérprete del texto constitucional y de las Leyes ordinarias y en único Juez de los actos de los Poderes Públicos y de los altos funcionarios del Estado. Cualquier funcionario, por elevado que sea, o cualquiera de los otros Poderes Públicos que pretenda hacer prevalecer su propia interpretación que la Ley, sobre la interpretación y aplicación que de la misma haya hecho esta Corte al decidir o resolver algo sobre el mismo asunto, usurpa atribuciones y viola la Constitución y las leyes de la República"[1235].

En igual sentido se pronunció la antigua Corte Federal en sentencia del 21 de marzo de 1939, donde calificó sus decisiones como "disposiciones complementarias de la Constitución y Leyes de la República y surten sus efectos *erga omnes*[1236]; y en sentencia de 16 de diciembre de 1940, donde señaló que sus decisiones "entran a formar una legislación especial emergente del Poder Constituyente secundario que en tales materias ejerce este Alto Tribunal"[1237].

La antigua Corte Federal, también fue coincidente con este criterio, y en sentencia del 19 de junio de 1953, señaló que sus decisiones, como tienen efectos *erga omnes*, "cobran fuerza de ley"[1238].

Por su parte, la Corte) Suprema de Justicia en Sala de Casación Civil, Mercantil y del Trabajo en sentencia de 21 de diciembre de 1963, fue precisa en este sentido:

"El control absoluto de constitucionalidad lo ejerce en primer término la Corte Suprema de Justicia, en pleno, cuando declara la nulidad total o parcial de una Ley nacional por inconstitucional. Tal decisión deja sin efecto la Ley o la parte de ella que sea anulada, y tiene fuerza de cosa juzgada *erga omnes*. Esta nulidad es pronunciada en virtud de la llamada acción popular.

Una atribución similar, pero sólo en cuanto a leyes estadales y ordenanzas municipales, es ejercitada por la Sala Político-Administrativa de este Supremo Tribunal, también por acción popular, y su declaratoria produce igualmente cosa juzgada *erga omnes*.

Quiere esto decir que la declaratoria de constitucionalidad o inconstitucionalidad de una Ley, por acción principal (popular) es definitiva y surte efectos contra todos, pues tal presunta Ley deja de serlo desde el momento de ser decla-

---

1235 Véase sentencia de la CFC en SPA de 17-11-38, en *M., 1939,* pp. 330 a 334

1236 Véase sentencia de la CFC en SPA de 21-3-39 en *M., 1940,* p. 176.

1237 Véase sentencia de la CFC en SPA de 16-12-40 en *M., 1941,* p. 311.

1238 Véase sentencia de la CF de 19-6-53 en *GF.,* N° 1, 1953, pp. 77 y 78. La Corte, por otra parte, en sentencia de CSJ en SPA de 19-11-68, en *GF.,* N° 62, 1968, pp. 106 a 113, ha sostenido que "los efectos de las decisiones que dicte la Corte al ejercer esa atribución sólo se extienden al tiempo durante el cual subsista la vigencia del precepto constitucional en que aquélla se haya basado".

rada inconstitucional. Lo mismo ocurre en los casos de Leyes estadales y ordenanzas municipales, cuya inconstitucionalidad sea pronunciada"[1239] [9].

En definitiva, de acuerdo a la doctrina establecida por la Corte, la sentencia declaratoria de inconstitucionalidad de una ley, por tanto la anula, tiene efectos *erga
omnes* y carácter de cosa juzgada absoluta.

3. *La cuestión de los efectos temporales de las sentencias dictadas en ejercicio
del control concentrado de la constitucionalidad*

Pero dentro de los efectos de las sentencias declaratorias de nulidad por inconstitucionalidad, sin duda, el problema fundamental que se plantea se refiere al momento en que comienzan a producirse; en otras palabras, ¿el acto declarado nulo, se considera que surtió sus efectos hasta que se lo declaró nulo por la Corte, o al contrario,
se estima como si nunca hubiera surtido efectos? Bajo otro ángulo, ¿la decisión de
la Corte, comienza a surtir efectos desde el momento que se publica o sus efectos se
retrotraen al momento en que el acto anulado se dictó?

La Ley Orgánica de la Corte Suprema de Justicia de 1976, como hemos señalado, no resolvió el problema planteado, sino que se limitó a señalar que la Corte debe
determinar "los efectos de la decisión en el tiempo"[1240]. Ahora bien, existiendo en
Venezuela un sistema mixto de control de la constitucionalidad, que implica el funcionamiento, en paralelo, de los dos sistemas básicos de justicia constitucional que
muestra el derecho comparado: por una parte el sistema difuso, que se ejerce por
todos los jueces, y por la otra el sistema concentrado que se ejerce por la Corte Suprema; (y respecto de los actos administrativos por los órganos de la jurisdicción
contencioso-administrativa); no ha sido infrecuente la confusión sobre los efectos de
las decisiones en materia de control de la constitucionalidad, lo que ha llevado en
muchos casos a la aplicación de la doctrina de la garantía de la nulidad del acto inconstitucional, propia del control difuso, al sistema de control concentrado, ignorando las diferencias fundamentales entre los dos sistemas de justicia constitucional.

Por ello para plantear este problema en sus justos límites, debemos situar claramente los efectos del control difuso de la constitucionalidad de los actos estatales,
que son totalmente diferentes a los efectos del control concentrado de la constitucionalidad. La confusión entre los efectos de ambos controles, como hemos dicho, no
pocas veces ha conducido a errores, incluso entre las propias Salas de la Corte Suprema de Justicia.

A. *Los principios en relación a ambos métodos de justicia constitucional*

En efecto, mediante el sistema de control difuso, hemos dicho, cualquier juez en
juicio concreto, puede apreciar la constitucionalidad de una ley, estimarla inconstitucional y por tanto, no aplicarla a la resolución del caso concreto, con efectos *inter
partes*. En esta forma, todo juez de la República es juez constitucional. Hemos señalado también que en Venezuela existe el otro sistema de control de la constituciona-

---

1239 Véase sentencia de la CSJ en SCCMT de 12-12-63 en *GF.*, N° 42, pp. 667 a 672.
1240 Arts. 119 y 131 LOCSJ.

lidad de las leyes, el control concentrado que corresponde a la Corte Suprema de Justicia. En este último, la Corte asume su rol de supremo intérprete[1241] o defensor[1242] de la Constitución, a quien corresponde el fiel de la balanza en la aplicación del principio de la separación de poderes[1243] teniendo que proclamar, al decidir el recurso, la "extinción jurídica" del acto recurrido o el mantenimiento del mismo con la plenitud de sus efectos[1244].

Los efectos del control de la constitucionalidad en ambos casos, por tanto, difieren y en ausencia de una ley reguladora específicamente de la jurisdicción constitucional[1245], las soluciones del derecho comparado puede servir de ilustración sobre el alcance y efectos de dichos controles, y han servido de orientación frecuentemente utilizada por las decisiones de la Corte Suprema de Justicia. Pero por supuesto no es ni adecuado ni posible aplicar las características del control de la constitucionalidad de las leyes del modelo norteamericano, exclusivamente de carácter difuso, al control de la constitucionalidad de las leyes que ejerce la Corte Suprema de Justicia en Venezuela, de carácter monopolísticamente concentrado.

En efecto, como ya hemos dicho en el control difuso de la constitucionalidad de las leyes, que en Venezuela ejercen todos los órganos jurisdiccionales conforme al artículo 20 del Código de Procedimiento Civil, cuando un juez desaplica una ley que estima inconstitucional aplicando preferentemente la Constitución, esa decisión no afecta la validez de la ley, por lo que sólo tiene efectos declarativos, que se aplican *in casu et inter partes*, y se extienden *pro pretaerito*. En palabras de A. y S. Tune en su magistral análisis del sistema constitucional norteamericano sobre la decisión de desaplicar una ley por inconstitucional en Estados Unidos: "La Ley no es ni derogada ni anulada. Ella es pura y simplemente desconocida como si no fuera una ley sino, si se quiere, una simple apariencia de ley, y los derechos de las partes son regulados como si ella no hubiera sido nunca aprobada. La decisión del juez se limita, pura y simplemente a ignorar la ley. ..". Del principio según el cual una ley inconstitucional se la considera como si nunca hubiera sido aprobada, "deriva el efecto retroactivo de la declaración de inconstitucionalidad"...[1246].

Por tanto, la "retroactividad" de la declaratoria de no aplicabilidad de la ley, tiene sólo sentido bajo el ángulo de que el juez estima que ella nunca ha surtido efectos, es decir, de que los efectos de la declaración de inconstitucionalidad operan *ex tune*,

---

1241 Lo que implica la irreversibilidad de sus decisiones. Véase artículo 211 de la Constitución. La doctrina, sin embargo, ha sido establecida desde hace muchos años por la propia Corte. Véase, por ejemplo, sentencia de la CEF en SPA de 17-11-38 en M., *1939*, pp. 330 y ss.

1242 Véase sentencia de la CSJ en SPA de 4-3-41 en M., *1942*, pp. 128 a 130.

1243 Véase, por ejemplo, sentencia de la CFC en SPA de 3-5-39 en M., *1940*, p. 217; y de 17-4-41 en M., *1942*, pp. 182 y ss.

1244 Véase sentencia de la CSJ en SPA de 20-1-66 en *GF.*, Nº 51, 1968, p. 13

1245 Véase, por ejemplo, el Proyecto de Ley de la Jurisdicción Constitucional en CAP, *Informe sobre la Reforma de la Administración Pública Nacional*, Caracas, 1972, vol. II, pp. 47 y ss. La Ley Orgánica de la Corte Suprema de Justicia de 1976, sólo transitoriamente, regula básicamente los aspectos más importantes del procedimiento contencioso-administrativo.

1246 Véase A. y S. Tune, *Le Système Constitutionnel des Etats Unis d'Amerique*, París, 1954, volumen II, pp. 294 y 295.

al ser una decisión mero declarativa de una inconstitucionalidad o nulidad preexistente. En este sentido, por ejemplo, la apreciación de la inconstitucionalidad de la ley ya derogada, pero que se aplicó durante su vigencia al caso concreto que el juez está conociendo, tiene justificación, pues la declaratoria de inaplicabilidad de la ley, al ignorar su existencia, tiene sentido para el proceso, aun cuando la ley esté derogada en el momento de la decisión. Por ello se ha dicho que la decisión judicial que se pronuncia en el control de la constitucionalidad de las leyes, como sucede con el control difuso, tiene "efectos retroactivos", evidentemente que pueden anularse las leyes derogadas, ya que así se pone término a los efectos que la ley, durante su vigencia, pudo producir[1247].

Conforme a lo anteriormente señalado, puede entonces estimarse como claro que la decisión de desaplicar una ley inconstitucional en los sistemas difusos de control de la constitucionalidad de las leyes, entre los cuales se incluye el que se ejerce en Venezuela conforme al artículo 20 del Código de Procedimiento Civil, si bien tiene sólo y exclusivamente efectos *interpartes,* equivale a una decisión mero declarativa, de efectos retroactivos *pro pretérito* o *ex tunc.* El juez no anula la ley al ejercer este control, sino que sólo declara o constata una inconstitucionalidad preexistente, por lo que ignora la existencia de la Ley (la considera inexistente) y no la aplica al caso concreto cuyo conocimiento jurisdiccional le corresponde.

Pero como hemos dicho, los efectos del control difuso de la constitucionalidad de las leyes son completamente diferentes a los efectos que produce el ejercicio del control concentrado de la constitucionalidad cuando la Corte Suprema de Justicia declara la nulidad (anulación) de una ley por inconstitucionalidad. En efecto, en estos casos, cuando la Corte Suprema de Justicia ejerce sus atribuciones previstas en el artículo 215 ordinales 30 y 40 de la Constitución, "declara la nulidad" de la ley, es decir, anula la ley, la cual hasta el momento en que la sentencia de la Corte se publica, es válida y eficaz, habiendo surtido todos los efectos no obstante su inconstitucionalidad; y esto en virtud de la presunción de constitucionalidad que las leyes tienen[1248], equivalente, *mutatis mutandis,* a la presunción de la legalidad que acompaña a los actos administrativos[1249].

En efecto, tal como lo señala Mauro Cappelletti al insistir en la diferencia entre los métodos difuso y concentrado del control de la constitucionalidad.

"Puede afirmarse que mientras el sistema estadounidense de control judicial de la constitucionalidad de las leyes, tiene el carácter de un control meramente declarativo, a la inversa, el austriaco asume la naturaleza de un control constitutivo de la validez y de la consiguiente ineficacia de las leyes contrarias a la Constitución, y de aquí se concluye con plena coherencia, que, mientras en el primer sistema (de eficacia meramente declarativa operan *ex tunc,* o sea, retroactivamente —se trata en efecto, repito de la simple declaración de una nulidad

---

1247 Véase J. G. Andueza, *La jurisdicción constitucional en el derecho venezolano,* Caracas, 1955, pp. 56-57.

1248 *Cfr.* J. G. Andueza, *op. cit.,* p. 90.

1249 Véase Allan R. Brewer-Carías, *Las Instituciones Fundamentales del Derecho Administrativo y Jurisprudencia Venezolana,* Caracas, 1964, p. 31.

absoluta preexistente—, en el sistema austriaco, por el contrario, la eficacia (constitutiva, es decir, de anulación) de la sentencia de inconstitucionalidad obra *ex nunc,* y por lo tanto, *pro futuro,* excluyéndose una retroactividad de la eficacia de anulación" [1250].

A esta diferencia entre el control difuso y el control concentrado de la constitucionalidad de las leyes, hay que agregar otra complementaria y también fundamental: la naturaleza "general" de la anulación, que si bien carece de eficacia retroactiva, pues como se dijo la misma es *ex nunc o pro futuro,* opera sin embargo *erga omnes*[1251].

Ahora bien, así como puede afirmarse que la generalidad de los sistemas de control concentrado de la constitucionalidad de las leyes que nos muestra el derecho comparado, establecen indudablemente los efectos generales de las sentencias del Tribunal Supremo o Corte Constitucional que declare la nulidad por inconstitucionalidad de una ley y su eficacia *ex nunc,* es decir, sólo hacia el futuro, asimismo sucede con el control de la constitucionalidad de las leyes que ejerce en forma concentrada, la Corte Suprema de Justicia en Corte plena, conforme a los ordinales 3° y 4° del artículo 215 de la Constitución. Es más, puede afirmarse que en ninguno de los sistemas concentrados del control de la constitucionalidad de las leyes que se conocen, se atribuye efectos generales hacia el pasado, es decir, *ex nunc, pro pretaerito* a todas las sentencias declaratorias de nulidad por inconstitucionalidad, las cuales no son mero declarativas, ni tienen efecto retroactivos, sino que son sólo constitutivas; y en los sistemas italianos y alemán, éstos son restringidos fundamentalmente al ámbito penal[1252]. Y la solución de estas dos legislaciones—la italiana y la alemana— es lógica, pues si bien sería monstruoso, por las repercusiones que tendría sobre la seguridad jurídica, pretender que las sentencias declaratorias de la nulidad

---

1250 Véase Mauro Cappelletti, *loc. cit.,* pp. 58 y 59. Subrayado en el original.

1251 21. Véase, por ejemplo, sentencia de la CFC en SPA de 17-11-38 en *M., 1939,* pp. 330 a 334; sentencia de la CF de 19-6-53 en *GF.,* N° 1, 1953, pp. 77 y ss.; y sentencia de la CSJ en CP de 29-4-65 publicada por la *Imprenta Nacional,* 1965, pp. 113 y 116.. *Cfr. Doctrina PGR, 1963,* Caracas, 1964, pp. 199 a 201. En otras palabras, tal como Cappelletti señala, "una vez pronunciada la sentencia de constitucionalidad, la ley respectiva es privada de efectos de manera general, ni más ni menos que si hubiere sido abrogada por una ley posterior, y, por el contrario, recuperan su vigencia las disposiciones legislativas anteriores a la ley de inconstitucionalidad" *(loc. cit.,* p. 59 —subrayado del autor—); siendo los efectos del control concentrado de la inconstitucionalidad radicalmente distintos a los efectos particulares *inter partes* del control difuso de la constitucionalidad, tal como se ha visto.

1252 Tal es el supuesta por ejemplo, de la Ley Constitucional italiana de 11 de marzo de 1953, que establece las normas complementarias de la Constitución en lo concerniente a la Corte Constitucional, cuyo artículo 30 expresa:

"Las normas declaradas inconstitucionales no pueden ser aplicadas a partir del día siguiente a la publicación de la decisión. Cuando- en aplicación de la norma declarada inconstitucional haya sido pronunciada una sentencia irrevocable, cesará su ejecución y todos los efectos penales" (Véase F. Rubio Llorente, *La Corte Constitucional Italiana,* Cuadernos del Instituto de Estudios Políticos, NQ 8, UCV, Caracas, 1966, p. 53). Asimismo la Ley del Tribunal Constitucional Federal Alemán de 12 de marzo de 1951, establece que "permanecen inmutables las resoluciones firmes, apoyadas en una norma declarada nula" por el Tribunal Constitucional Federal, aun cuando "es admisible la revisión del procedimiento según los preceptos de la Ley de Procedimiento Penal, contra una sentencia penal formal apoyada" sobre la misma norma declarada nula (Véase Art. 79 en F. Rubio Llorente, "El Tribunal Constitucional Alemán", *Revista de la Facultad de Derecho,* UCV, N* 18, Caracas, 1959, p. 154).

por inconstitucionalidad de una ley tengan efectos mero declarativos, y que, por tanto, se tuvieran como nunca dictados o cumplidos los actos realizados antes de que la ley fuera declarada nula, asimismo podría resultar injusto que en los casos penales, las sentencias adoptadas conforme a una ley declarada posteriormente nula, no fueran afectados por la anulación por inconstitucionalidad. De ahí la excepción respecto de los casos penales que la legislación italiana y alemana establece para el principio de que los afectos de las sentencias declaratorias de nulidad por inconstitucionalidad sólo se producen hacia el futuro. Es más, la misma situación pragmática del conflicto que puede surgir entre la seguridad jurídica y las sentencias penales, ha llevado a la jurisprudencia norteamericana a establecer excepciones al principio contrario: hemos visto que en Estados Unidos, el control constitucional es de carácter difuso, siendo los efectos de las sentencias declaratorias de inconstitucionalidad de carácter retroactivo, por ser mero declarativas; hemos señalado que, en principio, el ámbito de dichas sentencias es *ínter partes,* pero que en virtud de la técnica de los precedentes, y de la regla *stare decisis* las mismas adquieren carácter general obligatorio. Sin embargo, a pesar de ello, la jurisprudencia ha extendido el carácter retroactivo sólo a los casos penales, respetando, al contrario, los efectos cumplidos en materias civiles, y administrativas en base a una ley declarada inconstitucional[1253].

Ahora bien, siendo el control de la constitucionalidad de las leyes atribuido por la Constitución a la Corte Suprema de Justicia[1254] un control similar a los denominados concentrados en el derecho comparado, es evidente que los efectos de la declaratoria de nulidad por inconstitucionalidad de una ley, en ausencia de norma expresa constitucional o legal alguna, sólo pueden ser producidos *erga omnes* pero hacia el futuro; es decir, las sentencias son en principio constitutivas, *pro futuro y* sus efectos *ex nunc* no pueden extenderse hacia el pasado (no pueden ser retroactivas). Puede decirse que este ha sido el criterio no sólo seguido por la doctrina venezolana, por cierto escasa[1255], sino por la jurisprudencia de la Corte Suprema de Justicia, aun cuando en uno que en otro caso, la Corte no ha sido consecuente. En efecto, como se ha señalado, la Corte Suprema de Justicia en Venezuela está dividida en tres Salas: Sala Político-Administrativa; Sala de Casación Civil y Sala de Casación

---

1253 Véase J. A. C. Grant, "The legal effect of a rulling that a statute is inconstitucional" *Detroit College of Law Review,* 1978, pp. 207-237, *Cfr.* M. Cappelletti, "El control jurisdiccional de la constitucionalidad de las leyes en el derecho comparado", *Revista de la Facultad de Derecho,* 65, México, 1966, pp. 63-64.

1254 Art. 215, Ords. 3o y 4°.

1255 En su libro sobre *La Jurisdicción Constitucional en el Derecho Venezolano (cit),* José Guillermo Andueza ha sido abundante y terminante en la demostración de que la sentencia de declaratoria de nulidad por inconstitucionalidad es de carácter constitutivo, pues "la presunción de constitucionalidad de que gozan los Poderes Públicos se hace que éstos produzcan todos sus efectos jurídicos hasta tanto la Corte no pronuncie su nulidad. En consecuencia, la sentencia de la Corte deberá necesariamente respetar los efectos que el acto estatal produjo durante su vigencia" (93), pues "ella realiza una modificación en los efectos del acto estatal. Es decir, la sentencia hace ineficaz un acto que antes era válido" (p. 94). Conforme al mismo Andueza y en acuerdo con la más ortodoxa doctrina, "lo que caracteriza a las sentencias constitutivas es la ausencia de efectos retroactivos. Ellas continúan siempre *pro futuro, ex nunc;* es decir, que la sentencia produce sus efectos desde el día de su publicación" (p. 94). No compartimos, por tanto, la opinión de Humberto J. la Roche, *El control Jurisdiccional en Venezuela y Estados Unidos,* Maracaibo, 1972, p. 153.

Penal, y puede además funcionar en Pleno[1256]. De acuerdo a la Constitución y a la Ley Orgánica[1257], el control de la constitucionalidad de las leyes corresponde a la Corte en Pleno, y respecto de algunos otros actos estatales, a su Sala Político-Administrativa, y tanto la Corte en Pleno como la Sala Político-Administrativa han sostenido el carácter constitutivo de los efectos de las sentencias en materia de control de la constitucionalidad; criterio que ha sido contradicho por la Sala de Casación Civil, la cual no tiene poderes de control concentrado de la constitucionalidad.

B. El criterio de las Salas con competencia en materia de control de la constitucionalidad: La Corte en Pleno y la Sala Político-Administrativa

La antigua Corte Federal y de Casación en 1940 con razón sostuvo el criterio de que:

> "las leyes se dictan para que tengan ejecución, debiendo por ello, ser cumplidas aun cuando su existencia por razones de adecuada impugnación, sufra la contingencia de su nulidad constitucional. Sólo se extingue su vigencia por la sentencia definitiva declaratoria de haber lugar a dicha impugnación"[1258].

En otras palabras, en la sentencia de la Corte de declaratoria de nulidad por inconstitucionalidad de una Ley, ésta se limita a "proclamar la extinción jurídica" de la ley impugnada[1259]. Es decir, la Corte ha sostenido que las leyes producen todos los efectos hasta tanto no sean declaradas nulas; pues como ha señalado en otra decisión, "los actos anulables son válidos y, una vez consumados, surten plenamente sus efectos, mientras no sea declarada su nulidad"[1260], y si bien los efectos de sus sentencias declaratorias de nulidad por inconstitucionalidad son de carácter general, erga omnes[1261], es evidente que las decisiones de la Corte en materia de inconstitucionalidad al declarar nula una ley, entran a formar parte, mutatis mutandis, de "una legislación especial emergente del Poder Constituyente secundario que en tales materias ejerce este Alto Tribunal"[1262], pues esas decisiones "tienen carácter de disposiciones complementarias de la Constitución y leyes de la República"[1263] o, en otras palabras, como lo ha dicho expresamente la Corte, los efectos de dichas decisiones "se entienden erga omnes y cobran fuerza de ley"[1264].

Por tanto, si la ley declarada nula por inconstitucionalidad en virtud de la decisión judicial, como dice Cappelletti, "es privada de efectos de manera general, ni

---

1256 Art. 212 Constitución, y Art. 24 LOCSJ.

1257 Arts. 216 y 43.

1258 Sentencia de la CFC de 20-12-40, cit. por J. G. Andueza, op. cit., p. 90.

1259 Véase sentencia de la CSJ en SPA de 20-1-66 en GF, Nº 51, 1966, p. 13.

1260 Véase sentencia de la CSJ en SPA de 15-2-67 en GF, Nº 55, 1967, p. 70.

1261 Cfr. sentencias de la CFC en SPA de 17-11-38, M., 1939, p. 330; de 21-3-39, en M., 1940, p. 176; de 16-12-40 en M., 1941, p. 311; y de la CF de 19-6-53, en GF., Nº 1, 1953, pp. 77 y 78.

1262 Véase sentencia de la CFC en SPA de 16-12-40, en M., 1941, p. 311.

1263 Véase sentencia de la CFC en SPA de 21-3-39, en M., 1940, p. 176.

1264 Véase sentencia de la CF de 19-6-53 en GC, Nº 1, 1953, pp. 77 y 78.

ALLAN R. BREWER-CARIAS

más ni menos como si hubiera sido aprobada por una ley posterior"[1265], es claro que así como una ley no puede tener efectos retroactivos, la sentencia declaratoria de nulidad por inconstitucionalidad, que tiene, como lo sostiene la jurisprudencia venezolana "fuerza de ley", tampoco puede tener efectos retroactivos; y tan lógica es esta afirmación, que en algunos sistemas constitucionales latinoamericanos, el principio clásico de la irretroactividad de las leyes[1266] fue extendido a las sentencias del Tribunal de Garantías Constitucionales[1267].

Este principio de la irretroactividad de los efectos de las decisiones de la Corte Suprema declaratorias de nulidad por inconstitucionalidad de las leyes, que surge de su carácter constitutivo y no declarativo, ha sido reconocido expresamente por la misma Corte Suprema en Sala Político-Administrativa en 1965, cuando al declarar la nulidad por inconstitucionalidad de una Ordenanza Municipal que creó un impuesto contraviniendo la prohibición contenida en el artículo 18, ordinal 4, de la Constitución, rechazó la solicitud del recurrente de "que se condene a la Municipalidad, al reintegro de las sumas de dinero que haya recabado indebidamente, por concepto de cobro de la contribución discutida... por considerar que ella no está ajustada a derecho"[1268]. En esta forma, la Corte reconoció el carácter constitutivo, de efectos hacia el futuro, de su decisión de nulidad de la Ordenanza, pues de lo contrario, si hubiera estimado que los efectos de la decisión eran mero declarativos, *ex tunc,* hubiera procedido a condenar a la Municipalidad al reintegro solicitado.

Posteriormente, en 1968, la Corte insistió en la presunción de legitimidad de las leyes al señalar que "los actos legislativos nacionales una vez sancionados y promulgados conservan su validez y eficacia hasta que no sean derogados por el cuerpo que los dictó o anulados por la Corte, y, entre tanto, su legitimidad ampara también las actuaciones de otras autoridades en conformidad con los poderes que les atribuyen"[1269], por lo que una vez declarada la nulidad de la ley por inconstitucionalidad,

---

1265 Véase M. Cappelletti, *loc. cit.,* p. 59.

1266 Artículo 44 de la Constitución.

1267 Véase el Art. 141,4 de la Constitución de Ecuador de 1938, *Cfr.* J. G. Andueza, *op. cit.,* p. 94.

1268 Véase sentencia de la CSJ en SPA de 18-11-65 en *GF.,* N° 50, 1967, p. 111. Este ha sido el criterio también de la antigua Corte Federal y de Casación, al decidir expresamente en una sentencia de 27 de febrero de 1940, la siguiente: "Se observa: la sentencia recurrida para declarar sin lugar la acción intentada se fundamenta en que la Ordenanza Municipal que dio motivo a la multa impuesta al actor por infracción de uno de sus artículos, fue dictada por una autoridad competente y surtió todos sus efectos hasta el día en que fue declarada nula por la Corte Federal y de Casación, que era el Tribunal revestido de competencia para ello, por lo que los efectos del fallo de Casación no pueden retrotraerse a la fecha de vencimiento de la Ordenanza sino que se producen a partir de la fecha de dicho fallo; y como por otra parte el actor al no apelar de la multa se conformó con la sanción fiscal que le fue impuesta, concluye la recurrida que no hubo pago de lo indebido y por tanto son improcedentes los daños y perjuicios reclamados como consecuencia de aquel pago. Esta Corte considera que los fundamentos expuestos, en que se apoya la recurrida, están ajustados a los principios legales que rigen la materia. En nuestro Derecho Administrativo las Ordenanzas Municipales dictadas en virtud de las atribuciones que la Constitución Nacional concede a las Municipalidades 'tienen el carácter de leyes locales, y coma tales cabe aplicarles la regla de la no retroactividad de sus disposiciones. Siendo esas Ordenanzas la obra de una autoridad administrativa, revestida de una parte del Poder Público, dichos actos conservan toda su validez jurídica aún en el caso de adolecer de vicios que los haga anulables, mientras esta nulidad no haya sido pronunciada por el Tribunal competente'" Véase sentencia de la CFC en SPA de 27-2-40 en *M., 1941,* p. 20.

1269 Véase sentencia de la CSJ en SPA de 13-2-68 en *GF.,* N° 59, 1969, p. 85.

si se le dieran efectos retroactivos de dicha declaratoria, ello equivaldría a dejar sin efecto todos los actos cumplidos en ejecución de la ley, con grave perjuicio para la seguridad jurídica.

En el mismo año 1968, la Corte Suprema incidentalmente reconoció el carácter constitutivo y no declaratorio de sus sentencias al sostener que:

> "los efectos de las decisiones que dicte la Corte al ejercer esta atribución (el control jurisdiccional de la constitucionalidad de las leyes) sólo se extiende al tiempo durante el cual subsista (hacia el futuro, por supuesto) la vigencia del precepto constitucional en que aquéllas (las decisiones de la Corte) se hayan basado. Por consiguiente, es posible que una disposición legal anulada por ser contraria a la Constitución —pero que de hecho haya seguido formando parte de un instrumento legal no derogado— recobre su eficacia jurídica al entrar en vigencia una norma que derogue la norma constitucional en que se haya apoyado la Corte, para declarar la nulidad de aquélla, o que cambie radicalmente el régimen anteriormente establecido"[1270].

Si es posible el planteamiento que hace la Corte en esta decisión, es precisamente porque los efectos cumplidos por la ley declarada nula antes de esa decisión quedaron incólumes, por los efectos constitutivos de la sentencia. De lo contrario, el trastorno del ordenamiento jurídico sería insostenible, pues si las decisiones de la Corte en ejercicio del control jurisdiccional de la constitucionalidad de las leyes tuvieran efectos retroactivos, es decir, fueran mero declarativas, *ex nunc,* no sólo los actos cumplidos con anterioridad a la decisión judicial conforme a la ley declarada nula por inconstitucional serían inexistentes, sino que nunca podría darse el supuesto de que la ley recobrase su vigencia si la Constitución conforme a la cual se declaró su inconstitucionalidad, se modifica, como lo plantea la Corte. Por ello, insistimos, en nuestro criterio, en Venezuela los efectos de las decisiones de la Corte Suprema declaratorias de nulidad por inconstitucionalidad de las leyes, son los propios de las sentencias constitutivas, es decir, que sólo producen efectos hacia el futuro.

Esta afirmación, por otra parte, se deduce de otras decisiones de la propia Corte Suprema de Justicia, en relación a solicitudes de nulidad por inconstitucionalidad de leyes ya derogadas. En efecto, puede afirmarse, como lo señala J. G. Andueza, "que la posición que se adopte en torno a esas solicitudes, depende de la posición que se tenga sobre los efectos de la sentencia de inconstitucionalidad". Si a ésta se le atribuyen efectos retroactivos, evidentemente que pueden anularse las leyes derogadas, ya que así se pone término a los efectos que la ley, durante su vigencia, pudo producir. Pero si la sentencia sólo rige *pro futuro,* resulta contradictorio que pueda anularse una ley que no existe, ya que los efectos producidos durante su vigencia no pueden destruirse en virtud del principio que ampara a todo acto estatal, el de la presunción de constitucionalidad[1271].

Puede decirse, en base a esta alternativa, que las decisiones de la Corte con posterioridad a 1949 han sido denegatorias de las solicitudes de nulidad de leyes dero-

---

1270 Véase sentencia de la CSJ en SPA de 19-12-68 en *GF.,* N° 63, 1969, p. 112.

1271 Véase J. G. Andueza, *op. cit.,* pp. 56 y 57.

gadas. En efecto, si bien en 1940 la Corte Suprema sostuvo que había interés en demandar la nulidad de una ley derogada, pues, "la anulación obra retroactivamente y suprime todos los efectos que había producido la aplicación de la ley nula"[1272], ese criterio fue cambiado radicalmente a partir de 1949, no sólo en relación a la no admisibilidad de recursos de inconstitucionalidad de leyes ya derogadas, sino en relación a los efectos sólo constitutivos de las sentencias de la Corte declaratorias de nulidad por inconstitucionalidad de las leyes.

En efecto, en 1949, la Corte sostuvo que "las facultades constitucionales de control de la constitucionalidad dé este Alto Tribunal sólo se refieren a las leyes vigentes", por lo que al solicitarse la nulidad por inconstitucionalidad de una ley derogada "la Corte carece de materias sobre qué decidir"[1273]. En 1966, la Corte Suprema de Justicia, en Sala Político-Administrativa, sostuvo el mismo criterio, al precisar que entre las circunstancias determinantes de la relación procesal en el recurso de inconstitucionalidad, "tiene especial relieve la existencia misma del acto impugnado por inconstitucionalidad cuya validez o nulidad viene a constituirse, precisamente, en la materia u objeto del proceso", por lo que al solicitarse la nulidad de un acto que ya ha cesado de su vigencia, el recurso "carece de objeto"[1274].

Ahora bien, conforme a este criterio sostenido por la Corte, es evidente que en Venezuela, como principio general, las sentencias declaratorias de nulidad por inconstitucionalidad de las leyes tienen efectos generales *erga omnes,* pero sólo se extienden hacia el futuro en el sentido de que las mismas anulan una ley que si bien produjo sus efectos hasta el momento de la publicación de la sentencia, la misma se extingue jurídicamente a partir de ese momento. Los efectos de la sentencia, en este sentido, no pueden ser retroactivos, propios de las sentencias mero declarativas, sino sólo *pro futuro,* propios de las sentencias constitutivas[1275].

En nuestro propio criterio, no hay, por tanto, duda en torno a que en Venezuela el control jurisdiccional de constitucionalidad de las leyes que realiza la Corte Su-

---

1272 Véase sentencia de la CPC en SPA de 13-1-40 en *M., 1941,* p. 102.

1273 Véase sentencia de la CFC en CP de 21-12-49, en *GF.,* N° 1, 1949, p. 15.

1274 Véase sentencia de la CSJ en SPA de 20-1-66, en *GF,* N° 51, 1968, pp. 13 y 14.

1275 Este y no otro fue, por ejemplo, el criterio seguido en la Corte en la sentencia que declaró la nulidad por inconstitucionalidad del artículo 20 de la ley aprobatoria del Contrato celebrado entre el Ejecutivo Nacional y el Banco de Venezuela, S. A., dictada el 15 de marzo de 1962 (Véase sentencia de la CSJ en CP en *GO.,* N° 760, Extr. de 2-3-62), y para darse cuenta de ello basta recoger la opinión del Magistrado Ponente de dicha sentencia, José Gabriel Sarmiento Núñez, sostenida en su voto salvado a la sentencia de la Corte Suprema de Justicia que declaró sin lugar la demanda de nulidad por inconstitucional del ordinal 14 del artículo 11 de la Ley aprobatoria del Tratado de Extradición suscrito entre Venezuela y los Estados Unidos de Norteamérica el 29 de abril de 1965. En dicho voto salvado el Magistrado Ponente de la sentencia de declaratoria de nulidad del artículo 20 de la Ley aprobatoria del contrato celebrado entre el Ejecutivo Nacional y el Banco de Venezuela, al insistir en la distinción entre el control difuso y el concentrado de la constitucionalidad de las leyes en Venezuela, señaló que en el primero, el que ejercen los Tribunales conforme el artículo 7 del Código de Procedimiento Civil, la decisión "tiene un carácter relativo, ya que afecta sólo al caso concreto controvertido y no obliga las futuras de -ese u otros tribunales. En cambio, lo decidido al respecto por la Corte Suprema de Justicia (en el control concentrado) tiene un carácter, absoluto: la nulidad de la ley es proclamada *erga omnes,* o sea, frente a todos los casos, y surte efectos *ex tune (sic),* es decir, a partir de la decisión". (Véase sentencia de la CSJ en CP de 29-4-65, publicada por la *Imprenta Nacional,* 1965, p. 74).

prema de Justicia conforme al artículo 215, ordinales 3° y 4°, de la Constitución, siendo equivalente a los controles denominados "concentrados" en el derecho comparado, tiene por objeto la anulación de las leyes ("declarar la nulidad" dice la Constitución, y no "declarar la inconstitucionalidad"); anulación que se realiza con efectos *erga omnes*. Los cuales se extienden *pro futuro (ex nunc)* mediante una sentencia de las denominadas "constitutivas", por oposición a las "declarativas"[1276], salvo que se trate de casos de nulidad absoluta, en virtud de expresas disposiciones constitucionales, tal como se verá.

C. *El criterio contradictorio de la Sala de Casación Civil de la Corte Suprema*

Sin embargo, esta posición que ha seguido pacíficamente la Corte Suprema de Justicia en Corte Plena y en Sala Político-Administrativa, a través de las cuales el Supremo Tribunal ejerce su competencia para anular las leyes y otros actos estatales de efectos generales, ha sido contradicha por la misma Corte Suprema de Justicia en Sala de Casación Civil, Mercantil y del Trabajo, en una sentencia de 10 de agosto de 1978, en la cual esta Sala, con motivo de conocer de un recurso de casación, entró a decidir y determinar los efectos de las sentencias de la Corte Plena declaratorias de nulidad de las leyes.

En efecto, la decisión de la Sala de Casación Civil fue dictada después de una sentencia de la Corte en Pleno de 15 de marzo de 1962 por la cual se declaró la nulidad por inconstitucionalidad de un artículo de la Ley aprobatoria de un contrato suscrito por la República con un banco privado para la prestación del servicio auxiliar de la Tesorería Nacional; artículo que exoneraba al banco del pago de impuestos municipales. Ahora bien, una vez anulada esa norma por la Corte en Pleno, la Municipalidad del Distrito Federal demandó civilmente a la referida institución bancaria por el pago de los impuestos causados durante los diez años precedentes a la sentencia de la Corte, que es el lapso de prescripción de las contribuciones municipales, atribuyendo a dicha sentencia declaratoria la nulidad, efectos *ex tunc,* es decir, declarativos y retroactivos. El banco, al contrario, alegó el carácter constitutivo de la misma, y la Corte Suprema, en Sala de Casación Civil, Mercantil y del Trabajo en la mencionada sentencia de 1978, al conocer en Casación de una sentencia del Tribunal Civil que había condenado al banco al pago de los impuestos demandados, resolvió lo siguiente aplicando, como dijo, "su propia doctrina":

"Las leyes son constitucionales o inconstitucionales. Las primeras lo son porque se ajustan a las normas de la Constitución Nacional vigente; las segundas

---

1276 En este sentido, debe señalarse que este criterio* universal en el derecho comparado y aceptado por la jurisprudencia y doctrina venezolana, ha sido acogido por los proyectistas de la Ley de la Jurisdicción Constitucional, al establecer en el artículo 19 del proyecto lo siguiente: "Las normas declaradas inconstitucionales no podrán ser aplicadas ni tendrán efecto alguno desde el día siguiente a la publicación en la *Gaceta Oficial* de la sentencia o, a falta de publicación, a partir del décimo día de su firma. Cuando en virtud de ellas hubiese sido pronunciada una sentencia firme de condena en curso de ejecución, cesará ésta y con ella todos los demás efectos penales". (Véase Proyecto de Ley de la Jurisdicción Constitucional elaborado por los profesores Sebastián Martín-Retortillo, Francisco Rubio Llorente y Allan R. Brewer-Carías, en CAP, *Informe sobre la Reforma de la Administración Pública Nacional*, CAP, Caracas, 1972, vol. II, p. 551).

son inconstitucionales cuando presentan violaciones o colisiones que contrarían el contenido de las normas constitucionales. Hasta tanto su inconstitucionalidad no sea declarada, una presunción de legitimidad las hace obligatorias; pero, si la declara, aquella presunción resulta fulminada por la declaratoria de nulidad y todo lo que significó en el pasado queda borrado, o sea, que la sentencia que declara la nulidad de una ley por inconstitucionalidad es de naturaleza declarativa, con efectos, en principio, hacia el pasado; retroactivos, *ex tune*. Esta conclusión está francamente inspirada en principios lógicos por cuanto la declaratoria de nulidad consigue restablecer el ordenamiento jurídico alterado por la Ley inconstitucional. Esta es la doctrina sustentada por expositores tanto patrios como extranjeros de gran autoridad que la Sala no vacila en acoger. De ahí que sea correcto el criterio del fallo recurrido al considerar declarativa la sentencia anulatoria por inconstitucionalidad del Art. 20 de la Ley Aprobatoria de la prórroga del contrato celebrado entre Ejecutivo Federal y el Banco de Venezuela dictada por la Corte Suprema de Justicia el 15 de marzo de 1962, en el juicio intentado por la Municipalidad del Distrito Federal contra el recurrente. Habiendo sido impugnada dicha Ley por la vía de la acción principal y directa de inconstitucionalidad, la nulidad pronunciada por el Supremo Tribunal es incuestionablemente de carácter declarativo absoluto lo que hace que sus efectos se proyecten tanto hacia el pasado *(ex tune)* como hacia el futuro *(ex nunc)*. *Autores de gran autoridad enseñan que "la ley declarada inconstitucional debe considerarse, para todos los efectos, como si jamás hubiese poseído eficacia jurídica". Esta doctrina se deriva de precisos textos constitucionales, al atribuirse a la Suprema Corte la potestad de "declarar la nulidad total o parcial de leyes nacionales", sin señalarse en ellos cuál sea la naturaleza o carácter de tal nulidad. Sin embargo, dentro de esta doctrina se admite la posible existencia de casos límites, como ocurre cuando consideraciones de suprema equidad o de interés público eminente, aconsejan atemperar sus rigurosos efectos. Así sucede, entre otros, con la cosa juzgada que emerge de sentencias definitivamente firmes, cuya inmutabilidad debe en principio mantenerse. Mas, en el caso de especie esta situación excepcional no es procedente, pues el interés en juego es de eminente carácter privado. De ahí que la sentencia de la Corte Suprema de Justicia de 15 de marzo de 1962 que dispuso la nulidad por inconstitucional del Art. 20 de la citada Ley aprobatoria del contrato celebrado entre el Ejecutivo Nacional y el Banco de Venezuela por ser de carácter declarativo sus efectos ex tune son propios y normales de este tipo de sentencia, por lo que al condenar al Instituto a pagar los impuestos demandados, no violó los preceptos señalados en la denuncia"*[1277].

En esta forma, la propia Corte Suprema de Justicia, con motivo de decisiones de sus respectivas Salas, ha sentado criterios contradictorios: en Corte Plena y en Sala Político-Administrativa, ha mantenido el criterio del carácter constitutivo, de efectos *pro futuro, ex nunc* de sus sentencias declaratorias de nulidad por inconstitucionalidad de las leyes y demás actos estatales de efectos generales que pueden impugnarse por medio de la acción popular; en cambio, la Sala de Casación Civil, la cual por

---

1277 Véase en *Gaceta Forense,* N° 101, año 1978, pp. 591-592.

cierto no tiene competencia alguna para declarar la nulidad por inconstitucionalidad de las leyes y otros actos estatales de efectos generales, sino que su competencia está reducida básicamente a conocer del recurso de casación, resulta que atribuye a las sentencias de la Corte Plena y de la Sala Político-Administrativa efectos distintos a los aceptados por estas mismas, al decir que las sentencias de aquellas declaratorias de nulidad por inconstitucionalidad, tienen carácter declarativo (no constitutivo), de efectos *pro pretaerito* (no *pro futuro) y ex tunc* (no *ex nunc).*

Esta es, sin duda, una contradicción inadmisible no sólo porque la Sala de Casación Civil de la Corte Suprema no tiene competencia para declarar la nulidad de las leyes, sino porque al atribuirle efectos *ex tune* a las sentencias de otra Sala y de la Corte Plena, contra el criterio de estas mismas, lo ha hecho en forma errónea, al recurrir a criterios doctrinales relativos al control difuso de la constitucionalidad y aplicarlos al control concentrado de la constitucionalidad, lo cual es absolutamente inadmisible.

En todo caso, en el centro de ambas interpretaciones a partir de 1976 está el artículo 131 de la Ley Orgánica de la Corte Suprema de Justicia, el cual atribuye, tanto a la Corte Plena como a la Sala Político-Administrativa, la potestad de establecer "los efectos de sus decisiones en el tiempo", con lo que a pesar de que en principio, los efectos de sus decisiones declaratorias de nulidad por inconstitucionalidad deben seguir siendo, como en todos los sistemas concentrados de justicia constitucional, de carácter constitutivo, y de efectos *pro futuro, ex nunc*[1278], la Corte puede corregir los efectos desfavorables que la rigidez de este principio pueda provocar, particularmente en el campo de los derechos y garantías constitucionales, y atribuirle a sus sentencias efectos retroactivos, *pro pretaerito, ex tunc.*

Por supuesto, incluso en estos casos relativos a los derechos y garantías constitucionales en nuestro criterio el problema de la rigidez del principio de los efectos *ex nunc, pro futuro* de la sentencia anulatoria de una ley, y que podría significar que la Ley violatoria de una garantía constitucional, a pesar de su declaratoria de nulidad, pudo producir efectos hasta que se produjo esa declaratoria, queda resuelto, pues es la propia Constitución la que establece una garantía contra esa situación, al declarar la nulidad absoluta de los "actos del Poder Público" —incluso las leyes— que lesionen los derechos y garantías constitucionales[1279].

Por tanto, la nulidad absoluta de ciertos actos expresamente establecidos en la Constitución, es lo que permite que ciertas sentencias de la Corte declaratorias de nulidad de una ley, tengan efecto retroactivo, hacia el pasado, y se las considere como de carácter declarativo, *ex tunc.*

1278 Por ejemplo en sentencia de la Sala Político-Administrativa de la Corte de 23-2-84, al declarar la nulidad por inconstitucional del acto de instalación de una Asamblea Legislativa, la Corte dispuso expresamente que "la presente decisión no tendrá efecto retroactivo alguno en relación con las actuaciones cumplidas por la Asamblea Legislativa" (Consultada en original).

1279 Art. 46 de la Constitución.

VI. LA GARANTÍA OBJETIVA DE LA CONSTITUCIÓN: NULIDAD ABSOLUTA O RELATIVA

En relación a los efectos de las sentencias declaratorias de nulidad por inconstitucionalidad en el tiempo, en realidad, lo que debe clarificarse en el ordenamiento jurídico venezolano, es cuál es la "garantía objetiva de la Constitución" conforme a la terminología acuñada por H. Kelsen[1280] que se establece en el texto fundamental. En otras palabras lo que debemos plantearnos es si en el ordenamiento jurídico-público venezolano, la decisión de declarar la nulidad por inconstitucionalidad que la Corte Suprema puede adoptar respecto de las leyes, sólo se realiza por motivos de anulabilidad o nulidad relativa o, al contrario, la ley declara la nulidad de una ley basada en motivos de nulidad absoluta, porque la Constitución regula casos de nulidad absoluta. Para resolver esta cuestión resulta necesario precisar si todas las leyes inconstitucionales son "actos anulables" o si, por el contrario, existen supuestos de leyes inconstitucionales por vicios tales que sean considerados por el ordenamiento jurídico, como "actos nulos"[1281].

En Venezuela, como hemos dicho, puede admitirse como regla general que las sentencias de la Corte mediante las cuales declara la nulidad de las leyes son constitutivas, siendo, por tanto, las leyes inconstitucionales, en principio, actos estatales afectados de nulidad relativa, es decir, actos anulables, dejando a salvo solamente dos supuestos, y he aquí la excepción de la regla.

En efecto, y a pesar del poder que tiene la propia Corte para determinar los efectos de sus decisiones en el tiempo, en el ordenamiento constitucional venezolano sólo puede llegarse a admitir que las sentencias de la Corte Suprema declaratorias de nulidad de una ley tienen siempre la categoría de sentencias declarativas, produciendo efectos hacia el pasado, en los casos en que la propia Constitución califica a una ley o acto estatal como nulo o ineficaz, supuesto que sólo se regula en los artículos 46 y 119 de la Constitución. En efecto, el artículo 46 de la Constitución contiene la primera de las normas que declara *per se,* la nulidad absoluta de los "actos del Poder Público", en los cuales se incluyen las leyes, la cual establece lo siguiente:

"Todo acto del Poder Público que viole o menoscabe los derechos garantizados por esta Constitución es nulo, y los funcionarios y empleados públicos que lo ordenen o ejecuten incurren en responsabilidad penal, civil y administrativa según los casos, sin que les sirva de excusa órdenes superiores manifiestamente contrarias a la Constitución y las leyes".

Conforme a esta primera excepción expresa, una ley que, por ejemplo, establezca una discriminación fundada en "la raza, el sexo, el credo o la condición social", vio-

---

1280 Véase H. Kelsen, "La garantie juridictionnelle de la Constitution (La Justice constitutionnelle)", *Revue du Droit Public et de la Science Politique en France et á l'étranger,* París, 1928, pp. 212-221.

1281 Tal coma J. G. Andueza lo señala, "la diferencia que existe entre un acto nulo y el anulable debe verse en la naturaleza del pronunciamiento judicial. Si la sentencia es solamente declarativa, con efecto retroactivo, cuando el acto se anula *pro pretérito* podemos afirmar que estamos en presencia de una nulidad absoluta. Por el contrario, cuando el juez dicta una sentencia constitutiva, con efecto *ex nunc, pro futuro,* el vicio solamente tiene como consecuencia la anulabilidad del acto estatal", en *La jurisdicción constitucional en el derecho venezolano,* Caracas, 1955, pp. 92-93.

la expresamente el derecho a la igualdad garantizado en el artículo 61 de la Constitución, o una ley que por ejemplo, regule "penas infamantes o perpetuas" viola abiertamente el artículo 60, ordinal 7 de la Constitución. Ahora bien, conforme al texto constitucional del artículo 46, esas leyes serían "nulas", con vicio de nulidad absoluta, no pudiendo producir ningún efecto jurídico e inclusive no debiendo ser aplicadas por autoridad alguna, so pena de incurrir en responsabilidad. En estos casos, la decisión de la Corte Suprema al declarar la nulidad por inconstitucionalidad de la ley no podría tener otro carácter que el mero declarativo, en virtud del texto expreso de la Constitución. Se trata, en efecto, de la constatación de una nulidad ya establecida en la Constitución, extinguiéndose la ley hacia el futuro y hacia el pasado, en el sentido que en virtud de la propia declaratoria de la ley como "nula" por la Constitución, se considera que ella nunca pudo surtir efectos. Por tanto, en los supuestos en que están en juego los derechos garantizados por la Constitución y que son los que regula el artículo 46 de dicho texto, la sentencia declaratoria de nulidad de la ley inconstitucional, no podría tener efectos constitutivos, ni en consecuencia, podría dejar incólumes los efectos producidos por una ley inconstitucional con anterioridad a la declaratoria de nulidad por la Corte.

El segundo caso de regulación expresa de la excepción al principio del efecto constitutivo de las sentencias de la Corte Suprema declaratoria de nulidad por inconstitucionalidad de las leyes, está contenido en el artículo 119 de la Constitución que establece, que "toda autoridad usurpada es ineficaz, y sus actos son nulos"; y por usurpación de autoridad hay que entender "el vicio que acompaña a todo acto dictado por una persona desprovista totalmente de autoridad"[1282], es decir, "el usurpador es aquel que la ejerce y realiza sin ningún tipo de investidura, ni regular ni prescrita. El concepto de usurpación, en este caso, emerge cuando una persona que no tiene *auctoritas* actúa como autoridad"[1283], en el sentido del término "autoridad"[1284], que emplea la Constitución. De allí que, como dice la Constitución, la autoridad usurpada sea ineficaz y sus actos sean nulos. Este segundo caso de texto expreso de la Constitución que declara como "nulo", con vicio de nulidad absoluta e "ineficaz", un acto estatal, implica que la sentencia que declare la nulidad por inconstitucionalidad, por ejemplo, de una "ley dictada por un gobierno que se organice por la fuerza[1285], sólo puede tener efectos declarativos de una nulidad ya establecida expresamente en la propia Constitución.

Pero, insistimos, aparte de estas dos previsiones expresas de la Constitución mediante la cuales el mismo texto constitucional declara la nulidad absoluta de una ley, lo cual produce, como consecuencia, que la sentencia de la Corte Suprema de Justicia declaratoria de la nulidad por inconstitucionalidad tenga meros efectos declarativos; sólo podrían admitirse como excepción al principio adoptado por nuestro sistema constitucional, de los efectos constitutivos de las sentencias de la Corte Suprema de Justicia declaratorias de la nulidad por inconstitucionalidad de las leyes que se

---

1282 Véase Allan R. Brewer-Carías, *Las Instituciones Fundamentales del Derecho Administrativo y la Jurisprudencia Venezolana*, Caracas, 1964, p. 62.

1283 *Idem*, p. 59.

1284 Artículo 250 de la Constitución.

1285 En el sentido del artículo 250 de la Constitución.

estiman, como principio general, viciadas de nulidad relativa (anulabilidad), en aquellos casos en los cuales la misma Corte Suprema, en forma expresa en su sentencia, establezca la nulidad absoluta, lo cual podría producirse conforme al artículo 131 de la Ley Orgánica de la Corte Suprema de Justicia, por ejemplo, en algunos supuestos de usurpación de funciones, concepto constitucional enteramente distinto al señalado de usurpación de autoridad[1286] o en otros que determine expresamente[1287]. Sin embargo, si la Corte Suprema de Justicia no califica expresamente en su decisión a una *ley* que declara nula como viciada de nulidad absoluta, retrotrayendo los efectos de la nulidad hacia el pasado, se tiene como vigente el principio general señalado de la nulidad relativa, no pudiendo los jueces de instancias y ni siquiera la Sala de Casación de la Corte Suprema, sustituirse a la decisión de la Corte Plena o de la Sala Político-Administrativa, y estimar por sí mismos los efectos de sus decisiones.

De acuerdo con lo anteriormente señalado, por tanto, puede concluirse que, como principio general, toda sentencia declaratoria de nulidad por inconstitucionalidad de una ley dictada por la Corte Suprema de Justicia en Corte Plena, conforme al artículo 215, ordinales 3° y 4° de la Constitución, tiene efectos *erga omnes,* y el carácter de una sentencia constitutiva, de nulidad relativa, con efectos *ex-nunc, pro futuro* salvo que el propio texto de la sentencia declare la nulidad absoluta de la ley o ésta se pronuncie en virtud de lo previsto en los artículos 46 y 119 de la Constitución, en cuyo caso, tendría carácter declarativo.

Sin embargo, inclusive en estos casos, esta retroactividad de la sentencia no sería absoluta, sino que en realidad implicaría que todas las situaciones particulares nacidas de la aplicación de la ley declarada nula serían susceptibles de impugnación[1288], por lo que en muchos supuestos podría sostenerse que permanecían incólumes las situaciones jurídicas respecto de cuya impugnación se hayan consumado los lapsos de caducidad o prescripción de las acciones correspondientes.

Por último debe señalarse que cualesquiera sean los efectos en el tiempo de la sentencia declaratoria de nulidad de una ley por inconstitucional, es evidente que hacia el futuro los efectos de la anulación. Por tanto, como la nulidad se declara en base a la violación de una norma constitucional determinada, la pérdida de vigencia de dicha norma, por reforma constitucional, haría perder sus efectos *erga omnes* a la

---

1286 Véase Allan R. Brewer-Carías, *Las Instituciones Fundamentales... cit.,* p. 60.

1287 En alguna sentencia aislada en este sentido, la Corte ha señalado al anular una Ordenanza Municipal contraria a la igualdad tributaria, que las infracciones constitucionales de la misma "vician de nulidad absoluta todas sus disposiciones". Véase sentencia de la CFC en SPA de 28-3-41 en *M., 1942,* p. 158. Por otra parte, en una sentencia reciente de la Sala Político-Administrativa de la Corte Suprema de 5-12-85, al declarar la nulidad, por ilegalidad (violación de la Ley Orgánica de Régimen Municipal) de una Ordenanza de zonificación municipal, aun cuando no estaban en juego la violación de derechos fundamentales, la Sala dejó "expresa constancia de que los efectos de la anulación de derechos fundamentales, de carácter absoluto, se retrotraen, por tanto, al 12 de mayo de 1983, fecha de la entrada en vigencia de la Ordenanza impugnada" (Consultada en original, p. 15).

1288 Este es el criterio, con el cual coincidimos, de la Procuraduría General de la República. Diferimos del mismo en el sentido de que la Procuraduría estima que todas las sentencias declaratorias de nulidad de una ley tienen carácter declarativo y, por tanto, efectos hacia el pasado. Véase el criterio de 12-11-68 en *Doctrina PGR, 1968,* Caracas, 1969, pp. 20 y ss. en particular p. 25.

sentencia declarativa de inconstitucionalidad, y la ley así declarada, recobraría su eficacia. Este supuesto lo ha admitido expresamente la Corte Suprema[1289].

En esta primera parte, hemos intentado estudiar el control de la constitucionalidad de los actos estatales en el ordenamiento constitucional venezolano, a la luz de las decisiones de la Corte Suprema de Justicia y conforme a las previsiones de su Ley Orgánica.

Como se habrá podido observar, esta Ley, en términos generales, ha recogido la tradición jurisprudencial de la Corte, por lo que no innovó mayormente, sino que consolidó y desarrolló una doctrina jurisprudencial y jurídica elaborada durante muchos años, como debía ser. La Ley, sin embargo, en algunos casos precisó demasiados detalles y en otros no resolvió cuestiones trascendentales, lo que ha provocado problemas de interpretación. Por ejemplo, al detallar en exceso las competencias de la Corte y dividir los procedimientos de impugnación ante ella en relación a los "efectos" generales y particulares de los actos recurribles, ha incurrido en el error de confundir "actos de efectos generales" con "actos generales" y "actos de efectos particulares" con "actos individuales", confusión que tendrá que ser aclarada por la jurisprudencia de la Corte.

El exceso de detalle, por otra parte, ha producido una restricción en cuanto a las competencias de la Corte en el campo de la anulación de los actos estatales. Conforme al principio de la supremacía constitucional, y al propio texto de la Constitución, todos los actos estatales son susceptibles de control de la constitucionalidad; sin embargo, como se ha visto, de acuerdo al texto de la Ley Orgánica algunos actos estatales han quedado excluidos de asignación de competencia para dicho control, al

---

1289 Esto lo ha resuelto expresamente la Corte Suprema de Justicia en sentencia del 19 de diciembre de 1968, en los siguientes términos: "Conviene advertir, además, que los efectos de las decisiones que dicte la Corte al ejercer esa atribución, sólo se extienden al tiempo durante el cual subsista la vigencia del precepto constitucional en que aquéllas se hayan basado. Por consiguiente es posible que una disposición legal anulada por ser contraria a la Constitución —pero que de hecho haya seguido siendo parte de un instrumento legal no derogado— recubre su eficacia jurídica al entrar en vigencia una reforma que derogue la norma constitucional en que se haya apoyado la Corte, para declarar la nulidad de aquélla, o que cambie radicalmente el régimen anteriormente establecido.

Tal fue la situación creada cuando después de dictada por la Corte Federal y de Casación la sentencia de abril de 1951, a que alude el demandante, fue reformado el orden constitucional para entonces imperante, por las Constituciones, respectivamente promulgadas en los años 1953 y 1961. En el año de 1951 todavía sirvieron de base a la Corte Federal y de Casación para declarar la nulidad de competencia municipal el impuesto sobre, patentes de industria y comercio y sometían la potestad de los entes locales de crear impuestos, a las restricciones que sirvieron de base a la Corte Federal y de Casación para declarar la nulidad de las normas a que se refiere el actor en su solicitud. Pero al reformarse la Constitución en 1953, tales restricciones fueran eliminadas y se incluyó entre las materias rentísticas del Poder Municipal, las que le señala la Constitución Nacional vigente en su artículo 31 y en particular, el mencionado impuesto sobre patentes de industria y comercio. Siendo así, el Concejo Municipal del Distrito Federal no estaba sujeto a las antedichas limitaciones constitucionales cuando, en ejercicio de su autonomía y de la potestad para imponer tributos que se le acuerda la Carta Fundamental, sancionó la vigente Ordenanza sobre Patente de Industria y Comercio en el año de 1958, y si la actuación de dicho cuerpo no podía ser entrabada por disposiciones, que como las de la Constitución de 1936, ya habían sido derogadas, menos podía serlo por lo decidido en una sentencia, cuyos efectos debían quedar circunscritos, al tiempo de vigencia de las normas legales que le sirvieron de fundamento'". Véase sentencia de la CSJ en SPA en 19-12-68 en *GF.*, N° 62, 1968, pp. 106 a 113. *Cfr.* lo expresado en sentencia de la CSJ en SPA de 29-10-68 en *GF.*, N° 62, 1968, pp. 37 a 39.

no atribuirse competencias concretas ni a la Corte ni a los otros órganos jurisdiccionales, que la Ley regula, pudiéndose abrir una peligrosa brecha al control de la constitucionalidad, que la jurisprudencia de la Corte tendrá que cerrar con la misma labor
integradora del orden jurídico que ha desarrollado en las últimas décadas.

Por otra parte, también como se ha visto, la Ley Orgánica no resolvió algunos
aspectos fundamentales del control de la constitucionalidad de los actos estatales, y
entre ellos, el relativo a los efectos en el tiempo de las sentencias que declaren la
nulidad por inconstitucionalidad de dichos actos. El hecho de que la Ley Orgánica
deje a la Corte la posibilidad de determinar, en cada caso, los efectos de sus sentencias en el tiempo, en realidad, no innova nada, pues ello era posible dada la soberanía de la Corte en la adopción de sus decisiones.

En fin, queda claro que a pesar de haberse dictado la Ley Orgánica de la Corte,
la labor interpretativa de ésta y su actividad de integración del derecho no concluyó,
sino más bien, comenzó, teniendo a partir de 1977, un marco de referencia más concreto y desarrollado que las solas normas constitucionales, únicas, materialmente,
con las que contaba anteriormente.

QUINTA PARTE

EL CONTROL CONCENTRADO DE LA CONSTITUCIONALIDAD DE LAS LEYES EN EL DERECHO COMPARADO (1996)

Como se ha dicho, el sistema concentrado de control jurisdiccional dé la constitucionalidad de las leyes, contrariamente al sistema difuso, se caracteriza por el hecho de que el ordenamiento constitucional confiere a *un solo órgano estatal* el poder de actuar como juez constitucional, es decir que este sistema existe cuando un solo órgano estatal tiene la facultad de decidir judicialmente la nulidad por inconstitucionalidad de los actos legislativos y otros actos del Estado de rango y valor similar.

El órgano estatal dotado del privilegio de ser único juez constitucional puede ser la Corte Suprema de Justicia, ubicada en la cúspide de la jerarquía judicial de un país, o una Corte, un Consejo o un Tribunal Constitucional creado especialmente por la Constitución, dentro o fuera de la jerarquía judicial, para actuar como único juez constitucional. En ambos casos, estos órganos tienen en común el ejercicio de una actividad jurisdiccional como jueces constitucionales.

Ahora bien, el sistema concentrado de control jurisdiccional de la constitucionalidad de las leyes, aun cuando sea generalmente similar al "modelo europeo" de Tribunales constitucionales especiales[1290], no implica necesariamente la existencia de un Tribunal Constitucional especial, concebido constitucionalmente fuera del Poder Judicial. El sistema sólo implica la atribución, a un órgano particular del Estado que ejerce una actividad jurisdiccional, del poder y del deber de actuar como juez constitucional. Esta es la esencia propia del sistema concentrado con relación al sistema difuso, sea que el órgano dotado del poder para actuar como juez constitucional sea el Tribunal más alto del Poder Judicial o un Tribunal especializado en materia constitucional, sea que se trate de un órgano constitucional especial, creado fuera de la organización judicial, aun cuando este último aspecto no resulte esencial para establecer la distinción.

En consecuencia, el sistema de control concentrado de la constitucionalidad de las leyes, como se ha señalado, puede ejercerse sea por la Corte Suprema de Justicia de un país determinado o por un Tribunal Constitucional creado dentro de la organi-

---

1290 M. Cappelletti, *Judicial Review in the Contemporary World,* Indianapolis, 1971, pp. 46, 50, 53.

zación del Poder Judicial; sea por Tribunales, Consejos o Cortes Constitucionales creados por la Constitución, especialmente para ejercer el control de la constitucionalidad de las leyes, pero como órganos independientes del Poder Judicial.

En esta forma, en la presente parte sobre el sistema de control jurisdiccional concentrado de la constitucionalidad de las leyes en el derecho comparado estudiaremos en las dos primeras partes, el sistema de control, según que el mismo esté o no a cargo de órganos integrados al Poder Judicial[1291]. Luego destacaremos el sistema panameño, como un acto excepcional de control concentrado exclusivo y excluyente de la constitucionalidad de todos los actos estatales; y por último nos referiremos al modelo colombo-venezolano de control de la constitucionalidad de las leyes, que combina el control concentrado con el control difuso.

I. EL CONTROL CONCENTRADO DE LA CONSTITUCIONALIDAD DE LAS LEYES A CARGO DEL PODER JUDICIAL

El control concentrado de la constitucionalidad de las leyes, cuando es atribuido al Poder Judicial, normalmente es ejercido por el máximo Tribunal que está en la cúspide de la organización tribunalicia, es decir, por la Corte Suprema de Justicia.

Sin embargo, en algunos casos, este poder de control concentrado de la constitucionalidad de las leyes se ha atribuido constitucionalmente a una Corte o Tribunal Constitucional que si bien forma parte del Poder Judicial, se ha estructurado en forma separada y autónoma respecto de la Corte Suprema de Justicia.

En otros casos, el control de constitucionalidad se ejerce en paralelo, por la Corte Suprema de Justicia y por un Tribunal Constitucional.

1. *El control judicial concentrado de la constitucionalidad de las leyes ejercido por las cortes supremas de justicia*

El primer sistema de control concentrado de la constitucionalidad de las leyes se caracteriza por el hecho de ser ejercido por la Corte Suprema de Justicia, órgano integrado, por supuesto, en el Poder Judicial, constituyendo la cúspide del mismo[1292].

Es decir, en estos casos, el poder de declarar la nulidad o inconstitucionalidad de las leyes es ejercido por la Corte Suprema de Justicia, sea que ésta lo ejerza en forma exclusiva, o en un sistema mixto, que además del control concentrado admite el control difuso de la constitucionalidad.

A. *El control judicial de la constitucionalidad de las leyes ejercido exclusivamente por la Corte Suprema*

Cuando el control judicial de la constitucionalidad de las leyes se atribuye en forma exclusiva a las Cortes Supremas, éste puede ser ejercido por la misma Corte

---

1291 Véase Allan R. Brewer-Carías, *El control concentrado de la constitucionalidad de las leyes* (Estudio de Derecho Comparado), Caracas 1994; texto que seguimos en esta parte.

1292 Este puede decirse que es el modelo latinoamericano de control concentrado de la constitucionalidad.

Suprema de Justicia en pleno o por una Sala Constitucional especializada de la misma, creada para tal fin.

a. La Corte Suprema como único juez de la constitucionalidad de las leyes: el caso de Uruguay, Panamá y Honduras

En Uruguay y Panamá existe un sistema concentrado de control judicial de la constitucionalidad que le confiere a la Corte Suprema de Justicia el poder exclusivo de controlar la constitucionalidad de la legislación, como órgano judicial ubicado en la cúspide del Poder Judicial[1293].

A este respecto, el artículo 188,1 de la Constitución de Panamá le otorga a la Corte Suprema de Justicia el poder exclusivo de proteger la integridad de la Constitución y controlar la constitucionalidad de la legislación a través de dos métodos: mediante el ejercicio de una acción directa o mediante una cuestión de constitucionalidad de carácter incidental, formulada por un tribunal inferior.

La acción directa está concebida en Panamá como una *acción popular* que puede ser interpuesta por ante la Corte Suprema por cualquier persona con el fin de denunciar la inconstitucionalidad de las leyes, decretos, decisiones o actos, fundada tanto en cuestiones substantivas como de carácter formal. En este caso de la acción popular, la decisión de la Corte debe ser adoptada luego de haberse recibido el dictamen del Procurador General de la República[1294].

Por otra parte, la Constitución de Panamá estipula que cuando un juez, durante un procedimiento judicial ordinario, observe, *ex-officio* o a instancia de una de las partes, la inconstitucionalidad de normas legales o ejecutivas aplicables al caso, debe someter la cuestión de constitucionalidad a la Corte Suprema; pudiendo el tribunal seguir el procedimiento principal sólo hasta el nivel de decisión[1295].

En ambos casos de control, la decisión de la Corte Suprema es obligatoria[1296] y no está sujeta a ningún tipo de control[1297].

En el sistema uruguayo, la Constitución[1298] atribuye a la Corte Suprema de Justicia la jurisdicción exclusiva y original para declarar la inconstitucionalidad de las leyes y otros actos del Estado que tengan fuerza de ley, con fundamento tanto en razones sustantivas como formales[1299]. De acuerdo con la Constitución, la declaración de inconstitucionalidad de una ley y su inaplicación al caso concreto puede ser solicitada ante la Corte por todos aquellos que estimen que sus intereses personales

---

1293 Allan R. Brewer-Carías, *Judicial Review in Comparative Law*, Cambridge University Press, 1989, pp. 243-244.

1294 Artículo 188,1. Constitución.

1295 Artículo 188,2. Constitución.

1296 Artículo 188, *in fine*.

1297 Artículo 189.

1298 Originalmente, el sistema fue instaurado en 1934, luego en 1951. Véase H. Gross Espiell, *La Constitución y su Defensa*, Congreso, *"La Constitución y su Defensa"*, UNAM, 1982 (policopiado), pp. 7, 11. El sistema se mantuvo en la Constitución de 1966, en el Acta Institucional N° 8 de 1977 y en el Acta Institucional N° 12 de 1981. *Idem*, pp. 16, 20.

1299 Artículo 256.

y legítimos han sido lesionados por la misma[1300.] En consecuencia, en Uruguay, la acción de inconstitucionalidad está sometida a una condición general de legitimación, similar a la que existe en materia de control contencioso-administrativo.

La cuestión constitucional también puede ser sometida a la Corte Suprema de manera incidental mediante remisión del asunto por un tribunal inferior, sea que éste actúe *ex officio*, sea como consecuencia de una excepción presentada por cualquier parte en el proceso concreto[1301]. En este caso, el juez debe enviar a la Corte un resumen de la cuestión, pudiendo seguir el procedimiento hasta el nivel de decisión. Una vez que la Corte Suprema haya decidido, el tribunal tiene que tomar su propia decisión, de conformidad con lo que la Corte Suprema decida[1302].

En Uruguay, las decisiones de la Corte Suprema sobre cuestiones de constitucionalidad se refieren, exclusivamente, al caso concreto, teniendo, por tanto, efectos sólo en los procedimientos en los que fueron adoptados[1303]. Obviamente, esta solución es clara con respecto a las vías incidentales de control de la constitucionalidad, pero no lo es en los casos en que el asunto constitucional se plantea como una acción directa. En este caso, la Ley Nº 13.747 de 1969 [1304], referente al procedimiento en materia de justicia constitucional, señala que la decisión puede impedir la aplicación de las normas declaradas inconstitucionales con respecto al que entabló la acción y que obtuvo la decisión, y autoriza a utilizarla como excepción en todos los procedimientos judiciales, incluyendo el control contencioso administrativo[1305].

En Honduras, también se ha establecido un sistema de control de la constitucionalidad de carácter concentrado, atribuido a la Corte Suprema de Justicia.

Es cierto que el artículo 315 de la Constitución establece que: "En caso de incompatibilidad entre una norma constitucional y una legal ordinaria, el juez aplicará la primera 'lo que permitiría pensar que rige un control difuso. Sin embargo, el artículo 184 de la Constitución de 1982 ubicado en el Capítulo sobre la inconstitucionalidad y la revisión del Título relativo a las garantías constitucionales, establece lo siguiente:

> "Art. 184. Las leyes podrán ser declaradas inconstitucionales por razón de forma o de contenido.
>
> A la Corte Suprema de Justicia le corresponde el conocimiento y la resolución originaria y exclusiva en la materia; y deberá pronunciarse con los requisitos de las sentencias definitivas".

1300 Artículo 258. Véase H. Gross Espiell, *op. cit.,* pp. 28, 29; J. P. Gatto de Souza, "Control de la Constitucionalidad de los Actos del Poder público en Uruguay", *Memoria de la Reunión de Presidentes de Cortes Supremas de Justicia en-Iberoamérica, el Caribe, España y Portugal,* Caracas, 1982, pp. 661, 662.

1301 Artículo 258.

1302 Artículos 258, 259.

1303 Artículo 259.

1304 Véase H. Gross Espiell, *op. cit.,* p. 29.

1305 *Idem.*

En esta forma, la Corte Suprema de Justicia tiene la potestad exclusiva de actuar como juez constitucional. Su competencia para declarar la inconstitucionalidad de una ley y su aplicabilidad, puede ser solicitada por quien se considere lesionado en su interés directo, personal y legítimo, a través de las siguientes vías (Art. 185 de la Constitución:

Por vía de acción que se entabla directamente ante la Corte Suprema de Justicia.

Por vía incidental, sea de excepción, que puede oponerse en cualquier procedimiento judicial; sea a instancia del Juez o Tribunal que conozca en cualquier procedimiento judicial, quien puede solicitar de oficio la declaración de inconstitucionalidad de una ley y su inaplicabilidad antes de dictar resolución. En este caso de la vía incidental, el procedimiento debe suspenderse al elevarse las actuaciones a la Corte Suprema de Justicia.

Debe señalarse, además, que de acuerdo con el artículo 183, ordinal 2° de la Constitución de Honduras, también procede el amparo contra leyes, para que se declare en casos concretos que la Ley no obliga al recurrente ni es aplicable por contravenir, disminuir o tergiversar cualesquiera de los derechos reconocidos por la Constitución. Esta acción de amparo contra leyes se intenta también ante la Corte Suprema de Justicia, conforme al artículo 5, ordinal 1° de la Ley de Amparo de 1936.

    b.   *La Sala Constitucional de la Corte Suprema como único juez constitucional: los casos de Costa Rica y Paraguay*

    a'.   *El sistema de Costa Rica*

Como consecuencia de la reforma constitucional de 1989, en Costa Rica se creó una Sala Constitucional en la Corte Suprema de Justicia, que estaba encargada exclusivamente de declarar la inconstitucionalidad de las normas, independientemente de su naturaleza, así como de los actos de derecho público, a excepción de los actos jurisdiccionales del Poder Judicial[1306].

Por consiguiente, en Costa Rica se estableció un sistema concentrado de control judicial de la constitucionalidad de las leyes atribuido a la Sala Constitucional de la Corte Suprema de Justicia, como órgano judicial que ejerce exclusivamente este poder. Sus atribuciones están reguladas por la Ley de la Jurisdicción Constitucional de 1990[1307], la cual precisa los recursos que pueden ser ejercidos ante la Sala Constitucional, para que ésta ejerza el control de la constitucionalidad.

En Costa Rica nunca se había desarrollado un sistema difuso de control de la constitucionalidad de las leyes y más bien, en la legislación -y no en la Constitución- se había prohibido a los jueces declarar la inaplicabilidad de las leyes que juzgaran contrarias a la Constitución. En 1993, sin embargo, al reformarse la Ley Orgánica del Poder Judicial, en el ordinal 1° del artículo 8 se dispuso lo siguiente:

1306 Artículo 10, Constitución de 1989.

1307 "Ley de jurisdicción constitucional", en *Revista Jurisprudencia Constitucional*, Sala Constitucional de la Corte Suprema de Justicia, Costa Rica N° 1, 1990, pp. 14 y sig.

"Art. 8. No podrán los funcionarios que administran justicia:

1. Aplicar leyes u otras normas o actos de cualquier naturaleza que sean contrarios a la Constitución.

Si tuvieren duda sobre la constitucionalidad de esas normas o actos, deberán hacer la consulta correspondiente a la jurisdicción constitucional.

Tampoco podrán interpretarlos o aplicarlos de manera contraria a los precedentes o jurisprudencia de la Sala Constitucional".

Ahora bien, en cuanto a los poderes de control de la Sala Constitucional, ésta puede ejercer el control de la constitucionalidad a través de cuatro medios distintos: la acción de inconstitucionalidad, las consultas judiciales y la vía preventiva [1308].

a". *La acción de inconstitucionalidad*

De conformidad con el artículo 73 de la Ley de Jurisdicción Constitucional, la acción de inconstitucionalidad se puede ejercer contra las leyes y otras disposiciones generales, cuando en la elaboración de las mismas se viole una condición o un trámite esencial previsto en la Constitución; cuando se apruebe una reforma constitucional violándose normas constitucionales de procedimiento; cuando una ley o disposición general infrinja la Constitución porque se opone a un tratado o acuerdo internacional; o cuando, en el momento de la firma, de la aprobación o ratificación de una convención o un acuerdo internacional, o en su contenido o efectos, se infrinja una norma o principio constitucional.

a'''. *Vías de ejercicio de la acción*

Esta acción de inconstitucionalidad puede ejercerse a través de dos procedimientos: la vía incidental y la vía de acción principal o directa.

a"". *La vía incidental*

La vía incidental, que tiene como objetivo solicitar la decisión de la Sala Constitucional en materia de constitucionalidad, puede ser utilizada por cualquier persona que sea parte de un procedimiento en curso ante los tribunales, incluso en caso de *hábeas corpus* o *amparo,* o ante la Administración, en un procedimiento administrativo que tenga por objeto agotar la vía administrativa. En este último caso, es necesario invocar la cuestión de inconstitucionalidad de la ley, como medio razonable de protección de los derechos o intereses que se consideren afectados [1309].

En estos casos de vía incidental, la acción se presenta directamente ante la Sala Constitucional, y su novedad reside en el hecho de que es posible plantearla, no sólo cuando se trata de un asunto de inconstitucionalidad formulado en un procedimiento judicial, sino también en un procedimiento administrativo. En esta forma, y por razones de economía procesal, para que se pueda ejercer la acción de inconstituciona-

---

1308 Véase en general Rubén Hernández Valle, *El Control de la Constitucionalidad de las Leyes,* San José, 1990.

1309 Artículo 75, Ley de Jurisdicción constitucional.

lidad, no es necesario agotar previamente el procedimiento administrativo y llegar a los tribunales[1310].

b''''. *La vía principal*

En cuanto a la vía principal, la Ley de Jurisdicción Constitucional confiere legitimación para ejercer la acción de inconstitucionalidad al Contralor General de la República, al Procurador General de la República, al Ministerio Público y al Defensor del Pueblo[1311].

Esta acción también puede ejercerse de forma directa, por la vía principal, cuando no exista, según la naturaleza del caso, ninguna lesión individual y directa o cuando se trate de la defensa de los intereses difusos o de intereses de la colectividad en general[1312]. En este caso, la acción se ejerce contra las normas o leyes autoaplicativas, que no requieren para su ejecución de actos del Estado interpuestos, en cuyo caso, no es necesario que exista un asunto anterior pendiente para que pueda interponerse la acción. Tampoco es necesario invocar un interés individual; en este caso se trata de la defensa de intereses difusos o colectivos. Por ello, puede considerarse que la acción de inconstitucionalidad posee un cierto carácter de acción popular[1313].

b'''. *Efectos de la decisión de la Constitucional*

La decisión de la Sala Constitucional que declare la acción con lugar, anula la ley y tiene efectos *erga omnes*.

De conformidad con el artículo 89 de la Ley, la sentencia que declare la inconstitucionalidad de una ley también debe declarar la inconstitucionalidad de los otros preceptos de la misma, cuya anulación sea consecuencia indispensable, así como la de los actos de aplicación que hayan sido cuestionados.

Por otra parte, los efectos de la declaración de inconstitucionalidad y anulación de la ley por parte de la Sala Constitucional son *ex tunc* y, por consiguiente, declarativos y retroactivos, salvo en lo referente a los derechos adquiridos de buena fe (Art. 91) o respecto de situaciones consolidadas por prescripción, caducidad o en virtud de una sentencia judicial[1314].

1310 Artículo 82, Ley de Jurisdicción constitucional.
1311 Artículo 75, Ley de Jurisdicción constitucional.
1312 *Idem*
1313 Rubén Hernández Valle, *op. cit.*
1314 Artículo 92, Ley de Jurisdicción constitucional.

b". *Las consultas legislativas de constitucionalidad (control preventivo)*

Según la Constitución y la Ley de la Jurisdicción Constitucional[1315], el segundo medio a través del cual la Sala Constitucional puede ejercer su poder de control judicial concentrado de la constitucionalidad, es el de las consultas que le puede formular la Asamblea Legislativa durante la discusión de las reformas constitucionales, de la aprobación de acuerdos o tratados internacionales y de proyectos de reforma de la Ley de la Jurisdicción Constitucional.

En cuanto a los proyectos de leyes ordinarias en discusión en la Asamblea, éstas también pueden ser objeto de un control constitucional por parte de la Sala Constitucional, pero a petición de por lo menos diez diputados.

En todos estos casos se trata de un medio de control de la constitucionalidad de tipo preventivo, puesto que la decisión de la Sala Constitucional se adopta antes de la sanción de la Ley, siendo de naturaleza obligatoria.

c". *Las consultas judiciales de constitucionalidad*

Todos los jueces de la República pueden así mismo formular a la Sala Constitucional una consulta de constitucionalidad, cuando duden de la constitucionalidad de una norma o acto que deban aplicar, o de una acción u omisión que deban juzgar en un caso que les sea sometido (Art. 120 LJC).

En estos casos, el Juez que formule la consulta debe elaborar una resolución donde debe indicar las normas cuestionadas y las razones de las dudas del tribunal con respecto a su validez o interpretación constitucionales. En estos casos, el procedimiento judicial debe suspenderse hasta que la Sala Constitucional haya evacuado la consulta[1316].

En todo caso, la decisión interpretativa de la Sala Constitucional tiene carácter obligatorio y efectos de cosa juzgada[1317].

d". *El control preventivo de la constitucionalidad por el veto presidencial antes de la promulgación de las leyes*

El último medio de control de la constitucionalidad de las leyes previsto en Costa Rica se refiere al veto presidencial formulado respecto de las leyes sancionadas pero no promulgadas, por razones de inconstitucionalidad, de conformidad con el artículo 125 de la Constitución. En esos casos de ejercicio del veto, si la Asamblea no acepta las objeciones constitucionales formuladas por el Presidente, el asunto debe ser sometido a la Sala Constitucional, suspendiéndose la promulgación de la ley.

1315 Artículo 96, Ley de Jurisdicción constitucional.

1316 Artículo 104, Ley de Jurisdicción constitucional

1317 Artículo 117, Ley de Jurisdicción constitucional.

b'   *El caso de Paraguay*

De manera similar al modelo uruguayo, en Paraguay, la nueva Constitución Nacional de 1992 ha mantenido el sistema de control concentrado, pero atribuyendo a la Sala Constitucional de la Corte Suprema el poder de decidir las acciones y excepciones que se le planteen con el fin de declarar la inconstitucionalidad e inaplicabilidad de disposiciones contrarias al texto fundamental[1318].

De acuerdo al artículo 260 de la Constitución, en efecto se atribuye a la Sala Constitucional:

1.   Conocer y resolver sobre la inconstitucionalidad de las leyes y de otros instrumentos normativos, declarando la inaplicabilidad de las disposiciones contrarias a esta Constitución en cada caso concreto y en fallo que sólo tendrá efectos con relación a ese caso; y

2.   Decidir sobre la inconstitucionalidad de las sentencias definitivas o interlocutorias, declarando la nulidad de las que resulten contrarias a esta Constitución.

De acuerdo con la misma norma, el procedimiento puede iniciarse por acción ante la Sala Constitucional de la Corte Suprema de Justicia, o por vía de excepción en cualquier instancia, en cuyo caso se elevarán los antecedentes a la Corte.

En este último caso, el procedimiento relativo al caso concreto debe continuar hasta el nivel de decisión. De todas formas, en ambos casos, la decisión de la Corte Suprema sólo tiene efectos con respecto al caso concreto y el demandante[1319].

B.   *El control judicial de la constitucionalidad de las leyes ejercido por la Corte Suprema en un sistema de control mixto o integral*

El segundo tipo de control judicial concentrado de la .constitucionalidad de las leyes atribuido a la Corte Suprema se encuentra en aquellos países que han adoptado un sistema mixto de control de la constitucionalidad, en el que funcionan, paralelamente, el control difuso y el control concentrado. En algunos casos, la competencia se atribuye aja Corte Suprema y en otros a una Sala Constitucional de la misma. En el primero de los casos están los sistemas de Brasil, Venezuela y México, y en el segundo el sistema dé El Salvador.

1318 Artículo 260.

1319 L. M. Argaña, "Control de la Constitucionalidad de las Leyes en Paraguay", *Memoria de la Reunión de Presidentes de Cortes Supremas de Justicia en Iberoamérica, el Caribe, España y Portugal,* Caracas, 1982, pp. 550, 551, 669, 671.

a.   *La Corte Suprema como Juez constitucional en un sistema mixto o integral de control*

a'.   *La Corte Suprema de Justicia de Venezuela como Jurisdicción Constitucional*

Ya hemos estudiado detenidamente el sistema venezolano mixto o integral de control concentrado de la constitucionalidad de las leyes y demás actos de rango legal[1320,] por lo que en esta parte sólo haremos referencia al sistema brasileño y al recientemente establecido sistema mexicano.

b'   *El Tribunal Supremo Federal de Brasil como Jurisdicción Constitucional*

En efecto, además del sistema difuso de control de la constitucionalidad que existe en Brasil desde el siglo pasado, la Constitución brasilera, en 1934, instauró un sistema de control concentrado de la constitucionalidad de las leyes que corresponde al Tribunal Supremo Federal, el cual se perfeccionó definitivamente en la Constitución de 1988[1321]

Este control concentrado de la constitucionalidad que corresponde al Tribunal Supremo Federal, se desarrolla a través de una acción de inconstitucionalidad, que puede ser de tres tipos: la acción de intervención, la acción genérica o la acción por omisión de los poderes públicos.

a".   *La acción de intervención directa*

La acción de intervención directa fue establecida inicialmente en la Constitución de 1934 para proteger los principios constitucionales federales frente a la legislación que pueden dictar los Estados miembros. En efecto, la Constitución preve la posibilidad de que el Gobierno federal intervenga en los Estados miembros para asegurar la observancia de los siguientes principios: el gobierno republicano, la independencia y armonía de los poderes, el carácter temporal de los mandatos electorales, la imposibilidad de un segundo mandato sucesivo de los Gobernadores, la autonomía municipal, la rendición de cuentas administrativas y las garantías del Poder Judicial[1322]. Por tanto, cuando uno de los Estados miembros viola uno de estos principios, el Poder Federal puede intervenir.

Sin embargo, antes de esta intervención, el Procurador General de la República debe someter al Tribunal Supremo Federal, a través de una acción directa, el asunto de inconstitucionalidad de los actos de los Estados miembros que vayan en contra de

---

1320 Véase la décima séptima parte.

1321 Artículo 102, Constitución del 5 de octubre de 1988. Véase en general José Anfredo de Oliveira Bracho, *Proceso constitucional,* Río de Janeiro, 1984; Sacha Calmon Navarro Coelho, *O controle da constitucionalidade das leis e do Poder de tributar na Constituição de 1988,* Belo Horizonte, 1993.

1322 Artículo 10, Constitución, O. A. Bandeira de Mello. *A teoría das Constituições rígidas,* São Paulo, 1980, p. 221.

estos principios[1323]. Si la decisión final del Tribunal Supremo Federal es el declarar la inconstitucionalidad de la ley o del acto del Estado miembro, ésta debe ser publicada y enviada al Presidente de la República, para que suspenda, a través de un decreto, la ejecución del acto cuestionado, o dado el caso, para que ordene la intervención federal en el Estado miembro[1324]. En este caso, los efectos de la decisión de la Corte son considerados como declarativos y *erga omnes*[1325]. En todo caso, la intervención federal tiene lugar una vez que el acto haya sido declarado inconstitucional[1326].

La Constitución de 1988 amplió esta acción de intervención en cuanto a la inconstitucionalidad, en el sentido en que además de poder ser *federal*, cuando se trata de una intervención federal en uno de los Estados miembros, en cuyo caso, la acción debe ser introducida exclusivamente por el Procurador General de la República; puede también tratarse de una *intervención de un Estado miembro* en un Municipio, en cuyo caso es el Procurador General del Estado miembro el que debe interponer la acción[1327].

b". *La acción genérica directa*

Además de la acción de intervención directa, la Constitución de 1946 también previo una acción llamada "genérica" directa de inconstitucionalidad[1328]. Esta se diferencia de la anterior por el hecho de que no supone la protección de algunos principios constitucionales respecto de las leyes y actos de los Estados miembros, sino de todas las disposiciones constitucionales. El objetivo de esta acción, en definitiva, es defender el principio de la supremacía de la Constitución.

La Constitución de 1988 amplió esta acción genérica directa, conforme a la estructura federal del Estado en Brasil. Así, se pueden distinguir dos tipos de acciones: por un lado, la que se intenta por ante el Tribunal Supremo Federal para controlar la constitucionalidad de las leyes o actos normativos federales o estadales[1329]; y por el otro, la acción que se intenta por ante la Corte Suprema de cada Estado, con el fin de obtener una declaración de inconstitucionalidad de las leyes y actos normativos de los Estados o municipios, pero en relación con las Constituciones de los Estados miembros[1330].

1323 Artículo 11, 1, Constitución. Artículo 1, ley N° 2.271 del 22-7-54 y ley N° 4.337 del 1-6-64. A. Buzaid, "La Acción Directa de Constitucionalidad en el Derecho Brasileño", *Revista de la Facultad de Derecho*, UCAB N° 19-22, Caracas 1964, pp. 76-78.

1324 Artículo 11,2. Constitución. Artículo 9 y ley N° 4.337 del 1-6-64. A. Buzaid, *loc. cit.*, p. 53.

1325 Véase O. A. Bandeira de Mello, *loc. cit.*, p. 122 A.; Buzaid, *loc. cit.*, pp. 95-96; J. Alfonso da Silva, *Sistema de Defensa de la "Constitucao Brasileira"*, Congreso sobre la Defensa de la Constitución, UNAM, México 1982, p. 76.

1326 A. Buzaid, *loc. cit.*, pp. 95-96; O. A. Bandeira de Mello, *loc. cit.*, p. 212.

1327 Artículos 34, III; 102 a; 36, IV; 129, IV; 125,2.

1328 J. Alfonso da Silva, *loc. cit.*, p. 31; A. Buzaid considera esta acción como la única en Brasil cuyo principal objetivo es la declaración de inconstitucionalidad de una ley, *loc. cit.*, p. 84.

1329 Artículos 102, 5; 103, 3.

1330 Artículo 125,2.

Para que el Tribunal Supremo Federal controle la constitucionalidad de las leyes y otros actos normativos, la acción federal de inconstitucionalidad puede ser intentada no solamente por el Procurador General de la República, como estaba dispuesto antes de 1988, sino también por el Presidente de la República, el Presidente del Senado, el Presidente de la Cámara de Diputados o el Presidente de las Asambleas Legislativas de los Estados miembros. Por otra parte, esta acción también puede ser interpuesta por el Gobernador de un Estado miembro, por el Consejo Federal de la Orden de los Abogados, por los partidos políticos representados en el Parlamento, por una confederación sindical o por una entidad gremial nacional[1331].

En cuanto a la acción de inconstitucionalidad genérica de los Estados, ésta se interpone por ante las Cortes Supremas de los Estados para juzgar la constitucionalidad de las leyes o de actos normativos de los Estados o municipios, con respecto a la Constitución de los Estados miembros. Puede ser interpuesta por el Gobernador del Estado, por la Asamblea Legislativa del Estado, por el Procurador General del Estado, por el Consejo de Abogados del Estado, por las entidades sindicales o gremiales a nivel del Estado o del municipio, siempre y cuando tengan algún interés jurídico en el caso, o por los partidos políticos representados en la Asamblea Legislativa del Estado o, si se trata de un acto normativo emitido por un municipio, por la Cámara correspondiente[1332].

Debe señalarse que en el procedimiento de la acción de inconstitucionalidad genérica, la Enmienda Constitucional N° 7 a la Constitución de 1969 introdujo una innovación importante, consistente en la posibilidad de una medida preventiva de suspensión de los efectos de la ley o del acto normativo incriminado.

En todo caso, debe señalarse que en el caso de la acción de inconstitucionalidad genérica, si la Corte Suprema Federal declara la inconstitucionalidad de la ley federal o del Estado, o del acto normativo, se debe enviar una copia de la decisión al órgano legislativo responsable de la producción de la norma. La publicación de esta decisión en el *Diario de Justicia da Unido* suspende los efectos de la norma cuestionada, y a partir de ese momento, el órgano respectivo tiene el deber de revocar o reformar el acto[1333].

c". *La acción de inconstitucionalidad por omisión*

El control de la constitucionalidad también puede ser ejercido por la Corte Suprema, a través de la acción de inconstitucionalidad por omisión, institución adoptada en la Constitución de 1988, sin duda, bajo la inspiración del sistema de control de la constitucionalidad existente en Portugal. El objetivo de esta acción es verificar los casos en los cuales no se han emitido las leyes o actos ejecutivos requeridos para hacer que las normas constitucionales sean plenamente aplicables.

De acuerdo con la Constitución, una vez que se declara la inconstitucionalidad por la omisión de una medida, para que la norma sea efectiva, el Tribunal Supremo Federal debe advertir al órgano competente para que adopte las medidas necesarias,

---

1331 Artículo 103.

1332 *Idem.*

1333 Nagib Slaibi Filho, *Anotações a Constituição de 1988,* Río de Janeiro, 1989, p. 1ç12.

y si se trata de un órgano administrativo, para que se ejecute en el transcurso de los treinta días [1334].

d". *La acción popular para proteger los bienes públicos*

A partir de la Constitución de 1934, se ha previsto en Brasil una acción popular como medio para invalidar actos ilegales que pudiera afectar los bienes de las entidades públicas[1335]. Se trata, específicamente, de una acción abierta a cualquier ciudadano y principalmente destinada a cuestionar los actos administrativos, por lo que no puede ser utilizada ante los tribunales para cuestionar, de manera directa, leyes o actos normativos por inconstitucionalidad.

Sin embargo, esta acción popular puede configurarse como una vía de control de la constitucionalidad de las leyes si el acto administrativo cuestionado que causa un perjuicio a los bienes de la entidad pública, se basa en una ley considerada inconstitucional.

En todo caso, esta acción ha sido considerada como una vía directa de control de la constitucionalidad de la legislación en los casos en que el daño a los bienes de las entidades públicas haya sido causado directamente por una ley o un decreto[1336].

c' *La Suprema Corte de Justicia de México como Jurisdicción Constitucional*

En México, el sistema tradicional de control de la constitucionalidad de las leyes había sido el sistema difuso ejercido, en general, mediante la acción de amparo. Con la reforma constitucional de 1994, sin embargo, el sistema mexicano se transformó en un sistema mixto o integral de control de la constitucionalidad, al atribuirse a la Suprema Corte de Justicia en el artículo 105, II de la Constitución, competencia para conocer:

"De las acciones de inconstitucionalidad que tengan por objeto plantear la posible contradicción entre una norma de carácter general y esta Constitución, con excepción de las que se refieran a la materia electoral".

El ejercicio de estas acciones quedó sujeta a la sanción de la ley reglamentaria del artículo 105, la cual se promulgó el 10 de mayo de 1995.

En esta forma, en paralelo al control dispuso de la constitucionalidad, la Suprema Corte de Justicia mexicana ejerce el control concentrado de la constitucionalidad de las leyes.

La Constitución establece que las acciones de inconstitucionalidad deben ejercitarse dentro de los 30 días naturales siguientes a la fecha de publicación de la norma que se impugna; y además, precisa quienes tienen la legitimación activa para intentar las acciones, y que son las siguientes:

1334 *Idem.*, p. 115.

1335 Artículo 5, LXXIII.

1336 J. Alfonso da Silva, *Açao Popular Constitucional, Doutrina e Proceso,* São Paulo 1968, p. 129; J. Alfonso da Silva, *Sistema L, loc. cit.*, p. 49.

"a. El equivalente al treinta y tres por ciento de los integrantes dé la Cámara de Diputados del Congreso de la Unión, en contra de leyes federales o del Distrito Federal expedidas por el Congreso de la Unión;

b. El equivalente al treinta y tres por ciento de los integrantes del Senado, en contra de leyes federales o del Distrito Federal expedidas por el Congreso de la Unión o de tratados internacionales celebrados por el Estado Mexicano;

c. El Procurador General de la República, en contra de leyes de carácter federal, estatal y del Distrito Federal, así como de tratados internacionales celebrados por el Estado Mexicano;

d. El equivalente al treinta y tres por ciento de los integrantes de alguno de los órganos legislativos estatales, en contra de leyes expedidas por el propio órgano, y

e. El equivalente al treinta y tres por ciento de los integrantes de la Asamblea de Representantes del Distrito Federal, en contra de leyes expedidas de la propia Asamblea (Art. 105, II)".

En cuanto a la sentencia de la Suprema Corte como juez concentrado de la constitucionalidad de las normas, el artículo 105, II de la Constitución dispone que:

"Las resoluciones de la Suprema Corte de Justicia sólo podrán declarar la invalidez de las normas impugnadas, siempre que fueren aprobadas por una mayoría de cuando menos ocho votos".

De lo contrario, establece el artículo 72 de la Ley reglamentaria, "el Tribunal Pleno desestimará la acción ejercitada y ordenará el archivo del asunto".

En todo caso, conforme al artículo 71 de dicha Ley:

"La Suprema Corte de Justicia de la Nación podrá fundar su declaratoria de inconstitucionalidad en la violación de cualquier precepto constitucional, haya o no sido invocado en el escrito inicial".

Además, los efectos de la sentencia se extienden a todas aquellas normas cuya validez dependa de la propia norma invalidada" (Art. 73 y 41 de la Ley reglamentaria.

En todo caso, conforme al artículo 45 de la Ley reglamentaria, los efectos *erga| omnes* de la sentencia sólo se aplican *pro futuro, ex nunc*, salvo en materia penal. Dicha norma, en efecto, establece lo siguiente:

"Art. 45. Las sentencias producirán sus efectos a partir de la fecha que determine la Suprema Corte de Justicia de la Nación.

La declaratoria de invalidez de las sentencias no tendrá efectos retroactivos, salvo en materia penal, en la que regirán los principios generales y disposiciones legales aplicables de esta materia".

b.   *La Sala Constitucional de la Corte Suprema como juez constitucional en un sistema mixto o integral de control: el caso de El Salvador*

En la Constitución de El Salvador (Art. 174), y particularmente a raíz de las últimas reformas de 1991-1992, se ha previsto que la Corte Suprema de Justicia tenga una Sala Constitucional, a la cual le corresponde conocer y resolver las demandas de inconstitucionalidad de las leyes, decretos y reglamentos, los procesos de amparo, el *hábeas corpus*, y las controversias entre el órgano Legislativo y el órgano Ejecutivo.

Esta Sala Constitucional estará integrada por cinco Magistrados designados por la Asamblea Legislativa. Su Presidente será elegido, por la misma en cada ocasión en que le corresponda elegir Magistrados de la Corte Suprema de Justicia; el cual será Presidente de la Corte Suprema de Justicia y del órgano Judicial (Art. 174).

De acuerdo con el artículo 183 de la Constitución,

"La Corte Suprema de Justicia por medio de la Sala de la Constitucional será el único tribunal competente para declarar la inconstitucionalidad de las leyes, derechos y reglamentos, en su forma y contenido, de un modo general y obligatorio, y podrá hacerlo a petición de cualquier ciudadano".

Se establece así, un sistema de control concentrado de la constitucionalidad de las leyes por vía de acción y con efectos *erga omnes*.

Sin embargo, dicho sistema funciona conjuntamente con un sistema difuso de control de la constitucionalidad previsto en el artículo 185 de la Constitución así:

Art. 185. Dentro de la potestad de administrar justicia, corresponde a los tribunales, en los casos en que tengan que pronunciar sentencia, declarar la inaplicabilidad de cualquier ley o disposición de los otros órganos, contrarios a los preceptos constitucionales.

2.   *El control judicial de la constitucionalidad de las leyes ejercido por tribunales constitucionales integrados en el poder judicial*

El segundo sistema de control judicial concentrado de la constitucionalidad de las leyes se identifica, en derecho comparado, cuando las facultades de control se atribuyen a Tribunales Constitucionales especialmente creados en las Constituciones con este fin, pero integrados al Poder Judicial.

Este sistema ha sido adoptado en algunos países europeos, como Alemania y Portugal, así como en numerosos países de América Latina, bajo la influencia europea como Colombia, Guatemala y Bolivia.

En estos casos, el sistema de control adoptado por los diversos países varía de igual manera que en los sistemas de control concentrado atribuido a las Cortes Supremas que hemos analizado anteriormente. El Tribunal Federal en Alemania, por ejemplo, tiene el poder exclusivo para ejercer el control de la constitucionalidad de las leyes; en otros países, el control concentrado de la constitucionalidad de las leyes es ejercido por un Tribunal Constitucional, paralelamente al control difuso de la constitucionalidad ejercido por todos los jueces y tribunales.

A. *El control judicial de la constitucionalidad de las leyes ejercido exclusivamente por un Tribunal Constitucional: el caso del Tribunal Constitucional Federal de Alemania*

La Constitución de la República Federal de Alemania del 23 de mayo de 1949 instituyó un Tribunal Constitucional federal el cual, a pesar de pertenecer al Poder Judicial al igual que las demás Cortes federales y de los *Lands* (estados) (Art. 92), es "guardián supremo de la Constitución"[1337] y tiene "la última palabra en la interpretación de la Constitución federal"[1338]. Por consiguiente es el órgano del Estado en el seno del cual se encuentran concentrados todos los asuntos judiciales de orden constitucional[1339].

Para desempeñar su papel como juez constitucional, el Tribunal Constitucional Federal fue concebido en la Ley Federal que previo la Constitución[1340], como un órgano constitucional de la Federación "autónomo e independiente de todos los otros órganos constitucionales"[1341], y dotado incluso de poderes auto-reguladores[1342]. Todos los miembros del Tribunal tienen el rango de jueces federales, aun cuando sólo parte de ellos deben ser escogidos entre los jueces federales activos[1343].

El Tribunal Constitucional Federal ejerce un sistema concentrado de control judicial de la constitucionalidad, particularmente de las leyes federales y de los *Lands*, creado con el fin de "proteger al legislador contra el Poder Judicial ordinario"[1344]. Sin embargo, debe señalarse que su creación no eliminó totalmente el sistema difuso de control judicial de la constitucionalidad, el cual es ejercido por todos los Tribunales pero en relación a la legislación dictada antes de la promulgación de la Constitución y a los reglamentos administrativos.

Por otra parte, debe señalarse que debido al carácter federal del sistema, la Constitución federal no reservó el monopolio absoluto del sistema concentrado de control judicial de la constitucionalidad al Tribunal Constitucional Federal, y de manera

---

1337 F. Sainz Moreno, "Tribunal Constitucional Federal Alemán", *Boletín de Jurisprudencia*, Cortes Generales 8, 1981, Madrid, p. 606; G. Muller, "El Tribunal Constitucional Federal de la República de Alemania", *Revista de la Comisión Internacional de Juristas*, Vol. VI, Ginebra, 1965, p. 216.

1338 H. G. Rupp, "The Federal Constitutional Court and the Constitution in the Federal Republic of Germany", *Saint Louis University Law journal*, Vol. XVI, 1971-1982, p. 359.

1339 Véase Allan R. Brewer-Carías, *Judicial Review..., op. cit.*, pp. 203 y sig.

1340 Artículo 94, 2. La Ley de Organización y de Procedimiento de la Corte Federal Constitucional fue publicada el 12 de marzo de 1951. Consultar el texto completo en F. Rubio Llorente, "El Tribunal Constitucional Alemán", *Revista de la Facultad de Derecho*, UCV, Caracas, 1959, p. 125. La ley sufrió modificaciones en repetidas oportunidades: en 1956, 1959, 1963 y 1970. El texto actual data de 1971, pero fue modificado en 1974 y 1976. Véase al respecto F. Sainz Moreno, *loc. cit.*, p. 604.

1341 Artículo 1, 1 de la Ley de Organización y de Procedimiento de la Corte Federal Constitucional.

1342 Artículo 30, 2 de la Ley de Organización y de Procedimiento de la Corte Federal Constitucional. El reglamento de la Corte fue publicado en 1975 y modificado en 1978.

1343 La Corte está dividida en dos Salas, cada una compuesta por ocho jueces de los cuales tres elegidos entre jueces federales en actividad. Artículos 4 y 5 de la Ley de Organización y de Procedimiento de la Corte Federal Constitucional.

1344 J. C. Béguin, *Le contrôle de la constitutionnalité des lois en République federal d'Allemagne*, París 1982, p. 93.

general, previo que cada *Land* posee su propia Corte Constitucional encargada de controlar las violaciones de su Constitución y de resolver los conflictos de orden constitucional en ese nivel[1345].

a.   El Tribunal Constitucional como Jurisdicción Constitucional

En el nivel federal, el Tribunal Constitucional Federal, como guardián supremo de la Constitución, tiene el monopolio de su protección; monopolio que deriva del gran número de poderes que le confieren la Constitución y la Ley Orgánica que regula su funcionamiento y organización[1346]. Dichos poderes, todos de carácter judicial, pueden clasificarse en seis grupos de atribuciones que permiten al Tribunal garantizar el mantenimiento del orden político-constitucional, la repartición de los poderes del Estado, el carácter representativo del sistema político basado en las elecciones, la protección de los derechos fundamentales, la interpretación de la Constitución, así como el control de la constitucionalidad de todos los actos normativos del Estado.

En este último aspecto, no hay duda alguna en cuanto al carácter del Tribunal como órgano constitucional encargado del control judicial, de la constitucionalidad de la legislación.

En el ejercicio de esta función, las cuestiones constitucionales que afectan los actos normativos del Estado pueden ser llevados al Tribunal Constitucional de tres maneras: mediante una petición o recurso ejercido en forma directa ante éste; mediante la vía incidental, cuando la cuestión constitucional se plantea ante el Tribunal por un tribunal o una corte de menor rango, o, indirectamente, cuando el Tribunal debe decidir acerca de la inconstitucionalidad de un acto del Estado con miras a una decisión por uno de los medios judiciales de control constitucional, diferentes del control abstracto o concreto de los actos normativos del Estado.

b.   El control de la constitucionalidad de los actos normativos por medio de un recurso directo

El primer método previsto por la Constitución federal para ejercer el control judicial de la constitucionalidad de los actos normativos del Estado, consiste en la interposición de un recurso directo ante el Tribunal Constitucional Federal con el fin de obtener de éste una decisión relativa, exclusivamente, a la constitucionalidad de una ley, o de cualquier otro acto normativo del Estado.

Puede optarse por esta vía directa de control de la constitucionalidad de las leyes, conforme a la Constitución, de dos maneras: primero, mediante un recurso introducido por ciertos órganos del Estado, llamado control abstracto de las normas; segundo, mediante un recurso constitucional (similar al recurso de amparo) ejercido por cualquier persona alegando que uno de sus derechos fundamentales ha sido violado por una ley o un acto determinado, o por una Municipalidad invocando que su autonomía ha sido violada por una ley federal.

1345 J. C. Béguin, *op. cit.*, pp. 27 y 43 a 46.

1346 Artículo 93, Constitución.

a'.   El recurso con miras al control abstracto de las normas

El recurso para fines de control abstracto de normas (*Die abstrakte Normenkontrolle*), es decir, el ejercicio de poderes de control judicial por parte del Tribunal Constitucional sin relación a una instancia o juicio particular, fue instituido por el artículo 93, sección 1, Nº 2 de la Constitución, según el cual el Tribunal Constitucional debe decidir:

> "En caso de divergencia de opinión o de duda, acerca de la conformidad en cuanto al fondo y a la forma de la ley federal o de un *Land* con la Ley fundamental, o acerca de la conformidad de la ley de un *Land* con otras leyes federales, a petición del Gobierno federal, del Gobierno de un *Land* o de una tercera parte de los miembros del *Bundestag*"[1347].

Este poder del que dispone el Tribunal Constitucional ha llevado en la práctica a lo que podría denominarse un procedimiento de control judicial "objetivo", cuya finalidad es el mantenimiento del sistema jerarquizado de las normas, en una forma abstracta[1348].

Como se indicó, la Constitución sólo confiere la posibilidad de ejercer este recurso al Gobierno federal, al Gobierno de un *Land* o a un tercio de los miembros del *Bundestag*[1349], permitiendo, en este último caso, a las minorías parlamentarias un acceso al Tribunal y el cuestionamiento de las leyes adoptadas por la mayoría. También se estipula que los representantes de los órganos constitucionales correspondientes que participaron en la elaboración del acto normativo cuestionado deben ser oídos[1350]; aun cuando por ello, no pueden considerarse verdaderamente como "partes" en el proceso[1351].

En realidad, el recurso se ejerce en contra de un acto del Estado y., no en contra de un órgano del mismo; por lo que el Tribunal Constitucional debe decidir la cuestión constitucional de manera abstracta, pudiendo incluso plantear *ex officio* cualquier otro asunto constitucional vinculado con la ley cuestionada o con cualquiera de los artículos de la misma[1352].

La naturaleza objetiva del procedimiento y los poderes del Tribunal Constitucional como guardián de la Constitución, además, se confirman por el hecho de que, incluso en caso de desistimiento del recurso por parte del órgano del Estado que lo interpuso, el Tribunal puede continuar la instancia, si el interés general lo justifica[1353].

1347 Véase también los artículos 76 a 88 de la Ley de Organización y de Procedimiento de la Corte Federal Constitucional.

1348 *Cf.* J. c. Béguin, *op. cit.*, p. 60; H. G. Rupp, *"Judicial Review..."*, *loc. cit.*, p. 35; G. Muller, *loc. cit.*, p. 231.

1349 Artículo 76 de la Ley de Organización y de Procedimiento de la Corte Federal Constitucional.

1350 Artículo 77 de la Ley de Organización y de Procedimiento de la Corte Federal Constitucional.

1351 *Cf.* J. C. Béguin, *op. cit.*, p. 61; G. Muller, *loc. cit.*, p. 231.

1352 Artículo 77 de la Ley de Organización y de Procedimiento de la Corte Federal Constitucional: *Cf.* J. C. Béguin, *op. cit.*, p. 61; F. Sainz Moreno, *loc. cit.*, p. 613.

1353 *Cf.* J. C. Béguin, *op. cit.*, p. 61; F. Sainz Moreno, *loc. cit.*, p. 613.

Por otra parte, debe señalarse que este procedimiento de control abstracto de las normas puede referirse a todos los actos normativos del Estado. Por lo tanto, no se trata de un procedimiento para fines de control judicial únicamente de actos legislativos en el sentido formal, sino que se aplica igualmente a cualquier acto normativo del Estado, incluso respecto de la legislación previa a la Constitución, de las disposiciones reglamentarias, de los tratados internacionales, e incluso de las enmiendas a la Constitución[1354]. En esta forma, todas las leyes que aprueban tratados internacionales pueden ser objeto de control judicial de la constitucionalidad, del cual no han escapado los actos del Estado relacionados con la legislación de la Comunidad Europea[1355].

Sin embargo, aun cuando el principio general del control judicial de las leyes presenta, en Alemania Federal, la particularidad de aplicarse en forma *a posteriori*, en lo que a los tratados se refiere, se ha previsto una excepción según la cual la decisión del Tribunal Constitucional acerca de la constitucionalidad de su ratificación debe producirse posteriormente a la adopción de la ley que los ratifica, pero previamente a la puesta en vigencia de los tratados[1356].

b'   El recurso constitucional contra las leyes

El control abstracto de normas, además de a través del recurso que pueden ejercer los órganos políticos del Estado, también puede ser ejercido por el Tribunal Constitucional Federal como consecuencia de un recurso constitucional interpuesto por cualquier persona debido a que un acto normativo del Estado afecta directamente sus derechos esenciales o fundamentales. Dicho "recurso constitucional", similar a una acción de amparo, el cual sólo fue constitucionalizado en 1969, fue inicialmente previsto en la ley federal que creó el Tribunal Constitucional[1357] y concebido como una vía judicial especial para la protección de los derechos y libertades fundamentales contra cualquier acción perjudicial por parte de los órganos del Estado. No es, por consiguiente, un medio de acción particular solamente destinado a obtener el control judicial de la constitucionalidad de las leyes, sino un instrumento que se puede emplear para este fin cuando se ejerce contra una ley, pero motivado por la protección de los derechos fundamentales.

Como consecuencia de la Enmienda Constitucional de 1969, el artículo 93, sección 1, N° 4 de la Constitución se refiere expresamente al recurso constitucional al conferir al Tribunal Constitucional Federal el poder de resolver:

"Los recursos de inconstitucionalidad que cualquier persona puede introducir alegando que uno de sus derechos fundamentales o uno cualquiera de sus dere-

---

1354 *Cf.* J. C. Béguin, *op. cit.,* p. 63.

1355 L. Contastinesco, "L'introduction et le contrôle de la constitutionnalité des traités et en particulier des traités européens en droit allemand", *Revue belge de droit international*, 2, 1969, pp. 425 a 429.

1356 *Cf.* F. Sainz Moreno, *loc. cit.,* p. 613.

1357 Artículo 90 de la Ley de Organización y de Procedimiento de la Corte Federal Constitucional.

chos ha sido violado por la autoridad pública, de conformidad con el párrafo 4 del artículo 20, y de los artículos 33, 38, 101, 103 o 104"[1358].

Por ello, el recurso constitucional puede ejercerse ante el Tribunal contra cualquier acto público, sea éste de orden legislativo, ejecutivo o judicial, pero, en todo caso, sólo puede serlo una vez agotadas todas las vías judiciales ordinarias llamadas a proteger los derechos fundamentales violados[1359]. Por consiguiente, el recurso constitucional constituye una vía subsidiaria de protección judicial de los derechos fundamentales[1360], por lo que en el caso de que existieran otros recursos o acciones capaces de proteger los derechos fundamentales, el recurso constitucional no sería admisible, salvo cuando el Tribunal Constitucional considere que el asunto es de interés general o que el recurrente se expone a un perjuicio grave e irreparable si recurre a los medios de protección de derecho común[1361].

Como lo señalamos anteriormente, el recurso constitucional puede ejercerse directamente contra una ley o cualquier acto normativo del Estado que atente directamente contra los derechos fundamentales del recurrente; en tal caso, el recurso equivale al ejercicio por parte del Tribunal Constitucional de su función de control constitucional de los actos normativos del Estado. Por tanto, mediante este recurso constitucional, cualquier ley inconstitucional puede ser declarada nula[1362].

En todo caso, para que un recurso constitucional contra una ley sea admisible, la ley o el acto normativo del Estado, por supuesto, deben afectar directa y personalmente al recurrente en sus derechos fundamentales, sin que sea necesario esperar su aplicación administrativa. Por ello, si para que se produzca la acción, se requiere una aplicación administrativa de la ley, el recurrente debe entonces esperar la ejecución administrativa de la ley para cuestionarla.

En todo caso, debe señalarse que el perjuicio directo causado por el acto normativo a los derechos del recurrente, como condición esencial para la admisibilidad del recurso, justifica el plazo de un año contado a partir de la publicación del mismo, para introducir la acción ante el Tribunal[1363]. Ello explica que el Tribunal Constitucional tenga la facultad de tomar medidas preventivas con respecto a la ley cuestionada, *pendente litis*, es decir que, teóricamente, puede incluso suspender su aplicación[1364].

Finalmente, en relación con este recurso constitucional, el artículo 93, sección 1, N° 4b de la Constitución autoriza también el Tribunal a conocer:

1358 Véase también los artículos 90 a 96 de la Ley de Organización y de Procedimiento de la Corte Federal Constitucional.

1359 Artículo 9 de la Ley de Organización y de Procedimiento de la Corte Federal Constitucional.

1360 El artículo 19,4 de la Constitución establece en general que "si los derechos de una persona son violados por una autoridad pública, el recurso a los tribunales le será siempre disponible. Si la jurisdicción no se especifica, este recurso será llevado a los tribunales ordinarios".

1361 Artículo 9,2 de la Ley de Organización y de Procedimiento de la Corte Federal Constitucional.

1362 Artículo 95,3, B de la Ley de Organización y de Procedimiento de la Corte Federal Constitucional.

1363 Artículo 93,1, B de la Ley de Organización y de Procedimiento de la Corte Federal Constitucional.

1364 Artículo 32 de la Ley de Organización y de Procedimiento de la Corte Federal Constitucional; *Cfr.* J. C. Béguin, *op. cit.,* p. 158; F. Sainz Moreno, *loc. cit.,* p. 626.

"De recursos de inconstitucionalidad introducidos por municipalidades o asociaciones de municipalidades alegando la violación de su autonomía, según el
artículo 28, por una ley distinta a la de un *Land* y sujeta a un recurso ante el
Tribunal Constitucional respectivo".

En esta forma, el recurso constitucional directo contra las leyes no sólo existe para proteger los derechos fundamentales de los individuos sino también para defender
la autonomía de las colectividades locales y su derecho a auto-administrarse garantizados por la Constitución contra cualquier posible violación por parte de las leyes
federales. Una vez más, así, el recurso constitucional aparece como un instrumento
de control judicial directo de la constitucionalidad las leyes.

c.   *El método incidental y el control de la constitucionalidad de las leyes*

El segundo método previsto por la Constitución federal para el ejercicio de control judicial de la constitucionalidad de las leyes es aquel de tipo incidental, conocido como control concreto de las normas (*Konkrete Normenkontrolle*), regulado en el
artículo 100, así:

"Si una Corte considera inconstitucional una ley cuya validez afecta la decisión que debe adoptar, debe procederse a suspender la instancia en espera de
una decisión de la Corte de un *Land* competente en materia de conflicto constitucional cuando se estima que ha habido violación de la Constitución de un
Land o de la del Tribunal Constitucional Federal cuando la violación afecta la
Ley fundamental. Sucede lo mismo en el caso en que se estime que hay violación de dicha Ley fundamental por parte de la ley de un *Land* cuando una ley
de un *Land* no esté conforme a una ley federal"[1365].

Esta disposición constitucional confirma claramente el carácter concentrado del
sistema de control judicial de la constitucionalidad de las leyes en el régimen constitucional de Alemania, debido principalmente a la prohibición implícita que tienen
los tribunales de controlar la constitucionalidad de las leyes, incluso, si, como lo
hemos visto, éstas conservan un poder de control difuso de la constitucionalidad de
la legislación dictaba con anterioridad a la Constitución, así como sobre los actos
normativos administrativos del Estado. En todo caso, contrariamente al control abstracto de las normas en el cual el recurso se refiere a cualquier acto normativo del
Estado, el control concreto de las normas sólo se refiere al aspecto formal de las
leyes [1366].

Conforme a este método incidental de control judicial, la cuestión constitucional
que puede plantearse respecto de una ley, siempre es llevada ante el Tribunal Constitucional mediante remisión que le hace un tribunal cualquiera[1367] cuando, en un
procedimiento en curso, éste considera inconstitucional una ley cuya validez debe

---

1365 Véase también los artículos 80-82 de la Ley de Organización y de Procedimiento de la Corte Federal
Constitucional.

1366 *Cf.* G. Muller, *loc. cit.,* p. 233; F. Sainz Moreno, *loc. cit.,* p. 614.

1367 *Cf.* G. Muller, *loc. cit.,* p. 232; F. Sainz Moreno, *loc. cit.,* p. 614; H. G. Rupp, "*Judicial Beview...*", *loc.
cit.,* p. 32.

servir de base para su decisión en el caso concreto. Por consiguiente, la cuestión constitucional que se plantea en este caso siempre reviste un carácter incidental vinculado a la solución de un caso concreto por el tribunal; de tal manera que ella debe estar vinculada al caso y ser determinante en su decisión.

En este caso, si bien es cierto que los tribunales no tienen el poder de declarar la nulidad de leyes, ni tampoco de decidir *ex officio* acerca de su inaplicación, en cambio poseen el poder de examinar la inconstitucionalidad de las leyes[1368] remitiendo el asunto constitucional al Tribunal Constitucional.

Además, en estos casos, el juez debe estar convencido de la inconstitucionalidad de la ley, razón por la cual debe fundamentar su criterio por ante el Tribunal Constitucional, explicando en qué medida su decisión depende de la validez de la ley y precisando con cuál disposición constitucional no está ésta conforme[1369].

Por otra parte, la posibilidad de plantear ante el Tribunal Constitucional Federal asuntos referentes a la constitucionalidad de las leyes, es una atribución de los tribunales que pueden ejercer *ex officio* y cuyo ejercicio no está subordinado a la voluntad de las partes. Por consiguiente, la atribución de los tribunales de remitir cuestiones constitucionales al Tribunal Constitucional, es independiente de las partes en lo que se refiere a la inconstitucionalidad de una disposición legal[1370], razón por la cual el método incidental de control judicial no necesariamente se origina en una excepción alegada por una de las partes en el proceso concreto.

En todo caso, y a pesar de su carácter incidental, los poderes del Tribunal Constitucional sólo se limitan al examen de la cuestión constitucional planteada por el tribunal respectivo. El Tribunal Constitucional, por lo tanto, no efectúa una revisión del fondo del asunto debatido, sino que se limita a determinar si la ley considerada inconstitucional por el tribunal inferior es o no conforme a la Constitución[1371]. Por ello, este procedimiento del control judicial concreto de las normas, al igual que aquel de tipo abstracto, también reviste un carácter objetivo[1372].

En todo caso, una vez que el Tribunal Constitucional ha decidido la cuestión constitucional que le ha sido remitida por un tribunal inferior, este último debe retomar la instancia y dictar su sentencia de conformidad con la decisión del Tribunal Constitucional, la cual tiene fuerza obligatoria general[1373].

d. *El control indirecto*

Como hemos visto, las vías esenciales propias del sistema concentrado de control judicial de la constitucionalidad en la República Federal de Alemania son, por una parte, los recursos relativos al control abstracto de las normas y los recursos constitucionales contra las leyes que pueden ser llevadas ante el Tribunal Constitucional

---

1368 *Cf.* J. C. Béguin, *op. cit.,* p. 92.

1369 Artículo 90, 2 de la Ley de Organización y de Procedimiento de la Corte Federal Constitucional.

1370 Artículo 80, 3 de la Ley de Organización y de Procedimiento de la Corte Federal Constitucional.

1371 Artículo 81 de la Ley de Organización y de Procedimiento de la Corte Federal Constitucional.

1372 *Cf.* J. C. Béguin, *op. cit.,* p. 93.

1373 Artículo 31, 1 de la Ley de Organización y de Procedimiento de la Corte Federal Constitucional.

de manera directa; y, por la otra, los casos remitidos o enviados por cualquier tribunal al mencionado Tribunal Constitucional por vía del método incidental de control de la constitucionalidad de las leyes.

Ahora bien, además de estos medios de control, en el sistema constitucional alemán se puede distinguir un tercer método de control judicial de la constitucionalidad de las leyes, considerado de tipo indirecto por el hecho de que los poderes de control del Tribunal Constitucional no se ejercen como consecuencia de una petición directa o recurso constitucional contra una ley, ni de una remisión incidental por un tribunal inferior, sino como consecuencia de una cuestión que puede ser planteada durante una instancia ante el propio Tribunal Constitucional actuando, en este caso, con otro fin directo o inmediato y no únicamente con fines de control de la constitucionalidad de una ley.

Este método indirecto de control jurisdiccional de la inconstitucionalidad de las leyes puede aplicarse, entre otros, en los siguientes casos:

En primer lugar, como consecuencia de un recurso constitucional con miras a proteger un derecho fundamental, cuando se ejerce no directamente contra una ley, sino más bien contra una decisión judicial considerada como violatoria de los derechos y libertades de una persona, por haber aplicado una ley presuntamente inconstitucional[1374]. En este caso, el Tribunal Constitucional debe pronunciarse acerca de la inconstitucionalidad de la ley indirectamente cuestionada.

En segundo lugar, el Tribunal Constitucional puede igualmente ejercer sus poderes de control judicial de la constitucionalidad de las leyes de manera indirecta, cuando se le pide resolver conflictos entre órganos federales[1375], es decir, diferendos relativos a la extensión de los derechos y funciones de las más altas instancias federales de acuerdo con la Constitución. Por ejemplo, en los casos de conflictos entre el Presidente y el *Bundestag*, la instancia reviste un carácter subjetivo, lo que conduce a que se realice de manera contradictoria entre las partes y pueda desembocar en un control indirecto de la constitucionalidad de las leyes cuestionadas, únicamente en el caso en que el acto violador de los derechos y funciones de un órgano del Estado sea una ley. En este caso, sin embargo, se estima que el Tribunal Constitucional no goza del poder de anulación con respecto a la ley cuestionada, a menos que se acumule el método abstracto de control de las normas[1376].

e. Los efectos de las decisiones del Tribunal Constitucional Federal y sus poderes ex officio

En lo que se refiere a los efectos de las decisiones del Tribunal Constitucional Federal, en el ejercicio de sus atribuciones en materia de control judicial de la constitucionalidad de los actos normativos del Estado, particularmente de las leyes, la regla general es que el Tribunal declara la nulidad de cualquier disposición inconstitucional de una ley o acto normativo. Al respecto, el artículo 78 de la Ley federal que instituyó el Tribunal Constitucional estipuló que:

1374 Artículo 93, 1 4 de la Ley de Organización y de Procedimiento de la Corte Federal Constitucional.

1375 Artículo 93, 1, 1 de la Ley de Organización y de Procedimiento de la Corte Federal Constitucional.

1376 *Cf.* J. C. Béguin, *op. cit.*, p. 93; F. Sainz Moreno, *loc. cit.*, p. 612.

"En caso de que el Tribunal Constitucional tenga la convicción de que la ley federal no está conforme a la Constitución o que la ley de un *Land* no está conforme a la Constitución o a cualquier otra norma de la ley federal, en su decisión declara la nulidad de dichas leyes"[1377].

Tal decisión puede adaptarse al contenido de la petición, del recurso constitucional o de la remisión que haya hecho un tribunal inferior, según el método utilizado para los fines del control. Sin embargo, al pronunciar su decisión, el Tribunal Constitucional no está vinculado a las denuncias efectuadas, en el sentido de que puede plantear *ex officio* cualquier otro asunto de orden constitucional y, por lo tanto, decidir *ultra petita*. Esta es la razón por la cual el mismo artículo 78 de la Ley federal que instituye el Tribunal Constitucional Federal estipuló que

"En caso de que otras disposiciones de la misma ley no estén conformes a la Constitución o a cualquier otra norma de la ley federal, el Tribunal Constitucional Federal puede al mismo tiempo declararlas nulas".

Las decisiones del Tribunal Constitucional siempre tienen fuerza obligatoria para con todos los órganos constitucionales de la Federación y de los *Lander*, así como para con todas las autoridades y los tribunales, y, naturalmente, para todos los individuos. Por tanto, las decisiones de los Tribunales Constitucionales tienen efectos *erga omnes*[1378]. Particularmente en los casos de control abstracto o concreto de las normas ejercido mediante petición o recurso por un órgano del Estado o remisión por un Tribunal inferior, en los casos en los que el Tribunal Constitucional declara la nulidad de una ley, la decisión reviste la misma fuerza que una ley[1379], en el sentido de que tiene un carácter obligatorio, *erga omnes*, inclusive para el propio Tribunal Constitucional[1380].

Ahora bien, contrariamente a lo que afirmaba Hans Kelsen con respecto a los efectos de la decisión del juez constitucional en un sistema concentrado de control de la constitucionalidad, cuando éste resuelve la nulidad de una ley[1381] y contrariamente al modelo austriaco; según la tradición constitucional alemana[1382], en el caso de ejercicio de los controles abstracto y concreto de las normas y tratándose de una decisión acerca de un recurso constitucional contra ley, cuando en la decisión se declara nula una ley, se entiende que dicha ley es declarada nula e inexistente *ab initio*, es decir que la decisión del Tribunal tiene efectos retroactivos, *ex tunc*[1383].

1377 Véase también artículo 95, 2 de la Ley de Organización y de Procedimiento de la Corte Federal Constitucional.

1378 Artículo 31, 1 de la Ley de Organización y de Procedimiento de la Corte Federal Constitucional.

1379 Véase artículo 31, 2 de la Ley de Organización y de Procedimiento de la Federal Constitucional.

1380 R. Bocanegra Sierra, "Cosa Juzgada", Vinculación. Fuerza de Ley en las Decisiones del Tribunal Constitucional Alemán", *Revista España de Derecho Constitucional*, N° 1, 1981, p. 269.

1381 H. Kelsen, "La garantie juridictionnelle de la Constitución (La justice constitutionelle)", *Revue de droit public et de la science politique en France et à l'étranger*, París 1928, p. 243.

1382 *Cf. J. C.* Béguin, *op. cit.*, pp. 209-228.

1383 *Cf.* F. Sainz Moreno, *loc. cit.*, p. 624; H. G. Rupp, "Judicial Review...", *loc. cit.*, p. 37; R. Bocanegra Sierra, *loc. cit.*, p. 268.

Esta doctrina tradicional la confirma el hecho de que el Legislador, en la ley federal que instituyó el Tribunal Constitucional, limitó expresamente el alcance de la decisión estableciendo que cuando se declara una ley nula por inconstitucionalidad, sólo se pueden revisar las causas criminales en los casos en que la decisión judicial definitiva esté basada en dicha ley declarada nula[1384]. Todas las demás sentencias definitivas y no revisables, así como los actos administrativos basados en la ley declarada nula, deben quedar intactos; sin embargo su ejecución, en caso de que no se hubiese efectuado previamente, debe ser considerada ilegal[1385].

Finalmente, debe indicarse que en el sistema alemán de control judicial de la constitucionalidad de las leyes, la noción de presunción de constitucionalidad de las leyes[1386] constituye una cuestión de principio, lo que explica que el Tribunal ha tenido la tendencia de no declarar la nulidad de las leyes por inconstitucionalidad, cuando es posible interpretarlas conforme a la Constitución.

Al respecto, en muchos casos el Tribunal constitucional se ha limitado a aplicar el método de "la interpretación a la luz de la Constitución", evitando de esta manera declarar la nulidad de una ley que hubiera sido inconstitucional bajo otro punto de vista y, a pesar de todo, ha aceptado su validez luego de una interpretación propia, siempre "a la luz de la Constitución"[1387]. En otros casos, aun cuando el Tribunal Constitucional haya considerado inconstitucional una ley, con el fin de evitar que la nulidad de un acto del Estado produzca un vacío en el orden legal, el Tribunal no ha declarado su nulidad; más bien ha preferido a veces declarar solamente "la simple inconstitucionalidad" y, en algunos casos, ha remitido la materia al Legislador con el objeto de que se restablezca la constitucionalidad de la disposición cuestionada[1388]. Finalmente, en otros casos, el Tribunal Constitucional, a pesar de haber considerado una ley conforme a la Constitución, ha enviado ésta al Legislador requiriéndole que la revise para revestirla de la "constitucionalidad absoluta", descartando así cualquier posibilidad de tener que declararla inconstitucional en el futuro[1389].

B. *El control judicial de la constitucionalidad de las leyes ejercido por Tribunales Constitucionales en un sistema mixto o integral de control de la constitucionalidad*

Como se dijo, en otros casos, aun cuando un Tribunal Constitucional tenga el poder exclusivo de anular las leyes inconstitucionales, dicho control de la constitucionalidad de las leyes funciona dentro de un sistema en el que también se emplea en paralelo el método difuso de control de la constitucionalidad de las leyes. En Europa, tal es el caso de Portugal; y en América Latina, los casos de Colombia, Guatemala, Bolivia, Ecuador y Perú.

1384 Artículo 79, 1 de la Ley de Organización y die Procedimiento de la Corte Federal Constitucional.

1385 Artículo 79, 2 de la Ley de Organización y de Procedimiento de la Corte Federal Constitucional.

1386 *Cf.* H. G. Rupp, "Judicial Review...", *loc. cit.,* p. 38; J. C. Béguin, *op. cit.,* p. 185.

1387 *Cf.* J. C. Béguin, *op. cit.,* pp. 184-207; F. Sainz Moreno, *loe. cit.,* p. 265.

1388 Artículos 32 2 y 79 de la Ley de Organización y de Procedimiento de la Corte Federal Constitucional; *Cf.* J. C. Béguin, *op. cit.,* pp. 232-366; F. Sainz Moreno, *loc. cit.,* p. 624.

1389 *Cf.* J. C. Béguin, *op. cit.,* pp. 266-293; F. Sainz Moreno, *loc. cit.,* pp. 625 y ss.

a. *El control de la constitucionalidad de las leyes por el Tribunal Constitucional en Portugal*

En Portugal, el Tribunal Constitucional, creado por la Constitución en el seno del Poder Judicial[1390], es el órgano competente para juzgar la inconstitucionalidad y la ilegalidad de los actos estatales de conformidad con las disposiciones de la Constitución[1391], extendiéndose dicha competencia a las leyes, a los actos del Presidente de la República, en el ejercicio de sus funciones, así como a los asuntos electorales[1392]. El Tribunal Constitucional está formado por trece jueces de los cuales seis son nombrados por la Asamblea de la República y tres mediante cooptación[1393].

En esta forma, en el sistema constitucional portugués, la Constitución ha instituido, paralelamente al sistema difuso de control judicial de la constitucionalidad de las leyes, un sistema concentrado de control de la constitucionalidad atribuido al Tribunal Constitucional, el cual lo ejerce no solamente en relación con las leyes promulgadas y, por lo tanto, *a posteriori* en relación con su aplicación, sino también a título preventivo a semejanza del modelo francés.

a'. *El sistema de control preventivo*

En cuanto al sistema de control preventivo de la constitucionalidad, éste está referido a los tratados y acuerdos internacionales, a las leyes, y los decretos-ley oficiales, en el nivel nacional; y a nivel regional, a los actos del Poder Legislativo, y a los de carácter normativo de los Ejecutivos regionales.

En el primer caso, el artículo 278 de la Constitución establece que:

"El Presidente de la República puede requerir al Tribunal Constitucional con el fin de determinar, a título preventivo, la constitucionalidad de cualquier disposición de un tratado que le haya sido sometido para su ratificación y de leyes sometidas a su promulgación, así como cualquier instrumento, decreto-ley o acuerdo internacional sometido a firma"[1394].

Sin embargo, como se señaló, las leyes de los Poderes Legislativos regionales y los demás actos normativos adoptados por los Ejecutivos regionales también pueden ser sometidos al Tribunal Constitucional, a título de control constitucional preventivo, por los Ministros de la República. Dicho control se refiere a "cualquier disposición de una ley emanada del Poder Legislativo regional o de un decreto de aplicación de una ley general de la República, que se le haya sometido para la firma"[1395].

En estos casos de control judicial preventivo, si el Tribunal Constitucional decide que una disposición de un acto o de un acuerdo internacional es inconstitucional, éste debe ser vetado por el Presidente de la República o el Ministro correspondiente,

---

1390 Artículo 212.
1391 Artículo 213, 1.
1392 Artículo 213, 2.
1393 Artículo 284.
1394 Artículo 278, 1.
1395 Artículo 278, 2.

y debe ser devuelto al órgano que lo aprobó[1396]. En principio, el acto no debe ser ni firmado ni promulgado hasta que el órgano que lo aprobó haya expurgado la disposición juzgada inconstitucional[1397], quedando siempre expresamente abierta, la posibilidad de recurrir de nuevo posteriormente a otro control preventivo de la constitucionalidad[1398].

En relación a los tratados y a las leyes, puede señalarse que las decisiones del Tribunal no son absolutamente imperativas, pues aquellas pueden entrar en vigor a pesar de su vicio de inconstitucionalidad si la Asamblea de la República decide mantener la disposición considerada inconstitucional. En efecto, en los casos en que la Asamblea no expurgue la disposición de un tratado internacional considerada inconstitucional por el Tribunal, el Tratado podrá ser ratificado en caso de que la Asamblea lo apruebe con los dos tercios de los miembros presentes[1399]. Asimismo, en el caso de las leyes, a pesar de que el Tribunal mediante el ejercicio del control preventivo haya declarado su inconstitucionalidad, la Asamblea puede aprobarlas con dos tercios de los miembros presentes[1400]. En esos casos, a pesar de su carácter constitucionalmente cuestionable, las leyes podrían ser aplicadas, requiriéndose para aprobarlas o ratificarlas, una mayoría distinta a la exigida en materia de revisión constitucional[1401].

b'. *El control abstracto de la constitucionalidad*

La constitucionalidad de las leyes también puede ser objeto de un "examen abstracto minucioso" por parte del Tribunal Constitucional, mediante recurso o acción directa.

En efecto, la inconstitucionalidad de una disposición legal puede ser objeto de un recurso que puede ser introducido ante el Tribunal Constitucional por el Presidente de la República, el Presidente de la Asamblea de la República, el Primer Ministro, los Ombudsman, los Procuradores Generales o una decena de miembros de la Asamblea de la República[1402]. Además, las Asambleas Regionales o los Presidentes de los Gobiernos regionales igualmente tienen la posibilidad de ejercer el recurso directo de inconstitucionalidad contra las leyes que puedan haber lesionado los derechos de las regiones autónomas[1403]. La Constitución prevé este recurso o acción de ilegalidad con respecto a las leyes regionales porque hayan violado la ley de la región o una ley general de la República, y en este caso, además de los órganos públi-

---

1396 Artículo 279, 9.

1397 Artículo 279, 2.

1398 Artículo 279, 3.

1399 Artículo 279, 4.

1400 Artículo 279, 2.

1401 Artículo 288, 1

1402 Artículo 281, 1, a.

1403 Artículo 281, 1, a. El Archipiélago de las Azores y Madeira fueron organizados en el seno del Estado como regiones autónomas. Artículo 227.

cos antes mencionados, está habilitado para ejercerla el Ministro de la República vinculado a la región autónoma[1404].

En estos casos de control abstracto de normas, los efectos de las decisiones del Tribunal Constitucional también están determinados expresamente en la Constitución. En efecto, en los casos de recurso directo de inconstitucionalidad, las decisiones del Tribunal tienen fuerza obligatoria y, por consiguiente, se aplican *erga omnes*, "a partir de la entrada en vigencia de la disposición declarada inconstitucional o ilegal, y deben determinar el restablecimiento con efectos retroactivos, de las disposiciones que pueden haber anulado"[1405]. En cuanto a la legislación anterior a la Constitución, en caso de que la inconstitucionalidad de una norma sea imputable a la violación de una disposición constitucional posterior, la decisión del Tribunal debe tener efectos solamente a partir de la entrada en vigor de la nueva disposición constitucional[1406].

Estas dos disposiciones expresas de la Constitución permiten afirmar que la regla general en el sistema portugués de control de la constitucionalidad de un acto estatal tienen efectos *ex tunc*, *pro praeterito*, salvo en los casos de los "asuntos ya juzgados", los cuales, en principio, deben estar garantizados, a menos que el Tribunal Constitucional decida lo contrario, como en el caso en el que la decisión esté relacionada con asuntos penales o disciplinarios y en caso en que sea desfavorable respecto al procesado o al acusado[1407].

En todo caso, los poderes del Tribunal son muy amplios a este respecto, estableciendo la Constitución, de manera expresa, que "cuando la seguridad jurídica, razones de equidad o un interés público de importancia excepcional, debidamente justificados lo exijan, el Tribunal Constitucional puede determinar los efectos de inconstitucionalidad o ilegalidad, de manera más restrictiva"[1408] m, permitiéndose así la corrección de los efectos limitantes que podría tener la rigidez del principio de los efectos retroactivos generales de las decisiones del Tribunal.

c'. *La inconstitucionalidad por omisión*

Finalmente, en el sistema constitucional portugués, además de los mecanismos preventivos y *a posteriori* de control judicial de la constitucionalidad, la Constitución atribuye al Tribunal Constitucional el poder de controlar la constitucionalidad de los actos del Estado mediante la llamada "inconstitucionalidad por omisión", sistema que no existe en ningún otro país de Europa Occidental, y que ha sido previsto recientemente en Brasil.

En efecto, la Constitución estipula que:

"Por requerimiento del Presidente de la República, del Ombudsman o del Presidente de las Asambleas regionales en los casos en los que los derechos de

---

1404 Artículo 281, 1, b. Véase también artículo 281, 1, c.

1405 Artículo 282, 1.

1406 Artículo 282, 2

1407 Artículo 282, 3.

1408 Artículo 282, 4

las regiones autónomas fueren violados, el Tribunal Constitucional debe examinar cualquier inobservancia de la Constitución por omisión producto de la ausencia de leyes del Parlamento requeridas por mandatos constitucionales.

Cuando el Tribunal Constitucional constate una inconstitucionalidad por omisión, debe notificarlo al órgano legislativo competente".

Debe señalarse que este poder excepcional atribuido al Tribunal Constitucional figuraba inicialmente en la Constitución de 1976, luego de las negociaciones llevadas a cabo por el Consejo de la Revolución, en 1975, en nombre de las Fuerzas Armadas, y los partidos políticos, con el fin de preservar ciertos principios que los grupos parlamentarios respectivos debían observar y mantener estrictamente en la Asamblea Constituyente[1409].

b. *La Corte Constitucional en Colombia y el control concentrado de la constitucionalidad*

A partir de 1910, en Colombia se adoptó constitucionalmente un sistema difuso de control judicial de la constitucionalidad de las leyes, conforme al cual todos los jueces tienen el poder para declarar la inaplicabilidad de las leyes que consideren contrarias a la Constitución. Sin embargo, este control se ejerce en forma paralela al sistema de control concentrado de la constitucionalidad que fue atribuido a la Corte Suprema de Justicia hasta 1991, y a partir de la nueva Constitución, a una Corte Constitucional, creada en dicho texto como órgano "guardián de la integridad y supremacía de la Constitución"[1410].

Conforme al artículo 214 de la Constitución, también se pueden distinguir en Colombia dos sistemas de control concentrado de la constitucionalidad; el control *a posteriori*, a través de una acción popular, y el control *a priori*, a petición del Gobierno.

a'. *El control a posteriori de inconstitucionalidad*

a". *La acción popular y el carácter objetivo del procedimiento*

En Colombia, todos los ciudadanos pueden interponer por ante la Corte Constitucional una *acción popular* para requerir la anulación por inconstitucionalidad de los siguientes actos estatales actos de reforma de la Constitución, por vicios de procedimiento; actos de convocatoria de referéndum o de asambleas constituyentes referentes a una reforma de la Constitución, por vicios de procedimiento; los referéndum referentes a leyes, consultas populares y plebiscitos nacionales, solamente por vicios de procedimiento en la convocatoria o en su realización; leyes, por tanto por su contenido material como por vicios de procedimiento en su elaboración; decretos que tengan fuerza de ley dictados por el gobierno, por su contenido material o

---

1409 J. Campinos, *loc. cit.*, p. 35

1410 Artículo 241. Véase en general Allan R. Brewer-Carías, *El sistema mixto o integral de control de la constitucionalidad en Colombia y Venezuela*, Bogotá 1995.

por vicios de procedimiento en su elaboración; decretos legislativos gubernamentales, tratados internacionales y leyes de ratificación de tratados[1411].

El carácter popular de la acción de inconstitucionalidad viene dado por el hecho de que ésta puede ser ejercida por todos los ciudadanos, incluso sin tener ningún interés en particular, por lo que el procedimiento que se desarrolla ante la Corte Constitucional es de carácter objetivo. En efecto, esta acción no se intenta contra el Estado o contra uno de sus órganos, sino contra una ley o un acto estatal que tenga fuerza de ley. Esa es la razón por la cual, en principio, un ciudadano cualquiera puede intervenir en el procedimiento adhiriéndose a la petición del accionante, o como parte interesada en el mantenimiento de la ley impugnada[1412]. Igualmente por este carácter popular, de conformidad con el artículo 242.2 de la Constitución, el Procurador de la República debe intervenir en todo caso de acción de inconstitucionalidad.

El carácter objetivo del procedimiento también resulta del hecho de que la Corte Constitucional, como guardián de la Constitución, puede considerar vicios de naturaleza constitucional diferentes de los que fueron denunciados por el accionante o por los ciudadanos que hayan participado en el procedimiento y por consiguiente, puede declarar la inconstitucionalidad de la ley examinada por motivos diferentes a los expresados en la acción[1413].

Los vicios de inconstitucionalidad contenidos en el escrito de la acción, por tanto, no limitan en absoluto los poderes de la Corte que, como guardián de la integridad de la Constitución, está autorizada para examinar *ex officio* el acto cuestionado y para someterlo a todas las condiciones constitucionales[1414]. Por otra parte, el desistimiento de la acción por parte del recurrente no tiene efectos inmediatos, dado el papel atribuido a la Corte, y ésta, por consiguiente, puede continuar efectuando el examen constitucional del acto impugnado[1415].

Finalmente, y como consecuencia del carácter popular de la acción, en principio, ningún plazo de caducidad está previsto para su ejercicio; por tanto, como es inextinguible, el ejercicio de la acción popular puede ser considerado como un derecho político de los ciudadanos[1416]. Sin embargo, debe señalarse que la reforma constitucional de 1991 estableció que cuando la acción se basa en vicios formales o de procedimiento de la ley impugnada, la acción está sometida a un lapso de caducidad de un año, contado a partir de la fecha de su publicación[1417].

1411 *Idem*

1412 Artículo 242, 2.

1413 Artículo 29. Decreto 432 de 1969.

1414 L. C. Sáchica, *El Control de la Constitucionalidad y sus mecanismos,* Bogotá 1982, p. 160.

1415 A. Copete Lizarralde, *Lecciones de Derecho Constitucional,* Bogotá, p. 246.

1416 A. Copete Lizarralde, *La Constitución y su Defensa,* Congreso Internacional sobre la Constitución y su Defensa, UNAM, México 1982, policopiado, p. 45.

1417 Artículo 242, 3.

b". *El control obligatorio de la constitucionalidad de los decretos de emergencia*

Entre los actos estatales sometidos al control de constitucionalidad a través de la acción popular, debe mencionarse a los decretos que emanen del Presidente de la República como consecuencia de un estado de sitio, declarado por causa de una guerra, crisis interna, o cuando el orden económico y social del país esté gravemente alterado[1418]. En estos casos, la Constitución colombiana establece un procedimiento obligatorio de control de la constitucionalidad según el cual, al día siguiente de su promulgación, el Presidente de la República debe remitir estos decretos a la Corte Constitucional, a la cual corresponde decidir "definitivamente sobre su constitucionalidad"[1419].

c". *Efectos de las decisiones de la Corte Constitucional*

Como en casi todos los casos de control concentrado de la constitucionalidad de las leyes, cuando la Corte Constitucional declara la inconstitucionalidad de un acto legislativo, esta decisión tiene efectos *erga omnes*. Además, tiene un valor de *res judicata* constitucional, y su contenido es obligatorio para todos, de forma tal que con posterioridad no puede presentarse otra acción de inconstitucionalidad contra el mismo acto[1420]. En particular, este valor de *res judicata* de las decisiones de la Corte Constitucional rige tanto en los casos en los cuales la Corte rechaza la acción de inconstitucionalidad, como en los casos en los cuales declara la inconstitucionalidad del acto impugnado.

Por tanto, y aun cuando todos los Tribunales pueden ejercer el control de la constitucionalidad de leyes mediante el sistema difuso, sin embargo no pueden declarar la inaplicabilidad de la ley por el motivo de inconstitucionalidad que la Corte Constitucional hubiese rechazado[1421].

Por otra parte, el debate tradicional de los efectos *ex tunc* o *ex nunc* de las decisiones dictadas por la Corte al ejercer el control de la constitucionalidad, también se ha dado en Colombia, aun cuando la mayoría de los autores tienden a atribuir a las mismas sólo los efectos *ex nunc, pro futuro*[1422].

Por tanto, en razón de la presunción de constitucionalidad, las leyes se tienen como efectivas hasta que la Corte pronuncie su nulidad. En consecuencia, las situaciones jurídicas creadas por la ley antes de su anulación sólo podrían ser sometidas a revisión por los procedimientos judiciales ordinarios.

1418 Artículo 213 y 214.

1419 Artículo 121.

1420 Como lo establecía la reforma constitucional sancionada por el acto legislativo N° 1, luego anulado. Véase L. C. Sáchica, *El Control..., op. cit.*, pp. 148-149.

1421 *Cf.* A. Copete Lizarralde, *op. cit.*, p. 246; L. C. Sáchica, *El Control..., op. cit.*, p. 172.

1422 *Cf.* L. C. Sáchica, *El Control..., op, cit.*, p. 68; E. Sárria, *Guarda de la Constitución*, Bogotá, p. 83.

b'   *El control preventivo de la constitucionalidad de las leyes*

Finalmente, debe señalarse que además del sistema concentrado de control de la constitucionalidad *a posteriori*, la Constitución colombiana, a partir de 1886, ha previsto un método de control preventivo de la constitucionalidad en virtud del poder de veto a la legislación, atribuido al Presidente de la República[1423].

En efecto, cuando una ley es objeto de un veto por causa de inconstitucionalidad, si las Cámaras Legislativas insisten en su promulgación, el Presidente de la República debe enviar el proyecto de ley a la Corte Constitucional la cual debe decidir en un lapso de seis días. En caso de que la Corte declare inconstitucional el proyecto de ley, éste debe ser archivado. Si por el contrario, la Corte rechaza las objeciones constitucionales presentadas por el Presidente de la República, éste está obligado a promulgar la ley[1424].

c'   *La revisión de las decisiones judiciales en materia de tutela de los derechos constitucionales por la Corte Constitucional*

La Constitución colombiana de 1991 ha establecido una acción de tutela de los derechos constitucionales que puede ejercerse por ante los tribunales ordinarios siguiendo los mismos principios generales de acciones de *amparo* latinoamericanas.

Ahora bien, en el caso colombiano, la Constitución, además estableció entre las atribuciones de la Corte Constitucional el poder de revisar las decisiones judiciales dictadas para resolver las acciones de tutela de los derechos constitucionales[1425].

En esta forma, conforme al Decreto-Ley de 1992 que regula la acción de tutela, todas las decisiones judiciales adoptadas en materia de tutela en primera instancia, si no son apeladas, y las adoptadas en segunda instancia, tienen que ser enviadas a la Corte Constitucional para su revisión, la cual tiene el poder discrecional de decidir cuáles de esas decisiones judiciales serán objeto de revisión[1426].

En todo caso, las decisiones de la Corte Constitucional dictadas en revisión de las decisiones judiciales de tutela, sólo tienen efectos con respecto al caso concreto[1427].

c.   *La Corte Constitucional en Guatemala*

A semejanza del modelo norteamericano y basado en el principio de la supremacía de la Constitución[1428], la Constitución guatemalteca de 1985 precisa los poderes de los Tribunales para declarar la inaplicación de las leyes o de las decisiones de otros poderes del Estado, cuando contravienen las normas o principios establecidos

---

1423 Artículos 167 y 241, 8.

1424 Artículo 167.

1425 Artículo 241, 9.

1426 Artículos 32 y 33.

1427 Artículo 129.

1428 Véase los comentarios relativos al proceso constitucional en Guatemala en el siglo XIX, J. M. García La Guardia, *La Defensa de la Constitución*, México 1983, pp. 52-53; ver Allan R. Brewer-Carías, *Judicial Review..., op. cit.*, pp. 203 y ss.

en la Constitución de la República[1429]. Este poder de los Tribunales para ejercer un control difuso de la constitucionalidad, fue consagrado en todos los textos constitucionales hasta la Constitución de 1965, a partir de la cual se instauró en forma paralela un sistema concentrado de control judicial de la constitucionalidad de las leyes, atribuida a una Corte Constitucional creada para tal fin. Desde entonces, el sistema guatemalteco de control de la constitucionalidad puede ser considerado como mixto.

Efectivamente, la Constitución de 1965, que siguió formalmente el modelo europeo, y ahora la de 1985, estableció un sistema concentrado de control constitucional atribuyendo a una Corte Constitucional el poder exclusivo de declarar la inconstitucionalidad de las leyes y así, anularlas con efectos *erga omnes* [1430].

Esta Corte Constitucional, creada por la Constitución de 1965, inicialmente no fue concebida como un órgano permanente, sino temporal, que sólo se reunía cuando era necesario efectuar el control de la constitucionalidad. Actualmente, sin embargo, es un órgano permanente[1431], compuesto por cinco magistrados titulares designados por la Corte Suprema de Justicia, por el Congreso de la República, por el Presidente de la República, por el Consejo Superior Universitario de la Universidad de San Carlos de Guatemala y, por la Asamblea del Colegio de Abogados, respectivamente, a sus miembros por un período de un año cada uno[1432]. De acuerdo con la Constitución de 1985, los poderes de control de la constitucionalidad son ejercidos por la Corte Constitucional cuando se ejerce un recurso de inconstitucionalidad, concebido como una acción directa[1433], que puede ser ejercida contra "las leyes y disposiciones de carácter general, objetadas parcial o totalmente de inconstitucionalidad"[1434].

En el caso de Guatemala, conforme a la Ley de Amparo, Exhibición personal y de constitucionalidad de 1986, tienen legitimación para plantear la inconstitucionalidad de leyes, reglamentos o disposiciones de carácter general, la Junta Directiva del Colegio de Abogados, el Ministerio Público, el Procurador de Derechos Humanos y "cualquier persona con el auxilio de tres abogados colegiados activos[1435]. Este último convierte el recurso, materialmente, en una acción popular de inconstitucionalidad, como la que existe en Colombia, Panamá y Venezuela.

En el procedimiento de recurso de inconstitucionalidad, debe darse audiencia al Ministerio Público y a cualquier autoridad que la Corte estime pertinente[1436].

Por otra parte, debe destacarse un elemento importante del procedimiento que se sigue ante la Corte Constitucional en Guatemala, y es el hecho de que los efectos de

---

1429 Artículo 266, Constitución

1430 Artículos 267 y 272, letra a. Constitución. Véase H. Fix Zamudio, *Los Tribunales Constitucionales y los Derechos Humanos*, México 1980 d. 136.

1431 Artículo 268, Constitución.

1432 Artículos 269 y 271, Constitución.

1433 Artículo 272, letra a. Constitución.

1434 Artículos 267 y 272, letra a. Constitución.

1435 Artículo 134 de la Ley.

1436 Artículo 139 de la Ley.

la ley o del acto ejecutivo impugnado pueden ser suspendidos provisionalmente por la Corte durante el 1 curso del proceso, cuando la inconstitucionalidad sea notoria y puede causar gravamen irreparable. Esta decisión de suspender los efectos de la ley o del acto ejecutivo tiene consecuencias generales de carácter *erga omnes* y debe ser publicada en el *Diario Oficial*[1437].

La decisión final de la Corte, cuando se trata de declarar la inconstitucionalidad de la ley, tiene efectos *erga omnes*, y, como en todos los sistemas concentrados de control de la constitucionalidad, tiene efectos *ex nunc*. Así, la decisión tiene un carácter constitutivo, con consecuencias *pro futuro*, sin ningún efecto retroactivo[1438]. Sin embargo, cuando la Corte decide la suspensión provisional de los efectos de una ley durante el proceso, la decisión final tiene efectos *ex tunc*, de forma retroactiva pero sólo hasta la fecha de la decisión de suspensión de los efectos de la ley cuestionada[1439].

d. El Tribunal Constitucional de Bolivia

Mediante la Reforma Constitucional sancionada en Bolivia, en 1994, se creó un Tribunal Constitucional el cual si bien forma parte del Poder Judicial, se lo concibió como un órgano independiente, "sometido sólo a la Constitución" (Art. 119). Está integrado por cinco Magistrados designados por el Congreso Nacional por 2/3 de votos de los miembros presentes.

Al Tribunal Constitucional se le atribuyeron competencias para el ejercicio de control concentrado de la constitucionalidad y para la resolución de conflictos de competencias y controversias entre los Poderes Públicos, la Corte Nacional Electoral, los Departamentos y los Municipios. Debe señalarse, sin embargo, que el método concentrado de control de la constitucionalidad de las leyes en Bolivia, atribuido al Tribunal Constitucional, coexiste con el método difuso de control de la constitucionalidad, al regular el artículo 228 de la Constitución, lo siguiente:

> "La Constitución Política del Estado y la Ley Suprema del Ordenamiento Jurídico Nacional, los tribunales, jueces y autoridades la aplicarán con preferencia a las leyes, y éstas con preferencia a cualquiera otras resoluciones".

En esta forma se atribuye el poder a todos los jueces para desaplicar en casos concretos las leyes que estimen contrarias a la Constitución, aplicando ésta con preferencia.

Ahora bien, en materia de control concentrado de la constitucionalidad, el artículo 120, literal a) de la Constitución definió como atribución del Tribunal Constitucional, conocer y resolver.

> "En única instancia, los asuntos de puro derecho sobre la inconstitucionalidad de leyes, decretos y cualquier género de resoluciones no judiciales. Si la acción es de carácter abstracto y remedial, sólo podrán interponerlas el Presidente de la

---

1437 Artículo 138 de la Ley.

1438 Artículo 140 de la Ley.

1439 Artículo 141 de la Ley.

República, o cualquier Senador o Diputado, el Fiscal General de la República o el Defensor del Pueblo".

Se establece, así, el control concentrado abstracto de la constitucionalidad, por vía de acción, aún cuando con una legitimación activa restringida a determinados funcionarios públicos y fuera del alcance de los ciudadanos. Estos sólo podrían plantear la inconstitucionalidad, en casos concretos, en defensa de un derecho subjetivo.

La Constitución atribuye al Tribunal Constitucional, igualmente, competencia para resolver sobre "la constitucionalidad de Tratados o Convenios con gobiernos extranjeros u organismos internacionales" (Art. 120, literal i).

La Constitución regula igualmente, un mecanismo de control preventivo de la constitucionalidad de las leyes y demás actos estatales al atribuir al Tribunal Constitucional competencia para:

"Absolver las consultas del Presidente de la República, el Presidente del Congreso Nacional y el Presidente de la Corte Suprema de Justicia, sobre la constitucionalidad de proyectos de ley, decretos o resoluciones aplicables a un caso concreto" (Art. 120, literal h).

En estos casos la opinión del Tribunal Constitucional es obligatoria para el órgano que efectúa la consulta.

En los casos de control concentrado de la constitucionalidad, la sentencia que declara la inconstitucionalidad de una ley, decreto o cualquier género de resolución no judicial, "hace inaplicable la norma impugnada y surte plenos efectos respecto de todos". El artículo 121 no habla de poderes anulatorios sino de inaplicabilidad *erga omnes*, como efecto de la sentencia. Aclara, sin embargo, que si la sentencia se refiere a un derecho subjetivo controvertido, se limitará a declarar su inaplicabilidad al caso concreto, es decir, con efectos *interpartes*.

En todo caso, la sentencia de inconstitucionalidad, en principio, tiene efectos *ex nunc*, lo que resulta de la precisión que hace el artículo 121 de la Constitución en el sentido de que "la sentencia de inconstitucionalidad no afectará las sentencias anteriores que tengan calidad de cosa juzgada".

e.   El Tribunal Constitucional de Ecuador

En Ecuador, luego de una evolución de algunas décadas, se ha establecido un método de control concentrado de la constitucionalidad de las leyes ejercido por el Tribunal Constitucional creado en 1995, en paralelo al control difuso que ejerce la Corte Suprema de Justicia y los tribunales de última instancia.

Este sistema se adoptó con motivo de la reforma constitucional de 1995, la cual, en la materia sustituyó el sistema paralelo concentrado de control judicial de la constitucionalidad de las leyes conferido a la Corte Suprema y al Tribunal de las Garantías Constitucionales. Para entender el actual sistema debe, por tanto, tenerse en cuenta el sistema anterior y posterior a 1992.

a'.   *La experiencia ecuatoriana antes de 1992: la Sala Constitucional de la Corte Suprema de Justicia y el Tribunal de las Garantías Constitucionales*

El Ecuador antes de 1992 era uno de los países de América Latina que habían adoptado un doble sistema concentrado de control de la constitucionalidad, atribuido a dos órganos constitucionales judiciales diferentes. En primer lugar, a la Corte Suprema de Justicia, la cual tenía el poder exclusivo de juzgar la constitucionalidad de las leyes por vía incidental cuando tribunales inferiores le plantean cuestiones de inconstitucionalidad; en segundo lugar, al Tribunal de Garantías Constitucionales, el cual tenía el poder de ejercer un control de la constitucionalidad de la legislación aun cuando de efectos limitados de manera concentrada. Ambos sistemas de control de la constitucionalidad estaban basados en el principio de la supremacía de la Constitución[1440].

De acuerdo con esta Supremacía constitucional proclamada, la Constitución de 1979, reformada en 1983, confirió el poder de control de la constitucionalidad de manera semi-difusa a las Salas de la Corte Suprema de Justicia, y a todos los tribunales y salas de última instancia, atribuyéndoles competencias para declarar inaplicable un precepto legal contrario a las normas de la Constitución, en casos concretos resueltos por tribunales inferiores[1441]. De conformidad con la expresa disposición de la Constitución, en estos casos, esta declaración "no tendrá fuerza obligatoria sino en las causas en que se pronunciare". Por lo tanto, sus efectos son *inter partes*.

Pero adicionalmente, la misma Constitución de 1979 creó una institución llamada Tribunal de Garantías Constitucionales, con numerosos miembros, elegidos por el Congreso Nacional, encargado de velar, a petición de autoridades y funcionarios públicos, por el cumplimiento de la Constitución[1442]. Inicialmente, el Tribunal estaba facultado para formular observaciones relativas a los decretos, acuerdos, reglamentos o resoluciones dictados que violasen la Constitución o las leyes, después de haber oído a las autoridades que los emitieron. En caso de incumplimiento de dichas observaciones, el Tribunal estaba facultado para publicarlas en la prensa y notificar a la Cámara Nacional de Representantes para que adoptase una resolución[1443]. Es decir, las decisiones del Tribunal no tenían efectos anulatorios.

El Tribunal de Garantías Constitucionales también fue facultado para conocer las quejas planteadas por cualquier ciudadano en caso de violación de la Constitución, en cuyo caso, podía preparar la acusación contra el funcionario implicado y remitirla a la Cámara Nacional de Representantes para su enjuiciamiento[1444].

1440 Artículo 139, Constitución.

1441 Artículo 140, Constitución.

1442 Artículo 142, Constitución,

1443 Artículo 143, 2, Constitución.

1444 Artículo 143, 2, Constitución.

Adicionalmente, y como consecuencia de la reforma constitucional aprobada en 1983[1445], se confirió al Tribunal de Garantías Constitucionales el poder exclusivo de suspender los efectos de los actos legislativos inconstitucionales, en el marco de lo que podría considerarse como un sistema concentrado de control constitucional. Antes de la reforma de 1983, esta facultad sólo correspondía a la Corte Suprema.

> b'. *La reforma constitucional de 1992: el doble sistema concentrado en la Corte Suprema (Sala Constitucional) y en el Tribunal de Garantías; y la reforma de 1995: el sistema concentrado en paralelo al control difuso*

Con la reforma de la Constitución de 1992, se introdujeron diversos cambios al sistema de control de constitucionalidad, concentrándose en la Sala Constitucional de la Corte Suprema de Justicia la última decisión en materia de control de la constitucionalidad, tanto conforme al método difuso como conforme al método concentrado.

En cuanto al método difuso, conforme al artículo 141 de la Constitución, éste se amplió atribuyéndose la posibilidad de ejercerlo además de la Corte Suprema como tribunal de casación, a los órganos judiciales de última instancia es decir, las Cortes Superiores y los Tribunales Distritales de lo contencioso-administrativo y de lo fiscal. En todos estos casos en los cuales algún juez, distinto a la Corte Suprema, declare inaplicable al caso concreto una ley por estimarla inconstitucional, la decisión debía ser sometida al conocimiento y decisión de la Sala Constitucional de la Corte Suprema (Art. 141). En esta forma, la Sala Constitucional concentraba, en última instancia, el poder de controlar la constitucionalidad de las leyes. Con la reforma constitucional de 1995 el asunto en estos casos de control difuso puede ser sometido al conocimiento del Tribunal Constitucional, el cual entonces podría decidir con efectos generales sobre la inconstitucionalidad de la ley.

En cuanto al método concentrado, la reforma de 1992 si bien mantuvo la institución del Tribunal de Garantías Constitucionales, estableció que las decisiones que éste adoptase en materia de control de la constitucionalidad de las leyes, debían ser sometidas, dentro de un plazo de 8 días al conocimiento de la Sala Constitucional de la Corte Suprema cuya sentencia era definitiva y con efectos *erga omnes*. En esta forma, las decisiones del Tribunal de Garantías Constitucionales, continuaron sin ser definitivas, atribuyéndose a la Sala Constitucional la posibilidad de declarar la inconstitucionalidad de las leyes con efectos generales, cambiándose así radicalmente la situación anterior que exigía someter a la consideración del Congreso las decisiones en la materia[1446].

Esta situación se cambió completamente en la reforma de 1995, en la que se estableció el Tribunal Constitucional con poder exclusivo de conocer y resolver las demandas que se presentaren sobre leyes, decretos-leyes, decretos, resoluciones, acuerdos u ordenanzas que fueren inconstitucionales por el fondo o por la forma y

---

1445 G. Zambrano Palacios, "Control de la Constitucionalidad de los Actos del Poder Público", *Memoria de la Reunión de Presidentes de Cortes Supremas de Justicia en Iberoamérica, El Caribe, España y Portugal*, Caracas 1993, pp. 677, 678.

1446 Artículo 143, Constitución.

suspender sus efectos parcial o totalmente[1447], con carácter *erga omnes*[1448]. En esta forma, en Ecuador después de la reforma de 1995 existe un sistema mixto o integral que combina el control difuso que ejercen los Tribunales de última instancia y las Salas de la Corte Suprema de Justicia, combinado con el control concentrado con efectos *erga omnes* que ejerce el Tribunal Constitucional creado en el marco del Poder Judicial.

3. *El sistema paralelo concentrado de control judicial de la constitucionalidad de las leyes conferido a la Corte Suprema y a un Tribunal Constitucional: la experiencia de Chile*

En los países de América Latina debe destacarse el caso de Chile donde el sistema concentrado de control de la Constitucionalidad está conferido a dos órganos judiciales separados: a la Corte Suprema de Justicia, a través de una vía incidental, y al Tribunal Constitucional, a través de una acción directa. Antes de 1992 un sistema similar existía en Ecuador.

A. *La Corte Suprema de Justicia y el método incidental de control de la constitucionalidad*

En efecto, en Chile, a partir de la reforma constitucional de 1925, se autorizó a la Corte Suprema de Justicia a declarar la inaplicabilidad de una ley en vigor a un caso concreto por razones de inconstitucionalidad. Esta reforma modificó substancialmente la situación que existía con anterioridad, conforme a la cual los tribunales no podían declarar la inaplicabilidad de leyes inconstitucionales pues ninguna disposición les confería tal poder. Por consiguiente, la reforma de 1925 representó en Chile un paso importante hacia el control de la constitucionalidad de las leyes[1449], estableciendo que:

"La Corte Suprema, en los casos concretos o en los casos que le son sometidos a través de un recurso proveniente de procedimientos iniciados ante otros tribunales, puede declarar inaplicable al caso en cuestión, toda disposición contraria a la Constitución sin que por ello se la suspenda".

Por tanto, la Constitución instauró un sistema concentrado de control de la constitucionalidad de carácter incidental por ante la Corte Suprema de Justicia, por medio de una institución llamada "recurso de inaplicación de las leyes"[1450].

Sin embargo, este sistema de control de la constitucionalidad no solucionaba los conflictos constitucionales surgidos entre los órganos del Estado, originados en cuestiones de inconstitucionalidad de las leyes y de otras normas con fuerza equiva-

---

1447 Artículo 143, Constitución.

1448 Véase los comentarios de Carlos Pozo Montes de Oca, "El nuevo régimen de control constitucional en el Ecuador", en *Constituciones, Estado de Derecho*, Fundación Konrad Adenauer, CIDELA, N° 2,1994, pp. 149 a 163.

1449 *Cf.* O. Tovar Tamayo, *La Jurisdicción Constitucional*, Caracas 1983, p. 103.

1450 Véase el texto de H. Fix Zamudio, *Los Tribunales Constitucionales y los Derechos Humanos*, México 1980, p. 143, nota 251; ver Allan R. BrewerCarías, *Judicial Review..., op. cit.*, pp. 224 a 248.

lente. Estos conflictos que surgían entre otros órganos, propios de la vida política chilena, constituyeron uno de los factores primordiales que contribuyeron al establecimiento de un Tribunal Constitucional diferente de la Corte Suprema, para poder resolverlos[1451]. En esta forma, mediante la reforma constitucional del 21 de enero de 1970 se creó un Tribunal Constitucional con una serie de funciones referentes al control de la constitucionalidad y a la solución de conflictos de atribuciones entre los órganos del Estado. Este Tribunal fue disuelto en 1973, luego de un golpe de estado, el cual disolvió igualmente el Congreso. Dado que la función principal del Tribunal era resolver los conflictos entre el Ejecutivo y el Legislativo, y dado que éste no existía como tal, al estar disuelto el Congreso, la existencia de este Tribunal ya no se justificaba. Por ello dejó de funcionar[1452].

Posteriormente, el Tribunal Constitucional fue restablecido a través de los artículos 81 y 83 de la Constitución política aprobada por referéndum el 11 de septiembre de 1980, y prolongada por la Junta Militar en ejercicio de sus poderes constituyentes. Algunas atribuciones similares a las que fueron establecidas por la Carta Fundamental de 1970 le fueron conferidas al Tribunal, y su funcionamiento está reglamentado por la Ley Orgánica Constitucional del 12 de mayo de 1981 aprobada por la Junta de Gobierno[1453].

B. El Tribunal Constitucional y sus poderes

De acuerdo a esta nueva normativa, el Tribunal Constitucional tiene las siguientes atribuciones[1454].

En primer lugar, el Tribunal es competente para juzgar, antes de su promulgación, la constitucionalidad de las leyes orgánicas o las que interpretan preceptos de la Constitución. El Tribunal está igualmente autorizado, a petición de parte, para ejercer el control preventivo sobre toda cuestión que surja durante la discusión de los proyectos de ley, de los proyectos de reforma de la Constitución y de las leyes aprobatorias de los Tratados Internacionales sometidos a la sanción del Congreso.

El Tribunal también es competente para resolver las cuestiones de constitucionalidad de los decretos del Ejecutivo que tengan fuerza de ley; y los reclamos formulados contra el Presidente de la República cuando no promulgue una ley que tendría que haber promulgado, cuando promulgue un texto diferente al sancionado, o cuando publique decretos constitucionales.

El Tribunal] también tiene competencia para resolver los conflictos referentes a decretos o resoluciones emitidas por el Presidente de la República, cuando el Contralor General de la República niegue su registro por inconstitucionalidad.

En segundo lugar, el Tribunal es competente para resolver asuntos diferentes del control de la constitucionalidad, específicamente en lo referente a la constitucionali-

1451 E. Silva Cimma, *El Tribunal Constitucional de Chile (1971-1973)*, Caracas 1977, pp. 12-20.

1452 E. Silva Cimma, *op. cit.*, p. 219; H. Fix Zamudio, *op. cit.*, p. 150.

1453 H. Fix Zamudio, "Dos Leyes Orgánicas de Tribunales Constitucionales Iberoamericanos: Chile y Perú", *Boletín Mexicano de Derecho Comparado* N° 51, 1984, p. 943.

1454 Artículo 82, Consecución de 1980.

dad de los plebiscitos, y cuestiones relativas a la elegibilidad individual, constitucional o legal, de los Ministros de Estado.

Estos poderes del Tribunal Constitucional fueron establecidos originalmente en 1970. Adicionalmente, la Constitución de 1980 confirió al Tribunal Constitucional algunas atribuciones que antes no tenía y específicamente la competencia para juzgar la inconstitucionalidad de organizaciones, movimientos o partidos políticos, así como para determinar las personas que violan o hayan violado el orden constitucional de la República[1455]. Estos poderes, sin duda, estaban en consonancia con el régimen militar.

En todo caso, en el ámbito del control de la constitucionalidad, el Tribunal Constitucional chileno está autorizado para controlar la constitucionalidad de la legislación a través de dos vías específicas: el control preventivo y el control limitado *a posteriori.*

a.   *El control preventivo de la constitucionalidad de la legislación*

En primer lugar, la Constitución regula el poder del Tribunal para resolver cuestiones constitucionales que puedan ser planteadas durante los debates sobre las leyes orgánicas constitucionales, sobre leyes que interpretan una disposición constitucional, sobre cualquier proyecto de enmienda constitucional y sobre los tratados internacionales sometidos a la aprobación del Congreso[1456].

En todos estos casos, como en el método francés, el control ejercido por el Tribunal Constitucional es de carácter preventivo, aun cuando puede ser obligatorio o ejercido a petición de parte. En el caso de las leyes orgánicas constitucionales y de las leyes que interpretan una disposición constitucional, el control preventivo realizado por el Tribunal es obligatorio, a cuyo efecto el Presidente de la Cámara debe enviarle los textos dentro de los cinco días siguientes a su sanción. Dicho control preventivo, incluso, no sólo es obligatorio, sino que el Tribunal puede ejercerlo *ex officio*, no siendo el procedimiento, en estos casos, de carácter contencioso. Si en su decisión, el Tribunal considera inconstitucional una o varias disposiciones del texto impugnado, debe enviarlo nuevamente a la Cámara correspondiente, cuyo Presidente, a su vez lo debe enviar al Presidente de la República a los efectos de su promulgación, con excepción de las disposiciones consideradas inconstitucionales.

En el caso de proyectos de enmienda constitucional o de los tratados internacionales, el ejercicio del control preventivo por el Tribunal Constitucional sólo es posible si antes de la sanción del texto y durante la discusión del proyecto, se le formula una petición por el Presidente de la República, por una de las Cámaras del Congreso o por una cuarta parte de sus miembros. Por ello, esta petición no tiene efectos suspensivos sobre el procedimiento legislativo y la acción interpuesta por ante el Tribunal es de carácter contenciosa, razón por la cual, en estos casos, el Tribunal debe notificar a los órganos constitucionales interesados y oír sus argumentos.

1455 H. Fix Zamudio, "Dos Leyes Orgánicas...", *loc. cit.,* p. 947.

1456 Artículo 82, Constitución de 1980; artículos 26-37 de la Ley Orgánica de 1981; ver comentarios en H. Fix Zamudio, *"Dos Leyes Orgánicas,.."*, *loe. cit.,* p. 948.

En todo caso, la decisión del Tribunal que considere inconstitucionales las disposiciones de un proyecto de ley o de un tratado, impide su promulgación[1457].

b.   El ejercicio de los poderes de control por la vía directa

Además del control preventivo de la constitucionalidad de la legislación, en Chile, el Tribunal Constitucional tiene atribuidos poderes de control de la constitucionalidad con carácter *a posteriori*, pero sólo respecto a los decretos con fuerza de ley, es decir, a los decretos emitidos por el Presidente de la República en razón de los poderes dele, gados por el Congreso, así como de los poderes presidenciales relativos a la promulgación de las leyes. En esta forma, el control constitucional sustantivo de la legislación por el Tribunal Constitucional en Chile no procede contra las leyes una vez que éstas han entrado en vigencia, sino sólo contra los decretos del Ejecutivo con fuerza de ley.

En el primer caso, con relación a la inconstitucionalidad de los decretos leyes, los poderes del Tribunal en materia de inconstitucionalidad se ejercen como consecuencia de una decisión adoptada por la Contraloría General de la República, con ocasión del registro o no del decreto afectado. En efecto, en Chile, una de las funciones tradicionales de la Contraloría General de la República es la de controlar los decretos del Ejecutivo mediante el procedimiento de su registro o rechazo. En ese procedimiento, generalmente aparecen controversias con respecto a la legalidad o constitucionalidad de los decretos del Ejecutivo, cuando la Contraloría General plantea objeciones relativas a su incompatibilidad con la Constitución.

Antes de que existiera el Tribunal Constitucional, estas controversias se resolvían por una de las partes, particularmente por el Ejecutivo que podía insistir en el registro del decreto considerado inconstitucional por el Contralor, con el esfuerzo de las firmas de todos los Ministros[1458]. Dicha situación cambió con la reforma constitucional de 1970, la cual previo que si un decreto ley era rechazado por la Contraloría General, el Presidente no puede seguir insistiendo en su registro. Sin embargo, en un plazo de treinta días después de la decisión, el Presidente puede plantear el asunto ante el Tribunal Constitucional, el cual tiene la última palabra en materia de inconstitucionalidad. Por otra parte, si el Contralor General registra el decreto ley, cualquiera de las Cámaras del Congreso, o más de la tercera parte de los miembros de éste, pueden plantear ante el Tribunal el asunto de inconstitucionalidad, en un plazo de treinta días después de la fecha de su publicación.

En estos casos, el procedimiento tiene un carácter contencioso pudiendo el Tribunal declarar la inconstitucionalidad del decreto ley con efectos obligatorios, en cuyo caso no puede ser ejecutado. En el supuesto de que el Tribunal declarase que la disposición del decreto ley es constitucional, la decisión tiene igualmente efectos obligatorios, y en particular, la Corte Suprema de Justicia no puede declararlo inaplicable ejerciendo sus poderes de control difuso de la constitucionalidad[1459].

1457 *Idem*, p. 949.

1458 H. Fix Zamudio, *op. cit.*, pp. 148-149; O. Tovar Tamayo, *op. cit.*, pp. 132-133.

1459 H. Fix Zamudio, *"Dos Leyes Orgánicas..."*, *loc. cit.*, p. 949; O. Tovar Tamayo, *op. cit.*, p. 137.

En segundo lugar, el control de la constitucionalidad *a posteriori* puede ejercerse sobre leyes pero únicamente con respecto a las formalidades relativas a su promulgación a cargo del Presidente de la República. En efecto, la Constitución otorga al Tribunal la competencia para resolver las peticiones que le formulen las Cámaras del Congreso, en casos en que el Presidente de la República no promulgue una ley estando obligado a ello, o cuando promulgue un texto distinto del que haya sido objeto del procedimiento de formación de las leyes[1460].

En estos casos, el control de la constitucionalidad no se refiere a los aspectos sustantivos de las leyes sino únicamente a la manera como el Presidente de la República ejerce sus atribuciones en el momento de promulgar las leyes; por ello, la decisión del Tribunal, tiene como objetivo corregir las fallas en la promulgación de la Ley.

II. EL CONTROL CONCENTRADO DE LA CONSTITUCIONALIDAD EJERCIDO POR ÓRGANOS JURISDICCIONALES SEPARADOS DEL PODER JUDICIAL

El sistema de control jurisdiccional concentrado de la constitucionalidad de las leyes, basado en el otorgamiento del poder exclusivo para anular leyes a un solo órgano constitucional, especialmente creado fuera de la organización del Poder Judicial, es fundamentalmente una institución europea. Nació en Europa, donde se desarrolló particularmente después de la Segunda Guerra Mundial, y se limitó a esta parte del mundo[1461], dando lugar al "modelo europeo" de control jurisdiccional de la constitucionalidad de las leyes[1462], también llamado "sistema austríaco"[1463].

Ahora bien, evidentemente que el modelo europeo no constituye la única expresión del sistema concentrado de control de constitucionalidad, ya que la esencia del mismo no está en la existencia de una Corte Constitucional separada del Poder Judicial, sino en la concentración de poderes para anular leyes en un solo órgano, el cual, como hemos visto, puede ser perfectamente la Corte Suprema de un país, ubicada en la cúspide de la organización del Poder Judicial[1464]. Por esta razón, el sistema concentrado de control jurisdiccional de la constitucionalidad no es sinónimo de

---

1460 Artículo 82; ver H. Fix Zamudio, *"Dos Leyes Orgánicas..."*, loc. cit., p. 949.

1461 En forma excepcional, pero indudablemente bajo la influencia europea, algunos países latinoamericanos han creado Tribunales Constitucionales. Este es el caso de Chile, Guatemala, Ecuador y Perú, con poderes de control variados y distintos. Las semejanzas con el modelo europeo se refieren más a los nombres que a los poderes de control. En todo caso, contrariamente a la norma europea, dichos Tribunales latinoamericanos forman parte integrante del Poder Judicial. Ver en general H. Fiz Zamudio, *Los Tribunales Constitucionales y los Derechos Humanos*, UNAM, México 1980; H. Fix Zamudio, *Veinticinco años de evolución de la justicia Constitucional 1945-1960*, UNAM México 1968.

1462 L. Favoreu, "Actualité et légitimité en contrôle juridictionnel des lois en Europe occidentale", *Revue de Droit public et de la Science politique en France et à l'étranger*, 1984 (5), Paris, p. 1.149. También publicado en L. Favoreu et J. A. Jolowicz (Ed.), *Le contrôle juridictionnel des lois. Légitimité, effectivité, et développements récents*. Paris 1986, pp. 17-68.

1463 M. Cappelletti, *Judicial Review in the Contemporary World*, Indianapolis 1975, p. 46.

1464 En los sistemas vigentes, por ejemplo, en Uruguay, Panamá o Paraguay, y en los países latinoamericanos que poseen un sistema mixto (Venezuela y Colombia, por ejemplo).

"modelo europeo", sino más bien una de sus expresiones, quizás la más notable por su creación reciente en Europa.

En efecto, este "modelo europeo" se originó después de la Primera Guerra Mundial, bajo la influencia de las ideas y los trabajos de Hans Kelsen, especialmente en lo que respecta al concepto de supremacía de la Constitución y la necesidad de una garantía jurisdiccional de ésta[1465]. Básicamente, el modelo fue producto de la ausencia, en Europa, de un sistema difuso de control jurisdiccional de la constitucionalidad de las leyes, expresa o indirectamente excluido de las Constituciones. A este respecto, por ejemplo, la Constitución austríaca siempre prohibió a los jueces comunes "examinar la validez de las leyes, decretos o tratados internacionales debidamente promulgados"[1466]. La Constitución checoslovaca de 1920, por su parte, había adoptado el mismo principio al restringir los poderes de los jueces comunes con respecto a las leyes, a la siempre "verificación de su correcta publicación"[1467].

Es así como, estando prohibido el sistema difuso de control de la constitucionalidad y existiendo históricamente dentro de la doctrina de la separación de los poderes, una reticencia hacia el poder de control de los jueces sobre las leyes, la única manera de garantizar la supremacía de la Constitución consistía en crear un órgano constitucional, separado del Poder Judicial y, en un principio sin ningún poder jurisdiccional, encargado del control de la constitucionalidad de las leyes, como legislador negativo[1468].

De conformidad con estas ideas fundamentales, los primeros Tribunales Constitucionales surgieron en Checoslovaquia y en Austria, en las Constituciones del 29 de febrero y del 1 de octubre de 1920, respectivamente. El Tribunal checoslovaco, a lo largo de su existencia, nunca ejerció un control efectivo de la constitucionalidad; desapareció en 1938[1469] y fue restaurado por el régimen socialista en 1968[1470]. No obstante, sus características originales pueden considerarse como las primeras manifestaciones del "modelo europeo" de control concentrado de la constitucionalidad de las leyes.

Con miras a entender mejor este modelo europeo de control concentrado de la constitucionalidad de las leyes, analizaremos primero, las Cortes Constitucionales europeas, su organización y competencias y luego, los distintos métodos de control de la constitucionalidad de las leyes, de tipo concentrado, ejercido por dichas Cortes Constitucionales. En tercer lugar haremos referencia al Tribunal Constitucional

---

1465 H. Kelsen, "La garantie juridictionnelle de la Constitution (la justice constitutionnelle)", *Revue de Droit public et de la Science politique en France et à l'étranger*, 1928, Paris, pp. 197-257.

1466 Artículo 89, 1. Ver E. Alonso García, "El Tribunal Constitucional Austríaco", *El Tribunal Constitucional*, Instituto de Estudios Fiscales, Madrid 1981, Vol. I, p. 414; M. Cappelletti, *op. cit.*, p. 72.

1467 Artículo 102. Ver P. Cruz Villalón, "Dos modos de regulación del control de la constitucionalidad: Checoslovaquia (1920-1980) y España (1931-1936)", *Revista Española de Derecho Constitucional*, 5, 1982, p. 135.

1468 H. Kelsen, *loc. cit.*, pp. 223, 224, 226.

1469 P. Cruz Villalón, *loc. cit.*, pp. 129, 139.

1470 P. Nikolic, *Le contrôle juridictionnel des lois et sa légitimité*, IALS, Uppsala, Colloque, 1948 (polycopié), p. 46. También publicado en L. Favoreu et J. A. Jolowicz (Ed), *Le contrôle juridictionnel des lois...*, *cit.*, pp. 72-112.

creado en Ecuador, que es el único Tribunal Constitucional en América Latina creado fuera del Poder Judicial.

1. *Las Cortes Constitucionales Europeas*

Como lo señalamos anteriormente, el primer Tribunal Constitucional creado en Europa como órgano constitucional separado del Poder Judicial, para ejercer el control de la constitucionalidad de las leyes en forma concentrada, fue el Tribunal Constitucional de Checoslovaquia, instaurado por la Constitución del 29 de febrero de 1920. Más tarde, aparecieron el Tribunal Constitucional de Austria, la Corte Constitucional italiana, el Consejo Constitucional francés y el Tribunal Constitucional español, todos como órganos constitucionales separados del Poder Judicial. En cambio, como hemos visto, el Tribunal Constitucional Federal de Alemania y el Tribunal Constitucional de Portugal forman parte del Poder Judicial de estos países, aun cuando tengan prácticamente, las mismas funciones que los demás, en materia de control concentrado de la constitucionalidad de las leyes.

En cuanto al primero de los Tribunales que conformaron el modelo europeo, el checoslovaco instalado en 1920 se organizó conforme a las siguientes directrices: La Constitución estableció expresamente el principio de su supremacía al considerar nulas las leyes contrarias a sus disposiciones y a las leyes constitucionales[1471] limitando el papel de los tribunales con respecto a las leyes a la sola "verificación de su correcta publicación[1472]. Por lo tanto, el monopolio de la apreciación de la constitucionalidad de las leyes, fueran éstas emanadas del Parlamento o de entidades territoriales autónomas, se atribuía a un Tribunal Constitucional, creado por la Constitución[1473] y regido por una ley especial promulgada inmediatamente después de su entrada en vigencia[1474]. Este órgano constitucional tenía como única atribución poderes de justicia constitucional[1475].

La cuestión de la inconstitucionalidad o nulidad de las leyes sólo podía plantearse ante el Tribunal Constitucional de manera abstracta, mediante un "recurso de inconstitucionalidad de las leyes"[1476], sin ninguna relación con un caso concreto. El método del control de la constitucionalidad era pues, un método directo, mediante una acción directa que sólo podían ejecutar algunos órganos legislativos y judiciales del Estado: las Cámaras de la Asamblea Nacional, la Corte Suprema, el Tribunal administrativo supremo y el Tribunal electoral[1477].

1471 Artículo I, 1.

1472 Artículo 102.

1473 *Cf.* P. Cruz Villalón, "Dos modos de regulación del control de la constitucionalidad: Checoslovaquia (1920-1980) y España (1931-1936)", *Revista Española de Derecho Constitucional,* 5, 1982.

1474 Artículo III, 2 de la Ley de introducción de la Constitución.

1475 Ley del Tribunal Constitucional del 9 de marzo de 1920.

1476 Artículo 121, a, de la Constitución.

1477 Artículo 9 de la Ley del Tribunal Constitucional.

El Tribunal Constitucional no tenía ningún poder *ex officio* con respecto a las cuestiones constitucionales[1478] y la acción sólo podía plantearse ante el Tribunal en el transcurso de los 3 años siguientes a la publicación de la ley[1479].

Finalmente, los efectos de las decisiones del Tribunal Constitucional eran *erga omnes* y *ex nunc*, *pro futuro* a partir del día de la publicación de la decisión[1480].

A. *El Tribunal Constitucional austríaco*

Pero aparte del sistema checoslovaco, la institución del sistema europeo de control concentrado de la constitucionalidad de las leyes, que más importancia tuvo en la evolución del mismo, ha sido el Tribunal Constitucional austríaco, creado por la Constitución de 1920 y reinstaurado en 1945. Sus principales regulaciones, muy similares a aquellas del Tribunal checoslovaco, fueron elaborados por Hans Kelsen, quien, además, fue miembro del Tribunal Constitucional hasta 1929. Las regulaciones originales sufrieron importantes enmiendas constitucionales en 1925 y 1929, que dieron al Tribunal su carácter actual, regulado en la ley constitucional de 1945, la cual también ha sido modificada en varias oportunidades[1481].

a. *Organización del Tribunal*

El Tribunal Constitucional austríaco está regido por la Constitución de 1945 como un órgano constitucional separado del Poder Judicial[1482]. Sus regulaciones principales están incluidas en la Ley federal del Tribunal Constitucional de 1953, modificada varias veces[1483], así como en el reglamento interno del Tribunal promulgado por este último[1484] de conformidad con sus poderes de autoregulación, lo que confirma su independencia con respecto a los demás órganos políticos.

Está concebido como un órgano constitucional independiente de los demás órganos del Estado, aun cuando sus miembros sean nombrados por el Poder Ejecutivo conjuntamente con el Poder Legislativo[1485]. De conformidad con el artículo 147 de la Constitución, el Tribunal se compone de un Presidente, un Vicepresidente, doce miembros y seis suplentes. El Presidente, el Vicepresidente, seis miembros y tres

---

1478 P. Cruz Villalón, *loc. cit.*, p. 138.

1479 Artículo 12 de la Ley del Tribunal Constitucional.

1480 Artículo 20 de la Ley del Tribunal Constitucional.

1481 *Cf.* Allan R. Brewer-Carías, *Judicial Review in Comparative Law* Cambridge University Press, 1989, pp. 196 y sig.; E. Alonso García, "El Tribunal Constitucional Austríaco", *El Tribunal Constitucional,* Instituto de Estudios Fiscales, Madrid 1981, Vol. I, p. 413; M. Cappelletti, *Judicial Review in the Contemporary World,* Indianapolis 1975, p. 71; F. Emarcora, "Procédures et techniques de protection des droits fondamentaux. Cour constitutionnelle autrichienne", L. Favoreu (Ed.), *Cours constitutionnelles européennes et droits fondamentaux,* 1982, p. 189.

1482 Artículos 137 y 138 de la Constitución del 1° de mayo de 1945. Ver la version española de la Constitución en I. Mendez de Vigo, "El Verfassungsgerichthof (Tribunal Constitucional Austríaco)", *Boletín de Jurisprudencia Constitucional,* Cortes Generales, 7, Madrid 1981, pp. 555-560.

1483 Ley N° 85,1953. Ver T. Ohlinger, *Legge sulla Corte costutizionale Austríaca,* Florenzia 1982.

1484 Artículo 148 de la Constitución. El reglamento interno del Tribunal de 1946 puede consultarse en T. Ohlinger, *op. cit.*, p. 137.

1485 Ver las consideraciones generales al respecto en H. Kelsen, *loc. cit.*, pp. 226-227.

suplentes son nombrados por el Presidente de la República a instancia del Gobierno federal; deben ser escogidos entre magistrados, funcionarios públicos y profesores de derecho. Los otros seis miembros y tres suplentes son nombrados por el Presidente de la República a instancia del Consejo nacional y el Consejo federal, que son los órganos legislativos.

En consecuencia, el nombramiento de los miembros del Tribunal cumple con las normas políticas vigentes en el país y dentro de la influencia normal de los partidos políticos[1486], la cual fue claramente tomada en consideración por Hans Kelsen en 1928 cuando se refería al peligro de la influencia política sobre las actividades del Tribunal:

> "Si bien este peligro es particularmente grande, es preferible aceptar la participación legítima de los partidos políticos en la constitución del Tribunal, que su influencia oculta y, posteriormente, incontrolable..."[1487].

Sin embargo, la Constitución ha previsto varias restricciones con miras a garantizar la imparcialidad de los miembros del Tribunal, especialmente insistiendo en la participación de juristas[1488] y prohibiendo a los miembros del gobierno y de los órganos legislativos, así como a los principales dirigentes de partidos políticos, el poder formar parte del Tribunal Constitucional. En particular, el Presidente y el Vicepresidente del Tribunal Constitucional deben ser ajenos a cualquier posición política desde por lo menos cuatro años antes de su nombramiento[1489].

b. *Principales competencias*

Contrariamente al caso checoslovaco en el cual el Tribunal Constitucional estaba diseñado exclusivamente como juez constitucional, el Tribunal Constitucional austríaco combina sus funciones de control de la constitucionalidad de las leyes con otros poderes vinculados a cuestiones políticas y orgánicas. Estas otras atribuciones son las siguientes

a'. *La resolución de conflictos orgánicos*

En primer lugar, una serie de poderes jurisdiccionales dirigidos a resolver controversias en las cuales estén implicados órganos del Estado federal algunas de las cuales derivan del sistema federal y de la repartición vertical del poder del Estado. En esta forma, el Tribunal Constitucional tiene jurisdicción en cuanto a las acciones patrimoniales intentadas en contra de la Federación, los Estados (*Lander*), los distritos, y las municipalidades o asociaciones de municipalidades, cuando no pueden resolverse mediante un procedimiento judicial normal o por resolución administrati-

---

1486 F. Ermacora, *loc. cit.,* pp. 190-191.

1487 H. Kelsen, "La garantie juridictionnelle de la Constitución (la justice constitutionnelle)", *Revue de Droit public et de la Science politique en France et à l'étranger,* 1928, París, p. 227.

1488 Artículo 147, 3 *Cf* H. Kelsen, *loc. cit.,* p. 227.

1489 Artículo 147, 4.

va[1490]. Dichas acciones son pues excepcionales y supletorias, y se refieren a relaciones patrimoniales regidas por el derecho público[1491].

Además, el Tribunal Constitucional puede resolver cualquier conflicto entre órganos constitucionales y, en especial, aquellos conflictos de jurisdicción entre las autoridades administrativas o judiciales; los conflictos de jurisdicción entre tribunales y particularmente, aquellos vinculados a la repartición vertical de los poderes del Estado entre la Federación y los *Lander*, o entre los *Lander*[1492]. Debe añadirse, en lo que respecta a los conflictos entre la Federación y los estados, que el artículo 138, parágrafo 2, de la Constitución confiere al Tribunal Constitucional poderes específicos, relativos a la interpretación de la Constitución, con el fin de determinar, a instancia del gobierno federal o de los estados antes de que surja un conflicto concreto, si las leyes que rigen una cuestión específica dependen constitucionalmente del legislador federal o de las legislaturas estadales. En este caso, la decisión evita cualquier conflicto con respecto a los poderes del Estado, puesto que se adopta antes de que cualquier ley se publique; además, el hecho de adoptar tal decisión confiere al Tribunal Constitucional el poder para interpretar la Constitución en cuanto a estas cuestiones[1493].

Finalmente, con respecto a los conflictos federales de poder, otra atribución del Tribunal Constitucional es la de interpretar los acuerdos concluidos entre los diferentes niveles del Estado federal, en especial, entre la Federación y los *Lander*, conforme a las normas del sistema federal cooperativo adoptado en Austria[1494].

b'. *El control de elecciones y de los referéndum*

En segundo lugar, el Tribunal Constitucional está investido de varios otros poderes jurisdiccionales vinculados a las elecciones y a los referendum. Primero, el Tribunal tiene plenos poderes para decidir acerca de las acciones que le sean sometidas en contra de la elección del Presidente de la Federación, los representantes de las Asambleas, los representantes de los órganos de las asociaciones profesionales y en contra de las elecciones de los miembros del gobierno de los *Lander* y a nivel municipal. Adicionalmente, el Tribunal está facultado para resolver la pérdida del mandato respectivo de los representantes elegidos[1495], y tiene el poder de decidir las denuncias que se refieren al resultado de un referéndum con miras a aprobar ciertas leyes[1496].

1490 Artículo 137.

1491 *Cf.* E. Alonso García, *loc. cit.,* pp. 412-422.

1492 Artículo 138.

1493 F. Ermacora, *loc. cit.,* p. 191. En este caso, se considera que el Tribunal Constitucional ejerce un "análisis judicial previo de ley": *Cf.* W. K. Geck. "Judicial Review of Statutes: a comparative survey of present institution and practices", *Cornell Law Quarerly,* 51, 1966, p. 226.

1494 Artículo 138, a y 15, a.

1495 Artículo 141.

1496 Artículo 141, 3.

c' *Los casos de responsabilidad constitucional de funcionarios*

En tercer lugar, el Tribunal Constitucional también tiene plenos poderes para resolver las acusaciones contra los órganos supremos de la Federación o de los *Lander*, basadas en la responsabilidad constitucional derivada de ilegalidades[1497]. Su
decisión puede acarrear la pérdida de la investidura e incluso, la pérdida temporal de
derechos políticos[1498].

d' *Los poderes en materia de justicia constitucional*

Finalmente, en cuarto lugar, el Tribunal Constitucional está facultado para actuar
como juez constitucional, encargado del control de la constitucionalidad de las leyes, de los actos ejecutivos y de los tratados, así como el de la protección constitucional contra las violaciones de derechos fundamentales. Estas últimas atribuciones
se encuentran directamente ligadas al control de la constitucionalidad.

En efecto, entre los distintos poderes jurisdiccionales del Tribunal Constitucional
en el sistema austríaco, la Constitución confiere a éste el carácter de juez constitucional, encargado del control de la constitucionalidad de las leyes, tratados y actos
ejecutivos de manera concentrada y de acuerdo con dos métodos: principal e incidental.

Lo primero que debe destacarse en el sistema austríaco es que el poder exclusivo
conferido al Tribunal Constitucional, para controlar la constitucionalidad de los
actos del Estado, no incluye solamente los actos legislativos sino también los tratados y los actos ejecutivos.

En lo que respecta a los actos legislativos, el control de la constitucionalidad se
refiere a las leyes federales y de los *Lander*[1499]. En cuanto a los tratados internacionales, el Tribunal Constitucional tiene plenos poderes para decidir su "ilegalidad" o
inconstitucionalidad sólo desde 1964[1500]. En ambos casos, los actos del Estado sometidos al control jurisdiccional pueden ser considerados actos subordinados a la
Constitución de manera inmediata; por lo tanto, el control de la constitucionalidad
aparece como la consecuencia de la expresión jerárquica del ordenamiento legal[1501].
Por ello, el control de la constitucionalidad de los actos ejecutivos, normalmente
subordinados a las leyes, generalmente se confiere en Europa, a la jurisdicción administrativa y no a las Cortes Constitucionales.

No obstante, a esas de estas directrices, el control jurisdiccional de los actos ejecutivos se confiere también, en Austria, al Tribunal Constitucional. Al respecto,
Kelsen afirmaba:

> "Tal vez estos reglamentos no sean ... actos inmediatamente subordinados a la
> Constitución; su irregularidad consiste inmediatamente en su ilegalidad y, de

---

1497 Artículo 142.

1498 Artículo 142, 4.

1499 Artículo 140, 1.

1500 Artículo 140 a. *Cf.* H. Kelsen, *loc. cit.*, p. 232.

1501 *Cf.* H. Kelsen, *loc. cit.*, pp. 228-231.

manera mediata solamente, en su inconstitucionalidad. A pesar de ello, si nos proponemos aplicarles también la competencia de la jurisdicción constitucional, no es tanto por considerar la relatividad... de la oposición entre constitucionalidad directa y constitucionalidad indirecta, sino en razón de la frontera natural entre actos jurídicos generales y actos jurídicos particulares"[1502].

Por consiguiente, según Kelsen, sólo se deben excluir de la jurisdicción constitucional los actos del Estado con efectos particulares (administrativos o judiciales)[1503]; lo que implica que las normas ejecutivas o los actos administrativos con efectos generales también están sometidos a la jurisdicción del Tribunal Constitucional. Esto es así en Austria, donde la Constitución confiere al Tribunal Constitucional el poder para decidir acerca de la "ilegalidad" de los decretos adoptados por las autoridades federales o de los *Lander*, e incluso acerca de las ordenanzas a nivel local y las normas generales de las asociaciones profesionales[1504].

B.   La Corte Constitucional en Italia

a.   El compromiso constitucional y la Corte Constitucional como su garante

Finalizada la Segunda Guerra mundial y antes de la creación del Tribunal Constitucional Federal en la República Federal de Alemania, la Constitución italiana del 1 de enero de 1948 instituyó una Corte Constitucional, encargada del control de la constitucionalidad de las leyes y otros actos del Estado, como fundamento de un sistema concentrado de control jurisdiccional de la constitucionalidad. El sistema sólo se volvió operacional en 1956, cuando la Corte Constitucional inició sus actividades. Hasta esa fecha, el sistema constitucional de control jurisdiccional que existía antes de 1948 se mantuvo. Se trataba de un sistema difuso de control según el cual todos los tribunales comunes tenían el poder de no aplicar las leyes que consideraban inconstitucionales, cuando resolvían casos concretos a los cuales se aplicaban dichas leyes[1505].

La modificación radical del sistema en la Constitución de 1948 puede atribuirse a varios factores. El primero y el más importante, es el carácter más rígido que se le dio a la Constitución de 1948, con relación al carácter flexible de la Constitución monárquica (*Statuti Albertini*) de 1848[1506]. Además, sin duda, el sistema concentrado de control jurisdiccional surgió de la necesidad de proteger la Constitución contra el poder legislativo, en especial después de la experiencia totalitaria fascista, y,

---

1502 *Idem,.,* p. 230.

1503 *Idem.,* p. 232.

1504 Artículo 139, 1. *Cf.* E. Alonso García, *loc. cit.,* p. 434.

1505 M. Cappelletti, "La Justicia Constitucional en Italia". *Boletín del Instituto de Derecho Comparado de México,* 30, 1960, p. 42; M. Cappelletti, *Judicial Review in the Contemporary World,* Indianapolis 1971, p. 50; Allan R. Brewer-Carías, *Judicial Review...,* cit., pp. 215 y sig.

1506 *Cf.* A Pizorusso, "Procédures et Tecniques de protection des droits fondamentaux. Cour constitutionnelle italienne", L. Favoreu (Ed.), *Cours constitutionnelles européennes et droit fondamentaux,* París 1982, p. 165; J. Rodríguez-Zapata y Pérez, "La Corte Constitucional italiana: ¿Modelo o Advertencia", *El Tribunal Constitucional,* Instituto de Estudios Fiscales, Madrid 1981, Tomo III, p. 2.416.

además de la necesidad de proteger y defender las libertades y derechos fundamentales frente a los poderes del Estado[1507]. Por consiguiente, la Corte Constitucional fue concebida como un órgano encargado de garantizar el "compromiso constitucional", que informó la Constitución, consistente en sentar las bases de un régimen democrático en el cual estarían limitados los poderes del Estado[1508]. Así de acuerdo con el Profesor Giovanni Cassandro, antiguo miembro de la Corte Constitucional:

"La Corte es el órgano constitucional que garantiza el equilibrio entre los distintos poderes del Estado, impidiendo que cualquiera de ellos traspase los límites impuestos por la Constitución, y, de esta forma, asegura un desarrollo ordenado de la vida pública y del respeto de los derechos constitucionales de los ciudadanos"[1509].

La Corte Constitucional en Italia, como garante de la Constitución[1510,] por tanto, fue creada como un "órgano constitucional"[1511], independiente de todos los demás órganos del Estado, aunque ese carácter no haya sido expresamente formulado en términos de derecho positivo, como fue el caso del Tribunal Constitucional Federal en Alemania Federal[1512] o el Tribunal Constitucional en España[1513]. Sin embargo, se ha reconocido sin discusión la naturaleza de la Corte Constitucional como órgano constitucional paritario e independiente y esta naturaleza se ve reflejada en varios aspectos vinculados con el *status* de sus miembros, su autonomía administrativa y presupuestaria, la ausencia de control externo que se pueda ejercer sobre ella[1514], así como sus poderes de auto reglamentación[1515].

Además, la independencia de la Corte Constitucional con respecto a los órganos tradicionales del Estado, garantizada por la Ley Constitucional Nº 1 de febrero de 1948, igualmente se desprende del modo paritario como está concebido el nombramiento de sus miembros, los cuales provienen no solamente de los órganos político-representativos del Estado, como en Alemania Federal, sino también de los tres poderes tradicionales del Estado: el Presidente de la República, el Parlamento y el Po-

---

1507 *Cf.* G. Cassandro, "The Constitutional Court of Italy", *American Journal of Comparative Law*, 8, 1959, p. 3.

1508 *Cf.* F. Rubio Llorente, *La Corte Constitucional Italiana*, Caracas 1965, pp. 2-4.

1509 G. Cassandro, *loc. cit.*, p. 12; *Cf.* J. Rodríguez-Zapata y Pérez, *loc. cit.*, p. 2.417.

1510 En su decisión Nº 13 de 1960, la Corte constitucional definió sus funciones como "el ejercicio de una función de control constitucional, de la garantía suprema del cumplimiento de la Constitución ... por los órganos constitucionales del Estado y de las Regiones" (citado por F. Rubio Llorente, *loc. cit.*, p. 10, nota 27) ; y en su decisión Nº 15 de 1969, se definió como el guardián del orden republicano, al que incumbe exclusivamente la tarea de garantizar la supremacía de la Constitución sobre todos los demás agentes constitucionales". (Citado por J. Rodríguez-Zapata y Pérez, *loc. cit.*, p. 2.420).

1511 A. Sandulli, "Sulla Posizione della Corte Constituzionale nel Sistema degli Organi supremi dello Stato", *Tivista Trimestrale di Diritto Pubblico*, 1960, p. 1.705.

1512 Artículo 1, 1 de la Ley Federal del Tribunal Constitucional Federal (1951).

1513 Artículo 1, 1 de la Ley Orgánica del Tribunal Constitucional (1978).

1514 A. Sandulli, *loc. cit.*, p. 718; J. Rodríguez-Zapata y Pérez, *loc. cit.*, p. 2.428; G. Cassandro, *loc. cit.*, pp. 13-14.

1515 Artículo 14, Ley Nº 87 del 11 de marzo de 1953, Normas de la Constitución y del funcionamiento de la Corte Constitucional. Ver el texto en F. Rubio Llorente, *op. cit.*, pp. 48-55.

der Judicial: En efecto, de conformidad con la Constitución[1516] y la Ley N° 87 (1953) relativa a la Corte[1517], la Corte Constitucional italiana se compone de quince miembros, nombrados de la manera siguiente: tres por la Corte de Casación, uno por el Consejo de Estado y uno por la Corte de Cuentas de entre miembros del Poder Judicial, incluyendo los miembros jubilados. Cinco miembros más son nombrados por ambas Cámaras del Parlamento en sesión conjunta, con una mayoría de las tres quintas partes, de entre jueces, profesores universitarios ordinarios o juristas con una experiencia de por lo menos veinte años dentro de los órganos judiciales supremos de la República. El Presidente de la República nombra a los últimos cinco miembros.

Como se señaló anteriormente, en el sistema constitucional italiano, la Corte Constitucional está concebida como un órgano constitucional, independiente de los demás órganos del Estado, encargado de garantizar el equilibrio entre los diferentes poderes. Esta es la razón por la cual se creó fuera de los poderes tradicionales del Estado y, en particular, del Poder Judicial con respecto al cual la Corte Constitucional ha definido sus propias diferencias[1518].

Sin embargo, a pesar de no ser un órgano judicial, se han suscitado discusiones desde los inicios del funcionamiento de la Corte Constitucional con respecto a la naturaleza de los poderes que estaba habilitada para ejercer. A este respecto, su carácter judicial fue rechazado y, por la influencia de Hans Kelsen, se aceptó la idea del "legislador negativo"[1519]. Hoy día prevalece finalmente el carácter jurisdiccional de la Corte, gracias, sobre todo, a los trabajos del Profesor Mauro Cappelletti[1520]. En consecuencia, de la misma manera que las demás Cortes Constitucionales europeas, en especial, los Tribunales austriaco y español, la Corte Constitucional italiana se concibe como un órgano constitucional independiente y separado del Poder Judicial, y que ejerce funciones jurisdiccionales cuando se le somete un conflicto relativo a la constitucionalidad de las leyes y a la subordinación de todas las actividades de los órganos del Estado a la Constitución. Por ello, así como sucede en Austria (y en Alemania), la Corte Constitucional en Italia no solamente tiene el poder de controlar jurisdiccionalmente la constitucionalidad de las leyes sino también de resolver otras controversias constitucionales derivadas de los sistemas de repartición vertical y horizontal de los poderes del Estado, adoptados en la Constitución.

b.   *La jurisdicción de la Corte Constitucional*

De conformidad con la Constitución, se pueden distinguir cuatro grandes grupos de competencias de la Corte Constitucional italiana.

1516 Artículo 135.

1517 Ley N° 87 (1953), Artículos 1-4.

1518 Decisión N° 13, 23 de marzo de 1960, citado por R. Rubio Llorente, *loc. cit.*, p. 10.

1519 P. Calamandrei, *La illegittimità costituzionale delle leggi nel processo civile*, Padoue 1950, p. 57; H. Fix Zamudio, "La aportación de Piero Calamandrei al derecho procesal constitucional", *Revista de la Facultad de Derecho de México*, 24, 1956, p. 191.

1520 M. Cappelletti, *La giurisdizione costizionale dele libertà* (primo studio sul ricorso constituzionale con particulare riguardo agli ordinamenti tedesco, suizzero e austriaco), Milán 1955. p. 112; M. Cappelletti, *"La Justicia Constitucional..."*, *loc. cit.*, p. 52; F. Rubio Llorente, *loc. cit.*, pp. 10-13.

a'.   *La solución de conflictos entre los poderes del Estado*

El primer grupo se refiere a la resolución de "conflictos de atribuciones" que pueden surgir entre los poderes del Estado. Dichos conflictos de atribuciones o de competencias pueden derivarse de la repartición vertical de los poderes del Estado, en particular en lo que se refiere a las regiones, y de la repartición horizontal de poderes entre los órganos constitucionales.

En efecto, constitucionalmente, la República italiana está organizada como un "Estado regional", forma de descentralización política muy parecida al federalismo, pero con características propias. Ambas formas de descentralización política tienen en común una repartición de los poderes del Estado en sentido vertical, hacia entidades territoriales autónomas, en este caso llamadas "regiones". Esto explica que, como en el caso del Tribunal Constitucional Federal de Alemania que debe resolver las controversias entre la Federación y los *Lander*, en Italia, la Corte Constitucional tiene plenos poderes para resolver los conflictos de atribuciones que pueden surgir entre el Estado y las regiones, cuando el Estado invade la esfera de competencia regional o cuando una región rebasa su competencia[1521] e invade la de los poderes del Estado, o entre las regiones cuando éstas interfieren en sus competencias respectivas. En estos casos, el conflicto se origina en actos administrativos; cuando se somete dicho conflicto a la Corte Constitucional, ésta no sólo decide a qué nivel de los poderes del Estado pertenece la atribución cuestionada, sino que tiene plenos poderes para anular el acto administrativo que originó el conflicto[1522], así como para suspender *pendente litis* sus efectos, cuando así lo requiera la gravedad de la situación[1523]. Debe señalarse que éstos son los únicos casos en los cuales la Corte Constitucional italiana puede declarar la nulidad de un acto administrativo, puesto que en general no tiene el poder para juzgar la inconstitucionalidad de los mismos[1524].

Los conflictos de atribuciones entre el Estado y las regiones también pueden originarse en actos legislativos del Estado, en cuyo caso, la Corte Constitucional los resuelve por la vía directa del control jurisdiccional de las leyes ejercidas por las Regiones.

Sin embargo, como se ha señalado antes, en el sistema constitucional italiano, el conflicto de atribuciones puede surgir no solamente entre poderes del Estado repartidos verticalmente, sino igualmente entre poderes constitucionalmente conferidos a los distintos órganos constitucionales nacionales. A este respecto, la Corte Constitucional también tiene plenos poderes para resolver los conflictos de "delimitación del campo de competencias, otorgado a los distintos poderes por las normas constitucionales"[1525], por ejemplo, entre la Cámara de Diputados y el Senado o entre el Presidente de la República y el Parlamento. Sin embargo, queda claro que en el sistema constitucional italiano, el conflicto de atribuciones entre los poderes del Estado repartidos horizontalmente, puede surgir no sólo entre los tres poderes tradicionales

---

1521 Artículo 134 de la Constitución; artículo 39, Ley N° 87.

1522 Artículo 38, Ley N° 87.

1523 Artículo 40, Ley N° 87.

1524 F. Rubio Llorente, *loc. cit.,* p. 16.

1525 Artículo 37, Ley N° 87.

del Estado, sino también entre otros órganos del Estado que no se encuentran subordinados a estos tres poderes, como por ejemplo, el Consejo Superior de la Magistratura, la Corte de Cuentas y el Consejo Económico Nacional. A este respecto, el Profesor Aldo Sandulli, antiguo juez de la Corte Constitucional, ha considerado que la expresión "poderes del Estado" se refiere a "todos los órganos de la organización del Estado, cuyas actividades, conforme al orden constitucional, no están sometidas a ningún otro tipo de control externo por ningún otro órgano del Estado (inclusive órganos constitucionales)"[1526].

En todo caso, en todos los conflictos de atribuciones entre los órganos constitucionales del Estado, la Corte Constitucional debe determinar el campo de competencias conferido a los diferentes poderes del Estado por las normas constitucionales[1527], y debe decidir a cuál órgano pertenece el poder cuestionado y, cuando se declara la incompetencia de un acto, debe anularlo[1528].

b'. *Los casos de responsabilidad constitucional de funcionarios*

El segundo grupo de competencias de la Corte Constitucional, al igual que en los sistemas de Austria y Alemania, se refiere a los casos de acusaciones o enjuiciamiento del Presidente de la República por delitos contra la Constitución o de alta traición, así como el Presidente del Consejo de Ministros o de los Ministros, por delitos cometidos por ellos en el ejercicio de sus funciones[1529]. En estos casos, la acusación sólo puede ser llevada ante la Corte por el Parlamento, el cual debe adoptarla en sesión conjunta de ambas Cámaras.

c'. *El control de los referéndum*

El tercer gran poder jurisdiccional de la Corte Constitucional se refiere a los referéndum. La Constitución otorga plenos poderes a la Corte para decidir la admisibilidad de referéndum derogatorios, con miras a abrigar leyes ordinarias, salvo leyes presupuestarias y fiscales, leyes de amnistía y de perdón, y leyes que autorizan la ratificación de tratados internacionales[1530].

d'. *Las competencias en, materia de justicia constitucional*

Finalmente, existe un cuarto grupo de poderes jurisdiccionales de la Corte Constitucional italiana, vinculados al control jurisdiccional de la constitucionalidad de las leyes y otros actos del Estado del mismo rango.

1526 A. Sandulli, "Die Verfassungsgerichtsbarkeit in Italia", E. Mosler (Ed.), *Verfassungsgerichtsbarkeit in der Gegenwart (Constitutional Review in the World Today),* Max-Plank-Institute Internationale Kolloquium, Heidelberg 1961, Cologne-Berlin 1962, p. 310; citado por F. Rubio Llorente, *loc. cit.,* p. 36.

1527 Artículo 37, Ley N° 87.

1528 Artículo 38, Ley N° 87.

1529 Artículos 90, 134 de la Constitución. Ley N° 20 del 25 de enero de 1962. Ver el texto en F. Rubio Llorente, *loc. cit.,* pp. 55-61.

1530 Artículos 74, 75 de la Constitución; Ley constitucional N° 1 del 11 de marzo de 1953. Ver el texto en R. Rubio Llorente, *loc. cit.,* pp. 46-47.

La Corte Constitucional italiana no tiene, por lo tanto, poder sobre las cuestiones electorales ni sobre los partidos políticos[1531], como el Tribunal Constitucional Federal alemán; más importante aún, la Corte Constitucional italiana no tiene poder para actuar como garante directo de las libertades y los derechos fundamentales, puesto que no goza de ninguna atribución que le permita decidir recursos constitucionales de protección constitucional (amparo), como en los sistemas de justicia constitucional en Alemania, Austria y España, especialmente, cuando se ejercen contra leyes.

Debe señalarse, sin embargo, que la posibilidad de una acción directa ante la Corte Constitucional suscitó numerosos debates durante la redacción de la Constitución[1532], y uno de los primeros textos propuestos preveía un método principal de control jurisdiccional de la constitucionalidad de las leyes mediante un recurso de inconstitucionalidad, el cual podía ser llevado ante la Corte Constitucional como *actio popularis*, accesible a todos los ciudadanos, sin que hubiera habido algún daño a sus derechos respectivos, y debía interponerse en un plazo de un año después de la publicación de la ley[1533]. Dicha proposición de acción popular de inconstitucionalidad fue rechazada sobre todo por razones políticas[1534], y el control jurisdiccional de las leyes se limitó esencialmente a un sistema incidental de control constitucional concentrado de la Corte Constitucional, combinado con un medio de control principal limitado y un sistema preventivo que sólo se refiere a algunos actos del Estado.

c.   *El alcance del control constitucional*

El sistema italiano de control jurisdiccional de la constitucionalidad de las leyes es, en efecto, un sistema concentrado, según el cual la Corte Constitucional es el único órgano del Estado que tiene el poder exclusivo para determinar la conformidad de las leyes con la Constitución, entendiendo por "leyes", de conformidad con dicho texto, las leyes y demás actos del Estado con fuerza de ley[1535], tanto a nivel del Estado nacional como de las Regiones. Por esta razón, las leyes formales están sujetas al control constitucional así como los decretos-leyes promulgados por el Poder Ejecutivo en virtud de una delegación parlamentaria[1536] o, en los casos de emergencia[1537], considerados como "actos de fuerza de ley". Por otra parte, los *interna, corporis* del Parlamento, emitidos en ejecución directa de la Constitución,

---

1531 Con respecto a los partidos políticos, el Prof. Rubio Llorente sostiene que la Corte constitucional sólo puede decidir su constitucionalidad o inconstitucionalidad y únicamente por vías directas, sancionada cuando se le plantea una cuestión de constitucionalidad con respecto a una ley en base a los artículos 18 (prohibición del secreto para grupos paramilitares), 49 (libertad de asociación en partidos políticos), o en base a la Disposición transitoria XII (prohibición de cualquier forma de reorganización del partido fascista). Una organización a un partido político puede, de esta manera, ser disuelto. F. Rubio Llorente, *loc. cit.*, p. 16.

1532 *Cf.* A. Pizzarusso, *loc. cit.*, p. 168.

1533 F. Rubio Llorente, *op. cit.*, pp. 4-5.

1534 *Idem.*, pp. 5-6.

1535 Artículo 1, Ley Constitucional N° 1,9 de febrero de 1984.

1536 Artículo 75 de la Constitución,

1537 Artículo 77 de la Constitución. Tres Decretos-Ley emitidos en situaciones de emergencia deben ser sometidos al Parlamento al día siguiente de su promulgación, y, solamente en caso de ser validados por el Parlamento, podrán ser cuestionados por razones de inconstitucionalidad.

también están sujetos al control constitucional por parte de la Corte Constitucional[1538], tomando en cuenta su carácter similar al de las leyes en la jerarquía del orden jurídico.

Conviene destacar otros aspectos relativos a estos actos "legislativos", sujetos al control constitucional. El primero es la admisibilidad del control de la constitucionalidad de leyes contrarias a la Constitución, pero que fueron promulgadas ante que ésta y que, en principio, podrían considerarse como tácitamente derogadas por esta última. La Corte Constitucional aceptó ejercer un control sobre estas leyes pre-constitucionales por la vía incidental, cuando la cuestión de la constitucionalidad se plantee ante un juez ordinario, en un caso concreto, y éste remita la cuestión a la Corte Constitucional[1539].

El segundo aspecto se refiere a la posibilidad de plantear la cuestión de la constitucionalidad de leyes derogadas, es decir, que perdieron su vigencia. En varias oportunidades, la Corte Constitucional italiana ha declarado su competencia para el examen de controversias relativas a la constitucionalidad de estas leyes derogadas, es decir, que ya no están vigentes pero que, por el hecho de que crearon situaciones jurídicas que persisten después de la derogación de la ley, el control constitucional se justifica[1540].

El tercer aspecto está vinculado al objeto de este control, el cual no sólo es un control sustantivo en el sentido de establecer si la ley está o no conforme a la Constitución en su contenido normativo, sino que también es un control formal de los actos sujetos al control constitucional, en cuanto a los procedimientos cumplidos[1541].

Por otra parte, los poderes jurisdiccionales de la Corte Constitucional para controlar la constitucionalidad de las leyes se refieren no solamente a la confrontación de actos legislativos con la Constitución misma, sino igualmente con las "leyes constitucionales" que pueden promulgarse de conformidad con el artículo 138 de la Constitución, con el fin de enmendarla. En consecuencia, el "bloque de la constitucionalidad" incluye, además de los principios que pueden desprenderse del texto constitucional, la Constitución y las "leyes constitucionales" con las cuales todas las demás normas deben estar conformes. Sin embargo, las "leyes constitucionales", las cuales, en lo que respecta a su promulgación, están regidas por la Constitución la cual determina su alcance y contenido, pueden también ser sujetas a un control constitucional por parte de la Corte Constitucional[1542].

Finalmente, en lo que se refiere al alcance del control jurisdiccional ejercido por la Corte Constitucional, deben destacarse las discusiones suscitadas como consecuencia de los términos empleados en el artículo 134 de la Constitución italiana. En efecto, ésta, establece que la Corte Constitucional tiene plenos poderes para resolver los conflictos relativos a la "legitimidad constitucional" de las leyes y de los actos

---

1538 F. Rubio Llorente, *op. cit.*, p. 23.

1539 Decisión N° 1, 1956, citada por F. Rubio Llorente, *op. cit.*, p. 35; *Cf.* G. Cassandro, *loc. cit.*, p. 5.

1540 Decisión N° 4, 1959, citada por R. Rubio Llorente, *op. cit.*, p. 22.

1541 *Cf.* G. Cassandro, *loc. cit.*, p. 4.

1542 G. Cassandro, *loc. cit.*, pp. 3-4. *Cf.* Rubio Llorente, *op. cit.*, p. 20.

del Estado que tienen fuerza de ley[1543], lo que podía llevar a la conclusión de que la Corte Constitucional podía controlar la legitimidad de las actividades legislativas, como sucedió con respecto del control de los actos administrativos en el campo del derecho administrativo.

Ahora bien, este poder atribuido a la Corte Constitucional sólo se refiere a las cuestiones de incompatibilidad abstracta de los actos del Estado con la Constitución, en el sentido de que la Corte debe verificar la subordinación del Legislador a la Constitución, así como los límites de sus actividades determinados por ésta, no estando facultada la Corte Constitucional para juzgar las motivaciones ni la legitimidad de una ley promulgada por el legislador. Al respecto, la Ley N° 87 (1953) de la Corte Constitucional consagra expresamente:

> "Art. 28. El control ejercido por la Corte Constitucional sobre la legitimidad de las leyes o los actos con fuerza de ley excluye cualquier juicio de valor de carácter político así como cualquier juicio referente a la utilización que hace el Parlamento de su poder discrecional".

Sin embargo, a pesar de la claridad de este texto, desde 1960 la Corte Constitucional, ha controlado el carácter "arbitrario" o "no arbitrario" del legislador en lo que respecta a las leyes promulgadas con relación al principio de igualdad y de no discriminación, así como el carácter "racional" de las distinciones establecidas en las leyes[1544].

C. El Tribunal Constitucional en España

a. La Segunda República Española y el Tribunal de Garantías Constitucionales

El tercer experimento europeo de sistema concentrado de control constitucional, después de los sistemas de justicia constitucional de Checoslovaquia y Austria en 1920, se desarrolló durante la Segunda República española, durante la cual, de conformidad con la Constitución del 9 de diciembre de 1931, se creó un Tribunal de Garantías Constitucionales. El sistema creado era un sistema concentrado de control constitucional, en el cual se puede encontrar la influencia directa del experimento austríaco y de las ideas de Hans Kelsen[1545], aun cuando tenía características propias y un contexto histórico específico, cuyo origen se sitúa en los proyectos de la Primera República en 1873[1546].

1543 El término también está empleado en el artículo 1, Ley Constitucional N° 1, 9 de febrero de 1948, así como en los artículos 23-36, ley N° 87, 1953.

1544 *Cf.* las decisiones de la Corte y la doctrina opuesta en F. Rubio Llorente, *op. cit.,* pp. 17-19 y G. Zagrebelski, "Objet et portée de la protection des droits fondamentaux. Cour constitutionnelle italienne", L. Favoreu (Ed.), *Cours constitutionnelles européennes et droits fondamentaux,* Paris 1982, p. 330.

1545 J. L. Melián Gil, *El Tribunal de Garantías Constitucionales de la Segunda República Española,* Madrid 1971, pp. 16-17; 53; P. Cruz Villalón, "Dos modos de regulación del control de la constitucionalidad: Checoslovaquia (1920-1980) y España (1931-1936)", *loc. cit.,* p. 118.

1546 J. L. Melián Gil, *op. cit.,* p. 9; N: González-Delieto Domingo, *Tribunales Constitucionales, Organización y Funcionamiento,* Madrid 1980, p. 21.

El sistema de control constitucional de 1931 estaba concebido como un sistema concentrado en el cual el Tribunal de Garantías Constitucionales tenía el poder exclusivo para verificar la constitucionalidad de las leyes tanto por el método incidental como principal. Además, la Constitución preveía un recurso de amparo que podía ser interpuesto ante el Tribunal de Garantías Constitucionales para la protección de los derechos fundamentales.

El método incidental de control quedó establecido en el artículo 100 de la Constitución, así:

"Cuando un tribunal debe aplicar una ley que considera contraria a la Constitución, debe suspender el procedimiento y enviar una solicitud de consulta al Tribunal de Garantías Constitucionales".

La Constitución confería además al Tribunal de Garantías Constitucionales la competencia para controlar la constitucionalidad de las leyes, cuando era requerido por la vía del "recurso de inconstitucionalidad de las leyes"[1547], concebido como una acción autónoma que podía ser interpuesta ante el Tribunal por el Ministerio Público, el Gobierno de la República, las Regiones y por "cualquier individuo o persona colectiva, no directamente afectada"[1548], lo que, de hecho, la convertía en una acción popular.

Sin embargo, este vasto sistema concentrado de control constitucional creado por la Constitución de 1931 fue restringido por la Ley Orgánica del Tribunal, promulgada en 1933, pues de acuerdo con ella el "recurso de inconstitucionalidad de las leyes" sólo se preveía como una vía accidental de control constitucional, ejercido *ex officio* por un tribunal o como una consecuencia de una excepción planteada durante un procedimiento concreto por la parte cuyos derechos pudieran estar afectados por la aplicación de la ley cuestionada, o por el Ministerio Publico[1549]. Fue así como el sistema español, convertido en sistema exclusivamente incidental, se alejó del modelo austríaco y siguió las directrices del sistema difuso de control constitucional en lo que se refiere a los efectos de las decisiones del Tribunal con relación a la inconstitucionalidad de los actos del Estado, en la medida en que no eran *erga omnes* sino restringidos únicamente a los "casos concretos del recurso o de la consulta"[1550]. En consecuencia, las leyes no eran anuladas por el Tribunal de Garantías Constitucionales sino solamente consideradas inaplicables al caso concreto[1551]. En todo caso, la Ley Orgánica del Tribunal de Garantías Constitucionales fue muy critianuladas por esta restricción a las disposiciones constitucionales y fue la primera en ser objeto de un recurso de inconstitucionalidad[1552].

1547 Artículo 121. Ver el texto de J. L. Melián Gil, *op. cit.*, p. 111; N. González-Delieto Domingo, *loc. cit.*, p. 22.

1548 Artículo 123, *Idem.*

1549 Artículos 30-33, Ley Orgánica de 1933. Ver en J. L. Melián Gil, *op. cit.*, pp. 14, 29.

1550 Artículo 42, *Idem,*. p. 30.

1551 J. L. Melián Gil, *op. cit.*, p. 30.

1552 *Idem.*, p. 45; N. González-Delieto Domingo, *loc. cit.*, p. 23.

Ahora bien, por último, menos de cinco años después de la promulgación de la Constitución, ésta fue derogada en 1936, y, con ella, quedó eliminado en España todo el sistema de control jurisdiccional de la constitucionalidad. No fue sino con la publicación de la nueva Constitución democrática del 27 de diciembre de 1978 cuando un nuevo sistema de control jurisdiccional fue creado en España, gracias a la creación del Tribunal Constitucional, regido más tarde por la Ley Orgánica del Tribunal Constitucional del 3 de octubre de 1979[1553].

b. *El Tribunal Constitucional como modelo europeo*

El hecho de que el sistema de control constitucional español haya sido creado después de la consolidación de los principales experimentos europeos en la materia, llevo a que éste adoptase las características más importantes del modelo europeo, en particular bajo la influencia de las normas alemanas, italianas y francesas. Hasta la creación del Tribunal Constitucional en España, se decía que el Tribunal Constitucional Federal de Alemania poseía la jurisdicción más amplia del mundo en materia constitucional[1554]. Después de 1978, podía decirse que el Tribunal Constitucional español se había convertido en el órgano constitucional europeo dotado de la jurisdicción más completa en materia constitucional[1555]. En la actualidad, al menos en materia de justicia constitucional, el Tribunal Constitucional de Portugal, creado por la reforma constitucional de 1982 que estableció un sistema mixto de control jurisdiccional de la constitucionalidad de las leyes, puede reivindicar ese título. En todo caso, el sistema español constituye un ejemplo elocuente del modelo concentrado de control jurisdiccional de la constitucionalidad en Europa[1556], el cual ha demostrado su eficiencia en los últimos años.

Sin embargo, no todos los actos normativos del Estado están sujetos al control constitucional exclusivo del Tribunal; y al igual que lo que sucede en otros países europeos, se admite que las leyes preconstitucionales, a pesar de estar sujetas al control del Tribunal, pueden ser objeto de un control difuso por cualquier otro tribunal[1557].

De conformidad con la Constitución, el Tribunal Constitucional está diseñado como un órgano constitucional, independiente y separado del Poder Judicial, pero dotado de funciones jurisdiccionales que lo convierten en garante de la constitucio-

---

1553 Ley Orgánica 2-2-1979. Ver el texto en *Boletín Oficial del Estado,* N° 239, 5 de octubre de 1979.

1554 G. Muller, "El Tribunal Constitucional Federal de la República Federal de Alemania", *Revista de la Comisión Internacional de Juristas* Vol. VI (2), 1965, p. 221.

1555 *Cf.* E. García de Enterría, *La Constitución como norma y el Tribunal Constitucional,* Madrid 1981, p. 137; P. Bon, F. Moderne y Y. Rodríguez, *La justice constitutionnelle en Espagne,* Paris 1982, p. 41; L. Favoreu, "Actualité et légitimité en contrôle juridictionnel des lois en Europe occidentale", *Revue de Droit public et de la Science politique en France et à l'étranger,* 1984 (5), Paris, p. 1.154; Alian R. Brewer-Carías, *Judicial Review..., cit.,* pp. 226 y sig.

1556 P. Bon, F. Moderne y Y. Rodríguez, *op. cit.,* p. 47.

1557 J. Salas, "El Tribunal Constitucional Español y su Competencia desde la perspectiva de la formación de un gobierno: sus relaciones con los Poderes Legislativo, Ejecutivo y Judicial", *Revista Española de Derecho Constitucional,* 6, 1982, p. 165.

nalidad de la acción del Estado[1558]. Al respecto, el artículo 1 de la Ley Orgánica N° 2 de 1979, relativa al Tribunal, prevé expresamente:

"El Tribunal Constitucional, como intérprete supremo de la Constitución, es independiente de los demás órganos constitucionales y sólo se subordina a la Constitución y su ley orgánica".

De acuerdo con el artículo 159 de la Constitución, el Tribunal se compone de doce miembros, nombrados entre magistrados, procuradores, profesores universitarios, funcionarios públicos y juristas calificados con más de quince años de experiencia. Los miembros del Tribunal son nombrados por el Rey de la siguiente manera : cuatro a instancia de una mayoría de las tres quintas partes de los representantes del Congreso de Diputados; cuatro a instancia de la misma mayoría del Senado; dos a instancia del Gobierno y dos del Consejo General de la Magistratura. Por lo tanto, como en el sistema italiano, los tres poderes tradicionales del Estado intervienen en el nombramiento de los miembros del Tribunal.

Como sucede también en otros sistemas europeos, con miras a evitar la politización del Tribunal, la Constitución establece explícitamente las incompatibilidades que afectan a sus miembros. Determina, en particular, que la calidad de miembro del Tribunal Constitucional es incompatible con un cargo de representación, con cargos políticos y administrativos, con funciones directivas en el seno de un partido político o de una organización sindical, o con el hecho de estar contratado por ellos, con la carrera de procurador judicial o público, así como con cualquier otra actividad profesional o comercial. También establece que los miembros del Tribunal Constitucional están sometidos a las mismas incompatibilidades que los miembros de la magistratura.

c. *Las competencias del Tribunal*

Las competencias del Tribunal pueden clasificarse en tres grupos principales: la resolución de conflictos constitucionales entre los poderes del Estado; la decisión acerca de los recursos de amparo de los derechos fundamentales y el control de la constitucionalidad de las leyes.

a'. *La solución de conflictos orgánicos*

El primer grupo de poderes conferidos al Tribunal Constitucional se refiere a la resolución de conflictos constitucionales entre los poderes del Estado, de acuerdo con los sistemas vertical y horizontal de repartición de poderes del Estado sancionados por la Constitución. En España, la Constitución organizó al Estado como un "Estado de comunidades autónomas", parecido al Estado regional creado por la Constitución italiana. Se trata, por tanto, de un sistema particular de descentralización política en el cual las Comunidades Autónomas constituyen los pilares esencia-

---

1558 M. García Pelayo, "El Status" del Tribunal Constitucional, *Revista Española de Derecho Constitucional*, 1, 1981, pp. 11-34; F. Rubio Llorente, "Sobre la Relación entre Tribunal Constitucional y Poder Judicial en el Ejercicio de la Jurisdicción Constitucional", *Revista Española de Derecho Constitucional*, 4, 1982, pp. 35-67, como órgano independiente, posee también el poder de auto-reglamentación: artículos 2, 2 de la Ley Orgánica 2-1979.

les de la organización territorial del Estado[1559]. El Tribunal Constitucional, en esta forma, está habilitado para resolver "los conflictos de atribuciones entre el Estado y las Comunidades Autónomas así como los conflictos entre estas últimas"[1560].

En este mismo marco jurisdiccional, el Tribunal Constitucional está facultado por la Ley Orgánica que lo rige, para resolver los conflictos de competencias o de atribuciones entre los órganos constitucionales del Estado nacional, es decir, los conflictos que oponen "el Gobierno al Congreso de Diputados, al Senado o al Consejo General de la Magistratura, o estos órganos constitucionales entre ellos"[1561]. La justificación de la competencia del Tribunal Constitucional en los conflictos entre los órganos constitucionales parece evidente, al igual que la de todos los demás sistemas de justicia constitucional en Europa. Cualquier conflicto entre entidades políticas es, en sí, un conflicto constitucional que cuestiona el sistema orgánico establecido por la misma Constitución. Por consiguiente, el Tribunal Constitucional es el único órgano facultado para resolver tales conflictos que afectan la esencia misma de la Constitución, la repartición de los poderes establecida por ella y las competencias que ella confiere.

Las sentencias formuladas en la resolución de conflictos de competencias tienen efectos *inter partes*, dado que su contenido constituye fundamentalmente una declaración relativa a la competencia de los órganos constitucionales, por ejemplo, el Congreso, el Senado o el Consejo General de la Magistratura[1562].

Sin embargo, cuando la decisión implica la declaración de nulidad[1563] de la disposición normativa adoptada por el órgano considerado incompetente, la sentencia debe ser publicada para que tenga efectos *erga omnes*[1564].

b'   El recurso de amparo

El segundo grupo de atribuciones del Tribunal Constitucional se refiere a la decisión del recurso de amparo, el cual puede ser interpuesto ante el Tribunal Constitucional directamente por las personas, cuando estiman que sus libertades o derechos constitucionales han sido violados por disposiciones, actos jurídicos o simples vías de hecho por parte de los poderes públicos del Estado, de las Comunidades Autónomas y otras entidades territoriales públicas o sus representantes[1565]. Dicho recurso de amparo de los derechos fundamentales no puede ejercerse directamente contra las leyes que violan derechos fundamentales de manera directa[1566], como sucede en el sistema alemán; sino que sólo puede ejercerse contra actos administrativos o judiciales y actos sin fuerza de ley derivados de autoridades legislativas[1567], y únicamente

---

1559 Artículos , 137 y 143 de la Constitución

1560 Artículo 161, 1, C de la Constitución; artículos 60-72 de la Ley Orgánica 2-2-1979.

1561 Artículo 59, 3; 73-5 de la Ley Orgánica 2-2-1979.

1562 Artículo 75, 2 de la Ley Orgánica 2-1979.

1563 *Idem.*

1564 Artículo 164,1 de la Constitución.

1565 Artículo 161, 1, b de la Constitución; Artículo 41, 2 de la Ley Orgánica 2-1979.

1566 *Cf.* E, García de Enterría, *op. cit.,* p. 151.

1567 Artículo 42 de la Ley Orgánica 2-1979.

cuando los medios judiciales ordinarios de protección de los derechos fundamentales se han agotado[1568]. En consecuencia, el recurso de amparo resulta, generalmente, en una acción directa contra actos judiciales[1569] y sólo puede terminar indirectamente en un control jurisdiccional de la constitucionalidad de las leyes, cuando el acto del Estado cuestionado se basa en una ley considerada inconstitucional[1570].

c'. Las competencias en materia de justicia constitucional

Finalmente, el tercer grupo de competencias del Tribunal Constitucional español se refiere al control jurisdiccional de las leyes, el cual puede ejercerse mediante un recurso directo o principal, o por el método incidental. El poder de control jurisdiccional también puede ser ejercido por el Tribunal Constitucional de manera indirecta, y, con respecto a algunos actos del Estado, de manera preventiva. El sistema español comprende, por tanto, cuatro formas diferentes de control jurisdiccional de la constitucionalidad de las leyes.

D. El Consejo Constitucional en Francia

a. El Consejo Constitucional y la jurisdicción constitucional

La interpretación extrema del principio de la separación de los poderes en relación al principio de la supremacía de la Constitución, a la soberanía del Parlamento y al papel del Poder Judicial ejerció, en Europa, hasta principios de este siglo, una considerable influencia sobre la elaboración del derecho constitucional, y la carencia misma de un sistema de justicia constitucional. Por ello, como se ha señalado, sólo ha sido en las últimas décadas cuando se ha producido un cambio, gracias especialmente a la adopción de un sistema de control jurisdiccional de la constitucionalidad de las leyes, no por parte de los jueces ordinarios ni por el Tribunal Supremo de los distintos países, sino más bien por parte de un Tribunal Constitucional especialmente creado como un órgano constitucional provisto de poderes jurisdiccionales.

Fue así como también apareció en Francia el Consejo Constitucional, aunque, en los inicios, tenía un carácter más político que jurisdiccional. En efecto, la tradición francesa antes de la creación del Consejo Constitucional en 1958, imponía que el papel de garante de la Constitución fuera conferido a un órgano político específico. Fue el caso del *Senado Conservador* de la Constitución del Año VIII, del 22 *Frimaire* y de las atribuciones del Senado en la Carta Constitucional de 1852[1571]. El sistema también se estableció en la Constitución de 1946, la cual confirió el ejercicio del control preventivo de la constitucionalidad de las leyes adoptadas por la Asamblea Nacional a un órgano político llamado *Comité Constitucional*, para determinar si su promulgación requería una enmienda previa de la parte orgánica de la

---

1568 Artículo 43, 1 de la Ley Orgánica 2-1979.

1569 *Cf.* Favoreu, *loc. cit.*, pp. 1155-1156.

1570 Artículo 55, 2 de la Ley Orgánica 2-1979

1571 C. Franck, *Les fonctions juridictionnelles du Conseil constitutionnel et du Conseil d'Etat dans l'ordre constitutionnel,* Paris 1974, pp. 44-46; F. Luchaire, *Le Conseil constitutionnel,* Paris 1980, 10-11; Allan R. Brewer- Carías, *Judicial Review...*, *op. cit.*, pp. 251 y ss.

Constitución. Se trataba de un sistema muy limitado de control constitucional, porque si el Comité consideraba que la ley no estaba conforme a la Constitución, dicha ley se devolvía a la Asamblea para ser reexaminada. En esta forma, si la Asamblea confirmaba su primera decisión, se hacía necesario proceder a una reforma de la Constitución como si se hubiese tratado de una revisión explícitamente solicitada. Sin embargo, la ley no podía promulgarse mientras no se hubiera terminado la revisión [1572].

Teniendo como base esta tradición y la experiencia del Comité Constitucional de 1964, la Constitución de 1958 creó el Consejo Constitucional[1573], el cual, de acuerdo con lo expresado por Maurice Duverger, era una especie de "jurisdicción política suprema", dotada del poder para controlar la constitucionalidad de las leyes y el buen desarrollo de las elecciones presidenciales y parlamentarias. El término "jurisdicción política" empleado por Duverger para describir este órgano expresa bien el carácter atípico[1574] y ambiguo[1575] de la institución: se le confirió el papel de juez, pero debía ejercer este papel en el escenario político, y aún más, con motivaciones políticas.

Sus miembros gozan de independencia con respecto a todos los magistrados y jueces, pero se recluían y se nombran con criterios políticos. Esto explica las numerosas discusiones que se han suscitado en Francia en cuanto al carácter jurisdiccional del Consejo Constitucional[1576].

En la actualidad, en todo caso, la polémica ha desaparecido completamente, e incluso existe la tendencia a distinguir al "Poder Judicial" del "Poder jurisdiccional", siendo este último más amplio y concebido para abarcar, además de las funciones judiciales y contencioso-administrativas ordinarias, las atribuciones del Consejo Constitucional en el campo de la justicia constitucional[1577].

De conformidad con la Constitución, el Consejo Constitucional se compone, además por miembros *ex officio* que son los ex-Presidentes de la República, de nueve miembros nombrados en forma paritaria: tres por el Presidente de la República, tres por el Presidente de la Asamblea Nacional y tres por el Presidente del Senado[1578].

1572 F. Franck, *op. cit.*, p. 13.

1573 El Consejo Constitucional está regido por el Título VII, artículos 53 a 63 de la Constitución de 1958 *(Gazeta Oficial* del 5 de octubre de 1958) y por la Ley Orgánica N° 58-1067 del 7 de noviembre de 1958 *(Gazeta Oficial* del 9 de noviembre de 1958). El artículo 61, 2 de la Constitución fue modificado el 21 de octubre de 1974 por una reforma constitucional; y la Ley Orgánica del Tribunal fue modificada por la Ley Orgánica N° 59-223 del 4 de febrero de 1959 *(Gazeta Oficial* del 7 de febrero de 1959) y por la Ley Orgánica del 26 de diciembre de 1974 siguiente a la enmienda constitucional.

1574 W. K. Geck, "Judicial Review of Statutes: a comparative Survey of present Institutions and practices", *Cornell Law Quartely,* 51, 1966, pp. 256, 259.

1575 A. Hauriou, *Institutions politiques et droit constitutionnel.* París 1966.

1576 F. Luchaire, "Le Conseil constitutionnel. Est-il une juridiction", *Revue du droit public et de la science politique en Frunce et a l'étranger,* 1979; F. Luchaire, *op. cit.*, pp. 33-56.

1577 T. Renoux, *Le Conseil constitutionnel et l'autorité judiciare, L'élaboration d'un droit constitutionnel juridictionnel,* París 1984, p. 19.

1578 Artículo 56 de la Constitución; Artículo 1 de la Ley Orgánica 58-1067.

Las funciones de los miembros del Consejo son incompatibles con las de miembro del Gobierno, del Parlamento y del Consejo Económico y Social[1579]. Los miembros del Consejo no pueden asumir cargos en la administración pública[1580] durante su mandato, ni pueden asumir posición política alguna acerca de las cuestiones que han sido o pueden ser objeto de una decisión del Consejo[1581]. Tampoco están facultados para ocupar cargos administrativos o ejecutivos en ningún partido político, ni pueden mencionar su cargo en ningún documento susceptible de ser publicado, relativo a alguna actividad pública o privada[1582].

Además de sus competencias consultivas, en el campo del control jurisdiccional, el Consejo Constitucional es el juez de la constitucionalidad de las leyes y de los conflictos vinculados a las elecciones y referéndum. Por ello, se distinguen tres grupos de competencias atribuidas al Consejo: actuar como órgano consultivo, ejercer la jurisdicción electoral y controlar la constitucionalidad de las leyes.

b.   *Funciones consultivas del Consejo Constitucional*

En efecto, el primer grupo de competencias del Consejo Constitucional se refiere al ejercicio de una serie de funciones de carácter consultivo y, por lo tanto, de índole política. Estas funciones consultivas consisten en determinar cuándo el Presidente de la República queda incapacitado para ejercer sus funciones[1583] y a dar su opinión con respecto a situaciones y medidas a tomar en circunstancias extraordinarias[1584].

En el primer caso, las funciones consultivas del Consejo tienen como resultado impedir que el Presidente de la República ejerza sus funciones lo que, en sí, constituye un poder de decisión considerable cuando así lo requiera el Gobierno, en caso de que estime que está impedido para cumplir con las mismas. La Constitución no define el concepto de "impedimento" en el sentido de que no precisa si se trata de una inaptitud física o una incapacidad derivada de una enfermedad o un accidente. Por ello, el poder de apreciación del Consejo Constitucional es prácticamente ilimitado.

Si el Consejo Constitucional declara que la inaptitud o la incapacidad del Presidente es de carácter definitivo, debe convocar a elecciones dentro de los veinte a cincuenta días después de su decisión. Sin embargo, el Consejo puede invocar una "fuerza mayor" para no convocar a una elección; en cuyo caso, como en el de una incapacidad temporal, el Presidente de la República sería reemplazado por el Presidente del Senado, quien está autorizado a ejercer todas las atribuciones del primero, salvo el derecho a disolver la Asamblea o a convocar un referéndum[1585].

1579 Artículo 57 de la Constitución; Artículo 4 de la Ley Orgánica 58-1067.

1580 Artículo 5 de la Ley Orgánica 58-1067.

1581 Artículo 7 de la Ley Orgánica 58-1067.

1582 Artículo 2, Decreto 13-1-1959. Ver F. Luchaire, *op. cit.*, p. 71.

1583 Artículo 7 de la Constitución.

1584 Artículo 16 de la Constitución.

1585 Artículos 7, 11, 12 de la Constitución; Artículo 31 de la Ley Orgánica 58-1067.

La segunda función consultiva del Consejo Constitucional francés se refiere a la opinión que debe dar al Presidente de la República acerca de la situación o de las medidas a tomar cuando existe una amenaza grave e inmediata contra las instituciones de la República, la independencia de la Nación, la integridad de su territorio o el cumplimiento de acuerdos internacionales; o cuando el buen desarrollo de los poderes públicos constitucionales se vea interrumpido. Con miras a adoptar las medidas necesarias en tales circunstancias, el Presidente, al igual que el Primer Ministro y el Presidente del Parlamento, deben consultar el Consejo Constitucional, el cual debe tener en cuenta las condiciones establecidas en la Constitución para, el ejercicio de poderes extraordinarios. La opinión del Consejo, en éste caso, debe publicarse en la *Gaceta Oficial*[1586]. Por otra parte, el Consejo Constitucional debe ser consultado sobre todas las medidas en casos de circunstancias excepcionales, que pudiera tomar el Presidente de conformidad con el artículo 16 de la Constitución; en cuyo caso, la opinión del Consejo Constitucional no debe publicarse[1587].

c.   Las competencias del Consejo en materia electoral

El segundo grupo de competencias del Consejo Constitucional se refiere a su papel de Tribunal electoral supremo, no solamente para las elecciones parlamentarias, sino también para las elecciones presidenciales y para los referéndum[1588]. Por lo que respecta a las elecciones parlamentarias, el Consejo Constitucional tiene plenos poderes constitucionales para decidir sobre el buen desarrollo de las elecciones de diputados y senadores[1589]. Por consiguiente, el Consejo puede anular cualquier elección o enmendar los resultados anunciados e, incluso, declarar electo a otro candidato distinto del proclamado[1590]. Con este fin, cualquier elección parlamentaria puede ser objeto de una impugnación por ante el Consejo, por parte de cualquier elector de la circunscripción electoral respectiva, en un lapso de diez días siguientes a la fecha de su verificación. En estos casos, el procedimiento es contradictorio, de manera que tanto la asamblea parlamentaria cuestionada como el candidato cuya elección se pone en duda, pueden presentar observaciones[1591].

En cuanto al control de las elecciones presidenciales, los poderes del Consejo Constitucional no están limitados a la sola resolución de conflictos, es decir, no se limitan al control de la regularidad de una elección, sino que le corresponde velar por el buen desarrollo de las elecciones[1592]. Con tal propósito, el Consejo Constitucional, en el caso de una elección presidencial cuestionada, está encargado de determinar y proclamar los resultados finales del proceso electoral[1593]. Además, el

---

1586 Artículo 16 de la Constitución; Artículo 52, 53 de la Ley Orgánica 58-1067.

1587 Artículo 54 de la Ley Orgánica 58-1067.

1588 Artículos 58-60 de la Constitución.

1589 Artículo 59 de la Constitución.

1590 Artículo 41 de la Ley Orgánica 58-1067.

1591 Artículos 39-40 *Idem.*

1592 Artículo 30 *Idem.*

1593 Artículo 27 de la Ley Orgánica 58-1064 del 7 de noviembre de 1958 con respecto a la elección del Presidente de la República. *Gazeta Oficial* del 9 de noviembre de 1958.

Consejo Constitucional, *ex officio*, cuando posea evidencias acerca de irregularidades graves que pudieran afectar la buena fe de la elección y alterar sus resultados, puede decidir la nulidad de la misma; en cuyo caso, el Gobierno debe fijar una nueva fecha para la realización de una nueva elección[1594].

Por otra parte, el Consejo Constitucional debe participar en el proceso electoral cuando el Gobierno considere necesario reemplazar el procedimiento de escrutinio a nivel de las capitales de Departamentos y de Territorios, por un cómputo centralizado de los votos en París. De conformidad con la Ley Orgánica relativa a las elecciones presidenciales, el decreto que establezca esta medida debe contar con la opinión favorable del Consejo Constitucional[1595], confiriendo en esta forma a este órgano, un verdadero poder de decisión en esta materia.

En todos los casos relativos a conflictos en materia de elecciones presidenciales, son los Prefectos los únicos habilitados para interponer los recursos por ante el Consejo Constitucional, lo cual deben hacer dentro de las 48 horas siguientes al cierre del cómputo de los votos[1596]. En estos casos, los electores no pueden interponer recursos. Sin embargo, puede decirse que esta importante restricción al derecho ciudadano para controlar las lecciones, se ve compensada por los poderes *ex officio* del Consejo, ya mencionados, para anular una elección.

La tercera competencia del Consejo en materia electoral se refiere a los referéndum. En relación a éstos, en primer lugar, el Consejo Constitucional debe ser consultado en cuanto a la organización práctica de un referéndum[1597], es decir respecto de su ejecución técnica; en segundo lugar, el Consejo debe vigilar la ejecución y el escrutinio final de los votos del mismo, y luego proclamar los resultados[1598]; y en tercer lugar, en caso de conflictos, el Consejo debe examinar las quejas que se le planteen y pronunciarse sobre ellas[1599]. La Ley Orgánica del Consejo Constitucional no establece claramente quién está habilitado para introducir tales quejas, pero, por la naturaleza de un referéndum, en el sentido de que se trata de una consulta popular mediante voto directo, puede considerarse que cualquier elector tiene el derecho de dirigirse en tal sentido al Consejo Constitucional[1600]. En todo caso, en los casos en los cuales el Consejo Constitucional confirme una irregularidad en un referéndum, debe decidir soberanamente si ha de proseguirse con el desarrollo del mismo o modificarlo, a cuyo efecto debe emitir un pronunciamiento sobre su anulación parcial[1601].

1594 Artículo 22 de la Ley Orgánica 58-1064.

1595 Artículo 23 *Idem*.

1596 Artículo 19 *Idem*.

1597 Artículo 46 de la Ley Orgánica 58-1067.

1598 Artículo 60 la Constitución; Artículo 51 de la Ley Orgánica 58-1067.

1599 Artículo 50 de la Ley Orgánica 58-1067.

1600 *Cf.* F. Luchaire, *op. cit.*, p. 277

1601 Artículo 50 de la Ley Orgánica 58-1067.

d. El control de la constitucionalidad de las leyes

El tercer grupo de atribuciones del Consejo Constitucional se refiere al control de la constitucionalidad de las leyes, que es de carácter preventivo, y que fue diseñado por la Constitución, fundamentalmente, como un medio para evitar conflictos de competencias entre los órganos constitucionales del Estado, y en particular, para mantener el Parlamento dentro de los límites de sus competencias constitucionales. Por ello, puede decirse que el Consejo Constitucional fue originalmente creado como el guardián de la parte orgánica de la Constitución. Sin embargo, a partir de 1971, también se lo considera, aunque sea de manera indirecta, como el garante de los derechos fundamentales del ciudadano frente a las leyes[1602].

Como se ha dicho, en Francia, el control de la constitucionalidad de las leyes es de carácter preventivo o *a priori*, en el sentido de que se ejerce sobre leyes en proceso de discusión o ya sancionadas por la Asamblea, pero que aún no han sido promulgadas por el Presidente de la República y que por lo tanto no están vigentes. Este es, precisamente, el aspecto que distingue el sistema francés de control constitucional, de todos los demás sistemas europeos en los cuales el control principal de la constitucionalidad se ejerce jurisdiccionalmente contra actos promulgados y vigentes.

2. *Los métodos de control jurisdiccional concentrado de la constitucionalidad de las leyes según el modelo europeo*

Como hemos señalado, el "modelo europeo" de control jurisdiccional concentrado de la constitucionalidad de las leyes se caracteriza por el hecho de que el poder necesario para el ejercicio de dicho control está conferido a una Corte, un Tribunal o un Consejo constitucional, creado como un órgano constitucional fuera del Poder Judicial. Tal sistema de control funciona en Austria, Italia, España y Francia donde se crearon constitucionalmente Cortes, Tribunales o Consejos constitucionales encargados de ejercer el control jurisdiccional de la constitucionalidad de las leyes. Con funciones similares se crearon Tribunales constitucionales en Alemania y Portugal, pero integrados al Poder Judicial.

Estas Cortes Constitucionales ejercen su poder jurisdiccional de control bien sea antes de que la ley entre en vigencia, es decir antes de su promulgación, o una vez en vigencia. Por ello se distingue el control *a priori* del control *a posteriori* de la constitucionalidad de las leyes.

En general, puede decirse que los sistemas concentrados de control jurisdiccional que conforman al modelo europeo se caracterizan por la utilización de varios medios de control jurisdiccional de la constitucionalidad de las leyes vigentes, es decir, una vez promulgadas y después de que se hayan iniciado sus efectos normativos jurídicos. Sólo excepcionalmente algunos sistemas concentrados europeos preven un medio de control preventivo sobre algunos actos del Estado, como por ejemplo en Francia, en relación a las leyes; en Italia, con respecto a las leyes regionales, y en España, en cuanto a las leyes orgánicas y los tratados internacionales.

1602 J. Rivero, *Le Conseil constitutionnel et les libertés*, París Aix-en-Provence 1984, pp. 13-14.

En todo caso, el fundamento de la existencia de un sistema de control jurisdiccional *a posteriori* reside en la superación del dogma de la soberanía del Parlamento y de la ley, así como en la flexibilización del principio de separación de los poderes. El control jurisdiccional implica la existencia de una Constitución escrita y rígida, dotada de un carácter normativo directamente aplicable a los individuos; de manera que sus límites se imponen a todos los órganos constitucionales, incluyendo al legislador cuyas actividades deben estar en conformidad con su texto y, por lo tanto, sujetas a un control jurisdiccional.

Estos principios fueron adoptados en los países europeos dando origen al sistema concentrado de control jurisdiccional, el cual, por ejemplo en Francia, así sea limitado al carácter preventivo, ha sido considerado, junto con las demás actividades realizadas por el Consejo Constitucional, como "revolucionarias"[1603], pues han significado la aceptación del principio de constitucionalidad y la subordinación del legislador a las exigencias constitucionales[1604]. Sin embargo, si se lo compara con los otros sistemas de control jurisdiccional adoptados en otros países de Europa, el sistema francés aparece limitado[1605] ya que, una vez vigentes, las leyes no pueden ser objeto de un control constitucional.

A.   El control preventivo de la constitucionalidad de las leyes

Conforme al modelo europeo, se pueden distinguir tres métodos de control preventivo de la constitucionalidad de las leyes: el francés, donde el control preventivo es el único método de control, y el italiano y el español donde coexisten el método preventivo y el método *a posteriori*.

a.   El control preventivo de constitucionalidad de las leyes como único método de control concentrado: el caso de Francia

El sistema preventivo francés de control jurisdiccional de la constitucionalidad de las leyes fue definitivamente implantado por la Constitución del 5 de octubre de 1958, la cual creó el Consejo Constitucional[1606] como órgano constitucional encargado de establecer la conformidad de las leyes a la Constitución "antes de su promulgación"[1607]. Como se ha señalado, tal innovación institucional fue producto de una reacción en contra de por lo menos dos de los fundamentos del sistema constitucional francés tradicional, a saber, el absolutismo de la ley y el rechazo de cualquier injerencia judicial con respecto a los demás poderes del Estado, en especial al Parlamento.

1603 *Idem.*

1604 L. Favoreu, "Le principe de constitutionnalité. Essai de definition d'après la jurisprudence du Conseil constitutionnel", *Recueil d'Etudes en Hommage à Charles Eisenmann*, Paris, 1977, pp. 33-48.

1605 Véase los comentarios relativos a la legitimidad del sistema francés *a priori* de control en una perspectiva comparativa en L. Favoreu "Actualité et légitimité du contrôle juridictionnel des lois en Europe occidentale". *Revue du Droit Public et de la Science Politique en France et àl'êtranger*, 1984 (5), Paris, pp. 1.183-1.187.

1606 Artículos 56-63 de la Constitución de 1958.

1607 Artículo 61.

En efecto, uno de los principales dogmas políticos derivados de la Revolución Francesa fue la profunda desconfianza del legislador revolucionario para con los jueces, a quienes les negó cualquier posibilidad de controlar los demás poderes del Estado. Esta posición antijudicial tuvo su razón política de ser en el papel desempeñado por los *Parlaments* pre-revolucionarios, los cuales como Altas Cortes, examinaban las leyes y los decretos que se les sometían con el fin de garantizar que no contenían nada contradictorio con "las leyes fundamentales del Reino", lo que confería a dichos *Parlaments* un poder político conservador considerable[1608]. Este poder lo ejercieron particularmente en la víspera de la Revolución.

Esta desconfianza hacia el Poder Judicial llevó a una interpretación revolucionaria extrema del principio de separación de los poderes: todos los jueces se vieron impedidos no sólo del derecho de controlar los actos legislativos y administrativos, lo que explica porqué, al inicio, la Corte de Casación era un órgano legislativo; sino del poder de interpretar las leyes, el cual había sido reservado al Legislador, quien lo ejercía por decreto promulgado a instancia de los jueces, mediante el denominado *référé législatif*, lo que se producía en caso de dudas respecto a la interpretación del texto de una ley[1609].

Por consiguiente, los jueces sólo eran, como decía Montesquieu "la boca de la ley", es decir, la boca que pronunciaba las palabras de la ley, y por lo tanto, seres totalmente pasivos, incapaces de apreciar la fuerza o el rigor de la ley[1610].

En todo caso, como se ha señalado, la Constitución de 1958[1611], al crear el Consejo Constitucional y sin rechazar totalmente el dogma de la supremacía de la ley ni la prohibición para los tribunales y los jueces de controlar la constitucionalidad de las leyes, permitió el ejercicio de un control preventivo de la constitucionalidad de las leyes antes de la promulgación (Art. 61).

En esta forma, en Francia, el Consejo Constitucional ejerce dos tipos de control preventivo de la constitucionalidad: sobre, las leyes no promulgadas y sobre la repartición de las competencias normativas del Estado entre la ley y los reglamentos. En ambos casos, el Consejo Constitucional, aun cuando no tenga el poder para controlar la constitucionalidad de las leyes vigentes, ha desempeñado un papel muy significativo en lo que respecta al desarrollo del principio de la constitucionalidad[1612].

> a'. *El control preventivo de la constitucionalidad de las leyes (no promulgadas)*

El control preventivo de la constitucionalidad de las leyes no promulgadas es ejercido en Francia por el Consejo Constitucional de dos maneras: en forma obliga-

---

1608 M. Cappelletti, *Judicial Review in the Contemporary World,* Indianapolis, 1971, pp. 33-35; F. Luchaire, *Le Conseil constitutionnel,* Paris, pp. 5-6.

1609 *Idem.*

1610 Montesquieu, *De l'esprit des lois,* Book XI, citado por Ch. H. Me Ilwain, *The High Court of Parliament and its Supremacy,* Yale, 1910, p. 323.

1611 Artículos 56-63 de la Constitución de 1958.

1612 Allan R. Brewer-Carías, *Judicial Review..., cit.,* pp. 255 y sig.

toria, en cuanto a los reglamentos parlamentarios y las leyes orgánicas, y en forma facultativa, en cuanto a las leyes ordinarias y los tratados internacionales.

a". *El control obligatorio de la constitucionalidad de las leyes orgánicas y de los reglamentos parlamentarios*

De conformidad con el artículo 61 de la Constitución, las leyes orgánicas y los reglamentos internos del Parlamento obligatoriamente deben ser sometidos, antes de su promulgación, al Consejo Constitucional con miras a establecer su conformidad con la Constitución.

En el caso de las leyes orgánicas, deben ser sometidas al Consejo Constitucional por el Primer Ministro, quien debe precisar, oportunamente, la urgencia de la decisión. En cuanto a los reglamentos parlamentarios o modificaciones de éstos adoptadas por cualquiera de las Asambleas, deben someterse al Consejo Constitucional a través del Presidente de la Asamblea[1613].

b". *El control facultativo de la constitucionalidad de las leyes ordinarias y de los tratados internacionales*

Además de las leyes orgánicas y los reglamentos parlamentarios, también las leyes ordinarias pueden ser sometidas al Consejo Constitucional, antes de su promulgación, por el Presidente de la República, el Primer Ministro o el Presidente de cualquiera de las Asambleas. La reforma constitucional de 1974 también legitimó para formular la solicitud a 60 diputados y senadores, quienes pueden someter al Consejo Constitucional la cuestión de la constitucionalidad de las leyes ordinarias[1614], dando así a las minorías la posibilidad de cuestionar las decisiones adoptadas por la mayo-ría.

Este control facultativo de la constitucionalidad también se puede ejercer respecto de los tratados internacionales, a instancia del Presidente de la República, del Primer Ministro o del Presidente de cualquiera de las Asambleas. En este caso, el Consejo Constitucional debe decidir si un tratado internacional contiene cláusulas contrarias a la Constitución, por lo que la autorización necesaria para su firma o aprobación sólo puede otorgarse previa una reforma constitucional[1615].

El procedimiento seguido en estos casos es contradictorio; por ello, la autoridad que recurre al Consejo Constitucional con miras al control constitucional de un tratado internacional, debe inmediatamente notificar su acción a las demás autoridades facultadas para recurrir al Consejo Constitucional[1616].

1613 Artículo 61 de la Constitución. Artículo 17 de la Ley Orgánica 58-1067.

1614 Artículo 61 de la Constitución.

1615 Artículo 54 de la Constitución

1616 Artículos 54, 61 de la Constitución. Artículo 18 de la Ley Orgánica 58-1067.

c". *Los efectos suspensivos de los recursos y la decisión del Consejo*

En todos los casos en los cuales se recurre al Consejo Constitucional con miras al control de la constitucionalidad de las leyes orgánicas, reglamentos parlamentarios, leyes ordinarias o tratados internacionales, antes de su promulgación, la interposición de la petición produce efectos suspensivos, los cuales comienzan en el momento en que el Consejo recibe la solicitud, por lo que a partir de ese momento, la promulgación del texto normativo cuestionado queda suspendida[1617]. Generalmente, el Consejo dispone de un mes para tomar su decisión, aunque en caso de emergencia el Gobierno puede solicitar que este plazo quede reducido a ocho días[1618].

La decisión del Consejo, la cual debe ser motivada y publicarse en la *Gaceta Oficial*[1619], puede consistir en declarar que la ley cuestionada no es contradictoria con la Constitución, en cuyo caso, el plazo de suspensión de la promulgación termina[1620]. En cambio, si la decisión consiste en declarar que el texto normativo es inconstitucional, en ese caso el texto no puede ser promulgado ni puesto en vigencia[1621].

Por lo que respecta a los tratados internacionales, como se ha señalado, si el Consejo Constitucional decide que un tratado contiene una cláusula contraria a la Constitución, la autorización de ratificación o de aprobación debe ser pospuesta hasta que se produzca la reforma de la Constitución[1622].

La declaración de inconstitucionalidad por parte del Consejo Constitucional puede tener dos formas en cuanto al texto del acto cuestionado: si el Consejo Constitucional estima que una disposición inconstitucional de una ley es inseparable del resto del texto, entonces la totalidad del texto no puede ser promulgada[1623]; en cambio, si el Consejo considera que las disposiciones inconstitucionales pueden separarse del texto, el Presidente de la República está habilitado para promulgar el texto incompleto o solicitar una segunda discusión en las Cámaras[1624].

En todo caso, la decisión del Consejo no. puede ser cuestionada ni discutida, y tiene efectos obligatorios sobre todos los poderes públicos y las autoridades administrativas y jurisdiccionales[1625].

1617 Artículo 61 de la Constitución.

1618 *Idem.*

1619 Artículo 20 de la Ley Orgánica.

1620 Artículo 21 de la Ley Orgánica 58-1067.

1621 Artículo 62 de la Constitución.

1622 Artículo 54 de la Constitución.

1623 Artículo 22 de la Ley Orgánica 58-1067.

1624 Artículo 23. *Idem.*

1625 Artículo 62 de la Constitución.

b' *El control preventivo de la repartición de las competencias normativas (Ley y Reglamento)*

En lo que respecta al control jurisdiccional preventivo que ejerce el Consejo Constitucional, otra competencia fundamental que le está atribuida apunta a proteger la repartición de las competencias normativas entre la ley y los reglamentos ejecutivos, establecida en la Constitución. En efecto, la Constitución francesa de 1958, alejándose de la tradición parlamentaria de los estados modernos y como consecuencia de una reacción anti-parlamentaria evidente, instauró un sistema de repartición de las competencias entre el Parlamento y el Gobierno, basado en la atribución al Parlamento de un poder exclusivo sobre una serie de cuestiones expresamente enumeradas en la Constitución, lo que significó en definitiva una restricción extrema de los poderes del Parlamento.

En efecto, el artículo 34 de la Constitución enumeró una lista de materias reservadas al poder legislativo del Parlamento, incluyendo las leyes que está autorizado a dictar, y por su parte, el artículo 37 estableció que el poder para regular todas las demás cuestiones, fuera de las que constituyen el dominio de la ley, está conferido al Ejecutivo, reduciéndose de esta manera el poder del Parlamento a una serie de cuestiones claramente enumeradas, y dejando el resto de las competencias normativas al Poder Ejecutivo.

Tal sistema de repartición de los poderes normativos del Estado acarrea, por supuesto, numerosos conflictos entre la ley y los reglamentos ejecutivos, es decir, entre el Parlamento y el Poder Ejecutivo, que el Consejo Constitucional debe resolver. Por ello, en la resolución de estos conflictos, el Consejo interviene para garantizar el respeto de las disposiciones constitucionales, sobre tal repartición, sin examinar el texto normativo definitivo. En realidad, el Consejo Constitucional sólo interviene durante la fase de redacción de los textos respectivo con el fin de autorizar o prohibir la continuación de los trabajos que llevan a la versión final del texto. Por supuesto, esta competencia del Consejo tiene implicaciones diferentes según se trate de leyes o del ejercicio de poderes normativos por parte del Ejecutivo.

a". *El control preventivo de las leyes*

En cuanto a las leyes, la intervención del Consejo en ejercicio de su control preventivo incide en el procedimiento de redacción de las leyes y sus reformas.

En efecto, el Gobierno puede oponerse a que continúe la discusión de una ley en la Asamblea, cuando considera que incluye cuestiones que no forman parte del ámbito reservado a la ley en el artículo 34 de la Constitución, ni en las leyes orgánicas adoptadas para su puesta en vigencia, o cuando la considera contraria a los poderes de carácter normativo conferidos al Gobierno[1626].

En este caso, el Presidente de la Asamblea implicada podría llegar a un acuerdo con el Gobierno, renunciando, ambas partes, a discutir tanto la proposición como su reforma. Si este acuerdo no se produce entre las partes, cualquiera de ellas puede recurrir al Consejo Constitucional para que éste resuelva el conflicto y tome una

---

1626 Artículo 41 de la Constitución

decisión en un plazo de ocho días. En este caso, la discusión de la ley o de su reforma legislativa cuestionada por el Gobierno, se suspende inmediatamente[1627].
Además, la autoridad que en este caso requiere la intervención del Consejo Constitucional en el conflicto, está obligada a notificar a todas las demás autoridades facultadas para recurrir al Consejo Constitucional[1628].

b". *El control constitucional de las leyes relativas a los reglamentos del Ejecutivo*

El segundo tipo de intervención del Consejo Constitucional en la repartición de
las competencias entre la ley y los reglamentos ejecutivos, se refiere al ejercicio del
poder normativo por parte del Gobierno cuando éste intenta modificar leyes, lo que
puede suceder en dos casos: en primer lugar, cuando la ley cuestionada fue adoptada
antes de haberse delimitado el árbitro legislativo por la Constitución de 1958 y las
cuestiones que regula corresponden a los poderes normativos del Ejecutivo; en segundo lugar, cuando las leyes adoptadas después de la delimitación de competencias
de 1958, interfieren con los poderes normativos del Ejecutivo y no han sido objeto
de control por parte del Consejo Constitucional, antes de su promulgación.

En la primera hipótesis, el Gobierno es libre de modificar las leyes preconstitucionales existentes cuando se refieren a cuestiones pertenecientes al ámbito reglamentario que le reserva la Constitución. En tales casos, el Gobierno está obligado a
adoptar el decreto correspondiente, tras haber solicitado y obtenido la opinión del
Consejo de Estado[1629].

La segunda hipótesis se refiere al ejercicio del poder normativo del Ejecutivo para modificar leyes adoptadas por el Parlamento después de la Constitución de 1958,
que invaden cuestiones pertenecientes al ámbito normativo del Ejecutivo. En estos
casos, el Gobierno está autorizado a aprobar el decreto normativo correspondiente
después que el Consejo Constitucional haya declarado el carácter normativo ejecutivo de la cuestión[1630].

En esta forma, si un Gobierno, por negligencia o voluntad política deliberada, no
ha sometido al Consejo Constitucional una ley no promulgada que no pertenece al
ámbito reservado al poder legislativo, los Gobiernos siguientes no quedan atados por
esta decisión y pueden someter dicha ley al Consejo Constitucional; de manera que
si éste declara el carácter normativo ejecutivo de la cuestión, el Gobierno puede
entonces modificarla mediante decreto[1631]. Por consiguiente, en el ámbito de la delimitación de las competencias normativas del poder reglamentario y de la ley, el
control del Consejo Constitucional no se aplica realmente a las normas ejecutivas en
sí, sino únicamente a las leyes.

1627 Artículo 27 de la Ley Orgánica 58-1067.

1628 *Idem.*

1629 Artículo 37 de la Constitución

1630 *Idem*

1631 Véase también Artículos 24-26 de la Ley Orgánica 58-1067.

Las normas ejecutivas y las eventuales invasiones que pueden provocar con el ámbito reservado al Legislador por el artículo 34 de la Constitución, están sujetas al control contencioso-administrativo por parte del Consejo de Estado, por lo que pueden surgir divergencias de criterio entre este último y el Consejo Constitucional[1632].

c'. *El control de la constitucionalidad de las leyes y el principio de la constitucionalidad*

Como se ha señalado, el papel fundamental conferido al Consejo Constitucional en Francia, de conformidad con la Constitución de 1958, consiste en controlar, de manera preventiva, la conformidad de las leyes con la Constitución. Siendo la Constitución de 1958 esencialmente una Constitución orgánica, es decir, que tiene como objetivo principal la repartición de los poderes entre los diferentes órganos del Estado, el Consejo Constitucional, durante sus primeros años de funcionamiento, había actuado como defensor de esta repartición, especialmente en lo que se refiere a las relaciones entre el Parlamento y el Gobierno, en otras palabras, entre la ley y los reglamentos ejecutivos.

Ahora bien, la Constitución francesa no contiene una declaración expresa de los derechos fundamentales, de la que deriva la interpretación según la cual su texto no sería directamente aplicable a los individuos, puesto que la única declaración de la Constitución relativa a los derechos fundamentales de los individuos está contenida en su Preámbulo, el cual establece:

> "El pueblo francés proclama solemnemente su apego a los Derechos Humanos y a los principios de la soberanía nacional tal como están definidos por la Declaración de 1789, confirmada y completada por el Preámbulo de la Constitución de 1946".

Un Preámbulo parecido había sido incluido en la Constitución de 1946, habiendo considerado el Comité constitucional de la época que no tenía aplicabilidad directa[1633]. Sin embargo, ninguna disposición especial se tomó al respecto en la Constitución de 1958.

Tal era la realidad normativa cuando el Consejo Constitucional decidió ampliar sus propios poderes de control jurisdiccional mediante lo que se ha considerado como su misión *Malbury vs Madison*[1634], tomada el 16 de julio de 1971 con respecto a la libertad de asociación[1635]. En esa oportunidad, para declarar la inconstitucionalidad de una ley sancionada por el Parlamento que afectaba el derecho ciudadano de asociación, el Consejo se basó en el Preámbulo y, por lo tanto, en los "principios fundamentales reconocidos por las leyes de la República y la Declaración de los Derechos del Hombre y del Ciudadano de 1789". Fue en el marco de estos princi-

---

171. C. Franck, *Les fonctions juridictionnelles du Conseil constitutionnel et du Conseil d'Etat dans l'ordre constitutionnel*, París 1974, p. 4.

1633 Artículo 34 de la Constitución de 1946. *Cf.* J. Rivero, *op. cit.*, p. 11; L. Favoreu, *"Le principe.. ."*, *loc. cit.*, p. 34.

1634 J. Rivero, *op. cit.*, p. 140.

1635 L. Favoreu et L. Philip, *Les grandes décisions du Conseil constitutionnel*, París, 1984 pp. 222-237.

pios y de estos derechos cómo el Consejo atribuyó rango constitucional a la libertad de asociación y declaró la inconstitucionalidad de una ley que consideraba contraria a dicha libertad, y por consiguiente, a la Constitución[1636]. En consecuencia, no solamente el Consejo Constitucional amplió el concepto de "constitucionalidad", el cual desde entonces forma parte, no sólo del texto formal de la Constitución, sino también de los principios fundamentales reconocidos por las leyes de la República y la Declaración de los Derechos del Hombre y del Ciudadano de 1789[1637], sino que además, se ha convertido en el guardián de las libertades públicas[1638].

Esta es la razón por la cual el Consejo Constitucional reivindicó para sí mismo, el poder y el deber de controlar la conformidad de las leyes no promulgadas, no solamente con los artículos 34 y 37 de la Constitución, los cuales establecen la repartición de las competencias entre el Parlamento y los poderes reglamentarios del Ejecutivo, sino igualmente con la Constitución en su conjunto, la cual incluye los principios generales de carácter constitucional derivados de la Declaración Universal y del Preámbulo, así como los derechos fundamentales de los individuos. Con miras al cumplimiento de estos objetivos, el recurso que dio la posibilidad a las minorías de exigir el control jurisdiccional establecido mediante la enmienda constitucional de 1974, ha tenido una gran importancia, tal como lo demostró una de las decisiones fundamentales del Consejo, adoptada los días 16 de enero y 11 de febrero de 1982 en el caso de las nacionalizaciones[1639]. En este caso, el Consejo amplió aún más el concepto de constitucionalidad, incluyendo los "principios y reglas de rango constitucional"[1640] a los cuales también debe someterse el Legislador.

Finalmente, debe reconocerse que, además de estas transformaciones logradas por la presión ejercida por las decisiones del Consejo Constitucional, las cuales apuntan a someter todos los órganos del Estado, incluyendo el Legislador, a la Constitución y a sus principios; el control de la constitucionalidad de las leyes también ha resultado ampliado gracias al trabajo de otros órganos jurisdiccionales esenciales, como el Consejo de Estado y la Corte de Casación.

En particular, el Consejo de Estado, desde su escisión en el caso *Syndicat général des ingénieurs-conseil* del 26 de junio de 1959[1641], ha ejercicio el control de la constitucionalidad de los decretos-ley adoptados de conformidad con los poderes

1636 *Cf.* otro comentario sobre la decisión en B. Nicholas. "Fundamental Rights and Judicial Review in France", *Public Law*, 1978, pp. 82-92; J. E. Beardsley, "The Constitutional Council and Constitutional Liberties in France", *The American Journal of Comparative Law*, 20, 1972, pp. 431-452; C. Franck, *op. cit.*, p. 208.

1637 *Cf.* L. Luchaire, "Procédures et techniques de protection des droits fondamentaux. Conseil constitutionnel français", en L. Favoreu (ed.), *Cours constitutionnelles européennes et Droits fondamentaux*, Paris, 1982, pp. 64-73.

1638 M. Cappelletti, "El formidable problema del control judicial y la contribución del análisis comparado", *Revista de Estudios Políticos*, 13, Madrid, 1980, p. 71.

1639 L. Favoreu et J. Philip, *op. cit.*, pp. 524-562. Véase los comentarios en L. Favoreu (ed.), *Nationalisations et Constitution*, Aix-en-Provence, 1982; J. Rivero, *op. cit.*, pp. 109-125.

1640 L. Favoreu, "Les décisions du Conseil constitutionnel dans l'affaire des nationalisations", *Devue du Droit Public et de la Science Politique en France et àl'étranger*, 1982, p. 401.

1641 *Recueil Sirey Jurisprudence* (nota Drago), 1959, p. 392.

conferidos al Ejecutivo en el artículo 37 de la Constitución, no sólo tomando en cuenta la eventual subordinación que deben tener las normas ejecutivas respecto de las leyes sancionadas por el Parlamento en virtud de los poderes equitativamente repartidos entre ambos órganos constitucionales; sino más bien considerando a la Constitución y, además, a "los principios generales del derecho que derivan fundamentalmente del Preámbulo de la Constitución", los cuales se imponen a la autoridad ejecutiva, incluso en ausencia de una disposición legislativa[1642].

Por otra parte, la Corte de Casación, con ocasión de una decisión muy importante del 24 de mayo de 1975, *Administración des Douanes vs Societé Cafés Jacques Varbre S.A.*[1643], abrió el camino para el ejercicio de un sistema difuso de control jurisdiccional en Francia, al establecer el poder de los tribunales para rechazar la aplicación de leyes promulgadas después de los Tratados de la Comunidad Económica Europea, contrarias a estos tratados, los cuales en el sistema constitucional francés (como todos los tratados internacionales) gozan de una "autoridad superior a la de las leyes"[1644]. Esta posibilidad de un sistema difuso de control jurisdiccional puede llevar a su admisibilidad general, en especial en lo que se refiere a las leyes contrarias a los derechos fundamentales de los individuos, no solamente porque la Convención Europea de los Derechos Humanos, ratificada por Francia, forma parte del ordenamiento jurídico francés[1645], sino también debido a la aceptación expresa por parte del Consejo Constitucional del valor y del carácter constitucional de los derechos fundamentales comprendidos en la Declaración de 1789. Para ello, habrá que superar la reticencia tradicional que aún existe en Francia, respecto de la potestad de los tribunales para controlar la constitucionalidad de las leyes. Esta es una tarea esencial que ya ha sido iniciada por los tres principales órganos jurisdiccionales del Estado.

b. *El control preventivo de la constitucionalidad de las leyes como parte integral de un sistema de control concentrado: Italia y España*

En Italia y España, la Corte Constitucional y el Tribunal Constitucional, respectivamente, también ejercen un control preventivo de la constitucionalidad de las leyes, pero en el marco de un sistema de control concentrado, el cual comprende varios otros métodos de control[1646].

a'. *El control preventivo de la legislación regional en Italia*

En Italia, el método de control preventivo ha sido limitado al control de la constitucionalidad de la legislación regional. Al respecto, la Constitución confiere a la

---

1642 C. Franck, *op. cit.,* p. 200.

1643 *Dalloz* (Jurisprudence), 1975, p. 497. Ver los comentarios en M. Cappelletti y W. Cohen, *Comparative Constitutional Law,* Indianapolis, 1979, pp. 156-168; M. Cappelletti, "El formidable problema... ", *loc. cit.,* p. 72.

1644 Artículo 55 de la Constitución.

1645 *Cf. A. Z.* Drzemczewski, *European Human Rights Convention in Domestic Law. A Comparative Study,* Oxford, p. 71.

1646 Allan R. Brewer-Carías, *Judicial Review...,* cit., pp. 222 y 232.

Corte Constitucional el poder de controlar la constitucionalidad de las leyes sancionadas por los Consejos regionales (Art. 123 de la Constitución), habilitando al Consejo de Ministros para intentar una acción directa o un recurso ante la Corte Constitucional contra dichas leyes regionales, antes de su promulgación. Dicha acción debe interpretarse dentro de los quince días siguientes a la información suministrada por el Presidente del Consejo regional, según la cual una ley regional ha sido aprobada en segunda votación por el Consejo regional[1647].

Cuando se le somete a la Corte Constitucional una solicitud de control jurisdiccional preventivo, la promulgación de la ley regional cuestionada debe suspenderse hasta la adopción de la decisión por la Corte[1648]. Si ésta reconoce la inconstitucionalidad, la promulgación de la ley resulta imposible.

b'. *El control preventivo de la constitucionalidad de las leyes aprobatorias de Tratados Internacionales en España*

En España, como se ha señalado, se aplican tantos métodos de control directo e incidental, como métodos indirectos de control jurisdiccional de la constitucionalidad de las leyes que pueden referirse a leyes y otros actos con fuerza de ley, incluyendo los tratados internacionales, las leyes orgánicas y las leyes de autonomía de las Comunidades Autónomas. Sin embargo, además, todos estos actos del Estado conforme a la Ley original del Tribunal Constitucional, podían también ser objeto de un sistema preventivo de control jurisdiccional, lo cual constituía una innovación significativa con relación a los modelos alemán e italiano, acercándose más bien al sistema francés[1649].

En efecto, la Constitución española prevé expresamente que la firma de un tratado internacional que incluya disposiciones contrarias a la Constitución implica que éste deba someterse a control constitucional previo, por parte del Tribunal Constitucional. En esta forma, el Gobierno o cualquiera de ambas Cámaras del Parlamento pueden recurrir al Tribunal constitucional, con el fin de que éste decida si hay o no contradicción entre un tratado internacional por firmarse y la Constitución[1650]. En este caso, es evidente que el sistema de control jurisdiccional adoptado es un sistema preventivo, el cual, por lo que respecta a los tratados internacionales, coexiste con los métodos directo, incidental e indirecto de control jurisdiccional de la constitucionalidad. Todos estos métodos pueden emplearse indiferente o sucesivamente[1651]. Sin embargo, cuando se solicita el control preventivo, la Corte Constitucional debe oír a los representantes de los órganos del Estado implicados[1652].

Aun cuando el sistema preventivo de control sólo se había establecido en la Constitución con respecto a los tratados internacionales y dado que la Constitución

1647 Artículo 31 de la Ley N° 87 de 1953.

1648 Artículo 128 de la Constitución.

1649 E. García de Enterría, *La Constitución como norma y el Tribunal Constitucional,* Madrid, 1981, p. 156.

1650 Artículo 95 de la Constitución.

1651 M. Aragón, "El control de la constitucionalidad en la Constitución española de 1978", *Revista de Estudios Políticos,* 7, Madrid, 1979, p. 183.

1652 Artículo 78, 2 de la Ley Orgánica 2-1979.

autoriza al Legislador para asignar cualquier otra competencia al Tribunal Constitucional[1653], la Ley Orgánica 2/1979 amplió el control preventivo de la constitucionalidad respecto de las leyes de autonomía, así como respecto de las leyes orgánicas. En consecuencia, con respecto a estas últimas, un "recurso de inconstitucionalidad de carácter preventivo" podía interponerse por parte de los mismos órganos políticos que ejercían el recurso directo de inconstitucionalidad contra estas mismas leyes[1654]. Este medio preventivo de control era particularmente importante respecto de las leyes de autonomía de las Comunidades Autónomas, las cuales deben aprobarse mediante referéndum[1655]. A pesar de que pueda interponerse un recurso directo contra éstas, queda claro que un control preventivo tal como lo establecía la Ley Orgánica, permitía evitar dificultades políticas derivadas de la anulación eventual de una ley después de su adopción mediante referéndum.

Debe agregarse además, en cuanto a las leyes orgánicas, que cuando se tratarse de una ley orgánica dirigida a la aprobación de un tratado internacional[1656], el control constitucional preventivo de la misma introducía otro medio de control de la constitucionalidad de los tratados internacionales, esta vez de carácter "preventivo indirecto dado los vínculos estrechos que existen entre la ley de aprobación y el tratado[1657].

La reforma de la Ley Orgánica del Tribunal de 1985, sin embargo, eliminó estas disposiciones, y redujo el control preventivo a los solos Tratados Internacionales conforme a lo que prevé la Constitución[1658].

En el caso de control preventivo de la constitucionalidad, de un tratado internacional que aún no haya sido aprobado por el Estado y que el Tribunal constitucional considera contrario a la Constitución, su promulgación definitiva sólo podrá ser posible previa reforma de la Constitución[1659].

B. *El control de la constitucionalidad de las leyes promulgadas*

La característica principal de los sistemas europeos de control concentrado de la constitucionalidad de las leyes consiste en la atribución a Cortes Constitucionales de poderes de control de la constitucionalidad de las leyes vigentes, es decir, después de promulgadas. Este es el caso de los poderes conferidos al Tribunal Constitucional austríaco, a la Corte Constitucional italiana y al Tribunal Constitucional español, además de, como se ha visto, al Tribunal Constitucional Federal alemán y al Tribunal Constitucional de Portugal.

En estos países, pueden distinguirse dos métodos de control *a posteriori* de la constitucionalidad: el método directo y el método incidental. De acuerdo con el sis-

---

1653 Artículo 161, 1, de la Constitución.

1654 Artículo 79 de la Ley Orgánica.

1655 Artículo 152, 2 de la Constitución.

1656 Artículo 93 de la Constitución.

1657 P. Bon, F. Moderne y Y. Rodríguez, *La justice constitutionnelle en Espagne*, París, 1982, p. 260.

1658 Reforma de la Ley Orgánica del Tribunal Constitucional, 1985.

1659 Artículo 95, de la Constitución.

tema directo, la Corte o Tribunal Constitucional debe pronunciarse acerca de la constitucionalidad de las leyes de manera abstracta mediante una acción; en el sistema incidental, la cuestión de la constitucionalidad debe ser planteada por ante la Corte Constitucional por los tribunales ordinarios para que aquella la resuelva.

a. *El método de control directo y abstracto de la constitucionalidad de las leyes*

Austria, Italia y España han adoptado un método de control directo de la constitucionalidad de las leyes de carácter abstracto[1660].

a'. *El sistema austríaco*

De acuerdo con la Constitución austríaca, existen dos maneras principales para someter una Cuestión constitucional al Tribunal Constitucional: mediante una acción o recurso directo, y de manera incidental, aunque, en su versión original de 1920, el único método reconocido era el método principal ejercido a través de un recurso reservado a ciertos órganos políticos del Estado[1661]. Las reformas constitucionales de 1929 y 1975 ampliaron las vías de acceso, permitiendo un recurso directo y, desde 1929, está previsto el método incidental de control jurisdiccional. Además, el Tribunal constitucional fue habilitado por la Constitución para considerar cuestiones constitucionales *ex officio*. Puede mencionarse además otro método de control jurisdiccional, el método indirecto, ejercido como consecuencia del conocimiento de los recursos constitucionales de protección de los derechos fundamentales.

a". *El recurso directo de inconstitucionalidad*

El primer método es el recurso directo de inconstitucionalidad de las leyes, el cual puede ser intentado ante el Tribunal Constitucional de la manera siguiente: con respecto a las leyes federales, a instancia del Gobierno de los *Lander* o de un tercio de los miembros del Parlamento; en cuanto a las leyes de los *Lander*, a instancia del Gobierno federal o de un tercio de los miembros de las legislaturas de los *Lander*, ya que conforme a la Constitución Federal, la Constitución de éstos puede otorgar el derecho de recurso a éstas[1662]. Debe señalarse que al haberse conferido legitimación para recurrir por vía directa a un tercio de los representantes del órgano legislativo, la reforma de la Constitución de 1975 confirió a la oposición un medio para controlar las leyes adoptadas por la mayoría[1663], siguiendo así las tendencias existentes en los demás países europeos.

En lo que se refiere a los reglamentos ejecutivos, el recurso directo de ilegalidad puede ser intentado ante el Tribunal constitucional por los Gobiernos de los *Lander* si el objeto de control jurisdiccional es un decreto federal. Si se trata de un decreto de las autoridades ejecutivas de los *Lander*, puede ser intentado por el Gobierno

---

1660 Allan R. Brewer-Carías, *Judicial Review...*, *op. cit.*, pp. 198, 219, 229.

1661 *Cf.* M. Cappelletti, *Judicial Review in Comparative World,* Indianapolis, 1975, pp. 72-73.

1662 Artículo 140, 1.

1663 Artículo 139, 1.

federal, y por las municipalidades en cuanto a los actos ejecutivos relativos al control del gobierno local[1664].

Con respecto a los tratados internacionales, la Constitución prevé la aplicación similar de las reglas arriba mencionadas, marcando una diferencia entre los tratados aprobados por el Parlamento y aquellos promulgados por vías ejecutivas[1665].

b". *La acción directa de inconstitucionalidad*

En el sistema austríaco, el recurso directo de inconstitucionalidad no está reservado solamente a los órganos políticos. Desde la reforma constitucional de 1975, también se legitima para ejercer un recurso o una acción directamente ante el Tribunal Constitucional a los individuos, cuando consideran que sus derechos han sido directamente violados por una ley o un acto ejecutivo[1666]. La acción procede, por tanto, siempre que la norma cuestionada le sea directamente aplicable al recurrente, sin necesidad de otra decisión judicial o acto administrativo individual que la ejecute. Esta acción constitucional no constituye, por tanto, una *actio popularis*, la cual, no había sido aconsejada por Kelsen para el control de la constitucionalidad[1667]; por el contrario, se trata de una acción subordinada a condiciones de legitimación específicas.

Por otra parte, debe señalarse que la acción contra una ley no puede interponerse directamente ante el Tribunal constitucional si se han dictado decisiones judiciales o actos administrativos en aplicación de dicha ley. Por consiguiente, en caso de que exista una posibilidad razonable de que se produzca una decisión judicial o administrativa, debe interponerse primero un recurso contra estas decisiones ante la Corte administrativa u otro tribunal o incluso el Tribunal Constitucional, y, en este caso, la cuestión constitucional puede ser planteada de manera incidental o *ex officio* por el Tribunal Constitucional[1668].

b'. *El método directo de control jurisdiccional y su alcance regional en Italia*

A pesar de su carácter fundamentalmente incidental concentrado, el sistema italiano de control jurisdiccional prevé también un método directo de control jurisdiccional, limitado y, en cierta forma, estrechamente vinculado con los poderes de la Corte para resolver los conflictos de competencias entre el Estado y las regiones.

En efecto, el artículo 2 de la Ley Constitucional N° 1 del 9 de febrero de 1948 confirió a la Corte Constitucional la competencia para resolver las cuestiones de conformidad constitucional que le sean sometidas a través de una acción directa que

---

1664 *Cf.* L. Favoreu, "Acualité et légitimité du controle juridictionnel des lois En Europe occidentale", *Revue du Droit Public et de la Science Politique en France et à l'étranger,* 1985 (5), Paris, p. 1.152.

1665 Artículo 140, a.

1666 Artículo 140, 1.

1667 H. Kelsen, "Las garantie juridictionnelle de la Constitution (La Justice constitutionnelle), *Revue du Droit Public et de la Science Politique en France et à l'étranger,* Paris, 1928, p. 245.

1668 *Cf.* L. Favoreu, *Loc. cit.,* p. 1.153.

sólo pueda ser interpuesta por una Región contra la legislación nacional o leyes de otras regiones. El artículo establece lo siguiente:

> "Cuando una Región considere que una ley o un acto con fuerza de ley de la República viola el ámbito de competencias que le fueron conferidas por la Constitución, puede llevar ante la Corte Constitucional, previa deliberación del Consejo regional, la cuestión de la conformidad constitucional, dentro de los treinta días siguientes a la publicación de la ley o del acto con fuerza de ley"[1669].

En consecuencia, la primera acción directa de inconstitucionalidad reconocida por el sistema constitucional italiano es aquella intentada por las Regiones ante la Corte Constitucional contra actos legislativos de la República. Esta acción plantea, en realidad, un conflicto de competencias entre el nivel nacional y el regional[1670], no con respecto a un acto administrativo sino más bien respecto de una ley nacional o un acto con fuerza de ley, en especial los decretos-ley. En todo caso, este recurso o acción no puede intentarse ante la Corte Constitucional a la inversa, es decir por la República contra las leyes regionales. En este caso, la cuestión debe tratarse como un conflicto de competencias[1671].

Por otra parte, el recurso o acción directa de inconstitucionalidad, de conformidad con la Ley Constitucional N° 1 de 1948, puede ser interpuesto por ante la Corte Constitucional por una Región contra una ley u otro acto con fuerza de ley de otra Región, cuando se considera constitucionalmente ilegítima por haber invadido dicha Región las competencias de la recurrente[1672].

En estos casos de acción directa, el procedimiento se considera contradictorio porque en el método principal, contrariamente al método incidental, la voluntad de las partes es decisiva, en la medida en que "el abandono de la acción, cuando es aceptado por todas las partes, pone fin al procedimiento"[1673].

c'. El control directo de la constitucionalidad de las leyes de España

En España, el primero de los medios por los cuales el Tribunal constitucional puede ejercer sus poderes de control jurisdiccional y de los cuales éste dispone para tomar sus decisiones, es el "recurso de inconstitucionalidad contra las leyes y los actos normativos con fuerza de la ley[1674]. Mediante este recurso, el "Tribunal constitucional garantiza la primacía de la Constitución y juzga la conformidad o inconformidad" con la Constitución de las leyes y de los actos normativos con fuerza de ley[1675].

1669 Véase también Artículo 32 de la Ley N° 87, 1953.

1670 *Cf.* F. Rubio Llorente, *La Corte constitucional italiana,* Caracas, 1966, p. 25.

1671 Artículo 39 de la Ley N° 87, 1953.

1672 Artículo 2; ver también Artículo 33 de la Ley N° 87, 1953.

1673 Artículo 25, normas complementarias de la Corte. *Cf.* G. Cassandro, "The Constitutional Court of Italy", dans *American Journal of Comparative Law,* 8, 1959, p. 3.

1674 Artículo 161, 1, a de la Constitución.

1675 Artículo 27, 1 de la Ley Orgánica 2-1979.

De manera muy similar a la fórmula italiana, los actos del Estado que pueden ser objeto de este recurso directo de inconstitucionalidad son las leyes y los demás actos del Estado con fuerza de ley, incluyendo las "leyes de autonomía" sancionadas por el Parlamento en beneficio de las Comunidades Autónomas, así como las leyes orgánicas y las leyes ordinarias adoptadas por el Parlamento[1676]; los tratados internacionales[1677]; los reglamentos *interna corporis* de las Cámaras del Parlamento[1678]; los otros actos normativos del Estado nacional con fuerza de ley, incluyendo los decretos-ley promulgados por él Gobierno[1679] mediante una legislación delegada[1680] o en casos extraordinarios o de emergencia[1681], y finalmente, los reglamentos internos de las Asambleas legislativas de las Comunidades Autónomas[1682].

Debe señalarse que las leyes preconstitucionales también pueden ser objeto de control de constitucionalidad por parte del Tribunal constitucional, aun cuando puedan declararse inaplicables por cualquier juez si se consideran inconstitucionales[1683], particularmente porque la Constitución establece expresamente, en su Disposición Derogatoria N° 3, que "todas las disposiciones contrarias a las de la Constitución son nulas".

El recurso de inconstitucionalidad puede ser intentado ante el Tribunal constitucional por el Presidente del Gobierno, por el Defensor del pueblo, por cincuenta diputados o senadores[1684], así coma por el órgano ejecutivo colegial y las asambleas legislativas de las Comunidades Autónomas, cuando los actos cuestionados son leyes u otros actos del Estado con la misma fuerza de ley que afectan su autonomía respectiva[1685]. En todos estos casos, el recurso debe interponerse por ante el Tribunal constitucional dentro de los tres meses siguientes a la publicación del acto impugnado[1686].

La diferencia fundamental entre la acción directa o recurso de inconstitucionalidad vigente en España y el modelo italiano reside en el hecho de que, en Italia, el Gobierno no tiene la facultad para cuestionar leyes regionales; en cambio, en el sistema español, los poderes conferidos a los distintos órganos políticos, incluyendo al

---

1676 Artículo 27, 2, a, b *Idem.*

1677 Artículo 27, 2, c *Idem.*

1678 Artículo 27, 2, d *Idem.*

1679 Artículo 27, 2, b *Idem.*

1680 Artículo 82 de la Constitución.

1681 Artículo 86 de la Constitución.

1682 Artículo 27, 2, f de la Constitución.

1683 Esto ha sido expresamente admitido por Tribunal Constitucional. *Cf.* J. Salas, "El Tribunal Constitucional español y su competencia desde la perspectiva de la forma de gobierno: sus relaciones con los poderes legislativo, ejecutivo y judicial" en *Revista Española de Derecho Constitucional*, N° 6, 1982, pp. 165-166.

1684 Artículo 162, 1 a de la Constitución; 32, 1 de la Ley Orgánica 2-1979.

1685 Artículo 162, 1, a de la Constitución; Artículo 32, 2 de la Ley Orgánica 2-1979.

1686 Artículo 33 de la Ley Orgánica 2-1979.

Presidente del Gobierno, comprenden el derecho de cuestionar la constitucionalidad de cualquier ley o acto del Estado con fuerza de ley[1687].

En lo que respecta las disposiciones y decisiones de los órganos de las Comunidades Autónomas que puedan ser cuestionadas por el Gobierno, la Constitución establece el carácter suspensivo del recurso con relación a los actos impugnados[1688].

Al igual que en el sistema alemán, el objetivo de esta acción directa de inconstitucionalidad es ejercer un control abstracto sobre los actos normativos del Estado, por lo que para dilucidar la cuestión constitucional, no es necesario referirse a ningún conflicto en particular. Se trata pues, en estos casos, de una divergencia abstracta de interpretación de la Constitución con respecto a una ley determinada[1689]. Por otra parte, y aunque los órganos del Estado cuyos actos normativos se cuestionan deban ser oídos[1690], el procedimiento para tomar las decisiones relativas a este recurso de inconstitucionalidad puede considerarse un procedimiento "objetivo" en el cual ni los órganos políticos que lo iniciaron, ni tampoco los representantes[1691] de los órganos del Estado cuyas leyes o actos se cuestionan, ocupan la posición de "parte" en términos estrictos de procedimiento[1692], razón por la cual no puede concebirse el desistimiento del recurso[1693].

b.   El método incidental de control de la constitucionalidad de las leyes

Además de los supuestos de control abstracto de normas promulgadas, lo que realmente caracteriza al modelo europeo de control de la constitucionalidad es la existencia en todos los países que han adoptado el método concentrado de control, de un método incidental de control de la constitucionalidad.

a'.   El sistema en Austria

En Austria, como hemos señalado, la cuestión constitucional relativa a los actos del Estado puede plantearse ante el Tribunal constitucional por vías distintas al recurso o acción directa, para lo cual en la reforma constitucional de 1929, se adoptó un método incidental de control jurisdiccional, el cual fue ampliado en 1975.

En efecto, de conformidad con la Constitución, la cuestión de la constitucionalidad de las leyes puede plantearse ante el Tribunal Constitucional mediante una remisión que le haga la Corte Administrativa, la Corte Suprema o cualquier Corte de apelación cuando deban aplicar la ley en un procedimiento concreto[1694]. En lo que respecta a los reglamentos ejecutivos, cualquier tribunal puede requerir al Tribunal

1687 S. Galeotti y B. Rossi, "El Tribunal Constitucional en la nueva Constitución española: Medios de impugnación y legitimados para actuar", *Revista de Estudios Políticos*, 7, 1979, Madrid, p. 125.

1688 Artículo 30 de la Ley Orgánica.

1689 E. García de Enterría, *op. cit.*, p. 140

1690 Artículo 34 de la Ley Orgánica 2-1979.

1691 J. González Pérez, *Derecho Procesal Constitucional*, Madrid, 1980, p. 101.

1692 J. González Pérez, *Derecho Procesal Constitucional*, Madrid, 1980, p. 101.

1693 *Idem,.*, p. 197.

1694 Artículo 140, 1.

Constitucional que examine la cuestión constitucional con miras a la anulación por la vía incidental[1695]. En este caso, el procedimiento incidental planteado ante el Tribunal Constitucional tiene efectos suspensivos con respecto al proceso concreto en el cual se planteó la cuestión constitucional, por lo que sólo puede proseguirse el procedimiento, después que se dicte la sentencia del Tribunal Constitucional[1696][1697].

b'. El método incidental de control jurisdiccional en Italia

En Italia, el medio principal para introducir la cuestión de la constitucionalidad de las leyes por ante la Corte Constitucional y, sin lugar a dudas, el mejor medio para mantener las leyes y los actos legislativos en el marco de la Constitución, es el método incidental expresamente consagrado en la Ley Constitucional N° 1 de 1948, la cual contiene las normas relativas a las sentencias de ilegitimidad constitucional y a las garantías de independencia de la Corte Constitucional. El artículo 1 de esta Ley Constitucional reza como sigue:

> "La cuestión de la ilegitimidad de una ley o de un acto de la República con fuerza de ley, planteada *ex officio* o invocada por cualquiera de las partes en un juicio y no considerada sin fundamento por el juez, debe ser referida a la Corte Constitucional".

Las normas fundamentales de este método incidental de control jurisdiccional fueron establecidas en la Ley N° 87 de 1953, la cual enfatiza el carácter concentrado incidental del sistema italiano de control jurisdiccional[1698].

De conformidad con dicha Ley N° 87 de 1953, en un juicio intentado por ante un tribunal, cualquiera de las partes o el Ministerio público puede plantear la cuestión de la legitimidad constitucional mediante una petición, indicando, en primer lugar, las disposiciones de la ley o del acto con fuerza de ley del Estado o de la Región, que contienen los vicios de "legitimidad constitucional", y luego las disposiciones de la Constitución o de las "leyes constitucionales" presuntamente violadas.

Una vez planteada la cuestión de la constitucionalidad por ante el juez ordinario, éste debe tomar la decisión de referir la cuestión de la Corte Constitucional cuando se trate de una cuestión prejudicial, es decir, si el caso no permite al juez tomar una decisión evitando la cuestión de la "legitimidad constitucional", e igualmente cuando el juez estime que la cuestión está suficientemente fundamentada[1699]. En otras palabras, si el juez considera que la cuestión de la constitucionalidad está suficientemente fundada y su resolución es esencial para la decisión del juicio, debe tomar una decisión relativa a la existencia de estas dos condiciones y, por lo tanto, referir la cuestión a la Corte Constitucional anexando a la remisión la declaración de las partes o del Ministerio público, así como el expediente completo del caso, cuyo procedimiento debe suspenderse. La cuestión constitucional invocada por las partes o el

---

1695 Artículo 139, 1.

1696 M. Cappelletti, *op. cit.,* p. 74.

1697 Artículo 57 de la Ley del Tribunal Constitucional.

1698 M. Cappelletti, *"La justicia constitucional...", loc. cit.,* pp. 44, 45.

1699 Artículo 23 de la Ley N° 87, 1953.

Fiscal puede ser rechazada por el juez, mediante una decisión motivada, cuando estime que el caso no es pertinente o no está suficientemente fundamentado. Sin embargo, tal rechazo no impide que las partes puedan volver a plantear la cuestión posteriormente, en cualquier fase del procedimiento[1700].

Tal como lo establecen la Ley Constitucional N° 1 de 1948 y la Ley Constitucional N° 87 de 1953, la cuestión de la legitimidad constitucional también puede ser planteada *ex officio* por el juez de la causa: en este caso, el juez también debe tomar una decisión en la cual debe indicar con precisión las disposiciones de la ley o de los actos con fuerza de ley consideradas inconstitucionales, así como las normas de la Constitución o de las leyes constitucionales consideradas violadas por la ley cuestionada. El juez, igualmente, debe justificar en su decisión el carácter prejudicial de la cuestión y las razones de la inconstitucionalidad de la ley.

En todo caso, cuando se plantea la cuestión constitucional de la ilegitimidad constitucional de una ley o de un acto del Estado con fuerza de ley, el juez no está obligado por la voluntad de las partes: puede rechazar sus alegatos relativos a cuestiones constitucionales y plantear éstas *ex officio*. En todo caso, le corresponde al juez decidir la inconstitucionalidad de las leyes, aun cuando no tenga el poder para anularlas, ya que sus poderes se limitan a remitir la cuestión a la Corte Constitucional.

Además, la Corte Constitucional, cuando examina una cuestión constitucional, tampoco está obligada por las partes del juicio original en el cual se planteó la cuestión constitucional. En consecuencia, incluso si bien se debe convocar y oír a las partes del juicio *a quo*, así como a la autoridad ejecutiva involucrada (Presidente del Consejo de Ministros o del Consejo regional)[1701], el procedimiento iniciado o ante la Corte no constituye un procedimiento contencioso entre partes, sino más bien un procedimiento de carácter objetivo, independiente de la voluntad de las partes, incluso, en los casos de desistimiento de la acción[1702].

Tal como lo hemos señalado anteriormente, en el sistema italiano de control jurisdiccional, este método incidental es el mejor medio para obtener un control de la constitucionalidad de las leyes; sin embargo se ha considerado de alcance limitado, en particular, con respecto a las leyes que podrían afectar directamente los derechos individuales. A este respecto, el Profesor Cappelletti ha señalado:

> "El inconveniente de este método reside en el hecho de que algunas leyes, particularmente aquellas llamadas auto-aplicables (auto-ejecutivas o auto-efectivas) por la doctrina mexicana, podrían infringir el ámbito jurídico de algunos individuos, sin que estén "concretadas" por algún acto ejecutivo o aplica-

---

1700 Artículo 24 de la Ley N° 87, 1953.

1701 Artículo 25 de la Ley N° 87, 1953. Ni las partes ni el funcionario público pueden apelar ante la Corte, Artículo 26. *Idem.*

1702 Artículo 22, normas complementarias de la Corte. *Cf.* F. Rubio Llorente, *op. cit,* p. 24; G. Cassandro, *loc. cit.,* p. 6.

tivo. Por consiguiente, en cuanto a estas leyes, el único control incidental de la legitimidad constitucional puede parecer insuficiente"[1703]

c'. El método incidental de control jurisdiccional de las leyes en España

El método de control jurisdiccional de la constitucionalidad de las leyes con carácter incidental está previsto en España por el artículo 163 de la Constitución, que establece:

> "Cuando un órgano judicial considere, en algún proceso, que una norma con rango de ley, aplicable al caso, de cuya validez dependa el fallo, pueda ser contraria a la Constitución, planteará la cuestión ante el Tribunal Constitucional, en los supuestos, en la forma y con los efectos que establezca la ley, que en ningún caso serán suspensivos"[1704].

El primer aspecto de este método incidental de control jurisdiccional de la constitucionalidad en el sistema español, es que los jueces son los únicos órganos habilitados a plantear ante el Tribunal Constitucional la cuestión constitucional, pudiendo actuar *ex officio* o a instancia de parte[1705]. Las partes pueden plantear la cuestión constitucional en cualquier momento del juicio concreto, pero el juez es quien debe tomar una decisión inapelable[1706], por lo que únicamente cuando estima que la norma examinada es contraria a la Constitución, es que debe remitir la cuestión al Tribunal Constitucional.

De conformidad con la Ley Orgánica que rige el Tribunal, el juez sólo puede plantear esta cuestión constitucional una vez concluido el procedimiento del caso concreto y dentro de los plazos necesarios para decidir el caso. Por este motivo, la cuestión constitucional no tiene efectos suspensivos en el sentido en que el procedimiento debe continuar hasta la adopción de la decisión final[1707].

La remisión al Tribunal Constitucional debe indicar la ley o la norma con fuerza de ley cuya constitucionalidad se cuestiona, así como la norma constitucional presuntamente violada. El juez, además, debe precisar y justificar hasta qué punto la decisión del procedimiento concreto está condicionada por la validez de la norma en cuestión, es decir, debe justificar el carácter prejudicial de la inconstitucionalidad de la ley o del acto normativo en cuanto al juicio concreto.

De todas maneras, antes de tomar su decisión en la materia, el juez debe oír al Ministerio Público y a las partes con respecto a la cuestión constitucional[1708]. Sin

---

1703 M. Cappelletti, *"Judicial Review..."*, loc. cit., p. 45.

1704 Ver también Artículo 35, 1 de la Ley Orgánica 2-1979.

1705 Artículo 35, 2 *Idem*.

1706 *Idem*.

1707 Véase J. M. Rodríguez Oliver, "Sobre los efectos no suspensivos de la cuestión de inconstitucionalidad y la Ley Orgánica 2-79 del 3 de octubre" en *Revista Española de Derecho Administrativo*, Civitas, 25, 1980, pp. 207-222.

1708 Artículo 35, 2 de la Ley Orgánica 2-1979.

ALLAN R. BREWER-CARIAS

embargo, una vez planteada ante el Tribunal Constitucional la cuestión de la inconstitucionalidad, las partes del procedimiento *a quo* no tienen el derecho de intervenir en el juicio constitucional. El Tribunal Constitucional sólo tiene el deber de notificar la cuestión a los representantes de los órganos cuyos actos fueron cuestionados, con el fin de permitirles que hagan sus declaraciones en la materia ante el Tribunal[1709].

En relación a este método incidental de control jurisdiccional, sin duda hay una diferencia entre los regímenes existentes en el sistema español y en el alemán. En este último, la cuestión constitucional incidental sólo puede ser planteada por un tribunal ante el Tribunal Constitucional, cuando el juez está convencido de la inconstitucionalidad de la ley, mientras que, en el sistema español, basta que el juez considere que la norma aplicable "pueda ser contraria a la Constitución", lo que se asemeja más al sistema italiano, en el cual el juez puede plantear la cuestión constitucional cuando considera que tiene suficiente fundamento[1710].

C. *Los efectos de la decisión jurisdiccional de control de la constitucionalidad de las leyes*

Puede afirmarse que el conjunto de los sistemas de control jurisdiccional concentrado de la constitucionalidad de las leyes, ejercido por Cortes Constitucionales organizadas en forma separada del Poder Judicial, confieren efectos generales a las decisiones de las Cortes Constitucionales que declaren la nulidad de una ley por su inconstitucionalidad, así como la eficacia *ex nunc* de éstas, es decir, únicamente hacia el futuro. Asimismo, se puede afirmar que ningún sistema concentrado de control jurisdiccional de la constitucionalidad de las leyes atribuye a la decisión de la Corte Constitucional efectos generales hacia el pasado, es decir, *ex tunc, pro praeterito*. Dichas decisiones no son puramente declarativas sino que son solamente constitutivas y no acarrean efectos retroactivos. Cuando se atribuyen efectos hacia el pasado, como en el sistema italiano, éstos se limitan fundamentalmente al ámbito penal. Por otra parte, ello es lógico; pues sería monstruoso, debido a las repercusiones respecto a la seguridad pública, pretender que las decisiones de anulación y que, por esta razón, los actos realizados previamente a la declaración de nulidad de la ley, deban ser considerados como no habiendo sido dictados ni cumplidos.

Asimismo, sería injusto que, en asuntos penales, las decisiones adoptadas de conformidad con una ley posteriormente declarada inconstitucional, y por lo tanto, nula, no sean consideradas también como nulas. Esta es la razón por la cual existe la excepción respecto a los asuntos penales establecida en la legislación italiana, en relación los efectos de las decisiones de anulación de una ley por inconstitucional, que en principio sólo se refieren al futuro. Igualmente, esta misma situación conflictiva que se puede presentar entre la seguridad pública y las decisiones en materia penal ha llevado a la jurisprudencia de la Corte Suprema de los Estados Unidos a formular excepciones al principio contrario. En efecto, en los Estados Unidos, el control judicial de la constitucionalidad tiene un carácter difuso; de allí el carácter retroactivo de los efectos de las decisiones declaratorias de inconstitucionalidad que

---

1709 Artículo 37, 2 *Idem.*
1710 *Cf.* S. Galeotti y B. Rossi, *loc. cit.*, p. 134.

son puramente declarativas. Estas decisiones, en principio, tienen un ámbito de aplicación *inter partes*, pero sin embargo, en virtud de la técnica de los antecedentes y de la regla *stare decisis*, dichas decisiones revisten un carácter general obligatorio. En todo caso, a pesar de ello, la jurisprudencia ha reducido el carácter retroactivo a las cuestiones penales, respetando en cambio los efectos producidos en materia civil y administrativa por una ley declarada inconstitucional.

A La luz de estos criterios, analizaremos los efectos de las decisiones de las Cortes y Tribunales Constitucionales en Austria, Italia y España[1711].

a. *Los efectos de las decisiones del Tribunal Constitucional en Austria*

En Austria, la decisión del Tribunal Constitucional en materia de control jurisdiccional de la constitucionalidad de las leyes, de los decretos y otros actos del Estado, cuando anula una ley, tiene efectos *erga omnes*, es decir que es obligatoria para todos los tribunales, todas las autoridades administrativas (Art. 139, 6; 140, 7) y los particulares. Tal decisión tiene efectos *constitutivos* en la medida en que anula la ley o el decreto, *pro futuro, ex nunc*.

Sin embargo, el Tribunal Constitucional tiene plenos poderes para anular leyes o decretos ya abrogados, es decir sin validez formal[1712], lo que, en principio, implica los efectos retroactivos del control jurisdiccional, o sea una excepción a los efectos *ex nunc*.

De acuerdo con la regla general de los efectos *ex nunc*, propuesta por Hans Kelsen como una cuestión de principio[1713], las situaciones de hecho o aquellas verificadas antes de la anulación de la ley o el decreto, siguen estando sujetas a ésta o éste, salvo en el caso considerado en la decisión, a menos que el Tribunal decida de otra manera[1714]. Por consiguiente, las consecuencias negativas eventuales de la regla *ex nunc* pueden ser compensadas por la decisión del Tribunal.

Sin embargo, por lo general, los efectos de la decisión del Tribunal sólo comienzan el día de la publicación de la revocación del acto anulado por parte de la autoridad ejecutiva implicada, a menos que el Tribunal determine un plazo para la expiración de los efectos del acto anulado[1715] no superior a un año. En este caso y sobre

---

1711 Allan R. Brewer-Carías, *Judicial Review...*, *cit.*, pp. 201, 223, 233.

1712 Artículos 139, 4; 140, 4; *Cf.* H. Kelsen, *loc. cit.*, p. 234.

1713 H. Kelsen, *loc. cit.*, p. 242. Por ejemplo, en lo que se refiere al sistema austríaco, L. Adamouch declaraba en 1954: "No se puede atribuir un simple valor declarativo a la decisión del Tribunal Constitucional que declara la inconstitucionalidad de una ley; no establece que una ley ha sido nula desde su origen y cuyos efectos deben ser nulos *ex tune*, es decir, como si se tratara de un acto sin ningún valor jurídico desde su origen. Al contrario, la decisión del Tribunal Constitucional sólo anula el acto inconstitucional, es decir que destruye *ex nunc* su existencia jurídica, exactamente como si hubiese sido abolido por un acto legislativo posterior y como si la existencia jurídica de este acto hubiese terminado", en "Esperienza della Corte Costituzionale della República Austríaca", *Revista Italiana per la scienze giuridiche,* Milán, 1954.

1714 Artículos 139, 6; 140, 7.

1715 Artículos 139, 5; 140, 5.

una base puramente discrecional, el inicio de los efectos *ex nunc* derivados de la anulación de la ley puede ser propuesto por el Tribunal.

Por otra parte, en cuanto a las leyes, su anulación podría acarrear una situación en la cual otras leyes previamente derogadas por la ley anulada recuperarían su validez a partir del día en el cual entre en vigor la anulación, a menos que el Tribunal decida de otra manera[1716], lo que confirma los efectos *ex nunc*.

Finalmente, en lo que respecta los tratados, el Tribunal Constitucional no tiene el poder para anularlos directamente cuando son inconstitucionales, sino que debe limitar su decisión a declarar su inconstitucionalidad, lo cual implica, en primer lugar, que el tratado no podría aplicarse a partir del día de publicación de la decisión por el órgano del Estado facultado para ejecutarlo, a menos que el Tribunal determine un plazo durante el cual el tratado podría seguir siendo aplicable[1717]; y, en segundo lugar, que si el tratado debe aplicarse mediante leyes o decretos, éstas o éstos dejarán de tener efectos[1718].

b.   *Los efectos de las decisiones de la Corte Constitucional en Italia*

En Italia en todos los casos de control jurisdiccional de la constitucionalidad de las leyes, la Corte Constitucional debe decidir, "dentro de los límites" de la acción o del planteamiento judicial de la cuestión constitucional[1719], cuáles son las normas consideradas "ilegítimas", es decir inconstitucionales. En consecuencia, de conformidad con los términos de la Ley N° 887, se ha considerado que la Corte Constitucional no tiene poderes *ex officio* para analizar cuestiones constitucionales distintas de aquellas que le son sometidas mediante el método incidental o mediante la acción o recurso en el método directo o principal de control jurisdiccional. Al respecto, la Corte sólo tiene el poder para declarar "cuáles son las otras disposiciones legislativas cuya ilegitimidad es producto de la decisión adoptada"[1720], pero no puede declarar la inconstitucionalidad de disposiciones legislativas diferentes de aquellas indicadas en la remisión efectuada por el juez ordinario o en la acción directa. Por otro lado, la decisión de la Corte Constitucional de declarar la inconstitucionalidad de una ley tiene efectos *erga omnes* y, como consecuencia, el acto "no puede aplicarse a partir del día siguiente a la publicación de la decisión"[1721]. Debe señalarse además que la decisión tiene carácter constitutivo[1722] ya que anula la ley inconstitucional, y sus efectos son *ex nunc, pro futuro*. Sin embargo, esta regla ha sido objeto de numerosas discusiones[1723] habiendo interpretado la Corte Constitucional la norma constitucional del artículo 136, la cual establece que el acto inconstitucional anulado ya no

---

1716 Artículo 140, 6.

1717 Artículo 140, a, 1.

1718 Artículo 140 a, 2.

1719 Artículo 27 de la Ley N° 87, 1953.

1720 Artículo 27, *Idem.*

1721 Artículo 126 de la Constitución; Artículo 27 de la Ley N° 87, 1953.

1722 *Cf.* G. Cassandro, *loc. cit.,* p. 6.

1723 *Cf.* F. Rubio Llorente, *op. cit.,* pp. 12 y 29-33.

puede aplicarse a partir del día siguiente a la publicación de la decisión de la Corte, de la manera siguiente:

> "... la decisión relativa a la inconstitucionalidad, si bien es cierto que excluye todos los efectos irrevocablemente producidos por la norma declarada inconstitucional, produce en cambio efectos sobre las situaciones jurídicas que aún no han concluido y que pueden ser regidas de una manera distinta como consecuencia de la decisión. La declaración de inconstitucionalidad de una ley acarrea su inaplicabilidad a todas las relaciones jurídicamente cuestionadas ya que éstas aún no han sido objeto de una decisión con fuerza *res judicata*. La consecuencia es que, en cualquier fase del juicio, el juez debe tomar en consideración, incluso *ex officio*, dicha decisión de ilegitimidad constitucional cuando decide la relación jurídica concreta de un caso, de la misma manera y en la misma medida que si se tratase de *ius superveniens*" [1724].

En realidad, este criterio de la Corte Constitucional confirma el carácter constitutivo de los efectos de las decisiones que declaran la inconstitucionalidad de las leyes, cuyas excepciones establece la Ley N° 87 de 1953, en la cual los efectos retroactivos de la decisión sólo son aplicables en los casos penales, cuando se ha pronunciado una condena judicial sobre la base de una ley considerada como inconstitucional. En este caso, su ejecución y sus efectos penales deben cesar[1725]. Otra excepción indirecta de los efectos *ex nunc* de la decisión deriva de la posibilidad de anulación de leyes ya revocadas[1726].

Otro aspecto que debe señalarse con respecto a los efectos de la decisión de la Corte Constitucional en cuanto a las cuestiones de ilegitimidad constitucional, es el de los efectos de la decisión que rechaza la cuestión de inconstitucionalidad por falta de fundamentos. El Profesor Calamandrei sostuvo que estas decisiones debían considerarse como auténticas interpretaciones de la Constitución, las cuales debían evitar futuros cuestionamientos y, por lo tanto, debían tener efectos *erga omnes*[1727]. Este criterio suscitó numerosos debates y hoy se puede afirmar que la misma Corte Constitucional limitó los efectos de sus decisiones cuando declara la falta de fundamentos de la cuestión de la inconstitucionalidad, en relación al juicio principal en el cual se planteó la cuestión por vez primera. Tal decisión tiene entonces una eficacia obligatoria sobre el caso concreto, con toda la autoridad de *res judicata*[1728]. Para llegar a esta conclusión, se ha considerado que, dado que la regla general del sistema legal italiano consiste en limitar los efectos de las decisiones judiciales al caso examinado, la norma del artículo 136 de la Constitución, la cual atribuye efectos *erga omnes* a las declaraciones de inconstitucionalidad, posee un carácter excepcional que no puede ser objeto de una interpretación amplia. El resultado es que este

---

1724 Decisión N° 3.491, 1957. Citado en F. Rubio Llorente, *op. cit.*, p. 30.

1725 Artículo 30 de la Ley N° 97, 1953.

1726 *Idem*

1727 P. Calamandrei, *La illegitimitá constitutionale delle leggi nel processo civile*, 1950, p. 71.

1728 *Cf.* Rubio Llorente, *op. cit.*, pp. 32-33.

carácter *erga omnes* no puede aplicarse a decisiones que niegan o rechazan las cuestiones de inconstitucionalidad[1729].

Otro criterio que debe destacarse se refiere al efecto preclusivo de la decisión de la Corte, en el sentido de que la cuestión incidental de constitucionalidad no puede ser planteada dos veces en un mismo juicio bajo su forma original. Sin embargo, ello no excluye la posibilidad que la cuestión se plantee en otro juicio o incluso que las partes planteen nuevas cuestiones de constitucionalidad previamente consideradas de manera negativa por la Corte[1730].

c. Los efectos de las decisiones del Tribunal Constitucional español

Con relación a los efectos de las decisiones del Tribunal Constitucional español en materia de control jurisdiccional de la constitucionalidad de las leyes, el sistema legal y constitucional de España establece algunas disposiciones que rigen las distintas situaciones que puedan presentarse.

El primer aspecto que debe mencionarse es el relativo al poder del Tribunal Constitucional como juez constitucional e intérprete supremo de la Constitución. En efecto, si bien es cierto que el Tribunal no puede plantear *ex officio* una cuestión de inconstitucionalidad, una vez que se haya sometido una cuestión al Tribunal, éste tiene poderes *ex officio* para plantear otras cuestiones de inconstitucionalidad con respecto a la norma cuestionada, es decir, que puede "basar la declaración de inconstitucionalidad en la violación de cualquier disposición constitucional, haya sido o no invocada en el juicio"[1731]. Igualmente, el Tribunal puede ampliar la declaración de inconstitucionalidad a otras disposiciones de la ley a pesar de que se haya producido un cuestionamiento parcial, en casos afines o como consecuencia de la declaración relativa a las disposiciones cuestionadas[1732].

El segundo aspecto que regula la Constitución se refiere a la fuerza que se debe reconocer a las decisiones del Tribunal Constitucional como intérprete supremo de la Constitución. Estas decisiones "tienen el valor de *res judicata* a partir del día siguiente a su publicación", y por supuesto, como en el caso de todas las Cortes Constitucionales europeas, no existe ninguna posibilidad de ejercer un recurso contra ellas[1733]. En consecuencia, las decisiones adoptadas por el Tribunal Constitucional en cualquier procedimiento de control jurisdiccional son "obligatorias para todos los poderes públicos y tienen efectos generales a partir de la fecha de su publicación en la *Gaceta Oficial* del Estado"[1734].

El tercer aspecto expresamente regulado en la Constitución y en la Ley Orgánica del Tribunal, se refiere a los efectos de la decisión, particularmente con respecto a quienes se aplican y al momento en que comienzan a surtir efectos; a tal efecto, una

---

1729 M. Cappelletti, *"La justicia constitucional...", loc. cit.,* pp. 56-57.

1730 *Idem,.,* p. 57.

1731 Artículo 39, 2 de la Ley Orgánica 2-1979.

1732 Artículo 39, 1 *Idem.*

1733 Artículo 164, 1 de la Constitución.

1734 Artículo 38, 1; y Artículo 87, 1 de la Ley Orgánica 2-1979.

diferencia considerable se establece entre la decisión de anulación por inconstitucionalidad de una norma y las decisiones que rechazan la inconstitucionalidad invocada.

En lo que se refiere a las decisiones de anulación de una ley o de otras normas con fuerza de ley por cualquier medio de control jurisdiccional, sea cuando el Tribunal Constitucional decide un recurso de inconstitucionalidad, o cuando decide acerca de una cuestión de inconstitucionalidad planteada de manera incidental, o también cuando declara la inconstitucionalidad de una ley de manera indirecta; la Constitución establece los efectos *erga omnes* de las decisiones, ya que tienen "plenos efectos frente a todos"[1735]. Además, en los casos de aplicación del método incidental de control jurisdiccional, el Tribunal Constitucional debe inmediatamente informar el tribunal respectivo encargado del juicio, el cual debe a su vez notificar las partes. En este caso, la Ley Orgánica del Tribunal prevé que el juez o el tribunal deberá cumplir la decisión a partir del momento en que se entere, y las partes a partir del momento en que sean notificadas[1736].

Por otra parte, de conformidad con las disposiciones de la Constitución, la "declaración de inconstitucionalidad" o "declaración de nulidad"[1737] de una ley significa la anulación de ésta, siendo la garantía de la Constitución la anulabilidad de los actos del Estado inconstitucionales más que su nulidad. Por lo tanto, la ley declarada inconstitucional es anulada y la declaración tiene efectos *ex nunc, pro futuro*. Por este motivo la Constitución establece expresamente que las decisiones ya adoptadas en los procedimientos judiciales no pierden su valor *res judicata*[1738] y la Ley Orgánica del Tribunal Constitucional prevé lo siguiente:

> "Las sentencias declaratorias de la inconstitucionalidad de Leyes, disposiciones o actos con fuerza de ley, no permitirán revisar procesos fenecidos mediante sentencia con fuerza de cosa juzgada en los que se haya hecho aplicación de las leyes, disposiciones o actos inconstitucionales..." [1739].

Como sucede en la mayoría de los sistemas concentrados de control jurisdiccional de la constitucionalidad en Europa, la excepción a los efectos *ex nunc* se establece en los casos penales, permitiendo efectos retroactivos limitados, lo que se ha ampliado a las decisiones de los tribunales contenciosos administrativos en el caso de sanciones administrativas. Al respecto, el artículo 40,1 de la Ley Orgánica del Tribunal Constitucional prevé la posibilidad de revisar los juicios, en los casos siguientes:

> "Procesos penales o contencioso administrativos referentes a un procedimiento sancionador en que, como consecuencia de la nulidad de la norma aplicada,

1735 Artículos 164, 1 de la Constitución; 38, 1 de la Ley Orgánica 2-1979.

1736 Artículo 38, 3 de la Ley Orgánica 2-1979.

1737 *Cf.* J. Arosemena, "El Recurso de Inconstitucionalidad", en *El Tribunal Constitucional*, Instituto de Estudios Fiscales, Madrid, 1981, Tomo I, p. 171.

1738 Artículo 161, 1, a de la Constitución.

1739 Artículo 40, 1 de la Ley Orgánica 2-1979.

resulte una reducción de la pena o de la sanción, o una exclusión, exención o limitación de la responsabilidad".

El control constitucional de las leyes por parte del Tribunal Constitucional también puede ejercerse mediante un recurso directo o por vías incidentales como consecuencia de una cuestión indirecta que se puede plantear en el procedimiento de un recurso de amparo de los derechos fundamentales o en el caso de conflicto de competencias entre órganos constitucionales, o entre el Estado y las Comunidades Autónomas. En el primer caso, es posible la declaración de inconstitucionalidad de una ley aplicada por un acto particular que viola los derechos fundamentales del individuo, y sus efectos son los mismos ya mencionados[1740]. En caso de conflictos de competencias, la Ley Orgánica del Tribunal Constitucional lo autoriza para anular los actos que originan el conflicto o que han sido adoptados violando competencias de otros órganos, y a decidir acerca de la solución pertinente a las situaciones causadas por la anulación del acto[1741].

Por otra parte, la Ley Orgánica del Tribunal Constitucional regula expresamente los efectos de las decisiones en los casos de rechazo de la cuestión sometida al Tribunal y, según la naturaleza del rechazo, existen dos soluciones. En efecto, si se trata de un rechazo basado en el aspecto sustantivo de la cuestión constitucional, en el sentido en que el Tribunal considera no admisible la inconstitucionalidad invocada, la decisión de rechazo impide que se pueda invocar posteriormente la cuestión constitucional "por los mismos medios" y basada en la violación de la misma norma constitucional[1742]. Por lo tanto, si la cuestión constitucional se ha planteado mediante un recurso o una acción directa de inconstitucionalidad, el rechazo de la acción no elimina la posibilidad de plantear la cuestión por medios incidentales.

En el caso de recursos de inconstitucionalidad contra leyes, disposiciones o actos con fuerza de ley, si el rechazo se basa en razones formales, la decisión no impide que la misma ley, disposición o acto sea objeto, en otros juicios, de cuestiones constitucionales ya planteadas[1743], ni, por supuesto, objeto de otro recurso, una vez corregidas las cuestiones formales.

3. *El caso del Tribunal Constitucional del Perú*

En América Latina, el único caso de la creación de un Tribunal Constitucional separado del Poder Judicial es el del Tribunal Constitucional del Perú, establecido así, sin duda, como reacción al funcionamiento deficiente del Poder Judicial. En esta forma, el Tribunal Constitucional del Perú adoptó el sistema europeo en ese aspecto, pero en su inserción en el sistema de justicia constitucional sigue el modelo latinoamericano, al existir en ese país, en paralelo, un sistema difuso de control de la constitucionalidad que no existe en Europa. El sistema se inició con la creación a partir de 1979 de un Tribunal de Garantías Constitucionales, sustituido en la reforma constitucional de 1993 por un Tribunal Constitucional.

1740 Artículo 55, 2 *Idem.*

1741 Artículos 66; 75, 1 *Idem.*

1742 Artículo 38, 2 *Idem.*

1743 Artículo 29, 2 *Idem.*

A. *El antecedente de 1979: el Tribunal de Garantías Constitucionales en un sistema concentrado y difuso*

En efecto, la Constitución de 1979 estableció las bases de un sistema difuso de control de la constitucionalidad y además, creó el Tribunal de Garantías Constitucionales, con poderes concentrados de control de la constitucionalidad según el modelo español[1744].

En efecto, la Constitución peruana del 12 de julio de 1979, en vigor a partir del 28 de julio de 1980[1745], previo en su artículo 236 el sistema difuso de control de la constitucionalidad de la manera siguiente:

> Artículo 236. "En caso de incompatibilidad entre una norma constitucional y una norma legal ordinaria, el juez deberá dar preferencia a la primera. Asimismo, deberá preferir la norma legal a cualquier otra norma inferior".

Según esta disposición constitucional, todos los jueces pueden ejercer el poder de control de la constitucionalidad de la legislación, decidiendo la no aplicación de una ley que consideran inconstitucional al caso concreto.

Pero además del sistema difuso de control de la constitucionalidad, a partir de 1980, en Perú también se estableció un sistema de control concentrado a través del establecimiento de un órgano especialmente creado para controlar la constitucionalidad de la legislación. Se trataba de un Tribunal de Garantías Constitucionales creado por la Constitución de 1979 como un "órgano de control de la Constitución" compuesto por nueve miembros elegidos de manera paritaria por el Congreso, el Poder Ejecutivo y la Corte Suprema de Justicia (tres miembros cada uno)[1746]. Su funcionamiento estaba regulado por la Ley Orgánica del Tribunal de Garantías Constitucionales[1747].

Este Tribunal de Garantías Constitucionales, que tenía jurisdicción en todo el territorio de la República y era competente en dos aspectos relativos a la supremacía constitucional: primero tenía poder jurisdiccional para controlar la constitucionalidad de la legislación, y segundo, era competente para decidir, en última instancia, como una Corte de Casación, los recursos relativos a las decisiones de los Tribunales inferiores en materia de *hábeas corpus* o de *amparo*[1748].

El Tribunal de Garantías Constitucionales era competente para declarar, a petición de parte, la inconstitucionalidad total o parcial de las leyes, decretos legislati-

---

1744 D. García Belaúnde, "La Influencia Española en la Constitución Peruana (a propósito del Tribunal de Garantías Constitucionales", *Revista de Derecho Político* N° 16, Madrid 1982-83, p. 201; ver Allan R. Brewer-Carías, *Judicial Review..., op. cit.,* pp. 324 a 327.

1745 D. García Belaúnde, "La nueva Constitución peruana", *Boletín Mexicano de Derecho Comparado* N° 40, 1981.

1746 Artículo 296 de la Constitución del 28 de junio de 1980.

1747 Véase comentarios en H. Fix Zamudio, "Dos Leyes Orgánicas de Tribunales Constitucionales Iberoamericanos: Chile y Perú", *Boletín Mexicano de Derecho Comparado* N° 31, 1984.

1748 Artículo 298, Constitución.

vos, normas regionales de carácter general y ordenanzas municipales que violasen la Constitución sea formal o sustancialmente[1749].

Las partes legitimadas para intentar la acción de inconstitucionalidad eran: el Presidente de la República, la Corte Suprema de Justicia, el Procurador General, sesenta miembros del Congreso, veinte senadores, a cincuenta mil ciudadanos mediante una petición, cuyas firmas debían ser certificadas por el Consejo Supremo Electoral.

B. *El Tribunal Constitucional creado en 1993*

Aún cuando en el Proyecto de Constitución sometido a la Asamblea preveía la eliminación del Tribunal de Garantías Constitucionales y la atribución de la jurisdicción constitucional a una Sala Constitucional de la Corte Suprema de Justicia, durante la discusión del Proyecto se propuso la creación de un Tribunal Constitucional lo cual finalmente resultó aprobado, como "órgano de control de la Constitución".

a. *Autonomía respecto del Poder Judicial*

La nota más importante que caracteriza al Tribunal Constitucional en la Constitución del Perú es su carácter de órgano constitucional, independiente y autónomo de los otros Poderes del Estado (Art. 20), particularmente del Poder Judicial. Por tanto, el Tribunal Constitucional del Perú es el único en América Latina estructurado fuera del Poder Judicial.

Sus Magistrados son designados por el Congreso, con el voto favorable de los 2/3 del número legal de sus miembros. Duran cinco años en sus funciones, no pueden ser reelegidos y gozan de la misma inmunidad, prerrogativas e incompatibilidades que los congresantes (Art. 201).

b. *La acción de inconstitucionalidad*

a'. *Legitimación*

Corresponde al Tribunal Constitucional conocer en única instancia, la acción de constitucionalidad (Art. 202, Ord. 1°), la cual puede ser interpuesta por los siguientes funcionarios: el Presidente de la República, el Fiscal de la Nación, el Defensor del Pueblo, veinticinco por ciento del número legal de congresistas, y los Presidentes de la Región con acuerdo del Consejo de Coordinación y Regional, o los Alcaldes provinciales con acuerdo de su Consejo, en materias de su competencia (Art. 203, Ords. 1° a 4° y 6°).

Además, el artículo 203 de la Constitución de 1993 atribuye legitimación activa para interponer la acción de inconstitucionalidad, a:

"Cinco mil ciudadanos con firmas comprobadas por el Jurado Nacional de Elecciones".

1749 Artículo 298, 1, Constitución.

Sin embargo, si la norma cuestionada es una ordenanza municipal, se faculta para impugnarla al 1% de los ciudadanos del respectivo ámbito territorial, siempre que este porcentaje no exceda del número de firmas antes señalado.

Por último, también se atribuye competencia para intentar la acción de inconstitucionalidad, a los colegios profesionales, en materias de su especialidad (Art. 203, Ord. 7°).

b'. *Objeto*

La acción de inconstitucionalidad procede contra las normas que tienen rango de Ley: leyes, decretos legislativos, decretos de urgencia, tratados, reglamentos del Congreso, normas regionales de carácter general y ordenanzas municipales que contravengan la Constitución en la forma o en el fondo (Art. 200, Ord. 4°).

c' *Efectos*

En cuanto a los efectos de la sentencia del Tribunal que declare la inconstitucionalidad de una norma, que debe publicarse en el diario oficial, se producen al día siguiente de dicha publicación, oportunidad en la cual la norma queda sin efecto (Art. 204).

La sentencia, por tanto, tiene el mismo efecto que una sentencia anulatoria, con efectos *ex nunc*, es decir, *pro futuro*. Por ello el artículo 204 de la Constitución precisa que la sentencia que declare inconstitucional, en todo o en parte, una norma legal "no tiene efecto retroactivo".

C. *La coexistencia del control concentrado con el control difuso de la constitucionalidad*

La Constitución de 1993 ha ratificado el carácter mixto o integral del sistema peruano de control de constitucionalidad al consagrar, además de la acción de inconstitucionalidad, el poder difuso de control de la constitucionalidad atribuido a todos los jueces. En tal sentido, el artículo 138 de la Constitución establece que:

> "En todo proceso, de existir incompatibilidad entre una norma constitucional y una norma legal, los jueces prefieren la primera. Igualmente prefieren la norma legal sobre toda otra norma de rango inferior".

Asimismo, el sistema de control concentrado y difuso de la constitucionalidad coexiste con otros medios de protección de los derechos fundamentales, particularmente con la acción de *hábeas corpus*, la acción de amparo, la acción de *hábeas data*, la acción popular de inconstitucionalidad y de ilegalidad contra los actos normativos de la Administración, y la acción de cumplimiento, en los casos de carencia u abstención (Art. 200).

III. UN CASO DE CONTROL CONCENTRADO EXCLUYENTE DE LA CONSTITUCIONALIDAD DE TODOS LOS ACTOS ESTATALES: EL SISTEMA PANAMEÑO [1750]

1.   Bases constitucionales del sistema panameño de control de constitucionalidad

A.   *El sistema exclusiva y privativamente concentrado*

La Constitución de Panamá de 1983, en sus artículos 165 y 203, ordinal lp, establece las bases de uno de los sistemas más concentrados, excluyentes y amplios de control de la constitucionalidad que existen en el derecho comparado, al atribuir a la Corte Suprema de Justicia la guarda de la integridad de la Constitución y, como consecuencia, el poder exclusivo para conocer y decidir sobre la inconstitucionalidad de *todos los actos estatales*.

Dichas normas disponen lo siguiente:

"Art. 165. Cuando el Ejecutivo objetara un proyecto por inexequible y la Asamblea Legislativa, por mayoría expresada, insistiere en su adopción, aquél lo pasará a la Corte Suprema de Justicia para que decida sobre su inconstitucionalidad. El fallo de la Corte que declare el proyecto constitucional obliga al Ejecutivo a sancionarlo y hacerlo promulgar. Art. 203. La Corte Suprema de Justicia tendrá, entre sus atribuciones constitucionales y legales, las siguientes:

Art. 203. La Corte Suprema de Justicia tendrá, entre sus atribuciones constitucionales y legales, las siguientes

1. La guarda de la integridad de la Constitución, para la cual la Corte en pleno conocerá y decidirá, con audiencia del Procurador General de la Nación o del Procurador de la Administración, sobre la inconstitucionalidad de las leyes, decretos, acuerdos, resoluciones y demás actos que por razón de fondo o de forma impugne ante ella cualquier persona.

Cuando en un proceso el funcionario público encargado de impartir justicia advirtiere o se lo advirtiere alguna de las partes que la disposición legal o reglamentaria aplicable al caso es inconstitucional, someterá la cuestión al conocimiento del pleno de la Corte, salvo que la disposición haya sido objeto de pronunciamiento por parte de ésta, y continuará el curso del negocio hasta colocarlo en estado de decidir.

Las partes sólo podrán formular tales advertencias una vez por instancia".

De estas normas se deduce la conformación de un sistema exclusiva y privativamente concentrado que atribuye a la Corte Suprema de Justicia el control de la constitucionalidad, así:

1.   Por vía de *acción popular*, de las Leyes, decretos, acuerdos, resoluciones y demás actos estatales. La amplitud del sistema radica en que se trata de un control

1750 El autor agradece muy especialmente al Profesor César Quintero y el Licenciado Sebastián Rodríguez de Panamá, la cuidadosa revisión que han hecho de este punto, así como de las observaciones y sugerencias formuladas.

concentrado de la constitucionalidad, no sólo de las leyes y demás actos de rango legal como sucede, en general, en el derecho comparado, sino de todos los decretos, acuerdos, resoluciones y demás actos estatales, con lo cual entre otros efectos, el control contencioso-administrativo de los actos administrativos sólo se ejerce por razones de ilegalidad. Además, la acción para el ejercicio de control de constitucionalidad, está concebida como una *acción popular*, que corresponde a cualquier persona y por tanto, sin legitimación específica sino basada en un simple interés en la constitucionalidad, siguiendo en este aspecto la orientación de los sistemas venezolano y colombiano.

2.   Por *vía accidental*, de las disposiciones legales o reglamentarias, cuando un funcionario público que imparta justicia, de oficio o por advertencia de una de las partes en un proceso público concreto, someta la cuestión de inconstitucionalidad a la Corte Suprema de Justicia.

Se trata de un control de constitucionalidad *incidenter tantum*, que no sólo puede incitar un tribunal o autoridad judicial, sino cualquier funcionario de la Administración actuando en ejercicio de funciones jurisdiccionales. En cuanto a los primeros, el método sigue la orientación general del derecho comparado, con la advertencia de que no sólo se refiere a las leyes, sino también a las disposiciones reglamentarias; y

3.   A *requerimiento*, del Presidente de la República, cuando objetare un proyecto de Ley por inconstitucional (inexequible) y la Asamblea Legislativa por mayoría de los 2/3 de los Legisladores que la componen, insistiere en la adopción del proyecto. En este sentido, el sistema da origen a un control previo de constitucionalidad de las leyes, cuando el veto presidencial se funda en razones de inconstitucionalidad. En este aspecto, el sistema recoge la orientación de los derechos venezolano y colombiano.

Este sistema, como se dijo, es uno de los más concentrados y amplios que se conocen en el derecho comparado. Sin embargo, contrariamente a lo que sucede, en general, en América Latina, el sistema panameño es *exclusivamente concentrado*, como sucede en Uruguay, Honduras y Paraguay, en el sentido de que no se lo combina con el sistema difuso de control de la constitucionalidad de las leyes, que si bien se instauró en Panamá al amparo de la Constitución de 1904, fue eliminado totalmente a partir de la reforma constitucional de 1941.

El sistema panameño, por tanto, es un sistema de control de la constitucionalidad, exclusivamente concentrado. Así lo precisa el Código Judicial de 1987, (que derogó la Ley 46 de 1956 sobre Instituciones de Garantía) al establecer en su artículo 2.545, lo siguiente:

"Art. 2.545. Al pleno de la Corte Suprema de Justicia le corresponderá privativamente conocer y decidir de manera definitiva y en una sola instancia:

1.   De la inexequibilidad de los proyectos de ley que el Ejecutivo haya objetado como inconstitucional por razones de fondo o de forma.

2.   De las consultas que de oficio o por advertencia de parte interesada de acuerdo con el artículo 203 de la Constitución, eleve ante ella cualquier autoridad o funcionario que al impartir justicia en un caso concreto, estime que la disposición o disposiciones aplicables pueden ser inconstitucionales por razones de fondo o de forma.

3. De la inconstitucionalidad de todas las leyes, decretos de gabinete, decretos-leyes, reglamentos, estatutos, acuerdos, resoluciones y demás
actos provenientes de autoridad impugnados por razones de fondo o
de forma".

B. *El sistema panameño de control de la constitucionalidad no es de carácter
mixto*

Ahora bien, a pesar de que algunos autores han calificado el sistema panameño
de control de la constitucionalidad como un sistema mixto[1751], en realidad no reviste
dicho carácter, pues en el mismo no hay, técnicamente, ningún elemento de control
difuso de la constitucionalidad de las leyes, que permita a cualquier juez, al decidir
un caso concreto que no tiene por objeto una cuestión de inconstitucionalidad, actuar como juez constitucional.

El sistema mixto de control de constitucionalidad es aquél que combina el sistema concentrado con el sistema difuso. El modelo tradicional de este sistema es el
que existe en Venezuela y Colombia, desde el siglo pasado, y que también funciona
en Guatemala, Perú, Brasil y El Salvador.

En efecto, en Venezuela en la Constitución de 1858 se previó la competencia de
la Corte Suprema de Justicia para conocer de la *acción popular* de inconstitucionalidad de los actos de las Legislaturas Provinciales al atribuírsele en el artículo 113,
ordinal 8° competencia para:

"Declarar la nulidad de los Actos Legislativos sancionados por las legislaturas provinciales, *a petición de cualquier* ciudadano, cuando sean contrarios a la
Constitución".

Esta atribución de la Corte Suprema se amplió a partir de la Constitución de
1893, respecto de las leyes, decretos y resoluciones inconstitucionales (Art. 110,
Ord. 8°).

Este control concentrado de la constitucionalidad se estableció, en paralelo, con
el control difuso, desarrollado durante el siglo pasado por la previsión expresa de la
garantía objetiva de la Constitución (nulidad de los actos inconstitucionales) a partir
de 1811[1752], el cual encontró consagración legal expresa a partir del Código de Procedimiento Civil de 1897, en la cual se estableció:

"Art. 10. Cuando la Ley vigente, cuya aplicación se pida, colidiere con alguna
disposición constitucional, los tribunales aplicarán ésta con preferencia".

En el caso de Colombia, la competencia de la Corte Suprema en materia de control de constitucionalidad se estableció por primera vez en la Constitución de 1886,
respecto de los actos legislativos, en forma limitada y preventiva cuando hubiesen

---

1751 Arturo Hoyos, "El control judicial y el bloque de constitucionalidad en Panamá", *Boletín del Instituto de
Investigaciones Jurídicas,* N° 75, UNAM, México 1992, págs. 788 y 789; Arturo Hoyos, "La justicia
constitucional en Panamá: estructura y evolución reciente", en *Contribuciones (Estado de Derecho),*
Fundación Konrad Adenauer, N° 2, Buenos Aires. 1994, p. 184.

1752 Véase Allan R. Brewer-Carías, *Estado de Derecho y Control Judicial,* Madrid, 1987, pp. 25 y ss.

sido objetados por el Gobierno (Arts. 88, 90 y 151, Ord. 4°), y sólo fue mediante el Acto Legislativo N° 3 de 31-10-1910 (reformatorio de la Constitución Nacional), que el sistema de justicia constitucional adquirió plena consagración, de carácter mixto, al establecerse en los artículos 40 y 41, la acción popular de inconstitucionalidad, en paralelo con el control difuso de la constitucionalidad de las leyes, en la forma siguiente:

"Art. 40. En todo caso de incompatibilidad entre la Constitución y la Ley se aplicarán de preferencia las disposiciones constitucionales.

Art. 41. A la Corte Suprema de Justicia se le confía la guarda de la integridad de la Constitución. En consecuencia, además de las facultades que le confieren ésta y las leyes, tendrá las siguientes:

Decidir definitivamente sobre la exequibilidad de los actos legislativos que hayan sido objetados como inconstitucionales por el Gobierno, o sobre todas las leyes o decretos acusados ante ella *por cualquier ciudadano* como inconstitucionales, previa audiencia del Procurador General de la Nación".

De lo anterior resulta que, en realidad, Colombia no fue el primer país que creó la acción popular de inconstitucionalidad de las leyes[1753], la cual tiene su antecedente en la Constitución Venezolana de 1858.

Este sistema de justicia constitucional que existe en Venezuela y Colombia, aún en la actualidad, es un sistema mixto, que combina el control concentrado con el control difuso, y que además, está concebido en paralelo con la consagración de garantías judiciales para la protección de los derechos constitucionales a través de la acción de amparo o de tutela, cuyo conocimiento corresponde a todos los tribunales, generalmente de primera instancia.

Los autores panameños que han calificado el sistema de control de constitucionalidad como sistema mixto, lo han hecho al señalar que el sistema concentrado de justicia constitucional, coexiste con la consagración de las acciones de *hábeas corpus* y amparo, cuyo conocimiento corresponde a todos los tribunales ordinarios[1754]. En realidad, la existencia de garantías judiciales de los derechos constitucionales mediante las acciones de *hábeas corpus*, amparo (tutela o protección), *hábeas data* o los medios judiciales ordinarios (*writs*, *référés*, procedimientos de urgencia)[1755], es un signo de nuestro tiempo, por lo que todos los países con régimen de Estado de Derecho las consagran.

En general, la competencia para conocer y decidir las acciones de amparo o *hábeas corpus* corresponde a los tribunales ordinarios, siendo excepcional su conocimiento exclusivo a Tribunales Constitucionales (es el sistema europeo de Alemania, Austria, España) o por la Corte Suprema de Justicia (es el caso excepcionalísimo, de la Sala Constitucional de la Corte Suprema de Costa Rica). Lo normal y

---

1753 Como lo afirma César A. Quintero, "La jurisdicción constitucional en Panamá", en Jorge Fabrega P. (Compilador), *Estudios de Derecho Constitucional Panameño*, Panamá, 1987, p. 826.

1754 A. Hoyos, *loc. cit.*, p. 790.

1755 Allan R. Brewer-Carías, *El amparo a los derechos y garantías constitucionales (una aproximación comparativa)*, Caracas 1994.

común, se insiste, sobre todo en los países anglosajones, en Francia e Italia y en América Latina es la competencia de los tribunales ordinarios para conocer de estas acciones. En todo caso, al decidirlas, por supuesto, los jueces resuelven como jueces constitucionales cuestiones de inconstitucionalidad, pero limitadamente en relación a la protección de los derechos constitucionales.

El sistema difuso de control de la constitucionalidad de las leyes, en cambio, es mucho más amplio, no sólo cuando se les plantea una cuestión de constitucionalidad en relación a la protección de derechos constitucionales, sino básicamente, cuando en un caso judicial ordinario que no tiene por objeto una cuestión constitucional, los jueces actúan como jueces constitucionales en todo caso en el cual deban aplicar una ley, que juzguen inconstitucional, aplicando preferentemente la Constitución.

Por ello, en realidad, el sistema de control de constitucionalidad de Panamá es un sistema exclusiva y privativamente concentrado, donde no existe control difuso de la constitucionalidad de las leyes y donde además, como es natural, se prevén garantías judiciales (*hábeas corpus* y amparo) de los derechos constitucionales cuyo conocimiento corresponde a los tribunales ordinarios.

C.   *Aproximación general al sistema concentrado de control de constitucionalidad*

Como se deduce de las disposiciones constitucionales y legales antes transcritas, el sistema panameño de control de constitucionalidad es un sistema exclusivo y privativo de control concentrado, de una amplitud tal, que lo distingue de todos los sistemas que muestra el derecho comparado[1756].

En efecto, el sistema concentrado de control de la constitucionalidad, contrariamente al sistema difuso, se caracteriza por el hecho de que el ordenamiento constitucional confiere a *un solo órgano estatal* el poder de actuar como juez constitucional, generalmente de ciertos actos estatales, es decir, este sistema existe cuando un solo órgano estatal tiene la facultad de decidir jurisdiccionalmente la nulidad por inconstitucionalidad, de determinados actos estatales, particularmente de los actos legislativos y otros actos del Estado de rango y valor similar. Como se ha señalado, en el caso de Panamá, el control no sólo se refiere a las leyes y demás actos de rango legal, sino materialmente a todos los actos estatales, lo que lo hace único en el derecho comparado.

Ahora bien, el órgano estatal dotado del privilegio de ser único juez constitucional en el sistema concentrado de control de la constitucionalidad puede ser la Corte Suprema de Justicia, ubicada en la cúspide de la jerarquía judicial de un país, como es el caso de Panamá; o una Corte, un Consejo o un Tribunal Constitucional creado especialmente por la Constitución, dentro o fuera de la jerarquía judicial, para actuar como único juez constitucional. En ambos casos, estos órganos tienen en común el ejercicio de una actividad jurisdiccional, como jueces constitucionales.

Por ello, el sistema concentrado de control de la constitucionalidad, aun cuando sea generalmente similar al "modelo europeo" de Tribunales constitucionales espe-

---

1756 Allan R. Brewer-Carías, *El control concentrado de la constitucionalidad de las leyes (Estudio de Derecho Comparado)*, Caracas 1994.

ciales[1757], no implica necesariamente la existencia de un Tribunal Constitucional especial, concebido constitucionalmente fuera del Poder Judicial. La experiencia latinoamericana i de control concentrado de la constitucionalidad así lo demuestra, pues en general, son las Cortes Supremas de Justicia las que lo ejercen; y en el caso de que se haya atribuido a Tribunales Constitucionales el ejercicio del control, éstos están integrados al Poder Judicial (Guatemala, Colombia, Ecuador y Bolivia) con la sola excepción del caso del Perú, cuya Constitución de 1993 creó el Tribunal Constitucional fuera del Poder Judicial.

En realidad, el sistema sólo implica la atribución, a un órgano particular del Estado que ejerce una actividad jurisdiccional, del poder y del deber de actuar como juez constitucional. Esta es la esencia propia del sistema concentrado con relación al sistema difuso, sea que el órgano dotado del poder para actuar como juez constitucional sea el Tribunal más alto del Poder Judicial (Corte Suprema de Justicia) o un Tribunal especializado en materia constitucional, dentro del Poder Judicial; sea que se trate de un órgano constitucional especial, creado fuera de la organización judicial, aun cuando este último aspecto no resulte esencial para establecer la distinción.

Ahora bien, en el caso de Panamá, tratándose da un sistema de control concentrado de la constitucionalidad, exclusivamente concentrado en la Corte Suprema de Justicia, a continuación analizaremos los aspectos más relevantes de dicho sistema, encuadrándolo adecuadamente en el derecho comparado.

2. *La supremacia de la Constitución y el sistema concentrado de control de la constitucionalidad*

A. *La lógica de los sistemas de justicia constitucional*

Desde un punto de vista lógico y racional, puede afirmarse que el poder conferido a un órgano estatal que ejerce una actividad jurisdiccional para que actúe como juez constitucional, es una consecuencia del principio de la supremacía de la Constitución. Así, en todo sistema de justicia constitucional, siendo la Constitución la Ley suprema del país, es evidente que en caso de conflicto entre un acto estatal y la Constitución, esta última debe prevalecer.

Sin embargo, las Constituciones no siempre confieren poderes a todos los tribunales para que actúen como jueces constitucionales. Cuando así lo hacen se trata de un sistema de control difuso de la constitucionalidad, como el que existe en casi toda América Latina concebido sea en forma exclusiva (Argentina, por ejemplo) o en forma mixta, mezclado con un sistema concentrado (Guatemala, Bolivia, Colombia, Venezuela, Perú, Brasil, Ecuador, El Salvador, México), establecido bajo la influencia norteamericana; y como el que existió en Panamá, hasta 1941.

Al contrario del sistema difuso, en muchos casos, las Constituciones reservan este poder a la Corte Suprema de Justicia o a un Tribunal Constitucional, sobre todo en lo que respecta a algunos actos del Estado, los cuales solamente pueden ser anulados por dicho órgano cuando contradicen la Constitución. En algunos casos ex-

---

1757 M. Cappelletti, *Judicial Review in the Contemporary World,* Indianapolis, 1971, pp. 46, 50, 53.

cepcionales, como sucede en Panamá, el poder de la Corte Suprema para actuar como juez constitucional se refiere absolutamente a todos los actos estatales.

B. *El sistema concentrado de control de la constitucionalidad de ciertos actos estatales*

En efecto, de manera general puede señalarse que la lógica del sistema concentrado, así como del sistema difuso, reside en el principio de la supremacía de la Constitución y del deber de los tribunales de decidir la ley aplicable a cada caso en particular; ello, sin embargo, con una limitación precisa en el sistema concentrado: el poder de decidir la inconstitucionalidad, generalmente, de los actos legislativos y otros actos del Estado del mismo rango, se reserva a la Corte Suprema de Justicia o a un Tribunal Constitucional.

Debe decirse, sin embargo, que en casi todos los países en los cuales existe un sistema concentrado de control de la constitucionalidad, este sólo se refiere a las Leyes y actos de similar rango, por lo que todos los otros tribunales continúan teniendo plenos poderes para decidir sobre la constitucionalidad de las normas aplicables en cada caso concreto, salvo las de las leyes u actos dictados en ejecución inmediata de la Constitución[1758].

Hemos señalado, sin embargo, que en el caso de Panamá, el sistema de control concentrado de la constitucionalidad atribuido a la Corte Suprema de Justicia es total, pues se refiere a todos los actos estatales, con lo cual ningún otro Tribunal de la República puede hacer pronunciamientos sobre constitucionalidad de los actos estatales.

En efecto, por ejemplo, en los sistemas concentrados de control de constitucionalidad europeos, atribuidos a Tribunales Constitucionales, el poder de éstos para declarar la nulidad de actos estatales sólo se extiende a las Leyes (o proyectos de Leyes), incluyendo las Leyes aprobatorias de Tratados, y demás actos de rango legal o dictados en ejecución directa de la Constitución, como los actos de gobierno y los *interna corporis* de las Cámaras Legislativas (es el caso, en general, con diferencias entre uno u otro país, de Alemania, Austria, Italia, España y Portugal). La misma orientación, en general, la tienen los sistemas de control concentrado de la constitucionalidad de las leyes en América Latina, sea atribuido a Tribunales Constitucionales (Guatemala, Colombia, Ecuador, Perú, Bolivia, Chile), o a las Cortes Supremas de Justicia (El Salvador, Costa Rica, Colombia, Venezuela, Brasil, Uruguay, Paraguay, México). En general, y con diferencias entre cada país, el poder anulatorio de la Corte Suprema o del Tribunal Constitucional, como juez constitucional sólo se refiere a las leyes o proyectos de leyes y a los actos dictados en ejecución directa de la Constitución, como los Decretos Leyes, los actos de gobierno y los actos parlamentarios sin forma de Ley; adicionalmente, en algunos países, a los reglamentos.

1758 *Cf.* M. García Pelayo, "El 'Status' del Tribunal Constitucional". *Revista Española de Derecho Constitucional*, 1, Madrid, 1981, p. 19; E. García de Enterría, *La Constitución como norma y el Tribunal Constitucional*, Madrid, 1981, p. 65. En particular en los sistemas concentrados de control de la constitucionalidad, los tribunales dotados de funciones de justicia administrativa siempre tienen el poder para actuar como juez constitucional de los actos administrativos. Ver C. Frank, *Les fonctions juridictionnelles du Conseil d'tat dans l'ordre constitutionnel*, Paris, 1974.

De resto, los otros actos estatales no están sometidos a control concentrado de la constitucionalidad y desde el punto de vista de su conformación al texto constitucional, están sometidos al control de los jueces respectivos, por ejemplo, los contencioso-administrativos, que conocen de la contrariedad al derecho (ilegalidad o inconstitucionalidad) de los actos administrativos, incluyendo los Reglamentos.

En general debe recordarse que conforme a las orientaciones de Kelsen[1759] loa actos del Estado sometidos al control jurisdiccional de constitucionalidad pueden ser considerados actos subordinados a la Constitución de manera inmediata; por lo tanto, el control de la constitucionalidad aparece como la consecuencia de la expresión jerárquica del ordenamiento legal[1760]. Por ello, el control de la constitucionalidad de los actos ejecutivos, normalmente subordinados a las leyes, generalmente se confiere en Europa, a la jurisdicción administrativa y no a las Cortes Constitucionales.

"No obstante, a pesar de estas directrices, el control jurisdiccional de los actos ejecutivos se confiere también, en Austria, al Tribunal Constitucional. Al respecto, Kelsen afirmaba:

Tal vez estos reglamentos no sean ... actos inmediatamente subordinados a la Constitución; su irregularidad consiste inmediatamente en su ilegalidad y, de manera mediata solamente, en su inconstitucionalidad. A pesar de ello, si nos proponemos aplicarles también la competencia de la jurisdicción constitucional, no es tanto por considerar la relatividad... de la oposición entre constitucionalidad directa y constitucionalidad indirectas, sino en razón de la frontera natural entre actos jurídicos generales y actos jurídicos particulares"[1761].

Por consiguiente, según Kelsen, sólo se deben excluir de la jurisdicción constitucional los actos del Estado con efectos particulares (administrativos o judiciales)[1762]; lo que implica que en Austria, las normas ejecutivas o los actos administrativos con efectos generales también están sometidos a la jurisdicción del Tribunal Constitucional.

C. *La amplitud del sistema exclusiva y privativamente concentrado de Panamá respecto de todos los actos estatales*

En contraste con esa orientación general, el sistema de Panamá es totalmente concentrado, al atribuir la Constitución, en su artículo 203, ordinal 1° a la Corte Suprema de Justicia, competencia exclusiva para conocer y decidir sobre la constitucionalidad de las leyes, pero además, de todos "los decretos, acuerdos, resoluciones y demás actos" estatales; o como lo precisan los artículos 2.542 y 2.550 del Código Judicial, de "las leyes, decretos de gabinete, decretos-leyes, reglamentos, estatutos, acuerdos, resoluciones y demás actos provenientes de autoridad".

1759 Hans Kelsen, "La garantie juridictionnelle de la Constitution. La Justice Constittionelle", *Revuel du Droit Public et de la Science Politique en France et a l'étranger*, París, 1928.

1760 *Cf.* H. Kelsen, *loc. cit.*, pp. 228-231.

1761 *Idem*, p. 230.

1762 *Idem.*, p. 232.

Esta enunciación del artículo 203, ordinal 1° de la Constitución, precisada por los artículos 2.542 y 2.550 del Código Judicial, conduce a un objeto amplísimo para el ejercicio del poder de control concentrado por parte de la Corte Suprema de Justicia, que abarca, como lo destaca César A. Quintero, el control sobre:

"La constitucionalidad de leyes, actos administrativos, actos jurisdiccionales y actos políticos dictados por el Órgano Legislativo; de decretos-leyes y decretos de gabinete, así como de resoluciones, órdenes y otros actos administrativos dictados por el Órgano Legislativo o cualquier autoridad administrativa nacional, provincial o municipal; de sentencias u otras decisiones definitivas dictadas por cualquier tribunal judicial o especial"[1763].

Sin duda, la redacción del texto constitucional le da una amplitud única al sistema panameño, permitiendo el control de constitucionalidad, exclusivo y excluyente, de *todos* los actos estatales, es decir, los provenientes de cualquier autoridad, nacional, provincial o municipal, sea legislativa, ejecutiva o judicial. Por ello, estimamos que las excepciones a este control exclusivo y privativo sólo podrían tener fundamento constitucional, como por ejemplo, la previsión del artículo 204 de la Constitución que establece que "no se admitirán recurso de inconstitucionalidad ni de amparo de garantías constitucionales contra los fallos de la Corte Suprema de Justicia o sus Salas". En el mismo sentido, se destaca la exclusión que ha hecho la jurisprudencia de la Corte Suprema para conocer de la inconstitucionalidad de reformas constitucionales, las cuales, al tener rango constitucional no podrían ser inconstitucionales. Ello no excluye, sin embargo, que pudiera plantearse recurso de inconstitucionalidad por razones de forma, concernientes al procedimiento de reforma constitucional[1764].

Pero adicionalmente, la Corte Suprema de Justicia ha excluido del control de constitucionalidad otros actos estatales: las leyes o normas que no estén vigentes, es decir, las leyes derogadas; los contratos civiles celebrados por el Estado y los Tratados Internacionales. En relación al primer caso, entendemos que ello es consecuencia del carácter constitutivo, con efectos *ex nunc*, de las sentencias de inconstitucionalidad, pues si los efectos fueran *ex tunc* procedería la declaratoria de inconstitucionalidad de las normas derogadas.

Sin embargo, debe señalarse que la Corte Suprema de Justicia "excepcionalmente" ha admitido ejercer el control de la constitucionalidad de normas legales o reglamentarias derogadas, en virtud del principio de la ultra actividad o vigencia residual que pudieran tener dichos preceptos conforme al cual, la norma derogada puede ser aplicada para regular ciertos efectos de eventos que se produjeron cuando estaba vigente[1765]. Se destaca, sin embargo, que estas sentencias se han dictado con motivo del ejercicio del control de constitucionalidad incidental, planteado como advertencia en casos concretos, y no con motivo del ejercicio de una acción popular.

1763 César A. Quintero, *loc. cit.,* p. 289.

1764 César A. Quintero, *op. cit.,* p. 830.

1765 Véase sentencia de 26-3-93, en la cual se citan sentencias anteriores de 8-6-92 y 26-2-93.

En cuanto a los últimos dos supuestos, coincidimos con los comentarios de Jorge Fabrega P. y César A. Quintero en el sentido de que la exclusión no está justificada en el marco del sistema constitucional panameño[1766]. Por lo demás, las leyes aprobatorias de Tratado son en general objeto de control de constitucionalidad en los países con sistema concentrado de control, como por ejemplo sucede en Austria, Alemania y España; Colombia y Venezuela[1767].

3. *El carácter expreso del sistema concentrado de control de la constitucionalidad como garantía de la Constitución*

A. *La creación pretoriana del sistema difuso y el carácter expressis verbis del sistema concentrado*

Un sistema concentrado de control de la constitucionalidad de las leyes, el cual se basa en el principio de la supremacía de la Constitución, no puede desarrollarse como consecuencia de la labor pretoriana de los jueces en sus decisiones judiciales, como sucedió en el caso del sistema difuso de control de la constitucionalidad, por ejemplo, en los Estados Unidos y en Argentina. Al contrario, debe ser expresamente establecido en la Constitución, como sucede en Panamá. Por tanto, las funciones de justicia constitucional relativas a ciertos o a todos los actos del Estado, reservadas a la Corte Suprema o a un Tribunal Constitucional, requieren texto expreso.

Por consiguiente, dadas las limitaciones que ello implica tanto al deber como al poder de todos los jueces de determinar, en cada caso, la ley aplicable, sólo se puede implantar un sistema concentrado de control jurisdiccional de la constitucionalidad en la medida en que está previsto, *expressis verbis*, por normas constitucionales. En esta forma, la Constitución, como Ley suprema de un país, es el único texto que puede limitar los poderes y deberes generales de los tribunales para decidir la ley aplicable en cada caso; es la única habilitada para atribuir dichos poderes y deberes, en lo referente a ciertos actos del Estado, a ciertos órganos constitucionales, sea la Corte Suprema o una Corte, un Consejo o un Tribunal Constitucional.

Por lo tanto, el sistema concentrado de control jurisdiccional de la constitucionalidad solamente puede ser un sistema de control establecido y regido expresamente por la Constitución. Los órganos del Estado a los cuales la Constitución reserva el poder de actuar como jueces constitucionales respecto de algunos o todos actos del Estado, tienen el carácter de jueces constitucionales, es decir, de órganos del Estado creados y regidos expresamente por la Constitución, trátese de la Corte Suprema de Justicia existente o de una Corte, un Consejo o un Tribunal Constitucional especialmente creado para tal fin.

1766 *Cfr.* Jorge Fábrega P., "Derecho Constitucional Procesal Panameño" en Jorge Fábrega P. (Compilador), *Estudios de Derecho Constitucional Panameño*, Panamá 1987, pp. 902-903; César A. Quintero, *loe. cit.*, pp. 830-831

1767 *Cfr.* Allan R. Brewer-Carías, *El control concentrado..., cit.*, pp. 51, 75, 119, 163.

B. *El caso panameño: del control difuso al control concentrado de la consti-*
    tucionalidad

El sistema de control concentrado de la constitucionalidad se estableció en Panamá, en la Constitución de 1941, mediante una previsión expresa de la Constitución (artículo 188) inspirada, sin duda, en el artículo 149 de la Constitución colombiana cuyo texto resultó de la reforma constitucional establecida mediante el Acto
Legislativo N° 3 de 1910 (artículo 41).

Con anterioridad, la Constitución de 1904 no contenía previsión alguna sobre
atribución de la Corte Suprema en materia de control de la constitucionalidad de las
leyes y demás actos estatales. La Constitución de 1904 establecía, en cambio, normas expresas derivadas del principio de la supremacía constitucional, como la contenida en el artículo 48 que prohibía "a la Asamblea Nacional dictar leyes que dis-
minuyan, restrinjan o adulteren cualquiera de los derechos individuales consignados" en la Constitución.

Sin duda, con fundamento en el principio de la supremacía constitucional, se
desarrolló el control difuso de la constitucionalidad, sin texto constitucional expreso,
para lo cual, además, los jueces encontraron apoyo legal en dos normas fundamentales del Código Civil y del Código Judicial. En efecto, el artículo 12 del Código Civil, establece:

"Art. 12. Cuando haya incompatibilidad entre una disposición constitucional
y una legal, se preferirá aquélla".

Por su parte el artículo 4 del Código Judicial dispone:

Art. 4. Es prohibido a los funcionarios de orden judicial aplicar en la administración de justicia, leyes, acuerdos municipales o decretos del Poder Ejecutivo
que sea contrarios a la Constitución".

Estas normas, por supuesto, formalizaban el sistema de control difuso de la constitucionalidad que se desarrolló en Panamá, conforme al modelo desarrollado materialmente en toda América Latina, con algunas excepciones como en Uruguay y
Paraguay. Este sistema, fue duramente criticado por Eusebio A. Morales y José D.
Moscote[1768], resumiéndose esas críticas por Carlos Pedreschi según el cual, el sistema "estaba cargado de inconvenientes y deficiencias" pues dejaba en manos de
cualquier funcionario judicial la transcendental función de interpretar los preceptos
constitucionales y creaba, a la vez "cierta amargura... al legitimar tantas interpretaciones de la Constitución como jueces existieran en la República"[1769].

En realidad, esta crítica, necesariamente debe vincularse a la realidad del momento del Poder Judicial en Panamá, pero no puede erigirse en apreciación general
y objetiva, pues ello sería la negación del sistema de control difuso de la constitu-

---

1768 Véase Eusebio A. Morales "Leyes Inconstitucionales", en *Ensayos, Documentos y Discursos,* Panamá
      1928, Tomo I, p. 221; y José D. Moscote, *Introducción de la. Constitución,* Panamá 1929, p. 116. Cita-
      dos por César A. Quintero, *loc. cit.,* p. 818 y 819 y Jorge Fábrega P., *loc. cit.,* pp. 897 a 899.

1769 Carlos B. Pedreschi, *El control de la constitucionalidad en Panamá,* Madrid, 1965, pp. 155; por César
      A. Quintero, *loc. cit.,* p. 818.

cionalidad de las leyes, que es el más difundido en el mundo. En todo caso, las propuestas formuladas por Morales y Moscote, cristalizaron en la reforma constitucional de 1941, cuyo artículo 188, en parte, se inspiró, en el texto constitucional colombiano conforme a la reforma de 1910, ya señalada. Decimos que en parte, se inspiró en parte de dicho texto, por lo siguiente: En primer lugar, porque la Constitución de Colombia, conforme a la reforma de 1910, establecía un sistema mixto de control de la constitucionalidad, a la vez difuso y concentrado. La reforma panameña de 1941, sólo tomó en cuenta el sistema concentrado que atribuía a la Corte Suprema la guarda de la Constitución, desechando el sistema de control difuso de la constitucionalidad que también preveía la Constitución colombiana. En segundo lugar, la inspiración en el texto colombiano fue en parte, pues en éste no se estableció el sistema de control concentrado incidental que se incorporó a la Constitución panameña; y además, el texto colombiano sólo prevería la acción popular de inconstitucionalidad contra "todas las leyes" y contra ciertos decretos ejecutivos, particularmente los dictados en ejercicio de facultades extraordinarias que le confiriera el Congreso; en cambio, la Constitución de Panamá la previo respecto de "todas las leyes, decretos, ordenanzas y resoluciones".

En esta forma, el sistema panameño de control de la constitucionalidad pasó de ser un sistema de control difuso a ser un sistema concentrado de control, amplio, exclusivo y excluyente, precisamente por previsión expresa de la Constitución. El sistema establecido es único por lo que, en realidad, no siguió "el modelo de la Constitución colombiana de 1910", como lo ha señalado César A. Quintero[1770] salvo, en parte de la fraseología relativa a la atribución a la Corte Suprema "la guarda de la integridad de la Constitución", y al incorporar la institución de la "acción popular".

C. *Otros sistemas de control concentrado y exclusivo de constitucionalidad atribuido a las Cortes Supremas de Justicia en América Latina: Uruguay, Honduras, Paraguay*

Desde el punto de vista del derecho comparado latinoamericano, en realidad, se puede encontrar alguna similitud con la estructura general del sistema panameño de control de la constitucionalidad, en los sistemas de Uruguay, Honduras y Paraguay[1771] con la advertencia, en todo caso, de que, en general, en estos países no es tan amplio, pues sólo se refiere a las leyes o actos estatales de similar rango; de que en esos países no existe la acción popular y de que los efectos de la decisión de la Corte Suprema en materia de inconstitucionalidad, son más bien *inter partes* que *erga omnes*.

En efecto, en el sistema uruguayo, la Constitución cuya última reforma es de 1989, atribuye a la Corte Suprema de Justicia la jurisdicción exclusiva y original para declarar la inconstitucionalidad de las leyes y otros actos del Estado que tengan fuerza de ley, con fundamento tanto en razones sustantivas como formales (Arts. 256 y 257). De acuerdo con la Constitución, la declaración de inconstitucionalidad

---

1770 *Loc. cit.*, p. 825.

1771 Véase las referencias en Allan R. Brewer-Carías, *El control concentrado...*, pp. 41 y ss.

de una ley y su inaplicación al caso concreto, puede ser solicitada ante la Corte por todos aquellos que estimen que sus intereses personales y legítimos han sido lesionados por la misma (Art. 258). En consecuencia, en contraste con la acción popular de Panamá, en Uruguay, la acción de inconstitucionalidad está sometida a una condición general de legitimación, similar a la que existe en materia de control contencioso administrativo.

La cuestión constitucional también puede ser sometida a la Corte Suprema de manera incidental mediante remisión del asunto por un tribunal inferior, sea que éste actúe de oficio, sea como consecuencia de una excepción presentada por cualquier parte en el proceso concreto (Art. 258). En este caso, el juez debe enviar a la Corte un resumen de la cuestión, pudiendo seguir el procedimiento hasta el nivel de decisión. Una vez que la Corte Suprema haya decidido, el tribunal tiene que tomar su propia decisión, de conformidad con lo que la Corte Suprema decida (Arts. 258 y 259).

En Uruguay, al contrario que en Panamá las decisiones de la Corte Suprema sobre cuestiones de constitucionalidad se refieren, exclusivamente, al caso concreto, teniendo, por tanto, efectos sólo en los procedimientos en los que fueron adoptados (Art. 259). Obviamente, esta solución es clara con respecto a las vías incidentales de control de la constitucionalidad, pero no lo es en los casos en que el asunto constitucional se plantea como una acción directa. En este caso, la Ley N° 13.747 de 1969, referente al procedimiento en materia de* justicia constitucional, señala que la decisión puede impedir la aplicación de las normas declaradas inconstitucionales con respecto al que entabló la acción y que obtuvo la decisión, y autoriza a utilizarla como excepción en todos los procedimientos judiciales, incluyendo el control contencioso administrativo.

En Honduras, también se ha establecido un sistema de control de la constitucionalidad de carácter concentrado, atribuido a la Corte Suprema de Justicia. En efecto, el artículo 184 de la Constitución de 1982, con redacción similar a la Constitución de Uruguay, establece lo siguiente:

"Art. 184. Las leyes podrán ser declaradas inconstitucionales por razón de forma o de contenido.

A la Corte Suprema de Justicia le corresponde el conocimiento y la resolución originaria y exclusiva en la materia; y deberá pronunciarse con los requisitos de las sentencias definitivas".

En esta forma, la Corte Suprema de Justicia tiene la potestad exclusiva de actuar como juez constitucional. Su competencia para declarar la inconstitucionalidad de una ley y su inaplicabilidad, puede ser solicitada por quien se considere lesionado en su interés directo, personal y legítimo, a través de las siguientes vías (Art. 185 de la Constitución):

"1. Por vía de acción que se entabla directamente ante la Corte Suprema de Justicia.

2. Por vía incidental, sea de excepción que puede oponerse en cualquier procedimiento judicial; sea a instancia del Juez o Tribunal que conozca en cualquier procedimiento judicial, quien puede solicitar de oficio la declaración de

inconstitucionalidad de una ley y su inaplicabilidad antes de dictar resolución. En este caso de la vía incidental, el procedimiento debe suspenderse al elevarse las actuaciones a la Corte Suprema de Justicia".

Debe señalarse además, que de acuerdo con el artículo 183, ordinal 2° de la Constitución de Honduras, también procede el amparo contra leyes que se intenta ante la Corte Suprema de Justicia, para que se declare en casos concretos que la ley no obliga al recurrente ni es aplicable por contravenir, disminuir o tergiversar cualquiera de los derechos reconocidos por la Constitución.

Por último, de manera similar al modelo uruguayo en Paraguay, la Constitución de 1992 ha mantenido el sistema de control concentrado de la constitucionalidad, atribuido exclusivamente a la Sala Constitucional de la Corte Suprema de Justicia. Esta, por tanto, de acuerdo con el artículo 260, tiene competencia para decidir las acciones o excepciones que se le planteen con el fin de declarar la inconstitucionalidad e inaplicabilidad de disposiciones contrarias al texto fundamental, en la siguiente forma:

"1. Conocer y resolver la inconstitucionalidad de las leyes y de otros instrumentos normativos, declarando la inaplicabilidad de las disposiciones contrarias a esta Constitución en cada caso concreto y en fallo que solo tendrá efecto con relación a ese caso; y

2. Decidir sobre la inconstitucionalidad de las sentencias definitivas o interlocutorias, declarando la nulidad de las que resulten contrarias a esta Constitución.

De acuerdo con la misma norma, el procedimiento puede iniciarse por acción ante la Sala Constitucional de la Corte Suprema de Justicia, y por vía de excepción en cualquier instancia, en cuyo caso se elevarán los antecedentes a la Corte.

En este último caso, el procedimiento relativo al caso concreto debe continuar hasta el nivel de decisión. De todas formas, como se dijo, en ambos casos la decisión de la Corte Suprema sólo tiene efectos con respecto al caso concreto y al peticionante.

D. *La compatibilidad del sistema concentrado de control de la constitucionalidad con todos los sistemas jurídicos*

Como resulta de lo anterior, puede señalarse que al sistema concentrado de control de la constitucionalidad de las leyes, sin duda, es compatible con todos los sistemas jurídicos, es decir, no es propio de los sistemas de derecho civil ni tampoco incompatible con la tradición del *common law*. En realidad, se trata de un sistema que debe establecerse en una Constitución escrita, y poco importa que el sistema jurídico del país sea de derecho civil o de *common law*, aun cuando es más frecuente en países de derecho civil[1772].

Por ello, la expresión de que "la práctica del *common law* siempre ha sido incompatible con la noción de tribunal constitucional especial según el modelo conti-

---

1772 Véase Allan R. Brewer-Carías, *Judicial Review in Comparative Law, op. cit.,* pp. 186 y ss.

nental"[1773] en materia de control de la constitucionalidad, debe entenderse como una referencia al modelo europeo de Corte, Consejo o Tribunal Constitucional especial, y no, a un sistema "en el que la jurisdicción está determinada y limitada a ciertas cuestiones"[1774]. El sistema concentrado de control de la constitucionalidad no puede reducirse a los sistemas constitucionales en los cuales existe una Corte, un Consejo o un Tribunal Constitucional. Por esta razón, como hemos dicho, consideramos que es erróneo para estudiar el sistema, el enfoque que consiste en identificar el sistema concentrado de control de la constitucionalidad de las leyes con el "modelo europeo" de Cortes, Consejos o Tribunales constitucionales especiales.

De hecho, aun cuando el sistema concentrado de control de la constitucionalidad de las leyes se conozca también como el sistema "austríaco"[1775] o "modelo europeo"[1776] debido a la existencia de una Corte, un Consejo o un Tribunal Constitucional especial, encargado por la Constitución de actuar como juez constitucional fuera del Poder Judicial, debe recalcarse el hecho de que la característica fundamental del sistema no es la existencia de una Corte, un Consejo o un Tribunal Constitucional especial, sino más bien, la atribución exclusiva aun solo órgano constitucional del Estado del poder de actuar como juez constitucional en lo que respecta algunos actos del Estado, trátase de la Corte Suprema de Justicia existente en el país o de una Corte, un Consejo o un Tribunal Constitucional especialmente creado.

La adopción del sistema es una elección constitucional, tomada en función de las circunstancias concretas de cada país, pero no necesariamente implica la creación de Tribunales Constitucionales especiales con el fin de garantizar la justicia constitucional, ni la organización de tales Tribunales fuera del Poder Judicial.

En Europa, por ejemplo, la multiplicación de los Tribunales Constitucionales encargados de ejercer el sistema concentrado de control de la constitucionalidad de las leyes, debe considerarse como una consecuencia práctica de una tradición constitucional particular, vinculada al principio de la supremacía de la Ley, a la separación de los poderes y a la desconfianza hacia los jueces en lo que respecta al control de los actos estatales y particularmente de los administrativos[1777]. Sin embargo, esto no puede llevar a considerar que el "modelo" del sistema concentrado de control de la constitucionalidad de las leyes esté limitado a la creación de órganos constitucionales fuera del Poder Judicial, para que actúen como jueces constitucionales. Antes del "descubrimiento" europeo de la justicia constitucional a través de la creación de

1773 E. Me Whinney, "Constitutional review in the Commonwealth", en E. Mosler (ed.), Max-Plank Institut Für Ausländisches öffentliches recht und Völkerrecht, *Verfassungs gerichtsbarkeit in der Gegenwart*, Internationales Kolloquium, Heidelberg, 1962, Köln-Berlin, 1962. p. 80

1774 *Idem*, p. 80.

1775 M. Cappelletti, *Judicial Review in the Contemporary World*, Indianapolis, 1971, p. 50; J. Carpizo et H. Fix Zamudio, "La necesidad y la legitimidad de la revisión judicial en América Latina. Desarrollo reciente", *Boletín Mexicano de Derecho comparado*, 52, 1985, p. 36.

1776 L. Favoreu, "Actualité légitimité du contrôle juridictionnel des lois en Europe occidentale", *Revue du Droit public et de la Science politique en France et à l'étranger*, 1985 (5), Paris, p. 1.149. Publicado también en L. Favoreu y J. A. Jolowicz (ed.), *Le contrôle juridictionnel des lois. Légitimité, effectivité et développements récents*, Paris, 1986, pp. 17-68.

1777 Cf. M. Cappelletti, *op. cit.*, p. 54; M. Cappelletti y J. C. Adams, "Judicial Review of Legislation: European antecedents and Adaptation", *Harvard Law Review*, Vol. 79 (6), 1966, p. 1.211

Cortes o Tribunales constitucionales especiales después de la Primera Guerra mundial, otros países con tradición de derecho civil habían implantado, a partir de mitades del siglo pasado, sistemas concentrados de control de la constitucionalidad, atribuyendo a sus Cortes Supremas una jurisdicción exclusiva y original, con el fin de anular leyes y otros actos del Estado con efectos similares cuando éstos contradicen la Constitución. Este es el caso de los sistemas constitucionales latinoamericanos, incluso si, con alguna frecuencia, han combinado el sistema concentrado con el sistema difuso de control de la constitucionalidad.

4. *La anulabilidad de los actos estatales como garantía constitucional que fundamenta el control concentrado*

Como se ha señalado anteriormente, la esencia del sistema concentrado de control de la constitucionalidad de las leyes, es la noción de supremacía de la Constitución. En efecto, si la Constitución es la Ley suprema de un país y, por lo tanto, prevalece ante todas las demás leyes, entonces un acto del Estado que contradiga la Constitución no puede constituir una norma efectiva; al contrario, debe considerarse nulo. Ahora bien, el principal elemento que aclara la diferencia entre los dos grandes sistemas de control de la constitucionalidad (difuso y concentrado) no es una posible concepción distinta de la Constitución y de su supremacía, sino más bien el tipo de garantía adoptada en el sistema constitucional para preservar dicha supremacía.

Como lo indicó Hans Kelsen en 1928, estas "garantías objetivas" son la nulidad o la anulabilidad del acto inconstitucional. Por nulidad se entiende, como lo explicó Kelsen, que el acto inconstitucional del Estado no puede considerarse objetivamente como un acto jurídico; en consecuencia, no se requiere, en principio, de ningún otro acto jurídico para quitarle al primero su calidad usurpada de acto jurídico. En este caso, teóricamente, cualquier órgano, cualquier autoridad pública o cualquier individuo tendría el derecho de examinar la regularidad de los actos considerados nulos, con el fin de decidir su irregularidad y juzgarlos no conformes y no obligatorios. En cambio, si otro acto jurídico fuera necesario para establecer la nulidad del acto inconstitucional, la garantía constitucional no sería la nulidad sino la anulabilidad[1778].

Ahora bien, en principio, la nulidad de los actos inconstitucionales del Estado es la garantía de la Constitución que conduce al sistema difuso de control de la constitucionalidad, aun cuando la ley positiva restrinja el poder que podría tener cualquier persona para juzgar como nulos los actos inconstitucionales[1779] y atribuya este poder de manera exclusiva a los tribunales, como se puede observar en forma generalizada, dado la necesidad de confiabilidad y seguridad jurídicas.

Por otra parte, la otra garantía de la Constitución, a saber la anulabilidad de los actos inconstitucionales del Estado es precisamente la que conduce, en principio, al sistema concentrado de control de la constitucionalidad de las leyes. Este es el caso del sistema panameño.

1778 H. Kelsen, *loc. cit.*, 1928, París, p. 214.
1779 *Idem*, p. 215.

A. *Características generales del sistema concentrado de control de constitucionalidad como garantía de la anulabilidad de los actos constitucionales*

En efecto, el aspecto fundamental que muestra la racionalidad del sistema concentrado de control de la constitucionalidad de las leyes, es el principio de anulabilidad de los actos del Estado, cuando contradicen la Constitución.

Contrariamente a la nulidad de los actos del Estado, la anulabilidad de dichos actos, cuando se considera como una garantía objetiva de la Constitución, significa que el acto del Estado, aun irregular o inconstitucional, una vez producido por una institución pública, debe considerarse como un acto del Estado y, como tal, válido y efectivo hasta que el órgano que lo produjo lo derogue o revoque, o hasta que se decida su anulación por otro órgano del Estado, con los poderes constitucionales correspondientes. Este es precisamente el caso de los sistemas concentrados de control de la constitucionalidad, en los cuales la Constitución confiere el poder para anular, generalmente algunos actos del Estado, cuando se juzgan inconstitucionales, a un solo órgano constitucional, sea éste la Corte Suprema existente o un órgano creado especial y separadamente dentro o fuera del Poder Judicial, con funciones jurisdiccionales, que le permiten actuar como juez constitucional.

Sin embargo, debe señalarse que, en general en los sistemas concentrados de control de la constitucionalidad, la anulabilidad de los actos del Estado no constituye la única garantía de la Constitución, puesto que siempre va acompañada de la nulidad. En cierta manera, se configura como una restricción a la regla de la nulidad que deriva de la violación de la Constitución.

En efecto, se ha afirmado que en lo que respecta a la nulidad de los actos inconstitucionales del Estado, en el sistema difuso de control de la constitucionalidad, la ley positiva, con miras a evitar la anarquía jurídica, limita el poder teórico general de las autoridades públicas y los individuos para considerar como inexistente e inválido un acto inconstitucional del Estado, reservando dicho poder a los jueces. Esto significa que, de hecho, el acto inconstitucional del Estado sólo puede ser examinado por los tribunales, los cuales son los únicos en tener el poder para considerarlo nulo; lo que significa que, hasta ese momento, el acto irregular debe considerarse efectivo y obligatorio para las autoridades públicas y los individuos. Por ello, en el sistema difuso de control de la constitucionalidad, una vez que un tribunal ha apreciado y declarado la inconstitucionalidad del acto estatal en relación a un juicio particular, el acto se considera nulo con relación a dicho juicio.

En todo caso, esta misma situación también se presenta en los sistemas constitucionales dotados de un sistema concentrado de control de la constitucionalidad, con relación a todos los actos del Estado distintos de aquellos que sólo pueden ser anulados por el Tribunal Constitucional o por la Corte Suprema. En efecto, como se ha señalado, en lo que respecta a los actos del Estado de rango inferior a la jerarquía de las normas, por ejemplo, los actos administrativos normativos, todos los jueces, en un sistema concentrado de control de la constitucionalidad, tienen normalmente el poder de considerarlos nulos cuando son inconstitucionales, con relación al juicio particular en el cual fueron cuestionados. En estos casos, la garantía de la Constitución es la nulidad del acto inconstitucional del Estado, aun cuando solamente los tribunales estén habilitados para examinarlo.

En consecuencia, la particularidad del sistema concentrado de control de la constitucionalidad reside en el hecho de que la ley positiva establece un límite adicional a los efectos de la inconstitucionalidad de los actos, a saber que respecto de algunos de éstos, el poder para declarar su inconstitucionalidad y su invalidez, y por lo tanto, para considerarlos sin efectos, ha sido reservado exclusivamente a un solo órgano constitucional: la Corte Suprema existente o una Corte, un Consejo o un Tribunal Constitucional especial. En estos casos, y con relación a tales actos, tratándose normalmente de actos legislativos y otros actos del Estado de rango o efectos similares en el sentido en que están inmediatamente subordinados a la Constitución, la garantía de la Constitución ha sido reducida a la anulabilidad del acto del Estado considerado inconstitucional.

En conclusión, en los sistemas constitucionales que poseen un sistema concentrado de control de la constitucionalidad, el deber de todos los jueces y tribunales consiste en examinar la constitucionalidad de los actos del Estado. Sin embargo, cuando el acto cuestionado es una ley u otro acto inmediatamente subordinado o de ejecución directa de la Constitución, los tribunales ordinarios no pueden juzgar su inconstitucionalidad, puesto que dicho poder está reservado a un Tribunal Constitucional especial o a la Corte Suprema de un país determinado, el cual puede anular el acto. En este caso, la garantía de la Constitución es la anulabilidad y entonces el acto queda anulado con efectos generales, puesto que es considerado o declarado nulo, no solamente respecto de un caso particular, sino en general.

Salvo esta excepción jurisdiccional particular, la cual es propia del sistema concentrado de control de la constitucionalidad, todos los demás tribunales o jueces pueden, en un juicio concreto, decidir la inaplicabilidad de los actos normativos del Estado no contemplados por esta excepción, considerándolos nulos cuando los juzguen viciados de inconstitucionalidad. En estos casos, la garantía de la Constitución es, sin lugar a dudas, la nulidad.

En el sistema de control concentrado de Panamá, como se ha señalado, el mismo es sumamente amplio, en el sentido de que la Corte Suprema de Justicia tiene el monopolio total para anular todos los actos estatales por inconstitucionalidad. En este caso, por tanto, la excepción mencionada se ha convertido en regla absoluta, pues ningún otro tribunal puede declarar la nulidad de ningún acto estatal por inconstitucionalidad.

B.   *El poder de un órgano constitucional para anular algunos o todos los actos inconstitucionales del Estado*

El otro aspecto de la racionalidad del sistema concentrado de control de la constitucionalidad es que el poder para declarar la nulidad de las leyes está conferido a un órgano constitucional con funciones jurisdiccionales, sea la Corte Suprema existente en un país determinado, sea una Corte, un Consejo o un Tribunal Constitucional especialmente creado. Por consiguiente, el sistema concentrado posee, en general una particularidad doble: en primer lugar, el poder para anular ciertos actos inconstitucionales está conferido a un solo órgano constitucional con funciones jurisdiccionales, y, en segundo lugar, de acuerdo con la excepción mencionada, el poder de dichos órganos constitucionales para juzgar la inconstitucionalidad y declarar la nulidad de actos del Estado, no concierne todos los actos del Estado, sino un número limitado de ellos, normalmente las leyes y otros actos del Congreso o del Gobierno, inmediatamente subordinados a la Constitución o dictados en ejecución directa de ésta y únicamente sometidos a sus regulaciones. Como se dijo, éste, sin embargo, no es el caso de Panamá, donde la Corte Suprema de Justicia es el solo órgano con poder para anular, por inconstitucionalidad, todos los actos estatales.

C. *El rechazo de considerar el modelo europeo de justicia constitucional como "el modelo" del control concentrado de la constitucionalidad*

Se ha señalado anteriormente que el sistema concentrado de control de la constitucionalidad no implica necesariamente el otorgamiento del poder para anular leyes a una Corte, un Consejo o un Tribunal Constitucional especialmente creado, tal como sucede en Europa, sino que dicho poder puede ser conferido a la Corte Suprema existente en el país, como es el caso en muchos países de América Latina, mucho antes de que Europa continental implantase el modelo de los Tribunales Constitucionales en 1920.

En efecto, como ya lo hemos señalado, desde mediados del siglo pasado, muchos países latinoamericanos han adoptado un sistema concentrado de control de la constitucionalidad, confiriendo a la Corte Suprema del país el poder para decidir la nulidad de las leyes. Debe insistirse en los casos de Colombia y Venezuela, que poseen desde hace más de un siglo, un sistema concentrado de control de la constitucionalidad, en paralelo con el sistema difuso, en el cual la Corte Suprema ha tenido el monopolio de la anulación de las leyes. En Colombia, en 1991, este poder ha sido transferido a una Corte Constitucional.

Debe señalarse que al contrario del sistema *panameño*, por lo general los sistemas de control de la constitucionalidad que se han desarrollado en América Latina, se han ido orientando progresivamente hacia sistemas mixtos de control de la constitucionalidad, en los cuales co-existen el sistema difuso y el sistema concentrado. Este es el caso, por ejemplo, de Venezuela, Colombia, Brasil, Perú, El Salvador, Ecuador, Bolivia, México y Guatemala. No obstante, como hemos señalado, algunos sistemas de América Latina, como el de Panamá, Uruguay, Honduras y Paraguay permanecieron concentrados, donde la Corte Suprema de Justicia tiene una jurisdicción exclusiva y original para declarar la inconstitucionalidad de las leyes.

Debe destacarse, sin embargo, que la modalidad del sistema concentrado de control de la constitucionalidad basado en la creación de un órgano constitucional especial, una Corte, un Consejo o un Tribunal para actuar como juez constitucional dotado del poder original y exclusivo para anular las leyes y otros actos de rango y efectos similares, ha marcado, por su carácter novedoso, la evolución de la justicia constitucional en las últimas décadas, desde la creación de las primeras Cortes Constitucionales en Austria y Checoslovaquia en 1920. El sistema fue adoptado más tarde en Alemania y en Italia después de la Segunda Guerra Mundial, y hace unas décadas en España y Portugal. También había sido adoptado, antes de 1990, en algunos países ex socialistas (Yugoslavia, Checoslovaquia y Polonia) y se desarrolló bajo una forma particular en Francia. Bajo la influencia del modelo europeo pero de una manera incompleta, el sistema también se implantó en Guatemala, en la década de los sesenta, y en Chile hacia principios de los años 70, con la creación de un Tribunal Constitucional, y luego apareció en Ecuador y Perú donde fueron creados Tribunales de Garantías Constitucionales. En Perú, en 1993 dicho Tribunal fue sustituido por un Tribunal Constitucional. En 1991, la nueva Constitución colombiana, como se dijo, creó una Corte Constitucional, al igual que sucedió en Bolivia en 1994.

A pesar del desarrollo del constitucionalismo desde principios del siglo pasado, principalmente gracias a las experiencias norteamericanas, debe admitirse que Europa continental se había quedado atrás de las concepciones constitucionales, por lo que el sistema de justicia constitucional sólo fue adoptado en Europa después de la Primera Guerra Mundial. Dicha adopción se hizo en dos etapas. La primera terminó con la Constitución de Weimar (1919) mediante la cual Alemania instituyó un Tribunal dotado de una jurisdicción para decidir los conflictos entre los poderes constitucionales del Estado y, particularmente, entre los distintos poderes territoriales, distribuidos verticalmente como consecuencia de la organización federal del Estado. La segunda fue el sistema austríaco, creación personal del Profesor Hans Kelsen, quien concibió un sistema que fue recogido inicialmente en la Constitución austríaca de 1920, y luego perfeccionado por la reforma constitucional 1929.

D. *Las influencias de Kelsen en la concepción del modelo europeo*

En todo caso, puede considerarse que la introducción de un sistema de justicia constitucional en Europa fue el resultado de la influencia de las teorías de Hans Kelsen, quien diseñó la norma constitucional como fuente de validez para todas las normas del ordenamiento jurídico con un corolario fundamental: la necesidad de un órgano del Estado encargado de garantizar la Constitución, es decir, de resolver los conflictos entre las normas reglamentarias y aquellas de jerarquía superior en las que se basan las primeras (las legales), y entre todas ellas, y en última instancia, con la Constitución[1780].

Kelsen concibió la justicia constitucional como un aspecto particular de un concepto más general de garantía de la conformidad de una norma inferior con una norma superior de la cual la primera deriva y en base a la cual ha sido determinado su contenido. Así, la justicia constitucional es una garantía de la Constitución que se desprende de la "pirámide jurídica" del ordenamiento legal donde se encuentran determinadas tanto la unidad como la jerarquía de las diferentes normas.

Debe recordarse que, fuera de Austria y bajo la influencia de Kelsen, Checoslovaquia fue el primer país europeo en adoptar el sistema de control de la constitucionalidad, en su Constitución del 29 de febrero de 1920[1781]. Los fundamentos de la adopción del sistema concentrado de control de la constitucionalidad en Checoslovaquia provinieron de una norma constitucional, la cual estableció de manera explícita la supremacía de la Constitución con respecto al resto del ordenamiento legal, consagrando que "Todas las leyes contrarias a la Constitución o a una de sus partes así como a las leyes que la modifican y la completan se consideran nulas" (Art. I,1); prohibiendo expresamente a los tribunales ejercer el control difuso de la constitu-

---

1780 H. Kelsen, *loc. cit.,* pp. 201, 223.

1781 Artículo 1.1. Ver en P. Cruz Villalón, "Dos modos de regulación del control de constitucionalidad: Checoslovaquia (1920-1938) y España (19311936)", *Revista Española de Derecho Constitucional,* 5, Madrid, 1982, p. 119.

cionalidad de las leyes[1782]. Además, la Constitución estableció la obligación para todos los tribunales de consultar el Tribunal Constitucional en casos de aplicación de una ley considerada como inconstitucional. Todos estos elementos llevaron a la concentración de la jurisdicción constitucional para juzgar la constitucionalidad de las leyes en un órgano especial, el Tribunal Constitucional, el cual existió hasta 1938[1783].

La concepción de Kelsen acerca del sistema concentrado de control de la constitucionalidad, contrariamente a la del sistema difuso en el cual todos los jueces tienen el poder para abstenerse de aplicar leyes que consideren contrarias a la Constitución, tendía a conferir a un órgano especial el poder exclusivo para declarar la inconstitucionalidad de una ley y para anularla. Este órgano es un Tribunal Constitucional al cual deben recurrir todos los tribunales cuando deben aplicar una ley cuya constitucionalidad sea dudosa. En tal sistema, por lo tanto, los tribunales ordinarios no tienen el poder para abstenerse de aplicar leyes inconstitucionales.

Dentro de su concepción teórica original, este sistema concentrado de control de la constitucionalidad de las leyes no había sido concebido por Kelsen como el ejercicio de una función jurisdiccional, sino más bien como un "sistema de legislación negativa"[1784]. En este caso, se consideraba que la Corte Constitucional no decidía específicamente la constitucionalidad de las leyes; tal función estaba reservada al tribunal *a quo* que hubiera planteado la cuestión de la constitucionalidad por ante la Corte Constitucional. Normalmente, la competencia de esta última estaba limitada a la cuestión puramente abstracta de la compatibilidad lógica que debía existir entre la ley y la Constitución. Desde este punto de vista puramente teórico, puesto que no había ninguna aplicación concreta de la ley en un caso específico, se consideraba que no se trataba del ejercicio de una actividad jurisdiccional que implicara una decisión concreta. Esto llevó a Kelsen a sostener que, cuando el Tribunal Constitucional declaraba la inconstitucionalidad de una ley, la decisión, por tener efectos *erga omnes*, era una "acción legislativa" y que la decisión del Tribunal Constitucional tenía "fuerza de ley". Es también la razón por la cual la ley debía ser considerada válida hasta la adopción de la decisión de anularla, por la cual los jueces estaban obligados a aplicarla[1785].

Tal concepción fue desarrollada por Kelsen para responder a las objeciones eventuales que podían formularse al control jurisdiccional de la acción legislativa, dado el concepto de supremacía del Parlamento, honradamente arraigado en el derecho constitucional europeo. En esta forma, prohibiendo a los jueces ordinarios abstenerse de aplicar las leyes, y confiriendo a una Corte Constitucional el poder para

---

1782 El artículo 102 establece que "Los tribunales pueden verificar la validez de los reglamentos ejecutivos, cuando examinan una cuestión legal específica; en lo que se refiere a las leyes, sólo pueden verificar si han sido correctamente publicadas", ver en P. Cruz Villalón, *loc. cit.*, p. 135.

1783 También debe observarse que en el régimen constitucional rumano existió un sistema de control de la constitucionalidad de las leyes, en el artículo 103 de la Carta Fundamental del 29 de marzo de 1923. Sin embargo, este control sólo se confiaba a la Corte de Casación y fue eliminado por la República Popular, bajo la influencia soviética, en la Ley Fundamental de 1948.

1784 H. Kelsen, *loc. cit.*, pp. 224, 226. Ver los comentarios de E. García de Enterría, *op. cit.*, pp. 57, 132.

1785 H. Kelsen, *loc. cit.*, pp. 224, 225.

declarar la inconstitucionalidad de una ley con efectos *erga omnes*, el Poder Judicial quedaba subordinado a las leyes sancionadas por el Parlamento y, al mismo tiempo se mantenía la supremacía de la ' Constitución con respecto al Parlamento. La Corte Constitucional, así, más que una competidora del Parlamento, se concebía como su complemento natural. Sus funciones se limitaban a juzgar la validez de una ley empleando la pura lógica racional, sin tener que decidir conflictos en casos específicos, y a actuar como un "legislador negativo", aun cuando no espontáneamente, sino a instancia de las partes interesadas. Según Kelsen, el Poder Legislativo se dividió así en dos partes: la primera, ejercida por el Parlamento con la iniciativa política, el "legislador positivo"; y la segunda, ejercida por el Tribunal Constitucional, el "legislador negativo", con el poder para anular las leyes que violasen la Constitución[1786].

De acuerdo con esta concepción, por supuesto, era necesario que la Corte Constitucional fuese un órgano separado de los poderes tradicionales del Estado y no formara parte de las autoridades judiciales[1787].

Hoy día, si bien se ha aceptado el carácter jurisdiccional (no legislativo) de la actividad de estas Cortes Constitucionales especiales rechazando su llamado carácter de "legislador negativo"[1788], la idea de conferir funciones jurisdiccionales a un órgano constitucional especialmente creado (Corte, Consejo o Tribunal Constitucional) generalmente ubicado fuera de la organización judicial, prevaleció en Europa continental y abrió camino al "modelo europeo" de control de la constitucionalidad. Este, en cierta manera, se desarrolló como consecuencia de un compromiso entre la necesidad de un sistema de justicia constitucional derivado de la noción de supremacía constitucional y la concepción tradicional europea de la separación de los poderes, la cual niega el poder a los jueces para juzgar la invalidez de las leyes inconstitucionales[1789].

En todo caso, es evidentemente erróneo identificar el sistema concentrado de control de la constitucionalidad de las leyes con el "modelo europeo", ya que un sistema en el cual la jurisdicción exclusiva y original para anular las leyes y otros actos del Estado se confiere a la Corte Suprema de Justicia existente en un país dado y ubicada en la cúspide de la organización judicial, como es el caso de Panamá, también debe ser considerado como un sistema concentrado de control de la constitucionalidad. Por esta razón, el otro aspecto de la racionalidad del sistema concentrado de control de la constitucionalidad es el otorgamiento, a un órgano constitucional particular, sea la Corte Suprema o una Corte, un Consejo o un Tribunal Constitucional especialmente creado, del papel de juez constitucional con el fin de anular leyes con efectos *erga omnes*.

En el caso de Panamá, como hemos señalado, el carácter concentrado del sistema es sumamente amplio, pues al contrario de la generalidad de los países que han adoptado el sistema de control concentrado, la Corte Suprema de Justicia panameña

---

1786 Ver los comentarios relativos al pensamiento de Kelsen en E. García de Enterría, *op. cit.,* pp. 57, 58, 59, 131, 132, 133.

1787 H. Kelsen, *loc. cit.,* p. 223.

1788 M. Cappelletti y J. C. Adams, *loc. cit.,* pp. 1.218, 1.219.

1789 M. Cappelletti, *op. cit.,* p. 67.

no sólo tiene el poder exclusivo de anular las leyes y demás actos estatales de similar valor o rango, sino materialmente todos los actos estatales. En esa forma, la garantía que la Constitución ha adoptado respecto de su propia supremacía, es la de anulabilidad, con carácter general y absoluto; y no la de la nulidad.

5. *El carácter previo o posterior del control concentrado de la constitucionalidad*

El sistema de control concentrado de la constitucionalidad puede tener un carácter previo o posterior, o ambos. Tal sistema de control funciona en Austria, Italia y España donde se crearon constitucionalmente Cortes, Tribunales o Consejos constitucionales encargados de ejercer el control jurisdiccional de la constitucionalidad de las leyes. Con funciones similares se crearon Tribunales constitucionales en Alemania y Portugal, pero integrados al Poder Judicial.

Estas Cortes Constitucionales ejercen su poder jurisdiccional de control bien sea antes de que la ley entre en vigencia, es decir antes de su promulgación, o una vez en vigencia. Por ello se distingue el control *a priori* del control *a posteriori* de la constitucionalidad de las leyes.

En general, puede decirse que los sistemas concentrados de control jurisdiccional que conforman al modelo europeo se caracterizan por la utilización de varios medios de control jurisdiccional de la constitucionalidad de las leyes vigentes, es decir, una vez promulgadas y después de que se hayan iniciado sus efectos normativos jurídicos. Sólo excepcionalmente algunos sistemas concentrados europeos preven un medio de control preventivo sobre algunos actos del Estado, como por ejemplo en Francia, en relación a las leyes; en Italia, con respecto a las leyes regionales, y en España, en cuanto a las leyes orgánicas y los tratados internacionales.

En todo caso, el fundamento de la existencia de un sistema de control jurisdiccional *a posteriori* reside en la superación del dogma de la soberanía del Parlamento y de la ley, así como en la flexibilización del principio de separación de los poderes. El control jurisdiccional implica la existencia de una Constitución escrita y rígida, dotada de un carácter normativo directamente aplicable a los individuos; de manera que sus límites se imponen a todos los órganos constitucionales, incluyendo al legislador cuyas actividades deben estar en conformidad con su texto, y por lo tanto, sujetas a un control jurisdiccional.

De lo anterior se deduce que en general, puede decirse que lo característico del sistema concentrado de control de la constitucionalidad, sin duda, es el control posterior, que permite anular actos estatales efectivos inconstitucionales. Sin embargo, algunos sistemas de control concentrado sólo preven un control previo de la constitucionalidad de las leyes, es decir, respecto de proyectos de ley, o de leyes sancionadas, antes de su promulgación, como sucede en Francia y Chile, por ejemplo.

A. *Los sistemas de control preventivo de la constitucionalidad de las leyes, como único método de control concentrado Francia y Chile*

En efecto, en el derecho comparado, como sistemas de control preventivo de la constitucionalidad de las leyes como único método de control concentrado, se destacan los sistemas de Francia y Chile.

En cuanto al sistema preventivo francés de control jurisdiccional de la constitucionalidad de las leyes, fue definitivamente implantado por la Constitución del 5 de octubre de 1958, la cual creó el Consejo Constitucional (Arts. 56 a 63) como órgano constitucional encargado de establecer la conformidad de las leyes a la Constitución "antes de su promulgación" (Art. 61). Tal innovación institucional fue producto de una reacción en contra de por lo menos dos de los fundamentos del sistema constitucional francés tradicional, a saber, el absolutismo de la ley y el rechazo de cualquier injerencia judicial con respecto a los demás poderes del Estado, en especial al Parlamento.

En efecto, uno de los principales dogmas políticos derivados de la Revolución Francesa fue la profunda desconfianza del legislador revolucionario para con los jueces, a quienes les negó cualquier posibilidad de controlar los demás poderes del Estado. Esta posición antijudicial tuvo su razón política de ser en el papel desempeñado por los *Parlements* prerevolucionarios, los cuales como Altas Cortes, examinaban las leyes y los decretos que se les sometían con el fin de garantizar que no contenían nada contradictorio con "las leyes fundamentales del Reino", lo que confería a dichos *Parlements* un poder político conservador considerable[1790]. Este poder lo ejercieron particularmente en la víspera de la Revolución.

Esta desconfianza hacia el Poder Judicial llevó a una interpretación revolucionaria extrema del principio de separación de los poderes: todos los jueces se vieron impedidos no sólo del derecho de controlar los actos legislativos y administrativos, lo que explica porqué, al inicio, la Corte de Casación era un órgano legislativo; ciño del poder de interpretar las leyes, el cual había sido reservado al Legislador, quien lo ejercía por decreto promulgado a instancia de los jueces, mediante el denominado *référé législatif,* lo que se producía en caso de dudas respecto a la interpretación del texto de una ley[1791]. Por consiguiente, los jueces sólo eran, como decía Montesquieu "la boca de la ley", es decir, la boca que pronunciaba las palabras de la ley, y por lo tanto, seres totalmente pasivos, incapaces de apreciar la fuerza o el rigor de la ley[1792].

En todo caso, como se ha señalado, la Constitución de 1958, al crear el Consejo Constitucional y sin rechazar totalmente el dogma de la supremacía de la ley ni la prohibición para los tribunales y los jueces de controlar la constitucionalidad de las leyes, permitió el ejercicio de un control preventivo de la constitucionalidad de las leyes antes de su promulgación (Art. 61).

En esta forma, en Francia, el Consejo Constitucional ejerce dos tipos de control preventivo de la constitucionalidad: sobre las leyes no promulgadas y sobre la repartición de las competencias normativas del Estado entre la ley y los reglamentos. En ambos casos, el Consejo Constitucional, aun cuando no tenga el poder para controlar la constitucionalidad de las leyes vigentes, ha desempeñado un papel muy significativo en lo que respecta al desarrollo del principio de la constitucionalidad[1793].

1790 M. Cappelletti, *op. cit.,* pp. 33-35; F. Luchaire, *Le Conseil Constitutionnel,* París, 1980, pp. 5-6.

1791 *Idem.*

1792 Montesquieu, *De l'esprit des lois,* Book XI, Ch. VI, citado por Ch. H. Mc Ilmain, *The High Court of Parliament and its Supremacy,* Yale, 1910. p. 323.

1793 Allan E. Brewer-Carías, *Judicial Review...*, *cit.,* pp. 255 y sig.

858   ALLAN R. BREWER-CARIAS

El control preventivo de la constitucionalidad de las leyes no promulgadas es ejercido por el Consejo Constitucional de dos maneras: en forma obligatoria, en cuanto a los reglamentos parlamentarios y las leyes orgánicas, y en forma facultativa, en cuanto a las leyes ordinarias y los tratados internacionales.

En cuanto a las leyes ordinarias éstas pueden ser sometidas al Consejo Constitucional, antes de su promulgación, por el Presidente de la República, el Primer Ministro o el Presidente de cualquiera de las Asambleas. La reforma constitucional de 1974 también legitimó para formular la solicitud a 60 diputados y senadores, quienes pueden someter al Consejo Constitucional la cuestión de la constitucionalidad de las leyes ordinarias (Art. 61), dando así a las minorías la posibilidad de cuestionar las decisiones adoptadas por la mayoría.

Este control facultativo de la constitucionalidad también se puede ejercer respecto de los tratados internacionales, a instancia del Presidente de la República, del Primer Ministro o del Presidente de cualquiera de las Asambleas. En este caso, el Consejo Constitucional debe decidir si un tratado internacional contiene cláusulas contrarias a la Constitución, por lo que la autorización necesaria para su firma o aprobación sólo puede otorgarse previa una reforma constitucional (Art. 54).

En todos los casos en los cuales se recurre al Consejo Constitucional con miras al control de la constitucionalidad de las leyes orgánicas, reglamentos parlamentarios, leyes ordinarias o tratados internacionales, antes de su promulgación, la interposición de la petición produce efectos suspensivos, los cuales comienzan en el momento en que el Consejo recibe la solicitud, por lo que a partir de ese momento, la promulgación del texto normativo cuestionado queda suspendida (Art. 61).

En cuanto al sistema de Chile, debe decirse que si bien Tribunal Constitucional tiene competencia para resolver las cuestiones de constitucionalidad, respecto de los decretos ejecutivos que tengan fuerza de ley; en cuanto a las leyes, éstas sólo pueden ser objeto de un control preventivo, antes de su promulgación. En tal sentido, el artículo 82 de la Constitución, atribuye al Tribunal Constitucional competencia para juzgar, antes de su promulgación, la constitucionalidad de las leyes orgánicas o las que interpretan preceptos de la Constitución. El Tribunal está igualmente autorizado, a petición de parte, para ejercer el control preventivo sobre toda cuestión que surja durante la discusión de los proyectos de ley, de los proyectos de reforma de la Constitución y de las leyes aprobatorias de los Tratados Internacionales sometidos a la sanción del Congreso.

En todos estos casos, como en el modelo francés, el control preventivo ejercido por el Tribunal Constitucional puede ser obligatorio o ejercido a petición de parte. En el caso de las leyes orgánicas constitucionales y de las leyes que interpretan una disposición constitucional, el control preventivo realizado por el Tribunal es obligatorio, a cuyo efecto el Presidente de la Cámara debe enviarle los textos dentro de los cinco días siguientes a su sanción. Dicho control preventivo, incluso, no sólo es obligatorio, sino que el Tribunal puede ejercerlo de oficio, no siendo el procedimiento, en estos casos, de carácter contencioso. Si en su decisión, el Tribunal considera inconstitucional una o varias disposiciones del texto impugnado, debe enviarlo nuevamente a la Cámara correspondiente, cuyo Presidente, a su vez lo debe enviar al Presidente de la República a los efectos de su promulgación, con excepción de las disposiciones consideradas inconstitucionales.

En el caso de proyectos de enmienda constitucional o de los tratados internacionales, el ejercicio del control preventivo por el Tribunal Constitucional sólo es posible si antes de la sanción del texto y durante la discusión del proyecto, se le formula una petición por el Presidente de la República, por una de las Cámaras del Congreso o por una cuarta parte de sus miembros. Por ello, esta petición no tiene efectos suspensivos sobre el procedimiento legislativo y la acción interpuesta por ante el Tribunal es de carácter contenciosa, razón por la cual, en estos casos, el Tribunal debe notificar a los órganos constitucionales interesados y oír sus argumentos.

En todo caso, la decisión del Tribunal que considere inconstitucionales las disposiciones de un proyecto de ley o de un tratado, impide su promulgación.

En todo caso, el control de la constitucionalidad en Chile, puede ser *a posteriori* únicamente con respecto a las formalidades relativas a la promulgación de las leyes a cargo del Presidente de la República. En efecto, la Constitución otorga al Tribunal la competencia para resolver las peticiones que le formulen las Cámaras del Congreso, en casos en que el Presidente de la República no promulgue una ley estando obligado a ello, o cuando promulgue un texto distinto del que haya sido objeto del procedimiento de formación de las leyes (Art. 82).

B. *La fórmula general del control concentrado a posteriori de la constitucionalidad de las leyes*

Aparte de los sistemas francés y chileno, puede decirse que, en general, los sistemas de control concentrado de la constitucionalidad de las leyes y demás actos de rango y valor de las leyes, son de carácter *a posteriori*, sea que dicho control lo ejerzan Tribunales Constitucionales como en Europa y algunos países de América Latina, sea que lo ejerzan las Cortes Supremas de Justicia, como sucede en Colombia, Venezuela y Panamá. En estos casos, el control se ejerce en relación a las leyes vigentes, para que sean anuladas si son inconstitucionales, generalmente con carácter *erga omnes*.

En estos sistemas, además, por lo general el sistema es de carácter mixto, pues se combina el control preventivo con el control *a posteriori*. En Europa, es el caso de Portugal, donde la Constitución, además del sistema difuso de control judicial de la constitucionalidad de las leyes, ha instituido paralelamente, un sistema concentrado de control de la constitucionalidad atribuido al Tribunal Constitucional, el cual lo ejerce no solamente en relación con las leyes promulgadas y, por lo tanto, *a posteriori* en relación con su aplicación, sino también a título preventivo, a semejanza del modelo francés.

En cuanto al sistema de control preventivo de la constitucionalidad, éste está referido a los tratados y acuerdos internacionales, a las leyes, y los decretos-ley oficiales, en el nivel nacional; y a nivel regional, a los actos del Poder legislativo, y a los de carácter normativo de los Ejecutivos regionales.

La constitucionalidad de las leyes en Portugal también puede ser objeto de un "examen abstracto minucioso" por parte del Tribunal Constitucional, mediante recurso o acción directa.

En efecto, la inconstitucionalidad de una disposición legal puede ser objeto de un recurso que puede ser introducido ante el Tribunal Constitucional por el Presidente de la República, el Presidente de la Asamblea de la República, el Primer Ministro, los Ombudsman, los Procuradores Generales o una decena de miembros de la Asamblea de la República (Art. 281,1). Además, las Asambleas Regionales o los Presidentes de los Gobiernos regionales igualmente tienen la posibilidad de ejercer el recurso directo de inconstitucionalidad contra las leyes que puedan haber lesionado los derechos de las regiones autónomas (Art. 281,1).

En América Latina, el sistema mixto también es la regla, existiendo un control preventivo pero sólo mediante objeción formulada por el Presidente de la República, al vetar las leyes por razones de inconstitucionalidad; en paralelo al control concentrado de la constitucionalidad de las leyes promulgadas ejercido por la propia Corte Suprema de Justicia. Es el caso de Colombia, Venezuela y Panamá.

En Venezuela, en efecto, además de que existe un sistema difuso de control de constitucionalidad, también funciona en paralelo un sistema de control concentrado de la constitucionalidad de las leyes[1794] ejercido por la Corte Suprema de Justicia, se trata en principio de un control de la constitucionalidad *a posteriori*, ejercido mediante una *acción popular*, luego de que la ley cuestionada haya entrado en vigor y haya producido efectos. Sin embargo, en el sistema venezolano puede identificarse también un control concentrado de la constitucionalidad de las leyes con carácter previo (*a priori*), ejercido por la Corte Suprema de Justicia a petición del Presidente de la República antes de la promulgación de las leyes aprobadas por las Cámaras Legislativas, y como parte del procedimiento de veto legislativo. Por consiguiente, el sistema concentrado de justicia constitucional en Venezuela, puede ser tanto preventivo como *a posteriori*.

En efecto, a partir de la reforma constitucional de 1945, la Constitución estableció expresamente la posibilidad de un control preventivo de la constitucionalidad de las leyes nacionales, incluyendo las leyes de aprobación de tratados internacionales y de contratos de interés público, correspondiendo su ejercicio a la Corte Suprema de Justicia a petición del Presidente de la República, como consecuencia de su poder de veto respecto de leyes sancionadas por las Cámaras Legislativas[1795].

En la actualidad, la Constitución de 1961 prevé, en el procedimiento de "formación de leyes" esta misma posibilidad del veto presidencial contra las leyes sancionadas, antes de su promulgación.

Por otra parte, en cuanto al sistema de control concentrado de la constitucionalidad de las leyes de carácter *a posteriori* se ejerce en Venezuela por la Corte Suprema cuando sea requerida mediante una *acción popular*, que puede ser intentada por cualquier habitante de la República (Art. 215). Se trata del medio más importante para el ejercicio, por la Corte Suprema, del control concentrado de la constitucionalidad de las leyes nacionales, de las de los Estados miembros y de las de los Munici-

---

1794 Véase nuestros trabajos: Allan R. Brewer-Carías, *El Control de la Constitucionalidad de los actos estatales*, Caracas 1977; "Algunas Consideraciones sobre el control Jurisdiccional de la Constitucionalidad de los actos estatales en el Derecho Venezolano, *Revista de Administración Pública*, Madrid N° 76, 1975, pp. 419 a 446; *Estado de Derecho y Control Judicial, cit.*, pp. 17 a 207; *Judicial Review...*, *op. cit.*, pp. 279 y sig.

1795 Artículo 91, Constitución de 1945; ver también Allan R. Brewer-Carías, *Las Constituciones de Venezuela*, Madrid 1985, p. 856; en un mismo sentido: Artículo 90, Constitución de 1953, *Idem.*, p. 947.

pios (Ordenanzas), así como de los actos estatales dictados en ejecución directa e inmediata de la Constitución.

En sentido similar, en Colombia también se ha establecido, además del control difuso de la constitucionalidad, el control concentrado tanto preventivo como *a posteriori* mediante acción popular.

En cuanto al control preventivo de la constitucionalidad de las leyes, como se ha dicho, la Constitución colombiana, a partir de 1886, ha previsto un método de control preventivo de la constitucionalidad en virtud del poder de veto a la legislación, atribuido al Presidente de la República (Arts. 167 y 241,8).

En efecto, cuando una ley es objeto de un veto por causa del in- constitucionalidad, si las Cámaras Legislativas insisten en su promulgación, el Presidente de la República debe enviar el proyecto de ley a la Corte Constitucional la cual debe decidir en un lapso de seis días. En caso de que la Corte declare inconstitucional el proyecto de ley, éste debe ser archivado. Si por el contrario, la Corte rechaza las objeciones constitucionales presentadas por el Presidente de la República, éste está obligado a promulgar la ley (Art. 167).

En cuanto al control concentrado de la constitucionalidad de las leyes, como se dijo, en Colombia, la Constitución de 1991 atribuyó a la Corte Constitucional la función de "guardián de la integridad y supremacía de la Constitución" (Art. 241), que ejerce, además, mediante el control *a posteriori* a través de la *acción popular*. Adicionalmente, la Constitución prevé un control obligatorio por parte de la Corte Constitucional respecto de los decretos que emanen del Presidente de la República como consecuencia de un estado de sitio, declarado por causa de guerra, crisis interna o cuando el orden económico y social del país esté gravemente alterado (Arts. 213 y 214). En estos casos, al día siguiente de su promulgación, el Presidente de la República debe remitir esos decretos a la Corte Constitucional, a la cual corresponde decidir "definitivamente sobre su constitucionalidad" (Art. 121).

En Panamá, como se ha dicho, se establece un sistema similar al de Colombia y Venezuela en cuanto al control concentrado *a priori* y *a posteriori*. En cuanto al primero, de acuerdo al artículo 165 de la Constitución, cuando el Presidente de la República objetare un proyecto de ley adoptada por la Asamblea Legislativa, cuando se le envía para su promulgación por razones de inconstitucionalidad, y la Asamblea insista en su adopción, corresponde a la Corte Suprema de Justicia decidir sobre su inconstitucionalidad, de manera que si el fallo de la Corte declara el proyecto de ley como constitucional, el Ejecutivo debe sancionarlo y hacerlo promulgar. El mismo principio se aplica a los proyectos de reforma constitucional.

En tal sentido, el Código Judicial establece en su artículo 2.546, lo siguiente:

"Art. 2.546. Cuando el Ejecutivo objetare un proyecto de ley por considerarlo inexequible y la Asamblea Legislativa, por mayoría de las dos terceras partes, insistiere en su adopción, el Órgano Ejecutivo dispondrá de un término de seis días hábiles para enviar el proyecto con las respectivas objeciones a la Corte Suprema de Justicia, la cual decidirá definitivamente sobre la exequibilidad del mismo".

De acuerdo con el artículo 2.547, también procede el control previo de la constitucionalidad (exequibilidad) respecto de las reformas constitucionales, por considerarse que no se ajusta a lo establecido en la propia Constitución (Art. 2.547).

Adicionalmente, como se dijo, en Panamá existe un sistema amplio de control de la constitucionalidad, *a posteriori*, de todos los actos estatales, tanto de carácter principal como de carácter incidental.

6. *El carácter principal e incidental del sistema de control concentrado de la constitucionalidad*

A. *La situación general en el derecho comparado*

Contrariamente al sistema difuso de control de la constitucionalidad, el cual siempre tiene un carácter incidental, el sistema concentrado puede tener bien sea un carácter principal o un carácter incidental, en la medida en que las cuestiones constitucionales relativas a las leyes lleguen a la Corte Suprema o a la Corte Constitucional en virtud de una acción directa intentada ante la misma, o cuando un tribunal inferior donde se planteó, a instancia de parte o de oficio, la cuestión constitucional, remite el asunto a la Corte. En Panamá, como se dijo, el sistema concentrado de control de la constitucionalidad es a la vez principal e incidental, como lo es en Uruguay, Honduras y Paraguay.

En consecuencia, otro aspecto de la racionalidad del sistema concentrado de control de la constitucionalidad de las leyes, en el cual el poder para anularlas se confiere a la Corte Suprema o a una Corte especial, es que la cuestión constitucional puede alcanzar la Corte de manera directa o principal mediante una acción contra la ley o el acto estatal concreto o de manera incidental cuando la cuestión constitucional se plantea en un tribunal inferior con motivo de un juicio particular y concreto. En este caso, el juez debe remitir su decisión a la Corte Suprema o a la Corte Constitucional para luego poder adoptar la resolución final del caso, en conformidad con la decisión tomada por la Corte. En ambos casos, el control de la constitucionalidad es de tipo concentrado, porque un sólo órgano está autorizado para juzgar la constitucionalidad de la ley. En el caso de Panamá, como hemos dicho, sin embargo, el método incidental de control de la constitucionalidad no sólo se refiere a disposiciones legales sino también, reglamentarias.

Ahora bien, este carácter esencial del control concentrado no siempre implica que la cuestión constitucional deba plantearse sólo de una manera principal o de una manera incidental. Podría ser cualquiera de ellas y también ambas paralelamente, como es el caso de Panamá, todo según las normas de la ley positiva.

En esta forma, no existe, en el derecho comparado ningún motivo para identificar el sistema concentrado de control de la constitucionalidad con el carácter principal o abstracto del método de revisión de la cuestión constitucional. Si bien ello era cierto en el sistema original austríaco implantado en 1920, ya no lo es en el derecho constitucional contemporáneo[1796], en el cual el sistema concentrado de control de la constitucionalidad puede derivar de ambos métodos: principal e incidental.

1796 *Cf.* M. Cappelletti, *op. cit.*, pp. 69, 72.

En el sistema principal, la cuestión constitucional relativa a una ley u otro acto estatal es "la cuestión principal" y única del juicio iniciado mediante acción directa que puede ser interpuesta por ante la Corte Suprema o la Corte Constitucional, tanto por los ciudadanos mediante una *actio popularis* o regida por reglas de legitimación particulares, o por funcionarios o autoridades públicas específicas. En el método incidental, la cuestión constitucional puede ser planteada ante un tribunal ordinario como una cuestión incidental en el juicio o de oficio por el tribunal. Este tribunal es, entonces, el único que puede remitir la cuestión constitucional ante la Corte Suprema o la Corte Constitucional, en cuyo caso se debe suspender la decisión del caso concreto hasta que la cuestión constitucional haya sido resuelta por la Corte Suprema o la Corte Constitucional[1797].

B. *El control concentrado principal de la constitucionalidad y la acción popular*

En el derecho comparado, sin duda, el ejercicio del control concentrado de la constitucionalidad por vía principal, mediante una *acción popular* es absolutamente excepcional. Lo normal es que se limite el ejercicio de la acción directa a determinados funcionarios u órganos del Estado (Presidente del Gobierno, Ministerio Público, miembros del Parlamento), como sucede en Europea, para acceder a los Tribunales Constitucionales, o se exija una legitimación activa determinada en caso de que se permita el ejercicio de la acción a los particulares, como sucede en Uruguay, Honduras y Paraguay.

En Panamá, como se ha señalado, desde 1941 y, sin duda, en este punto, por influencia del sistema colombiano, se estableció la acción popular como medio procesal para acceder a la jurisdicción constitucional de la Corte Suprema de Justicia. Igual sistema existe en Venezuela. La diferencia, en todo caso, entre el sistema panameño y el de Venezuela y Colombia, radica en el objeto del control, que es más amplio en Panamá, donde no sólo las leyes y demás actos estatales de rango o valor similar pueden ser impugnados por inconstitucionalidad mediante la acción popular, sino todos los actos estatales.

Debe señalarse, en todo caso, que además de los casos de Colombia, Venezuela y Panamá, también puede identificarse una acción popular de inconstitucionalidad, en El Salvador y Nicaragua.

En efecto, el artículo 96 de la Constitución de 1950 de El Salvador, cuyo texto recoge el artículo 183 de la Constitución de 1992, establece la competencia de la Corte Suprema de Justicia, por medio de la Sala de lo Constitucional, como "único tribunal competente para declarar la inconstitucionalidad de las leyes, decretos y reglamentos, en su, forma y contenido, de un modo general y obligatorio, y podrá hacerlo a *petición de cualquier ciudadano*", Por su parte, el artículo 187 de la Constitución de Nicaragua establece "el Recurso por Inconstitucionalidad contra toda ley, decreto o reglamento que se oponga a lo prescrito por la Constitución política, el *cual podrá ser instaurado por cualquier ciudadano*".

1797 *Cf.* Allan R. Brewer-Carías, *Judicial Review in Comparative Law, cit.,* pp. 186 y ss.

Se observa, en todo caso, que una pequeña diferencia podría identificarse en cuanto a la legitimación amplia de la acción popular: en Panamá se otorga a cualquier persona, al igual que en Venezuela; en cambio en El Salvador y Nicaragua, se confiere a los ciudadanos, es decir, a quienes gozan de derechos políticos en los respectivos países[1798].

En otros países, si bien la legitimación para ejercer la acción de inconstitucionalidad está sometida a algunas restricciones, en definitiva podría identificarse una acción popular de inconstitucionalidad, tal es el caso de Guatemala, cuya Constitución de 1985, reguló los poderes de control de la constitucionalidad ejercidos por la Corte Constitucional, cuando se ejerce un recurso de inconstitucionalidad, concebido, como una acción directa (Art. 272,a), que puede ser interpuesta contra "las leyes y disposiciones de carácter general, objetadas parcial o totalmente de inconstitucionalidad" (Arts. 267 y 272,a). Conforme a la Ley de Amparo, Exhibición personal y de constitucionalidad de 1986, tienen legitimación para plantear la inconstitucionalidad de leyes, reglamentos o disposiciones de carácter general, la Junta Directiva del Colegio de Abogados, el Ministerio Público, el Procurador de Derechos Humanos y "cualquier persona con el auxilio de tres abogados colegiados activos" (Art. 134). Este último convierte, el recurso, materialmente, en una acción popular de inconstitucionalidad, como la que existe en Colombia, Panamá, Venezuela, El Salvador y Nicaragua.

a. *La acción popular de inconstitucionalidad en Venezuela*

En efecto, en Venezuela desde 1858, la principal característica de la competencia de la Corte Suprema de Justicia en el ejercicio de sus poderes de control concentrado de la constitucionalidad, es que puede ser requerida por cualquier persona natural o jurídica, que goce de sus derechos[1799]. Por consiguiente, el sistema concentrado de justicia constitucional en Venezuela siempre está concebido como un proceso de carácter principal que se desarrolla ante la Corte Suprema, cuando se introduce una acción popular. Dicha acción popular, tal como lo señaló la misma Corte en 1971, está abierta "a cualquiera del pueblo (de ahí su denominación)", siendo su objetivo "la defensa de un interés público que es a la vez simple interés del accionante quien, por esta sola razón, no requiere estar investido de un interés jurídico diferenciado legítimo". Por consiguiente en Venezuela, la acción popular está consagrada "para impugnar la validez de un acto del Poder Público, que por tener un carácter normativo y general, obra *erga omnes*, y por tanto, su vigencia afecta e interesa a todos por igual"[1800].

1798 *Cfr.* Luis López Guerra, "Protección de los Derechos Fundamentales por la Jurisdicción Constitucional en Centro América y Panamá", en Instituto de Investigaciones Jurídicas, Centro de Estudios Constitucionales México-Centroamérica, *Justicia Constitucional Comparada,* UNAM, México 1993, p. 86.

1799 Véase sentencia de la Corte Federal del 22-2-60, *Gaceta Forense* Nº 27, 1960, pp. 107 y 108 así como la sentencia de la Corte Suprema de Justicia en la Sala Político-Administrativa del 3-10-63, *Gaceta Forense* Nº 42, 1963, pp. 19 y 20, la del 6-2-64 *Gaceta Oficial* Nº 27.373, 21-2-64, la del 30-5-63, *Gaceta Forense* Nº 52, 1968, p. 109, y la del 25-9-73 *Gaceta Oficial* Nº 1.643 Extra, 21-3-74, p. 15.

1800 Véase la sentencia de la Corte Suprema de Justicia en la Sala Político-Administrativa de 18-2-71, *Gaceta Oficial* Nº 1.472 Extra., 11-6-71, p. 6; ver también la sentencia de la Corte Suprema de Justicia en la Sala Político-Administrativa del 6-2-64, *Gaceta Oficial* Nº 27.373, 21-2-64.

En cuanto a la acción popular, cabe señalar que su "popularidad", tradicionalmente muy amplia, fue de algún modo limitada desde 1976, por la Ley Orgánica de la Corte Suprema de Justicia, la cual exigió un interés simple "particularizado" para poder introducirla. En efecto, el artículo 112 de dicha Ley exige que el acto impugnado debe lesionar, de algún modo, "los derechos e intereses" del recurrente. Por lo tanto, la amplia popularidad de la acción de inconstitucionalidad puede considerarse que ha sido objeto de una especie de restricción legal, sin que por ello haya perdido su carácter de "acción popular".

En efecto, una restricción de este tipo podría considerarse razonable ya que en realidad sólo afectaría la legitimación necesaria en casos extremos. Por ejemplo, si se impugna una Ley de una Asamblea Legislativa de uno de los Estados de la Federación, sería lógico que se considere necesario que el recurrente, por ejemplo, al menos, resida en ese Estado, que tenga bienes en su territorio o que sus derechos e intereses puedan, de algún modo, resultar lesionados por dicha ley[1801].

De todos modos, la misma Corte Suprema de Justicia aclaró las dudas con respecto a la posible restricción de la popularidad de la acción[1802], y consideró que la exigencia del artículo 112 de la Ley Orgánica en el sentido de que la ley impugnada debe lesionar "los derechos e intereses" del recurrente, no significa que la acción popular haya sido eliminada, ni que se haya establecido una exigencia especial de legitimación activa para requerir de la Corte Suprema el ejercicio del control de la constitucionalidad. Según la Corte, el objeto de la acción popular es "a defensa objetiva de la majestad de la Constitución y su supremacía", y si bien es cierto que la Ley Orgánica de la Corte Suprema requiere que los derechos e intereses del recurrente hayan sido afectados, dicha expresión no debe interpretarse de manera "rigurosamente restrictiva"[1803]. Basándose en todo lo anterior, la Corte Suprema llegó a la conclusión de que cuando una persona ejerce la acción popular de inconstitucionalidad en virtud de los términos del artículo 112 de su Ley,

"*debe presumirse*, al menos relativamente, que el acto de efectos generales recurrido en alguna forma afecta los derechos o intereses del recurrente en su condición de ciudadano venezolano, salvo que del contexto del recurso aparezca manifiestamente lo contrario"[1804].

Conforme a la Constitución de 1961, el control de la constitucionalidad de los actos del Estado a través de la acción popular está reservado a los actos de rango legal o normativo, es decir, a los actos de ejecución inmediata a la Constitución, y a los reglamentos. A nivel nacional, los actos del Estado de rango legal son las leyes, los actos parlamentarios sin forma de ley y los actos del gobierno; y a nivel de los

---

1801 Allan R. Brewer-Carías, *El Control de la Constitucionalidad..., op. cit.,* p. 122.

1802 Véase L. H. Farías Mata, "¿Eliminada la Acción Popular del Derecho Positivo Venezolano?", *Revista de Derecho Público,* 11, EJV, Caracas 1982, pp. 5-8.

1803 Sentencia de la Corte en Sala Plena del 30-6-82, ver en *Revista de Derecho Público,* N° 11, EJV, Caracas 1982, p, 138.

1804 En esta forma, la Corte reservó este recurso de inconstitucionalidad a los actos que tienen efectos *erga omnes* y que interesan a cualquiera. Véase al respecto la sentencia de la Corte Suprema de Justicia en la Sala Político-Administrativa del 14-3-60, *Gaceta Oficial* N° 26.222, 1-4-60, pp. 154-225.

Estados miembros de la Federación y de los Municipios, las leyes de las Asambleas Legislativas de los Estado miembros y las Ordenanzas dictadas por los Concejos Municipales[1805]. En consecuencia en el nivel nacional, además de los reglamentos del Ejecutivo Nacional, los actos promulgados por el Congreso y sus Cámaras Legislativas son los únicos que pueden ser objeto de una acción de inconstitucionalidad, así como los actos del Ejecutivo adoptados en ejecución directa e inmediata de la Constitución[1806].

Sin embargo, de todos los actos sometidos al control de la constitucionalidad, es evidente que las leyes son las más importantes, en virtud de su alcance general. En este sentido, la Constitución prevé expresamente la competencia de la Corte Suprema para declarar la nulidad total o parcial de las leyes nacionales, de las leyes de los Estados y de las Ordenanzas Municipales que colidan con la Constitución (Art. 215, Ords. 3° y 4°).

La consecuencia directa del carácter popular de la acción de inconstitucionalidad en el sistema venezolano, es el carácter objetivo del proceso que se desarrolla ante la Corte Suprema como consecuencia de la acción.

En efecto, en Venezuela, la acción de inconstitucionalidad no se interpone contra el órgano del Estado (por ejemplo, el Congreso o el Presidente de la República) que hubiese adoptado o promulgado la ley cuestionada por inconstitucionalidad. En realidad, esta acción sólo se dirige contra un acto de Estado, como por ejemplo, una ley. Por consiguiente, en el proceso de inconstitucionalidad no hay "partes" propiamente dichas, ni demandante ni demandados en el sentido estricto del término. En realidad, el proceso de inconstitucionalidad es un proceso contra un acto, que puede ser iniciado por cualquier particular o funcionario público.

Por otra parte, como en el proceso de inconstitucionalidad no hay demandado, no es necesario citar a nadie[1807], y una vez que la acción es admitida, la Corte, en realidad, sólo debe notificar por escrito al Presidente de la entidad o al funcionario que promulgó el acto, y solicitar la opinión del Ministerio Público, en caso de que éste no haya sido el que hubiese iniciado el proceso, quien puede consignar su informe antes de que se dicte la sentencia (Art. 116 de la Ley Orgánica de la Corte).

La Corte puede, sin embargo, ordenar el emplazamiento público de los interesados, cuando lo estime necesario. Por tanto, así como cualquier persona natural o jurídica lesionada en sus derechos e intereses puede ejercer la acción popular de inconstitucionalidad de las leyes, también, toda persona, con el mismo simple in-

1805 Las ordenanzas municipales tienen el carácter de leyes locales. Véase Allan R. Brewer-Carías, *El Régimen Municipal en Venezuela,* Caracas 1984, p. 162.

1806 La Corte Suprema de Justicia enunció claramente este criterio en los términos siguientes: "El examen de una acción de inconstitucionalidad supone la confrontación entre el acto que se considera viciado y las normas de la Constitución presuntamente infringidas por éste. Si tales normas condicionan el acto, es decir, determinan, por ejemplo, la finalidad de éste, la autoridad competente para realizarlo, o los requisitos intrínsecos o extrínsecos cuyo incumplimiento puede afectar su validez, la acción o recurso dirigido a anularlo por colidir con la Constitución, es de inconstitucionalidad". Sentencia de la Corte Suprema de Justicia en la Sala Político-Administrativa del 13-2-68, *Gaceta Forense* N° 59, 1968, p. 83.

1807 Véase la sentencia de la Corte Federal en Sala Político-Administrativa del 20-11-40, *Memoria 1941,* pp. 265 y 266.

terés, tiene derecho de presentar argumentos y alegatos durante el proceso, en defensa de la ley o del acto cuestionado (Art. 137 de la Ley Orgánica de la Corte).

Para concluir, debe señalarse que el proceso de inconstitucionalidad debe comenzar mediante la introducción ante la Corte de un escrito de recurso en el que el recurrente debe identificar claramente el acto cuestionado[1808], e indicar con precisión las inconstitucionalidades denunciadas, es decir, tanto las razones del recurso como las normas constitucionales supuestamente violadas[1809]. Sin embargo, tratándose de una acción popular que pone en juego la validez de una ley y la supremacía constitucional, estimamos que la Corte puede apreciar la inconstitucionalidad del acto cuestionado de oficio, por vicios no invocados por el recurrente[1810], sin tener que limitarse a conocer únicamente las denuncias formuladas en el escrito[1811].

b. *La acción popular en Colombia*

En Colombia, como se ha dicho, conforme a la Constitución de 1991, todos los ciudadanos pueden interponer por ante la Corte Constitucional una *acción popular* para requerir la anulación, por inconstitucionalidad, de los siguientes actos estatales: actos de reforma de la Constitución, por vicios de procedimiento; actos de convocatoria de referéndum o de asambleas constituyentes referentes a una reforma de la Constitución, por vicios de procedimiento; los referéndum referentes a leyes, consultas populares y plebiscitos nacionales, solamente por vicios de procedimiento en la convocatoria o en su realización; leyes, tanto por su contenido material como por vicios de procedimiento en su elaboración; decretos que tengan fuerza de ley dictados por el gobierno, por su contenido material o por vicios de procedimiento en su elaboración; decretos legislativos gubernamentales, tratados internacionales y leyes de ratificación de tratados (Art. 199).

El carácter popular de la acción de inconstitucionalidad viene dado por el hecho de que ésta puede ser ejercida por todos los ciudadanos, incluso sin tener ningún interés en particular, por lo que el procedimiento que se desarrolla ante la Corte Constitucional es de carácter objetivo. En efecto, esta acción no se intenta contra el Estado o contra uno de sus órganos, sino contra una ley o un acto estatal que tenga fuerza de ley. Esa es la razón por la cual, en principio, un ciudadano cualquiera puede intervenir en el procedimiento, adhiriéndose a la petición del accionante, o como parte interesada en el mantenimiento de la ley impugnada (Art. 242,2). Igualmente

---

1808 Artículo 113 de la Ley Orgánica de la Corte Suprema de Justicia. Véase la sentencia de la Corte Suprema de Justicia en Sala Político-Administrativa del 23-1-69, *Gaceta, Forense* Nº 63, 1969, p. 95.

1809 Artículo 113 de la Ley Orgánica de la Corte Suprema de Justicia. Véase sentencia de la Corte Federal del 14-12-51, *Gaceta Forense* Nº 6, 1950, pp. 46 y 47; y sentencia de la Corte Suprema de Justicia en Sala Político- Administrativa del 11-8-64, *Gaceta Forense* Nº 45, 1964, pp. 185 y 186.

1810 En este sentido, la Procuraduría General de la República ha señalado que la constitucionalidad de los actos legislativos constituye una materia eminentemente pública. Por ello, en los juicios en los que son tratados tales problemas, las facultades del juez no están ni pueden estar limitadas por lo invocado y probado en actos. Véase *Doctrina PGR 1963*, Caracas 1964, pp. 23 y 24.

1811 Al igual que la Corte Suprema lo sostuvo en la sentencia de la Corte Suprema de Justicia en CP del 15-3-62, *Gaceta Forense* Nº 760 especial, 22-3-62. En este sentido, J. G. Andueza sostiene que la decisión de la Corte no puede contener *ultra petita*, *La Jurisdicción Constitucional en el Derecho Venezolano*, Caracas 1955, p. 37.

por este carácter popular, de conformidad con el artículo 242,2 de la Constitución, el Procurador de la República debe intervenir en todo caso de acción de inconstitucionalidad.

El carácter objetivo del procedimiento también resulta del hecho de que la Corte Constitucional, como guardián de la Constitución, puede considerar vicios de naturaleza constitucional diferentes de los que fueron denunciados por el accionante o por los ciudadanos que hayan participado en el procedimiento y por consiguiente, puede declarar la inconstitucionalidad de la ley examinada por motivos diferentes a los expresados en la acción (Art. 29, Decreto 432 de 1969).

Los vicios de inconstitucionalidad contenidos en el escrito de la acción, por tanto, no limitan en absoluto los poderes de la Corte que, como guardián de la integridad de la Constitución, está autorizada para examinar de oficio el acto cuestionado y para someterlo a todas las condiciones constitucionales[1812]. Por otra parte, el desistimiento de la acción por parte del recurrente no tiene efectos inmediatos, dado el papel atribuido a la Corte, y ésta, por consiguiente, puede continuar efectuando el examen constitucional del acto impugnado[1813].

Finalmente, y como consecuencia del carácter popular de la acción, en principio, ningún plazo de caducidad está previsto para su ejercicio; por tanto, como es inextinguible, el ejercicio de la acción popular puede ser considerado como un derecho político de los ciudadanos. Sin embargo, debe señalarse que la reforma constitucional de 1991 estableció que cuando la acción se basa en vicios formales o de procedimiento de la ley impugnada, la acción está sometida a un lapso de caducidad de un año, contado a partir de la fecha de su publicación (Art. 242,3).

c. *La acción popular en Panamá*

En Panamá, como se ha dicho, conforme al artículo 203,1 de la Constitución, la acción de inconstitucionalidad puede ser interpuesta ante la Corte Suprema de Justicia, "por cualquier persona", por razones de fondo o de forma, contra "leyes, decretos, acuerdos, resoluciones, y demás actos" estatales. Se consagra así la acción popular, cuyo contorno se precisa en el artículo 2-550 del Código Judicial, así:

"Art. 2.550. *Cualquier persona* por medio de apoderado legal, puede impugnar ante la Corte Suprema de Justicia las leyes, decretos, acuerdos, resoluciones y demás actos provenientes de autoridad que considere inconstitucionales, y pedir la correspondiente declaración de inconstitucionalidad".

En el mismo Código Judicial regula la forma de ejercicio de la acción, exigiendo que la demanda de inconstitucionalidad debe, necesariamente, contener la transcripción literal de la disposición, norma o acto acusados de inconstitucionales; y la indicación de las disposiciones constitucionales que se estimen infringidas y el concepto de la infracción (Art. 2.551).

1812 L. C. Sáchica, *El Control de la Constitucionalidad y sus mecanismos,* Bogotá 1982, p. 106.

1813 A. Copete Lizarralde, *Lecciones de Derecho Constitucional,* Bogotá p. 246.

Por otra parte, la demanda debe acompañarse de copia debidamente autenticada de la ley, decreto de gabinete, decreto-ley, orden, acuerdo, resolución o acto que se considere inconstitucional. En todo caso, si se trata de una ley u otro documento publicado en la *Gaceta Oficial* no hay necesidad de acompañar la copia, bastando citar el número y fecha de la respectiva *Gaceta Oficial*. Además, cuando el recurrente no haya podido obtener dicha copia, debe exponerlo ante la Corte señalando las causas de la omisión, en cuyo caso la Corte debe ordenar de oficio a la corporación o funcionario respectivo que compulse y envíe las copias correspondientes (Art. 2.552).

El artículo 2.552 del Código precisa que la inobservancia de los requisitos referidos anteriormente producirá la inadmisibilidad de la demanda.

El proceso que se sigue con motivo de la acción popular, en todo caso, es un proceso objetivo en interés de la Constitución, contra la ley o acto impugnado, razón por la cual "en la acción de inconstitucionalidad no cabe desistimiento" (Art. 2.553).

De la demanda la Corte debe dar traslado, por turno, al Procurador General de la Nación o al Procurador de la Administración, para que emita concepto en un término no mayor de 10 días (Art. 2.554). En el procedimiento, luego de devuelto el expediente por el Procurador, la Corte debe fijar en lista por 3 días en un periódico de circulación nacional, para que en el término de 10 días contados a partir de la última publicación, el demandante y todas las personas interesadas presenten argumentos por escrito sobre el caso.

C. *El control concentrado incidental de la constitucionalidad*

El segundo método de control concentrado de la constitucionalidad, además .del método principal por vía de acción, es el método incidental que también existe en Panamá, y que aparte de estar establecido en Uruguay, Honduras, Paraguay y Costa Rica, no es frecuente en América Latina. Ya nos hemos referido al sistema en los tres primeros países. En cuanto a Costa Rica, la Ley de la Jurisdicción Constitucional prevé que todos los jueces de la República pueden formular a la Sala Constitucional una consulta de constitucionalidad, cuando duden de la constitucionalidad de una norma o acto que deban aplicar, o de una acción u omisión que deban juzgar en un caso que les sea sometido (Art. 120 LJC).

En estos casos, el juez que formule la consulta debe elaborar una resolución donde debe indicar las normas cuestionadas y las razones de las dudas del tribunal con respecto a su validez o interpretación constitucionales. En estos casos, el procedimiento judicial debe suspenderse hasta que la Sala Constitucional haya evacuado la consulta (Art. 104), cuya decisión interpretativa tiene carácter obligatorio y efectos de cosa juzgada (Art. 117).

En todo caso, debe señalarse que el método incidental de control concentrado de la constitucionalidad es el más desarrollado en Europa, y quizás la característica más destacada del sistema europeo de control de la constitucionalidad[1814].

1814 Véase Allan R. Brewer-Carías, *El control concentrado...*, pp. 173 y ss.

a.   El método incidental ante los Tribunales Constitucionales europeos

Todos los Tribunales Constitucionales Europeos conocen de las cuestiones constitucionales, *incidenten tantum*, cuando un juez de las jurisdicciones ordinaria o especial le remite el asunto para su decisión.

En Austria, en efecto, la cuestión constitucional relativa a los actos del Estado puede plantearse ante el Tribunal constitucional por vías distintas al recurso o acción directa, para lo cual en la reforma constitucional de 1929, se adoptó un método incidental de control jurisdiccional, el cual fue ampliado en 1975.

En efecto, de conformidad con la Constitución, la cuestión de la constitucionalidad de las leyes puede plantearse ante el Tribunal Constitucional mediante una remisión que le haga la Corte Administrativa, la Corte Suprema o cualquier Corte de apelación, cuando deban aplicar la ley en un procedimiento concreto (Art. 140,1). En lo que respecta a los reglamentos ejecutivos, cualquier tribunal puede requerir al Tribunal Constitucional que examine la cuestión constitucional con miras a su anulación por la vía incidental (Art. 139,1). En este caso, el procedimiento incidental planteado ante el Tribunal Constitucional tiene efectos suspensivos con respecto al proceso concreto en el cual se planteó la cuestión constitucional, por lo que sólo puede proseguirse el procedimiento, después que se dicte la sentencia del Tribunal Constitucional (Art .57 de la Ley del Tribunal).

Aunque la Corte Suprema y las Cortes de apelación no tengan ningún poder de control jurisdiccional de las leyes en el sistema concentrado austríaco, la vía incidental de control jurisdiccional les confiere, en cierto modo, no sólo el poder sino también el deber de no aplicar las leyes cuya constitucionalidad está cuestionada, sin haber oído previamente la sentencia obligatoria de la Corte Constitucional[1815], lo que significa que dichas cortes tienen el poder para juzgar la inconstitucionalidad de las leyes, pero no para anularlas.

En Alemania, el método incidental, conocido como control concreto de las normas (*Konkrete Normenkontrolle*), está regulado en el artículo 100 de la Constitución Federal, así:

> "Si una Corte considera inconstitucional una ley cuya validez afecta la decisión que debe adoptar, debe procederse a suspender la instancia en espera de una decisión de la Corte de un *Land* competente en materia de conflicto constitucional cuando se estima que ha habido violación de la Constitución de un *Land* o de la del Tribunal Constitucional Federal cuando la violación afecta la Ley fundamental. Sucede lo mismo en el caso en que se estime que hay violación de dicha Ley fundamental por parte de la ley de un *Land* cuando una ley de un *Land* no esté conforme a una ley federal".

Esta disposición constitucional confirma claramente el carácter concentrado del sistema de control judicial de la constitucionalidad de las leyes en el régimen constitucional de Alemania, debido principalmente a la prohibición implícita que tienen los tribunales de controlar la constitucionalidad de las leyes incluso si, como lo

---

1815 M. Cappelletti, *op. cit.*, p. 74.

hemos visto, éstas conservan un poder de control difuso de la constitucionalidad de los actos normativos administrativos del Estado. En todo caso, contrariamente al control abstracto de las normas en el cual el recurso se refiere a cualquier acto normativo del Estado, el control concreto de las normas sólo se refiere al aspecto formal de las leyes.

Conforme a este método incidental de control judicial, la cuestión constitucional que puede plantearse respecto de una ley, siempre es llevada ante el Tribunal Constitucional mediante remisión que le hace un tribunal cualquiera, cuando en un procedimiento en curso, éste considera inconstitucional una ley cuya validez debe servir de base para su decisión en el caso concreto. Por consiguiente, la cuestión constitucional que se plantea en este caso siempre reviste un carácter incidental vinculado a la solución de un caso concreto por el tribunal; de tal manera que ella debe estar vinculada al caso y ser determinante en su decisión.

En este supuesto, si bien es cierto que los tribunales no tienen el poder de declarar la nulidad de leyes, ni tampoco de decidir de oficio acerca de su inaplicación, en cambio poseen el poder de examinar la inconstitucionalidad de las leyes remitiendo el asunto constitucional al Tribunal Constitucional.

Además, en estos casos, el juez debe estar convencido de la inconstitucionalidad de la ley, razón por la cual debe fundamentar su criterio por ante el Tribunal Constitucional, explicando en qué medida de su decisión depende de la validez de la ley y precisando con cuál disposición constitucional no está ésta conforme (Art. 80,2 de la Ley del Tribunal Constitucional Federal).

Por otra parte, la posibilidad de plantear ante el Tribunal Constitucional Federal asuntos referentes a la constitucionalidad de las leyes, es una atribución de los tribunales que pueden ejercer de oficio y cuyo ejercicio no está subordinado a la voluntad de las partes. Por consiguiente, la atribución de los tribunales de remitir cuestiones constitucionales al Tribunal Constitucional, es independiente de las partes en lo que se refiere a la inconstitucionalidad de una disposición legal, razón por la cual el método incidental de control judicial no necesariamente se origina en una excepción alegada por una de las partes en el proceso concreto.

En todo caso, y a pesar de su carácter incidental, los poderes del Tribunal Constitucional sólo se limitan al examen de la cuestión constitucional planteada por el tribunal respectivo. El Tribunal Constitucional, por lo tanto, no efectúa una revisión del fondo del asunto debatido, sino que se limita a determinar si la ley considerada inconstitucional por el tribunal inferior es o no conforme a la Constitución (Art. 80 de la Ley). Por ello, este procedimiento del control judicial concreto de las normas, al igual que aquel de tipo abstracto, también reviste un carácter objetivo.

En todo caso, una vez que el Tribunal Constitucional ha decidido la cuestión constitucional que le ha sido remitida por un tribunal inferior, este último debe retomar la instancia y dictar su sentencia de conformidad con la decisión del Tribunal Constitucional, la cual tiene fuerza obligatoria general (Art. 31.1 de la Ley).

En Italia, el medio principal para introducir la cuestión de la constitucionalidad de las leyes por ante la Corte Constitucional y, sin lugar a dudas, el mejor medio para mantener las leyes y los actos legislativos en el marco de la Constitución, es el método incidental expresamente consagrado en la Ley Constitucional Nº 1 de 1948, la cual contiene las normas relativas a las sentencias de ilegitimidad constitucional y a las garantías de independencia de la Corte Constitucional. El artículo 1 de esta Ley Constitucional reza como sigue:

> "La cuestión de la ilegitimidad de una ley o de un acto de la República con fuerza de ley, planteada de oficio o invocada por cualquiera de las partes en un juicio y no considerada sin fundamento por el juez, debe ser referida a la Corte Constitucional".

Las normas fundamentales de este método incidental de control jurisdiccional fueron establecidas en la Ley N° 87 de 1953, la cual enfatiza el carácter concentrado incidental del sistema italiano de control jurisdiccional.

De conformidad con dicha Ley N° 87 de 1953 en un juicio intentado por ante un tribunal, cualquiera de las partes o el Ministerio público puede plantear la cuestión de la legitimidad constitucional mediante una petición, indicando, en primer lugar, las disposiciones de la ley o del acto con fuerza de ley del Estado o de la Región, que contienen los vicios de "legitimidad constitucional", y luego las disposiciones de la Constitución o de las "leyes constitucionales" presuntamente violadas.

Una vez planteada la cuestión de la constitucionalidad por ante el juez ordinario, éste debe tomar la decisión de referir la cuestión a la Corte Constitucional cuando se trate de una cuestión prejudicial, es decir si el caso no permite al juez tomar una decisión evitando la cuestión de la "legitimidad constitucional", e igualmente cuando el juez estime que la cuestión está suficientemente fundamentada (Art. 23). En otras palabras, si el juez considera que la cuestión de constitucionalidad está suficientemente fundada y su resolución es esencial para la decisión del juicio, debe tomar una decisión relativa a la existencia de estas dos condiciones y, por lo tanto, referir la cuestión a la Corte Constitucional anexando a la remisión la declaración de las partes o del Ministerio público, así como el expediente completo del caso, cuyo procedimiento debe suspenderse. La cuestión constitucional invocada por las partes o el Fiscal puede ser rechazada por el juez, mediante una decisión motivada, cuando estime que el caso no es pertinente o no está suficientemente fundamentado. Sin embargo, tal rechazo no impide que las partes puedan volver a plantear la cuestión posteriormente, en cualquier fase del procedimiento (Art. 24).

Tal como lo establecen la Ley Constitucional N° 1 de 1948 y la Ley Constitucional N° 87 de 1953, la cuestión de la legitimidad constitucional también puede ser planteada de oficio por el juez de la causa; en este caso, el juez también debe tomar una decisión en la cual debe indicar con precisión las disposiciones de la ley o de los actos con fuerza de ley consideradas inconstitucionales, así como las normas de la Constitución o de las leyes constitucionales consideradas violadas por la ley cuestionada. El juez, igualmente, debe justificar en su decisión el carácter prejudicial de la cuestión y las razones de la inconstitucionalidad de la ley.

En todo caso, cuando se plantea la cuestión constitucional de la ilegitimidad constitucional de una ley o de un acto del Estado con tuerza de ley, el juez no está obligado por la voluntad de las partes: puede rechazar sus alegatos relativos a cuestiones constitucionales y plantear estas de oficio. En todo caso, le corresponde al juez decidir la inconstitucionalidad de las leyes, aun cuando no tenga el poder para anularlas, ya que sus poderes se limitan a remitir la cuestión a la Corte Constitucional.

Además, la Corte Constitucional, cuando examina una cuestión constitucional, tampoco está obligada por las partes del juicio original en el cual se planteó la cuestión constitucional. En consecuencia incluso si bien se debe convocar y oír a las partes del juicio a quo, así como a la autoridad ejecutiva involucrada (Presidente del Consejo de Ministros o del Consejo Regional) (Art. 25 de la Ley 87) el procedimiento iniciado por ante la Corte no constituye un procedimiento contencioso entre partes, sino más bien un procedimiento de carácter objetivo, independiente de la voluntad de las partes incluso, en los casos de desistimiento de la acción.

El método de control jurisdiccional de la constitucionalidad de las leyes con carácter incidental, también está previsto en España por el artículo 163 de la Constitución, que establece:

"Cuando un órgano judicial considere, en algún proceso, que una norma con rango de ley, aplicable al caso, de cuya validez dependa el fallo, pueda ser contraria a la Constitución, planteará la cuestión ante el Tribunal Constitucional, en los supuestos, en la forma y con los efectos que establezca la ley, que en ningún caso serán suspensivos"[1816].

El primer aspecto de este método incidental de control jurisdiccional de la constitucionalidad en el sistema español, es que los jueces son los únicos órganos habilitados para plantear ante el Tribunal Constitucional la cuestión constitucional, pudiendo actuar de oficio o a instancia de parte. Las partes pueden plantear la cuestión constitucional en cualquier momento del juicio concreto, pero el juez es quien debe tomar una decisión inapelable, por lo que únicamente cuando estima que la norma examinada es contraria a la Constitución, es que debe remitir la cuestión al Tribunal Constitucional.

De conformidad con la Ley Orgánica que rige el Tribunal, el juez sólo puede plantear esta cuestión constitucional una vez concluido el procedimiento del caso concreto y dentro de los plazos necesarios para decidir el caso. Por este motivo, la cuestión constitucional no tiene efectos suspensivos en el sentido de que el procedimiento debe continuar hasta la adopción de la decisión final.

La remisión al Tribunal Constitucional debe indicar la ley o la norma con fuerza de ley cuya constitucionalidad se cuestiona, así como la norma constitucional presuntamente violada. El juez, además, debe precisar y justificar hasta qué punto la decisión del procedimiento concreto está condicionada por la validez de la norma en cuestión, es decir, debe justificar el carácter prejudicial de la inconstitucionalidad de la ley o del acto normativo en cuanto al juicio concreto.

De todas maneras, antes de tomar su decisión en la materia, el juez debe oír al Ministerio público y a las partes con respecto a la cuestión constitucional (Art. 35,2 de la Ley Orgánica del Tribunal). Sin embargo, una vez planteada ante el Tribunal Constitucional la cuestión de la inconstitucionalidad, las partes del procedimiento *a quo* no tienen el derecho de intervenir en el juicio constitucional. El Tribunal Constitucional sólo tiene el deber de notificar la cuestión a los representantes de los órga-

---

1816 Ver también artículo 35,1 de la Ley Orgánica 2-1979.

nos cuyos actos fueron cuestionados, con el fin de permitirles que hagan sus declaraciones en la materia ante el Tribunal (Art. 37,2 de la Ley Orgánica).

En relación a este método incidental de control jurisdiccional, sin duda, hay una diferencia entre los regímenes existentes en el sistema español y en el alemán. En este último, la cuestión constitucional incidental sólo puede ser planteada por un tribunal ante el Tribunal Constitucional, cuando el juez está convencido de la inconstitucionalidad de la ley, mientras que, en el sistema español, basta que el juez considere que la norma aplicable "pueda ser contraria a la Constitución", lo que se asemeja más al sistema italiano, en el cual el juez puede plantear la cuestión constitucional cuando considera que tiene suficiente fundamento.

b.   *El método incidental en Panamá: las consultas sobre constitucionalidad*

Siguiendo, en líneas generales, la orientación de los sistemas europeos, pero con la advertencia de que el método incidental de control de la constitucionalidad fue establecido en Panamá antes que en Europa (salvo Austria), la Constitución panameña lo prevé, como se ha visto, estando regulado en el artículo 2.548 del Código Judicial, así:

"Art. 2.548. Cuando un servidor público al impartir justicia, advierta que la disposición legal o reglamentaria aplicable al caso es inconstitucional, elevará consulta a la Corte Suprema de Justicia y continuará el curso del negocio hasta colocarlo en estado de decidir".

Debe destacarse particularmente, pues esto también hace al sistema panameño un sistema único en el derecho comparado, que la consulta sobre la constitucionalidad de una norma no sólo pueden formularla los jueces, sino cualquier autoridad pública "al impartir justicia", es decir, en función jurisdiccional. Por tanto, el juez ordinario o cualquier funcionario de la Administración Pública actuando en función jurisdiccional tiene competencia para formular la consulta, de oficio pero también las partes en el proceso o procedimiento concreto tienen la iniciativa para planteársela, a cuyo efecto el artículo 2.549 del Código Judicial dispone que:

"Art. 2.549. Cuando alguna de las partes en un proceso, advierta que la disposición legal o reglamentaria es inconstitucional, hará la advertencia respectiva a la autoridad correspondiente, quien en un término de 2 días, sin más trámites elevará la consulta a la Corte Suprema de Justicia, para los efectos del artículo anterior".

En todo caso, queda claro que las partes no pueden acudir directamente ante la Corte Suprema, sino que las consultas de constitucionalidad sólo pueden formularlas los funcionarios judiciales, o los administrativos que ejerzan una función jurisdiccional de oficio o a instancia de parte[1817].

1817 Véase Victor L. Benavides P., "Breves comentarios sobre la consulta de constitucionalidad", en Jorge Fábrega P. (Compilador), *Estudios de Derecho Constitucional..*, pp. 851 y ss.

La finalidad de la consulta de constitucionalidad, como lo ha señalado la Corte Suprema de Justicia:

"es la de evitar que una norma legal o reglamentaria contraria a las orientaciones constitucionales sirva de fundamento a una decisión o pronunciamiento conclusivo de un proceso cualquiera, que cursa ante un servidor público para su juzgamiento, en nombre del Estado"[1818].

Ha precisado además la Corte Suprema, que para que proceda la consulta de constitucionalidad, es preciso la existencia de un proceso en marcha y la creencia fundada de que la norma será utilizada como fundamento jurídico de la resolución aún no adoptada que concluye la instancia respectiva. No puede entonces la Corte Suprema revisar por esta vía, la constitucionalidad de una norma legal o reglamentaria, fuera de un proceso en marcha ni lo puede hacer, cuando la norma ha sido ya aplicada o cuando resulta racionalmente inaplicable[1819].

En todo caso, el juez o funcionario que consulta debe explicar las razones por las que ocurre a la Corte y señalar en qué concepto las disposiciones legales infringen normas constitucionales[1820]. Cuando la advertencia sobre la inconstitucionalidad de una norma legal o reglamentaria, aplicable al caso, la formule una de las partes ante el juez o funcionario correspondiente, debe argumentar su advertencia, indicando las normas constitucionales infringidas; no correspondiéndole al juez o funcionario decidir sobre el fondo de la misma, es decir, sobre si procede o no la consulta, sino que está obligado a remitirla a la Corte Suprema de Justicia en un término de 2 días, sin trámite alguno[1821]. En todo caso, las partes sólo pueden formular la advertencia de inconstitucionalidad una sola vez por instancia.

Por último, debe advertirse que la consulta de constitucionalidad, como método de control, tiene un ámbito más reducido que el método principal, pues sólo se refiere a disposiciones legales o reglamentarias, y no puede formularse respecto de otro estatal. Por otra parte, la Constitución habla de "disposiciones" legales o reglamentarias, por lo que la consulta debe formularse en relación a normas concretas aplicables al caso y no sobre la totalidad de una ley o reglamento. Además, la consulta no procede sobre la constitucionalidad de disposiciones legales o reglamentarias que ya hubiesen sido objeto de pronunciamiento por parte de la Corte Suprema[1822].

7. *El poder de iniciativa del control concentrado de la constitucionalidad y la limitación a los poderes del juez constitucional*

A. *La ausencia de iniciativa del Juez constitucional*

Como viene de señalarse, en general, la cuestión de constitucionalidad referente a la validez de una ley normalmente se plantea en los sistemas concentrados de con-

---

1818 Fallo de 27-10-81

1819 *Idem.*

1820 Fallo de la Corte Suprema de 14-1-91.

1821 Fallo de la Corte Suprema de 29-11-1990.

1822 Víctor Benavides P., *loc. cit.*, pp. 853 y 855.

trol, ante la Corte Suprema o la Corte Constitucional mediante una acción o por remisión de un tribunal inferior. En ambos casos, el juez constitucional debe decidir en derecho, sin considerar los hechos.

En ambos casos, como se señaló, la cuestión constitucional debe formularse ante la Corte Suprema o la Corte Constitucional, por lo que ésta no tiene iniciativa propia para actuar como juez constitucional[1823]. En esta forma, el principio *nemo judex sine actore* se aplica, pero una vez que la cuestión constitucional ha llegado a la Corte como consecuencia de una acción o de su remisión por parte de un tribunal inferior, el principio *in judex judicet ultra petitum partis* ya no es operante. Esto significa que la Corte Suprema o la Corte Constitucional, como juez constitucional, una vez requerida por una parte o por un medio incidental, tiene poderes de oficio para considerar cuestiones de constitucionalidad distintas a las que han sido planteadas, como también sucede en el sistema de Panamá.

B.   *La iniciativa de control de la constitucionalidad de los jueces ordinarios en el método incidental del sistema concentrado de control de la constitucionalidad*

Por otra parte, si bien es cierto que la Corte Suprema o la Corte Constitucional no tienen iniciativa propia para iniciar el procedimiento de control constitucional relativo a las leyes, debe recordarse que en el método incidental de control concentrado de la constitucionalidad, los tribunales inferiores que deben remitir la cuestión constitucional al juez constitucional, pueden tener la iniciativa de plantearla por ante la Corte Suprema o la Corte Constitucional. Es decir, como se dijo, los tribunales ordinarios, cuando plantean cuestiones constitucionales mediante el método incidental, no siempre están vinculados a lo que las partes o el Fiscal invoquen, por lo que cuando consideran el caso particular, pueden plantear la cuestión constitucional de oficio y transmitirla a la Corte Suprema o a la Corte Constitucional para que ésta decida. Así sucede en Panamá.

Esta es una consecuencia del principio de supremacía de la Constitución y del deber de los jueces de aplicar la ley. Por tanto, aun cuando en el sistema concentrado de control de la constitucionalidad, la Constitución prohíba a los tribunales ordinarios actuar como jueces constitucionales en cuanto a las leyes y demás actos reglamentarios, esto no quiere decir que en caso de que éstos consideren inconstitucional una disposición legal o reglamentaria aplicable a la decisión de un caso concreto, no tengan el poder para plantear la cuestión constitucional y no puedan transmitirla al juez constitucional. Lo contrario significaría la ruptura con el principio de la supremacía de la Constitución y con el papel de los jueces en la aplicación de la ley.

1823 De manera excepcional, el Tribunal Constitucional Federal de la Antigua Federación de Yugoslavia poseía poderes de oficio para iniciar un procedimiento de control de la constitucionalidad de las leyes. Ver artículo 4 de la Ley de la Corte Constitucional de Yugoslavia, 31-12-1963, en B. T. Blagojevic (ed.), *Constitutional Judicature*, Beograd, 1965, p. 16.

C. *Los poderes de inquisición del juez constitucional*

Debe señalarse, por último, que en los casos de control concentrado de la constitucionalidad de las leyes ejercido por vía principal, como es el caso de la acción popular, la Corte Suprema de Justicia no puede estar ceñida a los motivos o vicios de inconstitucionalidad aducidos por el accionante, por lo que en general se admite el poder de control de oficio por la Corte Suprema, respecto de otros motivos de inconstitucionalidad distintos a los invocados por el accionante. Así sucede en Panamá y en otros países como Venezuela[1824].

En efecto, la acción popular en Venezuela pone en juego la validez de una ley y la supremacía constitucional, por lo que estimamos que, como ya hemos señalado, la Corte Suprema puede apreciar la inconstitucionalidad del acto cuestionado, por vicios no invocados por el recurrente, sin tener que limitarse a conocer únicamente las denuncias formuladas en el escrito. Por consiguiente, si bien es cierto que la acción popular debe ser formulada por un recurrente por ante la Corte Suprema (Art. 82 Ley Orgánica de la Corte), ésta no está totalmente sujeta a la voluntad del mismo en el juicio de inconstitucionalidad. Por ello, a pesar de que el recurrente puede desistir del recurso una vez que éste haya sido intentado, la Corte tiene el poder de seguir conociendo del caso (Art. 87 de la Ley Orgánica).

En Panamá, el Código Judicial es expreso, en el sentido de otorgar poderes a la Corte Suprema para apreciar, de oficio, en relación a la norma o acto impugnado, cuestiones constitucionales distintas de las alegadas por el demandante, al establecer:

"Art. 2.557. En estos asuntos la Corte *no se limitará* a estudiar la disposición tachada de inconstitucional únicamente a la luz de los textos citados en la demanda, sino que debe examinarla, confrontándola con todos los preceptos de la Constitución que estimen pertinentes".

Pero además, en los sistemas concentrados de control de la constitucionalidad en muchos casos, los jueces constitucionales tienen poderes para, de oficio, apreciar y declarar la inconstitucionalidad de otras normas de una ley distintas a las referidas en la acción[1825].

Es el caso del Tribunal Constitucional Federal de Alemania, cuya decisión sobre la conformidad o no de una Ley con la Constitución, si bien, en principio, puede adaptarse al contenido de la petición, del recurso constitucional o de la remisión que haya hecho un tribunal inferior, según el método utilizado para los fines del control; al pronunciar su decisión, el Tribunal Constitucional no está vinculado a las denuncias efectuadas, en el sentido de que puede plantear de oficio cualquier otro asunto de orden constitucional vinculado con la ley cuestionada o con cualquiera de los artículos de la misma, y por lo tanto, decidir *ultra petita*. Esta es la razón por la cual el mismo artículo 78 de la Ley Federal que instituye el Tribunal Constitucional Federal estipuló que:

1824 Véase en Allan R. Brewer-Carías, *El control concentrado..., cit.*, p. 58.
1825 *Idem.*, pp. 85 y ss.

"En caso de que otras disposiciones de la misma ley no estén, conformes a la Constitución o a cualquier otra norma de la ley federal, el Tribunal Constitucional Federal puede al mismo tiempo declararlas nulas".

En Italia, en cambio, en todos los casos de control jurisdiccional de la constitucionalidad de las leyes, la Corte Constitucional debe decidir, "dentro de los límites" de la acción o del planteamiento judicial de la cuestión constitucional (Art. 27 de la Ley 87), cuáles son las normas consideradas "ilegítimas", es decir inconstitucionales. En consecuencia, de conformidad con los términos de la Ley N° 87, se ha considerado que la Corte Constitucional no tiene poderes de oficio para analizar cuestiones constitucionales distintas de aquellas que le son sometidas mediante el método incidental o mediante la acción o recurso en el método directo o principal de control de la constitucionalidad. Al respecto, la Corte sólo tiene el poder de declarar "cuáles son las otras disposiciones legislativas cuya ilegitimidad es producto de la decisión adoptada" (Art. 27), pero no puede declarar la inconstitucionalidad de disposiciones legislativas diferentes de aquellas indicadas en la remisión efectuada por el juez ordinario o en la acción directa.

En España, como hemos dicho, el Tribunal Constitucional como juez constitucional e intérprete supremo de la Constitución, si bien no puede plantear de oficio una cuestión de inconstitucionalidad, una vez que se haya sometido una cuestión al Tribunal, éste tiene poderes de oficio para plantear otras cuestiones de inconstitucionalidad con respecto a la norma cuestionada, es decir, que puede "basar la declaración de inconstitucionalidad en la violación de cualquier disposición constitucional, haya sido o no invocada en el juicio" (Art. 39,2 de la Ley Orgánica del Tribunal). Igualmente, el Tribunal puede ampliar la declaración de inconstitucionalidad a otras disposiciones de la ley a pesar de que se haya producido un cuestionamiento parcial, en casos afines o como consecuencia de la declaración relativa a las disposiciones cuestionadas.

8. *Los efectos de las decisiones en materia de control concentrado de la constitucionalidad*

El último aspecto de la racionalidad del sistema concentrado de control de la constitucionalidad se refiere a los efectos de las decisiones dictadas por la Corte Suprema o por la Corte Constitucional relativas a la inconstitucionalidad de la ley, sea que la cuestión constitucional haya sido planteada mediante una acción o de manera incidental, por remisión de un tribunal inferior. Este aspecto de los efectos de la decisión judicial responde a dos preguntas: primero, ¿a quién afecta la decisión?, y segundo, ¿cuándo comienzan los efectos de la decisión?

A. *Los efectos erga omnes de la decisión anulatoria*

a. *La situación general en Panamá y en él derecho comparado*

En lo que a la primera pregunta se refiere, la racionalidad del sistema concentrado de control de la constitucionalidad implica que la decisión dictada por la Corte Suprema o por la Corte Constitucional, actuando como juez constitucional, tiene efectos generales *erga omnes*. Este es el valor de las sentencias de la Corte Suprema de Justicia de Panamá cuando actúa como juez constitucional.

Esto sucede cuando el control de la constitucionalidad se ejerce mediante una acción directa interpuesta por ante la Corte Constitucional o la Corte Suprema, sin conexión con algún caso concreto contencioso. En estos casos, cuando se interpone una acción directa por ante un juez constitucional, la relación procesal no se establece entre un demandante y un demandado, sino más bien, fundamentalmente, entre un recurrente y una ley o acto estatal cuya constitucionalidad está cuestionada. En este caso, el objeto de la decisión acerca de la constitucionalidad de la ley es su anulación, y los efectos de la decisión son necesariamente *erga omnes*. Nunca deberían ser *inter partes*, particularmente debido a la ausencia de las partes propiamente dichas, en el procedimiento. Sin embargo, como se ha señalado, en Uruguay y Paraguay, de manera excepcional, las decisiones de la Corte Suprema en materia de control de la constitucionalidad siempre tienen efectos *inter partes*.

Por otra parte, en el sistema concentrado de control de la constitucionalidad, iniciado por el método incidental, cuando se plantea una cuestión constitucional referente a una ley en un procedimiento concreto y el tribunal inferior la remite a la Corte Suprema o a la Corte Constitucional para que sea objeto de una decisión, dicha decisión también debe adoptarse en base a los aspectos de derecho y no con respecto a los hechos, por lo que también tiene efectos *erga omnes*, es decir, no limitados al juicio concreto en el que se planteó la cuestión constitucional ni a las partes del mismo.

En efecto, en ambos casos del sistema concentrado de control de la constitucionalidad, a través del método principal o del incidental, la Corte Suprema o la Corte Constitucional respectiva, de manera abstracta, debe decidir la cuestión de la constitucionalidad de la ley, sin ninguna referencia a los hechos ni al juicio concreto en el que se planteó la cuestión constitucional. Por consiguiente, en el sistema concentrado, el Juez constitucional no decide una cuestión constitucional con miras a resolver un caso concreto entre partes; el juez constitucional, como se señaló, no toma decisiones con respecto a un caso concreto, sino únicamente con respecto a una cuestión de constitucionalidad de una ley. La lógica del sistema consiste pues, en que la decisión debe aplicarse en general a todos y a cualquier órgano del Estado por sus efectos *erga omnes*.

En consecuencia, cuando una ley sea considerada inconstitucional por la Corte Constitucional o por la Corte Suprema actuando como juez constitucional, ello significa que dicha ley queda anulada y no pueda ejecutarse ni aplicarse a la resolución del caso concreto, pero tampoco a ninguna otra cosa.

b.   *La situación en otros países donde está admitida la acción popular*

En todo caso, y por lo que respecta a los países que cuentan con acción popular, como es el caso de Colombia, Venezuela, El Salvador y Nicaragua, la situación es similar[1826].

En efecto, como en casi todos los casos de control concentrado de la constitucionalidad de las leyes, cuando la Corte Constitucional colombiana declara la inconstitucionalidad de un acto legislativo, esta decisión tiene efectos *erga omnes*. Además,

---

1826 Véase en Allan R. Brewer-Carías, *El control concentrado...*, cit., pp. 96 y 59 y ss.

tiene un valor de *res judicata* constitucional, y su contenido es obligatorio para todos de forma tal que con posterioridad no puede presentarse otra acción de inconstitucionalidad contra el mismo acto[1827]. En particular, este valor de *res judicata* de las decisiones de la Corte Constitucional rige tanto en los casos en los cuales la Corte rechaza la acción de inconstitucionalidad, como en los casos en los cuales declara la inconstitucionalidad del acto impugnado.

Por tanto, y aun cuando en Colombia todos los Tribunales pueden ejercer el control de la constitucionalidad de leyes mediante el sistema difuso, sin embargo no pueden declarar la inaplicabilidad de la ley por el motivo de inconstitucionalidad que la Corte Constitucional hubiese rechazado.

En el caso de Venezuela, la decisión de la Corte Suprema de Justicia al declarar la nulidad de una ley por inconstitucionalidad como consecuencia, de una acción popular, también tiene un valor general, es decir, *erga omnes* lo cual ha sido confirmado por la jurisprudencia de la misma Corte desde hace más de medio siglo. En efecto, en una sentencia fechada el 17 de noviembre de 1938, la antigua Corte Federal y de Casación expresó:

"La Corte Federal y de Casación está en el grado más alto de la jerarquía judicial; la cosa juzgada por ella establecida, aun suponiendo errada en doctrina, es siempre la última palabra del Poder Judicial, contra la cual no pueden nada en derecho, ni ella misma ni los otros dos Poderes. Siendo una institución federal, con atribuciones exclusivas para anular *erga omnes* las leyes y los actos del Poder Público que violen la Constitución, esto la constituye un soberano intérprete del texto constitucional y de las Leyes ordinarias, y en único juez de los actos de los Poderes Públicos y de los altos funcionarios del Estado. Cualquier funcionario, por elevado que sea, o cualquiera de los otros Poderes Públicos que pretenda hacer prevalecer su propia interpretación de la ley, sobre la interpretación y aplicación que de la misma haya hecho esta Corte al decidir o resolver algo sobre el mismo asunto, usurpa atribuciones y viola la Constitución y las leyes de la República"[1828].

La antigua Corte Federal y de Casación se pronunció en el mismo sentido, mediante una sentencia del 21 de marzo de 1939, cuando calificó sus decisiones como "disposiciones complementarias de la Constitución y de las leyes de la República, y surten sus efectos *erga omnes*"[1829]. Así mismo, por sentencia del 16 de diciembre de 1940, cuando señaló que sus decisiones "entran a formar una legislación especial emergente del Poder Constituyente secundario que en tales materias ejerce este Alto Tribunal"[1830.] La antigua Corte Federal fue coherente con ese criterio y, por senten-

1827 Como lo establecía la reforma constitucional sancionada por el acto legislativo N° 1, luego anulado. Véase L. C. Sáchica, *El Control...*, *op. cit.*, pp. 148-149.

1828 Véase sentencia de la Corte Federal y de Casación en Sala Político-Administrativa del 17-11-38, *Memoria*, 1939, pp. 330 a 334.

1829 Véase sentencia de la Corte Federal y de Casación en Sala Político-Administrativa del 21-3-39, *Memoria*, 1940, p. 176.

1830 Véase sentencia de la Corte Federal y de Casación en Sala Político-Administrativa del 16-12-40, *Memoria*, 1941, p. 311.

cia del 19 de junio de 1953, señaló que sus decisiones "cobran fuerza de ley"[1831] porque tienen efectos *erga omnes*.

La Corte Suprema de Justicia, en época más reciente, a través de la Sala de Casación Civil, Mercantil y del Trabajo, precisó su posición en la materia, por sentencia del 12 de diciembre de 1963, de la manera siguiente:

"El control absoluto de constitucionalidad lo ejerce la Corte Suprema de Justicia, en Pleno, cuando declara la nulidad total o parcial de una ley nacional por inconstitucional. Tal decisión deja sin efecto la Ley o la parte de ella que sea anulada, y tiene fuerza de cosa juzgada *erga omnes*. Esta nulidad es pronunciada en virtud de la llamada *acción popular*.

Una atribución similar, pero sólo en cuanto a leyes estadales y a ordenanzas municipales es ejercida por la Sala Político Administrativa de este Supremo Tribunal, también por acción popular y su declaratoria produce igualmente cosa juzgada *erga omnes*.

Quiere esto decir que la declaratoria de constitucionalidad o inconstitucionalidad de una Ley, por acción principal (popular) es definitiva y surte efectos contra todos, pues tal presunta Ley deja de serla desde el momento de ser declarada inconstitucional. Lo mismo ocurre en los casos de Leyes estadales y ordenanzas municipales, cuya inconstitucionalidad sea pronunciada"[1832].

En definitiva, según la doctrina establecida por la Corte, la sentencia declaratoria de inconstitucionalidad de una ley, que por consiguiente anula esta última, tiene efectos *erga omnes*, con carácter de cosa juzgada.

En El Salvador, como lo dice el artículo 183 de la Constitución, la sentencia anulatoria de la Sala de lo Constitucional de la Corte Suprema se pronuncia "de modo general y obligatorio", es decir, con efectos *erga omnes*[1833].

c.   *La situación en los países europeos*

En los países europeos dotados de Cortes o Tribunales Constitucionales, los efectos de las decisiones de los mismos, son siempre *erga omnes*.

Es la situación en Alemania con las decisiones del Tribunal Constitucional, las cuales siempre tienen fuerza obligatoria para con todos los órganos constitucionales de la Federación y de los *Lander*, así como para con todas las autoridades y los tribunales, y, naturalmente, para todos los particulares. Por tanto, las decisiones del Tribunal Constitucional tienen efectos *erga omnes* (Art. 31,1 de la Ley del Tribunal Constitucional Federal). Particularmente en los casos de control abstracto o concreto

1831 Véase sentencia de la Corte Federal del 19-3-53, *Gaceta Forense* N° 1, 1953, pp. 77-78. Por otra parte, en la sentencia de la Corte Suprema de Justicia en Sala Político-Administrativa del 19-11-68, *Gaceta Forense* N° 62, 1968, pp. 106 a 113, se sostuvo que "los efectos de las decisiones dictadas por Corte Suprema en el ejercicio de sus atribuciones, sólo son válidos mientras subsiste la aplicación del precepto constitucional en el que se basan".

1832 Véase la sentencia de la Corte Suprema de Justicia en SCCMT del 12-1263, *Gaceta Forense* N° 42, 1963, pp. 667 a 672.

1833 Véase Allan R. Brewer-Carías, *El control concentrado...*, *cit.*, pp. 86 y 185 y ss.

de las normas ejercido mediante petición o recurso por un órgano del Estado o remisión por un Tribunal inferior, en los casos en los que el Tribunal Constitucional declara la nulidad de una ley, la decisión reviste la misma fuerza que una ley (Art. 31,2), en el sentido de que tiene un carácter obligatorio, *erga omnes*, inclusive para el propio Tribunal Constitucional.

Una situación similar se observa en Austria, donde la decisión del Tribunal Constitucional en materia de control jurisdiccional de la constitucionalidad de las leyes, de los decretos y otros actos del Estado, cuando anula una ley, tiene efectos *erga omnes*, es decir que es obligatoria para todos los tribunales, todas las autoridades administrativas (Art. 139,6; 140,7) y los particulares.

En Italia, la decisión de la Corte Constitucional de declarar la inconstitucionalidad de una ley también tiene efectos *erga omnes* y, como consecuencia, conforme al artículo 137 de la Constitución, el acto "no puede aplicarse a partir del día siguiente a la publicación de la decisión".

En España, en lo que se refiere a las decisiones de anulación de una ley o de otras normas con fuerza de ley por cualquier medio de control jurisdiccional, sea cuando el Tribunal Constitucional decide un recurso de inconstitucionalidad, o cuando decide acerca de una cuestión de inconstitucionalidad planteada de manera incidental, el artículo 164,1 de la Constitución establece los efectos *erga omnes* de las decisiones ya que tienen "plenos efectos frente a todos". Además, en los casos de aplicación del método incidental de control jurisdiccional, el Tribunal Constitucional debe inmediatamente informar el tribunal respectivo encargado del juicio, el cual debe a su vez notificar las partes. En este caso, la Ley Orgánica del Tribunal prevé que el juez o el tribunal deberá cumplir la decisión a partir del momento en que se entere, y las partes a partir del momento en que sean notificadas (Art. 38,3 de la Ley Orgánica del Tribunal Constitucional).

B. *Los efectos constitutivos de la decisión anulatoria del juez constitucional*

a. *La situación general del sistema, aplicada en Panamá*

Los efectos *erga omnes* de la decisión jurisdiccional en el sistema concentrado de control de la constitucionalidad de las leyes antes señalados, están estrechamente vinculados a la cuestión de los efectos temporales de la decisión, en particular, como consecuencia del principio anulabilidad de algunos actos del Estado como garantía de la Constitución.

En efecto, tal como se ha señalado anteriormente, el más importante aspecto de la racionalidad del sistema concentrado de control de la constitucionalidad, es que la supremacía de la Constitución con respecto a todos los demás actos del Estado, lleva a considerar que una ley, contraria a la Constitución debe ser nula. También se señaló que, aun cuando la garantía de la Constitución en los sistemas de control de la constitucionalidad sea, en principio, la nulidad de los actos inconstitucionales del Estado, la Constitución ha restringido su propia garantía, en lo que respecta a algunos actos del Estado, como las leyes, reservando el examen y la declaración de su nulidad a un solo órgano constitucional: la Corte Suprema o una Corte, un Consejo o un Tribunal Constitucional especialmente creado, al cual se ha conferido el poder exclusivo de declarar la nulidad de dichos actos. En Panamá, como se ha dicho, el

Poder de la Corte Suprema de Justicia para controlar la constitucionalidad se refiere no sólo a las leyes, sino a todos los actos estatales.

En consecuencia, cuando un juez constitucional decide la anulación por inconstitucionalidad de una ley, la decisión jurisdiccional tiene efectos constitutivos: declara la nulidad de la ley debido a su inconstitucionalidad, habiendo ésta producido efectos hasta el momento en que se estableció su nulidad. De esta manera, la Corte considera, en principio, que la ley cuya nulidad ha sido declarada y establecida, ha sido válida hasta ese momento. Así sucede también en Panamá, al establecer el Código Judicial en su artículo 2.564, que:

> "Las decisiones de la Corte proferidas en materia de inconstitucionalidad son finales, definitivas, obligatorias y *no tienen* efecto retroactivo".

Es la razón por la cual se afirma que, siendo la decisión de la Corte de carácter constitutivo, tiene efectos prospectivos, *ex nunc* o *pro futuro*, es decir, que no se remontan al momento de la promulgación de la ley considerada inconstitucional. Por lo tanto, los efectos producidos hasta el momento de la anulación de la ley se consideran válidos. En consecuencia, la ley declarada inconstitucional por un juez constitucional en el sistema concentrado de control de la constitucionalidad, debe considerarse como un acto válido que ha producido efectos completos hasta su anulación por la Corte.

Este aspecto de la lógica del sistema concentrado de control de la constitucionalidad, sin embargo, está matizado en algunos sistemas constitucionales, cuando establece una distinción entre los vicios de inconstitucionalidad que pueden afectar las leyes, con nulidad absoluta o nulidad relativa. En el caso de los vicios constitucionales que pueden acarrear la nulidad absoluta de una ley, la anulación de la ley decidida por un juez constitucional produce evidentemente efectos *ex tunc*, puesto que una ley considerada nula de manera absoluta no puede producir ningún efecto. En consecuencia, en estos casos, la anulación de la ley tiene efectos *pro praeterito* o efectos retroactivos, ya que es considerada nula *ab initio*. En cambio, si el vicio constitucional de la ley que llevó a su anulación por el juez constitucional no es tan grave como para producir su nulidad absoluta, sino una nulidad relativa, entonces los efectos de la anulación de la ley son únicamente *ex nunc, pro futuro*.

Ahora bien, en el caso de Panamá, como se dijo, conforme al artículo 2.564 del Código Judicial, si bien las sentencias de la Corte Suprema de Justicia adoptadas al decidirse una acción popular, en principio, tienen efectos constitutivos, *ex nunc*, cuando anulan el acto estatal, ello es claro cuando se trata de leyes, reglamentos y demás actos normativos. Sin embargo, al referirse también el control constitucional a actos individuales, podría haber casos en los cuales la justicia exigiría atribuir efectos *ex tunc* a la sentencia de la Corte, por ejemplo, cuando se trata de asuntos criminales. En tal sentido debe destacarse la doctrina de la Corte Suprema establecida en fallo de 8-8-90, en el cual se estableció lo siguiente:

> "La Corte ha sostenido en innumerables fallos que la declaratoria de inconstitucionalidad no tienen efectos retroactivos. Esta posición ha sido siempre sostenida cuando la que se declara inconstitucional es *una norma legal*. Igualmente, el artículo 2.564 del Código Judicial establece que las decisiones de la Corte en materia de inconstitucionalidad no tienen efectos retroactivos. *Tratándose de*

normas legales, no queda entonces la menor duda de que las decisiones de la Corte en materia constitucional *no producen efectos retroactivos.* Sin embargo, la Constitución Nacional, en su artículo 204, permite que se pueda demandar la inconstitucionalidad de *actos jurisdiccionales.* (Salvo los fallos de la Corte Suprema o de sus Salas) que normalmente se agotan con la ejecución de los mismos y no continúan rigiendo, como es el caso de las normas legales que mantienen su vigencia hasta que sean derogadas por los diferentes medios que la Constitución consagra.

Si se permite que un *acto jurisdiccional* pueda ser demandado como inconstitucional, es obvio que puede ser declarado inconstitucional. Sostener que la decisión de la Corte en estos casos no produce efecto retroactivo y que sólo produce efectos hacia el futuro, traería como consecuencia que la declaratoria de inconstitucionalidad sea totalmente intrascendente, inocua. Lo que realmente ocurre es que el fallo de inconstitucionalidad de una norma legal produce una derogatoria por mandato constitucional, ya que la Constitución establece en su artículo 311 que quedan derogadas todas las leyes y demás normas jurídicas que sean contrarias a esta Constitución, y, como la, Corte tiene por atribución constitucional decidir sobre la inconstitucionalidad de las leyes, cuando declara que una norma legal es inconstitucional la deroga constitucionalmente, en virtud de lo que establece el artículo 311 de la Constitución Nacional.

Si las normas legales se derogan por inconstitucionales, los actos jurisdiccionales deben declararse nulos, por inconstitucionales. Se produce entonces una nulidad constitucional, como consecuencia de la violación de normas constitucionales por un acto jurisdiccional"[1834].

Por tanto, en Panamá, en los casos de declaratoria de nulidad por inconstitucionalidad de sentencias, los efectos de la decisión de la Corte Suprema son de carácter declarativo, *ex tunc* y por tanto, retroactivo.

En todo caso, en algunos países, como Costa Rica, expresamente se prevé, en el derecho constitucional positivo, que los efectos de la declaración de inconstitucionalidad y anulación de la ley por parte de la Sala Constitucional de la Corte Suprema, son *ex tunc* y, por consiguiente, declarativos y retroactivos, salvo en lo referente a los derechos adquiridos de buena fe (Art. 91 de la Ley de la Jurisdicción Constitucional), o respecto de situaciones consolidadas por prescripción, caducidad o en virtud de una sentencia judicial (Art. 92 de la Ley).

b. *La situación en Colombia y Venezuela*

En Colombia, el debate tradicional de los efectos *ex tunc* o *ex nunc* de las decisiones dictadas por la Corte al ejercer el control de la constitucionalidad, también se ha dado, aún cuando la mayoría de los autores tienden a atribuir a las mismas sólo los efectos *ex nunc, pro futuro*[1835], lo cual ahora regula expresamente el Decreto 2.067 de 1991.

1834 Fallo de 8-8-90.

1835 Cf. L. C. Sáchica, *El Control...,* op. cit., p. 68; E. Sarria, *Guarda de la Constitución,* Bogotá, p. 83.

Por tanto, en razón de la presunción de constitucionalidad, las leyes se tienen como efectivas hasta que la Corte pronuncie su nulidad. En consecuencia, las situaciones jurídicas creadas por la ley antes de su anulación sólo podrían ser sometidas a revisión por los procedimientos judiciales ordinarios.

En Venezuela, la Ley Orgánica de la Corte Suprema de 1976 no resolvió el problema planteado, sino que se limitó a señalar que la Corte debe determinar "los efectos de su decisión en el tiempo" (Art. 119 y 131). Sin embargo, para precisar los efectos de las sentencias que anulan una Ley por inconstitucionalidad, debe recordarse que en Venezuela existe un sistema mixto de control de la constitucionalidad, lo que implica el funcionamiento de dos sistemas de justicia constitucional en paralelo: por un lado, el sistema difuso, ejercido por todos los jueces, y por otro, el sistema concentrado, ejercido por la Corte Suprema. Por consiguiente, no deben confundirse los efectos de las decisiones en materia de control de la constitucionalidad en una y otro sistema.

En efecto, en relación a los casos de control difuso de la constitucionalidad, está claro que la decisión judicial de no aplicar una ley inconstitucional, incluso si tiene sólo y exclusivamente efectos *inter partes*, equivale a una decisión simplemente declarativa, con efectos retroactivos, *pro praeterito* o *ex tunc*. Al ejercer este control difuso, el juez no anula la ley, sino que declara o constata únicamente una inconstitucionalidad preexistente; de forma que ignora la existencia de la ley (es decir, que la considera inexistente) y no la aplica en el caso concreto que corresponde el conocimiento del juez.

Ahora bien, los efectos del control difuso de la constitucionalidad de las leyes son completamente diferentes de los efectos producidos por el ejercicio del control concentrado de la constitucionalidad, cuando la Corte Suprema declara la nulidad de una ley por inconstitucionalidad. En esos casos, cuando la Corte Suprema, en el ejercicio de sus atribuciones previstas en el artículo 215, párrafos 3 y 4 de la Constitución, "declara la nulidad" de la ley, es decir anula la ley, ésta, en principio, es válida y efectiva hasta que se publique la sentencia de la Corte, habiendo producido todos sus efectos a pesar de su inconstitucionalidad, en virtud de la presunción de la constitucionalidad de las leyes[1836].

Como el control de la constitucionalidad de las leyes atribuida a la Corte Suprema por el artículo 215, ordinales 3° y 4° de la Constitución es un control concentrado, ejercido mediante acción popular, resulta claro que la sentencia que anula la ley tiene efectos constitutivos, por lo que los efectos de la anulación de la ley por inconstitucionalidad, al no existir una norma expresa constitucional o legal que disponga la solución, sólo pueden producirse *erga omnes* pero hacia el futuro, es decir que las sentencias son, en principio, constitutivas, *pro futuro* y con efectos *ex nunc*, que no pueden referirse al pasado (no pueden ser retroactivas). Se puede afirmar que ese es el criterio que sigue no sólo la doctrina venezolana[1837], sino también la juris-

---

1836 J. G. Andueza, *op. cit.*, p. 90.

1837 En su libro *La jurisdicción constitucional e.n el Derecho Venezolano (op. cit.)*. José Guillermo Andueza demostró clara y abundantemente que la sentencia de nulidad por inconstitucionalidad tiene un carácter constitutivo. En efecto, señaló que "a presunción de constitucionalidad de que gozan los actos de los Poderes Públicos hace que produzcan todos sus efectos jurídicos hasta tanto la Corte no pronuncie su

prudencia de la Corte Suprema de Justicia, aun cuando la Corte no haya sido siempre constante[1838].

En todo caso, a partir de 1976, el artículo 131 de la Ley Orgánica de la Corte
Suprema de Justicia atribuye a la Corte el poder de determinar "los efectos de su
decisión en el tiempo". Por consiguiente, la Corte puede corregir los efectos desfavorables que podrían engendrar el efecto *ex nunc* de sus decisiones, particularmente
en el campo de los derechos y garantía constitucionales, y puede atribuir a sus sentencias efectos retroactivos, *pro praeterito, ex tunc*.

c.   *La situación en los países europeos*

Puede afirmarse que el conjunto de los sistemas de control jurisdiccional concentrado de la constitucionalidad de las leyes en Europa, ejercido por Cortes Constitucionales, confieren efectos generales a las decisiones de las Cortes Constitucionales
que declaran la nulidad de una ley por su inconstitucionalidad, así como la eficacia
ex nunc de éstas, es decir, únicamente hacia el futuro. Asimismo, se puede afirmar
que ningún sistema concentrado de control jurisdiccional de la constitucionalidad de
las leyes atribuye en Europa, a la decisión de la Corte Constitucional, *efectos generales hacia el pasado*, es decir, *ex tunc, pro praeterito*. Dichas decisiones no son
puramente declarativas sino que son solamente constitutivas y no acarrean efectos
retroactivos. Cuando se atribuyen efectos hacia el pasado, como en los sistemas
alemán e italiano, éstos se limitan fundamentalmente al ámbito penal. Por otra parte,
ello es lógico; pues sería monstruoso, debido a las repercusiones respecto a la seguridad pública, pretender que las decisiones de anulación de una ley por ser inconstitucional, tengan efectos puramente declarativos y que, por esta razón, los actos realizados previamente a la declaración de nulidad de la ley, deban ser considerados
como no habiendo sido dictados ni cumplidos.

Asimismo, sería injusto que, en asuntos penales, las decisiones adoptadas de
conformidad con una ley posteriormente declarada inconstitucional, y por lo tanto,
nula, no sean consideradas también como nulas. Esta es la razón por la cual existe la
excepción respecto a los asuntos penales establecida en la legislación italiana, en
relación los efectos de las decisiones de anulación de una ley por inconstitucional,
que en principio sólo se refieren al futuro.

Igualmente, esta misma situación conflictiva que se puede presentar entre la se-
guridad pública y las decisiones en materia penal ha llevado a la jurisprudencia de la
Corte Suprema de los Estados Unidos a formular excepciones al principio contrario.
En efecto, en los Estados Unidos, el control judicial de la constitucionalidad tiene un

---

nulidad. En consecuencia, la sentencia de la Corte deberá necesariamente respetar los efectos que el acto
estatal produjo durante su vigencia" (p. 93), pues ésta "realiza una modificación en los efectos del acto
estatal. Es decir, la sentencia hace ineficaz un acto que antes era válido" (p. 94). Según Andueza, y
según la doctrina más ortodoxa, "lo que caracteriza a las sentencias constitutivas, es la ausencia de efectos retroactivos. Ellas estatuyen siempre pro futuro, ex nunc; es decir, que la sentencia produce sus efectos desde el día de su publicación" (p. 94). Por lo tanto, no compartimos el punto de vista de Humberto
J. La Roche, *El Control Jurisdiccional en Venezuela y Estados Unidos,* Maracaibo, 1972, p. 153.

1838 Véase en general al respecto Allan R. Brewer-Carías, *Estado de Derecho y Control Judicial, op. cit.,*
pp. 185 y sig.

carácter difuso; de allí el carácter retroactivo de los efectos dé las decisiones declaratorias de inconstitucionalidad que son puramente declarativas. Estas decisiones, en principio, tienen un ámbito de aplicación *inter partes*, pero sin embargo, en virtud de la técnica del precedente y de la regla *stare decisis*, dichas decisiones revisten un carácter general obligatorio. En todo caso, a pesar de ello, la jurisprudencia ha reducido el carácter retroactivo a las cuestiones penales, respetando en cambio los efectos producidos en materia civil y administrativa por una ley declarada inconstitucional[1839].

Ahora bien, en cuanto a las decisiones del Tribunal Constitucional en Austria, éstas tienen efectos *constitutivos* en la medida en que anulan la ley o el decreto, *pro futuro, ex nunc*. Sin embargo, el Tribunal Constitucional tiene plenos poderes para anular leyes o decretos ya abrogados, es decir sin validez formal (Arts. 139,4 y 140,4), lo que, en principio, implica los efectos retroactivos del control jurisdiccional, o sea una excepción a los efectos *ex nunc*.

De acuerdo con la regla general de los efectos *ex nunc*, propuesta por Hans Kelsen como una cuestión de principio[1840], las situaciones de hecho o aquellas verificadas antes de la anulación de la ley o el decreto, siguen estando sujetas a ésta o éste, salvo en el caso considerado en la decisión, a menos que el Tribunal decida de otra manera (Arts. 139,6 y 140,7). Por consiguiente, las consecuencias negativas eventuales de la regla *ex nunc* pueden ser compensadas por la decisión del Tribunal.

Sin embargo, por lo general, los efectos de la decisión del Tribunal sólo comienzan el día de la publicación de la revocación del acto anulado por parte de la autoridad ejecutiva implicada, a menos que el Tribunal determine un plazo para la expiración de los efectos del acto anulado (Arts. 139,5 y 140,5) no superior a un año. En este caso y sobre una base puramente discrecional, el inicio de los efectos *ex nunc*, derivados de la anulación de la ley puede ser pospuesto por el Tribunal.

En el caso de Italia, las decisiones de la Corte Constitucional también tienen carácter constitutivo ya que anulan la ley inconstitucional, y sus efectos son *ex nunc*, *pro futuro*. Sin embargo, esta regla ha sido objeto de numerosas discusiones habiendo interpretado la Corte Constitucional la norma constitucional del artículo 136, la cual establece que el acto inconstitucional anulado ya no puede aplicarse a partir del día siguiente a la publicación de la decisión de la Corte, de la manera siguiente:

"... la decisión relativa a la inconstitucionalidad, si bien es cierto que excluye todos los efectos irrevocablemente producidos por la norma declarada inconsti-

---

1839 Véase Allan R. Brewer-Carías, *Judicial Review...*, *cit.* pp. 201, 223, 233; y *El control concentrado...*, *cit.*, pp. 180 y ss.

1840 H. Kelsen, *loc. cit.*, p. 242. Por ejemplo, en lo que se refiere al sistema austríaco, L. Adamouch declaraba en 1954: "No se puede atribuir un simple valor declarativo a la decisión del Tribunal Constitucional que declara la inconstitucionalidad de una ley; no establece que una ley ha sido nula desde su origen y cuyos efectos deben ser nulos *ex tunc*, es decir, como si se tratara de un acto sin ningún valor jurídico desde su origen. Al contrario, la decisión del Tribunal Constitucional sólo anula el acto inconstitucional, es decir que destruye *ex nunc* su existencia jurídica, exactamente como si hubiese sido abolido por un acto legislativo posterior y como si la existencia jurídica de este acto hubiese terminado", en "Esperienza della Corte Constituzionale della República Austríaca", *Revista Italiana per la scienze giuridiche*, Milán, 1954.

tucional, produce en cambio efectos sobre las situaciones jurídicas que aún no han concluido y que pueden ser regidas de una manera distinta como consecuencia de la decisión. La declaración de inconstitucionalidad de una ley acarrea su inaplicabilidad a todas las relaciones jurídicamente cuestionadas ya que éstas aún no han sido objeto de una decisión con fuerza *res judicata*. La consecuencia es que, en cualquier fase del juicio, el juez debe tomar en consideración, incluso de oficio, dicha decisión de ilegitimidad constitucional cuando decide la relación jurídica concreta de un caso, de la misma manera y en la misma medida que si tratase de *ius superveniens*"[1841].

En realidad, este criterio de la Corte Constitucional confirma el carácter constitutivo de los efectos de las decisiones que declaran la inconstitucionalidad de las leyes, cuyas excepciones establece la Ley N° 87 de 1953, en la cual los efectos retroactivos de la decisión sólo son aplicables en los casos penales, cuando se ha pronunciado una condena judicial sobre la base de una ley considerada luego como inconstitucional. En este caso, conforme al artículo 30 de la Ley N° 87, su ejecución y sus efectos penales deben cesar. Otra excepción indirecta de los efectos *ex nunc* de la decisión deriva de la posibilidad de anulación de leyes ya revocadas.

En el caso español de conformidad con el artículo 164,1 de la Constitución, la "declaración de inconstitucionalidad" o "declaración de nulidad" de una ley significa la anulación de ésta, siendo la garantía de la Constitución la anulabilidad de los actos del Estado inconstitucionales más que su nulidad. Por lo tanto, la ley declarada inconstitucional es anulada y la declaración tiene efectos *ex nunc*, *pro futuro*. Por este motivo el artículo 161,1 de la Constitución establece expresamente que las decisiones ya adoptadas en los procedimientos judiciales no pierden su valor *res judicata* y el artículo 40,1 de la Ley Orgánica del Tribunal Constitucional prevé lo siguiente:

> "Las sentencias declaratorias de la inconstitucionalidad de Leyes, disposiciones o actos con fuerza de ley, no permitirán revisar procesos fenecidos mediante sentencia con fuerza de cosa juzgada en los que se haya hecho aplicación de las leyes, disposiciones o actos inconstitucionales ...".

Como sucede en la mayoría de los sistemas concentrados de control jurisdiccional de la constitucionalidad en Europa, la excepción a los efectos *ex nunc* se establece en los casos penales, permitiendo efectos retroactivos limitados, lo que se ha ampliado a las decisiones de los tribunales contenciosos administrativos en el caso de sanciones administrativas. Al respecto, el artículo 40,1 de la Ley Orgánica del Tribunal Constitucional prevé la posibilidad de revisar los juicios, en los casos siguientes:

> "procesos penales o contencioso administrativos referentes a un procedimiento sancionador en que, como consecuencia a de la nulidad de la norma aplicada,

---

1841 Decisión N° 3.491, 1957. Citado en F. Rubio Llorente, *La Corte Constitucional Italiana*, Caracas 1966, p. 30.

resulte una reducción de la pena o de la sanción, o una exclusión, exención o limitación de la responsabilidad".

Por último, en contraste con la situación en Austria, Italia y España y contrariamente a lo que afirmaba Hans Kelsen con respecto a los efectos de la decisión del juez constitucional en un sistema concentrado de control de la constitucionalidad, cuando éste resuelve la nulidad de una ley[1842]; según la tradición constitucional alemana[1843], en el caso de ejercicio de los controles abstracto y concreto de las normas y tratándose de una decisión acerca de un recurso constitucional contra una ley, cuando en la decisión se declara nula una ley, se entiende que dicha ley es declarada nula e inexistente *ab initio*, es decir que la decisión del Tribunal tiene efectos retroactivos, *ex tunc*. Esta doctrina tradicional sin embargo, fue mitigada por el Legislador, en la Ley federal que instituyó el Tribunal Constitucional, al limitar expresamente el alcance de la decisión estableciendo que cuando se declara una ley nula por inconstitucionalidad, sólo se pueden revisar las causas criminales en los casos en que la decisión judicial definitiva esté basada en dicha ley declarada nula (Art. 79,1 de la Ley del Tribunal Constitucional Federal). Todas las demás sentencias definitivas y no revisables, así como los actos administrativos basados en la ley declarada nula, deben quedar intactos; sin embargo su ejecución, en caso de que no se hubiese efectuado previamente, debe ser considerada ilegal (Art. 79,2 de la Ley del Tribunal).

9. *Conclusión*

Como resulta de todo lo anteriormente expuesto, podemos concluir, como lo señalamos al inicio, que el sistema panameño de control de la constitucionalidad, si bien es un sistema de control concentrado de la constitucionalidad que sigue las pautas generales de esa técnica de justicia constitucional, presenta características particulares que lo hacen único desde el punto de vista del derecho comparado.

En efecto, los sistemas de control de la constitucionalidad que muestra el derecho comparado se pueden clasificar de la manera siguiente:

Según el órgano a quien compete su ejercicio, se clasifican en difusos o concentrados. En el primer caso, corresponde a todos los jueces; en el segundo caso, sólo corresponde a la Corte Suprema de Justicia o a un Tribunal Constitucional.

Según el objeto del control, se clasifican en restringidos o amplios, El control difuso generalmente es restringido en el sentido de que se ejerce sólo sobre las leyes, reglamentos y actos normativos aplicables para la decisión de un caso. El control concentrado, generalmente también es de carácter restringido, en el sentido de que se ejerce sólo sobre las leyes y otros actos de rango legal por ser de ejecución directa de la Constitución. Un sistema amplio de control de constitucionalidad se refiere a todos los actos estatales.

1842 H. Kelsen, *loc. cit.*, p. 243.

1843 Cf. J. C. Béguin, *Le contrôle de la constitutionnalité des lois en République Federal d'Alemagne*, París 1982, pp. 209-228.

Según el momento en el cual se ejerce el control concentrado, se clasifican en previos o posteriores, según que el control lo ejerza la Corte o el Tribunal Constitucional, antes o después de la promulgación de la Ley.

Según el método utilizado para obtener el control concentrado, se clasifican en control por vía principal o por vía incidental. En el primer caso, la acción de inconstitucionalidad puede ser atribuida a determinados funcionarios u órganos del Estado, a quien tenga interés personal, legítimo y directo o a cualquier persona o ciudadano (acción popular). En el segundo caso, la decisión de plantear la cuestión de inconstitucionalidad por vía incidental, corresponde al juez ordinario, teniendo poderes de oficio para ello.

Según la garantía objetiva que se establezca de la Constitución, se clasifican en controles que declaran la inconstitucionalidad de un acto estatal, con efectos *ex tunc*; y controles que anulan un acto estatal, generalmente con efectos *ex nunc*. En el primer caso las sentencias son declarativas; en el segundo caso constitutivas. En general, el primer caso coincide coi} el sistema difuso de control de constitucionalidad; y el segundo, con el sistema concentrado de control.

Ahora bien, en cuanto al sistema panameño de control de la constitucionalidad, puede señalarse lo siguiente:

Es un sistema exclusivamente concentrado, en el cual se atribuye a la Corte Suprema de Justicia, en pleno, poderes privativos y excluyentes en materia de justicia constitucional. Dicho sistema de control, en consecuencia, no es mixto, pues el sistema de control difuso se eliminó en Panamá a partir de 1941.

El sistema concentrado de justicia constitucional panameño es tanto *a priori* como *a posteriori*, y se ejerce tanto por vía de acción como por vía incidental.

El control concentrado *a priori* de la constitucionalidad, referido a las leyes no promulgadas, se ejerce por la Corte Suprema a requerimiento del Ejecutivo, cuando éste objete un proyecto de ley emanado de la Asamblea Legislativa por razones de inconstitucionalidad.

El control concentrado *a posteriori* se refiere a todos los actos estatales (leyes, decretos, acuerdos, resoluciones y demás actos estatales), y se ejerce por la Corte Suprema por vía principal, cuando se le requiere el ejercicio de dichos poderes de control, mediante *acción popular*.

El control concentrado *a posteriori* referido a disposiciones de una ley o de un reglamento, se ejerce por la Corte Suprema por vía incidental, mediante remisión que le haga un funcionario que esté impartiendo justicia, de oficio o a instancia de parte, de una cuestión de inconstitucionalidad respecto de las disposiciones de la ley o reglamentos aplicables para la resolución de un caso concreto.

Dicho sistema se asemeja al de Uruguay, Honduras y Paraguay en cuanto al carácter *exclusivamente* concentrado de constitucionalidad, pero con la diferencia de que en esos países no exisite acción popular, y los efectos de la decisión de la Corte Suprema son *ad casu et inter partes*.

Dicho sistema, además, se asemeja al venezolano y colombiano en cuanto al control de la constitucionalidad *a priori* y *a posteriori* del las leyes y en cuanto al control por vía principal, mediante *acción popular*, se asemeja al de Venezuela, Colombia, Nicaragua y El Salvador con la diferencia de que en estos países, sólo se refiere a las leyes, los decretos-leyes y demás actos estatales de rango legal por ser de eje-cución directa de la Constitución y a los Reglamentos. Además, en Colombia, Venezuela y El Salvador, a diferencia de Panamá, existe un sistema mixto de control de la constitucionalidad, que mezcla el control difuso con el concentrado; pero no existe el método incidental del control concentrado de la constitucionalidad, que sí se aplica en Panamá.

IV. EL MODELO COLOMBO-VENEZOLANO DE CONTROL DE LA CONSTITUCIONALIDAD DE LAS LEYES: EL CONTROL CONCENTRADO COMBINADO CON EL CONTROL DIFUSO

1. *Introducción*

Dentro de los sistemas de control de la constitucionalidad que existen en el mundo, el sistema mixto de control de constitucionalidad que existe en Colombia y Venezuela, se configura como un modelo de justicia constitucional en sí mismo, mixto o integral, que combina el llamado sistema difuso con el sistema concentrado de control de constitucionalidad, y que se consolidó en nuestros países mucho antes de que este último se hubiese comenzado a implantar en Europa[1844]. También funciona en Guatemala, Perú, Brasil y El Salvador[1845].

En efecto, en Venezuela, en la Constitución de 1858 se previó la competencia de la Corte Suprema de Justicia para conocer de la *acción popular* de inconstitucionalidad de los actos de las Legislaturas Provinciales, al atribuírsele en el artículo 113, ordinal 8° competencia para:

> *Declarar la nulidad de los Actos Legislativos sancionados por las legislaturas provinciales,* a petición de cualquier ciudadano, *cuando sean contrarios a la Constitución.*

Esta atribución de la Corte Suprema se amplió, a partir de la Constitución de 1893, respecto de las leyes, decretos y resoluciones inconstitucionales (Art. 110, Ord. 8°).

Este control concentrado de la constitucionalidad se estableció, en paralelo, con el control difuso desarrollado durante el siglo pasado por la previsión expresa de la garantía objetiva de la Constitución (nulidad de los actos inconstitucionales) a partir

---

1844 El modelo colombo-venezolano fue analizado con el espíritu crítico que lo caracterizó, por Manuel Gaona Cruz, en las Primeras Jornadas Venezolano-Colombianas de Derecho Público que organizamos en Caracas en 1983 en su trabajo "El control de constitucionalidad de los actos jurídicos en Colombia ante el Derecho comparado" en *Derecho Público en Venezuela y Colombia, Archivo de Derecho Público y Ciencias de la Administración,* Vol. VII, 1984-1985, Instituto de Derecho Público, Caracas 1986, pp. 39 a 114; y en el Simposio organizado por la Universidad Externado de Colombia en 1984, recogido en el libro *Aspectos del control constitucional de Colombia,* Bogotá 1984, pp. 67 a 89. Véase Allan R. Brewer-Carías, *El Sistema Mixto o Integral de control de constitucionalidad en Colombia y Venezuela,* Bogotá, 1995.

1845 Véase en general, Allan R. Brewer-Carías, *Judicial Review in Comparative Law,* Cambridge 1989, pp. 183 y ss.

de 1811[1846], el cual encontró consagración legal expresa a partir del Código de Procedimiento Civil de 1897, en una norma que se ha conservado desde entonces en todos los Códigos posteriores, en la cual se estableció:

"Art. 10. Cuando la Ley vigente, cuya aplicación se pida, colidiere con alguna disposición constitucional, los tribunales aplicarán ésta con preferencia".

En el caso de Colombia, la competencia de la Corte Suprema de Justicia en materia de control de constitucionalidad se estableció por primera vez en la Constitución de 1886, respecto de los actos legislativos, en forma limitada y preventiva cuando hubiesen sido objetados por el Gobierno (Arts. 88, 90 y 151, Ord. 4°).

Posteriormente, en 1887, el artículo 5 de la Ley 57 estableció que:

"Art. 5. Cuando haya incompatibilidad entre una disposición constitucional y una legal, preferirá aquélla".

La norma consagraba el control difuso de la constitucionalidad de las leyes, pero lamentablemente no por mucho tiempo, pues la Ley 153 del mismo año (Art. 6°) eliminó toda posibilidad de que los jueces pudieran desaplicar leyes dictadas con posterioridad a la Constitución de 1886 que considerasen inconstitucionales en la resolución de caso, concretos, exigiéndoles, al contrario, aplicarlas "aun cuando parezca contraria a la Constitución" (Art. 6°). El control difuso sólo quedó entonces vigente, respecto de leyes pre-constitucionales[1847] lo que en realidad consistía en un ejercicio interpretativo sobre el poder derogatorio de la Constitución respecto de las leyes precedentes.

Posteriormente, sólo fue mediante el Acto Legislativo N° 3 de 3110-1910 (reformatorio de la Constitución Nacional), que el sistema colombiano de justicia constitucional adquirió plena consagración, de carácter mixto, al establecer en los artículos 40 y 41, la *acción popular* de inconstitucionalidad, en paralelo con el control difuso de la constitucionalidad de las leyes, en la forma siguiente:

"Art. 40. En todo caso de incompatibilidad entre la Constitución y la Ley se aplicarán de preferencia las disposiciones constitucionales.

Art. 41. A la Corte Suprema de Justicia se le confía la guarda de la integridad de la Constitución. En consecuencia, además de las facultades que le confieren ésta y las leyes, tendrá las siguientes:

Decidir definitivamente sobre la exequibilidad de los actos legislativos que hayan sido objetados como inconstitucionales por el Gobierno, o sobre todas las

---

1846 Véase Humberto J. La Roche, "La jurisdicción constitucional en Venezuela y la nueva Ley Orgánica de la Corte Suprema de Justicia" en *La jurisdicción constitucional en Iberoamérica*, II Coloquio Iberoamericano de Derecho Constitucional, Universidad Externado de Colombia, Bogotá 1984, pp. 503 y ss. Véase sobre el sistema venezolano, Allan R. Brewer-Carías, *El control de la constitucionalidad de los actos estatales*, Caracas 1977; *Estado de Derecho y Control Judicial*, Madrid, 1987, pp. 25 y ss.; y "La Justicia Constitucional en Venezuela" en *Revista de la Universidad Externado de Colombia*, N° 3, Bogotá 1986, pp. 527 y ss.

1847 Véase Manuel Gaona Cruz, *El control constitucional, loc. cit.*, p. 91.

leyes o decretos acusados ante ella *por cualquier ciudadano* como inconstitucionales, previa audiencia del Procurador General de la Nación.

De lo anterior resulta que la *acción popular* de control jurisdiccional de la constitucionalidad de las leyes, tiene su antecedente en la Constitución venezolana de 1858[1848] y en la Constitución colombiana de 1910; y que en el derecho positivo, el control difuso de la constitucionalidad de las leyes se consagró formalmente en Venezuela a partir de 1897 y en Colombia en un breve período en 1887 y luego, a partir de 1910.

Las reformas constitucionales que se han efectuado durante el presente siglo no han variado el modelo colombo-venezolano de control de la constitucionalidad, a la vez difuso y concentrado; siendo la única modificación la efectuada en Colombia, de carácter orgánico, al atribuirse los aspectos del control concentrado, en 1979, a la Sala Constitucional de la Corte Suprema de Justicia y a partir de 1991 a la Corte Constitucional, pero sin variarse, afortunadamente, el modelo mixto o integral, que se erige como un tercer género frente al modelo de control concentrado exclusivo, europeo o latinoamericano; y al modelo americano o difuso.

Este sistema mixto o integral de control de la constitucionalidad, colombo-venezolano, con razón lo calificó Manuel Gaona Cruz, a pesar de todas las críticas que se le han hecho[1849], como:

"el sistema de control constitucional más eficiente, completo, experimentado, avanzado y depurado de Occidente y por lo tanto del orbe, pues aglutina la organización, los mecanismos y la operancia de todos los existentes"[1850].

Por ello, ante las propuestas que se habían formulado en Colombia para el establecimiento de un sistema de control exclusivamente concentrado (en la orientación del sistema panameño, más que del modelo europeo), el mismo Manuel Gaona finalizaba su exposición en el Simposio de 1984, advirtiendo:

"Francamente, entonces, no nos dejemos influir por manías doctrinarias extranjerizantes, que como no nos conocen, nos interpretan mal; ni menos por intereses ocasionales y pasajeros, siempre constantes y siempre distintos, de estirpe política o de efímero lucimiento personalista. Conozcamos y defendamos lo que tenemos y no sustituyamos por prurito imitativo lo que ya hemos perfeccionado y logrado con mayor experiencia y solidez llevar a un grado superior de avance y completad, como aporte al mundo de nuestro genio jurídico nacional"[1851].

1848 Contrariamente a lo que afirma César A. Quintero, "La jurisdicción constitucional en Panamá", en Jorge Fábrega P. (compilador), *Estudios de Derecho Constitucional panameño,* Panamá, 1987, p. 826.

1849 Véase Luis Carlos Sáchica, *El control de constitucionalidad,* Bogotá 1980, pp. 58 y 59; y *La Corte Constitucional y su jurisdicción,* Bogotá 1993, pp. 24 y ss.

1850 Véase en el libro de la Universidad Externado de Colombia, *Aspectos del control constitucional en Colombia, cit.,* p. 67.

1851 *Idem.,* p. 89.

Afortunadamente, el modelo no ha variado, y, como se dijo, la diferencia fundamental entre el sistema colombiano y el venezolano es de carácter orgánico, en el sentido de que las competencias anulatorias de leyes inconstitucionales en Colombia, corresponden a la Corte Constitucional, integrada en el Poder Judicial; y en cambio, en Venezuela, como antes sucedía en Colombia, a la Corte Suprema de Justicia, situada en la cúspide del Poder Judicial.

En todo caso, sobre este sistema de justicia constitucional que existe en Venezuela y Colombia, de carácter mixto, la propia Corte Suprema de Justicia de Venezuela, al insistir sobre el ámbito del control de la constitucionalidad de las leyes, ha señalado que está encomendado:

> "no tan sólo al Supremo Tribunal de la República, sino a los jueces en general, cualquiera sea su grado y por íntima que fuere su categoría. Basta que el funcionario forme parte de la rama judicial para ser custodio de la Constitución y aplicar, en consecuencia, las normas de ésta, prevalecientemente a las leyes ordinarias... Empero, la aplicación de la norma fundamental por parte de los jueces de grado, sólo surte efecto en el caso concreto debatido, y no alcanza, por lo mismo, sino a las partes interesadas en el conflicto; en tanto, que cuando se trata de la ilegitimidad constitucional de las leyes pronunciadas por el Supremo Tribunal en ejercicio de su función soberana, como intérprete de la Constitución y en respuesta a la acción pertinente, los efectos de la decisión se extiende *erga omnes* y cobran fuerza de ley. En el primer caso, el control es incidental y especial; y en el segundo, principal y general; y cuando éste ocurre, vale decir, cuando el recurso es autónomo, éste es formal o material, según que la nulidad verse sobre una irregularidad concerniente al proceso elaborativo de la ley, o bien que no obstante haberse legislado regularmente en el aspecto formalista, el contenido intrínseco de la norma adolezca de vicios sustanciales"[1852].

En todo caso, además, tanto en Venezuela como en Colombia, el sistema mixto de control de la constitucionalidad, que combina el control concentrado con el control difuso, está concebido en paralelo con la consagración de garantías judiciales para la protección de los derechos constitucionales a través de las acciones de amparo o de tutela, cuyo conocimiento corresponde a todos los tribunales, generalmente de primera instancia.

Debe aclararse que algunos autores han calificado como mixto el sistema de control de constitucionalidad que mezcla el control concentrado exclusivo con la consagración de las acciones de *hábeas corpus* y amparo, cuyo conocimiento corresponde a todos los tribunales ordinarios[1853]. En realidad, debe decirse que la existencia de garantías judiciales de los derechos constitucionales mediante las acciones de *hábeas corpus*, amparo (tutela o protección), *hábeas data* o los medios judiciales ordina-

---

1852 Véase sentencia de la antigua Corte Federal de 19-6-53, en *Gaceta Forense*, N° 1, 1953, pp. 77 y 78.

1853 Como lo indica A. Hoyos, "El control judicial y el bloque de constitucionalidad en Panamá", *Boletín del Instituto de Investigaciones Jurídicas*, N° 75, UNAM. México 1992, p. 790.

rios (*writs, référés*, procedimiento de urgencia)[1854], es un siglo de nuestro tiempo, por lo que todos los países con régimen de Estado de Derecho las consagran.

En general, la competencia para conocer y decidir las acciones de amparo o *hábeas corpus* corresponde a los tribunales ordinarios, siendo excepcional su conocimiento exclusivo por Tribunales Constitucionales (es el sistema europeo de Alemania, Austria, España) o por la Corte Suprema de Justicia (es el caso excepcionalísimo en América Latina, de la Sala Constitucional de la Corte Suprema de Costa Rica). Lo normal y común, se insiste, sobre todo en los países anglosajones, en Francia e Italia y en América Latina es la competencia de los tribunales ordinarios para conocer de estas acciones. En todo caso, al decidirlas, por supuesto, los jueces resuelven como jueces constitucionales cuestiones de inconstitucionalidad, pero limitadamente en relación con la protección de los derechos constitucionales.

El sistema difuso de control de la constitucionalidad de las leyes, en cambio, es mucho más amplio, y opera no sólo cuando se le plantea al juez una cuestión de constitucionalidad en relación con la protección de derechos constitucionales, sino básicamente, cuando en un caso judicial ordinario que no tiene por objeto una cuestión constitucional, los jueces actúan como jueces constitucionales en todo caso en el cual deban aplicar una ley que juzguen inconstitucional, aplicando preferentemente la Constitución.

Por ello, en realidad, el sistema mixto de control de constitucionalidad responde al modelo de Colombia y Venezuela, donde además del sistema de control concentrado existe el control difuso de la constitucionalidad de las leyes y donde además, como es natural, se prevén garantías judiciales (*hábeas corpus*, tutela y amparo) de los derechos constitucionales cuyo conocimiento corresponde a los tribunales ordinarios.

A continuación nos limitaremos a exponer los aspectos más importantes de los sistemas concentrado y difuso de control de la constitucionalidad, conforme al modelo colombo-venezolano.

2.   *El sistema difuso de control de constitucionalidad en Colombia y Venezuela*

A.   *Aproximación general al sistema difuso de control de la constitucionalidad de las leyes y demás actos normativos*

La Constitución de Colombia de 1991, siguiendo la tradición establecida a partir de la reforma constitucional de 1910, y que se habían plasmado en la Ley 57 de 1887, de efímera vigencia, establece en su artículo 4 el principio de la supremacía de la Constitución y la base del sistema de control difuso de la constitucionalidad de las leyes y demás actos normativos así:

1854   Véase Allan R. Brewer-Carías, *El amparo a los derechos y garantías constitucionales (una aproximación comparativa)*, pp. 21 y ss., Caracas, 1994; véase parte de este estudio en Manuel José Cepeda (ed.), *La Carta de Derechos. Su interpretación y sus implicaciones*, Bogotá 1993, pp. 21 a 65.

"Art. 4. La Constitución es norma de normas. En todo caso de incompatibilidad entre la Constitución y la Ley u otra norma jurídica, se aplicarán las disposiciones constitucionales".

En Venezuela, el artículo 20 del Código de Procedimiento Civil, con redacción similar a la norma prevista desde 1987, establece:

"Art. 20. Cuando la Ley vigente, cuya aplicación se pida, colidiere con alguna disposición constitucional, los jueces aplicarán ésta con preferencia".

Estas normas, que regulan el control difuso de la constitucionalidad de las leyes, confieren a cualquier juez de cualquier nivel en la jerarquía judicial, el necesario poder para actuar como juez constitucional. En consecuencia, conforme a dicha norma, todos los jueces, al aplicar la ley en un caso concreto sometido a su consideración, están autorizados a juzgar la constitucionalidad de dicha ley y, en consecuencia, a decidir su inaplicabilidad a dicho caso concreto cuando la consideren inconstitucional, dando aplicación preferente a la Constitución[1855].

Desde el punto de vista lógico y racional, este poder general de todo juez de actuar como juez constitucional es la obvia consecuencia del principio de la supremacía constitucional, por lo que si la Constitución se considera como la Ley Suprema del país, o como lo dice la Constitución colombiana la "norma de normas", en todo caso de conflicto entre una Ley y la Constitución, ésta debe prevalecer, considerándose por lo demás, como un deber de todo juez, el decidir cuál es la ley aplicable en un caso concreto. Como lo señaló el juez William Paterson en una de las más viejas decisiones de la Corte Suprema de los Estados Unidos de América sobre la materia, en el caso *Vanhorne's Lessec v. Dorrance* (1795) hace doscientos años:

"... si un acto legislativo se opone a un principio constitucional, el primero debe dejarse de lado y rechazarse por repugnante. Sostengo que es una posición clara y sonora que, en tales casos, es un deber de todo tribunal el adherirse a la Constitución y declarar tal acto nulo y sin valor"[1856].

O como fue definitivamente establecido por el juez Marshall en el conocido caso Marbury v. Madison (1803), decidido por la misma Corte Suprema:

"Aquellos que aplican las normas a casos particulares, deben necesariamente exponer e interpretar aquella regla. . . de manera que si una Ley se encuentra en oposición a la Constitución... la Corte debe determinar cuál de las reglas en conflicto debe regir el caso: Esta es la real esencia del deber judicial. Si en consecuencia, los tribunales deben ver la Constitución, y la Constitución es supe-

---

1855 Véase en general sobre el sistema difuso, Allan R. Brewer-Carías, *Judicial Review in Comparative Law, cit.*, pp. 127 y ss. En Venezuela, véase Allan R. Brewer-Carías, La Justicia constitucional en Venezuela", *loc. cit.*, pp. 533 y ss. No entendemos cómo en Colombia, ante la norma constitucional del artículo 4, Luis Carlos Sáchica niega la existencia del control difuso. Véase en *La Corte Constitucional..., cit.*, p. 26.

1856 Vanhorne's Lessec v. Dorrance, 2 Dallas 304 (1795). Véase el texto S. I. Kutler (ed.), *The Supreme Court and the Constitution, Re&dings in American Constitutional History*, N. Y. 1984, p. 8.

rior a cualquier acto ordinario de la Legislatura, es la Constitución, y no tal acto ordinario, la que debe regir el caso al cual ambas se aplican"[1857].

En consecuencia, la supremacía constitucional y el poder de todo juez de controlar la constitucionalidad de las leyes, son conceptos que están esencialmente unidos en el constitucionalismo moderno. Por ello debe recordarse que en relación con las Constituciones y a las Leyes de los Estados Miembros de la Federación Americana, se estableció expresamente en la Constitución de 1787 la muy conocida "Cláusula de Supremacía" contenida en el artículo VI, sección 2, el cual dispone:

> "Esta Constitución, y las leyes de los Estados Unidos que se expidan con arreglo a ella, y todos los tratados celebrados o que se celebren bajo la autoridad de los Estados Unidos, serán la suprema Ley del país y los jueces de cada Estado estarán obligados a observarlos, a pesar de cualquier cosa en contrario, que se encuentre en la Constitución o las leyes de cualquier Estado".

Esta "Cláusula de Supremacía" se recogió en el artículo 227 de la Constitución venezolana de 1811, que estableció en una forma más amplia lo siguiente:

> "La presente Constitución, las leyes que en consecuencia se expidan para ejecutarla y todos los tratados que se concluyan bajo la autoridad del Gobierno de la Unión serán la Ley Suprema del Estado en toda la extensión de la Confederación, y las autoridades y habitantes de las provincias estarán obligados a obedecerlas y observarlas religiosamente sin excusa ni pretexto alguno; pero las leyes que se expidieren contra el tenor de ella *no tendrán ningún valor*, sino cuando hubieren llenado las condiciones requeridas para una justa y legítima revisión y sanción".

Se destaca, en efecto, que el artículo 227 de la Constitución venezolana de 1811 iba más allá de lo establecido en el artículo VI, 2 de la Constitución Americana 1787, en el sentido de que no sólo estableció el principio de la supremacía, sino su consecuencia, es decir, la nulidad —"no tendría ningún valor" dice la norma— de toda ley que contraríe la Constitución.

Es decir, la Constitución de 1811 estableció la garantía de la supremacía constitucional, con la sanción de la nulidad de toda ley contraria a la Constitución. Ello, incluso, se estableció todavía más expresamente en relación con los derechos fundamentales al establecer el último de los artículos del capítulo relativo a los derechos del hombre, lo siguiente:

> "Art. 199. Para precaver toda transgresión de los altos poderes que nos han sido confiados, declaramos: que todas y cada una de las cosas constituidas en la anterior declaración de derechos están exentas y fuera del alcance del poder general ordinario del gobierno y que, conteniendo y apoyándose sobre los indestructibles y sagrados principios de la naturaleza, toda ley contraria a ellas que se expida por la legislatura federal, o por las provincias *será absolutamente nula y de ningún valor*".

1857 *Marbury v. Madison*, 1 Cranch 137 (1803). Véase el texto en S. I. Kutler (ed.), *op. cit.*, p. 29.

En todo caso, fue precisamente la "Cláusula de Supremacía" de la Constitución Americana, limitada en su formulación respecto a las Constituciones y Leyes de los Estados Miembros de la Federación, la que en el caso *Marbury v. Madison* (1803) fue extendida a las leyes federales, a través de una interpretación y aplicación lógica y racional del principio de la supremacía de la Constitución, el cual, como se ha visto, en Colombia y Venezuela encontró expresión formal en el derecho positivo.

B.   *La compatibilidad del sistema con todos los sistemas jurídicos*

En consecuencia, el sistema difuso de control judicial de la constitucionalidad de las leyes puede decirse que no es un sistema peculiar a los sistemas jurídicos anglosajones o del *common law*, y que pudiera ser incompatible con los sistemas jurídicos de tradición civil o de derecho romano. Al contrario, el sistema de control difuso ha existido desde el siglo pasado en casi todos los países de América Latina, todos pertenecientes a la familia de tradición del derecho romano. Es el caso de Argentina que siguió el modelo norteamericano, y el de Colombia, Venezuela, Brasil, Ecuador, Bolivia, Perú y México, donde coexiste con el sistema concentrado de control de la constitucionalidad.

También ha existido en Europa, en países con una tradición de derecho civil, como Suiza y Grecia. En Suiza, el sistema difuso fue establecido por primera vez en la Constitución de 1874, aun cuando en forma limitada, lo que se confirma en el sentido de que si bien el sistema suizo actualmente permite que los tribunales decidan sobre asuntos constitucionales, ello es sólo en cuanto a la inaplicabilidad de actos legislativos de los cantones, pero no de las leyes federales[1858]. En Grecia donde se ha adoptado también un sistema mixto de control de constitucionalidad, la Constitución de 1975 atribuye a todos los tribunales competencia para desaplicar una disposición cuyo contenido consideren contrario a la Constitución[1859]. Así el artículo 95 de dicha Constitución establece:

"Los Tribunales están obligados a no aplicar leyes cuyo contenido sea contrario a la Constitución".

En consecuencia, el método difuso de control judicial de constitucionalidad existe y ha funcionado en sistemas jurídicos tanto con tradición de *common law* como de derecho romano. Por ello, no estamos de acuerdo con Cappelletti y Adams, cuando señalan que existe una incompatibilidad fundamental entre el método difuso de control judicial de la constitucionalidad y los sistemas jurídicos basados en la tradición del derecho romano[1860], ni con lo que el mismo Mauro Cappelletti ha seña-

---

1858 Véase en H. Fix Zamudio, *Los Tribunales Constitucionales y los Derechos Humanos,* México, 1980, pp. 17, 84; A. Jiménez Blanco, "El Tribunal Federal Suizo", *Boletín de Jurisprudencia Constitucional,* Cortes Generales, 6, Madrid, 1981, p. 477.

1859 Art. 93. Véase H. Fix Zamudio, *op. cit.,* p. 162; L. Favoreu, *Le control jurisdictionnel des lois et sa légitimité, Développements récents en Europe Occidentale.* Association Internationale des Sciences Juridiques, Colloque d'Uppsala, 1948 (mineo), p. 14. Publicado también en L. Favoreu y J. A. Jolowicz (ed), *Le Controle jurisdictionnel des lois, Légitimité effectivité et développements récents,* Paris, p. 17-68.

1860 M. Cappelletti and J. C. Adams, "Judicial Review of législation: European Antecedents and adaptations", *Harvard Law Review,* 79 (6), 1966, p. 1215.

lado en otra parte, al referirse a la experiencia de Italia y Alemania Federal antes de la creación de sus respectivas Corte y Tribunales Constitucionales, y señalar que esos países "revelaron completamente la desadaptación del método descentralizado (difuso) de control judicial para los países con sistemas jurídicos de derecho civil"[1861].

En nuestro criterio, los argumentos en favor del método concentrado de control judicial que se ha adoptado en Europa continental, no pueden resolverse con base en su supuesta adaptabilidad o no con un sistema jurídico particular, sino en realidad con el sistema de garantía constitucional que se adopte en relación con la supremacía de la Constitución. Entonces, si se adopta el principio de la supremacía constitucional, la consecuencia lógica y necesaria es la atribución dada a todos los jueces del poder decidir cuál norma debe ser aplicada cuando existe una contradicción entre una ley particular y la Constitución estando entonces obligados a dar prioridad a la Constitución, como un verdadero deber, independientemente del sistema jurídico de tradición de *common law* o de derecho romano del país en particular.

Por supuesto, otra cuestión es la relativa a los efectos prácticos que puede tener la adopción del método difuso de control de la constitucionalidad. Así en ausencia de método alguno de control de la constitucionalidad, en Europa, antes de los años veinte y con el marco tradicional del principio de la separación de poderes, basado en los principios de soberanía del legislador, de la supremacía de la ley y de la desconfianza en los tribunales como órganos del control de la acción legislativa, las críticas al método difuso de control de la constitucionalidad formuladas en Europa, son tan antiguas como la existencia del mismo "modelo europeo" de control. Por ejemplo, Hans Kelsen, el creador del modelo austríaco hizo referencia a los problemas que originaba el método difuso del control para justificar "la centralización del poder para examinar la regularidad de las normas generales" subrayando "la ausencia de unidad en las soluciones" y "la incertidumbre legal" que resultaba cuando "un tribunal se abstenía de aplicar una ley considerada irregular, en tanto que otro tribunal hacía lo contrario"[1862]. En sentido similar, Mauro Cappelletti y John Clarke Adams insisten en que el método difuso de control constitucional, "puede llevar a una grave incertidumbre y confusión, cuando un tribunal decide aplicar una ley y otro la considera inconstitucional"[1863].

Pero en realidad, estos problemas existen tanto en los sistemas del *common law* como de derecho romano que han adoptado el método difuso no pudiendo considerarse como esencialmente peculiares a los países con tradición de derecho romano que lo hayan adoptado. Sin embargo, lo contrario pretenden demostrarlo Cappelletti y Adams basando su argumento en los efectos correctivos respecto de esos problemas, que tiene la doctrina del *stare decisis*, que es peculiar a los sistemas del

---

1861 M. Cappelletti, *Judicial Review in the Contemporary World*, Indiannapolis, 1971, p. 59. En sentido similar M. Fromont considera que es "difícil admitir el método difuso de control de constitucionalidad en países con tradición de derecho romano". Véase "Préfacé" en J. C. Béguin, *Le Controle de la Constitutionalité des lois en Republique Federalle d' Allemagne*, París, 1982, p. V.

1862 Véase H. Kelsen, "La guarantie juridictionnelle de la Constitución (La Justice constitucionnelle) *Revue du Droit Public et de la Science Polotique en France et a l'etranger*, 1928, p. 218.

1863 *Loc. cit.*, p. 1.215.

common law y extraña a los sistemas de tradición de derecho romano. Su argumento, básicamente, es el siguiente:

> "Conforme a la doctrina angloamericana del *stare decisis*, la decisión del más alto tribunal en cualquier jurisdicción es obligatoria para todos los tribunales inferiores de la misma jurisdicción, por lo que tan pronto el Tribunal Supremo ha declarado una ley inconstitucional, ningún otro tribunal puede aplicarla. La Corte no necesita que le confiera un especial poder para declarar una ley inválida, ni debe decidir otros aspectos más allá de la aplicabilidad de la ley cuestionada al caso concreto; el principio *stare decisis* hace el resto, al requerir de los otros tribunales el seguir, el precedente en todos los casos sucesivos. Por lo que aun cuando la ley inconstitucional continúe en la *Gaceta Oficial*, es una 'ley muerta' ".

Por ello, concluyen estos autores su argumento señalando:

> "... *stare decisis*, sin embargo, no es normalmente un principio de los sistemas jurídicos de derecho romano, donde los tribunales generalmente no están obligados por las decisiones de los más altos tribunales"[1864].

El argumento ha sido luego desarrollado por el mismo Cappelletti, al señalar:

> "por cuanto el principio de *stare decisis* es extraño a los jueces en los sistemas jurídicos de derecho civil, un método de control de la constitucionalidad que permita a cada juez decidir sobre la constitucionalidad de las leyes, puede conducir a que una ley pueda ser inaplicada por algunos jueces, por inconstitucional y ser considerada aplicable, por otros jueces en sus decisiones. Aún más, el mismo órgano judicial, que puede algún día haber desaplicado una ley, puede luego, al día siguiente, considerarla aplicable, cambiando su criterio acerca de la legitimidad constitucional de la Ley. Además, entre diferentes tipos o grados de tribunales podrían surgir diferencias, por ejemplo, entre un tribunal de la jurisdicción ordinaria y tribunales de la jurisdicción administrativa, o entre jueces jóvenes y más radicales de los tribunales inferiores y jueces mayores de conciencia tradicional de los tribunales superiores... El resultado extremadamente peligroso de ello, puede ser un grave conflicto entre órganos judiciales y una grave incertidumbre respecto de la Ley aplicable"[1865].

Sin embargo, insistimos en que esos problemas derivados del principio de la supremacía constitucional existen tanto en países con tradición de sistemas de *common law* como de derecho romano, y si bien es cierto que la doctrina *stare decisis* es una corrección a los problemas anotados, dicha corrección no es absoluta, pues no todos los casos en los cuales los tribunales inferiores decidan cuestiones de constitucionalidad, por ejemplo, en los Estados Unidos, llegan a la Corte Suprema, la cual decide discrecionalmente los casos que conoce[1866].

1864 *Idem.*, p. 1.215.

1865 M. Cappelletti, *op. cit.*, p. 58.

1866 28. U. S. Code, Secc. 1.254, 1.255, 1.256, 1.257. Véase también Rule N° 17 of the Supreme Court.

Por otra parte, y aun cuando la doctrina *stare decisis*, tal como es conocida en los países del *common law*, no se aplica en países con sistemas jurídicos de la tradición del derecho romano, aquellos en los cuales se ha adoptado un método difuso de control de constitucionalidad han adoptado, paralelamente, sus propios correctivos a los problemas planteados, con efectos similares. Por ejemplo, en el sistema de amparo mexicano, la Constitución establece el principio de que la Ley de Amparo debe establecer los casos en los cuales la "jurisprudencia", es decir, los precedentes judiciales de las Cortes Federales, debe ser obligatoria[1867]. Por ello, la Ley de Amparo establece los casos en los cuales las decisiones de la Corte Suprema e incluso, de las Cortes de Circuito, deben considerarse como precedentes obligatorios, lo que sucede sólo cuando se hayan dictado cinco decisiones consecutivas, que no sean interrumpidas por alguna decisión incompatible, con el mismo efecto.

Los efectos de esta "jurisprudencia", incluso parcialmente, han sido considerados como equivalentes a los que resultan del principio *stare decisis*. Incluso, en el sistema de Amparo mexicano, el llamado "amparo contra leyes" ha sido desarrollado también como una acción extraordinaria de inconstitucionalidad de leyes autoaplicativas, que afecten directamente derechos de un individuo, y que pueden ser impugnadas ante las Cortes Federales, permitiéndoles juzgar la inconstitucionalidad de la ley sin relación alguna con un proceso concreto[1868].

En sentido similar, en Argentina y Brasil, países que también siguen de cerca el modelo norteamericano, en el sentido del poder otorgado a todos los tribunales de decidir no aplicar las leyes, basados en consideraciones constitucionales, se ha establecido la institución procesal denominada "recurso extraordinario de inconstitucionalidad" que puede formularse ante la Corte Suprema contra decisiones judiciales adoptadas en última instancia en las cuales se considera una Ley Federal como inconstitucional e inaplicable al caso concreto[1869]. En estos casos la decisión adoptada por la Corte Suprema tiene efectos *in casu et inter partes*, pero siendo dictada por el Tribunal Supremo tiene de hecho efectos obligatorios respecto de los tribunales inferiores[1870].

En igual sentido, otros países con tradición de derecho romano que han adoptado el método difuso de control de constitucionalidad, han establecido mecanismos judiciales especiales para superar los problemas que se puedan derivar de decisiones contradictorias en materia constitucional de tribunales diferentes. Es el caso de Grecia, donde la Constitución de 1975 estableció una Corte Suprema Especial con poderes para decidir sobre materias de inconstitucionalidad de las leyes, cuando se

---

1867 Art. 107 Sección XIII, parágrafo 1 de la Constitución (Enmienda de 1950-1951).

1868 R. D. Baker, *Judicial Review en México. A Study of the Amparo Suit*, Austin, 1971, pp. 164, 250, 251, 256, 259.

1869 H. Fix Zamudio, *Veinticinco años de Evolución de la Justicia* Constitucional, *1940-1965,* México 1968, pp. 26-36; J. Carpizo y H. Fix Zamudio, "La necesidad y la legitimidad de la revisión judicial en América Latina. Desarrollo reciente", *Boletín Mexicano de Derecho Comparado,* 52, 1985, p. 33; también publicado en L. Favoreu y J. A. Jolowicz (ed.), *Le controle jurisdictionnel des lois. Legitimité, effectivité et developpments* recents, París, 1986, pp. 119 y 151.

1870 Véase J. R. Vanossi and P. E. Ubertone, Instituciones de defensa de la Constitución en la Argentina, UNAM, Congreso Internacional sobre la Constitución y su Defensa, México, 1982 (mimeo), p. 32.

adopten decisiones contradictorias, en la materia, por el Consejo de Estado, la Corte de Casación o la Corte de Cuentas. En esos casos, las decisiones de la Corte Suprema Especial tienen efectos absolutos y generales en lo que concierne al control de la constitucionalidad de las leyes[1871].

Finalmente, en los otros países con tradición de derecho romano donde se ha adoptado el método difuso de control de la constitucionalidad, debe tenerse en cuenta, particularmente en materia de casación, el valor de las decisiones de la Sala de Casación de la Corte Suprema para los Tribunales de instancia.

En Venezuela, el Código de Procedimiento Civil establece que "los jueces de instancia procurarán acoger la doctrina de casación establecida en los casos análogos, para defender la integridad de la legislación y la uniformidad de la jurisprudencia" (Art. 321). En tal sentido, en un reciente caso (4-10-89) decidido por la Corte Suprema de Justicia en Sala de Casación Civil, la Corte creyó haber ejercido el control difuso en relación con el artículo 197 del Código de Procedimiento Civil, que regula los lapsos y términos procesales, y al declarar con lugar un recurso de casación, dictó una sentencia de enorme significación e importancia, no sólo porque estableció una interpretación abiertamente *contra legem* de una norma del Código de Procedimiento Civil, sino porque, al dictarla, además, no desaplicó norma alguna, sino que pretendió dictar una norma, extinguiendo otra[1872]. Pero en todo caso, si en su sentencia, la Sala de Casación hizo uso del poder de control difuso de la constitucionalidad, esa doctrina, en principio, debe ser seguida por los jueces de instancia. Pero en los casos en que los asuntos no lleguen a la Sala de Casación, los sistemas de tradición de derecho romano con método difuso de control de constitucionalidad, han establecido correctivos a los problemas originados por la incertidumbre y conflictividad de decisiones judiciales, mediante el establecimiento de un sistema mixto de control de constitucionalidad, que combina el método difuso con el método concentrado. En América Latina es el caso de Guatemala, Colombia y Venezuela, donde como hemos dicho, paralelamente el método difuso de control de constitucionalidad, expresamente previsto en el derecho positivo, también existe un método concentrado de control de constitucionalidad que autoriza a la Corte Suprema de Justicia o a la Corte Constitucional, para anular formalmente las leyes inconstitucionales, con efectos *erga omnes*, cuando es requerida mediante el ejercicio de una *actio popularis*, que puede ser interpuesta por cualquier habitante del país. En consecuencia, en estos países, paralelamente Al poder atribuido a cualquier tribunal para considerar en un caso concreto una ley como inconstitucional y desaplicarla, la Corte Suprema de Justicia o la Corte Constitucional tiene el poder de anular con efectos generales las leyes impugnadas por inconstitucionales[1873].

1871 Véase E. Spiolotopoulos, "Judicial Review of Legislative Act in Greece", *Temple Law Quarlety*, 56 (2), Philadelphia, 1983, pp. 496-500.

1872 Véase nuestro prólogo a la obra de Humberto Briceño León, *La acción de inconstitucionalidad en Venezuela*, EJV, Caracas, 1990. Véase además, Allan R. Brewer-Carías "La sentencia de los lapsos procesales (1989) y el control difuso de la constitucionalidad de las leyes", *Revista de Derecho Público*, N° 40, Caracas 1989, pp. 157 a 175.

1873 Véase Allan R. Brewer-Carías, *El control concentrado de la constitucionalidad de las leyes*, pp. 44 y ss., y 88 y ss, 90 y ss, Caracas 1994. Véase este trabajo en el libro *Homenaje a Carlos Restrepo Pie-*

En igual sentido, otros países europeos con tradición de derecho romano que han adoptado el método difuso de control de la constitucionalidad, también han adoptado paralelamente un método concentrado de control, asignando a la Corte Suprema del país, el poder de anular leyes inconstitucionales. Es el caso de Portugal y antes de Suiza, donde a pesar de que no exista control judicial de constitucionalidad en relación con las leyes federales, la Corte Federal tiene poder para declarar la inconstitucionalidad de leyes cantonales, con efectos *erga omnes*, cuando se requiera su decisión a través del denominado "recurso de derecho público" en casos de violación de derechos fundamentales[1874].

En consecuencia en el mismo sentido en que se han desarrollado la doctrina *stare decisis* en los países con sistemas jurídicos del *common law*, para resolver los problemas de incertidumbre y posible conflictividad entre las decisiones judiciales adoptadas por los diferentes tribunales en materia de inconstitucionalidad de las leyes que un método difuso puede originar, también los países con sistemas jurídicos de tradición de derecho romano que han adoptado el mismo método, también han desarrollado diversos mecanismos legales particulares para prevenir los efectos negativos originados por los mencionados problemas, sea otorgando carácter obligatorio a los precedentes, o sea asignando los poderes necesarios a una Corte Suprema para declarar la inconstitucionalidad de las leyes, con carácter general y efectos obligatorios.

Los eventuales problemas originados por la aplicación del método difuso de control de constitucionalidad de las leyes, en consecuencia, son comunes a los países que lo han adoptado, sea que pertenezcan a sistemas jurídicos con tradición de derecho romano o de *common law*, por lo que la adopción del método difuso no puede conducir, en sí mismo, a considerar el método difuso como incompatible con los sistemas jurídicos de derecho romano, por el solo hecho que no exista en ellos la regla del *stare decisis*.

En nuestro criterio, el único aspecto de compatibilidad que en este respecto es absoluto, es que cuando existe el principio de la supremacía de la Constitución, la consecuencia lógica del mismo es el poder de todos los jueces que tienen a su cargo la aplicación de la ley, de decidir sobre la inaplicabilidad de la legislación cuando ésta contradice la Constitución, dando preferencia a la Constitución en sí misma. Este fue el sistema original de control de la constitucionalidad, después del triunfo de la Constitución sobre el Legislador.

Sin embargo, en los países europeos con tradición de sistema jurídico de derecho romano, la tradicional desconfianza en relación con el poder judicial ha sido la que ha abierto el camino al establecimiento de un sistema exclusivamente concentrado de control de la constitucionalidad que, en cierto sentido ha provocado el "redescubrimiento" de la supremacía constitucional a través de otros medios judiciales. Pero esto no puede conducir a que se considere el método difuso de control de la consti-

---

drahita. Simposio Internacional sobre Derecho del Estado, Universidad Externado de Colombia, Tomo III, Bogotá 1993, pp. 705 a 845.

1874 E. Zellweger, "El Tribunal Federal Suizo en calidad del Tribunal Constitucional", *Revista de la Comisión Internacional de Juristas,* Vol. VII (1), 1966, p. 119; H. Fix Zamudio, *Los Tribunales Constitucionales... cit.,* p. 84.

tucionalidad de la legislación como incompatible con los sistemas jurídicos de derecho romano.

C. La nulidad de los actos estatales inconstitucionales como garantía constitucional que fundamenta el control difuso

Como hemos señalado, la esencia del método difuso de control de constitucionalidad radica en la noción de supremacía constitucional, en el sentido de que si la Constitución es la Ley Suprema de un país y que como tal, prevalece sobre las otras leyes, ningún otro acto del Estado que sea contrario a la Constitución puede ser una ley efectiva, y al contrario debe ser considerado como nulo. En palabras del juez Marshall, si la Constitución es "la ley fundamental y suprema de una nación... un acto del legislador que repugne a la Constitución, es nulo"[1875].

En este sentido, la efectiva garantía de la Supremacía de la Constitución es que tales actos que colidan con la Constitución son, en efecto, nulos, y como tales tienen que ser considerados por los tribunales, los cuales son, precisamente, los órganos estatales llamados a aplicar las leyes.

En consecuencia, el primer aspecto que muestra la racionalidad del método difuso de control de constitucionalidad, es el principio de la nulidad de los actos estatales y particularmente de las leyes que colidan con la Constitución.

Ahora bien, en principio, la nulidad de un acto estatal significa que si tal acto pretende existir jurídicamente, objetivamente, en realidad, no existe porque es irregular, en el sentido de que no se corresponde con las condiciones establecidas para su emisión por una norma de rango superior. Esto fue lo que Hans Kelsen llamó la "garantía objetiva de la Constitución"[1876], lo que significa que un acto estatal nulo no puede producir efectos, y no necesita de ningún otro acto estatal posterior para quitarle su calidad usurpada de acto estatal. Al contrario, si otro acto estatal fuera necesario, entonces la garantía no sería la nulidad del acto, sino anulabilidad.

En consecuencia, en estricta lógica, la supremacía de la Constitución significa que todo acto estatal que viole la Constitución es nulo, y por tanto teóricamente, cualquier autoridad pública, e incluso los particulares estarían autorizados para examinar su irregularidad, declarar su inexistencia y considerar el acto inválido como no obligatorio. Por supuesto, esto podría conducir a la anarquía jurídica, por lo cual normalmente el derecho positivo establece límites respecto de este poder de examinar la regularidad de los actos estatales, y lo reserva a los órganos judiciales. En consecuencia, cuando un acto estatal viola la Constitución y es nulo, éste sólo debe ser examinado por los jueces y sólo los jueces deben tener el poder para considerarlo nulo. Debe señalarse, sin embargo, que en Colombia, dada la amplitud de la norma constitucional del artículo 4 (que recoge la incorporada al texto fundamental en 1910), se ha considerado que además de los jueces, los funcionarios de la Administración tendrían el poder de desaplicar las normas que consideren inconstitucio-

---

1875 *Marbury v. Madison* 5 US (1 Cranch) 137 (1803). Véase el texto en S. I. Kutler (ed.) *op. cit.*, p. 29.

1876 H. Kelsen, *loc. cit.*, p. 214.

nales[1877] lo que sin duda, no sólo es inconveniente sino que no debería admitirse, por lo que ha sido rechazado por algunos autores[1878].

En todo caso, estimamos que, realmente, esta discusión es inadmisible. Creemos que la única aplicación lógica y compatible con la seguridad jurídica del sistema difuso, es la que conduce a atribuir está facultad de control a los jueces y tribunales. En un Estado de Derecho, solamente los jueces pueden ser jueces de la constitucionalidad de la legislación; al contrario, la atribución del poder de controlar la constitucionalidad de las leyes a todos los funcionarios públicos, en especial del Poder Ejecutivo, quienes tienen como tarea el aplicar la ley, podría llevar a la anarquía, siendo ello inadmisible en un Estado de Derecho.

Pero sin embargo, a pesar de los límites impuestos por el derecho positivo respecto del poder de examinar la nulidad de los actos estatales, esto no significa que la garantía de la Constitución cese de ser la nulidad de los actos estatales y quede convertida en anulabilidad. Al contrario, la nulidad del acto inconstitucional persiste, pero con la limitación derivada de la reserva legal atribuida a los jueces para declarar, con exclusividad, su nulidad.

Así, hasta ese momento, el acto irregular debe ser considerado como siendo efectivo y obligatorio por cualquier autoridad pública, y especialmente por las autoridades administrativas y por los particulares; pero una vez que el juez declara su inconstitucionalidad en relación con un caso concreto, entonces el acto deviene nulo y sin valor, en relación con dicho proceso.

En conclusión, en el método difuso de control de la constitucionalidad, el deber de todos los jueces es el de examinar la constitucionalidad de las leyes, y declarar, cuando ello sea necesario, que una ley particular no debe ser aplicada a un proceso específico y que el juez esté conociendo, en razón de que es inconstitucional, y por tanto, debe considerarse nula y sin valor.

Lo anterior nos conduce al aspecto central de la racionalidad del método difuso de control de la constitucionalidad, el cual es que el poder para declarar la inconstitucionalidad de la legislación es atribuido a todos los jueces de un país determinado.

En efecto, si la Constitución es la Ley Suprema del país, y el principio de la supremacía es aceptado, entonces la Constitución se debe aplicar con preferencia sobre cualquier otra ley que sea inconsciente con la misma, sea que ello esté claramente establecido en el texto expreso de la Constitución, o sea una consecuencia implícita de su supremacía. Consecuentemente, las leyes que violen la Constitución o en cualquier forma colidan con sus normas, principios y valores, son, como hemos dicho, nulas y sin valor, y no pueden ser aplicadas por los tribunales, los cuales tienen que aplicar preferentemente la Constitución.

1877 Véase Manuel Gaona C-, "El control de constitucionalidad de los actos jurídicos en Colombia ante el derecho comparado", loe. cit., p. 69; Luis Carlos Sáchica, La Corte Constitucional..., p. 25; Carlos Medellín, en la obra colectiva Aspectos del control constitucional en Colombia, op. cit,, p. 27.

1878 Véanse las distintas opiniones en A. Copete Lizarralde, Lecciones de Derecho Constitucional, Bogotá, p. 244; E. Sarria, Guarda de la Constitución, Bogotá, p. 78; Jaime Vidal Perdomo, Derecho Constitucional General, Bogotá 1985, p. 48; L. C. Sáchica, La Constitución y su Defensa, Congreso Internacional sobre la Constitución y su Defensa, UNAM, México, 1982 (mimeo), p. 44.

Todos los tribunales deben en consecuencia decidir los casos concretos que están considerando, como lo decía el juez Marshall, "conforme a la Constitución desaplicando la ley inconstitucional" siendo esto "la verdadera esencia del deber judicial"[1879]. En consecuencia, en el método difuso de control de la constitucionalidad, este rol corresponde a todos los jueces y no sólo a una Corte o Tribunal en particular, y no debe ser sólo visto como un poder atribuido a los tribunales, sino como un deber de los mismos[1880], para decidir conforme a las reglas constitucionales, desaplicando las leyes contrarias a sus normas.

D. *El carácter incidental del método difuso y los poderes ex-officio de los jueces*

Este deber de todos los tribunales de dar referencia a la Constitución y, en consecuencia, a desaplicar las leyes que consideren inconstitucionales y por tanto nulas y sin valor, nos lleva al tercer aspecto de la racionalidad del método difuso de control de la constitucionalidad de las leyes, el cual es que este deber judicial sólo puede ser cumplido *incidenter tantum*, es decir en un proceso concreto del cual el juez esté conociendo, y donde la inconstitucionalidad de la ley o norma no es ni el objeto de dicho proceso ni el asunto principal del mismo.

En consecuencia, en este caso, siempre debe iniciarse un proceso ante un tribunal en cualquier materia, por lo que el método difuso de control de la constitucionalidad siempre es un sistema incidental de control, en el sentido de que la cuestión de inconstitucionalidad de una ley y su inaplicabilidad, debe plantearse en un caso o proceso concreto (*cases or controversies* como lo ha precisado la jurisprudencia norteamericana)[1881], cualquiera sea su naturaleza, en el cual la aplicación o no de una norma concreta es considerada por el juez como relevante para la decisión del caso. En consecuencia, en el método difuso de control de constitucionalidad, el objeto principal del proceso y de la decisión judicial no es la consideración abstracta de la constitucionalidad o inconstitucionalidad de la ley o su aplicabilidad o inaplicabilidad, sino más bien, la decisión de un caso concreto de carácter civil, penal, administrativo, mercantil o laboral, etc. La cuestión de constitucionalidad, en consecuencia, sólo es un aspecto incidental del proceso que sólo debe ser considerada por el juez para resolver la aplicabilidad o no de una ley en la decisión del caso concreto, cuando surgen cuestiones relativas a su inconstitucionalidad.

Ahora bien, si se trata de un deber de los jueces el aplicar la Constitución en un caso concreto y desaplicar, para su decisión, la ley que consideren inconstitucional, debe señalarse que el otro aspecto de la racionalidad del método difuso, consiste en permitir a los jueces el considerar *de oficio* las cuestiones de constitucionalidad, a pesar de que ninguna de las partes en el proceso las haya planteado. De hecho, esta es la consecuencia directa de la garantía de la Constitución cuando se establece co-

---

1879 *Marbury v. Madison* 5 US (1 Cranch), 137 (1803).

1880 Confróntese B.O. Nwabueze, *Judicial control of legislative action and its legitimacy. Recent development*. African regional report. International Association of Legal Sciences. Uppsala Colloquium 1984 (mimeo), pp. 2-3. También publicado en L. Favoreu y J. A. Jolowicz (ed.), *Le controle juridictionnel des lois. Légitimité effectivité et développements recents*. París, 1986, pp. 193-222.

1881 Véase en Allan R. Brewer-Carías, *Judicial Review...*, pp. 136 y ss.

mo "garantía objetiva", lo que implica la nulidad de las leyes contrarias a la Constitución, y lo que además produce, como consecuencia, la reserva dada a los jueces para considerar la nulidad y la inaplicabilidad de una norma en un caso concreto. Por supuesto, en el caso de que la cuestión constitucional se formule, por una parte, en el proceso, efectivamente debe tratarse de una parte con la legitimación necesaria para actuar como tal, y el interés requerido para plantear la inaplicabilidad de la ley inconstitucional en el caso concreto.

En todo caso, en nuestra opinión, estimamos que la inconstitucionalidad de la ley en relación con los procesos particulares, no debe quedar a la sola instancia de las partes en el proceso, por lo que aun cuando las partes no planteen ante el juez la cuestión de inconstitucionalidad, éste tiene el deber de considerarla, y decidir, de oficio, sobre la inconstitucionalidad de la Ley. Debe advertirse, sin embargo, que aun cuando este aspecto de la racionalidad del método difuso de control de la constitucionalidad es seguido en muchos países como Venezuela y Grecia[1882], debemos admitir que, en general, las normas procesales de la mayoría de los países prohíben a los tribunales considerar de oficio, al decidir un caso concreto, cualquier cuestión, incluso las cuestiones de inconstitucionalidad[1883].

En el caso de Colombia, si bien el texto de la Constitución no excluye los eventuales poderes *ex officio* que puedan tener los jueces para decidir, solos y sin que se lo requiera una parte, desaplicar una determinada ley, en el caso concreto, cuando la consideren inconstitucional tal como ocurre en Venezuela, todos los autores colombianos, sin excepción, entienden que lo que se establece en el artículo de la Constitución es una "excepción de inconstitucionalidad", en el sentido de que, en todo caso, la cuestión constitucional debe plantearse por una de las partes en el proceso mediante una excepción relativa a la aplicabilidad de una ley[1884]; parte que debe tener un interés personal y directo en la no aplicación de la ley en el caso concreto[1885].

En todo caso, el signo común de la racionalidad del método difuso de control de la constitucionalidad es que sólo puede ser incidental, en un proceso concreto. Sin embargo, con motivo del ejercicio de una acción de amparo constitucional en Venezuela podría identificarse un sistema de control difuso de las leyes y actos normativos por vía principal.

1882 E. Spiliotopoulos, "Judicial review of legislative acts in Greece", *loc. cit.*, p. 479.

1883 Por ejemplo, B. O. Nwabueze ha dicho que "El hecho de que este deber sólo puede ser ejercido a instancia de parte agraviada por una violación de la Constitución, refuerza la legitimidad de la función. Esto significa que aun en presencia de una violación flagrante de la Constitución por el "legislador, la Corte no puede intervenir por su propia iniciativa, debe esperar a que alguien la inste", *loc. cit.*, p. 3. Véase la discusión de J. R. Vanossi y P. E. Ubertone, *op. cit.*, p. 24, en G. Bidart Campos, *El Derecho Constitucional del Poder*, Tomo II, cap. XXIX; y en J. R. Vanossi, *Teoría Constitucional*, Tomo II, Buenos Aires, 1976, pp. 318 y 319.

1884 Véase J. Vidal Perdomo, *op. cit.*, pp. 47-48; L. Carlos Sáchica, *El control. ..*, *cit.*, p. 64; E. Sarria, *op. cit.*, p. 77; D. R. Salazar, *Constitución Política de Colombia*, Bogotá 1982, p. 307; A. Copete Lizarralde, *Lecciones de Derecho Constitucional*, Bogotá, pp. 243-244.

1885 Véase A. Copete Lizarralde, *op. cit.*, p. 246.

En efecto, el artículo 3 de la Ley Orgánica de Amparo sobre Derechos y Garantías Constitucionales, establece:

Art. 3. También procede la acción de amparo, cuando la violación o amenaza de violación deriven de una norma que colida con la Constitución. En este caso, la provincia judicial que resuelva la acción interpuesta deberá apreciar la inaplicación de la norma impugnada y el juez informará a la Corte Suprema de Justicia acerca de la respectiva decisión".

En esta forma, en Venezuela se prevé la acción directa de amparo contra leyes o normas que violen o amenacen violar un derecho constitucional, en cuyo caso estamos en presencia de un sistema de control difuso de la constitucionalidad por vía de acción.

En consecuencia, se trata de un control principal de la constitucionalidad de las leyes mediante una acción de amparo, pero con carácter difuso puesto que la acción no se intenta ante un solo órgano judicial, sino ante todos los jueces competentes en materia de amparo, que son los jueces de primera instancia con competencia, afín al del derecho o garantía constitucional violado o amenazado de violación. Sin embargo, cuando los hechos, actos u omisiones que originen las violaciones o amenazas de violación sucedan en lugares en los cuales no exista un tribunal de primera instancia, la acción de amparo se puede intentar por ante cualquier juez de la localidad (Art. 9). En esta forma, el carácter difuso de la competencia judicial en materia de amparo convierte el amparo contra leyes y normas en un control principal y difuso de la constitucionalidad de las mismas.

En todo caso, tratándose de un control principal, por vía de acción, los poderes del juez de amparo en materia de control de la constitucionalidad se encuentran circunscritos a la cuestión planteada por el agraviado en lo que se refiere a la violación que denuncia de los derechos o garantías que podrían resultar lesionados por la ley o normas. Por lo tanto, el juez de amparo no tiene facultad alguna para actuar de oficio, ni tampoco para considerar de oficio otros vicios o violaciones de los derechos no denunciados por el agraviado.

Tal como lo establece el artículo 3 de la Ley Orgánica de Amparo sobre Derechos y Garantías Constitucionales, el juez de amparo, en los casos de amparo contra leyes o normas, "debe examinar la inaplicabilidad de la norma", es decir que debe ejercer un control de la constitucionalidad parecido al control difuso clásico y decidir acerca de la inconstitucionalidad de la ley o norma sólo respecto del accionante.

E. *Los efectos de las decisiones en materia de control difuso de la constitucionalidad*

El último aspecto de la racionalidad del método difuso de control de constitucionalidad se refiere a los efectos de la decisión que adopten los tribunales en relación con la constitucionalidad o aplicabilidad de la ley en un caso concreto; y este aspecto de los efectos de la decisión judicial se relaciona con dos preguntas: primero, ¿a quién afecta la decisión?, y segundo, ¿cuándo comienza a sufrir efectos?

a. El efecto inter partes de las decisiones judiciales

En relación con el primer interrogante, la racionalidad del método difuso es que la decisión .adoptada por el juez sólo tiene efectos en relación con las partes en el proceso concreto en la cual aquellas se adopta. En otras palabras, en el método difuso de control de constitucionalidad, la decisión adoptada sobre la inconstitucionalidad e inaplicabilidad de la ley en un caso, sólo tiene efectos *in casu et inter partes*, es decir, en relación con el caso concreto y exclusivamente en relación con las partes que han participado en el proceso, por lo que no puede ser aplicada a otros particulares. Esta es la consecuencia directa del antes mencionado aspecto relativo al carácter incidental del método difuso de control de constitucionalidad.

En efecto, si la decisión judicial sobre la constitucionalidad y aplicabilidad de una ley sólo puede ser adoptada en un proceso particular desarrollado entre partes concretas, la lógica del sistema es que la decisión sólo se puede aplicar a este proceso en particular, y a las partes del mismo, y en consecuencia, no puede ni beneficiar ni perjudicar a ningún otro individuo ni a otros procesos.

Por lo tanto, si una ley es considerada inconstitucional en una decisión judicial, esto no significa que dicha ley ha sido invalidada y que no es efectiva y aplicable en otros casos. Sólo significa que en cuanto concierne a ese proceso particular, y a las partes que en él intervinieron, en el cual el juez decidió la inaplicabilidad de la ley, es que ésta debe considerarse inconstitucional, nula y sin valor, sin que ello tenga ningún efecto en relación con otros procesos, otros jueces y otros particulares.

Sin embargo, para evitar la incertidumbre del orden legal y las contradicciones en relación con la aplicabilidad de las leyes, como se dijo, se han establecido correcciones a estos efectos *inter partes*, a través de la doctrina *stare decisis* o mediante regulaciones de derecho positivo cuando las decisiones se adoptan por la Corte Suprema de un país[1886].

b. Los efectos declarativos de las decisiones judiciales

Ahora bien, los efectos *inter partes* de la decisión judicial adoptada conforme al método de control difuso de constitucionalidad, están directamente relacionados con otras cuestiones concernientes también a los efectos de la decisión, pero en el tiempo, es decir, respecto de cuándo comienza a ser efectiva la declaración de inconstitucionalidad y, por supuesto, también en relación con la nulidad como garantía de la Constitución.

En efecto, hemos señalado que el principal aspecto de la racionalidad del método difuso de control de constitucionalidad es el de la supremacía de la Constitución sobre todos los demás actos estatales, lo que lleva a considerar que las leyes contrarias a la Constitución son nulas y sin valor, siendo ésta la garantía más importante de la Constitución. En consecuencia, cuando un juez decide sobre la constitucionalidad de una ley, y la declara inconstitucional e inaplicable a un caso concreto, es porque la considera nula y sin valor, tal cual como si nunca hubiera existido. Por ello, la decisión, tiene efectos declarativos: declara que una ley es inconstitucional y conse-

---

1886 Véase Allan R. Brewer-Carías, *Judicial Review..., cit.*, pp. 151 y ss.

cuentemente que ha sido inconstitucional desde que se dictó. Así, la ley cuya inaplicabilidad se decida por ser contraria a la Constitución, debe ser considerada por el
juez como si nunca hubiera tenido validez y como si siempre hubiese sido nula y sin
valor. Por ello es que se dice que la decisión del juez en virtud de ser de carácter
declarativo, tiene efectos *ex tunc, pro pretaerito* o de carácter retroactivo, en el sentido de que dichos efectos se retrotraen al momento en que la norma considerada
inconstitucional fue dictada, evitando que pueda tener efectos, por supuesto, solamente en lo que concierne al caso concreto decididlo por el juez y en relación con
las partes que intervinieron en el proceso. El acto legislativo declarado inconstitucional por un juez conforme al método difuso de control de constitucionalidad, por
tanto, es considerado, *ab initio*, como nulo y sin valor, por lo que no es anulado por
el juez sino que éste sólo declara su nulidad preexistente[1887].

Por tanto, en estos casos de control constitucional difuso, los jueces no pueden
anular la ley sino considerarla inconstitucional, no pudiendo los efectos de su decisión extenderse o generalizarse. Por el contrario, tal como sucede en todos los sistemas con control judicial difuso, el tribunal debe limitarse a decidir la no aplicación
de la ley inconstitucional en el caso concreto, por supuesto, sólo cuando ello resulta
pertinente para la resolución del caso. Por ello, la ley cuya aplicación ha sido dene-
gada en un caso concreto, sigue vigente, y otros jueces pueden seguir aplicándola.
Inclusive, el juez que decide no aplicar la ley en un caso concreto, podría cambiar de
opinión en un juicio posterior[1888].

3.   *El sistema concentrado de control de constitucionalidad en Colombia y Vene-
     zuela*

Como se ha dicho, paralelamente al sistema difuso de control de constitucionalidad, en Colombia y Venezuela existe un sistema concentrado de dicho control de
constitucionalidad de las leyes y demás actos de rango y valor de ley, atribuido a la
Corte Constitucional en Colombia y a la Corte Suprema de Justicia en Venezuela.

A   *Aproximación general al sistema concentrado de control de constituciona-
    lidad*

En efecto, el sistema concentrado de control de la constitucionalidad contrariamente al sistema difuso, se caracteriza por el hecho de que el ordenamiento constitucional confiere a *un solo órgano estatal* el poder de actuar como juez constitucional, generalmente de ciertos actos estatales, es decir, este sistema existe cuando un
solo órgano estatal tiene la facultad de decidir jurisdiccionalmente la nulidad por
inconstitucionalidad, de determinados actos estatales, particularmente de los actos
legislativos y otros actos del Estado de rango y valor similar. Excepcionalmente, sin
embargo, en algunos casos, como sucede en Panamá, el control no sólo se refiere a
las leyes y demás actos de rango legal, sino materialmente a todos los actos estatales, lo que lo hace único en el derecho comparado. En todo caso, el sistema concen-

---

1887 Véanse estos principios en relación Venezuela, en Allan R. Brewer-Carías, "La Justicia Constitucional
     en Venezuela", *loc. cit.*, pp. 538 y ss.
1888 *Cfr.* L. Carlos Sáchica, *El control..., cit.*, p. 65.

trado puede ser *exclusivamente* concentrado como el de Panamá, Honduras, Uruguay, Costa Rica o Paraguay, y el modelo europeo; o puede ser mixto combinado con el control difuso, como el colombo-venezolano.

Ahora bien, el órgano estatal dotado del privilegio de ser único juez constitucional en el sistema concentrado de control de la constitucionalidad puede ser la Corte Suprema de Justicia, ubicada en la cúspide de la jerarquía judicial de un país, como es el caso de Venezuela; o una Corte Constitucional creada especialmente por la Constitución, dentro o fuera de la jerarquía judicial, para actuar como único juez constitucional. En el caso de Colombia, la Corte Constitucional forma parte del Poder Judicial (Art. 228 y ss.), En ambos casos, estos órganos tienen en común el ejercicio de una actividad jurisdiccional, como jueces constitucionales.

Por ello, el sistema concentrado de control de la constitucionalidad, aun cuando sea generalmente similar al "modelo europeo" de tribunales constitucionales especiales[1889], no implica necesariamente la existencia de un tribunal constitucional especial, concebido constitucionalmente fuera del Poder Judicial. La experiencia latinoamericana de control concentrado de la constitucionalidad así lo demuestra, pues en general han sido las Cortes Supremas de Justicia las que lo han ejercido; y en los casos en los cuales se ha atribuido a tribunales constitucionales el ejercicio de control, éstos están integrados al Poder Judicial (Guatemala, Colombia, Ecuador y Bolivia) con la sola excepción del caso del Perú, cuya Constitución de 1993 creó el Tribunal Constitucional fuera del Poder Judicial.

En realidad, el sistema sólo implica la atribución a un órgano particular del Estado que ejerce una actividad jurisdiccional, del poder y del deber de actuar como juez constitucional. Esta es la esencia propia del sistema concentrado en relación con el sistema difuso, sea que el órgano dotado del poder para actuar como juez constitucional sea el Tribunal más alto del Poder Judicial (Corte Suprema de Justicia) o un tribunal especializado en materia constitucional, dentro del Poder Judicial; sea que se trate de un órgano constitucional especial, creado fuera de la organización judicial, aun cuando este último aspecto no resulte esencial para establecer la distinción.

Ahora bien, en todo caso, desde un punto de visto lógico y racional, también puede afirmarse que el poder conferido a un órgano estatal que ejerce una actividad jurisdiccional para que actúe como juez constitucional, es una consecuencia del principio de la supremacía de la Constitución. Así, en todo sistema de justicia constitucional, siendo la Constitución la Ley suprema del país, es evidente que en caso de conflicto entre un acto estatal y la Constitución, ésta última debe prevalecer.

Sin embargo, las constituciones no siempre confieren poderes a todos los tribunales para que actúen como jueces constitucionales. Cuando así lo hacen, como hemos señalado, se trata de un sistema de control difuso de la constitucionalidad, como el que existe en casi toda América Latina concebido sea en forma exclusiva (México, Brasil, Argentina, por ejemplo) o en forma mixta, mezclado con un sistema concentrado (Guatemala, Colombia, Venezuela, Perú, Brasil, El Salvador).

Al contrario del sistema difuso, en muchos casos, las constituciones reservan este poder a la Corte Suprema de Justicia o a un tribunal constitucional, sobre todo en lo

---

1889 M. Cappelletti, *op. cit.,* 1971, pp. 46, 50, 53.

que respecta a algunos actos del Estado, los cuales solamente pueden ser anulados por dicho órgano cuando contradicen la Constitución. En algunos casos excepcionales, como se dijo, como sucede en Panamá, el poder de la Corte Suprema para actuar como juez constitucional se refiere a absolutamente todos los actos estatales.

Al contrario, en casi todos los países en los cuales existe un sistema exclusivamente concentrado de control de la constitucionalidad, éste sólo se refiere a las leyes y actos de similar rango, por lo que todos los otros tribunales continúan teniendo plenos poderes para decidir sobre la constitucionalidad de las normas aplicables en cada caso concreto, salvo las de las leyes u actos dictados en ejecución inmediata de la Constitución[1890].

En efecto, por ejemplo, en los sistemas exclusivamente concentrados de control de constitucionalidad europeos, atribuidos a tribunales constitucionales, el poder de éstos para declarar la nulidad de actos estatales sólo se extiende a las leyes (o proyectos de leyes), incluyendo las leyes aprobatorias de tratados, y demás actos de rango legal o dictados en ejecución directa de la Constitución, como los actos de gobierno y los *interna corporis* de las Cámaras Legislativas (es el caso, en general, con diferencia entre uno u otro país, de Alemania, Austria, Italia, España y Portugal). La misma orientación, en general, la tienen los sistemas de control concentrado de la constitucionalidad de las leyes en América Latina, sea atribuido a tribunales constitucionales (Guatemala, Colombia, Ecuador, Perú, Bolivia, Chile) o a las Cortes Supremas de Justicia (El Salvador, Costa Rica, Venezuela, Brasil, Uruguay, México, Paraguay). En general, y con diferencias entre cada país, el poder anulatorio de la Corte Suprema o del Tribunal Constitucional, como juez constitucional sólo se refiere a las leyes o proyectos de leyes y a los actos dictados en ejecución directa de la Constitución, como los Decretos Leyes, los actos de gobierno y los actos parlamentarios sin forma de ley; adicionalmente, en algunos países, a los reglamentos.

De resto, los otros actos estatales no están sometidos a control concentrado de la constitucionalidad y desde el punto de vista de su conformación al texto constitucional están sometidos al control de los jueces respectivos, por ejemplo, los contencioso-administrativos, que conocen de la contrariedad al derecho (ilegalidad o inconstitucionalidad) de los actos administrativos, incluyendo los reglamentos. Es la situación de Colombia y Venezuela. En efecto, en Venezuela, la jurisdicción contencioso-administrativa tiene competencias para anular los actos administrativos individuales y normativos (éstos últimos, mediante acción popular) por razones de ilegalidad e inconstitucionalidad, por lo que la Corte Suprema de Justicia en Corte Plena, como juez concentrado de la constitucionalidad con poderes anulatorios, sólo tiene por objeto las leyes y demás actos de rango y valor de las leyes y, excepcionalmente, los

---

1890 *Cfr.* M. García Pelayo, "El 'Status' del Tribunal Constitucional". *Revista Española de Derecho Constitucional*, 1, Madrid, 1981, p. 19; E. García de Enterría, *La Constitución como norma y el Tribunal Constitucional*, Madrid, 1981, p. 65. En particular en los sistemas concentrados de control de la constitucionalidad, los tribunales dotados de funciones de justicia administrativa siempre tienen el poder para actuar como juez constitucional de los actos administrativos. Ver C. Frank, *Les fonctions juridictionnelles du Conseil d' Etat dans l'ordre constitutionnel*, París, 1974.

reglamentos dictados por el Presidente de la República en Consejo de Ministros[1891]. En Colombia, la jurisdicción contencioso-administrativa es el juez de la constitucionalidad de los actos administrativos en paralelo con los poderes de la Corte Constitucional para juzgar la constitucionalidad de las leyes y demás actos de rango o valor similar[1892]. Por tanto, además de existir el control difuso de la constitucionalidad, en Venezuela y Colombia, ni la Corte Suprema de Justicia ni la Corte Constitucional monopolizan la justicia constitucional con poderes anulatorios.

En todo caso, debe recordarse que conforme a las orientaciones de Kelsen[1893] los actos del Estado sometidos al control jurisdiccional de constitucionalidad pueden ser considerados actos subordinados a la Constitución de manera inmediata; por lo tanto, el control de la constitucionalidad aparece como la consecuencia de la expresión jerárquica del ordenamiento legal[1894]. Por ello, el control de la constitucionalidad de los actos administrativos, normalmente subordinados a las leyes, generalmente también se confiere en Europa a la jurisdicción administrativa y no a las Cortes Constitucionales.

No obstante, a pesar de estas directrices, el control jurisdiccional de los actos ejecutivos se confiere también, en Austria, al Tribunal constitucional. Al respecto Kelsen afirmó:

"Tal vez estos reglamentos no sean... actos inmediatamente subordinados a la Constitución; su irregularidad consiste inmediatamente en su ilegalidad y, de manera mediata solamente, en su inconstitucionalidad. A pesar de ello, si nos proponemos aplicarles también la competencia de la jurisdicción constitucional, no es tanto por considerar la relatividad... de la oposición entre constitucionalidad directa y constitucionalidad indirecta, sino en razón de la frontera natural entre actos jurídicos generales y actos jurídicos particulares"[1895].

Por consiguiente, según Kelsen, sólo se deben excluir de la jurisdicción constitucional los actos del Estado con efectos particulares (administrativos o judiciales) [1896], lo que implica que en Austria las normas ejecutivas o los actos administrativos con efectos generales también están sometidos a la jurisdicción del Tribunal Constitucional.

B.   *El carácter expreso del sistema concentrado de control de la constitucionalidad como garantía de la Constitución*

Un sistema concentrado de control de la constitucionalidad de las leyes, el cual se basa en el principio de la supremacía de la Constitución, no puede desarrollarse

---

1891 Véase Allan R. Brewer-Carías, *Nuevas tendencias en el contencioso administrativo en Venezuela*, Caracas 1993, pp. 47 y ss.

1892 Véase Luis Carlos Sáchica, *La Corte Constitucional...*, *cit.*, pp. 64 y 107 y ss.

1893 Hans Kelsen, "La garantie juridictionnelle de la Constitution. La Justice Constitucionelle", *loc. cit.*, p. 228.

1894 *Cf.* H. Kelsen, *loc. cit.*, pp. 228-231.

1895 *Idem.*, p. 230.

1896 *Idem.*, p. 232.

como consecuencia de la labor pretoriana de los jueces en sus decisiones judiciales, como sucedió en el caso del sistema difuso de control de la constitucionalidad, por ejemplo, en los Estados Unidos y en Argentina. Al contrario, debe ser expresamente establecido en la Constitución. Por tanto, las funciones de justicia constitucional relativas a ciertos o a todos los actos del Estado, reservadas a la Corte Suprema o a un Tribunal Constitucional, requieren texto expreso.

Por consiguiente, dadas las limitaciones que ello implica tanto al deber como al poder de todos los jueces de determinar, en cada caso, la ley aplicable, sólo se puede implantar un sistema concentrado de control jurisdiccional de la constitucionalidad en la medida en que está previsto, *expressis verbis*, por normas constitucionales. En esta forma, la Constitución, como ley suprema de un país, es el único texto que puede limitar los poderes y deberes generales de los tribunales para decidir la ley aplicable en cada caso; es la única habilitada para atribuir dichos poderes y deberes, en lo referente a ciertos actos del Estado, a ciertos órganos constitucionales, sea la Corte Suprema o una Corte, un Consejo o un Tribunal Constitucional, como poderes anulatorios.

En tal sentido, el artículo 241 de la Constitución de Colombia atribuye a la Corte Constitucional "la guarda de la integridad y supremacía de la Constitución", con poderes para anular por inconstitucionalidad los siguientes actos estatales: actos de reforma de la Constitución, por vicios de procedimiento; actos de convocatoria de referéndum o de asambleas constituyentes referentes a una reforma de la Constitución, por vicios de procedimiento; los referéndum referentes a leyes, consultas populares y plebiscitos nacionales, solamente por vicios de procedimientos en la convocatoria o en su realización; leyes, tanto por su contenido material como por vicios de procedimiento en su elaboración; decretos que tengan fuera de ley dictados por el gobierno, por su contenido material o por vicios de procedimiento en su elaboración; decretos legislativos gubernamentales, tratados internacionales y leyes de ratificación de tratados. En general, es un control concentrado respecto de las leyes y demás actos estatales de simular rango y valor[1897]. Debe señalarse que con motivo de la reforma constitucional de 1991, fue superada la secular discusión sobre si las leyes aprobatorias de tratados podían o debían ser objeto de control de la constitucionalidad[1898]. Ahora ello se admite pero no sólo contra dichas leyes aprobatorias de tratados, sino contra los tratados internacionales en sí mismos[1899].

En Venezuela, conforme a la Constitución de 1961, el control de la constitucionalidad de los actos del Estado por la Corte Suprema en Corte plena, a través de la acción popular también está reservado, en general, a los actos de rango o valor legal, es decir, a los actos de ejecución inmediata a la Constitución. A nivel nacional, los actos del Estado de rango legal son las leyes, los actos parlamentarios sin forma de ley y los actos del gobierno; y a nivel de los Estados miembros de la Federación y de

---

1897 Véase Luis Carlos Sáchica, *La Corte Constitucional...*, *op. cit.*, pp. 16 y ss.

1898 Véanse las diversas opiniones a favor de ella en la obra colectiva *Aspectos del control constitucional en Colombia. ..*, *op. cit.*, pp. 20, 48 y 57.

1899 Véase Luis Carlos Sáchica, *La Corte Constitucional...*, *op. cit.*, p. 21, entiende que este poder de control sólo se aplica a los tratados suscritos con posterioridad a la vigencia de la Constitución de 1991, pues la inconstitucionalidad sobrevenida, a su juicio, sólo se aplica a las normas de derecho interno.

los Municipios, las leyes de las Asambleas Legislativas de los Estados miembros y las Ordenanzas dictadas por los Concejos Municipales[1900]. En consecuencia, en el nivel nacional, los actos promulgados por el Congreso y sus Cámaras Legislativas son los únicos que pueden ser objeto de una acción de inconstitucionalidad, así como los actos del Ejecutivo adoptados en ejecución directa e inmediata de la Constitución[1901]. En cuanto a los reglamentos, éstos también pueden ser objeto de acción popular, sólo si se trata de los reglamentos dictados por el Presidente de la República en Consejo de Ministros[1902].

De resto, la Corte Suprema en Sala Político-Administrativa en ejercicio de la jurisdicción Contencioso-Administrativa tiene competencia anulatoria en la relación con los actos reglamentarios.

En este sentido, de conformidad con la Constitución, los siguientes actos de Estado podrían ser objeto de una acción de inconstitucionalidad: 1) las leyes nacionales; 2) las leyes de los Estados Federados; 3) las Ordenanzas Municipales; 4) los actos del Congreso o de las Cámaras Legislativas Nacionales, dictados en ejecución directa de la Constitución, y los actos de las Asambleas Legislativas de los Concejos Municipales promulgados en el ejercicio de la función normativa (es decir, que no sean dictados en el ejercicio de la función administrativa)[1903]; 5) los actos de gobierno y los reglamentos dictados por el Ejecutivo Nacional[1904].

En la Constitución no se enumera a los tratados o a sus leyes aprobatorias como objeto de control de la constitucionalidad por la Corte Suprema de Justicia en Corte plena. El tema se ha discutido ampliamente[1905], y ha habido contradicciones jurisprudenciales hasta que en 1989 la Corte Suprema admitió una demanda de inconstitucionalidad de la ley que aprobó el tratado que creó el Tribunal Andino de Justicia,

---

1900 Las ordenanzas municipales tienen el carácter de leyes locales. Véase Allan E. Brewer-Carías, *El Régimen Municipal en Venezuela*, Caracas 19.84, p. 162.

1901 La Corte Suprema de Justicia enunció claramente este criterio en los términos siguientes: "El examen de una acción de inconstitucionalidad supone la confrontación entre el acto que se considera viciado y las normas de las Constitución, presuntamente infringidas por éste. Si tales normas condicionan el acto, es decir, determinan, por ejemplo, la finalidad de éste, la autoridad competente para realizarlo, o los requisitos intrínsecos o extrínsecos cuyo incumplimiento puede afectar su validez, la acción o recurso dirigido a anularlo por colidir con la Constitución, es de inconstitucionalidad". Sentencia de la Corte Suprema de Justicia en la Sala Político-Administrativa del 13-2-68, *Gaceta Forense* N° 59, 1968, p. 83.

1902 La Corte Suprema ha reservado esta acción de inconstitucionalidad a los actos que tienen efectos *erga omnes* y que interesan a cualquiera. Véase sentencia de la Sala Político Administrativa de 14-3-60, *G. O.* N° 26.222 del 1-4-60.

1903 Véase Allan R. Brewer-Carías, *Control de la Constitucionalidad de los actos estatales*, Caracas 1977.

1904 Artículo 215, aparte 3, 4 y 6 de la Constitución. Véase también el voto salvado del magistrado J. G. Sarmiento Núñez en la sentencia de la Corte Suprema de Justicia del 29-4-65 publicada por la Imprenta Nacional, Caracas, 1965, p. 25; J. G. Sarmiento Núñez, "El Control de la Constitucionalidad de las Leyes y de los Tratados", *Libro Homenaje al Doctor Eloy Lares Martínez*, Caracas, 1984, Tomo II, pp. 705-707.

1905 Véase Allan R. Brewer-Carías, *El control de la constitucionalidad de los actos estatales, op. cit.*, pp. 48 y ss.; *Instituciones Políticas y Constitucionales*, Caracas 1985, Tomo I, pp. 490 y ss.

y si bien la declaró sin lugar, aceptó la tesis de la impugnabilidad por inconstitucionalidad[1906].

En todo caso, por el carácter expreso del sistema en el derecho constitucional positivo, el sistema concentrado de control de la constitucionalidad de las leyes, también es compatible con todos los sistemas jurídicos, es decir, no es propio de los sistemas de derecho civil ni tampoco incompatible con la tradición del *common law*. En realidad, se trata de un sistema que debe establecerse en una Constitución escrita, y poco importa que el sistema jurídico del país sea de derecho civil o de *common law*, aun cuando es más frecuente en países de derecho civil[1907].

Por ello, la expresión de que "la práctica del *common law* siempre ha sido incompatible con la noción del tribunal constitucional especial según el modelo continental"[1908] en materia de control de la constitucionalidad, debe entenderse como una referencia al modelo europeo de Corte, Consejo o tribunal constitucional especial y no a un sistema "en el que la jurisdicción está determinada y limitada a ciertas cuestiones"[1909]. El sistema concentrado de control de la constitucionalidad no puede reducirse a los sistemas constitucionales exclusivamente concentrados ni a aquellos en los cuales existe una Corte, un Consejo o un Tribunal Constitucional. Por esta razón, como hemos dicho, consideramos que es erróneo para estudiar el sistema, el enfoque que consiste en identificar el sistema concentrado de control de la constitucionalidad de las leyes con el "modelo europeo" de Cortes, Consejos o Tribunales constitucionales especiales[1910].

De hecho, aun cuando el sistema concentrado de control de la constitucionalidad de las leyes se conozca también como el sistema "austríaco"[1911] o "modelo europeo" 1912 debido a la existencia de una Corte, un Consejo o un Tribunal Constitucional especial, encargado por la Constitución de actuar como juez constitucional fuera del Poder Judicial, debe recalcarse el hecho de que la característica fundamental del sistema no es la existencia de una Corte, un Consejo a un Tribunal Constitucional especial, sino más bien, la atribución exclusiva a un sólo órgano constitucional del Estado del poder de actuar como juez constitucional en lo que respecta algunos ac-

---

1906 Véase Allan R. Brewer-Carías, "El control de la constitucionalidad de las leyes aprobatorias de Tratados Internacionales y la cuestión constitucional de la integración latinoamericana", *Revista de Derecho Público,* N° 44, Caracas 1990, pp. 225 y ss.

1907 Véase Allan R. Brewer-Carías, *Judicial Review in Comparative Law, op. cit.,* pp. 186 y ss.

1908 E. Me Whinney, "Constitutional review in the Commonwealth", en E. Mosler (ed.), Max-Plank Institut Für Ausländisches öffentliches recht und Völkerrecht, *Verfassungs gerichtbarkeit in der Gegenwart,* Internationales Kolloquium, Heidelberg, 1962, Köln-Berlin, 1962. p. 80

1909 *Idem.,* p. 80.

1910 Véase Allan R. Brewer-Carías, *El control concentrado de la constitucionalidad..., op. cit.,* pp. 16 y ss.

1911 M. Cappelletti, *Judicial Review in the Contemporary World, op. cit.,* p. 50; J. Carpizo et H. Fix Zamudio, "La necesidad y la legitimidad dé de la revisión judicial en América Latina. Desarrollo reciente", *loc. cit.,* p. 36.

1912 L. Favoreu, "Actualité légitimité du controle juridictionnel des lois en Europe occidentale", *Revue du Droit public et de la Science politique en France et à l'étranger,* 1985 (5), Paris, p. 1.149. Publicado también en L. Favoreu y J. A. Jolowicz (ed.), Le controle juridictionnel des lois. Légitimité, effectivité et développements récents, Paris, 1986, pp. 17-68.

tos del Estado, trátese de la Corte Suprema de Justicia existente en el país o de una Corte, un Consejo o un Tribunal Constitucional especialmente creado.

La adopción del sistema, es una elección constitucional, tomada en función de las circunstancias concretas de cada país, pero no necesariamente implica la creación de Tribunales Constitucionales especiales con el fin de garantizar la justicia constitucional, ni la organización de tales tribunales fuera del Poder Judicial.

En Europa, por ejemplo, la multiplicación de los Tribunales Constitucionales encargados de ejercer el sistema concentrado de control de la constitucionalidad de las leyes, debe considerarse como una consecuencia práctica de una tradición constitucional articular, vinculada al principio de la supremacía de la ley, a la separación de los poderes y a la desconfianza hacia los jueces en lo que respecta al control de los actos estatales y particularmente de los administrativos[1913]. Sin embargo, esto no puede llevar a considerar que el "modelo" del sistema concentrado de control de la constitucionalidad de las leyes esté limitado a la creación de órganos constitucionales fuera del Poder Judicial, para que actúen como jueces constitucionales. Antes del "descubrimiento" europeo de la justicia constitucional a través de la creación de Cortes o Tribunales constitucionales especiales después de la Primera Guerra Mundial, otros países con tradición de derecho civil habían implantado, a partir de la mitad del siglo pasado, sistemas concentrados de control de la constitucionalidad, atribuyendo a sus Cortes Supremas una jurisdicción exclusiva y original, con el fin de anular leyes y otros actos del Estado con, efectos similares, cuando éstos contradicen la Constitución. Este es el caso de los sistemas constitucionales latinoamericanos, incluso si, con alguna frecuencia, han combinado el sistema concentrado con el sistema difuso de control de la constitucionalidad.

En efecto, puede decirse que los sistemas de control de la constitucionalidad que se han desarrollado en América Latina, se han ido orientando progresivamente hacia sistemas mixtos de control de la constitucionalidad, en los cuales coexisten el sistema difuso y el sistema concentrado. Este es el caso, por ejemplo, de Venezuela, Colombia, Brasil, Perú, El Salvador, Ecuador, México y Guatemala. No obstante, algunos sistemas de América Latina, como el de Panamá, Uruguay, Honduras y Paraguay permanecieron exclusivamente concentrados, donde la Corte Suprema de Justicia tiene una jurisdicción exclusiva y original para declarar la inconstitucionalidad de las leyes.

Debe destacarse, sin embargo, que la modalidad del sistema concentrado de control de la constitucionalidad basado en la creación de un órgano constitucional especial, una Corte, un Consejo o un Tribunal para actuar como juez constitucional dotado del poder original y exclusivo para anular las leyes y otros actos de rango y efectos similares, ha marcado, por su carácter novedoso, la evolución de la justicia constitucional en las últimas décadas, desde la creación de las primeras Cortes Constitucionales en Austria y Checoslovaquia en 1920. El sistema fue adoptado más tarde en Alemania y en Italia después de la Segunda Guerra Mundial, hace menos de dos décadas en España y Portugal. También había sido adoptado, antes de 1990, en

---

1913 *Cfr.* M. Cappelletti, *op. cit.,* p. 54; M. Cappelletti y J. C. Adams, "Judicial Review of Legislation: European antecedents and Adaptation", *loc. cit.,* p. 1.211.

algunos países ex-socialistas (Yugoslavia, Checoslovaquia y Polonia) y se desarrolló bajo una forma particular en Francia. Bajo la influencia del modelo europeo pero de una manera incompleta, el sistema también se implantó en Guatemala, en la década de los 60, y en Chile hacia principios de los años 70, con la creación de un Tribunal Constitucional, y luego apareció en Ecuador y Perú donde fueron creados tribunales de garantías constitucionales. En Perú, en 1993 dicho tribunal fue sustituido por un tribunal constitucional. En 1991, la nueva Constitución colombiana, como se dijo, creó una Corte Constitucional, al igual que sucedió en Bolivia en 1994 y en Ecuador en 1995.

C. *La anulabilidad de los actos estatales como garantía constitucional que fundamenta el control concentrado*

Como se ha señalado anteriormente, la esencia del sistema concentrado de control de la constitucionalidad de las leyes, es la noción de supremacía de la Constitución. En efecto, si la Constitución es la ley suprema de un país y, por lo tanto, prevalece ante todas las demás leyes, entonces un acto del Estado que contradiga la Constitución no puede constituir una norma efectiva; al contrario, debe considerarse nulo. Ahora bien, el principal elemento que aclara la diferencia entre los dos grandes sistemas de control de la constitucionalidad (difuso y concentrado) no es una posible concepción distinta de la Constitución y de su supremacía, sino más bien el tipo de garantía adoptada en el sistema constitucional para preservar dicha supremacía.

Como lo indicó Hans Kelsen en 1928, estas "garantías objetivas" con la nulidad o la anulabilidad del acto inconstitucional. Por nulidad se entiende, como lo explicó Kelsen, que el acto inconstitucional del Estado no puede considerarse objetivamente como un acto jurídico; en consecuencia, no se requiere, en principio, de ningún otro acto jurídico para quitarle al primero su calidad usurpada de acto jurídico. En este caso, teóricamente, cualquier órgano, cualquier autoridad pública o cualquier individuo tendría el derecho de examinar la regularidad de los actos considerados nulos, con el fin de decidir su irregularidad y juzgarlos no conformes y no obligatorios. En cambio, si otro acto jurídico fuera necesario para establecer la nulidad del acto inconstitucional, la garantía constitucional no sería la nulidad sino la anulabilidad [1914].

Ahora bien, en, principio, la nulidad de los actos inconstitucionales del Estado es la garantía de la Constitución que conduce al sistema difuso de control de la constitucionalidad, aun cuando la ley positiva restrinja el poder que podría tener cualquier persona para juzgar como nulos los actos inconstitucionales[1915] y atribuya este poder de manera exclusiva a los tribunales, como se puede observar en forma generalizada, dada la necesidad de confiabilidad y seguridad jurídicas.

Por otra parte, la otra garantía de la Constitución, a saber la anulabilidad de los actos inconstitucionales del Estado es precisamente la que conduce, en principio, al sistema concentrado de control de la constitucionalidad de las leyes. Este es el caso del sistema colombiano y venezolano.

1914 H. Kelsen, *loc. cit.,* p. 214.
1915 *Idem..,* p. 215.

En efecto, el aspecto fundamental que muestra la racionalidad del sistema concentrado de control de la constitucionalidad de las leyes, es el principio de anulabilidad de los actos del Estado, cuando contradicen la Constitución.

Contrariamente a la nulidad de los actos del Estado, la anulabilidad de dichos actos, cuando se considera como una garantía objetiva de la Constitución, significa que el acto del Estado, aun irregular o inconstitucional, una vez producido por una institución pública, debe considerarse como un acto del Estado y, como tal, válido y efectivo hasta que el órgano que lo produjo lo derogue o revoque, o hasta que se decida su anulación por otro órgano del Estado, con los poderes constitucionales correspondientes. Este es precisamente el caso de los sistemas concentrados de control de la constitucionalidad, en los cuales la Constitución confiere el poder para anular, generalmente algunos actos del Estado, cuando se juzgan inconstitucionales, a un solo órgano constitucional, sea éste la Corte Suprema existente o un órgano creado especial y separadamente dentro o fuera del Poder Judicial, con funciones jurisdiccionales, que le permiten actuar como juez constitucional.

Sin embargo, debe señalarse que, en general en los sistemas concentrados de control de la constitucionalidad, la anulabilidad de los actos del Estado no constituye la única garantía de la Constitución, puesto que siempre va acompañada de la nulidad. En cierta manera, se configura como una restricción a la regla de la nulidad que deriva de la violación de la Constitución.

En efecto, se ha afirmado que en lo que respecta a la nulidad de los actos inconstitucionales del Estado, en el sistema difuso de control de la constitucionalidad, la ley positiva, con miras a evitar la anarquía jurídica limita el poder teórico general de las autoridades públicas y los individuos para considerar como inexistente e inválido un acto inconstitucional del Estado, reservando dicho poder a los jueces. Esto significa que, de hecho, el acto inconstitucional del Estado sólo puede ser examinado por los tribunales, los cuales son los únicos en tener el poder para considerarlo nulo; lo que significa que, hasta ese momento, el acto irregular debe considerarse efectivo y obligatorio para las autoridades públicas y los individuos. Por ello, en el sistema difuso de control de la constitucionalidad, una vez que un tribunal ha apreciado y declarado la inconstitucionalidad del acto estatal en relación con un juicio particular, el acto se considera nulo en relación con dicho juicio.

En todo caso, esta misma situación también se presenta en los sistemas constitucionales dotados de un sistema concentrado de control de la constitucionalidad, en relación con todos los actos del Estado distintos de aquellos que sólo pueden ser anulados por el Tribunal Constitucional o por la Corte Suprema. En efecto, como se ha señalado, en lo que respecta a los actos del Estado de rango inferior en la jerarquía de las normas, por ejemplo, los actos administrativos normativos, todos los jueces, en un sistema concentrado de control de la constitucionalidad, tienen normalmente el poder de considerarlos nulos cuando son inconstitucionales, en relación con el juicio particular en el cual fueron cuestionados. En estos casos, la garantía de la Constitución es la nulidad del acto inconstitucional del Estado, aun cuando solamente los tribunales estén habilitados para examinarlo.

En consecuencia, la particularidad del sistema concentrado de control de la constitucionalidad reside en el hecho de que la ley positiva establece un límite adicional a los efectos de la inconstitucionalidad de los actos, a saber que respecto de algunos de éstos, el poder para declarar su inconstitucionalidad y su invalidez, y por lo tanto, para considerarlos sin efectos, ha sido reservado exclusivamente a un solo órgano constitucional: la Corte Suprema existente o una Corte, un Consejo o un Tribunal Constitucional especial. En estos casos, y en relación con tales actos, tratándose normalmente de actos legislativos y otros actos del Estado de rango o efectos similares en el sentido en que están inmediatamente subordinados a la Constitución, la garantía de la Constitución ha sido reducida a la anulabilidad del acto del Estado considerado inconstitucional.

En conclusión, en los sistemas constitucionales que poseen un sistema concentrado de control de la constitucionalidad, el deber de todos los jueces y tribunales consiste en examinar la constitucionalidad de los actos del Estado. Sin embargo, cuando el acto cuestionado es una ley u otro acto inmediatamente subordinado o de ejecución directa de la Constitución, los tribunales ordinarios no pueden juzgar su inconstitucionalidad, puesto que dicho poder está reservado a un Tribunal Constitucional especial o a la Corte Suprema de un país determinado, el cual puede anular el acto. En este caso, la garantía de la Constitución es la anulabilidad y entonces el acto queda anulado con efectos generales, puesto que es considerado o declarado nulo, no solamente respecto de un caso particular, sino en general.

Salvo esta excepción jurisdiccional particular, la cual es propia del sistema concentrado de control de la constitucionalidad, todos los demás tribunales o jueces puedan en un juicio concreto, decir la inaplicabilidad de los actos normativos del Estado no contemplados por esta excepción, considerándolos nulos cuando los juzguen viciados de inconstitucionalidad. En estos casos, la garantía de la Constitución es, sin lugar a dudas, la nulidad.

D.   *El carácter previo o posterior del control concentrado de la constitucionalidad de las leyes*

El sistema de control concentrado de la constitucionalidad puede tener un carácter previo o posterior, o ambos; según que los órganos encargados de ejercer su poder jurisdiccional de control lo hagan antes de que la ley entre en vigencia, es decir antes de su promulgación, o una vez en vigencia. Por ello se distingue el control *a priori*, del control *a posteriori* de la constitucionalidad de las leyes.

En general, puede decirse que los sistemas concentrados de control jurisdiccional que conforman al modelo europeo se caracterizan por la utilización de varios medios de control jurisdiccional de la constitucionalidad de las leyes vigentes, es decir, una vez promulgadas y después que se hayan iniciado sus efectos normativos jurídicos. Sólo excepcionalmente algunos sistemas concentrados europeos prevén un medio de control preventivo sobre algunos actos del Estado, como por ejemplo en Francia, en relación con las leyes; en Italia, con respecto a las leyes regionales, y en España, en cuanto a las leyes orgánicas y los tratados internacionales.

En todo caso, el fundamento de la existencia de un sistema de control jurisdiccional *a posteriori* reside en la superación del dogma de la soberanía del Parlamento y de la ley, así como en la flexibilización del principio de separación de los poderes. El control jurisdiccional implica la existencia de una Constitución escrita y rígida, dotada de un carácter normativo directamente aplicable a los individuos; de manera que sus límites se imponen a todos los órganos constitucionales, incluyendo al legislador cuyas actividades deben estar en conformidad con su texto y, por lo tanto, sujetas a un control jurisdiccional.

De lo anterior se deduce que, en general, puede decirse que lo característico del sistema concentrado de control de la constitucionalidad, sin duda, es el control posterior, que permite anular actos estatales efectivos inconstitucionales. Sin embargo, algunos sistemas de control concentrado sólo prevén un control previo de la constitucionalidad de las leyes, es decir, respecto de proyectos de ley, o de leyes sancionadas, antes de su promulgación, como sucede en Francia y Chile, por ejemplo. En cuanto al modelo de control mixto de la constitucionalidad de las leyes en Colombia y Venezuela, el control concentrado que la ejerce la Corte Constitucional o la Corte Suprema de Justicia, respectivamente, es tanto previo como posterior.

a.   *El control preventivo de la constitucionalidad de las leyes*

La Constitución de Colombia, a partir de 1886, ha previsto un método de control preventivo de la constitucionalidad en virtud del poder de veto a la legislación, atribuido al Presidente de la República (Arts. 167 y 241,8 de la Constitución de 1991).

En efecto, cuando una ley es objeto de un veto por causa de inconstitucionalidad, si las Cámaras legislativas insisten en su promulgación, el Presidente de la República debe enviar el proyecto de ley a la Corte Constitucional la cual debe decidir en un lapso de seis días. En caso de que la Corte declare inconstitucional el proyecto de ley, éste debe ser archivado.

De acuerdo con el artículo 33 del Decreto 2.067 de 4-9-91 por el cual se dictó el régimen procedimental de los juicios y actuaciones que deban seguirse ante la Corte Constitucional, si la Corte considera que el proyecto es sólo parcialmente inconstitucional, así lo debe indicar a la Cámara en que tuvo origen para que, con audiencia del ministro del ramo, rehaga e integre las disposiciones afectadas. Si por el contrario, la Corte rechaza las objeciones constitucionales presentadas por el Presidente de la República, éste está obligado a promulgar la ley (Art. 167). En tal sentido, el artículo 35 del Decreto N° 2.067 establece que la sentencia surtirá efectos de cosa juzgada respecto de las normas invocadas formalmente por el gobierno y consideradas por la Corte, y obliga al Presidente de la República a sancionarlo.

Debe señalarse, además, que en Colombia existe un sistema de control preventivo de la constitucionalidad de los proyectos de leyes, de carácter obligatorio, es decir, sin que sea necesario el veto presidencial. Esto sucede respecto de las denominadas leyes estatutarias por el artículo 152 de la Constitución (las destinadas a regular los derechos fundamentales, la administración de justicia, la organización y régimen de los partidos políticos, instituciones de participación ciudadana y estados de excepción). En tales casos, conforme al artículo 153 de la Constitución y 39 del Decreto 2.067, los proyectos de ley, inmediatamente después de haber sido aprobados en segundo debate deben ser enviados a la Corte Constitucional para su revisión, lo cual se hará con la posibilidad de participación de cualquier ciudadano para defender o impugnar el proyecto.

En Venezuela, sólo fue a partir de la reforma constitucional de 1945, la Constitución estableció expresamente la posibilidad de un control preventivo de la constitucionalidad de las leyes nacionales, incluyendo las leyes de aprobación de tratados internacionales y de contratos de interés público, correspondiendo su ejercicio a la Corte Suprema de Justicia a petición del Presidente de la República, como consecuencia de su poder de veto respecto de leyes sancionadas por las Cámaras Legislativas (Art. 91).

En la actualidad, la Constitución de 1961 prevé, en el procedimiento de "formación de leyes" esta misma posibilidad del veto presidencial contra las leyes sancionadas, en la forma siguiente:

El Presidente de la República debe promulgar las leyes sancionadas por las Cámaras Legislativas en un plazo de 10 días contados a partir del momento en que las recibe del presidente del Congreso. Sin embargo, durante ese lapso, el Presidente puede pedir al Congreso, con el acuerdo del Consejo de Ministros, que se *reconsidere* la ley, mediante una exposición razonada con el fin de poder modificar ciertas disposiciones de la misma o levantar la sanción de toda la ley o parte de sus disposiciones.

Cuando la decisión de las Cámaras de ratificar la ley sancionada se adopte por los dos tercios de los miembros presentes, el Presidente de la República debe proceder a promulgar la ley en el transcurso de los cinco días siguientes a partir de su recepción, sin poder formular nuevas observaciones. Sin embargo, el caso de que la decisión sea adoptada por mayoría simple, el Presidente de la República puede escoger entre promulgar la ley o devolverla al Congreso, en el mismo período de cinco días, para un nuevo y último examen.

La subsiguiente decisión de las Cámaras en sesión conjunta es definitiva, aun cuando se adopte por mayoría simple, y por consiguiente, la ley debe ser promulgada por el Presidente en los cinco días subsiguientes a su recepción.

Sin embargo, si la objeción del Presidente de la República se basó en motivos de *inconstitucionalidad*, éste puede solicitar a la Corte Suprema de Justicia, en los plazos señalados para la promulgación de la ley, que resuelva la inconstitucionalidad alegada, suspendiéndose la promulgación-

En esos casos, la Corte debe decidir en un plazo de diez días contados a partir del día en que reciba la comunicación del Presidente de la República. En caso de que la Corte rechace la inconstitucionalidad invocada, o si no toma su decisión en el plazo previsto, el Presidente de la República debe promulgar la ley en un lapso de cinco días contados a partir de la decisión de la Corte o del vencimiento del plazo para que ésta decida (Art. 173).

Si por el contrario, la Corte decide la cuestión y declara la inconstitucionalidad de la ley sancionada, ello impide su promulgación (Art. 175), debiendo las Cámaras modificar el texto sancionado, aplicando la decisión de la Corte, que es de carácter obligatorio.

Pero además del control preventivo de la constitucionalidad de las leyes derivado del veto presidencial, también ello puede lograrse a través de la acción de amparo. En efecto, de acuerdo con lo establecido en los artículos 1 y 2 de la Ley Orgánica de Amparo sobre Derechos y Garantías Constitucionales, la acción de amparo procede contra toda amenaza de violación de derechos o garantías constitucionales proveniente de todo acto, hecho u omisión de particulares o de entes públicos. Por tanto, es incuestionable que si durante el procedimiento de formación de las leyes, que implica su aprobación en dos discusiones en cada una de las Cámaras Legislativas, éstas aprobasen un proyecto de norma que de sancionarse la ley, violaría un derecho o garantía constitucional, ello configuraría una amenaza cierta e inminente de violación de los mismos, que podría dar lugar a la protección constitucional consagrada en la Ley Orgánica de Amparo.

En esos supuestos, la persona amenazada de ser lesionada podría intentar una acción de amparo por ante la Corte Suprema de Justicia, contra tal amenaza de violación de su derecho o garantía constitucional para impedir que esa violación se produzca, mediante la obtención de un mandamiento judicial de amparo contra las Cámaras Legislativas para que se abstengan de sancionar la norma inconstitucional. Existiendo esta vía del amparo constitucional contra la amenaza de violación de los derechos constitucionales, no tendría sentido obligar al agraviado amenazado a que espere la sanción de la ley y por tanto que se apruebe y promulgue la ley inconstitucional, para que pueda ejercer la acción popular de inconstitucionalidad.

b.   *El control a posteriori de la constitucionalidad de las leyes y demás actos de rango o valor de ley*

Además del control preventivo de la constitucionalidad en Colombia y Venezuela, el control concentrado de la constitucionalidad se realiza al igual que en Panamá, El Salvador y Nicaragua, mediante el ejercicio de una *acción popular*. Sin embargo, en Colombia, además del control *a posteriori* mediante *acción popular* que ejerce la Corte Constitucional, la Constitución prevé dos casos de ejercicio de control obligatorio de la constitucionalidad por la Corte Constitucional. En efecto, en primer lugar, el artículo 241, Ord. 7°, prevé que los decretos legislativos que emanen del Presidente de la República como consecuencia de un estado de sitio, declarado por causa de una guerra, crisis interna, o cuando el orden económico y social del país esté gravemente alterado (Arts. 213, 214 y 215), deben ser sometidos en forma obligatoria a control de la constitucionalidad, para lo cual, al día siguiente de su promulgación, el Presidente de la República debe remitir estos decretos a la Corte Constitucional, a la cual corresponde decidir "definitivamente sobre su constitucionalidad" (Art. 121). Cualquier ciudadano puede intervenir en el procedimiento de revisión de los mencionados Decretos Legislativos, para defender o impugnar la constitucionalidad de los mismos (Art. 37, Decreto 2.067).

La Constitución también prevé en su artículo 241, Ord. 10°, que la Corte Constitucional debe decidir definitivamente sobre la inconstitucionalidad de los tratados internacionales y de las leyes que los aprueben, a cuyo efecto, el gobierno debe remitirlos a la Corte dentro de los 6 días siguientes a la sanción de la ley. En el procedimiento, igualmente, cualquier ciudadano puede intervenir para defender o impugnar la constitucionalidad del Tratado o la ley. Sólo si la Corte los declara constitucionales, el gobierno puede efectuar el canje de notas; en caso contrario, no serán ratificados.

Por último, aun cuando no se trate de leyes también se prevé un control previo obligatorio de la constitucionalidad de la convocatoria a un referendo o a una Asamblea Constituyente para reformar la Constitución, y sólo por vicios de procedimiento en su formación, antes al pronunciamiento popular respectivo (Art. 241, Ord. 2°); así como de los referendos sobre leyes y de las consultas populares y plebiscitos del orden nacional, sólo por vicios de procedimiento en su convocatoria y realización (Art. 241, Ord. En estos últimos casos no se excluye la acción popular, pero la misma conforme al artículo 379 de la Constitución y al artículo 43 del Decreto 2.067, sólo procede dentro del año siguiente a su promulgación.

E. *El carácter principal del sistema colombo venezolano de control concentrado de la constitucionalidad y la acción popular*

a. *La situación general en el derecho comparado*

Contrariamente al sistema difuso de control de la constitucionalidad, el cual siempre tiene un carácter incidental, el sistema concentrado puede tener bien sea un carácter principal o un carácter incidental, en la medida en que las cuestiones constitucionales relativas a las leyes lleguen a la Corte Suprema o a la Corte Constitucional en virtud de una acción directa intentada ante la misma, o cuando un tribunal inferior donde se planteó, a instancia de parte o *ex-officio*, la cuestión constitucional, remite el asunto a la Corte. En Panamá, Uruguay, Honduras y Paraguay, donde sólo existe un sistema concentrado de control de la constitucionalidad, éste es a la vez principal e incidental.

En consecuencia, otro aspecto de la racionalidad del sistema concentrado de control de la constitucionalidad de las leyes, en el cual el poder anularlas se confiere a la Corte Suprema o a una Corte especial, que no se produce, por supuesto, en los sistemas mixtos, es que la cuestión constitucional puede alcanzar la Corte de manera directa o principal mediante una acción contra la ley o' el acto estatal concreto o de manera incidental cuando la cuestión constitucional se plantea en un tribunal inferior con motivo de un juicio particular y concreto. En este caso, el juez debe remitir su decisión a la Corte Suprema o a la Corte Constitucional para luego poder adoptar la resolución final del caso, en conformidad con la decisión tomada por la Corte. En ambos casos, el control de la constitucionalidad es de tipo concentrado, porque un solo órgano está autorizado para juzgar la constitucionalidad de la ley.

Este sistema exclusivamente concentrado de control de la constitucionalidad, que se ejerce por vía principal y por vía incidental, es el propio modelo europeo (Austria, Alemania, Italia, España). Por supuesto, no existe el método incidental en Portugal, pues este país adoptó el sistema mixto de control de constitucionalidad[1916].

En todo caso, en el sistema exclusivamente concentrado, en el método principal de control, la cuestión constitucional relativa a una ley u otro acto estatal es "la cuestión principal" y única del juicio iniciado mediante acción directa que puede ser interpuesta por ante la Corte Suprema o la Corte Constitucional, tanto por los ciudadanos mediante un *actio popularis* o regida por reglas de legitimación particulares, o por funcionarios o autoridades públicas específicas. En el método incidental, la cuestión constitucional puede ser planteada ante un tribunal ordinario como una cuestión incidental en el juicio o *ex-officio* por el tribunal. Este tribunal es, entonces, el único que puede remitir la cuestión constitucional ante la Corte Suprema o la Corte Constitucional, en cuyo caso se debe suspender la decisión del caso concreto hasta que la cuestión constitucional haya sido resuelta por la Corte Suprema o la Corte Constitucional[1917].

1916 Véase Allan R. Brewer-Carías, *Judicial Review in Comparative Law, op. cit.*, pp. 265 y ss.
1917 *Cfr., Idem.*, pp. 186 y ss.

En los sistemas mixtos de control de la constitucionalidad, donde a la vez existe un control difuso y concentrado de la constitucionalidad, en general, este último sólo se ejerce por vía principal, mediante el ejercicio de una acción o demanda de inconstitucionalidad.

Ahora bien, en el derecho comparado, el ejercicio del control concentrado de la constitucionalidad por ' vía principal, mediante una *acción popular* puede considerarse como el sistema más acabado, aun cuando no es tan frecuente. En efecto, lo normal es que se limite el ejercicio de la acción directa a determinados funcionarios u órganos del Estado (Presidente del Gobierno, Ministerio Público, miembros del Parlamento), como sucede en Europa, para acceder a los Tribunales Constitucionales, o se exija una legitimación activa determinada (interés personal, directo) en caso de que se permita el ejercicio de la acción a los particulares, como sucede en Uruguay, Honduras y Paraguay.

En Panamá, desde 1941 y, sin duda, en este punto, por influencia del sistema colombiano, se estableció la acción popular como medio procesal para acceder a la jurisdicción constitucional de la Corte Suprema de Justicia. Igual sistema existe en Venezuela. La diferencia, en todo caso, entre el sistema panameño y el de Venezuela y Colombia, radica en el objeto del control, que es más amplio en Panamá, donde no sólo las leyes y demás actos estatales de rango o valor similar pueden ser impugnados por inconstitucionalidad mediante la acción popular, sino todos los actos estatales; y en que el sistema panameño o de control es exclusivamente concentrado, en tanto que el colombiano y el venezolano es mixto.

Debe señalarse, en todo caso, que además de los casos de Colombia, Venezuela y Panamá, también puede identificarse una acción popular de inconstitucionalidad, en El Salvador y Nicaragua.

En efecto, el artículo 96 de la Constitución de 1950 de El Salvador, cuyo texto recoge el artículo 183 de la Constitución de 1992, establece la competencia de la Corte Suprema de Justicia, por medio de la Sala de lo Constitucional, como "único tribunal competente para declarar la inconstitucionalidad de las leyes, decretos y reglamentos, en su forma y contenido, de un modo general y obligatorio, y podrá hacerlo *a petición de cualquier ciudadano*". Por su parte, el artículo 187 de la Constitución de Nicaragua establece "el recurso por inconstitucionalidad contra toda ley, decreto o reglamento que se oponga a lo prescrito por la Constitución política, *el cual podrá ser instaurado por cualquier ciudadano*".

Se observa, en todo caso, que una pequeña diferencia podría identificarse en cuanto a la legitimación amplia de la acción popular: en Venezuela se otorga a cualquier persona, al igual que en Panamá; en cambio en El Salvador y Nicaragua[1918] al igual que en Colombia, se confiere a los ciudadanos, es decir, a quienes gozan de derechos políticos en los respectivos países. Por ello, en Colombia, los extranjeros y los nacionales menores de 18 años no pueden ejercer la acción popular[1919] lo que no

---

1918 *Cfr.* Luis López Guerra, "Protección de los Derechos Fundamentales por la Jurisdicción Constitucional en Centro América y Panamá", en Instituto de Investigaciones Jurídicas, Centro de Estudios Constitucionales México-Centroamérica, *Justicia Constitucional Comparada,* UNAM, México 1993, p. 86.

1919 Véanse los comentarios de Luis Carlos Sáchica al criticar las disposiciones del Decreto 2.067 de 1991, en *La Corte Constitucional...*, *op. cit.*, p. 75.

sucede en Venezuela, donde la legitimación es más amplia y se refiere a cualquier persona, aun cuando no sea nacional o no goce de los derechos políticos.

En otros países, si bien la legitimación para ejercer la acción de inconstitucionalidad está sometida a algunas restricciones, en definitiva podría identificarse una acción popular de inconstitucionalidad, como es el caso de Guatemala, cuya Constitución de 1985 reguló los poderes de control de la constitucionalidad ejercidos por la Corte Constitucional, cuando se ejerce un recurso de inconstitucionalidad, concebido como una acción directa (Art. 272,a) que puede ser interpuesta contra "las leyes y disposiciones de carácter general, objetadas parcial o totalmente de inconstitucionalidad" (Arts. 267 y 272,a). Conforme a la Ley de Amparo, exhibición personal y de constitucionalidad de 1986, tiene legitimación para plantear la inconstitucionalidad de leyes, reglamentos o disposiciones de carácter general, la Junta Directiva del Colegio de Abogados, el Ministerio Público, el Procurador de Derechos Humanos y "cualquier persona con el auxilio de tres abogados colegiados activos" (Art. 134).

b.   *La acción popular de inconstitucionalidad en, Venezuela*

En efecto, en Venezuela desde 1858, la principal característica de la competencia de la Corte Suprema de Justicia en el ejercicio de sus poderes de control concentrado de la constitucionalidad, es que puede ser requerida por cualquier persona natural o jurídica, que goce de sus derechos[1920]. Por consiguiente, el sistema concentrado de justicia constitucional en Venezuela siempre está concebido como un proceso de carácter principal que se desarrolla ante la Corte Suprema, cuando se introduce una acción popular. Dicha acción popular, tal como lo señaló la misma Corte en 1971, está abierta "a cualquiera del pueblo (de ahí su denominación)" siendo su objetivo "la defensa de un interés público que es a la vez simple interés del accionante quien, por esta sola razón, no requiere estar investido de un interés jurídico diferenciado legítimo". Por consiguiente, en Venezuela, la acción popular está consagrada "para impugnar la validez de un acto del Poder Público, que por tener un carácter normativo general, obra *erga omnes*, y por tanto, su vigencia afecta e interesa a todos por igual[1921]. En consecuencia, conforme al artículo 134 de la Ley Orgánica de la Corte, la acción popular puede intentarse "en cualquier tiempo".

En cuanto al carácter popular de la acción, cabe señalar que su "popularidad", tradicionalmente muy amplia, fue de algún modo limitada desde 1976, por la Ley Orgánica de la Corte Suprema de Justicia, la cual exigió un interés simple "particularizado" para poder introducirla. En efecto, el artículo 112 de dicha ley exige que el acto impugnado debe lesionar, de algún modo, "los derechos e intereses" del recurrente. Por lo tanto, la amplia popularidad de la acción de inconstitucionalidad pue-

---

1920 Véase sentencia de la Corte Federal del 22-2-60, *Gaceta Forense* Nº 27, 1960, pp. 107 y 108; así como la sentencia de la Corte Suprema de Justicia en la Sala Político-Administrativa del 3-10-63, *Gaceta Forense* Nº 42, 1963, pp. 19 y 20, la del 6-2-64 *Gaceta Oficial* Nº 27.373, 21-2-64, la del 30-5-63, *Gaceta Forense* Nº 52, 1968, p. 109, y la del 25-9-73 *Gaceta Oficial* Nº 1.643 Extra, 21-3-74, p. 15.

1921 Véase la sentencia de la Corte Suprema de Justicia en la Sala Político-Administrativa del 18-2-71, *Gaceta Oficial* Nº 1.472 Extra, 11-6-71, p. 6; ver también la sentencia de la Corte Suprema de Justicia en la Sala Político-Administrativa del 6-2-64, *Gaceta Oficial* Nº 27.373, 21-2-64.

de considerarse que ha sido objeto de una especie de restricción legal, sin que por ello haya perdido su carácter de "acción popular".

En efecto, una restricción de este tipo podría considerarse razonable ya que en realidad sólo afectaría la legitimación necesaria en casos extremos. Por ejemplo, si se impugna una ley de una asamblea legislativa de uno de los Estados de la Federación, sería lógico que se considere necesario que el recurrente, por ejemplo, al menos, resida en ese Estado, que tenga bienes en su territorio o que sus derechos e intereses puedan, de algún modo, resultar lesionados por dicha ley[1922].

De todos modos, la misma Corte Suprema de Justicia aclaró las dudas con respecto a la posible restricción de la popularidad de la acción [1923] y consideró que la exigencia del artículo 112 de la Ley Orgánica en el sentido de que la ley impugnada debe lesionar "los derechos e intereses" del recurrente, no significa que la acción popular haya sido delimitada, ni que se haya establecido una exigencia especial de legitimación activa para requerir de la Corte Suprema el ejercicio del control de la constitucionalidad. Según la Corte, el objeto de la acción popular es "la defensa objetiva de la majestad de la Constitución y su supremacía", y si bien es cierto que la Ley Orgánica de la Corte Suprema requiere que los derechos e intereses del recurrente hayan sido afectados, dicha expresión no debe interpretarse de manera "rigurosamente restrictiva"[1924]. Basándose en todo lo anterior, la Corte Suprema llegó a la conclusión de que cuando una persona ejerce la acción popular de inconstitucionalidad en virtud de los términos del artículo 112 de su ley,

"debe presumirse, al menos relativamente, que el acto de efectos generales recurrido en alguna forma afecta los derechos o intereses del recurrente en su condición de ciudadano venezolano, salvo que del contexto del recurso aparezca manifiestamente lo contrario"[1925].

Conforme a la Constitución de 1916, como se ha dicho, el control de la constitucionalidad de los actos del Estado a través de la acción popular está reservado a los actos de rango legal o normativo, es decir, a los actos de ejecución inmediata a la Constitución, y a los reglamentos dictados por el Presidente de la República en Consejo de Ministros.

La consecuencia directa del carácter popular de la acción de inconstitucionalidad en el sistema venezolano, es el carácter objetivo del proceso que se desarrolla ante la Corte Suprema como consecuencia de la acción.

En efecto, en Venezuela, la acción de inconstitucionalidad no se interpone contra el órgano del Estado (por ejemplo, el Congreso o el Presidente de la República) que

---

1922 Allan R. Brewer-Carías, *El Control de la Constitucionalidad..., op. cit.,* p. 122.

1923 Véase L. H. Farías Mata, "¿Eliminada la Acción Popular del Derecho Positivo Venezolano?", *Revista de Derecho Público,* Nº 11, EJV, Caracas 1982, pp. 5-18.

1924 Sentencia de la Corte en Sala Plena del 30-6-82, ver en *Revista de Derecho Público,* Nº 11, EJV, Caracas 1982, p. 138.

1925 En esta forma, la Corte reservó este recurso de inconstitucionalidad a los actos que tienen efectos *erga omnes* y que interesan a cualquiera. Véase al respecto la sentencia de la Corte Suprema de Justicia en la Sala Político-Administrativa del 14-3-60, *Gaceta Oficial* Nº 26.222, 1-460, pp. 154-225.

hubiese adoptado o promulgado la ley cuestionada por inconstitucionalidad. En realidad, esta acción sólo se dirige contra un acto de Estado, como por ejemplo, una
ley. Por consiguiente, en el proceso de inconstitucionalidad no hay "partes" propiamente dichas, ni demandante ni demandados en el sentido estricto del término. En
realidad, el proceso de inconstitucionalidad es un proceso contra un acto, que puede
ser iniciado por cualquier particular o funcionario público.

Por otra parte, como en el proceso de inconstitucionalidad no hay demandado, no
es necesario citar a nadie[1926], y una vez que la acción es admitida, la Corte, en realidad, sólo debe notificar por escrito al presidente de la entidad o al funcionario que
promulgó el acto, y solicitar la opinión del Ministerio Público, en caso de que éste
no haya sido el que hubiese iniciado el proceso, quien puede consignar su informe
antes de que se dicte la sentencia (Art. 116 de la Ley Orgánica de la Corte).

La Corte puede, sin embargo, ordenar el emplazamiento público de los interesados, cuando lo estime necesario. Por tanto, así como cualquier persona natural o
jurídica lesionada en sus derechos e intereses puede ejercer la acción popular de
inconstitucionalidad de las leyes, también toda persona, con el mismo simple interés,
tiene derecho de presentar argumentos y alegatos durante el proceso, en defensa de
la ley o del acto cuestionado (Art. 137 de la Ley Orgánica de la Corte).

Para concluir, debe señalarse que el proceso de inconstitucionalidad debe comenzar mediante la introducción ante la Corte de un escrito de recurso en el que el
recurrente debe identificar claramente el acto cuestionado[1927], e indicar con precisión las inconstitucionalidades denunciadas, es decir, tanto las razones del recurso
como las normas constitucionales supuestamente violadas[1928]. Sin embargo, tratándose de una acción popular que pone en juego la validez de una ley y la supremacía
constitucional, estimamos que la Corte puede apreciar la inconstitucionalidad del
acto cuestionado *ex-officio*, por vicios no invocados por el recurrente[1929], sin tener
que limitarse a conocer únicamente las denuncias formuladas en el escrito[1930].

Por consiguiente, si bien es cierto que la acción popular debe ser formulada por
un recurrente por ante la Corte Suprema (Art. 82 LOCSJ), la Corte no está totalmente sujeta a la voluntad del mismo en el Juicio de inconstitucionalidad. Por ello, a

1926 Véasela sentencia de la Corte Federal en Sala Político-Administrativa del 20-11-40, *Memoria, 1941,* pp.
265 y 266.

1927 Artículo 113 de la Ley Orgánica de la Corte Suprema de Justicia. Véase la sentencia de la Corte Suprema de Justicia en Sala Político-Administrativa del 23-1-69, *Gaceta Forense* N° 63, 1969, p. 95.

1928 Artículo 113 de la Ley Orgánica de la Corte Suprema de Justicia. Véase sentencia de la Corte Federal
del 14-12-51, *Gaceta Forense* N° 6, 1950, pp. 46 y 47; y sentencia de la Corte Suprema de Justicia en
Sala Po lítico-Administrativa del 11-8-64, *Gaceta Forense* N° 45,1964, pp. 185 y 186.

1929 En este sentido, la Procuraduría General de la República ha señalado que la constitucionalidad de los
actos legislativos constituye una materia eminentemente pública. Por ello, en los juicios en los que son
tratados tales problemas, las facultades del juez no están ni pueden estar limitadas por lo invocado y
probado en actos. Véase *Doctrina PGR 1963,* Caracas 1964, pp. 23 y 24.

1930 Al igual que la Corte Suprema lo sostuvo en la sentencia de la Corte Suprema de Justicia en CP del 15-
3-62, *Gaceta Forense* N° 760 especial, 22-3-62. En este sentido, J. G. Andueza sostiene que la decisión
de la Corte no puede contener *ultra petita, La jurisdicción Constitucional en el Derecho Venezolano,*
Caracas 1955, p. 37.

pesar de que el recurrente puede desistir del recurso una vez que éste haya sido intentado, la Corte tiene el poder de seguir conociendo dicho caso (Art. 87 LOCSJ).

En cuanto a los motivos de la acción popular de inconstitucionalidad debe señalarse que este recurso puede ser interpuesto únicamente para invocar violaciones de la Constitución o colisiones con la misma, es decir, basado en motivos de inconstitucionalidad[1931]. De allí surge la tesis que ha formulado la Corte Suprema de Justicia en relación con la necesidad de que exista una *violación directa* de la Constitución para que la acción popular sea procedente[1932]. Según la Corte, la inconstitucionalidad no puede surgir de simples enunciados teóricos o de un posible conflicto entre la norma impugnada y otra norma cualquiera de la legislación ordinaria[1933] sino que debe ser el resultado de la violación directa de una norma constitucional.

En este sentido, la Corte Suprema sostuvo en una sentencia de 1988 lo siguiente:

"En efecto, el artículo 133 de la Ley Orgánica de la Corte Suprema de Justicia, al establecer que la sola denuncia de la infracción del artículo 117 de la Constitución[1934] no podrá invocarse como fundamento de la acción y del recurso a que se refieren los artículos 112 y 121 *ejusdem*, sino que se requiere la denuncia de otra disposición de aquella que "haya sido directamente infringida por el acto cuya nulidad se solicita", está señalando que la violación indirecta de una norma constitucional no podrá constituir fundamento del recurso de inconstitucionalidad... Afinando los conceptos expuestos... Podría agregarse que existe recurso por violación directa de la Carta Fundamental, cuando sea factible llegar a la solución positiva o negativa del problema planteado con la exclusiva aplicación de las normas constitucionales violadas"[1935].

La Corte Suprema ha señalado incluso que no todas las normas constitucionales pueden servir de base para la acción popular, y ha exigido que se trate de una norma directamente operativa, rechazando el recurso cuando las violaciones invocadas se refieran a normas programáticas[1936]. Sin embargo, esta doctrina no quiere decir que el control de la constitucionalidad de las leyes no pueda realizarse basándose en principios constitucionales. Por ejemplo, el artículo 50 de la Constitución establece expresamente que "la enumeración de los derechos y garantías contenida en esta Constitución no debe entenderse como negación de otros que, siendo inherentes a la

---

1931 En consecuencia, ningún motivo de ilegalidad puede ser alegado. Véase la sentencia de la Corte Suprema de Justicia en Sala Político-Administrativa del 13-12-68, *Gaceta Forense* Nº 59, 1969, pp. 85 y 86.

1932 Allan R. Brewer-Carías, *El Control de la Constitucionalidad..., op. cit.*, p. 131.

1933 Véase la sentencia de la Corte en Corte Plena del 26-2-85, *Revista de Derecho Público* Nº 22, EJV, Caracas 1985, p. 164.

1934 El artículo 117 estipula lo siguiente: "La Constitución y las leyes definen las atribuciones del Poder Público cuyo ejercicio les debe estar sometido".

1935 Véase la sentencia de la Corte Suprema de Justicia en Sala Político-Administrativa del 28-6-83, *Revista de Derecho Público* Nº 15, EJV, Caracas 1983, pp. 155-156.

1936 Véanse las sentencias de la Corte Suprema de Justicia en Corte Plena del 12-9-69, *Gaceta, Forense* Nº 65, 1969, p. 10, y en Sala Político-Administrativa del 27-4-69, *Gaceta Forense* Nº 64, 1969, p. 23, así como la de la Corte Suprema de Justicia en Sala Político-Administrativa del 132-68, *Gaceta Forense* Nº 59, 1969, pp. 85-86.

persona humana, no figuren expresamente en ella'". Por consiguiente, la Corte Suprema podría ejercer sus funciones de control de la constitucionalidad basándose en la violación de los derechos inherentes a la persona humana, no enumerados expresamente en el texto constitucional.

Finalmente, debe señalarse que la declaración de inconstitucionalidad debe necesariamente plantear una relación lógica, como consecuencia de una motivación seria y necesaria, entre el acto impugnado y la norma supuestamente transgredida por dicho acto[1937]. Esa es la razón por la que la Corte ha considerado formalmente insuficientes las denuncias de infracciones a normas constitucionales, cuando esa relación no surge de las denuncias. En todo caso, es evidente que puede ocurrir la violación de la Constitución cuando el acto objeto del recurso está en contradicción con el espíritu y propósito de una norma constitucional[1938] y no sólo cuando existe una contradicción literal entre la norma y el acto cuestionado.

Por último, debe señalarse que en Venezuela, tradicionalmente, la jurisprudencia de la Corte Suprema de Justicia ha rechazado sistemáticamente las solicitudes de suspensión de los efectos de los actos estatales de efectos generales impugnados por inconstitucionalidad. En una sentencia del 28 de julio de 1969, dictada con motivo de la impugnación de una ley de una Asamblea Legislativa, la Corte señaló que decretar la suspensión de los efectos de esa ley conduciría a una situación anormal según la cual bastaría con cuestionar ante la Corte, por inconstitucionalidad, un acto legislativo debidamente promulgado, concretamente una ley, para obtener por vía de sentencia previa, la suspensión de sus efectos, con el grave perjuicio de las facultades que corresponden al órgano legislativo[1939]

Sin embargo, esta doctrina fue modificada por la Ley Orgánica de Amparo sobre Derechos y Garantías Constitucionales de 1988, la cual prevé expresamente, que cuando se trata de leyes o normas que violan los derechos o garantías constitucionales, y se formula al mismo tiempo, con la acción popular de inconstitucionalidad de las leyes y otros actos normativos del Estado, una pretensión de amparo, la Corte Suprema de Justicia, si lo estima pertinente para la protección constitucional, puede decretar la suspensión de la aplicación de la norma a la situación jurídica concreta cuya violación se ha alegado, mientras dure el procedimiento de nulidad (Art. 3).

1937 Véase la sentencia de la Corte Suprema de Justicia en Sala Político-Administrativa del 21-12-67, *Gaceta Forense* N° 58, 1969, p. 68.

1938 Véase la sentencia de la Corte Federal del 25-3-58, *Gaceta Forense* N° 19, 1958, p. 58. Al contrario, la Procuraduría General de la República sostuvo que la infracción de las bases de la Constitución no puede constituir una causa de anulación de un texto legal. Véase *Doctrina PGR 1964,* Caracas 1965, p. 158. Sin embargo, la Procuraduría también sostuvo la tesis según la cual la Constitución es violada cuando la ley pretende alcanzar objetivos diferentes de aquellos fijados por la Constitución, y no solamente cuando existe una contradicción fórmala entre la norma constitucional y la norma legal. *Doctrina PGR 1969,* Caracas 1970, p. 111. De manera general, en cuanto a los distintos tipos de motivos de inconstitucionalidad de las leyes, ver *Doctrina PGR 1966,* Caracas 1967, pp. 170 a 174.

1939 Véanse las sentencias de la Corte Suprema de Justicia en Sala Político-Administrativa de los 28 y 29-7-69, *Gaceta Forense* N° 65, 1969, pp. 102- 103 y 115-116. Asimismo, ver las sentencias de la Corte Suprema de Justicia en Sala Político-Administrativa del 25-2-70, *Gaceta Forense* N° 67, 1970; del 21-6-71, *Gaceta Oficial* N° 1.478 especial, 16-7-71, p. 39; y del 31-1-74, *Gaceta Oficial* N° 30.322, 5-2-74, p. 227.

Se trata, aquí, de la posibilidad de suspender los efectos de la norma cuestionada por vía de acción popular cuando se formula conjuntamente una pretensión de amparo, únicamente mientras dura el procedimiento de nulidad, y con efectos estrictos con respecto a la situación jurídica concreta del recurrente que ha invocado la violación.

c. *La acción popular en Colombia*

En Colombia, como se ha dicho, conforme a la Constitución de 1991, todos los ciudadanos pueden interponer por ante la Corte Constitucional una *acción popular* para requerir la anulación, por inconstitucionalidad, de los siguientes actos estatales: actos de reforma de la Constitución por vicios de procedimiento; actos de convocatoria de referéndum o de asambleas constituyentes referentes a una reforma de la Constitución, por vicios de procedimiento; los referéndum referentes a leyes, consultas populares y plesbiscitos nacionales, solamente por vicios de procedimiento en la convocatoria o en su realización; leyes, tanto por su contenido material como por vicios de procedimiento en su elaboración; decretos que tengan fuerza de ley dictados por el gobierno, por su contenido material o por vicios de procedimiento en su elaboración; decretos legislativos gubernamentales, tratados internacionales y leyes de ratificación de tratados (Art. 241).

El carácter popular de la acción de inconstitucionalidad viene dado por el hecho de que ésta puede ser ejercida por todos los ciudadanos, incluso sin tener ningún interés en particular, por lo que el procedimiento que se desarrolla ante la Corte Constitucional es de carácter objetivo. En efecto, esta acción no se intenta contra el Estado o contra uno de sus órganos, sino contra una ley o un acto estatal que tenga fuerza de ley. Esa es la razón por la cual, en principio, un ciudadano cualquiera puede intervenir en el procedimiento, adhiriéndose a la petición del accionante, o como parte interesada en el mantenimiento de la ley impugnada (Art. 242,2). Igualmente por este carácter popular, de conformidad con el artículo 242,2 de la Constitución, el Procurador de la República debe intervenir en todo caso de acción de inconstitucionalidad.

Finalmente, y como consecuencia del carácter popular de la acción, en principio, ningún plazo de caducidad está previsto para su ejercicio; por tanto, como es inextinguible, el ejercicio de la acción popular puede ser considerado como un derecho político de los ciudadanos. Sin embargo, debe señalarse que la reforma constitucional de 1991 estableció que cuando la acción se basa en vicios formales o de procedimiento de ley impugnada, la acción está sometida a un lapso de caducidad de un año, contado a partir de la fecha de su publicación (Art. 242,3 y 379).

F. *El poder de iniciativa del control concentrado de la constitucionalidad y los poderes ex-officio del juez constitucional*

Como viene de señalarse, en general, la cuestión de constitucionalidad referente a la validez de una ley normalmente se plantea en los sistemas concentrados de control, ante la Corte Suprema o la Corte Constitucional mediante una acción o por remisión de un tribunal inferior. En ambos casos el juez constitucional debe decidir en derecho, sin considerar los hechos.

En ambos casos, como se señaló, la cuestión constitucional debe formularse ante la Corte Suprema o la Corte Constitucional, por lo que ésta no tiene iniciativa propia para actuar como juez constitucional[1940]. En esta forma, el principio *nemo judex sine actore* se aplica, pero una vez que la cuestión constitucional ha llegado a la Corte como consecuencia de una acción o de su remisión por parte de un tribunal inferior, el principio *in judex judicet ultra petitum partis* ya no es operante. Esto significa que la Corte Suprema o la Corte Constitucional, como juez constitucional, una vez requerida por una parte o por un medio incidental, tiene poderes *ex-officio* para considerar cuestiones de constitucionalidad distintas a las que han sido planteadas[1941].

En efecto, la acción popular en Venezuela pone en juego la validez de una ley y la supremacía constitucional, por lo que estimamos que, como ya hemos señalado, la Corte Suprema puede apreciar la inconstitucionalidad del acto cuestionado *ex-officio*, por vicios no invocados por el recurrente, sin tener que limitarse a conocer únicamente las denuncias formuladas en el escrito. Por consiguiente, si bien es cierto que la acción popular debe ser formulada por un recurrente por ante la Corte Suprema (Art. 82 Ley Orgánica de la Corte), ésta no está totalmente sujeta a la voluntad del mismo en el juicio de inconstitucionalidad. Por ello, a pesar de que el recurrente puede desistir del recurso una vez que éste haya sido intentado, la Corte tiene el poder de seguir conociendo del caso (Art. 87 de la Ley Orgánica).

El caso de Colombia la Corte Constitucional, como guardián de la Constitución puede considerar vicios de naturaleza constitucional diferentes de los que fueron denunciados por el accionante o por los ciudadanos que hayan participado en el procedimiento y, por consiguiente, puede declarar la inconstitucionalidad de la ley examinada por motivos diferentes a los expresados en la acción.

Así lo establece expresamente al artículo 22 del Decreto 2.067 de 1991 al señalar que "La Corte Constitucional podrá fundar una declaración de inconstitucionalidad en la violación de cualquiera norma constitucional, así ésta no hubiere sido invocada en el curso del proceso".

Los vicios de inconstitucionalidad contenidos en el escrito de la acción, por tanto, no limitan en absoluto los poderes de la Corte que, como guardián de la integridad de la Constitución, está autorizada para examinar *ex-officio* el acto cuestionado y para someterlo a todas las condiciones constitucionales[1942]. Por otra parte, el desistimiento de la acción por parte del recurrente no tiene efectos inmediatos, dado el papel atribuido a la Corte, y ésta, por consiguiente, puede continuar efectuando el examen constitucional del acto impugnado[1943].

En esta materia, la situación del modelo colombo-venezolano, puede decirse que se repite, en general, en el derecho comparado. En efecto, en Panamá, el Código Judicial es expreso, en el sentido de otorgar poderes a la Corte Suprema para apre-

---

1940 De manera excepcional, el Tribunal Constitucional Federal de la Antigua Federación de Yugoslavia poseía poderes *ex-officio* para iniciar un prendimiento de control de la constitucionalidad de las leyes. Ver artículo 4 de la Ley de la Corte Constitucional de Yugoslavia, 31-12-1963, en B. T. Blagojevic (ed.), *Constitutional Judicature*, Beograd, 1965, p. 16.

1941 Véase en Allan R. Brewer-Carías, *El control concentrado..., cit.*, p. 58.

1942 L. C. Sáchica, *El Control de la Constitucionalidad y sus mecanismos, op. cit.*, p. 106; *La Corte Constitucional..., op. cit.*, p. 84.

1943 A. Capote Lizarralde, *Lecciones de Derecho Constitucional, op. cit.*, p. 246.

ciar de oficio cuestiones constitucionales distintas de las alegadas respecto de las normas impugnadas, al establecer:

"Art. 2.557. En estos asuntos la *Corte no se limitará* a estudiar la disposición tachada de inconstitucional únicamente a la luz de los textos citados en la demanda, sino que debe examinarla, confrontándola con todos los preceptos de la Constitución que estimen pertinentes".

Pero además, en los sistemas concentrados de control de la constitucionalidad en muchos casos, los jueces constitucionales tienen poderes de oficio para apreciar y declarar la inconstitucionalidad de otras normas de una ley distintas a las referidas en la acción[1944].

En el caso del Tribunal Constitucional Federal de Alemania, cuya decisión sobre la conformidad o no de una ley con la Constitución, si bien, en principio, puede adaptarse al contenido de la petición, del recurso constitucional o de la remisión que haya hecho un tribunal inferior, según el método utilizado para los fines del control; al pronunciar su decisión, el Tribunal Constitucional no está vinculado a las denuncias efectuadas, en el sentido de que puede plantear *ex-officio* cualquier otro asunto de orden constitucional vinculado con la ley cuestionada o con cualquiera de los artículos de la misma, y por lo tanto, decidir *ultra petita*. Esta es la razón por la cual el mismo artículo 78 de la Ley Federal que instituye el Tribunal Constitucional Federal estipuló que:

"En caso de que otras disposiciones de la misma ley no estén conformes a la Constitución o a cualquier otra norma de la ley federal, el Tribunal Constitucional Federal puede al mismo tiempo declararlas nulas".

En Italia, en cambio, en todos los casos de control jurisdiccional de la constitucionalidad de las leyes, la Corte Constitucional debe decidir, "dentro de los límites" de la acción o del planteamiento judicial de la cuestión constitucional (Art. 27 de la Ley 87), cuáles son las normas consideradas "ilegítimas", es decir inconstitucionales. En consecuencia, de conformidad con los términos de la Ley N° 87, se ha considerado que la Corte Constitucional no tiene poderes *ex-officio* para analizar cuestiones constitucionales distintas de aquellas que le son sometidas mediante el método incidental o mediante la acción o recurso en el método directo o principal de control de la constitucionalidad. Al respecto, la Corte sólo tiene el poder para declarar "cuáles son las otras disposiciones legislativas cuya ilegitimidad es producto de la decisión adoptada" (Art. 27), pero no puede declarar la inconstitucionalidad de disposiciones legislativas diferentes de aquellas indicadas en la remisión efectuada por el juez ordinario o en la acción directa.

En España, como hemos dicho, el Tribunal Constitucional como juez constitucional e intérprete supremo de la Constitución, si bien no puede plantea *ex-officio* una cuestión de inconstitucionalidad, una vez que se halla sometido una cuestión al Tribunal, éste tiene poderes *ex-officio* para plantear otras cuestiones de inconstitucionalidad con respecto a la norma cuestionada, es decir, que puede "basar la decla-

---

1944 Véase Allan R. Brewer-Carías, *El control concentrado..., cit.,* pp. 158 y ss.

ración de inconstitucionalidad en la violación de cualquier disposición constitucional, haya sido o no invocada en el juicio" (Art. 39,2 de la Ley Orgánica del Tribunal). Igualmente, el Tribunal puede ampliar la declaración de inconstitucionalidad a otras disposiciones de la ley a pesar de que se haya producido un cuestionamiento parcial, en casos afines o como consecuencia de la declaración relativa a las disposiciones cuestionadas.

G. *Los efectos de las decisiones en materia de control concentrado de la constitucionalidad*

El último aspecto de la racionalidad del sistema concentrado de control de la constitucionalidad se refiere a los efectos de las decisiones dictadas por la Corte Suprema o por la Corte Constitucional relativas a la inconstitucionalidad de la ley. Este aspecto de los efectos de la decisión judicial también responde a dos preguntas: primero, ¿a quiénes se aplica y afecta la decisión?; y segundo, ¿cuándo comienzan los efectos de la decisión?

a. *Los efectos erga omnes de la decisión anulatoria*

En lo que a la primera pregunta se refiere, la racionalidad del sistema concentrado de control de la constitucionalidad implica que la decisión dictada por la Corte Suprema o por la Corte Constitucional, actuando como juez constitucional, tiene efectos generales *erga omnes*. Este es el valor de las sentencias de la Corte Suprema de Justicia en Venezuela y de la Corte Constitucional en Colombia, siguiendo, en este sentido, la situación general en el derecho comparado.

En Colombia, también cuando la Corte Constitucional declara la inconstitucionalidad de un acto legislativo, esta decisión tiene efectos *erga omnes*. Además, conforme al artículo 21 del Decreto 2.067 de 1991 tiene un valor de *res judicata* constitucional, y su contenido es obligatorio para todos (autoridades y funcionarios) de forma tal que con posterioridad no puede presentarse otra acción de inconstitucionalidad contra el mismo acto. En particular, este valor de *res judicata* de las decisiones de la Corte Constitucional rige tanto en los casos en los cuales la Corte rechaza la acción de inconstitucionalidad, como en los casos en los cuales declara la inconstitucionalidad del acto impugnado.

Por otra parte, en Colombia, además, conforme al mismo Decreto 2.067 de 1991, "la doctrina constitucional enunciada en las sentencias de la Corte Constitucional, mientras no sea modificada por ésta, será criterio auxiliar obligatorio para las autoridades y corrige la jurisprudencia (Art. 23)[1945].

Además en Colombia, si bien todos los tribunales pueden ejercer el control de la constitucionalidad de leyes mediante el sistema difuso, sin embargo, en principio no pueden declarar la inaplicabilidad de la ley por el motivo de inconstitucionalidad que la Corte Constitucional hubiese rechazado. Sin embargo, el artículo 24 del Decreto 2.067 de 1991 expresamente indica que la declaración de constitucionalidad de una norma no obsta para que proceda la acción de tutela respecto de acciones y omisiones de las autoridades o de los particulares derivadas de ella. Tampoco impide,

---

1945 Véanse las críticas a esta disposición en Luis Carlos Sáchica, *La Corte Constitucional, op. cit.*, p. 88.

que un juez no aplique la norma cuando por las circunstancias particulares del caso sea necesario proteger algún derecho constitucional que no fue considerado en la sentencia de la Corte Constitucional.

En el caso de Venezuela, la decisión de la Corte Suprema de Justicia al declarar la nulidad de una ley por inconstitucionalidad como consecuencia de una acción popular, también tiene un valor general, es decir, *erga omnes* lo cual ha sido confirmado por la jurisprudencia de la misma Corte desde hace más de medio siglo. En efecto, en una sentencia fechada el 17 de noviembre de 1938, la antigua Corte Federal y de Casación expresó:

> "La Corte Federal y de Casación está en el grado más alto de la jerarquía judicial; la cosa juzgada por ella establecida, aun suponiéndola errada en doctrina, es siempre la última palabra del Poder Judicial, contra la cual no pueden nada en derecho, ni ella misma ni los otros dos Poderes. Siendo una institución federal, con atribuciones exclusivas para anular *erga omnes* las leyes y los actos del Poder Público que violen la Constitución, esto la constituye en soberano intérprete del texto constitucional y de las leyes ordinarias, y en único juez de los actos de los Poderes Públicos y de los altos funcionarios del Estado. Cualquier funcionario, por elevado que sea, o cualquiera de los otros Poderes Públicos que pretenda hacer prevalecer su propia interpretación de la ley, sobre la interpretación y aplicación que de la misma haya hecho esta Corte al decidir o resolver algo sobre el mismo asunto, usurpa atribuciones y viola la Constitución y las leyes de la República"[1946].

La antigua Corte Federal y de Casación se pronunció en el mismo sentido, mediante una sentencia del 21 de marzo de 1939, cuando calificó sus decisiones como "disposiciones complementarias de la Constitución y de las leyes de la República, y surten sus efectos *erga omnes*" [1947]. Así mismo, por sentencia del 16 de diciembre de 1940, cuando señaló que sus decisiones "entran a formar una legislación especial emergente del Poder Constituyente secundario que en tales materias ejerce este Alto Tribunal"[1948]. La antigua Corte Federal fue coherente con ese criterio y, por sentencia del 19 de junio de 1953, señaló que sus decisiones "cobran fuerza de ley" [1949] porque tienen efectos *erga omnes*.

1946 Véase sentencia de la Corte Federal y de Casación en Sala Político-Administrativa del 17-11-38, *Memoria,* 1939, pp. 330 a 334.

1947 Véase sentencia de la Corte Federal y de Casación en Sala Político-Administrativa del 21-3-39, *Memoria,* 1940, p. 176.

1948 Véase sentencia de la Corte Federal y de Casación en Sala Político-Administrativa del 16-12-40, *Memoria,* 1941, p. 311.

1949 Véase sentencia de la Corte Federal del 19-3-53, *Gaceta Forense* N° 1, 1953, pp. 77-78. Por otra parte, en la sentencia de la Corte Suprema de Justicia en Sala Político-Administrativa del 19-11-68, *Gaceta Forense* N° 62, 1968, pp. 106 a 113, se sostuvo que "los efectos de las decisiones dictadas por Corte Suprema en el ejercicio de sus atribuciones, sólo son válidos mientras subsiste la aplicación del precepto constitucional en el que se basan".

La Corte Suprema de Justicia, en época más reciente, a través de la Sala de Casación Civil, Mercantil y del Trabajo, precisó su posición en la materia, por sentencia del 12 de diciembre de 1963, de la manera siguiente:

> "El control absoluto de constitucionalidad lo ejerce la Corte Suprema de Justicia, en pleno, cuando declara la nulidad total o parcial de una ley nacional por inconstitucional. Tal decisión deja sin efecto la ley o la parte de ella que sea anulada, y tiene fuerza de cosa juzgada *erga omnes*. Esta nulidad es pronunciada en virtud de la llamada *acción popular*. Una atribución similar, pero sólo en cuanto a leyes estatales y a ordenanzas municipales es ejercida por la Sala Político-Administrativa de este Supremo Tribunal, también por acción popular y su declaratoria produce igualmente cosa juzgada *erga omnes*. Quiere esto decir que la declaratoria de constitucionalidad o inconstitucionalidad de una ley, por acción principal (popular) es definitiva y surte efectos contra todos, pues tal presunta ley deja de serla desde el momento de ser declarada inconstitucional. Lo mismo ocurre en los casos de leyes estatales y ordenanzas municipales, cuya inconstitucionalidad sea pronunciada"[1950].

En definitiva, según la doctrina establecida por la Corte, la sentencia declaratoria de inconstitucionalidad de una ley, que por consiguiente anula esta última, tiene efectos *erga omnes*, con carácter de cosa juzgada.

En El Salvador, como lo dice el artículo 183 de la Constitución, la sentencia anulatoria de la Sala de lo Constitucional de la Corte Suprema se pronuncia "de modo general y obligatorio", es decir, con efectos *erga omnes*.

Por otra parte, en los países europeos dotados de Cortes o Tribunales Constitucionales, los efectos de las decisiones de los mismos, son siempre *erga omnes*[1951].

Es la situación en Alemania con las decisiones del Tribunal Constitucional, las cuales siempre tienen fuerza obligatoria para con todos los órganos constitucionales de la Federación y de los *Lander*, así como para con todas las autoridades y los tribunales, y, naturalmente, para todos los particulares. Por tanto, las decisiones del Tribunal Constitucional tienen efectos *erga omnes* (Art. 31,1 de la Ley del Tribunal Constitucional Federal). Particularmente en los casos de control abstracto o concreto de las normas ejercido mediante petición o recurso por un órgano del Estado o remisión por un tribunal inferior, en los casos en los que el Tribunal Constitucional declara la nulidad de una ley, la decisión reviste la misma fuerza que una ley (Art. 31,2), en el sentido de que tiene un carácter obligatorio, *erga omnes*, inclusive para el propio Tribunal Constitucional.

Una situación similar se observa en Austria, donde la decisión del Tribunal Constitucional en materia de control jurisdiccional de la constitucionalidad de las leyes, de los decretos y otros actos del Estado, cuando anula una ley, tiene efectos *erga omnes*, es decir que es obligatoria para todos los tribunales, todas las autoridades administrativas (Art. 139,6; 104,7) y los particulares.

1950 Véase la sentencia de la Corte Suprema de Justicia en SCCMT del 1212-63, *Gaceta Forense* N° 42, 1963, pp. 667 a 672.

1951 Véase Allan R. Brewer-Carías, *El control concentrado..., cit.*, pp. 86 y 185 y ss.

En Italia, la decisión de la Corte Constitucional de declarar la inconstitucionalidad de una ley también tiene efectos *erga omnes* y, como consecuencia, conforme al artículo 137 de la Constitución, el acto "no puede aplicarse a partir del día siguiente a la publicación de la decisión".

En España, en lo que se refiere a las decisiones de anulación de una ley o de otras normas con fuerza de ley por cualquier medio de control jurisdiccional, sea cuando el Tribunal Constitucional decide un recurso de inconstitucionalidad, o cuando decide acerca de una cuestión de inconstitucionalidad planteada de manera incidental, el artículo 164,1 de la Constitución establece los efectos *erga omnes* de las decisiones, ya que tienen "plenos efectos frente a todos". Además, en los casos de aplicación del método incidental de control jurisdiccional, el Tribunal Constitucional debe inmediatamente informar al tribunal respectivo encargado del juicio, el cual debe a su vez notificar las partes. En este caso, la Ley Orgánica del Tribunal prevé que el juez o el tribunal deberá cumplir la decisión a partir del momento en que sean notificadas (Art. 38,3 de la Ley Orgánica del Tribunal Constitucional).

b.   *Los efectos constitutivos de la decisión anulatoria del juez constitucional*

a'.   *La situación general del sistema*

Los efectos *erga omnes* de la decisión jurisdiccional en el sistema concentrado de control de la constitucionalidad de las leyes antes señalados están estrechamente vinculados a la cuestión de los efectos temporales de la decisión, en particular, como consecuencia del principio de anulabilidad de algunos actos del Estado como garantía de la Constitución.

En efecto, tal como se ha señalado anteriormente, el más importante aspecto de la racionalidad del sistema concentrado de control de la constitucionalidad, es que la supremacía de la Constitución con respecto a todos los demás actos del Estado, lleva a considerar que una ley contraria a la Constitución debe ser nula. También se señaló que, aun cuando la garantía de la Constitución en los sistemas de control de la constitucionalidad sea, en principio, la nulidad de los actos inconstitucionales del Estado, la Constitución ha restringido su propia garantía, en lo que respecta a algunos actos del Estado, como las leyes, reservando el examen y la declaración de su nulidad a un solo órgano constitucional: la Corte Suprema o una Corte, un Consejo o un Tribunal Constitucional especialmente creado, al cual se ha conferido el poder exclusivo de declarar la nulidad de dichos actos. En Panamá, como se ha dicho, el poder de la Corte Suprema de Justicia para controlar la constitucionalidad se refiere no sólo a las leyes, sino a todos los actos estatales.

En consecuencia, cuando un juez constitucional decide la anulación por inconstitucionalidad de una ley, la decisión jurisdiccional tiene efectos constitutivos: declara la nulidad de la ley debido a su inconstitucionalidad, habiendo ésta producido efectos hasta el momento en que se estableció su nulidad. De esta manera, la Corte considera, en principio, que la ley cuya nulidad ha sido declarada y establecida, ha sido válida hasta ese momento. Así sucede, por ejemplo, en Panamá, al establecer el Código Judicial en su artículo 2.564, que:

"Las decisiones de la Corte proferidas en materia de inconstitucionalidad son finales, definitivas, obligatorias y no tienen efectos retroactivo".

En todo caso, en algunos países, como Costa Rica expresamente se prevé, en el derecho constitucional positivo, que los efectos de la declaración de inconstitucionalidad y anulación de la ley por parte de la Sala Constitucional de la Corte Suprema, son *ex tunc* y, por consiguiente, declarativos y retroactivos, salvo en lo referente a los derechos adquiridos de buena fe (Art. 91 de la Ley de la jurisdicción Constitucional), o respecto de situaciones consolidadas por prescripción, caducidad o en virtud de una sentencia judicial (Art. 92 de la Ley).

b'. *La situación en Colombia y Venezuela*

En Colombia, antes de 1991 el debate tradicional de los efectos *ex tunc* o *ex nunc* de las decisiones dictadas por la Corte al ejercer el control de la constitucionalidad, también se había dado, aun cuando la mayoría de los autores tendían a) atribuir a las mismas sólo los efectos ex nunc, pro futuro[1952]. En 1991, el Decreto N° 2.067 resolvió definitivamente la cuestión y estableció que:

"Los fallos de la Corte sólo tendrán efecto hacia el futuro, salvo para garantizar el principio de favorabilidad en materia penal, policiva y disciplinaria y en el caso previsto en el artículo 149 de la Constitución".

Esta norma, sin embargo, fue anulada por la Corte Constitucional en 1993, al estimar que no correspondía al legislador limitar los poderes de la Corte en la materia.

En Venezuela, la Ley Orgánica de la Corte Suprema de 1976 no resolvió el problema planteado, sino que se limitó a señalar que la Corte debe determinar "los efectos de su decisión en el tiempo" (Arts. 119 y 131). Sin embargo, para precisar los efectos de las sentencias que anulan una ley por inconstitucionalidad, debe recordarse que en Venezuela existe un sistema mixto de control de la constitucionalidad, lo que implica el funcionamiento de dos sistemas de justicia constitucional en paralelo: por un lado, el sistema difuso, ejercido por todos los jueces, y por otro, el sistema concentrado, ejercido por la Corte Suprema. Por consiguiente, no deben confundirse los efectos de las decisiones en materia de control de la constitucionalidad en uno y otro sistema.

En efecto, en relación con los casos de control difuso de la constitucionalidad, está claro que la decisión judicial de no aplicar una ley inconstitucional, incluso si tiene sólo y exclusivamente efectos *inter partes*, equivale a una decisión simplemente declarativa, con efectos retroactivos, *pro praeterito* o *ex tunc*. Al ejercer este control difuso, el juez no anula la ley, sino que declara o constata únicamente una inconstitucionalidad preexistente; de forma que ignora la existencia de la ley (es decir, que la considera inexistente) y no la aplica en el caso concreto que corresponde el conocimiento del juez.

Ahora bien, los efectos del control difuso de la constitucionalidad de las leyes son completamente diferentes de los efectos producidos por el ejercicio del control

---

1952 *Cfr.* L. C. Sáchica, *El Control...*, *op. cit.*, p. 68; E. Sárria, *Guarda de la Constitución*, *cit.*, p. 83.

concentrado de la constitucionalidad, cuando la Corte Suprema declara la nulidad de una ley por inconstitucionalidad. En esos casos, cuando la Corte Suprema, en el ejercicio de sus atribuciones previstas en el artículo 215, párrafos 3 y 4 de la Constitución, "declara la nulidad" de la ley es decir anula la ley ésta, en principio es válida y^ efectiva hasta que se publique la sentencia de la Corte, habiendo producido todos sus efectos a pesar de su inconstitucionalidad de las leyes [1953].

Como el control de la constitucionalidad de las leyes atribuida a la Corte Suprema por el artículo 215, ordinales 3 y 4 de la Constitución es un control concentrado, ejercido mediante acción popular, resulta claro que la sentencia que anula la ley tiene efectos constitutivos, por lo que los efectos de la anulación de la ley por inconstitucionalidad, al no existir una norma expresa constitucional o legal que disponga la solución, sólo pueden producirse *erga omnes* pero hacia el futuro, es decir que las sentencias son, en principio, constitutivas, *pro futuro* y con efectos *ex nunc*, que no pueden referirse al pasado (no pueden ser retroactivas). Se puede afirmar que ese es el criterio que sigue no sólo la doctrina venezolana[1954] m, sino también la jurisprudencia de la Corte Suprema de Justicia, aun cuando la Corte no haya sido siempre constante[1955].

En todo caso, a partir de 1976, el artículo 131 de la Ley Orgánica de la Corte Suprema de Justicia atribuye a la Corte el poder de determinar "los efectos de su decisión en el tiempo". Por consiguiente, la Corte puede corregir los efectos desfavorables que podría engendrar el efecto *ex nunc* de sus decisiones, particularmente en el campo, de los derechos y garantías constitucionales, y puede atribuir a sus sentencias efectos retroactivos, *pro praeterito, ex tunc*.

Por último, pueden afirmarse que el conjunto de los sistemas de control jurisdiccional concentrado de la constitucionalidad de las leyes en Europa, ejercido por Cortes Constitucionales, confieren efectos generales a las decisiones de las Cortes Constitucionales que declaran la nulidad de una ley por su inconstitucionalidad, así como la eficacia *ex nunc* de éstas, es decir, únicamente hacia el futuro. Asimismo, se puede afirmar que ningún sistema concentrado de control jurisdiccional de la constitucionalidad de las leyes atribuye en Europa, a la decisión de la Corte Constitucional, *efectos generales hacía el pasado*, es decir, *ex tunc, pro praeterito*. Dichas deci-

---

1953 J. G. Andueza, *op. cit.*, p. 90.

1954 En su libro *La jurisdicción constitucional en el Derecho Venezolano (op. cit.)*. José Guillermo Andueza demostró clara y abundantemente que la sentencia de nulidad por inconstitucionalidad tiene un carácter constitutivo. En efecto, señaló que "la presunción de constitucionalidad de que gozan los actos de los Poderes Públicos hace que produzcan todos sus efectos jurídicos hasta tanto la Corte no pronuncie su nulidad. En consecuencia, la sentencia de la Corte deberá necesariamente respetar los efectos que el acto estatal produjo durante su vigencia" (p. 93), pues ésta "realiza una modificación en los efectos del acto estatal. Es decir, la sentencia hace ineficaz un acto que antes era válido" (p. 94). Según Andueza, y según la doctrina más ortodoxa, "lo que caracteriza a las sentencias constitutivas, es la ausencia de efectos retroactivos. Ellas constituyen siempre *pro futuro, ex nunc;* es decir, que la sentencia produce sus efectos desde el día de su publicación (p. 94). Por lo tanto, no compartimos el punto de vista de Humberto J. A. La Roche, *El control jurisdiccional en Venezuela y Estados Unidos*, Maracaibo, 1972, p. 153.

1955 Véase en general al respecto Allan R. Brewer-Carías, *Estado de Derecho y Control Judicial, op. cit.*, pp. 185 y ss.

siones no son puramente declarativas sino que son solamente constitutivas y no acarrean afectos retroactivos. Cuando se atribuyen efectos hacia el pasado, como en los
sistemas alemán e italiano, éstos se limitan fundamentalmente al ámbito penal. Por
otra parte, ello es lógico, pues sería monstruoso, debido a las repercusiones respecto
a la seguridad pública, pretender que las decisiones de anulación de una ley por ser
inconstitucional, tengan efectos puramente declarativos y que, por esta razón, los
actos realizados previamente a la declaración de nulidad de la ley, deban ser considerados como no habiendo sido dictados ni cumplidos.

Asimismo, sería injusto que, en asuntos penales, las decisiones adoptadas de
conformidad con una ley posteriormente declarada inconstitucional, y por lo tanto,
nula, no sean consideradas también como nulas. Esta es la razón por la cual existe la
excepción respecto a los asuntos penales establecida en la legislación italiana, en
relación con los efectos de las decisiones de anulación de una ley por inconstitucional, que en principio sólo se refieren al futuro.

Igualmente, esta misma situación conflictiva que se puede presentar entre la seguridad pública y las decisiones en materia penal ha llevado a la jurisprudencia de la
Corte Suprema de los Estados Unidos a formular excepciones al principio contrario.
En efecto, en los Estados Unidos, el control judicial de la constitucionalidad tiene un
carácter difuso; de allí el carácter retroactivo de los efectos de las decisiones declaratorias de inconstitucionalidad que son puramente declarativas. Estas decisiones, en
principio, tienen un ámbito de aplicación *inter partes*, pero sin embargo, en virtud
de la técnica del precedente y de la regla *stare decisis*, dichas decisiones revisten un
carácter general obligatorio. En todo caso, a pesar de ello, la jurisprudencia ha reducido el carácter retroactivo a las cuestiones penales, respetando en cambio los efectos producidos en materia civil y administrativa por una ley declarada inconstitucional[1956].

Ahora bien, en cuanto a las decisiones del Tribunal Constitucional en Austria,
éstas tienen efectos *constitutivos* en la medida en que anulan la ley o el decreto, *pro
futuro, ex nunc*. Sin embargo, el Tribunal Constitucional tiene plenos poderes para
anular leyes o decretos ya abrogados, es decir sin validez formal (Arts. 139,4 y
140,4) lo que, en principio, implica los efectos retroactivos del control jurisdiccional, o sea una excepción a los efectos *ex nunc*.

De acuerdo con la regla general de los efectos *ex nunc*, propuesta por Hans Kelsen como una cuestión de principio[1957], las situaciones de hecho o aquellas verificadas antes de la anulación de la ley o el decreto, siguen estando sujetas a ésta o éste,

---

1956 Véase Allan R. Brewer-Carías, *Juidcial Review..., cit.*, pp. 201, 223, 233; y *El control concentrado...,
cit.*, pp. 180 y ss.

1957 H. Kelsen, *loc. cit.*, p. 242. Por ejemplo, en lo que se refiere al sistema austríaco, L. Adamouch declaraba en 1954: "No se puede atribuir un simple valor declarativo a la decisión del Tribunal Constitucional
que declara la inconstitucionalidad de una ley; no establece que una ley ha sido nula desde su origen y
cuyos efectos deben ser nulos *ex tunc*, es decir, como si se tratara de un acto sin ningún valor jurídico
desde su origen. Al contrario, la decisión del Tribunal Constitucional sólo anula el acto inconstitucional,
es decir que destruye *ex nunc* su existencia jurídica, exactamente como si hubiese sido abolido por un
acto legislativo posterior y como si la existencia jurídica de este acto hubiese terminado", en "Esperienza della Corte Constituzonale della República Austríaca", *Revista Italiana per la scienze giuridiche*,
Milán, 1954.

salvo en el caso considerado en la decisión, a menos que el Tribunal decida de otra manera (Arts. 139,6 y 140,7). Por consiguiente, las consecuencias negativas eventuales de la regla *ex nunc* pueden ser compensadas por la decisión del tribunal.

Sin embargo, por lo general, los efectos de la decisión del Tribunal sólo comienzan el día de la publicación de la revocación del acto anulado por parte de la autoridad ejecutiva implicada, a menos que el tribunal determine un plazo para expiración de los efectos del acto anulado (Arts. 139,5 y 140,5) no superior a un año. En este caso y sobre una base puramente discrecional, el inicio de los efectos *ex nunc*, derivados de la anulación de la ley puede ser pospuesto por el tribunal.

En el caso de Italia, las decisiones de la Corte Constitucional también tienen carácter constitutivo ya que anulan la ley inconstitucional, y sus efectos son *ex nunc*, *pro futuro*. Sin embargo, esta regla ha sido objeto de numerosas discusiones habiendo interpretado la Corte Constitucional la norma constitucional del artículo 136, la cual establece que el acto inconstitucional anulado ya no puede aplicarse a partir del día siguiente a la publicación de la decisión de la Corte, de la manera siguiente:

"... la decisión relativa a la inconstitucionalidad, si bien es cierto que excluye todos los efectos irrevocablemente producidos por la norma declarada inconstitucional, produce en cambio efectos sobre las situaciones jurídicas que aún no han concluido y que pueden ser regidas de una manera distinta como consecuencia de la decisión. La declaración de inconstitucionalidad de una ley acarrea su inaplicabilidad a todas las relaciones jurídicamente cuestionadas ya que éstas aún no han sido objeto de una decisión con fuerza *res judicata*. La consecuencia es que, en cualquier fase del juicio, el juez debe tomar en consideración, incluso *ex officio*, dicha decisión de ilegitimidad constitucional cuando decide la relación jurídica concreta de un caso, de la misma manera y en la misma medida que si se tratase de *ius superveniens*"[1958].

En realidad, este criterio de la Corte Constitucional confirma el carácter constitutivo de los efectos de las decisiones que declaran la inconstitucionalidad de las leyes, cuyas excepciones establece la Ley Nº 87 de 1953, en la cual los efectos retroactivos de la decisión sólo son aplicables en los casos penales, cuando se ha pronunciado una condena judicial sobre la base de una ley considerada luego como inconstitucional. En este caso, conforme al artículo 30 de la Ley Nº 87, su ejecución y sus efectos penales deben cesar. Otra excepción indirecta de los efectos *ex nunc* de la decisión deriva de la posibilidad de anulación de leyes ya revocadas.

En el caso español, de conformidad con el artículo 164, 1º de la Constitución, la "declaración de inconstitucionalidad" o "declaración de nulidad" de una ley significa la anulación de ésta, siendo la garantía de la Constitución la anulabilidad de los actos del Estado inconstitucionales más que su nulidad. Por lo tanto, la ley declarada inconstitucional es anulada y la declaración tiene efectos *ex nunc*, *pro futuro*. Por este motivo el artículo 161,1 de la Constitución establece expresamente que las decisiones ya adoptadas en los procedimientos judiciales no pierden su valor *res judi-*

1958 Decisión Nº 3.491, 1957. Citado en F. Rubio Llorente, *La Corte Constitucional Italiana*, Caracas 1966, p. 30.

cata y el artículo 40,1 de la Ley Orgánica del Tribunal Constitucional prevé lo siguiente:

> "Las sentencias declaratorias de la inconstitucionalidad de leyes, disposiciones o actos con fuerza de ley, no permitirán revisar procesos fenecidos mediante sentencia con fuerza de cosa juzgada en los que se haya hecho aplicación de las leyes, disposiciones o actos inconstitucionales...".

Como sucede en la mayoría de los sistemas concentrados de control jurisdiccional de la constitucionalidad en Europa, la excepción a los efectos *ex nunc* se establece en los casos penales, permitiendo efectos retroactivos limitados, lo que se ha ampliado a las decisiones de los tribunales contenciosos administrativos en el caso de sanciones administrativas. Al respecto, el artículo 40,1 de la Ley Orgánica del Tribunal Constitucional prevé la posibilidad de revisar los juicios, en los casos siguientes:

> "Procesos penales o contencioso-administrativos referentes a un procedimiento sancionador en que, como consecuencia de la nulidad de la norma aplicada, resulte una reducción de la pena o de la sanción, o una exclusión, exención o limitación de la responsabilidad".

Por último, en contraste con la situación en Austria, Italia y España y contrariamente a lo que afirmaba Hans Kelsen con respecto a los efectos de la decisión del juez constitucional en un sistema concentrado de control de la constitucionalidad, cuando éste resuelve la nulidad de una ley[1959]; según la tradición constitucional alemana[1960], en el caso de ejercicio de los controles abstracto y concreto de las normas y tratándose de una decisión acerca de un recurso constitucional contra una ley, cuando en la decisión se declara nula una ley, se entiende que dicha ley es declarada nula e inexistente *ab initio*, es decir que la decisión del tribunal tiene efectos retroactivos, *ex tunc*. Esta doctrina tradicional sin embargo, fue mitigada por el legislador, en la ley federal que instituyó el Tribunal Constitucional, al limitar expresamente el alcance de la decisión estableciendo que cuando se declara una ley nula por inconstitucionalidad, sólo se pueden revisar las causas criminales en los casos en que la decisión; judicial definitiva esté basada en dicha ley declarada nula (Art. 79,1 de la Ley del Tribunal Constitucional Federal). Todas las demás sentencias definitivas no revisables, así como los actos administrativos basados en la ley declarada nula, deben quedar intactos; sin embargo su ejecución, en caso de que no se hubiese efectuado previamente, debe ser considerada ilegal (Art. 79,2 de la Ley del Tribunal).

4. Conclusión

Como resultado de todo lo anteriormente expuesto, podemos concluir, como lo señalamos al inicio, que el sistema de control de la constitucionalidad, de Colombia y Venezuela, se puede considerar como un modelo más dentro de los sistemas de

---

1959 H. Kelsen, *loc. cit.*, p. 243.

1960 *Cfr*. J. C. Béguin, *Le controle de la constitutionnalité des lois en République Fédéral d' Alemagne*, *op. cit.*, pp. 209-228.

justicia constitucional, de carácter mixto e integral, con características particulares que lo distinguen desde el punto de vista del derecho comparado.

En efecto, los sistemas de control de la constitucionalidad que muestra el derecho comparado se pueden clasificar de la manera siguiente:

Según el órgano a quien compete su ejercicio, se clasifican en difusos o concentrados. En el primer caso, corresponde a todos los jueces; en el segundo caso, sólo corresponde a la Corte Suprema de Justicia o a un Tribunal Constitucional.

Según el objeto del control, se clasifican en restringidos o amplios. El control difuso generalmente es restringido en el sentido de que se ejerce sólo sobre las leyes, reglamentos y actos normativos aplicables para la decisión de un caso. El control concentrado, generalmente también es de carácter restringido, en el sentido de que se ejerce sólo sobre las leyes y otros actos de rango legal por ser de ejecución directa de la Constitución. Un sistema amplio de control de constitucionalidad se refiere a todos los actos estatales.

Según el momento en el cual se ejerce el control concentrado, se clasifican en previos o posteriores, según que el control lo ejerza la Corte o el Tribunal Constitucional, antes o después de la promulgación de la Ley.

Según el método utilizado para obtener el control concentrado, se clasifican en control por vía principal o por vía incidental. En el primer caso, la acción de inconstitucionalidad puede ser atribuida a determinados funcionarios u órganos del Estado, a quien tenga interés personal, legítimo y directo o a cualquier persona o ciudadano (acción popular). En el segundo caso, la decisión de plantear la cuestión de inconstitucionalidad por vía incidental, corresponde al juez ordinario, teniendo poderes *ex-officio* para ello.

Según la garantía objetiva que se establezca de la Constitución, se clasifican en controles que declaran la inconstitucionalidad de un acto estatal, con efectos *ex tunc*; y controles que anulan un acto estatal, generalmente con efectos de *ex nunc*. En el primer caso las sentencias son declarativas en el segundo caso constitutivas. En general, el primer caso coincide con el sistema difuso de control de constitucionalidad; y el segundo, con el sistema concentrado de control.

Ahora bien, en cuanto al modelo colombo-venezolano de control de la constitucionalidad, puede señalarse lo siguiente:

Es un sistema mixto o integral, que a la vez es difuso y concentrado.

El sistema difuso aplicado en Venezuela y Colombia habilita a todos los jueces a desaplicar las leyes cuando las consideren inconstitucionales, aplicando preferentemente la Constitución. Dichas decisiones, por supuesto, tienen efectos *inter partes* y *ex tunc*, siendo declarativas y retroactivas; y sólo están sometidas a los recursos de apelación o revisión ordinarios.

El sistema concentrado de justicia aplicado en Venezuela y Colombia es tanto *a priori* como *a posteriori*, y sólo se ejerce por vía principal.

El control concentrado *a priori* de la constitucionalidad, referido a las leyes no promulgadas, se ejerce por la Corte Suprema o la Corte Constitucional a requerimiento del Ejecutivo, cuando éste objete un proyecto de ley emanado del Congreso por razones de inconstitucionalidad. En Colombia, sin embargo, se regulan diversos supuestos de control *a priori* de la constitucionalidad de carácter automático (leyes estatutarias).

El control concentrado *a posteriori* se refiere a las leyes y demás actos de igual rango y valor, y se ejerce por la Corte Suprema o la Corte Constitucional por vía principal, cuando se le requiere el ejercicio de dichos poderes de control, mediante *acción popular*. En Colombia, sin embargo, se regulan diversos supuestos de control de la constitucionalidad de carácter automático (tratados internacionales y sus leyes aprobatorias; convocatoria a Asamblea Constituyente, por ejemplo).

V. LA JUSTICIA CONSTITUCIONAL EN AMÉRICA LATINA

1. *Introducción*

Una de las principales características del constitucionalismo latinoamericano, donde se desarrolló por primera vez el constitucionalismo moderno que surgió de las Revoluciones Americana (1776) y Francesa (1789), es el concepto de Constitución como realidad normativa, que prevalece en el proceso político, en la vida social y económica de cada país, como ley suprema, real y efectiva, que contiene normas directamente aplicables tanto a los órganos del Estado como a los individuos. Este fue el concepto adoptado en los Estados Unidos de América desde finales del Siglo XVIII, y en los países de América Latina desde comienzos del Siglo pasado. Fue el concepto adoptado en Europa después de la Revolución Francesa y que, abandonado durante el Siglo pasado, fue redescubierto en este Siglo, particularmente después de la Segunda Guerra Mundial.

Por tanto, la situación constitucional en América Latina siempre fue distinta a la situación europea del Siglo pasado y de la primera mitad de este Siglo. Bajo la inspiración del constitucionalismo norteamericano, el principio de la supremacía constitucional y de la justicia constitucional se ha arraigado en nuestros países, habiendo pasado a configurarse como uno de los principios clásicos del constitucionalismo latinoamericano.

En esta forma, por ejemplo, el sistema constitucional venezolano al concebirse en 1811, se basó en el principio de la supremacía constitucional, siendo la Constitución considerada como un cuerpo normativo que no sólo organizaba el ejercicio del Poder Público, sino que también declaraba los derechos fundamentales de los ciudadanos, previendo expresamente la garantía objetiva de la Constitución al declarar como nulas y sin ningún valor, las leyes y demás actos estatales que fuesen contrarios a sus normas y, particularmente, a las declarativas de los derechos del hombre.

Este principio de la supremacía de la Constitución y de su garantía objetiva, inevitablemente condujo a que en América Latina, desde el Siglo pasado, comenzara a desarrollarse un sistema de control judicial de la constitucionalidad de los actos del Estado, es decir, de justicia constitucional, tanto de carácter difuso como de carácter concentrado.

En efecto, como consecuencia de este principio de la supremacía constitucional, y en forma similar a la deducción pretoriana del caso *Marbury vs. Madison* (1803) de la Corte Suprema de los Estados Unidos de América, la Suprema Corte de la Nación Argentina en el caso *Sojo* de 1887, por motivos de fondo similares, admitió el método de control difuso de la constitucionalidad de las leyes, que continúa vigente en la actualidad, y que paralela y posteriormente fue adoptado, además, en casi todos los países latinoamericanos.

En sentido similar y también como consecuencia del principio de la supremacía constitucional, la Constitución Venezolana de 1858, consagró en su artículo 113, un método de control concentrado de la constitucionalidad de las leyes provinciales en relación a la Constitución nacional, mediante acción popular, el cual fue ampliado, a partir de 1893, en relación a todas las leyes nacionales y demás actos de ejecución directa de la Constitución. Un método concentrado de control de constitucionalidad a principios de este Siglo (1910) fue luego adoptado en Colombia, y en sentido similar existe en la actualidad, en muchos países latinoamericanos ejercido por las Cortes Supremas, por Salas Constitucionales de las mismas o por Tribunales o Cortes Constitucionales especialmente creadas en las últimas décadas.

En América Latina, por tanto, desde el Siglo pasado se tuvo conciencia que el principio de la supremacía de la Constitución, desde el punto de vista jurídico, es imperfecto e inoperante si no se establecen las garantías judiciales que la protejan ante los actos inconstitucionales del Estado o de cualquier ruptura del ordenamiento constitucional. Estos sistemas de control judicial de la constitucionalidad de las leyes, por supuesto, pudieron desarrollarse en los países de América Latina, porque en ellos no se adoptó el criterio europeo extremo de la separación de poderes que consideraba, particularmente durante el Siglo pasado y la primera mitad de este Siglo, que cualquier sistema de control judicial de la constitucionalidad de las leyes era atentatorio contra el principio de la soberanía del Parlamento, que se basaba en la preeminencia del Legislador sobre los demás poderes del Estado. Esta concepción se apoyaba en la idea de que el Parlamento estaba compuesto por representantes del pueblo, quienes como tales, en el seno de un régimen democrático representativo, representaban al Soberano y lo sustituían. En este sentido, se consideraba inadmisible toda intervención de otra instancia constitucional cualquiera con miras a limitar la autonomía del órgano representativo supremo del Estado, razón por la cual el control de la constitucionalidad de las leyes sólo podía ser ejercido por ese mismo órgano.

En América Latina, en cambio, bajo la influencia de los principios de la Revolución Norteamericana, siempre se ha entendido que el control de la constitucionalidad de las leyes, en un sistema flexible de separación de poderes, debía ser ejercido por los órganos del Poder Judicial, fuera por todos los tribunales de un país determinado, por la Corte Suprema de Justicia del país, o por un Tribunal Constitucional especialmente creado con ese fin.

En efecto, en el primer caso, cuando todos los tribunales de un país determinado tienen la facultad de juzgar la constitucionalidad de las leyes, se está en presencia del denominado método difuso de control de la constitucionalidad, calificado también como "sistema americano" porque se adoptó en los Estados Unidos de América, particularmente después del famoso caso *Marbury vs. Madison* decidido por la Corte Suprema en 1803. Este es el método que se aplica, por ejemplo, en Argentina, Brasil, Bolivia, Colombia, Guatemala, Ecuador, Perú, México, y Venezuela.

Pero además del método difuso, en América Latina también tiene una larga tradición el método concentrado de justicia constitucional, donde la facultad anulatoria de control de la constitucionalidad de las leyes y de otros actos del Estado producidos en ejecución directa de la Constitución, se atribuye a un solo órgano del Estado que actúe como Jurisdicción Constitucional, sea la Corte Suprema de Justicia o un Tribunal o Corte Constitucional especialmente creado para ese fin, generalmente formando parte del Poder Judicial. Este sistema de control también se conoce como el "sistema austríaco" porque en 1920 se adoptó en Austria, o como "modelo europeo", cuando el poder de control se atribuye a un Tribunal o Corte Constitucional particularmente ubicado fuera del Poder Judicial.

En todo caso, el sistema se denomina concentrado por oposición al sistema difuso, porque la facultad de control de la constitucionalidad de ciertos actos del Estado, particularmente las leyes, sólo se confiere a un órgano constitucional que puede ser la Corte Suprema de Justicia de un país o a un Tribunal Constitucional especialmente creado, que puede o no estar integrado dentro de la organización del Poder Judicial.

Por supuesto, no existe un único sistema de justicia constitucional para garantizar y defender la Constitución, así como tampoco puede existir un sistema ideal que pueda aplicarse a todos los países. En el derecho constitucional contemporáneo cada país ha desarrollado su propio sistema, habiendo sido el método difuso atribuido a todos los órganos del Poder Judicial, iniciado en Norteamérica, el que más influencia ha tenido en países tanto de la familia jurídica romana como del *common law*. El sistema concentrado, por otra parte, si bien se inició en América Latina desde el Siglo pasado, su más importante desarrollo reciente ha sido en Europa después de la Segunda Guerra Mundial.

En muchos países, además, se ha adoptado una mezcla de los sistemas antes mencionados, el difuso y el concentrado, con miras a permitir que ambos tipos de control funcionen al mismo tiempo. Este es el caso de Bolivia, Colombia, Guatemala, Ecuador, Perú, México y Venezuela, donde todos los tribunales tienen la facultad de juzgar la constitucionalidad de las leyes, y por consiguiente, pueden decidir en forma autónoma su inaplicabilidad a un caso concreto; y paralelamente, la Corte Suprema de Justicia o un Tribunal Constitucional tienen la atribución exclusiva de declarar la nulidad de las leyes inconstitucionales, generalmente con efectos *erga omnes*.

2. *El método difuso de control de la constitucionalidad*

A. *Antecedentes y fundamento constitucional*

El control de la constitucionalidad de las leyes, cuando se atribuye a todos los jueces cualquiera que sea su rango y jerarquía, como se dijo, da lugar a lo que se ha denominado el control difuso de la constitucionalidad de las leyes, el cual tiene su origen en los principios del constitucionalismo norteamericano y que se extendió, en especial durante el Siglo pasado, a casi todos los países latinoamericanos.

De acuerdo con el método difuso, la facultad de declarar la inconstitucionalidad de las leyes se atribuye a todos los jueces de un país determinado, pues si la Constitución es la ley suprema del país y si se reconoce el principio de su supremacía, la Constitución se impone a cualquier otra ley que le sea incoherente. En consecuencia, las leyes que violan la Constitución o que, de una u otra manera, sean contrarias a sus normas, principios o valores, son nulas y no pueden ser aplicadas por los jueces, quienes deben darle prioridad a la Constitución. Como lo afirmó el juez Marshall, en el caso *Marbury vs. Madison* en 1803, todos los jueces y todos los tribunales deben decidir sobre los casos concretos que les son sometidos "de conformidad con la Constitución, desistiendo de la ley inconstitucional", lo que constituye "la verdadera esencia del deber judicial". Sin embargo, en este sistema de control de la constitucionalidad, este papel le corresponde a todos los tribunales y no a uno en particular, y no debe considerarse sólo como un poder, sino como un deber que les está impuesto para decidir sobre la conformidad de las leyes con la Constitución, inaplicándolas cuando sean contrarias a sus normas.

La esencia del método difuso de control de constitucionalidad, por supuesto, como se dijo, radica en la noción de supremacía constitucional y en su efectiva garantía, en el sentido de que si hay actos que coliden con la Constitución, ellos son nulos y como tales tienen que ser considerados por los Tribunales, los cuales son, precisamente, los llamados a aplicar las leyes.

En consecuencia, el primer aspecto que muestra la racionalidad del método difuso de control de constitucionalidad, como garantía objetiva de la Constitución, es el principio de la nulidad de los actos estatales y, particularmente de las leyes que coliden con la Constitución, lo que significa que un acto estatal nulo no puede producir efectos, y no necesitaría de ningún otro acto estatal posterior para quitarle su calidad usurpada de acto estatal. Al contrario, si otro acto estatal fuera necesario para ello, entonces la garantía no sería la nulidad del acto, sino su anulabilidad.

En conclusión, en el método difuso de control de la constitucionalidad, el deber de todos los jueces es el de examinar la constitucionalidad de las leyes que deban aplicar en el caso concreto, y declarar, cuando ello sea necesario, que una ley particular no debe ser aplicada a la decisión de un proceso específico que e! juez esté conociendo, en razón de que es inconstitucional, la cual, por tanto, debe considerarse nula y sin valor para la resolución del caso.

Lo anterior conduce al aspecto central de la racionalidad del método difuso de control de la constitucionalidad, el cual es que el poder para declarar la inconstitucionalidad de la legislación es atribuido a todos los jueces de un país determinado, y 110 sólo una Corte o Tribunal en particular. Pero en su origen, la particularidad del sistema norteamericano estuvo en que dicho poder de todos los tribunales no estaba expresamente previsto en la Constitución, aún cuando se derivaba del conjunto del sistema constitucional. En el mismo sentido se desarrolló el sistema en Argentina, como creación pretoriana de la Suprema Corte de la Nación.

Sin embargo, en contraste con los sistemas norteamericano y argentino, en los demás países latinoamericanos el poder de control difuso de la constitucionalidad de las leyes por parte de todos los jueces se ha establecido expresamente de forma general, como una norma de derecho positivo.

Así, por ejemplo, desde 1910, la Constitución Colombiana prevé que:

> "La Constitución es la norma de normas. En caso de incompatibilidad entre la Constitución y la ley o cualquier otra norma jurídica, se aplicarán las disposiciones constitucionales" (Art. 4 C. 1991).

En el mismo sentido, el Código de Procedimiento Civil venezolano desde 1 897, establece que:

"Cuando la ley vigente cuya aplicación se requiera está en contradicción con cualquiera de las disposiciones constitucionales, los jueces aplicarán preferiblemente esta última." (art. 20).

También en Guatemala, desde 1965, la Constitución estableció expresamente el principio que conserva el artículo 204 de la Constitución de 1985, que establece:

"Art. 204.— *Condiciones esenciales de la administración de justicia.* Los tribunales de justicia en toda resolución o sentencia observarán obligadamente el principio de que la Constitución de la República prevalece sobre cualquier ley o tratado".

En sentido similar, la Constitución Política de Bolivia de 1994, establece que:

"Art. 228.— La Constitución Política del Estado es la ley suprema del ordenamiento jurídico nacional. Los tribunales, jueces y autoridades la aplicarán con preferencia a las leyes, y éstas con preferencia a cualesquiera otras resoluciones."

También la Constitución de la República de Honduras de 1982 dispone:

"Art. 315.— En caso de incompatibilidad entre una norma constitucional y una legal ordinaria, el Juez aplicará la primera.

Igualmente aplicará la norma legal sobre toda otra norma subalterna".

Por último, la Constitución Política del Perú de 1993, dispone:

"Art. 138.— La potestad de administrar justicia emana del pueblo y se ejerce por el Poder Judicial a través de sus órganos jerárquicos con arreglo a la Constitución y a las leyes.

En todo proceso, de existir incompatibilidad entre una norma constitucional y una norma legal, los jueces prefieren la primera. Igualmente, prefieren la norma legal sobre toda otra norma de rango inferior."

En cuanto a Ecuador, la Constitución de 1996 atribuye a la Corte Suprema de Justicia y a los tribunales de última instancia competencia "para declarar inaplicable un precepto legal contrario a las normas de la Constitución", no teniendo dicha declaración "fuerza obligatoria sino en las causas en que se pronunciare" (art. 141).

B.   *La expansión del método difuso de justicia constitucional hacia América Latina*

Hacia la mitad del Siglo XIX, el sistema norteamericano de control de la constitucionalidad de las leyes puede decirse que influenció la mayor parte de los sistemas latinoamericanos, los cuales terminaron adoptándolo de una u otra forma (Argentina 1860; México 1857; Venezuela 1858; Brasil 1890; República Dominicana 1844; Colombia 1850), orientándose incluso algunos hacia un sistema mixto o integral, sea agregándole al método difuso el método concentrado del control de la constitucionalidad como en Brasil o México, o adoptando el sistema mixto o integral desde el principio, como fue el caso de Venezuela, Colombia, Guatemala y Perú. En cambio, el sistema argentino sigue siendo el más parecido al modelo norteamericano.

En efecto, en lo que respecta a Argentina, la Constitución de la República de 1860 establecía, con una terminología muy parecida a la de la Constitución norteamericana, los principios de la supremacía constitucional y el papel que correspondía del Poder Judicial, pero no incluyó norma expresa alguna que confiriera poderes de control de la constitucionalidad de las leyes a la Corte Suprema o a otros Tribunales. Por ello, como sucedió en los Estados Unidos de América, el control de la constitucionalidad también fue una creación de la Suprema Corte, en el caso *Sojo* (1887) relativo a la inconstitucionalidad de una ley que buscaba ampliar la jurisdicción derivada de la Corte Suprema.

En cuanto al sistema brasilero de control de la constitucionalidad, al igual que el sistema argentino, se trata de uno de los sistemas latinoamericanos más cercanos al modelo norteamericano. Sin embargo, a partir de la Constitución de 1934, puede considerarse como un sistema mixto después de la previsión de una acción directa de inconstitucionalidad, que puede ser intentada ante el Tribunal Supremo Federal con el fin de impugnar una ley.

En cuanto al método difuso, éste fue expresamente previsto desde la Constitución de 1891, al atribuirse al Tribunal Supremo Federal competencia para juzgar, mediante recursos extraordinarios, los casos decididos en última instancia por otros tribunales u otros jueces, en primer lugar, cuando las decisiones cuestionadas estén en contradicción con una disposición de la Constitución o nieguen una ley federal o un tratado; en segundo lugar, cuando declaran la inconstitucionalidad de un tratado o de una ley federal, y en tercer lugar, cuando estimen que una ley u otro acto de un gobierno local es contrario a la Constitución o a una ley federal válida (art. 102, III Constitución). Esta norma establece, de esta manera, el método difuso de control de la constitucionalidad, así como la facultad del Tribunal Supremo Federal para intervenir en cualquier procedimiento relativo a la constitucionalidad de las leyes.

En cuanto a México, la Constitución de 1847, igualmente bajo la influencia del sistema de control de la constitucionalidad norteamericano, adoptó el método difuso al atribuir a los tribunales federales el deber de "proteger" los derechos y las libertades enumerados en la Constitución contra cualquier acción de los poderes ejecutivo y legislativo de los Estados miembros o de la Federación. El sistema adquirió perfiles propios en la Constitución de 1857, que creó esa institución jurisdiccional única conocida como *juicio de amparo*, regulada en la actualidad en las disposiciones del texto constitucional de acuerdo a las pautas determinadas desde la Constitución de 1917.

Debe señalarse que el juicio de amparo es una institución compleja que comprende por lo menos cinco acciones y procedimientos judiciales diferentes: el amparo libertad (habeas corpus), el amparo judicial (casación), el amparo administrativo (contencioso-administrativo), el amparo agrario y el amparo contra leyes. Entre estos cinco aspectos o contenidos del juicio de amparo, únicamente el último podría considerarse como un medio particular de protección judicial de la Constitución y de control de la constitucionalidad de los actos legislativos, compartiendo algunos puntos comunes con el sistema difuso de control de la constitucionalidad.

En todo caso, en el juicio de amparo, el control judicial de la constitucionalidad de la legislación tiene un carácter incidental con respecto a un procedimiento judicial concreto en el que se plantea la cuestión constitucional, lo que origina el uso del recurso de amparo contra la decisión judicial que aplica la ley anticonstitucional.

Este recurso de amparo se intenta contra la "autoridad pública" que dictó el acto cuestionado: el juez que dictó la sentencia; la autoridad administrativa que produjo el acto administrativo; o las autoridades legislativas que sancionaron la ley objeto del amparo contra leyes. Este aspecto pone de manifiesto otra diferencia sustancial en lo que se refiere a las partes involucradas entre el sistema mexicano y el método difuso general, pues en el sistema difuso general, las partes en el juicio donde se plantea la cuestión constitucional siguen siendo las mismas del proceso.

Ahora bien, en cuanto al "amparo contra leyes", su particularidad reside en el hecho de que se trata de un procedimiento iniciado mediante una acción directa intentada por un demandante ante un Tribunal Federal de Distrito contra una ley particular, siendo la parte acusada el órgano legislativo que la produjo, el Presidente de la República o los Gobernadores de Estado que la promulgaron, y los Secretarios de Estado quienes la refrendaron y ordenaron su publicación. En estos casos, las decisiones judiciales de los Tribunales federales o de Distrito pueden ser objeto de una revisión por parte de la Corte Suprema de Justicia.

En esta forma, el amparo contra leyes en México ha sido considerado como una "acción directa" contra una ley no siendo necesaria para su ejercicio la existencia de un acto administrativo concreto o de una decisión judicial que la aplique. Sin embargo, dado que la cuestión constitucional planteada no puede ser abstracta, sólo las leyes que afectan directamente al demandante, sin necesidad alguna de otro acto del Estado inmediato o posterior, pueden ser objeto de esta acción. Así pues, el objeto de la acción son las leyes auto-aplicativas, es decir, aquellas que, por su contenido causan un perjuicio directo y personal al demandante. Por ello, en principio, la acción de amparo contra leyes debe plantearse ante los tribunales en un plazo de 30 días a partir de su publicación, y la decisión judicial respectiva, por supuesto, como en todo sistema difuso de control de constitucionalidad, tiene efectos *inter partes*.

Debe señalarse, en todo caso, que mediante la reforma constitucional de diciembre de 1994, en México se estableció la acción directa de inconstitucionalidad contra las leyes y demás normas de carácter general que se ejerce ante la Suprema Corte de Justicia, con lo cual México ha pasado a formar parte de los países con un sistema mixto o integral de control de la constitucionalidad, que combina el método difuso con el concentrado.

La Constitución de Colombia de 1991, como se dijo, siguiendo la tradición establecida a partir de la reforma constitucional de 1910, y que se había plasmado en la Ley 57 de 1887, de efímera vigencia, establece en su artículo 4 el principio de la supremacía de la Constitución y la base del sistema de control difuso de la constitucionalidad de las leyes y demás actos normativos. Este sistema de control se ejerce en paralelo al control concentrado atribuido a la Corte Constitucional la cual conoce de la inconstitucionalidad de las leyes mediante acción popular.

En Venezuela, también existe un sistema mixto o integral de control de la constitucionalidad, al combinarse el control concentrado que ejerce la Corte Suprema de Justicia mediante acción popular, creado en 1858, con el control difuso, previsto desde 1897, en el Código de Procedimiento Civil.

También conforme al modelo norteamericano y basado en el principio de la supremacía de la Constitución, la Constitución guatemalteca desde 1921, ha consagrado la facultad de los tribunales para declarar, en sus decisiones, la inaplicabilidad de cualquier ley o disposición de los demás poderes del Estado, cuando sean contrarios a las normas contenidas en la Constitución de la República (art 93, c. Constitución de 1921). Esta facultad de los Tribunales, que se configura como un poder difuso de control judicial, se mantuvo en todos los textos constitucionales hasta que la Constitución de 1965 añadió, al sistema difuso, un poder concentrado de control de la constitucionalidad conferido a un Tribunal Constitucional especialmente creado para ese fin, habiendo sido el primero de estos Tribunales creado en América Latina. Por lo tanto, desde 1965, el sistema guatemalteco de control judicial también puede considerarse como un sistema mixto o integral.

Finalmente, también existe un sistema mixto de control de la constitucionalidad en el Perú, desde la Constitución de 1979, donde se sentaron las bases del método difuso de justicia constitucional y, además, según el modelo español, se creó un Tribunal de Garantías Constitucionales dotado de poderes concentrados de control de la constitucionalidad, que la reforma de la Constitución de 1993, ha convertido en Tribunal Constitucional. Este Tribunal Constitucional es el único de su tipo, en América Latina, ubicado fuera del Poder Judicial.

C. *El carácter incidental del método difuso y los poderes ex-officio de los jueces*

El deber de todos los tribunales que deriva del método difuso de control de la constitucionalidad de las leyes, lo que implica el deber de dar preferencia a la Constitución y, en consecuencia, de desaplicar las leyes que consideren inconstitucionales, y por tanto, nulas y sin valor, implica que este deber judicial sólo puede ser cumplido *incidenter tantum*, es decir, en un proceso concreto del cual el juez esté conociendo, y donde la inconstitucionalidad de la ley o norma no es ni el objeto de dicho proceso ni el asunto principal del mismo.

En consecuencia, para que se pueda ejercer el control difuso de la constitucionalidad de las leyes, siempre tiene que existir un proceso ante un Tribunal en cualquier materia, por lo que siempre es un sistema incidental de control, en el sentido de que la cuestión de inconstitucionalidad de una ley y su inaplicabilidad, debe plantearse en un caso o proceso concreto ("*cases or controversies*") como lo ha precisado la jurisprudencia norteamericana), cualquiera sea su naturaleza, en el cual la aplicación o no de una norma concreta es considerada por el Juez como relevante para la decisión del caso. En consecuencia, en el método difuso de control de constitucionalidad, el objeto principal del proceso y de la decisión judicial no es la consideración abstracta de la constitucionalidad o inconstitucionalidad de la ley o su aplicabilidad o inaplicabilidad, sino mas bien, la decisión de un caso concreto de carácter civil, penal, administrativo, mercantil, laboral, etc.

Ahora bien, si se trata de un deber de los jueces el aplicar la Constitución en un caso concreto y desaplicar, para su decisión, la ley que consideren inconstitucional, los jueces deberían poder considerar *de oficio* las cuestiones de constitucionalidad, a pesar de que ninguna de las partes en el proceso las haya planteado. De hecho, esta es la consecuencia directa de la garantía objetiva de la Constitución cuando se establece la nulidad de las leyes que le sean contrarias, y lo que, además, produce como consecuencia la reserva dada a los jueces para considerar la nulidad y la inaplicabilidad de una norma en un caso concreto. Por supuesto, en el caso de que la cuestión constitucional se formule por una parte en el proceso, efectivamente debe tratarse de

una parte con la legitimación necesaria para actuar como tal, y con el interés requerido para plantear la inaplicabilidad de la ley inconstitucional en el caso concreto.

Debe advertirse, sin embargo, que aún cuando este aspecto de la racionalidad del
método difuso de control de la constitucionalidad es seguido en países como Venezuela, en general, las normas procesales de la mayoría de los países prohíben a los
Tribunales considerar de oficio, al decidir un caso concreto, cualquier cuestión, incluso las cuestiones de inconstitucionalidad. En tal sentido en Brasil, al igual que en
Argentina, conforme al modelo norteamericano, los jueces no tienen el poder de
juzgar *ex officio* la constitucionalidad de las leyes, la cual debe ser alegada como
una excepción o defensa por una de las partes en el procedimiento.

En el caso de Colombia, si bien el texto de la Constitución no excluye los eventuales poderes *ex officio* que puedan tener los jueces para decidir solos, y sin que se
lo requiera una parte, desaplicar una determinada ley, se ha entendido que lo que se
establece en la Constitución es una "excepción de inconstitucionalidad", en el sentido de que, en todo caso, la cuestión constitucional debe plantearse por una de las
partes en el proceso mediante una excepción relativa a la aplicabilidad de una ley;
parte que debe tener un interés personal y directo en la no aplicación de la ley en el
caso concreto.

> D. *Los efectos de las decisiones en materia de control difuso de la constitu-*
>   *cionalidad*

Otro aspecto de la racionalidad del método difuso de control de constitucionalidad se refiere a los efectos de la decisión que adopten los Tribunales en relación a la
constitucionalidad o aplicabilidad de la ley en un caso concreto; y este aspecto de
los efectos de la decisión judicial se relaciona con dos preguntas: primero, ¿a quién
afecta la decisión?, y segundo, ¿cuándo comienza a surtir efectos?

> a. *Los efectos inter partes de las decisiones*

En relación al primer interrogante, la racionalidad del método difuso es que la
decisión adoptada por el Juez sólo tiene efectos en relación a las partes en el proceso
concreto en la cual aquella se adopta. En otras palabras, en el método difuso de control de constitucionalidad, la decisión adoptada en un caso sobre la inconstitucionalidad e inaplicabilidad de la ley, sólo tiene efectos *in casu et inter partes*, es decir,
en relación al caso concreto y exclusivamente en relación a las partes que han participado en el proceso, por lo que no puede ser aplicada a otros particulares. Esta es la
consecuencia directa del antes mencionado aspecto relativo al carácter incidental del
método difuso de control de constitucionalidad.

En consecuencia, si una ley es considerada inconstitucional en una decisión judicial, esto no significa que dicha ley haya sido invalidada y que no sea efectiva y
aplicable en otros casos. Sólo significa que en cuanto concierne a ese proceso particular y a las partes que en él intervinieron en el cual el Juez decidió la inaplicabilidad de la Ley, ésta debe considerarse inconstitucional, nula y sin valor, sin que ello
tenga ningún efecto en relación a otros procesos, otros jueces y otros particulares.

b. *Los efectos declarativos de las decisiones judiciales*

Por otra parte, los efectos *inter partes* de la decisión judicial adoptada conforme al método de control difuso de control de la constitucionalidad, están directamente relacionados con otras cuestiones concernientes también a los efectos de la decisión, pero en ei tiempo, es decir, respecto de cuándo comienza a ser efectiva la declaración de inconstitucionalidad y, por supuesto, también en relación a la nulidad como garantía de la Constitución.

Cuando un Juez decide sobre la constitucionalidad de una ley, y la declara inconstitucional e inaplicable a un caso concreto, es porque la considera nula y sin valor, tal cual como si nunca hubiera existido. Por ello, la decisión tiene efectos declarativos: declara que una ley es inconstitucional y consecuentemente que ha sido inconstitucional desde que se dictó. Así, la ley cuya inaplicabilidad se decida por ser contraria a la Constitución, debe ser considerada por el Juez como si nunca hubiera tenido validez y como si siempre hubiese sido nula y sin valor. Por ello es que se dice que la decisión del Juez, de carácter declarativa, tiene efectos *ex tunc, pro praeterito* o de carácter retroactivo, en el sentido de que dichos efectos se retrotraen al momento en el cual la norma considerada inconstitucional fue promulgada. El acto legislativo declarado inconstitucional por un Juez conforme al método difuso de control de constitucionalidad, por tanto, es considerado, *ab initio* como nulo y sin valor, por lo que no es anulado por el Juez sino que éste sólo lo considera como nulo.

Por tanto, en estos casos de control constitucional difuso, los jueces no pueden anular la ley sino considerarla inconstitucional, no pudiendo los efectos de su decisión extenderse o generalizarse a otros casos o sujetos. Por el contrario, tal como sucede en todos los sistemas con control judicial difuso, el Tribunal debe limitarse a decidir la no aplicación de la ley inconstitucional en el caso concreto, por supuesto, sólo cuando ello resulta pertinente para la resolución del caso. Por ello, la ley que ha sido inaplicada en un caso concreto, sigue vigente, y otros jueces pueden seguir aplicándola. Inclusive, el juez que decide no aplicar la ley en un caso concreto, podría cambiar de opinión en un juicio posterior.

E. *Las variadas soluciones al problema de la ausencia de uniformidad de las decisiones judiciales que provoca el sistema difuso*

Una cuestión central en relación al método difuso de control de la constitucionalidad de las leyes es la relativa a los efectos prácticos que puede tener su adopción, particularmente en cuanto a la ausencia de unidad de decisiones, de manera que para evitar la incertidumbre del orden legal y las posibles contradicciones en relación a la aplicabilidad de las leyes, se han establecido correcciones a estos efectos declarativos e *inter partes* de las decisiones, a través de la doctrina *stare decisis* o mediante regulaciones de derecho positivo, cuando las decisiones se adoptan por la Corte Suprema de Justicia de un país.

En efecto, en ausencia de método alguno de control de la constitucionalidad en Europa, antes de los años veinte y con el marco tradicional del principio de la separación de poderes basado en la soberanía del Legislador, la supremacía de la Ley y la desconfianza en los tribunales como órganos de control de la acción legislativa, una de las críticas fundamentales formuladas al método difuso de control de la constitucionalidad fue, no sólo la ausencia de uniformidad de las decisiones de control, sino la incertidumbre que podía derivarse de las eventuales decisiones contradictorias que podían dictarse en la materia.

En realidad, estos problemas existen en todos los países que han adoptado el método difuso, no pudiendo considerarse como esencialmente peculiares a los países con tradición de derecho romano que lo hayan adoptado, y si bien es cierto que la doctrina *stare decisis* en los países del *common law* es una corrección a los problemas anotados, la misma no es absoluta, pues no todos los casos en los cuales los tribunales inferiores decidan cuestiones de constitucionalidad, por ejemplo, en los Estados Unidos de Norteamérica, llegan a la Corte Suprema, la cual decide discrecionalmente los casos que conoce (*writ of certiorary*).

Por otra parte, y aún cuando la doctrina *stare decisis*, tal como es conocida en los países del *common law*, no se aplica en países con sistemas jurídicos de la tradición del derecho romano, aquellos en los cuales se ha establecido un método difuso de control de constitucionalidad han adoptado, paralelamente, sus propios correctivos a los problemas planteados, con efectos similares. Por ejemplo, en el sistema de amparo mexicano, la Constitución establece el principio de que la Ley de Amparo debe precisar los casos en los cuales la "jurisprudencia", es decir, los precedentes judiciales de las Cortes Federales, deben ser obligatorios (Art. 107 Sección XIII, parágrafo 1 de la Constitución, Enmienda de 1950-1951). Por ello, la Ley de Amparo establece los casos en los cuales las decisiones de la Corte Suprema e, incluso, de las Cortes de Circuito, deben considerarse como precedentes obligatorios, lo que sucede sólo cuando se hayan dictado cinco decisiones consecutivas, que no sean interrumpidas por alguna decisión incompatible, con el mismo efecto.

Los efectos de esta "jurisprudencia", parcialmente han sido considerados como equivalentes a los que resultan del principio *stare decisis*. Incluso, en el sistema de amparo mexicano, el llamado "amparo contra leyes" ha sido desarrollado también como una acción extraordinaria de inconstitucionalidad de leyes auto-aplicativas, que afecten directamente derechos de un individuo, y que pueden ser impugnadas ante las Cortes Federales, permitiéndoles juzgar la inconstitucionalidad de la ley sin relación alguna con un proceso concreto.

En sentido similar, en Argentina y Brasil, países que también siguen de cerca el modelo norteamericano en el sentido del poder otorgado a todos los tribunales de decidir no aplicar las leyes basados en consideraciones constitucionales, se ha establecido la institución procesal denominada "recurso extraordinario de inconstitucionalidad" que puede formularse ante la Corte Suprema contra decisiones judiciales adoptadas en última instancia en las cuales se considera una Ley federal como inconstitucional e inaplicable al caso concreto. En estos casos, la decisión adoptada por la Corte Suprema tiene efectos *in casu et inter partes*, pero siendo dictada por el Tribunal Supremo, tiene de hecho efectos obligatorios respecto de los tribunales inferiores.

Finalmente, en los otros países con tradición de derecho romano donde se ha adoptado el método difuso de control de la constitucionalidad, debe tenerse en cuenta, particularmente en materia de casación, el valor de las decisiones de la Sala de Casación de la Corte Suprema para los Tribunales de instancia. En Venezuela, el Código de Procedimiento Civil establece que "los jueces de instancia procurarán acoger la doctrina de casación establecida en los casos análogos, para defender la integridad de la legislación y la uniformidad de la jurisprudencia" (art. 321).

Pero en los casos en que los asuntos no lleguen a la Sala de Casación, los países de tradición de derecho romano con método difuso de control de constitucionalidad, también han establecido correctivos a los problemas originados por la incertidumbre y conflictividad de decisiones judiciales, mediante el establecimiento de un sistema mixto o integral de control de constitucionalidad, que combina el método difuso con el método concentrado. En América Latina este es el caso de Bolivia, Colombia, Guatemala, Perú, Venezuela, y recientemente de México, donde paralelamente al método difuso de control de constitucionalidad expresamente previsto en el derecho positivo, también existe el método concentrado de control de constitucionalidad, que autoriza a la Corte Suprema de Justicia o a la Corte Constitucional para anular formalmente las leyes inconstitucionales, con efectos *erga omnes*, cuando es requerida mediante el ejercicio de una acción que incluso puede ser *actio popularis*, como en Colombia y Venezuela, es decir, que puede ser interpuesta por cualquier persona.

En consecuencia, en estos países, paralelamente al poder atribuido a cualquier tribunal para considerar en un caso concreto una ley como inconstitucional y desaplicarla, la Corte Suprema de Justicia o la Corte Constitucional tiene el poder de anular con efectos generales las leyes impugnadas por inconstitucionales.

En consecuencia, en el mismo sentido en que se ha desarrollado la doctrina *stare decisis* en los países con sistemas jurídicos del *common law*, para resolver los problemas de incertidumbre y posible conflictividad entre las decisiones judiciales adoptadas por los diferentes tribunales en materia de inconstitucionalidad de las leyes que un método difuso puede originar; también los países con sistemas jurídicos de tradición de derecho romano que han adoptado el mismo método, han desarrollado diversos mecanismos legales particulares para prevenir los efectos negativos originados por los mencionados problemas, sea otorgando carácter obligatorio a los precedentes, sea asignando los poderes necesarios a una Corte Suprema o a un Tribunal Constitucional para declarar la inconstitucionalidad de las leyes, con carácter general y efectos obligatorios.

Los eventuales problemas originados por la aplicación del método difuso de control de constitucionalidad de las leyes, en consecuencia, son comunes a todos los países que lo han adoptado, sea que pertenezcan a sistemas jurídicos con tradición de derecho romano o de *common law*, por lo que la adopción del método difuso no puede conducir, en sí mismo, a considerarlo como incompatible con los sistemas jurídicos de derecho romano, por el solo hecho que no exista en ellos la regla del *stare decisis*. Ello lo desmiente el caso de América Latina.

3. *El método concentrado de control de la constitucionalidad*

    A. *Fundamento constitucional y antecedentes*

Contrariamente al método difuso, el método concentrado de control de la constitucionalidad se caracteriza por el hecho de que el ordenamiento constitucional confiere a *un solo órgano estatal* el poder de actuar como juez constitucional, generalmente respecto de ciertos actos estatales (leyes o actos de similar rango dictados en ejecución directa de la Constitución), en general con potestad para anularlos. Excepcionalmente, en algunos casos, como sucede en Panamá, el control de la constitucionalidad que ejerce la Corte Suprema de Justicia no sólo se refiere a las leyes y demás actos de rango legal, sino materialmente a todos los actos estatales, lo que lo hace único en el mundo.

Este método concentrado de control puede ser *exclusivamente* concentrado como sucede en Panamá, Honduras, Uruguay, Costa Rica o Paraguay, o puede estar establecido en forma combinada con el método difuso de control, como sucede en Colombia, El Salvador, Venezuela, Guatemala, Brasil, México, Perú y Bolivia.

Ahora bien, el órgano estatal dotado del privilegio de ser el único juez constitucional de las leyes en el sistema concentrado de control de la constitucionalidad, puede ser la Corte Suprema de Justicia ubicada en la cúspide de la jerarquía judicial de un país, como es el caso de Costa Rica, México y Venezuela; o una Corte o Tribunal Constitucional creado especialmente por la Constitución, dentro o fuera de la jerarquía judicial para actuar como único juez constitucional, como es el caso de Colombia, Chile, Perú, Guatemala, Ecuador y Bolivia. En ambos casos, estos órganos tienen en común el ejercicio de una actividad jurisdiccional, como jueces constitucionales.

Por ello, el sistema concentrado de control de la constitucionalidad, aun cuando sea generalmente similar al "modelo europeo" de Tribunales constitucionales especiales, no implica necesariamente la existencia de un Tribunal Constitucional especial, concebido constitucionalmente fuera del Poder Judicial. La experiencia latinoamericana de control concentrado de la constitucionalidad así lo demuestra, pues en general, han sido las Cortes Supremas de Justicia las que lo han ejercido; y en los casos en los cuales se ha atribuido a Tribunales Constitucionales el ejercicio del control, estos están dentro del Poder Judicial (Guatemala, Colombia, Ecuador y Bolivia) con la excepción de los casos de Chile y del Perú, cuyas Constituciones regularon a los Tribunales Constitucionales fuera del Poder Judicial.

A diferencia del método difuso de control de la constitucionalidad de las leyes, el método concentrado de control de la constitucionalidad al tener el juez constitucional potestades anulatorias, evidentemente que no puede desarrollarse como consecuencia de la labor pretoriana de los jueces, sino que debe ser expresamente establecido, *expressis verbis*, por normas constitucionales. En esta forma, la Constitución, como Ley suprema de un país, es el único texto que puede limitar los poderes y deberes generales de los tribunales para decidir la ley aplicable en cada caso; y es la única habilitada para atribuir dichos poderes y deberes con potestades anulatorias, en lo referente a ciertos actos del Estado, a ciertos órganos constitucionales, sea la Corte Suprema o una Corte o Tribunal Constitucional.

En tal sentido, el control concentrado de la constitucionalidad de las leyes se estableció por primera vez en América Latina, en Venezuela, en la Constitución de 1858, al atribuirse a la Corte Suprema de Justicia competencia para conocer de la *acción popular* de inconstitucionalidad de los actos de las Legislaturas Provinciales, precisándose en el artículo 113, ordinal 8° la competencia de la Corte para:

> "Declarar la nulidad de los actos legislativos sancionados por las Legislaturas Provinciales, a petición de cualquier ciudadano, cuando sean contrarios a la Constitución".

Esta atribución de la Corte Suprema, a partir de la Constitución de 1893, se amplió respecto de todas las leyes, decretos y resoluciones inconstitucionales (art. 110, ord. 8°).

En el caso de Colombia, la competencia de la Corte Suprema de Justicia en materia de control de constitucionalidad se estableció por primera vez en la Constitución de 1886, respecto de los actos legislativos, en forma limitada y preventiva cuando hubiesen sido objetados por el Gobierno (arts. 88, 90 y 151, ord. 4°). Posteriormente, mediante el Acto Legislativo N° 3 de 3 1 de octubre de 1910 (reformatorio de la Constitución Nacional), el sistema concentrado Colombiano de justicia constitucional adquirió plena consagración, al establecerse en el artículo 41, la *acción popular* de inconstitucionalidad, al atribuirse a la Corte Suprema de Justicia como "guardián de la integridad de la Constitución", competencia para:

> "Decidir definitivamente sobre la exequibilidad de los actos legislativos que hayan sido objetados como inconstitucionales por el Gobierno, o sobre todas las leyes o decretos acusados ante ella por cualquier ciudadano como inconstitucionales, previa audiencia del Procurador General de la Nación."

La *acción popular* de inconstitucionalidad de las leyes, por tanto, tiene su antecedente en la Constitución venezolana de 1858 y en la Constitución Colombiana de 1910; países en los cuales, como se ha visto, además, se previó el control difuso de la constitucionalidad de las leyes, consagrándoselo formalmente en Venezuela a partir de 1897 y en Colombia, en un breve período en 1887 y luego, a partir de 1910; configurándose así un sistema mixto o integral de control de la constitucionalidad, al cual se han ido orientando progresivamente los sistemas latinoamericanos. Este es el caso, por ejemplo, además de Venezuela y Colombia, de Brasil, Perú, El Salvador y Guatemala y más recientemente, de México. No obstante, algunos sistemas de América Latina, como el de Panamá, Uruguay, Honduras y Paraguay han permanecido exclusivamente concentrados, países donde sólo la Corte Suprema de Justicia tiene una jurisdicción exclusiva y original para declarar la inconstitucionalidad de las leyes.

Debe destacarse, sin embargo, que la modalidad del método concentrado de control de la constitucionalidad basado en la creación de un órgano constitucional especial, una Corte o un Tribunal para actuar como juez constitucional dotado del poder original y exclusivo para anular las leyes y otros actos de rango y efectos similares, ha marcado la evolución de la justicia constitucional en las últimas décadas en América Latina. Bajo la influencia del modelo europeo, pero de una manera incompleta, el sistema se ha implantado en Guatemala, en la década de los sesenta, y en Chile hacia principios de los años 70, con la creación de sendos Tribunales Constitucionales. Luego apareció en Ecuador y Perú donde fueron creados Tribunales de Garantías Constitucionales convertidos recientemente en Tribunales Constitucionales. En 1991, la Constitución de Colombia, estableció una Corte Constitucional, al igual que sucedió en Bolivia, en 1994.

B.   *La diversa configuración del método concentrado de justicia constitucional: exclusivo o combinado con el método difuso*

Como se ha señalado anteriormente, la esencia de todo sistema de control de la constitucionalidad de las leyes es la noción de supremacía de la Constitución, de manera que si la Constitución es la Ley suprema de un país y, por lo tanto, prevalece ante todas las demás leyes, entonces un acto del Estado que contradiga la Constitución no puede constituir una norma efectiva; al contrario, debe considerarse nulo.

Ahora bien, el principal elemento que aclara la diferencia entre los dos grandes métodos de control de la constitucionalidad (difuso y concentrado) no es una posible distinta concepción de la Constitución y de su supremacía, sino más bien, el tipo de garantía adoptado en el sistema constitucional para preservar dicha supremacía: la nulidad o la anulabilidad del acto inconstitucional. En esta forma, la nulidad de los actos inconstitucionales del Estado es la garantía de la Constitución que conduce al sistema difuso de control de la constitucionalidad; en cambio, la anulabilidad es, precisamente, la que conduce al método concentrado de control de la constitucionalidad de las leyes.

Contrariamente a la nulidad de los actos del Estado, la anulabilidad de dichos actos, cuando se considera como una garantía objetiva de la Constitución, significa que el acto del Estado, aún irregular o inconstitucional, una vez producido por una institución pública debe considerarse como un acto válido y efectivo hasta que el órgano que lo produjo lo derogue o revoque, o hasta que se decida su anulación por otro órgano del Estado con poderes constitucionales para ello. Este es, precisamente, el caso del método concentrado de control de la constitucionalidad, en el cual la Constitución confiere el poder para anular, con efectos generales, algunos actos inconstitucionales del Estado, a un solo órgano constitucional, sea éste la Corte Suprema existente o un órgano creado especialmente dentro o fuera del Poder Judicial, con funciones jurisdiccionales que le permiten actuar como juez constitucional.

En todo caso, en los sistemas constitucionales que adoptan el método concentrado de control de la constitucionalidad, el deber de todos los jueces y tribunales consiste en examinar la constitucionalidad de los actos del Estado. Sin embargo, cuando el acto cuestionado es una ley u otro acto inmediatamente subordinado o de ejecución directa de la Constitución, los tribunales ordinarios no pueden juzgar su inconstitucionalidad, puesto que dicho poder está reservado a un Tribunal Constitucional especial o a la Corte Suprema de un país determinado, el cual puede anular el acto.

Ahora bien, el poder de declarar la nulidad por inconstitucionalidad de las leyes y demás actos de ejecución directa de la Constitución, como se dijo, puede ser ejercido por la Corte Suprema de Justicia en forma exclusiva o por la propia Corte Suprema o un Tribunal Constitucional en un sistema mixto o integral, que además del control concentrado admite el control difuso de la constitucionalidad. En América Latina el control concentrado se ha configurado en esas dos formas. Además, existe una tercera forma de control concentrado que ejercen en forma paralela y exclusiva tanto la Corte Suprema de Justicia como un Tribunal Constitucional.

a.   *El control judicial concentrado de la constitucionalidad de las leyes ejercido exclusivamente por la Corte Suprema de Justicia o por una Sala Constitucional de la misma*

El control judicial concentrado de la constitucionalidad de las leyes se ha configurado en primer lugar, en América Latina, como una atribución exclusiva de las Cortes Supremas de Justicia en pleno o de una Sala Constitucional especializada de la misma. Por tanto, en América Latina no existe ningún caso de un Tribunal o Corte Constitucional con el poder exclusivo de actuar como juez constitucional.

En algunos supuestos, como se dijo, la Constitución atribuye a la Corte Suprema el carácter de único juez de la constitucionalidad de las leyes. Es el caso de Uruguay, Panamá y Honduras

En efecto, el artículo 188,1 de la Constitución de Panamá le otorga a la Corte Suprema de Justicia el poder exclusivo de proteger la integridad de la Constitución y controlar la constitucionalidad de la legislación a través de dos métodos: mediante el ejercicio de una acción directa o mediante el planteamiento de una cuestión de constitucionalidad de carácter incidental, formulada por un órgano estatal inferior que tenga competencia para impartir justicia. En ambos casos de control, la decisión de la Corte Suprema es de efectos generales, y obligatoria, y no está sujeta a ningún tipo de control.

En el sistema de Uruguay, la Constitución de 1989 atribuye a la Corte Suprema de Justicia la jurisdicción exclusiva y originaria para declarar la inconstitucionalidad de las leyes y otros actos del Estado que tengan fuerza de ley, con fundamento tanto en razones substantivas como formales (art. 256). La Corte también conoce de los asuntos de inconstitucionalidad, sea mediante una acción que sólo pueden ejercer los interesados, sea mediante una incidencia planteada en un proceso ordinario. En ambos casos, y a diferencia del sistema panameño, las decisiones de la Corte Suprema sobre cuestiones de constitucionalidad se refieren, exclusivamente, al caso concreto, teniendo, por tanto, efectos sólo en los procedimientos en los que fueron adoptados.

En Honduras, la Constitución de 1982 (art. 184) también ha establecido un sistema de control de la constitucionalidad de carácter concentrado atribuido exclusivamente a la Corte Suprema de Justicia, la cual así mismo conoce de los asuntos mediante una acción intentada por las personas interesadas o por vía incidental, mediante la remisión que le haga de la cuestión un juez ordinario. Debe señalarse, además, que de acuerdo con el artículo 183, ordinal 2o de la Constitución de Honduras, también procede el amparo contra leyes, para que se declare en casos concretos que la Ley no obliga ni es aplicable al recurrente por contravenir, disminuir o tergiversar cualesquiera de los derechos reconocidos por la Constitución.

En otros países, el poder exclusivo de actuar como juez constitucional se ha atribuido particularmente, a una Sala Constitucional de la Corte Suprema de Justicia. Es el caso de Paraguay, Costa Rica y El Salvador.

En efecto, de manera similar al modelo uruguayo, en Paraguay, la Constitución de 1992 ha mantenido el sistema de control concentrado de la constitucionalidad, atribuyendo exclusivamente a la Sala Constitucional de la Corte Suprema de Justicia, la competencia para decidir las acciones o excepciones que se planteen con el fin de declarar la inconstitucionalidad e inaplicabilidad de disposiciones contrarias al texto fundamental. De acuerdo con el artículo 260 de la Constitución, el procedimiento puede iniciarse por acción ante la Sala Constitucional o por vía de excepción en cualquier instancia, en cuyo caso se elevan los antecedentes a la Corte. En ambos casos la decisión de la Corte Suprema sólo tiene efectos con respecto al caso concreto y al peticionante.

En la Constitución de El Salvador (art. 174), y particularmente a raíz de las reformas de 1991-1992, se ha previsto que la Corte Suprema de Justicia tiene una Sala Constitucional, a la cual corresponde conocer y resolver las demandas de inconstitucionalidad de las leyes, decretos y reglamentos, los procesos de amparo, el *hábeas corpus*, y las controversias entre los órganos Legislativos y Ejecutivos.

Como consecuencia de la reforma constitucional de 1989, en Costa Rica también se creó una Sala Constitucional en la Corte Suprema de Justicia, que está encargada de declarar exclusivamente la inconstitucionalidad de las normas, independiente-mente de su naturaleza, así como de los actos de derecho público, a excepción de los actos jurisdiccionales del Poder Judicial. Por consiguiente, en Costa Rica se estable-ció un sistema concentrado de control judicial de la constitucionalidad de las leyes atribuido exclusivamente a la Sala Constitucional de la Corte Suprema de Justicia.

La Sala Constitucional conforme a la Ley de la Jurisdicción Constitucional de 1990, puede ejercer el control de la constitucionalidad mediante cuatro medios dis-tintos: la acción de inconstitucionalidad, las consultas legislativas, las consultas ju-diciales y la vía preventiva. En el primer caso, se trata del ejercicio de la acción de inconstitucionalidad contra las leyes y otras disposiciones generales, a través de dos procedimientos: la vía incidental y la vía de acción principal o directa. La decisión de la Sala Constitucional que declare la acción con lugar, anula la ley y tiene efectos *erga omnes*.

Según la Constitución y la Ley de la Jurisdicción Constitucional, el segundo me-dio a través del cual la Sala Constitucional puede ejercer su poder de control judicial concentrado de la constitucionalidad, es el de las consultas que le puede formular la Asamblea Legislativa durante la discusión de las reformas constitucionales, de la aprobación de acuerdos o tratados internacionales y de proyectos de reforma de la Ley de la Jurisdicción Constitucional; y además de proyectos de leyes ordinarias en discusión en la Asamblea, a petición de por lo menos diez diputados la posible con-tradicción entre una norma de carácter general y la Constitución, con excepción de las que se refieran a la materia electoral. La acción sólo pueden intentarla determi-nados funcionarios y representantes, y la decisión de la Corte tiene efectos generales de invalidez de la Ley inconstitucional,

b. *El control judicial de la constitucionalidad de las leyes ejercido por Tribunales Constitucionales en un sistema mixto o integral de control*

El control judicial concentrado de la constitucionalidad de las leyes en países que cuentan con el método difuso, también se ha atribuido a Tribunales Constitucionales especialmente creados en las Constituciones con este fin, en general integrados al Poder Judicial.

Este sistema ha sido adoptado en numerosos países de América Latina, bajo la influencia europea, particularmente en Colombia, Guatemala, Bolivia, Perú y Ecua-dor.

La Constitución de Colombia de 1991 atribuyó a la Corte Constitucional, el carácter de "guardián de la integridad y supremacía de la Constitución", que antes tenía la Corte Suprema de Justicia. Esta Corte Constitucional tiene a su cargo, en-tonces, el ejercicio del control concentrado de la constitucionalidad de las leyes y demás actos estatales de similar rango, para lo cual todos los ciudadanos pueden interponer una *acción popular* para requerir la anulación por inconstitucionalidad de dichos actos estatales, incluyendo los actos de reforma de la Constitución, y de con-vocatoria de referéndum o de asambleas constituyentes referentes a una reforma de la Constitución; los referéndum referentes a leyes, consultas populares y plebiscitos nacionales; decretos que tengan fuerza de ley dictados por el gobierno; decretos legislativos gubernamentales, tratados internacionales y leyes de ratificación de tratados.

La Corte Constitucional, además, ejerce un control preventivo de la constitucionalidad, respecto de las leyes cuya promulgación ha sido vetada por el Presidente de la República por razones de inconstitucionalidad. Además, este control preventivo de la constitucionalidad se prevé como obligatorio en ciertos casos como la emisión de decretos de emergencia o de leyes aprobatorias de tratados.

En todo caso en que la Corte anule por inconstitucionalidad un acto legislativo, esta decisión tiene efectos *erga omnes*. Además, tiene un valor de *res judicata* constitucional, y su contenido es obligatorio para todos, de forma tal que con posterioridad no puede presentarse otra acción de inconstitucionalidad contra el mismo acto.

En Guatemala, a partir de la Constitución de 1965, en forma paralela al método difuso se instauró un sistema concentrado de control judicial de la constitucionalidad de las leyes, atribuido a una Corte Constitucional creada para tal fin, siendo el primer país latinoamericano en haber creado un Tribunal Constitucional, conforme al modelo europeo.

De acuerdo con la Constitución de 1985, los poderes de control de la constitucionalidad son ejercidos por la Corte Constitucional cuando se ejerce un recurso de inconstitucionalidad, concebido como una acción directa, que puede ser ejercida contra "las leyes y disposiciones de carácter general, objetadas parcial o totalmente de inconstitucionalidad", sólo por determinados funcionarios y autoridades, teniendo la decisión de la Corte efectos generales.

Un elemento importante del procedimiento que se sigue ante la Corte Constitucional en Guatemala, es el hecho de que los efectos de la ley o del acto ejecutivo impugnado pueden ser suspendidos provisionalmente por la Corte durante el curso del proceso, cuando la inconstitucionalidad sea notoria y pueda causar gravámen irreparable. Esta decisión de suspender los efectos de la ley o del acto ejecutivo tiene consecuencias generales, de carácter *erga omnes* y debe ser publicada en el *Diario Oficial*.

Mediante la reforma constitucional de 1994, creó en Bolivia un Tribunal Constitucional con poder para ejercer el control concentrado de la constitucionalidad de las leyes, que coexiste con el método difuso de control de constitucionalidad. El Tribunal Constitucional puede así, resolver sobre los asuntos de puro derecho sobre la inconstitucionalidad de las leyes, decretos y cualquier género de resoluciones no judiciales, mediante acción que si es de carácter abstracto, sólo puede ser interpuesta por determinados funcionarios públicos.

Por último, debe señalarse que la Constitución del Perú de 1979, había establecido las bases de un sistema difuso de control de la constitucionalidad y además, había creado el Tribunal de Garantías Constitucionales, con poderes concentrados de control de la constitucionalidad según el modelo español. En la reforma constitucional de 1993 se eliminó el Tribunal de Garantías Constitucionales y se estableció, en su lugar, un Tribunal Constitucional separado del Poder Judicial. Se trata, por tanto, del único Tribunal Constitucional en América Latina que no está integrado al Poder Judicial.

Este Tribunal Constitucional ha sido creado como el "órgano de control de la Constitución" y tiene a su cargo conocer de la acción de inconstitucionalidad que sólo pueden ejercer determinados funcionarios o un número elevado de ciudadanos. La acción puede intentarse contra las leyes a actos de similar rango que contravengan la Constitución.

En Ecuador, con motivo de las reformas constitucionales de 1995, se ha establecido definitivamente el método concentrado de control de la constitucionalidad de las leyes a cargo de un Tribunal Constitucional, que funciona en paralelo con el método difuso, en esta forma, el Tribunal Constitucional tiene competencia para conocer y resolver sobre las demandas de inconstitucionalidad de las leyes, decretos-leyes, decretos y ordenanzas, y suspender total o parcialmente sus efectos. También tiene competencia el Tribunal Constitucional para conocer y resolver sobre la inconstitucionalidad de los actos administrativos de toda autoridad pública.

El Tribunal Constitucional también ejerce el control preventivo de la constitucionalidad de las leyes al resolver sobre las objeciones de inconstitucionalidad que formule el Presidente de la República en el proceso de formación de las leyes.

Las decisiones del Tribunal Constitucional de declaratoria de inconstitucionalidad causan ejecutoria y deben publicarse en el Registro Oficial, por lo que desde la fecha de la publicación entra en vigencia, dejando sin efecto la disposición y el acto declarado inconstitucional.

Por último, de las decisiones que adopten las Salas de la Corte Suprema de Justicia o los tribunales de última instancia en ejercicio de sus poderes de control difuso de la constitucionalidad de las leyes, dichos óranos judiciales deben presentar un informe al Tribunal Constitucional para que éste resuelva con carácter general.

    c.   *El control judicial concentrado de la constitucionalidad de las leyes ejercido en forma exclusiva y paralela por la Corte Suprema de Justicia y un Tribunal Constitucional*

En América Latina, además, debe destacarse el caso de Chile donde el sistema concentrado de control de la constitucionalidad está conferido en forma exclusiva a dos órganos judiciales separados: a la Corte Suprema de Justicia, a través de una vía incidental, y a el Tribunal Constitucional, a través de una acción directa.

En efecto, a partir de la reforma constitucional de 1925, se autorizó a la Corte Suprema de Justicia para declarar la inaplicabilidad de una ley en vigor a un caso concreto por razones de inconstitucionalidad. En esta forma, la Constitución instauró un sistema concentrado de control de la constitucionalidad de carácter incidental por ante la Corte Suprema de Justicia, por medio de una institución llamada "recurso de inaplicación de las leyes".

Sin embargo, en vista de que este sistema de control de la constitucionalidad no solucionaba los conflictos constitucionales surgidos entre los órganos del Estado, originados en cuestiones de inconstitucionalidad de las leyes y de otras normas con fuerza equivalente, mediante la reforma constitucional del 21 de enero de 1970 se creó un Tribunal Constitucional con una serie de funciones referentes al control de la constitucionalidad y a la solución de conflictos de atribuciones entre los órganos del Estado. Este Tribunal fue disuelto en 1973, y posteriormente, restablecido a través de los artículos 81 y 83 de la Constitución de 1980.

El Tribunal Constitucional chileno tiene, entre sus atribuciones, la de juzgar, antes de su promulgación, es decir, en forma preventiva, la constitucionalidad de las leyes orgánicas o las que interpretan preceptos de la Constitución. El Tribunal está igualmente autorizado para ejercer el control preventivo sobre toda cuestión que surja durante la discusión de los proyectos de ley, de los proyectos de reforma de la Constitución y de las leyes aprobatorias de los Tratados Internacionales sometidos a la sanción del Congreso. El Tribunal también es competente para resolver las cuestiones de constitucionalidad de los decretos del Ejecutivo que tengan fuerza de ley; y los reclamos formulados contra el Presidente de la República cuando no promulgue una ley que ,, tendría que haber promulgado, cuando promulgue un texto diferente al sancionado, o cuando publique decretos constitucionales. El Tribunal también tiene competencia para resolver los conflictos referentes a decretos o resoluciones emitidas por el Presidente de la República, cuando el Controlador General de la República niegue su registro por inconstitucionalidad.

Además del control preventivo de la constitucionalidad de la legislación, en Chile, el Tribunal Constitucional tiene atribuidos poderes de control de la constitucionalidad con carácter *a posteriori*, pero sólo respecto a los decretos con fuerza de ley, es decir, a los decretos emitidos por el Presidente de la República en razón de los poderes delegados por el Congreso, así como de los poderes presidenciales relativos a la promulgación de las leyes. En esta forma, el control constitucional sustantivo de la legislación por el Tribunal Constitucional en Chile no procede contra las leyes una vez que éstas han entrado en vigencia, sino sólo contra los decretos del Ejecutivo con fuerza de ley.

Por otra parte, el Tribunal Constitucional puede ejercer el control de la constitucionalidad *a posteriori* sobre leyes pero únicamente con respecto a las formalidades relativas a su promulgación a cargo del Presidente de la República, a petición de las Cámaras del Congreso, en casos en que el Presidente de la República no promulgue una ley estando obligado a ello, o cuando promulgue un texto distinto del que haya sido objeto del procedimiento de formación de las leyes.

C. *El carácter previo o posterior del control concentrado de la constitucionalidad de las leyes*

El sistema de control concentrado de la constitucionalidad puede tener un carácter previo o posterior, o ambos, según que los órganos encargados de ejercer su poder jurisdiccional de control lo hagan antes de que la Ley entre en vigencia, es decir, antes de su promulgación, o una vez en vigencia. Por ello se distingue el control *a priori* del control *a posteriori* de la constitucionalidad de las leyes.

Puede decirse que lo característico del método concentrado de control de la constitucionalidad, es el control posterior, que permite anular actos estatales efectivos pero inconstitucionales y, en América Latina, este se combina en muchos casos, con un control *a priori* generalmente a instancias del Presidente de la República cuando veta una ley.

Sin embargo, algunos sistemas de control concentrado sólo preven un control previo de la constitucionalidad de las leyes, es decir, respecto de proyectos de leyes sancionadas, antes de su promulgación, como sucede en Chile.

a.   *El control preventivo de la constitucionalidad de las leyes combinado con el control posterior*

En Colombia, Venezuela, Ecuador, Panamá, Cosa Rica y Bolivia en paralelo al control concentrado de la constitucionalidad de las leyes promulgadas ejercido por la propia Corte Suprema de Justicia o un Tribunal Constitucional, también existe un control preventivo que resulta, en general, de las objeciones formuladas por el Presidente de la República, al vetar las leyes por razones de inconstitucionalidad.

En efecto, en Colombia, a partir de 1886, en Venezuela, a partir de la reforma constitucional de 1945, y en Ecuador a partir de la Reforma Constitucional de 1995 la Constitución ha establecido expresamente la posibilidad de un control preventivo de la constitucionalidad de las leyes nacionales, incluyendo las leyes de aprobación de tratados internacionales y de contratos de interés público, correspondiendo su ejercicio i a la Corte Suprema de Justicia o a la Corte o Tribunal Constitucional a petición del Presidente de la República, como consecuencia de su poder de veto respecto de leyes sancionadas por las Cámaras Legislativas. En estos casos, en Venezuela y Colombia cuando una ley es objeto de un veto por causa de inconstitucionalidad, si las Cámaras Legislativas insisten en su promulgación, el Presidente de la República debe enviar el proyecto de ley a la Corte Suprema de Justicia o a la Corte Constitucional la cual debe decidir en un lapso de seis días.

Sin embargo, en Colombia, además del control previo por la vía del veto presidencial a las leyes, la Constitución prevé dos casos de ejercicio de control previo obligatorio de la constitucionalidad por parte de la Corte Constitucional. En efecto, en primer lugar, el artículo 241, ord. 7°, prevé que los decretos legislativos que emanen del Presidente de la República como consecuencia de un estado de sitio, declarado por causa de una guerra, crisis interna, o cuando el orden económico y social del país esté gravemente alterado (arts. 213, 214 y 215), deben ser sometidos en forma obligatoria a control de la constitucionalidad, para lo cual, al día siguiente de su promulgación, el Presidente de la República debe remitir estos decretos a la Corte Constitucional, a la cual corresponde decidir "definitivamente sobre su constitucionalidad" (art. 121). Cualquier ciudadano, puede intervenir en el procedimiento de revisión de los mencionados Decretos Legislativos, para defender o impugnar la constitucionalidad de los mismos (art. 37, Decreto 2067).

La Constitución también prevé en su artículo 241, ord. 10°, que la Corte Constitucional debe decidir definitivamente sobre la inconstitucionalidad de los Tratados internacionales y de las Leyes que los aprueben, a cuyo efecto, el Gobierno debe remitirlos a la Corte dentro de los 6 días siguientes a la sanción de la Ley. En el procedimiento, igualmente, cualquier ciudadano puede intervenir para defender o impugnar la constitucionalidad del Tratado o la Ley. Sólo si la Corte los declara constitucionales, el gobierno puede efectuar el canje de notas; en caso contrario, no serán ratificados.

Por último, aún cuando no se trate de leyes, también se prevé un control previo obligatorio de la constitucionalidad respecto de la convocatoria a un Referendo o a una Asamblea Constituyente para reformar la Constitución, y sólo por vicios de procedimiento en su formación, antes al pronunciamiento popular respectivo (art. 241, ord. 2°); así como de los referendos sobre leyes y de las consultas populares y plebiscitos del orden nacional, sólo por vicios de procedimiento en su convocatoria y realización (art. 241, ord. 3°).

En Panamá, también se ha previsto un control concentrado a priori de la constitucionalidad cuando el Presidente de la República objetare un proyecto de ley adoptada por la Asamblea Legislativa, cuando se le envía para su promulgación por razones de inconstitucionalidad, y la Asamblea insista en su adopción. En este caso, corresponde a la Corte Superna de Justicia decidir sobre su inconstitucionalidad, de manera que si el fallo de la Corte declara el proyecto de ley como constitucional, el Ejecutivo debe sancionarlo y hacerlo promulgar. El mismo principio se aplica a los proyectos de reforma constitucional.

En Costa Rica, además de conocer de las cuestiones de constitucionalidad de leyes no promulgadas como consecuencia del veto presidencial, la Sala Constitucional de la Corte Suprema de Justicia tiene competencia para conocer de la inconstitucionalidad de los proyectos de ley como consecuencia de las consultas que le formule la Asamblea Legislativa en el caso de reformas constitucionales o Ley aprobatoria de Tratados Internacionales, o de reforma de la Ley de la Jurisdicción Constitucional.

En el caso de Bolivia, el control previo de la constitucionalidad no se regula como consecuencia del poder presidencial de veto de la legislación, sino que en general, la Constitución atribuye ai Tribunal Constitucional competencia para absolver las consultas del Presidente de la República, el Presidente del Congreso Nacional y el Presidente de la Corte Suprema de Justicia, sobre la constitucionalidad de proyectos de ley, decretos o resoluciones aplicables a un caso concreto (art. 120, literal h). En estos casos, la opinión del Tribunal Constitucional es obligatoria.

    b.   *El control preventivo de la constitucionalidad de las leyes como único método de control concentrado*

En Chile, si bien el Tribunal Constitucional tiene competencia para resolver *a posteriori* cuestiones de constitucionalidad respecto de los decretos ejecutivos que tengan fuerza de ley; en cuanto a las leyes, estas sólo pueden ser objeto de un control preventivo, es decir, antes de su promulgación. En tal sentido, el artículo 82 de la Constitución, atribuye al Tribunal Constitucional competencia para juzgar, antes de su promulgación, la constitucionalidad de las leyes orgánicas o las que interpretan preceptos de la Constitución. El Tribunal está igualmente autorizado, para ejercer el control preventivo sobre toda cuestión que surja durante la discusión de los proyectos de ley, de los proyectos de reforma de la Constitución y de las leyes aprobatorias de los Tratados Internacionales sometidos a la sanción del Congreso.

En todos estos casos, como en el modelo francés, el control preventivo ejercido por el Tribunal Constitucional puede ser obligatorio o ejercido a petición de parte. En el caso de las leyes orgánicas constitucionales y de las leyes que interpretan una disposición constitucional, el control preventivo realizado por el Tribunal es obligatorio, a cuyo efecto el Presidente de la Cámara debe enviarle los textos dentro de los cinco días siguientes a su sanción. Dicho control preventivo,, incluso, no sólo es obligatorio, sino que el Tribunal puede ejercerlo de oficio, no siendo el procedimiento, en estos casos, de carácter contencioso. Si en su decisión el Tribunal considera inconstitucional una o varias disposiciones del texto impugnado, debe enviarlo nuevamente a la Cámara correspondiente, cuyo Presidente, a su vez lo debe enviar al Presidente de la República a los efectos de su promulgación, con excepción de las disposiciones consideradas inconstitucionales.

En el caso de proyectos de enmienda constitucional o de los tratados internacionales, el ejercicio del control preventivo por el Tribunal Constitucional sólo es posible si antes de la sanción del texto y durante la discusión del proyecto, se le formula una petición por el Presidente de la República, por una de las Cámaras del Congreso o por una cuarta parte de sus miembros. Por ello, esta petición no tiene efectos suspensivos sobre el procedimiento legislativo y la acción interpuesta por ante el Tribunal es de carácter contenciosa, razón por la cual, en estos casos, el Tribunal debe notificar a los órganos constitucionales interesados y oír sus argumentos.

En todo caso, la decisión del Tribunal que considere inconstitucionales las disposiciones de un proyecto de ley o de un tratado, impide su promulgación.

D.   *El carácter principal o incidental del control concentrado de la constitucionalidad*

El control concentrado de la constitucionalidad de las leyes puede tener un carácter principal o incidental, o ambos a la vez, según que los asuntos lleguen a la Jurisdicción Constitucional mediante el ejercicio de una acción o mediante remisión por parte de un Tribunal.

En todos los países en los cuales el control concentrado se ha establecido en forma exclusiva, como sucede en Panamá, Uruguay, Honduras y Paraguay, donde sólo la Corte Suprema de Justicia puede actuar como juez constitucional, el sistema concentrado es a la vez principal e incidental. En cambio, en aquellos países en los cuales existe un sistema mixto o integral de control de la constitucionalidad, donde se combina el método difuso con el método concentrado, el control concentrado de la constitucionalidad de las leyes es siempre de carácter principal, siendo en general, incompatible con el mismo, el método incidental. Así sucede por ejemplo, en Colombia, Venezuela, Bolivia, Perú, Ecuador, Guatemala y México.

a.   *El carácter principal e incidental del método concentrado en los sistemas exclusivamente concentrados de control de constitucionalidad*

En Panamá, Uruguay, Honduras y Paraguay, donde sólo existe el método concentrado y exclusivo de control de la constitucionalidad, como se dijo, éste es, a la vez, principal e incidental.

En estos países, en efecto, un aspecto esencial de la racionalidad del método concentrado de control de la constitucionalidad de las leyes, en el cual el poder para anularlas se confiere a la Corte Suprema de Justicia, es que la cuestión constitucional puede alcanzar a la Corte, en primer lugar, de manera directa o principal mediante una acción ejercida contra la ley o el acto estatal concreto, la cual o sólo se concede a quien tenga interés personal y legítimo como sucede en Uruguay, Honduras o Paraguay, o se atribuye a todos los ciudadanos como es el caso de Panamá donde existe la acción popular; y en segundo lugar, de manera incidental, cuando la cuestión constitucional se plantea en un tribunal inferior con motivo de un juicio particular y concreto. En este caso, el juez debe remitir su decisión a la Corte Suprema de Justicia para luego poder adoptar la resolución final del caso, en conformidad con la decisión tomada por la Corte. Este sistema exclusivamente concentrado de control de la constitucionalidad que se ejerce por vía principal y por vía incidental, es el propio del modelo europeo.

En todo caso, en el sistema exclusivamente concentrado, cuando se ejerce el control por vía principal, la cuestión constitucional relativa a una ley u otro acto estatal es "la cuestión principal" y única del juicio iniciado mediante acción directa que puede ser interpuesta por ante la Corte Suprema, tanto por los ciudadanos mediante una *actio popularis* o regida por reglas de legitimación particulares. En los supuestos en los cuales la cuestión constitucional se formule de manera incidental, la misma puede ser planteada ante un tribunal ordinario o puede formularse *ex officio* por el tribunal. Este tribunal es, entonces, el único que puede remitir la cuestión constitucional ante la Corte Suprema de Justicia, en cuyo caso debe suspender la decisión del caso concreto hasta que la cuestión constitucional haya sido resuelta por ésta, siendo su decisión obligatoria.

En efecto, en Panamá la acción directa está concebida como una *acción popular* que puede ser interpuesta por ante la Corte Suprema por cualquier persona con el fin de denunciar la inconstitucionalidad de las leyes, decretos, decisiones o actos, fundada tanto en cuestiones substantivas como de carácter formal. Por otra parte, la Constitución de Panamá estipula que cuando un juez, durante un procedimiento judicial ordinario, observe, *ex-officio* o a instancia de una de las partes, la inconstitucionalidad de normas legales o ejecutivas aplicables al caso, debe someter la cuestión de constitucionalidad a la Corte Suprema; pudiendo el tribunal seguir el procedimiento principal sólo hasta el nivel de decisión.

En Uruguay, de acuerdo con la Constitución, la declaración de inconstitucionalidad de una ley y su inaplicación al caso concreto puede ser solicitada ante la Corte Suprema de Justicia por todos aquellos que estimen que sus intereses personales y legítimos han sido lesionados por la misma. En consecuencia, en Uruguay, la acción de inconstitucionalidad está sometida a una condición general de legitimación, similar a la que existe en materia de control contencioso administrativo. La cuestión constitucional también puede ser sometida a la Corte Suprema de manera incidental mediante remisión del asunto por un tribunal inferior, sea que éste actúe *ex officio*, sea como consecuencia de una excepción presentada por cualquier parte en el proceso concreto. En este caso, el juez debe enviar a la Corte Suprema un resumen de la cuestión, pudiendo seguir el procedimiento hasta el nivel de decisión. Una vez que la Corte Suprema haya decidido, el tribunal tiene que tomar su propia decisión, de conformidad con lo que la aquélla decida (arts. 258, 259).

En Honduras, la Corte Suprema de Justicia también tiene la potestad exclusiva de actuar como juez constitucional. Su competencia para declarar la inconstitucionalidad de una ley y su inaplicabilidad, puede ser solicitada por quien se considere lesionado en su interés directo, personal y legítimo (art. 185 de la Constitución), mediante una acción intentada directamente ante la Corte Suprema de Justicia; o por vía incidental en cualquier procedimiento judicial, como excepción que una parte oponga o de oficio por el Tribunal que conozca del asunto. En este caso de la vía incidental, el procedimiento debe suspenderse al elevarse las actuaciones a la Corte Suprema de Justicia.

En Costa Rica, en principio la acción de inconstitucionalidad sólo puede intentarse por el Contralor General de la República, el Procurador General de la República, el Ministerio Público y el Defensor del Pueblo. Sin embargo, la acción también puede ejercerse de forma directa, cuando no exista, según la naturaleza del caso, ninguna lesión individual y directa o cuando se trate de la defensa de los intereses difusos o de intereses de la colectividad en general. En este caso, la acción se ejerce contra las normas o leyes auto-aplicativas, que no requieren para ; su ejecución de actos del Estado interpuestos, en cuyo caso, no es necesario que exista un asunto anterior pendiente para que pueda interponerse la acción. Tampoco es necesario invocar un interés individual; pues se trata de la defensa de intereses difusos o colectivos. Por ello, puede considerarse que en estos casos, la acción de inconstitucionalidad posee un cierto carácter de acción popular.

La vía incidental, que tiene como objetivo solicitar la decisión de la Sala Constitucional de la Corte Suprema de Justicia en materia de constitucionalidad, puede ser utilizada por cualquier persona que sea parte de un procedimiento en curso ante los tribunales, incluso en caso de *habeas corpus* o *amparo*, o ante la Administración, en un procedimiento administrativo que tenga por objeto agotar la vía administrativa. En este último caso, es necesario invocar la cuestión de inconstitucionalidad de la ley, como medio razonable de protección de los derechos o intereses que se consideren afectados. En estos casos de vía incidental, la acción se presenta directamente ante la Sala Constitucional, y su novedad reside en el hecho de que es posible plantearla, no sólo cuando se trata de un asunto de inconstitucionalidad formulado en un procedimiento judicial, sino también en un procedimiento administrativo. En esta forma, y por razones de economía procesal, para que se pueda ejercer la acción de inconstitucionalidad, no es necesario agotar previamente el procedimiento administrativo y llegar a los tribunales.

Conforme al artículo 120 de la Ley de la Jurisdicción Constitucional de Costa Rica, todos los jueces de la República pueden así mismo formular a la Sala Constitucional una consulta de constitucionalidad, cuando duden de la constitucionalidad de una norma o acto que deban aplicar, o de una acción u omisión que deban juzgar en un caso que les sea sometido. En estos casos, el juez que formule la consulta debe elaborar una resolución donde debe indicar las normas cuestionadas y las razones de las dudas del tribunal con respecto a su validez o interpretación constitucionales. En estos casos, el procedimiento judicial debe suspenderse hasta que la Sala Constitucional haya evacuado la consulta.

b. *El carácter exclusivamente principal del método concentrado en los sistemas mixtos o integrales de control de la constitucionalidad*

En los sistemas mixtos o integrales de control de la constitucionalidad, donde a la vez existe un control difuso y concentrado de la constitucionalidad, este último sólo se ejerce por vía principal, mediante el ejercicio de una acción o demanda de inconstitucionalidad. Esta acción también puede ser una acción popular, o sometida a condiciones particulares de legitimación.

a'. *La acción popular*

El ejercicio del control concentrado de la constitucionalidad por vía principal mediante una *acción popular*, en sistemas de control mixtos o integrales donde el método concentrado se ejerce combinado con el método difuso de control de constitucionalidad, existe en Colombia y Venezuela. La acción popular, en efecto, puede considerarse como el sistema más acabado de control de la constitucionalidad de las leyes. Sin embargo, su existencia no es frecuente, pues lo normal es que se limite el ejercicio de la acción directa a determinados funcionarios u órganos del Estado

(Presidente del Gobierno, Ministerio Público, miembros del Parlamento), para acceder a los Tribunales Constitucionales, como sucede en Europa; o se exija una legitimación activa determinada (interés personal, directo) en caso de que se permita el ejercicio de la acción a los particulares, como sucede en Uruguay, Honduras y Paraguay.

En Panamá, también se ha establecido la *acción popular* como medio procesal para acceder a la Jurisdicción Constitucional de la Corte Suprema de Justicia. La diferencia, en todo caso, entre el sistema panameño y el de Venezuela y Colombia, radica en el objeto del control que es más amplio en Panamá, donde no sólo las leyes y demás actos estatales de rango o valor similar pueden ser impugnados por inconstitucionalidad mediante la acción popular, sino todos los actos estatales; y en que el sistema panameño de control es exclusivamente concentrado, en tanto que el colombiano y el venezolano es mixto o integral.

Debe señalarse, en todo caso, que además de los casos de Colombia, Venezuela y Panamá, también puede identificarse una acción popular de inconstitucionalidad en El Salvador y Nicaragua.

En efecto, el artículo 96 de la Constitución de 1950 de El Salvador, cuyo texto recoge el artículo 183 de la Constitución de 1992, establece la competencia de la Corte Suprema de Justicia, por medio de la Sala de lo Constitucional, como "único tribunal competente para declarar la inconstitucionalidad de las leyes, decretos y reglamentos, en su forma y contenido, de un modo general y obligatorio, y podrá hacerlo *a petición de cualquier ciudadano*". Por su parte, el artículo 187 de la Constitución de 1995 de Nicaragua establece "el recurso por inconstitucionalidad contra toda ley, decreto o reglamento que se oponga a lo prescrito por la Constitución política, el *cual podrá ser instaurado por cualquier ciudadano*".

Se observa, en todo caso, que una pequeña diferencia podría identificarse en cuanto a la legitimación amplia de la *acción popular*: en Venezuela se otorga a cualquier persona, al igual que en Panamá; en cambio en El Salvador y Nicaragua al igual que en Colombia, se confiere a los ciudadanos, es decir, a quienes gozan de derechos políticos en los respectivos países. Por ello, en Colombia, los extranjeros y los nacionales menores de 18 años no pueden ejercer la acción popular lo que no sucede en Venezuela, donde la legitimación es más amplia y se refiere a cualquier persona, aún cuando no sea nacional o no goce de los derechos políticos.

En otros países, si bien la legitimación para ejercer la acción de inconstitucionalidad está sometida a algunas restricciones, en definitiva podría identificarse una acción popular de inconstitucionalidad, como es el caso de Guatemala y Ecuador. En Guatemala, la Constitución de 1985, reguló los poderes de control de la constitucionalidad ejercidos por la Corte Constitucional, cuando se ejerce un recurso de inconstitucionalidad, concebido como una acción directa (art. 272,a) que puede ser interpuesta contra "las leyes y disposiciones de carácter general, objetadas parcial o totalmente de inconstitucionalidad" (arts. 267 y 272,a). Conforme a la Ley de Amparo, Exhibición personal y de constitucionalidad de 1986, tienen legitimación para plantear la inconstitucionalidad de leyes, reglamentos o disposiciones de carácter

general, la Junta Directiva del Colegio de Abogados, el Ministerio Público, el Procurador de Derechos Humanos y "cualquier persona con el auxilio de tres abogados colegiados activos"(art. 134).

En el caso de Ecuador, la Constitución de 1995 si bien atribuye legitimación para intentar la demanda de inconstitucionalidad de las leyes y demás actos de similar rango a diversos funcionarios, en definitiva el Tribunal Constitucional puede conocer de las mismas a petición de mil ciudadanos o de cualquier persona, previo informe favorable del Defensor del Pueblo sobre la procedencia, lo que en definitiva equivale a una acción popular.

b'. *La legitimación específica para el ejercicio de la acción de inconstitucionalidad*

Salvo los casos de previsión de una acción popular, el ejercicio del control concentrado de la constitucionalidad de las leyes, está sometido a condiciones de legitimación específicas, generalmente reservándose la acción a determinados funcionarios públicos.

En efecto, en Brasil, para que el Tribunal Supremo Federal controle la constitucionalidad de las leyes y otros actos normativos, la acción federal de inconstitucionalidad puede ser intentada no solamente por el Procurador General de la República, como estaba dispuesto antes de 1988, sino también por el Presidente de la República, el Presidente del Senado, el Presidente de la Cámara de Diputados o el Presidente de las Asambleas Legislativas de los Estados miembros. Por otra parte, esta acción también puede ser interpuesta por el Gobernador de un Estado miembro, por el Consejo Federal de la Orden de los Abogados, por los partidos políticos representados en el Parlamento, por una confederación sindical o por una entidad gremial nacional.

En cuanto a la acción de inconstitucionalidad genérica de los Estados, ésta se interpone por ante las Cortes Supremas de los Estados para juzgar la constitucionalidad de las leyes o actos normativos de los Estados o municipios, con respecto a la Constitución de los Estados miembros. Puede ser interpuesta por el Gobernador del Estado, por la Asamblea Legislativa del Estado, por el Procurador General del Estado, por el Consejo de Abogados del Estado, por las entidades sindicales o gremiales a nivel del Estado o del municipio, siempre y cuando tengan algún interés jurídico en el caso, o por los partidos políticos representados en la Asamblea Legislativa del Estado o, si se trata de un acto normativo emitido por un municipio, por la Cámara correspondiente.

En el caso de México, de acuerdo con el artículo 105 de la Constitución, la acción de inconstitucionalidad puede ser interpuesta sólo por:

El equivalente al treinta y tres por ciento de los integrantes de la Cámara de Diputados del Congreso de la Unión, en contra de leyes federales o del Distrito Federal expedidas por el Congreso de la Unión;

El equivalente al treinta y tres por ciento de los integrantes del Senado, en contra de leyes federales o del Distrito Federal expedidas por el Congreso de la Unión o de tratados internacionales celebrados por el Estado Mexicano; c) El Procurador General de la República, en contra de leyes de carácter federal, estatal y del Distrito Federal, así como de tratados internacionales celebrados por el Estado Mexicano; d) El equivalente al treinta tres por ciento de los integrantes de alguno de los órganos legislativos estatales, en contra de leyes expedidas por el propio órgano, y e) El equivalente al treinta y tres por ciento de los integrantes de la Asamblea de Representantes del Distrito Federal, en contra de leyes expedidas por la propia Asamblea.

En Perú, las partes legitimadas para intentar la acción de inconstitucionalidad son: el Presidente de la República, la Corte Suprema de Justicia, el Procurador General, sesenta miembros del Congreso, veinte senadores, o cincuenta mil ciudadanos mediante una petición, cuyas firmas deben ser certificadas por el Consejo Supremo Electoral.

En Guatemala, conforme a la Ley de Amparo, Exhibición personal y de constitucionalidad de 1986, tienen legitimación para plantear la inconstitucionalidad de leyes, reglamentos o disposiciones de carácter general, la Junta Directiva del Colegio de Abogados, el Ministerio Público, el Procurador de Derechos Humanos y "cualquier persona con el auxilio de tres abogados colegiados activos". Este último convierte el recurso, materialmente, en una acción popular de inconstitucionalidad, como la que existe en Colombia, Panamá y Venezuela.

En sentido similar, en Ecuador, la Constitución de 1995 si bien establece una legitimación precisa para ejercer algunas demandas de inconstitucionalidad que pueden intentar el Presidente de la República, el Congreso Nacional, la Corte Suprema de Justicia, los Concejos Provinciales y Municipales y el Defensor del Pueblo, en los casos de demandas de inconstitucionalidad de leyes, decretos-leyes, decretos, ordenanzas y actos administrativos atribuye la legitimación para accionar a "mil ciudadanos" o a "cualquier persona previo informe favorable del Defensor del Pueblo sobre la procedencia".

E. *El poder de iniciativa del control concentrado de la constitucionalidad y la limitación a los poderes del juez constitucional*

a. *La ausencia de iniciativa del juez constitucional*

Como viene de señalarse, en general, la cuestión de constitucionalidad referente a la validez de una ley en los sistemas concentrados de control, se plantea normalmente ante la Corte Suprema o la Corte Constitucional mediante el ejercicio de una acción o por remisión de un tribunal inferior. En ambos casos, el juez constitucional, no tiene iniciativa propia para actuar.

En esta forma, en la Jurisdicción Constitucional se aplica el principio *nemo judex sine actore*, pero una vez que la cuestión constitucional ha llegado a la Corte como consecuencia de una acción o de su remisión por parte de un tribunal inferior, el principio *in judex judicet ultra petitum partis* ya no es operante. Esto significa que la Corte Suprema o la Corte Constitucional, como juez constitucional, una vez requerida su actuación por un accionante o por un medio incidental, en general tiene poderes de oficio para considerar cuestiones de constitucionalidad, distintas a las que han sido planteadas. Por otra parte, en los casos de control concentrado de la constitucionalidad por vía incidental, el juez ordinario no sólo debe actuar a instancia de parte, sino que en general tiene poderes *ex-officio* para plantear la cuestión constitucional.

b. *La iniciativa de control de la constitucionalidad de los jueces ordinarios en el método incidental del sistema concentrado de control de la
constitucionalidad*

En efecto, en el método incidental de control concentrado de la constitucionalidad, conforme al cual los tribunales inferiores deben remitir la cuestión constitucional al juez constitucional, estos no siempre están vinculados por lo que invoquen las
partes o el Fiscal, de manera que cuando consideran el caso particular, pueden plantear la cuestión constitucional de oficio y transmitirla a la Corte Suprema para que
ésta decida. Así sucede en Panamá, Uruguay, Honduras y Costa Rica.

Esta es una consecuencia del principio de supremacía de la Constitución y del
deber de los jueces de aplicar la ley. Por tanto, aun cuando en el sistema concentrado exclusivo de control de la constitucionalidad, la Constitución prohíba a los tribunales ordinarios actuar como jueces constitucionales en cuanto a las leyes y demás
actos reglamentarios, esto no quiere decir que en caso de que estos consideren inconstitucional una disposición legal o reglamentaria aplicable a la decisión de un
caso concreto, no tengan el poder para plantear la cuestión constitucional y no puedan transmitirla al juez constitucional. Lo contrario significaría una ruptura con el
principio de la supremacía de la Constitución y con el papel de los jueces en la aplicación de la ley.

c. *Los poderes inquisitivos del juez constitucional*

Debe señalarse, por último, que en los casos de control concentrado de la constitucionalidad de las leyes ejercido por vía principal, la Corte Suprema de Justicia o el
Tribunal Constitucional no pueden estar condicionados sólo por los motivos o vicios
de inconstitucionalidad aducidos por el accionante, por lo que en general se admite
el poder de control de oficio, respecto de otros motivos de inconstitucionalidad distintos á los invocados por el accionante. Así sucede en Panamá, Colombia y Venezuela.

El control de la constitucionalidad también puede abarcar otros preceptos de la
ley respectiva no impugnados, si tienen conexión con el o los artículos cuestionados
en la acción. Así sucede en Costa Rica, Venezuela y Panamá.

Por otra parte, la vida de la acción de inconstitucionalidad no siempre depende
de la voluntad del accionante por lo que en algunos casos, a pesar de que este pueda
desistir de la misma, la Corte tiene el poder de seguir conociendo del proceso. Así
sucede en Venezuela y Colombia.

F. *Los efectos de las decisiones en materia de control concentrado de la
constitucionalidad*

El último aspecto de la racionalidad del método concentrado de control de la
constitucionalidad se refiere a los efectos de las decisiones dictadas por la Corte
Suprema o por la Corte Constitucional relativas a la inconstitucionalidad de la ley,
sea respecto a los destinatarios de la decisión, sea respecto al tiempo.

a. *Efectos en cuanto a los destinatarios*

El control concentrado de la constitucionalidad, en general, implica la atribución
a un solo órgano estatal de la potestad anulatoria respecto de las leyes inconstitucio-

nales, por lo que en general, los efectos de la decisión anulatoria son *erga omnes*. Sin embargo, en algunos sistemas concentrados de control, los efectos son *inter partes*, respecto del recurrente, aún cuando ello es excepcional.

a'. *Los efectos erga omnes de la decisión anulatoria*

En lo que se refiere a quienes afecta la decisión del juez constitucional, la racionalidad del sistema concentrado de control de la constitucionalidad implica que la decisión dictada por la Corte Suprema o por la Corte Constitucional, actuando como juez constitucional, tiene efectos generales, *erga omnes*. Este es el valor de las sentencias anulatorias por inconstitucionalidad de la Corte Suprema de Justicia en Venezuela, México, Costa Rica, Brasil, El Salvador y Panamá, y de la Corte o Tribunal Constitucional en Colombia, Guatemala, Perú, Ecuador, y Bolivia, siguiendo, en este sentido, la situación general en el derecho comparado.

Esto sucede cuando el control de la constitucionalidad se ejerce mediante una acción directa interpuesta por ante la Corte Constitucional o la Corte Suprema, sin conexión con algún caso concreto contencioso. En estos casos, cuando se interpone una acción directa por ante un juez Constitucional, la relación procesal no se establece entre un demandante y un demandado, sino más bien, fundamentalmente, entre un recurrente y una ley o acto estatal cuya constitucionalidad está cuestionada. En este caso, el objeto de la decisión acerca de la constitucionalidad de la ley es su anulación, y los efectos de la decisión son necesariamente *erga omnes*. Nunca deberían ser *inter partes*, particularmente debido a la ausencia de las partes propiamente dichas, en el procedimiento.

Por otra parte, en el sistema concentrado exclusivo de control de la constitucionalidad, iniciado por el método incidental, como sucede en Panamá, cuando se plantea una cuestión constitucional referente a una ley en un procedimiento concreto y el tribunal inferior la remite a la Corte Suprema para que sea objeto de una decisión, dicha decisión también debe adoptarse con base en aspectos de derecho y no con respecto a los hechos, por lo que también tiene efectos *erga omnes*, es decir, no limitados al juicio concreto en el que se planteó la cuestión constitucional ni a las partes del mismo.

b'. *Los efectos inter partes de la decisión declaratoria de la inconstitucionalidad*

En contraste con los efectos *erga omnes* de las decisiones anulatorias de leyes por inconstitucionales que, como regla general tienen las que dictan los Tribunales Constitucionales o las Cortes Supremas cuando ejercen el control concentrado de la constitucionalidad, puede decirse que en todos los países en los cuales la acción o excepción de inconstitucionalidad sólo puede ser ejercida por quien alegue un interés personal y directo, como sucede en Uruguay, Paraguay y Honduras, los efectos de las decisiones que adopte el juez constitucional sólo afectan al accionante o a las partes en el proceso; es decir, tienen efectos *inter partes*.

b. *Efectos de las decisiones de inconstitucionalidad en el tiempo*

El principio general en cuanto a los efectos temporales de las decisiones adoptadas en materia de control concentrado de la constitucionalidad de las leyes, es que si estas tienen efectos generales, *erga omnes*, dado su carácter anulatorio, entonces sólo tienen efectos constitutivos, *ex nunc, pro futuro*; es decir no tienen efectos retroactivos.

Esta es la solución general del derecho comparado y la que existe en Panamá, Brasil, México, Colombia, Guatemala, Bolivia, Venezuela, Perú y Ecuador.

Las decisiones anulatorias por inconstitucionalidad, por tanto, no tienen efectos retroactivos, aún cuando excepcionalmente podrían tenerlos en protección de derechos constitucionales. Por ello, la Ley Orgánica del Tribunal Constitucional del Perú, luego de precisar que las decisiones anulatorias no tienen efectos retroactivos, establece que la decisión que declare la inconstitucionalidad de un acto normativo del Estado sólo puede servir de base para revisar un procedimiento judicial ya concluido, en el cual se hubiesen aplicado las normas constitucionales. Sin embargo, de conformidad con el principio general excepcional de la aplicabilidad retroactiva de las leyes en materia penal, riscal y laboral, la Ley Orgánica permite la aplicación en forma retroactiva de la decisión del Tribunal en los procedimientos cuyos efectos pudieran ser favorables para la persona condenada, para el trabajador o para el contribuyente, según los casos.

Por ello, igualmente, la reciente Ley mexicana reguladora de la acción de inconstitucionalidad de 1995 precisó que:

> "la declaración de invalidez de las sentencias no tendrá efectos retroactivos, salvo en materia penal, en la que regirán los principios generales y disposiciones legales aplicables de esta materia" (art. 45).

En sentido similar, en Colombia, el Decreto N° 2067 de 1991 regulador de la Jurisdicción Constitucional había establecido que:

> "los fallos de la Corte sólo tendrán efecto hacia el futuro, salvo para garantizar el principio de favorabilidad en materia penal, policiva y disciplinaria y en el caso previsto en el artículo 149 de la Constitución".

Esta norma, sin embargo, fue declarada nula por inconstitucionalidad por la Corte Constitucional por sentencia N° C-113/93 por considerarse que ello corresponde decidirlo a la propia Corte Constitucional y no es materia del legislador.

Puede así decirse, que por ello, en Venezuela, aún cuando rige el principio general señalado, la Ley Orgánica de la Corte Suprema de 1976 no resolvió el asunto en forma expresa, sino que se limitó a señalar que la Corte debe determinar "los efectos de su decisión en el tiempo" (art. 119 y 131). Sin embargo, para precisar los efectos de las sentencias que anulan una Ley por inconstitucionalidad, debe recordarse que en Venezuela existe un sistema mixto o integral de control de la constitucionalidad, lo que implica el funcionamiento de dos sistemas de justicia constitucional en paralelo: por un lado, el sistema difuso, ejercido por todos los jueces, y por otro, el sistema concentrado, ejercido por la Corte Suprema. Por consiguiente, no deben confundirse los efectos de las decisiones en materia de control de la constitucionalidad en uno y otro método.

En efecto, en relación a los casos de control difuso de la constitucionalidad, está claro que la decisión judicial de no aplicar una ley inconstitucional, incluso si tiene sólo y exclusivamente efectos *inter partes,* equivale a una decisión simplemente declarativa, con efectos retroactivos, *pro praeterito* o *ex tunc*. Al ejercer este control difuso, el | juez no anula la ley, sino que declara o constata únicamente una -j inconstitucionalidad preexistente; de forma que ignora la existencia de j la ley (es decir, que la considera inexistente) y no la aplica en el caso concreto que corresponde el conocimiento del juez.

Ahora bien, los efectos del control difuso de la constitucionalidad de las leyes son completamente diferentes de los efectos producidos por el ejercicio del control concentrado de la constitucionalidad, cuando la Corte Suprema declara la nulidad de una ley por inconstitucionalidad. En esos casos, cuando la Corte Suprema, en el ejercicio de sus atribuciones previstas en el artículo 215, ordinales 3 y 4 de la Constitución

Como el control de la constitucionalidad de las leyes atribuida a la Corte Suprema por el artículo 215, ordinales 3 y 4 de la Constitución es un control concentrado, ejercido mediante acción popular, resulta claro que la sentencia que anula la ley tiene efectos constitutivos, por lo que los efectos de la anulación de la ley por inconstitucionalidad, al no existir una norma expresa constitucional o legal que disponga la solución, sólo pueden producirse *erga omnes* pero hacia el futuro, es decir, que las sentencias son, en principio, constitutivas, *pro futuro* y con efectos *ex nunc,* que no pueden referirse al pasado (no pueden ser retroactivas). Se puede afirmar que ese es el criterio que sigue no sólo la doctrina venezolana, sino también, en general, la jurisprudencia de la Corte Suprema de Justicia.

En todo caso, como se dijo a partir de 1976, la Ley Orgánica de la Corte Suprema de Justicia atribuye a la Corte el poder de determinar "los efectos de su decisión en el tiempo". Por consiguiente, la Corte puede corregir los efectos desfavorables que podría engendrar el efecto *ex nunc* de sus decisiones, particularmente en el campo de los derechos y garantías constitucionales, y podría atribuir a sus sentencias efectos retroactivos, *pro praeterito, ex tunc.*

Por tanto, en general, las sentencias anulatorias de inconstitucionalidad en los sistemas concentrados de control tienen efectos constitutivos (no declarativos), es decir, *ex nunc* y *pro futuro,* y por tanto, no tienen efectos retroactivos. La excepción a esta regla, sin embargo, la constituye el sistema de Costa Rica, cuya Ley de la Jurisdicción Constitucional establece el principio contrario, es decir, que los efectos de la declaración de inconstitucionalidad y anulación de la ley por parte de la Sala Constitucional son *ex tunc* y, por consiguiente, declarativos y retroactivos, salvo en lo referente a los derechos adquiridos de buena fe (art. 91) o respecto de situaciones consolidadas por prescripción, caducidad o en virtud de una sentencia judicial.

En Guatemala, en general los efectos de la decisión de la Corte Constitucional son *ex-nunc;* pero si la Corte ha decidido la suspensión provisional de los efectos de una ley durante el proceso, la decisión final tiene efectos *ex tunc,* de forma retroactiva, pero sólo hasta la fecha de la decisión de suspensión de los efectos de la ley cuestionada.

4. *Conclusiones*

De lo anteriormente expuesto puede afirmarse que el sistema de justicia constitucional desarrollado en América Latina desde el Siglo pasado, es un sistema de control de la constitucionalidad de las leyes de los más completos y a la vez variados del mundo contemporáneo.

En la mayoría de los países de América Latina, existe el método difuso de control de la constitucionalidad de las leyes, consecuencia del principio de la supremacía constitucional y de su garantía objetiva, conforme a lo cual todos los jueces tienen el poder-deber, siguiendo el modelo norteamericano, de desaplicar las leyes que estimen inconstitucionales y que rigen la solución del caso concreto que deben decidir, con efectos *inter partes*, teniendo la decisión efectos declarativos, *ex tunc* o *pro praeterito*.

El método si bien tuvo su origen, como en los Estados Unidos de América, en decisiones judiciales como sucedió en Argentina (1887), en la mayoría de los países ha recibido consagración constitucional legal expresa (Colombia, Bolivia, Honduras, Guatemala, Perú, Venezuela, Brasil y México). En algunos países, el poder de los jueces de desaplicar las leyes que estime inconstitucionales, incluso, puede ejercerse de oficio (Venezuela), aún cuando en general se exige instancia de parte.

En todos los países en los cuales se ha desarrollado el método difuso de control de constitucionalidad, se han establecido correctivos a la posible incertidumbre que pueda derivarse de eventuales sentencias contradictorias al preverse, conforme al modelo norteamericano (*writ of cerciorary*), el ejercicio de una acción extraordinaria de inconstitucionalidad ante la Corte o Tribunal Supremo (Argentina, Brasil); o se ha previsto paralelamente el método concentrado de control que permite impugnar la ley directamente ante la Corte Suprema de Justicia (Venezuela, México) o ante un Tribunal Constitucional (Bolivia, Colombia, Perú y Guatemala).

Pero además del método difuso, en América Latina, desde el Siglo pasado (1858), se ha establecido el método concentrado de control de la constitucionalidad de las leyes, atribuyéndose, en general, poderes anulatorios *erga omnes* de las mismas, por inconstitucionalidad, a las Cortes Supremas de Justicia (Venezuela, Panamá, Costa Rica, México, Brasil, El Salvador) o a Tribunales Constitucionales (Colombia, Guatemala, Perú, Bolivia), aún cuando en algunos casos, la decisión de la Corte Suprema que ejerce el control concentrado sólo tiene efectos *inter partes* (Honduras, Uruguay, Paraguay).

Entre estos sistemas se destaca por su carácter único, el sistema de Panamá que atribuye a la Corte Suprema de Justicia la totalidad de la justicia constitucional en el sentido de que es el único órgano del Estado competente para anular por inconstitucionalidad no sólo las leyes y demás actos con similar rango, sino los actos administrativos y decisiones judiciales. En los otros países la atribución a una Corte Suprema o Tribunal Constitucional del poder para anular las leyes inconstitucionales, no impide que los órganos de la jurisdicción contencioso-administrativa actúen como juez constitucional respecto de los actos administrativos o que por vía del recurso de casación se ejerza el control de la constitucionalidad de las sentencias de los Tribunales.

En general, el control concentrado de la constitucionalidad de las leyes se concibe como un control *a posteriori* que se ejerce respecto de las leyes vigentes, siendo excepcional la previsión de un sistema exclusivamente preventivo, respecto de leyes no promulgadas (Chile).

En América Latina se han desarrollado dos sistemas generales de control concentrado de la constitucionalidad de las leyes: en primer lugar, un sistema exclusivamente concentrado en el cual la justicia constitucional sólo la imparte la Jurisdicción Constitucional atribuida a la Corte Suprema de Justicia (Panamá, Honduras, Uruguay) o a una Sala Constitucional de la misma (Costa Rica, Paraguay); y en segundo lugar, un sistema en el cual el método concentrado de control de la constitucionalidad se ha establecido paralelamente al método difuso de control, que ejerce la Jurisdicción Constitucional que se ha atribuido, sea a la Corte Suprema de Justicia (Venezuela, México, Brasil, El Salvador) o a un Tribunal Constitucional ubicado en el Poder Judicial (Colombia, Guatemala, Ecuador y Bolivia) o fuera de él (Perú).

En el primer sistema, en el cual el control de la constitucionalidad de las leyes se ejerce en forma exclusiva por la Corte Suprema de Justicia, el mismo puede ejercerse por vía de acción popular (Panamá) o intentada por los interesados legítimos y directos (Uruguay, Paraguay, Honduras), o en virtud de una incidencia en un proceso concreto, y su remisión por el juez ordinario a la Corte Suprema. En el caso del método incidental el juez ordinario puede plantear de oficio la cuestión constitucional y remitir el asunto para su decisión por la Corte Suprema.

En el segundo sistema, en el cual la justicia constitucional se imparte, además de por todos los jueces (método difuso), por la Corte Suprema de Justicia o un Tribunal Constitucional en forma concentrada, estos órganos de la Jurisdicción Constitucional sólo conocen de los asuntos constitucionales en virtud de una acción que puede ser una acción popular (Colombia, Venezuela) o intentada por legitimados precisos, generalmente funcionarios públicos o representantes (México, Brasil, Ecuador y Guatemala).

Además de estos dos sistemas, puede distinguirse un tercer sistema de control judicial concentrado de la constitucionalidad de las leyes ejercido en forma exclusiva y paralela tanto por la Corte Suprema de Justicia como por el Tribunal Constitucional (Chile).

En general, en todos los países en los cuales se ha establecido el método de control concentrado de la constitucionalidad de las leyes combinado con el método difuso, los efectos de las decisiones de la Corte Suprema de Justicia o de los Tribunales Constitucionales son anulatorios *erga omnes*, por tanto, de carácter constitutivo y de valor *ex nunc, pro futuro* (Venezuela, México, Brasil, Perú, Panamá, Colombia, Guatemala, Bolivia y Ecuador). En algunos países, sin embargo, expresamente se permite darle efectos retroactivos a las decisiones anulatorias cuando se trata de materia penal, policial, disciplinaria, fiscal o laboral y beneficien al recurrente (con algunas variaciones así sucede en Perú, México, Colombia, Venezuela) o cuando el procedimiento ante la Jurisdicción Constitucional se han suspendido los efectos de la ley impugnada (Guatemala). Sólo excepcionalmente se establecen los efectos generales *ex tune, pro praeterito* de las sentencias anulatorias de la Corte Suprema (Costa Rica).

En contraste con los efectos de las decisiones adoptadas por la Corte Suprema o los Tribunales Constitucionales en materia de control concentrado de la constitucionalidad de las leyes, cuando se ha establecido el método concentrado conjuntamente con el método difuso, en los sistemas exclusivamente concentrados de control de la constitucionalidad de las leyes, las decisiones de la Corte Suprema de Justicia sólo tienen efectos *inter partes* (Uruguay, Paraguay, Honduras) siendo la excepción el caso de Panamá, que al establecer un sistema exclusiva y universalmente concentrado de control de la constitucionalidad de las leyes y todos los actos estatales, los efectos de las sentencias son *erga omnes*.

América Latina, por tanto, no sólo tiene una larguísima tradición en materia de justicia constitucional que se remonta al Siglo pasado, sino que ha desarrollado sistemas diversos y variados de control de la constitucionalidad que han estado en aplicación efectiva durante muchos años; y mucho antes de que en Europa se redescubriera, a partir de los años 20 y sobre todo, después de la II Guerra Mundial, el concepto normativo de Constitución y los efectos de su supremacía. El aporte europeo y la avidez con la cual durante las tres últimas décadas en Alemania, Italia, Francia, España y Portugal se han enfrentado al tema del control de la constitucionalidad de las leyes, ha sido, sin duda fundamental, y de ellos los países de América Latina tienen mucho que aprender. Sin embargo, para ello no necesariamente tenemos que sustituir o deformar nuestras instituciones desarrolladas durante tantos años, que presentan características propias que con frecuencia no apreciamos.

ÍNDICE GENERAL

TERCERA PARTE

LA JUSTICIA CONSTITUCIONAL (1996)   461

II.   PRINCIPIOS DE LA JUSTICIA CONSTITUCIONAL 468

    1.   *La supremacía constitucional como fundamento de la justicia
         constitucional* 470

        A.   *Los antecedentes británicos de la supremacía constitucional y
             el constitucionalismo norteamericano* 472

        B.   *La supremacía y la rigidez constitucional* 483

        C.   *La supremacía constitucional y los principios constitucionales
             no escritos* 485

        D.   *La adaptación de la Constitución y su interpretación* 490

        E.   *El derecho ciudadano a la supremacía constitucional* 493

    2.   *La justicia constitucional como garantía de la Constitución* 495

        A.   *El control jurisdiccional de la constitucionalidad y el fin del
             absolutismo parlamentario* 499

        B.   *La justicia constitucional y las limitaciones constitucionales a
             los órganos estatales* 505

        C.   *La legitimidad del control jurisdiccional de la constituciona-
             lidad y los sistemas de distribución del Poder Público* 508

        D.   *El juez constitucional y la protección de derechos funda-
             mentales* 513

        E.   *La variedad de los sistemas de justicia constitucional* 514

    3.   *Conclusión* 520

III.   LOS DOS MÉTODOS DE CONTROL DE LA CONSTITUCIONALIDAD
        Y EL SISTEMA MIXTO O INTEGRAL VENEZOLANO 521

    1.   *El carácter mixto o integral del sistema venezolano* 521

    2.   *Principios del método difuso de Justicia Constitucional* 526

        A.   *La lógica del método como consecuencia del principio de la
             supremacía constitucional* 526

        B.   *La compatibilidad del método con todos los sistemas jurídicos* ... 528

            a.   *La nulidad de los actos estatales inconstitucionales* 533

            b.   *El poder de todos los jueces* 534

            c.   *El carácter incidental del método difuso* 534

            d.   *La iniciativa del poder de los jueces* 535

            e.   *El efecto inter partes de la decisión judicial* 536

            f.   *Los efectos declarativos de las decisiones judiciales* 536

        C.   *Panorama general del sistema* 537

CUARTA PARTE

EL CONTROL CONCENTRADO DE LA CONSTITUCIONALIDAD EN VENEZUELA: LA JURISDICCIÓN CONSTITUCIONAL (1996)

QUINTA PARTE

EL CONTROL CONCENTRADO DE LA CONSTITUCIONALIDAD DE LAS LEYES EN EL DERECHO COMPARADO (1996) 739

www.ingramcontent.com/pod-product-compliance
Lightning Source LLC
Chambersburg PA
CBHW080925050426
42334CB00055B/2629